全国优秀教材二等奖

国家卫生和计划生育委员会"十三五"规划教材
全国高等医药教材建设研究会"十三五"规划教材
全国高等学校教材

供法医学类专业用

法 医 病 理 学

第 5 版

主 编 丛 斌

副主编 官大威 王振原 高彩荣 刘 敏

编 者（按姓氏笔画排序）

于建云（昆明医科大学） 李剑波（重庆医科大学）

王 杰（贵州医科大学） 谷振勇（南通大学）

王振原（西安交通大学） 张国忠（河北医科大学）

王慧君（南方医科大学） 陈 龙（复旦大学）

丛 斌（河北医科大学） 陈晓刚（四川大学）

成建定（中山大学） 陈新山（华中科技大学）

刘 敏（四川大学） 周亦武（华中科技大学）

刘新社（西安交通大学） 官大威（中国医科大学）

孙俊红（山西医科大学） 莫耀南（河南科技大学）

李 桢（昆明医科大学） 高彩荣（山西医科大学）

李如波（中国医科大学） 陶陆阳（苏州大学）

人民卫生出版社

图书在版编目（CIP）数据

法医病理学 / 丛斌主编. —5 版. —北京：人民卫生出版社，2016

ISBN 978-7-117-22423-9

Ⅰ. ①法… Ⅱ. ①丛… Ⅲ. ①法医学－病理学－医学院校－教材 Ⅳ. ①D919.1

中国版本图书馆 CIP 数据核字（2016）第 076249 号

| 人卫智网 | www.ipmph.com | 医学教育、学术、考试、健康，购书智慧智能综合服务平台 |
| 人卫官网 | www.pmph.com | 人卫官方资讯发布平台 |

法医病理学

第 5 版

主　　编：丛　斌

出版发行：人民卫生出版社（中继线 010-59780011）

地　　址：北京市朝阳区潘家园南里 19 号

邮　　编：100021

E - mail：pmph @ pmph.com

购书热线：010-59787592　010-59787584　010-65264830

印　　刷：河北宝昌佳彩印刷有限公司

经　　销：新华书店

开　　本：850 × 1168　1/16　　印张：32　　插页：8

字　　数：947 千字

版　　次：1989 年 5 月第 1 版　　2016 年 3 月第 5 版　　2024 年 12 月第 5 版第 11 次印刷（总第 29 次印刷）

标准书号：ISBN 978-7-117-22423-9

定　　价：88.00 元

打击盗版举报电话：010-59787491　E-mail：WQ @ pmph.com

质量问题联系电话：010-59787234　E-mail：zhiliang @ pmph.com

全国高等医学院校法医学专业第五轮
规划教材修订说明 ••

　　20世纪80年代，我国在医学院校中设置了法医学专业，并于1988年首次编写了成套的法医学专业卫生部规划教材，从而有力地推动了法医学教育的发展。2009年五年制法医学专业规划教材第四轮出版发行。为促进本科法医学专业教学，教育部法医学专业教学指导委员会在2014年开始制定审议国家法医学本科专业教育质量标准并拟报教育部审批。根据质量标准要求及法医学相关领域学科进展，2014年经全国高等医药教材建设研究会和全国高等医学院校法医学专业教材编审委员会审议，启动第五轮教材修订工作。

　　本轮修订仍然坚持"三基""五性"，并努力使学生通过学习达到培养具有坚实基础理论知识和专业知识、熟悉司法鉴定程序和法医鉴定技能、掌握法学、医学及相关学科知识，具有良好的思维判断能力以及分析问题能力的法医学高级复合型人才的专业培养目标。新教材体现了法医学领域的新进展和我国的新法规、新政策与新要求；考虑了学生的就业，具有较强的实用性，使学生在毕业后的实际工作中能够应用所学知识。本轮教材在编写中强调了可读性、注重了形式的活泼性，并全部配备了网络增值服务。

　　全套教材16种，其中主教材11种，配套教材5种，于2016年全部出版。所有教材均为国家卫生和计划生育委员会"十三五"规划教材。

第5轮法医学专业教材目录

1. 法医学概论　　　　　　第5版　**主编** 丁 梅
2. 法医病理学　　　　　　第5版　**主编** 丛 斌　**副主编** 官大威　王振原　高彩荣　刘 敏
3. 法医物证学　　　　　　第4版　**主编** 侯一平　**副主编** 丛 斌　王保捷　郭大玮
4. 法医毒理学　　　　　　第5版　**主编** 刘 良　**副主编** 张国华　李利华　贠克明
5. 法医毒物分析　　　　　第5版　**主编** 廖林川　**副主编** 王玉瑾　刘俊亭
6. 法医临床学　　　　　　第5版　**主编** 刘技辉　**副主编** 邓振华　邓世雄　陈 腾　沈忆文
7. 法医精神病学　　　　　第4版　**主编** 胡泽卿　**副主编** 赵 虎　谢 斌
8. 法医人类学　　　　　　第3版　**主编** 张继宗　**副主编** 蔡继峰　赖江华
9. 刑事科学技术　　　　　第4版　**主编** 李生斌　**副主编** 张幼芳　李剑波
10. 法医法学　　　　　　　第3版　**主编** 常 林　**副主编** 邓 虹　马春玲
11. 法医现场学　　　　　　　　　　**主编** 万立华　**副主编** 阎春霞　陈新山
12. 法医病理学实验指导　　第2版　**主编** 成建定　**副主编** 周 韧　王慧君　周亦武　莫耀南
13. 法医物证学实验指导　　第2版　**主编** 张 林　**副主编** 黄代新　庞 灏　孙宏钰
14. 法医毒理学实验指导　　　　　　**主编** 朱少华　**副主编** 黄飞骏　李 凡　喻林升
15. 法医毒物分析实验指导　第2版　**主编** 沈 敏　**副主编** 金 鸣　周海梅
16. 法医临床学实验指导　　第2版　**主编** 刘兴本　**副主编** 顾珊智　樊爱英

全国高等学校法医学专业第五轮

规划教材编审委员会 ●••

主编简介

丛斌，中国工程院院士，博士，教授，主任法医师，博士生导师。全国人大常委会委员、法律委员会副主任委员，九三学社中央副主席，河北医科大学副校长、法医学系主任，中国法医学会副会长，教育部法医学教学指导委员会副主任委员，《中国法医学杂志》编委会副主任、副主编。

从事法医学教学、科研、检案工作 32 年。主要研究领域为：机械性损伤与多器官功能障碍综合征，弥漫性轴索损伤，应激性损伤，饮酒后蛛网膜下腔出血等的死亡机制；毒品依赖的信号转导机制；天然药物毒性化合物分离、纯化及其毒性机制等。此外，还长期致力于法医分子遗传学、法医法学、病理生理学方面的研究，在腐败检材降解 DNA 分型技术、缩胆囊素的细胞调节、急性肺损伤、内毒素休克、自身免疫性疾病发病机制等方面的研究取得重要成果。办理过多起全国性的大案、要案。以第一完成人获国家科技进步一等奖 1 项，二等奖 2 项，省部级一等奖 3 项；主编《实用法医学》和全国统编教材等专著 8 部；发表论文 420 余篇，单篇最高影响因子 40.197。培养博士、博士后 56 名，硕士 93 名。

副主编简介

官大威，医学博士，教授，博士生导师，现任中国医科大学法医学院院长，兼任《中国法医学杂志》副主编兼英文编审、《法医学杂志》编委、中国法医学会常务理事、法医病理学专业委员会副主任、中国卫生法学会常务理事、辽宁省法医学会副理事长、辽宁省司法鉴定协会常务副会长、沈阳市司法鉴定协会会长等。

主要从事法医病理学教学、科研及鉴定工作。先后在日本金泽大学医学部及美国杜克大学精神与行为科学系从事博士后及相关研究工作。作为主编、副主编和编者，编写专业教材及著作 15 部。承担国家自然科学基金及部省级课题 10 项，在国际及国家级专业期刊发表论文 130 余篇，获省级科技进步奖 2 项。曾获霍英东教育基金会青年教师奖二等奖、辽宁省普通高校优秀青年骨干教师、辽宁省"百千万人才工程"百层次人才、辽宁省教学名师奖等荣誉。

王振原，医学博士，教授，博士生导师。现任西安交通大学法医学院法医病理学系主任，国际证据科学协会理事，中国法医学会法医病理学专业委员会副主任委员，中国高等教育法医教育研究会理事。

从事法医病理学教学、科研和司法鉴定工作近 30 年，主编、参编教材、专著 20 余部，获多项教材、教学成果奖。主要研究领域包括死亡时间推断、毒品依赖等方向，主持国家自然科学基金面上项目 4 项，发表学术论文 100 多篇，其中 SCI 收录 30 篇，获得省部级科技奖 3 项，指导毕业博士、硕士研究生 20 余名。

副主编简介

高彩荣，教授，医学博士，博士生导师。现任山西医科大学法医学院法医病理学教研室主任，中国法医学教育研究会理事，中国法医学会法医病理学专业委员会委员，山西省教学名师，山西省精品课程"法医病理学"课程负责人。

从事高等法医学教学、科研、检案工作31年。主持完成省级教学改革项目2项，参加多部国家级规划教材及其他教材的编写，被评为省、校优秀教师和优秀研究生导师。主要研究方向是猝死病理学及过敏性猝死的法医学鉴定，曾主持完成国家自然科学基金、省自然科学基金等科研项目15项，获省级科技进步二等奖、自然科学三等奖及省高等学校科技进步二等奖等，近年来在专业期刊上发表有影响的学术论文90余篇。

刘敏，教授，硕士生导师。现任四川大学华西基础医学与法医学院法医病理教研室主任，中国法医学会法医病理学专业委员会副主任委员，四川省法医学会秘书长。

自1984年起一直从事法医病理学、法医临床学、法医学教学工作。科学研究领域包括法医病理学、法医临床学、医事法学等；主持或主研国家自然科学基金、四川省科技厅基金10余项，公开发表学术论文50余篇，主编或参编教材、学术专著10余部；曾获四川省科技进步三等奖2项，获成都市科技进步二等奖1项。

前　言 ···

　　《法医病理学》全国统编教材分别于 1989 年、1995 年、2004 年、2009 年先后 4 次出版。第 1 版《法医病理学》于 1992 年获国家教委优秀教材一等奖；第 3 版、第 4 版分别为"全国高等医药教材建设研究会规划教材"，第 3 版于 2005 年获全国高等学校医药优秀教材一等奖，第 4 版获 2009 年国家级教学成果二等奖。前四版教材为我国法医病理学教学和司法实践作出了重要贡献。

　　《法医病理学》第 5 版是国家卫生和计划生育委员会、全国高等医药教材建设研究会"十三五"规划教材。本版教材编者来自全国 16 所高等医学院校，他们是多年从事法医病理学教学、科研和检案的教师，理论功底深厚，经验丰富。教材编写工作于 2014 年 12 月启动，在第 4 版教材基础上，根据出版社第 5 版教材编写的总体要求和经编委会集体讨论确定的编写大纲，各位编者进行了认真编写，完成初稿后，由各位副主编对各自负责的章节进行了二审，高彩荣教授对部分章节内容又进行了三审。最后，由我对全书内容进行通审、修改和整理。

　　作为教科书的编写，应坚持新旧知识的有机衔接和内容系统化的原则。编写中，编者们始终遵循"三基""五性""三特定"的基本要求，引用了国家新颁布的有关法律法规，采纳了一线教师的建议，对部分章节作了修改和补充，增添了新的内容和案例，并适当介绍了近年来法医病理学的新技术、新进展。每章均附有小结和思考题，便于学生理解和掌握重点内容。

　　本书共分 19 章，第 1～5 章包括：绪论、死亡、死后变化、死亡时间推断、机械性损伤概论；第 6～19 章包括：钝器损伤、锐器损伤、火器损伤、身体各部位机械性损伤、交通损伤、机械性损伤的法医学鉴定、机械性损伤并发症、机械性窒息、高温与低温损伤、电流损伤及其他物理因素损伤、家庭暴力与杀婴、猝死、医疗纠纷、法医尸体检验。本书充分体现了理论性、知识性、技术性和实用性集一体的特点，使学生能够牢固掌握法医病理学的基础理论知识，达到理论联系实际，具备从事法医病理实际工作的能力，以实现培养能力型法医本科学生的目的。本版教材每章还附加了网络增值服务内容，供学生学习时参考。

　　教材在编写过程中得到河北医科大学及其他参编者院校的大力支持，齐倩博士负责对稿件的收发和编排。谨此，向他们致以诚挚的谢意。限于我们的知识水平和经验，本书难免有错漏不妥之处，恳请各医学院校师生和同仁在使用过程中提出批评和指正，以便再版时修正。

丛　斌

2016 年 1 月

目　录 ·········

第一章 绪 论

学习目标

通过本章的学习,你应该能够:

掌握 法医病理学的概念和研究内容。

熟悉 法医病理学鉴定及档案标本管理。

了解 现代法医病理学发展及法医病理学鉴定人出庭作证注意事项。

法医病理学(forensic pathology)是研究与法律有关的伤、残、病、死及死后变化的发生发展规律的一门学科。目的是为案件的侦查或审判提供医学证据。细言之,法医病理学是运用相关的医学专业知识解决有关暴力性和非暴力性死亡的死亡征象、死亡原因、死亡方式、死亡时间、死亡地点、个人识别,以及致伤物的推断和确定的法医学分支学科;应用该学科的理论、技术及相关的刑事科学技术等,对与案件有关的尸体进行检验,全面分析得出科学结论,从而为案件的侦查与审判提供客观、科学、公正、准确的医学证据。法医病理学工作者对上述问题所作出的结论意见称为法医病理学鉴定意见。法医病理学鉴定意见还可为社会保险、因公死亡认定等提供证据,为医事立法提供学理依据。因此,法医病理学工作者必须熟悉与掌握相关的法律法规。法医病理学研究的领域与临床病理学和其他医学学科有关联,但又不是其他学科所能取代或覆盖的。法医病理学研究的领域有其独特性,作为法医学的一个独立分支和主干学科,随着法治建设的加强而日显重要。法制健全的国家,皆重视法医学的发展。法医病理学的研究成果和在检案中所获得的资料,不仅丰富了临床病理学、临床医学、法医学等学科内容,对一个国家的人口死亡统计和死因分析也起着重要的作用。

第一节 法医病理学的研究内容

法医病理学主要是采用病理学的基本理论和基本技能,确定各种暴力性死亡或非暴力性死亡的死亡原因、死亡方式、死亡时间,推断其损伤时间、成伤方式及致伤物;对无名尸或碎尸进行个人识别;研究各种因潜在疾患导致的突然的、出乎意料的死亡,并研究这些疾病引起死亡的机制。还需解决其他重要的问题,如:鉴别生前伤与死后伤,致命伤或非致命伤;分析与各种死亡有关的法律责任问题。因此,法医病理学所研究的内容明显有别于临床病理学。

一、法医病理学的研究内容及科研模式

(一)法医病理学的研究内容

法医病理学的研究内容包括:①暴力性死亡(各种机械性、物理性、化学性及某些生物因素引起的,并涉及法律问题的人体损伤所致的死亡);②非暴力性死亡(猝死或其他死因不明的);③涉及医疗纠纷的死亡;④工、农业生产中因事故造成的中毒死或其他伤亡;⑤被采取强制措施的人员死亡;

⑥危害公共安全的烈性传染病的死亡；⑦吸毒死亡；⑧实施人工流产或非法堕胎的死亡；⑨其他可能涉及法律问题的死亡。这些研究内容也是法医病理学的专业范围。在法医病理学检案工作中，其检验对象主要是尸体，有时亦可以是离体器官、组织及与尸体检验有关的鉴定书及其声像资料。

（二）法医转化医学科研模式

2003年，美国国立卫生研究院（National Institutes of Health，NIH）首先全面阐述了转化医学的概念，提出转化医学（translational medicine）是把生物基础研究的最新成果快速、有效地转化为临床医学技术的过程，即从实验室到病床（Bench to Bedside），再从病床到实验室（Bedside to Bench）的连续过程，简称为"B-to-B 或 B2B"。转化医学受到临床医学界普遍重视的同时，并未得到法医界的足够重视。相对于临床医学，法医工作者面临更大的挑战是，当今新型、智能化犯罪手段不断增加，以新型致伤物引起组织细胞损伤的认定、复杂死因判断和医疗损害评价等为代表的法医病理学鉴定，对其所需的关键技术创新和应用研究更为迫切。因此，如何尽快将转化医学的科研模式应用于法医学技术创新研发，是摆在法医学工作者面前的重大课题。

法医学检案技术是一种从基础医学、临床医学、法律科学等多个学科"转化"来的综合性学科技术体系。经过不断发展，法医学已经成为独立的学科，法医学最突出的特点是"实用性"。

作为一门为法律服务的学科，法医病理学所应用的技术必须是成熟的、并能被广泛认可，唯有此，法医病理学的鉴定意见才能显示其科学属性的证明价值。法医病理学技术相当一部分源于其他生物学及医学学科，例如在法医病理鉴定中广泛应用的系列影像学技术，就是临床医学技术。法医学并非可以直接采用其他学科的所有科研成果和技术，有的还必须要经过一个系统转化及整合的过程。为了解决法医病理学在内的各法医分支学科的技术难题，要用证据学的逻辑思维模式，将相关理论成果或其他学科的技术通过"中试研究"转化为法医检案技术。其基本模式是：从实验室、临床到法庭，我们可以称之为"Bench and Bedside to Court"，简称 BB to C；反过来，法庭对法医鉴定意见的质证结果也可以指导法医实验室，指导法医检案，法医检案有时又可以为临床医学理论和技术的改进、发展提供有益的信息。此科研模式称为法医转化医学（forensic translational medicine）模式。

知识链接 ▶

转化医学

2003年，美国国立卫生研究院（NIH）在 *Science* 杂志上首先全面阐述了转化医学的概念，提出转化医学（translational medicine）是把生物基础研究的最新成果快速、有效地转化为临床医学技术的过程，即从实验室到病床（Bench to Bedside），再从病床到实验室（Bedside to Bench）的连续过程，简称为"B-to-B 或 B2B"。转化医学提倡医学研究应该是一个连续统一的整体（continuum），重视"个体化医学"（personalized medicine），把治疗"患者"作为核心，所以转化医学有助于理论与实践的结合，加快医学科技成果的转化。正因为此，转化医学受到医学界的广泛关注。各国逐渐认识到"转化医学"在医学发展战略中举足轻重的作用，纷纷制定相应政策，设立转化中心，使得转化医学逐渐落实到各国医疗发展中，并取得了一定成绩。

我国同样陆续建立多个转化医学研究中心，并确定了转化医学纳入《健康中国2020》战略科技支撑研究，包括基础-临床-预防转化整合，临床-康复-预防转化整合，药学-临床-预防转化整合，上游-中游-下游转化整合，遗传-环境-机能转化整合，引进-自创转化整合，医学-人文转化整合，中医-西医转化整合等。

二、法医病理学尸体检验及其相关法律制度

（一）法医病理学尸体检验

尸体检验是法医病理学检验的主要内容，其目的是查明死亡原因和死亡方式等有关问题，澄清

死亡是否涉及法律问题。法医病理学尸体检验需要解决的具体问题如下。

1．确定死亡原因　死亡原因，简称"死因"（cause of death）。确定死因是法医病理学的首要任务。死因是指导致死亡的某种具体外部因素或自然性疾病。法医病理学确定死因的一个重要前置规程是区别暴力性死亡（非自然死）与非暴力性死亡（自然死）。暴力性死亡是指机械性损伤、机械性窒息、化学性损伤以及其他各种物理性、生物性损伤等原因所致的死亡，这类死亡常涉及法律问题。非暴力性死亡是指死者系因某些自然性疾病引起的死亡，如猝死，此类死亡容易引起人们对死因的疑问而发生纠纷。另外，一些暴力性死亡虽不属他杀，但究竟是自杀还是事故、灾害，易引起质疑，这类事件也需经法医尸体解剖及其他检验加以澄清，以便为相关部门处理问题提供医学证据。

2．判断死亡方式　在确定为暴力性死亡后，则需进一步判断其死亡方式。死亡方式（manner of death）是指导致死亡的暴力行为方式。由他人实施暴力而导致死亡的事件称为他杀（homicide）；蓄意地由自己实施暴力手段而终止自己生命的事件称为自杀（suicide）；因自然灾害、意外事故等因素导致死亡的事件称意外死亡（accidental death）。有时通过法医病理学检验后可以确定死亡方式，有时则不能。若经详细的案情调查、现场勘查和全面系统的尸体解剖及辅助检查仍无法判明的死亡方式，则列入不能确定的死亡方式（undetermined manner of death）。判断死亡方式至关重要，一旦误判，则可造成冤假错案。所以法医病理学工作者在确定死亡方式时要慎之又慎。实际工作中，法医病理学工作者在判断死亡方式时，需要侦察人员的配合，根据现场勘查、案情调查及所掌握的材料综合分析判断，才能作出准确的结论。

3．推断死亡时间　死亡时间是指人体死亡后经历的时间，即自人体死亡到尸体检验时所经过的时间，也称为死后经过时间（postmortem interval，PMI）。法医学上推断死亡时间具有十分重要的意义，远在300多年前，Poul Zaechia就已提出死亡时间推断（estimation of time of death）。

一般根据现场勘查和尸体检验，法医应提出死亡时间的推断性意见，这对于侦察人员分析案情、划定侦查范围、判断犯罪嫌疑人有无作案时间等均有重要价值。国内外对死亡时间推断的研究甚多，但由于受到人体内外环境诸多因素的影响，精确推断死亡时间难度很大，加之目前使用的一些检测工具、检测方法在实际应用中尚存在不少问题，因此，精确的死亡时间推断仍是法医病理学中尚未解决的问题，有待于进一步深入研究，期望今后能在死后分子组学变化的研究上有所突破。

4．推断损伤时间　法医病理学上的损伤时间是指从受伤到死亡所经历的时间。推断损伤时间亦是法医病理学研究的重点与难点。推断损伤时间的基础是首先要确定是生前伤还是死后伤，以往损伤时间的推断主要是通过对损伤组织的宏观观察和常规组织学检查进行。目前国内外有许多法医病理学工作者采用了免疫组织化学和分子生物学等技术进行研究，取得了可喜的成绩，但在实际应用中仍存在着许多问题，有待于通过组学技术进一步研究。

5．推断和认定致伤物　致伤物的推断和认定，是根据损伤形态的特征，结合现场，对致伤物的类型、大小、质量及作用面形状等进行分析推断的过程。致伤物的推断和认定不仅能为侦查提供线索，为审判提供证据，还有助于判断死亡方式。特别是在多人用数种致伤物参与的案件中，对致伤物的推断和认定更为重要，需要判明不同凶器所致的损伤程度，确定加害人罪责及量刑。但有的案件，其致伤物的判断也有一定的难度，因为同一种致伤物可造成不同形态的损伤；反之，不同的致伤物也可造成形态相似的损伤。所以，推断致伤物既要根据案情、现场勘查、损伤形态特征、伤口残留物分析，还要结合衣着与其损伤的位置关系等检验进行综合判断。

6．损伤和疾病的关系　法医病理学鉴定常会遇到伤者同时患有某种疾病的情况，在鉴定时必须明确其损伤与疾病的关系。若系二者联合构成死因，鉴定时需鉴别其死亡是以损伤为主，还是以疾病为主，有条件的，还应推断各自的参与程度。如二者有因果关系，则要确定损伤为因，疾病是果；还是疾病为因，损伤是果。这不仅涉及刑事责任的确定，还关系到民事赔偿、劳保待遇以及医源性损伤等问题的处理及赔偿。

7．个人识别　遇到无名尸或碎尸时，侦查部门急需查明死者身源，也称尸源。此时迫切需要解决的是，查明死者的姓名、年龄、性别和种族，进而了解其死前行踪及其社会关系。根据尸体的身长、性别、容貌、体格特征、先天或后天获得的异常体征（如色素斑、痣、畸形或文身、整形、瘢痕等）以及体表附着物、衣着及其包内物品和附着物等特点，对死者进行个人识别（personal identification）。对一些头面部严重毁损或高度变形腐败的尸体，还需要邀请法医人类学或法医牙科学专业人员对死者骨骼、牙齿进行检查与认定。有时还需对死者的组织 DNA 等遗传标记进行检验，用于个人识别。

8. 为解决医疗纠纷提供证据　对医疗纠纷案件死因的鉴定是法医病理学的重要内容之一。须明确，在医疗诊治过程中，医务人员是否存在违反医疗诊治常规或医疗差错；如是，其诊疗行为与死亡之间有无因果关系。因此，解决这类纠纷的核心是查明死因及医务人员是否违反了诊疗常规，须全面、系统地进行尸体解剖和相关辅助检验，再结合临床资料和相关的证据，综合分析得出科学的鉴定意见，为有关部门正确调处或审理医疗事故或医疗损害赔偿案件提供证据。

9. 其他问题　法医病理学检验服务于各类诉讼活动，有时需对损伤与中毒、疾病与中毒的关系作出分析判断。甚至由于案件的需要，有时需根据尸检所见结合现场勘查和案情调查，重建案发当时的情况，即现场重建（scene reconstruction）。法医病理学工作者可根据尸体体表形态学表现、衣着及现场地面情况，判断死后尸体是否被移动，如被移动，表明发现尸体的现场已不是案发第一现场，对侦查有重要意义。有时还需对碎尸或交通肇事、空难、海难、地震等灾害事故或群体死亡的受害者进行个人识别，为侦查或处理善后提供线索、依据。

（二）法医病理学尸体检验的相关法律制度

我国法医病理学的尸体检验工作是有法可依的。《中华人民共和国刑事诉讼法》第 126 条规定："侦查人员对于与犯罪有关的场所、物品、人身、尸体应当进行勘验或者检查。在必要的时候，可以指派或者聘请具有专门知识的人，在侦查人员的主持下进行勘验、检查"；第 129 条规定："对于死因不明的尸体，公安机关有权决定解剖，并且通知死者家属到场"；第 144 条规定："为了查明案情，需要解决案件中某些专门性问题的时候，应当指派、聘请有专门知识的人进行鉴定"；第 145 条规定："鉴定人进行鉴定后，应当写出鉴定意见，并且签名。鉴定人故意作虚假鉴定的，应当承担法律责任"；第 146 条规定："侦查机关应当将用作证据的鉴定意见告知犯罪嫌疑人、被害人。如果犯罪嫌疑人、被害人提出申请，可以补充鉴定或者重新鉴定。"刑事诉讼法的这些规定的适用，仅限于涉及刑事案件的尸体解剖。

中华人民共和国原卫生部制定的《解剖尸体规则》（1979 年 9 月修订）第 2 条规定："法医解剖：限于各级人民法院、人民检察院、公安局以及医学院校附设的法医科（室）进行。凡符合下列条件之一者应进行法医学尸体解剖：①涉及刑事案，必须经过尸体解剖始能判明死因的尸体和无名尸体需要查明死因及性质者；②急死或突然死亡，有他杀或自杀嫌疑者；③因工、农业中毒或烈性传染病死亡涉及法律问题的尸体；"第 8 条规定："病理解剖或法医解剖，一般应在一个月内向委托单位发出诊断报告。如发现其死因为烈性传染病者，应于确定诊断后十二小时内报告当地卫生主管部门。"上述规定既适用于涉及刑事案件，也适用于涉及民事、行政案件的尸体解剖，还适用于涉及医学上需要解剖的其他尸体。

在 1912 年，政府颁布的刑事诉讼律第 120 条规定："遇有横死人或疑为横死之尸体应速进行检验。"第 121 条规定："检验得发掘坟墓，解剖尸体，并实行其余必要处分"。后又于 1913 年发布了我国第一个《解剖规则》，规定："警官及检察官对于尸体非解剖不能确知其致命之由者，指派医士执行解剖"。这是我国历史上第一次明文规定的"尸体解剖规则"。1949 年中华人民共和国成立后，原卫生部于 1950 年发布了《解剖尸体规则》。2007 年 7 月，中华人民共和国司法部令第 107 号颁布的《司法鉴定程序通则》第 24 条中规定："对需要进行尸体解剖的，应当通知委托人或者死者的近亲属或者监护人到场见证"。

尽管有了上述规定，但由于传统习惯、宗教信仰及受教育程度等原因的影响，我国尸体解剖率一直偏低。据欧美一些国家的统计，他们全国死亡人口中约有 1/3 应作法医尸体检验。如在美国，按公布的数字估算，一个 50 万人口的城市，每年法医尸体解剖数达 500~800 例，100 万人口的城市约为 1000 例。匈牙利的布达佩斯市人口约 300 万，每年法医解剖数 3000 余例。德国慕尼黑市有 100 余万人口，每年法医解剖 3000 余例。与他们解剖的比例相比，我国相差甚远。由于我国的地域广阔，中西部地区与沿海地区的法医工作条件差别较大，也是影响尸体解剖工作开展的重要原因之一。如果法医尸体解剖的例数越多，法医病理学累积的资料就越多，法医病理学工作者实践机会也就越多，其知识和经验累积就能不断丰富。

第二节 法医病理学发展史

法医病理学是法医学的主干学科，法医学的发展一是取决于法制的健全，二是取决于医学及相关学科的发展和进步。据现存资料记载，我国古代法医学萌芽可以追溯到战国时代（公元前 475—前 221 年）。1975 年发现的睡虎地秦墓竹简《封诊式》中记载了有关法医学资料，是世界第一部法科学书籍。从历史角度观察法医病理学的发展史，不难看出，检案技术的发展进步，紧密依赖于法医检案制度的建立和发展。这一历史观既是对法医学发展史的科学总结，也是推进我国现代法医学发展的基本经验和科学机制。

一、古代法医病理学

（一）中国古代法医病理学

1. 先秦时期的检验制度 《吕氏春秋》记载了对各种伤害进行检验的要求：负责审理案件的官员有权进行瞻伤、察创、视折、审断，决狱讼，必端平。这表明，在战国时期已有对伤害案件进行检验的规定。领导该书编者的是吕不韦（公元前 ?—前 235 年），该书的编撰也恰是在其为秦相的时期（公元前 249—前 237 年），因此推论中国法医学检验最早起源于战国时期（公元前 475—前 221 年）是有根据和令人信服的。《睡虎地秦墓竹简》的发现，尤其是其中的《封诊式》为这一论断提供了证据。《封诊式》所述的"封"指查封；"诊"指诊察、勘验或检验，"式"是格式或程式。顾名思义，《封诊式》是有关查封与勘验程序的一部书籍，全书共分 25 节。书中的大部分内容皆以案件为例进行阐述。强调审讯犯人不用拷打而察得犯人的真情是最好的；不应施行拷打，恐吓犯人是失败。对犯人前科的调查，应在捕到犯人后，再向外地发出调查文书。

2. 汉唐时期的检验制度 汉代的《疑狱集·张举烧猪》《三国志·魏书·方技传》《后汉书·酷吏传》《三国志·吴书·孙亮传》等均记载了当时的检案制度，还附有典型案例。在成文法律中，对法医学检验制度有明确规定的是唐律，其规定：检验人员被指派检验诈病、诈死和诈伤时，如果检验不实，要受诈病等应得刑罚的减一等惩罚。如诈病者应受杖刑一百下，减一等惩罚即为杖刑九十下。如果是真病、真死和真伤，而检验不实，则按故入人罪惩罚。故入人罪是故意把无罪判为有罪，把轻罪判为重罪。由此给被害人增加了什么刑罚，就要反坐什么刑罚。

3. 宋代的检验制度 我国古代法医学的成就主要体现在现存最早的系统的法医学著作《洗冤集录》，其英译名是"Instruction to Coroners"（H. A. Giles, 1924）。该书出版于南宋淳祐七年（1247 年），为中国古代法医学家宋慈所著，共 5 卷，53 节。主要内容有：宋代关于验尸的法令，验尸官职责，验尸的方法与注意事项，尸体现象，各种机械性窒息，各种钝器和锐器损伤，古代交通事故，高温致死，尸体发掘，猝死等。该书得到中外法医学者公认，并被翻译为多国文字。

4. 元明清时期的检验制度 元明清时期的检验制度多沿袭唐宋的规定，但有以下几个重要变化：元代将宋代要求检验官躬亲检验的制度改为检验官躬亲监视，由仵作验尸，并出具保证书；明代建立了从活体检查到尸体检查的程序，内容主要是两个格式，人命告辜式和人命告检式，前者是受伤后填写的告辜状，自诉损伤性质与程度，请求保辜，后者是保辜无效，受伤人死亡，请求检验官员依照告辜状所供伤痕，依法检验；清代与历代刑律不同的是，清律明确规定了致命部位与致命伤，以致命部位有致命之伤为"要害致命",可据之得出检验结论,清代还颁布了与"检尸法式"相当的检尸文件"尸格"和"尸图",并创建了"验骨图格"。历代法律都没有关于仵作的规定,唯独"大清律例"明文规定了仵作的定额、招募、学习、考试、待遇与奖惩,并对不遵守这些规定的州县检验官员进行处分。

（二）国外法医病理学

1. 西方最早法医病理学鉴定案例 根据 1921 年 G. Bohne 从拉丁文献中的翻译,西方最早的法医病理学鉴定案例是 1289 年在意大利波伦亚进行的检验案例,此后又由 Ackerknecht 转译为英文。其中一例是:Malevoda 医生、Amoretus 先生、Gandino 法官和 Albertus 先生在 Saracocia 大教堂中检验了一个因创伤而死的 J. Rustighelli 的尸体,经观察和检验后一致认为有以下发现:胸部致命创 7 处;颈部致命创 1 处;头部致命创 2 处;枕部致命创 1 处;上颌部非致命创 1 处。宣誓证明属实,1289 年 2 月 12 日星期六。尽管内容简短,但这是现知欧洲最早的由医生进行的尸体检验报告书。

2. 国外最早死因调查官检验 据 Heddy 报道,最早的尸体检验案例见于 1265 年:英国 Barford John 的儿子 Henry 在晚祷时间进入父亲的院中玩耍、游戏时落入水沟中被淹溺。其父迅速来救,当其救回时却发现儿子已经死亡。John 宣誓证实自己的申诉,由附近 4 个镇的陪审委员在死因调查官 Rowland 主持下进行了验尸。他们进行的调查认为:"尽我们所知,Henry 之死属于意外死。"该案系死因调查官最早的验尸案例,不是由医生进行的,也没有具体的检验所见记录。其后在《1300—1378年伦敦城死因调查官记事》一书中,尚有许多类似的死因调查官写的检验案例,可资参考。所陈述的检验案例,大都以记述案情及组织检验经过为主,对伤痕虽有所记载,但多缺乏对伤痕性质的描述。

3. 国外最早的尸体解剖案例 据 Salimbene 的日记记载:1286 年的冬天异常寒冷,在意大利的 Parma 等地冻死许多人和鸡。一位医生解剖了一些鸡,发现这些鸡心中都有脓肿并有囊泡,他也解剖了一具男尸,在心脏中发现了同样的囊泡。被认为这是为解决死因而进行的第一例尸体解剖,这例尸体解剖并不是为司法目的解剖,似应属于最早的病理解剖。Rubin 在其《中世纪英国医学》一书中介绍了一幅 13 世纪的病理解剖图,表明病理解剖的实行要早于法医解剖。

据认为第一例司法尸体解剖是在 1302 年,由 Bartolomeo da Verignana 遵照波伦亚法庭的命令,对一被疑为中毒死亡的贵族 Azzolino 施行的。其解剖结果否定中毒死,同时指出:"我们郑重宣告我们所具备的条件是,对其各部位的解剖和感知所得的证据"。据 Singer（1925）复制的解剖图可知,那时的解剖切口是由胸骨剑突起至耻骨联合止,在有内科医生和牧师在场下,由外科医生摘出脏器。

公元前 44 年,罗马恺撒大帝遇刺身亡。为查明死因,元老院责成 Antistus 医生对恺撒的尸体进行检验。Antistus 医生证实,恺撒所受的 23 个刺创中,位于胸部 1～2 肋骨间的贯通性刺创是致命伤。

二、近现代法医病理学

（一）近代人体解剖的发展对医学和法医学发展的贡献

尸体解剖（autopsy）的开展是古代医学向近代医学发展的重要标志之一。16 世纪是医学和法医学的转折点,也是古代法医学与近代法医学的分水岭。公元 1543 年,人体解剖学的创始人,法兰德斯（现比利时境内）的 Andreas Vesalius（1514—1564）,出版了七卷《人体结构学》,阐明了人体的正常解剖结构;生命科学史中记述,他曾应邀解剖一具疑似中毒死亡的少女尸体,他以高深的解剖学知识和技术证明其死亡原因系缠腰过紧所致,并非中毒;他还与 A. Pare 共同证明法王亨利二世比武所受的伤是致命伤。1532 年,德王查理五世颁布了加罗林法典,特别强调了法医检验中尸体解剖的重要性,使法医病理学从尸体外表检验,推进到内脏器官的检查,从局部解剖推进到三腔剖验。加罗林法典明确规定,凡审理杀人、中毒、堕胎、杀婴、医疗事故等方面的案件,必须邀请医生参加,说明 16 世纪法律与医学已携手合作。从 16 世纪到 19 世纪,从意大利到法国、德国、奥地利、英国等国,法医病理学不断取得进展。奥地利病理学家 Rokitansky（1804—1878）亲自解剖了 3 万具尸体,掌握了 6 万例尸体解剖材料,对全身各种疾病病变的检查都非常详细,丰富了病理解剖学的内容,其巨著《病理解剖学》为法医病理学研究开拓了新的途径。1682 年,有人用肺浮扬试验鉴别了婴儿是活产还是死产。

1772 年,法国的法医学家报告了颅内的对冲性损伤。1814—1815 年,巴黎的法医学家 M. P. Orfila 发表关于中毒的论文。除此以外,各国的法医学家通过系统的尸体解剖,详细观察了各种损伤、窒息、烧伤、电击、中毒的体内病变,积累了大量资料,包括颅脑损伤、胸腹腔内脏损伤、四肢骨及大血管损伤、各种窒息死的体内改变、各种毒物引起的不同内脏的改变、高温引起的热作用呼吸道综合征、冻死者胃黏膜的改变以及各种猝死的内脏改变等,将法医病理学推进到了新的水平。

纵观 16 世纪至 19 世纪法医病理学的巨大成就,主要是源于尸体解剖数量的积累。我国在辛亥革命后,于民国元年(1912)颁布的刑事诉讼律明确规定了有关法医尸体解剖的条款,1913 年国民政府内务部又制定了我国第一部《解剖规则》,使我国法医解剖有了法律依据。但是我国由于长期受封建和迷信思想的禁锢以及科学文化不普及,尸体解剖很少,影响了医学及法医病理学发展。

(二)组织病理学发展推进了法医病理学的发展

人体解剖学、病理学和法医病理学专业人士从 16 世纪开始大力开展了对体内各器官的观察。现代病理学的奠基人 Battista Morgagni(1682—1771)在 1761 年出版了《疾病的位置及原因》一书。从此,组织病理学进一步揭开了人体微观世界的秘密,也推进了法医病理学的发展。1665 年,英国人 R. Hooke 用简陋的显微镜发现了细胞。1661 年,M. Malpighi(1628—1694)在显微镜下发现了蛙的毛细血管和血液循环,证实了 W. Harvey 血液循环的理论,并研究了植物与动物的微细构造,发现了肾小球、肾小管、真皮乳头,成为组织学的开端。1838—1839 年,德国人 M. G. Schleiden 和 T. Schwann 先后对植物和动物躯体组织经过显微镜观察研究,指出一切动植物均由细胞组成。这为人们从细胞水平观察、研究人类疾病状态时组织和细胞的形态学改变奠定了基础。德国著名病理学家 R. Virchow(1821—1902)自 1843 年起,用显微镜观察组织细胞的病变,找出细胞的改变和细胞生活机能的障碍是一切疾病的基础,指出了病理改变与疾病过程和临床征象的关系,创立了细胞病理学说,1856 年出版的《细胞病理学》这部巨著,用细胞病理学的理论阐述了病变的形成,推动了病理解剖学、法医病理学以及临床医学的发展。19 世纪推出了 HE 染色和特殊染色方法,促进了病理学和法医病理学的诊断水平的提高,例如,对损伤的生活反应的判断、损伤时间的推断、损伤后体表或组织内遗留物的检出、损伤后各种并发症包括肺栓塞或脑栓塞的认定、中枢神经系统外伤后微细改变的识别、窒息死尸体颈部压痕及内脏改变的认识、溺死尸体肺的改变及硅藻的检验、电流印痕的确诊以及对某些毒物所致组织改变的评定等。由于应用了组织病理学的技术和理论,对于猝死的诊断也有了明显的进展,这些进展大大丰富了法医病理学的内容,对许多案例死因的确定起了决定性作用。有些内容和方法现仍在沿用。至今病理学和法医病理学对疾病病变的诊断主要还是依据肉眼和光学显微镜检查结果为主,到目前为止没有任何一种技术可以完全取代它。

第二次世界大战以后,科学技术突飞猛进,各种新兴技术向医学领域渗透,发展了多种边缘学科,推动了各学科的发展。法医病理学与其他学科一样取得了许多重要的成果,拓宽了学科领域,开辟了广阔的前景。借助本学科和其他学科的新技术,20 世纪法医病理学取得了空前的成就。

20 世纪有了电子显微镜,病理学研究和应用进入到亚细胞水平,能观察细胞超微结构改变。在 20 世纪 50 年代后其他新的技术逐渐出现,例如:组织化学、免疫组织化学、图像分析、原位杂交、RT-PCR 等,使法医病理学科学研究从细胞水平发展到分子水平。一些研究成果已用于检案工作。

当前新的科研技术与新的研究方法突飞猛进,法医病理学的研究与其他学科领域的互相渗透,促进了法医病理学研究由宏观进入微观;由常量进入微量;由定性进入定量等,为审理各种案件提供更科学的证据。在美国的许多法医局都有先进的设备用于检验枪弹,用扫描电子显微镜加能谱检测枪伤组织内或嫌疑发射者手上的粉尘,判断弹头的种类或发现发射者。

应激源作为致伤因素,通过应激反应机制可引起机体组织损伤或机体死亡,或作为参与因素促进机体原有损伤或疾病的恶化。由此引发的司法纠纷越来越多,值得认真研究开发用于判定应激性损伤的法医病理学检案技术。

生物芯片(biochip)技术是当前科技发展的前沿技术,在法医病理学遗传病方面已开始应用,是在分子水平开展病理学研究的新途径之一。基因芯片可直接检测和鉴定基因缺陷，用于诊断基因缺陷引起的遗传疾病。

纳米技术是 20 世纪 90 年代末兴起的，预测 21 世纪初将会出现一个新的领域——"纳米医学"，也将会促进法医病理学的发展。

总之，法医病理学是一门应用科学，随着社会的发展、科学的进步，需要不断突破传统法医病理学技术所能解决问题的范围。因此，在应用传统的尸体解剖查明原因和分析各种问题时，除立足于现场勘查，常规的辅助检查外，还需采用各学科之长，用各学科的新理论、新技术、新设备充实法医病理学的检验与鉴定，为审理各种民事、刑事案件提供更科学的证据。

第三节 法医病理学鉴定及档案、标本管理

法医病理学鉴定的过程包括，现场勘验、尸体检验、病理学检验、综合分析及制作鉴定意见书，每一环节均应做到严谨细致、记录全面、客观求是。对检案所涉及的档案资料，组织标本均应妥善保存，以备复检。

一、现场勘查记录

我国法医工作者多数分布在公安部门工作，工作的重点在于侦破刑事案件，法医必须亲临命案现场。因此，现场勘查成为我国法医病理学工作的重要内容。

法医病理学工作者现场勘查（scene investigation）的任务是了解案件的发生经过，观察发现尸体的现场情况及尸体与周围环境的关系，收集物证包括血痕、呕吐物、服剩的药物或毒物以及其他与死亡有关的物证，进行尸体外表检查和记录，并根据现场勘查所见，提出初步意见，为侦察提供线索。

（一）案情调查

案情调查首先要记载案情材料提供者和被鉴定人的姓名、年龄、职业、地址等一般情况；然后将案发目击者叙述的案件经过，死者临终前的活动、表现，及可能与死亡有关的人、物和事，发现尸体的经过（发现人、时间、当时情况及发现后尸体有无被移动过）及死者家属或其他人提供的相关情况等进行详细了解并逐一记录。

（二）现场勘查

应按一般原则，先是静态观察，后进行动态勘查。命案现场的尸体勘验一般应在痕迹勘验之后进行，避免破坏遗留的痕迹。法医到现场后，若发现被害者尚未死亡，应急送医院抢救，并收集各种物证材料（呕吐物、血、尿液等）。如发现有可疑毒气、爆炸等迹象，应采取自身安全措施，然后再进入现场勘查。现场勘查首先是静态观察，然后以尸体为中心再向周围扩展。并做到边观察边记录、绘图，并同时拍照，必要时应录音、录像。观察尸体的位置及与周围物体的关系，有无移尸迹象；观察尸体体位、姿势和衣着，尸表若有血迹、毛发、呕吐物或其他附着物，应观察其形态、流注方向、干涸程度、有无特殊气味等，并在不变动尸体状态的情况下提取各种物证检材备检。若是无名尸体，应当场查明死者体表的特征（如身高、脸型、发式和瘢痕、斑、痣等）以及衣着的颜色、款式、品牌和号码、面料和随身携带的物品、证件等，以便尽快为侦查提供线索。死者随身的贵重物品经检验记录后应交专人签收保管。尸体现场勘查笔录应由现场指挥者、勘查者、笔录者、法医以及见证人当场过目、签字。重大命案现场，勘查后，在侦查期间尽量封闭，保留一段时间以备复查。

（三）尸表检查

尸表检查应包括衣着及其附着物的检查，尸体外表检验应在案发现场或现场附近适当的地方进行，也可到解剖室作尸检，但移动尸体时，对死者头面部、双手等外露部分，应尽量保持原状，切勿造成新的污染或损伤。

尸表检查要详细检查死者的衣着状况。首先要注意其表面有无附着物，必要时应提取备检。对

纽扣、腰带、鞋带等观察其是否完好和系着状态。如衣着有破损，应鉴别其新旧，新的破损还应查明其与尸体上的损伤是否对应，并仔细检查破损纤维的断端状态，以便推断致伤物。

然后，除去全身衣服进行尸体体表检查，并摄像留证。尸体衣着和脱衣后的裸体至少应拍摄腹侧面与背侧面两面的全身照片。尸体外表检查主要记录尸体的死后变化（即尸体现象），尸体的特殊体位及形态变化，体表个人特征、附着物、血痕、有无损伤及损伤具体情况。体表损伤的位置及形状应与衣服上的破损作对比。体表检查应在印好的体表图案上标明各损伤的位置，并且用几何图形描述其形状，如有多个损伤时，应逐个编号并按号码依次用文字说明其大小、方向以及损伤种类及程度，并提取有关检材（血、尿、胃内容等）。尸体如在死后不同时间进行多次检查，应每次分别记录和照相，因为各次检验结果可能不同。对无名尸体的相貌特征，病变特征，以及衣着、携带物品和尸体包装物的特征要进行细致检验，详细记载，并一律捺印十指指纹和掌纹。一些冷藏的尸体，经多次解冻检查后，由于红细胞崩解，会出现许多原来未见过的类似出血的改变，切不可当成生前损伤和病变，经过一定时间后，此类似出血的区域可能还会变成蓝褐色或黑色，这是由于红细胞崩解释放的含铁血黄素经过化学变化而发生颜色变化所致。

二、尸体检验记录

法医病理学工作者在尸体解剖时应作尸解记录，注明解剖的时间、地点、解剖人、照相人、在场人；详细记录解剖的步骤及所见。可用事先设计打印的专用记录纸，按解剖所见逐项填入。解剖记录中除阳性所见外，有意义的阴性情况也应写明。所有相片均应附说明，与尸体解剖记录装订在一起。提取所有的内脏器官标本、胃内容物、血与尿液等均应记录。尸体检验笔录应由法医单独制作。再次勘验现场和检验尸体时，应制作补充笔录。对无名尸体，必须拍摄正面完整容貌照片。对于需要保留的尸体，应妥善保存，并向死者的家属或者所在单位的领导说明情况；对需要提取的物品要填写清单并向物主或主管单位出具收据。

三、法医病理学检验鉴定注意事项

（一）系统全面尸体剖验

系统全面的尸体解剖是作出客观、正确、科学的鉴定意见之关键，若检验不全面、有遗漏，则是造成悬案，使案件久拖不决的主要原因。系统解剖应要求坚持剖开三腔（颅、胸、腹腔），必要时还需要打开椎管，检验脊髓及相关组织。

（二）详尽肉眼观察

肉眼检查要认真仔细。切勿遗漏应该检查的部位，从而导致错误的鉴定方向，例如隐蔽处的电流斑或注射针眼；柔软物体压闭口鼻部或用柔软物体衬垫扼压颈部导致不明显的暴力痕迹等。

（三）准确判断病变

检案人员要有强烈的责任心、扎实的医学和法医学理论知识、技能和办案经验，才能对各种病变作出准确的诊断，而不会在鉴定过程中对各种病变视而不见或误诊。要准确地认识病变并作出正确的诊断，不能只凭肉眼检查，常需在显微镜下观察组织切片。因此，检案人员应具备法医病理组织学的基本理论和观察病理组织切片的技能，否则很难确切地认知病变和作出正确的诊断，甚至会出现错误，或者是把死后变化误认为生前病变。例如，实际工作经验不足的法医把胰腺死后自溶误认为急性坏死性胰腺炎；有的仅在心肌间质中发现少数甚至几个小圆形细胞就诊断为病毒性心肌炎；还有的法医将组织切片所见血管中的腐败菌落误认是细菌栓塞而作出死于败血症的错误结论等。

（四）正确提取检材

在尸体解剖后提取检材是非常重要的，哪些检材需提取，鉴定人应做到心中有数，否则，所提取的检材对案件的鉴定没有任何帮助。法医病理学的检材，不仅取内脏组织器官需做组织学检查，而且还需要提取供毒物分析和各类物证检验使用的各种各样的检材，所以，在取检材时必须按各专业的不同要求提取。例如,病理组织学检材(组织块)的提取必须建立在肉眼观察的基础上,如果肉眼观察没有发现病变,或者没有提取到病变的部位,而是毫无目的地从每个器官上随意提取一小块组织送检,就达不到病理组织学检查和诊断的目的,甚至还会产生误诊。又如,提取毒物分析的检材不仅要取胃内容物,而且必须同时提取血液、肝、肾等器官并保障有足够的量,有时还需提取尿、脑和脑脊液等。因为胃内有毒物并不能证明是中毒死,死后也可灌毒入胃。要证明是中毒死,必须在组织、体液内检出毒物并达到致死量或致死的浓度,而且伴有相应的病理形态学变化。有时还需提取做正常对照的检材。

(五)剖验记录要翔实

尸体解剖记录是制作鉴定书的依据,也是检验证据,所以必须做好记录。记录过于简单或不确切,重点未详细描述,就会使他人无法重建当时客观情况;也可导致在制作鉴定书时不能回忆当时尸解情况,遗忘当时客观情况,所以在解剖时不仅要记载阳性发现,同时也要记载阴性发现。

(六)拍照要清晰

照片是证据,特别是现场勘查的照片一定要多拍,因为实践证明,随着侦查工作的深入和拓宽,有些在当时认为没有必要拍摄的地方和物品,以后就有可能成为重要的证据和线索。在尸检中,不仅要拍摄与死者有关的阳性所见,有争议的和有鉴别意义的阴性情况也要拍摄。

(七)审慎采用辅助检验结果

法医学鉴定过程中常常会应用到各种仪器设备,但对检测出的结果要进行认真分析,作出综合判断。因为仪器由人操作,操作人的水平、技术能力好坏,作出的检验结论差异也很大;有时仪器老化致性能不稳定,也会导致错误的结果。因此,作为法医病理学工作者必须学会判断、判读、评价各类检验报告,不能被不正确的检验结果误导,甚至作出错误死因结论。

(八)鉴定意见科学、客观、求是

任何一份法医病理学鉴定意见书中的鉴定意见均应建立在事实的基础上。法医病理学的尸检鉴定意见虽然来自尸体检验的客观所见,但在作出判断之前,必须结合案情调查、现场勘查及各种辅助检验的结果,最后进行综合分析判断。尤其在损伤与疾病同时存在时,还应分析是疾病为主,损伤为辅;还是损伤为主,疾病为辅,作出任何一种结论都需有依据。例如胸部被拳击当场倒地死亡,尸体检验中未见可以说明死因的损伤,就确认为是心脏外伤导致死亡。这样的结论是不够全面的,还需要认真检查冠状动脉、心肌组织及传导系统,排除导致死亡的病变,否则就会出现错误的结论。

四、法医病理学鉴定意见书

尸体检验记录是制作正确的法医病理学鉴定意见书的依据。法医病理学鉴定意见书是经过法医鉴定人分析判断作出的专门性结论,最后要发送给委托人。对于刑事案件鉴定意见书就是侦查和诉讼的证据,具有法律效力。因此,法医病理学鉴定意见书应该符合以下要求:①针对委托人提出的问题,作出明确的结论;②措辞应简明易懂;③分析说明内容应提出必要的理论和鉴定依据;④分析说明问题必须实事求是,不做无充分根据的推测,也不能避重就轻作出鉴定意见。

司法部根据《全国人民代表大会常务委员会关于司法鉴定问题的决定》和有关法律、法规的规定,制定了《司法鉴定程序通则》。2007年,司法部印发了《司法鉴定文书规范(示范文本)》的通知。司法鉴定文书分为:①司法鉴定意见书,是司法鉴定机构和司法鉴定人对委托人提供的鉴定材料进行检验、鉴定后出具的记录司法鉴定专业判断意见的文书,法医病理学鉴定属此类;②司法鉴定检验报告书,是司法鉴定机关和司法鉴定人对委托人提供的鉴定材料进行检验后出具的客观反映司法鉴定人的检验过程和检验结果的文书,法医毒物分析与法医物证学属此类。司法鉴定文书正文应当符合下列规范和要求。

1. 标题 写明司法鉴定机构的名称和委托鉴定事项。

2. 编号 写明司法鉴定机构缩略名、年份、专业缩略语、文书性质缩略语及序号。

3. 基本情况 写明委托人、委托鉴定事项、受理日期、鉴定材料、鉴定日期、鉴定地点、在场人员、被鉴定人（姓名、性别、年龄、出生年月日、户籍地点）。

4. 检案摘要 写明委托鉴定事项涉及案件的简要情况。

5. 检验过程 写明鉴定的实施过程和科学依据，包括检材处理、鉴定程序、所用技术方法、技术标准和技术规范等内容。

6. 检查结果 写明对委托人提供的鉴定材料进行检验后得出的客观结果。

7. 分析说明 写明根据鉴定材料和检验结果形成鉴定意见的分析、鉴别和判断的过程。引用资料应注明出处。在实际工作中常涉及对死亡原因、死亡方式、死亡时间、损伤时间、致伤物等方面的鉴定和判断的要求，法医鉴定人对任何一种委托要求都应进行科学、客观、辩证的分析，例如：①对于死亡原因，有时情况比较复杂，存在几种疾病和（或）损伤时，应分析根本死因、直接死因、辅助死因、死亡的诱因以及死亡的机制。②对于死亡方式，法医应结合现场的实际情况，提出恰如其分的意见。有时法医所见的材料不充分，必须与侦察人员共同分析，才能作出死亡方式的结论。③对于死亡时间，应提出计算的依据和可能的波动范围。采用不同检测方法推断可能会得到不同结果，故在鉴定时应尽可能采用几种不同的检测手段，然后综合分析得出较为正确的结论。④对于致伤物推断，应着重说明致伤物与身体接触部分的可能形态及特性，同时尽可能说明致伤物的种类和性质。⑤损伤时间推断，首先是区分生前伤与死后伤；然后推断损伤时间，推断的准确程度需根据尸体的新鲜程度及法医病理学实验室的条件及水平而定。在所掌握的材料无法判定时，不宜下结论。

8. 鉴定意见 是鉴定人依据各项检验结果，通过分析、论证，并结合相关信息材料所作出的科学性判断。鉴定意见应当明确、具体、规范，具有针对性和可适用性；回答委托人鉴定的要求，切忌答非所问。鉴定意见应简明扼要地分条列出。鉴定意见要根据鉴定人掌握的材料作出，尽可能作出明确的判断（肯定或否定），或至少作出倾向性结论。鉴定意见与检查结果和分析意见要一致。

9. 落款 由鉴定人签名或盖章，按我国刑事诉讼法规定由二位鉴定人签名，并写明鉴定人执业证号，同时加盖司法鉴定机构的司法鉴定专用章，并注明文书制作日期等。《民事诉讼法》（2007年修正）第72条规定："鉴定部门和鉴定人应当提出书面鉴定意见，在鉴定意见书上签名或者盖章。鉴定人鉴定的，应当由鉴定人所在单位加盖印章，证明鉴定人身份。"

10. 附注 对司法鉴定文书中需要解释的内容，可放在附注中作出说明。法医病理学鉴定意见书应与尸体解剖的标本照片注明详细说明装订在一起。至少一式两份，一份存档，一份送交委托机关。如有录像也应一式两份，同样处理。法医鉴定工作做得越细、越全面，对侦查、预审、起诉及审判越有价值。鉴定不认真有可能造成冤、假、错案，使凶手逍遥法外，或使人蒙受不白之冤。法医鉴定人若作伪证，将受到法律的制裁。

五、法医病理学档案及标本管理

（一）档案管理

法医病理学的档案包括法医病理学鉴定书、委托合同、案情记录、现场勘验记录、尸体解剖记录、照片、声像材料等。必要时应附上预审笔录及其他有关材料。按上述规定进行顺序排列，要做到一案一册装订。还要另做备份存入电子计算机保管，可将每一案例资料输入数据库，便于统计分析，进行科学研究。有的国家，将全部法医病理学尸体解剖资料建成全国联网的数据库，可进行合作的分析研究。

（二）标本管理

在尸体解剖时提取的血液、尿液、胃内容物、毛发、精斑等，应分别妥善保管，一般应保存三个月至半年；保留的内脏器官标本一般保存半年；对一些有明确要求的重大疑难案件内脏器官和生物检材需长期保存，直到案件终结，否则在案件重新鉴定或出庭作证时，就无法提供实物证据；对内脏器官的组织蜡块、组织切片需长久保存。作为证据的标本必须妥善保管，不能毁坏或丢失。

我国1979年9月修订发布《解剖尸体规则》第7条规定："凡病理解剖或法医解剖的尸体，可以留取部分组织或器官作为诊断及研究之用。但应以尽量保持外形完整为原则，如有损坏外形的必要时，应征得家属或死者生前所在单位的同意。"内脏器官标本由于体积较大，为了案件的鉴定需要或为教学科研需要保留部分标本外，一般多余的标本在解剖后应放回尸体体腔内，与尸体一起处理。一般而言，在尸体解剖后不得将一尸体的内脏器官放入另一尸体体内，以免导致下次复查案件时得出错误的结论。

第四节 法医病理学工作者的培训、职业要求、工作条件和保护

我国法医病理学专业人员基本是经过法医学专业本科生或研究生培养的。除本科生、研究生培养外，还有毕业后的教育，如各大医学院校、司法部司法鉴定科学技术研究所、中国刑警学院开设各种法医学进修班、高级师资进修班等，为我国培养了大批法医专业人才。法医病理学检验是为侦查提供线索，为刑事案件、民事案件和行政案件的审判和调处提供科学依据的司法鉴定行为。法医病理学工作者不仅要有较高的业务水平和工作能力，还必须有良好的工作态度和职业道德，在鉴定过程中要做到严谨求实，独立公正，科学规范，准确客观。同时也要给予他们一定的工作条件和健康保护。

一、法医病理学工作者的培训

（一）国外法医病理学工作者的培训

英国：医学本科学生毕业后有志于报考法医病理医师证书的，需在被认可的病理或法医学科至少工作3年，并提供证件及个人检验的法医尸检案例，再经考试合格，最后还需提供20个解剖案例和一篇论文，并经实践考试、口试、笔试，合格者才发给法医病理医师证书。

德国：医学本科学生毕业后，可到法医研究所进修5年，经考试合格可获法医学专业医师证书，进修期间要求做500例尸体解剖并包括组织学检查在内的临床病理解剖100例，复杂鉴定书30例，并且还要求出庭作证和咨询200次以上。

美国：医学本科学生毕业后，必须先经过3年的病理解剖学或3年临床病理学的培训，考试合格取得病理医生资格后，再进修1年法医病理学，这一年内完成500例尸解，并在导师指导下学习法医人类学、法医牙科学、毒物学、血清学等相关学科技术。

前苏联：医学本科学生毕业后，选择法医学鉴定人职位者均需经过医师进修学院法医学教研室培训5个月，然后参加法医学检案，并参加医师进修学院和莫斯科法医学研究所组织的法医学业务培训，经过国家考试取得法医学鉴定人证书。

日本：无法医学专业或法医病理医师专业教育，培养法医专业医师的主要途径有三种：①青年教师在司法解剖、教学和科学研究中培养；②通过在医学院校攻读博士学位；③国外培养。

（二）我国法医病理学专业人员培训

近年来，全国新注册了大量的鉴定机构和鉴定人，对这部分人员的专业培训任务迫在眉睫，尤其是对从事法医病理学鉴定的人员培训，应提出严格要求：①经过系统的病理学、法医病理学与法医学的学习；②要有一定数量的尸体解剖的经历和出庭经验；③应当有法医病理学专门的资格考试，具备了法医病理学鉴定人的资格后，才能从事法医病理学的鉴定工作。

二、法医病理学工作者的职业要求

（一）树立良好的敬业精神

在法医实际工作中有时会遇到意想不到的恶劣环境，但法医病理学工作者应当正确对待。对各类尸体不论是新鲜或腐败，均应做到不推诿，切不可草率从事，保证鉴定的质量。敬业的另一个方面就是时时要有证据意识，对能作为重要证据的检材和标本及文字影像资料，如尸检记录、照片、录像

等都要妥善保存,尸体解剖时取得的内脏器官组织要及时用足量的固定液固定。需送其他单位复查或咨询时,要收集充分的证据(检材、记录、照片等)材料,向其提供足够的原始资料。法医病理学工作者在鉴定过程中,必须避免将某一案件与另一案件标本搞错,若因此导致鉴定结论错误的,行为人将受到相应的处罚。

(二)树立良好的职业道德

法医病理学工作者要做到不受各种人为因素的干扰和腐败思想的侵蚀,严格坚持实事求是的原则进行鉴定工作;不偏不倚,对法律负责。《中华人民共和国刑法》第305条规定:"在刑事诉讼中,证人、鉴定人、记录人、翻译人对与案件有重要关系的情节,故意作虚假证明、鉴定、记录、翻译,意图陷害他人或者隐匿罪证的,处三年以下有期徒刑或者拘役;情节严重的,处三年以上七年以下有期徒刑。"此外,也不允许在同行间说情,拉关系,唆使其他鉴定人故意作出错误鉴定。《中华人民共和国刑法》第307条规定:"以暴力、威胁、贿买等方法阻止证人作证或者指使他人作伪证的,处三年以下有期徒刑或者拘役;情节严重的,处三年以上七年以下有期徒刑。帮助当事人毁灭、伪造证据,情节严重的,处三年以下有期徒刑或者拘役。司法工作人员犯前两款罪的,从重处罚。"司法鉴定行为,从理论上讲,属于诉讼行为,不是盈利性行为,更不能将司法鉴定作为谋取不当利益的工具,否则,司法公正难以实现。因此,法医鉴定人必须牢固树立规则意识,崇尚契约精神。

(三)培养科学思维方法

法医病理学工作者应具备宽厚、扎实的病理学基础。除应进行系统的病理学知识学习、掌握和严格的专业技能训练外,还应了解和掌握其他医学学科的理论知识,应用这些理论知识来解释和论证案件中死者的死亡过程和机制。不能只满足于做尸表检验或局部解剖,而不作全面系统的法医学尸体检验,否则,就会忽略全身情况,而对死者体内的疾病认识不清。结果,既难确定死因,也难以对案件进行全面的综合分析,得出客观正确的结论。因此,在实际鉴定工作中,应科学、客观地对待每一案件。接受委托鉴定后,应当先对案情进行详细充分地了解,将有关的人、事和物联系起来,进行分析;若死者生前经过医治,还要调取死者的全部病历资料,认真阅读,深入分析研究,有针对性地确定解剖检验方案,防止有任何遗漏;最后根据案情调查、现场勘察、尸体解剖和相关辅助检查结果,综合分析判断,得出正确的科学结论,为委托方提供客观真实的科学证据。

三、法医病理学工作者必要的工作条件与保护

(一)法医病理学工作者必要的工作条件

现代法医病理学专业技术是以尸体解剖为基本手段,开展法医病理学教学、科研、鉴定工作需要一定的工作条件:①解剖室的建设要具有通风、抽气和冷暖装置。对于高度腐败的尸体,应有特殊通风排气的解剖室。解剖室必须有水泥或不锈钢的解剖台、良好的通风和照明、摄影装置、供水、排水和喷淋设备等;有条件的地方可安装恒温设备;解剖室应有消毒设备如紫外线灯;还应备有必要的消毒药物,以备在解剖人员意外受伤时进行紧急处理;在当今枪伤案件不断增多的情况下,大城市的解剖室还应逐步增添影像设备。②必需的仪器设备,如交通工具、运输尸体工具、通讯设备、冷藏设备、记录设备(摄影、录像、录音、电子计算机系统)。③实验室(组织学、免疫组化及毒物分析实验室)等,在有条件城市的相关部门应设有法医病理学实验室,需备有组织固定、脱水、包埋、切片、染色等病理组织学实验室常规的仪器,配备具有法医病理诊断水平的人才。

(二)法医病理学工作者的保护

1. 造成损害的因素 法医病理学的工作人员在实际工作中大部分时间是面对尸体,不仅环境艰苦,工作条件较差,而且危害法医工作者的因素又很多,因此加强自身保护和环境保护非常必要。这两种保护又紧密相关,个人保护不好,不仅危及个人,也会传播给其他人,危及社会环境。所以,法医的劳动保护不仅是个人问题,也是环境保护的社会问题。在检案时,易造成技术人员损害的因素主要有以下两种。

（1）接触腐败的尸体：尸体腐败后会产生硫化氢，这是一种神经毒，接触上呼吸道黏膜或眼结膜后与组织细胞内外液中的钠离子结合成碱性硫化钠，直接发生持续性刺激和腐蚀作用，使眼睛发热、疼痛、瘙痒、有异物感，视物模糊；有流涕，鼻咽部灼热感。长期接触腐败尸体产生的有毒气体和令人厌恶的腐败尸体形象也会造成不良心理。

（2）接触微生物：腐败尸体含有变形杆菌、枯草杆菌、铜绿假单胞菌、酿脓链球菌等腐败菌。这些细菌在特定的情况下，可引起食物中毒、肠炎、创伤感染等，枯草杆菌还能引起严重的全眼炎。当人体抵抗力低下时，有些细菌可引起脑膜炎、菌血症。法医病理解剖有时会偶尔遇到传染病尸体，他们体内带有大量致病微生物，如，结核杆菌、痢疾杆菌或各种烈性传染病的病菌，也有各种病毒，如乙型肝炎病毒、流感病毒、艾滋病病毒、埃博拉病毒等。

2. 法医病理学技术人员的保护措施　我国广大的法医工作者过去在简陋条件下克服困难，忠于职守，不怕脏，不怕累，承受着巨大的肉体、精神压力，兢兢业业地努力工作，为诉讼活动提供了大量的证据。因此，法医病理学技术人员要懂得自我保护，积极创造良好的工作条件。

（1）现场勘查中的保护：法医病理学工作者所到的现场，有时情况相当复杂，例如遇到有塌方危险的悬崖峭壁下的尸体、在含有毒气体的山洞或地窖中的尸体、与电源或高压电线接触的尸体，在遗留有爆炸物体的现场等。对存在各种危险因素的现场，法医技术人员应充分考虑可能的危险性，然后采取必要的防护措施。既不应害怕，也不可莽撞从事，造成无谓的损害。触摸尸体时应戴手套；在死者衣兜内查找物品时，要用器械夹取，防止被死者衣兜内的注射针等锐器致伤手指皮肤；提取血迹、分泌物等人体物证时，必须使用器械并包装、密封，防止泄漏、污染。

（2）防患传染病：法医病理学工作者检查的尸体可能是吸毒者、同性恋者、长期嫖娼者等，艾滋病的主要发病者就在这些人群中。故法医病理学尸体解剖时要特别注意采取针对传染病的防护措施。应具有设备先进的单独解剖室，解剖者除了戴面罩、口罩、较厚的手套、长筒胶靴，电锯也应有防护罩（以防止锯骨时组织碎屑的飞扬）。解剖用具在解剖完毕后如果要保留再用，必须经过认真彻底的消毒，解剖室的地面也要用消毒剂消毒。

（3）保护环境：应让所有参与尸体解剖和在场的人明确认识到尸体解剖是严肃、科学的，不能有粗俗的态度。在尸检时，既要增强消毒观念，注意自我保护，也要注意保护环境。检验和解剖尸体时，应全神贯注地进行观察、检验，语言和行为都要谨慎。同时注意处理尸体和一切有关物品，尤其是可能有含毒物的内脏、排泄物、体液，可能有传染性的尸体组织或衣着。尽量避免在室外现场或旷野解剖尸体。妥善处理尸体解剖后遗留物。尸表检验或尸体解剖留下的废弃物和被污染物应集中在一起，根据情况，或就地装于垃圾袋处理（注明是污染物），或焚毁、深埋，以防止污染环境或造成二次污染。疑有烈性传染病时，要报告防疫部门，除对尸检现场和污物以及有关人员进行消毒外，必要时采取隔离和预防措施。

（4）尸检用的器械清洗与消毒：尸检用的器械要用清水洗去血污后再用常规方法消毒，尸检用的工作服也应清洗、消毒。如在尸检过程中发现手套破损或皮肤受伤，应立即作局部清洗消毒（70%乙醇或碘酊），疑有烈性传染病时应随即作预防注射。

第五节　法医病理学鉴定人出庭作证注意事项

鉴定人出庭作证（expert witnesses to testify；expert witnesses appearing in court）是指鉴定人根据人民法院审判案件的需要，就自己鉴定的案内专门性问题，依据诉讼法的规定出庭作证，接受当事人及法院的当面直接的质证。鉴定意见是一种言词证据，按照直接言词审理的原则，鉴定人出庭作证是一种法定义务，是对鉴定意见进行质证的一种正当程序和必要方式。鉴定人出庭作证时，除宣读说明其所作的鉴定意见外，在审判长许可的前提下，可就庭审人员、公诉人、被告人以及其法定代理人、辩护人、诉讼代理人等诉讼参与人对鉴定意见提出的问题进行回答。需要注意的是，如果遇到与本案无关或涉及不宜公开的国家机密和个人隐私等问题的提问情形时,鉴定人有权要求并经审判长准许而拒绝回答。

一、出庭作证的主要法律依据

(一)《刑事诉讼法》

《刑事诉讼法》第 187 条规定:公诉人、当事人或者辩护人、诉讼代理人对鉴定意见有异议,人民法院认为鉴定人有必要出庭的,鉴定人应当出庭作证。经人民法院通知,鉴定人拒不出庭作证的,鉴定意见不得作为定案的根据。

(二)《民事诉讼法》

《民事诉讼法》第 78 条规定:当事人对鉴定意见有异议或者人民法院认为鉴定人有必要出庭的,鉴定人应当出庭作证。经人民法院通知,鉴定人拒不出庭作证的,鉴定意见不得作为认定事实根据;付鉴定费用的当事人可以要求返还鉴定费用。

(三)《全国人大常委会关于司法鉴定管理问题的决定》

《全国人大常委会关于司法鉴定管理问题的决定》第 11 条规定:在诉讼中,当事人对鉴定意见有异议的,经人民法院依法通知,鉴定人应当依法出庭作证。

(四)《司法鉴定人登记管理办法》

《司法鉴定人登记管理办法》第 22 条规定:依法出庭作证,回答与鉴定有关的询问为司法鉴定人必须履行的义务之一。第 30 条规定:经人民法院依法通知,非法定事由拒绝出庭作证的,由省级司法行政机关给予停止执业 3 个月以上 1 年以下的处罚;情节严重的,撤销登记;构成犯罪的,依法追究刑事责任。

依据上述规定,出庭作证是鉴定人必须履行的法定义务,并明确了拒绝出庭作证的法律责任。在诉讼中,检察院、当事人及其辩护人、法定代理人、诉讼代理人对鉴定意见有异议的,可向法院申请要求鉴定人出庭作证,法院根据案件需要,决定鉴定人是否出庭作证。对于未经法院同意,鉴定人无正当理由而拒不到庭作证的,法院可向司法行政机关发出司法建议书,由司法行政机关进行立案调查,依法处理。鉴定人应当出庭作证的前置条件是,公诉人、当事人或者辩护人、诉讼代理人对案内已形成的鉴定意见有异议(实质条件)和经人民法院依法通知(程序条件)。在这两个条件下,鉴定人就应当出庭作证,反之,鉴定人则不需要出庭作证或可以不出庭作证。作为诉讼参与人之一的鉴定人在诉讼中属于广义证人的范畴,因此其在诉讼中处于证人的地位。与狭义的证人又有着明显的区别,鉴定人有着比较严格的资格条件,而狭义证人则不需要这些条件。

二、鉴定人出庭作证的程序

(一)鉴定人出庭作证程序的启动

法医学鉴定人出庭作证程序的启动可由诉讼双方当事人或法官提起,但应由法官掌握启动决定权。诉讼双方当事人提出书面申请要求鉴定人出庭作证的,法官应以该鉴定人出庭作证是否有利于案件事实的查明为标准进行审查,决定是否批准。诉讼双方当事人无人申请,但法官在庭前审查时发现诉讼双方对鉴定意见有异议的,可依职权决定鉴定人出庭作证。

(二)通知鉴定人出庭作证

法院一般应于开庭前 3 日用书面形式直接送达鉴定人,经鉴定人签收后生效;也可向鉴定人所在鉴定机构送达,由鉴定机构相关负责人代为签收后,再转交给鉴定人本人。若鉴定人在外地,应将通知时间提前,以确保鉴定人及时收到出庭通知。逾期送达鉴定人的,鉴定人可不参加庭审,也可以要求人民法院更改开庭时间。

(三)鉴定意见的庭前开示

法院在庭审前应组织控、辩双方对拟提交法庭作为证据使用的鉴定意见予以相互开示的程序,称为证据开示，也称为证据交换，是指在庭审前诉讼双方获取或了解对方的信息和证据的程序，一般由法官主持，且为双向开示，是建立和落实交叉询问制度的重要条件。法医学鉴定意见开示即为证据开示的种类之一，主要包括鉴定人（专家）资格、鉴定意见的内容和鉴定意见形成的过程、依据等。控、辩双方在鉴定意见的庭前开示程序中，应就鉴定意见内容表示是否持有异议，并由法院记录在案。对有异议的鉴定意见列入法庭质证的重点，通知相应的鉴定人出庭作证。

（四）法庭核对鉴定人身份及资格

庭审中，法庭首先核对鉴定人身份，考察是否属于回避对象，以及法医学鉴定人学历、职称、鉴定人资格证书等。

（五）鉴定人的权利义务告知

法庭告知法医学鉴定人诉讼的权利、义务及故意作虚假鉴定意见的法律责任，旨在维护鉴定人的权利、使鉴定人明确作证行为的性质以及不履行该义务将要承担的法律责任。

（六）鉴定人庭前保证

我国现行法律法规中，没有鉴定人庭前宣誓的具体规定，但在现行诉讼模式下一般采取庭前保证的方式对鉴定人进行规范。鉴定人庭前保证程序在权利义务告知程序之后进行。庭前保证应当包括：忠实于法律和事实真相、如实向法庭作证及承担伪证责任等主要内容，并在保证书上签名。

（七）询问鉴定人

在这一环节中，法医学鉴定人的工作主要有两项，即陈述鉴定意见和接受各方交叉询问。

1. 宣读法医学鉴定意见书 法医学鉴定人首先要在法庭上公开宣读法医学鉴定意见书，概括陈述送检情况和检验过程，重点突出分析检验结论，阐明作出该案法医学鉴定意见的依据和科学道理。

2. 接受各方的交叉询问 交叉询问是产生于对抗制庭审中的一种证人质证制度。庭审中对鉴定人的交叉询问顺序通常为：①主询问，指申请鉴定人出庭作证的一方当事人、代理人或辩护人对鉴定人进行询问，主要内容是开示法医学鉴定意见的主要观点；②交叉询问，指对方当事人、代理人或辩护人对鉴定人进行询问，主要对鉴定人资质、鉴定意见的依据和使用的方法、技术、手段及鉴定过程等方面进行询问；③再主询问，指申请鉴定人出庭作证一方的当事人、代理人或辩护人对鉴定人再次进行询问，是对鉴定人的补充询问，一般只能就交叉询问中作证的内容进行提问；④再交叉询问，指对方当事人、代理人或辩护人对鉴定人进行再询问，就鉴定意见相关内容具有针对性地再次询问；⑤法庭认为确有必要，可以决定由审判长进行补充性询问，或者依申请允许被害人或者代理人进行询问。

（八）鉴定人退庭

法医学鉴定人在回答完诉讼各方及法官所提的所有问题后，诉讼各方已不再发问时，法官则应当宣布鉴定人作证完毕。此时，鉴定人退庭，即退出审判区，但允许其参加旁听。在退庭前，应当庭核对笔录，确认签字。如鉴定人认为记录不符合其陈述，可以当庭公开指出，并要求更正，但不得擅自修改，而应根据其陈述由书记员更正。

三、鉴定人出庭作证的注意事项

（一）出庭前的准备

1. 熟悉相关资料 接到出庭通知后，立即将原鉴定档案材料调出，温习全部内容。认真回忆原鉴定时的每一细节，翻阅有关记录，熟悉相关资料。

2. 了解争议焦点 与本案的承办法官联系，详细了解案件当事人双方及其代理人对鉴定所提出的疑点、难点和争议焦点。

3. 准备出庭材料 出庭材料包括两部分：一是以原鉴定意见书为基础，详细的鉴定过程、检验所见（某些有意义的尸检照片、组织学检查图片等）、鉴定结论及其依据、必要的补充说明等。二是答辩材料，针对疑点、难点和争议焦点，或者通过自己的分析预测法庭可能对有关鉴定提出的问题做答辩的书面准备。

4. 形成补充鉴定书或意见书　如果发现自己原来的鉴定中存在某些不足之处，一定要进行补充完善，形成补充鉴定，对于一些无法弥补的漏洞，或因当前的技术水平无法解决的问题，也要仔细研究其妥善的答辩方案，同时与法庭取得联系，出具说明书或意见书，在开庭质证前交给法庭。

5. 及时纠错　如果发现原鉴定结论确实错误，应当及时向主管领导如实汇报，组织鉴定，同时将该情况通报法庭，切不可认为当事人不懂鉴定或者心存侥幸，以为当事人考虑不周而忽视应该做的出庭前准备工作。

6. 做好心理准备　在接到出庭通知时，鉴定人除了做好庭前准备工作外，部门领导和同事们应当鼓励其树立信心，提高出庭人员的自信心，战胜胆怯；或者帮助出庭人员制造多种机会来锻炼、培养出庭人员的口才和情绪，使其具备良好的出庭心理素质，以保证质证效果。

7. 证件准备　鉴定人出庭时应当准备好能够证明其学历、专业职称、鉴定人资格等各种证件，以备开庭时接受查验。

8. 复杂案件及时会诊　对于疑难、复杂或已有多个鉴定结论的案件，在出庭前最好组织相关人员进行讨论、"会诊"，以防止准备工作中的疏漏或片面性。

知识拓展 ▶

专家辅助人制度

1. 专家辅助人的法律依据　《中华人民共和国刑事诉讼法》第192条规定："法庭审理中，公诉人、当事人和辩护人、诉讼代理人可以申请法庭通知'有专门知识的人'出庭，就鉴定人作出的鉴定意见提出意见"。最高人民法院《关于民事诉讼证据的若干规定》第61条规定："当事人可以向人民法院申请由1~2名具有专门知识的人员出庭就案件的专门性问题进行说明。审判人员和当事人可以对出庭的具有专门知识的人员进行询问。经人民法院准许，可以由当事人各自申请的具有专门知识的人员就有关案件中的问题进行对质。具有专门知识的人员可以对鉴定人进行询问。"

2. 专家辅助人的性质　"有专门知识的人"就是通常所说的专家辅助人、专家证人，其依据自己在某一领域掌握的专门知识、技能和实践经验，就诉讼中涉及的专业问题，作出自己的判断，并发表质证意见。专家辅助人又称为诉讼辅助人或专家技术顾问，根据当事人的聘请委托，在诉前或诉讼过程中帮助当事人分析技术问题、评价鉴定意见，必要时经法院准许出庭，以辅助当事人对讼争的案件事实所涉及的专门性问题进行说明，或发表专业意见和评论。专家辅助人的出现可以增加法庭审判的对抗性，可以使鉴定意见去伪存真，制约和监督鉴定人的行为；同时，当事人对鉴定意见所提出的争议对审判人员在案件裁定上的随意行为起到了限定作用。同案法医学鉴定人及其同一法医学鉴定机构的其他法医学专家不得同时担任该案专家辅助人，目的是为了维护鉴定意见的客观中立性和公正性。专家辅助人既不是鉴定人、证人，也不是诉讼代理人。他发表的是专业性、中立性意见，不体现当事人意志，不得涉及法律事实或法律适用问题。

3. 专家辅助人的主要职责　在开庭前，当事人聘请专家辅助人，应向法院提出申请，并经法院准许以书面形式通知专家辅助人到庭，法院不得依职权主动聘请。专家辅助人的主要职责为：①询问鉴定人，参与鉴定意见质证，对鉴定人和鉴定意见提出质疑；②与对方当事人聘请的专家辅助人就有关案件中的问题进行对质，参与涉及法医学问题证据的质证，包括对本方提交证据和发表意见的说明，以及向对方提交证据和发表意见的辩驳；③接受审判人员和当事人的询问，运用专门知识为查清案件中的专门性问题提供专业技术服务；④质证完毕，专家辅助人应在庭审笔录上签字或盖章。

（二）鉴定人出庭作证的工作基础

1. 基础工作　应扎实、科学而准确地进行鉴定活动是作好出庭的最重要工作基础。

2. 树立接受审查意识 鉴定人从受理案件起,在思想上就应当树立"接受法庭审查"的意识,以此要求自己在检验和鉴定时把工作做细致全面,使鉴定结论更具有科学性和可靠性。

3. 虚心请教 鉴定人要虚心听取有关人员对鉴定工作提出的问题和建议;对于自己解决不了的难题,及时会同相关部门或有关专家解决难题。工作中的不慎或疏忽,很可能成为出庭质证时的"症结",以致影响证据效能。

4. 鉴定书格式应规范 出具的鉴定书必须符合司法鉴定文书的要求。

(三)法庭上向鉴定人提出的常见质证意见

1. 鉴定人的主体资格 对鉴定人的主体资格提出的质证意见,一是针对鉴定人是否具备法定的形式要件,二是针对鉴定人是否具有从事所涉鉴定业务的实质能力。

2. 鉴定意见书的形式 对鉴定意见书是否符合相关形式要件提出质证意见,包括鉴定意见的书面格式、鉴定人的人数、鉴定人的签名或盖章等。

3. 检材来源的合法性 针对鉴定中所涉及的检材及其来源提出质证意见。鉴定活动必须有供鉴定所用的检材,而检材的来源是否真实、合格、合法至关重要,会直接关系到鉴定结果的正确与否。

4. 鉴定方法的科学性 针对鉴定所采用的方法、手段提出质证意见。方法是否科学,手段有无技术保障,对鉴定结论的正确性具有重要的影响。

5. 科学原理 针对形成鉴定意见的科学原理和(或)理论依据提出质证意见。鉴定意见不仅要解释现象,分析原因,还要作出判断,形成结论。在此过程中,所依据的原理、理论是否正确,至关重要。

(四)鉴定人出庭作证的言行举止

1. 沉着应对 科学阐释要采取灵活多变的方式,沉着应对来自法庭各方的询问,在熟悉、掌握大量客观资料的基础上,运用逻辑学和答辩技巧,阐明鉴定结论的科学原理和作出此结论的客观依据。

2. 简要回答 遇到当事人及其代理人带有模糊性的发问时,最好要求对方以浅显易懂的语言解释清楚,弄清其用意后再进行简要回答。

3. 审慎回答 对于听不懂、听不明白或未考虑成熟的问话绝对不轻率回答,尽量避免由于人为因素造成不良的回答后果和被动局面。

4. 避免言多失误 答疑时,对一个问题的解答不要贪多求全或做多种解释,避免言多失误,授人以柄,甚至前后矛盾,使自己陷于被动局面。

5. 科学术语通俗解释 对于科学术语要做通俗解释,防止用只有内行或自己才懂的言辞,当有专家证人参与诉讼时,还应准备一些文献资料以备查用。

6. 语言规范,沉着冷静 以宽广的胸怀应对他人的提问,态度和蔼,说话掷地有声,喜怒不形于色,切不可当庭口出不逊,以失学者风度。

本章小结

法医病理学(forensic pathology)是研究涉及法律有关的伤、残、病、死及死后变化的发生发展规律的一门学科。法医病理学的研究内容包括:①暴力性死亡(各种机械性、物理性、化学性及某些生物因素引起的,并涉及法律问题的人体损害所致的死亡);②非暴力性死亡(猝死或其他不明死因的);③涉及医疗纠纷的死亡;④工、农业生产中因事故造成的中毒死或其他伤亡;⑤被采取强制措施的人员死亡;⑥危害公共安全的烈性传染病的死亡;⑦吸毒死亡;⑧实施人工流产或非法堕胎的死亡;⑨其他可能涉及法律问题的死亡。这些研究内容也是法医病理学的专业范围。法医学并非完全可以直接采用其他学科的科研成果和技术,有的还必须要经过一个系统转化及整合的过程,转化为法医检案技术,此模式被称为法医转化医学。尸体检验是法医病理学检验的主要内容,检验需要解决的具体问题是,确定死亡原因、判断死亡方式、推断死亡时间、推断损伤时间、推断和认定致伤物、判断损伤和疾病的关系、个人识别、为解决医疗纠纷提供证据等。法医病理学工作者不但应具备宽厚、扎实的病理学基础。还应了解和掌握其他医学学科的知识，解释和论证案件中死者的死亡过程和机制。在实际鉴定工作中，应科学、客观地对待每一案件。

关键术语

法医病理学（forensic pathology）

死亡原因（cause of death）

死亡方式（manner of death）

死亡时间的推断（estimation time of death）

尸体解剖（autopsy）

法医转化医学（forensic translational medicine）

鉴定人出庭作证（expert witnesses to testify; expert witness appearing in court）

思 考 题

1. 法医病理学的概念及研究范围是什么？

2. 法医病理学工作者在鉴定过程中怎样书写现场勘验记录、尸体检验记录？

3. 法医病理学鉴定的档案及标本如何保管？

4. 法医病理学鉴定意见书应包含哪些内容？

5. 法医病理学鉴定人出庭作证注意事项有哪些？

（丛　斌）

参 考 文 献

Zerhouni E. Medicine. The NIH Roadmap. Science，2003，302（5642）：63-72.

第二章 死 亡

学习目标

通过本章的学习，你应该能够：

掌握 死亡原因、死亡方式的概念及死因分析理论。

熟悉 死亡分类、死亡过程与假死、死亡诊断标准、脑死亡、死亡机制的相关内容。

了解 生命本质、生命器官、死亡管理的相关内容。

章前案例 ▶

中原地区某中等城市郊外一个住户深夜电话报警：乘凉中的他听到汽车的刹车声，并有人员对话，令他奇怪的是，附近的这条马路交通并不繁忙，夜晚一般很少有机动车辆经过，更何况还有人在说话。他隐约看到正在离开的车子好像是一辆红色两厢小汽车，而马路近中线位置则躺着一个女人，触摸鼻孔已经没有呼吸，于是紧急报警。当地警方接报后派员迅速赶赴现场勘验：死者为40岁左右的中年女性，身穿碎花连衣裙，衣兜内有200多元人民币，死者的一只凉鞋穿在脚上，另一只不在现场，未发现女性常携带的提包，衣着无破损，体表散在分布表皮剥脱和皮下出血。尸体被移入解剖室做系统的法医学检验。法医发现，死者的两只金耳环均戴在耳垂上，但其中一个耳环上的耳坠缺失。另外，死者的右肘窝区可见三处新鲜的注射针眼。死者是谁？为什么会深夜出现在偏僻的马路上？她是怎么死的？是交通事故还是杀人案件？她的另一只鞋子、金耳坠、可能的手提包在哪里？死亡和那辆被发现离开的汽车有关吗？随着调查工作的展开，很快查明：死者是一离异并再婚的富有女性，前夫系当地著名企业家，现任丈夫是医生。由于生活条件优越，她不再工作，主要以打麻将消磨时间，可当晚离家后再也没能回家。报案人、前夫、现任丈夫、麻友均被一一排除作案嫌疑，全城排查那辆可疑小汽车无果，所有医院、诊所当晚并没有接诊过该患者，案件陷入僵局。想知道法医学鉴定及案件侦破结果，见本书网络增值部分。

死亡是生命的终结。对单细胞生物而言，细胞的生命终结就是单细胞个体死亡。然而，对功能、代谢、结构复杂的生物体，特别是人体，则必须从分子、细胞、器官、系统和整体的多层次变化去认识死亡的原因、经过、机制和特征性表现。人体死亡可以分为整体死亡和分子死亡。死亡原因鉴定是法医病理学的主要研究内容。正确判定死亡方式，熟练掌握死因分析理论、死因鉴定技术在某些复杂案件的检案中显得十分重要。死亡机制分析对于说明死亡原因具有清晰的因果关系，是鉴定人掌握知识的广度、深度及逻辑分析关系能力的标志之一。作为一名法医病理学工作者，还应关注国家在相关领域的立法工作进展、临床医学的进步、死亡鉴定领域新技术的应用等，不断提升自己的综合能力，适应本学科的新要求。本章将重点介绍生命与死亡的基本理论，死亡的分类及诊断标准，脑死亡，死亡的发生过程与假死现象，死因分析，死亡及尸体的管理制度等内容。

第一节 生命与死亡的基本理论

人体是生与死的矛盾统一体，生是偶然性，死是必然性。没有生命的诞生就没有死亡，而没有死亡也就无所谓生命。卵子与精子相结合形成受精卵，子细胞新生，双亲的生殖细胞则消亡，受精卵形成之后最终胚胎发育成胎儿。在胎儿发育成熟而娩出之后，从新生儿、婴幼儿、儿童、少年、青年、壮年到老年阶段，机体内总有一些细胞和组织甚至个别器官发生衰亡，如生理情况下的细胞凋亡，病理情况下的器官、组织的损伤、坏死等，生与死的对立统一持续存在。

一、生命的本质、生命器官与生命体征

（一）生命的本质

生物体是生命的载体，生命是通过生物体自主活动为表现形式，机体自主活动程度反映生命质量。生命个体是由蛋白质核酸（病毒）、单细胞（细菌）或多细胞组成，细胞中的遗传物质 DNA 传递了世代间的遗传特征，这就是子代和亲代相像的原因，但世代间的个体又不完全一样，其原因就是在遗传物质传递时发生了变异。因此，生命的本质就是在遗传与变异的"指令"下，生物大分子的产生、变构、组装的过程。任何形式的生命都是在能量和物质转换、演进中形成的。维持个体的生存，机体要不断进行新陈代谢，不断适应和改造周围的环境，以完成其生长、发育及生殖。

（二）人体的生命器官和生命活动

大脑、心脏、肺脏被看作是人体最主要的生命器官，这些器官的正常功能是维持人体生命活动的基础。其中脑又是人体器官中最为重要的生命中枢，它调控着全身所有器官的生命活动。心脏和血管以及调节血液循环的神经构成了循环系统，以保证人体正常新陈代谢的进行。肺脏是进行呼吸的器官，通过呼吸活动使血液气体张力保持动态平衡，维持正常的动脉血氧分压。

（三）生命体征的意义

生命体征（vital sign）是评价生命活动质量的重要征象，包括体温、呼吸、脉搏、血压等，这些体征是判断个体生命是否存在以及是否正常的具体指标。一般情况下，生命体征出现异常提示个体的生命活动有障碍，临床上对生命体征的测量是进行疾病诊断的基本前提条件。临床和法医学实践中通常以呼吸、心跳停止作为判定死亡的标准。个体死亡后脉搏也同时随着心跳的停止而消失，继之体温也逐渐下降。

二、死亡的相关概念

死亡（death）是一个过程，指个体生命功能的永久终止。死亡是生命的必然结果。

（一）生命与死亡的转化

人体是一个矛盾的对立统一体，没有生命的诞生就没有死亡，而没有死亡也就无所谓生命。卵子与精子相结合形成受精卵，子细胞新生，双亲的生殖细胞则消亡。受精卵形成之后，不断分裂增生和分化，由不同的细胞和细胞间质形成组织，由不同的组织形成器官，由不同的器官形成系统，由不同功能的系统形成个体，最终胚胎发育成胎儿。在此过程中子细胞不断新生，母细胞不断消亡。在胎儿发育成熟而娩出之后，新生儿、婴幼儿、儿童、少年、青年、壮年乃至老年阶段，生与死的对立统一持续存在。在机体内总有一些细胞和组织甚至个别器官发生衰亡：如生理情况下的细胞凋亡（apoptosis）；病理情况下的器官、组织的损伤、坏死等。

（二）衰老

衰老是人的个体在走向死亡的过程中一般必须经历的阶段（婴幼儿和青少年的死亡，特别是暴力性死亡除外），是整个生命周期中的一个随时间进展而表现出来的形态和功能不断衰退、恶化直至死亡的过程。其机制比较复杂，是多种因素综合作用的结果。衰老具有如下特征。

1. 累积性 衰老是一个漫长的过程,是一些轻度或微量变化长期逐步累积的结果,而并非一朝一夕所致。

2. 普遍性 衰老是多细胞生物普遍存在的现象,是同种生物在大致相同的时间范围内都可表现出来的。

3. 渐进性 衰老是一个持续渐进且逐步加重的演变过程,一旦表现出来则不可逆转。

4. 内生性 衰老源于生物固有的特性(如遗传),一般不由环境造成,但受环境影响。

5. 危害性 衰老过程对生存不利,使机体功能下降乃至丧失,因而容易使机体诱发或获得疾病,终至死亡。

(三)人体死亡

死亡是生命的终结。对单细胞生物而言,细胞的生命终结就是单细胞个体死亡。然而对功能、代谢、结构复杂的生物体,特别是人体,则必须具体分析判定。这是因为有的时候即使人体内的某些细胞、器官死亡,甚至个别的功能系统,如生殖系统死亡,人的个体照样可以存活。一般从生物学角度来说,人体死亡可以分为整体死亡和分子死亡。

1. 整体死亡(total death) 也称躯体死亡(somatic death)或个体死亡(individual death),即作为一个整体的人的死亡。此时全脑机能或者循环呼吸机能已不可逆地终止,标志着死亡的开始。但有些器官、组织和细胞还能继续进行机能活动,仍然是活的、有生命的。甚至在人工呼吸机等器械和药物的支持下,心、肺仍具有机能活动。一旦撤除这些支持措施,心跳和呼吸即很快停止,但它们的部分功能,如心肌纤维的收缩性、兴奋性仍能维持一段时间;肾、肝、角膜等器官和组织的生活能力较长一些;而骨骼肌、结缔组织能存活许多小时。在这段时间内,某些器官和组织可供作移植用。所谓的超生反应,正是整体死亡后某些器官、组织生活能力的反应。

2. 分子死亡(molecular death) 又称细胞性死亡(cellular death),是死亡的一个必然过程。此期内机体各器官、组织相继死亡,作为它们构成成分的细胞,在分子水平上也已经或正经历着死亡的过程。身体组织逐渐分解,开始表现为死后的一系列变化。但是整体死亡与分子死亡之间并无截然的界限,不同器官和组织的死亡过程长短不一,因而分子死亡经过的时间也不同步,有的器官组织早已进入分子死亡阶段,有的仍处在有机能活动阶段。

第二节 死亡的分类及诊断标准

了解死亡的分类和死亡的诊断标准,有助于区分死亡方式、掌握死亡经过,对明确案件死因及其与死亡之间的因果关系大有裨益。

一、死亡的分类

在法医学上,将不同原因所引起的人体死亡通常分为自然死亡与非自然死亡两大类。

(一)自然死亡

又称非暴力性死亡(nonviolent death),指符合生命和疾病自然发展的规律,没有暴力因素干预时发生的死亡,理论上又可以分为生理性死亡和病理性死亡。

1. 生理性死亡(physiological death) 也称衰老死(aging death),指由于机体自然衰老,体内各组织、器官的生理功能逐渐减退直至衰竭,尤其是脑、心、肺功能的自然衰竭以至不能维持生命功能而导致的死亡。但实际上生理性死亡是极罕见的,在目前条件下活到100岁以上的人并不少见,绝大多数人属于病死,真正"无病而终"的衰老死几乎见不到。这是因为随着年龄逐渐增长至老年阶段,全身各器官的功能都已严重老化,抵抗力严重减退,最后还是由于疾病的侵袭而导致死亡,所以生理性死亡更多的只是理论上的意义,但是,人类追求长寿的努力从古至今一直没有停歇过。

2. 病理性死亡(pathological death) 指由于各种疾病的发生、发展、恶化而引起的死亡,习惯上称为病死。大多数病死者在死亡前接受过一定的临床检查、诊断、治疗和预后估计,死亡经医生证明,一般不会引起纠纷和诉讼,法医学所受理的病理性死亡案件主要为出乎人们意料之外的猝死或医疗纠纷。

(二)非自然死亡

又称暴力性死亡(violent death),是由某种或几种外来的作用力或有害因素导致的非病理性死亡。外因的种类繁多,可基本概括为三大类:物理性、化学性和生物性。在众多的暴力性死亡中,以物理和化学因素所引起的死亡为主,尤其是机械性损伤、机械性窒息以及毒物中毒引起的死亡最为多见。但也不能忽视生物或生物活性物质所致的暴力性死亡,例如毒蛇咬人致死以及注射肾上腺素或胰岛素故意杀人致死的案例也偶有发生,放射性物质致死也应予注意。另外,在实际工作中有少数案件无法对死亡性质进行归类。

二、死亡的诊断标准

人的个体死亡的传统概念是呼吸和心跳的停止,并按照呼吸和心跳停止的先后顺序分为肺性死亡和心性死亡。由于现代科学技术的发展、临床抢救复苏的有效应用、器官移植和人工器官技术的进展,脑死亡(brain death)的概念开始冲击着传统观点,并日益受到重视。

(一)心性死亡

心性死亡(cardiac death)是指源于心脏疾病或损伤而致其功能严重障碍或衰竭所引起的死亡,包括心外膜、心肌、心内膜、心冠状动脉系统和传导系统的各种病变、损伤以及离子通道功能及结构异常等。

原发性心跳停止(primary cardiac arrest)是指源于心脏的有效搏动的突然停止,主要表现为心搏骤停,包括心室颤动、心脏无收缩、室性濒死节律等。心室颤动的心电图表现为频速而不规则的室性颤动波;心脏无收缩时心电活动完全消失;室性濒死节律在心电图上虽然呈现宽的畸形室性综合波,但不伴有心肌收缩,又称电 - 机械分离现象。通常,在室颤发生之前,常先有单个或呈联律的室性期前收缩或室性心动过速;而在心跳停止前常有心率减慢、室性自身节律,或出现濒死性节律。

虽然上述心跳停止在心电图上的表现形式不一样,但它们的共同点是心脏不能将血液有效搏出以供全身特别是脑的需要,故其临床表现都是突然意识丧失和颈动脉或股动脉搏动消失,其发生机制颇为复杂,与自主神经功能变化、缺氧、二氧化碳蓄积和酸中毒、电解质紊乱、麻醉、低温、心脏本身的严重损伤或病变有关。

自古以来,人的个体死亡都是以心跳停止为标志的。只要心脏在跳动,即使跳得极其微弱,仍然表明人还有生命。

(二)肺性死亡

肺性死亡(pulmonary death)是指源于呼吸系统,尤其是肺的疾病或损伤而致其呼吸功能严重障碍或衰竭所引起的死亡,也有人称为呼吸性死亡(respiratory death)。人体为维持其生命活动正常进行,需要由呼吸系统从外界吸入氧,并将体内代谢所产生的二氧化碳排出体外。这一过程的实现需肺和心血管系统的密切配合。一旦该过程发生失衡,就会造成各种程度的后果,直至死亡。

在法医学实践中,呼吸性死亡最主要的原因是肺或呼吸系统其他器官的严重损伤或疾病、机械性窒息、阻碍呼吸功能的毒物中毒及所有能引起呼吸中枢、呼吸肌麻痹的因素。最常见的死因是呼吸道阻塞,包括口鼻堵塞,呼吸道内塞、外压或痉挛,肺出血,肺水肿,肺气肿,大叶性肺炎,支气管肺炎,气胸,胸腔积液以及呼吸肌麻痹,支配呼吸肌的脊髓神经麻痹等。呼吸停止后,心脏常还能有短时间的跳动,继之出现心室颤动、无效的室性自搏,最终心脏完全停止搏动。总之,呼吸性死亡是呼吸先停止,然后心跳再停止;呼吸停止是原发性的,心跳停止是继发性的;呼吸性死亡的关键机制在于呼吸功能障碍或停止所引起的脑缺氧致脑的结构或功能的严重损害。

（三）脑死亡

1968 年，美国哈佛大学医学院特设委员会对死亡的定义和标准提出了新观点，把死亡规定为不可逆转的昏迷或脑死亡，即不可逆性的全脑功能丧失。这一概念的提出使个体死亡的定义发生了重大的转变，除了传统的临床死亡诊断的心、肺标准，又增加了脑标准。目前，世界上已有多个国家承认了脑死亡的合法性，在很大程度上节约了医疗资源，并为器官移植工作的开展创造了良好条件。详细内容见第三节。

第三节 脑 死 亡

1959 年，法国学者莫拉雷（P. Mollaret）和古隆（M. Goulon）在第 23 届国际神经学会上首次提出"昏迷过度"的概念，同时报道了存在这种病理状态的 23 个病例。他们的报告提示：凡是被诊断为昏迷过度者，苏醒的可能性几乎为零。根据对这 23 名不符合传统死亡概念的深度昏迷者的临床研究，1966 年国际医学界正式提出"脑死亡"（brain death）的概念。主宰人体的脑神经细胞是一类高度分化的终末细胞（或称固定型细胞，permanent cell），死亡后恢复和再生的可能性极小。当脑神经细胞的死亡数量达到或超过一定极限时，人的感知、思维、意识以及自主活动和基本生命中枢的功能将永久丧失。脑神经细胞的这种解剖学、生理学和病理学特性，构成了将脑死亡作为人类死亡诊断依据的科学基础。

一、脑死亡的定义及分类

脑死亡（brain death）是指大脑、小脑和脑干等全脑功能不可逆转的永久性丧失，此时，无论心跳、脑外体循环、呼吸以及脊髓等脑外器官功能是否存在，均可宣告人的个体死亡。脑死亡可以分为原发性脑死亡与继发性脑死亡。

原发性脑死亡是由原发性脑病变或损伤引起。原发性脑死亡患者的器官组织经合法程序可用于器官移植。

继发性脑死亡是继心、肺等脑外器官的原发性病变或损伤所导致。在脑死亡尚未发生之前，如果脑外器官的致命性疾病或损伤能获得有效的治疗，继发性脑死亡就可以避免，人的生命便可以继续。随着临床诊治、抢救复苏水平的提高以及器官移植技术和人工脏器研究的开展，继发性脑死亡将会减少。

二、脑死亡的临床意义

由于临终关怀的普及和临床使用起搏器及人工呼吸机进行抢救，一些呼吸和心跳已经停止的人可以复苏。但是，对于脑尤其是脑干功能已经不可逆地丧失者，这些措施并不能真正抢救患者的个体生命，一旦撤去呼吸机，呼吸就停止，有专家称其为"有心跳的遗体"。因此，针对脑死亡者的临床抢救时限已成为一个亟待解决的难题。当今医学界日益主张将全脑功能活动不可逆丧失，即脑死亡作为人的个体死亡指标，一旦发生脑死亡就可以停止临床抢救，无需考虑心脏是否跳动。

另外，随着器官移植的开展，供体的组织器官的采取范围已经从活体扩大到尸体，但要求尸体的器官组织越新鲜越好，这样可以提高移植器官的成活率。因此，必须及时准确作出脑死亡的诊断和个体死亡的宣告，尤其以脑干功能不可逆转地丧失而体外循环继续存在的原发性脑死亡者是器官移植最为合适的供体，其中包括健康人因为意外事故遭受致命性颅脑损伤的原发性脑死亡者，以及其他脑外器官健康的原发性脑死亡者。据统计，美国每年约有 2 万人因脑外伤、脑肿瘤或脑卒中等发生脑死亡，足以提供器官移植所需的供体器官。2007 年中华人民共和国国务院令第 491 号宣布，《人体器官移植条例》已经于 2007 年 3 月 21 日国务院第 171 次常务会议通过，自 2007 年 5 月 1 日起施行。该条例共分为 5 章 32 条，规范了我国人体器官移植的全过程，使器官移植工作真正纳入了法制的轨道。

2008 年 5 月，世界卫生组织执委会第 123 届会议讨论了人体细胞组织和器官移植问题，形成了《世界卫生组织人体细胞、组织和器官移植指导原则(草案)》。《原则(草案)》共包括 11 项指导原则，为以治疗为目的的人体细胞、组织和器官的获得和移植提供了一个有序、符合伦理标准并且可接受的框架。

三、脑死亡的诊断标准

由于各个国家立法不同，所以对于脑死亡的诊断标准也不一样，迄今已提出数十种脑死亡的诊断标准，其中具有代表性的包括美国的哈佛标准、"协作组"标准和英联邦皇家学院标准。制定脑死亡的标准，不仅可以对原发性脑死亡者减少或免除不必要的抢救复苏措施，并可明确可以采取供移植用器官的时间，还可明确死亡的具体时间，用于相关的法医学鉴定或解决某些法律纠纷。虽然我国迄今尚未对脑死亡立法，但原卫生部已经委托有关学科专家制订了中国版脑死亡的相关条款，主要有 4 个判定标准：

(1) 中枢性永久性自主呼吸停止；

(2) 脑干反射完全消失；

(3) 持续性深昏迷；

(4) 脑电图平直，经颅脑多普勒超声诊断呈脑死亡图形，且观察 12 小时无变化。

四、脑死亡的脑形态学改变

原发性脑死亡和继发性脑死亡的病变有显著差异，前者脑内有引起脑死亡的原发性脑损伤或病变，如脑挫裂伤、脑血肿或脑肿瘤、脑病或脑炎等；而后者的脑死亡病变则是继发性的，是由心、肺、肝、肾等脑外器官病变包括功能、代谢障碍导致个体死亡后所引起。

呼吸机脑是指患者的脑功能完全不可逆地丧失即脑死亡后，在呼吸机长期支持下所发生的脑改变。脑缺氧、细胞膜通透性增强、细胞内钾逸出，脑组织水肿、颅内压增高、脑压迫、脑移位、脑疝形成、颅内压超过体动脉压导致脑血流停止，细胞内溶酶体破裂，释放分解酶引起细胞溶解，但由于脑循环已经完全停止，而不能出现白细胞浸润等生活反应，此时的脑细胞死亡，实乃死后自溶。

知识链接 ▶

国外脑死亡的诊断标准

哈佛标准

1. 脑昏迷不可逆转　对刺激完全无反应，即使最疼痛的刺激(压眶)也引不出反应。

2. 无自主性呼吸　观察 1 小时，撤去人工呼吸机 3 分钟仍无自动呼吸。

3. 无反射　包括瞳孔散大、固定、对光反射消失；转动患者头部或向其耳内灌注冰水也无眼球运动反应；无眨眼运动；无姿势性活动(去大脑现象)；无吞咽、咀嚼、发声；无角膜反射和咽反射；通常无腱反射。

4. 平直脑电图　即等电位脑电图，记录至少持续 10 分钟。

上述各试验在 24 小时后还需要重复一次，并且必须排除低温(32.2℃以下)、中枢神经抑制剂如巴比妥酸盐中毒等情况后，以上结果才有意义。后又增加了应排除代谢性神经肌肉阻滞剂中毒、休克及 5 岁以下的儿童。同时检测方法上增加了脑血管造影和放射性核素检查以证明脑血流的停止。

美国"协作组"标准

基本与哈佛标准相同，主要差别在于取消了 24 小时后的重复试验；无反射指的是无脑反射，不需要观察脊髓反射；并认为如果昏迷原因明确，如有严重的脑外伤，或者通过以上的确证试验，则 6 小时足够。对缺氧性脑损伤者则观察 24 小时比较妥当。

英联邦皇家学院标准（1976 年）

1. 符合下列情况者,应考虑诊断脑死亡

(1) 患者处在不可逆转的昏迷状态,并排除下列情况:①中枢神经系统抑制性药物中毒;②原发性低体温;③代谢性或内分泌性障碍。

(2) 患者的自主呼吸停止或消失,依赖人工呼吸机维持肺功能,又能排除肌肉松弛药或其他药物中毒所致呼吸衰竭者。

(3) 脑有明确结构破坏,引起脑死亡的疾病诊断已肯定无疑。

2. 有下列情况者可诊断脑死亡

(1) 瞳孔固定,无对光反射。

(2) 无角膜反射。

(3) 无前庭反射。

(4) 给身体以强刺激,在脑神经分布区无反射。

(5) 无咀嚼反射,对吸引管插入气管无反射。

(6) 撤去人工呼吸机,其时间足以使二氧化碳张力上升到呼吸刺激阈以上时,仍无自主呼吸运动出现。

五、脑死亡与持续性植物状态

持续性植物状态（persistent vegetative state）是指由于神经中枢的高级部位大脑皮质功能丧失,使患者呈意识障碍或昏迷状态。患者神经中枢的中心部位（皮质下核和脑干）功能,如呼吸、体温调节、消化吸收、分泌排泄、新陈代谢以及心跳循环等依然存在,不需要呼吸辅助装置来维持。只要护理得当,患者可能长期生存。脑死亡与持续性植物状态（又称去大脑皮质状态,俗称植物人）并非同一概念,不能混淆。

将重度脑损伤后处于持续植物状态的患者错误地当作脑死亡者而放弃抢救和治疗是违反医疗常规的。但是,许多复苏无望的"植物人"长期无意识生存,占用医疗资源,给家庭、社会带来沉重负担,有必要考虑引入安乐死的概念,并制订行之有效的措施,让患者无痛苦地死亡,无疑具有一定的社会意义。目前全世界接受安乐死的国家远不及对脑死亡的接受程度,仅有荷兰等少数几个国家和地区立法允许安乐死。在法医学鉴定工作中,应注意甄别脑死亡与安乐死的死亡经过有无犯罪行为的发生,即"合法谋杀"。

第四节 死亡的发生经过与假死

一般来说,从生到死是一个逐渐演变的过程,而个体之间死亡过程也长短不一,比如心脏发生突然破裂或延髓受到破坏性损伤者可以立即死亡;而有些患有慢性疾病的人的死亡是一个逐渐发展的过程,可经过濒死期、临床死亡期、生物学死亡期。

一、死亡发生的一般经过

（一）濒死期

濒死期（agonal stage）又称临终期（terminal stage）,是临床死亡前期,此期主要生命器官功能极度衰弱,逐渐趋向停止。其主要特点是脑干以上部分的中枢功能抑制或丧失,而脑干功能仍然存在。由于失去高位中枢的调节和控制,脑干功能呈紊乱状态,主要表现为:

1. 意识障碍　由于大脑对缺氧最敏感,故首先出现意识障碍乃至意识丧失。表现为昏睡、昏迷、谵妄、视觉消失,常不能辨认亲友或看不见人。听力可维持较久,听到呼唤声可出现眨眼和嘴唇微启反应,可发出低声呻吟。瞳孔可反复散大或缩小,有时眼球回旋突出。并可出现躁动、不安、痉挛、抽搐、手足抽动,最后变得安静、肢体松软。

2.呼吸障碍　主要是呼吸减弱、肺活量减少(约为正常的10%)。有时由于呼气与吸气中枢间相互协调功能紊乱,而表现出呼吸不规则或各呼吸肌同时收缩而出现僵直性呼吸。由于脑干网状结构受刺激,在向呼气肌发出冲动的同时,还向其他横纹肌群发出冲动,而出现伴随呼吸运动的全身性肌肉痉挛。

3.心跳和血压变化　主要表现为心跳减弱和血压下降。由于缺氧反射或心血管中枢和网状结构的刺激可出现暂时性心跳加强、加快、血压上升。此时大脑供血改善,患者意识可出现一时性的清醒,但随后因代谢产物尤其是缺氧对心血管运动中枢的抑制作用,心跳减弱、心血输出量减少、血压呈进行性下降。

4.代谢障碍　因呼吸循环功能障碍、缺氧、无氧代谢增强、酸性产物堆积而出现酸中毒及水盐代谢障碍。濒死期愈长,代谢障碍和酸中毒愈重。同时,由于能量产生减少,中枢神经系统和呼吸循环功能更加恶化,尤其是脑中枢抑制加深波及脑干,进而发展到临床死亡期。

(二)临床死亡期

临床死亡(clinical death)是指人的躯体或个体死亡,是与细胞性死亡相对而言的。按照传统的概念是呼吸、心跳停止。此时各生命中枢器官功能丧失,如脑的功能丧失,呼吸和心跳停止;但全身各器官组织的细胞并未全部死亡,有些还可存活一定的时间,功能逐渐衰退直至全部死亡。

如果按照传统的心跳呼吸停止的观念来判定临床死亡,此时大脑可能尚未死亡,如得到及时、有效的抢救,恢复了心跳和呼吸功能,则又可复苏。否则,便可发展到生物学死亡期。

(三)生物学死亡期

生物学死亡(biological death)是死亡过程的最后阶段,也称细胞性死亡。该过程是由临床死亡期发展而来,呼吸、循环以及脑、心、肺、肝、肾等脏器功能永久性丧失,因此各器官不再能用作器官移植。但有些对缺血缺氧耐受性强的组织器官,如皮肤、肌肉、结缔组织等还有生命功能,并对刺激可发生反应,称为超生反应。超生反应的存在表明人死亡后经过的时间不长,是生物学死亡期的早期。到生物学死亡期的晚期,全身所有的组织细胞相继死亡,超生反应消失,随后的尸体现象相继出现。

人的个体死亡过程是连续的,并不能截然区分,比如呼吸和心跳的停止,一般都是相继发生的,并没有明确的时间间隔。将死亡过程分为三期是人为的划分标准,有助于临床上的死亡判定。一般来说,死亡过程分期在自然性死亡的经过上表现明显。

以上的死亡过程是按传统的呼吸和心跳停止为死亡标准提出来的,一旦"脑死亡"得到医学上和法律上的认可后,全脑功能不可逆的丧失就可作为个体死亡的标志。在法医学实践中,无论是民事案件还是刑事案件,在目前尚未对"脑死亡"进行立法的情况下,还是以心跳的停止为死亡的标准。对于法医学鉴定工作来说,比死亡分期更有意义的是对死因的判定,在实践中我们的重点要放在死因分析上,而不是去进行过细的死亡分期。

二、假死

人的循环、呼吸和脑的机能活动高度受抑制,生命活动处于极度微弱状态,用一般的临床检查方法查不出生命体征,从外表上看好像人已经死亡,但实际上人还活着,这种状态称为假死(apparent death)。处于假死状态的人经过及时、有效的救治还可以复苏,有的甚至不经过任何处理也能自然复苏。但是,患者即使得到一时复苏,如果导致假死的原因未去除,大部分仍会在短时间内死亡。

(一)假死的原因

假死是脑缺血、缺氧和高度抑制的结果,常见于扼颈、勒颈、缢颈、溺水等窒息过程,尤其是新生儿窒息;中枢神经抑制性药物中毒,如催眠药、麻醉药、鸦片、吗啡等,也包括一氧化碳中毒;身体降温包括人工降温、低温治疗、低温麻醉以及身体寒冷、冷冻；严重晕厥、电休克、脑震荡、脑出血、癫痫发作后、强烈精神刺激后、日射病、热射病；霍乱或砷中毒所致强烈腹泻和脱水、产后大出血、营养障碍、尿毒症以及严重外伤后等原因。

（二）假死的诊断与鉴别诊断

1. 眼底检查　用检眼镜观察视网膜血管，见有血流，说明仍有循环存在，并未死亡。

2. 线结扎指头　用线结扎指头数分钟，如指头变青紫、肿胀，说明有动脉血流存在，并有生命存在。

3. 荧光色素钠试验　用1%荧光色素钠点眼，结膜及巩膜立即黄染，若2～5分钟内颜色消退则系假死；若24小时颜色也不消退则为死亡。

4. 瞳孔变形试验　压迫眼球，瞳孔随即变形，如果是假死，解除压力后瞳孔可恢复圆形，否则，为真死。

5. X线透视　用X线做胸透检查，假死者可见到心脏搏动。

6. 心电图检查　假死者可见到心脏的生物电反应。

7. 检查微弱呼吸　将听诊器持续置胸前上部位或相当于喉头处，即使微小气流亦可查出。

以往受仪器设备和检查水平的限制，检查的方法不细致，假死偶有所见；现在医学检查方法日趋先进，假死已经很少见，但近几年媒体时有报道。当怀疑有假死时，要细心谨慎，特别要防止将假死误认为真死。命案现场勘验时，应首先判断受害人是否死亡或处于假死状态。

第五节　死　因　分　析

导致死亡发生的疾病、暴力或衰老等因素即为死亡原因（cause of death）。全面、正确的死因分析，首先要了解个体死亡的情况（时间、地点、采用的方法），继而查明致死的病变和损伤、死亡机制，进而分析其死亡原因，即分析各种致命因素的先后、主次及相互关系，分清根本死因、直接死因、辅助死因、诱因等不同情形，并判断暴力性死亡的死亡方式。

一、法医学死亡原因分析

一个具体的死亡案例中，导致死亡的疾病或损伤可能只有一种，也可能有几种，必须具体分析。

知识拓展 ▶

死亡原因及其分类

国际疾病与相关健康问题统计分类（international statistical classification of diseases and related health problems, ICD）是一个提供编号，以对疾病与许多症兆、症状、异常、不适、社会环境与外伤等所做的分类，1893年开始制订并推荐给世界各国应用。目前应用的是第10次修订的版本，即ICD-10，启用于1999年。ICD对死亡原因的定义是：所有导致或促进死亡的疾病、病态情况或损伤以及造成任何这类损伤的事故或暴力的情况。定义的目的在于保证所有相关信息得以记录，而填写人不得自行选入或摒弃相关情况。这个定义不包括症状、体征和临死方式，如心力衰竭或呼吸衰竭。当只有一个死亡原因被记录时，则选择这个原因制表。当不止一个死亡原因被记录时，则应以"根本死亡原因"的概念为基础填写信息。根本死亡原因的定义：(a)导致死亡的一系列事件中最早的那个疾病或损伤，或者(b)造成致命损伤的那个事故或暴力的情况。

ICD对死因的分类较为全面，便于统计，但对于法医学而言，过于烦琐，实际工作中不方便。结合ICD的定义与分类，法医学家提出了更有司法实践价值的死因分析理论体系。

（一）根本死因

根本死因（underlying or primary cause of death）或称为原发性死因，是指引起死亡的原发性疾病或致死性暴力。在自然性疾病致死案例中，其死因与所患疾病一致，如恶性肿瘤、冠心病、主动脉夹层、空洞型肺结核病等。在暴力性死亡中，如机械性损伤、机械性窒息、电击伤、高温损伤、外源性毒物中毒等引起的死亡，根本死因是指该项暴力，它可以通过某种机制或通过损伤后继发性病症而致死，如扼颈可立即因窒息而死，也可当时未死亡，但因喉头水肿或继发肺水肿、肺炎而死亡，其根本死因只能是扼颈。

（二）直接死因

直接死因（immediate cause of death）也可译做立即死因，即致命性的并发症。在许多死亡案件中，根本死因常常通过其所导致的并发症或继发合并症引起死亡的发生，如刀刺伤引起失血性休克、溃疡病穿孔引起弥漫性腹膜炎、支气管肺炎引起中毒性休克、冠状动脉粥样硬化引起大块心肌梗死、颅脑损伤合并感染等，这些并发症直接导致了死亡的发生，但鉴定意见中绝不要忘记根本死因。

（三）辅助死因

辅助死因（contributory cause of death）是根本死因之外的自然性疾病或损伤，它们本身不会致命，但在死亡过程中起到辅助作用。例如严重脂肪肝患者因酒精中毒死亡，则酒精中毒为根本死因，而脂肪肝为辅助死因。

（四）死亡诱因

死亡诱因（predisposing or inducing factor of death）即诱发身体原有潜在疾病急性发作或迅速恶化而引起死亡的因素，包括各种精神情绪因素、劳累过度、吸烟、外伤、大量饮酒、性交、过度饱食、饥饿、寒冷、医疗穿刺与器械使用等。这些因素对健康人一般不会致命，但对某些重要器官有潜在性病变的人，却能诱发疾病急性发作或快速恶化而引起死亡。如某冠心病患者与他人激烈争吵中突然倒地死亡，其所患冠心病为根本死因，争吵导致的情绪激动为死亡诱因。

（五）联合死因

联合死因（combined cause of death）又称合并死因，是指某些死亡案件的死因构成中存在"多因一果"的情形，需判定各种因素的主次关系及相互关系，通常有以下几种情形。

1. 导致死亡的主次因素　对死亡起了主要作用的原发性疾病或暴力，常常被定义为主要死因（main cause of death）。如某人患有腹腔结核，病情稳定，突然因胃溃疡穿孔引起弥漫性化脓性腹膜炎，经抢救无效死亡。本例死亡主要因胃溃疡穿孔致腹膜炎所致，腹腔结核作为一种疾病独立存在，在本例的死亡发生过程中虽未起到主要作用，但腹腔结核的病理学基础可加重腹腔炎症状态，不利于抢救，因此，可视其为死亡的次要因素或辅助死因。又如一死者，生前在吵架过程中胸部遭受拳击伤后很快倒地死亡，解剖证实其患有冠心病合并大块心肌梗死，外力作用的后果没有形成致命伤，此案中的冠心病便是死亡的主要因素，而外伤与情绪激动则为死亡的诱发因素。辅助死因与诱因均属于次要致死因素的范畴，但每个案件的情况不同，它们参与死亡的程度也存在差异。

2. 致死的共同因素分析　当两种或两种以上难以区分主次的致死因素在同一案例中构成共同死亡原因，这种情形相对少见，但较为复杂。

（1）疾病与疾病联合：几种自然疾病共同致死，一般在法律上没有争议。

（2）疾病与暴力联合：这种情况最容易发生法律争端，所以需要慎重衡量疾病与暴力各自的程度，确实无法区分比重时，可将疾病与外伤放在同等的位置。

（3）暴力与暴力联合：在某些案例中，有时存在多人在同一个体上造成的两处以上致命伤，鉴定人应结合具体案例具体分析，不可生搬硬套。

二、死亡机制

死亡发生的速度不同，法医实际工作中所遇见的死亡通常较快，有的时候甚至表现为即时死亡。

死亡速度的快慢与死因及死亡机制有关。死亡机制（mechanism of death）是指由损伤或疾病引起的、最终导致死亡的病理生理过程，是各种不同的死因通向死亡终点的几条共同通道。常见的死亡机制有心脏停搏、心室纤颤、反射性心脏抑制、严重代谢性酸中毒或碱中毒、呼吸抑制或麻痹、心肺功能衰竭、肝肾衰竭、延髓生命中枢麻痹等。所有这些机制最后都会导致心、肺、脑的生命活动停止而死亡。

（一）即时死亡及其常见机制

损伤或疾病发生后数秒到一分钟之内发生的死亡称为即时死亡（instantaneous death），在法医学实践中十分常见，它的发生机制是整个机体的毁坏、全脑和（或）心功能的立即不可逆终止等。

1．整个机体的毁损 如爆炸、交通事故所致的肢体离断或挫碎，坠入熔化的钢水中等。

2．全脑或心脏组织结构的严重破坏导致的功能立即丧失 如颅脑崩裂、断颈、心脏破裂、心脏与大血管离断等。

3．脑干功能的急性麻痹或重度抑制 常见于：①重度脑震荡；②吸入大量的高浓度剧毒气体（如氰化氢、一氧化碳、二氧化碳）；③处于雷击中心或电击时强电流通过颅脑等。

4．反射性心搏骤停或心室纤颤 常见于：①冠心病急性发作时因心肌缺血所诱发的心室纤颤；②压迫颈动脉窦，直接刺激迷走神经及其分支；③重度心脏震荡；④电击时强电流通过心脏等。

（二）急性死亡及其常见机制

急性死亡（acute death）指损伤或疾病发作后几小时到 24 小时内发生的死亡，其机制主要是心、肺或脑功能的急性衰竭。其中，因疾病而发生的急性死亡习惯上称为猝死。

1．急性心力衰竭 急性心力衰竭是最为常见的急性死亡机制，其表现为心输出量急骤减少，机体来不及发挥代偿作用，多伴有心源性休克。患者很快发生意识障碍，心节律严重紊乱，因急性肺水肿，口鼻可有泡沫性液体流出。除常见于心脏和进出心脏的大血管严重损伤外，还可由各种严重的心脏疾病引起，如冠状动脉粥样硬化性心脏病伴有大片急性心肌梗死或心脏破裂、重度心肌炎、心肌病、二尖瓣脱垂、重症心瓣膜病等。

2．中枢神经系统功能障碍 中枢神经系统功能障碍见于中枢神经系统损伤或疾病，以及它们的急性并发症。如外伤性或病理性脑内大量出血、急性硬脑膜外或下血肿、重度蛛网膜下腔出血、继发性脑疝、脑脊液循环的急性障碍、暴发性脑炎或脑膜炎等，最终都可导致脑干功能障碍而致死。

3．急性循环衰竭 急性循环衰竭常见于创伤性休克、急性失血性休克、过敏性休克、感染中毒性休克等。

4．急性呼吸衰竭 急性呼吸衰竭见于各种机械性窒息、病理性或中毒性窒息等。

5．重度日射病、热射病引起的中枢神经系统急性功能障碍和心脏节律紊乱；低温引起的心脏传导阻滞伴发心室纤颤。

6．可导致中枢神经系统、呼吸系统和心血管系统功能障碍毒物的急性中毒，引起的相应器官功能衰竭。

（三）亚急性死亡及其常见机制

亚急性死亡（sub-acute death）指损伤或疾病发生 24 小时后第 2～3 周内发生的死亡。常见于损伤的并（继）发症和呈亚急性病程的疾病或中毒。与法医学鉴定有关且较常见的如下：

1．损伤引起器官的迟发性破裂出血 如亚急性硬脑膜下血肿压迫所引起的脑功能障碍，迟发性肝、脾破裂引起的急性失血性休克。

2．外伤后继发感染 如化脓性脑膜炎或脑膜脑炎、支气管肺炎、化脓性胸膜炎或腹膜炎、败血症、脓毒血症、破伤风、气性坏疽等引起的中枢神经系统、呼吸系统或循环系统的功能衰竭。

3．外伤后非感染性并发症 如挤压综合征导致急性肾衰竭及急性呼吸窘迫综合征（acute respiratory distress syndrome，ARDS）致急性呼吸功能衰竭，以及各类栓子导致的栓塞继而发生的急性呼吸功能衰竭或急性心力衰竭、中枢神经系统功能障碍。

4．因缺氧、中毒、损伤或某些疾病等引起体内水电解质紊乱、酸或碱中毒。

（四）慢性死亡及其常见机制

慢性死亡（chronic death）指损伤或疾病发生 3 周以后发生的死亡，有的可能在几个月、几年甚至更长时间后才死亡，与法医学鉴定有关且较常见的情况如下。

1. 外伤性癫痫大发作　颅脑外伤后继发外伤性癫痫大发作可死于急性呼吸功能衰竭。其死亡发生虽快，但一般在伤后几个月甚至几年，出现癫痫症状。

2. 迟发性脑出血　颅脑外伤后当时无明显症状或体征，数周、数个月甚或数年后却发生脑出血致死，常引起出血原因的争论。

3. 代谢紊乱性疾病　下丘脑、垂体的损伤或疾病引起的代谢紊乱性疾病（如尿崩症、糖尿病），死于多器官功能衰竭。

4. 心包腔或胸腔闭塞　心包炎或胸膜炎广泛粘连致心包腔或胸腔闭塞，引起呼吸或循环功能衰竭。

5. 水、电解质紊乱　外伤性胰腺炎、肝胆损伤、胃肠道狭窄或梗阻等引起水电解质紊乱。

6. 职业中毒和多次小剂量投毒导致重要器官功能的逐渐衰竭。

上述分类是为了便于法医实际工作中进行死因及死亡机制分析时参考，有时死亡案件中其死亡机制可能有多种，因此分类与临床分类不尽相同。

（五）应激性死亡

应激（stress）本质上是一种防御适应反应，当应激原过于强烈和持久时，机体的各种反应虽然仍具有某些防御适应意义，但其主要机制则转变为导致异稳态负荷加重，发生机体功能代谢障碍及组织损伤，甚至死亡。在致损伤的各种因素中，应激原是一种不可忽视的损伤因素，在法医学鉴定中对其作用机制、引起的损伤等应予足够的重视。

法医学实践中对损伤因素的考虑往往相对侧重于实物质性的，如机械、物理、化学、生物等因素直接作用于躯体导致的直接损伤，较少考虑社会及心理精神因素等应激原所致的应激性损伤。应激原达到一定强度，通过应激机制会对机体造成损伤，与其他因素（如毒物、电流、热、光、放射线等）作用于机体并通过一定的病理生理机制导致的机体损伤相比，在本质上并无两样。因此，也应将应激性损伤（死亡）或应激相关性损伤（死亡）的案件纳入法医病理鉴定的范围，以实现公民生命健康权的系统完备保护。在处理应激相关性损伤（疾病，死亡）案件时，应把握以下几点。

1. 分析应激原作用强度及应激反应程度　要明确应激源在损伤（疾病，死亡）的发生发展过程中的作用强度如何，需要详细了解案情。从被鉴定人的性格、特质、生活习惯、为人处世特点、文化程度等到损伤（疾病）发生前后被鉴定人所经历的各种事件，均应逐一了解，认真分析应激原的强度和应激反应在损伤发生发展中的作用程度。

2. 应激与损伤（疾病，死亡）的关联性　与其他损伤因素相比，应激并无特殊之处。需要注意的是，应激在损伤（疾病，死亡）的发生发展过程中的参与度问题。可以根据应激在损伤（疾病，死亡）的发生发展过程中所起的作用，确定应激源与损伤之间的因果关系程度。如，有的死亡案例，可能会有多种因素共同参与其死因的形成，此时，应激原只作为其中一种因素参与了死亡的过程，因此，在鉴定时，应当考虑其他因素的参与程度，分析应激原在死亡的参与上是主要原因还是次要原因。

3. 机械性损伤的应激反应　在实践中经常遇到受害人躯体遭受非致命性机械性损伤后，出现全身性的应激反应，由此发生严重的继发性中枢神经系统损伤、心血管系统损伤、内分泌代谢紊乱及消化系统损伤，乃至死亡。上述损伤、死亡的机制主要有两方面，一是机械性损伤本身通过交感肾上腺髓质系统及下丘脑垂体肾上腺皮质系统引起的异稳态负荷过重；二是受害人因受到伤害或合法权益得不到正当维护而引发的心理不良反应，出现心理应激，也可引起异稳态负荷过重。应激反应达到一定程度时，便可引起组织细胞损伤。此种应激性损伤程度与躯体受到的机械性损伤程度不一定呈正相关，有的外力损伤并不严重，而应激性损伤却较重。因此，在实践中既要明确机械性损伤引起的直接不良后果，也要评价机械性损伤引发的应激性间接不良后果。切不可只注意前者，而忽视后者。关于应激与损伤的相关内容，详见增值部分。

三、死亡方式

暴力性死亡如何得以实现,称为死亡方式(manner of death)。死亡方式的鉴定是法医病理学工作者的重要任务之一,是制定刑事侦察方向、司法审判定罪与非罪的重要依据,对民事调解、灾害赔偿同样也具有重要意义。

暴力性死亡(violent death)是在法医学实践中遇见最多的一类死亡,也称非自然死亡(unnatural death)或非正常死亡(abnormal death),暴力可以是别人施加的,也可以是自己实施的,或因某种意外造成,通常有以下几种:

1. 自杀死(suicidal death)　指蓄意地自己对自己施加暴力手段中止自己生命的行为。鉴别自杀还是他杀十分重要。由于法医病理学工作人员具有法医学的专业知识和经验,侦察人员很希望法医能提出死亡方式的意见,法医的鉴定意见对于是否需要立案侦查起着决定性的作用,所以必须慎重。

2. 他杀死(homicidal death)　指用暴力手段剥夺他人生命的行为。实际情况又可分以下几种。

(1)非法他杀死(death from murder):是蓄意地用暴力手段剥夺他人生命的行为,即通常所说的谋杀或故意杀人,是法医学实践中最常见的。这种他杀违反了法律的规定,其行为人犯了杀人罪。我国《刑法》第232条规定:"故意杀人的,处死刑、无期徒刑或者十年以上有期徒刑;情节较轻的,处三年以上七年以下有期徒刑。"

(2)合法他杀死(death from justifiable decision):这是在法律允许范围内的剥夺他人生命的行为,比如按照法律规定对死刑犯执行死刑;为了保护自己的生命而进行的正当防卫;在追捕在逃杀人犯的过程中犯人持枪拒捕而将其当场击毙;以及越狱逃跑的囚犯鸣枪警告后仍不听劝阻而击毙囚犯的情况都属于合法他杀死。法律允许的合法堕胎和引产而引起的胎儿死亡也属于此类。

(3)过失伤害死(manslaughter):这种杀人有一部分是对他人实施伤害,但没有预谋杀人;另一部分则没有故意伤害的目的,而是由于过失原因或处置不当,最后在客观上造成了他人的死亡。在法医学实践中见到的有家庭纠纷、斗殴、虐待老人或儿童,以及监狱内对犯人的伤害等导致的死亡。这种过失伤害死和非法他杀死的根本区别在于他们不是以杀人为目的,但行为有过失,客观造成的后果和主观动机不一致。

3. 意外死(accidental death)　指未曾预料到的、非故意或过失的行为所造成的死亡。"意外"指的是没有预见到实施的行为在一般情况下会导致死亡,"非故意"是指不是以结束他人或自己的生命为目的,如司机在行驶途中为了躲避正面驶来的汽车急打方向盘转弯,而将路边的行人撞死,就是一种意外死。意外死又有以下几种。

(1)灾害死:指一切自然灾害(如水灾、火灾、地震、山崩、飓风、冰雹、海啸、泥石流、雪崩、雷击、火山爆发等)等所造成的死亡。

(2)意外事件死:是由人为的事件所造成,在客观上造成人身伤害和死亡,但是并非出于主观动机或过失,而是由于不能预见的原因引起的,包括交通意外、生产意外、医疗意外以及其他生活中的意外等。

(3)自伤、自残致死:有时候有些自伤、自残者出于某种目的对自己施行伤害行为或采取一些不正常姿势,但意外地超过了限度而发生的死亡,这也是一种意外死。如性窒息者用绳索悬吊自己的颈部、电击或用其他方式(如塑料袋套在头部)使自己处于一种暂时缺氧状态来获得反常的性快感,有时可能由于采取的措施失控(如电流强度过大,绳套过紧)而发生了死亡。

在法医实践中对死亡方式的确定尚存一定难度,美国法科学会曾就死亡方式对国内知名的法医病理学家作过一次有趣的调查,结果发现,对死亡方式意见一致的案件占40%左右。这说明对同一案件,不同的人完全有可能作出不同的判断。例如,有一青年男性吸毒者,在自己注射后给他的女朋友注射,造成其女友死亡。调查结果:认为他杀的占38.9%,意外死占49.5%,不确定的占10.10%。另外,死亡方式在不同的国家对同一案件可能作出不同判断,日本的一例黑社会性质杀人案,死者被伤及下肢大血管引起失血休克死亡,检察官认为加害人无主观故意,是无意杀人,因为伤的是肢体而非重要器官,并非想致其死亡。但如果该案在中国则会认定为故意杀人。

4. 安乐死(euthanasia)　指使患不治之症并受痛苦折磨的人安详无痛苦地死去。世界各国对安乐死虽已有多年的讨论,但迄今对安乐死进行立法的国家寥寥无几。我国目前尚无此项立法。

安乐死有主动与被动之分,主动安乐死又叫积极的安乐死,是指医生或他人通过采取某种措施(如给予毒药)加速患者死亡;被动安乐死又叫消极的安乐死,是指停止或放弃治疗措施,让患者自行死亡。

在死亡方式的分类中,西方教科书和法医学者将自然死亡也列入其中,即无论是自然死亡还是暴力性死亡,将死亡方式分为自然死、自杀、他杀、意外死、安乐死及无法确定的死亡方式。事实上,对于非暴力性死亡,探讨其死亡方式是没有法医学实践意义的。只有当死亡定性为暴力性死亡时,准确判断其成伤机制与死亡方式才具有真实的法医学意义。

5. 死亡方式不明(undetermined/unknown manner of death)　中国法医学者将死亡方式定义为暴力性死亡的实现方式,在法医学实践中意义很大。尽管如此,并非所有的暴力性死亡都可判明死亡方式。如高层楼房坠落的尸体,表现为典型的高坠伤,死亡原因明确,系典型的暴力性死亡,但死者是自己跳楼、意外失足还是他人加害,仅从尸体损伤难以鉴别,即使通过现场勘验、案情调查有时也无法明确,可实事求是地写出死亡方式不明。

四、死因分析的注意事项

确定死亡原因具有十分重要的意义,直接影响着死因统计的准确性,在某种意义上来讲,它对于死亡方式的鉴定也具有决定性的作用。在民事或刑事案件中,对死者死因的分析和鉴定,是法医病理学工作者义不容辞的责任。

(一)全面系统的尸体剖验的重要性

首先要强调全面系统的尸体解剖非常重要,对任何涉及人身死亡的存疑案件中,我们都应坚持尸体解剖,绝大多数尸体均可明确死因,即使少数尸体无法得到确切死因,也可提示部分指向性意见。在我国,尸体解剖率仍然很低,亟待提高。在法医学实践中,仍有一部分案例不能在尸检中找到明确死因诊断的形态学依据,这种观点近年已被许多法医病理学家所重视,有些功能性和代谢性改变以现有的条件无法检查或因尸体本身条件所限,使解剖结果成为阴性。

需要强调的是,全面系统的尸体解剖检验在死因确定、死亡方式判断以及其他问题分析中的重要性,同时尸体解剖检验在许多情况下还要结合有关案情和现场情况综合分析,这样才能对死因等问题作出正确的鉴定。

应强调全面系统的法医病理学尸体检查,包括病理组织学检查及某些特殊检查的重要性和必要性,那种仅在被怀疑有伤或有病的局部做解剖或仅凭肉眼观察就对死因做鉴定意见的做法是错误的,常常会因此而作出错误的结论。病理组织学检查在显微镜下观察组织细胞水平上的变化,可以大大提高对病变组织的分辨率,分子病理学与生物技术的应用也会提高死因的诊断能力。我们推荐所有法医病理组织学检查应在专业的法医病理学实验室由专门的法医病理学工作者来做。因为专业性质及经验的差异,普通医院的病理科医生及医学院校的普通病理学教师一般难以胜任这项工作。

(二)死因分析方法

人的死因有时简单明确,有时却很复杂,需要经过详细的法医学检查,并加以综合分析,分清原因的主次及相互关系,称为死因分析。死因分析、鉴定是法医病理学的核心,关系到当事人的名誉,甚至罪与非罪,必须在认真检查、掌握大量资料的基础上分析论证,得出正确的死因鉴定,为民事案件的调处、刑事案件的侦查、审理提供科学证据。正确分析死因的过程就像临床医生看病诊断一样,应有分析思考的方向。好的法医师应在尸检前尽可能多地了解有关死亡发生的信息,如死者的年龄、性别、职业、既往病史;死亡发生的时间、地点、死前的表现;死者的家庭及社会状况,夫妻关系等,就像临床医生在体检前采集病史一样，从而在头脑中形成有关死因和死亡方式的几种可能或假设，使法医尸检能做到有的放矢、重点突出。随着尸检的进行，上述假设有的可能被否定，有的则可能进一步被肯定，或者又出现新的假设。案情和现场勘验可以被尸检结果来检验，尸检所见又可被案情和现场勘验来评价，头脑中一直要有一个动态的思维反馈链条。有时大体尸检结果可能得出一种明确的死因和死亡方式的结论，即被解剖结构上的变化所证实。例如内脏器官破裂致急性大失血、颅内大的血肿或重度脑挫伤、急性心脏压塞等不会使人怀疑是其他病变致死。有些情况下，大体尸检结果并不能形成一个明确的死因鉴定意见，只是发现一些改变，要进一步确定死因，还需进一步的检查，如病理组织学检查、毒物分析、物证检验，以及必要的其他特殊检查（血液生化、细菌培养、免疫功能检测、分子诊断等），就像临床医生所做的实验室检查（血尿常规、肝肾功能、心电图、CT、X 线摄片等）一样。有时以前在头脑中形成的假设会被全部否定，此时则需进一步案情调查和现场勘查，或重新进行尸体检查，在一个新的基础上开展又一次由判断 - 分析 - 结论构成的动态思考过程。

还需要强调的是：不是所有的尸体都能明确死亡原因，由于受多种主、客观因素的影响，少量尸体在接受系统解剖检验及相关实验室检查后仍无法得出确切死亡原因，在死亡原因鉴定意见中可作出"死因不明"的鉴定意见，无须牵强附会。

（三）正确区分死因与死亡机制

要特别注意避免把死因和死亡机制、死亡方式相互混淆。例如，不能将心、肺、肝、肾等器官的衰竭当作根本死亡原因，它们只是死因导致的并发症或终末机制；又如风湿性心脏病、冠心病、心脏外伤等不同的疾病或暴力因素最后都可因心力衰竭致人死亡，此时的心力衰竭应属于死亡机制而非死因。分析疾病或损伤致死的机制，对认识伤、病的危害以及挽救生命都有重要意义，决不能将死亡机制混同于死因。

总之，死因分析是一个由实践到认识的辩证思维过程。当掌握的实践材料越多，实践经验越丰富，作为分析思考基础的理论知识越广博，其最后鉴定意见的准确性就越大。对于法医病理学工作者而言，实际工作中没有一个死亡的案件是完全相同的，因此，要具体问题具体分析。

第六节　死亡及尸体的管理制度

自然人死亡问题是重大社会问题之一，不仅关系公民切实利益，而且还会影响经济发展和社会的和谐稳定。目前，我国每年平均死亡人口达 820 万。人体死亡管理是国家和社会治理体系的重要组成，依法解决有关死亡认定及尸体、器官处置问题，是法医病理学的工作范围。若国家实施严格的尸体解剖制度，将有力促进法医病理学及临床医学的发展，有利于有效消除因死亡问题处置不当给社会造成的不稳定因素，有利于实现公民权利保障法治化。

一、死亡确认

一旦确认某个人已经死亡，可以停止一切有关的抢救措施，可以注销户口进行安葬或火化，可以进行解剖。法律允许的话，其器官和组织可以用于器官移植，其一切刑事或民事责任可以随之消除，遗产可以被继承等。死亡确认的根据是符合死亡定义的征象已经出现并被确诊，比如心跳、呼吸停止或全脑功能丧失等。但由谁来进行死亡的确认各国规定不一，有些国家在法律上虽有明确规定，但实际执行中却不严格。一般来说，发生在医院内的死亡都是由诊治医生来确认死亡和填发死亡证明的。对脑死亡的确认更有严格的规定，一般要求由两个与器官移植无关的医生参加，其中一个是神经科医生，有的国家则规定应有法医参加脑死亡的确认。发生在医院内的死亡，当死因尤其是死亡方式不明确时，特别当怀疑有与刑事犯罪有关的问题时，也要求有法医参加死亡确认。在我国，死于医疗卫生单位的公民由医疗卫生单位出具医学死亡证明；公民在非医学单位正常死亡无法取得医院出具的死亡证明的由居（村）委会或卫生站（所）出具死亡证明；非正常死亡或卫生部门不能确定是否属于正常死亡的,由公安部门出具死亡证明。公安机关一般由当地派出所民警到场了解情况后即填写,不一定有法医参加。

二、尸体解剖

许多国家都在法律上对尸体解剖进行了规定。尸体解剖率的高低在相当程度上决定了死因统计的准确性,也是国家政治、经济发展水平和文明程度高低的标志之一。

尸体解剖的目的是为了丰富和发展医学,改善和提高医疗水平,或者是为了判明刑事案件中死者的死亡原因和死亡方式,以及为了解决其他与法律有关的问题。我国目前尸体解剖率还处于较低的水平,主要是由于人们受传统观念的束缚,以及尸体解剖的设施还不够普及。其不利于我国医疗水平的提高,所以应在广大群众中宣传提倡科学、破除迷信;同时要积极改善尸体解剖的设备条件,大力提高尸体解剖率。在我国将解剖分为普通解剖、病理解剖和法医解剖三种。

法医解剖不同于普通解剖,只有熟悉法医病理学知识和法医尸体解剖技术的专门人员才能履行这种职责。所以,加强对法医病理学专业知识的继续教育,提高从事法医病理学工作者的解剖尸体水平,实现尸体解剖的规范化操作,不仅是广大基层法医的迫切要求,也是提高法医病理学工作者鉴定水平的客观需要。

三、尸体管理

《殡葬管理条例》于1997年7月11日经国务院第60次常务会议通过,1997年7月21日中华人民共和国国务院令第225号发布。根据2012年11月9日中华人民共和国国务院令第628号的公布,自2013年1月1日起施行《国务院关于修改和废止部分行政法规的决定》修正,《殡葬管理条例》分总则、殡葬设施管理、遗体处理和丧事活动管理、殡葬设备和殡葬用品管理、罚则、附则等共6章24条,1985年2月8日国务院发布的《国务院关于殡葬管理的暂行规定》予以废止。

根据这些条款,尚无法满足法医学鉴定工作中出现的尸体保存和管理问题。基于此,中国工程院于2012年启动了《我国人体死亡认定、尸体处置现状对公共安全的危害及对策的研究》的咨询项目,成立了由医药卫生学部刘耀院士、丛斌院士等组成的项目组,根据研究结果向全国人民代表大会提出了关于制定《中华人民共和国死亡管理法》的建议案。

本章小结

死亡原因鉴定是贯穿法医病理学始终的内容,熟练掌握并融会贯通死因分析理论,将使法医病理学工作者受益终生;死亡方式鉴定在有些案件中会非常困难,是造成当事人冲突、矛盾的常见原因之一,即使在鉴定人之间也经常出现重大分歧,需要对所有鉴定材料进行仔细分析才能作出符合实际情况的判断;死亡机制分析对于说明死亡原因具有清晰的因果关系,是鉴定人掌握知识的广度、深度及逻辑分析关系能力的标志之一,需要在实践中不断提升;作为一名法医病理学工作者,知识面也很重要,应关注国家在相关领域的立法工作进展、临床医学的进步、死亡鉴定领域新技术的应用等,不断提升自己的综合能力,适应本学科的新要求。

关键术语

死亡原因(cause of death)

根本死因(underlying or primary cause of death)

直接死因(immediate cause of death)

辅助死因(contributory cause of death)

死亡诱因(predisposing or inducing factor of death)

死亡方式(manner of death,mode of death)

假死（apparent death）
死亡机制（mechanism of death）
脑死亡（brain death）

思考题

1. 死亡概念的内涵和外延是什么？
2. 死亡原因与死亡机制的含义是什么？法医学解剖对判断死亡原因有什么意义？
3. 死亡方式判定的困难主要有哪些？
4. 死亡的伦理学争论焦点是什么？脑死亡概念的提出对医学的发展有何贡献？
5. 对多因素引起的死亡如何进行死亡原因的分析？

（王振原 丛 斌）

参 考 文 献

李玲，侯一平. 法医学（英文版）. 北京：人民卫生出版社，2014.

第三章 死后变化

章前案例 ▶

一、简要案情

某男,52岁,夫妻关系多年不和。某日晚妻子到县医院称:"10:15pm 她发现丈夫病重、有哼声,但呼之不应,即锁上门去县医院请医生"。当值班医生于10:30pm 到家中就诊时,发现其前胸、两手冰凉,颈部关节、上肢关节已出现尸僵,认为已死亡,其死因可疑,遂报案。

二、现场勘查情况

尸体仰卧于床上,地面上有5ml 注射器两支、2ml 注射器一支及针头数个,隔壁妻子卧室的办公抽屉内有 WZ77 针头一个,整个现场无凌乱现象。

三、尸体检验

尸表检查:尸斑显著,呈紫红色,指压不褪色。尸僵较强,存在全身各大关节。双侧瞳孔直径0.5cm,眼球微突,眼结膜苍白。口张开,嘴唇苍白;颜面及躯干皮肤均显苍白。右臀部外上象限有一注射针孔。

解剖所见:打开颅腔,可嗅到苦杏仁气味,脑膜血管充血。两肺与胸膜广泛粘连。左上肺叶有肺不张,右肺可见结核钙化灶。心外膜下可见较多出血点,心腔血液呈暗红色流动。胃内有糊状米饭、菜叶等食物200g,未闻及特殊气味,胃壁黏膜无明显腐蚀现象。肝包膜下可见散在点状出血,切面瘀血。余未见明显异常。切开右臀部针孔处皮肤,可见皮下组织出血,大小为 1cm×0.8cm;其深部肌肉出血,呈暗紫红色,大小为 2.5cm×2.8cm。

四、辅助检查

提取右臀部针孔处皮肤、皮下组织和深部肌肉,以及胃内容物、右心血、脑、肾、脾和心肌等器官组织,以及现场的注射器和针头送做毒物化验。结果在右臀部针孔处的肌肉中检出氰化钾,WZ77 针头、血液和胃组织中检出氰化物,注射器和其余针头中未检出氰化物。

五、鉴定结论

根据尸检所见,结合案情、死亡经过和毒物分析结果综合分析,认为其系因右臀部被他人通过胃肠外注射氰化钾致急性氰化钾中毒死亡(本案例由周绪汉、黄光照提供)。

由此可见，某种（些）死后变化可能成为发现案件疑点的线索或突破口，对查明死因和死亡方式等相关问题有所帮助。

死后变化是法医病理学的基本内容之一，也是法医死亡学（forensic thanatology）的主要内容。有的死后变化可破坏或改变生前某些损伤变化或疾病的病理形态变化，如自溶和腐败；而有的死后变化可使生前的某些改变明显化，如皮革样化可使生前某些损伤更明显。所以，正确认识各种不同的死后变化，并与生前损伤、疾病的病理变化相鉴别，不仅是法医病理学的一项基本功，也是做好法医病理学检案鉴定工作，特别是进行死亡时间推断的重要前提，在法医学上具有十分重要的意义。

第一节　死后变化的影响因素、分类及法医学意义

人体死后因受物理、化学和生物学等各种内外因素的作用，在尸体上发生各种变化称为死后变化（postmortem changes）；这些变化使尸体表面和内部器官组织呈现与活体不同的征象，故亦称尸体现象（postmortem phenomena）。死后变化的发生、发展有一定的时间规律，但亦受很多因素的影响，从而加速或减慢，甚至暂时终止其发生和发展。虽然人死后在一定时间内各个器官组织均可发生不同的死后变化，可以在肉眼、光镜、电镜和分子水平上观察到不同类型、不同程度的变化，但以尸体的体表和内部的一些主要器官组织的形态学变化最重要。有的死后变化从形态学上观察不明显，但可检测到一定的化学和分子变化。

大部分死后变化是尸体随着死后时间的延长而自然形成的，但也有一些死后的变化是外界因素，包括某些人为因素所致，故称人为现象或人工产物（artifacts），因此，勿将死后变化与疾病、生前伤、死后伤相混淆。此外，不同的动物、昆虫和自然环境因素也可对尸体造成一定的毁坏。

一、死后变化的影响因素

死后变化的影响因素很多，主要包括尸体所处的外界环境因素、尸体本身的内在因素和其他一些特殊因素等三类，其中尤以外界环境因素的影响最大。

（一）外界环境因素

1．自然气候　在阴、晴、风、霜、雨、雪等不同天气状况和东、西、南、北等不同地域条件下，温度、湿度、风力和空气流通情况等对死后变化的影响较大。其中温度是最主要的外界环境因素。气温低，可延缓死后变化的发生和发展；气温高，死后变化发生就早、发展得快、也更明显。

2．尸体所处的环境地点　主要有密闭和开放两大类，如室内和室外就有明显不同。室内环境对死后变化影响相对较小，但若门窗敞开则室内的温度、空气流通情况仍有很大变化。开放的环境和室外尸体的影响则因具体地点而异，除受一般大的自然环境因素影响外，还受到具体环境因素的影响，如尸体是在水中、地面，还是地下等。水有淡水和海水之分，以及静止与流动的差别；地面的尸体既可受地形的影响，还可能受到昆虫、动物及交通工具的损伤和破坏。

3．尸体上的衣着服饰等　衣着服饰有挡风、隔热和保温等作用，对死后变化的发生和发展有一定的影响。

（二）尸体本身的内在因素

1．年龄、性别、体型　婴儿由于其体内水分比例较成人高，故死后变化发展较快。肥胖者较瘦者尸温放散慢；而产妇较一般人死后变化的进展快。

2．疾病和死因　有感染性疾病者死后变化发展较快；急性失血性休克死者较其他死因者的死后变化发展稍慢。

（三）其他因素

1．尸体被冷藏或冷冻　尸体被冷藏后其死后变化的发生、发展都较慢，被冷冻者更慢，尤其对尸斑的颜色影响明显。

2．停尸载体及尸体的体位　尸体被停放在不同物体上，因散热情况不同而有一定差别。尸体的体位不同也对死后变化有影响，特别是对尸斑和内脏器官的血液坠积有明显的影响，如仰卧尸体前面的肺组织和背侧的肺组织中瘀血和水肿的差别等。

3．搬运尸体　搬运和搬动尸体都可对死后变化有一定的影响。如搬动尸体时，可使胃内容物反流，甚至进入呼吸道；也可造成一定程度的死后伤。

4．医源性因素　当人体在濒死期或实际上已死亡但仍被送到医院给予胸外心脏按压等急救时，可造成肋骨或（和）胸骨的骨折等人为现象，这一点尤其值得注意。

二、死后变化的分类

（一）按死后经过时间分类

1．早期死后变化　包括超生反应、肌肉松弛、皮革样化、角膜混浊、尸冷、尸斑、内部器官血液坠积、尸僵、尸体痉挛、自溶、自家消化和溶血等。除这些形态学上所见的死后变化外，还有尸体内早期的化学改变和分子变化以及早期死后人为现象。

2．晚期死后变化　包括尸体腐败的各种征象（尸臭、尸绿、腐败静脉网、泡沫器官、巨人观等）、霉尸、白骨化、木乃伊、尸蜡、泥炭鞣尸、古尸、浸软，以及晚期的动物和自然环境因素对尸体的毁坏和晚期死后人为现象。

（二）按死后变化发生的部位分类

1．尸表的死后变化　如尸斑、尸僵、角膜混浊、皮革样化、尸绿和腐败静脉网等。

2．内部器官组织的死后变化　如自溶、溶血、自家消化、血液坠积和泡沫器官等。

（三）根据尸体是否完整分类

1．毁坏型死后变化　包括尸体腐败的各种征象、霉尸、白骨化及动物和自然因素对尸体的毁坏等。

2．保存型死后变化　如木乃伊、尸蜡、泥炭鞣尸、古尸、浸软等。

（四）根据观察的方法和内容分类

1．形态学变化　肉眼和显微镜观察到的死后变化是形态学变化。如上述的尸斑、尸僵、自溶、腐败、白骨化和木乃伊等。

2．化学变化　人死后，尸体各种组织、细胞和体液因持续分解而发生的一些化学和生物化学变化，称为死后化学变化（postmortem chemical changes）。死后化学变化是用仪器设备检测的一些化学成分的改变。如钠、钾等电解质离子浓度、各种蛋白质和酶类的变化等。

3．分子变化　死后分子变化也是应用某些特殊的技术方法从分子水平检测人体内某些成分的变化。如细胞核内的DNA含量变化及蛋白质结构的改变等。

三、死后变化的法医学意义

1．确证死亡　人体只有死亡后才会出现死后变化，故只要出现死后变化即可确证死亡。

2．将死后变化与疾病、生前和死后损伤相鉴别　有些案例的死后变化容易与某些损伤或疾病的病理变化相混淆，必须予以鉴别。例如尸斑与皮下出血，死后凝血块与血栓等。此外，由于人死后尸体多呈仰卧位停放，小脑组织因自身重力作用，在与枕骨大孔边缘接触处可形成很轻的枕骨大孔压迹，易被误认为是小脑扁桃体疝。

3．推测死亡原因　有些死后变化可用于推测其死因。如尸斑的特殊颜色可提示某些毒物中毒等。一氧化碳中毒致死者尸斑的颜色是呈樱桃红色。

4．分析死亡方式　某些死后变化可供分析死亡方式时参考。如尸体痉挛现象所保持死亡当时的姿态,对分析是自杀、他杀具有重要意义。

5．推断死亡时间 因死后变化的发生、发展有一定的时间规律性,所以可根据不同的死后变化来推测死后经过时间,这也是推断死亡时间的最基本、最主要的依据。

6．分析是否死后移尸 根据尸斑的分布情况可帮助推测死者死亡时的体位和尸体是否被移动。

第二节 早期死后变化

根据死后变化发生的时间,可将其分为早期和晚期死后变化两大类。早期死后变化(early postmortem changes)是指人死后 24 小时以内发生的变化;24 小时以后发生的变化称为晚期死后变化(late postmortem changes)。

死后变化从发生、发展到最后消失是一个完整的连续过程,早期、晚期死后变化不可能被截然分开。早期死后变化并不一定都在 24 小时内开始,更不一定在 24 小时内消失。受温度条件等因素影响,有的早期死后变化可能到 24 小时甚至更久以后才发生。如有的器官组织在死后 24 小时内可无自溶,而发生在死亡 24 小时以后。晚期死后变化也不一定是在 24 小时后才发生。如有的腐败征象在死后 24 小时内就可见到;而腐败细菌的繁殖有时候实际上早在死后几小时就已开始,只是要到一定的时间后才可见到明显的变化。

一、超生反应

1．定义 生物个体死亡后,其器官、组织和细胞在短时间内仍保持某些活动功能或对外界刺激发生一定反应的能力称为超生反应(supravital reaction)。人和动物死亡后都有一定的超生反应,但不同的个体之间和各个器官组织之间的超生反应的持续时间和程度有别。其中,对刺激发生的这些超生反应只有在进行刺激时才能发生,没有相应的刺激就不会出现或观察到这样的超生反应。

2．常见的超生反应和表现

(1)瞳孔反应:人死后约 4 小时内,瞳孔对注入结膜囊的药物如阿托品或伊色林可出现散瞳或缩瞳反应。

(2)断头后反应:头颅自颈部与躯干分离后十余分钟内,可观察到眼球、口唇及下颌运动,躯干部痉挛,心肌收缩等。

(3)骨骼肌反应:人体死后刺激骨骼肌可使其收缩而形成肌隆起。一般在死后 2 小时内,几乎所有的骨骼肌均可发生。肌肉状态良好时,死后 6 小时还可呈阳性反应。

(4)心肌收缩:人死后心肌的兴奋性可保持一定时间。剪开心包后,因受到冷空气或金属器械的刺激,心房肌可出现数秒钟的波纹状或蠕动样收缩,而左心室肌收缩的时间较长。如有的心脏移植手术切除的心脏在术后 20 分钟仍可见左心室肌不规则地收缩。

(5)血管平滑肌收缩:人死后的血管平滑肌能对缩血管药物起收缩反应。

(6)肠蠕动:有的尸体在死后数小时内仍能见到肠蠕动。有的甚至可因邻近肠段松弛扩张而发生肠套叠现象。

(7)发汗反应:死后约 30 分钟内,汗腺对阿托品及肾上腺素等药物仍可有发汗反应。

(8)纤毛运动:死后 10 小时(有时甚至 30 小时)内,气管黏膜柱状上皮仍可观察到纤毛运动。

(9)精细胞活动:死后 30 小时(有时 70 小时,个别报道甚至 127 小时)内,精囊内的精细胞仍有活动能力。

(10)死后细胞分裂:有报道,人死后,对缺血、缺氧的耐受性较强的细胞尚可分裂增生,如血管内皮细胞、神经胶质细胞和某些上皮细胞等。

3．法医学意义

(1)将人死后发生的超生反应与活体的正常反应相鉴别。

（2）各器官组织超生反应持续的时间有一定的差异性，据此有助于推测死亡时间。

二、肌肉松弛

1. 定义　人死后肌张力消失，肌肉变软，称为肌肉松弛（muscular flaccidity）。

肌肉松弛是最早出现的尸体现象。它几乎与死亡同时甚至在濒死期就已发生，待尸僵发生后（死后 1~2 小时）即自行消失。但也有的肌肉松弛不明显或缺如，如死后迅即发生尸体痉挛者。

2. 肌肉松弛的表现　尸体发生肌肉松弛后肌肉呈弛缓状态。表现为瞳孔散大、眼微睁、口微开，面部表情消失、沟纹变浅、肢体变软、关节易屈曲，括约肌松弛使大、小便和精液外溢。

3. 法医学意义　人体死亡后若发生肌肉松弛使尸体的皮肤和肌肉失去弹性和张力，在受压部位可形成反映接触物体表面形态的特征性压痕，且不易消失而保留相当长的一段时间。据此可推测人死后尸体的停放地点、姿势和是否被移尸。

三、皮革样化

1. 定义　尸表皮肤较薄的局部区域因水分迅速蒸发，干燥变硬，而呈蜡黄色、黄褐色或深褐色的羊皮纸样变化称为皮革样化（parchment-like transformation），也称局部干燥（local desiccation）。皮革样化的颜色主要依赖于发生的部位及其经过时间。时间短，其颜色较浅，如蜡黄色；时间越长，颜色就越深，如深褐色。温度高，空气干燥、流动快的环境易形成皮革样化；而温度较低、空气湿度大时则发生较慢。水中尸体不发生皮革样化。

眼未闭者球结膜外侧和巩膜的暴露部位，由于水分丧失而变薄，使巩膜下面脉络膜层的色素显现而出现的三角形或椭圆形的干燥斑称为巩膜黑斑（tache noire）或称 Larecher 斑。应注意与结膜下出血相鉴别。

2. 常见部位

（1）口唇、阴囊、大小阴唇等处皮肤较薄的部位。

（2）皮肤皱褶处，如婴幼儿颈部的皮肤皱褶处。

（3）表皮剥脱区、索沟、烫伤面等损伤部位。

3. 法医学意义

（1）口唇的皮革样化易被误认为挫伤或腐蚀性毒物所致：若口唇周围、口腔、食管及胃黏膜没有改变，不难区分。阴囊的皮革样化也易被误认为挫伤，特别是会阴部受伤者；但因其面积较大、分布均匀、颜色较一致，可资鉴别。排除皮革样化处是否有挫伤的方法是切开皮肤检查有无皮下出血。

（2）皮革样化可保留某些损伤的形态：如机械性窒息死者颈部的绳索花纹，强奸案例尸体大腿内侧处指甲的半月形或类似于半月形的抓痕。

（3）皮革样化可使擦伤更明显：有的生前损伤在损伤当时或损伤后短时间内的形态变化不易被观察到，若在数小时后发生局部干燥、变硬、颜色加深等变化则易于检见。

（4）有助于推测案件的性质和作案人的意图：有时根据皮革样化的数目、分布及形态特征，有助于推测案件的性质和作案人的意图。如强奸案被害人大腿内侧因抓伤而造成的较特征的皮革样化等。

（5）皮革样斑：死后不久发生的某些损伤如表皮剥脱等也可发生皮革样斑，但其颜色较浅、没有出血等生活反应，可以鉴别。

四、角膜混浊

1. 定义　角膜的透明度减低，直至完全不能透视瞳孔，呈灰白色样外观，称角膜混浊（postmortem turbidity of cornea）。

角膜混浊的形成及其程度主要与黏多糖和水的含量有关，而不是过去认为的局部干燥所致。人死后不久，黏多糖和水的含量几乎未变化时，角膜清晰透明；随后因黏多糖的水合作用受阻，水分增加，角膜开始混浊，并随水分的增多而加重，直至完全不透明。此外，亦与角膜的 pH、离子含量和蛋白质的变化等有关。眼睑遮盖的角膜易出现混浊。角膜周围的温度越高，越容易发生混浊。

2. 形态变化　混浊的角膜外观呈水肿状、灰白色、明显增厚，表面有小皱褶。镜检可见表面的鳞状上皮细胞层厚薄不均，有的脱落。固有膜表层（即 Bowman 膜）结构模糊，胶原纤维肿胀，细胞成分减少，并有空泡形成；最内层（即 Descemet 膜）肿胀，内皮细胞脱落。

3. 法医学意义　角膜混浊一般是随死后经过时间的延长而增加，故角膜混浊的程度可作为推测死亡时间的参考。死后 5～6 小时，角膜上可出现白色小斑点；以后斑点逐渐扩大，至 10～12 小时发展成云片状，但尚可透视瞳孔，为轻度混浊；15～24 小时呈云雾状、半透明，仍可透视瞳孔，为中度混浊；到 48 小时以后或更长时间，不能透视瞳孔，为高度混浊。受温度等因素的影响，上述随时间的规律性变化会有所改变，如在寒冷的环境中或是冷藏条件下，死后 48 小时角膜仍可透明，甚至还较清晰。

五、尸冷

1. 定义　人死后，因新陈代谢停止、不再产生热量，尸体原有热量不断散发，使尸温逐渐下降至环境温度，或低于环境温度，称尸冷（algor mortis，cooling of the body）。

2. 影响尸冷的因素　由于尸体内的热能要先传到体表，通过对流、辐射和传导而逐渐散发，故尸温下降的速度受尸体内、外环境因素的影响较大。

（1）外部环境因素：尸体所处的环境如气温、湿度、通风状况以及衣着服饰等。若尸体被浸在冷水中或埋于土内，其尸温较陆地上的下降快。尸体衣着多时较衣着少的尸温下降慢。通风条件好、空气干燥时，尸温下降快。

环境温度是影响尸冷最主要的外部因素。环境温度高，尸温下降慢。春秋季室温（16～18℃）时，一般经 3～4 小时，颜面、手掌等裸露部位的温度即可与环境温度一致；经 5～6 小时，体表仅胸部有温感；到 24 小时，尸温与室温相等。中等身材的成人尸体，室温在 16～18℃时，死后 10 小时内平均每小时尸温下降 1℃；此后下降速度减慢，平均每小时下降 0.5℃。如气温超过 40℃，尸冷不发生；死于冰雪环境中的尸体，约经 1 小时就可完全冷却。

（2）尸体本身的因素：与死者的年龄、体形胖瘦和死因等有关。其中，以体型胖瘦的影响最大。肥胖尸体的皮下脂肪厚，尸体热量向体表扩散慢。小儿尸体较成人尸体相对体表面积大、散热快，尸温下降迅速。因消耗性疾病、大失血亡的尸体，尸温下降快。猝死、败血症、日射病、热射病、机械性窒息、颅脑损伤、破伤风及死前伴有剧烈痉挛的中毒等死者的尸温下降较慢，有的在死后短时间内反而可上升超过 37℃。

不同部位的尸温下降速度也有很大差别。裸露的颜面和手掌处的温度较着衣的胸、腹部冷却快。法医学尸检时，通常以测直肠温度（肛温）或肝表面温度代表尸体体内温度，推测死亡时间。口腔或腋下的温度因受外界环境因素影响大，与实际尸温有一定的差别而不能作为标准。

3. 法医学意义　尸温是推断死后经过时间的重要依据之一。具体应用方法详见第四章"死亡时间推断"。

六、尸斑

1. 定义　尸体血液因重力而坠积于低下部位未受压迫的血管，并在该处皮肤呈现有色斑片，称为尸斑（livor mortis，lividity）。尸斑是具有重要法医学意义的早期死后变化之一，也最易与生前损伤所致的皮下出血相混淆，应注意鉴别。

2. 形成机制　人死后血液循环停止，血液因重力作用顺着血管流向尸体低下部位的血管网内，并使之扩张，红细胞沉积于最低部位，透过皮肤呈现出紫红色或暗红色的尸斑（见文末彩图 3-1）。但目前对尸斑形成后的扩散、浸润和固定的机制有不同的见解。Mueller 等认为尸斑是血红蛋白向血管壁和周围组织扩散和浸润的结果。Adamo 等认为除血红蛋白的扩散和浸润外，还因血浆逸出血管后血液浓缩，使皮肤显色更清楚。Noriko 等用血红蛋白免疫组化技术染色证明血浆逸出至血管外组织，血管内液体成分减少、血液浓缩呈现出指压不褪色的固定尸斑。

3. 尸斑的发展　尸斑的形成是一个逐渐发展的过程，通常自死后 1～2 小时开始，但因环境温度和死因等因素的影响，有的尸斑早在死后半小时或迟至 6～8 小时才开始出现。如在寒冷环境中，尸斑的发生、发展较一般气温条件下缓慢；大失血的尸体，尸斑出现晚而弱；死亡过程长伴有心衰者，尸斑在濒死期就可开始出现。

根据尸斑的发生发展过程和形态特征大致分为三期。但这三期的分界并非绝对，它们之间可有重叠；有的学者只分为早、晚两期。有的欧美法医学书籍并不对尸斑分期。

（1）沉降期尸斑：指自开始出现至死后 12 小时以内的尸斑。尸斑开始时呈散在的小块或条纹状分布，经 3～6 小时后融合成片状，并逐步扩大，颜色加深呈紫红色，周围边界模糊不清。此期尸斑的特点是因下坠的血液局限于血管内，用手指按压尸斑（以按压的手指指甲变色为度）可以暂时褪色，移去手指又重新出现；切开尸斑处的皮肤，可见血液从血管断面流出，容易用纱布擦去，且边擦边流出。死后约 6 小时内，如改变尸体的位置，则原已形成的尸斑可逐渐消失，而在新的低下部位重新出现尸斑，这种现象称为尸斑的转移（shift of lividity）；在死亡 6 小时以后再改变尸体的体位时，则原有的尸斑不再完全消失，而在新的低下部位又可出现尸斑，此称两侧性尸斑。光镜下，真皮和皮下组织内的毛细血管和小静脉扩张，充满红细胞；大部分红细胞外形完整，并黏着成团，少数红细胞可破坏，其外形不完整。

（2）扩散期尸斑：一般指死后 12～24 小时的尸斑。此期尸斑中血管周围的组织液渗透入血管内促进红细胞溶血，血浆被稀释并被血红蛋白染色后，又向血管外渗出，即为扩散期。尸斑的颜色进一步加深、范围扩大，呈紫红色、大片状。用手指按压仅稍微褪色；改变尸体的体位后，原有尸斑不会消失、新的低下部位也不易形成尸斑；有的在体位改变较长时间后，新的尸斑虽可出现，但颜色甚淡。切开尸斑处皮肤，可见血管断面有血滴缓慢流出，自组织间隙中有浅黄色或淡红色液体滴出。光镜下，有的管腔内可见完整的红细胞；而溶解的红细胞则呈均质状，有的红细胞仅残存外围的一圈脂膜（溶血，hemolysis）；血管壁被染成橘红色；组织间隙可见粉红色或淡红色液体。

（3）浸润期尸斑：一般为死亡 24 小时以后的尸斑。被血红蛋白染色的液体不仅渗入组织间隙，而且浸染组织细胞，使之着色，称为浸润期。此期尸斑完全固定，无论直接按压或改变体位，原尸斑不再褪色或消失，也不能形成新尸斑。切开尸斑处皮肤，切面呈暗紫色或紫红色，无血液从血管断面流出。光镜下，血管内皮细胞肿胀，脱落，管腔内充满均质淡染的粉红色液体（图 3-1）。有时可见残存的红细胞轮廓及蓝染的细菌菌落。此期持续时间较长，有时尸体实际上已开始腐败。

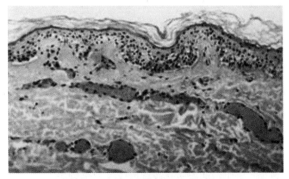

图 3-1　尸斑（浸润期）（HE×100）
真皮及皮下组织内小血管扩张，腔内充满均匀的粉红色液体

4. 尸斑的分布　尸斑呈现的部位依尸体姿势而异。仰卧位时，尸斑显于枕、项、背、腰、臀及四肢低下部位背侧面未受压处，也可见于肩部、躯干和大腿的两侧面。俯卧时则在颜面、颈、胸、腹及四

肢的低下部位未受压处。悬垂或直立位(如缢死尸体)时,尸斑见于腹、腰部裤带的上缘区、双上肢的腕关节以下部位、双下肢的足部。水中尸体因受冷水的刺激,体表毛细血管收缩,或因溺死者血液被稀释,故尸斑多不明显,或呈浅淡红色微弱的尸斑;如尸体随水流翻动、体位不固定,则尸斑的位置与尸斑形成时的体位有关;静止水中尸体的尸斑分布与上述仰卧或俯躺的位置一致。

5. 尸斑的颜色　主要取决于血红蛋白及其衍生物的颜色。正常人血中的氧合血红蛋白呈鲜红色。人死后血中氧合血红蛋白转变成还原血红蛋白,而呈暗红色,透过皮肤呈暗紫红色。此外,尸斑的颜色还受种族、死因、死亡时间和环境温度等多种因素的影响。如在尸斑的发展过程中,尸体经历的时间愈长,坠积的血液愈多,其颜色愈深。白种人和黄种人尸斑的颜色较黑种人明显。冻死者因尸体在寒冷情况下组织内氧耗量减少,氧合血红蛋白不易解离,故尸斑呈氧合血红蛋白的鲜红色。死后很快被冷藏或冷冻的尸体,其尸斑也较鲜红。因此,应注意现代冷藏条件对尸体颜色的影响。

死因对尸斑颜色的影响较明显,特别是几种中毒致死者。如氰化物中毒死者的尸体,由于血中氰化血红蛋白形成,尸斑也可呈鲜红色。一氧化碳中毒死者的尸体,因血液中有碳氧血红蛋白,尸斑呈较特殊的樱桃红色(见文末彩图 3-2)。氯酸钾和亚硝酸盐等中毒死者,因形成正铁血红蛋白,所以尸斑呈灰褐色。硝基苯中毒尸体的尸斑为蓝绿色。

6. 影响尸斑的因素

(1) 尸体内在因素:包括种族、死因、死亡时间和临死时的姿势等。其中,尤与死因关系密切。急性大失血、贫血、多器官功能衰竭或恶病质等死者,尸斑出现晚、程度轻,多呈淡红色或浅淡红色;而猝死、急性中毒和机械性窒息的尸体,因尸血不凝、易于沉积,故尸斑出现早、程度重,一般为暗红色或暗紫红色。

(2) 外界环境因素:主要是尸体所处的环境和温度。尸斑在低温情况下比高温时发展晚、慢而弱。体表有物体压迫时,因接触处皮肤毛细血管内的血液被挤压到别处,无血液坠积,常呈苍白色而不见尸斑。在仰卧位尸体的背和臀部,有时还能反映出所压物体表面的形状;悬位缢死者可在腰部形成一圈裤带压痕。

7. 尸斑与皮下出血的鉴别　死后变化中最需要与生前损伤或病变鉴别的是尸斑与皮下出血的鉴别(表3-1)。

表3-1　尸斑与皮下出血的鉴别

项目	尸斑	皮下出血(挫伤)
形成	死后血液坠积而成	生前外伤所致
部位	尸体低下部位未受压处	体表的任何部位
范围	广泛,境界不清	局限,境界清楚
颜色	主要与死因、环境温度和死后经过时间有关,可提示冻死和某些中毒死者的死因	与受伤时间和出血程度有关,颜色有一定的变化规律
表面情况	一般无损伤,呈大片状分布;受压处不出现尸斑,可反映所压迫物体的形状	局部肿胀,常伴表皮剥脱;多为片状,有时能反映致伤物的形状
指压变化	早期指压褪色,晚期指压不褪色	指压不褪色
体位改变	早期可消失、并出现新尸斑,晚期无变化	翻动尸体后无变化
局部切开	组织内无凝血、出血;早期尸斑血管内有血液流出,用纱布易擦去;扩散期尸斑组织间隙中有浅黄色或淡红色液体滴出	局部组织内有凝血、出血,水冲、纱布擦抹不能除去
镜下所见	早期尸斑,毛细血管和小静脉扩张,充满红细胞;晚期尸斑,血管内皮细胞肿胀,脱落,管腔内充满均质红染液体、溶血的红细胞	血管周围有大量红细胞,出血处有纤维蛋白网形成;血管不扩张,管腔内红细胞较少

8．法医学意义 在各种早期死后变化中，以尸斑的法医学意义最为重要。

（1）尸斑是最早出现的死亡征象之一。

（2）根据尸斑的发展规律可大致推测死亡时间。

（3）尸斑的颜色有时可提示某些死因。

（4）根据尸斑的位置和分布情况可推测死亡时的体位及死后尸体位置是否被移动。

（5）尸斑能提示停尸环境对尸体的影响，如停尸物体接触面的表面形状等。

（6）尸斑最易与生前皮下出血相混淆，必须注意鉴别。

七、内部器官血液坠积

1．定义 人死后，内部器官的血液因自身重力而坠积于这些器官的低下部位的血管内，称为内部器官血液坠积（visceral hypostasis）。在血管内红细胞沉积的同时，发生小血管的被动扩张，这与活体所患炎症时的充血明显不同。

死后血液坠积不仅发生于体表，形成尸斑，同时也发生于尸体的内部器官，使这些器官内的血量分布不均，上部少而下部多，注意勿与生前病变相混淆。

2．各器官的血液坠积

（1）颅脑：仰卧位的尸体枕部头皮下因血液坠积可致血液积聚，易被误认为钝器伤所致。开颅时可见上矢状窦和横窦的后方充满血液或凝血块。大脑枕叶、顶叶后部、小脑等处软脑膜血管的血液坠积明显，该处脑实质血管内血液的含量多于其他部位的脑组织。

（2）肺：肺的血液坠积最为明显。仰卧位尸体，靠胸前的肺组织因含血和水分少，呈浅灰色；而靠脊柱的背侧肺组织由于血液坠积则呈暗红色，与肺瘀血的改变相似，应予以鉴别。

（3）心：膈面和侧面的心外膜下静脉扩张充满血液，该处心外膜原有的出血点可因血液坠积而扩大。

（4）胃：胃后壁和胃大弯处的黏膜下血管扩张，树枝状分支更明显，呈暗红色。

（5）肠：小肠的血液坠积多见于各肠曲的下垂部，呈节段性分布，有时易被误认为是出血坏死。

3．法医学意义 内部器官组织的血液坠积，有时容易与生前病变相混淆，特别是肺的血液坠积，应注意鉴别。尸检取材和阅读病理切片时必须考虑到血液坠积的影响。

八、尸僵

1．定义 人死后，各肌群发生僵硬并将关节固定的现象称为尸僵（rigor mortis, cadaveric rigidity）。有时尸僵发展得快而程度强，可使尸体呈强直状态。

2．尸僵发生和缓解的时间 尸僵一般自死后1～3小时开始，先在一些小肌群出现；4～6小时发展到全身，12～15小时达到高峰，全身关节僵硬；到24～48小时开始缓解，3～7天完全缓解。在尸僵的发展过程中，在死后4～6小时内，如人为地将已形成的尸僵破坏，很快又可重新发生，这种现象称为再僵直（re-stiffness）。但强度较原尸僵为弱。在死后6～8小时以后破坏尸僵，则不易形成新的尸僵。由于尸僵受多种因素影响，故其发生、发展直到缓解均有较大的时间差别。有的可早在死后30分钟，或晚至6～8小时才出现尸僵。冬季尸僵可持续72小时或更久，而夏季仅36～48小时即可完全缓解。

3．尸僵形成的顺序 尸僵形成的顺序与肌群的大小有关，小肌群出现早、大肌群出现较迟。一般分为上行型和下行型两型，以后者多见，原因和机制尚不清楚。

（1）上行型：尸僵从下肢开始，逐渐向上发展至头面部。

（2）下行型：尸僵自下颌和颈部关节周围的小肌群开始，逐渐向下扩展到全身。

一般情况下，尸僵缓解和消失的顺序常与发生的顺序相同。但要注意冷藏和冷冻条件对存放在冰柜内尸体的尸僵形成和缓解有明显影响。

4．心肌和平滑肌尸僵 尸僵不仅见于骨骼肌，也可发生于心肌和平滑肌。死后1～2小时，心尖部心肌开始出现尸僵，7～8 小时累及全心，持续 1 天左右。发生尸僵的心脏变硬、体积缩小，心血被挤出，左心室腔空虚。左心室因心室壁厚，故尸僵较右心室显著。有病变的心脏可不发生或仅有微弱的尸僵。

平滑肌尸僵发生的时间因不同部位而异。胃、肠平滑肌尸僵一般在死后 1 小时开始，约 5 小时达到高峰，7 小时左右缓解。

5. 尸僵形成的机制　尸僵形成的机制至今尚未完全明了，有几种不同学说。有学者认为尸僵的形成与肌肉中的乳酸和神经因素等有关，目前较多学者认为尸僵的发生与尸体肌肉内腺苷三磷酸（ATP）的消耗有关。

人体肌肉依靠足够量的 ATP 保持弹性和收缩性，因而柔软、伸屈自如。在活体内，因新陈代谢使 ATP 的产生和分解维持相对平衡，当在 ATP 酶的作用下，ATP 分解成腺苷二磷酸（ADP）和磷酸，产生的能量使肌原纤维内的细肌丝向粗肌丝之间滑行，肌节缩短，使肌肉保持着正常的舒缩功能。人死后，因新陈代谢停止，ATP 不再产生而持续分解，当其含量减少至正常的 1/4 时，肌动球蛋白分离停止，使肌肉保持收缩凝固状态，形成尸僵。有学者在动物实验中，从家兔股动脉注入 ATP 溶液，发现在不同条件下，既可推迟尸僵的出现，也可使已出现的尸僵强度减弱。

6. 影响尸僵的因素

（1）个体因素：包括年龄、体形和死亡原因等。生前身体健康、肌肉发达的死者，因肌肉中的糖原、ATP 和磷酸肌酸贮量较多，尸僵出现迟、程度较强，且缓解慢。婴幼儿、老人、体弱者的尸僵发生快、强度弱，持续时间短。婴儿有时在死后 10～30 分钟就已发生尸僵。健康成年人由外伤和疾病引起急性死亡时，因肌肉中 ATP 等能量丰富，故尸僵发生迟、程度强；患有慢性消耗性疾病的死者，尸僵发生早而弱；窒息、失血和砷、汞等中毒的死者，因缺血缺氧、ATP 含量较少，尸僵发生也较迟缓；一氧化碳中毒致死者，尸僵出现晚而持久；而破伤风、士的宁、有机磷农药中毒等死者，因死前发生全身痉挛，尸僵发生迅速且程度强。

（2）外界因素：气温高，尸僵发生早、缓解快。温度低，尸僵出现迟、持续久。但烧死者的僵硬是高温引起的蛋白质凝固，而非尸僵；室外冷冻或冰冻尸体以及人工冷藏或冷冻条件下尸体的僵硬则主要是冻结所致。此外，在湿度大的环境中，尸僵发生缓慢。

7. 法医学意义

（1）尸僵是死亡的确证。

（2）尸僵出现的时间、顺序、范围和强度有助于推测死亡原因；尸僵用于推测死后经过时间则仅供参考，尤应注意冷藏或冷冻条件对尸僵的影响。

（3）根据尸僵固定下来的尸体姿势，有助于分析死亡时的状态和有无移尸。

九、尸体痉挛

1. 定义　死后肌肉未经松弛阶段、立即发生僵硬，使尸体保持着死时的动作和姿态，称为尸体痉挛（cadaveric spasm, instantaneous rigor）。尸体痉挛是一种特殊的尸僵现象，非常罕见。分有局部和全身性尸体痉挛两种。

2. 形成机制和表现　尸体痉挛的形成机制目前不完全清楚。其发生速度快、持续时间长，可保持到尸体腐败开始才缓解。死前有剧烈的肌肉运动，或精神处于高度兴奋或紧张状态，是发生尸体痉挛的重要条件。如破伤风或士的宁中毒死者，因死前有较强烈的痉挛性收缩，死后可立即发生僵硬而未经肌肉松弛阶段。尸体痉挛一般是局部性的，如溺死者手中紧抓水草或其他异物（图 3-2）。偶可见于全身，如有的士兵战死后，仍坐于马车上或站立而不倒。

3. 法医学意义　由于尸体痉挛可保持着死者生前最后时刻全身或身体局部某些肌群的收缩状态，故对分析案情性质具有重要意义。如持枪自杀者死后紧握手枪的姿势；溺死者双手所抓的杂草或其他异物等。

图 3-2　尸体痉挛（局部）
溺死者右手紧抓一束麻绳

十、自溶和自家消化

1．定义　人死后，组织、细胞因受细胞自身固有的各种酶的作用而发生结构破坏、溶解，使组织变软、甚至液化，称为自溶（autolysis）。

2．自溶的机制　正常的活体组织、细胞具有完善的膜系统作保护屏障，使其不受自身固有的各种酶的作用。死后组织细胞失去功能，胞浆中的溶酶体破裂，释放出所含的各种水解酶类，如组织蛋白水解酶等，使组织蛋白质和核酸等高分子化合物以及糖蛋白、糖脂等复合物逐渐降解，组织细胞的形态破坏，直至完全溶解液化。各种不同组织所含的某些特殊的酶类均可参与自溶作用。如胰腺的消化酶促进胰自溶的发生和发展。此外，器官、组织中存在的细菌对自溶的发生和发展可有一定的促进作用，如肠黏膜自溶时，肠腔内存在的多种细菌可参与作用，使自溶发展更迅速。

3．自溶的形态变化　一般肉眼观自溶的器官组织变软、失去正常光泽；切面观组织结构不清。光镜下组织结构模糊；细胞肿胀；胞浆嗜酸性染色增强，胞浆内固有的特征性结构（如心肌的横纹、神经细胞的尼氏小体）消失；核染色质凝聚、核碎裂、溶解消失；自溶较重时只见组织或细胞的大致轮廓而无细胞形态结构，或不能辨认组织结构；严重自溶时甚至难以辨认是何器官组织。电镜下，细胞轻度自溶时，可见线粒体肿胀、嵴排列疏松、断裂，粗面内质网肿胀，膜结构分裂、破碎，溶酶体破裂。

4．不同器官组织的自溶及其顺序　由于人体各器官组织的结构和功能不同，故死后自溶发生的先后不一，程度各异，而且同一器官的不同部位出现自溶的先后次序也有差别。再加上不同内、外因素的影响，以及肝、肾、脾等实质器官尸解后是否被切开再固定或取小材固定等原因，各器官组织自溶的顺序及程度又有所改变。但一般来说，含消化酶类的器官较其他器官自溶快，与外界相通的器官组织较内部器官组织自溶早；同一器官实质细胞的自溶较间质细胞早而重。在相同条件下，肠黏膜、胰腺和胆囊黏膜细胞的自溶发生最早；胃黏膜、肾近曲小管上皮细胞、脾、肝和肾上腺等次之；皮肤和结缔组织自溶较慢。

（1）胰：胰腺因含有大量的消化酶、水解酶和脂酶，是最早也最容易发生自溶的器官之一。尤其在饱餐后的猝死者自溶发生更快，于死后几小时即可发生。胰腺自溶多从腺上皮细胞开始，胰岛细胞次之，导管及其他结缔组织最后。开始呈局灶性、多中心性，逐步发展为弥漫性自溶。局灶性和多中心性自溶是胰腺较特殊的死后变化。胰小灶性自溶多呈散在分布，有的与周围尚未自溶的胰组织境界较清楚。由于胰呈多中心自溶，常见不同部位自溶的程度轻重不一、大小范围各异。自溶较轻的腺细胞融合成团块，与基底膜分离而形成一圈透明空隙；腺细胞染色变淡、结构模糊；胰岛模糊不清，不能辨认。胰腺细胞内 DNA 含量一般在死后 6 小时尚无明显改变，至 36～48 小时后基本消失。间质小血管腔内大部分红细胞溶解，仅见红细胞轮廓。发展到弥漫性自溶时，胰腺细胞境界不清，胞浆染成污紫红色，核溶解、消失（见文末彩图 3-3）。进一步发展后，胰腺的组织结构不能辨认。

由于胰腺可发生局灶性和多中心性自溶，在部分猝死、急性中毒或机械性窒息案例中，又常伴有胰被膜下及间质出血等急性死亡病例的一般病变，故有时可被误诊为急性坏死出血性胰腺炎。此时，必须注意观察胰组织及其周围有无炎症细胞浸润和脂肪坏死，以资鉴别。

（2）肾：肾自溶发生较早。近曲小管上皮细胞最先发生自溶，表现为上皮细胞肿胀、管腔变窄，胞浆呈嗜酸性。进一步发展，则上皮细胞境界不清，有的自基底膜脱落坠入管腔，细胞核淡染。约到 24 小时，核染色质凝聚成小颗粒状，沿核膜排列，或成碎块分散于胞浆中，有的核膜破裂；48 小时后，近曲小管上皮细胞的核消失（见文末彩图 3-4）。远曲小管的自溶改变较近曲小管要迟而轻，髓袢和集合管上皮的自溶也较慢而轻。肾小球发生自溶的时间与远曲小管相当，表现为肾小球毛细血管丛内皮细胞和肾球囊上皮细胞的胞浆着色淡，部分细胞核周围出现空隙，此后细胞核逐渐溶解消失。肾自溶易被误诊为轻度水变性或急性肾小管坏死等生前病变。同时观察肾小球是否出现自溶变化，有助于鉴别诊断。

（3）肝、胆：与胰、肾相比，肝自溶相对较迟，但如果肝未被切开或未取小材固定，则自溶发生较快。一般在死后 12 小时，肝窦及扩张的血管内部分红细胞开始溶解；肝细胞肿胀，胞浆淡染、颗粒变，核固缩，染色质凝聚，以后核膜破裂直至溶解消失。肝内胆管上皮细胞自溶发生较快，易脱落入管腔；汇管区结构的自溶发生晚而弱。36～48 小时后，肝细胞索和肝小叶结构逐渐不清（见文末彩图 3-5）。

肝自溶有时易与肝细胞轻度水变性或肝细胞坏死相混淆。此时，观察肝组织有无炎症细胞浸润，并结合其他器官的改变不难鉴别。

胆囊组织的自溶发生较早，一般与大、小肠发生的时间相似，有时甚至更早。早期表现为上皮细胞肿胀、淡染，核固缩、溶解或消失；以后逐渐发展到黏膜层甚至全层结构模糊不清。

（4）脾：脾自溶一般自脾中间开始，呈灶性分布，常伴有不同程度的溶血，使组织被血红蛋白液体浸染、呈橙红色（见文末彩图 3-6）。脾实质内红髓和白髓的界限模糊不清，白髓解离，细胞数减少，滤泡体积缩小。到 36 小时大部分细胞成分溶解，仅白髓中有少数细胞尚存。患有瘀血和炎症病变的脾自溶较快。

（5）肺：死亡数小时后，支气管黏膜上皮细胞最早发生自溶，初时黏膜柱状上皮成片段脱入管腔，以后呈散在分布，直至完全溶解消失。肺毛细血管内的红细胞溶血，富含血红蛋白的液体浸染肺泡壁。肺泡上皮细胞约在 24 小时开始肿胀，有的可脱落入肺泡腔；36～48 小时，肺泡上皮的结构模糊、核溶解；48 小时后，肺泡结构可消失，呈一片均匀淡红色。

肺自溶后，由于肺泡内均匀红染的液体增多，肺泡Ⅰ型、Ⅱ型上皮细胞脱入肺泡腔内，易被认为是生前的肺水肿病变和炎症细胞、心力衰竭细胞或尘细胞，应注意鉴别。此外，在自溶阶段的肺组织内，有的可见一些蓝染的球菌或杆菌菌落，实际上已是腐败的开始。

（6）脑：大脑神经细胞和胶质细胞肿胀、核固缩、溶解，尼氏小体崩解、消失；直至脑发生软化和液化。小脑皮质浦肯野细胞和颗粒细胞自溶较早，尤其是脑死亡和呼吸机脑时，其软化及液化更早、更明显。脑干的中脑、脑桥和延髓组织的自溶与大脑组织类似。

（7）胃、肠：不同节段的胃、肠组织自溶的先后次序和程度有别。以回盲部附近的大、小肠发生最早，其他部位的大肠次之，胃体部自溶较晚。胃、肠黏膜较早发生自溶，表现为黏膜上皮细胞肿胀、结构不清，核固缩、淡染或溶解、消失；一般自浅层黏膜开始逐渐发展到全层。黏膜下层、肌层和外膜自溶较迟。

（8）肌肉：肌肉自溶相对较晚。平滑肌自溶的时间依不同器官组织而异。心肌自溶较骨骼肌早。死后 12 小时，心肌肌浆肿胀，嗜酸性染色增强，横纹模糊；24 小时后横纹消失、细胞核开始固缩，36 小时有的核碎裂、溶解，有的可见部分染色质散布于细胞胞浆内；RNA 全部消失，仅有少许 DNA。骨骼肌自死后 18 小时开始发生自溶，36 小时后肌纤维结构模糊，核淡染、碎裂、直至溶解消失。

5. 自家消化　人死后，胃、肠壁组织因受消化液的作用而溶解液化，称为自家消化（autodigestion）。

胃的自家消化多见于胃体部的胃黏膜，其程度不一、大小不等；表现为黏膜膨胀、松软、皱襞消失，颜色污垢，有的显示胃底部血管网。程度较重者，可致胃壁穿孔，胃液及内容物流入腹腔，进一步造成肠壁、膈肌或食管下段等邻近组织被胃液消化。若胃液和胃内容物流入胸腔，则可消化肺组织。自家消化导致的胃、肠穿孔应与溃疡病变和腐蚀性毒物中毒相鉴别。穿孔处的胃、肠壁形状不规则、边缘薄、无出血等生活反应；而溃疡病变形状规则，有明显的炎症反应；腐蚀性毒物所致的破裂穿孔可参考毒物分析结果作出结论。

6. 影响自溶的因素

（1）外界环境：主要是温度和衣着情况的影响大。夏季环境温度高，自溶开始早、发展快；冬天温度低，自溶的发生发展缓慢。冷藏尸体自溶变慢，甚至可能暂时停止。埋在地下的尸体较地面上的尸体自溶慢。衣着较多的尸体较裸露尸体自溶快。

（2）内在因素：肥胖尸体自溶发生快。猝死、机械性损伤、机械性窒息、中毒或电击等急速死亡的尸体，因组织细胞原本健康，含大量有活性的酶，自溶发生早而快；而慢性消耗性疾病死者，因濒死期较长、体内的酶消耗多，故自溶较慢。饱餐后猝死对胰腺、胃、肠的自溶有一定的影响。此外，如上所述，体内不同的组织和器官，其自溶的先后次序和程度均有一定的差异。

（3）人为因素：尸检时取材方法和固定的好坏对病理切片上是否观察到自溶及其程度影响很大。如肺组织因漂浮未充分固定的部分会很快发生自溶；器官或组织受压，或取材组织块过大，特别是肝、脾和肾等实质器官未取小材单独固定，中间部分的组织可因固定不良而很快发生自溶。此外，固定液的浓度配合不当，如浓度不够时易发生自溶。

7. 法医学意义

（1）不同器官组织自溶的发展情况有助于推测死后经过时间。

（2）组织、细胞的自溶须与变性、坏死等生前病变相鉴别。其鉴别要点：①肉眼观自溶组织变软，外观污垢、无光泽；镜下自溶多呈弥漫性、自溶灶内及周围没有炎症细胞浸润。而变性的组织肿胀，外观红润，坏死组织周围有充血反应带；镜下有炎症细胞浸润，坏死灶较局限。②有时仅从局部组织细胞的形态变化难以鉴别，则应比较各个器官组织的自溶速度和程度，结合其临床资料、死因、尸体保存条件及其当时的气温等因素综合分析而定。③胰腺自溶时，特别是伴有出血时，不能误诊为急性坏死性胰腺炎或急性出血性坏死性胰腺炎；自家消化导致的胃、肠穿孔应与腐蚀性和溃疡病变相鉴别。

（3）由于自溶的发展，死者生前的一些损伤和病变也必将随着发生变化，影响病理诊断。如急性坏死性胰腺炎或急性出血性坏死性胰腺炎、大叶性肺炎和小叶性肺炎引起的猝死者，如果尸检时已发生自溶，则难以观察到组织内作为重要病变证据的炎症细胞。因此，人死后应尽早进行尸检，并妥善切取检材、及时固定组织标本，以利于作出正确的诊断和鉴定结论。

第三节　晚期死后变化

晚期死后变化一般是指死亡 24 小时以后尸体开始出现的变化，有的也可晚至死后 2～3 天才出现，如腐败静脉网；有的则在 24 小时之前就可观察到，如腐败菌群。根据尸体保存是否完整，分为毁坏型和保存型两类。

一、毁坏型晚期死后变化

尸体因受多种内、外因素的影响，软组织和内部器官发生不同程度的晚期死后变化，使尸体可部分或完全破坏，这些变化称为毁坏型死后变化（destructive postmortem changes），或称尸体分解（decomposition of dead body, postmortem decomposition）。包括腐败、霉变、尸体白骨化和动物对尸体的破坏。

（一）腐败

1. 定义　蛋白质因腐败细菌的作用而逐渐分解和消失的过程称为腐败（putrefaction）。实际上尸体分解过程中各种细菌孳生，不仅分解蛋白质，也分解了脂肪和碳水化合物。脂肪被细菌分解为脂肪酸和甘油，称为酸败（rancidification）。碳水化合物分解为单糖、醇或直至二氧化碳和水，称为酵解（fermentation）。一般所讲的腐败是三者分解的统称。不同的底物受不同细菌甚至真菌的作用而分解。

2. 腐败菌群　引起尸体腐败的细菌，初期主要是大肠埃希菌、肠球菌及大肠腐败杆菌等肠管内的细菌，以后空气或土壤中的葡萄球菌、肠球菌、变形杆菌、枯草杆菌和梭形芽孢杆菌等外来细菌参与腐败过程。由于尸体的组织液、血液和淋巴液都是细菌生长的良好培养基，各种细菌能在尸体内大量繁殖，并沿血管和淋巴管扩散至全身；使蛋白质、脂肪和碳水化合物逐渐分解。在已腐败的器官组织的病理切片中很易找到这些细菌，有的甚至在轻度自溶的组织中就可见多少不等的球菌或杆菌菌落。

3. 腐败的发展和形态变化　腐败是一个逐渐发展的过程，其发生的早晚和发展的快慢受多种因素影响，故形态表现也各不相同。主要有：尸臭，腐败气泡和水泡，尸绿，死后循环，腐败静脉网，泡沫器官，巨人观，死后呕吐和口、鼻血性液体流出，肛门、子宫、阴道脱垂和死后分娩等。其中有的很常见，如尸臭、尸绿和腐败静脉网等；有的则较罕见，如死后分娩。

（1）尸臭：人死后3～6小时，肠管内的腐败细菌开始产生以硫化氢和氨为主的腐败气体，并从口、鼻和肛门排出，具有特殊的腐败气味，称为尸臭（odor of putrefaction）。

（2）腐败气体、气泡和腐败水泡：腐败细菌，特别是Welchii梭形芽孢杆菌，能产生大量腐败气体，使各器官组织胀气。特别是胃和肠管，致胃、肠壁变薄，腹部膨胀。窜入表皮与真皮之间的腐败气体，形成大小不等的气泡，称为皮下腐败气泡（subcutaneous gas bleb）。这些气泡最初是孤立和散在的，以后融合生成大的腐败气泡（putrefactive blister），且数量越来越多。当气泡内含有腐败液体时，称为腐败水泡。到3～4天，腐败气泡溃破，表皮剥脱，裸露出污垢暗红色的真皮。

（3）尸绿：腐败气体中的硫化氢与血红蛋白生成硫化血红蛋白，透过皮肤呈绿色，称为尸绿（greenish discoloration on cadaver）。尸绿通常在死后24小时开始出现，最初多见于右下腹部，因为回盲部细菌多、腐败发生快而早（见文末彩图3-7）。随着腐败的进展，尸绿逐渐扩展到全腹壁，最后可波及全身。局部尸绿有时易被误认为是外伤性皮下出血。

（4）死后循环：尸体血管内产生的腐败气体，压迫血液使之流动，称为死后循环（cadaveric circulation）。这易使腐败细菌随血液散布至各器官，促进腐败的发展。

（5）腐败静脉网：尸体内部器官及血管中的血液受腐败气体的压迫，流向体表，使皮下静脉扩张，充满腐败血液，在体表呈现暗红色或污绿色树枝状血管网，称为腐败静脉网（putrefactive networks）（图3-3）。一般在死后2～4天出现，早期多见于腹部和上胸部，其次是两侧的肩部、上臂和大腿，逐渐扩展至全身。腹壁的腐败静脉网应注意与门脉高压时的侧支循环出现的腹壁浅静脉曲张相鉴别。

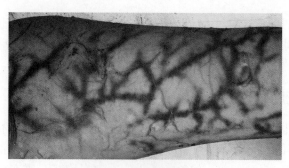

图3-3　腐败静脉网
左大腿腐败静脉网

（6）泡沫器官：因腐败气体使尸体发生腐败的器官形成大小不等的海绵样空泡，称为泡沫器官（foaming organ）。这些空泡大小不等，多见于肝、脾、肾等实质器官和左心室壁，在切面易于观察。病理切片上可见到大小不等的细小空泡。此时应与坏死、液化等病变相鉴别。

（7）巨人观：尸体腐败扩展到全身时，尸体软组织内充满腐败气体使整个尸体膨胀，体积变大，面目全非，称为巨人观（bloated cadaver）。表现为颜面膨大，眼球突出，口唇外翻，舌尖突出于口外，颈部变粗，胸、腹部显著膨胀隆起，阴茎、阴囊高度肿胀，皮肤呈污绿色，腐败静脉网多见，皮下组织和肌肉呈气肿状，四肢增粗，有的手和足的皮肤可呈手套和袜套状脱落；容貌难以辨认。一般来说，水中尸体较其他尸体容易且更早出现巨人观。对巨人观尸体解剖时，除尸检前应拍照外，还可采取简易容貌复原法排放腐败气体，使尸体大致接近原貌，再次拍照然后进行解剖，这在无名尸体的个人识别时尤为重要。

（8）死后呕吐和口、鼻血性液体流出：死后胃内容物因受腐败气体的压迫，从食管经口、鼻排出，称为死后呕吐（postmortem vomiting）。有时这种反流的胃内容物可进入气管和支气管，易被误认为是呕吐物误吸引起的窒息死亡，值得注意。人死后因发生自溶和腐败，在肺组织中形成的血性液体很容易自口、鼻腔内流出。当腹腔内的腐败气体使膈肌上升而压迫肺时，可使积聚在气管、支气管腔内的腐败血性液体自口、鼻溢出；这可能会被误认为是急性中毒、损伤或某些疾病所致的出血。

（9）肛门、子宫、阴道脱垂和死后分娩：腹腔内大量腐败气体压迫骨盆底时，可使直肠中的粪便排出、肛门脱垂；在妇女可使子宫、阴道脱垂。孕妇死后，胎儿因受腹腔内腐败气体压迫而被压出尸体外称为死后分娩（postmortem delivery）。如死后分娩发生于已被放入棺内埋葬的孕妇，则称为棺内分娩。

案例 3-1 ▶

"棺内分娩"

某年八月，在某村后的水塘里捞出一具青年女尸，经过辨认，是该村一名未婚女子。经过村民帮助清洗后，尸体被装殓埋在村旁。三天后，由于死者家属对死因提出质疑，负责单位便委托当地一位医生开棺验尸。不料起开棺盖时，发现棺内除了那个女子的尸体外，还有一具胎儿尸体。请教多名医生均无法解释其中缘由，随即请法医进行第二次开棺验尸。此时，受检者已经死了5天，尸体呈高度腐败，但在气管和小支气管内仍可见到浮萍和泥浆，结合其他尸体征象可以断定是溺水致死。至于胎儿尸体，经对死者生殖器官的检验，查明是由于死后腹腔内腐败气体的压力作用于子宫，使子宫内的胎儿受压迫而排出体外的，这在法医学上称为"棺内分娩"。事后得知：该女子和同村一男青年恋爱，不久前有了身孕，但他们的婚事遭到了女方父母的反对，该女子便投水自尽了。这一例普通的自杀案因"棺内分娩"而显得奇特，其实"棺内分娩"只是尸体腐败现象种种表现之一。

---

4. **腐败的顺序** 由于人体各器官组织的结构及其致密程度、含水量和功能不同，加上有的器官生前就有细菌存在，因此，各器官组织腐败开始的时间和发展的速度也不相同。组织结构致密、含水量少的器官腐败缓慢，如肌腱、韧带、软骨、前列腺和子宫等；但妊娠期或分娩后的子宫腐败发生早而快。小儿脑组织因含水分的比例大，故腐败较快。生前有细菌存在的器官如肠和气管的腐败快。轻度腐败的肠管呈蓝色，不要误认为是肠梗死。

一般情况下，各器官腐败的顺序大致为肠、胃、胆囊、气管、肺、脾、肝、脑、心肌、肾、胰腺、膀胱、骨骼肌、子宫和前列腺。毛发、牙齿和骨骼则可保存较长时间。

5. **影响腐败的因素** 腐败的发生和发展同样受尸体本身和外界环境的多种因素影响。凡有利于腐败细菌滋长的因素均能加速尸体的腐败；反之，则减缓腐败的发生和发展。

（1）外界环境：主要与温度、湿度和空气流通等有关。腐败细菌生长繁殖的适宜温度是20～35℃。此时尸体腐败快。温度过高，如50℃时，可使尸体干燥；过低，如0℃以下，可使尸体冻僵，从而阻止尸体腐败的发生和发展。尸体处于干燥环境时，可因水分迅速蒸发形成干尸，则腐败停止。水中尸体，若水温适宜，腐败迅速，并使尸体易上浮；但如水温很低，则腐败缓慢。

由于需氧菌引起的腐败较厌氧菌快，而大部分腐败细菌是需氧菌，故空气流通处的尸体腐败快。地面上的尸体常常比水中或土内的尸体腐败快。从水中打捞起的尸体，腐败发展更快。大致分析在相同温度条件下，在空气中放置1周的尸体的腐败程度，相当于冷水中2周、土内8周。

（2）尸体内在因素：包括个体差异和死亡原因。肥胖尸体较瘦弱尸体腐败快。幼儿尸体因含水分较成人多，腐败较成人快；老年人尸体腐败最慢；但新生儿尸体内细菌很少，腐败较慢。死因与腐败之间的关系密切。猝死、机械性窒息等急速死亡的尸体，因死后血液呈流动性，腐败细菌易于繁殖和分布，故腐败较快。大失血或脱水尸体腐败较慢。产褥热、败血症或脓毒血症和部分传染性疾病死者，生前体内已有大量细菌，所以尸体腐败快。中毒死者腐败的快慢依毒物种类不同而异，吗啡和氰化物中毒的死者腐败快，而砷、汞等金属毒物中毒死者腐败较慢。

6. 法医学意义

（1）根据尸体腐败的发生、发展程度可推测死后经过的大致时间。

（2）认识各种腐败现象，避免将其误诊为生前疾病和损伤。

（3）对已发生腐败的尸体，不仅不能拒绝进行尸检，而且应尽量地寻找和发现损伤与病变。如尸骨的骨折可以保存，骨髓的硅藻检验，颈动脉内膜的裂伤，动脉粥样硬化斑块病变，器官组织的异物存留及某些毒物中毒等。

（二）霉尸

1. 定义 尸体处于适宜真菌生长的环境条件下，在裸露的局部或全身表面滋生出白色或灰绿色霉斑或霉丝，称为霉尸（molded cadaver）。沼泽、池塘、河溪中和冷藏时间较久的尸体容易形成霉尸。

2. 形态表现 霉斑开始多见于颜面部的眼、鼻、口唇及周围，颈部和腹股沟等处，以后逐渐向全身扩散；有时内部器官组织也可形成。肉眼观霉斑初期为斑点或细丝状，进一步发展可融合成片状。光镜下可见大量霉菌孢子。

3. 法医学意义

（1）根据霉尸可推测尸体所处的环境条件，在一定程度上有利于分析案情。

（2）认识霉尸变化，注意与某些损伤和疾病相鉴别。

（3）霉变尸体有时影响容貌的辨认，尸检时要更加认真仔细地进行个人识别。应先在原始状态下拍照和检验，待抹去霉斑后，再次照相和检验。

（三）白骨化

1. 定义 尸体的软组织经腐败后完全溶解消失，毛发、指（趾）甲脱落，最后仅剩下骨骼，称为白骨化（skeletonized remains）。

2. 影响因素 尸体发生白骨化的时间主要受所处环境的影响，如温度、湿度及埋葬处土壤的情况等。而尸体本身的因素影响较小。在地面旷野的尸体较土葬尸体的白骨化要快得多。暴露于空气中的成人尸体白骨化，在夏季需2～4周或以上，春秋季为5～6周，冬季则需数个月以上。埋于泥土中的尸体，一般3～4年发生白骨化。大约10年后骨骼才会脱脂干涸。动物对尸体的破坏，可加速尸体白骨化的形成。如夏天尸体因动物、昆虫的侵食，有的不到2周就可发生白骨化。

3. 法医学意义

（1）白骨化虽可破坏尸体软组织和器官的病变与损伤，但尸骨上的损伤痕迹有些可长期保存，如骨折、骨骼上嵌顿的刀片等。

（2）某些毒物（如重金属毒物）在骨髓或骨质内可长久保存，故仍可用作某些毒物中毒的化验检材。

(3) 死后白骨化时间不长的骨髓可用于硅藻检查。

(4) 骨骼在个人识别方面具有重要意义。根据骨骼的结构特征,可推测死者的性别、年龄和种族。颅骨则可用于颅像重合。

二、保存型尸体

人工埋葬或野外自然存留的尸体大多数因腐败、软组织崩解消失而白骨化,直至数十年、上百年或千年后骨骼也逐渐风化无存。如尸体受某些内外因素的影响,腐败过程中断,软组织免于崩解破坏而被不同程度地保留下来,称为保存型尸体(preserved corpse)。

(一)干尸(木乃伊)

1. 定义 尸体处在干热或通风条件良好的环境中,水分迅速蒸发而不发生腐败,以干枯状态保存下来,称为干尸或称木乃伊(mummy)。干尸在保存型尸体中最常见。

2. 形成机制和条件 当尸体处于通风、干燥、温度较高的环境条件下,或是周围有吸水物或去水土壤存在时,体内水分易于蒸发而迅速减少,不适于腐败细菌滋长繁殖,变得干瘪、细小,形成干尸。因此,干尸的形成主要与环境条件有关,而尸体本身因素的作用较小。全世界凡干旱沙漠地区,易发现干尸。我国新疆吐鲁番地区出土的干尸较多,与其地质环境密切相关。据报道,当尸体所含水分减少 40% 时,可抑制细菌的繁殖;减少 50% 以上时,可使细菌繁殖停止。含有大量硝酸盐或其他盐类的埋葬墓地或棺内尸体周围有石灰、木炭等吸水物质时,尸体水分被吸收而易形成干尸。在相同环境条件下,婴幼儿、老人较易形成干尸;体质消瘦的死者较肥胖尸体易形成干尸;死前有大量失血或重度脱水者易形成干尸。

3. 形成时间和征象 干尸始于尸体的暴露部位,如头面、手和足等;然后逐渐发展到全身。成人干尸形成需 2～3 个月,婴幼儿仅 2 周即可形成。

干尸的外形干瘪,体积缩小,体重明显减轻,可比生前减轻 70% 以上;皮肤和软组织干燥、皱缩、变硬,呈灰色、浅棕色或暗褐色;内部器官也干燥、变硬、包膜皱缩、体积缩小。如 1956 年在广州市一工地发现的两具干尸,埋于明朝弘治至正德年间,下葬的是南京工部尚书戴缙夫妻二人。戴缙死于 1510 年(84 岁),尸重 12.5kg,身长 1.6m;其妻周氏死于 1502 年(80 岁),尸重 9.5kg,身长 1.5m。两具尸体的衣着完好;皮肤完整、毛发仍存,骨骼稍软,关节联系正常。

在野外自然发生的干尸,其表现可有不同,如部分干瘪、部分白骨化;有的尸体因动物毁坏而不完整。

4. 法医学意义

(1) 干尸可能保持生前的某些损伤,如索沟、刺创、骨折等,对追查尸源、揭露犯罪和分析死因具有一定意义。

(2) 干尸可能保持某些个人特征,有助于进行个人识别。

(3) 干尸可能保持生前的某些病变,如动脉粥样硬化、风湿小结、结核结节、寄生虫卵等,有助于分析死者生前健康状况和死亡原因。

(二)尸蜡

1. 定义 埋于湿土或浸于水中的尸体,皮下及脂肪组织因皂化或氢化作用,形成灰白色或黄白色蜡样物质而被保存,称为尸蜡(adipocere)。尸蜡较少见,多为局部性(见文末彩图 3-8),全身性尸蜡罕见。

2. 形成机制和条件 形成尸蜡的特定环境条件是尸体处于水或湿土中,腐败变慢或停止。皮肤被水浸软而变疏松;皮下脂肪组织分解成甘油和脂肪酸,甘油因溶于水而流失,部分溶于水的不饱和脂肪酸与水中钙、镁、铵等离子结合,发生皂化作用形成皂化物(脂肪酸盐),其余不饱和脂肪酸经氢化作用形成饱和脂肪酸,不溶于水的饱和脂肪酸沉积下来,共同形成尸蜡。成人形成局部尸蜡需 3～4 个月,全身大部形成尸蜡需 1～1.5 年。小儿和肥胖者易形成尸蜡。环境温度高,尸蜡形成较快。

3. 尸蜡的尸体征象　尸蜡可大体保持尸体原形。常见于面部、臀部、女性乳房及四肢等处。一般呈灰白色或黄白色较坚实的脂蜡样物，触之有油腻感，可以压陷，但脆而易碎。镜检见皮下脂肪组织中有脂肪酸结晶。

尸蜡具有酸臭味，能浮于水面，不溶于水而溶于乙醚、乙醇等有机溶剂，经加热可溶化；燃烧时发出黄色火焰。

4. 法医学意义

(1) 尸蜡可能保存某些生前损伤痕迹，如索沟、扼痕和骨折等，对揭露犯罪、分析死因有一定意义。

(2) 尸蜡有助于进行个人识别、查找尸源。

(三) 泥炭鞣尸

1. 定义　处于酸性土壤或泥炭沼泽中的尸体，因鞣酸和多种腐植酸等酸性物质的作用，腐败停止发展，皮肤鞣化，骨骼脱钙，变成体积小、重量轻、易弯曲的软尸，称为泥炭鞣尸（cadaver tanned in peat bog），又称"软尸"（图3-4）。泥炭鞣尸是一种很少见的保存型尸体。

2. 法医学意义　泥炭鞣尸也可保持某些生前损伤的痕迹，对分析死因和案件性质有一定的参考意义。

(四) 特殊型古尸

葬于特制棺墓的年代久远的保存型尸体称为特殊型古尸（the ancient corpse）。实际上是一种特殊类型的保存型尸体。古尸对研究当时当地的文化传统、风土人情、生活习俗及人类文明进展具有重要意义。我国历史悠久、文化源远流长，近几十年来出土了不少古尸。其中，以20世纪70年代在湖南长沙马王堆和湖北江陵纪南城出土的两具西汉古尸（图3-5）和2002年在江苏省连云港出土的双龙汉代女尸最重要。这三具古尸不仅年代久远（距今2000余年），而且保存完好，为古尸研究所罕见。

图3-4　泥炭鞣尸（软尸）
四肢曲折，全身亦可卷起（黄光照供图）

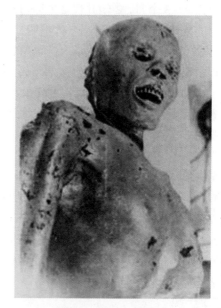

图3-5　湖北江陵古尸
头、胸部外观，体表黏附棺液沉渣（武忠弼供图）

(五) 浸软

1. 定义　妊娠8周以上的死胎，滞留于宫内不能完全被溶解吸收，而浸泡于无菌的羊水中，变得小而软，称为浸软（maceration），或称浸软儿。浸软比较少见。

2. 浸软程度　根据浸软的部位和范围分为三度。

第一度浸软：浸软仅见于表皮层内，皮肤表层有黄色或黄褐色水疱形成。

第二度浸软：浸软累及真皮层，表皮层的水疱破裂、或表皮剥脱，露出红棕色真皮。

第三度浸软：浸软到达深部组织，呈血性胎儿外观；真皮呈暗红褐色，胸、腹腔含血性浆液，内部器官膨胀、软化，关节肌肉弛缓，胎盘肿胀、质软。

知识拓展 ▶

1. 湖南长沙马王堆古尸

1972年在湖南省长沙市马王堆出土的是一具女性西汉古尸，特称为马王堆尸（the Mawangdui cadaver）。墓底填有15cm厚的白膏泥，椁外又有厚达100～130cm的白膏泥和一层40～50cm厚的木炭；尸体封存在四层套棺的最内层。尸长154cm、重34.3kg，死者50～55岁，发育良好，体形肥胖，外形完整，全身湿润，半浸于80L棕黄色弱酸性（pH 5.18）棺液中；其头发附着较牢固，指（趾）纹清晰，软组织有弹性，内部器官亦保存较完整的外形。胸、腹、臀及双下肢皮肤有轻度尸蜡化，全身骨骼明显脱钙，分析是先脱水形成干尸，后再经棺液浸泡使其组织又重新水合而形成。

2. 湖北江陵古尸

1975年在湖北省江陵县楚都纪南城凤凰山出土的是一具男性西汉古尸，称为江陵古尸（the ancient corpse at Jiangling county，见图3-5）。死者年约60岁，身长167.8cm，体重52.5kg，下葬于公元前167年。葬具是一椁二棺，为楠木双层套棺，封闭严密。尸体外观保存完好，神态安逸，内部器官外形亦正常，胶原纤维的超微结构清晰。但由于棺液为弱碱性（pH 8.4），致使古尸毛发、指（趾）甲消失。因此，江陵古尸与马王堆古尸基本上属同一类型；其少数差异是因棺液的酸碱度不同所致，后者则与当地的水文地质环境不同密切相关。

---

3. 法医学意义

（1）浸软胎儿是死胎。胎儿死后已在宫内存留一段时间方可形成浸软胎儿。

（2）浸软胎儿一旦暴露于空气中极易发生腐败，故应尽早进行法医学尸体检验。

第四节 死后化学变化和分子变化

人死后，尸体各种组织、细胞和生物大分子因持续分解而发生的一些化学和生物化学变化，称为死后化学变化（postmortem chemical changes）。其中，一些生物大分子等物质需要用分子生物学等技术在分子水平检测才能观察到其变化的称为死后分子变化（postmortem molecular changes）。所以死后分子变化实际上是死后化学变化的一个重要表现形式，也是其进一步发展而出现的一个新领域，并导致形成了分子解剖（molecular autopsy）这一新的解剖技术方法。这些化学变化和分子变化，如前所述的肉眼和镜下能观察到的各种形态变化一样，是死后变化的重要内容，在法医病理学检案鉴定工作，尤其是在死亡时间推断中具有十分重要的意义。随着检验技术，特别是分子技术的发展，以及各种新型仪器设备的应用，死后化学变化和分子变化的研究及其相关成分的检验与分析越来越受到人们的重视。

根据死后化学变化和分子变化发生的部位，分为组织、细胞内的化学及分子变化和体液中的化学及分子变化。前者如各种蛋白质和酶类；后者如血液、玻璃体液、脑脊液、心包液、胆汁、尿液、羊水和胸腹腔积液等；按检测的内容可分为水、电解质成分，微量元素，糖、脂质和维生素，不同的激素、蛋白质和酶类，染色质、DNA及RNA等。检测方法包括化学、生物化学、组织化学、酶组织化学、免疫组织化学和各种分子生物学方法等。

一、死后大分子降解及其他化学变化

（一）蛋白质降解

蛋白质是人体的重要组成成分。人死后，随着死后经过时间的延长，各种蛋白质会以一定的时间规律发生降解。例如热休克蛋白和肌钙蛋白 I（TnI）。Preuss J 报道，检测热休克蛋白 70（HSP70）的变化可用作鉴定高低温死亡的生化标志。Sabucedo AJ 等利用免疫印迹技术研究了离体人心肌 cTnI 与离体放置时间的关系，观察到人心肌 TnI 的量随离体放置时间的延长而逐渐减少，放置 5 天的标本，其心肌 TnI 仍可被检出。心肌 TnI 的量与放置时间的对数呈近似的线性关系，相关系数 $r = 0.997$。并因此认为，人心肌 TnI 的变化可用于推断死后 5 天内经过的时间。与心肌相比，骨骼肌同样自溶较慢，且具有含量大、分布广、少患病、易取材等诸多优点，在死后经过时间推断方面检测骨骼肌 TnI 比检测心肌 TnI 更有优势。也有学者还报道，甲状腺球蛋白含量的改变与人死后经过时间的推移呈一定的线性关系，检测其变化可用来推测死亡时间。

（二）DNA 及 RNA 降解

DNA 是由许多脱氧单核苷酸组成的线形双螺旋大分子，是细胞内重要的遗传物质，主要分布在细胞核内。正常人体染色体数目是恒定的，故细胞核 DNA 的含量也相对恒定。由于人死后组织细胞对自身酶的屏障保护功能消失，细胞内的溶酶体膜破裂，释放出各种水解酶，使细胞成分水解，细胞形态结构因死后自溶而崩解；该过程中细胞核出现核浓缩、核碎裂、核溶解；在脱氧核糖核酸酶的作用下，核染色质双螺旋结构的 DNA 崩解为小碎片，分散于胞浆中，最后染色质中残余蛋白质被溶蛋白酶溶解，核便完全消失。所以在人死后一段时间内，细胞内的 DNA 含量会随死亡时间的延长而逐渐下降。因此，国内外法医学工作者对死后 DNA 含量变化与死亡时间之间的关系进行了大量研究，除了研究可能导致猝死的疾病的遗传基础等外，主要是研究死后细胞核 DNA 含量与死亡时间之间的关系并证实其呈负相关。例如 72 小时内肝组织、骨骼肌和心肌细胞的 DNA 含量变化与死后经过时间存在一定的线性关系。有研究证实胸骨骨髓细胞核 DNA 含量随死亡时间延长呈线性下降，直至死后两周仍未完全降解。Boy 等应用流式细胞检测技术对离体牙髓组织细胞 DNA 含量改变与死后经过时间的关系进行了分析，发现牙髓组织细胞 DNA 在离体 144 小时内改变不明显。

与 DNA 不同，人体组织细胞的总 RNA 水平因其微环境的不同而变化很大，但人死后也受 RNA 酶水解影响而逐渐降解；故检测和分析 RNA 的变化在法医学上很有应用前景。如对判断损伤、疾病的病理生理变化状态、死因及死亡时间等来说都很有意义。法医学检案鉴定工作中，有些暴力性死亡很可能没有肉眼可见的改变，但死亡当时的细胞功能状态却可以通过 mRNA 的保存反映出来。有研究报道认为，mRNA 的含量同样也具有稳定性。Hiroshi 等通过对死后不同时间大鼠脑、心、肺、肝全部 RNA 的凝胶电泳和逆转录 - 聚合酶链反应半定量分析，发现死后脑组织的 RNA 最稳定，其次是心、肺和肝。

（三）其他死后化学变化

一般的死后化学变化主要包括血液、脑脊液和玻璃体液的一些化学成分的改变。

1. 血液 人体血液的化学组成成分多，是进行尸体化学研究和检测最常见、最重要的样本之一。用血液作检测死后化学变化的优点是：①采样容易，数量易满足需要，包括采取左、右心室血和外周静脉血；②可检测的项目广泛、内容多，人体内绝大部分项目和内容均可取血进行检查；③虽无死后正常值比较，但可供参考的文献资料和临床资料较多。

用血液作检测死后化学变化也有其不足和难以避免的缺点：①死后血液中有的成分较稳定、有的不稳定，且无一定的变化规律，不具有确定的时间依赖性，故难以判断其正常与否；②易受取材时间的影响，同一个体死后不同时间采取的样本，其结果不同，甚至可能有较大的差异；③血液易受死后自溶、腐败和污染等多种因素的影响；④生前疾病史和健康状况不同，其血液的化学成分变化的差异大，影响结果的判断。血液中用于检测化学变化的主要内容如下。

（1）电解质：钾、钠、氯、钙、镁、磷等电解质中，以钾最常用，对怀疑有因高钾或低钾所致死亡的案例，应常规检测钾离子浓度。血中氯离子可被用于推断死亡时间，随着死亡时间延长，血中氯离子浓度逐渐下降。Jetter 等报道氯离子浓度每天以 80～90mmol/L 的速度下降。Schleyer 则认为氯离子浓度的下降率为每小时 0.25～1mmol/L。

（2）乳酸、尿酸、肌酐、尿素氮、非蛋白氮、氨基酸氮和次黄嘌呤等，随时间变化也有逐渐降解的趋势。

（3）蛋白质和酶类：如白蛋白、球蛋白，淀粉酶、转氨酶、酸性磷酸酶、碱性磷酸酶、乳酸脱氢酶、类胰蛋白酶（tryptase）等。对怀疑因过敏性休克致死的案例可检测体内类胰蛋白酶的变化。

（4）免疫球蛋白和补体：如 IgE、补体 C3 等。

（5）血糖、激素水平：如胰岛素、肾上腺素等。检测血糖及结果评价必须考虑其影响因素。胰岛素除了疾病外，还需注意用胰岛素注射他杀案例。

（6）染色质和核酸等。

（7）蛋白质、碳水化合物分解产物：因腐败、蛋白质和碳水化合物的分解产生的醇类、硫化氢或氰化物等。此时应与生前所服毒物、药物相鉴别。

2. 脑脊液　由于脑脊液位置相对固定，受死后环境因素影响小，故死后化学检测结果较为可靠。但因脑脊液中有些生化成分死后变化快、收集不方便，且易受血液污染，所以脑脊液用作死后生化检测的价值比较有限。主要有乳酸、氨基酸氮、尿酸、黄嘌呤、氨、单胺类、钾以及是否混有血液和药物等。如腰部行硬脊膜外麻醉穿破硬脊膜致全脊髓麻醉死亡时，应提取脑脊液测定其麻醉药物含量。

3. 玻璃体液　因眼玻璃体所处部位受到眼眶的保护，与身体其他部位相对隔绝，所以玻璃体液的死后变化小而慢，不易受尸体其他部位死后变化和污染的影响，是一种较为理想的死后化学检测样本。然而，由于其量少（约 2ml），化学组成成分较少，故用于检测的项目有限，具体项目与脑脊液大致相似，其中以检测钾离子浓度最多见。

4. 心包液　心包液是心包腔内一种清亮、淡黄色的浆液，所含离子中除 K^+ 明显高于血浆 K^+ 浓度外，其他基本与血浆中各离子浓度相似。因其位于心包腔内，受内、外因素影响相对较小，故可检测其中不同的离子和酶类用于法医学鉴定。例如，Berestovskaia 等报道检测心包液中乳酸脱氢酶的同工酶 LDH1 和 LDH2 对急性心肌梗死具有鉴别意义。通过对大样本人心包液研究，认为死后心包液中的肌酸激酶（creatine kinase，CK）同工酶 CK-MB、CK-MM 和肌钙蛋白（cTnI、cTnT）水平的变化可为急性心肌缺血缺氧或细胞毒性损伤的鉴定提供参考。而心包液中 NT-proBNP 的含量变化也可反映死前心功能状态。此外，Moriya 等通过对比研究发现，心包液是一个较好的药物定性和定量分析样本。

此外，尿液、胆汁、羊水、肌肉、心包液和胸、腹腔积液等都可用于不同的死后化学变化的检测与研究。如检测腹腔积液是漏出液还是渗出液有助于中毒性腹膜炎所致死亡的诊断。在检测和评价检测结果时应注意排除尸碱（ptomaine）的干扰。后者是尸体腐败过程中，因蛋白质降解所产生的多种含氮化合物，亦称动物生物碱。其化学成分与植物生物碱近似，主要包括尸胺、腐氨、尸阿托品和神经碱等。同时检测两种及以上的死后化学变化比只测单个项目更可靠。如怀疑是高钾引起的死亡，应同时检测血液和玻璃体液中的钾离子浓度；疑为过敏性休克致死时同时检测 IgE 和类胰蛋白酶等。

二、影响死后化学变化和分子变化的因素

任何影响死后变化发生发展的因素均可能是影响死后化学变化和分子变化的因素。如外界环境因素、尸体本身的内在因素和其他因素等。但除了环境因素和个体差异外，最主要的是采取样本的时间、取材部位和方法以及检测标本的技术和方法等。

（一）环境因素及个体差异

温度等环境因素对死后化学变化和分子变化有明显的影响。如一项通过运用交叉免疫电泳方法研究离体全血和尸血补体第三成分 C3 的裂解率与死后经过时间关系的报道，将离体全血育于不同温度，观察到温度越高、时间越长，C3 裂解速度越快，从而认为死后经过时间与尸血 C3 裂解率呈正相关。由于不同的性别、年龄以及不同身体状况之间的病理生理情况不同，故在检测和评判死后化学变化和分子变化时要考虑这些个体差异的影响。

（二）提取样本时间

由于死后化学变化和分子变化是随着死后经过时间而不断变化的，因此，同一个体在死后不同时间采取样本进行检查的结果会出现明显差异。如乳酸，成人血液的正常值为 1mmol/L；死后 1 小时含量迅速增加，可上升至 20mmol/L；而死后 12～24 小时可达生前的 50 倍以上。一般认为，春秋季在 24 小时内测定的含量有参考价值。Querido 等报道，红细胞内钾离子含量随死后经过时间延长呈线性下降。Bauer 等对冷冻储存 5 天的活体和尸体脑组织样本，应用 RT-PCR 配合激光诱发的荧光毛细管电泳技术对 mRNA 降解进行定量分析，结果发现 RNA 降解与样本储存时间或死后经过时间显著相关。

（三）取材部位和方法

人体各个器官组织的化学成分本身存在较大差别。如血清总胆红素含量远比脑脊液中的含量高。人死后，不同器官的 RNA 分解时间规律不同；死后短时间内，肝是用于检测 DNA 降解的最好组织标本。由于死后血糖不稳定的原因，在检测血糖时，应采用玻璃体液或脑脊液中的葡萄糖来推测生前血糖浓度。然而，即使是同一器官的不同部位也可有一定差异，甚至明显不同。如左、右侧眼球玻璃体液，心血和周围静脉血。心血中左心室和右心室的血均有一定差别，有时甚至是显著的差别。如右心腔血中的转氨酶含量较末梢血中的含量高；溺死尸体左、右心血的水、电解质存在明显的差异等。但死后心血和外周血的碳氧血红蛋白饱和度无显著差异。取材方法不当也可影响检验结果。如抽取眼玻璃体液时，应用注射器和 20 号针头从眼球的前外侧方穿刺，轻轻地逐步地吸入，但快而强的吸入可致视网膜或其他组织碎片的污染，影响检验结果。

（四）检测技术和方法

用于进行死后化学和分子变化检测的技术与方法也可影响检测结果。这除与表示的单位、衡量的标准不一致外，还可能因检测的技术方法的不同本身就存在差异。如 Coe 应用不同的仪器对玻璃体液中葡萄糖及钾、钠、氯等进行检验，结果发现均有差异。随着科学技术的发展，可不断出现一些新的检测技术用于检测死后化学变化和分子变化。例如逆转录 - 聚合酶链反应，就是将 RNA 的逆转录和 cDNA 的聚合酶链式扩增相结合的一项新技术。其原理是提取组织或细胞中的总 RNA，以其中的 mRNA 作为模板，采用 Oligo（dT）或随机引物利用逆转录酶反转录成 cDNA。再以 cDNA 为模板进行 PCR 扩增，而获得目的基因或检测其基因表达。逆转录 - 聚合酶链反应使 RNA 检测的灵敏性提高了几个数量级，使一些极为微量 RNA 样品分析成为可能，现已成为一种常用的定量分析 mRNA 表达水平的技术方法。此外，也可能与各人的操作方法和技术水平有关。

三、法医学意义

（一）有助于推测死后经过时间

检测和研究死后化学变化和分子变化最重要的目的之一是推测死亡后经过时间。大量的研究证实，不少死后化学变化和分子变化均可用于推测死亡后经过时间。例如尸体眼球玻璃体液中的钾离子浓度，人死后组织中的 DNA 和 RNA 的降解等。1998 年，Nunno 等用流式细胞术法研究死后组织细胞的 DNA 含量变化情况，发现脾等组织细胞 DNA 含量在死后 72 小时内呈一定规律下降，DNA 含量与死后经过时间有较强的相关性。

（二）有助于分析死亡原因

除了钾离子浓度、血糖和胰岛素水平等这些明显用于分析死因的死后化学和分子变化外，死后分子变化有助于分析死亡原因的最好例子就是对那些离子通道基因改变的疾病和一些基因突变或某种遗传缺陷的疾病等死因鉴定。如 Brugada 综合征和长 Q-T 间期综合征等排除了各种暴力性死亡的无明显形态学改变的心脏性猝死。研究发现 5%～10% 的婴幼儿猝死案例存在基因突变，通过基因检测筛选技术可确定一些突变基因，从而有助于分析其死因。

（三）有助于推断生前所患疾病或损伤

每种疾病或损伤都有一定的功能、代谢和病理形态学变化。人死后就会出现相应的死后化学和分子变化。除了检测血糖和胰岛素水平、离子通道疾病和基因突变等可推断生前所患疾病或损伤外，还有一些死后分子变化有助于推断生前所患疾病或损伤。如有些在遭受暴力作用后立即死亡但又没有明显形态学变化的案例，难以准确判断其损伤及其与死因的关系；对此检测暴力作用处组织的mRNA的改变有助于分析和鉴定其损伤。某些中毒后的特异损伤、溺水缺氧时的肺损伤以及火灾时热颗粒或毒性气体的吸入等损伤都有一些生物分子标志物，检测其相应的分子变化有助于推断生前损伤。

第五节 动物、昆虫及其他环境因素对尸体的毁坏

人死后，尸体除受上述内外各种因素影响，发生不同的死后变化外，还会遭受其他一些自然环境因素的作用，导致尸体部分或大部分地被毁坏，使尸体不完整。这些外来因素对尸体的异常破坏，既不同程度地加速死后变化的发展，同时又影响对生前损伤和疾病的观察与判断。其中，主要有动物、昆虫和其他一些自然环境因素对尸体的毁坏。

广义的自然环境因素对尸体的毁坏还可包括各种死后人为现象，但不包括尸体火化和死后人为分尸、碎尸和割掉部分器官组织等。法医学研究这些自然环境因素对尸体毁坏的目的在于，认识常见不同的动物、昆虫及其他自然环境因素对尸体毁坏的特征和规律，与生前所致的损伤相鉴别，从而为刑事案件的侦破提供线索，为判明损伤性质和推测死后经过时间提供科学依据。

一、动物对尸体的毁坏

动物对尸体的毁坏易被误认为是生前损伤，导致损伤性质和死亡原因的判断错误，造成不必要的人力、物力和财力的浪费。无论哺乳类、两栖类、爬行类或鸟类都可能对尸体造成不同程度的损坏。但因时因地而异，不论在水中还是地面、室内还是室外，也无论是在平川草地还是深山老林、是静止停放还是在江河流动，都可发生。其中常见的是鼠、犬、豺狼、鸟类、水族动物和各种昆虫等对尸体所造成的毁坏。

1. 鼠 鼠小灵活，几乎到处存在。因此，无论是在室内还是室外，都可能对尸体造成损害。如医院太平间的停尸柜封闭不严，老鼠即可能进入柜内。鼠咬食尸体多见于眼睑、鼻尖、口唇、耳廓和其他暴露部位（图3-6）；如系裸尸，也可发生在胸、腹部。咬伤处有锯齿状小齿痕，创缘不规则，创口小而浅表，多个创腔的深浅基本一致，现场可发现鼠迹、鼠粪。

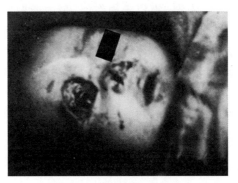

图 3-6 鼠对尸体的毁坏
鼻尖部、右眼睑及周围软组织被鼠嗜食后缺失

2. 犬 咬食尸体时破坏性较大。轻者呈花环状擦伤或较浅的创伤，重则咬去大块肌肉或使肢体离断。创口大小不一，创面、创缘不整齐，呈撕裂状；断端可有血管游离；有时肢体断端较整齐，需与砍创相鉴别；有时咬伤似刺创；骨的断端可留有齿痕，尸表可见犬爪搔痕；若胸、腹腔被咬破，其内部器官可部分或完全缺失；现场和尸体上可发现犬毛和犬足痕迹，周围可有被拖散的组织碎块和血迹。

3. 豺狼 多群居于山区和丘陵,不仅可毁坏地面的尸体,还可对埋葬较浅的非棺葬尸体造成破坏。其损伤形态与犬的损伤无显著差别,其程度更重,有的还可造成肢体离断,尸体碎块分布较广,甚至远离现场,酷似凶杀案例。如曾有一名因肺炎死亡的 2 岁男儿,尸体被草席包裹埋于村外的山坡地里,几天后两村民在距掩埋处 1 公里远的麦地里发现其头颅,断端较整齐,附近水塘边有散在的肋骨残骸,疑为碎尸案。检查颅骨未见损伤,第 3 颈椎椎弓可见类似尖牙的咬痕。经进一步调查和检验,鉴定为动物(豺狗)损伤所致。

4. 鸟类 对尸体的毁坏主要有鹰、猫头鹰和乌鸦等。它们均可嗜食尸体,造成皮肤肌肉缺损,有的甚至食光全部软组织。如我国西藏地区的天葬,实际上就是让成群的秃鹫食光尸体的软组织。由于鸟的种类不同,其喙长短各异,故对尸体造成局部损伤的情况也不尽一致。创面粗糙不平,大小、深浅不一,可见被撕扯痕迹;创缘不整齐。严重时体表软组织和内部器官可同时受到毁坏,甚或造成"白骨化"。

5. 水族动物 水族动物中的各种鱼类都可能破坏水中尸体。损伤多位于身体突出的部位,常常先噬食软组织,可以吃掉耳、鼻、口唇和脸部,破坏面部特征,有时可严重破坏躯干和四肢的软组织,仅剩下骨骼;大的鱼类可以破坏肢体,鲨鱼甚至可吞没全尸。

其他动物,如虎豹、野猪、狐狸、螨、蟹、虾及水蚤等均能不同程度地毁坏尸体。如河沟里的尸体,可被蟹类噬食其耳垂、眼睑、鼻尖部和口唇等处。偶有家禽对尸体造成损伤的。

二、昆虫对尸体的毁坏

昆虫在法医学中的作用和地位越来越受到人们的重视,已形成一门新兴的交叉学科——法医昆虫学(forensic entomology)。研究昆虫的目的主要是用来推测死后经过时间,为侦察破案提供线索,对分析死亡原因、推断死亡场所和抛尸场所等也有一定的意义。绝大多数昆虫都可对尸体造成不同程度的损害,其中主要是双翅目的蝇(fly)、膜翅目的蚂蚁(ant)和鞘翅目的甲虫(beetles)。

1. 蝇蛆 昆虫对尸体的毁坏中,以蝇蛆最常见。苍蝇对尸臭敏感,夏季人死后约 10 分钟,甚至在濒死期即群集于尸表并产卵。卵可孵化成蛆,分泌含有蛋白溶解酶类的液体,消化和破坏尸体软组织,形成污秽灰白色的蜂窝状小洞;蛆再侵入皮下、肌肉和内部器官。在夏季,婴儿尸体约 1 周内、成人尸体在 3~4 周内,就可被蝇蛆吃尽软组织。根据蝇蛆生长发育情况是推断死后经过时间的一个主要方法,也是法医昆虫学上一个十分重要的内容。

2. 蚂蚁 蚂蚁的体小口细,咬食尸体时多开始于耳郭、下颌部、颈部、下腹部、四肢屈侧等皮肤柔嫩部位和有表皮剥脱、皮肤创口、索沟、扼痕等损伤处,形成潜掘形的表皮剥脱,或圆形、类圆形、不规则的组织缺损,创缘内卷;而肌腱、筋膜、血管和神经干等致密组织不易被破坏。当蚂蚁数量大时,能在 4~8 周内将处于地面尸体的软组织噬食殆尽,只剩骨骼。

3. 甲虫 甲虫分布很广,在水、陆、空中、地下都能生存。因此甲虫对尸体的毁坏也较常见。甲虫噬食尸体时,形成表皮剥脱,并可在尸体上产卵,长成幼虫后亦可破坏软组织,但不如蛆快,故损伤一般较浅、小,但群集较多时,同样可致大面积软组织毁坏。

此外,蟑螂、水虻、蜂和蝗虫等均可对尸体造成不同程度的毁坏。

三、其他自然环境因素对尸体的毁坏

除动物和昆虫可对尸体造成不同程度的毁坏外,从广义来说,处于各种自然环境下的尸体还可因多种原因造成不同类型、不同程度的毁坏。

1. 江河湖海的水中尸体 江河水中漂流的尸体,可与岩石、桥墩及树木等水中物体碰撞致伤,或是被机动船舶的螺旋桨等损伤,甚至造成肢体离断。处于水渠、泵站的尸体,可被抽水机、发电机等的涡轮致伤。这类损伤类似锐器伤。湖泊池塘的尸体也可被划行的非机动船只撞伤,或被鱼网拖伤,均须进行鉴别。

2．铁路、公路等道路上的尸体　车道上的尸体易发生死后交通车辆所致的生前伤或（和）死后伤，如碾压伤、挤压伤、拖擦伤和肢体离断等。此时特别应注意与他杀后伪装成交通事故损伤等相鉴别。

3．建筑物、厂房及山坡上等处的尸体　建筑堆砌物、陈旧厂房等处的尸体，有可能被倒塌、风吹刮倒的高坠物品砸伤。位于高处的尸体，有时因某种原因而坠落或翻滚至他处，从而发生一些擦伤、划伤、碰撞伤、摔跌伤或坠落伤。这种类型的损伤须经认真仔细的现场勘查和全面系统的尸体检验来鉴别。

4．地下涵洞、隧道、矿区地下通道等处的尸体　地下通道的尸体可能既具有道路交通车辆所致的损伤，又可有地下通道上面坠落物体砸伤的特点，甚至被泥土砂石掩埋；有的可能被地下水浸湿或浸泡而类似于水中尸体。

5．雷雨天的尸体　在雷雨天气条件下，处于野外的尸体，有可能是遭受雷击而死亡。位于高压电线或其他电线处的尸体，当电线发生断裂、坠落时可被电击致死，从而形成电击伤。一般来说，人死后尸体再次遭受雷电损伤的可能性较小。

6．火灾中的尸体　尸体停放处发生火灾时可造成烧损，但烧损周围没有生活反应。由火烧造成的硬膜外热血肿和皮肤的破裂口，应注意与生前的损伤和烧伤相鉴别。汽车司机在驾车行驶过程中发生冠心病猝死后，汽车因失控可撞坏并烧损尸体。

此外，地震、山崩、冰雪和泥石流等均可对尸体造成不同程度的损伤。

上述不同情况所致的尸体损伤虽可单独出现，但也可同时被两种因素或多种因素造成损伤。必须对现场进行认真、仔细的勘查，对尸体进行全面系统检验，然后综合分析，审慎鉴定。

第六节　死后人为现象

人死后，由于某些人为因素的作用，导致在尸体上发生某些改变或征象称为死后人为现象（postmortem artifacts）。死后人为现象大部分是可以避免的，但有的也不尽然。广义的死后人为现象还应包括尸体在停放、搬运和冷藏、尸检、标本的固定、取材和保存以及制片过程中出现的人为现象。死后人为现象与自然环境因素对尸体的毁坏不同，前者是由一些人为因素引起，后者则是因某些自然环境因素所产生。死后人为现象在法医病理学工作中较常见，易被误认为是生前损伤或病变，或致正常形态结构的损伤和破坏，影响观察与诊断，从而导致检案失误，甚至造成冤、假、错案。因此，认识、鉴别并最大限度防范这些死后人为现象，对提高法医病理检案鉴定质量具有十分重要的意义。

一、死后人为现象分类

1．按出现的先后顺序分为　①濒死期人为现象；②尸体停放和搬运过程中发生的人为现象；③尸检过程中及其后出现的人为现象。

2．按形成的原因分　①人为造成尸体、器官、组织的损伤和破坏；②人为致尸体、器官、组织内出现异物；③人为影响对尸体损伤、病变及正常的组织结构的观察。

3．按死后人为现象发生的环节分　①在尸体上发生的人为现象；②在大体标本上发生的人为现象；③在病理切片上发生的人为现象。

二、濒死期的人为现象

（一）抢救过程中的人为现象

危重伤、病员死亡时，有的也包括在死亡前短时间内，医护人员对其进行抢救，常会造成一些人为损伤。这种损伤容易被误认为是生前损伤所致，从而导致案件性质的判断错误；有的则易被误认为是临床医疗失误而发生医疗纠纷。

1. **胸外心脏按压** 临床抢救过程中最常见的人为现象是在对患者进行胸外按压时,如用力较大可致肋骨或(和)胸骨骨折,甚至可发生骨折断端刺破胸膜、肺组织和胸壁软组织,引起皮下气肿、皮下出血、气胸、血气胸和肺萎陷,严重者还可引起肝、脾等上腹部器官破裂,并发腹腔积血。胸外或胸内心脏按压也可导致心肌损伤,应与心肌的变性、坏死相鉴别。此外,还可造成轻度的蛛网膜下腔出血,特别是脑瘀血较明显者。

胸外心脏按压时也可以引起肺动脉脂肪栓塞、骨髓或肝组织栓塞,这在伴有或不伴有肋骨、胸骨骨折时均可发生。据 Hudson 观察 1800 例胸外按压的尸检,发现肺骨髓栓塞占 10%、肺脂肪栓塞(有的同时伴有骨髓栓塞)达 20%;而对照组罕见。

胸外心脏按压时不仅可造成一些损伤,还可破坏原有病变。如按压可将肺动脉血栓栓塞的栓子压碎或移位。故尸检时应取肺动脉和右心腔内的可疑碎块做病理切片检查。

2. **口对口人工呼吸** 在对伤病患者行口对口的人工呼吸时,可造成面部和颈部的擦伤,指甲印痕,以及口唇和牙龈的损伤。

3. **注射和输液** 注射和输液时可在手腕、肘窝和踝部等处造成皮下出血,需与挫伤鉴别。心内注射时可致心外膜轻度出血。

4. **心电除颤** 心电除颤常常在体表留下印痕或挫伤,还可致光镜下所见的心脏浅表层心肌肌浆凝集或收缩带坏死,不能误诊为生前心肌缺血。

5. **气管插管和人工气道** 如果操作不慎可造成口唇、牙龈、牙齿和咽部的损伤,特别是在紧急情况下更易发生。有的可导致气管黏膜损伤和出血。

6. **喉镜检查** 可致口、腭、咽和喉部的损伤,特别是黏膜的损伤。

(二)变动尸体体位时的人为现象

1. **胃内容物反流** 在翻动尸体时,可使胃内容物反流进入呼吸道,易被误诊为胃内容物吸入而致窒息死亡,特别是当胃内容物吸入较多时。

2. **体表的损伤或黏附异物** 变动尸体的体位时,尸体的表面突出部位或(和)裸露部分的皮肤可发生擦伤、挫伤等轻度损伤,有的可使尸体上的物证丢失或黏附其他物证或附着物。

三、尸体停放、搬运和冷藏过程中的人为现象

(一)尸体停放时的人为现象

尸体停放的位置不妥或因发生某些意外情况,可致尸体发生一些损伤。如被坠落物砸伤;当供祭拜的香、烛倒地的火种引起周围衣物燃烧时,可致尸体发生各种烧伤和皮肤的颜色变化等。

(二)尸体搬运时的人为现象

搬运尸体时既可造成体表的擦伤、挫伤和裂创,也可导致骨折,但均无生活反应。对原已有某些损伤和骨折的尸体,可致原有损伤的扩大、变形、骨折线的延长等改变,或者黏附某些异物。

(三)尸体冷藏时的人为现象

尸体被冷藏时,温度过低可使尸体冻结变硬,因而在尸体上既可出现新的损伤改变,也可使原有损伤变形。如形成冰冻水泡,尸体内的冰碴,病理切片上出现的冰晶等(见文末彩图 3-9),容易被误诊为生前损伤或疾病,应注意鉴别。

四、尸检过程中的人为现象

法医学尸体检验过程中的人为现象既容易被忽视,又容易被误诊为生前的损伤与疾病。尸检过程中是否产生人为现象及其多少,除与尸检者掌握案情的程度、法医病理学理论知识的多少和尸检技术的熟练程度有关外,主要与尸检操作是否标准、规范有关。应尽量减少和避免出现人为现象,并注意加以区别。

（一）切开胸、腹壁时的人为现象

尸解直线切开胸、腹壁和打开腹腔时，由于用力或刀法不对，可致肝、胃、肠和膀胱和子宫等器官组织的划伤。

（二）打开胸腔时的人为现象

1. 切断肋软骨时的人为现象　在切断肋软骨时，如果用力太猛或剪切过深，可致肋骨下面心、肺的划伤或破裂。

2. 分离胸锁关节和切断第一前肋时的人为现象　分离胸锁关节和切断第一前肋肋骨时，常会伤及周围血管，使部分血液流入胸腔。如胸腔内原有积液或（和）积血，则出血与胸腔积液、积血混淆不清。因此，在切断两侧肋软骨至第二、三肋后，于分离胸锁关节和切断第一肋骨之前，应常规检查两侧胸腔有无积液及其液体的颜色和数量，以便区别。

（三）检查颈部时的人为现象

按常规尸检操作分离颈部皮下软组织和肌肉时，常致死后渗血，与扼死或勒死者颈部软组织可见的生前出血难以鉴别。因此，对疑为扼死或勒死、缢死等尸体，应常规首先剖验颅腔和胸腔，使颈部成为贫血区，最后才对颈部进行剖验。

（四）取出颈、胸部器官时的人为现象

取出颈部器官时用力过猛可人为造成舌骨骨折。同时取出颈部和胸腔器官时，在手握喉头和气管拉扯心、肺及纵隔与胸椎分离过程中，过度用力可致气管、血管及肺撕裂伤。肺动脉栓塞死者，若不在原位剪开右心室和肺动脉，则可致肺动脉血栓栓塞的栓子移位、脱落或丢失。

（五）取出腹腔器官时的人为现象

分离和取出腹腔器官时，易致脾和肾上腺的撕裂，甚至丢失肾上腺；也可切破胃和肠。

（六）打开颅腔及取脑时的人为现象

锯开颅骨时，如不小心，可致原有骨折线延长，甚至造成新的骨折，如颅中窝的颅底骨折。锯颅及取脑时常损伤脑表面或漏取脑干的延髓。开颅后，有时可见脑表面血管内有多少不一、大小不等的气泡，此为尸检时空气进入血管所致，应与生前空气栓塞的气泡和尸体腐败产生的腐败气泡相鉴别。

（七）取出脊髓时的人为现象

从背部分离脊椎取出脊髓时，易造成脊椎的骨折和硬脊膜的破裂，除应与外伤相鉴别外，特别是硬脊膜的破裂勿认为是腰麻所致的损伤。

五、大体标本存放、固定及取材过程中的人为现象

（一）存放

尸检后常规要取大体标本和检材，但所取各种大体标本如一起堆放过多，或存放容器太小，可致一些器官组织相互挤压、变形，其中特别是脑更易受损。脑的存放方法不当，如将脑底向下，上面又压有其他器官时，可使脑组织压扁变形，特别是有大脑中线移位和小脑扁桃体疝时，可明显影响中线和脑疝的观察和辨认。如脊髓弯曲过甚，其灰质和白质均可被挤压而移位。

此外，由于胆汁有较强的腐蚀性，如果胆囊内的胆汁从断端溢出或被挤压出，可腐蚀和污染其他器官组织。

（二）固定

标本的固定需要适当的固定液固定，其浓度既不能过低，也不能太高。但如福尔马林液本身的浓度不够，则应适当减少水的比例。当固定液浓度不够时，或存放标本的容器过小或固定液与所固定的标本之比例过小时，则固定液不易渗透，常造成器官组织的固定不良，甚或自溶、腐败，影响损伤和病变的观察。脑在固定前如果没有切开胼胝体，肝、脾和肾等实质器官在固定前如未切开或取小材，则固定液不能在短期内渗入其组织内，就会在其中央部位，甚至整个器官形成大小不等、形状不一的空腔，状如泡沫（见文末彩图 3-10）。小块软组织如未经及时固定，或在暴露风干后再固定，则因

组织收缩过甚,难以制成高质量的切片,且不易被观察、诊断。

(三)取材

取材方法不当可挤压、损伤组织,或致组织人为变形和遗漏重要病变。如用剪刀剪取冠状动脉组织块时,因剪刀的夹剪作用,可形成冠状动脉皱襞,类似冠状动脉粥样硬化斑块,应用小刀片切取以避免其发生。动脉瘤、畸形血管和有粥样硬化的冠状动脉,如取材的方法不当,可造成观察不清、诊断失误。备作硅藻检验的检材,如取材不按常规防止污染,就会造成假阳性结果。同样,需要取血做血培养的案例,如取血样时未按无菌操作方法取材,则可使血培养出现假阳性结果。此外,像冠状动脉横切间距过宽而遗漏孤立性斑块、大叶性肺炎病例如未切取患有肺炎的右下肺叶而是取其他肺叶漏掉了病变致漏诊等,虽然不是真正的人为现象,但是另外一种意义上的假象,在取材过程中应该注意和避免。

六、病理组织学制片过程中的人为现象

制作病理组织学切片过程中,如不注意,很容易造成多种人为现象,直接影响损伤和病变的观察和诊断,甚至造成案件性质的判断错误。

1. 冲水　冲水不当,特别是水流量过大时,可冲碎部分组织块,致病变观察不全。

2. 脱水　脱水不净,影响透明;脱水过度,可致组织碎裂。

3. 透明　透明过长,组织易碎。

4. 浸蜡　蜡的温度过高,可损坏组织。

5. 包埋　包埋不正、不平或包埋面弄反,均可致组织块切面残缺和影响组织结构的完整。

6. 切片　切片不当可致切片不平、皱折、重叠、撕裂、残缺不全或结构不完整,或产生空泡。刀痕处组织观察不清。捞片不当可附上杂质、异物,或致切片撕裂、位移与重叠。

7. 脱蜡　切片中如有小块脱蜡不净(见文末彩图 3-11),既影响组织着色和病变的观察;又易被误认为是坏死、软化灶。

8. 染色　染色过淡(浅)或过浓(深),都会明显影响正常组织细胞和病变的观察辨认,甚至可直接导致诊断错误。

9. 封片　封片不小心可使切片产生气泡,片内附有纤维、杂质等。

此外,丢失组织块,混淆或搞错组织块编号等也是制片过程中容易发生的错误,是更广义的人为现象,可直接影响病理切片的观察与诊断,甚至导致严重的后果,值得注意。

本章小结

人体死后因受物理、化学和生物学等各种内外因素的作用,在尸体上发生的各种变化称为死后变化。其发生、发展有一定的时间规律,但亦受很多因素的影响,包括尸体所处的外界环境、尸体本身的内在因素和其他一些特殊因素等三类,从而加速或减慢其发生和发展。学习死后变化的目的意义是要与疾病和生前或死后的损伤相鉴别,此外还可确证死亡,有助于推测死亡时间和死亡原因、分析死亡方式和是否死后移尸。

死后变化按死后经过时间分为早期和晚期两种。早期死后变化有超生反应、肌肉松弛、皮革样化、角膜混浊、尸冷、尸斑、内部器官血液坠积、尸僵、尸体痉挛、自溶、自家消化和溶血等;其中以尸斑最重要,尤其要与皮下出血相鉴别。晚期死后变化包括尸体腐败的各种征象(尸臭、尸绿、腐败静脉网、泡沫器官、巨人观等)、霉尸、白骨化、木乃伊、尸蜡、泥炭鞣尸、古尸和浸软等。除这些形态学上所见的死后变化外,有时还要检测尸体内早期的化学改变和分子变化。

从广义来说,死后变化还有动物、昆虫和其他环境因素对尸体的毁坏,以及死后人为现象等。后者包括濒死期,尸体停放、搬运和冷藏时,尸检过程中,大体标本存放、固定和取材时,以及病理组织学制片等不同环节所形成的人为现象。

关键术语

死后变化（postmortem changes） 尸体现象（postmortem phenomena）

法医死亡学（forensic thanatology） 早期死后变化（early postmortem changes）

晚期死后变化（late postmortem changes） 死后化学变化（postmortem chemical changes）

死后分子变化（postmortem molecular changes） 死后人为现象（postmortem artifacts）

思考题

1. 何谓死后变化？有何法医学意义？常见影响死后变化的发生发展因素有哪些？

2. 常见的早期死后变化有哪些？晚期死后变化有哪些？

3. 何谓尸斑？其形成机制是什么？影响尸斑的发生发展因素有哪些？尸斑与皮下出血怎样鉴别？尸斑的法医学意义是什么？

4. 何谓尸僵？其形成机制和法医学意义是什么？

5. 何谓自溶？自溶发生的机制、影响因素和法医学意义是什么？尸体各器官组织自溶的顺序和形态变化要点是什么？自溶与坏死在形态上如何区别？

6. 何谓死后化学变化？有何法医学意义？

（陈新山）

参 考 文 献

1. 吴家文. 尸体现象//祝家镇. 法医病理学. 北京：人民卫生出版社，1988：20-42.

2. 黄光照. 尸体现象//郭景元. 法医学. 第2版. 北京：人民卫生出版社，1993：15-32.

3. 陈新山. 人死后机体的早期变化//陈忠华. 脑死亡——现代死亡学. 北京：科学出版社，2004：455-477.

4. Knight B. Postmortem artifacts // Knight B. Forensic pathology. 2nd ed. London: Oxford University Press，1996：37-38.

5. Perper JA. Time of death and changes after death // Spitz WU. Spitz and Fisher's Medicolegal investigation of death. 3rd. ed. Springfield: Charles C Thomas Publisher，1993，14-149.

6. Coe JI. Postmortem chemistry update: Emphasis on forensic application. Am J Forensic Med Pathol，1993，14（2）：91-117.

7. Gilbert MT，Willerslev E，Hansen AJ，et al. Distribution patterns of postmortem damage in human mitochondrial DNA. Am J Hum Genet，2003，72（1）：32-47.

8. Maeda B，Saukko P，Oliva A，et al. Molecular pathology in forensic medicine-introduction. Forensic Science International，2010，203（1）：3-14.

9. Tester DJ，Ackerman MJ. The role of molecular autopsy in unexplain sudden cardiac death. Current Opinion in cardiology，2006，21（3）：166-172.

10. Preuss J，Dettmeyer R，Poster S，et al. The expression of heat shock protein 70 in kidneys in cases of death due to hypothermia. Forensic Science International，2008，176（2）：248-252.

第四章 死亡时间推断

学习目标

通过本章的学习,你应该能够:

掌握 死亡时间推断的概念及法医学意义。

熟悉 死后早期、晚期尸体死亡时间推断的主要方法,如根据尸温、早期尸体现象、胃肠内容物消化程度、膀胱尿量等推断早期死亡时间方法;依据各种晚期尸体现象、尸体昆虫数据推断晚期尸体死亡时间的方法等。

了解 某些处于研究阶段的新方法,如依据体液离子浓度、酶测定、核酸检测、肌肉电导率测定等方法的研究进展,以及白骨化尸体死亡时间推断存在的困难等。应该知道,对于死亡时间推断,尚缺乏准确有效的方法,实际案例中,多根据尸体、现场环境等因素综合判断。

章前案例 ▶

某年10月下旬某日晚,王某与女友文某因琐事发生口角,后在文某家中过夜,次日上午8时40分王某离开。上午11点,文某家人发现文某被害,遂报警。现场位于二楼死者卧室,门窗完好;中午13时现场尸检所见,尸体全裸屈曲位于地板上,头偏向右侧;颜面部发绀肿胀,角膜透明,瞳孔直径0.5cm,眼结膜点状出血,死者颈前及右侧有散在片状擦伤及皮下出血,甲状软骨水平有环形电源线缠绕,相应部位皮肤形成水平走向的闭锁式索沟,颈部插一匕首,其创道斜向内后下方,致左侧颈内静脉贯通创、左胸腔内大量积血。尸斑呈淡红色,指压部分褪色,尸僵见于上肢关节;实测尸体直肠温度26℃。当地气温10~22℃,中午实测现场室温20℃。根据尸体检验和后续的尸体解剖,发现心血管内血液呈暗红色,心、肺外膜下点状出血。本例法医要解决的问题,除了死因和死亡方式外,更重要的是死亡时间推断。本例死因及死亡方式明确,说明文某生前曾被人扼颈、勒颈(电源线),并用单刃刺器刺伤左颈部致机械性窒息合并失血性休克而死亡。法医根据尸温测定推断死亡时间为11小时左右(提示案发时间为夜里1~2点)。这一推断结果是否正确,将直接影响嫌疑人的确定和案件侦查方向。

死亡时间(time of death)在法医学上是指机体死后经历时间(the time since death)或称死后间隔时间(postmortem interval,PMI),即检验尸体时距死亡发生时的时间间隔。

死亡时间推断(estimation of time of death)是指推断死后经历或间隔时间。死亡时间推断是法医学鉴定中需要解决的重要问题之一。许多非自然死亡的发生时间不清,而死亡时间在多数情况下标志着案件发生的时间,并与涉案的人和事密切相关。因此,推断死亡时间对确定发案时间,划定侦查范围乃至整个案件的最终侦破均具有重要作用,特别是案件涉及多个嫌疑人时,死亡时间的准确推断尤显重要。此外,死亡时间推断在某些自然死亡、涉及财产继承、保险理赔的案件也有一定的作用。

死亡时间推断历来是法医病理学研究的热点问题，中外法医学者提出了许多研究方法或学说，迄今为止，仍然未得到很好解决。目前，主要依据死后尸体变化的规律粗略推断死亡时间。根据尸体变化发生的先后顺序及法医学实践的要求，将死亡时间推断分为早期、晚期（腐败）及白骨化死亡时间推断三个阶段。早期死亡时间推断（estimation of short postmortem period），是指尸体未出现明显腐败，死后经历时间多在 24 小时内的死亡时间推断，在实际工作中，早期死亡时间推断多通过尸温结合早期尸体现象来完成。晚期死亡时间推断（estimation of long postmortem period），即尸体腐败明显，死后经历时间多超过 24 小时的死亡时间推断，实际工作中以晚期尸体现象及法医昆虫学数据两种方法为主。白骨化尸体死亡时间推断，指的是尸体软组织全部崩解、尸骨外露这一时期的死亡时间推断，实际工作中尚缺乏有效方法。

第一节　死后早期死亡时间的推断

早期死亡时间的推断，实际工作中多以尸体温度（简称尸温）的下降规律为基础，结合尸斑、尸僵和其他尸体现象以及胃、肠内容物的消化情况等综合推断。20 世纪 50 年代以来，一些新的推断方法相继提出，如根据超生反应检测、离子检测、酶检测、DNA 降解程度检测等推断死亡时间，到目前为止，这些方法距离实际检案应用还有一定距离。近年来，一种以尸温测量为基础，综合多种影响因素的多参数综合推断早期死亡时间的方法在一些国家已得到实际应用。

一、根据尸温推断早期死亡时间

人死后新陈代谢停止，不再能保持正常体温。环境温度低于体温时，体表热量以辐射和传导的方式散失；体内的热能先向体表传导，然后从体表散失，最后尸温降到与环境温度相同。尸温的下降（简称尸冷）具有一定的规律，并且尸温的测量方法简便易行，因此被广泛用于推断死亡时间。

（一）尸温的测量

尸体温度分尸体表面温度和尸体内部温度，尸体表面温度受环境温度影响较大。尸体内部温度因受到皮肤、皮下脂肪及肌肉的保护，随外界环境温度不同而发生变化的速度相对较慢，其变化规律与死后经历时间相关性较好，因此，尸体内部温度作为尸温被用于推断早期死亡时间。目前许多法医学者都以检测脑室、肝及直肠温度的方法来推断死亡时间。研究证实，直肠温度能较好地反映尸体内部温度，相当于胸、腹腔内脏器官的温度，加之测量直肠温度操作又相对简便，因此，直肠温度常作为尸体内部的核心温度（core temperature）用于推断死亡时间。

直肠温度测量方法：将温度计插入尸体肛门 15cm，插入时温度计应尽量远离骨盆后壁，以避免骨盆壁温度较低而造成误差。

> **知识拓展** ▶
>
> Mead 和 Bonmarito 于 1949 年曾对测量直肠温度作为尸体内部的核心温度提出了异议。他们曾在活体上进行试验，将一根管壁不同部位均带有测温点的软导管插入自愿受试者直肠内 20cm，发现所有受试者中，导管顶端的温度要比导管中部的温度低。X 线检查显示，导管的顶端几乎贴近骨盆的后壁。他们认为由于来自体表冷却后的血流通过骨盆壁的静脉，导致了直肠内不同部位温度有差异。因此提出测量直肠温度应始终在一个部位进行，避免贴近骨盆后壁造成温度误差。

肝脏温度的测量方法：肝脏是人体最大的实质器官，又位于尸体的中心部位，因此测量肝脏温度也能较好地反映尸温。具体测量时，可从尸体右肋下缘切一小口，插入温度计达肝表面。现多采用电子测温仪，所测得的数据精确度较高。

（二）死亡时的尸体温度

直肠温度在活体间有一定差异，不同个体直肠温度可波动在 34.2～37.6℃，平均 36.9℃。如上所述，直肠温度受骨盆壁静脉血流的影响较大，此外的影响因素还有昼夜体温差、环境温度、体质健康状况、某些药物、年龄、性别、情绪状态及死亡原因等，在测量直肠温度推断死亡时间时应考虑到这些因素。

（三）尸体冷却规律

个体死亡后，不同组织细胞并未同步死亡，细胞代谢仍可持续一段时间，表现为死后直肠温度并未立即下降，而呈一个短暂的平台期（plateau）。当环境温度低于尸温时，尸体温度逐渐下降直至达到环境温度。研究表明尸体直肠温度下降规律遵循一定的曲线，表现为在短暂的平台期后，散热过程最初较缓慢，逐渐加快并达到最大速率，最后再次变慢，直至达到环境温度，其整个过程呈反 S 形曲线（图 4-1）。

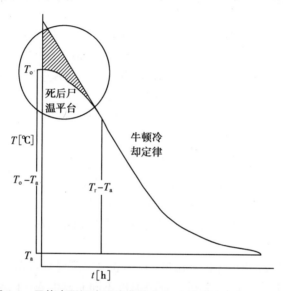

图 4-1　尸体直肠温度下降曲线（Marshall 和 Hoare，1962 年）

图中：T_r = 直肠温度；T_a = 环境温度；T_o = 临终直肠温度（37.2℃）；T[℃] = 温度（摄氏度）；t[h] = 时间（小时）

该曲线可以通过双指数公式加以说明：

$$Q = (T_r - T_a)/(T_o - T_a) = A \times exp(B \times t) + (1-A) \times exp[(A \times B)/(A-1) \times t]$$

Q = 标准温度；T_r = 所有时间测得的直肠温度；T_a = 环境温度；T_o = 临终直肠温度；A = 常数；B = 常数；t = 死亡时间。exp 代表指数（exponent）。

公式里的第二个指数（以常数 A 表示）代表起始部的平台，第一个指数（以常数 B 表示）代表平台以后的曲线。常数 B 依赖于体重

迄今，尸体冷却曲线是在不同环境条件下和不同尸体测量值的基础上提出的。一般来讲，尸冷方式在数学上可用二次幂 S 形曲线公式表示。也有研究者以一次或直线性方程式来表示。实际上，尸冷数学模型越复杂，越难以在实际工作中应用。当尸冷曲线在接近直线或一次方程式可以表达的范围时，用简单的数学模型同样适用。但是在尸冷初期以及当尸温接近环境温度时，不能用简单的一次或直线方程式来说明，要用复指数公式才能更确切地表达尸体冷却的过程。

（四）根据尸温推断死亡时间的原则及方法

根据尸温推断死亡时间的方法，国内外学者曾根据各自的研究推导出不同的计算公式，由于所处的环境状况及考虑的影响因素各不相同，因此计算方法也存在差异。事实上如前所述，由于影响尸温的因素很多，采用单一的计算公式推断死亡时间所得的结果偏离必定很大。下面着重介绍国内常用的根据尸温推断死亡时间的原则及方法，供参考。

以春秋季节为准，尸体颜面、手足等裸露部分有冷却感，为死后 1～2 小时或以上，着衣部分皮肤有冷却感，为死后 4～5 小时；死后最初 10 小时，尸体直肠温度每小时平均下降 1℃；10 小时后，每小时平均下降 0.5～1℃；肥胖尸体在死亡后最初 10 小时，尸温每小时平均下降 0.75℃，消瘦尸体每小时平均下降 1℃。夏季尸冷速率是春秋季的 0.7 倍，冬季是春秋季的 1.4 倍；暴露在冰雪天气的尸体，尸温在死后数小时即降至环境温度。具体情况见表 4-1。

表 4-1　从直肠温度下降推测死后经历时间

死后时间(h)	1	2	3	4	5	6	7	8	9	10	11	12	13	14	15	16	环境温度(℃)
直肠温度(℃)	37	37	36.5	36	35.5	34.5	33.5	33	32.5	31.5	31.5	31	30	29.5	29	29	24
	37	37	36.5	35.5	34.5	33.5	33	32	31.5	30.5	30	29.5	28.5	28	27.5	27	21
	37	37	36.5	35.5	34	33	32	31	30.5	29.5	28.5	28	27	26.5	26	25.5	18
	37	36.5	36	35	33.5	32.5	31	30	29.5	28.5	27	26.5	26	25.5	24.5	24	16
	37	36.5	35.5	34.5	33	32	30.5	29.5	28.5	27	26	25.5	24.5	23.5	22.5	22	13
	37	36.5	35	33.5	32	30	28	26.5	25.5	24	22.5	21.5	20	19	18	17	5

注：摘自陈康颐主编《应用法医学各论》

由于该方法大致考虑了四季气温变化的差异及尸体温度在不同阶段下降率的快慢，同时也兼顾了尸体肥胖和消瘦对尸温下降速度的影响。因此，在实际工作中可用于大致推断死亡时间。

案例 4-1 ▶

夏季某日晚上，在一出租房间内发现一具尸体。经法医检验，死者身体消瘦，经测量，直肠温度为 24℃。因案件需要，需对死者进行死亡时间推断。分析：尸温下降了 13℃，最初 10 小时尸温每小时下降 1℃，10 小时后每小时下降 0.5℃，故此具尸体死亡后已经历 16 小时（$13=1×10+0.5X$，$X=6$）。由于当时季节为夏季，因此最终死后经过时间应为 22～23 小时（$16×1/0.7$）。

实际工作中，对需要推断死亡时间的尸体，可采用一种较为简易的方法，即死后早期在现场每隔一小时测量一次尸体直肠温度，连续数次测量的结果，能客观反映尸温下降的个体规律。在具体推测时，应注意尸温接近环境温度时下降速率改变的情况，还应除外一些特殊情况如日射、热射病死亡、冻死、死后冷藏、异常气温条件、死后移尸及水中尸体等的影响。

我国幅员辽阔，南北温差、湿度差异均较大。尸温下降从气温角度来讲，春秋相似，但春秋湿度又不同。再者，该方法只是考虑了一般规律，未考虑死因等因素对尸温的影响，也未考虑室内、室外、衣着、被盖等对尸温的影响。比如在北方冬季的室内多有暖气，或由于尸体裹有较厚的被褥，尸温可经久不下降。由于以上原因，根据尸温推断死亡时间难以有一个适用于全国各地的统一方法，必须在各地摸索适用的方法并探讨其规律，并充分考虑死因、死亡方式及周围环境等因素对个案的影响。

二、根据其他各种早期尸体现象综合推断早期死亡时间

机体死亡后所出现的各种尸体现象在时间上具有一定的规律性，可用于死亡时间的推断，我国法医学工作者根据尸斑、尸僵、角膜混浊程度等各种早期尸体现象，综合推断早期死亡时间，积累了许多经验，现列于表 4-2。

表 4-2　根据各种早期尸体现象推断早期死亡时间

尸体现象		TSD
尸斑	开始出现	0.5～2 小时
	出现,指压能褪色(按压者指甲变色为度)	0.5～4 小时
	开始融合	3～12 小时
	尸斑形成显著	14～15 小时
	翻动尸体尸斑完全消退	6～20 小时
	固定,强力压迫颜色可减退	12～24 小时
	指压不褪色	12～36 小时后
	胸腹腔及小骨盆腔储有血性漏出液	24～36 小时
尸僵	下颌关节和颈项部开始出现	1～5 小时
	上肢肌肉出现	4～6 小时
	全身肌肉强硬	6～8 小时
	用力破坏后能重新发生	4～6 小时
	手指、足趾强硬	10～15 小时
	全身肌肉强硬达到高峰	6～24 小时
	下颌及上肢开始缓解	24～48 小时
	全身关节容易活动	2～3 天
	完全缓解	3～4 天
	心肌、膈肌开始僵硬	30 分钟或以上
	心肌僵硬开始缓解	12～48 小时
	立毛肌开始僵硬	30 分钟或以上
	立毛肌明显僵硬	5～6 小时
	肠管肌肉开始僵硬	1 小时
	肠管肌肉明显僵硬	5～6 小时
	肠管肌肉僵硬缓解	9 小时
角膜改变	轻度混浊	6～12 小时
	混浊加重,瞳孔可见,表面有小皱褶	18～24 小时
	完全混浊,瞳孔看不见,似与晶状体粘连	48 小时

三、根据超生反应推断早期死亡时间

呼吸心跳停止后标志着机体死亡,之后许多组织与细胞尚能生存一段时间,这段时间称为超生期(supravital period)。在此期间内,某些组织对多种刺激仍可产生反应,称为超生反应(supravital reaction)。如骨骼肌受机械刺激可出现收缩,缩瞳药物可使瞳孔缩小等。另有一些属自发性超生反应,如心肌的收缩(断头后)、肠蠕动、精子活动及白细胞游走等。

(一)根据机械刺激后肌肉兴奋性推断死亡时间

根据 1958 年 Dotzauer 的研究结果,机械刺激尸体肌肉的兴奋性可分为三期:第一期:尸体肌肉在机械性刺激后,整个肌肉发生收缩,此期在死后 1.5～2.5 小时。第二期:尸体肌肉在机械性刺激后,肌肉出现明显的局部隆起,一般在死后 4～5 小时观察到。此期肌肉收缩速度仅为 0.2cm/s。第三期:在死后 8～12 小时刺激尸体肌肉,肌肉出现微弱的肌肉隆起,并不明显,但可持续存在 24 小时。

(二)根据电刺激后肌肉兴奋性推断死亡时间

用于推断死亡时间的骨骼肌电兴奋性主要包括两类:一类是电刺激后尸体肌肉收缩强度,另一类是用于刺激尸体肌肉的电流阈值的变化。

根据电刺激后尸体肌肉收缩性推断死亡时间　电刺激肌肉收缩可通过两种方式,一种是直接刺激肌肉组织引起肌肉收缩,称为骨骼肌的直接兴奋性(direct electrical excitability of skeletal muscle),另一种是刺激神经后引起肌肉收缩,称为骨骼肌的间接兴奋性(indirect electrical excitability of skeletal muscle)。通过人尸体研究表明,骨骼肌的间接电兴奋性在死后最多1.5小时即消失,而直接电兴奋性在死后数小时至26小时才消失。显然,后者对推断早期死亡时间更有意义。

Popwassilow和Palm根据肌肉收缩程度和其收缩范围,将骨骼肌直接电兴奋性分为三级(表4-3)。

表4-3 Popwassilow及Palm的分级标准与死亡时间的关系

电极部位	分级		
	+++	++	+
眼轮匝肌	整个表情肌收缩	眼睑收缩	肌纤维抽搐
口轮匝肌	眼、口轮匝肌、颈肌及眼睑肌收缩	眼、口轮匝肌收缩	肌纤维抽搐
手	整个上肢肌收缩	手及前臂肌收缩	肌纤维抽搐
TSD(h)	0~2.5	1~5	2~6

根据刺激肌肉收缩的电流阈值变化推断死亡时间 实验研究证明,随着死后时间的延长,可引起肌肉收缩的电流阈值也增加。1976年,Joachim首先提出了死后时间与刺激肌肉收缩的电流阈值之间存在明显的相关性。1980年,Joachim和Feldmann在11具尸体上进一步研究得出了推断死亡时间的计算公式:

$$t=(a^0-a^*)/b$$

t:死后时间(分钟);a^0:首次测定时电流阈值对数;a^*:死亡时的原始电流阈值对数;b:回归斜率。Madea在20具尸体上测得$a^*=-1.748$,$b=0.0129$。其死后时间的95%置信区间为±3.3小时。测定中以肌肉明显收缩作为阳性反应。一般检查手指肌肉,如小指屈肌、指总屈肌,因为这些肌肉运动容易观察。该方法可用于推断死后10小时之内的尸体死亡时间。

(三)根据虹膜对药物反应推断死亡时间

死后早期瞳孔对药物仍具有敏感性,如死后2小时内滴以毒扁豆碱,仍可使瞳孔缩小,死后4小时滴以阿托品,仍可使瞳孔扩大。

四、根据离子浓度推断早期死亡时间

国内外许多法医学者检验尸体血液、脑脊液和玻璃体液的化学离子,发现钾、钠、氯等化学离子浓度的死后变化规律性较好,可用于死亡时间的推断。

(一)血液

1. 钠 研究表明,血清钠在死后立即下降,但速度有较大的个体差异。据大量观察材料分析,平均下降速度为每小时0.9mmol/L。

2. 氯 血浆氯由于死后向细胞内转移而下降,平均下降速度为每小时0.25~1mmol/L,每天80~90mmol/L,也有报道下降速度为每小时0.95mmol/L。

3. 钾 在死后1~2小时内,钾水平有显著升高,之后稳定上升。波波夫等(1965—1968)对颅脑损伤死者的血液进行研究,测得血液钾离子活性与死亡经过时间的关系如表4-4所示。

表4-4 人尸体血液钾离子活性与死后经历时间(TSD)

TSD(小时)	钾离子浓度(mmol/L)	TSD(小时)	钾离子浓度(mmol/L)
1.5	7.23	5.0	15.2
2.0	11.1	10.0	16.0
3.0	13.0	15.0	22.0
4.0	14.9	20.0	29.8

用该方法推断死亡时间在1.5～4小时的绝对误差为±45分钟,死亡时间在4～20小时的绝对误差为±1.3小时。由于死后钾从细胞内迅速释放,有些学者对其在早期死亡时间推断上的价值表示怀疑。

有学者报道家兔死后随死亡时间延长,红细胞内钾离子含量逐渐减少;钠离子含量在死后12小时内变化不大,以后逐渐增加。红细胞内钾含量与死亡时间呈线性负相关。其应用价值有待进一步研究。

(二)脑脊液

Mason等(1951)首次揭示了脑池液(cisternal fluid)钾浓度[K$^+$]与死亡时间(小时,h)的回归方程式:

$$[K^+] = 48.56 + 61.45 \lg T$$

T为死亡时间,标准差为±19.4mmol/L。

Naumann(1958)和Murray等(1958)研究发现脑脊液钾浓度的上升受尸体温度下降的影响,而钠、镁、钙与死亡时间无明显关系。Urban等(1985—1987)研究发现在死后20小时内,随死亡时间的延长,脑脊液钠浓度呈指数下降,钾浓度呈指数上升,均不受温度的影响,钙、镁无明显变化。但目前上述结果在法医学上的应用有待进一步研究。

(三)玻璃体液

与血液和脑脊液相比,玻璃体液受外界影响较小,不易遭到污染或发生腐败,除非是眼部的直接损伤,其他损伤一般不易波及玻璃体。因此,玻璃体液是用于尸体化学检验的良好检材。

玻璃体液的采取方法,可用带20号针头的注射器从眼球的前外侧方约45°角刺入,缓慢小心抽吸,每侧各抽吸约2ml。注意针头勿伤及小血管、虹膜、睫状体及视网膜影响检测结果,故操作要熟练、谨慎。

以往的研究认为,在10℃以下的低温环境中,在死后100小时以内,玻璃体内部成分的变化与PMI的关系相对稳定,尤其是玻璃体液钾离子浓度与PMI呈正相关。死亡时刻玻璃体液钾离子浓度为3.4mmol/L,死后大约每小时升高0.17mmol/L。玻璃体液内钾离子含量与死亡时间的关系见表4-5。

表4-5 玻璃体液内钾离子含量与死亡时间

PMI(小时)	玻璃体液内钾离子浓度(mmol/L)
1～6	5.3156
6～12	6.2375
12～24	9.8941
24～36	11.1696
36～48	13.4192
48～60	15.1125
60～87	20.56

应用该方法推算死亡时间,死后12小时内误差为1.1小时。死亡100小时后,推算结果有较大的误差。许多学者根据已知死亡时间的死者玻璃体液钾浓度建立起各自的直线回归方程,但不同报道存在较大差异,尚待更细致深入的研究。

五、根据酶的测定推断早期死亡时间

在生物体内存在多种酶,在活体组织,细胞对各类酶的作用均有其完善的屏障保护。死后,细胞屏障保护消失,胞浆内的各种酶释放。死后某些组织中酶活性与死后经过时间存在着一定的相关关系。用组织化学和免疫组织化学方法检测死后组织酶活性,目前尚处于研究阶段,可望用于推断死亡时间。

1. 肝酶活性的改变 取死后 6、12、18、24、36、48 小时鼠肝与人肝组织观察各种酶的活性变化与死亡时间之间的关系。结果发现，死后鼠肝与人肝酶活性改变相似，随着时间的延长，各种酶的活性逐渐下降。根据酶活性下降速度，将其分为三类。第一类，丁二酸脱氢酶、乳酸脱氢酶、葡萄糖 -6-磷酸脱氢酶以及辅脱氢酶 I 等 4 种酶活性下降速度相似，即死后 4 小时内，上述酶尚保持相当强的活性；12~18 小时，活性较 4 小时略低；36 小时更低；48 小时活性完全消失。第二类，苹果酸脱氢酶与谷氨酸脱氢酶，这两种酶在 6 小时之内保持较高酶活性；18 小时下降为中等活性；24 小时以后继续有下降；48 小时完全消失。第三类，乙醇脱氢酶、辅酶 I 以及 α- 甘油磷酸酯脱氢酶，这三种酶在刚死亡时可保持较高的酶活性；12 小时下降至中等水平，一直保持到 18 小时；以后很快下降，36 小时酶活性完全消失。上述这些方法最大的缺陷是缺少严格的定量标准。

2. 心肌与骨骼肌酶活性改变 尸体心肌和骨骼肌酶活性改变，亦有一定的规律。取死后鼠与人心肌，观察丁二酸脱氢酶、苹果酸脱氢酶、乳酸脱氢酶、葡萄糖 -6- 磷酸脱氢酶、α- 甘油磷酸酯脱氢酶与辅酶 I 等的活性变化。骨骼肌除观察上述活性外，并观察谷氨酸脱氢酶、乙醇脱氢酶及辅酶 I 等三种酶的活性。实验结果表明，上述这些酶的活性，随死亡时间的延长而呈规律性的改变。死后 6 小时，葡萄糖 -6- 磷酸脱氢酶活性明显下降，18 小时消失；死后 24~36 小时，α- 甘油磷酸酯脱氢酶活性显著下降，48 小时仅有微弱活性；死后 6~12 小时，丁二酸脱氢酶与乳酸脱氢酶活性缓慢下降，48 小时下降明显；苹果酸脱氢酶及辅酶 I 活性于死后 36 小时及 24 小时才明显下降。

3. 脾酶活性的改变 脾的丁二酸脱氢酶、乳酸脱氢酶及酸性磷酸酶的活性改变，亦可作为推断死亡时间的参考。死后即刻，脾脏这三种酶的活性是相当高的；死后 12 小时丁二酸脱氢酶及乳酸脱氢酶的活性降低，而酸性磷酸酶的活性增高；24 小时，三种酶的活性皆下降；36 小时，丁二酸脱氢酶的活性微量，乳酸脱氢酶的活性仍保持中等水平，酸性磷酸酶活性略增；48 小时，丁二酸脱氢酶的活性几乎难以测出，其他两种酶的活性亦明显降低。

知识拓展 ▶

早在 20 世纪 70 年代，前苏联梅列尼科夫等曾利用细胞荧光光度计研究了血液中小淋巴细胞的 DNA 含量，发现血液中小淋巴细胞 DNA 含量在死亡后第 2 昼夜为第 1 昼夜的 80%，第 3 昼夜降到 70%，第 4 昼夜降到 63%。并用组化方法研究了死后心、肝组织细胞的 DNA 含量。心：6 小时内几乎无变化，12 小时稍有下降，18 小时再次下降，36 小时剩少量，48 小时只见 DNA 残迹。肝：12 小时后降低，18 小时以后明显下降，48 小时以后 DNA 消失。

近十几年来，国内法医工作者采用了 DAPI 荧光法测定家兔死亡后短时间搁置过程中内脏器官 DNA 含量变化研究；应用流式细胞术（flow cytometer, FCM）碘化丙啶（propidium iodide, PI）荧光染色对大鼠死亡后不同时间的心、肝、肾、脾等组织细胞 DNA 含量进行定量分析研究；应用图像分析技术（image analysis technique, IAT）测定死后不同时间大鼠脑、肝、肾、脾、肺及心肌细胞核 DNA 含量的变化与死亡时间之间关系等方面的研究，均取得了可喜的成绩。但由于死后 DNA 含量的变化受环境温度、瘀血程度、细菌繁殖、损伤程度及所在部位的影响，会造成一定的偏差。

死后 RNA 的降解也已受到关注，据研究报道，mRNA 在死后组织仍然具有一定的稳定性，随着死亡时间的延长，扩增产物减少并最终消失，其死后变化可能存在一定的规律性，检测死后组织 mRNA，可望为死亡时间推断提供新的思路。

六、根据 DNA、RNA 检测推断早期死亡时间

存在于活细胞核内的 DNA 是一类具有显著生化稳定性的物质，在同一物种的不同组织的细胞核

中，DNA 含量是恒定的。机体死亡后，由于自溶作用，细胞形态结构崩解，在脱氧核糖核酸酶的作用下，核染色质双螺旋结构的 DNA 崩解为小碎片，由于核膜破裂，DNA 碎片分散于胞浆中，最后染色质中残余蛋白被溶蛋白酶溶解，核便完全消失。故死后一段时间，细胞核 DNA 会发生分解、减少直至消失。目前，已有利用光谱分析技术检测核酸等大分子物质的含量来推断死亡时间的相关研究。

七、根据胃、肠内容物消化程度推断早期死亡时间

食物在胃内停留的时间和食糜及食物残渣通过小肠的时间有一定的生理规律，根据这种规律性变化，可以推断死亡距最后一次进餐的时间，从而大致可推断死亡时间。一般认为：胃内充满食物呈原始状态而没有消化时，为进食后不久死亡；胃内容大部分移向十二指肠，并有相当程度的消化时，为进食后 2～3 小时死亡；胃内空虚或仅有少量消化物，十二指肠内含有消化物或食物残渣时，为进食后 4～5 小时；胃和十二指肠内均已空虚，为进食后 6 小时以上死亡。对于死亡前长时间未进食的，根据食糜在肠道下行的情况可进一步作出推断。

但应该注意的是，食物在胃肠内的消化和排空受许多因素的影响，包括食物种类和性状、进食的量、进食习惯、胃肠功能状态和健康状况、个人的精神状态、药物和饮酒的影响等。一般来说，流体食物比固体食物排空快，小颗粒食物比大块食物排空快，碳水化合物比蛋白质排空快，蛋白质又比脂肪排空快。小儿由于爱吃零食，推断时要注意结合案情。在根据胃肠内容物消化程度推断死亡时间时，应充分考虑这些影响因素。

八、根据膀胱尿量推断早期死亡时间

膀胱内尿量多少与饮水量、个体生活习惯、疾病等有关。在一般情况下，多数人在就寝前要排尿。若膀胱内尿量少，则提示就寝后 2～3 小时内死亡；若尿量较多，可以推测为凌晨死亡。但要注意有时在濒死期会发生尿失禁，排空膀胱。

九、综合参数法推断早期死亡时间

死亡时间推断综合参数法是由德国埃森大学法医学研究所 Henssge C 教授提出的。该方法包括直肠温度列线图、矫正体重参数表和尸体现象检测 3 部分。它以尸体直肠温度测量为基础，以尸体体重、所处环境、衣着及被盖等影响因素作为矫正值，结合尸斑、尸僵、肌肉超生反应等参数来推断早期死亡时间。现将综合参数内容介绍如下。

1. 直肠温度列线图　直肠温度列线图（temperature time of death relating nomogram）包括直肠温度、环境温度、体重等重要参数，通过连线在图中读出死亡时间。可单独使用或与其他检测表格联用。该方法被认为是推断死亡时间的基本方法之一。目前使用的列线图有两种，图 4-2a 供环境温度 23℃以下使用，图 4-2b 供环境温度超过 23℃时使用。

列线图的使用方法：第一步将所测的尸体直肠温度与环境温度做一连线，该连线与列线图弯弓内的一条固定细线相交，得到交叉点；第二步将该交叉点与带圈十字的中点相连，并向右做一延伸线，该延伸线与代表不同尸重的环线相交，从相交处可读出死亡时间。其 95% 的置信区间为 ±2.8。

如图 4-3 所示，测得直肠温度 31℃，环境温度 18℃，尸体体重 80kg，利用列线图（图 4-2a）求得死亡时间的方法为：①在左侧直肠温度尺找到 31，在右侧环境温度尺找到 18，连接 31 与 18，得出线Ⅰ与图中原有直线相交点；②将该相交点与带圈十字的中点相连，并向右做一延伸线，得出线Ⅱ，线Ⅱ与代表 80kg 尸重的环线相交，从相交处可读出 11。死亡时间为（11±2.8）小时。

2. 矫正参数表　尸温受许多因素的影响，因此在使用列线图时要考虑矫正参数，通常以矫正尸体的重量体现矫正结果。矫正参数是从尸体着装条件、现场空气流动情况、尸体所处环境介质（如水中或空气）等多个因素考虑，经大量实践研究所得出的数据。矫正参数表是将这些矫正参数值归纳在一起的一种表格（表 4-6、表 4-7），可以根据尸体情况直接从表格里找到所要的矫正值。例如：当 70kg

重的尸体身着 3 层衣服的情况下，从矫正参数表读出的矫正值为 1.3，将原尸重 70kg × 1.3 ＝ 90kg，矫正后的尸重为 90kg，在列线图 90kg 所处的弯弓处读数，而不是在 70kg 处读数。尸温降至同样温度死亡时间相应延长了 3.5 小时。

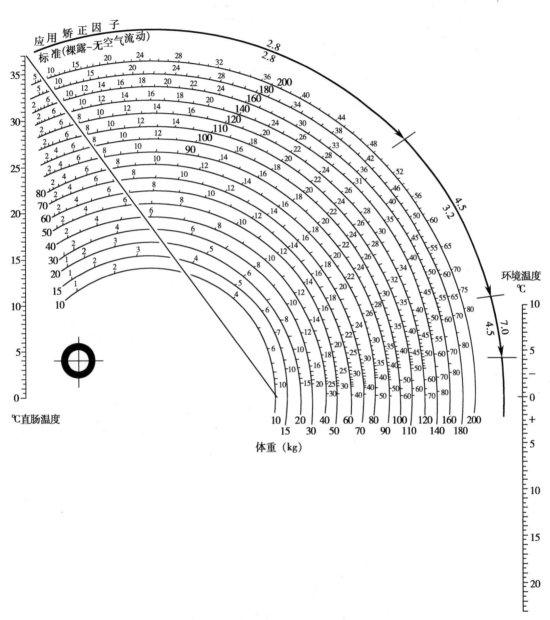

图 4-2a　温度 - 死亡时间相关列线图（Henssge C，1995 年）

（供环境温度 23℃以下时使用）

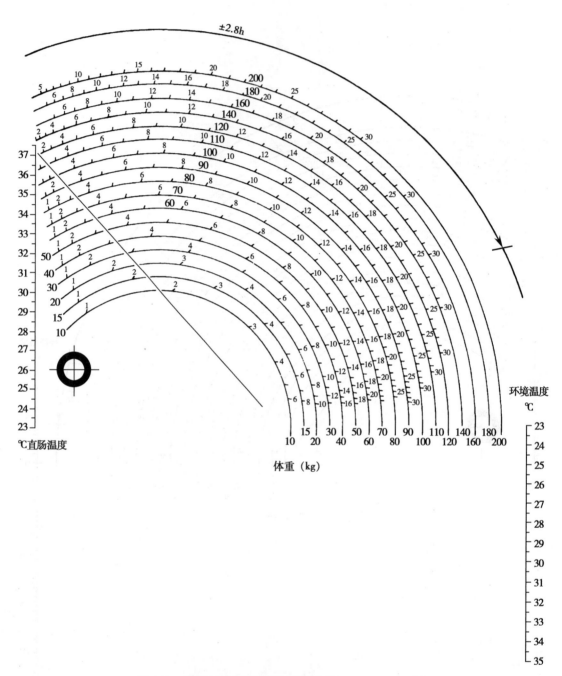

图 4-2b 温度 - 死亡时间相关列线图（Henssge C，1995 年）
（供环境温度超过 23℃ 时使用）

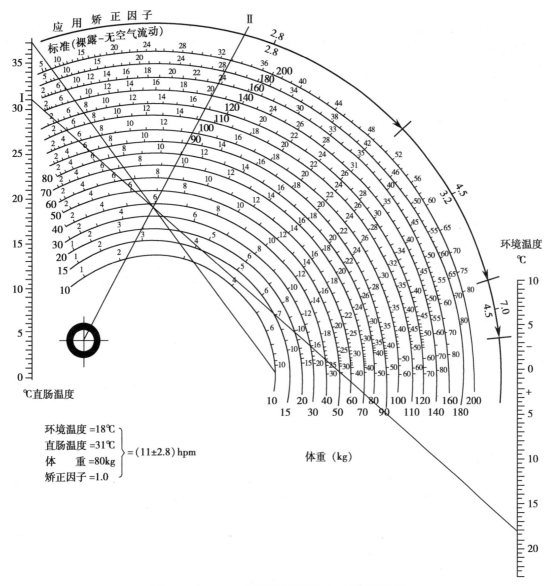

图 4-3　Henssge C 列线图推断死亡时间实例说明

表 4-6　体重矫正因子参照表 I（参考尸体重量：70kg）

干衣着 / 被盖	暴露在空气中	矫正参数	全湿衣着 / 被盖 尸体表面湿	暴露在空气中	暴露在水中
		0.35	裸尸		流水
		0.5	裸尸		止水
		0.7	裸尸	流动空气	
		0.7	1～2 层薄衣	流动空气	
裸尸	流动空气	0.75			
1～2 层薄衣	流动空气	0.9	2 至多层厚衣	流动空气	
裸尸	静止空气	1.0			
1～2 层薄衣	静止空气	1.1	2 层厚衣	静止空气	
2～3 层薄衣	静止空气	1.2	多层厚衣	静止空气	

续表

干衣着/被盖	暴露在空气中	矫正参数	全湿衣着/被盖 尸体表面湿	暴露在空气中	暴露在水中
1～2层薄衣	流动/静止空气	1.2			
3～4层薄衣	流动/静止空气	1.3			
多层薄衣/厚衣	不受空气影响	1.4			
		……			
厚毛织品衣类	不受空气影响	1.8			
厚毛织品衣类加被盖	不受空气影响	2.4			
		2.8			

表 4-7　体重矫正因子参照表Ⅱ（参考尸体重量：大于或小于70kg）

4	6	8	10	20	30	40	50	60	70	80	90	100	110	120	130	140	150
									1.3								
1.6	1.6	1.6	1.6	1.5					1.4					1.3	1.2	1.2	1.2
2.1	2.1	2.0	2.0	1.9	1.8				1.6				1.4	1.4	1.4	1.3	1.3
2.7	2.7	2.6	2.5	2.3	2.2	2.1	2.0		1.8			1.6	1.6	1.6	1.5	1.4	1.4
3.5	3.4	3.3	3.2	2.8	2.6	2.4	2.3		2.0		1.8	1.8	1.7	1.6	1.6	1.5	1.5
4.5	4.3	4.1	3.9	3.4	3.0	2.8	2.6	2.4	2.2	2.1	2.0	1.9	1.8	1.7	1.7	1.6	1.6
5.7	5.3	5.0	4.8	4.0	3.5	3.2	2.9	2.7	2.4	2.3	2.2	2.1	1.9	1.9	1.8	1.7	1.6
7.1	6.6	6.2	5.8	4.7	4.0	3.6	3.2	2.9	2.6	2.5	2.3	2.2	2.1	2.0	1.9	1.8	1.7
8.8	8.1	7.5	7.0	5.5	4.6	3.9	3.5	3.2	2.8	2.5	2.5	2.3	2.2	2.0	1.9	1.8	1.7

注：该表仅列体重（表第一横行）和矫正参数值。以70kg体重，以不同状态尸体所得的各矫正参数（表4-7）为参照标准。同一尸重下属的4～8个矫正值，属有意义的矫正值被列出。如重20kg着厚毛织类衣服的尸体，根据（表4-6）70kg体重时同样着装状态获得的矫正值是1.8，再根据表4-7推算该20kg尸体所获得的矫正值是2.3，则矫正后的体重应为20×2.3＝46kg

第二节　死后晚期死亡时间推断

在法医学实践中常常遇到死后经历时间较长的尸体案例，此时尸体已出现晚期死后变化，包括尸体腐败的各种征象（尸臭、尸绿、腐败静脉网、泡沫器官、巨人观等）、霉尸、白骨化。在死后晚期尸体的动态变化所表现出的晚期尸体现象，也可用于推断死亡时间。

一、根据尸体腐败程度推断死亡时间

（一）根据各种晚期尸体现象推断死亡时间

一般情况下，死后24～48小时，尸体右下腹皮肤出现污绿色斑迹（尸绿）。死后3～4天，腐败血液沿着静脉丛形成树枝状污绿色的腐败静脉网。死后5～7天，由于细菌不断生长繁殖，产生大量腐败气体充满各种体腔和组织间隙致尸体体积增大、膨胀、眼球突出、舌伸出，皮肤呈污绿色，形成所谓的腐败巨人观。根据晚期尸体现象推断死亡时间见表4-8。腐败的速度和特点取决于内部、外部因素和条件，因此对腐败特征出现的时间有关叙述，在法医学文献中有很大差异。如尸绿的出现，有学者报道20小时后可出现，也有报道5昼夜后出现，但多数学者认为一般为2～4昼夜。其他腐败征象如腐败性气肿、软化等出现时间的叙述，也存在差别。我国南、北、东、西各地以及高原低洼地温湿度差异极大，因此根据腐败动态变化推断死亡时间应当特别慎重。

表 4-8　根据晚期尸体现象推断死亡时间

晚期尸体现象	推断死亡时间
腹右下部呈青绿色,皮肤出现轻度腐败静脉网	2 天左右
尸表出现腐败气水泡	2～3 天
眼睑遮盖部分角膜肿胀,形成乳白色斑块,其余部分干燥,变棕黄色,羊皮纸样(动物实验)	3 天
眼球腐败,轻度突出,角膜重度混浊	4 天
腐败充分发展	1 个月,或更长
皮下脂肪尸蜡化开始(水中)	最早 1～2 个月,高温 2～3 周
皮下脂肪尸蜡化完成(水中)	最早(高温)2～3 周,一般 2～4 个月
面部表面某些肌肉尸蜡化	6 个月
深部肌肉出现尸蜡化	1 年以上
成人四肢尸蜡化	3～6 个月
全身尸蜡化(潮湿的土中)	约 4 年或更长
尸体干化(木乃伊)	最早 1 个月以内,一般 3 个月或以上

(二)根据尸体肌肉电导率推断死亡时间

机体死亡后,由于细菌的作用,尸体组织所含有的蛋白质等大分子不断降解,产生大量具有导电性的小分子物质,因此测定尸体肌肉浸渍液电导率(electrical conductivity of extracted muscle fluid)有望用于死亡时间推断,有研究表明,在 19℃左右标准温度环境下,电导率测定值与死亡时间呈线性关系,且这一线性关系随死亡时间延长及腐败的进展而愈加趋于明显。

(三)利用尸体细菌群落演替推断死亡时间

在尸体腐败的不同阶段,腐败菌群也表现相应的变化,有研究表明,尸体细菌群落演替随时间进展发生的变化具有规律性,也有望用于死亡时间推断。

二、根据嗜尸昆虫数据推断死亡时间

根据嗜尸昆虫数据推断死亡时间,目前在国外已发展成为一门新兴的学科,即法庭昆虫学(forensic entomology),国内学者也做了系列研究。有学者指出 PMI 可以分为两个阶段,即昆虫到达尸体之前阶段(pre-colonization interval)和昆虫集落在尸体上并繁衍后代到尸体被检验的阶段(post-colonization interval),并提出了昆虫在尸体上存活时间(period of insect activity,PIA)的概念。实际上,法庭昆虫学推断的只是 PIA,而非真正的 PMI,法医工作者不仅要研究昆虫在尸体上的演替规律,更需要弄清楚昆虫到达尸体之前的时间间隔及影响因素。

法庭昆虫学在法医学死亡时间推断中应用的主要困难有两个:一,嗜尸性昆虫发育受到纬度、海拔、季节、温度、湿度等诸多因素影响,每个地区的发育特点不尽相同,因此需要获取并分析不同国家、不同地区、不同季节、不同种类尸源性昆虫的演替及发育学资料,最终应用统计学方法建立不同条件下的计算公式;二,迅速、准确的昆虫种类鉴定是实践应用得以实现的关键步骤,然而昆虫种类繁多,只有受过专门培训的专业人员才能掌握某个类群的形态学鉴别要点,这个种类鉴定的"金标准"使得众多法医工作者对法庭昆虫学望而却步。

近年来随着分子生物学技术等现代科学技术的进展,越来越多的学者投身于法庭昆虫学领域,嗜尸昆虫演替规律及影响因素的相关研究报道涉及越来越多国家和地区,与此同时,分子生物学技术以及现代分析技术在昆虫种属鉴定中的应用,为法医昆虫学突破自身发展的障碍创造了条件。

(一)尸体腐败阶段的划分及昆虫的演替

根据空气中尸体变化的规律,可以将尸体腐败阶段进一步分期如下。

1.新鲜期　机体死后 1～2 天,尸体肿胀发生之前的时期。最先到达尸体的为丽蝇科和麻蝇科昆虫，如丽蝇及其相关种类包括丝光绿蝇、大头金蝇、红头丽蝇和反吐丽蝇等可在死后10分钟内到达尸体并产卵，卵常被产在尸体的天然开口处如眼、鼻、耳、口、阴道、肛门等部位，也可以产在伤口处。其中丝光绿蝇选择城市环境，伏蝇则多选择乡村环境。

2．肿胀期 机体死后2～7天，尸体从轻度的肿胀到完全膨隆。此期带强烈腐败气味的液体可从尸体开口处流出，使得尸体下面的土壤呈碱性，节肢动物开始离开尸体下土壤。此期尸体的昆虫主要是丽蝇和麻蝇，酪蝇和尖尾蝇科也开始出现。

3．腐败期 机体死后4～13天，尸体爆裂，大量腐败气体泄漏出来，尸体大部分软组织都被蝇类幼虫所吞噬。腐败后期大量腐食性和捕食性甲虫到达尸体，而大部分丽蝇和麻蝇幼虫则完成发育，离开尸体化蛹。

4．后腐败期 机体死后10～23天，尸体只剩下毛发、皮肤、软骨和骨。双翅目昆虫不再是尸体上主要昆虫，各种甲虫大量出现。

5．残骸期 机体死后18～90天，尸体只剩下骨头和毛发。残骸上昆虫逐渐减少，其下土壤中可能出现大量螨类，可持续数个月或数年。

埋葬的尸体因埋葬深度不同，昆虫种类有较大差异，厚土层可阻止昆虫接近尸体，如出现昆虫是由埋葬前在停尸处、棺木中以及土壤表面产的卵孵化而来的。包括4种双翅类蝇（如丽蝇、家蝇、蚤蝇和黑蝇）和两类鞘翅类甲虫（如唛蜡虫属、隐翅虫属）。它们出现的顺序是：①丽蝇属和家蝇属；②黑蝇属；③蚤蝇科；④鞘翅类。蚤蝇侵入尸体大约在死后1年，鞘翅类则在死后第2年多见。

水中尸体昆虫种类也有所不同。因水温不同，尸体肿胀要在死后6～10天或以上才出现，尸体裸露在空气中的部分可有绿蝇产卵，肿胀后期尸体漂浮，可有葬甲、隐翅虫、阎甲等活动。

火场被烧焦炭化的尸体对蝇类无吸引作用，可延缓蝇类的入侵，随着内脏器官腐败的发生，可有蝇类侵袭。

（二）与尸体有关的重要昆虫的生物、生态学规律

常见的有双翅目的丽蝇科、麻蝇科和蝇科等。双翅目昆虫是全变态昆虫，即它们的发育经历了卵、幼虫、蛹和成虫4个虫态，而幼虫又分为3个龄期。幼虫无头、无足、蛆状，前部较细，头部有一对口钩，后部较粗，有一对大的后气门。卵像微型稻米，卵经1～3天后孵化出一龄幼虫；在乡村大型灰色的麻蝇在到达尸体后直接产下一龄幼虫。一龄幼虫经0.5～2天蜕皮后变为二龄幼虫，二龄幼虫蜕皮后变为三龄幼虫。各龄幼虫的区分主要看后气门。

幼虫发育完成后离开尸体，寻找合适的地方如土壤、衣服等处化蛹，一般幼虫可迁移3m左右，在硬的表面迁移距离更远。在尸体上发现幼虫，一定要寻找蛹，以便确定幼虫在尸体上繁殖的代数。

尸体现场昆虫标本的采集、保存和饲养至关重要，是推断死亡时间的基础与前提。昆虫标本的采集包括尸体移走前和尸体移走后即刻标本的采集。应做好现场观察记录，包括现场的方位、昆虫的种类和大致数量等。记录应包括文字、照片、录像和草图等。应测定尸体现场和尸体温度。

知识链接▶

鞘翅目，又称甲虫，分葬甲科、隐翅甲科和阎甲科等。体壁坚硬，前翅较厚，合起来盖住背部和折叠的后翅。鞘翅目为全变态昆虫，卵呈卵圆形或球形；幼虫头部发达，较坚硬，有3对胸足；蛹为裸蛹，触角、翅、足的芽体裸露。

最早到达尸体的甲虫为阎甲和隐翅虫，其幼虫和成虫都是捕食性的，即取食双翅目幼虫，真正取食尸体的昆虫主要为皮蠹科、唛蜡虫科、蛛甲科、谷盗科、粪甲和金龟子总科等。与双翅目相比，甲虫尚未得到应有的注意。Leclercp研究了4个坠落在沙漠的飞行员尸体，在干燥的沙漠里皮蠹代替了蝇类成为尸体分解者。在沙漠中，24小时内大量的皮蠹即出现在动物尸体上，其幼虫在3～4天后出现。

（三）昆虫标本采集、保存和种类鉴定

将采集到的成虫分成两份，一份放入装有二甲苯和乙醇的毒瓶内毒死，然后转入 75% 乙醇瓶内保存；另一份装入干燥的瓶内，每个标本瓶在放入标本的同时必须放入标签，注明案件编号、采集地点、日期、时刻等，标本瓶外面贴同样内容的标签，双标签是昆虫研究的标准做法。瓶号和采集地点应登记在专用的表格中。

卵和大小不等的幼虫应分别采集，并各分两份，一份置入保存液中，另一份置入放有潮湿纸巾的塑料杯中或直接置入饲养杯中用于饲养，饲养工作便于准确计算经历时间。

昆虫种类鉴定是存在的难题之一，1994 年国外学者首次将 DNA 分析方法用于嗜尸性昆虫种类鉴定。时至今日，作为形态学方法的重要补充手段，分子鉴定技术被越来越多的法医工作者所接受，逐渐成为法庭昆虫学的研究热点之一。与形态学鉴定相比，分子生物学技术不用考虑嗜尸性昆虫的发育历期，可以直接利用案件现场的样本进行 DNA 分析来完成种类鉴定；甚至不用考虑标本的完整性，如单个翅膀或附足均可提取出足量的模板 DNA；分子生物学技术对嗜尸性蝇类近缘种的区分优势也引起了学者的广泛兴趣。越来越多的线粒体 DNA 及核 DNA 片段被研究应用于嗜尸性昆虫种类的鉴定，从 DNA 水平对昆虫进行物种鉴别以及探讨昆虫系统发育学，已成为现代法庭昆虫学的研究热点。现代分子生物学技术在昆虫种类鉴定中的应用，是对昆虫形态学鉴定方法的重要补充和印证，使昆虫种类鉴定方法更为科学和精确。

（四）根据昆虫数据推断死亡时间的方法

1. 昆虫数据分析的程序及注意事项　首先，判断尸体腐败的大致阶段，也是尸体腐败分解的大致分期情况。实际上，尸体的不同部位可处于不同的腐败阶段。根据当地气候特征分析可能出现的昆虫及其演替规律，对照检查采集的标本是否有遗漏。

其次是种类鉴定并测量幼虫。测量方法是将伸展的幼虫放在盘内，以毫米尺测量其长度或者处死后测量。依据其长度变化，可估计出它在某一环境中成熟程度，从而估计幼虫生长的龄期。在分析幼虫过程中，根据最老的幼虫估计死后经历时间。

再次是根据苍蝇幼虫至成虫的培养时间推算死后经历时间，尤以蝇蛆和蝇蛹的生长情况意义较大。统计足够多的昆虫标本，得到合理的发育时间，这个时间是昆虫最初活动到标本采集的这段时间，考虑到昆虫活动是死后即刻发生或者是延迟发生（如气温的影响等），因此，昆虫发育时间往往要比死后经历时间短。

根据现场勘验确定尸体是否被移动过，尸体的移动可影响昆虫的演替，反过来，若昆虫类群所指示的时间与尸体腐败的时间不一致，则提示尸体可能被移动过。此外，某些药物或毒物可明显影响昆虫的发育，如一定量的可卡因可使苍蝇幼虫生长发育速度明显加快，而阿咪替林则延长亚麻蝇从蛹孵化为成虫的时间。

值得注意的是，我国各地气温和环境条件不同，昆虫种类特别是发育规律也不尽相同，如在多雨季节，若尸体浸泡在水中，可大大延缓苍蝇产卵及发育，因此在推断死亡时间时各地应根据不同的环境条件考虑到这些因素。

2. 根据昆虫数据现场推断死亡时间　根据昆虫发育数据，在现场可初步推断死亡时间。在夏季，人死后 10 分钟左右苍蝇到达尸体，1 小时左右产卵，10～20 小时内尸体上出现蝇蛆（在 30℃时，8～14 小时内卵孵化成蛆）。以后蝇蛆平均每日生长 0.2～0.3cm，4～5 日成熟，体长达 1.2cm，6 日后潜入泥土中成蛹，14 日蛹破壳为蝇。春秋季节，蛆平均每日生长 0.1cm，约 2 周成蛹，4 周蛹变为蝇。故在尸体上见到蛹壳，夏季死亡时间约在 2 周，春秋季则需 4 周左右。

蛹壳颜色和脆性的变化也有一定的时间规律性。这与蛹发育时期醌化蛋白的含量有关。醌化蛋白含量增加，蛹壳颜色加深。通常 1～2 天的新鲜蛹壳呈红褐色，蛹壳较软，约 10 天呈黑褐色，15～20天呈灰黑色并塌陷变碎。30 天以上蛹壳裂成碎片。蛹壳如在室外被风吹雨打，变化时间还可缩短。

昆虫幼虫体长是推断死亡时间较好的指标。自幼虫从卵中孵化后，便迅速增长，直到达到最大

体长值,而后体长不再变化处于平台期,在临近化蛹前,幼虫体长会缩短至最大体长的约2/3。幼虫生长受温度影响,环境温度越高,幼虫体长增长越快,温度越低,增长越慢;幼虫体长的增长跟时间呈正相关,但并不是线性关系,也就是说,低龄幼虫体长增长慢,高龄幼虫体长增长快。幼虫体长与时间的关系可以用非线性方程模拟出来。王江峰通过饲养昆虫并且利用计算机建模构建了常见嗜尸性昆虫体长随时间变化的方程,即常见嗜尸性昆虫在各个恒温条件下体长与发育时间的方程,其中"x"为时间,"y"为体长值(表4-9)。在命案现场,只要准确鉴定了种类,测量到平均温度,便可以通过幼虫体长大致算出时间。应用时要注意以下两点,首先要准确鉴定种类,尸体上的蝇类昆虫有几十种,各种类大小不同,甚至差异很大;其次算出的只是幼虫的发育时间,换算死亡时间尚需要加上卵孵化的时间和昆虫到达尸体的时间。

表4-9 常见嗜尸性昆虫体长与发育时间的关系方程

种类	温度(℃)	方程
大头金蝇	16	$y=(53.2-2.90x)/[1+\exp(3.43-0.37x)]$
	20	$y=(33.3-3.33x)/[1+\exp(3.12-0.87x)]$
	24	$y=(18.21-1.69x)/[1+\exp(2.69-1.64x)]$
	28	$y=(14.7-0.70x)/[1+\exp(2.40-2.38x)]$
	32	$y=(18.32-2.13x)/[1+\exp(2.43-2.57x)]$
丝光绿蝇	12	$y=(12.21+0.0005x)/[1+\exp(2.38-0.35x)]$
	16	$y=(12.83-0.06x)/[1+\exp(2.45-0.78x)]$
	20	$y=(15.05-0.43x)/[1+\exp(2.80-1.19x)]$
	24	$y=(12.97-0.31x)/[1+\exp(2.73-1.95x)]$
	28	$y=(13.68-0.81x)/[1+\exp(2.31-2.46x)]$
	32	$y=(12.05-0.37x)/[1+\exp(2.90-4.39x)]$
巨尾阿丽蝇	12	$y=(21.81-0.54x)/[1+\exp(2.94-0.56x)]$
	16	$y=(18.76-0.49x)/[1+\exp(2.77-0.89x)]$
	20	$y=(21.20-1.15x)/[1+\exp(2.95-1.34x)]$
	24	$y=(17.06-0.65x)/[1+\exp(2.45-1.55x)]$
	28	$y=(17.39-0.55x)/[1+\exp(2.44-1.86x)]$
	32	$y=(15.37-0.27x)/[1+\exp(2.40-1.97x)]$
棕尾别麻蝇	12	$y=(16.89-0.32x)/[1+\exp(2.11-0.58x)]$
	16	$y=(24.84-0.97x)/[1+\exp(2.39-0.48x)]$
	20	$y=(15.74-0.69x)/[1+\exp(2.03-1.23x)]$
	24	$y=(9.37+0.63x)/[1+\exp(1.51-1.67x)]$
厚环黑蝇	20	$y=(13.337+0.010x)/[1+\exp(2.383-0.672x)]$
	24	$y=(12.291+0.055x)/[1+\exp(2.493-0.936x)]$
	28	$y=(12.520+0.051x)/[1+\exp(3.042-1.436x)]$
	32	$y=(12.541+0.081x)/[1+\exp(1.998-1.392x)]$

根据昆虫生长发育历期推断死亡时间虽然存在诸多的影响因素,但不可否认,对缺乏明显的外部时间线索的案件,研究昆虫发育历期与时间的关系仍然是解决死亡时间问题非常有用的方法。该方法适用于死亡1周以内的尸体,当死亡时间达1周以上,无法单独通过蝇蛆生长发育历期来推算时,可以借助嗜尸性昆虫群落演替规律来判断,这也是下一步研究值得关注的问题。

三、根据植物生长规律推断死亡时间

利用植物推断死亡时间可依据以下3个条件。

1. 尸体周围折断的植物　植物折断、拔起后用来遮盖隐蔽尸体，被拔或折断后的植物就会停止生长，停顿于那一时间的生长期中，保留其当时的情况，如发芽程度、叶子大小等。

2. 尸体下面被压的植物　被压的植物因无光照作用，颜色会变黄、变白，植物叶绿素的变化规律同样可以作为推断死后经过时间的依据。

3. 树根的生长情况　树根的生长与树干一样，也有年轮，当挖土掩埋尸体时，如破坏了树根分生组织区域，该区域就不会再有木质细胞生成，留下永久的损伤，计算损伤后出现的年轮，即可推断掩埋时间。当根系生长穿入尸体时，则可计算穿透进入尸体的树根年轮。另外，根据树根生长的长度，也可推断掩埋时间。用树根生长情况推断死亡时间，往往只能推断死后最短时间，并且其精确度是以年为单位。

利用植物生长情况推断死亡时间时，要注意现场环境、土质、植被、朝向等因素。该方法对死后经过时间较久者较有重要意义。当然，在推断死亡时间时也应结合其他能提示死亡时间的因素综合分析，才能较准确地推断死亡时间。

四、根据现场遗留物推断死亡时间

推断死亡时间也可以参照现场的一些情况综合判断。现场的一些遗留物，如报刊杂志、摔坏的手表、印有日期的食品包装袋等，都可以为死亡时间划定一个界限。

五、白骨化尸体死亡时间推断

在法医学实践中，对田野、森林、江河中发现来历不明的尸骨或对高度腐败及完全骨化的尸体，常需推断其死亡时间（表4-10）。

表4-10　根据尸体白骨化现象推断死亡时间

地面上尸体白骨化	新生儿几周，成人几个月到1年
土中尸体白骨化，软组织消失	3~5年
土中尸体的韧带和软骨消失	5年或以上
骨骼上的脂肪消失	5~10年
骨骼开始风化	10~15年
骨组织毁坏脆弱	数十年

法医学中对土中骨骼残骸，推断死亡时间的方法有以下几种：

1. 形态学观察　软组织液化及白骨化一般需要经过2~3年时间；软骨与韧带腐烂更晚些，为5~7年后；尸骨脱脂需经过5~10年；10~15年后尸骨开始风化；50年以后，尸骨疏松，骨密质薄弱，骨质易剥落而损害，上述变化受温度、掩埋土质、pH、湿度影响。注意在特殊环境中尸体可长期保存，如我国曾发现了多具古尸，历经千年而未发生白骨化。

2. 荧光反应　将骨锯断后把骨段置于紫外光下检验，如果不超过100年的骨骼因含多量有机质，呈明显的蓝紫荧光，如果荧光不完全，或荧光从周围逐渐向中心增加，则为100年以上。荧光完全消失需100~150年。

3. 血清蛋白沉淀反应　用抗人血清蛋白沉淀素与人的骨粉浸出液（生理盐水浸出24小时）行环状沉淀反应，骨粉的用量因遗骨的存留时间不同而异。根据国内学者试验，入土1年者只需1g，12年者需1.5g，26年者需2.5g；通常，地上尸骨比土中尸骨骨粉用量大；地上9个月需1.8g，9年需8.0g，40年需20.0g；而土中100年才需10~20g。骨质中的脂肪可影响沉淀反应，最好先用乙醚、丙酮等有机溶剂除去。为了推断死亡时间接近真实，本实验应取已知埋葬时间骨作对照。

4. 骨蛋白与甘油三酯含量测定　Castellano等学者对1~50年尸骨骨质中的铁、锌、磷、镁、脂质、胆固醇、脂酸、甘油三酯和蛋白质含量的变化进行了研究，用逐步回归分析法确定了与遗骨埋葬日期

密切相关的因素主要是蛋白质(X_1),其次是甘油三酯(X_2)。所得回归方程如下:

(1) $Y = 36.7998 - 50.0067 \log X_1$

(2) $Y = 36.0678 - 56.9910 \log X_1 + 4.6048 \log X_2$

式中 Y 为估计的埋葬时间(年)。X_1 及 X_2 均按(mg/100mg 骨粉)计。两式的相关系数分别是 0.9761 及 0.9786,即遗骨时间的推断主要依据蛋白质的减少。其标准估计误差在式(1)为 3.49 年,在式(2)为 3.34 年。

5. 骨骼含氮量测定 用杰德海尔(Jedhal K)法进行微量测定。骨中含氮量随着时间增加而减少。50 年以下的骨骼,其含氮量为 3.5%～5.0%,而 350 年或更长时间的骨骼,含氮量下降到 2.5% 或更少。

6. 牙齿变化 依据牙齿的变化推断埋葬时间,这方面仅有少量报道。塞索耶娃研究了埋葬 6 个月到 70 年的尸体牙齿,发现釉质和牙髓随埋葬时间而产生典型的特征变化。牙齿釉质经过 8 年出现褐色斑纹或黄棕色斑纹;埋葬时间在 10 年以上,牙齿出现纵向浅表裂缝,牙表面呈棕红色;时间在 20～30 年者,牙齿变脆,裂缝变深,容易部分剥落;釉质光泽能保持 60～70 年,透明度可保持到入土 50 年;牙髓腔 3～5 年开始分解,10 年后被破坏。格拉亚在前人研究的基础上,1984 年提出了依据死后牙齿结构与理化性质变化进行综合分析判断埋葬时间。牙齿理化性质的死后变化中,与埋葬时间有明确关系的是牙本质元素系数比(Sr/Na、Sr/Mg、Cr/Cu、Ca/Na)和釉质表面乃至全层的显微硬度变化。在推断死后时间时,如将这些定量指标与上述定性指标并用,可以提高推断的准确性至 ±2 年。

7. 毛发变化 毛发耐腐败程度仅次于骨骼,毛发腐败过程是先失去光泽,强度逐渐减弱,弹性变差,最后变脆断裂,一般约 50 年才消失。毛发强度随入土时间延长而变弱。正常头发一般拉伸强度为 48.5～95g,延伸量 68～84mm;埋入土中 2 年后,抗拉强度变弱为 25.4～60g,延伸量为 42.8～70mm;经 10 年后强度更小,仅为 19.5～27g,延伸量为 4～45mm;40 年后下降为 2.2～3.1g,弹性完全丧失。

本章小结

本章介绍了死亡时间的概念和早期、晚期及白骨化尸体死亡时间推断的方法。其中,推断早期死亡时间的指标有尸温、早期尸体现象、胃肠内容物消化程度、膀胱尿量等;推断晚期死亡时间的指标主要有各种晚期尸体现象、尸体昆虫数据及植物生长规律等;应该明确指出,对于死亡时间推断,目前有较多研究报道,提出了一些方法,但离实际应用尚有一定的距离。实际案例中,多根据尸体死后变化、现场环境、结合案情等多种因素综合判断,以免出现偏差。白骨化的死亡时间推断尚缺乏有效的方法,现有方法偏差较大。

关键术语

死亡时间(the time since death,TSD)

死后时间间隔(postmortem interval,PMI)

死亡时间推断(estimation of time since death)

超生反应(supravital reaction)

法庭昆虫学(forensic entomology)

思考题

1. 死后早期死亡时间推断主要有哪些方法?

2. 腐败尸体的死亡时间推断主要有哪些方法?

3. 尸温变化有何规律?其受哪些因素影响?在推断死亡时间上的实用性如何?

4. 通过昆虫生活、生长规律来推断死亡时间的意义及作用?

5. 如何根据胃内容物消化程度推断死亡时间?

(莫耀南)

参 考 文 献

1. 赵子琴. 法医病理学. 第4版. 北京：人民卫生出版社, 2009.

2. 刘耀, 丛斌, 侯一平. 实用法医学. 北京：科学出版社, 2014.

3. Henssge C, Knight B, Krompecher T, et al. The estimation of the time since death in the early postmortem period. 2nd ed. London. Boston. Melbourne. Auckland：Edward Arnold, 2002.

4. Knight B. Knight's Forensic Pathology. 3rd ed. London. Sydney. Auckland Co-published in the USA by Oxford University Press, Inc. New York：Edward Arnold, 2004.

5. Xia ZY, Zhai XD, Liu BB, et al. Determination of the electrical conductivity of cadaver skeletal muscle：A promising method for the estimation of long postmortem intervals. Forensic science and medicine, 2015, Vol 1 ¦ Issue 1.

6. 黄平, 王世伟, 白杰, 等. 应用FTIR光谱技术推断死亡时间. 中国法医学杂志, 2011,（02）：104-109.

7. 谢丹, 彭钰龙, 郭亚东, 等. 法医昆虫学死亡时间的推断与Daubert规则之思考. 法医学杂志, 2013,（4）：290-294.

第五章　机械性损伤概论

学习目标

通过本章的学习,你应该能够:

掌握　机械性损伤的概念和基本类型;机械性损伤检查内容和要求。

熟悉　机械性损伤的检查原则和法医学鉴定任务。

了解　机械性损伤形成机制及影响因素。

章前案例 ▶

五月某日晚23时许,某市街道边发生一起多人参与的打架斗殴事件,整个过程持续5分钟左右。据报警者和目击者称,参与打架斗殴者有人手持砍刀,有的手持棍棒,还有人手持砖石类物体。警察到现场时参与者已逃逸,在距现场500米处发现一具男性尸体。经辨认,死者男性,28岁,为本街道一居民,可能为参与打架斗殴者之一。本案首先要解决的关键问题是:死者的死亡原因是什么?是否因打架斗殴死亡?要回答上述问题,法医学尸体检验就要确定死者尸体上有无损伤?如有损伤,其损伤有哪些类型?哪些是致命伤,哪些是非致命伤?除此之外,法医学鉴定还要解决其所受损伤分别是由哪种物体所造成,从而为以后的刑事审判量刑提供证据。这些问题通过本章及以后相关章节有关机械性损伤的形成机制、基本类型及机械性损伤法医学鉴定的基本任务等内容的学习,将获得解决。

致伤因素作用于机体引起机体的组织结构破坏或功能障碍称为损伤。致伤因素包括物理性、化学性和生物性因素,其中物理性因素中除雷电损伤、高低温损伤外,以机械性损伤最为常见。机体受到机械力的作用造成机体的组织结构破坏或功能障碍,称为机械性损伤(mechanical injury)。在法医学上,造成机体发生机械性损伤的物体称为致伤物。

第一节　机械性损伤的形成机制、影响因素和分类

在法医学实践中,机械性损伤发生率和死亡率极高,是最常见的暴力性伤害致死原因之一,因此是法医病理学中最基本和最重要的内容之一。由于致伤物的种类繁多,且机械运动形式不同、机械力的变化和人体组织结构生物力学性质和反应性存在差异,造成机体损伤类型各异、损伤形态千差万别,致使机械性损伤的法医学鉴定成为法医病理学领域中较为困难和复杂的问题之一。

一、机械性损伤的形成机制和影响因素

（一）机械性损伤的形成方式

1. 运动的物体作用于（打击）相对静止的人体　如用棍棒、砖石或斧锤打击人体的某个部位。此时物体是运动的，人体处于相对静止状态。

2. 运动的人体作用于（撞击）静止的物体　如人体撞击地面、墙壁、树干或电线杆等固定物体上。此时人体是运动的，物体处于相对静止状态。

3. 运动的人体与运动的物体相互作用　如高速运行的汽车撞击行人。此时人体和致伤物两者均处于运动状态。此种情形下人体与物体的运动方式又分为同向运动与相向运动两种。

> **知识拓展 ▶**
>
> 物体变形的基本类型有：
>
> （1）拉伸变形（tensile deformation）：是指截面对称的物体两端沿对称轴受到两个大小相等、方向相反的外力作用导致的变形，其结果是物体的伸长。
>
> （2）压缩变形（compression deformation）：是指截面对称的物体两端沿对称轴受到两个大小相等、方向相向的外力作用导致的变形，其结果是物体的缩短。
>
> （3）剪切变形（shear deformation）：是指物体受到大小相等、方向相反且力的方向不在同一平面上的两个外力作用导致的变形，其结果是使物体的截面发生相对滑动错位。
>
> （4）弯曲变形（bending deformation）：是指物体截面两端各受一对大小相等、方向相同又在同一平面上的力偶作用，或物体两端固定时其轴线上受到与轴线垂直的力偶作用引起的变形，其结果是物体横截面的弯曲。
>
> （5）扭曲变形（torsion deformation）：是指物体的两端横截面上分别受到大小相等、方向相反的力偶作用时发生的变形，其结果是两个横截面绕物体的轴线发生相对转动。

（二）机械性损伤形成机制

机械性损伤的形成机制可用物理力学和生物力学的有关知识来解释。力是一个物体对另一个物体的作用，一个是施力体，另一个是受力体，其结果使物体运动状态发生变化或使物体发生形变。在机械力学中，物体的损伤都是物体变形的结果，生物体也不例外。致伤物和人体相互作用产生的力使人体的运动状态发生改变或者使人体组织发生变形，当变形超过人体组织的最大弹性限度时就会发生组织的连续性和完整性遭到破坏，即人体器官出现各种形态的损伤。

在人体损伤中，人体组织的单一变形仅见于骨组织（如椎体的压缩骨折、股骨颈的剪切骨折），而其他多数组织的损伤变形往往是组合变形的结果，骨组织的组合变形也很常见。

（三）机械性损伤形成的影响因素

根据物理力学和生物力学的原理分析，作用力的大小、方向、作用时间、致伤物的种类和形态、人体的运动状态、受力部位的生理解剖特点及其人体的健康状况等因素，均直接影响着机械性损伤的形成和损伤的程度。

> **知识链接 ▶**
>
> 力是一个矢量，力的大小、方向和作用点是表示力作用效果的重要特征，称它为力的三要素。力的作用效果是使物体产生形变或使物体的运动状态发生改变。物体产生形变主要与力的大小、力的方向以及物体的运动状态改变有关，此外还与力臂长短（即旋转中心到力的作用线的距离）有关。

1. 作用力的大小　力的大小是由物体的能量转换决定的。物体损伤,无论是通过物体变形还是通过物体运动,均以能及能的转化方式进行。主要涉及功、能、动量、冲量等。故人体损伤亦遵守有关的力学定律,与作用力的大小和致伤物的质量、运动速度密切相关。

(1) 物体的动能:能是表示物体做功本领的物理量。物体由于运动而具有的能量叫做动能。物理学中动能表达式是 $E_k = 1/2mv^2$(E_k 为动能,m 为质量,v 为速度),即动能的大小是由物体的质量和速度决定的,运动物体的质量越大、速度越快,动能就越大。因此,致伤物的质量越大、运动速度越快,所产生的能量就越大,相互作用中对机体的损伤就越严重。当致伤物速度不变,质量增加 1 倍,动能随之增加 1 倍;当致伤物质量不变,而速度增加 1 倍,作用于人体后人体所受的力将增加至 4 倍。例如轻轻地将一块砖放置在头顶上,由于速度几乎为零,则不会引起损伤,但如果以 10m/s 的速度将砖抛打在头部,则可造成严重颅脑损伤。同理,高速运动的弹头,尽管质量小,却可引起人体严重的损伤。由此可见,致伤物的运动速度在机械性损伤形成中起着十分重要的作用。有柄的致伤物易于挥动,从而提高其速度,故造成的损伤较重;而无柄的致伤物不便持握,同等质量情况下损伤程度较轻。

(2) 物体的位能(势能):物体由于被举高而具有的能量称重力势能。所有被举高的物体都能够做功,都具有重力势能。物体的质量越大,被举得越高,则重力势能就越大。物理学中位能(势能)表达式是 $E_p = mgh$(m 为物体的质量,g 为重力加速度,h 为物体所处高度)。因此,在坠落损伤时,人体体重越大,离地面越高,所受的力越大,损伤也越严重。人体从高处坠落的过程中,若被障碍物所阻挡而分段下坠,则势能分段递减,从而转换成的动能减小,故所造成的损伤较未受阻挡者为轻。

(3) 能量释放时间:致伤物作用于人体或人体撞击致伤物后,从开始碰撞到静止所经过的时间即为能量释放的过程。物理学中用冲量表示 $I = f(t - t_0)$,式中 f 为动能,t 为作用时间。冲量通常用来求短暂过程(如撞击)中物体间的作用力。一定质量的致伤物,在冲撞过程中当速度变化越大,冲撞时间极短,则能量释放到人体的时间就短,冲撞力就越大,所造成的损伤就越严重;反之,当致伤物运动的速度变化较缓慢,能量释放到人体的时间较长,冲撞时间延长时,则冲撞力就较小,所形成的损伤就较轻。

(4) 致伤物的性质和特征:机械性损伤的程度与致伤物的种类也有很大关系。硬度大的致伤物形成的损伤明显重于硬度小的致伤物,如铁质的致伤物因质地硬、比重大,在同等条件下造成的损伤较木质致伤物所造成的损伤要严重。

2. 受力面积　人体受力面积的大小对损伤的严重程度影响也极大。根据公式 $P = F/S$ 可知,在作用力(F)相同的条件下,作用面积(S)越小,则压强(P)越大。具有尖端或锐利刃缘的致伤物作用于人体,其作用力高度集中于其尖端或刃缘接触的部位,由于作用面积小,作用力集中,较易穿破皮肤、内脏,且造成的损伤较重;而钝圆的致伤物,打击人体时,作用力均匀地分散于较大区域,故所形成的损伤相对较轻。

3. 力的作用方向　人体外形基本上是一圆柱体结构,且大多数部位是不平坦的。致伤物和人体由于相对位置不同、作用部位不同,对人体的力的作用方向就不同。对人体来说,受到的力可以有垂直方向、切线方向、倾斜方向等,打击所产生的压力、摩擦力等均对损伤有不同程度影响,其所产生的损伤形态及后果各不相同。垂直作用使人体所受的力大于斜行作用力,更大于切线作用力。人体受力时有无转动也影响受力的大小。因此,同一致伤物,作用于人体的方向不同,可产生不同形态和不同程度的损伤。

4. 人体组织或器官的结构特征　研究外力在生物体内引起结构、功能、力学改变的科学称为生物力学(biomechanics)。对生物力学的研究有可能阐明某些机械性损伤的成伤机制。影响人体生物力学的因素有:

(1) 人体组织结构特征:人体皮肤在损伤时是外力首先作用的部位。全身皮肤结构均由表皮、真皮、皮下结缔组织及脂肪组织构成,这是它们的共性。但全身不同部位的皮肤又各有不同厚度、不同角化程度、不同的皮纹方向和不同的皮下组织结构。因此,在外力相同的情况下不同部位的皮肤形成的损伤也有差异。人体外形近似圆柱体结构,致伤物垂直打击人体与正切打击所形成的损伤程度不同,其形态也截然不同。例如弹头垂直射入人体,其射入口可呈圆形或星芒状;斜向射击,其射入口呈椭圆形;若以切线作用于人体,可形成沟状枪弹创。

（2）组织或器官的生物力学特征:生物力学研究证实,不同组织因为组成成分及结构不同,其弹性、韧性和张力亦不同,对外力的抵抗差异很大。人体的各种组织各有不同的弹性和脆性,其致密程度、纤维排列的方向及数量的多少均不一致,对暴力的作用和反应不同,对损伤形成的机制和形态特征影响较大。例如松弛的皮肤具有较大的弹性和韧性,可拉长达40%,故能抵抗较大的压力。肌腱的韧性和骨骼的硬度较大,也能抵抗较大的压力。而肝、脾、肾等实质器官,结缔组织少,被膜薄,脆性大,受外力作用时易造成破裂。例如腹部受到暴力打击,局部皮肤可无明显损伤或只有轻微损伤,而内脏器官则可发生破裂。胃肠等空腔器官,在内容物充盈的状态下,外力作用后可发生惯性波动,通过内容物冲击胃肠壁,在薄弱处发生穿孔或破裂。脑组织含水量大,外力传入后呈液态波动性传递,易发生冲击伤、对冲伤。

（3）人体受伤时所处的位置及状态:人体受伤时所处的位置及状态不同,也可以影响损伤的程度和损伤的形态。致伤物打击相对固定的人体所引起的损伤,较未固定者严重。这是因为当人体运动的方向与致伤物运动方向相同时,可通过延长能量释放的时间,使外力的破坏作用减小。同样大小的外力,打击自由移动的头部,不一定引起严重损伤。但如从垂直方向打击卧于地上的头部则可引起严重的颅脑损伤。

二、机械性损伤的分类

机械性损伤的分类因学科不同而不同,法医学上的分类如下。

1. 根据致伤物的种类,将其分为钝器伤、锐器伤和火器伤。

2. 根据致伤物的作用方式,将其分为压擦伤、碰撞伤、拳击伤、咬伤、挤压伤、高坠伤、摔跌伤、碾压伤等。

3. 根据案情性质,将其分为自伤、他伤、意外伤等。

4. 根据损伤发生时间,将其分为生前伤、濒死伤和死后伤。

5. 根据损伤的形态结合成伤机制,将其分为擦伤、挫伤、创、骨和关节损伤、内脏器官破裂及肢体离断等基本形态的损伤。

第二节　机械性损伤的基本形态

由于致伤物种类繁多,且同一种致伤物在不同部位形成的损伤形态不同,因而机械性损伤的形态千差万别。但机械性损伤的形态又有其共性,在法医学上损伤的基本形态主要有以下几种。

一、擦伤

擦伤(abrasion)是指钝性致伤物与体表摩擦挤压造成的以表皮剥脱为主要改变的损伤,又称表皮剥脱。擦伤多发生于钝器打击、坠落、交通事故等。

（一）擦伤的形态

典型的擦伤呈点状、条状、片状、梳状或不规则状,大小不等、形态不一,常可反映致伤物表面的特征及力的作用方向(图5-1,图5-2)。单纯擦伤,仅见表皮层剥脱或缺损,常不伴有明显出血。在伴有真皮损伤时,可出现渗血。擦伤可单独存在,亦可与挫伤、挫裂创及其他损伤并存。

擦伤既可在生前形成,又可在死后形成。生前擦伤创面呈棕褐色或暗红色,有痂皮形成,可伴有挫伤;死后擦伤创面呈蜡黄或苍白色,无痂皮,不伴有挫伤。各种擦伤由于表皮剥脱使皮肤显著变薄，表面水分易于蒸发而变干燥，死后可迅速出现皮革样化。因此，常可真实地反映出某些致伤物的特殊痕迹，在案件侦查和致伤物的认定上颇为重要。

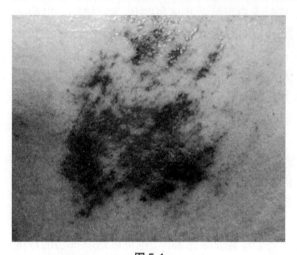

图 5-1

右大腿外侧擦伤：擦伤呈细条状平行排列，方向自后上向前下

图 5-2　擦伤形成示意图

（二）擦伤的法医学意义

1. 擦伤所在部位常标志暴力的作用部位。

2. 擦伤的游离皮瓣可指示力的作用方向。

3. 擦伤的形状可用于推断致伤物接触面形状。

4. 擦伤局部组织的炎症反应或者痂皮形成，有利于推断损伤时间。

5. 根据擦伤的分布位置、形态特征等，可推断案件的性质或犯罪嫌疑人的意图。

（三）擦伤的类型

根据致伤物的运动方向及其作用机制的不同，擦伤可分为以下 4 种类型。

1. 抓痕（scratch or finger nail abrasion）　是指指甲等有尖的硬物抓擦或划过皮肤表面形成的擦伤。抓痕可为间断点状或平行沟状，有时可见细小的游离皮瓣存在，有时可见损伤的起始端为弧形擦伤，其形状与指甲相近。扼压颈部的案件和日常纠纷时形成的抓痕多见于颜面和颈部；性犯罪案例的抓痕常常发生在受害者的乳房、外阴、双大腿内侧等部位；虐待儿童的抓痕多见于上肢前臂。

2. 擦痕（grazes or brush abrasion）　是指体表与粗糙物体或地面相摩擦而形成的擦伤。作用力沿切线方向擦过皮肤，皮肤受力作用的面积大，损伤广泛而表浅，多分布在人体较突出的部位，呈片状、条状或片状中带有细条状（见文末彩图 5-1），表面可附着不同形态和不同性质的异物，如粗细不等的砂粒、泥土、木质纤维或棉纤维等。伤及真皮可有出血及痂皮形成。通常擦痕的起始端较深，末端浅，可据此推断暴力作用的方向。

3. 撞痕（impact or crushing abrasion）　是指致伤物以几乎垂直于体表的方向撞击人体，在表皮上形成的印痕。在致伤物陷入皮肤的瞬间，在皮肤表面形成擦伤。这类擦伤多伴有深部组织的损伤，如挫伤或骨折。多见于车辆撞击或坠落地面时（图 5-3），也见于钝器打击时。

4. 压擦痕（friction or pressure abrasion）　是指表面粗糙的物体，在压迫皮肤的同时，与皮肤表面相摩擦而形成的损伤。这是既有垂直于皮肤表面的作用力、又有沿切线方向的作用力同时作用所造成的擦伤。绳索或其他编织物压擦皮肤所致的损伤均属此类型。咬伤、车轮碾压亦可出现压擦痕。此类擦伤有时可反映致伤物表面的形态或花纹，故称为印痕状擦伤（patterned abrasion），如汽车轮胎碾压出现在受害者身上的车轮花纹。压擦痕不仅可伤及表皮、真皮及皮下组织，也因受压而致真皮乳头变扁平，血管受压，局部缺血，亦可造成深部组织损伤。压擦痕亦可在死后形成，如搬动尸体时。

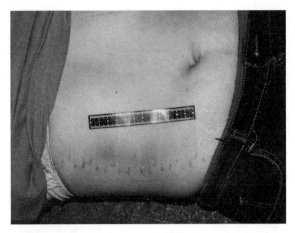

图5-3　撞擦伤
车辆轮胎撞击在右腰部形成与轮胎花纹一致的撞痕

二、挫伤

挫伤（contusions，bruise）是指由钝器作用造成的以皮内或（和）皮下组织出血为主要改变的闭合性损伤。广义的挫伤亦包括内脏器官如脑、心、脾、肺、肝、肾、肠及系膜等的出血性改变。挫伤常见于钝器打击、碰撞、坠落及交通损伤，也可见于枪弹损伤。

（一）挫伤的形态

挫伤的实质是软组织内较小的静脉或小动脉破裂出血，血液积聚在皮下疏松结缔组织和脂肪层内。因此，挫伤的大小、形态、出血程度及颜色的深浅，随作用力大小及局部组织的特点不同而不同。根据挫伤的深浅分为皮下出血（subcutaneous hemorrhage）和皮内出血（intradermal bruise）。眼眶周围、面颊部、乳房、股内侧、会阴等处皮下组织疏松，血管丰富，受力后不仅血管易发生破裂、出血，且出血量较多而范围较广，这类出血称为皮下出血。皮下出血颜色深暗，常呈片状，边界不清，容易扩散而改变形状，因此，常不能准确反映出致伤物接触面的形态特征（图5-4）。挫伤出血量大时，血液积聚于局部组织间隙内形成血肿。挫伤可伴有不同程度的表皮剥脱、局部肿胀或炎症反应（图5-5）。

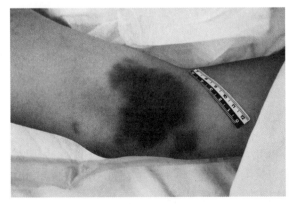

图5-4　皮下出血
上肢肘关节附近片状皮下出血，暗红色，出血向周围扩散而边界不清

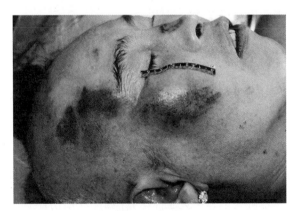

图5-5　擦挫伤
右颜面大片状皮下出血，表面伴有小片状表皮剥脱

挫伤后出血发生在真皮层内，称皮内出血。一般贴近骨骼的皮肤如头面部较易形成，或者致伤物表面有相间的小棘，皮肤内血管被压而急剧变形破裂、出血。由于真皮组织致密，血管为细小分支，故出血量较小，不易扩散，出血多局限，容易反映出致伤物打击面的形态（图5-6），对推断致伤物有很大的帮助。交通损伤中，由于轮胎碾压在皮肤上形成的轮胎印迹亦常表现为皮内出血。

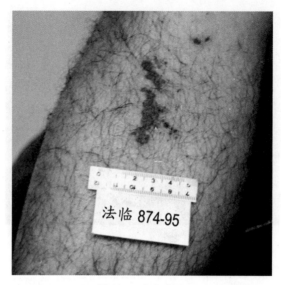

图 5-6　皮内出血
右小腿前内侧点片状皮内出血,由自行车轮胎撞擦所致

挫伤也可发生在内部器官,如脑、心、脾、肺、肝、肾、肠系膜或胃肠浆膜面,表现为被膜或浆膜下出血,器官实质内血肿。内脏器官挫伤与皮肤组织挫伤形成机制可以不同,内脏器官挫伤有时可以由间接暴力所致,如脑的对冲性损伤,腹壁受钝器打击致胃肠壁或腹膜后的挫伤等。

(二)挫伤的法医学意义

1.暴力作用点　挫伤所在部位,标志暴力作用点。

2.生前伤的标志　挫伤本身即是生前伤的标志,特别是出血多,浸润到组织间隙内的。

3.推测损伤形成时间　根据皮下出血颜色的改变,可推测挫伤形成时间。随着受伤后时间的延长,血肿在组织酶作用下崩解,红细胞膜破裂,血红蛋白经过化学变化发生颜色的改变。血红蛋白分解物质包括含铁血黄素、胆红素和胆绿素,使血肿由暗紫红色变为蓝褐色、绿褐色、黄绿色和黄色,最后消退。一般的小挫伤约一周左右完全消失,亦有个别例外。如出血处组织切片见到含铁血黄素,表明出血已经48小时以上。

4.推断致伤物　根据挫伤形态、位置,特别是皮内出血的形态,有时可以推断致伤物打击面或与体表接触部的特征。如棍棒、皮带扣、鞋底、轮胎及其他表面具有特殊花纹的物体,作用于人体后能在体表形成与其打击面形态一致的皮下出血。

5.推测嫌疑人的意图　根据皮下出血的分布、数量和形状,可推测嫌疑人的意图和犯罪过程中的意图或某些活动。如强奸杀人案,嫌疑人手指压迫所形成的挫伤,常分布在受害者的股内侧、会阴部和胸乳部;扼死者,多分布在颈部一侧或两侧。

6.分析死亡原因　根据皮下出血的程度有助于分析死亡原因。体内疏松结缔组织间隙,如腹膜后、肠系膜周围、肌束间以及皮下组织,有时可因损伤积聚大量血液,其总量可超过 1000~2000ml,伤者可死于急性失血性休克;如广泛损伤伴肌肉坏死,也可因急性肾衰竭而死亡。

三、创

创(wound,laceration)指机械性暴力作用于人体造成皮肤全层组织结构连续性完整性破坏的开放性损伤。

(一)创的组成

在形态学上,创由创口、创缘、创角、创腔、创壁和创底组成。皮肤组织的裂口称创口;创口周边皮肤的边缘称创缘;两创缘皮肤交界形成的夹角称创角;从创缘向皮肤组织深部延伸形成的组织断面称创壁；各创壁之间形成的潜在腔隙称创腔；创腔底部未断裂的组织称创底。一般除圆形创口（如枪弹创）外，一个创口至少有两个创角。

（二）创的类型

根据致伤物种类不同，可将创分为钝器创、锐器创和火器创三类。

1. **钝器创**　由钝性物体（没有锋利的刃缘或尖端）通过撞击、挤压、牵拉、撕扯等方式单独或混合作用在人体上形成的创称为钝器创（blunt wound）。在法医学实践中，钝器创是最为复杂的一种类型。由钝性致伤物通过撞击、挫压、撕扯组织形成的创称挫裂创（laceration）；过度牵拉皮肤或器官组织形成的皮肤、皮下组织及器官组织裂口称撕裂创（tearing wound）；由钝性细长的条状物刺入皮肤组织形成的创称捅创（poking wound），是钝器伤的一种特殊类型。其形成机制以挤压和牵张两种外力为主，其形态也具有刺创的一些特征，如创口小、创道深、创口形态受捅入钝器横断面的影响等。铁钎、木条、竹竿、手杖、伞杆、钢条等致伤物刺入人体皆可形成此类创口。

挫裂创形态常因致伤物形状的不同而有差异，多呈条形、不规则形、半月形或星芒状（图5-7）。挫裂创一般具有以下特点：创口形态不规则；创角多较钝，可以有多个；创缘不整齐，常伴有擦伤和挫伤；创底不平整；创腔内可有异物，如泥沙或碎砖屑、毛发等；创壁凹凸不平，创壁间有组织间桥。由于结缔组织纤维、神经纤维和血管皆具有韧性，遭受钝器打击时，常有一部分纤维或血管未发生断裂，连接于两创壁之间。这种未完全断裂并连接于两创壁间的血管和结缔组织，称组织间桥（tissue bridge）。组织间桥是钝器伤的特征性改变。

图5-7　头皮挫裂创
头顶部挫裂创：创口呈星芒状，多个创角，创缘不整伴有
擦伤，创底不平，创壁凹凸不平，创壁间有组织间桥

挫裂创常发生在头皮、颌面、肩部和四肢等皮下有骨骼衬垫处。当机械力作用于机体造成夹于致伤物与骨骼之间的皮肤、皮下组织或血管断裂，形成挫裂创。而在软组织丰富的部位不一定形成挫裂创，例如腹壁受打击时就较少形成挫裂创。有时在头皮可形成潜掘性的创腔。挫裂创形成后，出血形成的血凝块很快将创腔充填。如未经恰当处理，极易发生感染而延缓愈合。创口愈合后遗留较大的瘢痕组织，缺少毛囊、汗腺和皮脂腺等结构。

2. **锐器创**　由具有锐利尖端或刃缘的致伤物通过切、砍、刺、剪方式造成的创称锐器创（sharp wound）。其中又可细分为刺创、切创（或割创）、砍创、剪创等（详见第七章锐器损伤）。

3. **火器创**　由火器致伤物对人体形成的损伤统称为火器伤（firearm injury）。由发射的枪弹造成的创称枪弹创（gunshot wound）；爆炸时形成的创称为爆炸创（详见第八章火器损伤）。

由于各种致伤物形态千差万别，其作用机制亦不同，所造成的创的形态亦差别较大。正确认识各种创的形态，对推断致伤物具有重要意义。

四、其他类型的损伤

（一）骨、关节损伤

1. 骨折（Fracture）　骨组织解剖结构的连续性和完整性中断称骨折。骨折可发生于全身各部位骨骼，以四肢长骨、颅骨、肋骨、椎骨等多见。根据骨折处软组织是否破裂、是否与外界贯通，骨折可分为开放性骨折与闭合性骨折。骨折发生在致伤物着力处称为直接骨折，多见于钝器打击、挤压和刀、枪弹及爆炸直接累及骨质时；暴力通过传导、杠杆和扭转作用在远离受力点处的骨折称间接骨折，如坠落时臀部着地，可导致颅底沿枕骨大孔的环状骨折。根据骨折形态不同，骨折可分为骨质擦痕、骨质缺损、线形骨折、凹陷骨折、孔状骨折和粉碎性骨折等多种形态。在法医学实践中，根据骨折形态可推断致伤物、外力作用方向、打击次数和先后顺序，以颅顶上的骨折最为典型。常见而较有意义的是线形骨折（linear fracture）、凹陷性骨折（depressed fracture）、孔状骨折（perforating fracture）、粉碎性骨折（comminuted fracture）以及骨质擦痕。

2. 关节损伤　关节损伤主要包括关节脱位和关节解剖结构完整性的破坏。最常见的关节损伤是脱位，即组成关节各骨的关节面失去正常对合关系，称为关节脱位或脱臼。外伤性脱位常合并有骨折。高位颈椎脱位致脊髓损伤可致瘫痪，甚至死亡。关节解剖结构完整性的破坏多见于交通损伤等导致的关节韧带、关节囊及关节盘的损伤。

（二）内脏器官破裂

内脏器官破裂（visceral laceration）是指机械性暴力作用造成内脏器官组织结构的连续性中断。内脏器官破裂既可以由直接暴力造成，如锐器或火器直接造成器官的裂伤或穿通伤；亦可为间接暴力，如钝性暴力作用于腹壁造成的腹内器官破裂。内脏器官破裂可见于实质器官或空腔脏器，实质器官破裂是指被膜和实质部分组织结构连续性中断，常见于肝、脾、肾，常由于血管破裂导致大出血。空腔器官，如胃、肠，在充盈状态下受暴力打击更易发生破裂。破裂可由直接暴力造成，亦可为内容物的流体压力所致。腹腔内空腔器官破裂后，常由于内容物外溢导致腹腔感染。间接传导暴力亦可引起内脏破裂，如高坠损伤臀部先着地时，内脏器官可因强烈震荡发生广泛性破裂。交通损伤中亦多见内脏器官破裂。

（三）肢体断离

肢体断离（dismemberment）是指强大暴力使人体各部遭受广泛而严重的破坏并断离的损伤。多为撕裂创、挫裂创和骨折等复杂损伤的组合。肢体断离常见于意外灾害如爆炸、飞机失事、建筑物倒塌或火车碾压等，也偶可见于自杀、他杀；肢体断离既可以为生前损伤，也可以为死后损伤，如死后碎尸。必须作全面系统的尸体检查，有时还需进行个人识别。

第三节　机械性损伤的检查及法医学鉴定

尸体上损伤的检查是机械性损伤案件鉴定的关键环节，对推断致伤物、推断损伤时间及确定死亡方式至关重要，稍有疏忽或失误，将对案件的侦破带来无法弥补的损失。因此，损伤的检查和记录是法医病理学工作者的基本功。为避免遗漏或失误，损伤的检查应遵循一定的原则，并按一定要求及步骤进行。

一、机械性损伤检查原则

1. 仔细观察损伤的形态特征　准确记录损伤的位置、数目、大小及形态特征。应同时使用文字、照相或绘图记录，文字记录要用描述性语言进行客观描述，避免使用主观诊断术语；测量损伤的长度、深度等要用国际标准单位，如厘米（cm）或毫米（mm）。

2. 认真观察损伤的位置和分布　若有多处损伤，应逐一编号，或按照一定顺序逐个进行检查，避免遗漏。每一损伤均应分别记录,形态一致的多个损伤可以分组描述。

3.查明体表损伤与内部器官的关系 每一损伤都应先作外表检查,记录形态特征,然后再检查深部组织,有无内部器官损伤等。头部损伤或疑有头部损伤的,检查前可先剃去毛发。

4.做好拍照记录 照相时必须安放比例尺,照相时光线要充足、角度要适宜,必要时要施以特写以反映损伤的细微特征。防止人为破坏损伤的原始形态,在搬运尸体过程中尤应注意保护,并防止新的损伤形成。文字记录和图片资料应归档妥善保存以便作日后查阅。

5.组织病理学检查 尸体解剖时,对于特殊损伤如电流斑或肉眼观察不能确定性质的损伤,应取材作组织病理学检查。取材应在完成文字描述、绘图、照相或拍摄视频之后才能进行。必要时还应提取血液标本和指纹。

6.认真检查损伤处异物 检查损伤时应观察和寻找创表面和创腔内的异物,注意提取异物,以便进一步行实验室检验。

7.仔细检查衣服破损 除尸体上的损伤外,还应仔细检查衣服上尤其是与尸体上损伤相对应部位的衣服损伤或痕迹,并与尸体上的损伤相互印证。

二、机械性损伤检查的内容和要求

1.损伤的定位 对于尸体表面的损伤要确定其准确部位,一般情况下要用明显的体表解剖学标志进行坐标定位。如"上腹部剑突下5cm、脐右3cm处有一创口";"胸部平乳头水平、正中线左3cm处有一皮肤擦伤"等。

2.损伤的数目 仔细检查和描述损伤的数目,如"一处创口"、"三条平行划痕"、"三个注射针眼"、"二个出血点"等。

3.损伤的形状 损伤的形状要用几何学名词描述,如"三角形"、"长方形"、"弧形"、"星芒状"等,如为不规则形,可描述为"不规则形"或用绘图的方式勾画出损伤形状。

4.损伤的大小 检查损伤的长度、宽度或深度应以厘米(cm)为单位,尽量不用实物大小来比较。对于损伤创口的深度或创道的长度,不宜直接使用探针或手指探测,以免破坏创道的形态特征,应逐层解剖后再进行测量。

5.损伤的颜色 无论是擦伤、挫伤还是创,都应仔细观察和描述损伤表面的颜色,特别是皮下出血的颜色变化可提示损伤形成的时间。

6.损伤的细微特征 包括损伤表面是否有表皮剥脱及皮瓣形成、创缘是否整齐、创缘是否伴有表皮剥脱、创壁是否光滑、创角是否尖锐、创腔中是否有组织间桥、损伤表面或创腔中是否有异物、损伤部位是否有红肿或组织缺失都应仔细观察和描述。

三、机械性损伤检查的基本步骤

1.现场检查 在发现尸体的现场,除按现场勘查的一般要求进行检查外,对损伤的尸体要原位观察尸体位置、姿势与周围物品的关系,并注意损伤与衣服上痕迹的关系、与现场血迹分布的关系及与尸体周围的物品的关系。记录、照相和绘图。

2.裸尸检查 脱衣后检查裸露尸体,记录尸体体表的损伤,并照相。

3.清洗血迹 清洗或抹净血迹后再检查尸体外表,对所有的损伤及瘢痕,予以记录、照相和绘图。

4.检查损伤 应将哆开创口的两创缘合拢检查(图5-8),观察有无组织缺损,这对致伤物的推断亦有帮助。然后采取创口组织以作组织病理学检查。

5.尸体解剖 尸体运到解剖室,在尸体解剖前再行一次体表损伤检查。因为经过了一定时间,有些原先不明显的损伤可能变得更明显。在检查、记录、照相后,按正规操作程序进行尸体解剖。

6.衣物检查 尸体解剖完成后进行衣服或相关物品检查,必要时解剖过程中随时检查衣服上的损伤或痕迹,以便与尸体上的损伤相比对。

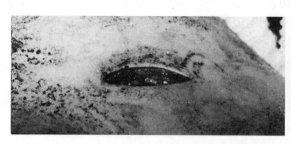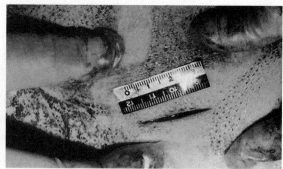

图5-8　刺创口的检查

检查时将两创缘皮肤向中心挤压，可见创口呈细条状裂开，显示出创角一钝一锐

四、机械性损伤法医学鉴定的任务

机械性损伤无论是在刑事案件、民事案件、意外灾害或工伤事故中都较常见，在法医学鉴定中占有很重要的地位，是法医学鉴定中最基本和最重要的内容之一。机械性损伤法医学鉴定的基本任务主要包括以下几方面。

1. 确定死亡原因、判断损伤程度。

2. 确定损伤的类型和形成机制（致命伤与非致命伤）。

3. 推断和（或）认定致伤物。

4. 推断损伤时间　判断生前伤或是死后伤、估计死者伤后存活的时间。

5. 推断致伤方式或死亡方式　明确系自杀、他杀还是意外灾害。

6. 判断致命伤后行为能力。

7. 因果关系分析　如同时存在疾病，应确定损伤、疾病和死亡之间的因果关系及损伤参与度。

本章小结

人体受到机械力的作用造成机体的组织结构破坏或功能障碍称为机械性损伤。造成机械性损伤的物体称为致伤物。致伤物和人体相互作用产生的力使人体的运动状态发生改变或者使人体变形，变形超过人体组织的最大限度就发生组织断裂，即对人体造成各种损伤。影响机械性损伤形成的因素包括作用力的大小、受力面积、力的方向、人体组织或器官的结构特征及人体的位置。机械性损伤的分类因致伤物种类、作用方式、损伤时间及案情性质不同而不同，但其基本形态有擦伤、挫伤、创、骨和关节损伤、内脏器官破裂、肢体断离，认识机械性损伤的基本形态是机械性损伤法医学鉴定的基础。机械性损伤检查内容包括损伤的部位、数目、形状、大小、颜色及损伤的细微特征，机械性损伤法医学鉴定任务是确定死亡原因、判断损伤类型和损伤程度、推断和（或）认定致伤物、推断损伤时间、推断致伤方式或死亡方式、确定损伤、疾病和死亡之间的关系。

关键术语

机械性损伤（mechanical injury）　　　　擦伤（abrasion）

挫伤（contusions，bruise）　　　　　　创（wound，laceration）

火器伤（firearm injury）　　　　　　　肢体断离（dismemberment）

思考题

1. 什么是机械性损伤？机械性损伤的基本形态有哪些？

2. 请述擦伤的形态和法医学意义。

3．挫伤有哪些法医学意义？

4．请述创的组成和挫裂创的基本特点。

5．机械性损伤法医学鉴定的目的任务是什么？

（高彩荣）

参 考 文 献

1．Knight B. Forensic Pathology. 2nd ed. London：Oxford University Press，1996.

2．闵建雄. 法医损伤学. 北京：中国人民大学出版社，2004.

3．郭景元. 现代法医学. 北京：科学出版社，2000.

4．刘耀，丛斌，侯一平. 实用法医学. 北京：科学出版社，2014.

第六章 钝器损伤

学习目标

通过本章的学习,你应该能够:

掌握 钝器损伤检查的原则、诊断各类钝器损伤的形态学依据、根据损伤形态推测致伤物、高坠伤的基本形态及高坠伤鉴别要点。

熟悉 钝器损伤检查的基本要求和步骤、钝器损伤致伤原理、影响损伤形态的因素、现场勘验对高坠伤鉴定的重要意义。

了解 咬痕的鉴定要点、摔跌伤相关内容。

章前案例 ▶

西南部地区一城市公安分局刑警支队接群众报案称:××区×栋×号一人服毒被送往医院抢救。当地警方接报后派员快速赶赴现场勘验:死者为一名青年女性,衣着完整,财物无遗失。体表见多处青紫区、表皮剥脱及皮下出血;死者右腹股沟区见一穿刺针孔痕。尸体被送入解剖室做详细的法医学检查,尸检发现体表多处青紫区伴擦挫伤,心、肺表面有出血点,腹膜后血肿形成,盆腔、会阴部及双大腿广泛皮下出血。死者是谁?服毒者身上为什么有多处青紫区和出血?是服毒自杀还是他杀伪装自杀?想知道法医学鉴定及案件侦破结果,见本书增值部分。

钝器伤(blunt force injury or blunt instrument injury)是由钝器(即无锋利刃缘、尖端的物体)作用于人体造成的机械性损伤。

钝器种类繁多,从人体的掌、拳、足、牙到各种生活用品,以及生产工具等都可以用作致伤物,因此造成的损伤形态多种多样。钝器伤通常表现为擦伤、挫伤、挫裂创、骨折、内部器官破裂或肢体离断等形态,其中以擦伤、挫伤和挫裂创多见。挫伤常与擦伤并存,挫裂创多伴有擦伤和挫伤。

钝器伤多见于他杀案件及意外事故。有人统计,钝器伤在他杀案件中占 28.0%,自杀案件中占 9.8%。另外,交通事故、坠落和挤压等损伤类型易形成复合型钝器伤。最常见的钝器为棍棒、斧锤、砖石,其次为徒手伤及其他钝器。

第一节 棍 棒 伤

棍棒打击人体造成的损伤称棍棒伤(injury by club)。因棍棒具有易获取、便于携带和挥动、打击力强等特点,是伤害案件中较常见的致伤物。根据棍棒外形不同,可分为圆柱形、方柱形及不规则形等。根据质地不同,可分为木质、金属、竹、藤及塑胶等。棍棒的基本形态是有一个长条形的体和两个端,常见以棒体打击为多,受伤部位以头部多见,躯干、四肢次之。

一、圆柱形棍棒伤

由于圆柱形棍棒表面是圆弧形，打击在人体上仅有部分接触，且各部位的压强也不同，因而形成的损伤有其特征性。常见的是长条状皮内、皮下出血，中心部位较重，向两侧逐渐减轻，边界不清，出血带宽度较棍棒直径小，木质棍棒表面不平滑时，可在打击范围内出现孤岛状表皮剥脱，铁质棍棒形成的表皮剥脱较重，在打击范围内常有条状表皮剥脱。常见的损伤类型如下。

1. 中空性挫伤 圆柱形棍棒若快速、重力打击在平坦且软组织较丰满部位，可出现"中空性挫伤"（见文末彩图 6-1）。中空区的宽度一般小于棍棒直径，尤其是木、竹质圆柱形棍棒更易形成。在我国以往的法医学著作中称为"竹打中空"或"棒打中空"。国外的书中称铁轨样挫伤（train-line or railway bruise）。中空性挫伤的形成机制是，由于致伤物接触的中心部位的皮肤快速垂直下压，牵拉力撕裂两侧血管，当中心压力瞬间释放后，血液迅速进入损伤区边缘组织间隙而发生出血。

2. "镶边"样挫伤带 圆柱形棍棒若打击在头部，因颅骨衬垫及头皮血管丰富、脆性大，易出现头皮挫裂创，两侧创缘可见对称性挫伤带，称为"镶边"样挫伤带；垂直打击时，创缘两侧的挫伤带宽度一致；偏击时，棍棒运行方向与头部夹角小于 90°的一侧因受力较大，该侧的挫伤带宽于另一侧。创腔内可有木屑或树皮、铁锈、油污等附着物，检查时应注意提取，以备实验室检验。

3. 弧形挫裂创 头皮及皮下组织易被挫裂或挫碎，棒体端部打击时，形成弧形挫裂创。

4. 颅骨骨折 棒体打击力量较大时会导致颅骨骨折，轻者为线形骨折，重者形成舟状凹陷性骨折。木质棍棒多形成线形骨折，铁质棍棒多形成凹陷性骨折，周围常伴有嵌压性小骨裂。多次打击形成粉碎性骨折。用棍棒端部戳击时，出现相同直径的圆形皮内、皮下出血，重者可致颅骨洞穿性骨折。

二、方柱形棍棒伤

方柱形棍棒打击时，其与机体的接触面不同，形成的损伤也不同。

1. 平面垂直打击 方柱形棍棒以其平面垂直打击人体时，形成均匀的带状挫伤，界线清楚，宽度与接触面宽度基本一致；快速、猛击平坦且软组织丰厚的部位，形成带状中空性挫伤。

2. 棒端打击 用棒端打击时，出现槽状中空性皮下出血，中心区宽度可反映接触面宽度，力量较大时，可形成线形骨折，或长方形凹陷性骨折、粉碎性骨折。

3. 棱边垂直打击 若以其棱边垂直打击人体软组织，可形成条状擦伤、挫伤，中心部位较重。若软组织下有骨质衬垫，则易形成条状挫裂创，创口边缘平直，创缘周围出血带不明显，创腔内常无组织间桥，易错判为锐器伤，此时应特别仔细检查创底骨面上有无锐器损伤痕迹和覆盖物（如毛发）断面的形态特征以资鉴别。当致伤物为铁质、打击力量较大时，可形成颅骨沟状凹陷性骨折。

4. 倾斜打击 若以棒体倾斜打击，可形成条索状挫伤，着力重的一侧边界清楚，并常伴有擦伤，另一侧边界模糊。力量大时，形成挫裂创，在颅骨上可形成一侧骨板下陷明显的骨折。

5. 棒端戳击 以棒端戳击，可形成与棍棒端形态相似的方形挫伤。端部一角打击时，可形成三角形皮内、皮下出血或挫裂创，在颅骨上可形成三角形凹陷性骨折。

三、不规则形棍棒损伤

不规则形棍棒由于形态特殊，如纵轴弯曲、粗细不均、表面凹凸不平以及有分支或其他附属物，打击时棍棒不能与人体表面完全接触，故可形成散在、大小不等、形态不一、程度不同的擦伤、挫伤及挫裂创。如棍棒有分支或其他附属物，常形成一些与这些分支或附属物相对应的损伤，这对于致伤物的同一认定至关重要。此外，创腔内可留下木屑或树皮、铁锈等，检查时要注意发现和提取，以备实验室检验，为致伤工具认定提供依据。

第二节 砖、石损伤

砖头（brick）、石块（stone）打击造成的损伤统称砖石伤。砖、石类是常见的建筑材料，容易获取，因此，在钝器损伤的案件中较常见，用砖、石类伤人时多为贴近打击，亦可抛掷伤人。砖、石损伤最多见于头面部，所致的损伤形态较复杂，损伤程度差别甚大，可造成挫伤、挫裂创和骨折。犯罪嫌疑人多为就地取材，作案后致伤物，常留在现场附近，多沾染有被害人的血迹、毛发等。砖石伤多见于室外或野外作案形成。

一、砖头伤

用砖头打击人体形成的损伤称为砖头伤（injury by brick）。砖的种类很多，在案件中以普通的黏土砖较多见，此种砖整重约 2.5kg，主要含有氧化硅、钻、钙、铁等，实际工作中多用不完整的砖作致伤物，故打击时砖屑、灰沙等可脱落遗留在损伤处，对推断和认定致伤物有重要意义。

1. 砖头平面打击　砖块平面垂直打击在人体头面部，其挫伤区常伴有砖石粗糙面所致的点状擦痕；平面垂直打击于软组织丰满部位，也可形成长方形中空性挫伤；倾斜打击则可见线条状平行排列的梳齿状擦痕。若平面打击头部弧度较大的部位，可形成类圆形或不规则形头皮出血，常伴有表皮剥脱；若打击力大，可形成星芒状挫裂创，创口周围伴有表皮剥脱和砖屑遗留；高速打击头部，可形成线形骨折或骨缝分离；打击在胸部可致肋骨骨折；打击在腹部易致肝、脾等器官破裂出血。

2. 砖头棱边或棱角打击　砖头棱边或棱角打击头部，在头皮可形成条形、三角形皮内、皮下出血和表皮剥脱。如打击力大，在头皮可形成条形、三角形挫裂创，有时可见组织挫碎，创口周围可遗留碎砖屑、灰沙等物，对应的骨质可形成线性骨折或成角状的凹陷性骨折（见文末彩图 6-2，图 6-1）。

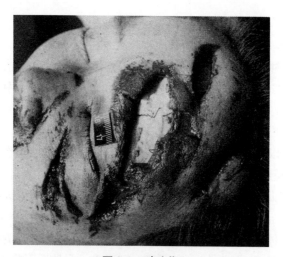

图 6-1　砖头伤

左侧头面部可见 4 处挫裂创，最严重一处为左额部，两创缘可见较宽的擦伤，创底可见颅骨骨折线，创腔的左外下段有组织间桥。为砖头棱边打击所致

3. 断砖头打击　砖头的断端因其凹凸不平、不规则，作用于身体时因受力不均，形成的损伤轻重不一、形态不规则。在同一损伤区内可同时存在多发性、大小形状不一的擦伤、挫伤、挫裂创。

二、石头伤

用石头打击人体形成的损伤称为石头伤（injury by stone）。石头打击致伤的案件多见于野外发生的暴力性案件，其中以山石和鹅卵石损伤较为多见。受伤部位多为头部。

1. 山石伤　山石表面凹凸不平，并有不规则的棱边和棱角，其大小和重量不等，硬度不同，故形成的损伤形态多样。不规则的山石一次打击，常可形成大小不等、深浅不一、形态各异的损伤，与断砖打击形成的损伤相似，有时易被误认为多次打击所致。山石打击头部所致的挫裂创，可表现为多种形状，但大多数为不规则形，有多个创角，创腔内可见石屑，呈现出周围着力较轻、中央着力较重的趋势，并且在创口周围伴有多种形态、轻重不一的擦伤、挫伤、挫裂创。在法医实践中常称其为卫星状挫裂创。

山石棱角猛击头部，可形成凹陷性骨折，若棱角较尖，亦可形成孔状骨折，其半径较小，周围有伴行的环状骨裂。此种骨折的损伤范围一般较小，其着力处常有棱角戳击时形成的接触痕迹。山石因表面不规则有多种接触面，反复打击后的创口特征和层次分辨不清，不易识别打击次数、打击顺序和接触面的形状，但在石块上常可发现血迹和毛发。山石的边缘常呈不规则条形，打击在头顶形成不规则条形的挫裂创，打击重时则可能形成不规则线形骨折或凹陷性骨折，甚至脑损伤。因有些山石易碎，故有时创内可检见碎石屑。

2. 鹅卵石伤　鹅卵石多见于河滩和一些山区，可呈不规则圆形或椭圆形，表面较光滑，质地较坚硬致密。在暴力案件中，犯罪嫌疑人往往就地取材，其损伤部位亦多见于头部。鹅卵石打击可在头皮上形成表皮剥脱和皮下出血，其形状多为类圆形或椭圆形，中心部位出血较严重，色泽较深，周边逐渐浅淡，边界不清。鹅卵石所致挫裂创，创口周围常伴有范围较大的表皮剥脱、皮下出血。

鹅卵石打击造成的骨折，与打击力的大小和接触面有关。在一般外力打击下，可在骨外板形成类圆形的骨质压痕。若打击力及接触面大，可形成弧形的线形骨折、颅底联合骨折或大范围的粉碎性骨折。若打击力大而接触面小，则可形成类圆形塌陷骨折或粉碎性骨折，此种骨折周边不规则，有的可呈弧形，常伴有放射状骨折线从着力中心向四周延伸，骨折区内碎骨块大，数量少。骨折区相应的脑损伤也较常见。

第三节　斧　锤　损　伤

斧由斧体和斧柄组成，斧体为铁质，分斧背和斧刃两部分。斧刃为锐器，斧背为钝器，其杀伤力强，又容易获取，为凶杀案件中的常见凶器。斧的种类很多，斧背形状以方形或长方形最为多见，少数为圆形。锤由锤体和柄组成，锤体多为铁质，分锤面和锤背两部分。锤面有方形、圆形和多角形；锤背的形状有奶头状、羊角状、鸭嘴状、帽状、圆锥状等多种形态。斧、锤类损伤部位常见于头面部。

一、斧背伤

1. 斧背伤（injury by back of axe）　用斧背打击头面部时，常可形成反映斧背形状、大小的挫伤或挫裂创，称斧背伤，有时可反映出斧背完整的边缘，有的仅呈现部分的直边和直角，其出血挫伤区的边缘为斧背棱边所致的挫裂创，挫裂创的外创缘一般较平直，内创缘不整齐，可伴有组织挫碎。斧背快速垂直打击在较丰满的软组织时，亦可形成"中空性皮内、皮下出血"。斧背打击头部时，常伴有颅骨的线形骨折或凹陷性骨折、粉碎性骨折，亦可见骨缝裂开。骨折的性状取决于斧背与头皮的接触面，当斧背垂直打击头部，因作用面小，打击力集中，易形成类方形的凹陷性骨折或粉碎性骨折，甚至形成孔状骨折，骨折区往往大于斧背面积，在骨折边缘上有时反映出斧背棱边、棱角的形态特征（图6-2）。若斧背斜击头部，轻者在颅骨外板上形成三角形骨质压迹，重者则形成三角形斜坡样凹陷性骨折（图6-3）。斧背打击容易在颅骨骨折的下方形成冲击性脑挫裂伤，骨折性脑挫（裂）伤和颅内血肿。

2. 变异伤　斧背击打头部弧度较大的部位或以其角面接触时，亦可形成类圆形或三角形的皮内、皮下出血以及星芒状或凹三角形的挫裂创。对此类变异伤，应仔细观察其周围有无典型的边界清晰的直角形皮下出血。

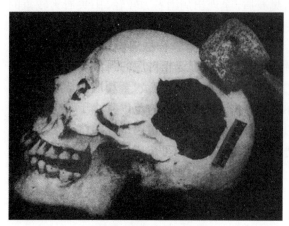

图 6-2　颅骨孔状骨折
斧背致左颞部颅骨形成孔状骨折，骨折区大于斧背面积

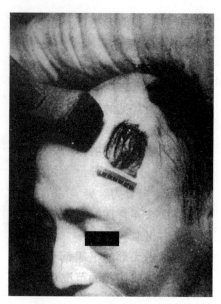

图 6-3　颅骨阶梯状凹性骨折
斧背打击致左额外上侧颅骨阶梯状凹陷性骨折

二、锤击伤

锤的锤面和锤背打击时可形成形态各异的不同损伤。锤击伤（injury by hammer）多见于头面部，受害者常死于重度脑损伤或颅内出血。此类钝器便于携带，杀伤力强，多见于有预谋的凶杀案，准确判断凶器种类十分重要。

1. 圆形锤面所致损伤　锤面垂直打击人体较平坦的部位可形成与锤面形态和大小相近的皮内、皮下出血，若打击部位为丰满的软组织，可形成中空性挫伤。锤面垂直打击头部弧度较大的部位，亦可形成圆形或半月形皮内、皮下出血，但出血范围往往小于锤面直径，其出血边界不清（图 6-4）。此种打击所致的挫裂创除呈弧形外，还可呈星芒状或不规则状，挫裂创的中央可见组织挫碎，其周围可

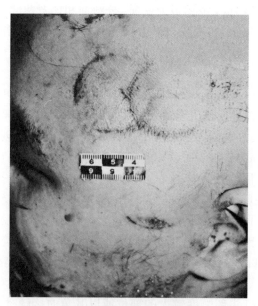

图 6-4　锤击致中空性挫伤
左颞部头皮上可见两处圆形中空性挫伤，其右上
方有一弧形挫裂创，由圆头锤所致

见表皮剥脱、皮下出血。重力打击可形成圆形或类圆形凹陷骨折,甚至孔状骨折,可用几何学方法根据损伤大小推算锤面的直径。多次重击可造成严重的粉碎性骨折,此种骨折的骨碎片较小,骨折区周边多呈波纹或阶梯状,其弧形大小近似(图6-5)。圆形锤面偏击人体可形成半月形皮内、皮下出血,亦可形成弧形挫裂创。挫裂创弧内伴有挫伤区,近弧边损伤较重,可有组织挫碎。此种打击力量大时,可致颅骨形成半月形阶梯状凹陷性骨折,骨折的弧边内陷较深,骨面呈斜坡状。

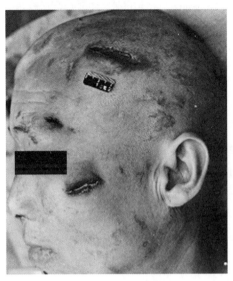

图6-5　头皮挫裂创
左额颞部及左面部有两个挫裂创,创缘不整齐,
伴有皮下出血,为锤类打击所致

知识拓展 ▶

钝器致伤物推断

根据创口的形态特征和创内的残留物或附着物是推断致伤物的主要途径。

曾有学者用不同螺纹密度的铝制圆柱形钝性模具,以不同力量强度在皮革、固定后和新鲜的尸体皮肤,以及志愿者活体皮肤组织造成创口,然后用扫描电镜对创缘皮肤组织进行观察。结果发现:在适当的力量强度(150N/in²)和螺纹密度(52纹/in²)下,各类皮肤形成微沟的效果最好,且创缘组织与模具螺纹的微沟密度具有相似性。但在致伤20分钟后,活体皮肤创缘的微沟宽度逐渐增大,认为影响微沟宽度的主要因素是各类皮肤组织中的水分含量及所取得皮肤位置。

还有学者分别用生锈的铁棍、混泥土铺路石、红瓦、石灰岩及红砖作为钝性致伤物,观察打击皮肤后所留下的外源性颗粒。当生锈的铁棍打击后,低能X线成像及X线放大成像技术均能清晰地显示出创口的金属颗粒,而后者更能将铁及其氧化物颗粒与其他类型的外源性颗粒分辨开。使用核磁共振仪观察时,也在损伤皮肤的表面发现了大量生锈的细微颗粒。而对其他4类致伤物造成的创口检验时,用上述3种技术均发现了有明显对比差异的残留颗粒。

2.**方形锤面所致损伤**　方形锤面打击头部形成的损伤形态与斧背击相似,但在法医学实践中经认真细致的检验,两者亦不难鉴别。斧背伤在同一体上还可能伴有斧刃砍伤,而锤面伤可能同时伴有锤背或锤体侧面所形成的损伤。

3.**锤背所致损伤**　锤背所致损伤与其自身的形状相似。奶头状锤背打击人体软组织,可形成小于奶头直径的圆形或类圆形皮内、皮下出血,若有骨质衬垫亦可形成类圆形或星芒状挫裂创。挫裂创中心可伴有组织挫碎,有时露出骨质,对应的骨质可出现圆形凹陷骨折。羊角状锤背打击头部,可形成与羊角末端形态近似的挫裂创；打击力大时，亦可形成形态近似的凹陷骨折或孔状骨折。鸭嘴状锤背打击头部，可形成扁长方形皮内、皮下出血、挫裂创、凹陷性骨折或孔状骨折。

第四节 徒 手 伤

徒手伤是加害人在不用任何器具而用身体的某一部位造成被害人的损伤。常见于事先无准备或无工具利用的情况下发生的案件，如纠纷斗殴、虐待、强奸等案件。徒手伤多用手、脚，亦可用肘部、膝部、牙齿及头部等部位形成。损伤轻者可致擦伤、挫伤、挫裂创，重者可致骨折、内脏器官损伤，甚至死亡。有时，打击颈、胸、腹、会阴部等敏感部位，轻微的外力亦会引起神经反射或诱发潜在疾病发作而死亡。

一、手所致的损伤

用手抓、扼、捂压、掌击或拳击可形成多种损伤，重者可致死亡。

1. 抓痕　抓痕（scratch or finger nail abrasion）是指甲掠过皮肤表面并使表皮移位而形成。可呈扇形或几条平行的沟状痕，或两者并存。若为扇形抓痕，则起始端较宽且深，尾端逐渐变浅变细；平行抓痕每条痕迹有一定宽度，多为 0.2～0.5cm，检验时可见细小和未脱落的游离皮瓣存在。一般斗殴时，抓痕多分布在面部、颈部及上肢等处；扼颈时，指甲掐痕或抓痕多分布在颈前两侧；强奸案中，抓痕多分布在受害人的外阴部、手腕、两乳部或股内侧等位。被害人在搏斗过程中在犯罪嫌疑人身上形成的抓伤，多在面部、手部及其他暴露部位。

2. 手指伤　手指尤其是指端以一定力量压迫身体表面一段时间，特别是颈部，受伤部位皮肤可形成局限性圆形或椭圆形皮下出血，前部可伴有新月状表皮剥脱，多分布在颈前两侧（图 6-6）。右利手扼颈时，典型的在颈前右侧形成一个稍大的类圆形皮下出血，左侧可形成 2～4 个稍小的类圆形或椭圆形挫伤；左利手时则相反。如被害人反抗明显，则挫伤数目及形态可有显著变化，可呈条形或融合成片状皮下出血，深部软组织或肌肉可有广泛性出血，甚至有舌骨、甲状软骨骨折。

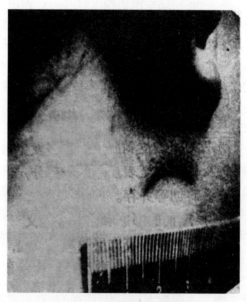

图 6-6　颈部指甲印痕

3. 掌击伤　掌击伤（injury by palm）是指以手掌面打击人体所造成的损伤。多见于伤害案件，主要攻击部位为头面部，损伤较轻者，肉眼检查可无明显改变；重者可见较大面积的皮内出血或皮下出血，典型者可检见与手掌外形相似的皮下出血。如击中耳部，有时可造成鼓膜穿孔；掌击眼部，可造成眼部钝性损伤。有时较大的力量可造成头部剧烈旋转而引起颈椎错位、骨折、脑挫伤或蛛网膜下腔出血。有的以手掌的侧面"砍击"颈部或头部,重者可致死亡。

知识链接 ▶

拳击伤

　　2005 年 34 岁的贝基·泽伦茨在比赛中,被另外一位女拳手施米茨的打击后,当即昏迷过去。尽管泽伦茨戴了头盔并且医生马上跳上拳台,将泽伦茨送往医院,但是泽伦茨再也没有苏醒过来,几小时之后死亡。泽伦茨初步的检查结果显示,这位拳手的致死原因是重力击打头部,头部钝性暴力损伤。

　　2013 年一则新闻在拳坛引发议论:17 岁的印度尼西亚拳击手图巴古斯萨克蒂,在争夺印尼全国最轻量级冠军赛时被击打倒地,当场晕倒,送往医院后死于脑部出血。

　　拳击致体表损伤多为皮下出血、表皮剥脱、血肿,力量较大时可致挫裂创、骨折或内脏器官损伤导致死亡。据生物力学专家计算,一般职业拳击手击出的一拳大约有 1000 磅的力量,打击头部或下颌部可致脑干损伤,引起被击打者快速死亡。

---

　　4. 拳击伤　拳击伤(injury by fist)是指用紧握的拳头打击人体造成的损伤。拳击时常以示、中、环、小指的第一指骨和掌指关节的背侧作为打击面,作用力较集中。其损伤程度取决于打击时的拳速、体力及受害人身体状况和受伤部位。站立体位时,多伤及头面部、颈部、胸腹部、腰背部及双上肢。由于拳头为不规则形状,体表常见不规则形擦伤、皮内出血和皮下出血。由于拳头表面有皮肤、皮下组织和肌肉被覆,因此打击在人体较柔软的部位,如腹部、胸部、四肢肌肉较厚部位,常不在受伤部位的皮肤上留下损伤痕迹。尤其当穿有较厚衣着时,即使留下外伤,程度也很轻,仅有擦伤和挫伤,不大可能形成挫裂创,但受伤部位内脏器官则可能因受拳击而发生破裂、出血,甚至因此而死亡。拳击只有发生在有骨质衬垫时,如外表皮肤和软组织较薄的部位,如颅顶、额部、眼眶或颧部,才可能导致受伤处皮肤裂开而形成挫裂创,即使这样,上述部位受拳击时,除非拳击的力量相当大,大多数情况下,也仅在受伤局部形成擦伤和挫伤。同样,受伤局部的内部器官如脑、眼球可能受伤程度比外表皮肤损伤重。

　　拳击下颌部时,打击力可经下颌骨传导到脑部而引起脑损伤的严重后果。拳击胸部时,可引起肋骨骨折、肺挫伤甚至造成心脏震荡、挫伤而死亡。拳击左季肋部或左背部时,可引起脾破裂。拳击身体某些敏感部位如上腹部、喉头、心前区、外阴部,外表甚至内部可无明显形态学改变,但可引起严重的功能障碍,如疼痛性休克、神经反射性心脏停搏等引起死亡。

二、足所致损伤

　　1. 足踢伤　足踢伤(injury by kicking)多见于人体下部等处,如双下肢、会阴部、臀部和腰腹部等,如被害人处于蹲位、坐位或卧位,则可见于身体任何部位。损伤性状及程度与被害人穿着及加害人脚上是否穿鞋、鞋的质地、作用力大小和作用部位等有关。穿着皮鞋时踢中头部易致挫裂创。足踢时外伤作用力一般较拳击时为重,致伤作用面也可较拳击时大,因而足踢伤的损伤程度多较拳击伤为重,较易造成受伤部位骨折或内脏损伤,其他特点与拳击伤类似,如所穿鞋较硬,有时在受伤部位形成可部分反映鞋尖形状的擦伤和挫伤。小孩、老人、体弱者遭受足踢伤,其后果常较青壮年为重,因而致死的并不少见。

　　2. 足踩伤　加害人亦可用足踩伤对方。站位时多踩伤脚及小腿,卧位时,则可伤及身体任何部位,轻者可致表皮剥脱、皮下出血,重者可致骨折,内脏破裂、穿孔,也有压迫颈胸腹部导致窒息死亡。有时见于突发事件所致的群体损伤。检验时在衣物及皮肤上可见尘土鞋印,在平坦的皮肤上还可出现与鞋底花纹图案类似的皮下出血。

三、肘、膝、头所致的损伤

1. 肘击伤　肘击伤多在受伤局部形成类圆形皮下出血,重者可致肋骨、颅骨骨折、内脏器官破裂或穿孔,与拳击伤类似。如以肘部屈曲压迫颈部(锁喉),也可致机械性窒息死亡,死者颈部外表可无明显损伤。

2. 膝部致伤　膝部顶撞多伤及会阴部或腹部,可形成类圆形皮下出血,但也有受伤局部无明显外伤征象。顶撞胸部可致肋骨骨折;作用于腹部可致腹腔器官破裂;作用于会阴部可能造成疼痛性休克、甚至死亡。他杀扼颈、勒颈时,亦可因用手、肘、膝部压迫被害人颈、胸部而造成相应部位皮肤擦伤、皮下及肌肉组织出血,以及肋骨骨折、胸骨骨折。

3. 头撞击伤　以头撞击他人头面部可致头面部软组织、五官甚至脑损伤。撞击胸部可致肋骨骨折、肺挫裂伤甚至心脏震荡死亡。撞击腹部可致腹腔内脏器官破裂穿孔。由于头撞击造成的损伤缺少特征性,故较难认定,应结合受伤史、损伤检验及用来撞击的头部是否有损伤等情况综合判断。

案例 6-1 ▶

某男,22 岁,与他人斗殴,被人猛踢外阴部一脚后,立即抱腹倒地,不省人事,面色苍白,送往医院抢救无效死亡。尸检发现:尸长 170cm;口唇、甲床发绀;头、颈、胸、腹部及四肢未见明显损伤。左侧阴囊有一 4cm×3.5cm 表皮剥脱及皮下出血,右侧睾丸及白膜挫伤出血。余器官未见其他致死性损伤及疾病。鉴定结论:某男系阴囊及睾丸受暴力打击致神经反射性休克死亡。

四、咬伤

咬伤(bite mark)是指人或动物的上下颌牙齿咬合所致的损伤,在攻击和防御时均可形成。由于人体牙弓形态、牙的排列和疏密不同,加之牙有修复、脱落等变化的影响,所以,牙的咬痕具有良好的个体识别特征。

1. 咬伤的特点　轻微的咬伤仅在皮肤上留下轻微的痕迹,并很快消失;稍重的咬伤形成皮下出血伴有擦伤;更重的咬伤使皮肤的完整性遭到破坏,形成挫裂创,甚至组织器官缺损。较多见的是以对称的半弧形几个牙印构成圆形或椭圆形的咬痕,常见于面颊、肩部、乳房。在手指或其他突出部位,如乳头、鼻、耳等,咬痕可呈基本对称地分布在对应的两侧面上,上、下颌牙形成的咬痕不融合;严重者组织或器官部分缺损。

2. 咬痕的固定、提取　发现有咬伤,要及时对咬痕进行检验、固定及提取,因的咬痕很快会变形或消失。首先要提取咬痕表面的唾液斑,备做物证检验做个体识别。隔衣物形成的咬伤,应用紫外线检查衣物上有无唾液斑或其他肉眼不能见的痕迹。其次是加比例尺对咬痕进行拍照固定,对于曲面皮肤上的咬痕,应采取立体拍照。再次是用石膏液采集咬痕印,并翻模还原。如为尸体上咬痕,还应取下相应部位皮肤,用 10% 甲醛液固定保存,为了防止变形,可将切下的皮肤四角用针固定在硬纸片上,然后放入固定液中。最后,如发现嫌疑人,用甲藻酸盐、橡胶等采取嫌疑人牙模型,以供比对。咬痕的比对,先要确定咬痕的方位、咬合的类型以及咬痕特征,再与嫌疑人牙模进行各方面比对、分析,从而作出认定或否定的结论。

第五节　高　坠　伤

人体从高处以自由落体运动坠落,与地面或其他物体碰撞发生的损伤称为高坠伤(injury by fall from height)。高坠伤可见于自杀、他杀和意外事件,以自杀和灾害事件中多见,偶尔有用其他手段谋杀后,伪装自杀或意外事故的案例报道。高坠伤的形态及损伤程度受坠落高度、体重、坠落过程中有无阻挡物、人体着地方式、着地部位,以及接触地面与其他物体性状等因素的影响。

一、影响高坠损伤的因素

（一）体重与高度

机体坠落时受力的大小可根据公式 $F=mg(h/\triangle h)$ 计算。式中 F 是冲力,m 是人体质量,g 是重力加速度（常数）,h 是坠落高度,$\triangle h$ 是从碰撞开始至身体静止的过程中身体重心移动的距离。根据这一公式,人体重量越大,坠落高度越高,所受的冲击力也就越大,损伤就越重。从同一高度坠落时,儿童体重轻,损伤就较成人轻。

（二）地面（物体）情况

坠落地面（物体）的表面性质对于损伤形成及其后果关系很大,从上述公式 $\triangle h$ 的作用可看出,$\triangle h$ 越大,则冲力越小。身体坠落在柔软而有弹性的地方,例如塑料海绵垫上,其 $\triangle h$ 值要比坠落于水泥地面上大几十或上百倍,因此身体所受损伤可以明显减轻。

（三）接触方式和着地部位

接触方式和着地部位与损伤有密切的关系,常见坠落着地的部位是头部、足跟和臀部。如头部（尤其枕部）首先着地时,头皮可发生挫裂创,颅骨受压引起颅骨和颈椎骨折及脑挫裂伤或颅内出血、脑干损伤、脑组织迸裂而较快死亡,即使坠落高度不高,也会造成严重损伤。下肢垂直着地时,冲力分配在较小面积上,震动波传导至内脏,可发生内脏器官破裂及伴发广泛性骨折。如坠落时下肢关节屈曲,则可增加 $\triangle h$ 值,机体受力相应减轻。背部平面着地时,若坠落距离不高,因接触面积广,压强较小,其损伤相对较轻。

（四）中间物的作用

人体在坠落的过程中如遇有突出物,坠落时身体触及,可以起到缓冲作用,使人体接触地面时力量减小,所致损伤也可以减轻一些。如突出物是柔软的,有弹性的,则所起的缓冲作用就更大。

二、现场勘查

高坠伤的现场勘查对确定坠落性质极为重要。据对 207 例高坠死亡的案例统计,有 120 例系自杀,85 例系意外事故,他杀案例所占比例较小。高坠死亡方式的判断有时较困难,必须详细勘验现场,细致全面检验尸体,结合案情调查综合分析,不能仅根据尸体上的损伤判断死亡方式。在勘验坠落现场时,应注意以下几点。

（一）确定坠落起点

任何可驻足的空中位置均可作为坠落的起点,如楼房的阳台、楼顶平台、窗户、楼梯、工地的脚手架、吊车、工厂的烟囱、水塔等,自然界中的树、悬崖、桥梁等。坠落起点往往会留下坠落者的痕迹,如窗框及玻璃上的指纹,地面或蹬爬物体上的足（鞋）印,以及其他各种坠落者的遗物等。如系凶杀,可能会有血迹、搏斗等痕迹。这些痕迹的发现对判断案件性质有重要的参考价值。曾有一例死者坐在阳台边的矮墙上,加害人乘其不备掀起其两足将受害人推下,最后一刹那死者裤子的纤维留在了矮墙顶边上。

（二）勘测坠落空间

首先要测量坠落起点至地面的高度,以便推断撞击力量的大小;其次要注意坠落空间有无突出物,人体在坠落过程中可能与空间突出物体接触而形成附加损伤,如电线、树枝、雨棚等的损坏,在这些物体上一旦发现有死者的毛发、血迹、组织及衣物纤维等物证,将对分析尸体上的损伤有极大帮助。

（三）详勘落地点

着地点的表面性质对高坠伤的形成有直接影响,如地面的硬度,地面粗糙与否等。用推断致伤物的方法分析尸体上的损伤与地面形态有无矛盾，借以判断案情。有时，在尸体周围可找到坠落者的物品，如钢笔、手表、钥匙、纽扣等。

三、尸体检验

全面进行尸检，判断致命伤与坠落的关系，区分生前伤和死后伤，检验损伤是否符合高坠伤的特点，能否用坠落对全部损伤的形成进行解释。坠落引起的严重而广泛的骨折，如颅骨、肋骨、四肢、骨盆、椎体等骨折，骨折的形成机制应该是一致的。对不能用坠落解释的损伤，应根据损伤形态特点，分析判断是坠落者自己所为，还是他伤。

如尸体已经搬动，注意了解尸体的原始姿势，以便推断人体首先着地的部位。

（一）衣物检查

注意检查坠落者的衣着，衣着上可留有地面的物质，如泥土、青草、油渍等。因受力的震荡作用，坠落时可发生衣服沿衣缝迸裂，腰带断裂，手表停走（往往停止在坠落时间）等情况。有的女性卫生带或胸罩系带可发生断裂。

（二）尸体外表检查

1. 头部　有明显损伤，损伤程度可由擦伤直至全颅崩裂。擦伤及挫裂创多见于额部及面颌部。头颅受撞击处常形成明显血肿，血肿与着地部位有关，以枕部最多见，颞顶部次之，多位于帽檐水平。骨折有时为复合性粉碎骨折，骨折边缘可刺破头皮形成挫裂创。下肢着地者，力通过脊柱传导，可引起颅底骨折。应注意与钝器打击所致颅骨骨折区别。常见从耳、鼻、口等处流出血液和脑脊液。坠落尸体有时可发现眼结膜不同程度的出血，轻的呈点状，重的可形成结膜下血肿，严重者可发生结膜及角膜破裂。颅骨眶板发生骨折的尸体往往可见眼睑血肿。有时双侧瞳孔不等大。有的高坠伤可造成下颌骨骨折或切牙脱落。

2. 颈部　高坠尸体颈部损伤并不少见。常见颈部皮下及深层肌肉内出血，气管或甲状软骨旁软组织出血。易被误认为扼颈所致损伤，但仔细检查表皮无扼痕可见。坠落时头部如碰击突出的台阶，颈部过度后伸，可形成颈前横行裂创或颈椎骨折。

3. 胸部　胸部皮下出血多集中在胸骨与锁骨附近。多发性肋骨骨折较常见，有时可见双侧肋骨骨折。有时发生锁骨骨折、胸骨骨折。胸部皮肤较少发生挫裂创，个别案例可见皮下血肿。

4. 背部　可见皮肤擦伤及血肿，擦伤多集中在肩胛附近。有时可见脊柱骨折，多为腰椎骨折。肩胛骨亦可发生骨折。

5. 腹部　外表损伤较少，有时仅见轻微擦伤。个别案例在坠落高度较大时，腹部可有挫裂创形成。体表损伤轻，内部器官损伤重，是其特点之一。

6. 四肢　四肢损伤最多见，程度也不一致，从擦伤、挫伤、挫裂创乃至开放性或闭合性骨折。四肢骨折多为粉碎性骨折，常发生在下肢，有时断端刺破软组织，形成开放性损伤。高坠伤可见骨折肢体形成典型的假关节，骨折处出血较少，常被疑为死后形成。

（三）解剖所见

1. 头面部损伤　头部皮下出血，颅骨骨折及硬脑膜下出血较多见，最常见的是颅底骨折。颅底骨折大多呈放射状，亦可为粉碎性骨折，如头部未撞击在突出物上，一般较少发生凹陷性骨折。枕部着地时可引起眶板的对冲性骨折，脑挫伤（冲击伤和对冲伤）常见，严重颅骨骨折者可见脑组织溢出。

坠落时颜面外伤主要是上下颌骨的骨折、鼻骨骨折，眼、口腔损伤出血。严重者可发生下颌骨下颌支、下颌骨体部、腭骨骨折，颈椎也可发生骨折。

2. 胸部损伤　双足或臀部先着地者易发生多发性肋骨骨折，骨折常发生在近脊柱及近胸骨处，可发生胸膜下、肺及肺门破裂出血。肺表面可有大小不等的片状出血，多见于下叶或各叶的后段。在吸气状态坠落地时，由于肺泡内压急剧上升，可造成肺膜下气泡形成，肺泡和部分小支气管破裂，发生气胸或血气胸。

高坠死亡者常发生心脏破裂与大血管断裂。心脏破裂常发生在左心室或左右心房间隔。主动脉断裂常发生在根部或主动脉弓与降主动脉交界处，可完全横断，亦可仅见动脉内膜横断。心内膜、心外膜可见点状出血或斑块状出血，心肌断裂或心脏全层破裂。高坠者常发生椎体的压缩性或粉碎性骨折，以腰1、2椎体最为常见、其次为11、12胸椎。

3. 腹腔脏器损伤 腹腔器官在高坠时可由直接外力撞击或震荡而发生多发性破裂，也可因各支持韧带、系膜的牵拉，而发生严重脏器挫裂。由于坠落着地时巨大暴力的震荡，可使一些实质性器官，尤其是肝、脾及肾发生破裂，裂纹方向与力的作用方向一致。由于心搏迅速停止，虽然肝、脾破裂，但出血较少。如胃内含有食物或液体，则可见到幽门部黏膜下出血，充盈的胃易发生破裂。

人体坠地后，腹腔器官因惯性而继续运动，可使各器官的固定韧带和系膜发生撕裂、出血。常见的为大网膜、小肠系膜、胃脂肪囊出血，脾门或肾蒂撕裂、出血。坠落着地时因胸腹腔内压突然增高，能引起毛细血管出血。因此，在检案时有时可见眼睑、球结膜、胸腹膜壁层、口腔黏膜、颈部皮下及肌肉组织等部位有点片状出血。腰大肌可出现断裂或出血，亦可见腹膜后血肿。

四、高坠伤的特点

高坠伤属钝性暴力损伤，但由于形成条件不同，故有其自身的特点。

1. 体表损伤较轻、内部损伤重 体表损伤主要是大片状擦伤及挫伤，少有挫裂创。损伤多分布在裸露部位。骨质和内脏器官损伤重，常伤及生命的重要器官，因此死亡率很高。

2. 损伤广泛、多发骨折、内脏破裂 高坠伤符合减速运动损伤的特点，损伤既可见于人体着地部位，也可发生于远离着力点的部位。如头顶部着地时，除接触部位的颅骨骨折及脑损伤外，颅底、枕骨大孔周围及颈椎也常有骨折存在；一侧躯干着地时，双侧的肋骨均可发生骨折；枕部着地常在对侧额极和颞极发生对冲性脑挫伤，枕叶挫伤轻或无。由于坠地时人体躯干的高速运动突然停止，内部器官由于惯性作用，仍可继续运动，因此各器官的系带和血管，如脾蒂、肝蒂、肺门和肠系膜根部等处可见挫伤或撕裂伤。

3. 损伤多由一次性暴力形成 体表和内部器官损伤，虽然较广泛而且重，但其外力作用的方向或方式是一致的，可以用一次外力作用形成解释。空中障碍物所致的损伤和落地后弹起所致二次损伤除外。

4. 损伤分布集中 损伤分布有一定的特征性，多集中于身体的某一侧、头顶或腰骶部。

5. 损伤重、出血少 已发生多发性肋骨或四肢长骨骨折，甚至肢体横断，一般人为用工具打击难以形成，且长骨骨折处或肝脾破裂出血较少，易被怀疑为死后伤。

五、实验室检验

应常规提取死者心血及胃内容物等，检验有无酒精、镇静剂等毒物或毒品（如致幻剂）存在；必要时还应注意提取现场、死者衣物及尸体上黏附的微量物证（如油渍、泥土等），进行理化常规检验及扫描电镜/X线能谱检验，这对判定案件性质有一定价值。

六、鉴定

尸检要全面系统，符合高坠伤的特点，同时应结合实验室检查（如乙醇、毒品、致幻剂、安眠镇静剂等）；以及坠落起点、生物检材提取鉴定，如脱落细胞、血迹等DNA检查。

对于案件性质，除法医检验外，还应结合侦查人员的案情调查、现场勘验、痕迹检验等综合分析，判断案情的性质。

高坠伤以自杀、意外事故最为常见，他杀较少见，但一般除高坠伤的特点外常伴有其他损伤，如搏斗损伤的痕迹。但要警惕被害人在醉酒、中毒、昏迷状态下被抛下引起高坠损伤。

第六节 挤 压 伤

狭义的挤压伤(crush injury)是指人体肌肉丰满的部位受重物挤压一段时间后，筋膜间隔内的肌肉缺血、变性、坏死、组织间隙出血、水肿。临床表现为受压部位肿胀、感觉迟钝、运动障碍，以及肌红蛋白血症和一过性肌红蛋白尿。这个概念是由 Bywaters Beall 在第二次世界大战时期诊治被空袭摧毁的建筑物砸压后的伤员而提出的。广义的挤压伤，指人体被作用面较大的重物挤压所产生的一系列损伤性病理形态学和病理生理学变化。受挤压的部位不限定在肌肉丰满的部位；损伤或死亡机制也不单纯是肌肉的缺血、坏死，可以是颅脑、胸腹部等重要内脏损伤、机械性窒息。挤压伤多发生于地震、山崩、塌方、爆炸、建筑物、防空洞、矿井倒塌、重型机械挤压的工伤事故及交通事故。

一、挤压伤的特点

挤压伤的特点是皮肤及软组织广泛损伤，类型多样，程度不一。但与高坠伤相似，表现为外轻内重的特点，体表损伤多为擦伤或挫伤，能反映挤压物的形状特点(如轮胎印痕)。胸腹部挤压伤可引起窒息，伴有骨折时可引起脂肪栓塞。典型的挤压伤体检时可发现受伤肢体在压力最大的部位有压迹；受伤肢体麻痹无痛觉，神经系统检查发现，患肢皮肤麻木区域不能用脊髓神经根或周围神经受损来解释；尿呈棕黑色；患肢发生明显水肿，皮肤青紫发亮。挤压伤如不及时治疗，可发展成为挤压综合征。

二、挤压综合征

挤压综合征(crush syndrome)是遭受挤压伤的人在挤压解除以后，全身微循环障碍，肾小球滤过率降低，肾小管受阻塞，变性、坏死，出现以肌红蛋白尿和急性肾衰竭为主要特征的临床综合征。

挤压综合征可见于多种原因，如肢体受挤压、肢体血管损伤、重度烧伤、肢体外伤(如骨折)后处理不当(如包扎过紧，止血带使用时间过长)等。法医检案中遇到最多的是肢体广泛软组织挫伤和肢体被持续较长时间捆绑。这些原因使肢体软组织(主要是肌肉)变性、坏死、出血、肿胀；毛细血管损伤或因缺血、缺氧而渗透性增加，血浆大量渗入组织间隙，致受伤局部严重肿胀、血液循环(主要是微循环)障碍，组织灌注减少，进一步缺血、缺氧而加重坏死，出现恶性循环；坏死肌肉和组织释放大量肌红蛋白、肌酸、肌酐、酸性代谢产物、血管活性物质和组织毒素，被吸收入血后导致全身循环障碍性代谢紊乱，出现氮质血症、代谢性酸中毒、高血钾和高血磷，有毒成分经肾小管排出时使肾小管变性、坏死，肌红蛋白等阻塞肾小管形成色素管型，引起少尿等。又出现全身多器官功能障碍的恶性循环，从而出现一系列以代谢性酸中毒、高血钾、氮质血症、肌红蛋白血症和肌红蛋白尿症、少尿等全身循环衰竭和急性肾衰竭为主要特征的临床表现和病理变化。如缺乏及时有效的治疗，死亡率相当高。挤压伤可以发生其他并发症，如休克、成人呼吸窘迫综合征(adult respiratory dis-tress syndrome, ARDS)。

尸体检验时可见损伤局部显著出血、肿胀，有时还可见红斑和张力性水疱；肌肉因变性、坏死又呈鱼肉状而且色泽变淡，质脆易碎；肾皮质肾小管上皮细胞变性肿胀、坏死、脱落，髓质小管腔内有较多以肌红蛋白为主的色素管型和细胞色素管型；血中钾、磷离子升高、钙离子减少，肌酐和尿素氮升高等。

三、挤压伤的法医学鉴定

挤压伤多为意外事故和自然灾害造成，通过现场勘查、调查受伤经过及全面的尸检一般能进行准确的鉴定。但在检验时应注意排除用其他手段他杀致死后伪装挤压伤死亡的案件。如某男，20岁，砖厂工人，因纠纷在工作时被同事用匕首刺中心脏死亡，犯罪嫌疑人为掩盖其杀人真相，迅速把尸体抛入泥土搅拌机中挤压，伪造意外事故死亡的现场。后经检验，尸体上除有挤压伤外，尚有一处典型刺创,这种损伤在搅拌机中无法形成,排除了意外事故死亡的可能。

检验时,应仔细分析各种损伤的形态、形成机制,注意提取死者心腔血液及胃内容物等,检测有无酒精、镇静剂等存在,对于判定案件性质有一定帮助。对广泛软组织挫伤或肢体持续长时间捆绑而导致的死亡,除有明确的相应外伤史外,尸检可见相应的体表和内部的病理变化,尤其可检出肾内较多肌红蛋白管型。

第七节 摔 跌 伤

摔跌伤(tumbling injury)是指人体在行走、跑动等过程中跌倒与地面接触所造成的损伤。摔跌伤常见于跑动中摔伤、行走中不慎跌倒或交通事故所致的摔跌伤。摔跌伤轻者表现为擦挫伤,重者可致骨折、内脏器官损伤,或因此而导致死亡。损伤的严重程度与着地的姿势与部位、着地时的动能、地面情况、衣着情况以及年龄、健康状况等有关。

不同部位着地的摔跌损伤表现各异。头部着地易造成颅脑损伤;肩部着地易造成肩关节和锁骨骨折;臀部着地易造成股骨颈骨折、骨盆骨折。

在奔跑中摔伤,人体向前或侧方扑倒摔跌时,多见四肢、头面部的突出部位皮肤擦挫伤、严重的可致肢体骨折或内脏损伤等。

在行走过程中不慎跌倒,人体向后摔跌枕部着地,常引起枕部头皮擦挫伤、或枕骨骨折、更易造成颅脑损伤。颅脑损伤符合减速损伤特点。

在行走过程中落入坎下或上下楼梯过程中摔伤,四肢和头面部损伤多见,轻者表现为擦挫伤,重者可有挫裂创形成或骨折或内脏损伤。

交通事故摔跌伤比通常的摔跌伤程度重,其损伤的形态和程度与地面情况、交通工具传递给人体的能量大小、人体着地时的姿势和部位及衣着等情况有关。

坠桥、坠涧、坠崖等事故造成的摔跌伤类似于高坠伤,损伤严重,最多见头部及四肢损伤。此类摔跌伤与高坠伤有时极难鉴别,鉴别时应综合分析现场勘查、尸体检验、走访情况等,才能得出客观的结论;高坠伤多见于自杀,故在现场可能留下较多烟头、混乱的脚印等痕迹;摔跌伤多见于意外事故,除了有较重的体内损伤外,体表常有较多擦伤或挫伤痕迹。

摔跌伤的法医学鉴定有时存在较大困难,尤其是摔跌方式鉴别、摔跌的高度分析、是否带有速度的摔跌等,对于案件定性有很大意义,需要结合案情、现场及尸检发现进行综合分析。

本章小结

钝器损伤是法医学中常见的损伤之一,熟练掌握各种钝器损伤的形态特点及法医学鉴别要点对于学好法医病理学至关重要。各种钝器虽有其损伤的特征,但有时在鉴别损伤特征以及推断致伤物时却极为不易,即便是鉴定人之间亦常出现意见分歧。鉴定时应结合案情分析、现场分析、尸表检验、尸体解剖等所有材料才能得出客观的结论。另外,作为一名法医病理学工作者应该有丰富的生活经验,了解各种常见的钝器及其可能的损伤方式,这种知识的广度对于推断致伤物和致伤方式有很大帮助。

关键术语

钝器伤(blunt force injury or blunt instrument injury)

高坠伤(injury by fall from height)

挤压伤(crushing)

挤压综合征(crush syndrome)

摔跌伤(tumbling injury)

思考题

1. 棍棒伤的特征是什么?
2. 砖头平面打击与棱边打击所致损伤的差异是什么?
3. 斧背伤、锤击伤的形态特征是什么?
4. 徒手伤有哪些,有何特点?
5. 高坠伤的主要特征,如何确定高坠伤的损伤性质?

(李剑波)

参 考 文 献

1. Vincent JD, Dominick D. Forensic pathology. Boca Raton London New York Washington, D.C.: CRC Press, 2001.
2. 刘耀,丛斌,侯一平. 实用法医学. 北京:科学出版社, 2014.

第七章 锐器损伤

学习目标

通过本章的学习,你应该能够:

掌握 锐器损伤的概念,锐器创的特征;刺器的分类,刺创的形态特征及法医学鉴定;砍创的形态特征,抵抗伤的概念;砍创的法医学鉴定。

熟悉 刺器的组成,变异型刺切创的形成方式,切器的分类。切创的概念及形态特征,切创的法医学鉴定。

了解 剪创的基本形态特征及法医学鉴定;试切创的概念及形态特征。

章前案例 ▶

某日 22 时许,某城中村二层居民楼的二楼出租房内发现一名女子身上有伤,已死亡。尸检见:死者身长 153cm,赤裸,发育正常,营养中等;尸斑位于尸体背侧未受压处,颜色浅淡,指压稍退色;尸僵存在于全身各大关节处;蓄女式长发,色黑,顶部发长 30.0cm;头皮未检见损伤,头皮下未扪及血肿;颜面部无明显青紫,双眼球、睑结膜苍白,角膜轻度混浊,双侧瞳孔圆形,直径均约 0.5cm;口、鼻腔及两侧外耳道内未检见异常分泌物,口唇黏膜及颊黏膜均未检见明显破损,舌位于齿列间;头皮下未见出血,两侧颞肌未见出血,颅骨未见骨折;硬脑膜外、硬脑膜下未见出血,蛛网膜下腔未见出血,脑实质未见挫伤、出血;颈部未见损伤及索沟;颈部肌肉未见出血等改变,舌骨及甲状软骨未见骨折;气管及支气管腔内未检见异物;腹部黏附有多量血迹;脐上 1.0cm 处检见一长 1.5cm 的皮肤创口,脐左侧 4.5cm 内检见三处长度分别为 1.6cm、1.5cm 和 1.5cm 的皮肤创口,脐下 5cm 处偏左侧检见一长 1.8cm 的皮肤创口;以上几处皮肤创口均深达腹腔,创缘整齐、创壁光滑、创腔内无组织间桥(见增值图 7-1);胸腹壁其他软组织均未检见明显的出血,胸骨、两侧肋骨及骨盆等均未检见骨折;胸腔内未见异常积液,心、肺外膜下无明显出血点;腹腔内积血约 1500ml,胃近幽门处检见一处贯通创,分别长为 1.5cm、1.0cm;后腹膜检见一处长为 1.4cm 的创口,腹膜后片状血肿,腹主动脉近髂总动脉分支处见一破口(见增值图 7-2);子宫及附件未见异常,膀胱空虚;两手粘附有血迹,皮肤未见损伤,四肢长骨未及骨折;外阴部未检见损伤痕迹。

结合尸检图片分析:死者腹部脐周围检见 5 处皮肤创口,创口均深达腹腔,创缘整齐、创壁光滑、创腔内无组织间桥,创角呈一钝一锐,后腹膜检见一处长为 1.4cm 的创口,腹膜后片状血肿,腹腔内积血,腹主动脉近髂总动脉分支处见一破口。法医学鉴定的主要任务是根据上述损伤进行死因分析和致伤物推断和认定,该女性是何种锐器伤致死?

锐器伤(sharp instrument injury)指利用致伤物的锐利的刃缘或(和)锋利尖端作用于人体所形成的损伤。具有锐利刃缘或(和)锋利尖端的致伤物,称为锐器。常见的锐器有刀、斧、匕首、剪刀、玻璃片、金属片、磁片及木刺等。法医学上按使用方式不同，一般将锐器分为刺器、砍器、切器及剪器等基本类型。但是，在实际生活中，有的锐器既能用于砍，又能用于切，甚至能用于刺。因此，又有砍切器、刺切器之分。锐器伤按其作用方式和发生的部位不同，可导致皮肤、骨骼和内脏器官不同类型的损伤。锐器伤十分常见，尤其多见于他杀案件。

锐器创的形态较规则，创口可呈裂隙状或裂开，裂开的程度与皮纹走向有关。在正常人体皮肤上有不同走向的纹线称为分裂线（cleavage lines，Langer lines），分裂线与体表褶纹走向一致（图7-1）。创口与分裂线平行时，呈裂隙状，垂直时呈菱形或类圆形，斜向成角时呈平行四边形。锐器创一般都有以下共同特点：创角尖锐、创缘整齐、创壁平滑、两创缘或创壁之间无组织间桥、创腔较深、创缘不伴或仅有很轻的擦伤、创口出血明显等。大多数锐器创的创口形状呈梭形或长梭形。根据锐器的种类及着力方式的不同，可将锐器创分为刺创、切创、砍创及剪创。

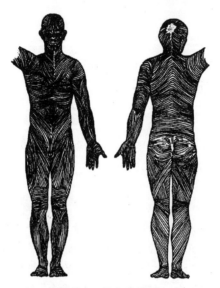

图 7-1　体表分裂线

> **知识链接** ▶
>
> 分裂线，又称朗格线（Langer lines），是皮下纤维组织排列产生的皮纹线或皱榴线（cleavage or crease line）。在肢体，这些线沿长轴排列，在颈部和躯干，这些线倾向环形排列。朗格线是由匈牙利解剖学教授 Karl Ritter von Edenberg Langer（1819—1887）所发现的。他用圆型尖头工具在尸体皮肤上进行相隔近距离的扎孔，却发现皮肤上留下的损伤呈椭圆形，通过研究这些椭圆的长轴方向得到朗格线。有学者认为在外科手术中沿朗格线切口可以使伤口张力小，愈合快，瘢痕轻。

第一节　刺器及刺创

具有体长和锋利尖端，或同时有锐利刃缘的致伤物均称为刺器（stab weapon）。刺器有长有短，长者如刺刀、杀猪刀；短者如缝衣针、铁钉等。在法医实际案件中所见的刺器多具有重量轻、体积小及便于携带的特点。刺器所致的损伤多形成较深的创道而危及生命。

一、刺器

刺器一般按其有无刃缘，分为无刃刺器和有刃刺器两大类。

（一）无刃刺器

无刃刺器指仅有锋利尖端而无刃缘的致伤物，如缝衣针、铁钉、骨针及铁锥等。在法医实际工作中不多见。

（二）有刃刺器

有刃刺器指既具有锋利尖端又有锐利刃缘的致伤物，在法医实际工作中较为常见，又可细分为：

1. 单刃刺器　如杀猪刀、水果刀、刺刀、餐刀及弹簧刀等。

2. 双刃刺器　如匕首、剑。

3. 多刃刺器　如三棱刮刀。

刺器按有无柄部相连，还可以分为有柄刺器和无柄刺器。刺器横断面可以是各种形状的，如圆形、窄棱形、三角形、弧形及不规则形等。

二、刺创

（一）概念

具有锋利尖端的物体沿其长轴方向插入人体所形成的锐器伤，称为刺创（stab wound）。

（二）刺创的形态特征

刺创的特点为创口小，创腔深，常伤及内部器官或大血管而危及生命。贯通刺创由刺入口、刺创管和刺出口组成；盲管刺创无刺出口。刺入口的形状常与刺器横断面形状相似，据此可推断刺器的类型（图7-2）。由于皮肤弹性回缩，刺创口通常略小于刺器横断面。

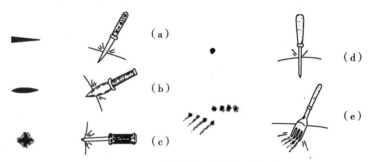

图7-2　不同刺器造成皮肤创口的形态
(a)单刃刺器；(b)双刃刺器；(c)十字改锥；(d)冰锥；(e)四个叉齿餐叉

1. 刺切创　当刺创与切创同时存在时，称刺切创（stab-incised wound）。刺切创同时具有刺创和切创的特点。刺切器造成的创口，可分单刃刺切创、双刃刺切创及变异型刺切创等。

（1）单刃刺切创：刺入口一般呈菱形，创缘整齐，无表皮剥脱及皮下出血，创角一钝一锐，锐角为刺器刃部形成，钝角为背部形成（见文末彩图7-1）。由于刺器背部厚薄不一，使刺入口边棱成角钝锐程度不同，有时刺入口钝角端的两个角向外延伸成两条条状表皮剥脱，或形成小裂创。有些单刃刺器的背部菲薄，刺入人体时如沿刃口方向移动，所致的刺创口酷似双刃刺器所形成。

（2）双刃刺切创：其刺入口亦呈菱形，两创角均呈锐角，创缘整齐而无表皮剥脱及皮下出血。

（3）多刃刺切创：三角刮刀可形成三角形创口。其创口形态依被刺部位皮肤的厚薄及皮下脂肪组织的多少而有所不同。皮肤厚而皮下脂肪少的部位，如头部，创口呈"人"字形；皮肤薄而皮下脂肪厚的部位，如腹部，由于皮下脂肪外翻，创口常呈弧形。三角刮刀所致的三角形创口，各边长及夹角大小并不一定相等，根据刺入角度不同可呈"T"形或"Y"形。如刺伤骨骼，可留下三角形孔状骨折。

（4）变异型刺切创：变异型刺切创是指有刃缘的刺器插入人体后，转动刺器或刺入后拔出时刺器时方向改变，可形成与刺器横断面差异较大的刺创口（图7-3，见文末彩图7-2）。如单刃刺器可形成两创角皆钝或皆锐，一创角或两创角呈分支、弧形、椭圆形，甚至成为不规则形的刺创；双刃刺器可形成两创角皆钝或一钝一锐、一创角或两创角有分支，甚至形成椭圆形创口；三棱刮刀也可形成不规则形的变异刺入口,亦可出现钝圆的"丁"字形创口;有的创口则由于在同一部位多次刺入而造成(图7-4)。变异性刺切创以单刃和双刃刺器最常见,并常出现在复合性刺创的尸体上,给推断刺器造成困难,应注意寻找孤立的创口,根据其特征推断刺器的类型。

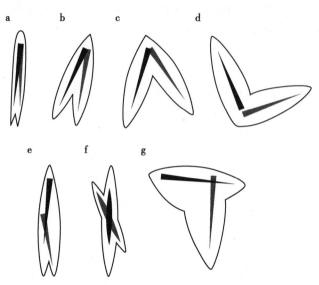

图7-3 变异型刺切创的形成方式

a-d. 转动刺器或受害人试图躲避攻击;e,g. 刺入时复合运动形成;f. 有两个桦头缺损的创口(在双刃刺器刺入时才有可能形成)

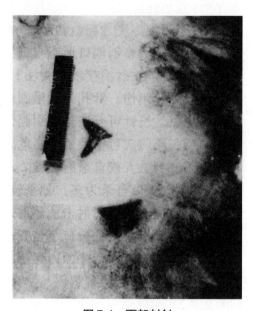

图7-4 面部刺创

创口形态变异,有多个创角,部分创角尖锐,部分创角圆钝,创腔较深,提示为两刺创交叉融合所致

2. 无刃刺器所致刺创 无刃刺器所致刺创创口形态与刺器尖端的形状及体表位置有关。

(1)针刺伤:注射治疗或抢救注射,中医针灸,自己注射毒品,他人注射投毒或游医针刺均遗留针刺伤。针孔一般呈圆形,孔周有或无轻微皮下出血,无表皮剥脱,显微镜下可见出血。长针可刺破肺,引起气胸;刺破心脏,尤其是刺破心房、心耳部,可引起心包积血。针刺哑门穴有时可伤及延髓,危及生命。曾有用缝衣针刺入体内虐待儿童的报道。我国古代就有用针刺杀人或自杀的记载。

(2)钉刺创:以自杀为多,他杀较少。钉刺创创口呈圆形,创周有环状表皮剥脱及皮下出血,类似于远距离射击所致射入口,应注意鉴别。钉入颅骨造成规则的孔状骨折,周围常无骨折线,外板口小整齐,内板口大且有缺损。从颅顶正中缝钉入不一定造成死亡,曾有铁钉在活体颅内存留多年的报道。如钉刺后立即拔出,可引起出血导致死亡。

(三)刺创的检验和鉴定

刺创的检验和鉴定重点是推断刺器种类、刺创形成方式和确定死亡原因。

1. 刺创的检验

(1)刺创口:皮肤刺创口的形态和检查:皮肤刺创口的大小与刺器大小有一定关系:无刃刺器所致刺创口常小于刺器横断面;有刃刺器所致刺创口,如刺入和拔出过程中刺器和身体均无扭动,则刺创口大小近似于刺器横断面大小;当同时有切割作用形成刺切创时,其入口大于刺器横断面。

对皮肤刺创的检查,应先在自然状态下观察创口形态并照相,然后将其合拢检查,有助于与嫌疑致伤刺器比对。一般有表浅划痕相连的一端,或有分支小创角的一端为刺器刃缘所形成;而伴有表皮剥脱的一端为刺器背部所致。如表皮剥脱不明显,可在立体显微镜下观察。致伤刺器上黏附的油泥、铁锈或煤灰等可能黏附在刺入口皮肤和衣服上,必要时可用仪器或试纸进行元素分析,辅助认定致伤物。

1)内部器官刺破口:若刺器刺破胸膜、腹膜、膈肌或有包膜的实质器官,可将这些部位的刺入口与皮肤上刺创口对比。浆膜或器官包膜表面的刺入口对推测刺器的宽度和刃口锐利程度有较大帮助。

心脏由于不停地跳动，容易形成变异创口。心脏刺创最常见于右心室，其次依次为左心室、主动脉起始部、肺动脉、心房和上、下腔静脉入右心房处。左心室和心尖部的创口较易出现变异，表现为创角撕裂、创缘不平、创腔不规则及创口缩小等（见文末彩图7-3）。无刃刺器所致心脏刺创，有时可被误认为单刃刺器所致。肋软骨上的刺创亦容易出现变异，刺器背部一侧形成的创角容易撕裂而变尖锐，且创口易闭合。

2) 衣物刺破口：刺创死者常可在衣物上发现刺破口，要详细记录布纤维断裂情况，破口大小及方向，是否与皮肤刺创口相一致等。

（2）刺创管：也称刺创道，即刺器刺入人体内形成的管状创。刺创管的方向与刺器刺入的方向一致。当刺器刺入人体后未全部抽出又重复刺入时，则可形成一个刺入口，多个刺创管的现象。检测刺创时，应探测刺创道的深度。刺创道的深度不能反映刺器的长度。一般来说，当刺器部分刺入时，刺创管长度短于刺器长度；当刺器全部刺入，而被刺部位软组织无凹陷时，刺创管长度近似于刺器长度；当刺器全部刺入，而被刺部位软组织陷入时，则刺创管长度大于刺器长度。

刺创管如累及骨骼和内脏器官则有相应的损伤，骨及实质脏器（肝、肾、心）上的刺创形状常能较好地反映刺器横断面的形状。

（3）刺出口：仅见于贯通性刺创。其形状与相应刺入口相似，略小，创缘不伴有擦伤。如刺器未拔出又反复刺入并贯通时，可形成一个刺入口和多个刺出口。

刺切创除具有以上刺创的基本特点外，其创口长度大于刺器断面长度，刺器刃缘部切割侧的创角可有连续表浅的切痕。

知识拓展 ▶

如果刺器造成颈部损伤，在具备条件的情况下，应在尸检前进行胸部的放射学检查，作为可能存在的气体栓塞的辅助诊断指标。

刺创受害人常被送到医院，特别是在城市地区，尸体上常有人为救治留下的迹象，如手术切口对原创口的破坏，气管插管等造成的医源性创口等，检验时应给予甄别。

---

2. 刺创的法医学鉴定

（1）确定死亡原因：刺创的死亡原因常为大出血，尤其是伤及心脏或大血管时。如损伤含血丰富的实质器官，如心、肺、肝、脾、肾，或者损伤大的血管，可导致急性失血性休克，这是刺创最常见、最主要的死因。刺伤心脏，如心包破口较小，可导致急性心脏压塞而致死。如刺伤肺，可发生血胸、气胸或血气胸，导致肺压迫致死。有时由于创口收缩或软组织阻挡，外出血较少而内出血较重，尸检时应详细记录体腔内出血的量。刺创形成的胸、腹或颅脑的开放性损伤，可继发感染导致死亡。有时刺破较大的动脉可继发假性动脉瘤，动脉瘤破裂出血亦能致死。颈部动脉被刺破而继发脑动脉血栓栓塞，也可能成为死亡原因。如近心脏的大静脉如颈内静脉受累，由于血管内负压可引起空气栓塞死亡。

（2）确定刺创和刺器：根据前述损伤的形态特点，一般并不困难。根据刺创的形状可以推断致伤刺器横断面形状，如有刃、无刃、单刃或双刃等，应结合皮肤、骨质、内脏器官创口和衣服破口的形状综合分析判断。

（3）确定损伤性质：他杀刺创（包括伤害杀人）的部位以胸、腹及背部最多见，其次是颈部，也见于头面部。创的数目常较多且分布于多个部位，有的达数十处之多。

自杀刺创多为典型刺创，以胸、腹部、颈部，尤以左胸及心前区多见。自杀刺创数目少，多为一次，所用工具以小刀、剪刀和三棱刮刀较多见，一般刺器都留在死亡现场。自杀刺创表面的衣服大多无破损。

意外刺创致死者偶见,如针刺哑门穴过深,伤及延髓可导致死亡等。

第二节　切器及切创

以刃部按压皮肤并用力牵拉致伤的锐器称为切器。其共同特点是具有锐利而薄的刃缘。各类切器的大小、重量、形状及刃长,依其自身的用途不同而差异很大。切创是典型的锐器创,具有锐器创所有的共同特点。致伤物既砍又切或既刺又切形成的损伤,习惯上称其为砍切创或刺切创,为常见的复合型锐器创。

一、切器

切器大小不同,所形成的损伤形状和程度也存在差异。按刃缘的长短和形状一般分为三类。

1. 长刃切器　如菜刀、杀猪刀、佩刀及镰刀等。

2. 短刃切器　如小水果刀、斧刃、剃须刀、手术刀及手术刀片等。

3. 不规则刃切器　如碎玻璃片、碎玻璃瓶、碎瓷片及金属片等。

其中以菜刀较常见,用作致伤物的菜刀重量多在100~500g,刃长17~20cm,刀背厚0.2~0.4cm。

二、切创

(一) 概念

用切器的刃部下压,并沿刃缘的长轴方向推拉牵引形成的损伤,称为切创(incised wound),或称割创。

(二) 切创的形态特征

创口的形状多为长梭形,呈条状裂隙,也可呈纺锤形、菱形和不规则形,依其所在的部位不同而异,两侧创缘合拢后呈细线状。除了四肢的切创可以较短以外,无论是长刃切器或短刃切器,所形成的切创一般均较长,常在10cm以上,有时可超过致伤切器刃口的长度,这是切创不同于砍创、刺创的显著特点之一。有时身体突出的部位,如乳头、阴茎、鼻、耳等可被切断而形成切断创,这种创无创腔,只有创缘和创面,其创缘整齐,创面平整。

1. 创角　切创的创角尖锐细长,两侧创角常有深浅不同之分,如果重复切割时,创角常有多个浅表的小创角,形似鱼尾状。

2. 创缘　切创的创缘平整,有时因皮肤收缩可使创缘呈波浪状;有皱褶的皮肤被切割时,在创缘上出现小的尖锐皮瓣;创缘一般不伴有擦伤和挫伤。

3. 创底、创腔　切创的创底多不平直,呈倾斜状,一侧较深,另一侧较浅。切创的创腔一般不深,但因多有血管损伤,故外出血明显,与刺创和砍创相比较,即使创底深达骨质和内脏的切创,其内部损伤也多不严重。

(三) 切创的自杀与他杀

1. 自杀　自杀切创最多见于颈部,其次是腕部、腹股沟部和腹部。自杀刎颈者,在颈部主创口上缘或下缘出现孤立的,与主切口平行而无连续的浅表、短小的切口,多认为是自杀的试切创(hesitation marks or hesitation wounds)。而他杀时与主切口平行的切创多与主切口连续或是其分叉。自杀切颈者有时颈部创口长、大而深,有的可在颈椎椎体前出现数条表浅切痕(图7-5),这是自杀者在死亡之前短时间内反复切割形成的,有时因此被误当作砍创,或怀疑死者自己不能形成而鉴定为他杀切颈。自杀切颈者所用致伤物多是菜刀等长刃切器。但实际工作中,也有用剃须刀、匕首、水果刀、甚至用手术刀片、锋利的玻璃片、金属片等短刃切器自杀者,也有的用斧刃、铡刀等较大而重的锐器切颈自杀者。自杀切腕、切腹股沟部多用短刃切器,甚至用打磨尖利的细铁丝尖端切割。自杀者所用致伤切器大多遗留在现场尸体旁,有时甚至因尸体痉挛而紧握在手中。但自杀者有时也可能出于某种原因，在临死前故意将切器丢弃或隐藏在现场附近。小的切器也可能掉在尸体旁血泊中被清除掉。因此，不能仅凭现场未找到致伤切器，就判断为他杀。

2. 他杀　他杀切颈比自杀切颈少见（图7-6），尤其是单纯用切颈的手段杀人者，更是少见，偶见有切颈杀死熟睡者。但与其他杀人方式联合使用者，如先击伤或砍伤头部致昏迷，或先扼颈致昏迷后再切颈，这在实际工作中并不少见。他杀时，由于被害人的抵抗或防卫，可在手上或上肢前臂外侧形成抵抗伤（defense wound）。

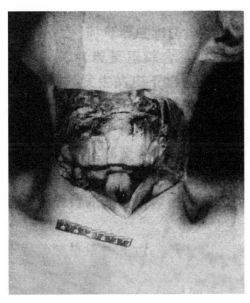

图7-5　颈部切创
剃刀所致颈部切创，自杀

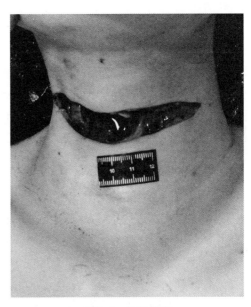

图7-6　他杀切颈
创缘整齐，无擦伤，创腔深，气管完全断裂，断端整齐

（四）切创的法医学鉴定

1. 死亡原因的鉴定　切创最常见和最重要的后果是导致血管损伤而发生急性失血性休克，此为最常见的死因。颈部切创常导致浅表的甲状腺上动脉、颈外动脉、颈外静脉损伤出血和深层的颈总动脉、颈内动脉、颈内静脉损伤出血。腕部切创常伤及桡动脉、尺动脉及相应的静脉。腹股沟部切创则多损伤股动脉和股静脉。

颈部切创流出的血液，有时可被吸入切断的气管，进入支气管和肺内可导致吸入性窒息死亡。颈部静脉内压常低于外界大气压，空气可自静脉破口进入血液循环，如进入的空气较多（一般认为气体量达70～150ml），可致空气栓塞而死亡。

腹部切创，如损伤肝、脾等实质脏器，此时出血主要表现为腹腔严重的内出血，可死于急性失血性休克。如损伤胃肠，可导致急性感染性腹膜炎。

2. 死亡方式的鉴定　他杀切颈与自杀切颈鉴别见表7-1。

表7-1　自杀、他杀切颈的鉴别

自杀	他杀
创口多位于颈前，喉结附近	部位不一定，有时位置较低
损伤较集中，刀切次数较多，轻伤多	损伤分散，范围广，刀切次数较少，重伤多
创口方向多为左高右低，左利手者反之	创口多呈水平或无一定方向
创缘多有小皮瓣及平行浅切痕	少见或无
创角有多个小创角及延续的拖刀痕，有时呈鱼尾状	少见或无
创底颈椎偶见浅切痕	创底颈椎多见深切痕
损伤单一	可伴有多种暴力，如扼颈、头部钝器伤等

意外切创虽时有发生，但通常不需法医学鉴定。有的自伤（造作伤）者，为了个人的某种目的，在自己身上致伤，谎称被人砍伤或切伤。多数自伤者的切创较轻，数目较少，多位于四肢或腹部不能致命的部位。但有的自伤者为了伪装得逼真，也可能刎颈，但一般颈部切创也较表浅，数目少。偶尔也有意外切断颈部大动脉而失血死亡者，其死亡方式亦属于意外死亡，应注意与自杀刎颈鉴别。

死后切创可见于死后分尸，其部位多在关节处。有时，尸体的外生殖器、女性的乳房、乳头等部位的切创或切断创，常与性问题有关，或犯罪嫌疑人是性虐待狂。

第三节　砍器及砍创

具有一定的重量、便于自上而下垂直或倾斜挥动致伤的锐器称为砍器。砍器一般具有相当的重量和体积，并有一定长度的、便于持握和挥动的柄，故砍器的作用力较大，所以砍创的明显特点是损伤程度重。不仅创腔深，而且常合并有较重的骨质和内脏器官损伤，常致内脏器官破裂，有时甚至使伤者肢体离断。

一、砍器

砍器一般分为两类，一类为长刃刀类，如菜刀、柴刀、屠刀、铡刀、马刀及剑等；另一类为斧类，如柴斧、木工斧、肉斧及消防斧等。最典型的砍器是斧，其刃长一般在 10cm 左右，刃部较厚。有的斧（如木工斧、肉斧）刃部锐利，有的斧（如柴斧）刃部可能因钢质不好或长期使用而变钝，甚至出现缺损、卷曲而不锐利。目前有的地下工厂或小作坊专门生产一些斗殴伤人的专用斧具，其特点是柄长、头小、刃长而锋利。

作为砍器的各种刀类以菜刀最多见，其刃部一般较长，多超过 10cm，有的达 20cm，甚至有更长者。其背部较薄，有的背部较锐利，但一般很少用其薄的背部致伤。

二、砍创

（一）概念

挥动砍器，以其刃部自上而下垂直或倾斜作用于人体形成的损伤称砍创（chop wound）。在国外，许多作者把砍创同切创归并一起称为"incised wound"。但砍创与切创致伤作用方式不同，而且创口的性状和相关的死亡方式都有显著差异，所以我国法医学界习惯上将其分开。

（二）砍创的形态特征

1. 砍创的一般形态　砍创可见于身体所有的部位，但以头面部最为常见，其次是四肢、颈部和躯干（图 7-7）。砍创具有锐器创的基本特征，但刃部较钝或较宽的砍器（如柴斧）所致的砍创，其创缘常

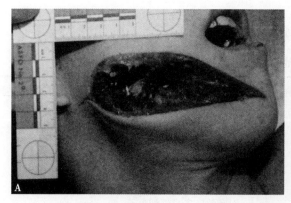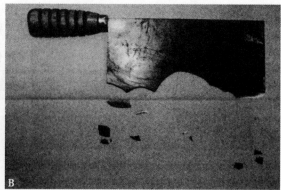

图 7-7　砍创

A. 右下颌部刀砍创，创口哆开明显，下颌骨骨折；B. 尸检时从创口内取出刃缘碎片

伴有擦伤；如倾斜砍击，砍器体部常与创口一侧的创缘摩擦而形成较宽的擦伤，而另一侧创缘则可能向上翘起，形成瓣状创；如砍器刃部一端完全砍入体内，则形成一钝一锐的创角。

砍创创口一般呈棱形，创口长度决定于砍器刃部砍入组织的长度；垂直砍入人体较平坦部位(如胸、腹、背部)，刃部全部进入人体组织时，砍创长度近似于或等于砍器刃长；砍器刃部全部进入人体组织，且伴有切创(砍切创)时，创口长度则长于砍器刃长(见文末彩图 7-4)；砍击人体较圆隆而突出的部位(如头顶、颈部、四肢)，或砍器刃部仅部分进入人体组织内时，则创长小于砍器刃部长度。

2. 砍创的骨损伤 在深部骨质上的砍创，依致伤作用力的轻重和部位不同而有差异。以颅骨为例，轻者可形成颅骨外板局部缺失(砍痕)；稍重则形成平直线状骨折或舟状凹陷骨折；更重则形成反映砍器刃部及体部特征的孔状骨折等；反复砍击头颅局部，也可致颅骨粉碎性骨折。仔细检查，可见砍器刃部在直接作用部位形成的颅骨粉碎性骨折、或平直线状骨折、或颅骨外板上的砍痕。骨折断面较平直，而不同于钝器所致骨折。其他部位如四肢、脊柱、肋骨上砍创所致的骨折，骨折断面也有平直的砍痕，这是不同于其他锐器创的特征(图 7-8)。他杀时被害人前臂和双手常见因抵抗、搏斗形成砍创，甚至肢体离断，称为抵抗伤。

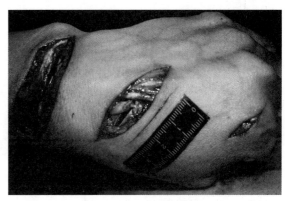

图 7-8 左上肢远端砍创

左上肢远端及手背砍创，创口裂开明显，手背部肌腱断裂，腕部骨折断面有平直的砍痕

(三)砍创的法医学鉴定

1. 死亡原因 砍创是法医实际工作中常见的锐器伤之一，仅次于刺创，占第二位，是刑事犯罪的常见手段之一。其死因通常较明显和易于鉴定。砍创最常见于头面部，因此脑实质损伤及颅内出血为最常见和最重要的死因。如砍创发生在四肢、颈部和躯干，则较大血管或(和)内脏器官损伤导致的急性失血性休克为最常见死因。砍创所致的开放性损伤可成为继发感染的途径，严重的继发感染亦可致死。

案例 7-1 ▶

摘自《洗冤集录》译文之"疑难杂说"：有一个乡民，叫自己的外甥跟邻人的儿子携带锄头一起去开山种粟。经过两宿不归。待前往探看时，竟发现两个人都死在山上了。遂报告到官府。经查死者衣服都在，发出公文请官验尸。验官到达地头，看到一尸在小茅屋外面，颈椎自后部被砍断，头部和面部各有刀刃痕；一尸在茅屋里面，左项下、右脑后各有刃伤痕。在屋外的，众人说是先被杀伤而死的；在屋内的，众人说是自杀而死的。官府但以两尸各有伤痕，别无财物，定作两相拼而死的。一验官独说："不然。如果拿一般情况来推度案情，作为两相拼而死是可以的；但是那屋内尸上的右脑后刀痕很可怀疑，哪有自己拿刀从脑后自杀的呢？手不方便啊。"后来没有隔几天，就捕获到了一个怀仇并杀两人的凶手。悬案大白，遂报告到州府，将凶手处了极刑。如果不是这样，那两个人的冤仇就要永无归宿了！大凡两相拼杀，所有伤痕都无可疑，即可予以检验定案。贵在精细专心，不可疏忽差错。

---

2. 死亡方式判断和致伤物推断 砍创法医学鉴定的主要任务是死亡方式的判断和致伤工具的推断与认定。如果在创内骨质上检出遗留的砍器刃部断片(以刀类砍器多见)(图 7-7)，或者发现有特殊形状的孔状骨折，或长条状、梳状的骨质砍痕，可以与嫌疑致伤砍器进行比对，成为认定或排除嫌疑致伤砍器的证据。

他杀（包括伤害）砍创较多见，以头面、胸、颈等部居多，且程度重，分布凌乱。被害人前臂和双手常见抵抗伤（图7-9）。有时还可能在被害者头部等处检出钝器打击所形成的损伤，如斧砍创可能还伴有斧背击伤。

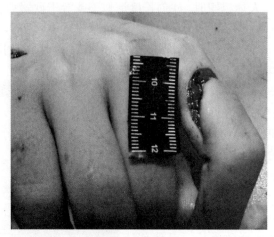

图7-9 抵抗伤
右手示指近节背侧横行砍创，创腔深

单纯使用砍器自杀者罕见，且一般不能致死。自杀者常使用刀类砍器在前额部连续砍击，虽可致该部皮肤损伤较重，但一般最多在额骨外板上留下多数集中的浅表、并列、走向一致的砍痕，最后用其他方式致死。意外砍创虽不少见，但一般无需法医鉴定。伪装被人伤害的自砍创多在四肢，程度轻、次数少，并与所述受伤情节矛盾。

第四节 剪器及剪创

以其两刃片刃口相向运动而夹剪致伤的锐器称为剪器（scissor）。依用途不同又分为家用剪、裁衣剪、手术剪、理发剪、指甲剪及修枝剪等，其大小形状各异，刃口的锋利程度也不同。剪器除可用于夹剪外，也可用作刺器。

剪创是指以剪刀的两刃绞夹人体形成的损伤。显然，剪创同其他锐器创一样，是以致伤作用方式（刺、切、砍、剪）来命名的。因此，不能将剪刀所形成的各种损伤统称为剪创（clip wound），因剪刀亦可形成刺创（图7-10）或切创。

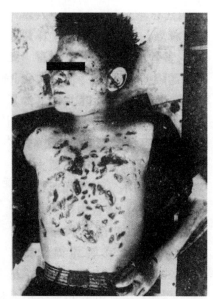

图7-10 剪刺伤
面部及胸部广泛散在剪刺创

一、剪创的形态特征

典型和单纯的剪创较少见，它常同其他致伤方式形成的损伤或锐器创同时存在，因此依作用方式不同，又可以分为以下几类。

1. 夹剪创 典型、单纯的剪创，其创腔多较浅，创口形状依夹剪方式不同而异。①当剪刀的两刃分开并垂直于体表夹剪并两刃合拢时，创口常呈直线形和略带弧形，在两侧创缘的中央部常有两刃交合形成的小皮瓣突起；②如夹剪但两刃未合拢时，则形成两个在一条直线上的短条状创口，两创口的内外创角均尖锐；③当剪刀的两刃分开，以一定角度倾斜于体表夹剪时，创口则呈"V"形，且倾斜度愈大，其创口两夹角愈小；④当以上述方式夹剪，而两刃部不能或未完全合拢即拔出时，则形成两个倒"八"字形排列的创口、创角外圆内尖；

⑤当夹剪时被剪处的皮肤出现皱褶，则一次夹剪，可形成几个大小不等的"V"字形创口。

2. 剪断创　指因夹剪作用而致人体突出部位的组织被剪断的损伤。又有完全和不完全之分，完全剪断创指被剪断的组织完全与身体分离（图7-11）。剪断创形成创面而不是创口，在身体残留创面的中央可见两刃部交合处形成的嵴状突起。

3. 剪刺创　指剪刀的单刃或双刃插入人体再进行夹剪作用所形成的损伤。

当两刃分开倾斜刺入人体后再夹剪，两刃部最后合拢时，创口呈人字形，创角外圆内尖；两刃部最后未合拢时，则创口呈八字形，创角亦外圆内尖；当剪刀的一刃刺入人体，另一刃未刺入而夹剪时，则创角为一圆一尖（图7-11）。

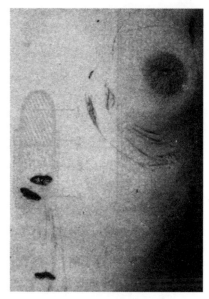

图7-11　剪刺创及剪断伤
在胸及左上腹可见剪刺伤，左乳房周围见剪断伤痕

二、剪创的法医学鉴定

由于剪创通常不深，因此除非损伤较大的血管，一般不易导致死亡。颈部剪创可以损伤颈浅部的大血管和（或）气管，其后果类似于颈部切创，可因急性失血性休克或血液吸入性窒息、静脉空气栓塞或继发感染而致死。

剪创是较少见的一种锐器创，根据1992—1999年北京市公安局尸检资料统计的1322例锐器伤中，仅有14例剪创（1.06%）。其中他杀最多见，有9例，伤害2例，自杀3例。

剪创的损伤部位，据上述14例47处剪创分析，以胸腹部多见，其次为颈部。他杀剪创多位于胸腹部，且以刺剪创多见，有的可多达数十处；自杀剪创多位于颈部，其次为腕部和腹股沟部，以夹剪创多见，创伤数目一般常为数处，且比较集中，排列整齐，符合一般自杀损伤特点。剪断创常见于乳头、鼻尖、耳朵、阴茎等，一般多与性问题有关。

本章小结

锐器伤指利用致伤物的锐利刃缘或（和）锋利尖端作用于人体上所形成的损伤。锐器伤在法医实际工作中十分常见，尤其多见于他杀案件。锐器创一般都有以下共同特点：创角尖锐、创缘整齐、创壁平滑、两创缘或创壁之间无组织间桥、创腔较深、创缘不伴或仅有很轻的擦伤、创口出血明显等。根据锐器的种类及着力方式的不同，可将锐器创分为刺创、切创、砍创及剪创。刺创的特点为创口小，创腔深，常伤及内部器官或大血管而危及生命。刺创的检验和鉴定重点是推断刺器种类、刺创形成方式和确定死亡原因。以刃部按压皮肤并用力牵拉致伤的锐器称为切器。其共同特点是具有锐利而薄的刃缘。自杀刎颈者，在颈部主创口上缘或下缘出现孤立的，与主切口平行而无连续的浅表、短小的切口，多认为是自杀的试切创。他杀时，由于被害人的抵抗或防卫，可在手上或上肢前臂外侧形成抵抗伤。具有一定的重量便于自上而下垂直或倾斜挥动致伤的锐器称为砍器。剪创是指以剪刀的两刃绞夹人体形成的损伤。

关键术语

锐器伤（sharp instrument injury）　　　刺器（stab weapon）

刺创（stab wound）　　　切创（incised wound）

试切创（hesitation marks or hesitation wounds）　　　抵抗伤（defense wound）

砍创（chop wound）　　　剪创（clip wound）

思考题

1. 锐器创的共同特征有哪些？
2. 刺创的形态特征有哪些？何谓变异型刺创？
3. 自杀与他杀切颈的鉴别要点？
4. 抵抗伤和试切创的定义和法医学意义？
5. 砍创的形态特征有哪些？

（张国忠）

参 考 文 献

1. 赵子琴. 法医病理学. 第4版. 北京：人民卫生出版社，2009.

2. 刘耀，丛斌，侯一平. 实用法医学. 北京：人民卫生出版社，2014.

3. Reinhard B. Dettmeyer，Marcel A. verhoff，Harald F. Schütz. Forensic Medicine. Berlin：Springer，2014.

4. Pekka Saukko，Bernard Knight. Knight's Forensic Pathology. 3rd ed. Boca Raton London，New York：CRC Press，2013.

5. Vincent JM DiMaio，Suzanna E Dana. Handbook of Forensic Pathology. 2nd ed. Boca Raton London，New York：CRC Press，2007.

6. Jay A Siegel，Pekka J Saukko. Encyclopedia of Forensic Sciences. 2nd ed. Waltham：Academic Press，2013.

第八章 火器损伤

学习目标

通过本章的学习,你应该能够:

掌握 火器损伤的概念;典型枪弹创的形态特征;射入口与射出口的鉴别;枪弹损伤的法医学鉴定;爆炸损伤的类型及形态特征。

熟悉 枪弹的损伤机制;枪弹创的类型;枪弹创的非典型形态特征;颅骨枪弹损伤;爆炸的类型及特征;爆炸损伤的形成机制;爆炸损伤的法医学鉴定。

了解 枪弹的类型、结构及发射原理和过程;非典型枪弹损伤。

章前案例 ▶

某日 17 时 30 分许,郝某(男,31 岁)被发现躺于某小区楼前,头上有伤,送至医院急诊室时已死亡。经现场勘查,该楼为坐南朝北的七层住宅建筑,在 2 单元门前地面上有血泊(据调查,郝某尸体原位于此处),附近地面上有 2 枚"五四"式手枪射击弹头及 5 个"五四"式手枪弹射击弹壳,该弹头已严重变形,该弹壳底面印有"63","11"及"82"等字样,被害人携带的装有四万元现金的兜丢失。尸体解剖检验主要发现:(1)右颞部在右耳上 3.6cm 处可见 0.9cm×0.9cm 圆形创口,创周有 0.1cm 挫伤轮;左耳耳垂下 0.3cm 处有 1cm×0.8cm 类方形创口,创周未见损伤;切开头皮见右侧颞骨有 1cm×0.7cm 的孔状骨折,以孔状骨折为中心向上下方向有两条骨折线,向下延伸 3.8cm,向后上延伸至顶正中,长 12cm;锯开颅骨,经探查,创道经右耳上入口进入颅腔,穿过右颞叶,然后从小脑前走行,经左颞骨岩部前侧穿入骨质,从左耳耳垂下穿出。(2)左上腹可见 2.5cm×1.5cm 创口伴左上缘 0.5cm 表皮剥脱;右腹部见 1cm×0.8cm 的创口,周围未见表皮剥脱,创道穿通腹壁,未进入腹腔。(3)右侧背部有 0.9cm×0.9cm 圆形创口,周围可见 0.1cm 表皮剥脱,该创向前侧水平延伸,穿过膈肌及肝脏膈面,从右乳头下 1.5cm 处穿出,创口大小 2cm×0.9cm。(4)右臀部见 0.9cm×0.9cm 圆形创口,周围可见 0.1cm 表皮剥脱,该创向前侧水平延伸从大腿前面穿出,创口大小 1.8cm×0.9cm,未见表皮剥脱。(5)左手背腕关节上 10cm 处有 0.9cm×0.9cm 创口,向前臂内侧水平延伸贯通前臂,在前臂内侧腕横关节上 12cm 处有一创口。(6)右手背拇指掌指关节上 5cm 处有 2cm×0.5cm 椭圆形创口,上缘有 0.3cm 表皮剥脱。根据现场勘查及尸体解剖检验,判定此案共有几次枪击?何处枪弹创为致命性枪弹创?分析本例的死亡原因与死亡方式。

火器(firearms)是借助于爆炸物燃烧产生大量气体,从而将投射物投出的一类工具。由火器致伤物的发射和爆炸以致其弹头或弹片对人体所形成的损伤,均称为火器伤(firearm injury),包括枪弹损伤(gunshot injury)和爆炸损伤(explosion injury)。这些损伤多见于战时,平时也有发生,在我国因对枪械管制严格,故枪伤的发生率比枪械自由买卖的国家要低得多,但近些年枪弹伤也明显上升。枪弹损伤和爆炸损伤杀伤力强,是影响社会治安的重要因素。法医病理学主要探讨人体上膛线枪管枪弹创和散弹枪弹创的形成机制、形态特征及法医学鉴定问题,即应用医学和弹道学的原理及方法,研究投射物(主要是弹头)的运动规律和击中人体后的致伤效应,进而解决法律上涉及的有关问题。也研究爆炸的致伤机制、爆炸伤的各种形态特征以及爆炸现场和尸体的检验。

第一节 枪弹损伤概述

我国枪击案发生率近年有上升趋势。根据公布的统计数字,1995年持枪犯罪大幅度增多,全年共有持枪犯罪案件3901起,比1994年上升21%。2011年我国发生枪击案有1560起,2012年1633起,比上年上升了4.7%。特别在边境地区较高,枪弹创的死亡率可高于30%。枪击案件的性质多为他杀,诸如由于报复、纠纷、抢劫、武装走私等。自杀和意外事故,包括枪支走火,误伤和防卫等也时可遇及。

知识链接 ▶

枪炮的发明是伴随火药知识的广泛传播在多个地域同时代产生。早期火药在中国军事上的应用以喷火筒及炸弹为主,而在西方则以火炮首先出现。虽然枪炮的发明并没有确定的记录,但可确认的是在13世纪末叶,东方和西方都已经有雏形的枪炮出现。

最早的火枪是中国宋朝陈规于1132年发明的。枪管用长竹竿做成,内装火药,靠喷火来烧杀对方,是所有现代火枪的前身。

最早的步枪是中国于1259年发明的突火枪。枪管用竹子做成,在枪管里装上火药,然后再从枪口安装子弹,点燃后便会把子弹射出。

最早的手枪是意大利人于1364年发明的火门手枪,亦称希欧皮,这一名词源于拉丁文Scloppi。枪身长约200mm,后来被火绳手枪所取代。其他枪支还包括燧发枪、枪刺、转轮手枪、机枪、自动枪、反坦克枪、冲锋枪及火箭手枪等。

资料统计,1900年至1976年,全世界死于枪弹损伤的达5800余万人。每年平均约有5万人死于非战争性枪弹损伤,50万人因此受伤。目前,美国私人拥有枪支达2.5亿支,几乎人手一枪,甚至包括有重罪前科者或未成年人。在美国,每年约有3万人死于枪击。自2002年以来,美国因枪击致死案件总体上升了13%。有25%的暴力犯罪者在行使犯罪时持有武器,其中9%发生了枪击事件。据美国疾控中心(CDC)及国家损伤及预防控制中心(NCIPC)统计,2007年有97270人受到枪击,其中29984人死亡,约占枪击受伤人数的1/3。美国联邦调查局的报告显示,2008年美国共有14180人死于枪杀案。

一、枪弹的类型、结构及发射原理和过程

(一)枪械的类型

1. 按使用对象可分为军用枪、警用枪、运动枪、民用枪、自制枪(图8-1)。

(1)军用枪:包括步枪、骑枪、自动步枪、冲锋枪、突击步枪和手枪,其射程远、威力大、命中率高、结构精密、性能良好。

(2)警用枪:包括手枪、自动步枪和步枪,具有便于隐蔽的特征,主要有手枪和自动步枪、步枪等。

(3)运动枪:指供运动练习的射击用枪支,主要是步手枪,一般不具有杀伤力,为5.6mm口径的步手枪。

(4)民用枪:主要是散弹枪,有单、双管之分,使用4.5~5mm长宽的铅粒,打猎用的还有较大的散弹可达直径9mm。

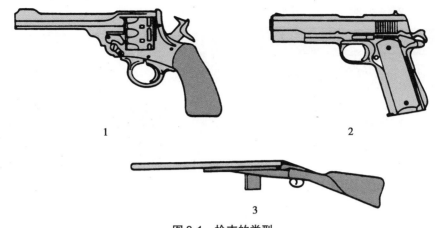

图 8-1 枪支的类型
1. 转轮手枪 2. 自动手枪 3. 步枪(引自 Knight)

(5)自制枪:指民间私人制作或改制的枪械,无特定标准,但可以致人伤害。

2.按枪支机械性能分为自动枪、半自动枪、转轮枪、气动枪。

(1)自动枪(automatic pistol):是依靠火药气体的压力作用,使子弹自动上膛、发射、退壳,扣动扳机连续射弹的枪支,如"六三"式步枪等。

(2)半自动步枪:扣一次扳机只能发一枚子弹的枪支,如"六四"式手枪等。

(3)转轮枪(revolver):有鼓形弹巢,内装4～7发子弹不等。

(4)气动枪(air rifle):俗称气枪,是用人力操纵机械,使密闭气室内产生较大的气压,将弹丸从枪管中发射。

3.按枪管内壁不同分为平滑枪管枪、膛线枪管枪。

(1)平滑枪又称滑膛枪(musket):其枪管内膛壁没有膛线,目前使用的这类枪支有散弹枪(shotgun)、信号枪、自造枪。

(2)膛线枪(rifled barrel gun):其枪管内壁有数量不等,旋转方向不同的平行凹凸螺纹,即膛线(rifling),亦称来复线。膛线的数量通常为口径除2。膛线的旋转方向有左旋、右旋。各种不同的枪支阴阳膛线的宽度各不相同。

(二)枪械的构造

枪支是由许多零件组合构成,构件精度较高,构造比较复杂,主要由枪管(barrel)、枪机(bolt)和枪机匣(feed mechanism)三部分组成(图8-2)。

(1)枪管:枪管是子弹发射的载体,是金属构件,系枪支最基本组成部分,位于枪支前上方。枪管内膛(枪膛)由后至前分为弹膛、坡膛、线膛。膛线内壁产生气旋,使弹头急速旋转从而增加射速和弹头飞行时的稳定性。

(2)枪机:枪机主要包括闭锁、抛壳、击发三部分,主要部件有闭锁器、击锤、抛壳口、指示杆、保险机钮等部件。

(3)枪机匣:位于枪底把上,一般由弹匣、弹仓(magazine)、扳机(trigger)等组成。

(三)枪弹的种类和结构

1.枪弹的种类

(1)按配用的枪种分为:步枪弹、冲锋枪弹、手枪弹、猎枪弹、信号枪弹等。

(2)按枪弹用途分为:战斗用枪弹(普通弹、特殊弹)、辅助用枪弹(供教学、操练用的空包弹、教练弹)、测压用枪弹(高压弹、强装药弹、标准弹)等。

(3)按枪弹的形状分为:瓶形弹(有斜肩)和柱形弹(没有斜肩)二类。

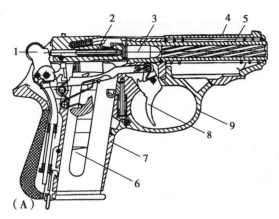

图8-2 手枪

（A）手枪的内部构造：1. 击锤；2. 击针；3. 弹膛；4. 套管；5. 枪管；6. 弹匣；7. 枪把；8. 扳机；9. 扳机护圈

（B）手枪及子弹照片

（4）按弹壳底边分为：有槽无边、无槽有边二种。

（5）按弹丸分为：回头、平头、尖头三种。

（6）按外壳情况分为：全披甲、半披甲、无披甲三种。

2. **枪弹的结构**　枪弹（cartridge）一般是由弹头、弹壳、发射药和底火四部分所组成（图8-3）。

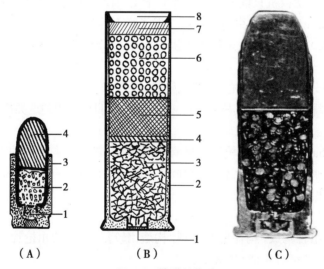

图8-3 枪弹的构造

（A）手枪子弹　1. 底火；2. 火药；3. 弹壳；4. 弹头

（B）散弹枪子弹　1. 底火；2. 弹壳；3. 火药；4、7. 隔层；5. 弹塞；6. 弹丸；8. 封蜡

（C）手枪子弹实物剖面图

（四）枪弹发射的原理和过程

1. **枪弹发射的原理**　枪弹受到击发，底火引爆火药，产生高压气体，迫使弹丸射出枪膛，瞬间由化学能转化为机械能、动能，这个能量转换的过程称为发射。现代火药燃烧后转化成的气体，容积骤然增加几百倍至几千倍，一般最大膛压可达到1200～3000kg/cm² 以上，膛内温度可达2500～3500℃，整个发射持续时间只有1～60ms。

2. **枪弹发射过程**　击针击发底火后点燃发射药，火药开始燃烧，弹壳内压增大，当压力上升到250～500kg/cm² 时，弹头脱离弹壳，挤入线膛，开始启动。弹头在高温、高压气体作用下，迅速向前运动。弹头尾端离开枪口瞬间的膛压为400～600kg/cm²，即枪口压力。弹头离开枪口后，火药气体随之喷出，此时火药气流速度为 1300m/s 左右，大于子弹初速，推动弹头速度继续增加。弹头底面离开枪口到弹头获得最大速度的这段时间称为后效作用阶段。此期内弹头飞行距离约为枪口外 20～40 倍口径的距离，称为中间弹道。后效作用阶段由枪口喷出的高温、高压、高速的火药气体产生强烈的声响，并且喷射出未燃尽的火药粒、烟尘、金属屑、枪油，它们与空气接触，形成闪光和烟尘。继而弹头飞离火药气团，受空气阻力和重力影响，开始逐渐减速。上述枪弹发射过程对了解枪弹损伤的形态有重要意义。枪弹脱离枪口后，最初其前端沿轴线运行而尾部（或底部）绕轴线旋转，圆圈越来越小；很快就进入稳定运行，直至能量消耗殆尽，弹头开始晃动，甚至打筋斗。所以，在不同的距离击中人体，所造成的枪伤不同。

二、枪弹的损伤机制

枪弹损伤是弹头与机体之间相互作用的结果，弹头将一定的或全部的动能传递给机体，其结果一方面使终点弹道的性能发生变化，另一方面表现为机体的组织和器官产生各种创伤效应。

（一）弹头直接撞击作用

人体被枪击后，最初遭受的是高速旋转的弹头冲击、碰撞组织造成的撞击损伤，轻者只发生皮肤挫伤，重者造成枪弹创。

当弹头侵入皮肤时，弹头前端顶入皮肤，使皮肤出现锥形拉伸变形，弹头给皮肤的压力是径向压力，从而引起皮肤圆周的张力，而且圆周任意一点上的张力大小基本一致。由于弹头在飞行时旋转前进，造成皮肤表面切线方向的擦伤；当高速旋转的弹头的径向力和侧向力超过皮肤弹性极限时，就造成局部皮肤缺损。人体损伤程度取决于弹头传递能量的大小及传递速度。据研究，在组织厚度相同的条件下，人体皮肤的阻力比肌肉大 40%。枪弹引起骨折的最小速度约为 90m/s。

当弹头穿透皮肤，进入深层软组织时，弹头对前方组织施予的压力，即前冲力，这个力沿着弹道方向使组织撕裂、拉断和击穿，形成原发弹创管，即所谓永久性创道（permanent wound track）。

（二）瞬时空腔效应

高速飞行的弹头进入组织时形成激波，并以很大的压力压缩弹道周围组织，使组织向周围膨胀扩张而发生迅速移位，形成一个比弹头大几倍至几十倍的瞬时空腔（temporary cavity）。这种膨胀扩张作用是由于形成空腔的内部压力大于环境压力之间的压差造成的，瞬时空腔内压力最大可达 100～200 个大气压，持续 0.2～2ms 后空腔开始收缩，经过反复膨胀、收缩 7～8 次，空腔内压与环境压力相等，最后留下永久性创道，留下较大范围的组织损伤。整个过程需 5～10 毫秒。这种弹头在机体内形成瞬时空腔而致使创道周围组织和器官受到损伤的效应，称为瞬时空腔效应（temporary cavitation effect）（图 8-4）。瞬时空腔的形态各异，可能与弹头的几何形状、飞行速度和状态，以及人体部位和其组织特性有一定关系。一般情况下，对于投射物为弹头所产生的瞬时空腔多为椭圆形、梭形及圆锥形等。

用长 3m，断面 1m×1m 的肥皂作射击实验，X 线高速摄影显示，瞬时空腔先有一颈部，继以几个椭圆或锥形、菱形的腹部。子弹飞行速度愈大，愈不稳定，瞬时空腔就愈大。用 13%～26% 的明胶块，据称效果比肥皂更好。

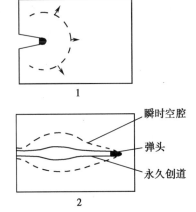

图 8-4 瞬时空间效应示意图
1. 高速弹头形成的应力波；
2. 高速弹头形成的瞬时空腔

柔软富于弹性、含水量高的组织如骨骼肌产生的瞬时空腔大，但组织弹性较好；肝、脾等实质性器官瞬时空腔也大而组织较脆故损伤范围大；因为脑位于颅内，膨胀受限，故瞬时空腔不是很大；肺含气量大、密度低，瞬时空腔小；骨组织瞬时空腔不明显，或出现空腔的同时已发生骨折，只有在骨松质丰富的部位，可产生明显的空腔。

解剖见原发创道周围约 10cm 范围内有大量坏死组织,其间可夹杂有正常组织。血管损伤以内膜破裂、内膜下出血和血栓形成为主。可造成大神经纤维移位,鞘膜下出血、水肿和脱髓鞘。由于反复的空腔膨胀收缩,可使创口外的物质被吸入到空腔的深部(如弹头穿过衣服和皮肤时,可将衣服纤维、皮肤组织带进创内,并可将体外的细菌等物质吸入创道内)。

(三)压力波的致伤作用

高速弹头侵彻人体时,除产生瞬时空腔外,还有一部分能量以波的形式传递给创道周围组织和器官。由于人体的组织结构复杂,具有不同的物理特性,因此波在人体组织不同的介质面上发生反射、折射和叠加产生不同的结果,这种由弹头能量所产生的不同类型强度的波称为压力波(pressure wave)。由于压力波的作用,可使远离创道部位产生损伤和病理改变,称远达效应(remote effect)或远隔损伤。压力波对人体组织的损伤是由于波的传播、瞬时空腔脉动、冲击震荡以及剧烈的血流扰动等综合性物理因素作用的结果。由于压力波的压力突然升高和降低,这种急骤的压力幅度变化,使机体组织拉伸变位而导致严重损伤,因此,目前认为在高速弹头的致伤机制中,压力波是主要的原因之一。

1. 压力波致伤机制 压力波在机体内的作用是一个复杂的力学过程,最基本的是与力学的物理特性有关。包括压力效应,质点的加速与位移以及冲击振动。

压力波的压力破坏效应取决于最大超压峰值,动压力的幅度和作用持续的时间;压力波的波阵面通过机体组织时,在组织内形成较大压差,直接引起组织质点产生加速,使组织沿压力波的传播方向移动,由于各组织的结构和物理特性不同以及超压的作用时间不同,组织的位移程度也不同;高速弹头侵彻组织而产生不同的冲击振动,骨骼等硬组织对振动响应大,肌肉等软组织对振动响应小,组织对冲击振动响应愈明显,加速度峰值愈大,致伤效应也愈严重。如弹头击中头面部引起脑组织损伤、击中椎体引起颅底间接骨折,冲击振动可能是引起的主要原因。

高速弹头侵彻组织时,压力波对组织的作用形式可分为撞击、侵彻及侵彻后三个阶段:①高速弹头撞击介质表面时,产生非常强的压力脉冲,在软组织中以大约 1450m/s 的速度传播,但强度不断减弱,持续时间也很短,只有 10~20 微秒,仅能引起软组织的轻度位移,因此其损伤作用是很轻微的。②高速弹头侵彻介质过程中,在其前方形成一个高压区,随着弹头运行方向推进,压力波压迫和推移其前方的组织,同时也向侧方传播。在这个高压区内的超压峰值可达数百大气压,压力作用持续时间达数十微秒或更长,因此可以造成创道以外组织器官损伤和间接骨折。由于高压区是在弹头的前方,所以当弹头侵彻过后,这个高压区随之消失。③高速弹头侵彻介质后产生压力震荡及瞬时空腔的压力变化。这种弹后压力震荡发生在弹头穿过组织后的几百至一千微秒,其周期为 2~3 毫秒。这个阶段的压力变化,可参照瞬时空腔形成机制来理解。由于瞬时空腔的膨胀与收缩,空腔内部压力产生变化。组织在受到弹头侵彻时所获得的能量转化为位能和动能,使组织有一定的运动速度和很高的内部压力,位能和动能在一定条件下相互转化,这种反复运动和压力变化,造成组织的进一步损伤。弹后压力变化和其产生的作用,随着瞬时空腔脉动的衰减而消失。

2. 压力波致伤效应 压力波的致伤效应既有弹头和组织结构的物理作用,又有机体生理因素的影响。质量和形状相同的弹头,高速产生的压力峰值大;撞击动能大的弹头,压力作用大,持续时间长。密度高的组织有利于压力波的传导,损伤较重,而密度低的组织压力波在传导中易衰减,所受的损伤较轻。

(1)头面部:颌面的枪弹创可并发创道外脑实质出血、硬脑膜下血肿、脑挫伤、颅骨骨折等颅脑损伤。压力波的质点加速和冲击振动作用是主要的致伤因素。同样,涉及颅腔内的枪弹创可出现眼结膜出血,前房瘀血,眼底出血等眼损伤。

(2)胸部:压力波作用时,创道外肺脏的肺泡先被压缩,压力波过后,肺泡内气体迅速膨胀,使肺泡破裂而产生肺大泡和肺出血。压力波的作用可产生肺门处肺脏或支气管、血管撕裂伤;肋间血管破裂;膈肌损伤;心内、外膜下出血;心脏压塞等由于弹性组织质点位移所造成的损伤。另外,胸部高速枪弹创，可以出现不同程度的颅内出血；肝、脾裂伤或包膜下血肿等远隔损伤。胸壁致伤时，压力波作用于肋骨，质点被加速发生弹性变形，其应力超过断裂极限，会出现肋骨骨折。

（3）腹部：压力波作用时，创道外肾脏、肝脏、胰腺、脾脏等脆性器官，受超压强度的作用，如最大超压峰值超过了组织抗拉强度时，可出现破裂或包膜下血肿。另外，腹部高速枪弹创，可以出现不同程度的心脏内、外膜下出血；心肌间出血以及肺被膜下出血等远隔损伤。腹壁致伤时，可以出现腹腔内脏器组织破裂和出血。

（4）脊椎：高速弹头造成脊椎贯通伤、切线伤或棘突损伤时，均可出现硬脊膜外出血，甚至脊髓损伤造成截瘫。创伤弹道学的实验表明，椎管切线伤后脊髓完整，脊髓硬膜无损，但致伤动物仍出现立即截瘫，与脊髓断离时相同，同时邻近器官也出现不同程度的损伤。但根据压力波对脊髓损伤的分析表明，压力必须 >0.6MPa 时才能使脊髓产生功能性损伤。脊髓高速枪弹创由于压力波的冲击振动作用，易出现头部的远隔损伤，有 1 例胸部左侧枪弹创，膈上射创管致第 10 及第 11 胸椎体贯通，并可见颅底枕骨大孔周围骨折及腹腔内肝脏膈面破裂。

（5）血管内压力的致伤效应：压力波在液体中的传播，由于液体可压缩性很小，传导速度快而衰减较慢，这种传导可以形成血管内的血流扰动，而使循环系统的远隔部位发生损害，但仅表现为充血或灶状、片状的出血现象，尚未见有严重损伤的报道。在法医实际工作中，对于肢体枪弹创出现远隔组织器官的出血，能否用压力波造成血流扰动来解释，抑或能否构成死因，需要结合出血程度以及出血所在器官具体分析。根据创伤弹道学的实验研究结果，证实了压力波在血管内流动的血液中传播与在肌肉中传播相同，而且也按照相同的指数衰减，认为弹头压力波通过血液传播可能没有特殊作用。因此，对于远离创道的组织器官所出现的较严重的损伤情况，难以用弹头波的直接作用来解释，但也有实验观察到了压力波在远隔血流中的传播作用，这就提示了对于压力波通过血管内压力的远达致伤效应问题尚无定论，需要进一步研究。

三、枪弹创的类型

（一）按枪的种类分类

1. 膛线枪枪弹创
2. 滑膛枪枪弹创

（二）按枪弹入体前的经过分类

1. 直射枪弹创　枪弹直接射入人体。
2. 反跳性枪弹创（ricochet bullet wound）　枪弹击中地面或其他物体，反跳后射入人体。
3. 枪弹与障碍物碎片致枪弹创　枪弹击中障碍物后与障碍物碎片一起射入人体。

（三）按射击距离分类

1. 接触枪弹创（contact gun-shot wound）　整个枪口抵住体表射击所形成。
2. 半接触枪弹创（near contact gun-shot wound）　枪口部分紧压人体体表，部分离开人体体表射击所形成。
3. 近距离枪弹创（close range gun-shot wound）　距人体约 30cm 以内射击所形成。
4. 中距离枪弹创（medium-distance gun-shot wound）　来复枪约距人体 60cm 以内，滑膛枪约 5m 以内。
5. 远距离枪弹创（distant gun-shot wound）　距人体超过以上距离的射击。

（四）按穿透人体的情况分类

枪弹创的形态学类型，是指依弹头射中人体后运行的不同状态及导致的不同损伤形态而人为加以划分。其目的在于通过对这些不同种类枪弹创的认识，更确切地描述弹头致伤机体的机制、方式及弹道学原理，同时也反映出枪弹创的多样性、多变性。根据一般枪弹创形态学的变化可有以下几种类型（图 8-5）。

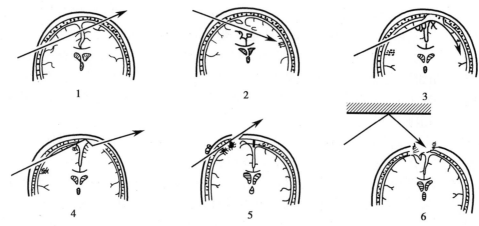

图 8-5　枪弹创的类型
1. 贯通性枪弹创；2. 盲管性枪弹创；3. 回旋枪弹创；
4. 曲折枪弹创；5. 擦过性枪弹创；6. 反跳性枪弹创

1.贯通性枪弹创（perforating bullet wound）　弹头射入人体后，穿过人体组织形成射创管后并穿出体外形成的损伤，其由射入口（entrance bullet wound）、射创管（bullet wound track）以及射出口（exit bullet wound）三部分构成。贯通性枪弹创意味着射击距离较近或弹头具有较大的动能。

2.盲管性枪弹创（penetrating, blind track bullet wound）　弹头射入人体组织后在体内运行逐渐减缓而最终留于体内，只由射入口、射创管两部分组成，而没有射出口的枪弹创。与贯通性枪弹创相比，其发生的机制在于弹头具有的动能已不足以穿出机体。即能量较低的弹头射入人体后，受到组织，尤其是骨骼的阻抗，未能穿出人体。有时枪弹创情况复杂，可能先击穿人体某部，例如上臂，穿出的弹头与碎裂的骨片一起又射入胸部，此第二射入口巨大，边缘不整，也可能弹头从头顶射入，下颌穿出，再从胸骨上凹进入胸腔，因冲力减弱，未能贯穿。

3.擦过性枪弹创（grazing bullet wound）　弹头以切线或极小角度擦过体表所形成的开放性条状或沟状的损伤。擦过性枪弹创的最主要特征是不形成射入口、射出口和射创管，或者说三者合为一体，其损伤形态甚至与锐器切割或有棱边的钝器作用极为相似。常表现为条形、椭圆形或三角形的擦伤、挫伤或挫裂创，若射入口与射出口相接，在体表形成边缘不整齐的沟槽时，又称沟状枪弹创（gutter wound）。极少的情况下，弹头能量极低，不足以射入人体，仅在体表形成圆形或椭圆形擦伤、挫伤或挫裂创。所以，擦过性枪弹创是枪弹创中一种较为特殊的种类。

4.曲折枪弹创（deflected bullet wound）　弹头射入人体组织后如遇硬物阻挡，改变方向后继续运行并射出机体外。曲折枪弹创的形成常反映弹头具有的动能较大，由射入口、折射形的射创管及射出口三部分构成，但三者不在一条直线上。

5.回旋枪弹创（circumferential bullet wound）　弹头射入人体组织后，由于遇到质地较硬的组织（如骨骼）的阻挡，致使其改变飞行方向而形成曲线形的射创管，其中的弹头未能穿出体外。故回旋枪弹创一般也仅由射入口和射创管构成，常见于颅脑的枪弹损伤。但也有动能已减弱的弹头进入人体后碰到骨头，未能穿透骨质，从骨面滑行相当距离后穿出皮肤，例如从前胸射入，沿肋骨滑行至背后射出；同样具有射入口、射创管及射出口。或因弹头动能减弱，形成盲管性枪弹创或回旋枪弹创。

6.反跳性枪弹创（ricochet bullet wound）　弹头在射入人体组织之前先击中较为坚硬的物体如钢板、墙壁、水泥地面或石块等以后，弹头反弹后击中人体。因其动能减小，且弹头可能已经变形，射入口就可呈不规则形。如动能再小，弹头只对体表组织起扑打与擦挫作用，不能射入体内，其损伤以表皮剥脱和（或）皮下出血为主。

第二节　枪弹损伤的形态特征

枪弹创（gunshot wound）是由枪支发射的弹头或其他投射物所致的身体损伤。分典型枪弹创及非典型枪弹损伤。

一、典型枪弹创的形态特征

（一）典型枪弹创的形态特点

典型枪弹损伤（typical gunshot wound）由入口、弹头在体内运行所形成的射创管（或称创道）以及弹头穿出人体皮肤组织所形成的射出口三部分构成。枪弹创的形态特征随发射枪支、弹头特性、射击距离、击中部位等的不同而不同。认识不同情况下枪弹创的各种形态特征，对于判明案件性质、进行案情重建具有重要意义。

1. 膛线枪管枪弹创的射入口（entrance bullet wound）　基本形态呈圆形或椭圆形，与弹头直径相似或略小。最能反映枪弹射入口特征的是创口中心部位的皮肤、创口边缘及周边组织。

（1）接触射入口：枪口紧贴体表射击时，随高压气体喷出的烟雾、残余火药颗粒和金属碎屑大部分直接进入创口皮下及深部组织。此时肉眼可见皮下及射创管起端的周围组织被熏黑、干焦，并有大量颗粒附着。枪口喷出的火焰和高温、高压气体所造成的损伤大大加重了弹头所致的损伤，组织缺损面积往往数倍于弹头大小。创口周围组织可能被烧焦，而创口周围的皮肤上烟晕和颗粒沉着可能很轻微，甚至缺如。

当接触射击部位的皮肤下面即为骨密质时，高压气体被限制在皮下，气体的膨胀力从坚硬的骨质上反弹回来，可导致皮肤形成边缘不整、面积较大的星芒状或十字形缺损，即"爆炸性"接触射入口。这种形态的射入口，一般见于头部，常在前额、乳突、眉心或颞部等部位（见文末彩图8-1）。

接触射击发生在体腔（如腹腔）表面或软组织很丰富的部位时，高压气体有足够的空间膨胀，因而不会造成皮肤的较大缺损和边缘不齐。创口周围的皮肤表面也可没有烟晕和颗粒沉着，易与远距离射入口混淆，这种情况下需探查整个射创管，以免误判。有时腹壁的接触枪弹创因大量气体进入，可使腹腔发生瞬间的突然膨胀，在射入口周围形成多个同心圆形的皮内或皮下出血环。

接触射击时，创口周围的皮肤或衣着上可见到圆形或半月形印痕称枪口印痕（muzzle imprint），反映出发射枪支枪口处的结构特征（如枪管口径、准星等）。这是因为枪口喷出的气体在皮肤下膨胀，将皮肤向外冲起，其表面紧贴在枪口上皮肤受挫压而形成的（见文末彩图8-1），这种印痕本质上属于表皮剥脱和（或）皮下出血。枪口印痕的存在不仅表明射入口的位置，而且表明是接触枪伤，还能反映出枪口特征。

从枪口喷出的高压气体中的一氧化碳与皮下及射创管周围组织中的血红蛋白结合为碳氧血红蛋白，使这些组织，尤其是肌肉呈"樱桃红"色。新鲜尸体上碳氧血红蛋白的检出有助于判断接触射入口。

皮下及射创管起端组织中检出碳氧血红蛋白，创口周围皮肤或衣着上有枪口印痕是判定接触射入口的重要证据。

（2）半接触射入口：即枪口部分接触皮肤，部分离开。此时烟和残余火药颗粒大部在皮肤表面形成一长椭圆形的分布区。不形成星芒状射入口，而形成椭圆形射入口。皮肤上亦可有枪口的一侧部分压痕。

（3）近距离射入口：近距离射入口指枪口未接触体表，但二者距离仍在枪口喷出的火焰和气体作用及残余火药颗粒分布范围以内（约30cm）而形成的射入口。

近距离射入口有下列特征性改变（图8-6）。

1）中心皮肤缺损：由于弹头压迫和旋切作用，将该部位的皮肤向内压成漏斗状，继而挫碎并击穿，在创口中央皮肤形成缺损，缺损边缘皮肤内卷，故整个创口类似旋涡漏斗状。创口边缘整齐或略呈小锯齿状，弹头速度愈大，创缘愈整齐，中心组织缺损，不能合拢。弹头以90°角垂直击中人体，则皮肤上的缺损常呈圆形，若射击角度大于或小于90°，皮肤上的缺损则呈卵圆或椭圆形。弹头穿过皮肤后，由于皮肤回缩，圆形缺损的直径或椭圆形的短径略小于弹头直径。若软组织较少，皮下衬有骨组织，其口径等于或略大于弹头直径。

2）擦拭轮（abrasion collar），也称污垢轮（grease ring）：指弹头在旋转进入皮肤组织时，附着在弹头上的金属碎屑、铁渍、油污或尘埃等黏附于创口边缘皮肤所形成的围绕射入口皮肤缺损边缘的一圈污秽黑褐色的轮状带，其宽度约为1mm。擦拭轮一般呈环形，干燥后极明显，经X线检查可反映创口边缘金属成分的高密度阴影。尸体上由于擦拭轮皮革样化，颜色变深，因而有时不易观察到擦拭轮。擦拭轮位于挫伤轮的内缘，二者可有部分重叠。

3）挫伤轮（contusion collar）：指由旋转的弹头进入皮肤组织的瞬间，除中心部形成创口外，在创口的周边因弹头的旋转、挤压作用而形成的环形挫伤带，表现为创口周边环形的表皮剥脱和（或）皮下出血，所以挫伤轮也被称为冲撞轮。挫伤轮开始为鲜红色，不太明显。死后一段时间，随着水分的蒸发，挫伤轮发生皮革样化，成为暗褐色，比较容易观察。仔细观察和测量挫伤轮有助于判断射击方向和弹头直径。弹头以90°射入人体时，挫伤轮宽窄一致，一般为1～3mm。如弹头以一定斜角射入，挫伤轮宽度不一致，宽的一侧为距枪管最近的一侧。根据射入口估计弹头直径时，必须测量弹洞直径并考虑两侧擦拭轮的宽度。

4）射击残留物（shot residue）：指射击时随弹头一起射出，并分布在射入口周围皮肤上的物质，包括火药燃烧完的烟晕、未燃烧完的火药颗粒、弹头与枪管内壁摩擦后脱落的金属颗粒、枪管内的枪油成分等物质。射击残留物一般主要指前两种。烟晕（smudging）在创口周围皮肤的分布，从中心到外周浓度逐渐变浅，靠近射入口的区域呈黑色雾状，外围呈灰色。烟晕的浓度与射击距离成反比。如人体穿有衣服，则烟晕可遗留在衣服表面。火药颗粒（stippling）在创口周围皮肤的分布，呈散在点状，从中心到外周密度逐渐稀疏。由于火药颗粒与创周皮肤擦挫形成的点状出血或嵌入，类似于文身，故称之为火药斑纹（powder tattooing）。

烟晕和火药颗粒的存在，可以作为认定射入口的依据，是近距离射击的指征。其密度及分布范围与射击距离有密切的关系，射击距离越近，火药颗粒越密集。极近距离射击时还可有创口周围的毛发和组织烧伤。

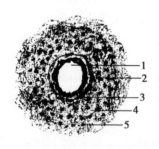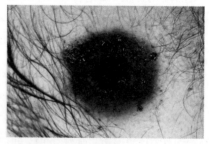

图8-6　典型近距离射入口形态

A．示意图：1. 中心皮肤缺损；2. 擦拭轮；3. 挫伤轮；4. 火药烟晕；
5. 火药颗粒（斑纹）　B．皮肤射入口照片

（4）远距离射入口：一般指枪口与体表距离超过100cm时造成的射入口。其形态仅带有擦拭轮和污垢环的弹孔。没有烟晕和颗粒灼伤。

射入口的组织学特征：表现为机械力和热作用造成的综合性损伤。创口外周至中心表现为表皮细胞受压变形，棘细胞呈长梭形，呈极性排列，极向与体表平行。皮肤缺损的边缘仅有深部的表皮细

胞残留，创口中心表皮细胞缺如。基底细胞肿胀和空泡变性。真皮内胶原纤维肿胀、融合或均质化，嗜碱性或嫌色性增强。皮肤附件和其他细胞成分受累，核固缩或空泡化。

创口周围皮肤表面，创壁皮下和深部组织中可检见火药和金属颗粒，镜下呈团块状的无定形黑色物质、散在的棕黄色或棕绿色针形和小片状物质。

2. 膛线枪管枪弹创的射创管（bullet wound track） 弹头通过身体所形成的创道称射创管，也称弹道或射创道，指在射入口和射出口之间弹头运行造成的损伤。射创管一般呈直线状，但也有其他形状。由于受弹头形态、动能大小和组织密度、弹性程度等因素的影响，射创管常表现出不同的形状及径路。人体组织除骨骼外弹性一般较好，由于弹头经过时的瞬间空腔效应等产生数倍于弹头直径的损伤空腔，由坏死破碎组织和流出的血液凝块填充。只有在弹性小、密度较均匀的组织如骨骼等才可能见到空腔状的射创管。一般通过弹头经过时对周围组织破坏所留下的损伤痕迹来认定射创管，特别是在组织密度较均匀的器官，如脑、肝、脾、肾等，其出血区域边界清楚，走向明确而易于识别（图8-7）。

（1）射创管的断面：射创管各截面的大小和形态的差异甚大，与弹头速度、形状及受伤组织特性有很大关系。当其他条件相同时，弹头的阻力愈大，射创管的断面愈大。收缩状态下的肌肉被击中时，比松弛时击中的射创管内径大。肝的射创管截面积比肌组织大，并多呈放射状裂开（图8-8）。

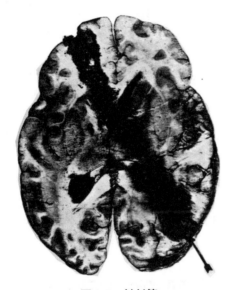

图8-7 射创管
弹头穿过大脑组织后留下的十分清晰的射创管
形态（引自 Tedeschi）

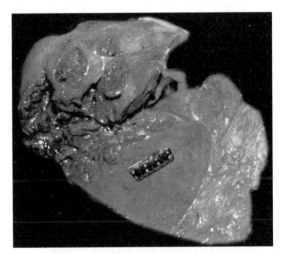

图8-8 射创管
肝的射创管比肌组织宽，并多呈放射状裂开

如弹头击中骨骼，骨碎片可成为继发投射物，从而使后继的射创管扩大，在创壁上可嵌有碎骨片，并可形成盲腔。

射创管近入口处，中间部和近出口处并不等宽，这与投射物的速度和形状以及组织特性有关。实验表明，肌组织的射创管起始部一般为直管形，断面直径略大于弹头直径；中间部扩大；在弹速较低时，出口部可缩小呈管状，若弹速高时则可呈喇叭口状开放。

（2）射创管的内容物：射创管两端即射入口、射出口与外界相通，因此射创管内常可检见各种异物。既有由弹头从外界所带入的异物，如弹头射穿玻璃后再射入人体带入的碎玻璃碴；也有人体内组织破裂后被带入射创管的异物，如弹头击碎骨骼所引起的骨碎片移位；还有弹头本身因各种原因破碎致使碎裂的金属片遗留在射创管中。多数射创管内可见坏死组织、新鲜血液和凝血块、或随弹头进入的表皮组织和衣物碎片等。值得注意的是，较高速度的弹头射入人体，所形成的瞬时空腔具有负压，也可将衣物纤维、砂石、泥土等异物吸入至射创管内。在盲管性枪弹创的射创管末端一般可找到弹头。少数情况下，由于弹头止于体腔、血管或胃肠道等空腔和组织间隙时，弹头可游走到远离射创管的部位。

在法医实际工作中，射创管中异物成分的存在及其所在的位置对分析与鉴定弹头与弹道的特点、弹头对机体的损伤、甚至射入口与射出口均有十分重要的意义和价值。

（3）射创管曲折：弹头穿过不同密度的组织时遇到阻力（如骨骼），运动方向常发生改变，形成的射创管并不一定呈直线形，很有可能呈曲线或折线状。尤其在弹头动能较小时，射创管变向的可能性就较大。如动能小的弹头碰到脊柱可发生折射；碰到肋骨可沿肋骨的弓形表面前进一段距离后穿出体表；碰到筋膜与肌腱等致密组织，也可以改变方向而形成曲折的射创管。有一案例弹头从髂前上棘射入，向上折行进入肝，又转向入脾；另一案例弹头射入左心室，随血流进入左心房，再进入主动脉直至髂动脉。

（4）射创管壁的组织学特征：射创管的管壁可见到原发创道区、挫伤区和震荡区三层不同程度的改变。

1）原发创道区：指弹头直接损伤的组织，可见大量破碎组织、凝血块、血液和各种异物。

2）挫伤区：指围绕原发创道的邻近组织。其范围大小与组织的性状有关。脑、紧张的肌肉以及其他实质性器官挫伤区较大。弹性强的器官，如肺和皮肤的挫伤区较小。组织学改变，以肌组织为例，挫伤区内层为坏死肌组织，肌纤维失去正常结构，呈均质状，染色稍淡。有些肌纤维的胞浆染色不均匀，出现粗细不等的颗粒，并可见空泡形成。挫伤区早期组织学改变不明显，经过一段时间后，变性坏死加剧，甚至坏死组织脱落，从而使原发创道变大。

3）震荡区：为挫伤区外围的组织，主要病理学变化是血液循环障碍。伤后较短时间表现不明显，随后逐渐加重，表现为充血、出血、血栓形成、渗出和水肿等。含水愈多的组织和器官出血愈多，震荡区亦愈宽。

3. 膛线枪管创的射出口（exit bullet wound） 弹头由体内穿出体外时在体表皮肤上形成的创口称射出口。与射入口的形成机制基本相似，当弹头由内向外顶压皮肤，使受力部位的皮肤超过弹性限度后，可使皮肤撕裂，形成射出口。

射出口创缘常向外翻，可呈星芒状、十字状、圆形、椭圆形、新月形或裂隙状等多种形状（图8-9，图8-10）。大小也可不同，但一般大于同一弹头形成的射入口。影响射出口大小和形状的因素主要有：①弹头到达出口处时的动能大小；②弹头是否变形、翻滚；③是否伤及骨组织；④皮肤外是否有

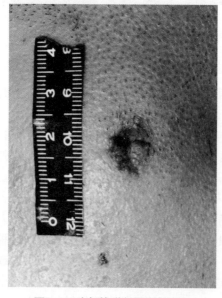

图8-9 头部枪弹创圆形射出口

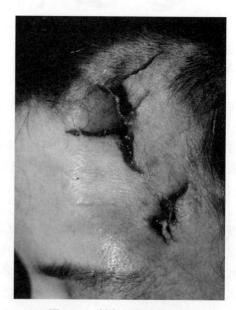

图8-10 射出口可呈星芒状

硬物衬垫等。若弹头以一定速度直穿过组织,其射入口和射出口的大小常相似。若弹头在通过人体时碰到骨而发生变形或打横,弹头与组织的接触面扩大,或弹头破碎或击碎的骨碎片,均可使射出口变大,大于射入口。在接触射击时,由于气体进入皮下,使入口裂开较大,故射出口常小于射入口。射出口周围皮肤表面可附有挫碎、出血的皮下脂肪组织。无擦拭轮、挫伤轮、烟晕、火药颗粒及灼伤等射入口的特征性改变,但射出口部位若有硬物衬垫,在创缘周围也可检见类似挫伤轮的环带状表皮剥脱。如射出口皮肤紧贴墙壁或汽车内外平面,或该处皮肤有裤腰皮带或胸罩的绑带压住,均可出现上述改变。

射出口的组织学检查也可见热作用所致的胶原纤维凝固性坏死,有时可在皮下组织发现其他器官的组织碎屑。常有大量皮下组织出血。最重要的是射出口毁损的表皮与邻近无损伤或损伤极轻的表皮分界清楚,不像射入口那样表现为表皮损伤由外向内逐渐加重。

射出口与射入口周围皮肤组织的形态学特征在一般情况下有明显的差异,尤其是在近距离射击所形成具有典型形态学特征的射入口时,两者鉴别较为简单。

表 8-1　射入口与射出口的鉴别

鉴别点	射入口	射出口
创口形态	多为圆形或卵圆形	多为星芒状
创口直径	等于或小于弹头直径	多大于弹头直径
组织缺损	有	多数无
创缘	内陷	外翻
创周出血	轻	重
擦拭轮	必有	无
挫伤轮	必有	无
火药颗粒	近距离射击时有	无
烟晕	近距离射击时有	无
枪口印痕	接触射击时有	无
骨骼贯通创	较小,圆洞状	较大,呈喇叭状
衣服碎片	可有	无
骨骼碎片	无	有

(二)枪弹创的非典型形态特征

影响枪弹创形态特征的因素很多,主要与体位、射击部位、射击角度、弹道中的障碍物、射出口处的状况等因素有关。在法医学实践中,经常遇到不典型的枪弹损伤,例如有的在射入口处无挫伤轮或不明显,而有的在射出口处有较明显的挫伤等。准确地识别非典型枪弹创的形态特征在法医学鉴定中是非常重要的。

1.隐蔽的射入口　枪弹创有时在某些较特殊的部位或由于一些因素的影响,射入口易于被忽略或不易被发现,尤其在不伴有射出口的情况下。造成隐蔽射入口的常见情况有以下几种:①射入口被血痂覆盖;②射入口被头发覆盖;③射入口位于脐部;④射入口位于口腔内或鼻腔内或阴道、肛门内。

2.射入口无挫伤轮　一般情况下,弹头在射入皮肤组织的瞬间对组织的挫压可产生挫伤轮,但在以下情况挫伤轮可能不出现或肉眼不易识别:①手掌、足底的射入口:由于手掌和足底表皮层,尤其角化层较厚,弹头挫压皮肤不易产生皮下出血或即使产生皮下出血也不易通过表皮反映出来。②高速枪弹所致的射入口:高速枪弹射入皮肤组织时,因持续时间极短以及高速弹头穿过的剪切作用,所以挫压皮肤不明显,从而导致挫伤轮也极不明显。这一征象易发生在皮肤组织,尤其是皮下组织不甚丰满的部位。③腋窝和阴囊处的射入口:腋窝和阴囊处的射入口挫伤轮窄或不明显,可能与该部位表皮层及皮下组织极薄,皮下出血不易聚积有关。

3. 射出口处出现挫伤 弹头在穿出皮肤前将皮肤组织向外挤压，此时如皮肤外有硬质物体衬垫，如背靠墙、木板等，则可因皮肤与物体接触受挤压产生皮肤挫伤和皮下出血。其形态一般不大规则，但有时也可呈轮状，易与射入口相混淆。由于一般弹头经过体内后速度减缓，因而与穿出处皮肤的作用时间也相对长，在这种情况下射出口处出现挫伤的可能性很大。

4. 非典型射入口（atypical entrance bullet wound） 是指因弹头射入方式的影响所引起的射入口不典型，如低角度射击、切线状射击、弹头两次进入等。其他一些导致非典型射入口的因素如跳弹、弹头穿过中间障碍物后所引起的损伤等将在非典型枪弹损伤中述及。

（1）低角度射击（shallow angle fire）：当弹头以小于20°角射入人体组织时，常会形成豁口状损伤。这种损伤与钝性物体打击所致的挫裂创，甚至与锐器切割所致的创口十分相似。这种损伤的本质是射入口、射创道、射出口连成一体，其创口的长轴方向即指示弹头的运行方向。

（2）切线状射击（tangential fire）：切线状射击是上述低角度射击中的一种特殊类型，其所产生的损伤也呈长轴形创口，主要的差别在于这种创口是由于皮肤的撕裂所致，故往往比上述的豁口状创口更长（但主要取决于该处体表的弧度），其撕裂角的方向即指示弹头的运行方向（图8-11）。

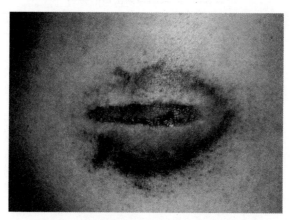

图 8-11 切线状射击创口形态，呈沟槽状

（3）二次射入创（reentry wound）：指弹头射入人体组织后穿出，再次射入人体所产生的创口，或弹头射入皮肤有皱褶的部位。如前臂弹头射入，射出后弹头又射入胸部。二次射入创多发生在低角度射击或侧面射击时，其射入口形态特征多表现为创口边缘擦拭轮及挫伤轮均不明显，边缘组织呈碎裂创，射击残留物成分也不易检出。

5. 假性火药斑纹（pseudo-power tattooing） 指在射入口周围因各种原因导致的细小、散在分布的皮下出血，与火药斑纹相类似。由于火药斑纹是推断射击距离的重要指标，而这种假性火药斑纹容易造成推断射击距离的偏差，因此正确识别极为重要。引起假性火药斑纹的常见原因有以下几种。

（1）弹头碎片：由各种原因导致弹头在射入皮肤组织前发生碎裂，其细小的碎裂片可随弹头一起射入，在创口周围形成点片状的表皮剥脱和皮下出血。与火药斑纹最大的区别在于，由弹头碎片所引起的假性火药斑纹大小不太一致，其密度也不如火药颗粒分布那么均匀。

（2）中间靶物碎片：如果弹头在射入人体组织前先穿过中间靶物，如玻璃、木板、塑料制品等，被击碎的中间物可随弹头一起射向人体，在创口周围形成类似火药斑纹的表皮剥脱和皮下出血。这是形成假性火药斑纹最常见的原因。除了分布密度不如火药颗粒那么均匀外，鉴别这种假性火药颗粒最好的方法是找到中间靶物的碎片。

（3）昆虫叮咬：有时，枪弹损伤的尸体上有昆虫叮咬所引起的点状损伤，如果发生在创口周围则易被误认为火药斑纹。与假性火药斑纹的区别点是：①由于死后受昆虫叮咬，故这种点状损伤皮肤表面水分蒸发而呈黄色或黄褐色；②昆虫叮咬一般呈线状排列，且多以一侧为主，而分布不像火药颗粒那样均匀。

（4）毛根部出血：头部的枪弹损伤常引起射入口周围毛根、毛囊的出血，当头发被剃除后仅见到小点状的出血而易误认为火药斑纹。区别这种假象的主要根据是这种出血仅在毛根部出现，呈一定规律排列。

6. 假性烟晕（pseudo-soot） 是指射入口周围的皮肤组织颜色类似烟晕样的改变，其原因主要有两种：①现场污染的结果，常见的有灰尘、杂物等；②黏膜下或皮下组织菲薄处出血干燥后使之颜色改变。区别假性烟晕的主要方法：①用立体显微镜观察皮肤组织表面物质的性状；②进行金属成分的测定，因烟晕中常含有被气化了的金属成分。

7. 射出口处的射击残留物 一般射击残留物只在射入口处存在，但在某些特殊情况下，如射入口与射出口间隔距离很短，发射火药量大且燃烧不完全等时，有可能在射出口处检出射击残留物，但须排除在搬动尸体时人为造成的污染。Lieske（1991）报道一例在左颞部进入，右颞部穿出的枪弹创死亡案中，射入口和射出口均检出了射击残留物。后来进行的射击实验结果表明在较短的间距内，射入口、射出口处均可检出射击残留物，但其含量及分布范围有明显的差别，而且在射出口的射击残留物仅在创口内，不会在创口周围。在实际工作中，也往往据此来区分射入口、射出口。

（三）散弹枪弹创

据文献资料报道，在民间的枪弹损伤中，以低速手枪、来复式长枪及散弹枪最常见。但相比较而言，世界上大多数国家对私人拥有制式武器特别是来复式短、长枪有严格的法律限制，而对散弹枪的管理却要宽松得多。许多统计资料显示，散弹枪创较之于其他枪弹创为多。尤其在我国，许多地方的枪弹创致死的案件统计分析中以散弹居大多数。由于散弹与其他手枪、长枪子弹有较显著的差异，因此有必要专门对其损伤及其特征进行叙述。

散弹枪弹创（shotgun wounds）是指利用散弹枪一次发射多颗或单颗金属弹丸所造成的损伤。散弹枪在我国多称之为猎枪，在民间主要用于打猎。散弹枪由于其枪管内壁无膛线，将其归类于滑膛枪或平滑枪。在对散弹枪弹创的鉴定方面，正确识别散弹枪弹创并不困难，主要在于散弹创的形态特征和散弹弹丸的分布范围与射击距离有较大的相关性，在实际检验鉴定中较准确地推断射击距离有一定难度。

散弹枪弹创也具有典型枪弹创的基本形态，如射入口、射创管和射出口。由于散弹自身的物理性能，不产生瞬时空腔（射创管），一般也不具有射出口，只有在射击比较薄的部位或较近距离射击时，可见有个别弹丸穿出体外形成射出口。由于散弹枪管内无膛线，发射后散弹弹丸的飞行方式不旋转，加之有弹杯保护，其射入口的擦伤轮不明显。较远距离射击由于散弹放散，形成许多单个的射入口，射入人体后动能很快消失，多形成深浅不一的盲管创。在法医实际工作中对散弹创的鉴定重点是对射入口检验，不同射击距离时的射入口形态特征如下。

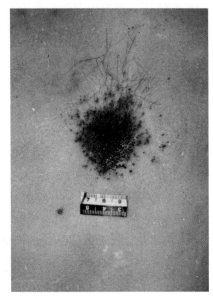

图 8-12 散弹创入口
接触射击，周围有火药烟晕和颗粒

1. 接触射击枪弹创 散弹枪的枪口如紧贴无骨质衬垫的部位皮肤射击，所形成的射入口呈圆形或类圆形，边缘较整齐，直径基本相同或稍大于枪管口径。有时可较枪管口径略小，系因皮肤的弹性收缩所致，创口周围常无烟晕。由于发射时枪身后坐，使枪口稍离开皮肤，则在皮肤创口周围表面可形成烟晕、烧灼伤、火药颗粒沉着（图8-12）。穿有衣服时可见衣服纤维烧灼痕迹，同时有皮肤的烧灼伤。接触枪弹创因枪口紧压皮肤，可在创口周围形成枪口印痕，在有多量气体进入皮下将皮肤鼓起时，枪口印痕更加清晰可见。

皮下有骨组织衬垫的部位，如前额部、两侧颞部、颧骨部、枕部的接触射击，因气体在皮下严重膨起，形成较大的星芒状皮肤裂创;同时可造成深部组织的严重崩裂,将头皮和颅骨炸开,颅骨碎片和脑组织可喷溅至远处。这种严重的组织毁坏可掩盖射入口和射出口的特征。容易与斧头等类致伤物所造成的损伤相混淆。口腔内的接触射击,因为受到硬腭的阻挡,有时弹头损伤脑组织后停留在颅内或头皮与颅骨之间,故无射出口。注意查找口腔、鼻腔等这些隐蔽的射入口,以免因未找到明显的枪弹创证据而被定为其他原因死亡。

2. 近距离射击枪弹创 近距离射击时散弹尚未脱离弹杯,故射入口仍为圆形或类圆形,边缘较整齐,创缘皮肤可出现弹杯花瓣所致的挫伤或结构破坏。随射击距离的增加,弹丸分布的密集程度变小,而范围扩大。较近距离射击,弹丸密集,可形成一个较大的射入口,比枪口直径大,创口边缘呈锯齿状,周围有较大的火药烟晕及明显的烧灼伤区(见文末彩图 8-2)。略远的近距离射击,主要射入口周围可见散在的单个弹丸形成的小射入口。除弹创外,常见弹内的垫片(隔层)及弹塞(弹杯)造成的圆形挫伤。在 2m 内尚可见烟晕及灼伤。

3. 远距离射击枪弹创 随射击距离的增加,中心射入口由集中逐渐至密度分散直至消失,形成许多类圆形或不规则的散在小孔状射入口。散弹丸停留在体内深浅不一,一般极易发现。射击距离在 2m 以内通常可以形成集中弹孔,3m 以上则常常形成分散弹孔。故解剖室需要配备 X 线机以便对尸体进行必要的 X 线摄影。

散弹枪的接触和近距离射击所致枪弹创巨大,损伤严重,常导致死亡;远距离散弹创一般无致命危险,但因弹丸小、数目多,手术不易完全清除,遗留在体内可致感染,遗留弹丸较多的情况下有可能造成铅中毒。散弹弹壳内常用油毡、报纸、碎布、皮革、纸板等物做火药隔层,还有塑料制的弹杯,并用蜡质做封闭物。这些物质可随弹丸一同射入人体,造成损伤,尸检时应注意收集,编号保存,有时可成为破案的重要线索并提供证据。

总体而言,散弹枪创与射击距离呈以下几种主要关系:射距 <2m,散弹发射后几乎所有成分均可进入同一创口,人体上一般仅有一处较大的创口;射距为 3~6m 时,散弹部分成分进入创口,形成一个主创口,其周围在 5~12cm 范围内还散在单个弹丸所形成的小创口;射距 >6m 时,除弹丸外,其他成分一般不进入创口,而且人体上仅留有散在的单个弹丸所形成的小创口;射距 >10m 时,仅单个弹丸在较大范围内形成小创口,许多弹丸仅留于皮下组织内。

(四)颅骨枪弹损伤

各种因素可使软组织结构破坏,以致无法识别枪弹损伤,而骨骼,尤其是颅骨能够很好地反映枪弹损伤特征。准确识别颅骨的枪弹损伤特征对推断射击方向、射击顺序以及枪弹的口径大小等均具有重要的价值。枪弹所致的颅骨骨折有以下几种基本类型,即孔状骨折、放射状骨折、环状隆起骨折及特殊的锁孔状骨折。

1. 孔状骨折(hole fracture) 是由骨裂块脱落所组成的缺损型骨折,是枪弹贯穿颅骨所产生的损伤类型。由于枪弹对颅骨形成孔状骨折时常有不同程度喇叭口样的内板或外板斜面(beveling)形成,因此,也有将孔状骨折称为带斜面的射入口(或射出口)(beveled entrance or exit wound)。

孔状骨折是弹头直接打击颅骨,释放能量的结果。弹头作用于颅骨与钝器打击颅骨,其本质性区别在于弹头的高速、旋转以及力点极为集中等因素。颅骨骨板的抗压性强和抗拉性弱,导致这种孔状骨折在射入口处产生内板斜面(inward beveling)以及在射出口处产生外板斜面(outward beveling)。这种颅骨内外板斜面的特征直接指示射入口或射出口的位置,所以也作为确定射击方向的依据(见文末彩图 8-3)。

2. 放射状骨折(radial fracture) 表现为以弹头在颅骨上的接触点(即孔状骨折处)为中心的多条散射的线状骨折。放射状骨折是弹头作用于颅骨所产生的环形紧箍应力(circumferential hoop stresses)释放的结果,实际上是颅骨瞬间整体变形与局部变形相结合的结果。放射状骨折与孔状骨折同步或稍后于(毫秒计)孔状骨折。线状骨折的长度及哆开程度与弹头所具有的能量大小成正比。放射状骨折线的骨断面有两种形式,其一与颅骨垂直;其二在板障层呈阶梯状。前者表明与孔状骨折同时产生,后者则示放射状骨折稍后于孔状骨折的发生。由于放射状骨折线的长短直接与弹头所具能量大小相关,而弹头在穿过颅骨时能量消耗明显,所以,虽然在射入口和射出口处均可出现放射状骨折,但在射入口处的骨折线一般较射出口处的骨折线要明显。

3. 环状隆起骨折(concentric heaving fracture) 由多条环形、围绕孔状骨折的同心圆弧形骨折线所构成。环状隆起骨折的发生是形成放射状骨折的环形紧箍应力的释放和弹头经过颅内所产生瞬间颅内高压相结合的结果,以后者为主要因素。环状隆起骨折发生于放射状骨折之后并且必然有放射状骨折的存在(而放射状骨折可单独存在)。环状隆起骨折在颅骨射入口处向外隆起,横截面观其骨折线倾斜方向与孔状骨折内板斜面相反;在射出口处其骨折线倾斜方向则与孔状骨折的外板斜面相一致。环状隆起骨折的半径随弹头能量的增大而增大,环状隆起骨折的半径与弹头所携能量呈正相关,并且弹头在穿过颅骨后丧失了部分能量,所以一般环状隆起骨折的半径在入口处较出口处大。前已述及,从截面上看,环状隆起骨折在射入口处的斜面与孔状骨折相反,即向外倾斜,而在射出口处与孔状骨折相同。这种征象可有助于鉴别射入口与射出口。但环状隆起骨折的斜面不是骨板缺损型的,只是线性倾斜,并且只能从横截面上才能较明显观察到。

上述三种骨折系颅骨枪弹损伤产生的基本形态学类型。由于孔状骨折是弹头直接作用的结果,故也被认为是原发性骨折,而放射状骨折和环状隆起骨折因其形成机制在于弹头的间接作用(颅骨受力后整体变形和局部变形相结合)为主,故又称之为继发性骨折。除孔状骨折外,放射状和环状隆起骨折均好发于低速(<750m/s)的枪弹损伤时,这可能与弹头穿越颅骨的时间较长有关。另外就发生时间与存在状态而言,环状隆起骨折发生在最后且须在前两种骨折均存在的条件下;而孔状骨折则发生在最前,可单独或伴有放射状骨折存在。

4. 锁孔状骨折(keyhole fracture) 因其骨折形态似锁孔而得名。锁孔状骨折由内板斜面的圆形或卵圆形颅骨缺损和外板斜面的类三角形颅骨缺损构成(图8-13)。当弹头以切线或极小角度作用于颅骨时,导致以下3种情况:①只伤及外板,留有线状或槽形骨折;②伤及外板和内板,但弹头未进颅腔;③弹头或其碎片进入颅内,造成锁孔状骨折。所以,锁孔状骨折是弹头切线或极小角度作用于颅骨表面形成的特殊损伤形式。其形成机制在于当弹头以切线方向或极小角度作用于颅骨时,产生垂直和平行的两种向量力,这种垂直的向量力产生了圆形或卵圆形的颅骨缺损,而水平的向量力导致类三角形的颅骨缺损。

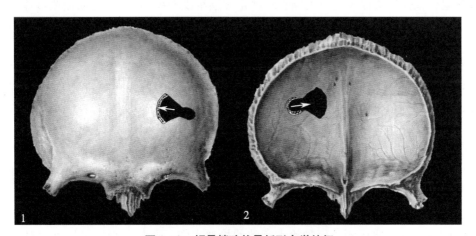

图8-13 颅骨锁孔状骨折形态学特征
1. 额骨外面观——扇形外板斜面;2. 额骨内面观——半圆形内板斜面

锁孔状骨折可由各种型号的手枪、散弹枪形成。远距离射击时多见,但也有30cm距离射击形成的报道。特别值得一提的是,锁孔状骨折在颅骨射出口处亦可形成,即弹头在颅内改变方向或其他原因导致弹头以切线或极小角度射出颅骨时,但此时特别应注意其内外板的斜面与射入口处恰好相反。另外,锁孔状骨折在射入口处可能有较明显的外板斜面特征。这是由于弹头切线射击时受力方向不同的结果。由于锁孔状的特有形态,应看作是一次形成的入口。

二、非典型枪弹损伤

非典型枪弹创(atypical gunshot wound)是指因弹头受射入方式的影响而引起枪弹射入口和射出口形态出现非典型变化的一类枪弹创。法医学检验鉴定枪弹创的实际工作中,正确识别非典型枪弹创是非常重要的内容。非典型枪弹损伤包括弹头穿过中间障碍物所致损伤、跳弹损伤、带消音器枪的枪弹损伤、橡胶弹损伤、射钉枪损伤、空包弹损伤及气枪弹损伤等,详见网络增值部分内容。

知识拓展▶

弹头飞行过程中遇到其他物体后,除弹头嵌入障碍物中不伤及人体以外,还可能穿过物体不改变方向射入人体;或者碰撞物体后以一定角度反跳射入人体。这两种情形均改变了弹头的形态、速度甚至角度,或者在弹头碰撞物体时产生其他异物造成损伤而形成非典型损伤。由于受到弹头本身、所遇物体、外界环境等各种影响,实际工作中法医对此类损伤入射口的认定及射击距离判断需进行综合分析。

第三节 枪弹损伤的法医学鉴定

枪弹损伤的法医学鉴定主要涉及枪弹损伤的认定、枪支的识别、射击方向、射击角度、射击距离以及损伤性质等相关问题。在实际工作中,法医工作者对枪弹损伤进行检验鉴定时往往需要痕迹、理化等专业技术人员的参与。所以,枪弹损伤的法医学鉴定需要综合多学科知识与技术。

一、枪弹损伤的认定与枪支的识别

由于枪弹创具有一定的形态学特征,因此典型的枪弹创不难判定,但不典型的枪弹创需要认真检验,全面分析,才能得到正确结论。如肩部或大腿的擦过性枪弹创呈深沟状哆开时,可误认为刀伤;头部的接触性枪弹创造成头皮巨大撕裂和严重颅脑组织毁损,可误认为砍创或爆炸伤。相反,其他损伤有时酷似枪弹创,如断面为圆形,直径较小的刺器形成的刺创时,易与远距离射击形成的枪弹创的射入口混淆,但此种刺创口无枪弹创射入口的其他特征。曾有一例从树上坠下被烧焦的树枝刺伤臀部,创口酷似枪弹创射入口,但仅为盲管创,体内无弹头,组织学检验亦无枪弹创射入口特征。有时既无刃口、又无明显尖端的圆柱形金属类致伤物,如铁凳腿或炉杆等致伤物所致的捅创,不仅有圆形的创口,还可见创口周围形成环形的挫伤带,创道较深,极易误认为盲管枪弹枪,X线检查体内无弹头存在,组织学所见不具备枪弹创射入口的特征,可以鉴别。

确定有枪弹创存在后,还必须进一步判断以下几个问题:①是否死于枪弹创,所以必须对尸体进行系统解剖,必要时做组织学检验和毒物分析,以查明枪弹创是否为致命死因或排除其他致命死因;②判定枪弹创是否为生前形成;③确定有无致命性疾病或作为辅助死因的病变或其他暴力致死的可能性存在。

根据枪弹创的形态,要推测是何种枪支所致的枪弹击伤。要与获得嫌疑枪支比对,认定是否该枪支所致。虽然这是刑事侦察部门的任务,但需要法医工作者密切配合。法医工作者对枪弹创检验有了相当的经验时,就能根据射入口大小推测枪的口径。

二、射击方向的判定

射击方向(direction of fire)指弹头击中人体时的运行方向。法医检验者应先确定射入口和射出口;再根据射入口、射创管和射出口各自的形态特点,三者的相互关系以及发射枪支和子弹的特性,作出射击方向的判定。对于射入口和射出口的具体位置必须作精确的测量,标明它们与身体某些解剖结构或体表标志的距离和关系。对直接穿通的枪弹创,应用一长探针通入,以证明其射击方向。如果射入口和射出口可以确定,二者间又有射创管相通,判断射击方向并无困难。盲管性枪弹创仅有射入口,则最好先有一张全身的 X 线片,认定弹头的位置,再进一步检查射创管,方可确定射击方向。在远距离枪弹创和反跳性枪弹创,因入口不典型,要认真鉴别射入口和射出口,避免误判。值得强调的是,在判断射击方向时要考虑人体中弹时的体位和姿势,中弹后体位的改变以及死后尸体是否被移动等因素。在特定的姿势下,一个弹头可能在身体上形成 2 个或 2 个以上的射入口,例如枪弹可从上臂外侧向内侧穿透,继而射入胸腔,就有两个射入口。若不考虑中弹后和死亡后身体姿势的改变,会被误认为有 2 次以上射击,从而干扰对射击方向的判断。因此要详细勘查现场血迹、组织碎块的喷溅方向,血液流注方向,弹壳位置,弹头位置和其他弹着点的痕迹等,进行全面分析,确定被击时的体位。

对于半接触枪弹创及近距离枪弹创,从射入口周围的烟晕和残余火药颗粒的分布是圆形抑或椭圆形,可帮助推测射击的方向。

三、射击角度的鉴定

射击角度(angle of fire)是指弹头击中目标瞬时的速度方向与水平面的夹角或速度方向与目标法线之间的夹角。在弹道学上,射击角度也称发射角度或射角(barrel-to-target angle)。另外与射击角度有关的另一种表示方式称命中角(projectile entry angle),指的是弹着点的弹道切线与靶体面切线的夹角(图 8-14)。由于一般在推断射击角度时将弹头的运行轨迹看作为直线,而且为方便起见,将靶体视为一垂直面,所以在一般情况下,发射角与命中角是呈互余关系,即发射角 = 90° − 命中角。在推断和计算射击角度时主要指对发射角度的推断,但有时亦可根据命中角度来推断发射角。其实,更为有用的是仰俯角和偏转角,代表了射创管与人体水平面与矢状面的夹角,对于判断射击者与受害者之间的位置关系很有意义。

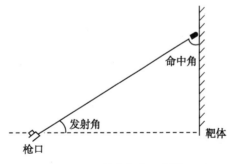

图 8-14 射击角度示意图

(一)根据射入口形态推断射击角度

根据射入口边缘的擦拭轮、挫伤轮、烟晕和火药斑纹的形态特征与分布情况,可大体推断射击命中角度。因在较近距离射击时,射击残留物及弹头作用直接反映枪口与射入口的关系。当射击命中角度与人体体表垂直,即呈 90° 或接近 90° 时,射入口边缘的擦拭轮、挫伤轮、烟晕和火药颗粒的分布形态大体较均匀一致、对称;当擦拭轮、挫伤轮的宽度不对称或烟晕、火药斑纹呈一侧为主分布时,往往提示枪口与人体成角射击,角度越大,差异越明显(图 8-15)。在上述几种射入口特征中,挫伤轮的特征最具稳定性,最具代表意义。必须指出,利用射入口形态推断射击命中角度只是大致反映出角度,无法精确得出具体数值。另外,如果射入口位于不整的部位,表面凹凸不平如颧骨、肢体关节等时,射入口形态特征会因此而发生改变,会影响到射击命中角度的判断。

（二）相似三角形三角函数计算法推算射击角度

利用相似三角形对应角相同的原理，通过三角函数计算得出射击角度是一种经典的方法。但它需具备两个基本条件，一是必须有两个呈直线相通的弹着点。对于人体来说是射入口和射出口；二是射击当时人体体位相对较固定。具体计算过程结合图8-16所示。

根据几何原理，$\triangle AEC$ 和 $\triangle BDC$ 相似，即 $\angle\alpha=\angle\alpha'$，因此只要计算出 $\angle\alpha'$ 即可知射击角度 α。如假定B为射入口，C为射出口，那么利用人体B、C、D三点的投影，即可测量出BC、BD和DC的长度，利用直角三角函数中任意一种可计算出 $\angle\alpha'$ 的数值，经查函数表得到具体的角度。

（三）射入口推断法推算射击角度

对于盲管性枪弹创，找不到两处连接的弹着点时，需利用射入口直径在两个方向的差异用正弦函数来计射击算命中角度。如果弹头与人体表面垂直，那么射入口将是一个圆形，其直径在各个方向上均相等且等于弹头的口径；如果两者之间成角，那么射入口呈椭圆形，在椭圆形中，其短轴（minor axis）为弹头的直径而长轴（major axis）则反映人体与枪管间的角度（图8-17）。

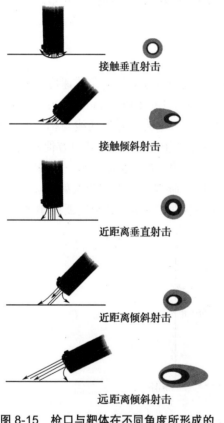

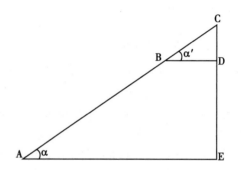

图8-16 利用相似三角形三角函数计算法推算射击角度

图8-15 枪口与靶体在不同角度所形成的射入口及射击残留物分布示意图

图8-17 根据射入口推断法推算射击命中角度

根据射入口形态推算射击命中角度的公式：

$$\sin\theta=\frac{短轴长度}{长轴长度}$$

式中 θ 为射击角度。由公式可知，当短轴与长轴相等时，射击命中角度为90°（即1.0的正弦对应值是90°）；当短轴长度等于长轴的一半时，命中角度为30°（即0.5的正弦对应值是30°），那么根据互余原理，射击角度为60°。

这种利用射入口测量来计算命中角度进而推算出射击角度的优点在于，首先不考虑弹头的运行轨迹是否呈一直线或者弹头发射后曾贯穿物体或反跳而改变了原来的方向，只反映弹头与人体相接触瞬间所呈的互相关系,所以受干扰影响因素较少。但其缺陷在于对以较小射击角度(即较大的命中角度)射击所致的射入口来说,其计算误差可能会很大,因射入口长短轴轻微的测量误差即可产生较大的射击角度误差。

四、射击距离的鉴定

射击距离(range of fire)是指弹头从枪口至靶体的飞行距离。根据弹头发射后运行的轨迹差异和枪口与靶体的相对位置差异,可将射击距离分为:①水平射击距离,指弹头从枪口至弹道上任意一点斜距离的直线投影;②实际射击距离,指弹头从枪口至靶体的直线距离。在实际工作中,作为枪弹损伤检案以及简化计算的需要,绝大多数是指水平射击距离,即枪口至被射人体射入口的水平距离。

射击距离通常分为,接触射击(contact fire)、近距离射击(close range fire)、中距离射击(intermediate range fire)和远距离射击(distant fire)。但如何具体界定这几种射击距离则仍有争议。有的以 1m 为界分法,也有以 0.5m 为界分法,目前根据枪弹在不同射击距离内所产生的枪弹创效应以及实际工作的要求,一般倾向于分成:接触射击:0~6cm,近距离射击:6~60cm,远距离射击:>60cm。国外许多学者倾向于更为细化:①紧密接触射击(hard contact):0cm;②相对接触射击(relative contact):1~6cm;③近距离射击(close range):6~30cm;④中等距离射击(intermediate range):30~60cm;⑤远距离射击(distance range):60cm~有效射程;⑥极远距离射击(far-distance range):>有效射程。

(一)根据射入口形态推断射击距离

射入口出现枪口印痕及撕裂创口,可判断为接触射击。在有效射程内,见有圆形或椭圆形射入口,边缘有擦拭轮、挫伤轮及火药烟晕、火药斑纹(火药颗粒及灼伤),并有射击者所持的枪支、手及衣着上黏附被射击者的血液及其他人体组织(如骨碎片等)的回溅现象,一般为近、中距离射击。而见圆或椭圆形射入口,边缘有擦拭轮、挫伤轮,而无火药烟晕、火药斑纹一般可判断为远距离射击。

1. 接触射击 当枪口在 6cm 以内对皮肤射击时,射入口有两种特征。

(1)枪口印痕:是皮肤与枪口相撞击的结果,其本质是枪口的结构造成皮肤在接触部位的皮下出血。当枪口并未直接接触皮肤发射时,枪口随射击弹头同时喷出的高压气体能将皮肤瞬间膨胀而与枪口撞击。

(2)射入口撕裂:由于枪口的射击,高压气体在射口处皮下瞬间膨胀所致皮肤组织受过度牵拉而撕裂。由于发射后枪口的气体扩散很快,所以只有接触射击时才会产生对射入口的形影。但是,射入口的撕裂在后有较硬组织(如骨骼)垫衬时,膨胀的气体才能在局部对皮肤产生较强的牵拉,故在实际工作中最常见到射入口的撕裂发生在头部。假如在胸腹部,膨胀的气体可能迅速扩散进入胸腹腔而被吸收,故不易发生射入口的撕裂。

2. 近、远距离射击 在有效射程内,近、远距离射击所致的射入口形态没有比较特殊的改变,有时,随着射击距离的增加,擦拭轮反映得逐渐不明显;另外,由于弹头旋转力度逐渐减弱,射入口可会增大且伴有创缘的细小撕裂。但这些变化是非特征性的,也无法肯定地判断近、远距离。实际工作中,此距离段的射击距离推断主要依靠射击残留物(如烟晕、火药斑纹)的检验等。

3. 极远距离射击 弹头在有效射程以外作用于人体皮肤组织可产生两种后果,一是射入口形态极不典型,尤其是皮肤组织的缺损不显著,这是由于弹头飞行的动能很小,或者呈翻滚式飞行的结果;二是由于弹头动能很小,穿透皮肤组织已属不易,因此此时多导致盲管性枪弹创而且创道较短,体内损伤较轻。

(二)根据射击残留物推断射击距离

从理论上来讲,制式枪支及枪弹的品种规格是固定的,因此发射后射击残留物的分布和含量等也应一致,据此才有依据射击残留物来推断其射击距离的基础。但在实际工作中除了枪械及枪弹在制造过程中会留有不少差异之外,其他影响射击残留物的因素很多,譬如同样是在室外射击,风向对烟晕和火药斑纹形成的影响有时会导致较大的失误和偏差等。所以,至今国内外未能形成根据射击残留物准确推断射击距离的统一标准和模式。尽管如此，射击残留物仍不失为推断射击距离最好的评判指标之一。

1. 根据烟晕推断射击距离　烟晕是枪口气团中汽溶胶状态，含有未燃尽的火药颗粒、气化的金属氧化物、碳粒以及未分解的有机物、水分等成分。烟晕以一定的方向和一定的距离呈扩散性分布在射入口周围。在接触射击时，由于皮肤组织与枪口的接触，烟晕不明显或仅表现为射入口创缘的侵染，随着射击距离的增加，烟晕呈环状，颜色加深，射击距离为10cm左右时烟晕最为明显，之后随着射击距离的增加，烟晕逐渐面积增大但颜色变浅，形态不规则。烟晕消失的最远距离研究资料相差较大。但总体而言，当射击距离大于40cm后，射入口周围出现烟晕的可能性极小。

2. 根据火药斑纹推断射击距离　火药斑纹是指枪口气团中未燃或未燃尽的火药颗粒在射入口周围擦、嵌入皮肤组织所形成的点、块状红褐色斑纹。与烟晕为汽溶胶状截然不同，火药颗粒为固体，因此当发射后，高压气体所产生的推动力也使火药颗粒获得一定的动能，所以，相对而言，火药颗粒在射入口的分布比烟晕要远得多。接触射击时，射入口表面很少有火药斑纹，此时火药颗粒大量分布在射入口的皮下组织内，当射击距离为5～25cm时，火药斑纹最显著且分布集中（密度大）；从自25～60cm开始，火药斑纹逐渐不明显，分布也极为稀疏；60cm以后，即使可能仍有个别的火药颗粒附着，可视为消失的临界线。文献报道最远射击能检到火药颗粒（肉眼已基本无法鉴别）的距离为6m。

3. 根据金属成分推断射击距离　射击残留物中的金属成分来自以下几种。

（1）火药：无论其燃烧完全与否，主要成分为铅、锑、钡。

（2）弹头、弹壳发射过程中的蚀刻物：主要成分为铜、铁、铅。

（3）枪管被弹头擦蹭后的物质：主要成分为锰、铬、硅以及镍等。

这些金属成分部分参与烟晕及火药斑纹的构成且有固定的较大载体，因而肉眼能见到，但也有部分单独存在于射入口周围，肉眼无法判别。特别是当射击距离较远而烟晕与火药斑纹不存在于射入口周围时，金属成分主要凭借在弹头上的黏附而出现在射入口。

金属成分的测定应用于射击距离的推断价值目前主要体现在远距离射击的枪弹射入口认定及射击距离的大体判断。目前检测金属元素的方法很多，灵敏度和特异性也不错，但遗憾的是因为枪弹本身的构造、构成差异很大，因而要得出简单的金属含量与射击距离的对应关系尚不可能。尽管如此，由于实践中需要解决远距离射击时相对比较准确的射击距离问题，因而对金属成分的研究也一直有人在进行。

（三）根据人体血和碎组织的回溅推断射击距离

射击者所持的枪支、手及衣着上黏附被射击者的血液及其他人体组织（如骨碎片等）的现象称回溅（backspatter），即人体组织从射入口沿与射击方向相反的途径溅出的现象。回溅产生的机制可能有3种：①皮下热气体作用，指枪口气体在射入口皮下的膨胀作用；②瞬时空腔以及与之相关的颅内压作用，多见于颅脑枪弹损伤时的回溅；③尾溅作用（tail splashing），指类似高速石子投入水面，能量的传递使液体沿投射物两侧反向冲击。有实验结果表明，认为当接触射击或近距离射击时，会产生明显的人体组织回溅现象，其回溅的距离一般在50cm以内，在此范围内任何物体均可能会黏附上回溅的人体组织，尤其是射击手。据此利用人体组织的回溅现象可提示：如果射击者的枪支或衣着上沾有人体组织，在排除其他原因后，可认定射击者在射击当时处于距被射击者50cm以内的位置。

人体组织回溅的常见部位有枪管口内、枪支外侧、射击者以及邻近的物体。回溅现象在贯通或盲管性枪弹创时均可发生；大口径的枪弹比小口径枪弹更易形成回溅；接触射击时，人体组织回溅距离较近距离射击更远（气体的压强作用）；一般来说回溅现象多发生于头部，少见于胸腹部。

在利用射击后人体组织的回溅现象推断射击者与被射击者的相对位置，即射击距离时，应特别注意排除其他可能造成人体组织在射击嫌疑者的身上黏附的因素，包括：①现场保护或提取不当，枪支被污染；②环境中存在某些与人体组织成分相似的物质，如动物组织等，这可通过组织的种属鉴定区别；③无关枪支或人体在射击当时可能正处于接近被射击者的位置，这需要通过其他方式来加以澄清。

（四）射击距离的公式计算法

射击距离的公式计算法一般针对远距离射击，射入口和射击残留物等特征无法反映射击距离时。这种利用数学公式进行推算需要具备两个大前提：一是满足有足够的已知条件下，如射入口、射出口间距、命中角度等；二是这些公式仅适用于弹道呈直线或假设为直线以及被射人体相对于所处的平面水平线为直角或假设为直角。所以，这种方法实际上是弹道直线段射击距离的近似计算。

在法医学实践中，常用的公式计算方法包括以下几类。

1. 相似三角形法 相似三角形法是利用平面几何中两个三角形相似，则对应边成比例的原理进行计算，需要具备的条件是要有射入口和射出口且高度不一。

2. 比例作图法 比例作图法是应用两点呈一线的原理和在两点与水平线呈垂直状态的假设条件下将实际现场上的直角三角形大小成比例地搬到图纸上，以求得直接测出水平和实际射击距离的方法。其基本条件只需知射入口和射出口的高度。

3. 三角函数法 三角函数法是应用于当仅有射入口的盲管创时推算射击距离的一种简易方法。但它需要具备2个已知条件：一是射击角度或命中角度；二是射入口的高度。

（五）射击实验推断射击距离

射击实验推断射击距离是指利用案件中特定的枪弹，在相似的模拟现场环境中进行射击实验，以找到最佳推断射击距离的依据。在推断射击距离时，无论是根据射入口形态特征、射击残留物的分布情况，还是根据公式进行推断，均是对射击距离的近似推测，有不同程度的误差，有时甚至可达数十厘米至数米之巨。而某些枪击案件要求较为精确的射击距离，特别是某些直接关系到案件性质时，前述的方法多少会受到一定的限制，所以相对于进行较为精确的射击距离推断，射击实验不失为一种较好的方式，其优势在于最大可能地排除射击枪支、枪弹及环境因素等对射击距离推断的影响，从而还原最大可能接近射击当时的原始情况。

利用射击实验推断射击距离的方法有几个前提条件：①获取了案件中所涉及的枪支和弹药；②原始现场有模拟的可能，如已知环境状况的室内、室外、车内等；③应明确射击实验需要寻找的相应依据，即通过什么指标来找出射击距离的推断依据，是创口的形态学改变、射击残留物的分布特征，抑或是人体组织回溅的状况等。这些前提条件越充分，与原始射击状况越相似，则射击距离的判断越准确。实验射击推断射击距离主要通过两种途径，一是大体对应估算法，比较简单，即根据解决案件中实际射击距离的需要，在模拟条件下观察原始与实验的结果，从而找到相对应的特点来进行推断；二是回归方程求值法，根据两组数据的对应关系，计算出互相之间的回归关系，利用已知某一变量的确定值，计算出另一变量值。

五、枪弹损伤致伤方式的鉴定

枪弹损伤的致伤方式有自杀、他杀和意外。常常需要鉴定人对案情、现场以及痕迹、理化等其他专业的情况有所了解，更需要鉴定人掌握射击方向、射击角度、射击距离等鉴定的理论基础和技术。

（一）射击部位

射击部位与死亡方式密切相关。在死（伤）者自己能射击到的部位如额部等，自杀、他杀和意外均有可能；而在死（伤）者本人不能达到的部位如后背等，那么除了罕见的情况外，无疑可以排除自杀。

根据射击部位鉴定死亡方式，最关键的一点是射击方向，即射入口、射出口的确定。因此，应该注意各种因素所导致的不典型的射入口和射出口，如弹头穿过中间障碍物后导致的损伤等。

另一个重要因素是射击命中角度。一般来讲，自杀者所采用的射击命中角度多垂直或略倾斜于被射部位（将枪管塞入口腔自杀除外），当弹头命中角度小于30°时，通常非自杀所致，因弹头可能沿皮肤表面飞行而不进入体内。

（二）射击距离及射击角度

原则上讲，接触射击和近距离射击时有时无法确定是他杀或自杀。一般自杀多采用接触射击，远距离射击常为他人所为（他杀或意外）。鉴定时要考虑到装消音器枪的枪弹、跳弹、弹头穿过中间障碍物以及土制或经改装（如锯短枪管等）的枪支等所导致的对射击距离推断的影响。

有时自杀者将枪支置于远处，枪口对准自己（长枪多见），然后利用脚趾或用绳套系于扳机上发射。被射人体血液、组织等的回溅现象值得利用。

除射击距离外，判定射击角度，对枪创性质判断意义也很大。在死（伤）者自己射击能够达到的射击角度，可以推断为自杀，当然也不能排除他杀和意外；而在死（伤）者本人不能达到的射击角度，一般可以排除自杀。

（三）射击者手上的射击残留物

国外目前较常规地应用尸体手上射击残留物的检验来鉴别自杀。一般认为：至少95%自杀者尸体手上肉眼可见有大量明显的射击残留物（火药斑纹）；另外，5%自杀者尸体手上肉眼未见到明显射击残留物，是因某些经特殊加工或新型武器，其发射时残留物很少所致。如果采用最灵敏的检测手段，如扫描电镜加能谱分析结果系阴性，在排除冲洗、擦蹭等可能导致手上残留物丢失的因素情况下，应考虑系他人所为。

（四）致命伤次数

致命伤，特别是绝对致命伤的次数常常是分析判断损伤性质的依据之一。一般认为，如果人体上有两处以上的绝对致命伤，就首先考虑他杀的可能。对枪弹损伤也是如此。

但在实践中，却经常遇到违反常规的例子。据文献报道，一位72岁老人用7.65mm双筒短管手枪自己射击头部3次，现场勘查提示他受枪击后仍有行走、装弹、抛弹壳的行为能力。此种行为能力的存在可以与损伤的部位、伤者的心理以及个体耐受差异等因素有关。

六、各种物证的发现、提取和送检

枪弹检验和相关的物证检验是枪弹损伤案鉴定的重要步骤，一般应由枪弹检验专家和物证化验人员共同进行。但现场和尸体上的枪弹与生物检材往往是由法医工作者提取的。检材的发现、提取和送检的正确与否，直接影响枪弹检验和物证检验的结果，所以法医有必要掌握枪击案中发现、收集和送检各种物证的基本原则和注意事项。

1. 未经专门人员采集指纹前，法医不要触及或移动现场上的枪支。取枪后要首先检查弹匣和枪膛内有无子弹，并注意保护枪支上的痕迹和物证。

2. 应仔细寻找和收集可能留在现场上的弹壳和弹头，弹着痕迹。

3. 对留在尸体内的弹头必须全部提取，并进行编号，分别包装，标明取出部位。取弹头时不得用金属钳夹，以防引爆（爆炸弹）或留下人为的痕迹，干扰弹头的鉴定。有时体内弹头较难寻找，有条件者可用X线摄片帮助定位查找。尸体内散弹枪弹丸较多时，不强求完全取出，但必须取10~20粒有代表性的弹丸送检。

4. 应注意尸体上各种物证的保护。运送尸体时最好用塑料袋包住死者双手；物证提取前不要清洗尸体；衣着上有枪弹损伤或有关痕迹时，要先详细检查记录，然后小心脱下，包装送检，避免衣着上的痕迹物证被破坏。

5. 所有提取的物证要分别包装、编号，标明提取物名称、提取地点部位以及提取时间和提取人姓名等有关情况，贴上封条，派专人送检。

第四节　爆炸损伤

爆炸（explosion）是由爆炸物在极短时间内产生大量气体，体积急剧膨胀，产生高压和巨大能量，向四周释放，使周围介质振动、破坏，并产生巨大声响的现象。由于爆炸后爆点周围的介质中出现突然的压力剧增，因此爆炸也被认为空气中能量迅速释放产生具有有限振幅压力波的过程，因爆炸所致的人体损伤称爆炸损伤。在法医学实践中，爆炸损伤多见于意外事故，如矿井瓦斯爆炸，油罐爆炸，易燃品在生产、贮存或使用中意外爆炸，以及生活中的煤气爆炸，烟花爆竹爆炸，瓶装、罐装物爆炸等。但他杀也不少见，特别在恐怖组织活动猖獗的国家和地区尤为突出。在我国则见于各种报复杀人、纠纷以及社会敌视案件中，如偶见飞机爆炸、公共汽车爆炸、银行抢劫爆炸、建筑物爆炸等。此外，用爆炸方式进行自杀或杀人的案例也时有发生。爆炸物的来源有盗窃和非法购得、战区遗留或自制等，但更多的是存在于生产和生活环境中的爆炸物。爆炸往往因其破坏力大、造成人员大量伤亡和财物严重损失，而酿成恶性案件，对社会危害性极大。人为因素所产生的群体伤亡中，爆炸已是重要的手段之一。据资料统计，目前全球因爆炸而死亡的人数每年已近10万，因爆炸而受伤者每年已愈50万之多。

一、爆炸的类型及特征

（一）爆炸的类型

根据爆炸的概念，任何能引起气体和能量瞬间释放的物质均属爆炸物质，按爆炸物的不同，可将爆炸分为几种类型。

1. 物理性爆炸　在一定空间内高气压急骤释放所致的爆炸过程中，只发生物理变化而无化学变化或其他变化，这种爆炸称为物理性爆炸（physical explosion），又称机械性爆炸。如锅炉爆炸、高压气瓶爆炸、轮胎爆炸等，均是由于锅炉、气瓶中或轮胎中的过热高压水蒸气、高压气体（空气）超过了炉体、瓶体或轮胎承受的压力而引起爆炸。物理性爆炸所致的损伤主要由爆炸容器的碎块（片）及高压气体所形成。

2. 化学性爆炸　因某些物质发生化学反应时，瞬时产生大量气体，体积剧烈膨胀，产生高压气体并同时产生高热、强光作用所致的爆炸称化学性爆炸（chemical explosion）。此类爆炸较为常见，爆炸物也较多，常见的有下列几种。

（1）粉尘：粉尘所产生的爆炸最常见于亚麻厂、面粉加工厂、矿井内。任何易燃物质被充分悬浮在空气中并达到一定的比例，形成尘雾，一旦遇有火星或火焰，则可发生爆炸。

（2）气体：丁烷、丙烷、乙炔、液化石油气（天然气）、煤气等气体易与空气混合，形成爆炸性混合物，遇有火星、高温或静电等引发因素存在，即可发生爆炸。如矿井中的瓦斯（甲烷）爆炸，是由于空气中甲烷气体含量达到5%～15%时遇火爆炸。

（3）蒸气：易挥发、易燃的有机气体如乙醇、汽油、染料等蒸发后与空气混合成易爆炸混合物，在引发因素（火星、静电等）存在时发生爆炸。

（4）炸药：炸药是能产生化学反应的特殊爆炸物质，一般由化学物质碳、氢、氧、氮四种元素构成。炸药种类较多，炸药爆炸后产生碳、氢被迅速氧化，生成CO_2、CO、水蒸气等大量气体。炸药爆炸是法医检案中常见的爆炸。

3. 核爆炸　因核裂变或核聚变时突然释放出巨大能量的过程中所引发的爆炸称核爆炸（nuclear explosion）。如原子弹爆炸属于核裂变，而氢弹爆炸是核聚变爆炸。核裂变是指原子核在中子作用下在极短时间发生的连锁分裂反应，释放能量的过程；而核聚变则是指较轻的原子核在中子作用下聚合成较重原子核，同时释放巨大能量的过程。核爆炸是释放出核能，其能量比炸药爆炸释放出的化学能量大得多，并形成数百万到数千万摄氏度的高温和数百万大气压的高压，同时发出很强的光和热的辐射，以及各种粒子的贯穿辐射，具有比炸药大得多的破坏力。核爆炸所形成的损伤除具有化学性爆炸损伤特点外，主要还有核辐射性损伤。

（二）爆炸的特征

无论何种类型的爆炸，均具有以下几种特征。

1. 快速　指爆炸过程中所需分子间反应的时间短暂性。爆炸药爆炸时化学反应的速度称爆速，广义上也指爆炸后气体传播的速度。一般来说，核爆炸的速度最快，炸药次之，其他气体再次之，物理性爆炸最慢。在炸药量相当的情况下，爆速越快，危害越大。

2. 高压 爆炸后产生的高压是通过产生大量气体实现的。因此，一定体积内的气体越多，压力越高，危害也就越大。

3. 高温 爆炸时产生的高温是分子反应的结果，而高温为高压气体的形成创造了基础。高温和高压同时又构成了爆炸能量的要素。一般炸药爆炸后在其炸点可产生3000℃以上的高温。

二、爆炸损伤的形成机制

爆炸损伤主要由冲击波、高温及爆炸投射物所致，其中最重要的是冲击波引起的损伤。高温类似于其他高温损伤（烧伤），爆炸投射物类似于枪弹损伤。

（一）冲击波

冲击波是在介质中传播的一种高速高压波，其介质可以是气体如空气，也可以是液体如水，也可以是固体如金属。冲击波的物理特性在许多方面与声波相似。爆炸产生的高温高压气体借周围介质（如空气、水）迅速向四周膨胀、传播而形成一种超音速的高压波，即冲击波（blast wave）。冲击波传播的速度随爆炸后时间的延长和传播距离的增加而减小。爆炸产物停止膨胀后，冲击波向四周传播。

冲击波形成与传播过程中主要产生超压、负压及动压3种压力形式的变化，并引起冲击波效应。

1. 超压的致伤机制

（1）压迫效应：超压作用于体表，一方面压迫腹壁，使腹壁压增加，膈肌上移，引起腔静脉血大量涌入心脏，从而使心、肺血容量急剧增加，严重时可致心肺自里向外爆裂。另一方面，超压也压迫胸壁致使胸腔容积缩小，胸腔内压急剧增大，从而使心肺损伤。

（2）内爆效应：超压通过机体时，体内气体因容积被压缩而突然变小，使局部压力明显增大，当解除超压后，受压缩的气体又剧烈膨胀，呈放射状向周围释放能量，从而使组织发生损伤。

（3）碎裂效应：超压自较密的介质向疏松介质传播时，在两者界面上形成反射，产生拉伸波，从而导致较强致密介质表面发生损伤，如肺泡壁出血、心内膜下出血、充盈的胃肠道和膀胱出血等。

（4）惯性效应：超压作用于不同的组织后，使其发生因惯性不同而运动速度的不同步，从而使有密度差异的组织连接部分发生损伤，如肋骨和肋间组织，肠管和肠系膜等的断裂出血。

（5）压力差效应：超压作用于机体后，肺内含液体的血管和含气体的肺泡压力均上升，但血管内上升更显著，故形成较大的压力差。压力大的微血管易发生撕裂，致使血液进入肺泡；之后因血管内减压，肺泡内压力大的气体又可通过破裂的管壁进入血管形成空气栓塞。

2. 负压的致伤机制 冲击波负压作用于机体后，引起含气组织内气体介质的稀疏和组织结构的扩张变动，因一般组织抗压能力强于抗拉，故易造成含气器官的损伤，特别是胃肠道。因负压是在超压之后，故冲击波负压时对超压的内爆效应起增强作用，损伤更为严重。

3. 动压的致伤机制 动压是爆炸后空气高速流动而产生的冲击力，并通过撞击和抛掷作用损伤机体。

（1）撞击作用：在近距离爆炸时，动压可直接撞击机体而发生局部组织的损伤，如肢体断离等，而身体其他部位却很轻微。

（2）抛掷作用：当冲击波作用于机体时，人体朝向爆心侧的体表承受超压和动压的总和，而人体背侧则相当于承受致密区的压力，由于这种压力差，产生了人体位移和向上抛射的冲力，此时人体易受抛掷初期的加速性损伤和抛掷后期的减速性损伤。

（二）高温

高温是爆炸的特征之一，爆炸后高温损伤机制与其他高温损伤相似，只是程度上因爆炸中心区温度高而更严重。由爆炸产物的烧灼作用于人体所造成，烧伤部位多发生在朝向爆炸中心的一侧。1kg炸药能释放720～1360J热量，在爆炸反应结束瞬间其热量加热爆炸产物，可达2500～4500℃高温。在冲击波的作用下还可能将炽热的尘埃压进呼吸道，引起呼吸道黏膜烧伤和管腔堵塞等损伤。

（三）投射物

爆炸所产生的投射物有原发性和继发性之分。原发性投射物指炸药本身、炸药内的填充物、包裹炸药的物质，如炮弹弹壳等，其金属等硬物碎片炸入人体组织而形成的损伤。碎片速度能达每秒数百至数千米，具有强大的动能，足以致伤人体。另外，炸药包中的定时装置、遥控装置等爆碎时也能造成人体损伤。继发性投射物则是指爆炸后周围物体破碎飞散的物质。投射物所致的损伤机制于枪弹损伤或钝器损伤。

三、爆炸损伤的类型及形态特征

可分为原发性爆炸损伤，包括炸碎伤及炸裂伤、烧伤、冲击波伤；继发性爆炸损伤，包括投射物伤、抛坠伤、挤压伤。

1. 炸碎伤及炸裂伤　处于或接近爆炸中心时出现炸碎伤，其基本特征是人体组织粉碎、缺损，甚至全身躯体粉碎；轻者造成肢体离断及局部组织缺失。残存躯体损伤的皮缘内卷，多呈角状、皮瓣状、多锯齿状哆开（图8-18）。

图 8-18　炸碎伤
创口呈角状、皮瓣状、多锯齿状哆开，肌肉、骨骼破碎

损伤的组织器官（肌肉、骨骼和内部器官等）严重破碎、崩解、坏死。有时可见残存的头颅或躯干，内部器官已粉碎飞溅他处。根据爆炸能量的不同，组织碎块飞溅的范围有大有小。事件发生后，仅能收集到一些头皮、皮肤、部分脊椎和盆骨、部分四肢和肌肉块，多数内脏器官难以找到。

距爆炸中心的较近处可出现炸裂伤，其基本特征是人体组织的撕裂，但无组织缺损，故可以将离断的组织和躯体拼凑复原，炸裂伤创口周缘或断端有撕裂或撕断征象。它常位于炸碎伤的外侧，或有的尸体上只有炸裂伤而无炸碎伤。炸裂伤散在分布，其中有些裂创内嵌有金属片、木片和衣服碎片。

2. 烧伤　发生在距爆炸中心较近处，人体面对爆炸中心的一侧。烧伤多发生于头、面部等裸露部位。毛发（头发、眉毛、睫毛和胡须等）常发生烧焦、卷曲变形，体表烧伤可达Ⅰ～Ⅱ度，有的爆炸常可造成人体大面积烧伤，严重时烧焦炭化，皮下组织呈蜂窝状。并且烧伤区常有烟晕或火药残留物附着，其颜色和炸药种类有关。有衣物覆盖处先烧衣服，人体组织烧伤一般较轻，炸药颗粒沉着不明显。

特别注意观察死者的"闭眼反应"，即爆炸瞬间若面向爆心，由于强烈的光线照射，引起反射性紧闭双眼眼睑，使眼部周围的鼻根部、眉间及眼眦部的皱襞沟纹内皮肤常无烧灼伤或烟尘附着，待肌肉松弛后现出浅纹线，此种现象是一种生活反应，常是区别生前被炸死亡还是死后尸体被炸的重要依据。值得注意的是如炸药中装填有可燃剂、易燃物时，则可能导致较远距离处的人体烧伤，其烧伤范围和程度远大于炸药爆炸的破坏效应和热效应。

3. 冲击波伤　冲击波的致伤范围较大，远离爆炸中心的人体可受伤。衣物常被撕裂呈碎片、条索状，并沿冲击波方向外翻，甚至剥离。在朝向爆炸中心侧人体皮肤上可造成大面积片状或波纹状擦伤、皮内皮下出血、挫裂创及皮肤撕脱伤等，撕脱较多时，似衣襟状，常见于腋窝及胸腹部。严重冲击波伤可有多器官损伤，如心肺震荡、肺挫伤、肺破裂、肝脾破裂、颅骨骨折、脑挫伤、颅内出血、鼓膜破裂穿孔、鼓室出血及眼球破裂等。冲击波作用于胸壁，使胸腔内压突然升高，上腔静脉血压骤升，回心血流逆行，可引起脑内小静脉和毛细血管扩张、破裂，导致上腔静脉所辖范围的皮下、黏膜广泛点状出血以及脑组织广泛点状出血。胸腔内因心、肺震荡而造成广泛的肺挫伤，肺表面与肋骨相对应部位形成带状出血，肺破裂而引起气胸、血气胸。心内膜下或心肌内出血，甚至心肌断裂。冲击波作用于腹部，除肝、脾外还可引起充盈的膀胱破裂。冲击波甚至造成多发性骨折。此外还可造成皮下及黏膜下广泛性点状出血。以上是冲击波直接损伤。冲击波的间接作用使物体破片加速抛掷撞击人体致伤，或使人体撞击别的物体致伤，也可因烟尘暴吹和热作用致伤。

冲击波伤的主要特点是：①多处损伤；②外轻内重，一般体表损伤较轻，而内脏损伤较重，有时尸体完整，甚至体表无损伤；③面向爆心一侧损伤最严重，背向爆心一侧损伤较轻微。

4. 投射物伤 投射物损伤中指爆炸所形成的投射物对人体的损伤。爆炸所形成的投射物有两种，一种是爆炸物本身的投射物，如手榴弹、爆炸填充物、包装物等爆炸后形成的碎片；另一种是爆炸时周围物体碎裂后飞溅引起的投射物，如砖石、门窗等。前者常发生于距爆炸中心较近处，朝爆炸中心一侧。金属或其他硬物碎片（碎铁片、铁砂或炸药包装物的碎片及雷管、导火索等）作用于人体体表上，形成散在小的贯通或盲管创，异物并嵌入、存留在人体皮下组织，甚至深层组织或内脏器官内。此种损伤仅出现在机体的一个侧面，边界明显，创周可有挫裂痕，有严格的方向性，故以此种损伤可判断出被炸伤者在爆炸当时距爆点所处的位置和姿态。后者投射物损伤常见于爆炸现场上被冲击波掀起的物体，诸如铁钉、铁砂、金属和玻璃碎片、木块、砖石等，根据投射物特性、质量、动能大小的不同，离爆炸中心距离不同以及击中人体的部位的不同，可造成片状、块状、点状等深浅不同的伤痕，可形成擦伤、挫伤、挫裂创，也可形成类似切创或刺创的锐器伤，或形成盲管创、贯通创等（见文末彩图 8-4）。投射物伤大多位于人体朝向爆心的一面。但也可因气体向负压区补充时，使现场物体向爆心移动而击伤人体的其他部位。

投射物损伤的特征依投射物的大小、形态、投射速度等不同而有较大区别。可形成类似钝器、锐器、枪弹的损伤特征。而投射物损伤常具有方向性，是分析炸点位置的重要依据。

5. 抛坠伤 指爆炸后所产生的冲击波超压和动压将人体冲击或抛射后导致的损伤。其损伤程度与特征依据爆炸能量的大小、人体体重以及现场环境的不同而有较大差异。一般情况下，抛坠伤具有与坠落伤相同的基本特征。

6. 挤压伤 指爆炸后导致的建筑物或其他物体倒塌等使人体遭受物体较长时间挤压所致的损伤，表现有皮下出血、表皮剥脱、挫裂创和骨折等。一般见于能量较大的爆炸。还可见于其他情况，如爆炸引起继发火灾，一氧化碳及其他有毒气体吸入等也可以引起死亡。

爆炸伤的特征：①损伤面大：与其他损伤的类型相比，爆炸损伤具有更大的破坏性和群体性特征，其原因在于爆炸损伤有上述多种原发性和继发性损伤的方式，而且波及相当的范围；②损伤复杂：由于爆炸损伤机制及种类多样性，因而导致其损伤复杂，同一伤者既有直接损伤，也有间接损伤；既有体表损伤，也有内脏器官损伤，或者不同的伤者所受损伤的严重性有明显的差异；③外轻内重：爆炸损伤所产生的外轻内重特征是由冲击波的特点所决定的，几乎所有冲击波的致伤机制如内爆效应、碎裂效应、惯性效应等均发生于体内，所以产生体表损伤轻微而体内损伤严重的特点。值得指出的是，外轻内重的特点主要见于爆炸能量大而人体又非位于炸点的情况下。

四、爆炸损伤的法医学鉴定

（一）爆炸现场的勘查

爆炸发生后，法医工作者应与爆炸专家、痕迹专家等刑事技术人员和救援人员一起尽快赶赴现场。所有工作必须在现场指挥人员的严密组织下分工进行。首先要抢救幸存者，尸体最好暂留原处，待救援工作完成后,对尸体进行现场检验。法医对爆炸现场的勘查具有非常重要的意义,它以爆炸损伤的勘验为中心,以收集、提取人体组织残块为重点,结合死者的随身物品对无名尸体或炸碎尸体进行识别。现场勘查的主要任务如下。

1. 确定爆炸中心 放置炸药的地点系爆炸的中心,又称炸点。原处于该处的人和物体,毁损程度严重:地面炸成凹坑,墙壁炸穿成洞,人体常被炸粉碎或离断成数块,尸体及衣服上可有黑色烟灰附着。爆炸中心可闻到炸药气味。

对炸点的位置、形状、大小、深度、烟痕颜色等均应详尽描述和记录。

2. 搜寻投射物 炸点周围物质,包括爆炸物的包裹材料,人体组织或衣物等,受爆炸的作用而成为碎片被抛向炸点周围。详细检查投射物的分布,有助于确定爆心。被抛离到离爆心最远处的肢体碎块,也应考虑人体可处于爆心位置。

3. 注意燃烧痕迹 一般低爆速炸药爆炸时常引起燃烧;中爆速炸药不易引起燃烧;高爆速炸药则可引起局部燃烧。有时燃烧先发生,而后使易爆物被引爆,应引起注意,并通过勘查加以区别这种情况,有助于案件性质的确定。

4. 提取爆炸残留物 包括炸药残留物、引爆器残留物、炸药包装残留物等。

5. 处理现场尸体 要测量尸体与爆炸中心的距离,拍摄全景现场和各尸体姿态及位置的照片,有多具尸体或多个尸块时,还应用格子定位法准确记录它们的位置和相互关系。尸体仅一部分或一侧有损伤者应详细记录其方位。

（二）尸体检验及法医学分析

爆炸案的尸体检验对法医工作者有一定危险性,因而要加强自我保护。如尸体检验前要请专家查找和排除尸体上还未引爆的爆炸物,要查明现场有无有毒气体,以及尸体上有无放射性物质或有害化学物质等。若有,要请专业人员先做清除和清洗工作。

尸体的现场检验和解剖检验的具体任务如下。

1. 根据爆炸损伤确定爆炸中心 爆炸发生时,死伤人员距爆炸中心的距离不同,其损伤程度和特征不同。距爆炸中心越近的人则爆炸损伤越严重。接触或贴近爆炸物,处在爆炸产物直接作用范围内的人,一般认为在装药半径的7~14倍范围内主要形成炸碎伤、炸裂伤和烧伤,而有炸碎伤者一定较无炸碎伤者在爆炸发生时离爆炸物的距离更近。相对距爆炸中心较远的,一般认为在装药半径的14~20倍范围内,可以形成炸裂伤、烧伤及冲击波伤等。距爆炸中心更远的,一般认为在装药半径的20倍以上,则只有冲击波伤等。

因此,判断死伤人员与爆炸中心的距离,实际上就是检验爆炸损伤的类型。同一现场的尸体中,具有炸碎伤的人可能在炸点,形成人体炸碎伤的地方,即是爆炸中心的位置,此时根据炸碎伤边缘皮肤翻卷的方向可确定炸点的方位。凡是持爆炸装置在公共场所自我引爆炸死、炸伤他人的案犯,多数都有严重炸碎伤、炸裂伤和烧灼伤,再结合其他条件,从炸伤严重的死伤者中找出爆炸事件的制造者。

2. 判定爆炸损伤的类型及程度 通常损伤密集而严重的尸体离爆心最近,而其肢体碎块可飞得最远。前已述及,炸碎伤、炸裂伤及烧灼伤均发生在爆炸中心或较近处,弹片及爆炸物伤常发生于距爆炸中心较近处,而冲击波损伤可远离爆炸中心,据此可分析尸体与爆炸中心的关系(图8-19)。

3. 判定爆炸损伤是生前伤还是死后伤 检查尸体上的损伤是生前形成还是死后形成,注意检查是否存在爆炸以外因素所引起的损伤,如枪弹损伤以及各种锐器伤、钝器伤、颈部

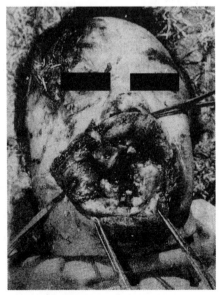

图8-19 口腔爆炸伤
口唇、上下颌骨及牙齿炸碎

索沟和中毒等，据此查明有无用其他手段杀人后利用爆炸破坏现场，伪造死因和案件性质，甚至毁尸灭迹的情况。并应查明各个损伤是如何造成的。

4. 确定死亡原因　爆炸案导致死亡的原因有多种，同一现场不同受害者的死因可不同。应通过尸体解剖、组织学检验和毒物化验，查明各个死者的具体死因。

5. 确定死亡人员的炸前姿态　爆炸发生时，死亡人员的姿态特别是距爆炸物较近的人员炸前姿态对查明他们与爆炸的关系有重要作用。一般面向爆炸物者爆炸伤主要在面、胸、腹部；背对爆炸物者则爆炸伤主要在背部。另外根据爆炸损伤的部位来查清死伤者在爆炸瞬间的姿势（坐、立、蹲、跪、行等），以判明其有无特异性行为。

6. 判定有无引爆动作　若非定时或遥控引爆，则案犯往往只能直接用手操作，引燃导火索或手动接通电源引爆电雷管促发炸药爆炸。因而手距爆炸物最近，完全处在爆炸物直接作用范围内，形成严重炸碎伤，手指、手掌或前臂被炸碎，并可附有烟熏痕和烧灼痕，这是判定该人有引爆动作的重要依据之一。同时结合其他部位损伤特征，即可判断是否引爆人。

7. 判断爆炸装置的类型　炸药爆炸若系电引爆的金属雷管或系定时装置或遥控装置引爆，则其装置配件碎片均可造成人体损伤。从创道内提取这些异物对判断引爆装置有重要作用。另外，从创道内提取的其他异物对判断炸药包装物亦有重要作用。

8. 判断引爆人身份　爆炸案件中往往肢体离断，面目全非，甚至仅存留破碎的组织，仔细收集残缺尸体、尸块或破碎组织，仔细拼接，确定死亡人数；根据个人识别的原则和方法，即根据解剖学结构（面容及人体）特征判定性别，根据牙齿的磨耗程度、化骨核的形成和骨骺的愈合、耻骨联合面的变化、下颌体后缘和下缘所形成角度及颅骨骨缝的愈合等推断年龄，根据长骨长度及颅围大小等推断身高等个体特征，结合血型、毛发、指纹、DNA 等，以及结合死者的衣物、随身物品及有关证件、文字材料等，认定身源，进而判定是否为引爆人。

9. 判定案件性质　爆炸案检验最重要的任务是判定案件性质。所以法医应根据尸体的损伤部位、毁坏程度、被抛出的远近以及与爆炸物的关系等，结合现场勘查、爆炸残留物等物证检验结果，分析案件性质是他杀、自杀还是事故。若为他杀和自杀，要判定爆炸者。若为事故，要查明事故原因，追查责任人。

案例8-1 ▶

1998 年 2 月 14 日武汉长江大桥上公交汽车爆炸案中，死伤计 38 人，其中 16 具尸体中仅 5 具尸体上有炸碎伤，其中 2 具半截残尸的损伤最重，躯体残缺最多。被抛至最近的分别在汽车两侧近 20m 处，向前抛 3m 处的一具残尸的颜面、胸腹部体表无损，而背部、臂部粉碎缺失；向后抛 2m 处的二具尸体，其中一具左下肢缺失，右腹股沟处有 5cm×15cm 的缺失，另一具小腿局部缺失，故据此认定炸药即在这 5 人中间地面上爆炸，其中 2 具残尸离炸药距离更近（破案证实他们即是案犯）。

本章小结

本章主要介绍了火器及火器损伤的概念；枪弹的类型、结构及发射原理和过程；枪弹的损伤机制（弹头直接撞击作用、瞬时空腔效应及压力波的致伤作用）；枪弹创的类型（贯通性枪弹创、盲管性枪弹创、回旋枪弹创、曲折枪弹创、擦过性枪弹创、反跳性枪弹创）；典型枪弹创的形态特征，包括射入口[中央皮肤缺损、擦拭轮、挫伤轮、火药烟晕、火药颗粒（斑纹）]、射创管及射出口；射入口与射出口的鉴别；枪弹创的非典型形态特征；散弹枪弹创；颅骨枪弹损伤；非典型枪弹损伤，包括弹头穿过中间障碍物所致损伤、跳弹损伤、带消音器枪的枪弹损伤、橡胶弹损伤、射钉枪损伤、空包弹损伤及气枪弹损伤；枪弹损伤的法医学鉴定，包括枪弹损伤的认定与枪支的识别、射击方向的判定、射击角度的鉴定、射击距离的鉴定、枪弹损伤致伤方式的鉴定、各种物证的发现、提取和送检；爆炸的类型及特征；爆炸损伤的形成机制；爆炸损伤的类型及形态特征，包括炸碎伤及炸裂伤、烧伤、冲击波伤、投射物伤、抛坠伤、挤压伤；爆炸损伤的法医学鉴定，包括爆炸现场的勘查、尸体检验及法医学分析。

关 键 术 语

火器损伤（firearm injury）　　　　枪弹损伤（gunshot injury）

爆炸损伤（explosion injury）　　　射入口（entrance bullet wound）

射创管（bullet wound track）　　　射出口（exit bullet wound）

散弹枪弹创（Shotgun wounds）　　射击距离（range of fire）

冲击波（blast wave）

思 考 题

1. 何谓枪弹创？枪弹的损伤机制？何谓瞬时空腔效应？

2. 枪弹创有哪几种类型？

3. 接触射击射入口有哪些特点？近距离射入口有哪些改变？

4. 枪弹损伤的法医学鉴定要解决哪些问题？

5. 爆炸损伤有哪些形态特征？爆炸损伤的法医学鉴定要点？

（李如波）

参 考 文 献

1. 赵子琴. 法医病理学. 第4版. 北京：人民卫生出版社，2009.

2. 任嘉诚，徐华. 实用法医弹道学. 北京：群众出版社，2004.

3. 闵建雄. 法医损伤学. 北京：中国人民公安大学出版社，2001.

4. 黄光照，麻永昌. 中国刑事科学技术大全·法医病理学. 北京：中国人民公安大学出版社，2004.

第九章 身体各部位机械性损伤

学习目标

通过本章的学习,你应该能够:

掌握 头颅部的解剖特征以及与损伤形态的联系;病理性及损伤所致蛛网膜下腔出血的鉴别诊断要点;颅骨骨折机制、类型及法医学鉴定要点。心、肺损伤的类型,损伤机制及病理学表现;闭合性肝、脾、肾的损伤类型及其病理学表现。

熟悉 脑挫伤的形态,冲击伤和对冲伤的成伤机制;从颅骨骨折推断凶器打击面。肋骨骨折的特点,骨盆损伤类型及四肢重要血管的解剖学特点。

了解 继发性脑损伤特点;脊柱损伤及脊髓损伤类型及特点。外生殖器系统损伤表现,四肢长骨骨折的常见损伤机制。

章前案例 ▶

某男,52 岁,于某年 11 月 1 日 23 时许在一公路上被发现死亡。所着衣、裤见多处裂口及缝线开裂。尸表检验见右耳耳屏一长 3cm 裂伤,左下颌闭合性骨折伴左下颌 2、3、4 牙齿松动,左枕顶部头皮挫裂创 7cm×4cm,左顶前头皮不规则裂口呈三角形,大小 6.5cm×2cm,左颞部至左额面部、右侧额部、右眼眶皮肤大片撕裂创大小为 20cm×12cm;胸部、腹部及四肢皮肤散在多处大小不一的不规则擦伤。解剖检验见左枕、顶、颞部多发性骨折,颅骨崩解,颅前凹、颅中凹粉碎性骨折,颅腔与口、鼻腔相通,左侧颅后窝骨折,左眼眶骨折、右侧颧弓骨折,左额顶部硬脑膜破裂,大部分脑组织溢出,左枕叶、左颞底部脑组织出血;胸部右第 2~5 肋骨背段骨折,左第 1~5 肋骨背段骨折,胸 2~4 椎体粉碎性骨折,可见椎管破裂,有脊髓膨出,左侧胸腔有 250ml 血性液,右侧胸腔有 100ml 血性液;右肺中叶切面支气管腔内见血凝块,邻近肺组织呈暗红色改变;余器官肉眼未见异常。组织病理学检验见大脑实质散在多灶性挫伤出血;双肺灶性出血;余器官组织光镜下未见异常。理化检验未检出常见药毒物。

本案例死者系在公路上被发现死亡,案件的焦点为,死者是否系交通损伤死亡;如是交通损伤死亡,是机动车撞击或是机动车碾压死亡;死者的死亡原因等。通过本章的学习,你将能够分析死者身体各部位损伤的机制,并判断死者的死亡原因、是否存在碾压损伤等问题。

身体各部位机械性损伤在法医学实践中极为常见。本章将对身体各部位机械性损伤进行介绍,包括头皮损伤机制及损伤形态改变,颅骨骨折机制、类型及法医学鉴定要点,颅内出血的特点及病理学改变,原发性及继发性脑损伤的特点及病理学改变,脊柱与脊髓损伤的特点,开放性及闭合性心、肺损伤的类型,肝、脾等腹部脏器闭合性损伤及常见泌尿生殖系统损伤的类型、成伤机制及其病理学特征,骨盆、四肢损伤的基本类型及并发症等。

第一节　颅脑、脊柱与脊髓损伤

颅脑损伤（head injuries）是最常见的机械性损伤，在暴力性死亡中占首要位置。头部作为一个整体承受暴力的作用，在力的加速、减速、挤压、牵拉等不同方式作用下，可造成头皮、颅骨及脑的损伤。作用于身体其他部位再传导到头部的暴力（间接暴力）亦可引起颅脑损伤。根据损伤是否破坏头皮、颅骨和硬脑膜的连续性，颅脑损伤可分为开放性损伤和闭合性损伤。暴力作用造成脑损伤时损伤常常并不局限于某一局部，而是多部位的脑损伤。

脊柱、脊髓损伤，常发生于工矿、交通事故、高坠、重物打击等情形，战时和自然灾害时可群体性发生。其损伤常伴发身体其他部位损伤而形成多发伤、复合伤，并发症等；合并脊髓伤时预后差，常造成终身残疾；高位脊髓（颈髓）损伤可危及生命。

一、头皮损伤

头皮覆盖于头顶穹隆部，表面有头发覆盖。头皮具有较大的弹性和韧性，对压力和牵张力均有较强的抗力，是颅脑部防御外界暴力的表面屏障。当钝器所造成的外力作用超过头发的保护限度和头皮的弹性限度时，可造成头皮损伤（scalp injuries），如擦伤、挫伤或挫裂创；如果由锐器造成，则可形成切、砍、刺创等损伤，常伴有头发被切断或砍断。

（一）头皮损伤机制

头皮损伤均因直接暴力作用所致，即头皮损伤处为暴力作用点。不同的暴力作用方式以及暴力的性质不同，可产生头皮擦伤、头皮挫伤、头皮血肿、头皮挫裂创、头皮撕脱伤等不同形态的损伤。

1. 钝性暴力作用于头部或头部作用于钝性物体　前者包括火器（枪弹或弹片）和钝器（运动的石块、棍棒、车辆等）直接作用于头部；后者如运动的人体碰撞于车辆、地面、墙壁等。当致伤物体积较大而速度较低时，常因打击、冲撞、摩擦等作用造成头皮擦伤、挫伤或头皮血肿；当致伤物体积较大而速度较高，且暴力强度超过组织应力极限时，常造成头皮挫裂创伴创口周围头皮擦伤、挫伤；当致伤物体积小，形状尖锐时，无论速度大小，均易造成头皮挫裂创，创口周围可以伴有头皮擦挫伤。

2. 钝性暴力牵拉摩擦或挤压头部　前者见于头部受钝性暴力猛烈牵扯（如车轮碾压头部、发辫卷入机器等），由于牵拉、摩擦等作用，常造成大片或全部头皮撕脱伤；后者见于头部受相对方向的钝性暴力同时作用（如塌方、车辆倾覆压迫等），由于挤压、摩擦等作用，常造成着力部位头皮挫伤或头皮血肿，当暴力强大时亦可造成头皮撕裂性损伤。

3. 锐器切、砍、刺头部　当致伤物尖端或刃口作用于头部时，由于单位面积内作用力较大，常形成头皮创，创口周围皮肤极少伴随擦伤或挫伤。

（二）头皮损伤的形态改变

1. 头皮擦伤（abrasion of the scalp）　头皮受切线方向的外力摩擦而形成的一种浅表损伤，表现为损伤局部轻微疼痛，创面少量血清渗出，可有点状出血。上述擦伤主要发生在剃光头发的头皮上；当头皮有长发覆盖时，一般不形成大片擦伤，仅在挫裂创、砍创、切创和枪弹创边缘可见不同宽度和不同程度的擦伤带。这些擦伤带可以反映力的作用方向。

2. 头皮挫伤（bruise of the scalp）　为头皮受钝性暴力作用引起的皮内、皮下出血。由于头皮下有脂肪组织，其中又有大量与皮肤垂直的结缔组织隔将脂肪分为小块，故皮下出血不易扩散，表现为局部肿胀、压痛，在致伤物接触面凹凸不平时头皮挫伤常伴有头皮擦伤。

头皮受到外力作用可造成皮内出血，因真皮结缔组织致密而不易形成血肿，出血仅局限于损伤局部头皮内，常可反映出致伤物着力部位的特征形态，有助于致伤物推断，在检查时应剃除毛发仔细观察和分析。

3. 头皮裂创（laceration of the scalp）　头皮裂创包括头皮挫裂创与头皮撕裂创。由于头皮下有颅骨衬垫，钝器可造成头皮裂创。表现为头皮组织断裂，伴有不同程度的出血。它与锐器造成的砍创或切创不同。一般锐器伤创口边缘整齐，不伴有或仅一侧伴有狭窄的带状擦伤；而钝器造成的头皮挫裂创，有的粗看虽极像锐器创，仔细观察则发现边缘不整齐，创口不规则，常伴有擦伤和挫伤，而且创内两创壁间有组织间桥相连，还常见头发被压嵌入创内。

当强大暴力牵拉头发时，可使头皮连同帽状腱膜与其下方的疏松结缔组织层分离，造成头皮广泛性撕裂创。此种撕脱主要发生在长发特别是有发辫者。撕脱常从枕部发际开始，可撕到额部。

4. 头皮血肿　头皮富含血管，遭受钝性暴力作用后可使组织内血管破裂出血，血液聚集于皮下组织中、帽状腱膜下或骨膜下形成血肿。根据血肿发生的部位不同，分为头皮下血肿、帽状腱膜下血肿和骨膜下血肿3种类型。①头皮下血肿：血液聚积于皮下组织内，因皮肤借纤维隔与帽状腱膜相连，可限制血肿的扩大。一般血肿范围较小，扪之中央略软而有波动，周围因水肿而相对较硬。②帽状腱膜下血肿：帽状腱膜系由致密的纤维组织构成。因此帽状腱膜本身出血局限，不易形成血肿，而帽状腱膜下为疏松结缔组织，易于形成血肿，血液可以向周围扩散。血液聚积于帽状腱膜与骨膜之间。表现为血肿范围广泛，波动感明显，严重时可遍及整个颅盖部，其边界与帽状腱膜附着边缘相一致。③骨膜下血肿：常发生于骨折处，出血量较少。由于骨膜与颅骨外板紧密相连，骨缝处骨膜与硬脑膜外层相连，骨膜下出血常以骨缝为界。血液聚集于骨膜与颅骨外板之间。

二、颅骨骨折

（一）颅骨骨折机制

1. 颅骨骨折的两种主要形式　颅骨近似球形，由几块骨板借骨缝互相连接而成，具有一定的弹性和硬度，能耐受一定牵张力和压缩力的作用。当颅骨受暴力作用时，不仅在暴力作用点可发生局部弯曲变形，而且整个颅腔均可发生变形。但是否造成骨折，主要决定于暴力的大小与颅骨弯曲变形的程度。

（1）颅骨局部变形：当颅盖骨受到较局限的暴力作用时，着力部位的颅骨发生局部弯曲变形，颅骨骨板呈圆锥形向颅腔内凹陷，此时着力部位的颅骨外板受压缩力的作用，相应部位的颅骨内板受牵张力的作用，当暴力减弱或消失时，凹陷的骨板可自行弹回恢复原状，在骨板凹陷和恢复原状时均可造成脑损伤和（或）颅内出血；当颅骨受压凹陷时，若暴力作用持续存在，超过内板的抗牵张强度而未超过外板的抗压缩强度，此时内板中心应力集中而发生内板骨折；若暴力比较强大而持续作用，超过外板的抗压缩强度时，内、外板均发生骨折（图9-1）。内板骨折时，因骨折片向颅内移位可使硬脑膜剥离而发生硬膜外血肿，或骨折片尖端刺伤硬脑膜或脑组织。因颅骨局部变形引起的骨折，骨折部位为暴力作用点，故为直接暴力损伤的结果，其骨折的类型和范围取决于暴力的大小和致伤物的体积，如体积大而速度慢，常发生线形骨折；如体积大而速度快，常出现凹陷或粉碎骨折；如体积小而速度快，常发生穿孔骨折。

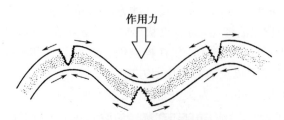

图9-1　颅骨局部受力模式图
颅骨牵张暴力较压缩暴力更易引起骨折

（2）颅骨整体变形：颅骨近似一个具有一定弹性的球状体，当受到暴力作用时，颅骨不仅可以发生局部变形，亦可发生整体变形。如头颅侧方受力，可使左右径缩短，同时垂直径与矢状径增大；如头颅前后受力，可使矢状径变短，同时垂直径与左右径增大；如头颅垂直受力，可使垂直径变短，同时矢状径与左右径增大(图 9-2)。颅骨整体变形的结果,将使远离暴力作用点的颅骨部分凸出,发生弯曲,当超过其应力限度时便出现骨折;或暴力传导到颅底,使颅底的薄弱部位骨折,其骨折线多沿着暴力的方向走行。颅骨整体变形引起的骨折出现于非暴力作用点,为暴力传递导致的损伤,骨折类型多为线形骨折。

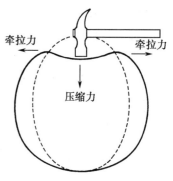

图 9-2　颅骨整体变形模式图

2. 影响颅骨骨折的因素

(1)颅骨解剖结构对骨折的影响:颅盖和颅底骨质均有许多增厚部分构成颅骨的支架,起着支持和保护作用。颅盖的增厚部分有鼻根、额部颧突、乳突及枕外粗隆四个支柱,其间又有眶上缘、颞嵴、上项线及矢状线四个位居前方、侧方、后方及顶部中央的骨弓,形成坚强的拱柱;颅底的增强部分有:中份的枕骨斜坡、两侧有蝶骨嵴和岩锥,形成梁架,并与颅盖部支柱相接,结合为有相当韧性和弹性强度的颅腔。当颅骨受到暴力作用时,由于受到这些结构的影响,可使暴力分散或缓冲。骨折常沿着骨质薄弱的部位走行,除非暴力十分强大,否则骨折线一般不跨越这些支架结构。骨折发生时,骨折线常为曲折或不规则形。

颅骨由多块骨板借骨缝互相连接,当暴力传导于骨缝时,亦会受到骨缝的分散,故骨折一般不跨越骨缝。

颅底许多增厚的骨架多以蝶鞍为中心向外周呈放射形分布。但蝶鞍位于颅底的中心,当颅骨受暴力作用时常常受到暴力的冲击,同时沿骨架走行的骨折线也多集中于蝶鞍,故蝶鞍亦为颅底骨折的好发部位。

颅骨借环枕关节与脊椎相连,外围以坚韧的环枕韧带,使头部可以完成前屈、后伸、侧屈、旋转等动作。当头部受侧方或前后方向暴力作用时,可沿暴力运动方向有一定程度的活动,从而减轻或避免损伤。

(2)物理因素对骨折的影响:致伤物动能的大小及速度不同,可引起不同类型骨折。低动能、低速度而体积又够大的物体作用于头部,除可引起颅骨的局部变形外,还可引起整体变形,以线形骨折最常见;高动能、高速度的物体易致凹陷性、粉碎性骨折,体积较小时穿孔性骨折常见。

3. 颅骨骨折的规律性　暴力作用于颅骨的受力角度、方向、速度和受力面积等对颅骨骨折的影响较大,具有一定的规律性。

(1)暴力作用的力轴及其力的传导方向多与骨折线的延伸方向一致,但如遇有增厚的颅骨拱架时,常折向骨质薄弱部位。若骨折线径直横过拱梁结构或发生骨缝分离,说明暴力强度极大。

(2)暴力作用的面积小而速度快时,由于颅骨局部承受的压力较大,常造成孔状骨折;若受力面积大而速度快时,多引起局部粉碎性凹陷骨折;若着力点较小而速度较缓时,常引起通过着力点的线状骨折;若受力面积大而速度较缓时,可造成粉碎性骨折或以着力点为中心多条骨折线向周围延伸的星芒状骨折。

(3)垂直于颅盖的暴力以凹陷粉碎性骨折常见,斜行暴力以线形骨折常见,并向力轴的方向延伸,常常折向颅底。

(4)暴力作用部位与骨折的位置有较密切的联系。当暴力作用于前额部,常发生额骨骨折和颅前窝骨折,骨折线延至眼眶骨,其颅底骨折线可横行越过筛板,并向后通过蝶鞍而达枕骨基部;当暴力作用于额顶部前外侧时,常发生顶颞部骨折,骨折线向下延伸至颅前窝或颅中窝,或跨越蝶鞍;当暴力作用于颞部时,常发生颞骨鳞部及顶后部的横形骨折,其颅底骨折可穿过颅中窝向内侧跨越斜坡;当暴力作用于枕部时,常发生枕骨骨折,颅底骨骨折线可穿过颅后窝,越过颞骨岩部而至颅中窝。额后区平颅中窝底的暴力,骨折线可沿岩骨前缘,经鞍裂转向外侧,止于翼点;顶前区受力,骨折线常经颞前延伸至颅前窝或颅中窝;顶间区受力,可发生经过颅中窝,穿越蝶鞍和蝶骨小翼至对侧颅前窝的骨折线;顶后区受力,骨折线指向颅中窝底部,并向内横过蝶鞍或鞍背达对侧。

（二）颅骨骨折类型

颅骨骨折（fractures of the skull）占颅脑损伤的 15%～20%，骨折可发生于颅骨任何部位，但以顶骨最多，额骨次之，颞骨及枕骨再次之。骨折可发生于一块颅骨，亦可同时发生于多块颅骨。一般两块以上颅骨骨折者说明伤情较重。根据骨折部位及特征不同，可分为颅盖骨骨折及颅底骨骨折等类型。

1. 颅盖骨骨折（fractures of the calvarium）　根据骨折形状可分为以下几类。

（1）颅骨压痕和擦痕（imprint and scratch on the skull）：颅盖骨受到钝器如铁锤、棍棒等垂直打击时，受力处的骨外板向板障内轻度凹陷称为压痕，在法医学上可作为推断致伤物的参考。而当钝器呈切线方向打击颅骨时，表面部分骨质缺损则形成骨面擦痕，可反映致伤物着力部位和作用力的方向。

（2）颅骨砍削创（peeling of the skull）：质地坚硬的锐器从切线方向砍削头顶部形成颅骨骨折，创面较平整，常见于菜刀、利斧和战刀等具锐利刃缘的致伤物砍击头部所致。

（3）线形骨折（linear fracture）：暴力作用于颅骨造成线形骨折而无凹陷。据报道约占颅盖骨骨折的61.3%，可有直线形、弧形、星芒状及不规则形等（图 9-3）。多条线形骨折线交叉时相互截断，可推断为多次着力所致，并可推断暴力作用的先后顺序。

（4）凹陷性骨折（depressed fracture）：颅骨全层骨折，并向颅内凹陷，最常见为半圆或圆锥形，也可呈舟状、角状及阶梯状等（图 9-4）。凹陷的深度不一，根据凹陷的性状可推断致伤物。凹陷骨折约占颅盖骨骨折案例的28.6%。

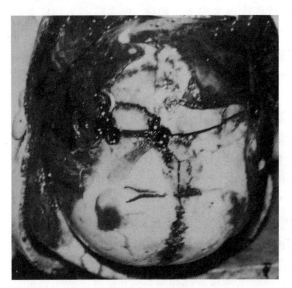

图 9-3　线形骨折
颅顶部多条骨折线呈星芒状向周围延伸

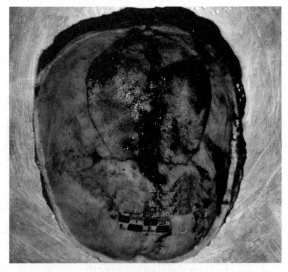

图 9-4　凹陷性骨折
颅顶部内面观：颅顶部骨质向颅内粉碎凹陷

（5）粉碎性骨折（comminuted fracture）：据报道约占颅盖骨骨折的 2.5%，以额骨最常见，顶骨次之。颅骨骨折为多块，碎骨片的大小、形状及数目不一，常发生于暴力作用点处，特别是多次打击时（图 9-5）。

（6）孔状骨折（perforating fracture）：颅骨形成孔状缺损，碎骨片进入颅内，常见于枪弹创；以小铁锤或较尖锐的棍棒戳击时也可造成（图 9-6）。

2. 颅底骨骨折　颅底骨骨折以线形骨折为主，可以仅限于某一颅窝，亦可横行穿过两侧颅底或纵行贯穿颅前、中、后窝。颅底骨骨折可分下列几种。

（1）单纯颅底骨折（basilar skull fracture）：暴力作用于颅底时可引起单纯颅底骨折，轻者可形成线状骨折，其行走方向与力的作用方向一致，可涉及颅前、中、后窝（图 9-7）；严重时可形成粉碎性骨折，多见于高坠时臀部或双足着地，力由脊柱传到颅底。交通损伤常致颅底横断骨折，多位于颅中窝且横过整个颅底。

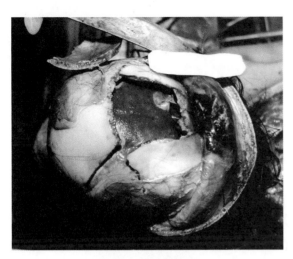

图 9-5　粉碎性骨折

高坠致颅盖骨粉碎性骨折

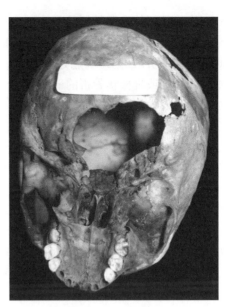

图 9-6　穿孔性骨折

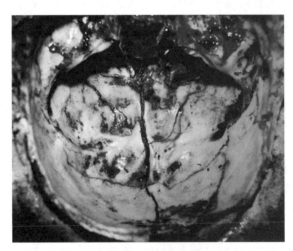

图 9-7　颅底骨折

颅后窝多条线形骨折线

（2）颅盖骨与颅底骨联合骨折（combined fracture of calvarium and base of the skull）：较大的暴力作用于颅骨时，可形成颅盖骨和颅底骨联合骨折，常见于高坠伤或交通意外损伤。

（3）颅底骨对冲性骨折（contrecoup fracture）：暴力作用于颅骨时，力传导到远离着力点的部位，在颅底骨较薄弱处造成骨折。如头顶部受打击时颅底薄弱处形成骨折，或当枕部受打击时颅前窝的筛骨或眶板骨发生骨折。

3．崩裂性骨折（bursting fracture）　指由于巨大暴力作用于头部，造成广泛的颅盖骨与颅底骨粉碎性骨折，头颅崩开，脑组织挫碎，多在短时间内致死。

4．颅骨骨缝分离（skull suture separation）　颅骨近似球形，由几块骨板借骨缝互相连接而成。当颅骨受到机械性暴力作用时，除可发生前述骨折外，亦可发生颅骨骨缝分离。

（三）颅骨骨折法医学鉴定

1．推断力的作用点

（1）颅盖骨表面压痕或擦痕处。

（2）线状骨折的内板骨折最严重处。

（3）粉碎性骨折的碎骨片最多处。

（4）凹陷骨折,凹陷最明显处。

（5）套环状或阶梯状骨折的最深处。

（6）骨折缝内夹有头发处。

（7）颅前窝对冲性骨折,着力点在枕部或顶部。

2. 推断作用力方向

（1）骨外板压缩性骨折为垂直方向着力。

（2）套环状骨折或同心圆性骨折为垂直方向着力。

（3）阶梯形凹陷骨折为斜形方向着力。

（4）外板擦痕处为切线方向着力。

（5）孔状骨折的边缘内板呈环状缺损多为垂直方向着力,呈半月形缺损多为斜形方向着力。

（6）舟状凹陷骨折,其两侧骨板宽度相等为垂直方向着力,不相等则为斜向着力。

（7）放射形凹陷骨折,其骨折线长度相似为垂直着力。

3. 推断打击次数及其顺序

（1）粉碎性骨折的碎骨片重叠错位,表明为多次打击。

（2）线状骨折有两条以上骨折线互相截断为二次以上打击,第二次打击的骨折线不超过第一次打击的骨折线;而粉碎性骨折的碎骨点凹陷最深处是最先发生的骨折。

三、颅内血肿

当头部受暴力作用,可发生颅骨骨折,板障静脉、静脉窦和（或）桥静脉、脑血管或脑膜血管破裂,血液聚集于颅内某一空间或聚集于脑组织内,形成颅内血肿。根据颅内血肿位于颅内解剖部位的不同,可分为硬膜外血肿,硬膜下血肿,脑内血肿和脑室内血肿。

（一）硬膜外血肿

硬膜外血肿（epidural hematoma）是指位于颅骨内板与硬脑膜之间的血肿。最常见于脑膜中动脉破裂,也可见于静脉窦破裂和导血管破裂。脑膜中动脉的分支破裂形成硬膜外血肿,主要原因是颅骨骨折,骨折线与血管相交使血管破裂。有时颅骨并未骨折,但外力致颅骨变形,可因硬脑膜移位使血管破裂形成血肿。

硬膜外血肿多数发生于大脑的侧面（约占70%）,其余为额、脑底或颅后窝,有10%的硬膜外血肿伴有硬膜下血肿形成。一般来说硬膜外血肿发展迅速,因为多数为动脉性出血。来自静脉出血（静脉窦或导血管）的硬膜外血肿形成过程较慢,常发生在头顶和后枕部。硬膜外出血量可有较大的差异,约50ml就可出现临床症状,大多数致死的案例出血量多在100ml以上。及时治疗特别是手术移除血肿可不致死。死亡率与死者的年龄相关,20岁以下约为11%;20～40岁者为18%～40%;而40岁以上年龄组死亡率达25%～40%。

1. 硬膜外血肿发生机制　硬膜外血肿几乎均由颅脑外伤引起。

（1）脑膜中动脉损伤:脑膜中动脉通常行经于颅骨内面的骨沟中,当颅骨外伤变形、骨折时,硬脑膜与脑膜中动脉骤然分离,常将该动脉牵扯撕断,可形成硬膜外血肿。骨折线通过颞骨翼点附近并伤及脑膜中动脉的主干,可形成硬膜外血肿。骨折线伤及硬脑膜中动脉的前支,血肿常位于颞顶部;骨折线伤及脑膜中动脉的后支,血肿常位于顶枕部。由于脑膜中动脉分布范围很广,颅盖骨骨折伤及其分支均可导致硬膜外血肿。但并非所有颅骨骨折都会引起硬膜外血肿,据报道颅骨骨折仅有20%伴有硬膜外血肿。

（2）头部前后受挤压:头部前后受挤压致两侧颞鳞发生骨折可出现该部位的硬膜外血肿,而在直接着力部位则不发生血肿。

（3）脑膜前动脉损伤：额骨骨折，伤及筛前动脉及其分支，可出现额极部和额底部硬膜外血肿。

（4）静脉窦损伤：骨折线横过上矢状窦可造成上矢状窦旁血肿或横跨矢状窦的血肿；伤及横窦可引起颅后窝的硬膜外血肿。

（5）板障静脉损伤：粉碎性或凹陷骨折，致板障静脉破裂，形成骨折处的硬膜外血肿。此种血肿主要由直接着力部位及其邻近部位的骨折线造成硬脑膜血管或静脉窦破裂所形成，其中以颞部受伤引起颞部硬膜外血肿最为多见，额顶部次之，颞顶部和矢状窦旁少见，额极及枕部罕见。

2. 病理学变化　90%的硬膜外血肿与颅骨线形骨折有关。硬膜外血肿占颅内血肿的30%～40%，发生部位以颞部最常见，亦可见于顶部、额部、额极部、颅底等部位（见文末彩图9-1）。硬膜外血肿以急性为多，如出血量大而快，可很快引起死亡，血肿通常为新鲜血块位于颅骨与硬脑膜之间，呈红果酱样，多为扁平状，体积大小不一，一般较大者直径10～12cm，厚度2～6cm，重量100～150g，个别可达400g。受伤后10天以上死亡者，血肿呈黑红色，内有褐色液化，外有褐色肉芽组织包裹。日久，血肿周围不仅有纤维性包膜，并可有钙化形成。局部大脑皮质受压变形，并使中线结构偏移。可见脑疝形成。

（二）硬膜下血肿

硬膜下血肿（subdural hematoma）是指在硬脑膜与蛛网膜之间形成的血肿。硬膜下血肿根据临床起病缓急可分为急性硬膜下血肿、亚急性硬膜下血肿、慢性硬膜下血肿3类。受伤3天以内出现症状为急性，3天～3周为亚急性，3周以上为慢性。硬膜下血肿常发生于50～60岁及以上人群（约占2/3），硬膜外血肿与硬膜下血肿的区别见表9-1。此外，硬膜下血肿与损伤的关系不一定明显。大多数由头部外伤引起，少数由大脑表面的动脉瘤或血管畸形的自发性破裂所致。

表9-1　硬膜外血肿与硬膜下血肿的区别

	硬膜外血肿	硬膜下血肿
好发年龄	20～30岁	50岁以上
发生原因	95%以上由外伤引起	75%以上由外伤引起，脑动脉瘤破裂
出血来源	脑膜中动脉多见	桥静脉，大脑动脉瘤，脑挫伤
与着力部位关系	着力侧多见	多见于着力处的对侧
出血部位	颞部最常见 单侧97%	额顶部最常见 双侧为主
血肿大小	严重25～50ml 致死75～100ml	严重50ml 致死100ml
颅骨骨折	约占90%	成人占67%，儿童约10%
死亡过程	较短	较长
与硬脑膜关系	常黏附于硬脑膜上	急性血肿剪开硬脑膜后极易脱落

1. 硬膜下血肿发生机制　急性硬膜下血肿主要是头部外伤引起，在严重的颅脑外伤中其发生率达30%，有10%伴有硬脑膜外血肿，但极少数也发生于大脑皮质血管的自发性出血。解剖时在取出脑标本观察血肿并拍照后应将血块用水冲去，以寻找出血部位。

（1）桥静脉撕裂：大脑穹隆面的皮质浅静脉在离开皮质时以垂直方向穿过蛛网膜进入硬脑膜下腔，然后沿硬脑膜下面游离行走约2cm进入静脉窦内，此段静脉称为桥静脉。通常共有11～13对桥静脉分布于大脑两半球。大脑上静脉是大脑静脉中最大的一支，硬膜下血肿多见于这条静脉发出的桥静脉的破裂。脑萎缩患者的硬膜下腔空隙增宽，桥静脉可呈游离状，轻微的头部外伤，即可引起大幅度脑旋转运动，导致桥静脉撕裂。据电镜观察，桥静脉壁内环行肌比纵行肌发达，故此血管不耐牵拉。动物实验证明只要头部受到足够的加速度力作用，即使没有打击，也可以引起硬膜下出血。特别是老年人有时被归咎于剧烈咳嗽、打喷嚏、便秘等。

（2）皮质血管破裂：在蛛网膜颗粒处，硬脑膜与软脑膜紧密相连，头部外伤时使该处的皮质血管发生撕裂，导致出血。

（3）静脉窦撕裂：颅骨骨折时撕破硬脑膜静脉窦，可引起硬膜下出血。

（4）脑皮质挫伤：颅骨骨折刺破蛛网膜及脑皮质引起出血。

2．病理学变化

（1）部位、形状和大小：硬膜下血肿可发生于任何部位，与骨折部位不完全一致。硬膜下血肿约占颅脑损伤的5%，占颅内血肿的35%～38%。硬膜下血肿多由静脉出血引起，起病未必急骤，但在急性、亚急性及慢性三者中仍以急性者为多见。急性和亚急性硬膜下血肿分布较广。急性病例可见新鲜暗红凝固的血液，无机化，无包膜形成（见文末彩图9-2）。以大脑半球背侧面最常见，可累及额叶、枕叶及颞枕叶的腹侧面。有的可发生于大脑半球凸面，颅后凹极为少见。亚急性者血块开始液化，红细胞及纤维素逐渐崩解，凝块渐变棕色，镜下可见巨噬细胞，部分可见含铁血黄素形成。慢性者以机化膜形成为特征，主要分布于额顶叶或遍及整个大脑半球表面。通常血肿直径数厘米，厚1～2cm，重10～100g。多次间断打击引起的硬膜下血肿可较大。血肿多为卵圆形或碟形。出血量大者可累及一侧或两侧大脑半球，出血量可重达200g。多次出血者，血肿形状常不规则或呈层状结构。出血后存活一段时间才死亡者，大脑可发生压迫性萎缩，急性者多伴脑疝形成。慢性与亚急性大致以成纤维细胞增生即机化膜形成来区分。

（2）血肿的转归：血肿可被吸收，不留痕迹；或逐渐被机化，硬脑膜表层的成纤维细胞增生，包围血肿，形成新生膜，有毛细血管从硬脑膜侧发出并伸入血肿，新生的毛细血管极易破裂出血，使血肿体积进一步增大。多次再出血和再机化，可形成多层新生膜。有些慢性硬脑膜下血肿可吸收水分形成硬膜下水囊肿（subdural hygroma）。

3．临床症状　急性硬膜下血肿90%为单侧，常见于颞叶和额叶。急性硬膜下血肿常伴有脑挫伤，伤后可出现持续昏迷，昏迷进行性加深。由硬膜下血肿可引起脑疝，表现为脑疝的对侧动眼神经受压征（瞳孔逐渐散大，伴有眼外肌麻痹）及着力侧的锥体束征逐渐加重（肢体进行性瘫痪）。最后因继发脑干损伤而导致中枢性功能衰竭死亡。急性外伤性硬膜下血肿死亡率较高，大多伴有较重的脑挫伤和皮质的小动脉出血，伤后病情变化急剧。死亡率为36%～60%，明显高于颅脑损伤平均的死亡率（10%）。拳击运动员在拳击过程中或拳击后迅速死亡者多系因硬膜下血肿。

亚急性硬膜下血肿因脑挫伤较轻或无脑震荡，所以血肿压迫症状较缓和。常不能被及时发现或未能获得及时治疗。死亡率约为22%。

（三）蛛网膜下腔出血

蛛网膜下腔出血（subarachnoid hemorrhage）是因蛛网膜下脑沟中血管破裂，血液从血管流出，进入蛛网膜下腔。按其发生原因可分为外伤性和非外伤性两类。二者的鉴别诊断是法医学鉴定中的重要任务，在鉴别时应全面调查案情，收集病史和临床症状，结合尸检所见作出判断。

1．外伤性蛛网膜下腔出血　多见于20～50岁，主要位于脑挫伤部位。出血原因为皮质静脉和软脑膜在脑挫伤时破裂，血液流入蛛网膜下腔，或由于额面部外伤使头部突然后仰致脑底动脉破裂出血。在无颅骨骨折时，蛛网膜下腔出血约占颅内出血的90%。打击下颌、颈部、项部、顶部及挥鞭样损伤时，特别是头部发生扭转者，可在椎动脉入颅处发生破裂，流出的血液进入颈髓和脑底蛛网膜下。在外伤性脑底蛛网膜下腔出血死亡案例中，颜面和颈部损伤所占比例较大。有些案例是长期酗酒后，其脑血管结构和功能发生改变，或醉酒后在外力作用下易引起蛛网膜下腔出血。外伤性蛛网膜下腔出血具有以下特征。

（1）外伤性蛛网膜下腔出血多位于脑挫伤区：冲击伤或对冲伤均可引起。

（2）呈点片状或弥散性、界限明显的出血区：若伴有多处脑挫伤灶，则出血可融合成片，甚至弥散整个大脑半球表面，但常显示出以挫伤灶为中心的特点。脑穹隆面的蛛网膜下腔出血常向脑底流注。

（3）多呈非对称性分布：但枕部着力时可在两额极或颞极部出现对称性分布。通常出血量不很多，也很少出现凝血块（图9-8）。

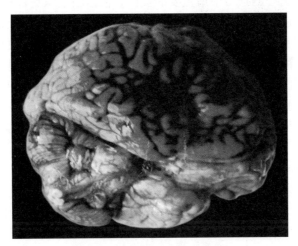

图9-8 外伤性蛛网膜下腔出血
右侧大脑蛛网膜下腔片状出血

2. 非外伤性蛛网膜下腔出血　又称自发性蛛网膜下腔出血（spontaneous subarachnoid hemorrhage），极易被误认为外伤性蛛网膜下腔出血，应认真分析并作出正确判断。非外伤性蛛网膜下腔出血的原因很多，主要有脑血管疾患，以及脑肿瘤、各种感染、出血素质等。最常见的是脑底动脉瘤破裂，出血位于脑基底部，通常出血量较多，形成凝血块（见文末彩图9-3）。

3. 法医学鉴定注意事项

（1）检查脑血管是否有病变：尸体解剖时，在取出脑之前要详细观察出血的部位及分布，取脑时要注意保护好脑表面的血管。详细了解死者生前是否有酗酒史。

（2）寻找破裂血管的方法：取出脑后，用流水边冲边用器械拨动蛛网膜下的凝血块，逐步暴露出血的部位。必要时可用一注射器从基底动脉注入自来水，使血管膨胀以显示出血部位，并照相。脑基底部蛛网膜下腔出血一般均应采取脑基底动脉环及其分支，洗净，放在黑色的背景上检查和照相，然后切取血管进行光镜检查以帮助判断出血原因。

（3）可引起某些神经症状：蛛网膜下腔出血因流出的血液刺激脑膜，可引起某些神经症状如狂躁、行为失常等。对此点的了解可能有助于法医鉴定时的案情分析。对出血处的血管壁进行必要的组织学检查。

（四）脑内血肿

脑内血肿是指脑实质内的血肿。可发生于脑组织的任何部位，占颅内血肿的5%左右，好发于额叶及颞叶前端，常合并脑挫裂伤，并可与同一部位硬膜下血肿伴发。少数血肿可破入脑室，形成脑室内出血。

脑内血肿多发生在对冲伤部位。当枕部着力时，血肿80%～90%发生在额叶及颞叶。少数血肿可由于外伤的剪切力作用而发生在胼胝体、脑干以及深部的灰质。脑内血肿通常由脑挫裂伤、脑内出血灶形成小血块融合而成，或由于脑梗死继发出血。血肿常位于大脑、小脑凸面或脑底挫裂伤处，少数发生在大脑镰、小脑幕旁及脑干内。

头部外伤后，首次CT检查未发现脑内血肿，经过一段时间后再次检查出现脑内血肿者；或于清除颅内血肿一段时间后又在脑内不同部位发现血肿者称为迟发性外伤性脑内血肿。其发病率为1.37%～7.4%，多数见于年龄较大的颅脑外伤者，发病高峰常在脑挫裂伤后3天或于清除其他脑内血肿突然减压之后。

四、脑损伤

脑损伤（brain injury）是颅脑损伤中最重要的损伤。根据脑组织是否与外界大气相通，脑损伤分为开放性脑损伤与闭合性脑损伤两类，开放性与闭合性脑损伤的区别在于硬脑膜是否破裂。头皮和颅骨虽有破损而硬脑膜完整时，脑损伤应列入闭合性损伤范畴。开放性颅脑损伤一般是锐器或火器所致，从头皮、颅骨一直穿破入硬脑膜和脑组织。钝性暴力要非常巨大才会导致开放性颅脑损伤。开放性脑损伤称为颅脑创伤（cranio-cerebral wound），包括刺创、砍创、枪弹创以及爆炸创等。本章主要讨论钝器所致脑损伤。脑损伤从发生的顺序又可分为原发性损伤和继发性损伤。前者由暴力直接或间接作用引起，后者则是在外伤后进一步发展起来的颅内循环障碍或感染性病变等。

（一）原发性脑损伤

1. 原发性脑损伤形成机制

（1）颅骨变形引起脑损伤：当颅骨受暴力作用，不论发生局部变形或整体变形，均可因颅骨内陷，撞击脑组织而引起脑挫伤。当内陷的颅骨弹回原位时，由于颅骨内陷处颅内压骤减产生一种负压吸引力，脑组织可再次撞击于颅骨出现脑挫伤。同时，脑神经、血管、静脉窦等亦可因颅骨变形而扭曲或伸长以致撕裂，出现颅内出血等改变。

（2）脑在颅腔内移动所致脑损伤：当暴力作用于头部时，脑在颅腔内可有直线、挤压、旋转等几种不同的运动方式。

1）直线运动引起的脑损伤：包括加速性损伤和减速性损伤两种情况。①加速性损伤：当头部静止时，受运动的致伤物作用（如车辆撞击等）使头部由静止状态转变为加速运动状态，所造成的脑损伤称为加速性损伤。此时，由于头部运动受与其相连的颈部和躯干的限制，暴力不能借助头部运动而得到相应的衰减，使着力部位骨质变形或骨折，撞击脑组织，引起脑损伤，称为冲击伤（图9-9），故着力点处脑损伤较重。而暴力作用的对侧（对冲部位）则由于头部受颈和躯干的固定和由于颅骨变形或骨折使暴力衰减，脑的运动范围较小，与相应区域骨质的摩擦、撞击较轻，故对冲部位脑损伤较轻（对冲伤）。②减速性损伤：当运动的头部撞击于相对静止的物体（如跌倒、坠落或车内人员撞击车内壁等）时，颅脑由恒速甚至加速运动突然减速至静止，因而造成的脑损伤称减速性损伤。此时由于着力部位的颅骨变形或骨折，造成着力点处脑组织损伤，即冲击点伤；在着力的对侧（对冲部位），因运动的头部碰撞于物体上而突然静止，在颅骨停止运动的瞬间产生反作用力，脑向着力点对侧运动，原始速度越大则脑向着力对侧运动幅度也越大，造成对冲部位脑底面与颅前窝或颅中窝的骨质摩擦、冲撞而产生对冲性脑损伤（图9-10），有时伴有中间性脑挫伤。此时冲击伤和对冲伤均较严重。常常对冲伤比冲击伤更严重。有时冲击伤几乎缺如而对冲伤很严重。

2）挤压性损伤：两个相对方向的暴力同时作用于头部（如倒地时头部被车轮碾过或车辆倾覆时压迫头部），此时暴力从两个相对的方向向颅腔中心集中，除两暴力作用部位由于颅骨变形或骨折可造成脑损伤外，脑的中线结构因受两侧暴力作用可使脑组织向下移位，如海马沟回疝入小脑幕裂孔压迫中脑和小脑，扁桃体疝入枕骨大孔而致伤延髓。

3）旋转性损伤：当暴力作用于头部时，由于机体的保护性活动，以及头部的前屈、后伸、侧屈等运动，作用暴力常常不通过头部的中轴线，此时头颅运动并不是简单的直线运动，而普遍存在旋转运动。此外，由于脑组织自身的解剖特点，在头部受暴力作用时，不仅整个脑与颅骨之间发生相应的运动关系，而且在各部位脑之间亦相互牵引，出现运动启动或停止的先后不同，产生扭曲（distortion）和剪切（shear strain），从而造成脑的内部结构的损伤。此种损伤在脑内纤维交错处更易形成。

4）着力点不同的影响：①枕部着力：在颅脑损伤中，枕部着力最多见。着力点伤多为小脑半球挫伤，而枕极部少见损伤。对冲伤多发生在对侧额叶和颞叶底面，同侧额叶和颞叶底面亦可发生对冲伤。②前额部着力：同侧额极、大脑半球外侧裂附近脑回和颞极因着力部位颅骨变形或骨折，可发生脑挫伤；同侧额叶底和颞叶底面可因摩擦而致滑动性挫伤，并可伴发硬膜下血肿。亦可见硬膜下、

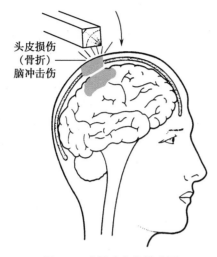

图 9-9 头部冲击伤模式图
常见于静止的头部受暴力打击时造成

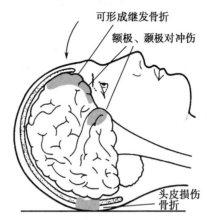

图 9-10 头部对冲伤模式图
常见于运动的头部撞击于相对静止的物体时造成，以枕部着力时最常见

硬膜外和脑内多发性血肿。对侧额叶和颞叶亦可损伤，但较同侧少见。对冲部位极少发生脑损伤。③头侧方着力：着力部位大脑半球外侧面因颅骨变形或骨折可出现损伤，常合并硬膜外或硬膜下血肿；对侧额叶、颞叶亦可出现对冲伤并可伴发硬膜下血肿。④顶部着力：顶部侧方着力的脑损伤特点与头侧方着力时相似；顶部中线部着力，两侧顶叶中线部位可出现冲击伤；对冲部位在枕骨大孔附近，可产生原发性脑干损伤和上段颈髓损伤。⑤面部着力：面骨内有多个骨窦，内有气体，可保护颅内结构，减轻脑的损伤程度。面部着力点愈近颅脑，脑损伤愈重；反之，脑损伤愈轻。其脑损伤特点与前额部着力时相似。

（3）间接暴力造成的脑损伤：暴力作用于头部以外的身体其他部位，再传递到头部引起脑或神经损伤，称间接暴力损伤，常见以下情况。

1）颅骨和脊柱连接处损伤：机体坠落时双足或臀部先着地，暴力通过脊柱传递到枕骨基底部，造成枕骨大孔和邻近颅底部线形或环形骨折，出现延髓、小脑和颈髓上段的损伤。

2）挥鞭样损伤：当车辆从后方突然撞击人体，或行车途中突然加速或减速时，头部首先呈过度伸展，继而又向前过度屈曲，造成脑干和颈髓交界处的损伤。

3）胸部受挤压引起脑损伤：当猛烈暴力挤压胸部，胸壁突然受到巨大压力的冲击，上腔静脉血液顺颈内静脉逆行冲入颅内，使颅内毛细血管壁受损，出现脑内弥散性点状出血。

已经有越来越多的证据表明，机械性外力尽管仅作用于头颅的某一局部并造成局部损伤，但事实上整个颅脑作为一个整体都同时受到了损害，只是远离外力作用部位的病变表现不明显而已。此外，颅脑损伤的病变也不是在受外力作用当时就全部出现，它有一个或快或慢的逐步发展过程。

2. 原发性脑损伤类型及病变特征

（1）脑震荡：脑震荡（brain concussion）是脑损伤中最轻的一种损伤，其特点是头部受伤当时即出现短暂的意识障碍，表现为一过性和可恢复性。持续时间一般为数分钟。除意识障碍外，还可出现逆行性或顺行性遗忘。多数病例可完全恢复，少数可遗留头痛、耳鸣等症状。其发生机制至今仍意见不一，有许多争论。

1）临床表现：头部受损伤后，立即出现意识丧失，持续时间自几秒到若干分钟，一般不超过半小时，轻者短时间内恢复正常，也可有一段时间的头痛、头晕、轻度恶心、呕吐等症状。一般不遗留后遗症。稍重者对受伤当时经过情况及对近期前一段时间的事物不能回忆，即所谓逆行性遗忘，持续时间长短不一，其他症状可能也持续较久；严重者可遗留外伤性神经官能症或外伤性精神病。脑震荡本身一般不引起死亡,严重者多超越了"震荡"的范畴,因发生脑内组织损伤而致死。

2) 病理学变化:脑震荡因不致死故其病变不得而知。有些拳击运动员曾有多次脑震荡,晚年有的发生"击晕综合征"(punch drunk syndrome),据认为是反复脑震荡的后遗症。这些人脑内可有多数胶质瘢痕,大脑皮质萎缩,透明隔穿孔,穹窿及胼胝体萎缩,大脑及中脑黑质神经细胞减少等病变。这些病变是否是脑震荡当时引起抑或后来形成,尚待做深入的研究。脑震荡后很快死亡者,全脑皮质血管痉挛,大脑普遍呈苍白色,贫血状。光镜下可见脑膜和脑实质小动脉及毛细血管前微小动脉收缩,全脑呈急性缺血性改变。这些病例的死亡及病变实际上已超出临床所称"脑震荡"的范畴,而是发生了脑组织损伤。在胼胝体、脑干、第三脑室、中脑导水管周围及第四脑室底部呈广泛弥漫性出血及小灶状坏死。胼胝体中线两旁、脑干的喙端和小脑上脚、内囊、前连合等处,在光镜下显示神经纤维断端的轴索收缩球形成,小胶质细胞形成卫星及传导束脱髓鞘(常选择性累及锥体束,内侧纵束和小脑上脚)等改变。脑震荡后发生死亡者都是因脑实质形成了挫伤或弥漫性轴索损害的结果。

(2) 脑挫伤:头部受外力作用引起脑组织出血坏死,称为脑挫伤(brain contusion)。在冲击部位及对冲部位均可发生,最多见的部位是额极,眶回和脑外侧裂的上、下皮质。其特点是头部受伤当时有意识障碍,一般较脑震荡严重,持续时间长;伤后可有头痛、恶心、呕吐等症状,亦可有生命体征及瞳孔变化;损伤功能位置时可出现相应定位症状。作 CT 或 MRI 可确诊。

1) 脑挫伤的类型:脑挫伤可分为冲击性脑挫伤、对冲性脑挫伤、中间性脑挫伤及疝性脑挫伤等。①冲击性脑挫伤(coup contusion),头部受外力作用而发生加速运动时,着力处的脑组织发生的损伤称为冲击性脑挫伤(图 9-11)。冲击伤多见于挥动致伤物打击头颅的情况,少见于跌倒所致的头颅撞击地面。局部外力大而致伤物作用面较小时,冲击性脑挫伤越重,造成凹陷骨折和粉碎骨折的暴力常造成严重的冲击伤。②对冲性脑挫伤(contrecoup contusion),头部受外力作用时,着力点的对侧部位的脑组织发生损伤,称为对冲性脑挫伤(见文末彩图 9-4)。对冲伤多见于跌倒时头颅撞击外界物体而形成。据报道,跌倒时枕部着力致死者,83% 有额叶对冲伤,17% 有枕叶冲击伤。额部着力者,79% 有冲击伤,而枕叶对冲伤仅 21%。头颅侧方着力时,50% 有冲击伤,40% 有对冲伤,10% 两侧均有。除头颅受力方式(加速或减速运动)外,两种脑挫伤发生与否与颅脑结构有密切关系。枕叶紧贴于小脑幕上,其表面光滑且富有弹性,当外力作用于额或枕部时,枕叶表面虽亦可滑动,但因颅后窝较光滑而不易造成脑挫伤。大脑镰与小脑幕在颅内呈纵、横两个方向突起,对脑的移动有一定的限制,但由于其边缘锐利,若外力超过一定的限度,也可造成其毗邻脑组织的对冲伤。顶部着力可使幕上组织向小脑幕切迹的边缘挤压,引起脑干和下丘脑的挫伤。③中间性脑挫伤(inner cerebral trauma),着力部位与对冲部位之间的脑组织所发生的脑挫伤,称为中间性脑挫伤或"脑内损伤"(图 9-12)。这些伤可发生于胼胝体、前连合、视丘、下丘脑及脑干等部位,可呈点状、线状,甚至形成血肿,范围可相当广泛,头部受较重的板状物体或书本打击时,可主要形成脑内损伤而没有明显的脑表面挫伤。④疝性脑挫伤(herniation contusion),头部受暴力打击的当时,颅内压突然升高,将小脑扁桃体压向枕骨大孔,可引起小脑扁桃体的挫伤,这种挫伤的形成机制与枪弹创形成的疝性脑挫伤相同,至于其他颅内压升高时继发的脑疝,也可发生出血,属于继发性疝性脑挫伤。⑤滑动性脑挫伤(gliding contusion),凡脑表面对着骨嵴,即颅骨内面不平整处,外力作用时脑因惯性而移动并与骨嵴摩擦,致表面发生的挫伤称为滑动性脑挫伤。这种挫伤主要发生在额叶的眶面和颞叶的底面,也有学者将额顶部皮质下的出血归咎于脑滑动时固定的蛛网膜粒牵扯脑组织致白质内静脉破裂所发生的出血。⑥骨折性脑挫伤(fracture contusion),当颅骨受冲击力作用发生骨折时,骨折边缘受压迫并与脑表面摩擦,导致的脑挫伤称为骨折性脑挫伤。

2) 脑挫伤的病理学改变:脑表层挫伤的病理形态改变可分 3 种。①出血:常位于脑皮质,可呈点状或与脑表面垂直的细条状,一般在脑回的嵴部,或脑沟的底部,如存活稍久,出血可互相融合,使范围扩大。②坏死:在脑回嵴部形成三角形坏死灶,尖端向着白质,底在脑的表面,在损伤后 3~5 小时即形成境界清晰的坏死。坏死区直达皮质表层,说明它是由暴力直接作用所致,这一特点可与继发于血栓或血管痉挛的病变相鉴别。③裂隙：多见于5个月以下的小儿，因其颅骨尚软，脑内水分多，常不形成成人型的脑损伤，而在皮质下的白质内形成裂隙，内有少量出血，此种裂隙较易发生在大脑额极及颞叶，成人脑内裂隙主要是在高坠时见于胼胝体，其他部位不易形成。

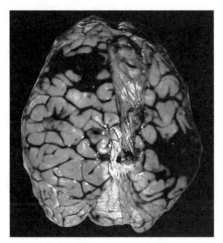

图9-11　冲击性脑挫伤

左额部及右顶部大脑冲击伤，呈局部挫伤及蛛网膜下腔出血

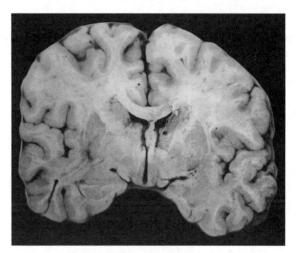

图9-12　中间性脑挫伤

左、右丘脑等处出血

上述三种形态改变以出血最多见。坏死要在伤后生存时间较长者才会发生。

浅表性挫伤脑回表面呈红色或紫蓝色，脑皮质有浅表、散在性簇状出血点或垂直的细条状出血。许多脑挫伤灶呈楔状，轻者白质可无出血，较重者有大小不一的皮质下出血点，切面楔状的底朝向脑膜侧，尖部伸入皮质深面，可发生在一个至数个脑回。也可见弥散性挫伤，多由于头部被多次重复打击所致，常见于大脑穹隆面、小脑与枕叶接触面及胼胝体等部位。挫伤性出血常伴有蛛网膜下腔出血。有的挫伤以坏死为主，出血不明显；切面上坏死灶也呈楔状，它与梗死的区别在于大脑最表层坏死，而梗死灶最表层有一薄层存活的皮质。一般脑挫伤灶开始仅见出血，1～2天后出血灶的组织坏死逐渐明显，其颜色由红色变为紫蓝色，5天以后开始液化，5～6周液化到达高峰，脑回表面凹陷，继而变为囊状，其中含有黄色或棕黄色透明液体。挫伤的组织学改变与挫伤程度、出血量、部位及受伤时间等因素有关。脑挫伤早期周围组织发生水肿，损伤后数分钟即可见，伤后10余小时可见白细胞渗出。神经元变性、轴突肿胀。伤后12～24小时，血管内皮细胞和外膜成纤维细胞增生，小胶质细胞增生，并可见巨噬细胞。伤后8～10天内可见星形细胞出现多核反应，持续较长时间。晚期，挫伤灶小者，可由星形胶质细胞和成纤维细胞代替，形成胶质纤维瘢痕。挫伤灶范围大者可出现呈蜂窝状的小空腔，腔内有少量胶质纤维填充或完全空腔化。广泛脑挫伤除胶质瘢痕外，还可出现钙化。严重损伤案例可出现胼胝体断裂，透明隔及白质中神经纤维断裂。

（3）弥漫性轴索损伤：弥漫性轴索损伤（diffuse axonal injury）是头部受到暴力作用后发生的脑白质广泛性轴索损伤。

弥漫性轴索损伤是一种头部加速度运动引起的脑深部脑组织出现剪切和牵拉作用引起的应变性损伤。加速度损伤包括直接加速度损伤、角加速度损伤、离心力损伤及旋转力损伤。弥漫性轴索损伤主要是角加速度损伤，头部角加速度运动时，脑组织易受剪切力作用发生应变，使神经轴索和血管过度牵拉和扭曲损伤。这种损伤好发于不同组织结构之间，如白质和灰质交界处、两大脑半球之间的胼胝体以及大脑与小脑之间的脑干上端。

弥漫性轴索损伤由于诊断标准不一，发病率报道也不一。在脑外伤死亡患者中占29%～43%。发生原因大多为交通事故损伤，其次为坠落伤或打击伤。

弥漫性轴索损伤根据伤情的严重程度可分为轻、中、重三型。

1. **轻度**　头伤后昏迷持续6～24小时。一般较中、重型为少见,据报道约占全部重型颅脑损伤患者的8%和全部弥漫性轴索损伤病例的19%。约30%的该型病例临床可出现去大脑强直或去皮质强直发作,但可很快消失。大部份病例愈合较好。在昏迷阶段,无法与中、重型相鉴别。

2. **中度**　头伤后昏迷持续时间在24小时以上,但不伴有突出的、持续较长时间的脑干病症。为所有弥漫性轴索损伤中最常见的一种类型,占重型颅脑损伤患者的20%,占全部弥漫性轴索损伤病例的45%。约35%的该型病例临床可出现一过性或短暂的去大脑强直或去皮质强直发作。伤后3个月,仅38%的病例痊愈。与重型弥漫性轴索损伤的区别在于该型去大脑强直发作较重型为少,且无交感神经活动增强病症(高血压、多汗或高热)。

3. **重度**　头伤后患者即陷入深度昏迷,持续时间长,并持续出现去皮质发作或去大脑强直发作,同时出现交感神经增强病症。此型恢复良好者约15%,常遗留有严重智能缺损或双侧感觉运动障碍;呈植物状态者占7%;多数病例死亡。

病理组织学上可见到神经轴索节段性肿胀、断裂、轴索浆外溢、收缩成球形等改变。但伤后要经过一定时间才会形成此病变。最常见的部位是胼胝体,其次是在大脑脚,脑顶部近中线的白质等处。HE染色时约在伤后1日才可见到。也有报道用嗜银染色时伤后15～18小时即可见到。新近有报道用β-淀粉样前体蛋白(beta amyloid precursor protein)行免疫组化染色,伤后3小时即可显示此病变。轴索断裂后形成的收缩球可存在相当时日,伤后存活6周后死亡者仍可见收缩球。周围有成堆的小胶质细胞。必须注意的是在脑梗死、出血灶的周围也可见到轴索收缩球。

(4)原发性脑干损伤:脑干损伤是指中脑、脑桥和延髓的损伤。是由外界暴力直接造成脑干撞击在小脑幕切迹或斜坡上,或脑干扭转牵拉导致损伤,也可表现为直接贯通伤。脑干损伤是一种严重的致命性损伤,死亡率极高。

原发性脑干损伤的特点为受伤当时即陷入较深度而持久的昏迷。昏迷的程度及持续时间与其损伤程度密切相关。在损伤的早期即可出现去大脑强直发作。此外,脑干是呼吸循环等生命中枢所在部位,受损后常出现严重的生命体征紊乱。据报道,脑干损伤的发生率占急性颅脑损伤的3%,占重型颅脑损伤的5.1%,死亡率达71.1%。

1)原发性脑干损伤的机制:由头部或枕项部损伤直接造成。损伤的机制主要是顶枕部受暴力使脑干向下移位而不是脑的侧向移位。①头部受外力作用时,脑在颅腔内大幅度移动,脑干与小脑幕的游离缘或颅底斜坡相撞;②枕骨大孔区骨折直接损伤脑干;③脑室内脑脊液波的冲击,此种损伤也可造成脑桥与延髓交界处断裂。

2)原发性脑干损伤的病理改变:①脑干出血,多在中脑、脑桥的边缘或被盖部及第四脑室室管膜下。出血灶局限,境界清楚,大者肉眼即可见,小者须在光镜下才能发现。常在上丘、结合臂、导水管周围、第四脑室上下边缘、网状结构中部、大脑脚与中脑交界处呈点状或球状出血。②脑干局灶性缺血坏死,软化灶形成。③脑干局限性水肿,脑干损伤部位出现明显的组织疏松化。④脑干内神经组织损伤,包括神经细胞、轴索、胶质细胞等的损伤。

有些人在头部特别是枕项部受打击后迅速死亡,但尸体解剖却找不到明显的颅脑损伤病变,全身其他器官系统也没有任何致命性病变。从案情分析应属颅脑损伤致死,首先值得怀疑的是脑干损伤,但迄今尚无确切方法证明。这是当前法医学研究中的重要内容。

(二)继发性脑损伤

继发性脑损伤中以颅内循环障碍(水肿、坏死、出血;脑室扩张)最常见。主要有以下几种。

1. **创伤性脑水肿**　创伤性脑水肿是指由于暴力损伤脑组织而引起的一系列病理生理反应,使水分积聚在脑细胞和间质内,引起脑体积增大,重量增加。临床上,只要有脑实质的损伤均会有脑水肿反应,只是程度轻重不同。创伤性脑水肿的主要危害是引起和加重颅内压的增高,最终导致脑疝,是致死和致残的主要原因。它可以是颅脑外伤后的唯一改变且可致死。其发生机制是外伤导致休克,进而酸中毒,诱发血管源性和细胞源性水肿,从脑白质开始,特别是星形细胞和少突胶质细胞肿大,又进一步压迫脑内小血管,加剧了缺血和缺氧。如此恶性循环,最终导致死亡。

2. 外伤性脑疝　颅脑外伤后,因脑出血、脑水肿等引起颅内压增高,脑组织从压力较高处经过解剖学的缝隙或孔道向压力较低处移位,压迫邻近的脑组织,乃至坏死出血,导致脑功能障碍,称为外伤性脑疝(traumatic brain hernia)。

(1)脑疝的发生原因:颅脑外伤引起硬膜外血肿、硬膜下血肿、蛛网膜下腔出血,或积液、脑内血肿、脑挫伤及脑水肿等均可引起颅内压升高,从而导致脑疝形成。

(2)脑疝的类型:根据脑疝的解剖学分类,最常见的为海马沟回疝、小脑扁桃体疝、扣带回疝;此外,还有小脑蚓部疝、蝶骨嵴疝等较少见的类型。上述各种脑疝可单独发生,也可几种同时发生。

1)海马沟回疝(hippocampal hernia):又称小脑幕裂孔疝(tentorial hiatus hernia)。在颅脑损伤中极为常见,且危害性很大。

小脑幕形状似帐篷顶,幕顶与两侧最低点相差30mm左右。幕的后外侧缘附着于横窦沟,前外侧缘附着于岩嵴。幕的前内侧缘形成一"U"形孔,称小脑幕切迹。中脑由此通过。幕切迹缘与中脑之间的孔称幕切迹孔,就是小脑幕裂孔疝的发生部位。中脑外缘与幕切迹边缘距离为2～6mm,此间隙除容纳环池外,还有大脑后动脉、小脑上动脉、脉络丛前动脉和滑车神经通过。腹侧面从大脑脚前缘到鞍背有10mm,除容纳脚间池外还有动眼神经、基底动脉等经过。背面从四叠体到切迹后缘的距离可达15～30mm。颞叶的沟回和海马回及邻近的舌回均位于小脑幕上,并紧邻小脑幕游离缘,如果这些结构超越小脑幕游离缘下3mm以上,即可形成海马沟回疝。幕下的小脑前叶也可在幕下高压时凸到幕上。在不同的案例,凸到小脑幕下的部分有所不同,有些仅海马沟下凸,有些主要是海马回的后部下凸,有些案例整个海马沟、回下凸,甚至两侧海马沟、回均下凸。

2)小脑扁桃体疝(cerebellar tonsillar hernia):又称枕骨大孔疝,是颅脑损伤后极其常见,危害最为严重的一种病变。

枕骨大孔前后径约3.5cm,下缘位于延髓与脊髓的衔接平面;还有左、右椎动脉及多根神经通过枕骨大孔。延髓在枕骨大孔的前部正中,后部为小脑延髓池。延髓后组脑神经核、呼吸及循环中枢均位于枕骨大孔上缘。外伤后脑水肿,特别是小脑幕下压力增高时,小脑延髓随之受压,两侧小脑扁桃体及其邻近小脑组织逐步向下移位,颅内压继续增高时,上述脑组织经大孔突入椎管内,构成小脑扁桃体疝。引起呼吸骤停而死亡。

3)扣带回疝(cingulate gyrus hernia):又称大脑镰下疝。额顶部一侧发生颅内血肿,局部颅内压增高,使大脑半球内侧面的扣带回及其毗邻额回经大脑镰下缘向对侧移位,尤其在大脑镰下缘的前2/3段易发生。因此处血肿先将胼胝体下压,增大了胼胝体与大脑镰下缘之间的距离。大脑镰下缘在突出的额叶内侧面上形成较深的压痕,使大脑前动脉及分支的胼缘及胼周动脉受压,引起大脑半球内侧面后部的脑组织变性或坏死,造成对侧下肢的轻度瘫痪及排便功能障碍等症状。扣带回疝本身不至于死亡,但可反映出额顶部外伤及颅内血肿导致颅内压升高的程度,并能加重其他脑疝。

(3)脑疝的病理学变化

1)瘀血和水肿或出血:突出的脑组织有不同程度的瘀血和水肿或出血性梗死和软化,特别是发展迅速的脑疝更易发生出血,有些神经病理学者认为外伤后迅速发生的脑疝内见到出血才有临床意义。脑疝患部体积明显增大,加重了对周围脑组织的直接压迫和损害。

2)中脑受压变形:偏向一侧,使前后径增长,中线压迫使横径增宽,有的出现扭曲、水肿、出血和软化灶,中脑受压向上可达下丘脑,向下可波及延髓,并使导水管受压而闭塞,形成阻塞性脑积水。

3)邻近的脑神经和血管牵拉、移位:可因脑干移位,大脑后动脉向下移动,使动眼神经被牵拉或受压迫致使出血、水肿及坏死。对血管的影响因脑部的部位不同，相应部位的血管受累也有差异。海马沟回疝使脉络膜前动脉向下、向内移位，大脑后动脉和后交通动脉因中脑移位而被向下、向内牵拉。基底动脉的上端被推挤而弯曲。由于血管移位或被牵拉，致使局部血液循环障碍，造成供血区的脑组织梗死、软化和坏死，并因静脉受压使脑组织瘀血、水肿、出血和体积增大。

3. 外伤性脑梗死　颅脑外伤后引发颅内血肿或脑水肿、颅内压升高，大多数有脑疝形成，压迫颅内血管，导致供血部位脑组织坏死、出血。以往法医学文献称之为继发性出血坏死，近年多趋向于称为外伤性脑梗死（post-traumatic cerebral infarction）。这些病变的分布与挫伤不同，多见于脑疝部位的脑皮质，或在扣带回、海马回、Ammon 角、苍白球、中脑和脑桥、大脑枕叶等处。中脑内常先发生于中线以及中脑被盖部，主要在中脑下部，继而延及脑桥被盖部，多数致命。大脑枕叶病变是由于大脑后动脉受压，致枕叶特别是距状沟的视皮质发生坏死出血，如患者幸存，会发生对侧的同侧性偏盲。这些病变常在皮、髓质交界区分布，严重者累及全皮质与蛛网膜下腔，但它与脑挫伤不同之处在于蛛网膜不破裂；皮质神经细胞的缺氧或缺血性病变明显；坏死出血区内高度瘀血、水肿，出血很常见，并有白细胞浸润及胶质细胞反应。

五、脊柱与脊髓损伤

脊柱脊髓损伤，常发生于工矿、交通事故，高坠、重物打击等，战时和自然灾害时可成批发生。伤情严重复杂，多发伤、复合伤较多，并发症多，合并脊髓伤时预后差，常遗留终身残疾，是法医临床学实践中常见的损伤之一。当高位颈椎骨折时，可伤及高位颈髓和（或）延髓，此时可危及生命。

（一）脊柱损伤

脊柱损伤（injuries of the vertebral column）是指组成脊柱的椎骨、椎间盘、关节、肌肉、韧带等组织结构破坏或功能障碍。直接暴力与间接暴力作用均可造成脊柱损伤。直接暴力如锐器刺击或砍击、火器穿通伤、车辆的直接撞击伤等；间接暴力如高坠时头、肩、足或臀部先着地，致颈、胸、腰椎多发骨折、关节脱位、韧带撕裂等。暴力的作用方向和大小与脊柱损伤的部位和类型有密切关系。当暴力沿脊柱长轴传导，使椎体受挤压，可造成椎体的压缩性骨折；当暴力垂直于脊柱长轴，可造成椎骨分离、折断或发生脱位，同时可伴有肌肉、韧带、椎间盘、关节囊或关节突的损伤。脊柱骨折分类如下。

1. 按部位分类　可分为颈椎、胸椎、腰椎骨折或脱位。按椎骨解剖部位又可分为椎体、椎弓、椎板、横突、棘突骨折等。常见的颈椎骨折与脱位多发生于第 5 颈椎上、下；其次为第 1、2 颈椎。胸、腰椎骨折与脱位多发生在第 11、12 胸椎或第 1、2 腰椎。

2. 按骨折类型分类　根据受伤时暴力作用的方向造成屈曲型、伸展型、屈曲旋转型和垂直压缩型骨折。其中以屈曲型骨折及伸展型骨折常见。

（1）屈曲型骨折：颈椎屈曲型骨折常见于高坠时头部先着地或头部受到由上方来的外力打击，使头部猛烈前屈，引起颈椎椎体压缩性骨折、关节突骨折、脱位、相嵌，或合并椎弓骨折（图 9-13）。

胸腰椎屈曲型骨折常见于高坠时足、臀先着地，身体过度屈曲；或肩、背部被压伤、撞伤，可引起椎骨脱位、椎体压缩性或粉碎性骨折、椎弓骨折或关节突脱位、骨折。

（2）伸展型骨折：颈椎伸展型骨折常见于颈椎过度后伸所致，可造成前韧带撕裂、关节突及椎弓骨折（图 9-14）；如前额受撞击，可引起第 2 颈椎的齿状突骨折，第 1 颈椎后脱位或黄韧带被挤入椎管；颈椎过度旋转可引起一侧关节突关节脱位，脊髓亦可因被冲击或受压而致支配区瘫痪，可立即死亡。

胸腰椎伸展型骨折常见于背部或腰部受暴力作用，引起前纵韧带撕裂，椎体裂开或椎弓骨折。并可见多节段间隔性脊柱骨折，具有损伤暴力愈大，骨折、脱位愈重，神经损伤亦重，合并伤亦多且重。

法医学尸体检验时必须注意，脊柱损伤常为严重复合伤的一部分，但有时因内脏器官损伤足以构成死因而容易忽略脊柱损伤的存在。因此，尸体解剖前，有条件的应先拍摄 X 线片，显示脊柱有无损伤及损伤的部位、程度。

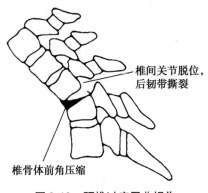

图 9-13　颈椎过度屈曲损伤

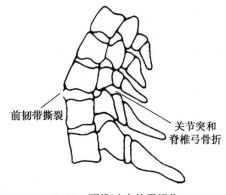

9-14　颈椎过度伸展损伤

（二）脊髓损伤

脊髓损伤（injuries of the spinal cord）是指椎管内脊髓、神经根、马尾神经及其附属的被膜和血管等组织结构破坏或功能障碍。

脊髓损伤分类方法较多。根据是否直接由外力作用所致，分为原发性脊髓损伤和继发性脊髓损伤；根据损伤是否与外界相通，分为闭合性损伤和开放性损伤，闭合性损伤可由直接暴力或间接暴力造成，开放性损伤可由锐器、枪弹弹片或爆炸物碎片等造成；根据损伤程度，分为完全性损伤和不完全性损伤；根据脊髓损伤部位，分为颈上段、颈下段、胸段、胸腰段和腰段损伤；根据暴力造成脊柱骨折的机制，分为屈曲性损伤、伸展性损伤、扭转性损伤和纵轴性损伤。

1. 原发性脊髓损伤

（1）脊髓震荡（concussion of spinal cord）：亦称脊髓休克。是指脊髓受外力作用后引起的暂时性功能障碍。当暴力直接传递到脊髓时，可发生剧烈的脊髓震荡，使损伤平面以下出现瘫痪，各种反射、感觉、括约肌功能消失。单纯脊髓震荡可在数周内恢复。球海绵体反射的出现或深腱反射的出现是脊髓震荡终止的标志。

（2）脊髓挫伤（contusion of the spinal cord）：是由钝性暴力所致的脊髓闭合性损伤。一般临床症状不明显。当脊髓的整个断面挫伤时，可出现断面远端以远支配的肢体逐渐发生麻痹，反射消失及运动障碍。严重者可引起膀胱和直肠功能障碍。早期病理变化主要是脊髓损伤区局部肿胀，中央灰质出现小点状出血、坏死。随着损伤时间的延长，出血坏死灶不断扩大，可波及整个脊髓断面，并向上或向下邻近节段扩展。脊髓外观变得粗大，色泽呈紫红色。软脊膜绷紧，血管模糊不清，蛛网膜下腔狭窄甚至闭塞。在横切面上，呈点状出血，散在和融合的出血点常见于灰质；出血量多时，可形成圆柱状血肿，延伸达数个节段。挫伤严重时，脊髓实质出血沿其长轴扩展。光镜下可见神经细胞核破碎，核染色体溶解。毛细血管红细胞瘀积，血管周围有中性粒细胞、淋巴细胞及浆细胞渗出，有时可见红细胞及水肿液。神经纤维肿胀，可见轴突破裂，髓鞘崩解、破碎成分散的脂肪颗粒。

（3）脊髓断裂（rupture of spinal cord）：是脊髓最严重的实质性损伤，伤后脊髓断端灰质中央进行性出血坏死，血管痉挛，轴浆外溢，溶酶体释放，脊髓各组成细胞变性坏死。脊髓的神经束为无髓鞘纤维，故不能再生。当脊髓完全横断后，断面以远支配区首先表现为"脊髓休克"。

2. 继发性脊髓损伤

（1）脊髓水肿（edema of spinal cord）：外界暴力作用后脊髓发生创伤性反应，脊髓缺氧及减压后再灌注等，均可使脊髓出现不同程度的水肿，同时伴有功能障碍。

（2）脊髓出血压迫（hemorrhage and compression of the spinal cord）：钝性暴力引起的闭合性损伤在椎管内可发生出血，压迫脊髓。其症状与脊髓震荡相似，损伤后迅速出现脊髓功能障碍，但恢复远较脊髓震荡慢。如出血较多，则脊髓功能可能长期受限。出血机化后，引起神经根压迫症状，后根受压可引起剧烈疼痛，前根受压则可发生重度肌肉萎缩。脊柱骨折、脱位，愈合过程中可引起脊髓出血压迫，出现继发性脊髓损害，导致：①创伤性脊髓病；②创伤性椎管狭窄症；③创伤后脊髓空洞症。

（3）上行性脊髓缺血性损伤（ascending ischemic injury of spinal cord）：见于第10胸椎至第1腰椎脊柱损伤，伤后截瘫平面逐渐上升至第6～7胸椎节段，更有12周间继续上升至第2～3颈椎节段，致呼吸衰竭死亡案例。病理解剖显示脊髓背侧血管栓塞，下至腰骶，上达第3颈椎，脊髓前血管、中央血管系统及髓内小血管多处栓塞。脊髓缺血性坏死，临床表现为截瘫平面在中、上胸段，双下肢松弛性麻痹，反应消失。

此外，在法医病理学实践中，有一种特殊的脊柱、脊髓损伤，称挥鞭样损伤（whiplash injuries），是指由于身体剧烈加速或减速运动，而头部的运动与之不同步，致颈椎过度伸、屈活动而造成的损伤。例如各种机动车高速前进时的急刹车，或在停车后突然受到后方车辆撞击，因车座靠背低矮，不能抵挡头颈部的运动，发生过度伸展及过度屈曲性运动，使黄韧带向椎管内皱折，压迫脊髓，或发生脊椎脱位，造成挫伤、出血。通常情况下，颈椎屈伸活动以颈椎4～5和颈椎5～6最大，颈椎1、2、3及颈椎6～7活动度较小。故颈椎5、6常发生损伤，亦可发生在颈椎1、2或环枕关节。损伤可见韧带或关节囊撕裂，关节内出血及软骨撕脱。严重者亦可造成关节脱位、骨折及颈髓损伤。尸体解剖时需做项部切口，充分暴露项部肌肉、韧带、椎板，详细检查后，锯开椎板，再检查颈髓。

第二节　躯干及四肢损伤

除颅脑、脊柱及脊髓损伤外，身体躯干重要器官及四肢解剖结构均可遭受钝器、锐器、火器等致伤物造成的致命性或非致命性损伤。

一、胸部损伤

胸部损伤（injuries of the chest）是指由钝器、锐器、火器等致伤物通过外界暴力作用而造成的胸廓变形、骨折并常伴有广泛的多内脏器官组织结构破坏和功能障碍。胸部损伤无论在平时、战时都较常见。20世纪90年代以来，在损伤死亡中，胸部损伤为仅次于颅脑损伤的重要死因。胸部损伤占总损伤数的10%～15%，在交通事故伤中可达44.5%，占总损伤致死人数的1/4。胸部损伤中以20～50岁男性多见，且胸部损伤为主的多发伤发生率高于以颅脑损伤和四肢损伤为主者。胸部是呼吸、循环器官的主要部位，损伤具有一定的隐蔽性，较肢体损伤更易致命。严重的胸部损伤易引起呼吸和循环功能障碍，出现低氧血症、低血压，甚至休克、死亡。

胸部损伤以胸部伤口是否穿透壁层胸膜与胸膜腔相通，分为闭合性和开放性两大类。闭合性胸部损伤在交通事故中最为常见，其次有坠落、打斗、压轧、挤压、碾压等，还有非直接的胸部爆震伤。开放性胸部损伤见于锐器刺伤、砍伤、枪击伤及医源性损伤。

在法医学实践中常见的胸部钝器损伤包括：肋骨骨折；心、大血管损伤；肺损伤；胸部压迫窒息等。这类损伤的主要病理生理改变为呼吸、循环功能障碍。呼吸功能障碍，可由任何影响气道通气或导致气体交换障碍的创伤引起。由心脏、主动脉或其他较大动脉引起的胸腔内出血难以自止，常造成低血容量休克；心脏挫伤可表现为心律失常、心脏泵功能衰竭。

（一）肋骨骨折

肋骨骨折（rib fractures）是指暴力致肋骨、肋软骨结构的连贯性破坏。

该损伤可由直接暴力，如打击、撞击、枪弹及爆炸等引起着力处的骨折；亦可由间接暴力，如挤压、高坠、车祸等引起着力点以外的骨折。

1. 直接暴力作用　在暴力作用的部位，可出现一条或多条肋骨骨折（图9-15）。严重的局限性的暴力直接作用在胸部，除肋骨骨折外，还会挫伤其下的肺实质，或有尖锐的骨折断端插入肺部，刺破胸膜、肺、大血管或心脏，形成气胸、血胸、血气胸、外伤性肺囊肿和肺血肿。第1～3肋骨骨折常伴有气管、支气管损伤及前胸上部大血管的损伤；而第10～12肋骨骨折常伴有膈肌、肝、脾的损伤。

图 9-15　多发性肋骨骨折
交通事故：方向盘挤压胸部所致

2. 间接暴力作用　钝性暴力间接作用在胸部不同部位，可以出现不同表现。胸部前后受到挤压，所造成肋骨骨折的位置常在两侧腋中线部位；暴力作用在胸部两侧，则肋骨骨折常在脊柱和胸骨附近。间接暴力致肋骨骨折，常伴多内脏器官的严重复合损伤。肺的损伤仅为其一部分，锋利的肋骨断端可以刺伤肺组织，还能刺伤心脏、胸腔大血管及腹腔内的肝、肾和胃等。这种损伤的即时性影响有时并不明显，但数小时后可以出现严重后果。有时骨折断端刺伤肺组织后，又恢复到其正常位置，检查肋骨骨折如不仔细，可能对气胸的原因发生误诊。

3. 并发症　肋骨骨折可产生以下并发症：①胸廓运动失调，由于肋骨与胸骨形成一圆环状结构，一处骨折不至于移位，多根多处肋骨骨折，可使两断端之间的胸壁失去支持，形成浮动胸壁，胸部运动发生障碍，或发生反常性呼吸运动，吸气时浮动的胸壁凹陷，呼气时膨出，不能进行正常呼吸，严重影响呼吸和循环功能；②肋间血管挫裂，出现血胸；③胸膜破裂，出现气胸或血气胸；④心脏刺创，出现心脏压塞；⑤胸腔感染，如肺炎、胸膜炎、脓胸等。

4. 法医学鉴定注意事项

（1）年龄与骨折：由于儿童与青少年胸廓的可塑性及弹性好，可以承受导致胸腔脏器严重损伤的暴力，而不产生椎体与肋骨的骨折，同样的暴力，在老年人则常常引起椎体与肋骨骨折。

（2）医源性与非医源性骨折：要注意将人工呼吸和胸外按压等医疗性外伤所引起的骨折，与非医疗性外伤所引起的肋骨骨折区分开来。

（3）仔细检查：尸体解剖时由于肋间肌连着，肋骨骨折不易发现，应将所有的肋间肌切断，肋骨逐根分开，仔细检查。值得指出的是，非穿透性钝性暴力造成胸部器官损伤时，在胸廓上可留有外伤的痕迹；如果受害者有较厚的衣物遮挡，在胸廓上也可不留损伤的痕迹。

（二）肺损伤

肺损伤（injuries of the pulmonary）指各种暴力所致肺实质损伤。常见的有肺挫伤、肺裂创，在锐器或火器致伤时可造成肺的穿入或穿透损伤。

1. 肺挫伤　肺挫伤（contusion of the pulmonary）是指钝性外界暴力致肺实质的水肿及出血而无肺表面的裂伤，是闭合性胸外伤中最常见的肺实质性损伤。

肺挫伤的形成因素多数认为与强烈的高压波有关。当强大外界暴力作用于胸壁时，胸廓受压或挫伤，声门反射性紧闭，肺内压力突然升高，使肺组织产生挫伤，引起肺水肿及出血。胸部的任何打击都可挫伤肺的表面或深部血管，也可以造成打击部位下方或对侧的肺组织挫伤。在高坠和交通损伤中，常见减速造成的肺挫伤。此外，当交通损伤、高坠、挤压、爆炸冲击波及拳击等外界暴力消除后，变形的胸廓可迅速弹回原位，在产生胸内负压的一瞬间，又可导致原损伤区的附加损伤。肺挫伤的严重程度与外界暴力的大小及胸壁的厚薄和弹性有关，合并肋骨骨折时更易发生肺挫伤。ARDS是继发于各种肺内或肺外严重疾病、损伤过程中的急性渗出性肺水肿和进行性缺氧性呼吸衰竭。肺挫伤易与ARDS相混淆，ARDS可由肺挫伤引起，也可由肺挫伤以外的其他创伤引起。

肺挫伤的病理生理改变为肺毛细血管破裂，间质及肺泡内血液渗出，间质水肿，肺不张，肺内分流增加，肺顺应性下降，肺的气体交换障碍，出现低氧血症。如胸部有钝性伤的患者，气管内出现血性泡沫痰，早期有呼吸困难，X线胸片显示片状阴影，应考虑为肺挫伤。病理学上肺挫伤表现为肺膜完整，肺重量增加，肺膜下瘀血伴片状出血斑，质地实变。肺实质挫伤也可从肺门沿着肺内的血管、支气管向肺实质内延伸。镜下见肺泡壁毛细血管破裂出血，肺泡腔内充满红细胞及渗出液，肺泡间隔水肿，部分肺泡腔破裂萎陷。肺挫伤后0.5～2小时，即可见肺水肿，以后发生白细胞浸润；24小时，肺泡腔内可见大量白细胞和渐渐增多的单核细胞渗出。

2. 肺裂创　肺裂创（pulmonary laceration）是指肺组织的结构完整性破坏。其损伤类型如下。

（1）骨折断端所致肺裂创：肋骨骨折的断端可刺破肺。裂口由胸膜向肺门方向延伸，创缘较整齐，如同刀割样。损伤程度由浅表至中等深度。

（2）挤压性肺裂创：胸廓受到巨大暴力挤压的一瞬间，声门突然关闭，胸廓下陷，导致胸腔内压力突然增加，待其压力消除后，变形的胸廓弹回，胸腔内压遂急剧下降。胸腔内压的骤然增降，所产生的组织变形可导致肺破裂。裂创的创缘不整齐，呈锯齿状，常有多处裂口。若脏层胸膜未破裂，血液可聚集在裂口周围，形成胸膜下血肿，胸膜破裂后可引起血气胸。若血液进入气管内，遂引起大咯血而致死。

（3）肺穿入或穿透性损伤：锐器及火器可从皮肤一直伤入肺内甚至贯穿整个胸部，引起气胸及血气胸。如肺膜的破裂呈瓣状，则可引发高压气胸，使受累侧的肺高度萎陷。尸体解剖时应采取测定胸腔内气体量的特殊措施。

3. 气管、支气管损伤　严重的胸部损伤压力，除了造成肺损伤外，也常常发生气管、支气管的损伤破裂。气管、支气管最常破裂的位置是隆凸上下2.5cm之间的部位，尤其是大的支气管。但气管与支气管同时损伤的案例不常见。Winter和Baum指出，造成气管及支气管损伤有各种不同机制，包括：①气管被挤压到脊椎上；②气管被胸骨挤压同时存在声门闭合；③爆炸发生时，受害人声门关闭，出于强迫性呼气，引起管腔内压突然增高；④外界暴力作用于肺门附近，产生的剪切力；⑤运动的肺组织和相对固定的气管、支气管在减速发生时所产生的不同步，造成损伤。

（三）心脏损伤

心脏损伤（injuries of the cardiac）指外力引起心脏结构及功能障碍。可分为穿透性和非穿透性两类。

1. 穿透性心脏损伤　穿透性心脏损伤（penetrating cardiac injury）以锐器或火器损伤为常见原因。锐器、弹头或弹片穿破胸壁并进入心脏，心脏完整性被破坏，异物存留心脏也较多见。其中枪弹引起的心脏损伤创口较大，损伤可直贯通心脏前后壁引起多心腔的损伤，死亡率显著高于锐器伤。锐器致伤多为盲管创。穿透性心脏损伤部位依次为右心室、左心室、右心房和左心房，还可以导致心房、室间隔和瓣膜装置损伤。在实际工作中它较非穿透性心脏损伤更常见，死亡率很高，许多受伤者来不及被抢救而死于现场或送医院途中。

2. 非穿透性心脏损伤　又称闭合性心脏损伤或钝性心脏损伤（blunt injuries of the cardiac），指胸部特别是心前区受到钝性外力作用后，胸廓完整，但心脏的组织结构和（或）机能受到破坏（见文末彩图9-5）。随着我国高速交通运输事业的发展，交通事故损伤增多，非穿透性心脏损伤的发生日益增加。由于这类心脏损伤比较隐蔽，检查和鉴定有一定困难。

（1）损伤机制

1）直接作用：钝性暴力直接作用于心前区，胸部受外力直接撞击，胸腔内压力突然增加，使心脏在胸骨和脊柱间受到挤压造成心肌的挫伤，同时可见胸壁、心外膜也有损伤；或由外力引起胸骨或肋骨骨折，骨折断端刺伤心脏。

2）间接作用：腹部或下肢突然遭受压迫时，腹腔或下肢内的血液骤然涌入心腔或大血管内，使其内压剧增，造成心脏破裂。

3）减速运动：高速行驶的汽车、火车紧急刹车或高坠时，由于高速状态的人体突然发生急剧的减速或加速，突然减速或加速使悬垂于胸腔的心脏撞击在胸骨或脊柱上而引起心脏损伤、破裂。

4）挤压作用：两个不同方向的作用力同时直接作用于胸部，如被两辆汽车或火车相向挤压；或胸部介于一个作用力和坚硬的物体之间，均可引起心脏损伤，待压力松开后，会发生大出血而死亡。

5）联合作用：由上述两种以上因素同时作用于胸部而引起闭合性心脏损伤。

（2）常见损伤类型

1）心脏挫伤：其早期病理改变为心外膜出血及广泛性心肌间质出血、心肌纤维撕裂和细胞碎裂、心肌间质水肿。24小时内即可出现心肌细胞原浆肿胀和颗粒变性，胞核及肌纤维横纹消失，细胞坏死，并逐渐发生中性粒细胞浸润，继而有肉芽组织形成。晚期瘢痕化，常见夹杂在正常心肌间的片状纤维瘢痕。心脏挫伤可造成心律失常。挫伤后遗留的心肌纤维瘢痕如较广泛，会使心肌储备功能减低，在应激及需氧量增加时，不能相应地增加心排出量，从而更激发心律失常。

2）心脏破裂：心室破裂常见，左、右心室的发生率大致相等。钝性暴力能否导致心脏破裂，不仅取决于心脏接受传导力的大小，而且与心脏所处心动周期的状态有关。在心室收缩期，尤其在等容收缩期，各瓣膜处于关闭状态，心室呈封闭腔，此时受钝性暴力作用，心肌强烈收缩，室内压急剧升高，血液既不能出，又不能压缩，较容易发生心脏破裂。另外，如果伤者原来心脏有病变（如脂肪心脏、陈旧性心肌梗死等），在外力作用后更易于发生心脏破裂。心脏破裂可引起心脏压塞而迅速死亡。

3）室间隔破裂：常迅速致死。破裂原因有：心脏处于舒张末期或收缩早期，心室腔充满血液及瓣膜闭锁，增高的心室张力尚未缓解，此时，心脏突然遭受外力打击，可使室间隔发生线状裂伤；室间隔挫伤后，继以变性坏死，可引起迟发性穿孔。房间隔亦可因相似的机制发生破裂。

4）瓣膜、腱索或乳头肌损伤：包括瓣叶、腱索和乳头肌损伤。瓣膜损伤以主动脉多见，其次是二尖瓣及三尖瓣，肺动脉瓣损伤较少见。主动脉瓣损伤多见于瓣膜叶交界处撕裂或瓣环撕脱，二尖瓣损伤以乳头肌和腱索断裂为主。损伤导致瓣膜关闭不全，伤者可在短时间内死于急性心力衰竭。

5）冠状动脉损伤：损伤的种类有冠状动脉内膜断裂，管壁破裂及心脏压塞。

（四）大血管损伤

大血管的损伤指大血管正常组织受到破坏，胸部损伤有时可伴有大血管的损伤。按损伤的部位，常分为主动脉损伤、无名动脉损伤、肺动脉损伤。

1. 主动脉破裂　分为闭合性主动脉破裂和开放性主动脉破裂。

（1）闭合性主动脉破裂：常见于交通事故损伤，高坠及挤压等原因。由于降主动脉固定在胸壁而心脏与主动脉弓活动度较大，当暴力作用使心脏与主动脉弓剧烈移动时，可致固定段与可活动段之间的连接处撕裂，故主动脉破裂好发于左锁骨下动脉起始远端的主动脉峡部降段。主动脉破裂有时合并心脏破裂。绝大多数受伤者因大出血休克死亡。一般裂口与主动脉轴垂直，可累及血管内膜、中层和外层。若血管壁完全断裂，由于主动脉弹性较大，其断端收缩，可使两断端哆开（见文末彩图9-6）。

（2）开放性主动脉破裂：刺切、枪弹穿透及爆炸伤等原因均可造成主动脉破裂，可即时或在短时间内死亡。破口在心包内，若破口小，出血缓慢时，可延缓一段时间才因心脏压塞而死。

主动脉损伤后幸存者，可逐渐自愈而缓慢地发展成为外伤性主动脉瘤。增大的主动脉瘤压迫邻近器官可引起呼吸困难，吞咽困难及声音嘶哑。一旦破裂即可迅速死亡。法医学鉴定死因时，要查明外伤史及旁证，并注意检查动脉瘤的组织学改变。

2. 无名动脉损伤　无名动脉破裂也是一种严重的致命性损伤，多因直接外力作用，车祸及高坠的减速运动所致；也可因挥鞭样损伤使颈椎过度后伸致无名动脉自主动脉弓处撕裂，短时间内死于出血性休克。

3.肺动脉损伤　此类损伤较少见。在胸部遭受钝器（如汽车方向盘）猛烈撞击或在其他类似的撞击致胸廓受损时可发生肺动脉裂伤。同样，肺门撕裂、贯通创时亦可伤及肺动脉。

二、腹部损伤

腹部损伤的发病率，在平时占各种损伤的 0.4%~2.0%；战争年代的发病率更高，达 50% 左右。在平时，腹部损伤常见于交通事故、空中坠落、工业劳动意外，以及打架斗殴中的刀伤、拳击伤、枪伤等。

腹部损伤（injuries of the abdominal）是指各种钝性外力、锐器、火器等致伤因素导致腹壁/腹腔内部组织结构损害以及同时或相继出现一系列功能障碍。与胸部有所不同，一方面，当腹部受钝力作用时，引起腹壁肌肉反射性收缩，对器官有保护作用；另一方面，腹壁由较厚的皮肤、皮下脂肪和肌层组成，故当钝性暴力作用于腹部时，一般只能在腹壁外表皮肤上形成程度不重的擦伤和（或）挫伤，难以形成挫裂创，但此时腹腔内器官损伤可能已很严重，引起器官的挫伤或破裂。如腹腔实质器官或大血管损伤，可因大出血而导致死亡；空腔脏器受损伤破裂时，可因发生严重的腹腔感染而威胁生命、死亡。

腹部损伤可分为开放性和闭合性两大类。开放性损伤时，腹壁伤口穿破腹膜者为穿透伤（多伴内脏器官损伤），其中如有入口、出口者为贯通伤，仅有入口无出口者为非贯通伤。无腹膜穿破者为闭合性损伤，亦称非穿透伤，有时伴内脏器官损伤。然而，闭合性腹部损伤时，由于腹膜没有破裂，确定是否伴有内脏器官损伤，有时较难。此外，各种穿刺、内镜、灌肠、刮宫及腹部手术等诊疗措施偶可引起一些医源性损伤。

（一）胃肠损伤

胃肠道是人体空腔器官，且在腹腔内有一定活动度，故受伤机会较少，尤其是胃，因胃壁较厚，且胃的位置多变，空腹时多位于左上腹，大部分由左侧肋骨保护，而在进食后胃出现容受性扩张，位置可达下腹部，除穿透伤外，在腹部闭合性损伤中，胃肠道损伤的可能远较肝、脾为小，只有在饱胀状态下偶可发生。但胃肠道一旦破裂，其内容物立即流入腹腔，刺激腹膜，导致化学性腹膜炎和细菌感染，将会引起严重后果。

胃肠损伤（injuries of the gastrointestinal tract）是胃肠受钝器作用时发生的胃肠挫伤、破裂或撕裂伤。

1.胃肠挫伤　常发生于车辆等交通工具所致的损伤，有时也可见于脚踢时，胃肠被外力压到脊柱上，导致胃壁受到致伤物的撞击力和脊柱反作用力的强烈挤压而引起挫伤。胃空虚时，常仅在受力处发生小灶性挫伤。

2.胃破裂　胃充满食物时，其位置下移，且因流体力学作用，则易发生破裂。胃破裂有两个先决条件：①胃呈饱和状态；②外力造成胃腔与腹腔的压力差，而且必须是钝性暴力使胃内压高于胃外压。由于充满半流体的胃内容，压力均衡地向四周扩散，胃破裂点不一定位于受力处，而常位于胃壁较薄弱之点。胃破裂常见于胃小弯，特征性病变为胃小弯或其邻近黏膜发生单个或多数裂创，裂创常常发生于黏膜，继而波及浆膜、肌层，其创缘不整，创壁间可见组织间桥。胃壁严重挫伤或不全破裂，其临床表现可在伤后数小时或数天才出现；胃完全破裂后，可致急性弥漫性腹膜炎和气腹。

3.肠破裂　由于肠在腹腔中所占部位比胃大得多，因而腹部受伤后肠破裂机会比胃大得多，空肠最容易受伤，其次为回肠，十二指肠和结肠。肠充满内容物时也易受伤破裂，其破裂处常在肠系膜附着处的对侧。肠管的钝器损伤，成人比小孩多见，瘦者比胖者多见，其损伤特点为：①体表常无损伤征象；②受伤后 2~6 小时才出现临床症状。钝性暴力致肠损伤的三个主要机制：①挤压；②进裂；③牵拉。高坠时由于牵扯作用可致肠断裂。空肠的起始部及回肠末端都是可移动部与不可移动部的交界处，最易发生断裂。损伤轻时仅发生部分肠管断裂，重者肠管全周断裂。

（二）肝损伤

肝损伤（injuries of the liver）是指肝组织受外力作用发生破裂、挫碎和（或）周围韧带的撕裂。肝脏是一个体积较大、弹性较小、不易移动的实质性器官，故较易受伤，肝损伤在腹部损伤中占15%～20%。肝右叶损伤较肝左叶为多见；而且肝膈面受伤较脏面常见。小儿肝相对较大，比成人更易受伤而发生破裂。肝损伤可由钝器直接作用或间接作用引起，也可因刺创或枪弹创引起。肝破裂后可能有胆汁溢入腹腔，故腹痛和腹膜刺激征明显。

1. 病理形态分类　①肝包膜下血肿，指肝实质裂开，但包膜完整，较小的血肿可以自行吸收；②真性破裂，指肝包膜完整性破坏，肝实质挫裂、撕裂、挫碎甚至离断和毁损；③中央型破裂，指肝实质深部组织损伤，可伴有血管、胆管损伤，易引起广泛肝组织坏死、胆道出血，肝被膜可以完整。

2. 肝损伤形态改变　钝器所致的肝损伤可有不同的形态改变：①肝被膜下破裂也可转为真性破裂。有时肝中心破裂，而被膜完整，或伴有肝周围韧带撕裂伤等，而中央型肝破裂则易发展为继发性肝脓肿。②肝表面的破裂口可呈条状、星芒状、龟壳状。高坠引起肝破裂常为多个与力的方向平行的裂口，打击引起肝破裂可呈星芒状或条状，其中心与力的作用点一致；龟壳状破裂口多见于爆炸时冲击波的作用所致，常位于肝右叶膈面。③有时猛烈的钝性外力冲击可引起肝脏突然减速运动，因肝脏被周围韧带固定，这会导致肝周韧带撕裂和肝实质损伤，肝撕裂最容易发生在右叶。④在疟疾、肝海绵状血管瘤、肝脂肪变性、肝硬化、肝癌患者，肝脏格外容易受到损伤，一方面是由于肝脏体积增大，增加受伤机会；另一方面肝脏脆性增加，使肝脏易于受伤。⑤肝刺创常见于尖刀、三棱刮刀的刺入及镰刀弯头的砍入。凶器停留在肝内时，由于呼吸运动可使伤口扩大。肝损伤者常死于出血性休克。肝被膜下破裂可于数小时后才穿破而致失血死亡。数日后死亡者多系因胆汁性或化脓性腹膜炎。

肝脏有丰富的血液循环，有门静脉和肝动脉双重供血，每分钟约有2L血液进入肝脏，同时由容量巨大的下腔静脉从肝后回流入心脏，一旦伤及这些大血管，将引起大出血而迅速死亡。

（三）脾损伤

脾损伤（injuries of the spleen）是指脾脏受外界暴力作用发生挫伤、破裂、穿透伤。脾破裂是最常见的腹部器官损伤。国内外报道中，脾损伤是闭合性腹腔器官损伤的第一位原因，占腹部损伤的20%～40%。脾损伤常因脾破裂、腹腔急性大出血，致失血性休克，甚至死亡。

1. 损伤原因　穿透性脾损伤多因锐器、火器所致。闭合性脾损伤多因钝器打击或挤压而致。交通事故或高坠，由于冲击和震荡力量较大，可致脾多发性破裂（图9-16）。

图9-16　高坠致脾多发性破裂

2. 脾破裂分类

（1）按损伤范围分：①中央型破裂：是指脾脏实质深部的破裂，可发生局限性出血或形成血肿；②被膜下破裂：是指脾脏实质周边部位破裂，出血积于被膜下可形成张力性血肿；③真性破裂：是指脾脏实质和被膜同时破裂出血，脾破裂中约85%是真性破裂，常见于脾上极膈面，有时在裂口对应部位有下位肋骨骨折存在。破裂如发生在脏面，尤其是邻近脾门者，有撕裂脾蒂的可能。三种类型的脾脏损伤在一定条件下可互相转化,尤其是中央型破裂发展成被膜下破裂,而被膜下破裂可形成真性破裂。

(2) 按时间分:①急性:外伤性脾破裂多在外伤后立即发生,称为急性脾破裂;②迟发性:如在受伤后先有被膜下或脾内出血,数天、数周甚至更长时间后发生穿破,称为外伤性迟发性脾破裂。据文献记载,迟发性脾破裂约占闭合性脾破裂的15%。主要是由于身体的运动改变腹腔压力,致使脾血肿内压增高,冲破脾被膜或伤口外的血凝块所致。这种出血多有明显的诱因,如剧烈咳嗽、活动、受较轻外伤等。

3. 法医学鉴定 法医学检验鉴定脾破裂案件时,要对致伤物的种类、致伤机制、着力部位、损伤程度、伤后大失血的时间及其伤前脾脏是否有疾病等进行综合分析,得出外界暴力与脾破裂之间的因果关系。1995年程亦斌等报告了25例钝性暴力致脾破裂的案例,指出脾破裂的主要机制是由于暴力冲击致脾破裂,或者脾在受外力作用后撞击在胃、膈肌、脊柱、胸后壁、肋骨等处形成撞击伤。后者又可分为位于受力面一侧的直接撞击伤和位于受力面对侧的对冲伤两种。直接撞击伤可造成上缘、前端(胸腹部受力)和膈面后部,脏面、胃面(腰背部受力)等处破裂,而对冲伤可导致脾上极、膈面上部及中部、后端等处破裂。另外,由于脾在腹内作强烈的先加速后减速摆动,可致脾蒂及周围韧带撕裂。值得指出的是,外力大小与脾损伤的机会和程度并不完全一致。若原来有脾脏疾病,损伤轻微也可发生致命后果。如原患有可致脾大的疾病如肝硬化、白血病、淋巴瘤、慢性疟疾等;或脾脏本身的疾病如脾炎、囊肿、结核和肿瘤等,均可使脾易发生破裂。其中以肝硬化致瘀血性脾大最常见,而且肝硬化时凝血机制发生障碍,所以更易出血。

(四) 胰损伤

胰腺位于上腹部腹膜后器官,受到良好的保护,故损伤机会较少,仅占腹部损伤的2%～5%,近期有增加趋势,但并发症高(为19%～55%),死亡率为20%～35%。胰损伤(injuries of the pancreas)主要指因外力所致的胰腺血管、导管、实质的挫伤,破裂。胰损伤分开放性和闭合性两种,常因钝性暴力如车祸所致。开放性胰损伤即穿透性胰损伤,多由枪弹和锐器所致。

1. 胰腺钝性伤发生的机制 Northrup认为胰腺钝性伤发生的机制是:①暴力作用于腹部右方时,挤压胰头部引起胰头挫伤,常合并肝脏、胆总管和十二指肠损伤;②暴力作用于上腹正中时,常引起横跨椎体的胰体部横断伤;③暴力作用于腹部左方时,常易引起胰尾部损伤,可合并脾破裂。

2. 病理学改变 胰损伤的常见类型有胰血管损伤、胰实质损伤、胰导管破裂、胰头挫碎、胰尾部损伤等。胰腺血管损伤可导致出血性休克。胰腺间质内血管损伤可致胰腺实质坏死。胰腺实质挫伤常发生急性胰腺出血性坏死,使胰蛋白酶、磷脂酶A、弹力纤维酶及脂酶等活化,引起急性水肿、出血、坏死及炎症。若合并胰管的损伤,可使胰液漏出,胰酶活化,胰腺组织坏死亦导致胰腺炎;胰导管损伤破裂,胰液涌入腹腔内,引起急性腹膜炎及胰腺周围脂肪组织坏死。胰头部的挫碎常见于交通事故损伤中车轮碾压腹部时,可同时发生胰头和十二指肠球部挫碎,致胰液和十二指肠内容物外溢,导致胰和十二指肠周围组织坏死。胰尾部挫伤常与脾损伤同时发生。饱食后胰液分泌亢进,胰导管内压增高,如受外力可发生胰腺泡及胰小管破裂。因此,饭后胰腺受伤较空腹时严重。以上几种损伤可单独发生,也可同时出现。

根据损伤病理程度,可分为轻度挫伤、严重挫伤和部分或完全断裂伤等。①轻度挫裂伤:仅引起胰腺组织水肿和少量出血,或形成胰腺被膜下小血肿;②严重挫伤:部分胰腺组织坏死失去活力,同时有比较广泛或比较粗的胰管破裂导致大量胰液外溢,若胰液外溢较为缓慢,且被周围组织包裹,可形成胰腺假性囊肿;③部分或完全断裂:裂伤超过胰腺周径1/3属部分断裂伤,超过2/3属完全断裂伤,断裂部位一般位于脊椎前方、肠系膜上血管左侧,也可发生于胰体、尾交界处。胰管断裂部位越接近胰头,胰液外溢越多,导致自身消化及感染也越重。

外伤性与非外伤性出血性胰腺坏死者的病理形态学改变相似,诊断外伤性胰腺出血坏死时,一定要慎重。对于尸检案例,有以下几点值得注意:①胰腺急性病变确实存在;②有外伤史及外伤的证据,如腹壁的挫伤,胰腺周围组织的外伤出血,邻近器官的挫伤等;③外伤发生前无胰腺疾病征象;④外伤后很快出现胰腺的功能紊乱。胰腺外伤可引起出血性休克或并发多系统器官衰竭致死。

知识链接 ▶

复合型损伤的临床特点

由一次暴力因素作用同时或相继造成两个以上的解剖部位或脏器的严重损伤,称为复合型损伤。复合型损伤不是各单独损伤的简单相加,而是一种对全身内稳态影响较大,危及生命的损伤。多因休克、大出血等死亡。复合型损伤具有以下临床特点。

1. 内稳态严重失衡、伤情变化快、死亡率高 严重复合型损伤常伴有一系列的复杂全身反应,其反应程度除与创伤严重程度有关外,尚受创伤的性质、部位和受伤时健康情况等因素的影响。因此复合型损伤多伴有严重的内稳态失衡及病理变化,有时伤情变化快,可能在几分钟内发生死亡。

2. 伤势重、休克发生率高 严重复合型损伤范围广、失血量大,休克发生率高,常为低血容量休克,有时与心源性休克(由胸部外伤、气血胸、心脏压塞、心肌挫伤、创伤性心肌梗死所致)同时存在。

3. 严重低氧血症 复合型损伤早期低氧血症发生率很高,可高达90%。尤其是颅脑外伤、胸部外伤伴有休克或昏迷时,PO₂可低至4~5.33kPa(30~40mmHg)的严重水平。

4. 伤后并发症发生率高 严重复合型损伤,由于机体防御功能降低,伤口污染严重,监测及治疗使用各种导管多,因此伤后并发症多,感染的发生率高。

5. 创伤部位多易漏诊 多数情况下是闭合伤与开放伤同时存在,明显外伤与隐蔽性外伤同时存在,多部位多系统的创伤同时存在,加之大多数伤员不能诉说伤情,易于发生漏诊。

6. 伤后并发症和感染发生率高 严重多发伤由于机体防御功能降低,伤口污染严重,监测及治疗使用各种导管多,因此伤后并发症多和感染的发生率高。

三、骨盆及四肢损伤

骨盆解剖结构相对坚固,因而骨盆骨折发生率较低,但其死亡率却高达5%~20%。文献资料中12.3%~37.3%的复合型损伤者合并骨盆损伤,这提示在法医工作中,应注意多发伤死亡中是否合并有骨盆损伤,另外一方面也不要遗漏骨盆损伤死亡者其他部位、系统的伴发损伤和骨盆的合并伤。

四肢损伤包括四肢骨、关节及肌肉、神经、血管、肌腱等损伤,其中骨折与关节损伤占所有损伤的50%~60%,多为钝性外力所致。引起骨折及关节损伤的暴力形式主要有直接暴力、间接暴力、扭转暴力及肌肉拉力、慢性压应力等。由于创伤本身的刺激、骨折断端活动所引起的疼痛及血容量丢失等因素作用可引起创伤性休克;另外,脂肪栓塞综合征也常见于多发性长骨骨折、骨盆骨折及其他骨松质骨折,致死率较高。四肢血管、肌腱及神经位置较深、固定,具有一定柔韧性,常见于锐器刺伤、砍伤或火器损伤,也可见于四肢长骨骨折合并其伴行血管及神经损伤。四肢血管走行丰富,除较小血管外,一般四肢血管的出血量均较大,尤其是距心脏较近的动脉干,一旦破裂可在数分钟内因失血过多而死亡,即使是静脉,也可能造成严重后果。

(一)骨盆损伤

骨盆损伤(injuries of the pelvis)是指由外力导致骨盆骨折及骨盆环结构破坏,多发生在钝性暴力损伤中。骨盆骨折常提示由强大高能的暴力所致,50%~60%为交通事故伤,8%~10%为高坠伤,3%~6%为严重挤压伤。

骨盆后部是承担体重的主要部位,其承重通过两个承重弓,也就是骶股弓和骶坐弓,即主弓;骨盆前部为联接弓，即副弓，一条经两侧耻骨体及耻骨上肢与骶骨弓连接，另一条经两侧耻骨下支及坐骨与骶坐弓连接，两条副弓起增强主弓的作用。当骨盆受到来自前、后方向的挤压外力时，往往副弓首先发生骨折，当骨盆环的完整性被破坏后，若暴力仍存在，承重的主弓也会发生骨折。骨盆骨折后对盆腔内脏器、血管及神经也会造成损伤。

按照骨盆损伤的部位分为以下类型。

1. 耻骨联合分离（separation of the symphysis pubis）　是指骨盆前方两侧耻骨纤维软骨联合处因外力作用而发生分离、错位。大多数耻骨联合分离其实是撕脱性骨折，也就是耻骨联合本身从一侧或两侧半骨盆上撕脱下来，少数情况是从耻骨联合中部断开，有时在侧方暴力作用下，耻骨联合损伤后可重叠或交锁。

2. 耻骨支骨折（pubic rami fracture）　耻骨上、下支骨折可以单侧发生，也可以双侧同时发生。耻骨支骨折有时可能会扩展而累及髋臼前柱，形成髋臼前柱骨折。

3. 髂骨翼骨折（ilium wing fracture）　多为侧方挤压暴力形成，可为线形或粉碎性骨折，断端移位不明显，髂骨骨折通常累及坐骨大切迹到髂嵴。

4. 骶尾骨骨折（sacral and coccygeal fracture）

（1）骶骨骨折：骶骨骨折根据 Denis 分型法，可分为三型：Ⅰ型骨折位于骶骨翼部，Ⅱ型骨折位于骶孔，Ⅲ型骨折位于正中骶管区（骶孔内侧骶骨中央区），其中Ⅱ型与Ⅲ型骨折分别会引起骶神经与马尾神经的损伤。

（2）尾骨骨折：多由跌倒坐地纵向暴力所致，常伴有骶骨末端骨折。

5. 髋臼骨折（acetabulum fracture）　多为间接暴力、挤压暴力和下肢暴力传导形成，既可由于骨盆骨折时波及，也可因髋关节脱位时股骨头撞击所致。有时，股骨头连同破碎的髋臼向内侧移位，穿破髋臼进入盆腔。

6. 骨盆环双处骨折　包括：双侧耻骨上、下支骨折；一侧耻骨上、下支骨折合并耻骨联合分离；耻骨上、下支骨折合并骶髂关节脱位；耻骨上、下支骨折合并髂骨骨折；髂骨骨折合并骶髂关节脱位；耻骨联合分离合并骶髂关节脱位等。骨盆环双处骨折常伴骨盆环的分离、纵向移位或严重变形。产生这类骨折的暴力通常较大，例如交通事故，往往并发症也多见。

7. 骨盆骨折常见的并发症

（1）腹膜后血肿：骨盆各骨主要为骨松质，邻近又有许多动脉丛和静脉丛，血液供应丰富，骨折可引起广泛出血，巨大血肿可沿腹膜后疏松结缔组织间隙蔓延至肠系膜根部、肾区、膈下，甚至侧腹壁。

（2）盆腔内脏器损伤：盆腔内脏器包括膀胱、后尿道与直肠。耻骨支骨折、移位容易引起尿道损伤、直肠损伤或阴道壁撕裂，其中直肠破裂发生在腹膜反折以上，可因肠内容物经破口向腹腔内溢出而引起弥漫性腹膜炎。

（3）神经损伤：主要是腰骶神经丛与坐骨神经损伤。

（4）脂肪栓塞与静脉栓塞：盆腔静脉丛破裂可引起脂肪栓塞。

（5）失血性休克：骨盆骨折早期的死亡原因为严重出血引起的失血性休克，出血可能来自动脉血管（易于损伤的血管主要是臀上动脉、股动脉、髂内动脉等），也可能来自静脉撕裂、骨折断端出血或合并软组织损伤、内脏损伤及开放性骨盆骨折等。

骨盆损伤在法医学检验中必须注意的是，骨盆损伤往往为交通事故或高坠等复合性损伤的一部分。由于骨盆解剖结构具有稳定性、位置较为固定、无机械性活动关节结构等特点，在尸检时容易忽略骨盆损伤的存在。尸表检验时，应当肉眼观察骨盆外观是否畸形并进行骨盆挤压及分离试验，以明确是否存在骨盆骨折，有条件的应在解剖前先拍摄 X 线片，显示骨盆有无损伤及损伤特征。同时，可以研究对骨盆骨折的类型、形态特征及稳定性破坏等特点，评估骨盆所受到的应力形式，如外旋力、侧方压缩力和垂直剪应力及其作用点、受力方向以分析其成伤原因，为案件重建提供相应依据。

（二）上肢损伤

上肢损伤（injuries of the upper limbs）是指由钝性外力、锐器、火器等暴力作用造成上肢骨折、关节脱位或肌肉、肌腱、韧带、神经及血管等软组织损伤和功能障碍。

上肢损伤的常见类型及损伤机制如下。

1. 骨折

（1）锁骨及肩胛骨骨折：间接暴力可通过上肢或肩部传导至锁骨导致锁骨斜形骨折，或直接暴力导致锁骨粉碎性或横形骨折。肩胛骨骨折多系直接暴力所致，多见于肩胛体及肩胛颈。

（2）肱骨骨折：分为肱骨外科颈骨折、肱骨干骨折及肱骨下端骨折。其中肱骨外科颈骨折多为间接暴力所致，肱骨干骨折多系直接暴力作用，肱骨下端骨折多与肘部直接受力有关。

（3）尺桡骨骨折：可由直接暴力、间接暴力引起，其中扭转外力导致不同平面的尺桡骨螺旋形双骨折。

（4）桡骨远端骨折：常见为 Colles 骨折及 Smith 骨折，前者桡骨远端骨折并向背侧及桡侧移位，后者桡骨远端骨折并向掌侧及尺侧移位。

2. 关节脱位　①肩关节脱位，最常见，约占全身关节脱位的 50%，这与肩关节的解剖和生理特点有关，常因间接暴力所致，如跌倒时上肢外展外旋，手掌或肘部着地，外力沿肱骨纵轴向上传导，或肱骨头向肩胛喙突推移，均可导致肩关节脱位。②肘关节脱位，肘关节对抗尺骨后移动能力要比对抗向前移动能力差，因此，肘关节后脱位较为常见。③腕关节脱位，多由间接暴力引起，手掌撑地摔伤，腕部处于极度背伸位，使桡骨远端诸骨与头状骨相挤压，导致月骨脱位和月骨周围腕骨脱位等。

3. 软组织损伤　肌肉、肌腱及韧带的开放性损伤多由锐器直接损伤所致相应肌肉、肌腱、韧带断裂。闭合性损伤一般有两种类型，即挫伤和拉伤。肌肉挫伤多见于外力作用于局部软组织而引起，多伴有皮肤及皮下结缔组织的损伤。肌肉拉伤是肌肉主动猛烈收缩产生的张力、重力或对抗造成的肌肉过度牵拉引起。两者早期病理表现均为肌肉组织水肿、血肿、无菌性炎症反应等，后者重则可发生肌肉断裂，由于肌腱的本质是肌肉的延续，因此一般出现肌肉和肌腱的同时损伤，只是程度有所区别而已。肢体韧带具有较强的抗张能力，大多数因关节发生超常范围活动过度牵拉损伤。

上肢的重要血管如肱动脉、尺动脉、桡动脉及其主要分支、伴行神经，位置较深，损伤常见为锐器刺伤、砍伤、切割伤及火器伤、爆炸伤等开放性损伤，或肱骨折断端的锐刺（缘）损伤。血管损伤的常见类型可分为：完全断裂、不全性断裂、血管壁挫伤、血管痉挛、血管受压、外伤性假动脉瘤及外伤性动静脉瘘。血管断裂可发生喷射状出血而迅速出现失血性休克，血管壁受损可引起血栓形成及发生远端肢体坏死。

在日常生活工作中，上肢需要进行各种复杂动作，如机器操作、搬运、装卸、固定等，常发生上肢机器绞轧伤、锤击伤或重物砸伤等严重损伤，导致皮肤撕脱，肌腱、神经、血管破坏，甚至肢体毁损。

（三）下肢损伤

下肢损伤（injuries of the lower limbs）是指由钝性外力、锐器、火器等暴力作用造成下肢骨折、关节脱位或肌肉、肌腱、韧带、神经及血管等软组织损伤和功能障碍。

1. 骨折　①股骨骨折，常见类型有股骨颈骨折、转子间骨折、股骨干骨折及股骨远端骨折。老年人由于骨质疏松，很小暴力如平地跌倒即可发生股骨颈骨折及转子间骨折。股骨干骨折可分为上 1/3、中 1/3 和下 1/3 骨折，也常根据骨折的形状分类分为横形骨折、斜形骨折、螺旋形骨折及粉碎性骨折。②髌骨骨折，髌骨骨折是膝部最常见的骨折，以横形骨折多见。髌骨骨折可由直接或间接暴力所致。③胫骨平台骨折，常由交通事故、严重撞击所致，骨折时常伴发膝关节周围韧带损伤。④胫腓骨骨折，其中以胫腓骨双骨折最多见，胫骨骨折次之。胫腓骨骨折可由直接暴力或间接暴力引起，其中间接暴力多为高坠伤，强力旋转扭伤或滑倒所致。⑤踝部骨折，踝部骨折多由间接暴力引起，大多数在踝跖区扭伤，力传导引起骨折。

2. 关节脱位　①髋关节脱位，常见于异常强大的暴力，如交通事故、伴有骨盆骨折以及老年人关节退行性改变才易发生脱位。髋关节脱位分为前脱位、后脱位及中心脱位 3 种类型，以后脱位最多见，占髋关节脱位 80% 以上，易发生于屈膝和髋关节屈曲内收、股骨轻度内旋时，膝部受到外力作用并传导致使股骨头从髋关节囊后下方较薄弱区脱出。②膝关节脱位，一般外力较难以发生，只有在骨折及韧带损伤时才可能发生脱位。过伸暴力易造成前脱位，碾压伤易造成后脱位，强大的侧翻和扭转暴力易形成侧方脱位。③踝关节脱位，与膝关节相似，极少发生单纯性脱位，多伴有韧带损伤和骨折。

3. **软组织损伤**　下肢软组织损伤与上肢类似。下肢重要血管有股动脉、腘动脉、胫前 / 后动脉及腓动脉等。在股三角内，股动脉从股静脉外侧跨到其前方，穿收肌腱裂孔至腘窝，位置较深，胫前 / 后动脉及腓动脉均有丰富的小腿肌肉包裹，且位置较低，除了锐器直接刺伤血管外，一般能造成下肢动脉干损伤的暴力多较强烈，因此所引起的骨折及软组织损伤亦较明显。加之大腿及小腿的肌肉较上肢丰富，肌间隔多，间隔空间较大，出血可沿肌间隙疏松结缔组织蔓延及潴留，从而形成巨大血肿，引起失血性休克。除暴力因素外，动脉损伤后的痉挛及受阻不仅直接造成肌肉及神经支缺血性改变，而且也加剧了肌间隔内的高压状态，因此小腿肌间隔综合征的发生率明显为高，两者可互为因果。

本章小结

身体各部位机械性损伤在法医学实践中极为常见。本章对身体各部位机械性损伤进行了详细介绍，包括头皮损伤机制及损伤形态改变，颅骨骨折机制、类型及法医学鉴定要点，颅内出血的特点及病理学改变，原发性及继发性脑损伤的特点及病理学改变，脊柱与脊髓损伤的特点，开放性及闭合性心、肺损伤的类型，肝、脾等腹部脏器闭合性损伤及常见泌尿生殖系统损伤的类型、成伤机制及其病理学特征，骨盆、四肢损伤的基本类型及并发症等。通过本章内容的学习，应该初步具备对身体各部位损伤的诊断能力，并能够依据尸体检验、病理组织学检查和毒物分析检验结果，结合有关案情和现场勘查等资料，对身体各部位机械性损伤死亡案件的死因、死亡方式进行初步分析和鉴定的能力。

关键术语

颅脑损伤（head injuries）　　　　　颅骨骨折（fractures of the skull）

脑损伤（brain injury）　　　　　脊柱损伤（injuries of the vertebral column）

脊髓损伤（injuries of the spinal cord）　　　胸部损伤（injuries of the chest）

腹部损伤（injuries of the abdominal）　　　骨盆损伤（injuries of the pelvis）

上肢损伤（injuries of the upper limbs）　　下肢损伤（injuries of the lower limbs）

思考题

1. 头皮损伤、颅骨损伤、脑损伤机制及病变特点。
2. 颅骨骨折类型。
3. 原发性与继发性脑干损伤的机制及病理改变。
4. 脊髓损伤的类型及特点。
5. 心脏损伤的概念与死亡机制。

（刘　敏　王　杰）

参 考 文 献

1. 王元. 颅脑伤病的诊断与外科治疗. 北京：军事医学科学出版社，2002.
2. 邱绪襄，廖文满. 颅脑损伤. 成都：四川科学技术出版社，1995.
3. 刘明铎. 实用颅脑损伤学. 北京：人民军医出版社，1992.
4. Knight B. Forensic Pathology. 2nd ed. London: Oxford University Press, 1996.

5. Spitz WU. Medicolegal Investigation of Death — Guidelines for the Application of pathology to Crime. 4th ed. Springfield: Charles C Thomas Publisher, LTD, 2006.

6. 周东生. 骨盆创伤学. 第2版. 济南: 山东科学技术出版社, 2003.

7. 赵定麟, 陈德玉, 赵杰. 现代骨科学·创伤骨科卷. 第2版. 北京: 科学出版社, 2014.

8. 闵建雄. 法医损伤学. 第2版. 北京: 中国人民公安大学出版社, 2010.

第十章 交通损伤

学习目标

通过本章的学习,你应该能够:

掌握 交通损伤、交通事故损伤与交通意外损伤的概念;掌握不同交通工具所致的各种损伤特征及其形成机制。

熟悉 交通事故现象与交通损伤之间的关系,交通损伤尸体检验相关标准与特殊尸体解剖方法;交通损伤的事故重建路径与要点。

了解 交通事故损伤特点,交通事故痕迹检验方法;哪些化学物可影响驾驶员行为。

章前案例 ▶

某日,受害人双手抱膝,头搭在两腿之间蹲在公路中央隔离带旁,先后被一辆绿色中巴车和另一辆白色桑塔纳轿车撞击后死亡。中巴车逃逸后被查获。交警要求解决两次碰撞中各自的事故责任判断问题。

尸体检验:死者为女性,尸长156cm,坐高77cm。外衣左侧衣袖附有绿色漆样物质。寰椎与枕骨完全性撕裂分离,椎管内颈髓断裂,创口出血较轻;胸锁乳突肌下端附着处出血,胸骨柄左上角骨折,下颌骸部下缘见一挫裂创,深达骨质,方向指向右上方,该创距坐骨结节67cm,距足底146cm;左肱骨上段闭合性粉碎性骨折,有楔形碎骨片形成,最大一片位于前外侧;左下肢胫腓骨骨折,骨折处距足底30cm,有楔形碎骨片形成,最大一片位于前外侧;左头顶部头皮见星芒状挫裂创,创周伴类圆形擦挫伤;帽状腱膜下血肿,颅盖骨冠状缝分离,蛛网膜下腔出血;左侧1~8肋骨于腋前线处骨折,1~7肋骨于脊柱旁骨折,骨折断端出血明显;左肺上叶膈面广泛挫伤出血,左肺下叶膈面见3cm×2cm撕裂创,左胸腔血性积液150ml;右侧第1~4、6、7肋骨于腋前线骨折,骨折断端出血轻微;脾脏下缘见一长1.5cm的撕裂创,出血较少;左肾包膜下出血。

车辆痕迹检验:①中巴车车头保险杠左侧及左侧车体前部,距地30~53cm范围内有碰撞破裂凹陷痕迹伴绿色表漆块状脱落。左前门底部、车体左侧底部表面有36cm×9cm的新鲜灰尘减层痕;车体左侧前部有新鲜擦拭痕。②桑塔纳轿车的痕迹分布在车的左前侧,即左前翼子板表面距地面高58~70cm处有一碰撞凹痕,该凹痕中翼子板表面的灰尘物质减层剥脱并见血痕附着;距地面高52~56cm的前保险杠左侧金属装饰条表面有血痕附着;在距地面高56~58cm、距车头前缘22~23cm的前保险杠表面有灰白色毛发附着。③红外光谱分析,死者衣袖绿色类漆样物质与中巴车表面漆成分相同;桑塔纳轿车左前侧的血痕及毛发与死者血型一致。痕迹检验结论:两肇事车前端的碰撞痕迹均为与软性物体相撞形成。(详见本章网络增值部分)

交通损伤（traffic injury 或 injury in traffic）指在交通运输过程中发生的各种损伤总称，即，各类交通运输工具和参与交通运输活动中的物体，在运行过程中导致人体组织器官结构的完整性破坏或功能障碍，甚至死亡。按交通运输方式可将其分为道路交通损伤、铁路交通损伤、航空交通损伤、船舶交通损伤四类；按损伤发生的性质可分为交通事故损伤、交通意外损伤、自杀性交通损伤和他杀性交通损伤。此外，从法律和行政管理的角度尚有其他的分类方法。在法医学日常检验工作中，最常见的是道路交通事故损伤（road traffic accident injury）。

不同国家对交通事故的定义差别甚大。人们习惯于对所有因车祸而发生的人身伤害或死亡统称交通事故，这不确切。交通事故应当是指各类交通运输工具的驾驶人员、行人、乘坐人员以及其他在各种道路上进行与交通有关活动的人员，因违反《中华人民共和国道路交通安全法》和其他有关交通法规、规章的行为，过失造成的人身伤亡或财产损失。由此引起的人身伤亡叫做交通事故损伤（traffic accident injury）。在各类交通损伤中，以道路交通事故损伤最为常见（表 10-1）。

表 10-1　2001—2009 年全国各类交通事故死亡人数占生产安全事故死亡人数的比例

年份	2001	2002	2003	2004	2005	2006	2007	2008	2009
安全事故死亡总数（万人）	13.05	13.94	13.63	13.68	12.68	11.28	10.15	9.12	8.32
道路交通事故死亡比例（%）	81.7	78.47	76.55	78.29	78.17	79.34	80.39	80.59	81.7
铁路交通事故（路外）死亡比例（%）	6.5	5.89	6.26	5.84	5.86	5.27	3.29	2.55	2.19
水上交通事故死亡比例（%）	0.4	0.31	0.37	0.36	0.358	0.333	—	—	0.445
民航交通事故死亡比例（%）	0	0.096	0	0.0045	0.0024	—	0	0	0
其他事故死亡比例（%）	11.4	15.23	16.82	15.46	15.61	15.06	16.32	16.86	15.67

交通意外损伤（unforeseen injury in traffic）是由难以预料和防范的原因或不可抗力因素导致的交通事件性损伤或死亡，如在道路运行过程中，驾驶员因心、脑血管疾病等突发猝死，交通运输工具突发故障，突然的山体滑坡、路面或桥梁坍塌，突遇泥石流或恶劣气候等原因所致。有的国家把交通意外纳入交通事故的管理范畴，我国的《道路交通安全法》也有此规定。而利用交通工具达到自杀、他杀目的者，则构成自杀性交通损伤和他杀性交通损伤。尽管交通损伤的性质和类型多样，但成伤的机制和损伤的形态特征是共通的，而且国内、国外的大量相关研究和统计资料都是以交通事故为研究对象获取的。因此，本章亦是以最常见的交通事故损伤作为基本内容来阐述。

交通损伤的特点：①损伤发生在交通运输过程中，交通工具必须处于运动状态，否则不称其为交通损伤。②损伤是由交通运输工具直接、间接或两者共同造成。直接损伤是由运输工具直接造成的撞击伤、碾压伤和砸压伤等；间接损伤是指人体从交通运输工具上坠落、被撞击后抛出摔跌或被所载物品击中、砸压等导致的损伤。此外，由交通事故或意外事件等导致的坠落伤、坠入水中溺死，烧伤等也属于间接损伤范畴。③交通损伤属钝性机械性损伤，其损伤的严重程度、损伤特点与交通工具的接触作用部位特征，交通工具运行速度有关。④交通损伤常表现为多发性和复合性，形态复杂、类型多样的损伤，损伤严重、死亡率高，死亡多在伤后近期内发生，如在交通事故死亡中，案发当时死亡的占 81.3%，伤后 7 天内死亡的高达 98.3%。⑤部分交通损伤案件的发生与驾驶员的精神，生理和病理状况有关。⑥交通损伤可见于自杀或他杀。

第一节　道路交通事故损伤

行驶在道路上的车辆分为机动车和非机动车。机动车包括汽车、电车、摩托车、电瓶车、拖拉机、轮式专用机械车；非机动车包括自行车、三轮车、电动自行车、人力车、畜力车、残疾人专用车。在机动车中以各种汽车、摩托车、拖拉机造成的交通事故损伤最多见。机动车道路交通事故损伤，既可发生在交通运输工具之外，也可发生在交通运输工具之内。

自 1886 年世界上第一辆汽车在德国诞生以来，已有 4000 多万人死于道路交通事故。据统计，目前全世界每年有 70 万～100 万人死于交通事故，受伤者达 1500 多万人（其中发达国家约占 1/3，发展中国家约占 2/3），即全世界因道路交通事故平均每 2 秒钟有 1 人致伤，每 50 秒钟有 1 人致死。全世界每年因交通事故所致的直接经济损失高达数千亿美元。交通事故造成的损失已是全球各类自然灾害所造成死亡人数的 45 倍和经济损失的 5.8 倍。因此有很多人把交通事故称为当今"世界第一公害"。至 2013 年，我国的民用汽车保有量已达 13 741 万辆，其中私人汽车保有量达 10 892 万辆。同时，我国摩托车的年产量自 1993 年以来一直均在 1000 万辆以上，名列世界第一，占世界总产量的 50% 左右。随着汽车拥有量的剧增，交通事故造成的伤亡和经济损失也达到了令人吃惊的地步。2002 年，我国因交通事故死亡人数是同年事故高发国家美国的 2.56 倍、日本的 13.14 倍、法国的 15.11 倍、乌克兰的 18.29 倍。我国 2007 年交通事故损伤的死亡率约为 6.179/10 万人。

知识链接

酒精、药物滥用与交通事故

酒精与药物滥用通过影响驾驶员的精神、心理和生理活动，干扰正常驾驶。

酒精对汽车驾驶人员的主要影响有：①视觉障碍，饮酒后视轴明显变长，视力受损，出现景物深浅不清、视像变得弥散和不稳，视像融合范围受到明显抑制，暗适应延长并受干扰、视物不清；醉酒时可出现辨色力障碍，有时出现视动性眼震；②平衡失调，酒精可致前庭功能障碍，出现肌肉协调障碍，口齿不清，踉跄摇晃，运动失调；③注意力障碍，血中酒精含量达 0.8% 时，人体对光、声的反应时间延长 1～2 倍，当血中酒精含量达 1.0% 时，出现注意力障碍、不能保持注意力集中；④心理变化，过高估计自己、轻率、肆无忌惮，不计后果，如超车绕行，蛇形曲线行驶，甚至离道行驶；⑤疲劳，饮酒后驾驶易发生疲劳和困倦，表现为偏离车道，多数偏左，行驶无规律，常无故加速或减速等。针对酒精对驾车带来的危害，世界上一些国家制定了驾驶员血中酒精浓度容许标准，如美国为 0.5～1.5mg/ml；英国为 0.4mg/ml；日本为 0.5mg/ml。2004 年 5 月，我国颁布实施《车辆驾驶人员血液、呼气酒精含量阈值与检验》国家标准（GB19522—2004），规定驾驶员血酒精浓度≥0.2mg/ml 为酒后驾驶，≥0.8mg/ml 为醉酒驾驶。

药物滥用主要是指违背公认的医疗用途和社会规范而使用药物的行为。被滥用的是一些能改变人的精神和心理状态并容易产生依赖性的药物。常见的有：①麻醉药品如吗啡、海洛因、盐酸二氢埃托啡等等；②催眠、镇静安定药如巴比妥类、安眠能、地西泮等；③兴奋剂如苯丙胺、甲基苯丙胺、可卡因等；④致幻剂如大麻、麦角酰二乙胺等。这些药物通过干扰驾驶人员中枢神经系统的正常功能，降低其正常的操作控制行为能力，使交通安全性下降。

一、机动车交通事故损伤

（一）机动车交通事故损伤形成机制

机动车致伤的过程非常复杂，因为车和人均处于运动状态，损伤过程迅速而短暂，并可有多个环节参与，如碰撞、摔跌、碾压和拖拉等可同时发生在一个事件中。此外，尚有车速、撞击部位，车内、车外人员的位置与状态，路面与设施等因素的影响。因此，在分析道路交通损伤时，必须从"人 - 车 - 路"全方位的角度进行分析。

1. 交通事故现象与损伤　交通事故的发生常由一系列的交通事故现象（phenomenon of traffic accident）所构成，即：碰撞、碾压、刮擦和拖拉、翻车、坠车、失火、爆炸、跳车等，它们是造成交通损伤的直接因素，也是事故再现的关键环节。在一个具体的交通事故中，这些事故现象可以单独发生，也可以几个事故联合发生，造成以下各种损伤。

（1）碰撞伤：指机动车碰撞人体或机动车碰撞其他物体时骤然减速导致车内人员碰撞车内构件的损伤。包括车外碰撞和车内构件对人体碰撞造成的损伤。直接撞击伤可形成受力局部由浅至深的不同组织、内脏器官的损伤，以及该部位应力区的伸展伤。

（2）碾压伤：指人体被车轮推碾和轧压造成的损伤。通常在碾压发生前都伴有碰撞和刮擦现象。但如果人体处于躺卧在道路上被碾压，则仅有碾压伤。

（3）刮擦与拖擦伤：机动车在行驶中，其侧面或其他突出部件刮擦人体，造成人体接触部位的刮擦伤，多继发摔跌伤或碾压伤。拖擦伤则是机动车刮带人体在路面上拖擦所形成的损伤。注意刮擦伤对于事故现场的复原和事故责任的认定非常重要。

（4）抛掷或摔跌伤：当碰撞、坠车、翻车时，因惯性将人体抛出并摔于地面，造成严重的摔跌伤，表现为皮肤与路面接触形成的挫擦伤，以及深部组织甚至内脏器官的损伤，其特点是以最大速度最先接触地面的人体部位损伤最为严重，并由该中心向周围扩展而逐渐减轻。

（5）挤压伤：指车辆与车辆、车辆与建筑物、车辆与交通环境，以及车辆碰撞后车内部件变形、滑移对人体挤压形成的损伤。挤压伤可分为车外挤压伤和车内挤压伤，挤压损伤可造成机体内部的损害重于体表的损伤。

（6）砸压伤：当翻车、坠车时，车体或其他物体砸压人体形成的损伤，可分为车体的砸压，车上所载物品的砸压，以及被撞毁的电杆、建筑物的砸压等。

（7）烧伤：在交通事故发生中由于碰撞和车内电路故障，打火引起汽油燃烧造成人体的烧伤。

（8）爆炸伤：车内爆炸物品或油箱爆炸造成人体的损伤，受害人多为车内人员。

2.行人的致伤机制与类型　行人与车内人员的致伤机制不同，致伤的典型经过为撞击、摔跌、拖擦或碾压。上述四种方式形成的损伤在人体上出现的比例分别是 9.2∶7.4∶3.5∶2.5，其中主要方式是撞击和摔跌。

（1）碰撞三联伤：轿车和吉普车与成年行人碰撞，车速在 30～40km/h 时，一般可形成连续的典型碰撞三联伤（图 10-1），即：①首次碰撞伤或直撞伤，由车前保险杠撞击人体的腿部，或发动机罩的前端撞击腰部、髂臀部所造成的损伤（图 10-2）。②抛举性碰撞伤，因人体受撞击部位低于人体重心位置，加之车辆前行的部分能量传递给人体，导致人体以重心为轴心发生翻腾，上半身向车身倾倒靠拢，臀和下肢上扬，整个身体被抛举腾空。如果撞击部位不在人体的中轴线上时，则身体在翻腾的同时还发生旋转。随后人体落下撞击到发动机罩上，造成躯干部的第二次碰撞性挫擦伤，有时可形成皮下撕脱伤。③滑动性碰撞伤，由于车辆向前行驶的动能与人体后移惯性力的作用，导致人体在发动机罩上滑动，使人体头部、肩部与车辆前挡风玻璃相撞，造成头、肩部的第三次碰撞损伤。人体头部碰撞挡风玻璃后，如车速够大，人体仍可继续进行翻腾，以头部为支点，直到施加给人体的翻腾回转动能与平移性动能全部转变成势能为止。随后在势能的作用下人体摔落到地上造成摔跌伤。车速更快时，如 >50～65km/h，人体在车上可呈倒立状态，甚至从车上飞过摔到车后，形成滚动式撞击；车速减慢到 <40km/h 或急刹车时，人体可从发动机罩上滑下摔到汽车侧方或前方。上述撞击三联伤的经过时间大约为 1 秒钟。

图 10-1　行人被撞击的致伤机制

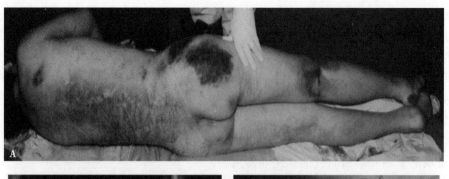

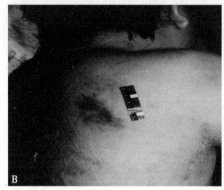
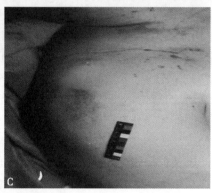

图 10-2　碰撞三联伤

一辆凸头运钞车的保险杠及发动机罩前端撞击受害人右侧膝关节和右髂臀部形成直撞伤,右足跟与地面作用形成挫伤(A 图);人体右侧被抛举后摔落到发动机罩上,形成右肩胛区的抛举性碰撞伤(B 图);人体右枕及右肩峰因人体在发动机罩上滑动碰撞在挡风玻璃上,形成滑动性碰撞伤(C 图)

儿童与越野车相撞或成人与大型卡车相撞时,因人体遭受冲撞的部位高于人体重心位置,平行及向前的旋转运动使行人上半身和头部远离车身向前摔倒,碾压常随之发生。当撞击在人体重心部位时,则人体可发生过度伸展和与车辆运行方向一致的平行抛移。

当肇事车辆车头各部件结构较平滑,位置较高如大客车、公共汽车等,人体被撞击的部位多为高于人体重心的躯干和头部,因相互接触面积广,巨大的冲击能量可充分地传递给人体,造成外伤不明显,内伤却十分严重的撞击伤。随后强大的冲击力将人体平推抛出,造成严重的摔跌伤。也可在碰撞后,人体紧贴着车头继续向前推移一段距离后才倒地,随之发生拖擦与碾压。

此外,事故发生时行人的姿态体位,对造成损伤的分布有一定影响。行人横穿道路,侧面被撞击的发生率为 76.8%。行人被迎面或被后面驰来车辆撞击的发生率为 10.6%,其他情况占 12.6%。人体被撞击的一侧可见撞击伤,而在另一侧多有摔跌伤。值得一提的是,不是每一例交通事故损伤都会经历这些典型过程,人体可受拖擦而无摔跌,或摔跌的人体可不受碾压等。

(2)碾压伤:车轮碾压人体,可形成较严重的各类伤。其中常常在体表留下轮胎花纹印痕(tire marks)和花纹状表皮剥脱与皮下出血。不同刹车状态下的车轮碾压,其轮胎花纹印痕的形成机制各异。当没有刹车制动,轮胎正面快速碾压过人体时,对应轮胎花纹凸凹面交界处的皮肤组织,一方面受剪切力的作用,另一方面因轮胎凸面直接挤压真皮毛细血管,血液快速流向轮胎的凹面区皮肤,导致该部位血管内的流体静压骤然增加而破裂出血,形成反映轮胎凹面特征的轮胎印痕。当凸面的挤压猛烈时,还可形成凸面接触区苍白的中空性凹面皮下出血性印痕。但当车轮刹车制动碾压过人体时,车轮仅有少许旋转或不再旋转,皮肤在轮胎凸面的摩擦挤压作用下,其接触部位的皮肤形成与轮胎凸面花纹一致的表皮剥脱和皮下出血印痕。

3.车内人员的致伤机制与类型　车内人员的致伤机制主要是与车内相应部件的碰撞、摔跌、砸压或挤压、车外异物的刺入等。

典型的车内碰撞过程（图10-3），事故发生时，车内相对静止的人体因惯性向前和反弹向后的运动，与其乘坐席位周围物件发生撞击，撞击后的人体可摔跌在车内或车外，随后可被车内物品、车体或车内变形的部件砸压或挤压。车内人员在事故发生时，有几种特殊的致伤方式值得注意：①挥鞭样损伤（图10-4），见于车辆突然加速或突然减速时，导致人体头颈部、腰椎前后方向的剧烈过伸或过屈所造成。②撞裂创与肢体离断，见于高速行驶的客车与对面驶来的车辆发生侧面剐撞，造成车体破坏，破损的车体金属板断面与人体猛烈撞击，造成人体类似砍切样的钝性损伤，甚至削开颜面或离断肢体，这种损伤多发生在临窗座位上的后排乘员，并易造成群死群伤的严重后果。③分腿式损伤，即后排乘员的两膝部通常贴近于前座位靠背，突然碰撞，身体前移，两膝抵在前排座位靠椅上，而臀部骨盆因惯性继续向前移动，导致大腿剧烈屈曲外展分腿，造成髋关节的骨折，脱臼和关节损伤，这种损伤可发生在单侧或双侧，也可发生股骨颈骨折，骨盆骨折。④安全带损伤，机动车常在坐椅部位设有安全带装置，以防止或减轻乘员遭受二次碰撞性伤害。安全带根据与车体或坐椅固定点的数量，分为两点式、三点式和四点式等类型；按其与人体的交互关系可分为横行腰带、斜行肩带及肩腰带混合型等。当车辆碰撞时，安全带在突然收紧发挥功能时，常常造成人体相应部位的皮肤擦挫伤。因车内不同坐椅的安全带系扣方式有别，其安全带损伤的类型可作为事故发生时乘客座位的判断依据。

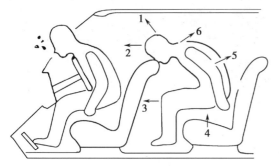

图10-3 车内人员成伤机制

后排成员的致伤机制：1.头顶部与车顶部碰撞；2.前额、面部与前座碰撞伤；3.前膝碰撞，除局部擦伤外，可导致传导性股骨颈骨折；4.双膝碰撞前座位导致双腿外展性损伤，形成股骨颈骨折，股骨头脱位和会阴撕裂；5.上肢腕、肘骨折和脱位；6.颈部挥鞭样损伤

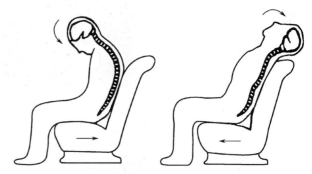

图10-4 挥鞭样损伤

头部以第6、7颈椎为支点过屈、过伸运动，造成其他颈椎和脊髓的损伤

（二）机动车交通事故损伤特征

道路交通损伤的形成过程尽管错综复杂，但本质仍属于钝性的机械性损伤，特别是有些损伤可反映出致伤物接触面的特征。准确地认识和把握这些损伤特点，对法医学的鉴定及事故重建将有重要的意义。

1. 行人的损伤特征 行人损伤可分为两类，第一类称原发性损伤或第一次损伤，是车辆第一次碰撞或碾压人体造成的损伤，如直撞伤，碰撞三联伤，碰撞性伸展创，碾压伤等。第二类称继发性损伤或二次损伤，是人体被撞击后摔跌，身体与地面或其他物体碰撞、擦划形成的损伤如摔跌伤、拖擦伤等。

（1）撞击伤（impact injury）：直接撞击伤占交通损伤的62%，是最常见的损伤类型。车辆不同部位撞击人体可造成不同特点的损伤。

1）保险杠损伤（bumper injury）：保险杠是机动车前面和后面的突出部件，不同车型的保险杠距地面高度不同，一般国产小型客车、轿车、吉普车等保险杠距地面高度为50～60cm，进口车略低，为47～57cm；大型货车，以解放牌货车为例，保险杠距地面高度为65～80cm；特种车有的可高达90cm。小型轿车在急刹车时，车的前部还可倾斜降低5～10cm。保险杠损伤是指车辆保险杠撞击人体时，在距地面 50cm 左右高处（以小轿车类为例）的人体下肢形成横带状的表皮剥脱性撞痕、皮下出血和骨折。皮肤表面的损伤可因长裤遮盖而不明显，但深部软组织的挫伤出血和胫骨骨折则很常见和严重。典型保险杠性胫骨损伤，是指小汽车碰撞人体下肢，在距地面约 50cm 左右高度出现胫骨楔形骨折，楔形底边即为力的作用点，楔形的尖端指向车辆行驶方向（图 10-5，图 10-6）。保险杠损伤在迎面碰撞时损伤发生在下肢的伸侧面，后面碰撞时损伤发生在下肢的屈侧面，侧面碰撞时损伤发生在下肢的外侧面。

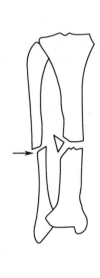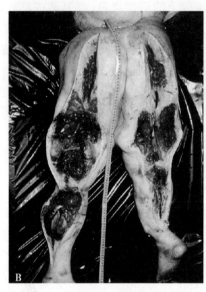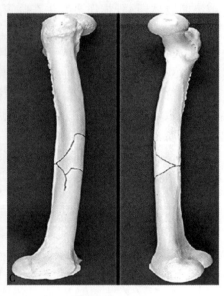

图 10-5　撞击楔形骨折
长骨受撞击形成楔形骨折（A 图）；下肢撞击伤的解剖与股骨楔形骨折（B 图和 C 图）（陈小刚供图）

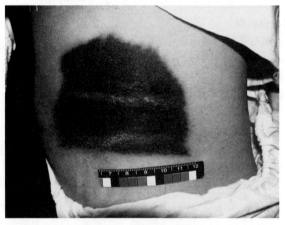

图 10-6　保险杠撞击伤
平直的撞伤下缘反映了保险杠特征（瞿勇强供图）

　　2）承重腿损伤：承重腿是指人体直立时支撑身体并持重的腿。人体站立时，双下肢均为承重腿，行走或跑步时，两条腿轮流为承重腿。承重腿损伤是指机动车前保险杠碰撞行人承重腿所造成的损伤。其特征是承重腿往往出现骨折，非承重腿则多呈现软组织的挫伤或裂创。注意，人体跑步时下肢损伤的高度可下移 5～10cm；骑自行车时，因脚蹬在脚踏板上，其损伤高度可下移 10～15cm。承重腿损伤的骨折可以是横行，斜行或螺旋形骨折，当人体跑动或有旋转动作时，常以后两种骨折类型多见。

　　3）机动车车头所致的碰撞伤：是指汽车发动机罩，冷却器栅格，车头灯和挡风玻璃等撞击人体造成的损伤。其位置常较高，多造成人体躯干与下肢的结合部位，肩背区及头部的损伤。表现为局部软组织挫伤出血，骨折和内脏器官的损伤。

人体的股部、臀部及骨盆常被机动车前端的发动机罩，车头灯或冷却器栅格撞击，形成挫伤和骨折。有时在被撞击部位区的皮肤上，可留下具有冷却器栅格、车头灯边缘轮廓特征的皮肤撞痕、挫伤或挫裂创。股骨的撞击伤多表现为股骨上段的横行骨折；骨盆的骨折多发生在较脆弱的部位，如耻骨支、骶髂关节骨折或脱位，严重者可出现骨盆分离变形；脊柱的直接碰撞可致椎体骨折、半脱位，以棘突和横突骨折多见，常伴脊髓震荡、损伤性腰椎间盘脱出和脊神经根损伤，脊柱的损伤易被内脏破裂大出血及失血性休克所掩盖。

人体躯干部的撞击伤主要由躯干与车头发动机罩发生抛举性碰撞造成损伤。表现为皮肤的擦挫伤和内脏器官损伤，有时在背部可出现皮下撕脱伤，即体表损伤不明显，但深部皮下组织和肌肉之间有大面积的挫伤或挫碎，大量出血形成囊腔，触摸有波动感。直接撞击胸部所致的多发性肋骨骨折，骨折断端零乱，参差不齐，多呈内向型，肋骨断端向内刺破或损伤肺脏与心脏。巨大的撞击力可造成肺的挫伤或挫裂伤，呈现被膜下出血，多处撕裂创，形成血气胸（图10-7）。心脏因撞击力和流体静压的作用导致心腔破裂和瓣膜损伤。撞击腹部可造成肝、脾、胃、肠破裂，膈疝，肠系膜破裂出血或后腹壁血肿。此时轿车发动机罩的相应部位可见局部凹陷变形痕迹。

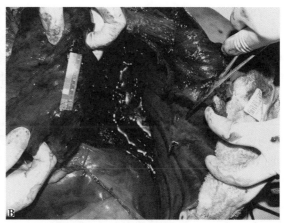

图 10-7　胸部撞击伤
一大货车与自行车骑行者相撞，形成左前胸多根肋骨直接性骨折外侧观（A 图），骨折内侧及胸腔积血（B 图）（雷普平，李桢供图）

人体头部、肩部可直接由车体撞击造成撞击伤。但更多的是人体被车头铲起后，与车头罩、挡风玻璃及其玻璃框架相撞造成滑动性碰撞伤。表现为头顶部、后枕部、肩部等突出部位出现椭圆形挫伤或皮下血肿，有时在头皮挫伤区可伴有多处微小挫裂创，这种微小挫裂创，是由挡风玻璃被撞击呈凹陷性蜘蛛网状的破裂口刺划所致。此外，还可形成各种类型的颅骨骨折，重度脑挫伤。有时头和肩可形成反映挡风玻璃边框特征的横行、或竖行、或一端略带弧形的条形挫裂创，其宽度与玻璃框一致。大型客车撞击人体形成的损伤，表现为体表损伤不明显，有时可留下冷却器栅格印痕，但颅骨和其他部位的骨折，脑和内脏损伤却十分严重。同时在撞击伤对侧的人体摔跌伤也十分严重。在车头正面部位可见轻度凹陷变形或油漆破碎剥落现象。

（2）伸展创（extension wound）：也称纹状浅表撕裂（striate-like superficial tear），指皮肤组织受到牵拉，当牵拉力超过皮肤的抗拉极限时，皮肤沿皮纹裂开形成浅小的撕裂创（见文末彩图10-1）。表现在人体四肢与躯干相连部位如腹股沟、腋前、颈部，以及腹部、腘窝等身体屈侧部位，皮肤表面可见多数微小撕裂群，各微小撕裂呈断断续续平行排列，其走行方向多与皮肤纹理一致。这种微撕裂创大者 1～2cm、宽约 0.4cm，创腔很浅，创底可直视真皮而呈白色，死后可因皮革样化而变深色。伸展创的产生见于两种情况，一种是汽车自人体背后撞击人的重心区，身体向后过度伸展形成腹股沟或下腹部的伸展创，此时还可伴发颈椎的脱位和骨折。另一种情况是人体在受碾压时，车轮旋转产生巨大的牵拉力作用，造成受碾压前方皮肤菲薄的部位形成伸展创。

(3) 碾压伤 (run-over injury)：是人体被机动车轮胎碾压形成的损伤，它是交通损伤中比较严重的一种。据 2000 例交通损伤统计，因碾压致死者占总死亡的 20%，其中头部碾压占 47%，腹部碾压占 27%，胸部碾压占 18%，四肢碾压占 7%，颈部碾压占 1%。车轮碾压人体造成的损伤类型与碾压当时是否刹车有关，同时也是判断驾驶员责任的依据之一。

1) 不刹车碾压 (run-over no in braked)：当机动车碾压人体时，没有采取紧急制动措施，车轮从人体上碾压过去，造成人体伤亡。其特征是在被碾压伤亡的现场中心区，无机动车或机动车距离受害人较远，在尸体附近无刹车制动痕迹。受害人皮肤上一般留有轮胎凹面花纹印迹(见文末彩图 10-2)。有时可形成中空皮下出血性轮胎花纹印迹。人体被碾压破裂时，轮胎胎面上沾有血迹或人体组织，并随滚动车轮沾染到车轮离去方向的路面上。

在人体被碾压的另一侧对应部位即与地面接触的一侧，骨骼突起在皮下作为衬垫的区域，如肩胛区、脊柱区、骶尾骨区等，可出现轻度的皮肤挫伤和皮下出血，有学者将此伤称为碾压衬垫伤。

2) 刹车碾压 (run-over in braked)：机动车在行驶过程中，驾驶员突然发现行人在前方，采取紧急制动时将人体碾压致死的状态。其特征是机动车紧急制动后滑行，在到达人体倒卧碾压中心位置前的地面上有明确的刹车拖痕，人体倒卧在拖痕的终止处。受害者皮肤常常形成与轮胎凸面花纹一致的表皮剥脱和皮下出血印痕。与此对应的人体另一侧(与地面接触的一侧)，因受推压力的作用，局部向前移动而与地面发生摩擦，形成片状和条状皮肤擦伤，又称为对称性擦伤。此擦伤方向与人体推压方向相反，并多在人体一侧的突出部位，由中轴向外，内侧重外侧轻。

轮胎花纹印痕 (tire marks) 是认定碾压的重要特征。应注意磨损陈旧的轮胎不易形成轮胎印痕。车辆碾过人体时，在不同的部位可形成反映轮胎凸面或凹面特征的不同印痕。当轮胎碾压在人体侧面即轮胎与人体成切线或斜交时，受轮胎凸面花纹的摩擦作用，形成与轮胎凸面花纹形态一致的轮胎印痕(图 10-8，图 10-9)。在伤亡者衣服上留下的印痕，均是由轮胎的凸面花纹所致。

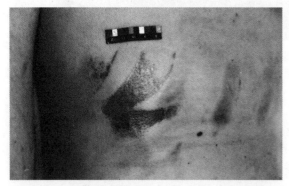

图 10-8　人体侧面的轮胎凸面性皮肤擦挫伤印痕

图 10-9　刹车性碾压伤
左小腿受压形成轮胎凸面性皮下出血印痕(洪仕君供图)

3) 人体不同部位受碾压的损伤特点：①头部碾压伤，头部被碾压时，受轮胎滚动产生的向前向下的挤压力与地面对头部的摩擦和向上的反作用力的共同作用下，使类球体的头部发生变形，随后在受力较小或无外力作用的部位发生头皮和颅骨崩裂，脑组织外溢(见文末彩图 10-3)。表现为大片状的皮下出血、巨大挫裂创和撕裂创。注意，耳部撕裂创的分布特点与车辆运行方向有关。即当车轮从枕部向面部碾过时，其撕裂创分布在耳廓的后面，当车轮从面部向枕部碾过时，则撕裂创分布在耳廓前缘。颅骨多呈严重粉碎性骨折、颅腔崩溃、碎骨片不能复原,脑组织挫碎,大多或全部溅出。头部扁平变形,眼球或眼内容物脱出。②胸腹碾压伤,除皮肤软组织损伤留下轮胎印痕外,还会造成胸骨、肋骨或盆骨骨折,胸腹腔脏器破裂、出血,甚至内脏器官脱出体外。肋骨被碾压造成的骨折,以多发、间接外向型骨折多见。当腹部被碾压时,急剧升高的腹压可造成膈肌破裂、腹腔内脏器疝入胸腔;或形成腹壁破裂、腹腔内脏器官脱出体外(见文末彩图10-4);或形成会阴部破裂,直肠等盆腔器官由会阴脱出。当车轮碾压人体肩、胸、腹、髋等部位时,可在颈、腋、腹股沟部位出现伸展创。当人体受到多次碾压时,被碾压部位器官严重损坏或器官挫碎毁灭(图10-10)。③四肢碾压伤,车轮旋转产生的强大牵拉力,可造成皮肤组织与肌肉深筋膜之间撕脱分离,轻者形成囊腔样改变或重者皮肤破裂撕脱称为皮肤撕脱伤或剥皮创(avulsion injury of skin)(图10-11,图10-12)。皮肤撕脱可分闭合性与开放性两种。闭合性肢体皮肤撕脱伤处皮肤表面完整,但皮下已形成囊腔和充满血液,触之有波动感,数日或数周之后,撕脱伤处皮肤因缺乏营养供应而坏死(图10-13)。开放性皮肤撕脱创可表现为4种类型:环状撕脱创,多见于小腿被碾压时,皮肤裂开呈环状撕脱,仅剩下皮下组织和肌肉,缺失的皮肤宽度与轮胎宽度一致;半环状撕脱创,肢体皮肤呈半环状较大面积裂开、撕裂范围超过肢体周径的一半以上;"S"形撕脱创,肢体皮肤呈"S"形或螺旋状裂开,见于轮胎碾压时,肢体在转动所致;当肢体末端或上肢前臂被碾压时易发生不规则撕裂和菱形撕裂创。

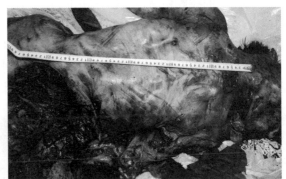

图 10-10　多次碾压性创伤
人体脏器损毁严重(熊亚明、洪仕君供图)

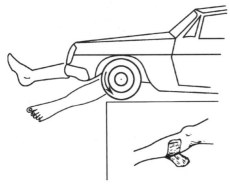

图 10-11　碾压小腿致皮肤环形撕脱

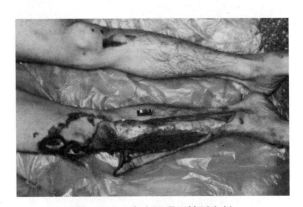

图 10-12　右小腿碾压性剥皮创
右小腿半环状撕脱创,肢体皮肤呈半环状较大面积裂开、撕裂范围超过肢体周径的一半以上

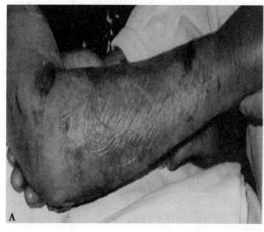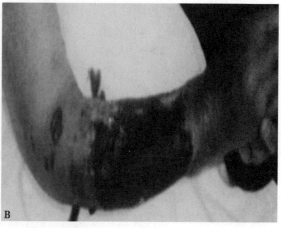

图 10-13 闭合性碾压皮肤撕脱伤

伤者右前臂被一夏利轿车右前轮碾压,形成闭合性皮肤撕脱伤,伤后 20 余天受损皮肤发暗、起水疱(A 图);
伤后 30 余天受压部位呈半环状干性坏死,边缘整齐,其宽度与肇事车轮胎宽度吻合(B 图)

若是大型满载车辆,速度快,车轮为磨损小的新胎,轮胎花纹边缘锐利时,碾压肢体可造成关节
或软组织薄弱处发生组织挫碎或肢体离断损伤。

(4)摔跌伤(tumbling injury):指人体在机动车的作用下抛出摔落于地面或地上物体造成的损伤。
占道路交通损伤死亡的 37%~70%。其损伤的形态和程度取决于路面情况,汽车传递给人体的能量
大小,人体着地时的姿势与部位,衣着情况等。

1)交通损伤中的摔跌伤与日常性摔伤不同:一方面车辆传递给人体相当的初始能量,使其具有
一定的初速度,故损伤严重;另一方面,人体以一定的角度和速度与地面接触,故挫伤和擦痕并存,表
现为挫擦伤,即深部的挫伤出血,骨折和内脏损伤较严重。损伤常分布在人体一侧或多处(发生滚动
时),以身体裸露部位如头、四肢和衣着较少部位为重,创伤表面可附着有相应的地面物质(图 10-14)。
广泛和多处的创伤可用一次性外力作用所解释,且外力作用方向有一致性特点。

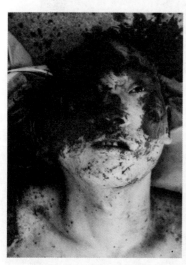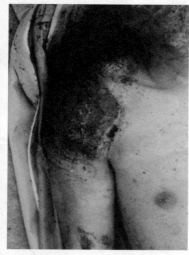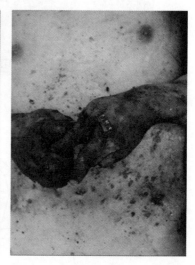

图 10-14 摔跌性挫擦伤

一乘员在翻车中摔跌于地面,其创伤部位附着有泥土等地面物质(张桓,杨瑞供图)

2)人体不同部位着地所形成的摔跌伤各异:当人体被车头或车尾撞击而发生扑倒摔跌时,在人
体被撞的一侧留下直撞伤,而在另一侧可见挫擦性摔跌伤。如果人体向前扑倒摔跌,以四肢、头面部
的损伤和骨折多见。仰面跌倒时,头枕部和肩背部着地,易造成颅脑损伤和颈椎、胸椎骨折等。肩部

侧位着地可引起肩关节和锁骨骨折。臀部着地可引起骶髂关节骨折或脱位。其中头部着地最多见，所形成的颅脑损伤表现为减速性，外轻内重，颅骨整体变形致骨缝分离或线形骨折，大脑多呈对冲性挫伤。

由坠崖、坠涧、坠桥事故现象造成的坠落伤与自由落体式的高坠伤类似，但由于前者有较大的坠落前初速度，故损伤特别严重，并以头部和四肢损伤最多见。

(5) 拖擦伤 (dragging injury)：指人体被撞击后未彻底与车分离，被车的某一部件刮带，在路面上拖擦形成大面积的擦伤。拖擦伤在交通损伤中不甚多见，其损伤程度与车速、拖拉距离、地面状态及人体有无衣着保护有关。轻则表皮剥脱，重则皮肤脱落缺失，甚至相应部位的骨骼皮质上也出现擦划痕迹。

拖擦伤的形态表现为大面积擦伤，不伴或伴有挫伤，具有很好的方向指示性。损伤常分布在身体的突出部位，如头面部、躯干的胸部、背部和臀部，在四肢关节部位呈圆形和椭圆形，而在擦伤周边的体表凹陷处则没有或仅有轻微损伤。擦伤的初始端较重，尾端较轻并呈分叉刷状，故又称刷状擦伤 (brush abrasion)(图 10-15)。擦伤的方向常与身体长轴平行、多仅分布于体表一侧。如果人体多部位受拖擦(如拖擦过程中人体发生翻滚)，各部位的拖擦伤方向都是一致的。如果人体在拖擦过程中靠近汽车排气管口，则在拖擦伤分布的另一侧体表，可形成高温气体烧伤，或机动车与人体之间的牵刮物、缠绕物形成的局部性损伤。当人体上半身被拖擦时，由于头部的被动牵拉和颠动，可形成颅内出血。拖擦伤与摔跌伤的区别是后者的擦伤范围较局限，且多有较严重的深部挫伤和其他损伤。

图 10-15　左胸部拖擦伤
左胸部呈圆形擦伤的初始端较重，尾端较轻并呈分叉刷状

有时，机动车从受害者身体上驶过，没有发生碾压，但因车的底盘较低，受害者被车底盘刮擦带动、搓压，产生翻滚造成损伤，其损伤特点是在身体的前面、后面或两侧形成环绕身体长轴的损伤，损伤形态视路面特点(沥青、水泥、砾石、沙土等)及车辆底盘结构而异，有拖擦伤和擦挫伤，甚至带有路面印痕的损伤等；此外，还可发生头颅、肩胛、颈、肋骨、胸腰椎、骶椎及骨盆的骨折；车底的某些突出部件可在人体表形成特征性损伤。

(6) 砸压伤与挤压伤

1) 交通损伤中的砸压伤 (tamp injury)：是指机动车在行驶过程中，因发生翻车，坠车等事故现象时，被车辆或车上其他物体砸压人体造成损伤。特点是在现场有较庞大的砸压物，受损皮肤常出现不规则的挫裂创，软组织不同程度的挫碎，人体被砸压部位扁平变形，多发生深部粉碎性骨折或破碎，在被砸压处皮肤边缘或受压较轻部位的皮肤可出现皮下水疱。

2) 交通损伤中的挤压伤 (crush injury)：是指机动车在特定情况下，车体与周围环境或车辆内部结构突然碰撞变形等对人体挤压造成损伤。机动车对人体的挤压过程可分为暴力冲撞，然后挤压两个阶段，故撞击和挤压就构成了交通事故挤压伤的特点。挤压伤多发生在胸腹部和四肢，严重的损伤和创伤性窒息是造成死亡的主要原因。现场可保留有人体被机动车挤压的状态。

2. 车内人员的损伤特征　车内人员的伤亡以副驾驶座位上的乘员最多，其次为驾驶员、后排坐乘员。大客车乘员的损伤频率是前排多于后排。

人体与车内相应部位物件撞击形成的损伤，是判断事故发生时人体在车内位置的主要指征。驾驶员、副驾驶位乘员和后排乘员由于与车内不同位置部件相撞击，造成不同的损伤。

(1) 驾驶员损伤：在交通伤亡事故中，驾驶员自身伤亡者占总数的 6% 左右。驾驶员受伤部位：头部损伤占 32.9%，面部损伤占 28.8%，上下肢损伤占 22.6%，胸腹部损伤占 10.2%，其他 5.5%。

驾驶室空间较小、部件多，前有挡风玻璃、方向盘和各种仪表盘，下有油门、刹车制动踏板及离合器踏板，左有车门，后有靠背坐席，右有变速器操纵杆等。一旦发生事故，上述各种部件都能成为造成驾驶员损伤的致伤物(图10-16)。

1) 挡风玻璃或挡风玻璃框碰撞伤：当机动车自前方发生撞击时，驾驶员将以脚为轴心，在无安全带和安全气囊保护情况下，臀部抬起、身体前倾，头部撞击挡风玻璃或玻璃框，造成驾驶员的前额和发际部位擦伤、挫伤和挫裂创，以及颅前窝和颅中窝的骨折，大脑额、颞叶部挫裂伤。额面部的损伤情况与挡风玻璃的质量、头部撞击速度有关。目前挡风玻璃大部分为强化玻璃，头面部碰撞时，玻璃呈蜘蛛网状破裂成小碎块，撞击点玻璃向车外呈球形凸起，作用力大时可形成洞状破碎。人体头面部的碰撞伤，表现为突出部位如前额、眼眶、鼻、两侧颧部，呈小斑片状表皮剥脱和皮下出血，有时

图 10-16　驾驶员的成伤机制
1.额顶部挡风玻璃框损伤；2.颜面部挡风玻璃划伤；3.方向盘挤压伤；4.颈部挥鞭样损伤；5.腕、前臂等上肢反射性损伤；6.膝部仪表盘损伤；7.足踝部脚踏板损伤

皮肤出现微小裂创。强化玻璃碎块可造成颜面部、颈部及前胸上部的浅小刺切创和划伤，其皮肤创口较小且密集，方向一致(见文末彩图10-5)。当碰撞力较大时，头部可从挡风玻璃破碎处洞穿而出，在头颈部形成类似切割状的菱形刺切创口，甚至可将胸锁乳突肌、颈总动脉、颈前及颈内静脉切断。有时可损伤颈部较隐蔽的甲状腺和甲状软骨。创口中可发现玻璃碎渣，这一类损伤称为挡风玻璃刺切创。此外，当与挡风玻璃框发生碰撞时，可在头的前额部、面部形成横行或一侧略带弧形的条状挫裂创，挫裂创的宽度与挡风玻璃框边缘一致(图10-17)。

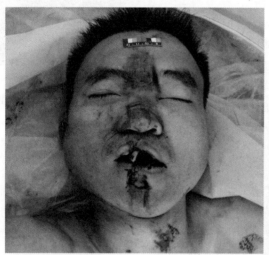
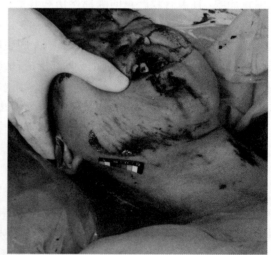

图 10-17　挡风玻璃框损伤
驾驶员与挡风玻璃框碰撞，形成面部正中的条状挫伤和挫裂创，右下颌为挡风玻璃所致的浅小刺切创和条片状表皮剥脱、皮下出血(瞿勇强供图)

2) 挥鞭样损伤(whiplash injuries)：机动车在追尾或碰撞时，驾驶员或乘员由于车辆行驶速度的突然加速(追尾)或减速(正面碰撞)，头部骤然发生加速或减速运动，致颈椎过度伸屈而造成挥鞭样损伤(见图10-4)。

3) 方向盘损伤(steering wheel injury)：是急刹车时方向盘对驾驶员胸腹部碰撞挤压的特征性损伤。未系安全带的驾驶员在车辆碰撞时，由于紧急刹车和制动，身体前倾，座位席随惯性前移，使驾驶者胸部或上腹部撞击在方向盘上。有时因车头碰撞变形，发动机和方向盘后移，将驾驶员挤压于方向盘与座椅背之间。上述两种作用力常造成驾驶员胸腹部的方向盘损伤(图10-18)。受害者胸部

皮肤上出现与方向盘形状一致的弧形表皮剥脱或皮下出血,有时因向侧方移动而形成片状擦伤。因衣着的影响,有时皮肤外表损伤可不严重,但常有胸骨的横断骨折,肋骨多发性骨折(单侧多见),胸廓变形,肺、心及主动脉的挫伤和破裂。肺脏可形成不伴有肺胸膜破裂的中央性肺撕裂伤,心脏以挫伤或撕裂伤多见,主动脉的完全或不完全性撕裂多发生在主动脉弓与降主动脉交界处,单纯的内膜性撕裂可发展成为日后的创伤性夹层动脉瘤。此外,位于上腹部的肝、肾等脏器也因方向盘的猛烈撞击而发生比乘客更为多见的各种挫裂伤。

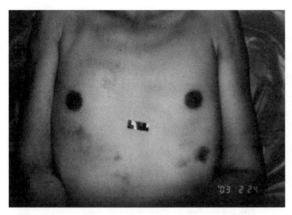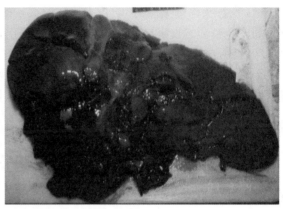

图 10-18　方向盘损伤
胸腹部皮肤形成与方向盘形状一致的弧形挫伤和擦伤(左图),伴肝脏挫裂创(右图)

4)四肢反射性损伤:驾驶员正常行驶时,双手握方向盘,当碰撞等事故发生的瞬间,因其两手会本能性地抓紧方向盘或用力支撑身体的避险动作,常造成手腕和前臂尺桡骨的骨折,有时骨折断端可由内向外刺破皮肤组织形成骨折端刺创,其特点是创口周围皮肤干净,不伴有擦伤和挫伤(图 10-19)。同时欲紧急刹车的愿望使驾驶员右腿用力急踩刹车踏板,这时由车辆碰撞而产生的冲击力就较集中地传导至承重腿上,造成踝关节脱位或骨折,跟腱断裂。此外,当小腿扭转时,因脚可移动的空间小、且相对固定,在这种情况下脚踏板可在右足的鞋底留下印痕,或右脚滑移嵌入油门与刹车踏板之间形成脚部的脚踏板损伤(pedal injuries)(图 10-20),这对判断伤者是否为驾驶员非常重要。

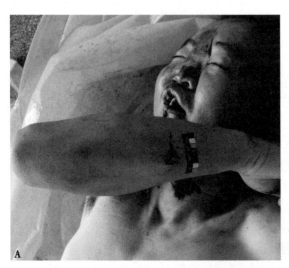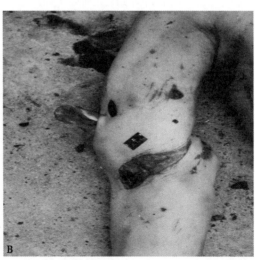

图 10-19　驾驶及副驾驶员上臂的支撑性损伤
驾驶员右前臂尺桡骨中段骨折,其骨折断端自内向外刺破皮肤形成骨折端刺创(A 图);副驾驶员肱骨下段呈伸直型髁上骨折,其骨折断端刺破皮肤形成骨刺创(B 图)(李玉华,赵兆供图)

驾驶员下肢的另一类损伤是：膝部和小腿胫前区在车辆碰撞时向前移动，与仪表盘架的下方相撞击，形成擦伤、挫伤和挫裂创；膝关节韧带撕裂，关节腔出血；股骨下端的骨折或髌骨楔入股骨内外骨髁之间。此外，仪表板的撞击力还向上传导，常常造成股骨头的脱位，有时伴有股骨颈骨折和骨盆的损伤。

5）安全带损伤（seat belt injury）：安全带是固定车内人员的束带装置，有腰带式、单斜跨式或双斜跨式肩带、腰带加斜跨式肩带等多种形式。目前机动车大多采用腰带加斜跨式肩带又称三点式（lap and diagonal strap）。研究表明安全带的伸缩性可增加制动距离和延长减速时间，降低减速力对人体的作用，保护头部避免撞击，防止人体被抛掷。但有时因撞击力十分巨大，或车辆发生翻滚等，束缚胸腹的安全带猛然收紧挤压人体造成安全带损伤（图 10-21）。表现为与安全带相对应的斜行跨越胸腹和环绕腹周的条带状皮肤擦挫伤。腹部受压可形成肠破裂、穿孔或肠系膜的撕裂（因肠内流体静压的突然增加和惯性运动）；肝脾等器官受压而破裂，第 2 或第 3 腰椎突然前屈而发生椎体压缩骨折。根据安全带损伤的特点可判断车内人体在事故发生时的位置。

图 10-20 脚踏板损伤
右脚滑移嵌入油门与刹车踏板之间形成损伤

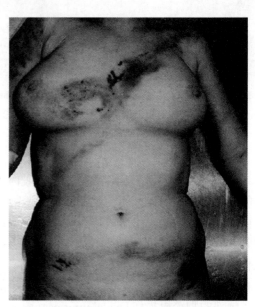

图 10-21 安全带损伤
驾驶位腰带加斜跨式肩带致驾驶员胸腹部带状挫伤
（陈小刚供图）

（2）乘员的损伤

1）副驾驶位乘员的损伤：小型客车或轿车的副驾驶位乘员在交通事故时最容易受到损伤，其伤亡率高于驾驶员和后排乘员，故有称此座位是"死亡席"。对 168 例副驾驶位乘员的损伤程度分析，事故发生后副驾驶位乘员立即发生死亡和处于危重伤状态者占 64.3%，重伤占 17.8%，其余为中至轻度损伤。

副驾驶位乘员的损伤在很多方面与驾驶员的损伤类似，但不形成方向盘挤压伤和脚踏板损伤。损伤主要以头面部多见，其次是四肢，且上肢多于下肢，胸腹部损伤较小。事故突发时，由于前方没有方向盘的阻挡，手又无处抓扶和支撑，故头面部撞击挡风玻璃及其框架形成损伤的机会比驾驶员多，损伤更重，甚至从破碎的挡风玻璃处抛出车外；手掌猛然地杵向前方仪表盘架，很容易形成肘部鹰嘴骨折和肱骨下段的伸直型肱骨髁上骨折（见图 10-19）。此外，当车头撞击时，副驾驶位坐席可向前滑动，足部被嵌入座位下方，造成足部和小腿的损伤如踝部的擦伤、挫伤、挫裂创及骨折。

2）后排乘员损伤：后排乘员位于车的中、后部各座位之间，在车祸发生时形成的损伤，不同于驾驶员和副驾驶位乘员，后排乘员的损伤以四肢损伤多见，且下肢多于上肢，其次是头面部损伤，再其次是胸颈和躯干部。表现为:①前额和下颌部与前方座位靠背碰撞,造成前额的横行挫裂创,颅前窝或颅中窝骨折,大脑额、颞极挫伤。下颌部的碰撞可形成颏部擦伤,下颌支骨折及大脑枕叶挫伤。②双下肢分腿外展式损伤,造成髋关节的骨折、脱臼和关节损伤,甚至是双侧性损伤。也可发生股骨颈骨折、骨盆分离。③撞裂创与肢体离断,呈较大的条状巨大裂创,创缘不甚光滑,有组织撕裂现象,特别是在创角附近,紧贴创缘处有较细窄的表皮剥脱,创缘不完全呈直线,有弯曲的突起(因车体铁板不平直所致),皮下和颅骨断面明显具有钝器致伤特征,骨折多呈粉碎性,骨折线不整齐,创壁和创底部软组织有明显的撕裂状。由车体铁板撞击形成的肢体离断,其离断面参差不齐,断缘不整,皮肤创缘有明显的撕裂痕。④头部碰撞伤是指站立位的乘员,由于车辆碰撞颠簸和跳动,使头顶部与车顶盖相撞击,造成颅底骨折,脑出血。⑤后排乘员的头颈部挥鞭样损伤也多于副驾驶位乘员。⑥有时乘员被抛起后猛烈跌落,臀部受力过大,形成腰椎脱位、骨折导致截瘫,甚至形成颅底和大脑的损伤。

(3)车内人员的其他损伤:车内人员除上述与其乘坐位置邻近的相应部件撞击成伤外,还有以下其他损伤。

1)被抛出车外的损伤:车内人员可被抛出车外,形成摔跌伤、砸压伤和挤压伤等损伤。

2)异物穿刺创:在发生交通事故时,来自车外的异物如木杆、竹竿、钢管或钢轨,以及道路护栏铁管等物品,通过击穿挡风玻璃或车体,猛烈刺入人体,形成盲管性或贯穿性异物穿刺创。异物穿刺创多见于驾驶员和副驾驶位乘员或最后排乘客。刺入口因刺入物形状不同而异,创周有表皮剥脱和皮下出血,严重者立即死亡。

3)车门挤压伤:交通事故发生时,尤其是翻车过程中,车门的开启与关闭,可造成邻近位置的车内人员手脚和肢体的挤压,形成局部皮肤的擦挫伤、挫裂创和骨折。

4)烧伤:是车内人员在交通事故中常见的其他损伤类型,多见于车辆由于碰撞起火或被携带上车的易燃易爆物品爆炸起火造成烧伤,以及燃烧产生的一氧化碳及其他有害气体中毒死亡。

(三)摩托车交通事故损伤

摩托车事故损伤(motorcycle accident injury)指摩托车驾驶员及其被撞击行人的损伤,是特殊类型的机动车事故。我国是摩托车生产大国,每年的摩托车生产量占世界第1位。由于摩托车的高速、开放、缺少保护设施和稳定性差等特点,并常在人群中或车丛中穿插行进,其事故发生率极高,伤亡率也位居机动车辆损伤的首位。

1. 摩托车损伤的致伤机制

(1)摩托车撞击行人:摩托车撞击行人的机制与汽车相似,但有部分类型的摩托车前面无保险杠,而是车轮直接撞击人体。此外,挡泥板、车灯、车把及车把上的后视镜也可撞人。受害者有直撞伤,也可发生摔跌伤、拖擦伤及碾压伤。

(2)摩托车被汽车碰撞:摩托车被汽车碰撞时,其情况与行人被汽车碰撞有相似之处。不同的是摩托车驾驶者双足不站在路面上,不支撑体重,其自由活动度大,故小腿的损伤较少见。其次,身体上的损伤位置要考虑驾乘者是处于坐位的特点,下肢的损伤一般要比行人略低。在被撞时,因摩托车也处于运动状态,碰撞形成的直撞伤及随后发生摔跌伤的严重程度,要视两者是同向运动还是相对逆向运动而异。如果是相对逆向碰撞,则身体上半部分的直接撞击伤非常严重,而同向运动时相碰撞,则摔跌伤更严重。如侧向被机动车碰撞时,乘坐者的背部和侧面部的损伤比驾驶员更明显。

(3)摩托车撞击在固定物体上或与汽车相撞:其致伤方式有以下几种类型:①摩托车与静物如树木、电线杆、建筑物等碰撞,受巨大的惯性力作用,驾驶员胸部撞在车把上,或头部、前胸及上肢与上述固定物直接撞击,发生头部及胸部的严重损伤和变形。②摩托车与大型汽车侧面相撞,驾驶员向前冲去,头部碰撞在汽车侧面后摔下。③摩托车与轿车正面相撞时,摩托车驾驶员身体被甩到车把之前,头面部首次撞击到汽车发动机罩上,身体在发动机罩上滑移,接着头顶部碰撞在挡风玻璃上,然后被抛下摔跌于地面上;如果碰撞速度大时,身体重心上移,以头部为支点抵在挡风玻璃处,身体从轿车顶上翻过后摔落地上；如果是碰撞轿车侧面时，驾驶员可飞擦过轿车顶部摔下。④摩托车在发生碰撞事故时，后座乘员随着摩托车后轮向上、向前的冲击力向前飞出，头面部和四肢易撞击在与摩托车相碰撞的车辆或物体上造成损伤。

2. 摩托车损伤的特征

(1) 特异性损伤：系由摩托车部件撞擦驾驶员身体造成的损伤，主要表现为如下。

1) 骑跨伤：由油箱和车把造成驾驶员会阴部的损伤最为常见。裤裆和两裤腿根部撕裂绽开，一般呈十字形，可贴附有油类和油漆片。会阴、阴茎、阴囊及大腿内侧严重的擦挫伤，甚至撕裂，出血明显，严重者可致耻骨支骨折，造成膀胱、尿道或阴道挫裂创，上述损伤又称为骑跨伤（见文末彩图 10-6）。同时，油箱可发现凹凸变形和擦痕、局部油漆可脱落。

2) 皮肤车把印迹或后视镜边缘印痕：由车把、后视镜与胸部、上肢碰撞，形成皮肤车把印迹或后视镜边缘印痕，表现为表皮剥脱和皮下出血，深部骨骼局限性骨折。

3) 挡风罩玻璃切颈伤：带有挡风罩的摩托车，可发生挡风罩边缘切颈性损伤，即驾驶员颈部猛撞在挡风罩边缘上，造成头颈从下颌至耳后、经过第 1 颈椎处离断，离断缘不整齐。

4) 摩托车乘员由于有前方驾驶员的阻挡，通常不发生上述特异性撞击损伤，但事故发生时如有较大的侧向离心力作用，乘员下肢内侧区域与座位等部件相互作用，可出现软组织挫伤或擦挫伤。

(2) 非特异性损伤：在非特异性损伤中，摩托车驾驶员更多的是因向前抛出发生撞击性损伤，摩托车乘员多发生摔跌伤和碾压伤。摩托车事故造成的抛掷性摔跌伤，因抛掷力大，常在地面上滑移较长距离，擦伤明显。摔跌时一种是头顶部先着地，继之肩和躯干背部着地摔跌，造成枕部头皮挫伤和肩背部擦伤，易形成颅后窝的骨折、脑挫伤、肺和肾脏的破裂出血。另一种是颜面部先着地，继之胸腹和四肢落地，这是一种较常见的损伤类型，表现为面部大片擦伤，有时形成小挫裂创，可造成颅前窝、颅中窝的骨折，脑挫伤，肝脾破裂和肠系膜破裂出血。有头盔面罩时，头皮和额面部不易发生损伤，但可发生颈椎骨折、脱位和出血。

二、非机动车交通事故损伤

在非机动车交通事故中，以自行车及电动自行车造成的交通事故损伤最为多见。自行车事故损伤（bicycle accident injury）是指骑自行车或电动自行车者和相关行人的损伤。我国自行车伤亡人数占交通事故死亡总数的 45% 以上。

1. 自行车撞击行人　自行车或电动自行车由于速度不快，质量相对较轻，能量不高，故碰撞行人所造成的损伤较轻。但当车速过快（下坡时）撞击行人时，常造成人体下肢碰撞伤及摔跌损伤，形成以下肢多见的骨折、内脏破裂，颅脑损伤而死亡。

2. 自行车被机动车碰撞　这是自行车或电动自行车事故损伤中最常见和最严重的一种类型。它可分为骑行被撞与推行被撞两种。

(1) 骑行被撞

1) 自行车骑行时与机动车相撞有 3 种情况：①自行车横穿马路或由支路进入主干道，多发生在交叉路口，为事故总数的 45%～77%；②汽车与同向行驶的自行车相撞，约占事故总数的 36%，多发生在道路狭窄地段，碾压是造成死亡的原因；③汽车与逆向而行的自行车相撞，约占事故总数的 17%，多因占道行驶，刹车失控，骑车人被撞击后摔离自行车，因摔跌伤而死亡。

在这类事故中，机动车接触部位可能留下刮擦碰撞的痕迹，被碾压的自行车变形，撞刮部位往往留有机动车的油漆擦痕或颜色，地面会留有车胎或车轴等擦划的印痕。在骑行被撞中，骑车者因抛落和摔跌，人与自行车分离较远。

2) 不同角度与方向的撞击，所造成的直撞伤分布类型各异：①被来自后方的车辆撞击，由于人体后仰与汽车碰撞，损伤多发生在头顶枕部、肩背部、上肢，极少发生在下肢。②被侧面驶来的车辆撞击，损伤的部位依次为下肢、头部和上肢，下肢表现为被撞击腿外侧中下段骨折或踝关节骨折、脱位。

损伤的高度位置与脚踏板的离地高度有关。摔跌伤发生在直撞伤的对侧,常表现为严重的颅脑损伤、四肢骨折,全身广泛擦挫伤。同时在会阴部和股内侧出现擦挫伤,内踝部擦挫伤,自行车坐垫发生偏位。手掌常出现防御支撑性损伤如表皮剥脱、皮下出血,甚至骨折。

(2) 推行被撞:推车人受撞击时,易出现下肢擦挫伤和楔形骨折,楔形骨折尖端可指示撞击方向,承重腿损伤较重,足跟部与地面作用导致明显的挫伤。鞋底可出现与地面蹭擦产生的搓擦痕迹。人与车的分离不远。

3. 自行车本身对人体的损伤 在自行车事故损伤过程中,自行车本身对人体的损伤主要有:①脚蹬管、飞轮、链条对胫骨下端、内踝及足内侧软组织的挫伤;②自行车横梁对大腿股内侧的擦伤,股内收肌离断或形成股骨干、股骨颈的骨折;③自行车车把对人体上、下肢形成挫伤,有时自行车的手把套和车把上螺丝形态可形成相应印痕花纹;④鞍座对会阴部的损伤、可造成阴囊和肛门周围形成擦伤和挫伤;⑤车轮辐条绞挤后座上的小孩足背,形成裂创及皮肉撕脱性损伤。

4. 自行车撞击静止物体 其致伤过程类似摩托车与固定物体相撞的情况,但损伤相对较轻。

三、道路交通损伤的法医学鉴定

造成伤亡的原因和方式可以是由违反道路交通法规过失或意外,或肇事逃逸,亦可以是自杀或他杀。法医在进行道路交通事故伤亡鉴定时,主要回答以下问题:①死亡原因是由交通工具造成的致命伤,还是由其他暴力因素,疾病猝发,醉酒或中毒致死;②死亡性质是意外、自杀还是他杀;③是生前伤,还是死后碾压,是单轮碾压还是双轮碾压,碾压次数是多少;④根据损伤特征和交通事故痕迹物证检验结果,进行事故经过的现场重建;⑤收集各种法医物证,并根据交通事故物证检验结果和损伤特点,提供肇事车辆的特征,为逃逸车辆的侦察提示方向;⑥区分死者为驾驶员、乘客或行人;⑦无名尸身源的确认;⑧驾驶员行为状态与事故的关系认定。

1. 交通事故尸体检验注意事项 交通事故的尸体检验是法医学鉴定的重要环节,应高度注意以下问题。

(1) 交通事故尸检应遵守的规范:目前正在使用的国家和部门行业标准有①《道路交通事故尸体检验》(GA 268—2001);②《法医学尸体解剖》(GA/T 147—1996);③《中毒尸体检验规范》(GA/T 167—1997);④《法医病理学检材的提取、固定、包装及送检方法》(GA/T 148—1996);⑤《道路交通事故痕迹物证勘验》(GA 41—1992);⑥《道路交通事故勘验照相》(GA 150—1993);⑦《法医学物证检材的提取,保存与送检》(GA/T 169—1997);⑧《道路交通事故受伤人员伤残评定》(GB 18667—2002);⑨《道路交通事故涉案者交通行为方式鉴定》(SF/ZJD 0101001—2010)等。法医必须严格按照上述标准及规范开展工作,通过实施法医学相关行业或国家技术标准,以保证案件检验鉴定的质量和水平。

(2) 法医勘验现场的必要性:交通损伤的形成过程复杂,多数情况下,死因不是争议重点,而成伤机制往往成为焦点,如,是否有车辆接触,接触何部位,是否被碾压,是驾驶员或乘员,非机动车是骑行还是推行等。因此,全面了解案情,细致的现场与事故车辆勘验十分必要。在尸检前后一次或多次勘验现场与事故车辆,对提高尸体检验的针对性,客观地解释损伤机制和事故成因,具有重要意义。

(3) 对死伤者衣物的检验:重点是衣物的破损情况、物证交叉与微量物证如油漆、油污及血迹的发现提取,注意衣物上痕迹与人体损伤之间的位置关系。

(4) 交通事故尸体检验的特殊解剖方法:国外的交通事故尸检非常重视对腰背部躯干及四肢的剖开检验,以最大限度地暴露腰背部及四肢有无深部损伤。即先取"八"字形切开肩背及上肢背侧的皮肤,再以"人"字形切开脊柱及下肢背侧的皮肤,分离皮下组织与脂肪,暴露肌肉,当发现有出血时,进一步局部解剖了解深部损伤情况(图10-22)。检查完毕并缝合背部皮肤后,按常规进行胸腹部解剖。检验中注意对内脏器官,肌肉组织内的出血情况进行评估,如一根肋骨骨折,其周边肌肉的出血量为100~200ml。

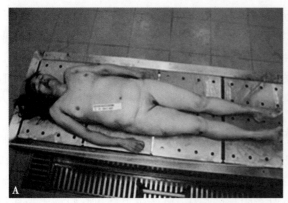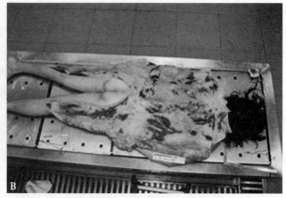

图 10-22　交通事故尸检正面观（A 图）；背侧观（B 图），示背侧躯干与四肢解剖术式

2. 尸体检验中个体损伤特征的认定

（1）驾驶员的认定：在交通伤亡案件中，为明确事故原因和划分责任，常要明确伤亡者谁是驾驶员。如车祸发生时，车辆没有翻倒、坠落，车内人员没有被抛出车外时，可根据车内人数和伤亡者所处的位置进行确定。反之，如果死亡者被抛出车外或事故发生后存在人为更换座位以推卸责任时，则需要根据驾驶员的损伤特征进行判断认定。

驾驶员绝大多数的损伤是由驾驶室内部构件造成的，如头面部的挡风玻璃损伤，胸部的方向盘挤压伤，肩胸部安全带的左上右下式损伤，双上肢前臂的骨折，双下肢的仪表盘架损伤，承重腿的脚踏板损伤及胫腓骨的扭转性骨折，右足的损伤及右侧鞋底的刹车踏板印痕等。另外，车辆部件上的血痕、组织、毛发及纺织物纤维与死者的血型、损伤、衣物进行对比，特别是方向盘及变速器操纵杆上的指纹鉴定，对确定是否是驾驶者也非常重要。

（2）乘客的认定：乘客的认定与驾驶员的认定同等重要，判定的方法步骤也相同。副驾驶座位乘员没有胸部的方向盘挤压损伤，足与踝部没有脚踏板损伤，肩胸部的安全带损伤呈右上左下式损伤，其余的损伤与驾驶员损伤类似。由于没有方向盘的阻挡，其头面部的挡风玻璃损伤，上肢前臂和手的损伤更为多见和严重，胸腹部损伤较少。

后排乘员的损伤以四肢为主，且下肢多于上肢，特别是双下肢的大腿分腿外展式损伤，其次是头面部与前一排座位靠背的碰撞伤，再其次是胸、颈、躯干部的损伤。注意，第二排乘员的活动空间比后排乘员为大，故损伤更严重。

在认定后排乘员时，还要注意事故状态与乘员损伤的关系，如正面或右前角相撞，易伤及副驾驶座位乘员；大货车与小型车辆侧方相撞或尾撞，易伤及后排乘员；坠车、翻车起火和爆炸易伤及车内乘员，且接触点或邻近的乘员伤亡更重；两车侧面刮撞，车体破碎时易损伤邻窗坐席上的乘员。其次是乘员致命伤的性质，致命伤的部位及形态特征与车辆、现场环境、车内损坏部件的关系。如车内尸体上存在绝对致命伤，则尸体所在的位置就是生前致伤的部位。再其次是人与车辆物证交叉的分布特点及鉴定也具有重要判断价值。

知识拓展 ▶

交通事故物证检验与应用

能证明案件真实情况的一切物品和物质称物证。交通事故的物证是指在交通事故发生过程中车辆、物品、人员等遗留下来的物质、痕迹和受侵害的遗体等。它以两种方式形成：①物质结构形态的破坏，如车灯的撞碎，油漆的脱落等；②物体交叉转移，即某物质的一部分向其他物体或物质移动、黏附、掺和或结合于其他物质上，这种现象又称物证交叉。如人体被碾压时，轮胎花纹在衣服或人体皮肤上留下印迹，同时人体组织或血液黏附在车轮上。物证交叉是确认事故关联车辆和关联人、物的重要依据。交通事故物证包括三类：一类是痕迹物证，它分为地面痕迹，车体痕迹，人体痕迹和其他痕迹4种；第二类是法医物证，即人体损伤发生过程中形成的物证，包括人体遗留物、沾污物；第三类是微量物证，即交通事故中的纤维、灰尘、油渍、血点、油漆碎片、橡胶颗粒等，它具有体积小，微量，不易被毁坏的特点。

交通事故的物证在案件性质的认定，责任判定与事故处理中具有重要的意义。它能反映事故各方在事故过程中的运动状态，确定事故发生的初始接触点，推算事故车辆的速度，为逃逸案件的侦破提供线索，是交通事故重建的重要客观依据。因此，在交通事故的检验鉴定中，应高度重视各类交通事故物证的及时全面发现、合法提取及送检。为保证交通事故物证能得到充分有效的应用，我国制定了《道路交通事故痕迹物证勘验》标准（GA 41—1992）。

（3）行人及其状态的认定：交通事故发生后，车外伤亡者可以是行人，也可以是被抛出车外的乘员。如果是行人，其身上的损伤常常符合车外人员碰撞、摔跌、拖擦和碾压的致伤过程，具有特定车外部件成伤的形态特征，如下肢的保险杠撞击伤，轿车碰撞三联伤、碰撞伸展创、碾压伤和碾压伸展创，广泛的刷状擦伤等；死者身体上的印痕性损伤与车身上撞击部位的特定形态改变相吻合，如冷却器栅格、车灯、轮胎花纹等；车身撞击点的高度与死者损伤部位的高度（距鞋底的距离）相吻合；遗留在死者身上与车身上的物证交叉彼此吻合、并与事故发生过程相吻合等。

（4）多次碾压与生前死后碾压的认定：在碾压现场，尸体损伤严重，往往须判定是一次碾压形成，还是多次碾压形成，是生前碾压，还是死后碾压，这对案件及事故性质、责任判定都非常重要。

1）多次碾压伤具有以下特点：①人体损伤严重，肢体离断明显，组织损坏挫碎，存在用一次轮胎碾压难以解释的多处损伤；②在被害人所在现场，有车辆碾压尸体后在道路上行驶的血性轮胎滚印，方向零乱，不能用一次碾压解释；人体组织被带离或喷出尸体中心位置；③被害人尸体的衣服、皮肤上往往留下两种以上的轮胎花纹印迹，而且不是由单一方向行驶所能形成。

2）生前碾压与死后碾压的区别主要靠生活反应，具体征象为：①生前伤骨折部位出血严重，而死后伤骨折的出血现象不明显；②生前碾压损伤，皮肤裂创明显，皮肤创缘内收，而死后损伤改变不明显；③生前伤都是机动车部件或轮胎所致，死后碾压可发现尸体上有其他致伤工具造成的生前损伤。

3. 交通事故鉴定中数字化新技术的应用 在道路交通事故鉴定中，因再现事故发生过程的复杂性与跨学科特点，数字化技术的高仿真和高计算性能，为鉴定提供了科学的理论依据，如虚拟解剖技术，现场3D扫描勘验技术，现场还原与事故重建技术等，为交通事故重建开辟了新途径。这些新技术在获取相关图像的同时，存储了海量数据（云数据），通过有限元拟合，构建仿真可视三维图像，为证据的反复检验与验证提供了基础，在一定条件下，能成为法庭采信的证据。国内已有鉴定机构在探索将这些技术应用于交通事故的鉴定中。

（1）虚拟解剖技术：是指利用CT和（或）MRI等影像学技术，获取尸表及尸体内部的损伤影像学数据，通过相关软件建立三维立体图像，法医对图像中的骨骼、软组织、器官和血管的损伤情况进行检验，为损伤及其机制、死因和死亡方式判断提供线索的一种非侵入性"解剖"技术。在不能实施尸体解剖的情况下，虚拟解剖不失为一个非常有效的检验途径。在交通事故鉴定中，骨折形态及其成伤机制分析是虚拟解剖的优势，它具有与传统解剖相同的识别能力，并能很好地保存各损伤与器官空间位置的原始关系，相关信息资料可长期保存，方便复检和随时查询。

（2）三维激光扫描技术：又称实景复制技术，是指应用三维（3D）激光扫描仪获取被扫描物体表面或环境的三维点云（point cloud）数据后，快速建立复杂结构与不规则场景的高精度与高分辨率的三维可视的地形图模型，是测绘领域继GPS技术后的一次革命。它以其快速，不接触性，穿透性，实时动态，高密度与高精度，数字化和自动化等特点，被广泛应用于城市建筑测量、地形测绘、交通事故正射图，犯罪现场正射图等许多领域。在交通事故鉴定中，3D扫描技术可将事故相关的"人-车-路"

等物体复制成三维仿真模型,并将其拖拽到仿真现场的360°全景图像中,通过全景图像的融合互动,在360°全景图像中进行事故过程的实地模拟复原,可更加准确地开展案情分析(图10-23)。

图10-23 3D扫描技术
A. 3D现场扫描仪;B. 事故现场三维复原图像

(3)现场还原与事故重建技术:现场重建是法医学近来关注的一个崭新领域,而交通事故重建(traffic accident reconstruction)就是其中的一个热点。交通损伤因涉及人-车-路(物)等多因素的参与,每起案件又可有多个事故现象瞬间发生,致伤经过呈动态变化,要回答事故是如何发生的,并为案件侦破和事故责任的区分提供科学依据,事故现场重建就显得格外重要。1980年,国外成立了国际交通事故重建专家学会(International Association of Accident Reconstruction Specialist, IAARS),由事故重建专家,事故及现场调查勘验人员、警察、汽车工程师、法医和律师共同组成,强调全面收集与事故有关的人、车、路(现场)上的各类痕迹物证,会同多学科专家,对各类相关信息进行全面与综合的评价思考是事故重建的基础。

近20年来,随着计算机技术的发展,汽车市场日益激烈的竞争,车辆碰撞的计算机模拟仿真技术迅速发展。欧美等发达国家通过不断地改进和完善各种汽车碰撞模型,相继研发出用于汽车碰撞的计算机模拟仿真的软件系统,如CRASH, SMAC, PC-CRASH等,并广泛应用于交通事故再现,汽车及其安全装置与道路设施的设计,以及碰撞中人体生物力学响应分析等领域。美国于20世纪70年代就开始应用计算机仿真技术进行交通事故模拟分析。90年代研制的HVE(human-vehicle-environment)实用化仿真软件达到了较大的人、车、路环境综合分析功能。目前,我国部分大学和研究机构也在开展这方面的研发工作。典型的事故现场模拟复原分析系统包括:①相关数据的采集与建模,利用3D激光扫描仪,获取事故相关道路、车辆和伤亡人员的三维点云数据,为构建三维仿真可视模型做准备,人体或尸体的内部损伤还可通过虚拟解剖,丰富数据的采集;②通过有限元拟合,整合上述测量数据,生成个性化的3D人物、3D车辆模型与事故现场360°全景图像模型;③结合专家经验,通过有限元软件拟合、模拟,以动画仿真形式给出分析结果,再现事故发生过程。目前的事故现场模拟复原分析系统有强大的三维动画引擎功能,可根据专家的分析推理,对相关人物、车辆和道路进行仿真三维动画的创建与编辑修改,突破了传统现场平面图的视角限制,同时还可将案情分析过程中的讨论内容和结果,即时创建为三维模拟动画,对案情的分析加以佐证与评估。

4. 死亡方式的判断

(1)交通事故或意外致人死亡:在道路交通伤亡中,由交通事故造成的死亡占大多数,部分是由交通意外所致。如司机或行人违反交通安全法规,过失造成伤亡事故;或车辆因故障失控;或道路标志不明显及路况不佳等因素造成事故;也有的是因驾驶员突发疾病或不可抗力的自然灾害因素造成事故等。

（2）利用交通工具进行自杀：利用交通工具进行自杀在实践中不多见。常见的方式有：①自己驾驶车辆造成交通损伤案件，国外报道，在独自驾车死亡中有10%～15%属自杀。这种自杀方式的特点有独自驾车，案件发生地点路况良好；极少采用与其他机动或非机动车相撞的方式，而多以撞击路边物体或坠河坠崖等；有反复刹车又启动的犹豫性滑走痕迹或突然踩油门加速的行为征象，自杀者多采用饮酒或服药以增强自杀决心。②行人主动接受车辆的损害，常用方式有主动撞击运行的车辆，或钻入大型车辆的轮子下，或主动卧伏于路中接受碾压，对于前两种情况，具有交通损伤中行人损伤的特征，故难以从尸体损伤上进行确认，但后者具有以下特点：由于是主动卧于路中，故撞击伤、摔跌伤缺如，碾压伤明显，因驾驶员事先无法察觉，碾压时一般无刹车痕迹。

（3）利用交通工具进行他杀：常见与交通损伤有关的蓄意谋杀情况有：①驾驶者利用交通工具蓄意将车辆开向行人或冲撞载人的车辆，将其撞倒、碾压，或将其撞挤至悬崖下或江河中，或将被害人撞挤在车头与车外物体之间。罪犯一般选用人少车稀的路段，碰撞前车速较快，常有左、右绕行和躲避行驶的迹象，碰撞时和碰撞后无车辆紧急制动的痕迹，事件发生后迅速逃离现场。②驾驶者故意高速驶向障碍物，或驶落悬崖、江河，与车中人员同归于尽。③有人故意破坏汽车部件如刹车系统等，导致车辆在驾驶中失控而发生车毁人亡。

（4）他杀后伪装交通事故：涉及交通损伤案件的另一种他杀情况是将已打晕、打死或中毒的受害者放置在公路上让车辆碾过，或将受害者放置于驾驶位上，然后让汽车从斜坡滑落发生翻车或坠岩等。由于是其他暴力致死后伪装交通事故，故尸体上有不符合交通损伤的其他损伤类型，如刺创、明显的抵抗伤、隐蔽部位或车辆部件不能达到的部位如颈部的损伤等。这些损伤可反映出致伤物的形态特征，且具有多次成伤的过程。而交通事故损伤多不规则，可内重外轻、损伤部位广泛，很难反映致伤物形态，且多是一次巨大暴力作用的结果，尤其是驾驶员损伤。而伪装的交通事故损伤，生活反应不明显或为死后伤；由于是死后伪装，可出现尸体姿势不自然或奇特，如四肢不自然盘曲等。仔细全面的尸体解剖，还可发现存在有其他致死原因，如中毒、窒息、电击等。

综上所述，道路交通损伤的法医学鉴定应做到：①认真进行现场勘验及案情调查，注意尸体的位置姿势，血泊、毛发、组织、衣物碎片、轮胎印痕、破碎漆片及碎玻璃片的分布，对认定是否为原始碰撞现场很重要；②系统全面的尸体解剖检验，对判断生前伤、死后伤，作用力的方向，死亡原因和死亡性质特别重要；③交叉物证的提取和比对是确认肇事车辆的重要证据；④对肇事车驾驶员进行酒精、药物检测，对判定事故性质有重要价值；⑤会同多学科门类专家，对收集到的各类痕迹物证信息进行全面综合评价，以重建事故发生经过。

第二节　铁路交通事故损伤

铁路事故损伤（railway accident injury）是指发生在铁路沿线上与列车有关的各种事故造成的损伤。列车在我国是重要的陆地运输工具之一，它与机动车道路交通的不同点在于它运行在固定的道路——铁轨上。2008年铁路营业里程达7.97万公里，铁路机车拥有量达18 437台。据统计，近几年我国铁路交通伤亡发生率占各类事故发生率的5.8%～6.5%，其死亡情况正在下降（表10-2）。由于列车质量大、速度快、制动距离长（800m左右），由其所造成的损伤严重程度和残疾率都很高。据我国资料，道路交通事故中残疾人数占全部伤亡人数的20%左右，而列车事故中残疾人数可达65%左右，重伤者是轻伤者的5倍。

其次，因列车载人多，事故一旦发生，多造成群伤群亡的灾害性严重后果，影响较大。如1981年6月6日，发生在印度东北部的比哈尔部邦巴格马德河大桥的列车坠车事故，7节车厢掉入20m深的河中，造成2000名旅客死亡，成为世界上最大的一起铁路交通事故损伤。另60%～70%的铁路交通事故发生在夜间或站与站之间。2008年4月，在我国山东胶济铁路，一起因列车超速脱线事故就发生在周村至王村站之间，造成247人受伤，66人死亡。

表 10-2 全国铁路事故与死亡统计（1999—2009 年）

年份	事故发生件数（万件）	死亡（万人）
1999	0.8721	0.5607
2000	1.3384	0.8989
2001	1.2335	0.8409
2002	1.1922	0.8217
2003	1.264	0.853
2004	1.1921	0.7992
2005	1.1254	0.7433
2006	—	0.5948
2007	—	0.3343
2008	—	0.2327
2009	—	0.1825

一、铁路交通事故损伤的原因

列车造成人体伤亡的原因有：①自然因素：如塌方、泥石流、淹水等；②客观因素：如机械故障等；③人为因素：如超速，忽视行车信号，道岔扳动及信号指示错误等，且以人为因素所占比例最高。在人为因素中，80% 以上的事故是由铁路员工违章违纪行为所致，只有部分事故是由行人的责任所造成的。

二、铁路交通事故的损伤机制与特征

列车事故损伤绝大多数为机械性损伤，少数或极少数为火烧伤、溺死等。列车事故损伤也分为车外损伤和车内损伤。

（一）车外人员的损伤

列车外损伤又称路外损伤，是指列车撞轧车外人体或与其他车辆相撞造成的伤亡。列车外损伤主要有撞击伤、碾轧伤和摔跌伤 3 种。

1. 撞击伤　撞击伤最多见，占列车外损伤的 44%。主要见于人员在铁路上行走，或横穿铁路，或坐卧在铁轨上被撞击等。由于列车质量大、速度快，列车各部件又都坚硬多棱角，易造成人体严重的损伤。撞击伤的位置和形态，与人体被撞击时的姿态和车体的撞击部位有关，一般以人体突出部位和头部为多见。损伤特征以挫裂创为主，同时伴有骨折和内脏器官损伤。如胫腓骨的楔形骨折可推断人体是处于站立位时受机车的排障器（蒸汽机车高 30cm，内燃机车高 38cm）撞击所致（见文末彩图 10-7）。据统计，小腿离断性骨折的发生率占四肢离断性损伤的 41.4%；此外，约 33% 的人体与列车接触后，在撞击部位会留有黑色污物，这为撞击点的确认提供了重要依据。

2. 碾轧伤　是人体夹在列车车轮与路轨之间形成的损伤，约占路外损伤的 26%。因受铁质性车轮与路轨的上下轧压，肢体离断非常多见，根据被碾轧时人体的活动情况，可将碾轧伤分为动态人体碾轧伤和静态人体碾轧伤。

（1）动态碾轧伤：人在抢越路轨、扒车、跳车、钻车时受火车碾轧形成的损伤，以下肢损伤最多见。根据受伤时人体姿态与路轨位置的不同，可形成以下几种损伤：①单纯横断型肢体离断，这种损伤主要发生在列车低速启动时钻车所致，肢体与路轨呈现垂直式离断，被碾轧部位软组织挫碎缺失，创面呈整齐的钝性截断，尤其是骨骼断面整齐、无破碎，断面皮肤边缘有碾轧挫伤带（图 10-24）。②斜行肢体离断，碾轧时肢体呈斜行姿势置于路轨，受碾轧范围大，组织缺损明显，同时身体上可伴有拖擦伤，创面不平整。③复杂性肢体离断，当肢体屈曲或人体多部位受碾压，可形成多处碾轧伤或多处肢体的碾轧离断。这种损伤创面范围巨大，无法进行清楚地辨认，皮肤软组织有大面积的挫碎与撕脱。

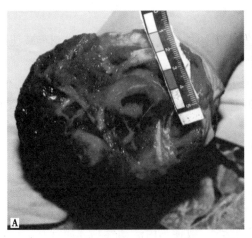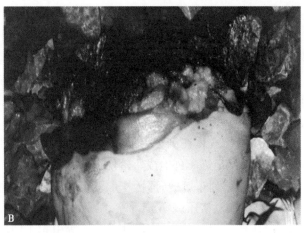

图 10-24　火车碾轧伤

A. 肢体碾轧离断创面骨折端整齐；B. 碾轧离断肢体边缘由铁轨形成边缘整齐的碾轧挫伤带

（2）静态人体碾压伤：是人体事先躺卧在路轨上受碾轧所致，多见于卧轨自杀。自杀者多采用上身俯卧于路轨上或颈项枕于路轨上的姿势，碾轧后肢体或颈项离断。离断的躯干和四肢因肌肉痉挛（伸肌强于屈肌），形成伸展状强直姿势，并在双脚对应的路基地面上出现路基枕石蹬踏痕迹。静态碾轧伤的创口对位良好，创缘整齐（图 10-25），创面有黑色油污贴附。位于道心一侧的离断肢体创面上缘，因受车轮和轮缘的作用有约 10cm 宽的挫伤带，且挫伤带边缘不整齐，可有小挫裂创；位于铁轨外侧的离断肢体创面下缘，因受铁轨路面作用，形成约 8cm 宽的挫伤带，其边缘整齐。此外，向前行驶的列车可带动部分人体移位形成拖擦伤，挫压伤及骨折。上述静态碾轧的损伤特点，可作为认定自杀的依据。

图 10-25　火车静态人体碾压

火车碾压静态人体之头颈和右上肢离断

3. 摔跌伤　摔跌伤在路外损伤中约占 16%。可分两种：①列车撞击人体导致抛掷摔跌，受害者多不在铁轨旁，而是在路基边。以颅脑损伤多见。因铁轨路基多为小石块和枕木的特点，故头皮破裂，颅骨凹陷粉碎性骨折十分常见，这与人体摔跌在普通平整地面上形成的外轻内重性损伤特点不同。②人体从运动的列车上跳下形成的摔跌伤。从客车车窗、车门、货车车厢坠下，损伤程度与列车运行速度成正比。由于人体带有较大的惯性力，在与路基碰撞摔跌之后，人体发生与列车同方向的翻滚，常造成衣着撕裂和体表的多发性损伤。与道路交通事故中摔跌于平整路面上所致的损伤不同，表皮剥脱或皮瓣创的游离瓣缘指向与列车运行方向一致，表皮剥脱范围较大并呈带状，有时可形成与现场道渣石接触面形态吻合的表皮剥脱和皮下出血。

列车外人员的损伤情况复杂，在日常生活中还常发生借助列车自杀、他杀或他杀后伪装自杀的情况，故需要法医进行仔细的检验鉴定。

（二）车内乘员的损伤

事故列车内乘客的死亡率较汽车约小 60 倍。主要发生于两种情况：一是列车突然刹车减速；二是列车脱轨后翻滚、碰撞。常见的致伤过程如下。

1. 撞击伤　人体在车厢内因惯性运动与周围物体相撞形成的损伤。主要见于列车突然刹车减速时，人体与列车内的座椅、床铺、门窗等物碰撞，造成减速性撞击伤，同时因人体各部位惯性运动的不同步，还易于产生头颈部的过屈或过伸展性损伤。

2. 摔跌伤　人体在列车内撞击固体物件后，因回弹和重力作用，使人体摔跌成伤。有时人体通过破碎的门窗甩出列车外造成坠落伤。

3. 挤压伤　列车事故时，因车厢变形扭曲或因车厢内行李的移位造成人体挤压伤。有时也可因车厢内人群的相互挤压成伤。

4. 砸压伤　列车事故时因脱轨、翻滚等引起车厢剧烈运动，致使车内活动性物体如行李、车厢构件等移位砸击人体，形成钝性损伤。

三、铁路交通事故损伤的法医学鉴定

铁路交通事故的法医学鉴定原则和需要解决的问题与道路交通损伤鉴定相同。主要解决死亡原因和死亡方式。针对列车脱轨、相撞等重大灾难事故，法医主要解决事故中涉及医学的人为因素调查、遇难者的个人识别等问题，为事故善后处理提供科学依据。这里将着重讨论车外人员伤亡性质的有关问题。

1. 卧轨自杀　卧轨地点多靠近村庄、城镇或站内，特别是司机不容易瞭望的弯道处，很少在偏僻的站与站区间；现场附近可见自杀者逗留或徘徊痕迹；尸体的上半部分位于道心内居多，躯干和四肢呈强直伸展状姿势，双脚对应的路基碎石面上出现蹬踏痕迹；损伤具有一次性暴力作用形成致命伤的特点，如碾轧躯干或头颈造成离断等，喷溅血迹明显。损伤以静态人体碾轧损伤或动态碾轧中的单纯横断型肢体离断为特征。

2. 他杀后移尸于铁路上伪造卧轨自杀　现场多位于远离村庄、城镇的偏僻区间；时间多为晚上；现场无被害人自己遗留的痕迹，而多有移尸时的拖拉痕迹；尸体上的附着物常与现场不符合，尸检时常常发现非火车造成的致命伤，而火车碾轧形成的损伤为死后伤，缺少生活反应，躯干和四肢不出现生前碾轧时肌肉痉挛形成的伸展状强直姿势，可见反常的尸体现象。对尸体检材进行毒物分析有时可发现中毒。

铁路交通损伤的死亡多为过失和意外，但对尸体进行个人识别，寻找身源对死亡性质的判断也具有重要意义。具体方法可参阅飞机失事处理。

第三节　航空事故损伤

飞机失事或航空事故损伤（aviation accident injury）是指飞机在启动后滑出直至着陆后到达规定位置停机期间，发生的一切事故所造成的航空乘客的损伤。它必须是：①航空乘客与飞机或飞机的附属部件直接作用而导致死亡或严重损伤；②飞机受到实质性破坏的情况。而飞机安全且航行没有失误，但机上人员有伤亡如因疾病突发死亡，不算飞行事故。

1903 年 12 月，人类历史上第一架动力飞机在美国问世。5 年后，Wright 兄弟在一次飞行表演时因螺旋桨出故障导致飞机坠地，机上一人死亡。这是世界上第一例有关飞机失事的记载。据统计，1980 年以前，全世界每年因航空事故死亡的人数 700 余人，1980—1990 年增至每年 1000 余人，而1994 年全球仅民用航空飞机失事导致的死亡人数已达 1385 人。2008 年我国民航航线里程达 246.18万公里，民用飞机数 1961 架。1999—2009 年，我国航空事故发生与死亡情况见表 10-3。

表 10-3　全国民用航空事故与死亡统计（1999—2009 年）

年份	事故发生数（起）	死亡人数（人）
1999	6	62
2000	5	52
2001	0	0
2002	3	134
2004	4	61
2005	2	3
2006	—	—
2007—2009	0	0

　　与其他交通工具相比，航空事故具有以下特点：①事故死亡率高，虽然飞机失事死亡的总人数在各种交通事故死亡总数中的绝对值小，但飞机失事的事故死亡率却是最高的。平均道路交通事故死亡率为 10%～20%，列车事故死亡率为 50%～60%，而飞机事故死亡率超过 80%。②失事原因复杂且多发生在转瞬之间。就连一只飞翔的小鸟，一个小小的零部件，甚至是飞行员与机场控制中心交通管制员的语言沟通问题，都可酿成机毁人亡的灾难。统计显示，航空事故的原因主要有人为破坏、操作失误、天气恶劣、机械故障等，但人和气候因素是重要原因。③飞机在空中高速飞行具有的巨大能量，坠落时产生的巨大冲量，另飞机携带的大量燃油，一旦发生坠机，其损毁程度是任何其他交通事故都难以比拟的。故严重的撞击伤、坠落伤、吸入高热气体和化学有毒气体等是常见的致死原因。

　　尽管航空事故的原因复杂，但从飞机正常运行所涉及的"人 - 机 - 环境"进行分析，可分为人的因素（机组人员、维护人员、地勤人员）、飞机因素及环境（机内、机外环境）等三大方面的因素。一次飞行事故往往是多种危险因素共同作用的结果。

一、航空事故的损伤机制

　　飞行事故中人体遭受的损伤主要包括机械性损伤、烧伤、气压损伤和低温损伤 4 种类型。前两种类型发生在飞行的任何阶段，而后两种类型主要发生在飞行过程中。

　　1. 机械性损伤　航空事故的机械性损伤包括撞击伤与挤压伤、高坠伤与弹射性损伤、爆炸伤三种主要形式。

　　（1）撞击伤与挤压伤：是航空事故发生时最常见的损伤类型。飞行撞击伤主要发生在事故发生时的减速和（或）飞机突然停止运动的瞬间，因惯性使人体仍然保持前移而形成一次以上撞击。乘客碰撞前排座椅或邻近的舱壁，造成撞击伤及远离撞击部位的损伤，如膝盖受撞击造成股骨颈、骨盆的损伤，或因飞机剧烈变形造成挤压伤等。值得注意的是，在飞机受撞的瞬间，人体各部位可因惯性减速运动的不均衡而形成损伤，如大腿根部与被安全带固定的躯干分离；心脏与胸前壁碰撞致伤或心脏与大血管因不均衡扭转发生动脉破裂等。

　　（2）高坠伤与弹射性损伤：飞机在空中解体和安全带断裂后，人体从飞机中抛出形成高坠伤。弹射损伤主要见于军用飞机，飞机操纵人员在紧急情况下通过弹射装置脱离飞机时所形成的损伤。其中包括弹射后人体旋转形成的面部损伤，弹射时姿势不正确引起的脊柱骨折等。

　　（3）爆炸伤：主要见于飞行过程中人为破坏所致的爆炸和飞机失事后撞击地面引起的物理性爆炸形成的爆炸伤。但后者常发生在人体遭受各种机械外力（减速力）损伤之后。

　　2. 烧伤　烧伤是飞机失事时碰撞摩擦爆炸和燃料起火的结果。据实际事故调查，几乎每次飞机失事都伴有不同程度的燃烧。Moye 统计发现，烧伤在小型飞机碰撞中的发生率高达 92%。1997 年5 月 8 日，深圳黄田机场 B-2928 客机坠落起火爆炸致 35 人死亡检验分析，60% 的死亡是因为烧伤。

飞机内壁某些合成材料燃烧产生的大量氮氧化物或氰化物、氯化物,可导致人体吸入性窒息或中毒死亡。

3. 低压和低温损伤 飞机失事时因飞机舱内人工环境的突然改变或因机身破坏而与自然环境相通,人体受缺氧、减压、低温的影响而损伤。但此状态很难在事故发生后维持较长时间,故一般不会构成飞机失事后人体死亡的单独原因。

二、航空事故损伤的特征

飞行事故对机内人员几乎无例外地造成损伤,其中致命伤可超过 80%。航空事故损伤一般具有以下特征。

1. 损伤分布广泛并以复合伤为主 由于航空事故发生在飞机运动状态中,机舱的空间、特殊的舱壁与成排的座椅结构为事故发生时人体的运动和碰撞创造了条件,因此,飞机事故中人体的损伤极少是单一孤立的,常表现为广泛多发、复合存在,碰撞伤、挤压伤、高坠伤、爆炸伤、烧伤等均可出现在同一具尸体上。致命的复合性损伤发生率达 70% 以上,其中颅脑损伤和四肢骨折,躯干与肝、脾内脏破裂居多,遇难者平均有 3.8 处损伤。也有学者报道颅脑损伤作为死因者可高达 60%。

2. 损伤类型复杂 飞机失事所致的损伤类型、严重程度取决于许多因素,如飞行速度,飞机坠落的状态和它与地面的碰撞角度,机舱内部结构、人员所在位置与体位等,其中失事原因、飞行速度和飞机坠落状态是关键。若事故发生是由于人为破坏如炸药爆炸、燃烧,或因他人暴力行为,则会在尸体上表现出这些损伤的存在,而且发生于其他损伤之前。如果飞机以 800km/h 的速度俯冲坠地,人体因物理性爆炸粉碎成许多碎块,肢体离断,脏器挫碎难辨认,甚至变成一团肉泥。飞机呈螺旋状坠地时,人体受飞机旋转离心力的作用撞击机舱内物体,同时人体因受重心的作用,造成冲击力由臀部传向头部,形成外阴部、骨盆、头面部的巨大挫裂。飞机呈翻滚状态坠落或滑行中翻滚时,可引起严重的颅骨骨折和变形,全身挫碎性损伤。通常高空事故以躯干和肢体离散性毁损为主,低空事故以颅脑伤为主的多发伤或胸腹腔内脏破裂为主的严重创伤,着陆事故以碰撞性创伤和烧伤为主,如果事故中有燃烧发生,吸入性损伤与中毒也很常见。

三、航空事故的个人识别

航空事故损伤死亡率高,损伤类型复杂,尸体毁损严重,有的面目全非,有的尸骨不全,有的未留下任何遗物,因此,个人识别对空难原因的分析,善后处理及平息境内外影响都有重要的意义。如驾驶员的个人识别是判断驾驶者是否患有导致事故的疾病或有其他事故因素存在的前提。乘客的个人识别则是对社会和家属负责的必需要求,同时可查明其在飞机上的位置,有助于进一步分析飞机上不同位置乘客所受暴力损伤的差异等。

1. 根据现场勘验及尸体检验结果进行个人识别 法医及相应专业技术人员应分组对现场进行勘验,在公安保护现场的同时,首先确定中心现场,清点尸体、保持其位置及遗体上的物证,用木桩编号定位,在原位拍照录像、收集遗物,初步检验尸体,记录衣着、体貌特征、遗物情况等。遗体应逐个连同遗物装入有编号的透明塑料袋内运往验尸处。衣服、衣袋内物品及身上装饰物不能与尸体分开。在空难尸体检验中,个人识别具有突出重要的价值,因此,在尸体检验时应注意:尸体衣着、体表佩戴物、口袋内容物、尸体附着物或嵌入物,以及遗物特征,体貌特征和损伤情况等。注意尸体某些部分的特征性改变,如先天畸形、假肢、骨关节病变、塑料或金属植入物、义齿。烧焦尸体注意指骨上附着的饰物和衣袋中的烧剩物品。对上述检验所见详细记录拍照,并填写"遇难者识别表",以便确定遇难者的性别、年龄、身份、损伤程度、死亡原因和死亡时间。

2. 个人识别方法 主要有辨认体貌特征、个人遗物鉴别、指纹比对、牙科识别、DNA 检验等。不同国家对上述方法的采用有所侧重,如美国以指纹为主,英国以牙齿为主,我国因没有完整的牙齿、指纹档案,主要依据体表特征、衣着和遗物,结合指纹、牙齿和 DNA 检验。

不同原因的空难,识别方法不尽相同。如1997年深圳"5·8"空难事故个人识别中,依据体貌特征鉴别的占45.7%,依据遗物(包括衣着、证件、体表佩戴物等)鉴别的占34.3%,其余为依据牙齿和血型鉴别的占20%;而1999年温州"2.24"空难事故61人遇难,47人确认了身份,在47人的个人识别中依据个人遗物(衣着、证件、首饰)进行鉴别的占98%,仅一例以牙齿磨耗完成了个人识别。值得注意的是,将检验时记载的"遇难者识别表"与遇难者家属填写的"遇难者调查表"及生前照片和航空公司提供的乘客资料进行综合辨认,是一个行之有效的重要方法。

四、航空事故的法医学鉴定

发生航空事故后,应立即组成有法医参加的现场勘验组。法医学鉴定的主要内容是确定死亡原因、死亡时间和损伤性质(特别要注意发现非事故性暴力损伤的存在)、个人识别,并协助查明事故原因和处理善后事宜。

1. 航空事故的法医学鉴定程序

(1)法医应争取尽快进入事故发生地,巡视和划定现场保护范围,了解与法医学鉴定有关的第一手资料。

(2)一旦救护与灭火工作结束,立刻进入现场勘验、拍照和录像,寻找遇难者,对尸体及遗物进行编号、待检。

(3)对尸体分别拍照、录像、捺指纹、仔细检查衣着,提取遇难者的遗物并装入编号的塑料袋内。

(4)进行尸表检查和尸体剖验,必要时提取牙齿、毛发、血液备查。

(5)详细填写"遇难者识别表",以备同遇难者家属或亲人填写的"遇难者调查表"和照片、航空公司提供的生前乘客资料相比对,查明遇难者身份。

(6)综合上述检验情况和遇难者生前资料,分别就死亡原因、死亡时间、个人识别、损伤性质及死前的生理状态作出鉴定结论,对事故原因进行分析。协助有关部门和遇难者家属处理好善后事宜。

2. 航空事故损伤与其他暴力损伤的鉴别　航空事故损伤具有广泛多发,复合存在,损伤以撞击伤和挤压伤、高坠伤、烧伤、物理性爆炸伤为特征,损伤严重、肢体离断破碎明显,损伤符合一次性形成。而人为暴力形成的损伤以砍、切、刺创及枪弹创为特征,这些损伤多发生在机组人员身上,并多能反映出重复致伤过程,有时可呈炸药性爆炸伤,此时,飞行事故损伤则成为死后伤。认真区别事故性损伤与人为暴力性损伤,特别注意有无人为暴力损伤的存在,对事故原因的分析具有重要价值。

3. 驾驶员和机组人员的病变与损伤特征　在完成驾驶员的身份认定后,应对其遗体进行全面的尸体解剖和病理学检验,必要时作毒药物分析,以明确是否是由于疾病的发作而导致事故的发生。飞机驾驶员常见引发飞行事故的疾病有:冠心病、心肌炎、脑炎、肺炎、蛛网膜下腔出血、自发性气胸、中毒、过敏性病变、感冒引起的前庭功能障碍。个别因癫痫发作导致事故。

另外,驾驶员的损伤具有一定的特殊性,据此可推断在飞机失事当时,驾驶员是否在控制飞机。如大拇指根部的后脱位或位移性骨折提示手握控制手柄;胫腓骨的向前性粉碎性骨折反映撞击时其足仍触压在控制板上;前臂及腕骨的压缩性或移位性骨折提示驾驶员前臂与仪表盘抵触;机舱底部钢板损坏变形可使在此附近的足距跗骨骨折等。

4. 损伤分析与事故经过重建的可能性　准确认定飞机失事人体的损伤特点,结合现场情况分析,对飞机失事经过的重建具有重要的意义,并有助于失事原因的判断。如飞机残骸中有许多尸体在靠近紧急出口处烧伤,提示紧急出口舱门有故障;尸体上有不同于撞击等造成的损伤如枪弹创、锐器创等,提示有人为破坏可能;有爆炸伤的尸体远离飞机坠落残骸1km以上,提示飞机有空中爆炸可能。

根据驾驶员的损伤特征,可判断在事故发生当时驾驶员是否在控制飞机。

利用乘员的乘坐位置,损伤特征进行事故经过重建的方法:在完成个人识别后,按航空公司提供的乘客座位资料,将每位乘客的损伤特征,按损伤类别标识在遇难飞机座位平面图上,制作成"乘员-座位-损伤分布"图,然后结合案情和现场情况进行综合分析判断。

第四节　船舶事故损伤

船舶事故损伤(shipwreck injury)泛指在水域中的船只和船上设施对人体造成的损伤,一般是指在水上航行的船舶、船舰因碰撞、触礁、搁浅、台风、浪损、翻船及自沉、失火、爆炸、有毒气体泄漏、人员坠海等情况引起的损伤和死亡。2008年我国内河航道里程达12.28万公里,民用运输船舶达18.42万艘。据2001—2009年统计,在水、陆、空三种运输工具中,船舶事故死亡发生率占0.3%～0.45%。船舶事故既可发生在内陆江河湖泊内,也可以发生在海上;既可以是小船只、也可以是万吨巨轮。21世纪初我国水运事故发生及死亡损失情况见表10-4。

表10-4　全国水运交通事故发生与死亡损失统计(2000—2006年,2009年)

年份	事故发生件数(起)	死亡人数(人)	沉船(艘)	直接经济损失(亿)
2000	585	550	243	1.36
2001	644	490	—	—
2002	735	463	—	—
2003	634	498	343	3.8
2004	562	489	330	3.69
2005	532	479	306	4.95
2006	440	376	250	4.43
2009	—	366	—	3.5

一、船舶事故的损伤机制与特征

1. 倾覆与沉船损伤　由于船舶遇暴风雨,或与暗礁、冰山碰撞,或因劫船破坏等,造成船舶倾覆或沉没。船上人员可与周围船体部件发生碰撞成伤。但更常见的是船上人员弃船落水,溺死是主要死因。若落水者长时间得不到救援,也可发生冻伤、脱水(尤其在海中)和饥饿死亡。如果因劫船破坏,则可留下人为暴力性损伤如锐器创或枪弹创等。

2. 碰撞伤　由于船舶的运行速度较慢,碰撞后的减速力度较小,故碰撞伤一般较轻。

3. 烧伤与爆炸伤　当船只被雷击引起火灾,或船只本身运送的货物自燃,或因易燃品爆炸等,可造成船上人员烧伤、爆炸伤和吸入性损伤。

4. 螺旋桨损伤(propeller injury)　落水人员无论活体或尸体,如果被吸入到船只螺旋桨运转工作区,由于船只的推进器螺旋桨桨叶高速旋转,可造成人体螺旋桨损伤。

螺旋桨有3～4片桨叶,装在一个壳上,近壳部为叶根,而远端为梢边,击水的一边为导边,较薄呈弧形,而另一边称随边,其前端称梢边,近壳部称叶根。随边厚而平直(图10-27)。螺旋桨每分钟旋转250～750转。导边为压力面,梢边为吸水面,旋转时压力面产生排斥力,将水推开,吸力面产生吸力,把水吸进补充。造成人体损伤的主要是梢边和导边。漂浮于水中的人体,在受螺旋桨的吸引力拉入桨叶工作区后,被高速旋转桨叶的梢边和导边连续反复地打击成伤,形成具有多条相互平行、斜向、弧形、间距一致的损伤特征(图10-26)。

由于桨叶的旋转速度、接触人体的角度和其部位不同,以及桨叶作用于人体部位的不同,可形成不同的损伤。

(1) 表皮剥脱:表现为:①较大面积的条片状表皮剥脱,是由桨叶的近梢边叶面以近切线的位置作用于人体形成。②弧形划擦痕,主要在胸、背较宽阔的部位,呈多道线条状平行排列,带有一定的弧度。它由桨叶梢边以锐角擦过人体形成。

(2) 创:表现为:①瓣状创与洞状创,是由叶片梢边以较小的角度切削人体突出部位软组织形成

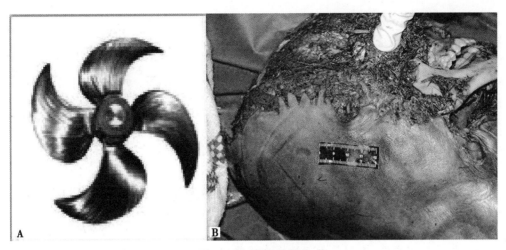

图 10-26 螺旋桨损伤
A. 螺旋桨结构；B. 螺旋桨损伤 螺旋桨致头部皮肤缺损边缘多处、平行、间距与方向一致的损伤

的较大皮瓣，如果是切削在人体胸、腹部，使胸腹壁的一部分被削去而形成窟窿状称洞状创；②舟状创，是桨叶梢边垂直或近垂直切削人体软组织形成口大底小，创底中部深，两端浅的舟状创；③切断创，由导边垂直角度切削人体四肢、颈部、躯干造成肢体离断。以上各种创均具有钝器所致的特点。

（3）骨折：表现为：①舟状缺损，由桨叶梢边对头颅呈垂直或近于垂直的角度切削，形成舟状骨质缺损，相应软组织也呈舟状创；②长片状缺损，桨叶导边以接近平行的锐角切削四肢，可在长骨上形成两端浅、中间深的长片状缺损；③孔状缺损，由桨叶导边以较小角度切削颅骨突出部位，形成孔状缺损，孔状缺损的骨面呈波浪状起伏，没有骨裂线向外放射；④断端不整性骨折，四肢可因衣服被桨叶绞扭而造成闭合性骨折，断端参差不齐。

（4）衣服特征：衣服受桨叶作用，常被撕成条状或破碎缺损，或大部分被绞光，仅剩裤带束在腰间或仅衣领系留在颈部。

二、船舶事故的个人识别和法医学鉴定

沉船事故发生后，个人识别的方法步骤与航空事故相似。法医应确定遇难者的死因、死亡方式，并根据损伤类型和特征，结合案情和现场进行事故重建、责任分析，提出改进安全的措施意见等。

本章小结

交通运输已经成为当今人类生活的重要组成部分。与此同时，交通事故与交通损伤也给人类带来了巨大的损害，而成为"世界第一公害"。面对交通伤亡的严峻现实，如何预防交通事故的发生、如何救治受伤人员，如何对死者和伤者进行科学的鉴定赔偿就成了交通损伤研究的重要课题。国际上成立专门的研究组织，形成了一门新兴的交叉学科——"交通医学"。本章从交通事故伤亡人员的法医学鉴定视角，以交通事故现象及其成伤机制为切入点，立足于交通损伤形态特征，系统阐述了各类交通运输工具如道路交通、铁路交通、航空交通和船舶交通中人体致伤方式、损伤特征及其法医学鉴定的前沿性理论和技术。尤其是法医学结合其他多学科的检验鉴定技术，对复杂交通损伤事件过程进行事故重建复原，为交通事故的法庭责任判断提供了有力证据，已成为交通事故鉴定中最引人注目的崭新领域。

关键术语

交通损伤（traffic injury 或 injury in traffic）
交通事故损伤（traffic accident injury）

道路交通事故损伤（road traffic accident injury）

铁路事故损伤（railway accident injury）

航空事故损伤（aviation accident injury）

船舶事故损伤（shipwreck injury）

交通医学（traffic medicine）

交通事故重建（traffic accident reconstruction）

交通事故行人损伤（pedestrian injury in traffic accident）

交通事故驾驶员损伤（driver injury in traffic accident）

交通事故乘客损伤（passenger injury in traffic accident）

思考题

1．交通事故现象有哪些，它们是如何造成人体损伤的？道路交通事故发生时，车外人员损伤与车内人员损伤的形成机制有何不同？车外人员的特征性损伤有何意义？车内不同位置乘员的损伤有何特点和意义？如何进行事故重建？

2．摩托车事故损伤的形成机制和特征是什么，驾驶员与乘员损伤的区别点有哪些？自行车对人体可造成何损伤？骑车与推车时被撞击的损伤区别点有哪些？

3．铁路交通事故损伤的形成机制及其损伤特征是什么？

4．航空事故的损伤特征是什么？怎样利用它们进行事故重建？当空难发生后，法医学鉴定程序是什么？如何进行航空事故的个人识别？空难时的事故重建依据是什么，具体方法如何？

5．船舶损伤的形成机制及损伤特征是什么，各种螺旋桨损伤是如何形成的？

（于建云　王慧君）

参 考 文 献

1．赵子琴．法医病理学．第4版．北京：人民卫生出版社，2009．

2．Buck U，Naether S，Braun M，et al. Application of 3D documentation and geometric reconstruction methods in traffic accident analysis：with high resolution surface scanning，radiological MSCT/MRI scanning and real data based animation. Forensic Sci Int，2007，170（1）：20-28．

3．Bolliger M，Buck U，Thali M，et al. Reconstruction and 3D visualisation based on objective real 3D based documentation. Forensic Sci Med Pathol，2012，8（3）：208-217．

4．邹冬华，李正东，黄平，等．股骨有限元模型的建立及损伤生物力学验证．法医学杂志，2011，27（4）：241-245．

5．黄平，李正东，邵煜，等．基于MSCT和Mimics软件构建人体颅骨三维有限元模型．法医学杂志，2011，27（1）：1-4，8．

6．张晓云，金先龙，申杰，等．多信息融合的交通事故数值再现方法．上海交通大学学报，2007，41（9）：1397-1401．

7．郭磊，金先龙，申杰，等．汽车-自行车碰撞事故三维仿真再现研究．振动与冲击，2006，25（6）：66-70．

8．陈忆九，邹冬华，邵煜．有限元方法在法医损伤鉴定中的应用．中国司法鉴定，2010，（5）：28-32．

第十一章 机械性损伤的法医学鉴定

学习目标

通过本章的学习,你应该能够:

掌握 根据现场、衣着损伤、微量物证、损伤形态等综合推断和认定致伤物的方法;机械性损伤的常见致死原因。

熟悉 生前伤和死后伤的鉴别方法、损伤时间的推断方法;损伤、疾病与死亡的关系分析。

了解 成伤机制推断新技术;医疗因素和死亡的关系;致命伤后行为能力。

章前案例 ▶

某男,58岁,于某年8月26日晚10:00许被人打伤头部后倒地不起,呼唤无反应。16分钟后120抵达现场。查体所见:患者仰卧于地上,呼之不应,双侧瞳孔对光反射消失,大动脉搏动消失,呼吸停止。予吸氧、心电监护、静脉滴注多巴胺,推注肾上腺素、可拉明、洛贝林,持续胸外心脏按压,抢救约30分钟后,宣告死亡。尸检主要发现:枕部5.0cm×4.0cm头皮挫伤,顶部矢状走行17.5cm×6.5cm条带状头皮挫伤,该头皮挫伤区下方顶骨有一15.0cm长线形骨折,骨折线沿矢状缝走行5.0cm后向右侧顶骨转折。脑底部广泛蛛网膜下腔出血,左侧后交通动脉纤细,局部较多扩张小血管丛集,右侧椎动脉、双侧大脑后动脉、左侧大脑中动脉粥样硬化,管腔狭窄大于1/2。脑室旁组织见小灶性脑出血。右侧第3~6肋骨及左侧第3~7肋骨锁中线处骨折,局部肋间肌出血。心脏冠状动脉前降支、右旋支粥样硬化,管腔狭窄大于3/4。心尖部、左室壁见小瘢痕灶。

本例尸体检验发现死者头部、胸部机械性损伤,需要判断损伤机制,即损伤是由"倒地"方式形成,还是为"他人打击"所致,是否存在医源性损伤?尸体检验发现死者还存在基础疾病,在进行死亡原因判断时需要考虑损伤、疾病与死亡三者的关系。上述鉴定事项对于确定加害人应承担的法律责任起到重要作用。

机械性损伤的法医学鉴定(expertise of mechanical injury)是法医病理学很重要的内容,目的是为侦查、起诉和审判提供准确、可靠的法医学证据。因此,必须是在掌握各类机械性损伤的基本形态特征、致伤物的特征、致伤机制以及人体、器官组织结构特点、机体组织对各类机械性损伤刺激的反应性变化等基础上进行的。机械性损伤的法医学鉴定涉及的内容很多,本章主要介绍:①致伤物的推断和认定;②机械性损伤时间的推断;③机械性损伤的死因及死亡方式。

第一节 致伤物推断和认定

致伤物的推断(estimation of the instrument causing the trauma)是指根据损伤的形态特征,结合现

场情况,对致伤物的类型、大小、质地、重量、作用面形状、作用方向及作用力大小等特点进行分析推断的过程。致伤物的认定(identification of the instrument causing the trauma)是指根据损伤的形态学特点与嫌疑致伤物进行比较,从而对嫌疑致伤物是否即为该损伤的致伤物进行分析推断和种属认定的过程。据此为案件侦查提供线索并为司法诉讼与审判提供证据。对有些案件,还有助于死亡方式的判断,尤其是在多人作案或群体斗殴中使用了多种致伤物并造成多人受伤或死亡的案件;或一人遭受多种损伤而死亡的案件,需要确定身体损伤中哪个损伤为致命伤。伤者或死者身上的损伤是由何种致伤物所造成,是多种还是一种致伤物,哪一种致伤物造成了致命伤。凡此种种情况,无论是在确定嫌疑人或在法庭量刑方面,致伤物的推断或认定都具有十分重要的意义。

一、致伤物的推断

物质存在的基本形式有固体、液体、气体,其中任何一类物质均可成为致伤物,因此致伤种类繁多,均是推断致伤物时应该考虑的对象。固体物质作为致伤物主要分为钝器、锐器和火器,其中包括日常生活或工作中常用的各种工具。此外,高压液体或气体也可导致机械性损伤,主要为爆炸性损伤。我国幅员辽阔,民族众多,不同地区、不同民族、不同年代经常使用的工具种类各有不同,同一类工具的大小和形状都有较大差异。因此,在实际工作中,还应该重点分析本地常见的致伤物。要想准确地推断致伤物,除对损伤进行详细的检查外,还应仔细地勘察案发现场情况及死(伤)者衣着情况,并结合痕迹检验结果综合判断。同时,依靠平时的观察、收集和积累,不断总结这方面成功的经验,还要善于应用现代科学技术发展成果,不断提高致伤物推断的科学性和准确性。

(一)根据损伤形态推断致伤物

损伤的形态特征是推断致伤物的重要根据。各种不同类型的致伤物,可使损伤具有各种不同的形态特征。在各种条件相类似的情况下,用同一致伤物的某一部分打击所造成的多个损伤具有相类似的形态学特征,此即相同类型损伤的可重现性,这是根据损伤的形态特征推断致伤物的理论基础。没有这种重现性,也就没有根据损伤形态推断致伤物的可能性。同一致伤物的不同打击面(如斧刃与斧背)打击,造成的损伤形态不同;同一致伤物打击人体的不同部位,由于解剖学和组织学结构的不同,也可造成具有不同形态的损伤。即使用同一种致伤物打击,但由于打击的力量、速度、方向及方式等条件和情况的不同,所造成的损伤其形态也可不同。相反,不同的两种致伤物,由于打击作用面有相似之处,有时也可形成形态极为相似的损伤。另外,一个致伤物重复打击同一部位还可破坏损伤特征,以致不能反映致伤物的形态。因此,多数情况下常不能肯定某一个损伤是由某种特定致伤物造成的,而只能说该损伤是可能或不可能由该致伤物造成的。但也有很多案例,通过认真研究损伤形态特征、观察和检验损伤部位的微量物证,并结合现场所见和案情,可以推断致伤物。

根据损伤的形态特点,区别是钝器伤、锐器伤或火器伤一般不难。因此,一般可以根据损伤形态学特征推断致伤物的种类,如擦伤、挫伤、挫裂创、闭合性骨折和闭合性内脏器官损伤,是钝器所致的特征性损伤;砍创、切创、刺创、剪创,开放性骨折伴切痕或砍痕等,是锐器所致的特征性损伤;损伤部位(创缘)有火药作用的痕迹,显然,只有火器才能形成;外轻内重,一侧性分布、一次性形成,损伤程度非一般人力打击所能形成的损伤,符合高坠伤的特点;多条条形损伤平行排列、创腔中间深两端渐表浅,骨折缘有磨损痕迹,为船舶螺旋桨所致损伤等。尤其要注意一些特殊的致伤物,如用玻璃瓶等打击头部时,瓶子可能随之破裂,当瓶未破前可以形成挫裂创,破后又能形成砍切创(图11-1),好像是由多种致伤物造成的现象。

1. 钝器伤致伤物的推断　钝器损伤有时仅在皮肤表面形成特定形态的损伤,如擦伤、挫伤,体表可以皮肤完整,无开放创口,损伤严重时甚至可伤及内脏器官。钝器伤也可有创口形成,其创的特征是创缘和创壁常不整齐,创壁间可有组织间桥。常见的钝器伤如擦伤、挫伤和挫裂创,都具有由钝性暴力造成的形态特征。擦伤、挫伤往往可形成特定的形态印迹,有的可反映出致伤物作用面的特征。挫伤既可伴有擦伤,也可不伴有擦伤;挫裂创的边缘常伴有擦伤和挫伤。根据挫裂创的形态特征不

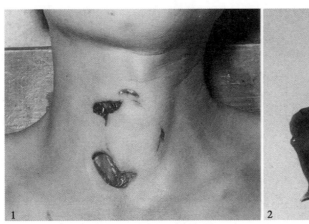
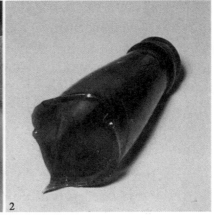

图 11-1　玻璃瓶断端所造成的颈部砍切创
1. 颈部砍切创；2. 玻璃瓶断端

难推断此损伤系由钝性暴力所致，但要进一步推断是由何种钝器造成，则有时有一定难度。因为无论是擦伤，挫伤或挫裂创的形态，一般不反映某一致伤物特有的形状特征，多数仅反映钝器的共同特征。只有部分擦伤、挫伤或挫裂创，能反映或显示出致伤物或致伤物与人体接触面的形态特征，依此可推断形成此种损伤的作用面相关的致伤物种类。

（1）根据擦伤形态推断致伤物：典型的擦伤呈条状、片状或梳状，有时能反映出致伤物与人体接触面的特征，可依此推断致伤物作用面的形状。跌落在细砂石的路面上，或在这种路面上拖拉人体或尸体皆可形成细条状的擦伤，且在擦伤表面可能镶嵌或残留细小的、与地面一致的砂粒，可依此推断伤者或死者与砂质的物体表面（地面）接触过（见文末彩图 11-1）。

发生在女性颈部、乳房或股内侧的半月形擦伤，伴有或不伴有圆形、椭圆形的挫伤，提示这种擦伤、挫伤多系钝性物体所致，常见犯罪嫌疑人的指端（指甲和手指）在性犯罪的过程中形成。由于发生的部位具有其特殊性，此类损伤能够反映一部分案件的过程或情节，以及犯罪嫌疑人的意图（图 11-2）。

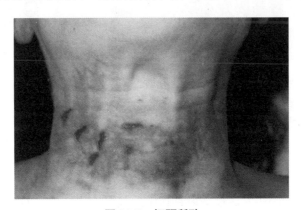

图 11-2　扼颈所致
颈部右侧皮肤见多个半月形擦痕

撞痕，又称印痕状擦伤，常系钝性物体垂直撞击皮肤表面形成，一般无明显的擦痕。交通事故中汽车散热器撞击行人留下的撞痕，从其形态可推测为散热器所致。典型的撞痕，见于机动车撞击人体而在尸体或死者衣服上留下的印痕。

（2）根据咬痕形态推断致伤物：单纯的咬痕一般仍属于擦伤或擦伤伴有挫伤（表皮剥脱及皮下出血），严重时甚至形成挫裂创，即为咬伤。人类咬痕常显示出明显的人类牙弓形态的特征，在体表皮肤上呈现出两个相对的半弧形、锯齿状的表皮剥脱及皮下出血，有时往往相互汇合而呈有断续的圆形，即上、下颌牙齿咬合遗留的牙齿印痕，即咬痕。由于咬痕能反映出咬者牙齿排列的形式和大小以及有否缺损等情况,因此可进行对比鉴定,同时要注意提取咬痕部位的拭子备 DNA 检验。如咬者某一牙齿缺失,则一般在其相应位置的皮肤上出现没有表皮剥脱和皮下出血的空隙。又如根据颌弓的特征也可作为对比的参考。一般上颌的弧度比下颌的弧度略大,上颌中切牙较大,而下颌中切牙较小而紧密,因此可以根据这个特征区分上下颌的咬痕,并确定咬伤的位置和方向。

(3) 根据挫伤形态推断致伤物:挫伤的形态改变为皮下或皮内血管破裂出血,流出的血液聚集在皮内、皮下及其软组织。在皮下组织疏松且血管丰富的部位,如眼眶周围、面颊部、乳房、股内侧、会阴等处,出血量多且范围广,往往不能反映致伤物接触面的形态特征。而在仅有皮内出血的情况下,或真皮组织致密的部位,如手掌、脚掌等部位,出血较少,不易扩散,容易反映致伤物打击面的形态。一般来说,在无创口存在的钝器损伤或有些特殊形态的挫伤,可推断钝器种类。

1) 体表平行条状挫伤(tramline bruises):在人体平坦的部位,如面颊、胸部、肩背部、臀部及四肢等处形成的平行条状挫伤,又称中空性皮下出血,无论伴有擦伤或不伴有擦伤,都可推断为圆柱形棍棒打击所致,但较难推断出此致伤物的材料性质(图 11-3)。有时铁质的手柄,如扳手柄打击面部也可形成中空性挫伤。中国古代法医学所称的"竹打中空"及国外法医学著作中所称的"铁轨样挫伤"就是描述圆柱形棍棒等打击人体躯体和四肢造成的损伤。但凡遇及这种形态的损伤,可推断致伤物为长条形钝器,若这种致伤物表面尚有某种凹凸或花纹特征,如螺纹钢等,有时可在人体受伤的体表部反映出来。

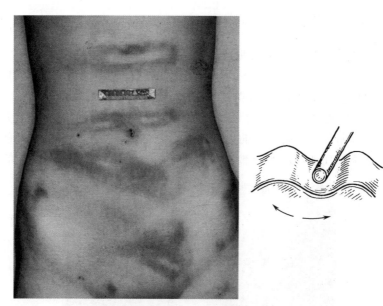

图 11-3　棍棒所致中空性皮下出血
胸腹部可见多处平行条状挫伤

2) 带状或线状皮肤挫伤:在人体较平坦且软组织较厚的部位形成的带状皮下出血,出血区基本均匀,没有典型的中空性皮下出血,可推断致伤物为方柱形的棍棒以其平面打击所致。若两侧挫伤与周围皮肤分界明显,基本可以推断致伤物的宽度。若仅出现窄条状的或线状的挫伤,一侧或两侧边界不清,可推断为方柱形棍棒以其棱边打击所致,其宽度往往难以从损伤形态上推断。

3) 印痕样损伤(patterned injury):是指一些具有特殊形态的钝性物体,打击在裸露的体表或单薄衣服遮盖的部位,留下与致伤物形态相似的挫伤。如用带金属扣的皮带打击人体,可在皮肤上留下与金属扣形状相似的挫伤(图 11-4)。真皮组织比较致密,血管周围间隙甚小,所以皮内出血一般较为局限,造成的损伤边缘较为清晰,轮廓亦较明显,反映致伤物的形态也较逼真,能较真切地反映致伤物的形态。如出血弥散,形成的印痕样损伤的边缘就不很清晰,轮廓亦可能失真,难以推断。

4) 圆形或弧形挫伤:小的弧形挫伤表面有擦伤者,特别见于颈部者常系指端印痕,是指端造成的挫伤。直径 1.5~3cm 的圆形或弧形挫伤常为圆形锤面击伤（见文末彩图 11-2），如在颅顶伴有该处圆形孔状骨折或半月形凹陷骨折，可确定为圆形锤面垂直或侧向打击所形成。若颅盖骨有类圆形的环套状骨折，大小与奶头锤面的大小相符，可以推断为奶头锤所致。

　　5）长方形、正方形或类方形挫伤：在平坦的部位，如颞部、颈部及背部的皮内或皮下出血，大小在 2.0cm×3.0cm 范围内，创缘伴有"口"、"凵"、"凵"、"一"形挫伤，常为四方形铁锤或斧背所致。若在头部，尤其穹隆部、结节部呈类方形皮内出血，待剃除头发后或局部干燥后便可清晰显现类方形锤面或斧背面的轮廓，常伴有挫伤，容易推断此类致伤物（图 11-5）。

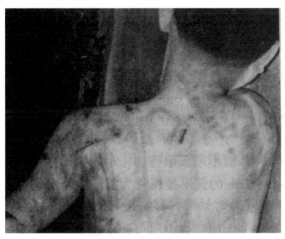

图 11-4　印痕样损伤

金属皮带扣打击人体肩背部形成的方形印痕样损伤

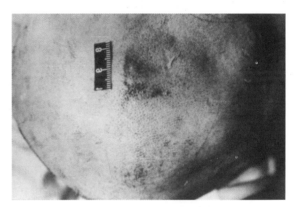

图 11-5　"L"形挫伤

头顶部"L"形挫伤，推断由斧背一角打击形成

　　6）具有特殊花纹印迹的皮下或皮内出血：致伤物打击面若具有沟嵴，打击或撞击皮肤时，将人体组织挤入致伤物的沟嵴中，致使该部分皮肤发生剧烈扭曲，造成皮内血管破裂，出现皮内出血，如玻璃烟灰缸周边及底部带有规则的花纹，在头皮上形成相同花纹的挫伤，可以推断系由此类致伤物所致（图 11-6）。机动车轮胎上具有特定的花纹，在体表皮肤，尤其在较平坦的部位形成这种花纹的损伤，即轮胎印迹（tire marks），可以推断系机动车轮胎碾压所致（见文末彩图 11-3）。冷却器、暖气片、皮带扣或鞋底打击所引起的皮下出血，可呈现出与致伤物一致的特殊花纹的损伤。

图 11-6　A. 头皮特殊花纹的挫裂　B. 具有花纹的烟灰缸

头皮显现的挫伤花纹与致伤物烟灰缸花纹相符

7）大面积皮内出血和皮下出血：体表伴有散在点状挫伤或梳状擦痕，应由较大的平面拍击所致，如木板砖块或与地面接触等。也可见于高坠时头部撞击地面所致，但往往伴有颅骨有面积较大的粉碎性、凹陷骨折，骨折线延伸至颅底。

8）挫伤广泛且不规则：当头面部挫伤广泛而不规则，皮内、皮下出血及挫裂创交织在一起，呈不规则的群集斑点状，具有大小不等、深浅不一、方向一致及一次形成的特点时，可推断为山石所致。但这种推断往往要谨慎，应与规则的致伤物反复多次打击所形成的具有类似于上述特点的损伤相鉴别。

（4）根据挫裂创形态推断致伤物：由于钝力的挫压作用，在挫裂创创缘处或创的周围常伴有擦伤和挫伤，因而反映出挫伤和挫裂创在其形成上有相似之处。在刃口不够锋利所致切创和砍创边缘有时亦可看到擦伤、挫伤，这种擦挫伤往往紧贴创缘，较窄，与钝器造成的擦伤和挫伤形态不同，极易区别。由于挫裂创是皮肤软组织受外来强大的挤压和撕裂的暴力造成，其创缘凹凸不平，可呈放射状或不规则的撕裂状，创壁之间有组织间桥存在，创缘常伴有擦伤和挫伤，这些是钝器造成的损伤形态特征，有别于切创或砍创。但有时创口形态只反映致伤物的打击面，如方形锤子打击面的形状（图11-7），其下若有骨折，骨折形态亦可反映致伤物的形状。挫裂创的创口，一般不能精确地反映出致伤物打击面的大小，创口面积常可能略大于致伤物的打击面。

有几种挫裂创形态，可用于推断致伤物的性状。

1）头皮条状挫裂创：头皮条状挫裂创，创缘不光滑，形状不规则，可能有两个以上的创角，创的两侧创缘伴有对称的擦伤和挫伤带，其两侧宽度近乎一致，可推断为圆柱形棍棒垂直打击所致（图11-8），表现为一侧创角可呈撕裂状，另一侧创角伴有挫伤。如挫伤带一侧宽，另一侧窄，则多为偏击所致，着力侧挫伤带常较宽。如挫伤带宽，说明棍棒的直径较大，一般由木质棍棒打击所致。当挫裂创的挫伤带较窄且严重，一般多为金属棍棒打击所致。

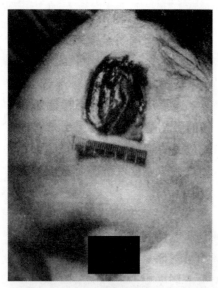

图 11-7　方形挫裂创

左额部有一长方形挫裂创，创内组织凹陷较深一侧创缘明显呈直线，推断由斧背打击所致

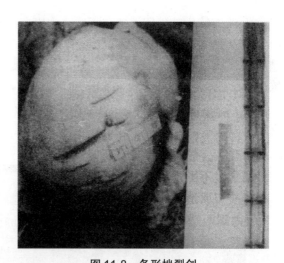

图 11-8　条形挫裂创

头皮上的条形创口，一端有分叉，创缘平滑，内卷，系竹棍打击所致

2）头皮椭圆形挫裂创：在头皮穹隆部，这种椭圆形挫裂创多为圆柱形较粗的长条状物（棍棒）打击所致。棍棒体部直径愈大，愈易造成此种椭圆形的挫裂创。

3）头皮或颜面皮肤的弧形挫裂创：头面部弧形挫裂创，沿弧缘的圆心侧常伴有皮内出血或挫伤，常为圆柱形棍棒一端或锤面一侧打击所致，特别是从偏斜角度打击者，在皮肤上留下的弧形更为明显。圆柱形锤面的直径，可根据头皮上存留的弧形痕迹，用几何学方法推算。较大的弧形挫裂创，伴创缘较大面积的挫伤，可推断由鹅卵石打击所致。

4）角形挫裂创：系由带有棱角的致伤物造成。创缘不规则，挫伤明显，创腔大而深，颅骨粉碎骨折，创腔内常见砖的碎屑，应考虑砖块一角打击所致（图 11-9）。"V"、"Y"形挫裂创，可由断面呈方形或多角形的棍棒端的棱角打击所形成。"<"、"〔"、"×"形挫裂创，创周伴有皮内出血，多由多角形锤打击所致。

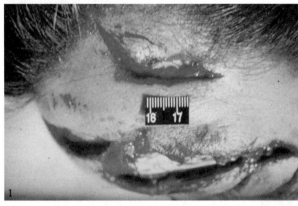

图 11-9　1. 三角形挫裂创　2. 长方形砖头
额及额顶部头皮由砖头一角打击所致三角形挫裂创，创缘不规则，挫伤明显伴有颅骨粉碎性骨折

5）带有方角的挫裂创：常由方形棱角及棱边造成，如砖块或斧背或方锤一角打击所致。"凵"、"凵"、"一"形挫裂伤，各创缘长 2.0～3.0cm，其创周伴皮内或皮下出血，可为斧背一端、一角或一边打击所致，也可由方柱形棍棒端打击所致。

6）十字形或星芒状挫裂创：此种挫裂创常不能反映致伤物形态，而是因受力处有颅骨隆起，如枕外粗隆、顶结节、额结节等处，致伤物可以是平面，例如在跌倒或高坠时发生；也可以是有一定面积和硬度的任何形状的物体打击。

（5）根据颅骨骨折形态推断致伤物：颅骨上的枪弹创、砍创、刺创，由于形态规则，边缘一般较整齐，较易推断致伤物的种类及其大小、形状。钝器可致颅骨多种类型骨折，有时可结合骨折形态特征推断致伤物，但有时比较困难。

1）单纯线状颅骨骨折：可能是棍棒或面积较大的钝性物体打击所致，也可由跌倒或坠落等，头部撞击地面等平面所致。

2）舟状凹陷颅骨骨折：呈长条形凹陷状，多由圆柱形棍棒打击所致，在着力端常见到延伸的线状骨折。

3）圆形凹陷或穿孔性骨折：多由铁锤、铁哑铃、鹅卵石、铅球等所形成。其大小与致伤物的大小相似。有时方柱形棍棒以其棱角垂直捅击时也可形成圆形凹陷骨折。

4）角形凹陷骨折：可由斧背或四方锤一角着力时形成；长方形孔状骨折或塌陷骨折常或见于额顶部平坦处，由斧背垂直打击时形成；角形阶梯形凹陷骨折或由斧背的一角偏击所致。

5）扇形凹陷骨折或穿孔骨折：可由方形棱角打击形成。

6）粉碎性骨折或颅顶、颅底联合骨折：多由较重或较大的物体打击或因高坠、交通损伤所致。

（6）钝器伤致伤物的综合推断：钝器的形状、打击力度和打击方向决定了钝器伤的形态特征，而影响打击力度的因素又包括钝器的质量及打击速度，不同的打击力度和打击方向所造成的损伤可依次累及皮肤、皮下组织、骨组织甚至内部脏器。因此，依据一次形成的损伤的形态学观察，即对一次性形成的皮肤、皮下组织、肌肉、骨质乃至脏器损伤的形态学进行观察，综合分析推断致伤物具有十分重要的意义。

由于钝器损伤的形态多种多样，只有找出其特征性的改变，正确认识并作出判断，才能较准确地推断致伤物。棱形挫裂创、星芒状挫裂创、角形挫裂创或其他形态的挫裂创，既可由近似于创口形态的致伤物造成，也可由不具有此特征的致伤物所造成。因此，推断此类挫裂创的致伤物时应慎重考虑。

2.锐器创致伤物的推断

（1）推断切创的致伤物：通常依据切创的形态特征，如创缘光滑、创壁平整、无组织间桥、创底较浅等，只能推测造成该损伤是由切器所致，却难以确定是何种切器。短小的切器可形成深而长的切创，一般不能根据创口长度来判断刃器长度，因为刃器造成切创时有压切和向后拖拉过程，可以造成创口的长度发生变化。另外应该注意，无论是剃须刀或菜刀，任何一种切器造成的切创，其创口的形态无本质差异。但剃须刀片因其质软而重量较轻，所造成的创口一般亦较短小，创底较浅，而有别于较重的有柄锐器造成的切创，如菜刀所形成的切创往往创口相对较长，创底也相对较深。

在颈部、手腕部、肘窝、腹股沟部及外生殖器等部位发现创口多呈哆开状、纺锤形，断面呈楔状，创底较浅，创口合拢时呈直线形或曲线形等特征的切创，致伤物多为菜刀、小折刀、剃须刀片或玻璃碎片所致。手背的切创多为抵抗伤。

（2）推断砍创的致伤物：砍器一般是有柄的刀类和斧类，由于易于挥动、作用力强大，故损伤严重。通常可根据砍创创口的特征，推断砍创或区别其为刀类或斧类所致并不困难。一般由菜刀、马刀、柴刀等造成的砍创，创口较长；由斧头刃面造成的砍创，创口的长度一般较短。斧刃的长度常在7～10cm，如全斧刃口砍入颅内则两端创角呈长方形，如仅一端砍入颅内则创口呈长三角形。当全斧刃砍入颅内，可根据创的长度推断斧刃的长度。也有的斧头很大，如砍肉所用的大板斧或砍刀，其刃口呈半圆形，弧长可达30cm。斧头造成的砍创创缘形成的挫伤，比菜刀所造成的砍创创缘挫伤要明显，范围亦较宽。不够锋利的斧刃造成砍创常伴有创缘挫伤带，应与斧背造成挫裂创相区别（见文末彩图11-4）。

在头面部、颈部等处的砍创，若创口长5～7cm，创口平直，创缘整齐且无明显挫伤带，创角尖锐，应考虑菜刀所致。如创的中部较深，两端较浅，创底仅伤及骨膜或骨的表面，则可能为锋利菜刀中部垂直砍击形成。

砍创创口短而宽，或一端创角钝，创缘有挫伤带时，一般系斧类砍击所致。如一案例，死者头皮有梭形创口，长7cm左右，创缘平整，创角较钝，颅骨有呈条状的骨裂缺损，7cm×（0.2～0.4）cm，推测系由于斧刃垂直砍击头部全刃进入颅内所致。

由于身体表面呈弧形，较长砍器可以不完全接触体表而造成较短创口。但在较平坦的体表出现多数长度一致的创口，特别是两创角呈钝角时，说明这种创口系由锐器全刃砍入所形成，并且创口的长度常可反映刃器长度（如斧刃的长度）。也可能两创角一钝一锐，说明仅部分刃口砍入。关于创口的宽度，仅砍及软组织时，由于组织纤维收缩致使创口哆开，根据创口宽度，一般不能准确推测刃器的宽度。如果砍及骨质，形成楔形或穿孔骨折，此时根据骨折的宽度，常能反映砍器砍入部分的宽度，尤其是楔形骨折，常可判断砍器砍入部分近似形状，可推测致伤物的厚度。

手背的砍创多为抵抗伤（图11-10），有时也可能是自伤或意外伤。

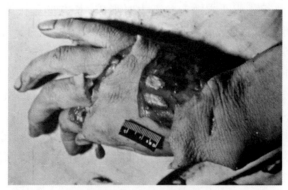

图 11-10　右手抵抗伤
右手背裂创，系砍击所致的抵抗伤

（3）推断刺创的致伤物：刺器所致创口，一般能反映出刺器横断面的形状，可依此推断刺器的横断面形状。刺创一般是由具有尖端的锐器所致，有刺入口、刺创道和刺出口。偶尔也可见由既无刃也不够尖锐的小圆柱形或扁形的钝性致伤物如螺丝刀所致的刺创。这种刺创没有明确的创角，或伴有创缘挫伤带。因此推断致伤物时，应仔细推测致伤物的细节特征，推断其为何种刺器。

1）单刃刺创：一侧创角尖锐，另一侧创角钝圆或较平，创底也有刺创的特征，一般可推断为单刃刺器所致。薄的单刃小刀所形成的创口，其钝端组织可以裂开，致使两创角都锐利，易误认为双刃小刀所致。

2）双刃刺创：两创角皆尖锐，创缘平滑整齐，一般无挫伤，创道和创底也有相同形态的损伤，可推断为双刃刺器所形成，但尖端很薄的单刃刺器刺入并伴有移动者，亦可呈此形状。若创口左右对称，应系由垂直方向刺入所形成；若创角伴有切划伤痕，或呈燕尾状创口，多为拔出刺器时所形成的附加损伤。

3）三角形刺创：或称"人"字形刺创。若每个创缘中部凹陷，系由有沟槽的三棱刮刀垂直方向刺入所致。若创口呈等边三角形，每个边的创缘平滑，则系由平面三角刮刀垂直方向刺入所形成。三角形创口，其中一个创角较长，另两个创角较短，系由三角刮刀呈斜角方向刺入形成（图 11-11）。

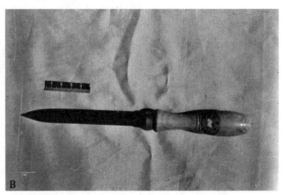

图 11-11　左顶枕部头皮可见多处三角形创口，创缘整齐，由三角刮刀刺入所致
A. 刺创；B. 致伤工具

4）类圆形刺创口：创缘伴有挫伤，创壁不平滑，创底也不规则，可由无刃的金属杆状物，如铁通条等刺入形成。有的无刃刺器进入组织时，无切割作用，因此刺器拔出后，由于组织收缩，创口呈梭形或裂隙状，难以反映刺器特征。

5）鸭嘴状刺创口：长 1.0～1.5cm，其中部较宽，两创角呈钝角，创缘伴有挫伤，创底也呈鸭嘴形，其长度与皮肤创口相同，常由螺丝刀刺入所形成。

6）弧形或"S"形刺创口：可由特殊形状刺器，如弧形凿子或剪刀双刃合拢刺入所形成。

7）变异形刺创口：当刺器刺入时身体或刺器转动，故形态发生不规则变形，鉴定时要仔细分析。

8）推测刺器的宽度及长度：在弹性较小的部位可推测刺器的宽度及长度，如骨质刺创所反映的特征能长久保存，不受组织收缩影响。对弹性较大部位的损伤应动态测量。

宽度推测：根据创口的长度，大约可估计扁平刺器的宽度或圆形刺器的直径。但有刃刺器刺入时，由于刺器刃口的切割作用，形成刺切创，往往可使创口延长。如有数个创口，应以小的创口作为测定的标准。

长度推测：根据刺创管的深度，一般只能检测刺器刺入部分的长度，而不能反映刺器的全长。因为较长的刺器可以部分刺入身体，以致刺创管短于刺器；相反，较短的刺器全部刺入软组织，再加上压迫作用（如刺入腹腔），则刺创管长于刺器。此时，皮肤表面往往遗留刺器柄的压痕，据此压痕也可以推断或认定致伤物。刺器柄在创口周围造成表皮剥脱和皮下出血是推测致伤物极有价值的形态学依据。

9）衣着检查：若系双刃刺器造成衣服的破口，两角尖细，纤维断端整齐，毛边较少，将破口闭合，呈现出棉条状裂缝。若系单刃刺器在衣着上形成的破口，创角相应部位亦有一端钝和一端锐的特点。钝端为刺器钝部所造成，裂缝较宽，纤维断端不整齐，常呈绒毛状。因此，推断刺器形态时，一定不要忘记对死者衣着刺破口的检验。

10）人体的组织结构会影响损伤形态：腹壁的皮肤较薄，脂肪层较厚，因此腹部刺创可以较逼真地反映致伤物的横断面，例如腹部三角形的刺创，其形态和大小基本上与致伤物的横断面和大小相近似。若刺创的部位在皮肤厚、脂肪薄的头顶部，则刺创的形态可呈"人"字形。由于组织结构的不同，可造成在形态有显著差异的刺创。

（4）推断剪创的致伤物：因为剪创与其他致伤物所造成的损伤的形态特征有明显的不同，因此从剪创的形态学特征推断致伤物比较容易。剪创可反映出剪刀的剪夹作用，也可反映出剪刀的剪刺作用，而且剪刀两刃形成相对的损伤。剪刀两刃合拢时是互相交错的。剪夹造成的创口其创缘的中央部分，常有尖端游离的皮瓣而呈"V"形剪创；"八"字形的创口，提示剪刀的两刃夹剪未曾闭合；夹剪折叠皮肤可造成大小不等的多个创角。上述形态特征，是推断致伤物的形态学根据。剪刺创可因用分开的两剪刀刺入、合并的两刃刺入或单刃刺入而造成不同的剪刺创，但无论何种情况造成的剪刺创，皆有一定形态特征，创口可呈双排列，瓜子形或梭形，无刃一侧较钝圆，有刃一侧较尖锐，可伴有擦伤或挫伤。

（5）推断锯创的致伤物：通常是由用锯分尸而造成此种损伤。碎尸案中断离尸体的断端，皮肤创缘呈锯齿状，这是锯创最大的特点。可有尖的皮瓣形成，骨骼横断面呈阶梯状（图11-12）。根据此种特殊形态改变，推断解离尸体工具是锯子类工具，一般并不困难。

损伤检验中，常遇及在同一尸体上存在多种损伤，此种情况应逐一研究每个损伤的特殊形态，判断是由同一种致伤物的不同打击面造成，还是由不同类的致伤物所致。这需要对每一损伤的形态特征进行比较检验，对每一损伤的可能致伤物或致伤物的打击面进行对比检验，以推断致伤物。

3．枪弹创的致伤物推断　在尸体或活体上发现体表皮肤上有一圆形、椭圆形或星芒状的创口，有的呈撕裂状组织缺损、皮肤创口周围可伴有表皮剥脱和挫伤区，即擦拭轮及挫伤轮，有时该创口周围或一侧尚可见黑色粉末状异物和污垢附着，即烟晕及火药颗粒沉着以及烧灼改变，均应考虑为枪弹创的射入口。在该射入创口对侧的相应部位皮肤的较大撕裂创口，将其合拢，无皮肤缺损，即枪弹创的射出口，两创口之间并有一贯通的创道。根据所述的这些特征，可推测致伤物为枪弹。如只有射入口与射创道，则为盲管性枪弹创。盲管性枪弹创在尸体剖验时，在射创道内或身体其他部位必然能找到弹头，根据弹头可以推断枪支的种类。

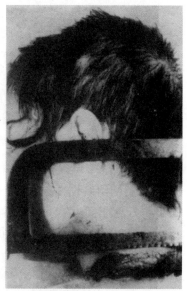

图 11-12　锯条损伤
皮肤边缘及肌肉呈锯齿状，凹凸不平，为锯条所致损伤

枪弹创应与刺创区别，尤其当刺入口周围有刺器柄的压痕时，容易将刺器柄压痕误认为枪弹擦拭轮及挫伤轮。一般情况下，刺创口无组织缺损，无污垢，更无烟晕及火药颗粒沉着。盲管刺创创道内无弹头。

根据枪弹创射入口直径可推断弹头直径，但应注意由于软组织的弹性及其收缩作用，射入口直径一般较弹头直径小。从骨骼损伤推测致伤物较准确、稳定，能较准确地反映弹头的直径，从而推测枪支类型，条件好的情况下，其误差在 1/10 以内，优于用软组织损伤的形态特征来推断弹头的直径。还要注意所测得的弹头直径大小还不是枪支的口径，一般手枪或步枪的口径略小于弹头直径。散弹创则更不能准确反映枪支的口径。一般可从骨骼的 X 线片或骨标本来推断枪弹损伤的致伤物。

（1）扁平骨枪弹创：扁平骨上发现圆形缺损，提示该损伤系枪弹所致（图 11-13）。圆形缺损的直径，基本上与弹头的直径相一致。故从缺损的大小可推测弹头的大小。有的缺损的边缘在放大镜下呈微细齿状，在 X 线片下较光滑。在个别案例中，缺损周围可有小的骨折线。

（2）颅骨枪弹创：颅骨枪弹创有类圆形孔状骨折、放射状骨折、环状隆起骨折及呈切线方向射击所致的锁孔状骨折，贯通性枪弹创有出口亦有入口。颅骨枪弹创不像扁平骨枪弹创口呈圆形，因颅骨有一定厚度，颅骨创口缺损在斜射时呈椭圆形，可碎裂呈多块碎片，有时难以将其拼拢。颅骨枪弹创，入口处骨外板相对地可较整齐，内板可呈喇叭口状缺损；出口处与之相反，内板呈圆形缺损，而外板呈较大缺损。据此可推断弹头射击方向。

（3）长骨枪弹创：长骨枪弹创多为粉碎性骨折。将全部粉碎性骨折片收集拼拢，即可显出长骨枪弹创的形态特点，骨质有一缺损，缺损可以是圆形、长方形或不整形，有骨折线从缺损处向周围扩散（图 11-14）。

（4）散弹枪弹创：散弹枪弹创特征极为突出，推测致伤物并无任何困难。由于散弹弹丸系由很多金属颗粒组成，多为铅弹，无披甲，发射后呈散射状，射入人体后能量减弱而消失，不易贯穿人体，多形成盲管性枪弹创。可通过拍摄 X 线片，明确诊断或显示其在体内的部位，推断致伤物（图 11-15）。

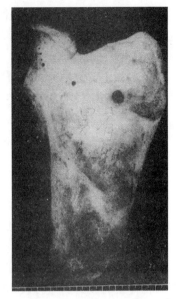

图 11-13　扁平骨枪弹创
右肩胛骨见呈圆形穿孔性骨折

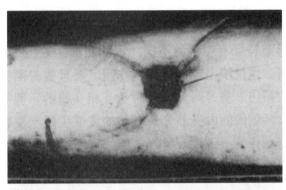

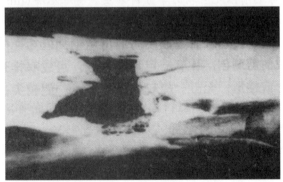

图 11-14　长骨枪弹创
长骨枪弹创基本上为圆柱形，圆形或方形骨折及四周有放射状骨折，推断为枪弹创

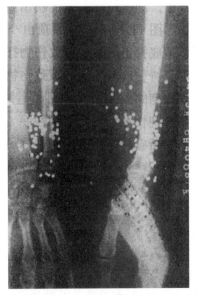

图 11-15　单侧上肢散弹遗留
X 线片示：单侧上肢，正、侧位片见遗留的散弹

（二）根据创内异物推断致伤物的性质

创内遗留树皮、木屑、油漆残片，表明致伤物为木质；创腔深部遗留砖头碎屑、碎石块，表明致伤物为砖石类；创内遗留铁锈、油泥，表明致伤物为金属钝器；创内有泥沙、油垢及油漆残片，应考虑交通事故所致。创缘和创腔内有火药、炸药颗粒沉着或火药烟晕沉着、或弹头、弹片，显然仅见于枪弹损伤。

（三）根据死（伤）者受伤时的衣着痕迹推断致伤物类型

除人体头面部、手部等暴露部分外，致伤物作用于人体时首先通过衣服。因此，在推断致伤物时，衣着的检查具有重要意义。一般情况下，衣服损坏位置与身体损伤部位应该一致，但并非一定如此。例如手臂上举时背部遭受枪击，在尸检时即见背部枪弹射入口的位置高于衣服上的枪弹射穿孔。

如损伤部位的衣着完整或仅见磨损的情况，为钝器所致；损伤部位的衣着破裂，但没有火药成分沉着或（和）高温作用痕迹，一般是锐器所致；还可根据断端尖锐整齐或撕裂起毛的情况推断是单刃、双刃或无刃锐器；损伤部位的衣着破裂，伴有火药成分沉着或（和）高温作用痕迹，则可帮助判断枪弹创；损伤部位或附近衣着沿原缝线撕裂，一般为高坠或交通工具损伤所致；衣服上的车轮印，黏附的油垢、碎石、泥沙有助于推断交通工具损伤。

（四）根据现场情况推断致伤物种类

如现场见大量喷溅状血迹，多为锐器、火器损伤的结果；现场见爆炸破坏痕迹，炸药残留物，显然为爆炸损伤；现场遗留有弹壳、现场物体上有弹着点痕迹，显然为枪弹损伤；现场位于道路上或附近，遗留有交通工具作用的痕迹（如刹车痕、轮胎压迹等）或交通工具物品，提示可能是交通工具损伤；现场物体上有新鲜的击打破坏痕迹，遗留有带血或毛发的棍棒、砖石等，提示为棍棒或砖石类致伤物。

（五）推测致伤物的质地

对于致伤物质地的推断难度较大，尤其对于钝器损伤的致伤物而言难度更大，根据目前的条件和技术手段，对钝器种类的推断也只能是限定某一类钝器，通常要结合现场才能进行分析。推断钝器种类通常有两种方式，一是按钝器的质地分析推断致伤物，如金属类、木质类、砖石类、竹质类等；二是按钝器的形态结合质地分，如棍棒类、斧锤类、砖石类等。

质地坚硬的金属类钝器打击时，组织挫碎严重，有组织缺损，在头部常致凹陷骨折和粉碎性骨折，毛发可断裂。木质致伤物打击，则擦伤、挫伤明显，多引起线形骨折。竹质致伤物打击有时可见竹节印痕。砖石类打击时，擦伤、挫伤明显，创口多不规则，创腔内有组织间桥，常遗留泥沙或砖石碎末。

知识拓展▶

基于有限元法的损伤生物力学分析

近年来，随着医学影像学技术和计算机技术的发展，逐渐形成了一种新的生物力学研究手段，即基于 CT 及 MRI 扫描 DICOM 格式医学图像的有限元生物力学分析方法。有限元法（finite element method，FEM）是从工程结构分析发展起来的求解连续介质力学问题的数值分析方法，该方法在特定载荷的条件下，通过计算机模拟计算，得到人体模型的位移、应力、应变、内力等结果，从而重建和预测可能的损伤部位、损伤形态及损伤程度。随着 FEM 的成熟及建模的完善，该方法已逐渐被应用于法医学检案实践。Motherway 等以及 Raul 等通过 FEM 三维重建均成功预示了颅骨骨折部位（见文末彩图 11-5），在国内有学者率先开展损伤生物力学分析方面的研究，并模拟了下肢遭受车辆撞击和碾压加载条件下损伤部位应力、应变的变化趋势（见文末彩图 11-6）。

FEM 在国际上，尤其在某些欧洲国家已被认证为一种辅助手段，用来解决常规方法无法解决的问题，其在日常检案中的普及也正在进行中。虽然 FEM 目前在法医学领域的应用尚有诸多瓶颈难以突破，但相信随着科学技术的不断发展及对于 FEM 更深入的研究，FEM 在损伤生物力学分析中的应用将更为广泛。

——司法部司法鉴定科学技术研究所　陈忆九　提供

（六）损伤伤痕的提取

1. 石膏法　在伤痕表面及其周围涂抹少量甘油，用硬纸将伤痕围住，灌入调好的稀石膏浆，经约 30 分钟后石膏凝固，取出晾干。

2. 硅橡胶法　取适量硅橡胶置玻璃板上,滴加适量的触媒剂及交联剂,调匀,铺在伤痕上待成型固定后,从边缘掀起。此法所得模型可显示细微结构,并可放在扫描电子显微镜下观察伤痕特征。

3. 直接提取法　将损伤处及其周围皮肤切下,固定在10%甲醛溶液中,待检。

二、致伤物的认定

在法医学鉴定中,仅推断某一损伤是由某种形态的致伤物所造成,往往还不能满足侦察或审判的需要,尚应认定某一损伤系为某一致伤物所造成。致伤物的认定就是确认某种嫌疑致伤物体是否为造成某一损伤的致伤物。致伤物的认定可以是在致伤物推断的同时,或是在致伤物推断的基础上进行。显然,致伤物的认定较致伤物的推断需要更好的条件,这些条件包括损伤特征必须是具有个体显著性或唯一性的,也包括嫌疑致伤物上必须具有可与相应损伤特征进行比对的相应个体特征。因此,不是任何损伤与任何嫌疑致伤物都能进行致伤物认定的。只有嫌疑致伤物与相应损伤的特征完全符合(不是大致符合或大部符合)时,才能作出致伤物的认定;当嫌疑致伤物与相应损伤的特征两者显然不同时,才能作出否定的结论。例如根据某一案件中创口的形态特征,可推断为切器造成。刑侦人员找到了同类的两把嫌疑菜刀,需要确定哪一把是造成这一切创的致伤物,以满足侦察或案件审判工作的需要。又如枪弹损伤案件,经常需要查清肇事枪支,这就需要通过在现场和死者尸体上找到弹头或弹壳,以确定该枪弹系由哪支枪支所发射的。

认定致伤物一般比较困难,必须认真勘查现场,检查损伤,仔细记录和绘图、拍照,以及将伤口与致伤物作对比,有时还要作模拟试验对比,除根据嫌疑致伤物的形状、结构特征与损伤形态进行比对外,还应采用物理学、化学或生物学检查方法,包括应用 X 线检查、光谱分析、化学分析、痕迹对比、血型检验和 DNA 检验等结果综合分析,才能下结论,确证送检的嫌疑致伤物就是造成该损伤的致伤物。

(一)根据损伤的形态特征认定

根据损伤的形态特征与嫌疑致伤物的相关特征直接进行比对,观察是否完全吻合。如果致伤物的一般性状(如种类、大小、形状、锐利程度、硬度和重量)与造成损伤的形态特征基本相符,嫌疑致伤物的具有某些结构特征(如锐器的卷口和缺口、汽车散热器花纹、轮胎花纹、腰带铁扣、活动扳手上的活动螺丝、砖头表面特殊形状的突起等)在损伤部位得到反映,并与嫌疑致伤物特征完全相吻合,一般即可认定致伤物。有时也可应用嫌疑致伤物上的可疑作用面制作损伤标本,再在比较显微镜下观察损伤标本上的微细特征是否与损伤上的微细特征(如条纹状损伤的宽窄、间距等)一致,如完全能吻合一致,也可认定致伤物。前面在讨论印痕性损伤中,曾明确指出印痕性损伤的形态特征能比较逼真地反映出致伤物打击面的形态特征,从而可推断致伤物打击面的形状。图 11-16 示死者头顶部由一圆形锤子造成的挫裂创,由于该损伤皮下为硬质颅骨,圆形锤底打击时造成了与致伤物打击

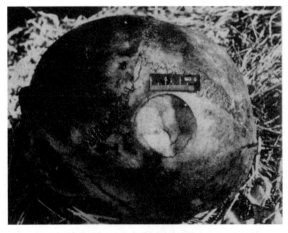

图 11-16　颅顶骨骨折
圆形致伤物造成的颅骨圆形凹陷骨折

面的形态一致、特征相符的骨折。根据该损伤的形态特征,可以推断该致伤物为一具有圆形的打击面,有一定重量的钝器,与后来查到的圆锤相符。

在某些情况下,软组织创口虽可反映致伤物的特征,但在骨质上的损伤形态能更确切地反映致伤物打击面的形态。此外,骨质缺损的断面,常可检见能反映出致伤物表面的擦痕。如用钝器打击颅骨,或用锐器砍劈长骨,均可造成具有钝器打击或锐器砍劈特征的损伤(图 11-17)。

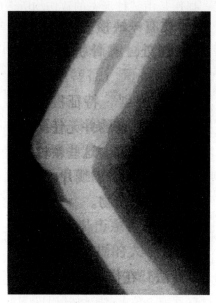

图 11-17　长骨砍痕
骨骼上典型的砍伤

案例 11-1 ▶

某年,某地麦田发现一具男尸。额顶枕部头皮共有 13 处创口,均呈条状,长度 1.0~7.5cm,创角钝,部分呈撕裂状,创腔内可见挫碎组织及组织间桥,创缘不齐,并伴有 0.2~1.0cm 的挫伤带,部分创缘的挫伤带呈明显规则的方形凹凸状,宽 0.35cm,间隔 0.4cm。后在距现场约 100m 处找到带血螺纹钢筋一段,长 40cm,直径 1.5cm,螺纹宽 0.25cm,螺纹间距 0.5cm,螺纹上的血迹为 O 型人血,与死者血型一致。分析尸体上方形凹凸状挫伤带宽度比螺纹钢筋上螺纹宽 0.1cm,是螺纹倾斜所致,但挫伤带宽度加间隔和螺纹宽度加间隔是一致的,均为 0.75cm,故可认定此螺纹钢筋为该尸体上损伤的致伤物。

此外,在根据嫌疑人的牙齿特征进行鉴定时,可提取牙列模型与该咬痕相对比,进行同一认定。但由于牙齿间的摩擦,或咬伤时人体的移动而使咬痕形态变得不典型、不规则,有时不易作出咬伤诊断,更难作出同一认定。有时因被咬的组织器官较小,如乳头、阴茎、鼻尖、耳廓、嘴唇及舌尖等,可因咬断而致组织缺损,鉴定时也相对较困难,但仍可对遗留部分的咬伤痕迹进行认定。国外曾有学者报告一例误认为咬伤的案例:尸体上有一损伤,根据形态特征,一直认定为咬伤,最后查明该损伤并非咬痕,而是由高跟鞋跟所造成。

(二)根据创口中异物认定

根据残留在死者或伤者创内的各种异物(如木屑、漆片、砖石屑、刃口断片、铁锈、油泥、火药或炸药残留物等)与嫌疑致伤物相应部位进行形态学比对观察,并从理化性质、化学组成上分析是否一致来认定致伤物,多数需要应用特殊的分析仪器和方法,如光谱分析、中子活化分析、紫外或红外能谱仪、能谱扫描电镜等。伤害案件中用刺器刺入被害人体内,遇及质地坚硬的骨骼,刺器尖端或脆弱部可因受阻力而折断残留在体内；刃缘较薄的切器用于砍切时，遇及骨骼可使刃缘折断，碎断的刃缘可镶嵌于骨上。若从受害人或死者体内取出的碎片，与可疑的致伤物的缺失部分相吻合，化学组成一致，则可认定。如用能谱仪检测残留在枪弹创组织中的异物，与嫌疑枪支所用枪弹的火药一致，则可认定该枪弹创为该类枪弹所致（图 11-18）。

图 11-18　枪弹创内异物结晶
扫描电镜下枪弹创内的异物结晶，能谱仪测定与可疑
枪支内的化学成分一致，结晶形态相同

案例 11-2 ▶

　　某男，13 岁，被发现死在山上。尸检：甲状软骨左上方有一横行创口，长 4.5cm，创周有表皮剥脱，两创角撕裂。下创缘略呈弧形，创腔呈椭圆形，有组织间桥，创口直径 1.6cm，创深 4.5cm，依次穿破颈阔肌、左胸锁乳突肌、右颈内静脉等，在创底检出 4 根细条状碎竹丝，长 0.5～2cm，创道周围的软组织有较严重的挫伤和出血。根据创内异物推断为小毛竹类物体刺入形成。重新勘查现场，终于在现场附近发现一根被锐器砍断较陈旧的小毛竹桩，其上有新鲜的竹质缺损和撕裂痕迹，并在该竹桩竹质缺损裂隙处检出人体组织碎片及人血迹。同时，将死者创内提取的 4 根碎竹丝与该毛竹桩上部的缺损部位进行整体分离对比，结果完全一致。最后证实某男是在山上迅跑中不慎跌倒，被地上突起的小竹桩刺入颈部致颈内静脉破裂、大出血死亡。

（三）根据嫌疑致伤物上的附着物检验认定

　　嫌疑致伤物上有时可能附着死者或被害人的血液、毛发、体液斑或组织碎片等。对这些附着物进行检验是认定致伤物的一项非常重要的措施。检测的方法有许多种，以往以血清学、免疫学方法为主，近年来则主要依靠 PCR 技术，有时也会应用扫描电镜技术以及其他各种分析技术，但无论采用何种方法或技术，必须是同行专家所公认的具有灵敏度和特异性高的方法和技术，而检测的结果应是准确和可信的。

　　嫌疑致伤物上附着的血痕、毛发及毛囊、组织碎块等血型或 DNA 等遗传标记，经实验室检测，证实与被害人或死者的遗传标记一致时，可认定该嫌疑致伤物即为造成该损伤的致伤物（图 11-19）。遗传标记一致是认定的证据，能以此证明与案件有关的情节，有关的致伤物和有关的人之间的关系。

　　除了遗传标记检测外，毛发、组织碎块尚可作形态学比对、种属及性别检验等。应用这种方法时不能脱离嫌疑致伤物作用面特征与损伤形态的特征比对，只有当两者特征基本相同，同时上述物证又取自该嫌疑致伤物作用面上时才有意义。因为这些物证也可能由于某些非致伤因素黏附在不相干的物体上，如创口血液的喷溅、血液的流注、尸体搬运等，都可使上述物证遗留在现场物体上。

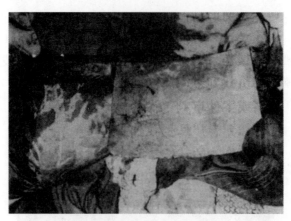

图 11-19 致伤物（菜刀）
遗留在尸体上的致伤物,附有血痕、毛发

　　根据嫌疑致伤物上指纹、掌纹与犯罪嫌疑人或死者的掌纹、指纹比对,判断是否同一人所留。以此为根据进行致伤物认定时,同样也要有一定的前提,即该嫌疑致伤物的其他特征接近认定为致伤物,并且是在现场上提取的。如在枪弹损伤死者旁边嫌疑枪支上留下的指、掌纹与死者的相同,即可认定是他用这支枪自杀死亡。又如头部被斧砍伤死者的附近,带血的斧柄上留有血掌纹印,经与犯罪嫌疑人的掌纹比对相吻合,同时死者血型或 DNA 型与斧柄上的相同,也可认定是嫌疑人用现场上的这把斧头杀的人等。当然,在认定时还必须排除有人把被害人的指纹或掌纹按印在致伤物上伪装自杀的可能性。

　　此外,根据嫌疑枪支试验射击后弹头、弹壳上的痕迹特征,与现场或死者体内找到的弹头或弹壳上的痕迹比对,如完全一致,即可认定该枪支为致伤物。嫌疑致伤物上的衣服布纤维与死者的衣服进行比对,这些都有助于认定致伤物。

三、衣着上损伤的检验

　　人体在着装状态下受损伤时,衣着是首先遭受到致伤物作用的客体。因此,在推断致伤物时,衣着的检查有重要的价值。衣裤鞋袜均可沾染人体的组织、血迹、脱落细胞及 DNA 成分,此外人体外表的污垢、尘埃等物质,也有重要的物证意义。

　　衣着、织物损伤痕迹的检验步骤和方法如下。

　　1. 原位检查伤害致死者的衣着　在现场、停尸间或急诊室应原位检查伤害致死者的衣着,注意观察衣服表面是否残留有微量物证,观察和记录破损、撕裂的位置、形状和大小,与人体损伤是否一致,不仅要注意织物上明显的损伤痕迹,还应注意织物的纤维开绽、移位或断裂等变化,并应详细记录和拍照,有时要借用多波段光源等进行搜索和观察,并通过特种照相进行记录。

　　2. 实验室检查　逐件脱去衣服,如衣服潮湿或附有血迹,应挂在空中晾干后,再次检查后折好,放入防潮塑料袋内,送交实验室作下列检验:①用立体显微镜观察衣着损伤部位的纱线移位、压扁或断裂的现象,以及经纬线之间距变化,将能见到的损伤痕迹拍照留作证据。②受检衣物上可疑受伤部位有油性物质沾染时,在红外线或紫外线下检查,可能见到致伤物与人体接触部位的形状和大小,并可根据其痕迹大小或轮廓,推测致伤物的打击面等。

第二节　损伤时间推断

　　损伤时间推断(dating of wound)是指用形态学或其他检测技术推测损伤形成的时间。其中包括两方面内容:①生前伤与死后伤的鉴别;②伤后存活时间的推断。损伤时间推断是法医病理学检验中的重要内容之一。在暴力性伤害死亡的案件中，对尸体上的损伤，首先要确定是生前伤抑或是死后伤。如为生前伤，进一步尚应确定损伤至死亡经过的时间，即伤后存活时间（survival period after wounding）。损伤时间的推断，既有利于划定嫌疑人的范围和推测嫌疑人的意图，亦有利于重建案件过程及判断死亡方式等，为案件的侦破与审理提供可信的医学证据。

生前伤（ante-mortem injuries）是活体受暴力作用所造成的损伤。当暴力作用于机体时，损伤局部及全身皆可出现一定的防卫反应，称生活反应（vital reaction）。生活反应是确定生前损伤及推断损伤后存活时间的基础。法医病理学的任务之一就是寻找这些生活反应，以推断从暴力作用到死亡所经过的时间。死后受暴力作用所造成的损伤称为死后伤（postmortem injuries）。死后伤可能为犯罪行为的继续：①凶犯对他人施以暴力致死后，为了发泄仇恨，继续施加暴力而形成各种损伤，比如割去尸体的耳朵、舌头、乳房、外生殖器等；②凶犯致人死亡后，为便于搬运或隐藏尸体而将尸体肢解；③凶犯用某种暴力致人死亡后，为逃避罪责而伪装成另一种暴力引起的意外或自杀死亡。死后伤亦可能由偶然因素造成：如为抢救进行胸外心脏按压可造成胸肋部擦伤、挫伤，甚至肋骨骨折或肝、脾破裂；尸体在搬运过程中在尸表可造成擦伤。死后尸体被昆虫、动物、鱼蟹等咬伤。火场中的尸体，由于房屋倒塌压砸尸体，亦可在尸体上造成各种死后伤。死后伤一般无生活反应，据此可区分生前伤与死后伤。但是，机体对损伤的反应受损伤的严重程度、损伤类型（擦伤、挫伤、切创、挫裂创等）、损伤部位以及受害人年龄及健康状况等多种因素的影响。故损伤时间推断至今仍为法医病理学领域中尚未完全解决的问题之一，尤其是伤后存活时间极短的生前损伤。

一、生前伤的诊断

机体受暴力作用后，在损伤局部及全身均可出现一系列的生活反应。这些生活反应通过肉眼、光镜或其他实验室检查方法可窥见，这是诊断生前伤的基础。

（一）生前伤的肉眼所见

1. 出血　生活机体由于心脏的舒缩而使血液在一定压力下循环流动，一旦组织受暴力作用而造成损伤，则相应部位血管可发生破裂，血液在压力推动下从血管内流出，散布于邻近组织或组织内细胞的间隙中。因此，出血是各种组织损伤的重要生活反应。死后损伤，虽然血液流动的压力消失，但当血管损伤后由于地心引力影响，血液仍可从破裂的血管处流出。故在尸体解剖时，一旦发现局部组织损伤出血，应鉴别是生前损伤或死后损伤出血。

（1）生前损伤出血：生前损伤出血，流出的血液既可聚集于损伤局部组织内，亦可沿组织间隙流注到远端组织疏松部位。如颅底骨折，血液可流注于眼睑皮下组织；小腿皮下出血，血液可流注于跟腱周围组织。生前损伤流出的血液可沿体内自然管道向远端流注。如沿气管，可被吸入肺内；沿食管可被吞入胃内；肾脏损伤，血液可沿输尿管进入膀胱。生前损伤出血为活动性出血，出血量一般较多。出血量的多少受以下因素影响：①损伤严重程度：损伤越重，受损血管越多，出血亦多；反之则少；②血管的种类和大小：动脉血管损伤出血最多，静脉血管次之，毛细血管损伤出血最少。生前损伤出血，不论血液聚集于损伤局部组织中，或流入体腔内，均可见血凝块形成。

（2）死后损伤出血：死后损伤出血，出血量一般不多，常局限于损伤局部，很少向周围组织流注，亦无血凝块形成。但有学者在尸体背部作刺创，观察到从肺部流入胸腔的血量可达1000ml。

死后损伤出血常见于以下情况：①损伤尸体引起的出血；②死后血液由于重力作用向尸体低下部位坠积，可在尸斑明显处出现点、片状出血；③死后组织自溶引起出血，如胰腺头部出血。值得特别注意的是尸体解剖时造成的血管破裂，可使血液浸染解剖部位软组织，如胰腺被膜、肾上腺包膜、肾周脂肪囊及颈部软组织等部位，此种情况下，肉眼观察不易与生前损伤出血相区别。故在重新解剖时应仔细注意区别。

2. 组织收缩　活体的软组织，如皮肤、肌肉、肌腱、血管、神经及结缔组织等皆有一定的紧张度，此系机体的生物学特征。当暴力作用于生活机体致局部组织形成创时，创缘的结缔组织、肌肉、血管等均可发生收缩，使创口哆开。创口组织收缩的程度及创口哆开的形状，与局部组织的组织结构有关。如皮纹及肌纤维排列有一定的方向性，顺皮纹及肌肉排列方向的平行的创，创口哆开程度较小，创口形状变异不大；垂直于皮纹及肌肉排列方向的创，创口哆开的程度较大，创口形状变异亦大；若创口与皮纹及肌肉排列方向呈一定角度，则随角度大小的不同，创口哆开程度不一，创口可呈各种形状。

死后短时间内形成的创亦可见组织收缩。有学者用截肢的小腿作切创实验，截肢后2分钟，在截除的小腿腓肠肌部位作一深切创，创缘组织明显收缩，皮下脂肪组织外翻；截肢10分钟后所作的切创，创缘组织收缩极微。

3. 肿胀　肿胀是机体对损伤的一种局部反应。由局部炎症性充血和血管通透性增高，使液体成分渗出所致。肿胀出现的时间与损伤的类型和程度有关，钝性器损伤一般较锐器损伤的肿胀出现早且明显；损伤程度重者较损伤轻者为早。

4. 痂皮形成　当外界暴力作用于机体造成损伤局部的表皮剥脱或创伤时，渗出的体液中的蛋白或流出的血液可逐渐凝固而形成痂皮。痂皮的颜色与损伤的类型及程度有关。如仅为表皮剥脱，不伴出血时，此时仅有组织液渗出，则颜色较浅，常为浅黄色；如伴有出血或创口出血时，则颜色随血量的增多而逐渐变深而呈棕红色。

5. 创口感染　机体受暴力作用使具有抗菌能力的表皮破损时，各种细菌可随致伤物进入破损组织内，使受损组织发生变性坏死，从而在损伤局部出现感染或化脓性炎症。常表现为中性粒细胞大量渗出，并伴有不同程度的组织坏死和脓液形成。有些细菌导致蜂窝织炎，以局部疏松结缔组织中弥漫性化脓为特征；有时炎症局限可形成脓肿，主要特征为局部疏松结缔组织发生坏死溶解，形成充满脓液的腔，外围以增生的纤维结缔组织形成脓肿壁。皮肤的化脓性炎症，由于皮肤坏死，崩解脱落，可形成溃疡。

机械性损伤后发生的化脓性炎症，多数位于损伤局部或其附近，但也可发生在暴力作用对侧，即对冲伤部位。另外，化脓性炎症不仅发生于创口或表皮剥脱处，亦可发生在闭合性损伤处，由于局部组织受损而变性坏死，身体内原有潜在的化脓感染可转移至此，坏死组织亦可引起化脓性炎症。

6. 异物移动　人体内发现吸入或吞咽异物是确定生前伤的指征之一。因为只有活体才具有吞咽及呼吸功能。口、咽或喉部的固体或液体状异物可通过呼吸运动被吸入气管、支气管及肺内。固体异物进入肺组织的深度取决于异物的大小及形状，较大异物或形状不规则者不易进入肺组织深部，反之则易进入。液体状异物如血液、胃内容物、羊水、泥浆等则极易进入肺组织深部。在尸体解剖时，若从气管、支气管或肺组织内发现异物，对确定生活反应具有一定意义。但应与死后人工现象相区别：死后人工呼吸如进行时间较长，常使异物进入深部肺组织，尤其是液状异物，如血液、胃内容物等。但异物的分布与生前吸入不同，曾经施行过人工呼吸的死者，异物常分布于肺的背面和侧面；生前吸入者，无论肺的背面、侧面或腹侧面均可有异物发现，并可进入肺的外周区域。

生前进入口腔的异物，除可被吸入呼吸道内以外，亦可通过吞咽活动而进入胃内，甚至在胃蠕动作用下而进入肠内。死后由于吞咽反射及胃肠蠕动消失，进入口腔的异物不会进入胃肠内。浸泡在深水中的尸体因水压大，可使部分水进入胃内，但一般不进入肠管内。

（二）生前伤组织学改变

1. 局部淋巴结被膜下淋巴窦红细胞聚集　生前组织损伤出血后，血液从血管内流入组织间隙，红细胞可随淋巴液经引流淋巴管而进入局部淋巴结的被膜下淋巴窦，在光镜下，淋巴结被膜下淋巴窦内可看见红细胞。死后由于淋巴循环的停止，局部红细胞不再移动，存留在组织出血局部（图11-20）。

2. 血栓形成　暴力致组织局部血管损伤后，受损血管内皮下胶原纤维裸露，血小板黏附于内膜裸露的胶原纤维，从而启动内源性和外源性凝血途径，产生纤维蛋白。纤维蛋白和内皮下的纤维连接蛋白共同作用使黏集的血小板堆牢固地黏附于受损内膜表面，不再离散，从而形成血栓。根据血栓的组成及形态，血栓可分为白色血栓、红色血栓、混合性血栓及透明血栓4种类型。血栓形成的过程及血栓的组成、形态、大小与损伤部位和损伤局部血流速度有关。动脉和心室血流速度较快，受损时可形成白色血栓；静脉血管血流速度较慢，受损时可形成混合血栓或红色血栓；在弥散性血管内凝血时，微循环小血管内可形成透明血栓。

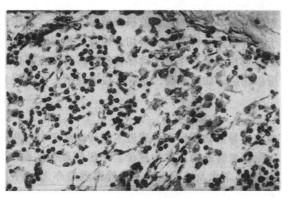

图 11-20　损伤局部的淋巴结
被膜下淋巴窦内可见红细胞

血栓形成为生活机体局部血管内膜对暴力损伤的反应，故损伤局部发现血栓形成可证明为生前伤。血栓尤其是红色血栓应注意与死后血凝块相区别（表 11-1）。

表 11-1　生前血栓与死后凝血块鉴别

生前白血栓	生前红血栓	死后凝血块	死后鸡脂样凝血块
肉眼观			
干燥	干燥或湿润	含液体较多	含液体较多
部分发脆	弹性±	有弹性	有弹性
表面不光滑	表面光滑	表面光滑、有折光	表面光滑、有折光
部分黏附内膜上	不直接黏附	不黏附	不黏附
灰色、灰白色或灰红色	深紫红色	深紫红色	灰色、灰黄色或带黄色
镜检			
血小板小梁相互连接呈网状，少量纤维素形成，可见红细胞	主要为红细胞，少量纤维素、少数血小板	红细胞、大量纤维素，白细胞所组成	疏松纤维素，其间可见少量血细胞，偶尔见血小板

在尸体解剖时如怀疑有血栓形成，应先仔细检查局部血管外形、病变血管与周围组织的关系以及周围组织的损伤情况。然后，将病变血管整段取下，先进行固定，而不急于切开血管，待固定后再切开检查。重点观察血栓起始部位血管有无损伤或疾病，并作组织切片。暴力作用于动脉和静脉，可使血管内膜裂伤，或发生血管壁坏死。动脉血管壁损伤后，如生存一段时间，可发展为动脉瘤，并可形成附壁血栓。

3. 栓塞　栓塞是不溶于血液的异常物质出现于循环血液中，并随血液流动，进而阻塞血管管腔的现象。阻塞血管的物质称为栓子。法医病理学实践中常见的栓子为血栓、脂肪、空气（气泡栓）、羊水及挫碎组织等。栓塞亦为一种生活反应。如骨折或广泛软组织损伤，尸检时在肺内发现有脂肪或骨髓栓塞，则可证明为生前伤；再如颈静脉受损开放性破裂时，大量空气通过其破口进入右心，形成空气栓子，足以证明颈静脉损伤为生前伤。

栓子一般随血流运行，运行途径有一定规律性。左心和体循环动脉内的栓子，最终嵌塞于口径与其相当的动脉分支；体循环静脉和右心内的栓子，栓塞肺动脉主干或其分支；肠系膜静脉的栓子，引起肝内门静脉分支的栓塞。在有房间隔或室间隔缺损者，心腔内的栓子可由压力高的一侧通过缺损进入另一侧心腔，再随动脉血流栓塞相应的动脉分支。偶可发生栓子逆向运行，即下腔静脉内的栓子，可因咳嗽、呕吐使胸腔或腹腔内压骤然剧增，而逆血流方向栓塞下腔静脉所属的分支。

（1）空气栓塞：空气或其他气体在短时间内大量进入血液循环，可形成空气栓塞。当头颈部开放性损伤，或胸壁和肺创伤损伤静脉时，空气可在吸气时进入静脉至右心，随着心脏的搏动，进入的空气和心脏内血液搅拌形成大量泡沫。由于泡沫状的液体有可压缩性，在心脏收缩时不易被排出而阻塞肺动脉口，易引起猝死。一般迅速进入心脏的空气量在60～100ml时即可导致心力衰竭。在分娩或流产时，由于子宫强烈收缩，将空气挤入破裂的子宫壁静脉窦而进入血液循环造成空气栓塞；人工气胸、人工气腹或输卵管通气治疗时，偶尔可将空气误导入静脉，引起空气栓塞。尸检时可见右心腔内有呈泡沫状的气体存在。此外，由于血管内气泡可激活血小板，使其释放5-HT促使血管收缩，血小板第3因子又促成该血管内血栓的形成，故光镜下可见一些器官内有血栓形成。在高压环境下，氧、二氧化碳和氮大量溶入血液，如减压过快，气体迅速逸出，在血管内形成气泡，亦可引起气体栓塞。这种情况常见于沉箱作业的工人。

（2）脂肪栓塞：当含黄骨髓的长骨发生骨折或脂肪组织遭受广泛严重挫伤时，脂肪细胞可因受损破裂，释放出的脂滴侵入破裂的血管而进入血液循环，造成脂肪栓塞（图11-21）。脂肪肝患者，当上腹部受暴力猛烈挤压或撞击时，肝细胞亦可受损破裂，其所含脂肪亦可进入血液循环，从而发生脂肪栓塞。对疑为脂肪栓塞的死者，尸检时应取肺、脑、心脏等组织，经冷冻切片后作脂肪染色，常用方法有苏丹Ⅲ、苏丹黑及猩红染色。常规HE染色不能证明脂肪栓子的存在。在脂肪栓塞时，栓子随静脉血流到右肺，直径大于20μm的栓子栓塞于肺组织内；直径小于20μm的栓子可通过肺泡壁毛细血管再经肺动脉和左心，引起全身器官的栓塞，尤其是脑栓塞。对于脂肪栓塞的组织，栓子量少者肉眼可无变化，仅在显微镜下查见脂肪栓子；栓子量多者肉眼可见肺水肿、肺出血和肺不张，脑水肿和血管周围点状出血。

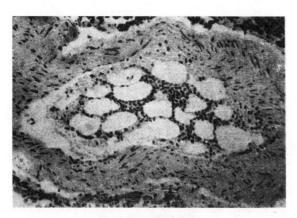

图 11-21　脂肪栓塞
肺动脉内骨髓栓子

烧伤、酗酒或糖尿病和慢性胰腺炎死亡者在尸检时，有时亦可发现有无症状的脂肪栓塞存在。这是由于血脂过高或精神激烈刺激、过度紧张使呈悬乳状态的血脂不能保持稳定而游离出来形成脂肪栓子，应注意鉴别。

（3）血栓栓塞：血栓在机化前由于纤维蛋白的溶解和自身收缩，可变松软、脱落形成血栓栓塞。血栓栓塞可分为肺动脉栓塞和体循环动脉栓塞两种。肺动脉栓塞，90%以上的栓子来自下肢深部静脉，特别是腘静脉、股静脉和髂静脉。肺栓塞的后果取决于栓子的体积大小和数量，一般栓子体积大者，引起肺动脉主干或大分支的栓塞。临床表现为气促、发绀、休克、急性呼吸循环衰竭死亡；栓子体积小者可无临床症状，但若栓子数量多，可引起肺动脉分支广泛栓塞而出现前述临床症状。体循环的动脉栓塞，栓子绝大多数来自左心的血栓，如亚急性细菌性心内膜炎时心瓣膜赘生物、二尖瓣狭窄时左心房附壁血栓、心肌梗死的附壁血栓等。动脉粥样硬化溃疡和主动脉瘤内膜表面的血栓亦可引起体循环动脉栓塞，动脉栓塞部位以下肢、脑、肾、脾为常见。如栓塞动脉局部缺乏有效的侧支循环时，局部器官组织可发生梗死。在法医病理学实践中，偶见暴力致血管损伤后血栓形成，之后血栓脱落引起肺或脑栓塞的案例。

（4）其他栓塞：受暴力作用而挫碎的组织和外源性异物亦可进入血液循环引起栓塞，在体内查见组织或异物栓子即可证明生前损伤。严重创伤时，组织碎片从损伤局部破裂的血管进入静脉血液循环，可引起肺动脉小分支的栓塞。文献中亦曾报道骨折后发生肺和脑的骨髓栓塞，以及心脏房间隔缺损手术后发生于大脑中动脉的心肌和脂肪组织栓塞。工伤事故后如金属碎屑进入血液循环可栓塞于器官组织内，枪伤后枪弹亦可从心脏进入肺动脉或主动脉而造成栓塞，曾有一例枪弹射入左心室后并未穿出，尸体解剖时发现枪弹已从主动脉流到髂动脉。

通过肉眼与显微镜检查确定组织栓塞一般并无困难。检查组织栓塞的同时，应检查组织内栓子来源部位的创伤性质。

4. 炎症反应　炎症是具有血管系统的活体组织对各种损伤因素所发生的防御反应。机械性暴力亦为损伤因子之一，一旦机体受损伤因素作用，炎症反应即开始发生。炎症反应的发生和发展有一定规律性，一般损伤后导致组织细胞变性坏死即有炎症介质的出现，之后逐渐出现血管扩张，血管通透性增加，血管内液体渗出，血管内白细胞渗出，同时出现细胞的增生。

机械性暴力作用于机体引起炎症反应的强弱不仅与暴力的性质和损伤的强度有关，亦与机体对损伤的敏感性有关，如幼儿和老年人由于免疫功能低下，损伤局部反应较弱，出现亦较迟。炎症反应的发生和发展取决于机械性暴力大小和机体反应性两方面的综合作用。

炎症的基本病理变化包括局部组织的变质、渗出和增生。在炎症过程中这些病变按一定顺序发生。一般在炎症的早期以变质和渗出为主，后期则以增生为主。另外，变质属于损伤过程，而渗出和增生则属于抗损伤过程。

（1）变质：变质指炎症局部组织发生的变性和坏死。当机械性暴力作用于机体后，因暴力的直接作用导致损伤，以及炎症过程中发生的血液循环障碍和炎症反应产物的共同作用，使局部组织变性坏死。变质既可发生于实质细胞，亦可发生于间质细胞。在实质细胞表现为细胞水肿、脂肪变性、凝固性或液化性坏死等；在间质细胞表现为黏液变性、纤维素样变性或坏死等。如心肌缺血性损害后 6 小时以上才能辨认心肌细胞坏死，在以后的 24 小时内梗死区域才逐渐清晰，并出现炎症反应带。

变质的发生及其程度与损伤的程度密切相关。损伤较轻时可无变质发生，严重损伤可使组织细胞结构完全破坏。在非致命性创伤的边缘区域，尽管仔细检查，有时既无形态学变化，亦无酶活性改变。故有时生前损伤亦可出现酶组织化学方法检查结果为阴性。如创缘明显脱水干燥时，酶组织化学方法检查结果亦可为阴性。

（2）渗出：渗出是炎症局部组织血管内的液体、蛋白质和血细胞通过血管壁进入细胞间质、体腔、体表或黏膜表面的过程。这种以血管反应为中心的渗出性病变是炎症的重要标志，在局部具有重要的防御作用，亦是法医病理学中生前伤诊断的重要依据。

炎症渗出是炎症介质如组胺（histamine）、5-羟色胺（5-hydroxytryptamine）、缓激肽（bradykinin）、白三烯（leukotriene）释放引起内皮细胞收缩、血管通透性升高，并引起白细胞趋化反应。这些炎症介质半衰期短，作用仅 15～30 分钟。之后 4～6 小时细胞因子如白细胞介素 I、肿瘤坏死因子、干扰素 γ 等使内皮细胞持续收缩，持续 24 小时以上。微血管壁通透性升高后，富含蛋白质的液体向血管外渗出导致血管内红细胞浓集和黏稠度增加，使血流停滞。随血流停滞的出现，微血管壁内的白细胞，主要为中性白细胞开始靠边，在细胞黏附分子如细胞间黏附分子 I（intercellular adhesion molecule 1，ICAM-1），血管黏附分子 1（vascular cell adhesion molecule 1，VCAM-1）作用下，白细胞与内皮细胞黏附,借阿米巴样运动游出血管进入组织间隙,在趋化因子如补体成分、白三烯、细胞因子等作用下游向坏死变性的细胞及细菌。

由于损伤局部液体的渗出,局部组织出现水肿。在损伤较轻时,水肿为损伤的唯一证据。在炎症的不同阶段,游出的白细胞也不同。伤后6~8小时中性白细胞首先游出,48小时后组织内则以单核细胞浸润为主。上述细胞的渗出,可因人体反应性的个体差异而有变化。

对于伤后即进入濒死期或立即死亡者的损伤,前述炎症反应不能充分表现,此时,生前伤的诊断较困难。

(3)增生:损伤局部在致炎因子、组织崩解产物或某些理化因子(如异物残留于组织内等)的刺激下,局部的巨噬细胞、内皮细胞和成纤维细胞增生。在某些情况下局部的上皮细胞或实质细胞也可增生,从而使损伤组织得以修复。

在机械性损伤中,一些体外异物如衣服碎片,粉尘颗粒等可被致伤物带入深部组织器官内,一些致伤物碎屑如金属、玻璃碎片等亦可残留于组织器官内,在这些异物周围可出现增生性反应,即异物肉芽肿,亦可作为生前伤的诊断指标。机械性损伤时偶见内源性异物反应,如外伤致脂肪坏死时,在坏死组织周围可出现增生性炎症。

5. 创伤愈合 当机体遭受外力作用,皮肤等组织出现离断或缺损后,机体对所形成的缺损将进行修补恢复,这一过程为创伤愈合。它包括了各种组织的再生、肉芽组织增生、瘢痕形成等复杂过程。修复后原组织的结构和功能可完全或部分恢复。局部组织缺损后,当炎症过程开始时愈合过程即开始,炎症渗出物对局部坏死的细胞、组织碎片进行处理,之后由损伤局部组织的健康细胞分裂增生填补组织缺损而完成愈合过程。创伤愈合受机体全身和损伤局部因素影响,亦与损伤严重程度有关。损伤程度轻者,愈合时间短;损伤重者,愈合时间长。

机体受暴力作用后,局部组织中部分血管破裂出血,未破裂的血管立即发生扩张充血,微血管通透性增加,大量含蛋白的液体渗出血管外,引起局部组织出现红肿;创口中的血液和渗出液中的纤维蛋白原很快凝固形成凝块,部分凝块表面干燥形成痂皮;6~8小时后出现中性粒细胞聚积于损伤局部组织中,此时以中性粒细胞浸润为主,受损组织细胞逐渐变性坏死,48小时后转为以巨噬细胞浸润为主。伤后2~3天,随着创口边缘成纤维细胞的增生,伤口边缘的整层皮肤和皮下组织也向创口中央移动,于是伤口逐渐缩小,直至14天左右停止。实验证明,有的伤口可缩小80%。但伤口缩小的程度受损伤部位、创口大小及形状的影响。

在创缘未受损伤的组织内成纤维细胞增生的同时,大约从第3天开始,毛细血管以出芽的方式从创口底部及边缘向创口中央生长,形成肉芽组织填平创口;毛细血管以每日延长0.1~0.6mm的速度增长。伤后第5~6天起,成纤维细胞产生胶原纤维,随着胶原纤维的增多,肉芽组织内毛细血管数及成纤维细胞逐渐减少,而形成瘢痕组织,大约在伤后1个月完全纤维化。

机体组织在显微镜下查见创伤愈合的过程,说明该组织生前一定时间曾遭受损伤。

(三)生前伤生物化学改变

暴力损伤后生存时间较长者,生前伤易于诊断。但是,如生前损伤后存活时间短者,前述损伤形态学的改变不明显,生前伤的诊断则难以确定。炎症为有生命的机体对暴力损伤的防御反应,一旦机体遭受损伤,炎症过程即开始启动。而炎症过程的发生又离不开炎症介质,故炎症介质于损伤局部有明显形态学改变之前出现,为目前法医病理学领域的研究热点之一。除炎症介质外,局部组织中各种酶的出现时间及其含量、凝血机制有关物质的分布及含量变化、细胞膜及细胞内物质的分子生物学改变在近些年来都已有人进行了研究并得到了有希望的成果。

1. 炎症介质的检测 炎症介质种类极多,主要包括两大类:①细胞释放的炎症介质:包括血管活性胺(组胺,5-羟色胺),花生四烯酸代谢产物(前列腺素、白三烯)、白细胞产物、细胞因子、血小板激活因子、P物质等;②体液中产生的炎症介质:主要为激肽、补体和凝血系统。这些炎症介质之间,其功能相互联系;同时这些炎症介质的释放或激活,以及释放或激活后被灭活或破坏均受生活机体的调节。使机体内炎症介质处于动态平衡。迄今，由于实验方法及条件的限制，在法医病理学领域中仅对少数炎症介质进行了动物实验研究，且研究结果尚不能直接应用于法医病理学检案。

（1）组胺测定：组胺主要存在于肥大细胞和嗜碱性粒细胞的颗粒中，也存在于血小板内。当生活机体遭受创伤或高温作用时，局部肥大细胞受刺激释放组胺。在人类，组胺可使细动脉扩张，细静脉内皮细胞收缩，使血管通透性增高，同时组胺对嗜酸性粒细胞有趋化作用。

自 1965 年 Fazekas 和 Viragos-kis 报告缢死者索沟中游离组胺含量增高以来，国内外许多学者对其进行了研究。用生物化学方法研究结果证实，生前损伤局部皮肤较其邻近对照皮肤中组胺含量增加，而死后损伤的皮肤中，组胺含量不增加。如损伤局部组胺含量增加 0.5 倍以上，有学者认为可确证该损伤系生前形成。测定组胺的含量，可证明生前伤。

（2）5- 羟色胺测定：在动物实验中，5- 羟色胺是由血小板释放，但在人类炎症中的作用尚不十分清楚。国内外法医学者用生化方法证实，损伤局部皮肤组织中 5- 羟色胺含量较其邻近对照皮肤明显升高，死后损伤皮肤不升高。一般认为，要确证一个损伤是生前形成的，其 5- 羟色胺含量至少需增加 1 倍。亦有学者用免疫组化方法对损伤局部皮肤组织中的 5- 羟色胺进行定性观察，证实生前损伤局部皮肤组织内有 5- 羟色胺存在，但死后短时间内形成的死后损伤，亦可查见 5- 羟色胺。目前免疫组化方法尚不能精确定量。由于该方法操作简便，不需昂贵仪器设备，易于推广，并可同时检测多种指标，极具应用前景。在检测 5- 羟色胺判断生前伤时应慎重。

（3）其他：除前述 5- 羟色胺、组胺和纤维蛋白等炎症介质外，有学者还对损伤局部白三烯、血栓素、白介素等炎症介质以及白蛋白、多种酶、糖和核糖核酸等的含量进行了研究，均获有意义的结果，其含量在损伤局部组织中均升高。但迄今主要做了动物实验，人体的材料尚不丰富，有待作更多的观察，单就某一指标尚难以准确推断生前伤。

2. 细胞因子的检测　细胞因子是由造血系统、免疫系统或者炎症反应中的活化细胞产生，能调节细胞分化增殖和诱导细胞发挥功能，属于高活性多功能的多肽、蛋白质或糖蛋白。目前发现的细胞因子有数十种，与法医学关系密切者主要是炎症反应中的活化细胞产生的细胞因子，一般归类于炎症介质类别中。

细胞因子的检测方法包括用生物活性检测法（bioassay）检测细胞因子的生物学活性，用免疫学检测法（immunoassay）检测细胞因子抗原特性，以及细胞因子分子生物学方法检测细胞因子基因或细胞因子 mRNA 的表达。细胞因子的释放是机体遭受创伤后的必然过程，故检测细胞因子有助于生前伤的诊断及损伤时间的推测。

3. 组织形态学检测　随着组织化学、免疫组织化学和电镜技术的不断发展，研究者们开始应用损伤局部的组织形态学变化来判断生前伤和死后伤，研究较多的有纤维蛋白检测和纤维连接蛋白检测。

（1）纤维蛋白和纤维蛋白形成能力的检测：在暴力作用的局部，血管受损时可启动凝血系统，凝血酶被激活，使纤维蛋白原转变为纤维蛋白单体，再聚合成纤维蛋白多聚体，所以生前伤的局部有形成纤维蛋白的能力。用 Martius 猩红蓝（MSB）染色可使纤维蛋白染呈红色。在扫描电镜下观察，发现纤维蛋白在生前伤后 5～10 秒钟即开始形成，随着生存时间的延长，纤维蛋白形成网状。用免疫组化染色发现纤维蛋白主要分布于创缘及创缘邻近的皮肤附件周围。且纤维蛋白即使经水浸泡或尸体腐败，亦可保存一段时间，故纤维蛋白不失为生前伤诊断的指标之一。研究证实，生前损伤局部有纤维蛋白形成，但死后一段时间内的损伤亦有形成纤维蛋白的能力。且死后损伤形成的纤维蛋白在分布、形态及数量上与生前损伤形成的纤维蛋白无明显差异。在生前伤诊断时应结合其他指标综合评定。

（2）纤维连接蛋白的检测：纤维连接蛋白是一种大分子糖蛋白，广泛存在于血浆及组织中。根据其性质不同，可分为血浆纤维连接蛋白和组织纤维连接蛋白。这两种纤维连接蛋白的抗原性相同。血浆纤维连接蛋白的合成部位尚不清楚，主要功能为调理作用。当机体内缺乏血浆纤维连接蛋白时，网状内皮系统清除细菌和其他颗粒的能力明显减弱。组织纤维连接蛋白广泛存在于基底膜、血管壁、间质细胞和平滑肌细胞中，为结缔组织基质的重要成分。组织纤维连接蛋白来源于网状内皮细胞，培养的成纤维细胞、角质细胞及平滑肌细胞也产生纤维连接蛋白。实验研究证明，在人体损伤早期纤维连接蛋白因消耗大于生成，导致血浆纤维连接蛋白明显下降，而损伤局部组织中纤维连接蛋白逐渐增多，在创伤愈合中起主导作用。有学者用免疫组化方法证实，只要人体生前受暴力作用，损伤局部组织中纤维连接蛋白的量即会增多。对于不同类型的损伤，在损伤局部纤维连接蛋白阳性染色的宽度、深度并不一致。一般创伤越重，损伤局部组织中纤维连接蛋白阳性反应越强，反之，阳性反应越弱。用免疫组化方法检测损伤局部纤维连接蛋白的变化可作为生前伤诊断指标之一。

（四）全身生活反应

1. 血液生物化学指标的检测　外伤后除损伤局部有前述生活反应外，亦有全身性生物化学改变，如外伤后激素水平的变化、血浆急性时相蛋白的变化等，检测这些生物化学改变可帮助确定生前机体曾遭受损伤。局部的生活反应有时受许多因素的干扰而形态学表现不明显，因此寻求更为灵敏的生活反应指标是法医学重要的研究方向之一。血生物化学指标相对较多，在外伤后出现早，且多数灵敏度高，可以作为传统的局部反应的补充。由于血生化指标为整个机体对局部损伤的反应，只能确定机体生前是否曾遭受损伤，而不能确定机体何处受伤以及损伤性质。当同一机体遭受多个损伤，需确定各损伤形成的先后次序；或同一机体上同时有生前和死后损伤，需确定何者为生前伤、何者为死后伤时，血生物化学指标测定就无法发挥作用了。

2. 损伤后全身组织的反应　机体遭受暴力作用后，除损伤局部组织细胞反应外，全身多器官组织亦会发生相应反应，即是机体对局部损伤的全身反应，甚至可以影响远离受伤部位的多个器官出现严重病理生理学变化，如，全身性炎症反应综合征（systemic inflammatory response syndrome，SIRS）。检测损伤后全身多器官组织对损伤的反应，对生前伤的诊断亦有重要价值。如颅脑损伤后肺组织出现神经源性肺水肿改变等。目前法医病理学领域对此研究较少。

（五）濒死伤的诊断

濒死伤指死亡前短时间内形成的损伤。由于损伤后生存时间极短，生活反应可极不明显，更难发现有诊断价值的形态学改变。检测损伤局部炎症介质有一定价值。Berg 和 Bonte 曾应用生物化学的检测方法，比较了濒死伤标本中 5- 羟色胺和组胺的含量变化，认为 5- 羟色胺含量明显增加，而组胺含量轻微增加，系濒死伤的特征。在死前 5～15 分钟形成的创口和其他损伤中，组胺比 5- 羟色胺的增加更明显。Raekallio 等研究认为，组胺含量增加的高峰出现在伤后 20～30 分钟，5- 羟色胺含量增加的高峰出现较早，在伤后 10 分钟即达高峰，在伤后 40 分钟及 2 小时还有两次峰值出现。尽管如此，迄今濒死伤尚很难与死后短时间内形成的死后伤相区别。尚待做更多的研究才能有充分的依据。

二、伤后存活时间的估计

伤后存活时间的估计，同样是根据损伤局部和全身的生活反应进行估计。测定损伤局部的几种炎症介质的含量改变，可用于估计伤后存活 1 小时以内者；检测损伤局部一些酶的活性改变，可用于估计存活 1 小时以上者，根据损伤局部病理组织学改变，可用于伤后存活 8～10 小时或以上者。虽然炎症介质等化学物质的检查和酶活性变化检查对于估计伤后存活时间有重要价值，但这些方法至今尚不成熟。

伤后存活时间的估计目前文献报道虽较多，但多为动物实验结果。动物越低等、越小，对创伤的反应较人类越快，因此这些动物实验结果不能直接应用于人类。迄今，尚不能准确估计伤后存活时间。以下方法可提供参考。

（一）根据组织学改变估计

皮肤等组织遭受暴力作用出现缺损后，机体对该缺损进行修复的过程即为创伤愈合（wound healing）。在时间的顺序方面，各种组织的再生和肉芽组织增生、瘢痕形成等，皆有一定的规律性，故根据创伤愈合过程亦可帮助估计伤后存活时间。

1. 伤后存活 4 小时以内　损伤局部的炎症反应尚不明显，显微镜下的形态学变化除充血、水肿外，无其他具有诊断价值的指标。故在这段时间内不能从组织学上估计损伤后存活的时间。

2. 伤后存活 4～12 小时　可以明确观察到白细胞浸润，以中性粒细胞为主，亦可见少量单核细胞。中性粒细胞与单核细胞之比约为 5:1。局部组织水肿，并可见损伤局部血管内皮肿胀。在较小的皮肤创口，表皮基底层细胞开始再生。

3. 伤后存活 12～24 小时　白细胞形成聚集带使创伤区域明显可辨。紧邻创腔组织逐渐变性坏死，为损伤中央带；其外周围以炎症细胞浸润带，为损伤外周带。外周带中巨噬细胞和单核细胞数量明显增多，中性粒细胞与单核细胞之比约为 0.4:1。损伤区巨噬细胞出现及背景嗜碱性染色增强，说明坏死组织开始被清除。伤后 15 小时左右，成纤维细胞可见有丝分裂，表皮开始自创缘向中央移行。

4. 伤后存活 24～72 小时　在伤后 48 小时白细胞浸润达高峰。在 72 小时纤维细胞开始大量出现以修复缺损的组织，毛细血管出芽逐渐形成肉芽组织。24～48 小时，表皮开始自创口边缘逐渐向中央移行。

5. 伤后存活 3～6 天　胶原纤维开始形成，在坏死物和异物周围可能出现巨细胞。皮肤表皮增生活跃，在动物皮肤创口两侧每天约生长 200μm。损伤局部组织出血区内含铁血黄素等可被染色（有时 48 小时可见到含铁血黄素）。

6. 伤后存活 10～15 天　胶原纤维形成由活跃逐渐减慢，毛细血管数量逐渐减少，细胞数量减少，特别是中性粒细胞。表皮变薄变扁平，但在以后几周内仍无乳头层形成。弹力纤维缺乏，较邻近未受损组织少。随存活时间的延长，创伤愈合过程继续进行。创口如无感染，炎症反应将消失，胶原纤维及弹力纤维增生，真皮乳头层逐渐重新出现。

（二）根据酶组织化学改变和生物化学方法估计

伤后 8～10 小时以后，受伤组织出现明显白细胞浸润，这是鉴别生前伤和死后伤最可靠的组织学指标。在伤后 8～10 小时以内，人体损伤无明显的白细胞带形成。法医病理检案中，受害人伤后存活时间往往短于 8～10 小时，故此指标难以满足法医病理检验的需要。

许多学者指出，功能的改变总是先于形态学的变化，并经常与酶和其他化学物质相关联。检测能引起组织学改变的酶的变化，比直接观察组织学改变能更早提供生前损伤信息。对于在损伤后炎症反应中起重要作用的酶，可用酶组织化学染色方法得以证明，从而为伤后存活时间的估计提供依据。

Raekallio 等对损伤局部酶活性的变化进行了大量研究。认为在生前创口周围有两个区带，紧靠创缘附近为中央带，宽 200～500μm，该区内酶活性进行性减弱。伤后只需经过 1～4 小时，用酶组化方法即可证明。此为损伤局部组织临近坏死的先兆，而用常规的组织学方法，要在伤后 8～32 小时才能观察到创口中央区的进行性坏死。该中央带组织生活能力的减弱，与损伤的机械性伤害、局部血管损伤导致血液供给减少及感染有关。在损伤中央带的周围，有一外周带，宽 100～200μm，该区内酶活性增高。酶活性的增高不仅指酶的激活，亦包括酶含量的增加。

在损伤外周带，早在损伤后 1 小时就可发现腺苷三磷酸酶和脂酶活性增高，2 小时可见氨基肽酶活性增高，4 小时可见酸性磷酸酶活性增高，8 小时可见碱性磷酸酶活性增高，同时可见中性粒细胞浸润。

与前述组织学改变相比，酶组织化学方法能使人们更早地区别组织对损伤的反应。在法医病理学检验中，酶组化方法可用于推断创伤经过的大致时间，特别是对死前 1～12 小时的损伤，因而酶组化方法是组织学改变观察的十分有用的补充手段，但组织学改变的观察仍是损伤的法医鉴定中不可缺少的方法。

（三）炎症介质的生化方法检测

如前所述，对于伤后存活 1 小时以上者的损伤，可根据酶活性及组织学改变估计损伤时间。对于伤后存活 1 小时以内者，损伤时间的推断仍较困难。

由于损伤局部主要表现为炎症反应过程，而炎症介质又是炎症反应不可或缺的化学物质。它出现于伤后的最早阶段。国内外法医学者对部分炎症介质进行了研究。由于许多炎症介质如 5- 羟色胺、纤维蛋白、纤维连接蛋白等不仅出现于生前损伤，在死后短时间内形成的损伤亦可出现。故单凭某一项指标即作出损伤时间的推断较为困难，应同时使用几种不同的方法和指标综合评定。

（四）几种常见损伤的伤后存活时间估计

由于损伤类型多种多样，不同种类的损伤，机体反应性有差异；另外，机体不同组织在损伤后的反应亦不同。现对一些不同类型的损伤伤后变化的规律简述于下。

1. 擦伤　擦伤后未超过 2 小时者，见损伤区低于周围皮肤，局部有液体渗出，故较湿润；伤后 3～6 小时，真皮毛细血管扩张，损伤表面渗出的液体开始干燥。伤后 12～24 小时逐渐形成痂皮。24 小时后，损伤边缘的上皮细胞体积增大，并形成明显的胞浆突起，上皮细胞在痂皮下从周边逐渐向中央生长。3 天左右，痂皮从边缘开始剥离。如伤口不大，则 5～7 天可完全脱落。在儿童，较小的擦伤，3 天即可被新生的上皮完全覆盖。

2. 挫伤　损伤时进入组织间隙的血液经 1～3 天，全部氧合血红蛋白变为还原血红蛋白和正铁血红素；3～6 天转变为含铁血黄素及胆红素或橙色血晶。6～9 天胆红素逐渐被氧化成胆绿素，而逐渐被吸收。含铁血黄素可在局部组织内停留一段时间，或被吞噬细胞运至造血器官。由于伤后血红蛋白经历前述变化，使受伤皮肤及皮下组织出现相应的颜色，随时间的延长逐渐由暗紫（或紫褐）色变为绿色、黄色。颜色的深浅取决于出血部位的深浅和出血范围的大小。

如组织挫碎不严重，炎症反应不明显，出血区内红、白细胞比例与血液中相同。吞噬细胞中含铁血黄素最早可在 24 小时出现，但多数要到 48～72 小时才出现。

3. 硬膜下血肿　颅脑外伤的案例常要求法医病理学者判断其发生的过程和时间。硬膜下血肿周围机化过程有一定的时间顺序。硬膜下出血后 24 小时内，红细胞形状完整，血肿周围有纤维蛋白网形成。约 36 小时后可见硬脑膜与血凝块之间有成纤维细胞出现。第 4 日，可见二者间有一由 2～3 层细胞形成的新生膜。此时红细胞的外形渐变模糊。第 5～8 日，新生膜越来越明显，至第 8 日时，膜的厚度达到 12～14 层成纤维细胞，肉眼已可见新生膜。红细胞开始液化。第 5 日后可见到有含铁血黄素的巨噬细胞。第 11 日，可见血块被许多从新生膜伸入的成纤维细胞条索分割成小岛。在血肿的蛛网膜侧，新生膜的形成比较缓慢，约一周才出现单层扁平细胞，2 周才开始有成纤维细胞层出现，而此时血肿外侧的新生膜已达硬脑膜的 1/3～1/2 厚度。至第 26 日，外侧新生膜可与硬脑膜一样厚，而内侧新生膜则仅有其一半厚度。从 1～3 个月，红细胞几乎全部液化，新生膜中细胞核越来越少，胶原纤维日渐发生透明变性，使新生膜变得很像硬脑膜，但在新生的结缔组织内有一些腔大而壁薄的血窦样结构。前述的时间改变不是绝对的，在不同年龄、不同健康状况的人有较大的变异。

4. 骨折　骨和软骨的骨折相当常见。近年来为检查虐待儿童综合征，骨损伤的组织学检查显得十分重要。为了排除骨损伤是由原有自然疾病所引起的可能性，必须作显微镜检查。

骨折的愈合与身体其他部位损伤的愈合基本相似。骨折时在骨膜撕裂和骨折处发生出血，有纤维蛋白网形成，形成的血肿通常位于骨折周围，而不在两断端之间。损伤 4 小时后，渗出物中逐渐出现中性粒细胞，12 小时之后有单核细胞出现。伤后 1～2 天，用常规切片染色，可见骨折线周围组织坏死。伤后 4 天一般可见成骨性肉芽组织生成。骨外膜有核分裂相，并出现新生的毛细血管及单核细胞。至第 7 天，可见大量发育良好的成纤维细胞。此时，骨外膜常有成骨细胞的增生，特别是在位于远离骨折线 200～500μm 的外周区内。到第 10 天，形成一个细胞套，其中含有成骨细胞。一周内，在血管周围可见不规则和相互交织的由骨外膜细胞、骨内膜细胞及骨髓网状细胞组成的小片新生骨生成。有大量类似成纤维细胞的梭形细胞。这些骨片生成表示暂时性修复，与在 30 天左右形成的一期骨痂联合相符。经 2～4 周后，进入机化期或改建期，新生骨片的骨小梁逐渐被吸收而由骨板所取代。骨板呈平行片状，其走向与骨的受力线相一致。这个向成熟板层骨硬化的阶段可长达 1 年。

5．血栓及栓塞　在法医学实践中，鉴定血栓形成的时间有重要意义。利用血栓机化可鉴定血栓形成的时间。伤后1～3天，血管内皮与血栓间无反应。白细胞、纤维素与血小板无形态变化，红细胞紧挤于血管中心，周围则较疏松；伤后3～8天，成纤维细胞长入血栓内，毛细血管出芽，血栓的游离面被内皮细胞覆盖。血栓中心发生玻璃样变性，血栓中的白细胞核浓缩，单核细胞肿胀，核增大、透亮。由于血栓收缩，除血栓头部外，血栓与血管壁之间出现裂隙，其中可见松散聚集的红细胞；伤后4～20天，血栓内嗜银纤维和胶原纤维增生，出现多数毛细血管，在玻璃样变的血栓中可见白细胞核碎片的阴影。在第8～17天后，单核细胞肿胀消退；伤后2～4个月，在完全玻璃样变的血栓中，除结缔组织细胞成分外，尚见孤立的毛细血管、嗜银纤维、胶原纤维及弹力纤维，偶见成簇的胆固醇结晶裂隙。在血栓中央扩张的血管腔有新鲜血液流入；伤后6～12个月，血栓中出现较大血管，完全再通。在这些血管腔内，有致密的、富于纤维的及缺少细胞的结缔组织，无血栓残留。

在法医学鉴定时，可取血栓并尽可能包括血管壁在内制作病理切片进行组织学观察。一般取5～6个连续的组织块作HE、Van Gieson及铁染色，观察血栓变化及含铁血黄素在肉芽组织及血管壁内沉着情况。

第三节　机械性损伤的死亡原因

机械性损伤是暴力性死亡最常见的死亡原因，在法医病理学鉴定中占有非常重要的地位。个体遭受机械性损伤后死亡，既可能涉及刑事犯罪，也可能属于民事诉讼案件。机械性损伤本身或者并发症可直接引起人体死亡，亦可与其他因素合并，共同导致人体死亡。准确分析和判断机械性损伤在人体死亡中的作用对于分析死亡方式、确定案件性质起到决定性的作用。有些案件中，遭受机械性损伤个体的死亡原因相对容易确定，但在有些情况下，机械性损伤与死亡之间的关系非常复杂，必须结合现场勘验、案情调查、病历资料等综合分析方可确定。

一、机械性损伤的常见致死原因

机械性损伤的死亡原因（cause of death）可分为原发性与继发性两大类。原发性死因（primary cause of death）是指机械性损伤直接致命，伤后死亡迅速发生，无其他因素参与死亡进程。继发性死因（secondary cause of death）是指机械性损伤未直接致命，但在损伤的进展过程中引起其他并发症的发生，或者继发其他致命的损伤或疾病。继发性死因的掺杂因素复杂多样，分析和判断更为困难。

（一）原发性外伤死因

原发性外伤死亡指机械性损伤直接导致个体死亡，无任何其他因素参与死亡进程。此类机械性损伤大多严重，为致命损伤，死亡原因的确定相对比较容易。

1．生命重要器官的严重损伤　此类损伤常表现为脑、心、肺、肝、肾等生命重要器官的破裂或粉碎，通常是一种毁损性损伤，可导致个体立即死亡。如高处坠落时的头部着地导致全颅崩裂、脑碎裂迸溅，车辆碾压导致心脏破裂、主动脉离断等复合伤。此类损伤严重，为绝对致命伤，伤后机体迅速死亡，机械性损伤部位的出血等生前伤的征象多不明显，需要仔细检查和甄别，以确定致命伤为生前遭受，不是死后毁损尸体所致。

生命中枢所在部位的损伤，即使损伤出血范围不大，亦能使机体的呼吸、循环机能迅速停止而导致机体死亡的严重后果。如脑干挫伤、出血累及调节心血管运动、呼吸等重要生理活动的反射中枢，引起心搏、血压的严重障碍，危及生命。

2．出血　机械性损伤发生后，机体短期大量血液流失可导致死亡。正常人全身血量平均约为75ml/kg，大出血是指急性出血达全身血量的30%以上，其后果主要取决于出血量及出血的速度。大出血见于心脏、动脉或富含血管的器官的严重创伤。

出血是指心脏破裂或血管断裂，血液进入组织间隙、体腔或者流至体外。其中，心血管系统内的血液流出，进入组织间隙或体腔内，称内出血；流出体外，称外出血。心血管系统完整性的破坏可由机械性外力作用导致，也可以是炎症或者肿瘤侵蚀破坏导致。此外，凝血功能障碍及血管壁结构异常（药物、毒物、免疫复合物等作用）也可导致自发性出血。

机械性损伤出血部位与后果关系密切。心包腔积血200～250ml即可发生心脏压塞，压迫心脏致死，缓慢出血的情形下，死者心包腔内积血甚至可达450ml。颅内出血100～150ml甚至更少量，便可使颅内压增高而死亡；在脑干的生命中枢，少量出血也可导致死亡。

机械性损伤后发生出血，必须评估出血量与原发损伤所造成的心血管系统完整性破坏的严重程度是否相符。如果发现出血量与损伤严重程度、损伤累及器官明显不相称时，应考虑死者凝血系统是否有功能障碍，如血液病或严重肝硬化的患者，受到轻微损伤就可发生威胁生命的严重出血。有时机体遭受严重机械性损伤，尸体解剖检验时损伤局部组织及体腔内出血量不大，需要考虑是否存在外出血的情形，现场、衣物等物证材料的血迹可粗略反映外出血量。有些情况下，原发性损伤导致心血管系统完整性破坏严重，但出血量不大。在某些机械性损伤造成动脉离断的案例中，离断血管弹性回缩，血管壁内收，可封闭血管残端创口，减少出血量。如果动脉部分断裂，因为动脉不能回缩止血，更易发生大出血。例如火车碾轧造成肢体截断者可以无明显出血，因为碾压肢体时动脉壁回缩，有效地封闭损伤血管。

外伤性大出血死亡者，尸体解剖检验除可发现严重机械性损伤外，尚可发现多种失血的征象，如皮肤及黏膜苍白、尸斑色泽浅淡、内脏器官贫血、脾脏包膜皱缩、心脏及大血管腔内空虚、左心室心内膜下可见细条状出血斑等。个别大失血者，如生前接受临床输血、输液等救治措施，失血征象可能不明显。

3. 外伤性神经源性休克　是指体表或内脏的外周传入神经受到强烈的机械性刺激，引起交感或副交感神经反射功能异常，导致生命重要器官微循环障碍乃至死亡。如颈动脉窦、上腹部、外阴、精索等神经末梢丰富的部位受到打击所引起的原发性休克或死亡。交感神经反射性反应增强可致血压急剧升高，心律失常，甚至心室纤颤死亡；副交感神经过度兴奋可致血压骤降、晕厥、心动过缓乃至心脏停搏死亡。尸体检验时，必须详细检查损伤部位，了解案情或重建致伤经过，并分析损伤的发生、发展，结合死亡经过，排除其他死因，才能判定外伤性神经源性休克致死。

（二）外伤后继发性死因

继发性死因是指在机械性损伤的进展过程中，继发其他外伤并发症或其他损伤、疾病。继发性死因的分析和判断有时不仅是单纯的医学问题，甚至需要考虑行为人法律责任的认定。此处简单介绍作为机械性损伤继发性死因的并发症，损伤进程中继发疾病在损伤与疾病的关系中介绍。

机械性损伤的并发症是指损伤发展进程中，由损伤引起的其他病理改变及病理生理过程。此种情况下，外伤为根本死因，并发症为直接死因，并发症的发生与外伤有直接因果关系。常见的机械性损伤并发症有以下几种。

1. 窒息　窒息指损伤导致呼吸及气体交换障碍，影响氧气到达组织而危及生命的情形。例如口鼻部损伤、颅底骨折或颈部切创时，血液被吸入气管阻塞呼吸道引起窒息；颈部软组织广泛损伤，引起喉头血肿，均可因通气受阻引起窒息。胸廓塌陷、肋间肌或膈肌运动受阻也可引起限制性通气障碍而致窒息。机械性窒息的病理生理变化详见第十三章第一节。

2. 栓塞　机械性损伤病程中，循环血液中出现的栓子类型有脂肪、空气、血栓、组织碎屑或其他异物。不同栓子的形成原因和致死机制有差别：①外伤性脂肪栓塞的栓子多来自骨折及脂肪组织挫碎；有时脂肪肝遭到损伤，肝细胞内的脂滴自破碎的肝细胞内游离，继而自破裂的静脉断端入血。脂肪栓子可阻塞肺动脉分支的血管腔，并可进一步通过肺毛细血管或房室间隔缺损进入大循环，引起肺外器官特别是脑的脂肪栓塞。脂肪栓塞累及脑干者可致死。②静脉管壁破裂（如颈静脉或锁骨下静脉损伤）也可导致空气进入体循环静脉系统，形成空气栓塞。较大量的空气快速进入体循环静脉系统，空气充塞于右侧心腔并与血液混合形成泡沫，右心泵血功能失调致死。③下肢或骨盆的机械性损伤，在挫伤的肌肉或骨折处的血管内皮受损，卧床使血液凝固倾向增高，易形成静脉血栓。活动肢体或者用力排便等情况下，血栓脱落，可引起肺动脉血栓栓塞而死亡。关于机械性损伤并发栓塞详见第十二章第三节。

> **案例11-3** ▶
>
> 死者男性，被人砍伤左下肢。伤后到医院就诊并接受清创缝合治疗，术后卧床。伤后第6天创口愈合，在试图下地行走时突然死亡。尸体解剖见左下肢砍切创处的静脉内有混合血栓形成，两侧肺动脉内发现血栓栓塞。分析认为左下肢暴力作用损伤局部静脉血管内皮，局部血栓形成，活动肢体时栓子脱落，随血流经右心腔至肺动脉，阻塞肺动脉血流。其根本死因为左下肢砍切创，直接死因为外伤并发左下肢损伤静脉血栓形成，栓子脱落肺动脉栓塞。

3. 继发性休克　由于机体遭受暴力作用后，发生了重要脏器损伤、严重出血等情况，使患者有效循环血量锐减，微循环灌注不足；以及创伤后的剧烈疼痛、恐惧等多种因素综合形成的机体代偿失调的综合征。机械性损伤继发休克的严重程度取决于两点：其一是遭受创伤的器官种类及创伤的严重性，其二是患者是否及时得到正确的救治。继发性休克的微循环障碍可累及多器官，但各器官损伤严重程度有所不同，通常以肺、肾、脑受累较著。关于机械性损伤并发休克详见第十二章第二节。

4. 感染　感染是机械性损伤最常见的并发症。机械性损伤后并发感染可以表现为损伤局部的感染，也可以在其他器官出现感染病灶。常见的机械性损伤并发感染的原因如下。

（1）损伤直接引起感染：如腹部损伤使胃肠道破裂，继发腹膜炎；开放性颅脑损伤引起脑膜炎或脑脓肿；胸部损伤引起胸膜炎、肺脓肿；皮肤损伤引起蜂窝织炎、脓肿甚至破伤风或气性坏疽等。

（2）损伤致局部抵抗力降低，继发感染：例如闭合性骨折后在骨折周围形成感染；头部闭合性损伤（如颅骨骨折）后发生化脓性脑膜炎或脑脓肿；肝、肾、脾等器官闭合性损伤后发生脓肿等。这些感染可能与局部毛细血管通透性增高，细菌易于通过有关；同时由于局部组织坏死、出血适宜细菌生长。据 Moritz 等研究，这种感染与损伤的程度并不直接相关。因此，要确定损伤与感染的关系是很困难的。另外，还要考虑伤者原有的机体状况，如是否有糖尿病、慢性酒精中毒、结核病，或本身有感染性病灶，如慢性化脓性鼻旁窦炎或中耳炎等。

（3）损伤后全身抵抗力降低：例如创伤应激后机体抵抗力下降，截瘫患者长期卧床，大小便失控，易发生坠积性肺炎、肾盂肾炎、压疮等。

（4）伤口处理不当发生感染：例如用带菌的脏布包扎创口，或开放性骨折未经彻底清创，均可并发感染。

机体不同的部位、组织对感染的易感性不同。头皮、颜面对创伤感染的抵抗力较强；而关节腔、浆膜腔创伤常发生严重感染。创伤还可使机体原有的感染灶扩散、加重，如皮肤疖肿遭到挫伤后可致广泛的蜂窝织炎；胸部损伤后可使活动性结核病灶迅速扩散；腹部遭受打击可使肝脓肿穿破，引起腹膜炎等。

损伤后因感染而死亡者，在法医学鉴定时不仅要分析死因与损伤的关系，还要分析感染后治疗是否正确、及时，以及受伤者本身的机体状况等及其在死亡中的作用，要进行综合分析，作出结论。

二、损伤、疾病与死亡的关系

本节所指的疾病是指受害者伤前已存在的自然疾病或在受伤后发生的自然疾病。机械性损伤导致机体死亡的案例中，有相当一部分案例机体同时存在一些疾病，准确评价损伤、疾病与死亡的关系，对于案件涉及的刑事责任的判定，以及涉及工伤事故、交通事故、人身保险、医疗纠纷、劳保赔偿等问题的合理解决均具有重要的作用。要正确评价损伤、疾病与死亡的相互关系，不仅要充分掌握有关案情、现场材料和诊治病历，还有赖于全面细致的尸体检验并对所有材料进行正确合理的辨证分析，即依照不同情况，具体分析损伤与疾病的关系。近年来，损伤与疾病的问题已受到国内外法医病理学界的密切关注，成为讨论和研究的热点之一。

在法医病理实践中，损伤、疾病和死亡之间的关系十分复杂，因此，在确定这三者的关系时，不但要有扎实的病理学基础，同时又要仔细辨别，切忌草率。损伤、疾病与死亡关系鉴定的目的是判明在死亡过程中，损伤与疾病有无相关？二者在死亡进程中的作用如何？损伤与疾病在机体死亡中的作用通常有以下几种情形。

（一）死亡系机械性损伤所致，与疾病无关

脑、心、肺等生命器官遭到致命性损伤。死者虽患某种疾病，但疾病并不参与构成死因，这类损伤称为致命伤。致命伤又可分为绝对致命伤和条件致命伤两类。

1. 绝对致命伤（absolutely fatal trauma）　无论在任何条件下，也无论对任何人，都毫无例外足以致死的损伤。例如头部离断、颅腔或胸腹腔爆裂、躯干离断、心脏及大血管破裂和脑干挫碎等。有时，单一损伤不一定致死，但数个损伤联合构成绝对致命伤。例如单一肢体断离或单一脾破裂并非绝对致命伤，但多处肢体断离合并多个内脏器官破裂，则可致命。

2. 条件致命伤（conditional fatal trauma）　只有在某种条件下才能致命的损伤。其中又分为：①个体致命伤：损伤发生在有特殊内在条件的个体，导致机体死亡，在其他个体则不会导致机体死亡，例如受伤者的年龄特点（儿童或高龄老人）、畸形、酒精中毒等状况；②偶然致命伤：由于某些外在条件，损害危及个体生命，成为致命伤，例如损伤后得不到及时的救治，或由于治疗措施不当等。个体条件和偶然条件有时并存，加重损伤的严重程度，导致机体死亡。

（二）死亡系疾病引起，与机械性损伤无关

对有明显病史反映死者病情严重，且死后尸体解剖检验发现严重器质性病变的，其因疾病而死亡的，其死亡性质一般不会引起争议。有时机体的器质性病变在尸体解剖检验时肉眼观察无明显可辨的病理形态学改变，必须进行组织病理学检查和有关实验室检查，方能明确诊断。

常见的致命性疾病有严重冠状动脉粥样硬化及其并发症（心肌梗死、心室壁瘤穿破）、高血压心脏病、病毒性心肌炎、原发性心肌病、脑出血、颅内肿瘤等，这些病可单独直接导致机体死亡。

有些案例尸体上检见的机械性损伤，可能是施行胸外心脏按压、按压眼眶、人中、合谷穴等抢救措施时形成的人为损伤，通常称为医源性损伤。胸外心脏按压操作可致胸部多发性肋骨骨折、胸骨骨折，甚至心脏挫伤，应注意与非医源性机械性损伤进行鉴别。当然，如果判断机械性损伤为死后伤，则与死亡明显无关。

案例11-4 ▶

某人驾驶小汽车时突然意识丧失，汽车与大树相撞，驾驶员送医院就诊时已死亡。其体表与尸体解剖检验发现左下肢软组织15.0cm×10.0cm挫伤，同时发现严重冠状动脉粥样硬化和陈旧性心肌梗死灶。上述冠状动脉粥样硬化性心脏病严重，可导致机体快速死亡，左下肢软组织挫伤损伤轻微，对冠心病致死无促进或加重作用。

（三）损伤与疾病并存，共同作用致死

损伤与疾病并存，二者之间没有因果关系，但共同作用导致机体死亡，可以是损伤起主要作用、疾病起次要作用，或者疾病起主要作用、损伤起次要作用。有时两者的作用大小均等，难以分清主次。

1. 损伤起主要作用，疾病起次要作用　损伤属于条件致命伤，一般不至于直接致命。疾病常为慢性病，基础疾病本身未达到可以致死的程度，但可加重机械性损伤及其并发症并最终造成伤者死亡。

案例11-5 ▶

　　某男，46岁，与他人发生纠纷过程中被人用直径约8.0cm的竹竿击打腰部，伤后3小时发现死亡。尸体检验发现死者左季肋部9.0cm×7.0cm皮下组织出血，左侧第8、9、10肋骨腋段骨折，第10、11肋后段骨折。脾脏重311g，体积略增大，色苍白，膈面见一处3.0cm×1.5cm包膜下出血，脏面见星芒状不规则破裂口，深达实质，伴局部凝血块附着。腹腔见积血及暗红色凝血块约2800ml。同时发现死者慢性肝炎、肝硬化伴门脉高压症，其食管下段静脉曲张、胃底静脉曲张，瘀血性脾大。死者脾脏体表投影区域存在下胸壁软组织挫伤，3支肋骨骨折，同时伴有左侧第10、11肋后段骨折，说明左侧胸腹部所受作用力较大，可以导致外伤性脾脏破裂，外伤为脾破裂出血的主要原因。尸体解剖发现死者有慢性肝炎、肝硬化伴门脉高压症、瘀血性脾大，脾脏脆性增加，其脾脏基础病变对脾破裂出血起辅助作用，为次要原因。

2. 疾病起主要作用，损伤起次要作用　存在的疾病病情较严重，有潜在致死的可能；所受的机械性损伤程度较轻，单独发生不能直接引起机体死亡。伤前既有的基础疾病在死亡过程中起着主要作用，机械性损伤所造成的组织结构的破坏和功能障碍在死亡过程中起到次要作用。

案例11-6 ▶

　　某男，29岁，患急性粒细胞白血病3年。被人用棍棒击伤左额顶部后倒地昏迷，经医院CT检查，发现左额叶巨大脑内血肿，脑疝形成，准备行开颅手术时死亡。死后尸体解剖发现左额顶部头皮出血，颅骨线形骨折，尸体剖验可见左额叶脑白质区巨大血肿，该侧海马回疝形成，脾脏Ⅲ度肿大。组织学检查发现脑内血肿区大量白血病细胞浸润，小血管周围可见白血病细胞浸润，脾脏及骨髓内弥漫性白血病细胞浸润，骨髓巨核细胞显著减少。此例死者左额顶部被棍棒击伤，局部可见头皮出血、颅骨骨折改变，提示作用力较强，但其颅脑损伤（头皮挫伤、颅骨骨折）严重程度未达致命伤。死者左额叶巨大脑内血肿形成并最终引起脑疝致死为白血病细胞浸润及白血病影响凝血功能等因素作用的结果。故白血病为其死亡的主要原因，颅脑损伤为次要原因。

3. 损伤和疾病对死亡的作用相近　机械性损伤与疾病在死亡中的作用均较严重，互相影响，互为条件，难分主次，共同构成联合死因。

4. 损伤构成死亡的诱因　局部机械性损伤诱发机体死亡多见于外力作用于致命性疾病对应部位。如打击胸部诱发冠心病急性发作、轻微外力作用于上腹部致显著肿大的脾破裂、轻微打击头部促使严重硬化的脑动脉、动脉瘤或畸形的血管破裂出血等。死者在受伤后迅速出现致命性疾病发作而死亡，而机械性损伤轻微，作用一过而短暂。

（四）死亡过程中损伤与疾病有因果关系

1. 损伤为因，疾病为果　外伤后可发生某些继发的病变，这些并发症逐渐发展加重而致死亡。例如脑外伤后因脑内瘢痕形成而致癫痫，患者可在癫痫发作时因窒息死亡。又如外伤致腹腔内出血或肠壁挫伤，后期发生腹膜粘连，最后可因粘连性肠梗阻甚至肠穿孔，引起弥漫性化脓性腹膜炎而死亡。常见的继发的病变有胸膜炎、腹膜炎、急慢性骨髓炎、脑膜炎、纵隔炎、支气管肺炎及败血症等。

2. 疾病为因，损伤为果　这类死亡的一个突出特点是，虽然损伤是导致机体死亡的直接原因，但损伤是由疾病引起的，所以疾病是主要因素。其致命性疾病多为心血管疾病和中枢神经系统疾病，如冠心病、脑血管意外、癫痫等。当疾病突然发作时，患者可能突然摔倒或自高处坠落而形成致命性颅脑损伤。有时从尸体上难以区分疾病发作与致命性损伤的先后关系，也难以确定其因果关系，必须结合案情及现场情况综合分析，方能得出正确结论。

案例 11-7 ▶

　　某男，48岁，在工地上突然从五楼坠地，头部严重损伤当场死亡。现场勘查未发现导致死者从作业场所坠落的安全隐患。尸检见严重冠状动脉粥样硬化性心脏病改变。死者心脏左冠状动脉及左前降支多发性粥样斑块，病变Ⅲ～Ⅳ级；左旋支及右冠状动脉病变Ⅱ～Ⅲ级；左前降支一斑块内明显出血，心肌间质散在纤维化，前降支供血区可见心肌出血。头枕部巨大头皮血肿伴枕骨凹陷性粉碎性骨折，左顶枕部硬脑膜外血肿50ml，左右额极、额叶眶面和颞极对冲性脑挫伤。本例可见冠状动脉左前降支粥样斑块新鲜出血，供血区心肌出血，提示死者在从高处坠落前即有冠心病急性发作、心肌缺血。冠心病急性发作可导致死者在高处作业时坠落，最后死于严重颅脑损伤。

　　损伤、疾病与死亡的关系有时十分复杂，在复杂事物的发生发展过程中，有许多矛盾存在，其中必有一种是主要矛盾，如果混淆了主次就有可能作出错误的结论。在分析判断伤病关系时，要牢牢抓住损伤、疾病与死亡三个基本要素，并掌握几个重要原则：①明确损伤的部位、性质和程度；②认清疾病的性质和演变过程；③比较损伤与疾病在死因中所起的作用；④同时考虑有无其他因素影响，如受害人的年龄、身体状况（有无重度营养不良、高龄等情形）、医院的诊治情况及事件的发生经过等。日本学者渡边富雄于1984年提出"事故的参与度"，用于确定已有某种疾病的人于交通事故后死亡，依据交通事故中的损伤对死亡结果参与的程度来判断肇事者应负的责任。该方法对于机械性损伤与疾病共存案例的死因分析有一定的启示。在分析确定损伤、疾病与死亡三者之间的关系后，可进一步用损伤参与度来定量表示外伤对被鉴定人死亡的具体作用。在确定损伤参与度时，应该综合考虑损伤严重程度、伤者个体差异和其他多种影响因素。

（五）伤病因果关系鉴定中要注意的问题

1. **损伤诱发疾病发作的分析**　损伤可以构成许多疾病发作的因素，但也不是任何损伤都能成为疾病发作的诱因。因此在分析损伤与疾病关系时，必须根据损伤程度进行判断。①如果是致命伤，则应判为主要死因；②如果是非致命伤，则应判为诱因、次要死因或联合死因，其死因与潜在性病变有关；③如果损伤是死亡过程或抢救过程的伴随现象，则应判为与死因无关；此类损伤有的较重，但通过全面检验可以发现引起死亡的原发因素已使死亡不可避免。

2. **伤后存活时间**　损伤和疾病与死亡之间相隔时间长短，既取决于损伤程度，也取决于身体内部条件和外界因素。致命伤，尤其是绝对致命伤一般损伤后不久即发生死亡。损伤后迁延性死亡多见于损伤并发症或继发其他病变；大多数案例伤后迅速发生并发症，但有些案例伤后继发的并发症是逐渐出现的。所以，判断死亡和损伤之间的时间关系，必须结合案情、伤情、病情和炎症反应、组织修复过程等情况综合分析。

3. **伤病进程与死亡过程**　损伤、发病症状及死亡经过也是分析判断损伤与疾病关系的主要依据。单纯因损伤致死的案例，死者的疾病多处在代偿阶段或潜伏期，故死亡前可无任何临床表现，而主要表现为损伤症状，如脑、心、肺等生命器官严重破坏，濒死期短暂甚至缺如。单纯因疾病致死者的症状不一，死亡经过与猝死相同。损伤的继发并发症所导致的死亡，在损伤与死亡之间往往有一个或多个中心环节。

（六）医疗因素和死亡的关系

　　损伤、疾病与死亡的关系复杂多变，医疗因素的掺杂，会使得死因分析更为复杂。如果机械性损伤患者生前曾接收医疗诊治处理，在分析医疗因素和死亡的关系时，应该首先明确诊疗过程是否存在违反诊疗规范的过错，如有医疗过错，再进一步分析该过错在患者死亡结局中是否起作用，起到何种作用。此类案件在进行尸体解剖检验中，需要注意区分原发性损伤、基础疾病以及诊疗行为所致的改变，同时注意鉴别诊治过程中新出现的异常病变。在分析死亡原因时，对于上述因素的彼此关系应进行必要的分析说明。如冠状动脉粥样硬化心脏病患者发生胸腹联合伤，诊治过程中发生心跳呼吸骤停，经心肺复苏处理后，人工呼吸机辅助呼吸、升压药物维持血压治疗1周后死亡。在尸体解剖检验中除了对原发的胸腹联合伤及冠心病进行检验外，还应注意区分脑部改变是临床遗漏诊断的原发颅脑损伤，还是诊疗过程中继发的呼吸机脑改变。关于医疗过错的认定及与损害后果因果关系的分析判断详见第十八章医疗纠纷。

三、致命伤后行为能力

受到致命伤的人，有些立即死亡，如断头、头部爆裂伤等；有些在受伤后立即丧失意识，如严重颅脑损伤。这些人在受伤后均不再作出有意识的行为。但极个别人受到致命伤后，从受伤到死亡的这段期间，由于脑组织还保留一定机能，有可能作出有意识的行为。这种情况，尤其是在生命重要器官如脑、心、大血管等的损伤后，容易引起怀疑与争议。

脑部损伤，除了立即使全脑粉碎或脑干生命中枢破坏，或有广泛而严重的神经元损坏导致意识丧失进而死亡外，颅内出血、颅内压升高或脑挫伤发展到生命中枢机能障碍致死要经过一定的时间，少则几分钟，多则几小时甚至几天，在此时间内，可保留有意识的行为活动能力。

案例11-8 ▶

某男，15岁，晚8时许被另一男孩用砖块击中左颞部，受伤后意识清醒，还能与对方争斗，后继续看电视至11时，于12时回家洗澡后睡觉，次日晨（伤后9小时）死亡。解剖见左颞骨骨折，该处硬膜外大量积血。

心脏的穿透性损伤，可引起循环衰竭，并在短期内死亡。但是心跳停止后虽血液循环迅速停止，组织细胞并不立即死亡，脑组织还可存活5～6分钟，如传导神经和肌肉机能无障碍，还可能进行有意识的活动。如一民警胸部被歹徒刺伤，左心室被刺破，伤后连发3枪，其中一枪击中了案犯。

其他重要内脏器官的创伤，如肝、脾、胰、肾、膀胱破裂，肋骨骨折伴双侧气胸等更不一定立即死亡，在临终前还能进行一定有意识的行为活动。此外，法医实践中也曾见到某些被电击者还能进行自救并向他人诉说被电击经过，经几分钟或十几分钟后死亡。

案例11-9 ▶

某男，25岁，被人用杀猪刀连刺两刀，狂奔98m后倒地死亡。尸检见死者身体健壮，肌肉发达。右胸有一6.0cm×4.0cm刺创，穿过右肺，直达右心房，其上有一3.0cm×1.0cm刺破口，右胸腔积满血液。左上腹有一4.0cm×2.0cm刺创，大网膜部分脱出，脾破裂，腹腔内积血约50ml。心、肺、脾刺伤后，能跑出98m，一是因为死者年轻，体质健壮，具有良好代偿能力；二是伤后潜在应激能力激发出来，虽然短暂，却不可低估。

此外，遭受致命伤后行为能力的大小，除与大脑机能有关外，也与个体机能状态有关。肢体或全身的支持机能若因疾病或外伤而丧失，就难以继续作出活动。

值得指出的是，近十几年来，由于医学科学的进展，心、脑、大血管等受到致命损伤后未立即死亡者，获救的例数日益增多，这为研究致命伤后保留一定行为能力的病理生理机制提供了机会。

本章小结

本章主要介绍了致伤物的推断和认定、机械性损伤时间的推断和机械性损伤的死因及死亡方式分析。根据损伤形态可推断致伤物为钝器、锐器或火器。钝器伤的常见致伤物为棍棒、砖石、斧锤等,高坠、交通肇事所致损伤也以钝器伤为主。砍、切创多由菜刀和斧刃形成,刺器的种类可根据衣着刺破口及刺创的形态来推断,剪创和锯创也分别具有各自的损伤特点。枪弹创案件中的弹头和弹壳可认定发射枪支的种类。此外,根据创内异物、衣着痕迹、现场情况、嫌疑致伤物上的附着物等,也能推断甚至认定致伤物。

损伤时间推断包括生前伤的诊断和伤后存活时间估计两部分内容。生前伤推断主要依靠肉眼所见、组织学改变和特殊检测来进行。伤后存活时间可根据组织学、酶组织化学和生物化学方法及炎症介质的生化方法检测方法来进行。

机械性损伤常见的致死原因包括原发性和继发性外伤死因。由于损伤并发症也可由疾病等其他因素引起,在学习中应该注意进行根本死亡原因的鉴别。在损伤与疾病共存的情况下,注意分析死亡过程中损伤、疾病的作用大小与相互关系。在分析原发损伤严重程度时,应该考虑到伤者遭受致命损伤后仍有行为能力的情形。

关键术语

机械性损伤的法医学鉴定(expertise of mechanical injury)

致伤物的推断(estimation of the instrument causing the trauma)

致伤物的认定(identification of the instrument causing the trauma)

机械性损伤死因(cause of death after mechanical injury)

原发性死因(primary cause of death)

继发性死因(secondary cause of death)

绝对致命伤(absolutely fatal trauma)

条件致命伤(conditional fatal trauma)

思考题

1. 致伤物的推断或认定的法医学意义?

2. 如何根据损伤形态、衣着、现场情况等进行致伤物的推断和认定?

3. 生前伤和死后伤及损伤时间的概念,如何推断生前伤与死后伤、损伤时间?

4. 机械性损伤的常见致死原因有哪些?

5. 在死因鉴定时,如何正确评价损伤与疾病的关系?

(陶陆阳　陈晓刚)

参 考 文 献

1. 赵子琴. 法医病理学. 第4版. 北京:人民卫生出版社,2009.

2. Dolinak D, Matshes EW, Lew EO. Forensic Pathology - Principles and Practice. Burlington: Elsevier Academic Press, 2005.

3. 谢江波,刘亚青,张鹏飞. 有限元方法概述. 现代制造技术与装备,2007,(5):29-30.

4. 陈忆九,邹冬华,邵煜. 有限方法在法医损伤鉴定中的应用. 中国司法鉴定,2010,(5):28-32.

5. Motherway J, Doorly M C, Curtis M, et al. Head impact biomechanics simulations: A forensic tool for reconstructing head injury? Legal Medicine, 2009, 11: S220-S222.

6. Raul J S, Baumgartner D, Willinger R, et al. Finite element modelling of human head injuries caused by a fall.

International Journal of Legal Medicine，2006，120（4）：212-218.

7. Li Z，Zou D，Liu N，Zhong L，et al. Finite element analysis of pedestrian lower limb fractures by direct force：the result of being run over or impact? Forensic Sci Int，2013，229（1-3）：43-51.

第十二章 机械性损伤并发症

学习目标

通过本章的学习,你应该能够:

掌握 常见损伤并发症的特点和鉴定原则。

熟悉 常见损伤并发症的概念、鉴定要点。

了解 常见损伤并发症的发病机制。

章前案例 ▶

　　某男,52岁,于某年9月6日因道路交通事故受伤,右髋部疼痛畸形、活动受限4小时余在某市人民医院住院治疗。入院查体主要发现:右侧髋部外展外旋畸形,压痛阳性,右侧髋关节屈伸活动受限,右足背动脉搏动可及,右足趾运动感觉、循环良好。全身散在多处皮肤擦伤、局部渗出。X线片:右侧髋关节脱位,右侧股骨颈似可见透亮线。初步诊断:右髋关节脱位,股骨颈骨折?全身多处擦挫伤。主要给予卧床休息、患肢皮牵引、消肿止痛、活血化瘀、抗感染等治疗。9月10日患者突然出现胸闷气急、烦躁不安、呼吸不规则、全身冷汗、面色青紫;查体示神志不清,脉搏和血压测不出,心电监护示室性逸搏心律、31次/分,呼吸3次/分,呼吸呈强迫样呼吸,全身发绀明显伴大汗淋漓,双侧瞳孔散大、光反射消失。经急救无效死亡。尸检主要发现:四肢多处不规则擦挫伤;左、右侧肺动脉有长条形圆柱状的暗红色索条样物呈骑跨堵塞肺动脉,组织病理学检验确证为混合血栓;多器官小血管扩张瘀血;心脏、脑等生命重要器官未见致命性外伤或疾病;案情经过可以排除投毒他杀等暴力性因素致死情节。

　　本例属于外伤后第4天发生肺动脉血栓栓塞而死亡。交通肇事方认为,车祸所致外伤程度轻微,不足以致死,可承担外伤责任但与死亡无关;医方则认为肺动脉血栓栓塞属于医疗意外,医方无过错,不承担赔偿责任。作为法医学专业大学生,你是如何认识的呢?

　　机械性损伤引起的死亡案例鉴定是法医病理学实践中的重要内容。机械性暴力引起生命重要器官明显结构破坏或功能严重障碍而直接引起死亡的案例,法医学鉴定比较容易。机械性损伤严重程度不足以当时引起死亡而伤者于外伤后迁延一段时间发生死亡的案例,由于外伤和外伤以外的诸多因素可能介入死亡发生过程,法医学鉴定必须科学评估外伤及外伤以外的因素,如受伤机体本身因素、医疗因素等在机械性损伤并发症形成及死亡发生中的作用。

第一节　损伤并发症概述

　　机械性损伤并发症(traumatic complication)简称损伤并发症,是指机体在原发性外伤的转归过程中或在损伤的医疗过程中发生了与原发性外伤之间存在直接因果关系的一种或几种不良后果。损伤并发症常见的有休克、呼吸窘迫综合征、栓塞、挤压综合征、感染、创伤性心功能不全及多器官功能障碍综合征等。损伤并发症可以成为机械性损伤的直接死因、间接死因或辅助死因。

一、损伤并发症的特征和原因

(一)损伤并发症的特点

损伤并发症具有以下特征：①损伤并发症发生在损伤的转归或损伤的医疗过程中；②损伤并发症是与原发性外伤不同的另一种或几种不良后果；③损伤并发症与原发性外伤在病理学上有因果关系，但并发症不是原发性外伤的必然结果、只是偶然结果。

(二)损伤并发症发生原因

损伤并发症发生的原因非常复杂，主要原因有以下 3 种。

1. 原发性损伤因素　原发性损伤是引起损伤并发症的根本原因，包括损伤的部位、严重程度、损伤类型和损伤持续时间等。

2. 伤者自身因素　包括个体体质差异、心理素质、应激反应程度、基础疾病、是否配合治疗等。

3. 医疗因素　包括受伤后获得医疗的时机、医疗措施是否得当等。

上述因素常交叉存在，甚至有社会因素参与。鉴定时应具体分析，评估不同因素的具体作用。

二、损伤并发症的鉴定

损伤并发症是与原发性损伤有直接因果关系的病理过程，但某些因素如医源性因素等的参与对损伤并发症的发生发展有一定影响。损伤并发症可以是原发性损伤的继续，也可以是原发性损伤与其他因素(如应激、自然性疾病、不当的诊疗行为等)共同作用的结果。因此，在鉴定时应掌握以下原则：①由损伤单一因素引起的并发症直接导致死亡的，可视为原发性外伤致死；②经过临床治疗，其并发症发生有其他因素参与，又死于并发症的，不能简单认定为原发性外伤致死，而应考虑其他因素的参与度；③有损伤并发症的患者死于其他自然性疾病，其死亡发生受到多种因素的影响，鉴定时应考虑原发性损伤的严重程度、损伤及其并发症与死亡之间的因果关系程度，判定损伤并发症是间接死因还是辅助死因。

(一)明确损伤并发症

系统地全面尸检是查明损伤并发症的关键步骤。有些损伤并发症的确定需要进行特殊检验，如怀疑肺动脉血栓栓塞时，应原位检查肺动脉或心肺联合提取固定后才能进一步检验；怀疑空气栓塞时，在尸检时必须进行心内空气试验；怀疑脂肪栓塞，应行苏丹Ⅲ等特殊染色；怀疑继发性感染，应进行细菌培养等。一般从原发性损伤到损伤并发症的发生往往要经过临床诊疗，其临床资料可为尸检提供重要参考，甚至成为某些并发症鉴定的重要依据，如外伤性急性呼吸窘迫综合征。

(二)评估原发性损伤

原发性损伤决定着损伤并发症的发生及其种类。根据原发性损伤的性质和严重程度，可预示损伤并发症引起死亡的概率，因此，科学评估和鉴定原发性损伤的性质与严重程度十分必要。某些损伤并发症的原因常常比较特殊，对于某些易发并发症的损伤应当予以高度关注。如全身大面积软组织损伤，应考虑休克、脂肪栓塞、挤压综合征、多器官功能障碍综合征等发生的可能；外伤后体位较长时间制动的，应考虑有发生肺动脉栓塞的可能；创伤合并局部化脓或长期昏迷的，应考虑全身感染。

(三)评估伤病关系

伤者原来患有某种疾病，可能对损伤并发症的发生发展有影响。一般情况下，机体存在的基础疾病对损伤并发症的发生起到促进作用。伤者患有高血压、冠心病、心肌病等心血管系统疾病的，在损伤失血后易发生心肌的缺血缺氧、加重休克的进程和不可逆休克的发生，甚至死亡；伤者患有内分泌系统疾病如糖尿病，损伤后机体易发生感染并发症等。因此，对疾病的参与程度评估应遵循一般临床医学原则和规范，从损伤并发症发生的原因、发生机制和疾病性质等多方面来综合评定伤病关系。

知识拓展

原发性损伤、继发性损伤、并发症与合并症

在机械性损伤中，原发性损伤是指机械性暴力通过直接或间接作用于机体而引起的结构破坏或功能障碍等，可称之为原发性外伤；换言之，原发性外伤为机械性暴力直接作用的损害结果，如钝性暴力打击体表引起挫裂创。继发性损伤为机体针对原发伤所产生的一系列反应性病理变化，如挫裂创周围局部组织小血管扩张充血、水肿等。一般说来，这种反应性病理变化往往具有防御性质，能减轻原发性外伤的局部损害效应，但过度的或不适当的继发性损伤有可能加剧原发性外伤，甚至引起全身性病理变化。并发症和合并症含义不同，在临床医学领域两者常常被混淆。外伤并发症是指与原发性外伤有直接因果关系的损害后果，这种损害后果可以是一种或多种"疾病"或病理过程，但该损害后果并非原发性外伤必然的结果，也就是说，并发症与原发伤之间属于偶然因果关系，在法医学领域，认定外伤并发症的必要前提条件是原发性外伤应当是外伤并发症发生的主要原因。值得注意的是，外伤并发症的发生往往受到外伤之外多种因素的影响。分析这些影响因素的具体作用对鉴定外伤并发症具有重要意义。外伤合并症是指在原发性外伤转归过程中机体存在与之不相关的另一种或几种独立的疾病或病理过程。换言之，外伤合并症与原发性外伤之间不存在直接因果关系，原发性外伤不是发生外伤合并症的必然原因。

（四）评估介入因素

从原发性损伤至损伤并发症的发生，除了损伤本身外，其间可能有各种因素的参与，如，放弃治疗、救治延误、诊疗不当等对损伤并发症的发生发展会有一定影响。损伤并发症发生的介入因素是指那些干扰原发性损伤与并发症良性转归并出现不应有恶果的因素。介入因素是在原发性损伤不足以引起严重后果的情况下发挥作用，即，由于另有介入因素的参与才能使外伤引起严重的后果。

常见的介入因素如下所列。

1. 社会客观条件　如发案地点偏僻、医疗条件很差或因经济困难，使伤病者不能得到及时抢救治疗而发生不应有的严重后果等情况。上述客观条件的存在不应作为鉴定的依据，法医鉴定时对此情形也不需作出评价。

2. 加害者的主观因素　常见于交通肇事逃逸案，伤者因得不到及时救治而死亡或因伤情加重导致并发症发生等。

3. 受伤者的主观因素　如无理由拒绝常规的或疗效确切但有一定痛苦的诊疗，或为获得巨额赔偿而不就医或不遵医嘱而导致严重后果。此类情况下，鉴定时应当在明确案情并有具体委托要求情况下才能予以说明。

4. 医疗失误　这是在损伤并发症鉴定中最常见的介入因素，如医方以各种理由拒绝抢救或拖延治疗，或因误诊、漏诊或治疗方案有误而出现损伤/病情恶化，导致严重后果。在这种情况下，如不考虑介入因素所起的作用，把引起的严重后果完全归于始动的原因，则有失公允。此时应就原发性损伤及由此引起的后果作出客观鉴定，对于医疗失误问题在鉴定书中作出说明或建议启动医疗损害鉴定程序。在对医疗行为有无过错作出鉴定后，法医才能据此作出补充鉴定，切不可自行作出医疗过错的评价，并在死因中分析其作用。

第二节　休　克

休克（shock）是指机体遭受到失血、严重创伤、感染和某些疾病等的刺激，通过"血管-神经"反射所引起的以微循环障碍为特征的急性循环功能不全，以及由此导致组织器官血流灌注不足、缺氧和内脏损害的综合征。休克的发生原因主要有失血、创伤、损伤感染、心脏疾患、过敏等。在法医学实践中，机械性损伤引起的休克主要类型为创伤性休克和失血性休克。

一、休克形成机制

创伤失血是造成血流灌注不足引起休克的最常见原因。一般来说，一次突然失血量达到总血量的1/3（约1500ml）以上时，由于大量血液流失，有效循环血容量减少，微循环灌注不足，引起全身器官和组织缺血缺氧，重要器官功能障碍和代谢紊乱，即发生失血性休克。

创伤性休克多为失血性休克伴以不同程度的组织损伤，其有效血容量减少为多因素的综合效应。如严重创伤及所伴随的疼痛、恐惧、焦虑及寒冷、神经麻痹等，对中枢神经产生不良刺激。如果这些刺激强烈而持续存在，可进一步影响神经免疫内分泌功能，导致反射性血管舒缩功能障碍，大量血液瘀滞在微循环中，有效循环减少引起休克。挤压伤、大面积软组织挫伤，一方面引起大量内失血，另一方面严重组织损伤可导致局部组织细胞坏死，局部微循环通透性增高、大量血浆渗出水肿，有效循环量下降；此外，严重创伤引起血管活性物质生成，引起小动脉舒缩调节功能障碍和微血管壁通透性增高，使血浆大量渗入组织间隙或瘀滞在微血管内，有效血容量进一步降低，从而引起休克。

二、休克病理变化

1. 原发性损伤　是外伤并发休克乃至休克死亡的特征性病理变化。原发性损伤各有其特点，常见的有血管破裂、大量出血，实质性器官破裂，多发性损伤，如多发性骨折合并器官损伤等。

2. 器官组织损害　创伤性休克和失血性休克可以导致心血管、脑、肺、肾、肝、胃肠道等多器官组织结构损害，微循环功能障碍、缺血缺氧和缺血再灌注是引起组织细胞结构损害的主要发生机制。因此，与其他休克类型一样，创伤性休克和失血性休克的病理学变化主要为非特征性的。主要变化有以下几点。

（1）肾：肾是休克过程最易受影响的主要器官之一。大体变化为肾呈苍白色，切面肉泥样变。组织病理学变化有肾小球毛细血管扩张空虚，有的可见透明血栓形成；近曲小管上皮水样变，有的上皮细胞坏死、脱落，部分管腔内蛋白管型、血红蛋白管型或肌红蛋白管型；髓质小血管血液瘀滞，间质水肿。

（2）肺：肺充血、出血、水肿及局部肺萎陷，镜下可见肺泡壁瘀血、水肿，可见微血栓形成，肺泡充满蛋白性水肿液，局灶性漏出性出血，有的可见肺泡透明膜形成等。

（3）心脏：心腔空虚，有的可见附壁血栓形成。镜下可见心肌缺血性变如细胞嗜酸性变，碱性复红等特殊染色缺血区呈红色，心内膜下心肌纤维变性、坏死，心肌间质小血管瘀血水肿。

（4）肝：肝窦和中央小静脉微血栓形成，肝小叶中央性肝细胞变性坏死。

（5）胃肠道：胃肠道黏膜小血管瘀血、漏出性出血以及糜烂和应激性溃疡等。

（6）脑：神经元缺血性固缩或肿胀，胶质细胞肿胀，神经细胞及小血管周围间隙增宽、脑基质结构疏松、水肿。

三、休克的法医学鉴定

（一）查明原发性损伤

创伤引起的失血性休克往往有动脉破裂、实质器官破裂等导致短时间内大量血液流失的原发性损伤。通过系统的尸体检验，查明原发性损伤，主要包括：①明确创伤类型，如撞击伤、冲击伤、坠落伤、钝器伤、锐器伤、火器伤、烧伤等；②判断创伤的严重程度，是否为多发伤、挤压伤、有无重要器官损伤等；③测算原发性损伤的面积、深度等，当全身软组织损伤面积大于30%时，一般认为是致死性的；④特殊的部位出血如腹膜后血肿、深层肌肉出血或血肿形成等，即使损伤面积较小，也极易引起休克。

鉴定外伤并发休克死亡，必须排除致死性原发性损伤，如严重颅脑损伤致死等。此外，鉴于引起休克的原因和疾病较多，鉴定外伤并发休克死亡，必须排除非外伤性原因。

（二）确证创伤后发生休克

1. 病理依据　在原发性损伤病理变化的基础上，还有休克的非特征性病理变化，如，全身尸表及黏膜苍白，尸斑浅淡；肝、肾等血液丰富的器官被膜明显苍白色；大血管、心腔空虚；肺可表现为肿胀瘀血、切面血性液体明显增多；脾明显收缩；膀胱无尿液。心、肺、肝、肾、消化道、脾等器官的组织病理学变化。

2. 临床依据　外伤引起休克死亡的伤者可能接受了临床治疗，收集和评估临床病历及其辅助检验等资料，对于认定外伤并发休克非常重要。伤者往往有典型休克的临床表现，如皮肤黏膜苍白、口唇发绀、四肢皮肤湿冷，肤温低于正常；脉搏虚细而数，按压稍重则消失，脉率常超过110次/分，在休克晚期出现心力衰竭时，脉搏变慢而且微细。血压下降超过基础血压的30%，脉压又低于4kPa；常有呼吸困难和发绀；尿量减少，每小时尿量少于25ml；不同程度的意识障碍如烦躁、焦虑或激动，逐渐发展为表情淡漠或意识模糊，甚至出现昏迷，亦有少数患者休克初期神志清醒，仅反应迟钝、淡漠、神志恍惚。辅助检验：血红蛋白及血细胞比容指标升高；尿比重增加、呈酸性；高钾低钠血症；血小板数减少、凝血酶原时间延长和纤维蛋白原含量增加；血液儿茶酚胺浓度及乳酸浓度可升高；动脉氧分压降低，动脉二氧化碳分压亦下降；中心静脉压低于正常值0.588～1.176kPa。

（三）排除其他并发症死因

休克是创伤早期常见的死因之一，多发生在外伤后48小时之内。大面积软组织损伤在早期也可引起其他并发症，如脂肪栓塞综合征、急性呼吸窘迫综合征等。鉴定外伤并发休克引起死亡，必须排除上述并发症的发生。怀疑脂肪栓塞的，应做脂肪特殊染色和分级评估。鉴于休克发生的进程中常出现急性呼吸窘迫综合征，外伤后急性呼吸窘迫综合征有时和休克的发生有相互竞合作用。一般情况下，临床资料支持急性呼吸窘迫综合征的，可以鉴定为急性呼吸窘迫综合征；缺乏临床资料的，以鉴定创伤性休克为宜。

（四）伤病关系和介入因素评估

外伤并发休克死亡的案例中，有的伤者患有原发性疾病，如冠心病、高血压、原发性心肌病。有的案例还可能有医疗因素参与，如伤者入院后医方的诊断、治疗措施不当，对外伤后并发休克及其演化进程会有一定影响。综合原发性损伤的严重程度、失血量、休克程度、疾病轻重等，正确评估伤病关系以及前述介入因素，对作出科学的鉴定结论十分重要。

第三节　栓　　塞

栓塞（embolism）是指在循环血液中出现的不溶于血液的异常物质，随血流运行至远处阻塞血管腔的现象。阻塞血管的物质称为栓子（embolus）。栓子可以是固体、液体或气体。按栓子的种类性状，栓塞可分为血栓栓塞、脂肪栓塞、气体栓塞、肿瘤细胞栓塞、寄生虫栓塞和异物栓塞等。在法医学实践中，外伤后引起死亡的栓塞主要为肺动脉血栓栓塞，脂肪栓塞、气体栓塞也时有所遇。

一、肺动脉血栓栓塞

肺动脉血栓栓塞（pulmonary thrombo-embolism）是血栓栓子堵塞肺动脉或其分支引起急性肺循环障碍的临床和病理生理综合征。肺动脉血栓栓塞具有起病急、进展快、死亡率高、死亡时间短暂等特点。引起肺动脉血栓栓塞的血栓栓子主要源自下肢深静脉、盆腔静脉血栓形成。外伤后4～15天发生率较高。外伤后继发性病理变化是引起血栓形成的主要原因，并受外伤后血栓预防治疗、血管疾病、肥胖、药物治疗等多种因素的影响。

（一）发生机制

血栓形成是血栓栓塞的前提条件。血栓形成的主要因素为血管内皮损伤、血液高凝状态和血流缓慢或涡流。机械性损伤特别是骨折、器官损伤发生后机体的凝血机制明显增强，血液处于高凝状态，伤者肢体制动导致血流缓慢，以及损伤引起局部的血管内皮损伤，从而为血栓形成创造了有利条件，尤其是下肢、骨盆骨折在下肢深静脉和盆腔静脉容易发生血栓形成。另外，应激、深静脉血管炎、缺氧、肥胖、妊娠、服用避孕药、年长、心肺疾病等因素也能促进血栓形成。血栓脱落是肺动脉血栓栓塞的必要前提。肢体活动、血栓形成处于不稳定期等是血栓脱落的好发因素，炎症反应可能是血栓脱落的促进因素。

（二）病理变化

肺动脉主干、左侧和（或）右侧肺动脉或肺动脉分支可见血栓栓塞。血栓栓子呈长条的圆柱状，暗红色或间杂浅色，质地硬、易碎，与血管壁连接松散，有的栓子卷曲、折叠并堵塞整个肺动脉管腔，有的栓子呈骑跨样堵塞左、右侧肺动脉（见文末彩图 12-1、彩图 12-2、彩图 12-3）。肺实质呈急性非特异性病理变化，如肺泡萎陷与代偿性肺气肿并存，散在性肺水肿、出血。肺动脉及支气管痉挛、周围软组织出现显微性局灶性出血，支气管管腔横切面皱褶样或菊花样。肺动脉分支血栓栓塞往往发生在肺动脉主要分支。肺外器官主要表现为非特异性病理变化。

（三）法医学鉴定

1．有明确的外伤史　原发性损伤常常为骨折或（和）不同程度的软组织外伤，可伴有内脏器官损伤。

2．死亡迅速　急性肺动脉血栓栓塞死亡迅速，典型的死前临床表现是：突然呼吸困难、胸痛、咯血、濒死感、发绀、右心衰竭、低血压、肢端湿冷等。

3．肺动脉血栓栓塞　肺动脉或其主要分支存在血栓是明确肺动脉血栓栓塞的必要条件。尸检时心肺动脉原位检查，也可进行心肺联合提取，固定后行心肺动脉检查血栓并照相固定。对肺动脉血栓栓子应常规进行组织病理学检验，以排除死后血凝块或濒死期鸡脂样凝血块。鉴于肺动脉血流速度快，在正常情况下肺动脉内难以形成典型的混合血栓。死后肺动脉血凝块或濒死期鸡脂样凝血块形成往往有死亡过程较缓慢的情节，这与急性肺动脉血栓栓塞引起快速死亡差别很大。有时两次以上外伤后并发肺动脉血栓栓塞死亡，需要判断血栓的形成时间。应常规横行切开检查两侧下肢尤其是受伤侧下肢深静脉，以明确血栓形成的原发部位。

4．合理评估其他因素　认真评估伤者的体质、临床治疗措施等因素在肺动脉血栓栓塞中的作用。静脉炎等血管性疾病或其他疾病合并外周静脉血栓形成也能引起肺动脉血栓栓塞和快速死亡，此为猝死范畴。

二、脂肪栓塞

脂肪栓塞（fatty embolism）是指发生于严重外伤特别是长管状骨骨折、脂肪组织丰富的软组织挫压伤后，肺脏、脑等多器官微血管脂滴堵塞管腔的现象。引起死亡的脂肪栓塞，死前往往有意识障碍、皮肤瘀斑、呼吸窘迫和进行性低氧血症等临床表现。80% 脂肪栓塞在外伤后 48 小时内发病，伤后 1 周发病者较罕见。

（一）发生机制

骨髓中脂肪含量丰富的长骨骨折尤以股骨干为主的多发性骨折、脂肪含量丰富的软组织挫压伤导致脂滴进入静脉血流是引起脂肪栓塞的始动因素。强烈的创伤应激或其他应激刺激，通过神经体液免疫网络机制引起血液中可溶性脂蛋白的脂肪析出，也能引起微循环血管脂肪栓塞。糖尿病、高脂血症、休克和感染等可加重脂肪栓塞发生。

（二）病理变化

脂肪栓塞主要发生于肺。一般情况下，创伤后 24 小时内发生明显的肺脂肪栓塞，1～2 天后栓子数量减少,第5～7天可以从肺内消失。直径小于20μm的脂滴或脂肪栓子,能通过肺组织毛细血管进入左心室,经体液循环流向全身并引起脑、眼、肾、皮肤等器官弥散性脂肪栓塞。

肺脂肪栓塞主要病理变化为肺细小血管,尤其是肺泡壁毛细血管内可见多量脂滴,肺间质"化学性"炎症反应,如肺水肿、出血、肺不张和纤维蛋白沉积,以及肺血管机械性梗阻引起肺梗死样病变、低氧血症和急性右心衰竭。在常规制作石蜡包埋,HE染色切片过程中,脂肪栓子被有机溶剂溶解,镜下细小动脉的脂肪栓子呈圆形、卵圆形或椭圆形的透亮而轮廓分明的区域,但常规HE染色不能证明脂肪栓子的存在。怀疑脂肪栓塞时,应取肺、脑、心等组织制作冷冻切片进行脂肪特殊染色,采用苏丹Ⅲ及猩红染色,血管内脂肪栓子显现为亮橙黄色至红色小球;严重而广泛的脂肪栓塞病例,血管内脂肪栓子呈细长形甚至在血管分叉处可呈分支状,变形的脂肪栓子提示为生前栓塞。

(三)法医学鉴定

1. 外伤史　死前一般有明确的外伤史,如长骨骨折、大面积软组织挫伤。

2. 临床表现　伤后经过12～24小时清醒期后开始发热,体温突然升高,出现脉快、呼吸系统症状(呼吸快、啰音、咳脂痰)和脑症状(意识障碍、嗜睡、朦胧或昏迷)以及周身乏力,症状迅速加重,可出现抽搐或瘫痪,呼吸中枢受累时可有呼吸不规则、潮式呼吸,严重者可呼吸骤停,皮肤有出血斑等。

3. 病理改变　尸体检验除有原发性损伤外,HE染色切片呈现毛细血管或小动脉腔内有空泡透亮影。怀疑脂肪栓塞死亡的案例,应常规制作冷冻切片、苏丹Ⅲ染色以查明脂肪栓子。在缺乏临床依据的案例,必须对肺中脂肪栓子程度进行定量,以每一单位体积组织内的栓子数量来表示:在15μm厚的切片上,用10倍物镜计数20～40个视野,每个视野平均不到1个栓子为轻度栓塞;1～3个为中度;>3个为重度。肺脏脂肪栓塞可分为5级:0级无脂栓;1级为寻找后才见到脂栓;2级较易见到脂栓;3级脂栓较多;4级为致命性脂栓。对于病理评估为重度或达4级的脂肪栓塞,可以作出死因结论。

三、空气栓塞

空气栓塞(air embolism)是指大量空气迅速进入血液循环或原溶于血液内的气体迅速游离形成气泡阻塞心血管血流的现象。外伤性空气栓塞引起的死亡往往发生于近心脏的大、中静脉破裂。

(一)发生机制

颈胸部大、中静脉破裂是引起空气栓塞的主要原因。近心脏的大、中静脉压力低于大气压,一旦发生破裂,外界气体被吸入静脉血管并顺着血流进入右心,空气进入右心后,空气和心腔内血液因心脏搏动而相互搅拌形成大量的细小泡沫,泡沫状的液体有可压缩性,心脏收缩时血液不被有效排出、阻塞血液流动,迅速引起死亡发生。一般情况下迅速进入血液循环的空气量达100ml左右时,即可导致急性右心衰竭。

(二)病理变化

右心、肺动脉内有泡沫状气体存在。进入血液循环的空气可引起一些器官的栓塞,气泡激活血小板使之释出5-羟色胺促进血管收缩,血小板第3因子又促成该血管的血栓形成,从而加重栓塞症状。

(三)法医学鉴定

空气栓塞死亡者常有胸部不适、呼吸困难、咳嗽、烦躁、昏迷,严重时心搏骤停突然死亡。主要在右心、肺动脉、肺静脉内存在血性泡沫。对于高度怀疑空气栓塞死亡的,必须作特殊空气栓塞试验。解剖时先在胸骨上开一小窗,避免切断静脉,暴露心包,将心包作一切口,用镊子钳住,悬吊成一个池,向心包内注水淹没心脏,然后切开右心室,发现有气泡从水中冒出,即可证实有空气栓子存在。必须指出,尸检切开颈静脉等近心大静脉可造成死后心腔气泡形成。因此对怀疑空气栓塞者,应先将近心段上、下腔静脉结扎,然后按上述方法进行检验。需要注意的是,在冠状动脉、脑膜动脉或其他动脉内,有时可见血液间断现象,不可误认为空气栓塞;腐败尸体因有腐败气体产生,也会在血管中有气泡存在,对怀疑空气栓塞死亡的,应及早进行尸检。

第四节 挤压综合征

挤压综合征(crush syndrome)是指人体躯干、四肢等肌肉丰富的部位受到长时间严重挤压,致使局部受压组织缺血、挫伤、变性、坏死,肌浆溶解、肌红蛋白释放,出现以肌红蛋白尿、代谢性酸中毒、高钾血症和氮质血症等急性肾衰竭为主的综合征。挤压综合征是广泛性软组织损伤常见的并发症。挤压伤与挤压综合征是同一病理过程的两个不同阶段,挤压综合征是挤压伤的晚期阶段。目前,国际上将仅有肌肉挤压伤而未并发肌红蛋白尿和急性肾衰竭的称为"挤压伤"或"筋膜间隙综合征",而并发肌红蛋白尿或急性肾衰竭者的称为"挤压综合征"。

一、挤压综合征形成原因和死亡机制

地震房屋倒塌、坑矿塌陷、道路交通事故挤压等意外事故引起肌肉等软组织严重挤压、挫伤,可引起挤压综合征。在法医学实践中,四肢、臀部和背部等肌肉丰富的部位遭受反复打击、长时间四肢被捆绑固定等是引起挤压综合征的常见原因。严重挤压、挫压等机械性暴力作用引起局部血管内皮细胞缺血缺氧性损伤或血管壁破裂,血浆渗出、水肿,进一步增加局部组织张力,加重微循环障碍,骨骼肌变性、细胞膜通透性增高或骨骼肌纤维破坏,肌浆溶解、肌红蛋白及细胞内钾离子释放入血。因局部创伤性炎症反应,白细胞积聚、浸润,大量细胞因子和损伤相关分子模式分子分泌增多和酸中毒等,导致以急性肾衰竭为主要特征的全身性损伤反应。因此,受损部位软组织特别是肌肉变性、肌浆溶解和血管通透性增加是挤压综合征的始动环节。局部组织缺血再灌注损伤、电解质紊乱、代谢性酸中毒、血液高凝状态和肌红蛋白血症等,引起急性肾小管蛋白管型和近曲小管上皮坏死等肾脏病理变化是挤压综合征的主要发生机制,可引起以急性肾衰竭为主的全身多器官功能障碍综合征而死亡。

二、挤压综合征病理变化

(一)挤压伤局部病理变化

1. 皮肤损害 单纯受挤压早期,皮肤无明显变化,仅见压痕,易被忽略。伤后4～5天,随着再灌注损伤发生,局部组织大量渗出、肿胀,受压区和非受压区皮肤间出现明显分界,皮肤张力显著增高,质地硬、发亮,有的出现片状红斑和水疱;受伤肢体远端因血供减少,皮肤苍白,温度下降。

2. 肌肉损害 肌肉明显苍白、易碎或呈死鱼肉状,与周围肌组织有明显分界,该分界相当于皮肤压迹,系直接受压引起局部肌组织缺血性坏死。局部组织张力较高,肌肉切面膨隆外凸、苍白色。损伤较轻的肌肉,大体改变不明显,镜下可见肌纤维束片状坏死,与动脉周围出血或直接损伤引起动脉痉挛有关。典型的挤压伤在解除压迫后,肌肉点状出血、呈暗红色或红色;解除压迫较晚的,肌肉发生缺血性坏死、呈苍白色,局部严重肿胀伴大量浆液性渗出。组织病理学变化为骨骼肌纤维肿胀变性、横纹模糊或消失,肌纤维断裂、碎裂,肌核消失,有的肌纤维仅细胞膜残存、呈肉膜管子样;间质水肿明显、不同程度出血以及炎症细胞浸润,肌组织小血管管壁破裂、毛细血管内皮肿胀,可见微血管血栓形成。

(二)肾脏病理变化

挤压综合征的特征性病理变化为肾脏大量肌红蛋白管型和近曲小管上皮坏死。肾脏体积明显肿胀增大,皮质发白,切面皮髓质界限不清,潮湿、发亮,髓质瘀血呈暗红色。组织病理学变化主要见于,肾间质及肾小球均有明显充血肿胀;肾小球毛细血管袢红细胞聚集,可呈缗钱状或有小血栓形成,系膜细胞有增生,肾球囊扩大,球囊壁可呈立方形上皮;肾小管上皮细胞肿胀、脱落和坏死,其中,近曲小管上皮细胞腔面刷状缘的微绒毛消失、水样变,可有不同程度的再生;近曲小管和远曲小管含有颗粒状或带状色素管型,粗细不等,多凝集成块,有的与脱落的上皮细胞混合在一起,形成细胞色素管型。色素管型为嗜酸性,主要成分为肌红蛋白(见文末彩图12-4)。有些肾小管腔内还可见透明管型，甚至可以从破坏的肾小管处突入周围组织中。坏死肾小管及其周围组织有炎症细胞浸润。伤后存活 1 周的，可见肾小管上皮明显再生，有的伴有纤维组织增生。在同一切片上如能同时看到肾小管上皮再生和慢性肾小管上皮细胞丢失，表明这种肾小管上皮的损伤过程是进行性的，即包含了上皮细胞坏死脱落和再生的连续过程。

（三）其他器官病理变化

心脏：心肌细胞缺血、渐进性坏死，心肌间质水肿及显微性出血。脑：因大脑缺血缺氧等导致细胞损伤和神经元坏死，有急性脑水肿改变。肺：血管白细胞聚积、出血、水肿、炎症细胞浸润、肺泡萎陷或大泡形成并存等。严重的损伤也有并发弥散性血管内凝血。肝：瘀血、水肿、肝细胞变性、局灶性坏死。肾上腺：皮质缺血坏死，有些可见皮质出血。胃肠道：可发生应急性黏膜糜烂和浅表溃疡，可有消化道出血。

三、挤压综合征的法医学鉴定

（一）鉴定要点

1．外伤史　主要是肌肉丰富的区域遭受长时间的挤压或钝性暴力反复打击。应详细了解致伤原因和致伤方式，肢体受压时间，特别关注有关创伤性肾衰竭的临床表现等，如外伤后有无"红棕色"、"深褐色"或"茶色"尿及尿量变化。

2．原发性皮肤和肌肉损伤　大面积皮下出血和肌肉坏死，有时可见皮肤与肌层分离形成囊袋状损伤，囊腔内有坏死液化的脂肪和肌肉组织，与正常组织有一定界限。从肌肉损伤至急性肾衰竭发生乃至死亡往往经过一定时间，其间，有的原发损伤不明显。还应与非创伤原因所致的肌肉损伤相鉴别。

3．特征性肾脏病理学变化　主要为近曲小管上皮坏死和肾小管肌红蛋白管型或含肌红蛋白的混合管型，且病变达到一定程度。必要时行肌红蛋白免疫组化检验。

（二）鉴定中应注意的问题

1．挤压综合征的发生时限　严重的挤压伤首先形成广泛性软组织挫伤，在短时间内可引起创伤性失血性休克或高血钾致心搏骤停。在法医学实践中，发现伤后 8 小时左右或早期死亡的，直接死因多为创伤性失血性休克。典型的挤压综合征常在严重挤压损伤 48 小时后甚至更长时间内形成。一般在伤后 4～5 天死亡的，可见远曲小管大量肌红蛋白管型。

2．挤压伤与挤压综合征　挤压伤与挤压综合征是同一病理过程中两个不同阶段，肌红蛋白尿和急性肾衰竭是两者之间的主要区别。发生于肢体的严重挤压伤有可能发展为筋膜间隙综合征，筋膜间隙压力升高造成肌肉缺血坏死、肌红蛋白血症，而并未发生肾衰竭，称为挤压伤或筋膜间隙综合征。外伤性肌肉缺血坏死、肌红蛋白尿和肾衰竭是鉴定挤压综合征的必备条件。

3．广泛性软组织挫伤与挤压综合征　在法医学实践中，钝性暴力反复殴打、捆绑四肢、臀部和背部等肌肉丰富部位导致广泛性皮下出血、肌肉挫伤坏死，引起挤压综合征的案例已屡见不鲜。体表损伤面积、损伤深度和作用时间长短与挤压综合征的发生极为密切。广泛性软组织挫伤并发大量肌肉坏死、肌红蛋白尿和典型肾小管上皮坏死、肌红蛋白管型以及急性肾衰竭，可以诊断为挤压综合征。

第五节　急性呼吸窘迫综合征

急性呼吸窘迫综合征（acute respiratory distress syndrome，ARDS）是指各种致伤因素引起的以肺间质毛细血管通透性增强为基础，以肺水肿、透明膜形成和肺不张为主要病理变化，以进行性呼吸窘迫、难治性低氧血症和肺部 X 线呈云雾样变化为临床特征的急性呼吸功能衰竭综合征。ARDS 的命名过去十分混乱，曾有成人呼吸窘迫综合征、休克肺、创伤性湿肺、创伤后肺不张、创伤后肺功能不全、弥漫性肺泡损伤等称谓。ARDS 是机械性损伤常见的致命性并发症，具有起病急骤、发展迅猛、治疗效果差、预后极差、病死率高等特点。

一、急性呼吸窘迫综合征的发生原因及机制

　　ARDS 的发生原因多见于创伤、休克、感染、吸入有毒气体、误吸、代谢紊乱等。在法医学领域，机械性损伤及其继发性病理变化是引起 ARDS 的常见原发性因素。胸部外伤特别是肺挫伤、肺震荡伤、外伤性脂肪栓塞能直接导致肺脏损伤。大面积软组织挫压伤、多发性骨折等肺外器官和组织损伤是导致外伤性 ARDS 的常见原因。

　　ARDS 的发病机制复杂，至今尚未完全阐明。一般认为，严重创伤诱导机体免疫机制异常、全身炎症反应综合征（SIRS），进而引起多器官功能障碍综合征（multiple organ dysfunction syndrome，MODS）。急性肺损伤（acute lung injury，ALI）和 ARDS 是 SIRS 所致的 MODS 在肺脏的早期表现。呼吸窘迫、换气障碍和进行性低氧血症等主要是通过以下环节发生：①肺微循环障碍、肺水肿：严重创伤引起交感神经兴奋，组胺、5-羟色胺、前列腺素、儿茶酚胺等血管活性物质释放增多，使肺毛细血管后括约肌强烈而持久地收缩，增高肺毛细血管内流体静压，血管通透性增加，液体外渗，造成肺泡壁、肺泡腔明显水肿和出血。肺脏血管内凝血和栓塞可加剧肺泡毛细血管缺氧性损伤，也可导致肺水肿和肺出血。②肺泡表面活性物质的合成和分泌减少：表面活性物质减少，肺泡萎陷、不张，毛细血管周围压力降低，毛细血管扩张，血流增加，血浆渗出，肺间质增宽、顺应性下降，加重呼吸困难和缺氧。③通气-血流比值失常和弥散功能障碍：通过肺的血液得不到充分的氧合作用，肺内分流增加，动脉血氧分压下降。

二、急性呼吸窘迫综合征的病理学改变

　　胸部、肺或肺外器官或组织原发性损伤，如多发性外伤、骨折、肺挫伤。肺脏的主要病理变化，早期主要为两侧肺脏一致性肺泡壁毛细血管扩张、充血水肿，使肺泡间隔增宽，肺泡腔内浆液、中性粒细胞和巨噬细胞渗出，肺泡萎陷、肺不张及代偿性肺泡气肿，呼吸性细支气管、肺泡管和肺泡表面可有嗜酸性均质的透明膜形成；后期以非特异性肺炎和肺纤维化为主。可合并支气管肺炎和肺脓肿。大体观察两侧肺脏肿胀、体积增大，重量增加，肺胸膜湿润，暗红色，肺脏弹性降低，肺切面血性泡沫状液体溢出。肺外主要生命器官呈现非特征性炎症病变和循环衰竭变化。

三、急性呼吸窘迫综合征的法医学鉴定

（一）原因鉴定

　　创伤、感染和休克是发生 ARDS 的三大原因，占 70%～85%。致伤因素或直接作用于肺，或作用于远离肺的组织，均能引起急性肺损伤，引起相同的临床表现。直接作用于肺的致病因子有胸部创伤、外伤后继发各种病原微生物引起的严重肺部感染等；间接因素有败血症、休克、肺外创伤等。ARDS 的原因复杂多样，常多种因素共同作用，鉴定时必须进行系统全面的尸检才能明确。

（二）ARDS 的确定

　　ARDS 是以进行性呼吸窘迫和难治性低氧血症为临床特征的急性呼吸衰竭综合征。临床表现是鉴定 ARDS 的重要依据。ARDS 临床表现有特定的发展规律，典型临床经过可分为 4 期。

　　1. 损伤期　在损伤后 4～6 小时。临床上以原发病表现为主，可出现轻微呼吸增快，但无典型的呼吸窘迫，X 线胸片无阳性发现。

　　2. 相对稳定期　在损伤后 6～48 小时。经过对原发病的积极救治，患者循环功能得以稳定，而逐渐出现呼吸困难，呼吸频率加快（> 30 次 / 分）而出现过度通气，但肺部体征尚不明显，X 线胸片可见肺纹理增多、模糊和网状浸润影，提示血管周围液体积聚增多和肺水肿。

　　3. 呼吸衰竭期　在损伤后 24～48 小时。呼吸困难和发绀进行性加重，常伴有烦躁、焦虑、多汗等，其呼吸困难的特点不能用常规的氧疗方法使之改善，也不能用其他原发心肺疾病来解释。呼吸频率加快，可达 35～50 次 / 分。胸部听诊可闻及湿性啰音，X 线胸片可发现两肺散在斑片状阴影呈毛玻璃样改变，可见支气管充气征，伴奇静脉影增宽，出现呼吸性酸中毒。

4. 终末期　极度呼吸困难和严重发绀,出现精神症状,如嗜睡、谵妄、昏迷等。X 线胸片示融合大片状浸润阴影,支气管充气征明显。由于呼吸肌疲劳导致二氧化碳潴留,并产生混合性酸中毒,最终可发生循环功能障碍。

在法医鉴定 ARDS 的案例中常缺乏临床记载,因此病理检验显得更为重要,主要是肺脏病理学变化。两侧肺脏呈弥漫性肺泡损伤,肺泡腔内有富含蛋白的水肿液、纤维素、红细胞和炎症细胞及坏死的细胞碎屑等,可有肺微血管内血栓形成、肺泡腔透明膜形成及合并肺的炎症改变。但上述改变缺乏特异性,因此 ARDS 在缺少临床资料情况下常不能单独作为死因,一般是作为多器官功能衰竭的一种改变。鉴定 ARDS 应当排除急慢性肺部疾病、心源性肺水肿、非心源性肺水肿、急性肺梗死及特发性肺间质纤维化等,一般它们都有相应病史和临床表现,如结合胸部 X 线和心电图检查,尸检时明确原发病因,鉴别一般不难。

(三)介入因素评估

若在医疗急救时,由于输血输液过量过快造成肺水肿、输入大量库存血造成肺微血栓、氧中毒、长期使用呼吸机、镇静剂过量等发生的有医疗因素参与的呼吸窘迫综合征,不能因医疗因素介入而加重原损伤评价程度。

第六节　创伤后心功能不全

创伤后心功能不全(posttraumatic cardiac insufficiency)是指严重外伤导致心输出量明显降低、不能适应机体代谢需要的病理生理过程。创伤后心功能不全是严重创伤尤其是创伤性休克引起的继发性心脏功能障碍乃至衰竭的过程。值得注意的是,创伤引起心脏破裂等直接性心脏严重损伤而引起迅速死亡的,为原发性心脏外伤死亡,不属于创伤后心功能不全的范畴。

一、创伤后心功能不全的发生原因和机制

创伤后心功能不全的常见原因有创伤引起血容量减少、血管阻力增高、静脉血流障碍,心室舒张受限、心律失常等。严重创伤、创伤性休克或创伤引起剧烈疼痛刺激、高位脊髓损伤引起神经源性休克,有效循环血容量锐减,引起冠状动脉血流量减少、心肌缺血缺氧,是创伤后心功能不全的主要原因。创伤后 ARDS、肺动脉压增高,增加了右心室的后负荷,妨碍了静脉血液回流;胸部外伤引起严重气胸、血气胸,引起胸内压增高,可增加心室外压力,使心室舒张受限,心输出量下降,也能导致静脉回心血量减少;心律失常往往是创伤后心功能不全的临床表现,但严重创伤、休克时可先出现某些性质严重的心律失常,然后发生心功能不全。

创伤后心功能不全是很多严重外伤死亡的直接原因,对其发生机制的研究进展很快。一般认为,心肌收缩力受抑制、心肌缺血缺氧性损害、心肌缺血再灌注损伤、心肌能量代谢障碍、心肌兴奋 - 收缩偶联障碍、心室舒张功能和顺应性异常以及心室各部位舒张与收缩活动不协调,是引起创伤后心功能不全的主要发病环节。

二、创伤后心功能不全的病理学变化

创伤后心功能不全的常见病理变化有以下几方面。

1. 心内膜下散在出血　该变化以左心室内膜为著。其形态特点为心内膜下出血点、斑、片大小不等,数量不一。心内膜下出血的发生可能与有效循环血容量严重不足、心肌缺血缺氧有关。此外,创伤后儿茶酚胺分泌增多,心脏负荷加重,冠状动脉灌注压降低,导致心肌的氧供给不足,引起心肌毛细血管通透性增加甚至管壁破裂出血。

2. 弥漫性心肌纤维变性、坏死　此为创伤后心功能不全主要病变。心肌纤维颗粒样变性,肌浆凝聚、嗜酸性增强和空泡变性,心肌纤维横纹不清或消失,有的可见"肌浆内横带",其特点为与心肌

纤维长轴垂直、宽窄不一、疏密不一、深红染色,与许多粗大颗粒相间分布,是心肌纤维凝固性坏死的早期变化。

3.心肌炎症反应 局灶性心肌坏死的继发性炎症反应,也可见致病菌继发性感染所致的炎症病灶,甚至可见心肌脓肿形成。心肌间质小血管内皮细胞肿胀,毛细血管内红细胞呈缗钱样排列,可有微血栓形成,微血管通透性增高,心肌间质水肿。

4.心肌的原发性损伤及其继发性病理变化 心肌挫伤性出血呈现为心内膜下以及心外膜下瘀点或瘀斑,有时心脏外表仅见小块心外膜下瘀斑,但深层心肌内部却隐藏着广泛的出血与变性、坏死等病变。度过急性期后,损伤区域内出现炎症细胞浸润,坏死组织软化,溶解、吸收,并逐步为瘢痕组织取代。这种心肌挫伤的继发性病理变化与心肌梗死类似,可称之为创伤性心肌梗死。心肌挫伤的病理变化与心肌梗死不同之处在于:①心肌挫伤早期病变呈片状出血,可见心肌纤维的撕裂和细胞碎片。②心肌挫伤时受损心肌与正常心肌间界限分明,这与心肌梗死时病变区与正常心肌组织间存在过渡的形态截然不同。③损伤区含铁血黄素多见,其周围可见明显的心肌纤维损伤,冠状动脉病变不明显或无血栓形成。④心肌挫伤愈合时呈片状瘢痕,间以正常心肌组织,而心肌梗死愈合瘢痕周围心肌有慢性缺血缺氧病变,两者之间呈狼牙交错样。

5.胸部冲击伤所致心肌病理变化 特征性病变为心肌闰盘解离、以闰盘为界的心肌出现不同步收缩现象,并可形成"过牵细胞"。发生机制可能为,冲击波引起的血流动力学急剧改变,回心血量骤然猛增,心腔压力急速上升,心脏负荷突然加大,促使心肌纤维过度牵拉和闰盘分离。可见有局灶性的心内膜下出血、肌浆溶解、肌纤维断裂等其他创伤后心肌病变。此外,心脏钝性伤能引起心脏传导系统如窦房结、房室结和传导束周围有出血,炎症细胞浸润改变,冠状动脉内有血栓形成。

三、创伤后心功能不全的法医学鉴定

(一)死亡原因鉴定

创伤后心功能不全常是各种全身损伤所致的终末期改变,因此,心功能不全是一种死亡机制,并不能作为独立死因,应以原发性损伤作为死因。对于直接作用于心脏的创伤以及严重全身性创伤所致心功能不全,此时的损伤应作为独立死因。如心肌挫伤、心脏传导系统出血以及冠状动脉损伤引起的内膜撕裂出血、血栓形成,均可直接损害心肌的收缩力,增加心脏负荷,从而引起心功能不全。

(二)心功能不全的鉴定

心功能不全是常见的终末期病理过程,一般病理学变化都表现为全身脏器的瘀血,急性肺水肿、脑水肿等。鉴定创伤后心功能不全应与原发性肺水肿、脑水肿加以鉴别,后者常有导致肺水肿、脑水肿的原因,如急性肺炎、溺水、脑损伤出血。

(三)心脏原发性疾病参与度的评估

在法医学实践中,外伤后死亡的,常常可见死者既有原发性心脏疾病,又有损伤引起的心脏病变,评估伤病关系是十分必要的。必须详细检验伤、病,分别评估,并结合案情、综合分析,得出客观公正的鉴定结论。例如,严重冠心病患者,如其胸部受到轻微外伤,并导致冠状动脉粥样斑块出血而死亡,此时外伤应鉴定为辅助死因或诱因;如受到软组织损伤引起血凝性增高,在粥样斑块处发生了血栓形成而死亡,宜将外伤鉴定为辅助死因。有时胸部外伤和原发性疾病均较严重,难以区分两者间的轻重,则应鉴定为共同死因。

第七节 多器官功能障碍综合征

多器官功能障碍综合征(multiple organ dysfunction syndrome,MODS)是指在严重创伤、感染、失血、大手术等应激状态时,机体短时期内出现两个或两个以上器官或系统功能进行性降低乃至衰竭的综合征。肺脏、胃肠道、肝脏、肾脏和血液是 MODS 发生过程最早受累的器官。MODS 的主要特

点是原发性因素启动 MODS 发生后,即使原发性因素消失,MODS 的发展进程仍在继续乃至引起死亡,死亡率高达 62.5%～85%。一般认为,2 个器官功能障碍的平均死亡率为 59%;3 个器官功能障碍的平均死亡率为 75%;4 个或 4 个以上器官功能障碍的平均死亡率为 100%。

一、多器官功能障碍综合征的发生原因及机制

在法医学实践中,MODS 是机械性损伤常见的并发症。引起 MODS 的原因往往是综合性、多因素的。外伤性 MODS 的早期发病环节可能有一定的特征性,之后与感染、休克等引起的 MODS 有共同的发生机制。失控的全身性炎症反应综合征(systemic inflammatory response syndrome,SIRS)是 MODS 发生的共同前置通路,其发病机制如下。

1. 促炎 - 抗炎反应失衡　炎症反应学说是 MODS 发病机制的基石。细菌和(或)毒素和组织损伤所诱导的全身性炎症反应是导致器官功能衰竭的根本原因。机体受细菌毒素、损伤刺激后,不仅释放炎症介质引起 SIRS,同时释放大量内源性抗炎介质,后者可能是导致机体免疫功能损害的主要原因。1996 年,Bone 针对感染和创伤时导致的机体免疫功能降低的内源性抗炎反应,提出了代偿性抗炎反应综合征(compensatory anti-inflammatory response syndrome,CARS)的概念。CARS 作为 SIRS 的对立面,两者常常是不平衡的。如保持平衡,则内环境得以维持,不会引起器官功能损伤。一旦发生 SIRS 和 CARS 失衡,将引起内环境失去稳定性,导致组织器官损伤,发生 MODS。

2. 肠道细菌移位、内毒素入血　严重创伤、休克、缺血再灌注损伤等均可导致肠黏膜屏障功能破坏,肠道细菌移位和肠源性内毒素入血,为炎症反应提供了丰富的和不竭的刺激物质,导致炎症反应持续发展,最终引起多器官功能障碍。肠源性内毒素引起的急性肝损伤或肝脏库普弗细胞清除内毒素等损害物质能力受损,可能是启动 SIRS 导致 MODS 的关键途径。

3. 缺血再灌注损伤　缺血再灌注损伤(ischemia reperfusion injury,IRI)是引起非感染性炎症损伤的基本途径之一。各种原因引起的 IRI 能促进细胞活性氧簇(reactive oxygen species,ROS)破坏细胞的氧化还原稳态,从而导致氧化应激,引起钙超载、非感染性炎症反应、血管内皮细胞和白细胞相互作用,终致器官实质细胞损伤,最终发生 MODS。

4. 两次"打击"和双项预激假说　该学说把创伤、休克等早期致伤因素视为第一次"打击",该次"打击"各种免疫细胞或炎症细胞被激活,处于一种"激发状态",此后病情进展或再次出现致伤因素侵袭,则构成第二次"打击"。此期"打击"的突出特点是炎症和应激反应具有放大效应,即使"打击"的强度小于第一次,也能造成处于激发状态的炎症细胞更为剧烈发生反应,从而超量释放细胞和体液介质。如此还可以导致"二级"、"三级",甚至更多级别的新的介质产生,从而形成"瀑布样反应"。这种失控的炎症反应不断发展,最终导致组织细胞损伤和器官功能障碍。

5. 应激基因假说　应激基因反应是指一类由基因程序控制,能对环境应激作出反应的过程。应激基因反应是细胞基本机制的一部分,能促进创伤等应激打击后细胞代谢所需的蛋白合成。应激基因这种机制有助于解释两次"打击"导致 MODS 的现象,这种细胞反应的类型也表现在内皮细胞中,当血管内皮细胞受内毒素攻击后能导致细胞凋亡。引起细胞功能改变的最终后果是导致机体不再能对最初或以后的"打击"作出反应,而发生 MODS。

二、多器官功能障碍综合征的病理学变化

一般情况下,MODS 的病理学包括始动原因、潜在疾患(易发因素)的病变以及发展成为 MODS 病变。始动原因为原发性损伤及伴随发生的各种感染、脓毒血症等;潜在疾患为各种营养不良病理改变;MODS 表现为肺、肝、肾等多个器官衰竭的相应病变。MODS 不同时期主要器官的病理变化如下。

1. 肺　急性肺损伤是 MODS 发生过程中的早期病理变化。MODS 早期(第 1 天),肺脏发生不同范围、不同程度的充血、出血,肺血管白细胞聚集,肺间质水肿、可形成血管周围水肿套,可有微血栓

形成。此时肺毛细血管内皮细胞和肺泡Ⅰ型上皮水肿。稍后（第2天），发生肺泡水肿和透明膜，肺泡壁增厚，肺泡萎陷，Ⅱ型上皮细胞退变或反应性增生，常合并支气管肺炎。再后，病情加重时上述病变进一步加剧，肺炎扩大、融合，可发生肺脓肿，血供障碍和血管内皮细胞、肺泡上皮细胞退变更为严重；较晚时期，常发生Ⅱ型上皮细胞显著增生、成纤维细胞增生甚至肺纤维化。

2. 肝　肝脏是MODS发生过程中最早受累的关键器官，然而这一现象与临床所见不同。就临床所见，最多见累及的器官往往是肺，最开始出现的功能衰竭是呼吸。肝衰竭也多出现在ARDS或肾衰竭之后，早期出现的肝细胞损伤不能为临床所检出，在伤后3～4日才出现肝功能改变，如血胆色素及酶的升高，而肝脏细胞能量代谢的改变早在伤后30分钟即已发生。MODS发生早期，肝窦充血，肝细胞肿胀，库普弗细胞肿大，吞噬活跃。稍后，肝细胞变性加重，常发生嗜酸性变、脂肪性变、细胞坏死。第4～5天病变加重，多见肝细胞坏死灶，肝窦内也多见坏死细胞，坏死灶周围有淋巴细胞浸润。晚期病变可见肝细胞再生。由于供给肝脏的氧主要来自门静脉，而且静脉是低压力系统，当中心静脉压升高时，肝灌流量减少，加以低氧时肝血流量并不增加，因而低氧血症和肝血流量减少，可导致肝细胞严重缺氧而发生变性坏死，这时肝细胞病变主要发生在肝小叶中心部，具有一定的代表性。

3. 肾　早期肾小球充血或缺血，肾小管上皮细胞肿胀、透明样变，间质水肿；电镜下肾小球毛细血管内皮细胞、肾小管上皮细胞水肿及细胞线粒体膜损伤。稍后，病变加重，小球间质细胞增生，基底膜疏松，足细胞水肿，足突融合，肾小管上皮细胞空泡变性，并可坏死脱落。再后，肾小球系膜细胞增生，基质增多。病情加重者可见肾小球细胞病变和毛细血管缺血加重，肾小管上皮细胞变性坏死明显。

4. 肠　肠黏膜屏障受损可能是MODS发生的早期病理变化，肠黏膜屏障涉及机械性屏障和黏膜化学屏障。早期病理变化为肠壁黏膜充血、水肿，炎症细胞浸润，上皮细胞微绒毛减少，线粒体肿胀。稍后黏膜出血，上皮变性、坏死、脱落，形成糜烂、浅表溃疡，以后病变加重或趋向愈合。

5. 脑　早期主要是脑膜和脑实质充血，脑组织水肿，而后病变加重，可发生脑膜及脑实质出血，神经细胞水肿或萎缩，以至坏死，由此出现"噬神经元现象"。神经胶质细胞肿胀、增生。

三、多器官功能障碍综合征的法医学鉴定

（一）MODS的鉴定

MODS临床发病过程有其特征性，也会有相应的临床症状体征，因此根据临床资料能够作出MODS的诊断，但有时并不能获取完整的临床资料。

1. MODS的临床特征　MODS的临床特征一般具有：①衰竭的器官通常并不直接来自原发损伤，从原发损伤到发生器官功能衰竭在时间上有一定的间隔。②并非所有患者都有细菌学证据，30%以上患者临床及尸检中没有发现感染病灶。③MODS可以累及本来完全健康的器官，且来势凶猛，病情发展迅速，一旦发生，几乎难以遏制，故死亡率很高。④在病理学上，MODS缺乏特征性，受累器官仅是急性炎症反应，如炎症细胞浸润等，这些变化与严重的临床表现不符，而一旦恢复，临床上可不留任何后遗症。⑤MODS与休克和感染的关系密切，休克、感染、损伤（包括创伤及外科手术等）是MODS的三大主要致病原因。需要指出的是，虽然多数MODS病例出现在原发损伤之后数天至数周，但有些病例也可能早在72小时左右出现。也有人认为休克患者在24小时内发生的器官功能损害不能被视为MODS。

2. MODS的临床诊断标准　MODS的诊断标准仍不统一，任何一个MODS的诊断标准均难以反映器官功能紊乱的全部内容。目前临床使用的MODS诊断标准主要内容包括：①心血管功能障碍诊断标准：a. 收缩压＜90mmHg（1mmHg＝0.133kPa）；b. 平均动脉压（MAP）＜70mmHg；c. 发生休克、室性心动过速（室速）或心室纤颤（室颤）等严重心律失常、心肌梗死（具备 a、b、c 三项之一即可诊断）；②呼吸功能障碍诊断标准：氧合指数 PaO_2/FiO_2＜300mmHg（具备即可诊断）；③中枢神经功能

障碍诊断标准：a.意识出现淡漠或躁动、嗜睡、浅昏迷、深昏迷；b.格拉斯哥昏迷评分（GCS）≤14分（具备a、b二项之一即可诊断）；④凝血系统功能障碍诊断标准：a.血小板计数（PLT）<100×10⁹/L；b.凝血时间（CT）、活化部分凝血酶原时间（APTT）、凝血酶时间（PT）延长或缩短；3P试验阳性（具备a、b二项之一即可诊断）；⑤肝脏系统功能障碍诊断标准：a.总胆红素（TBIL）>20.5μmol/L；b.血白蛋白（ALB）<28g/L（具备a、b二项之一即可诊断）；⑥肾脏系统功能障碍诊断标准：a.血肌酐（SCr）>123.76μmol/L；b.尿量<500ml/24h（具备a、b二项之一即可诊断）；⑦胃肠系统功能障碍诊断标准：a.肠鸣音减弱或消失；b.胃引流液、便潜血阳性或出现黑便、呕血；c.腹内压（膀胱内压）≥11cmH₂O（1cmH₂O=0.098kPa）（具备a、b、c三项之一即可诊断）。

3.病理学依据　多器官功能衰竭多为机体终末期病变，并无特异性病变，表现组织器官的炎症变化，如变性、坏死和炎症细胞的浸润等。由于在法医检案中常常缺乏临床资料，因此各脏器的病理改变是鉴定MODS脏器损害及损害严重程度的重要指标。一般从病理检验上能明确有几个脏器的损害、病变程度及病变的性质等，对法医鉴定MODS有重要价值。

（二）原因鉴定

原发性机械性损伤是导致外伤性MODS的主要原因。原发性损伤不仅导致直接受累组织器官结构及功能改变，还可发生外伤后组织氧合不足、组织灌流量相对降低、潜在氧供与氧耗失衡以及全身性炎症反应综合征等复杂的综合性病理过程，造成多器官功能障碍。因此，在对MODS原因的鉴定中，既要查明原发性外伤，还应特别关注原发性外伤引起各个器官一系列相互延续的病理生理过程，从整个病理演变过程逆推发生原因。系统的尸体解剖和组织病理学检验一般都能明确MODS的原因。

知识链接 ▶

外伤并发症的发展概况

机械性损伤并发症与战伤以及医学抢救复苏理论与器官支持措施密切相关。在第一次世界大战中，主要死亡原因是血容量减少，循环衰竭或休克。1942年轰炸伦敦房屋倒塌引起"挤压综合征"，第二次世界大战后期主要死因为肾衰竭。越南战争期间主要死因为休克肺（急性肺损伤和急性呼吸窘迫综合征）。20世纪70年代，由于器官支持措施的进步，包括休克肺在内的危重急救患者的存活时间逐渐延长，又出现了两个以上器官功能障碍。1973年，美国波士顿Tilney首次报道了18例腹主动脉破裂后出现序贯性多器官功能衰竭。1975年，美国耶鲁大学医学院的Baue报道了3例多器官功能衰竭的患者，尸检材料显示多器官功能衰竭的证据，首次提出多器官功能衰竭（multiple organ failure，MOF），由于血液、消化系统等均受累及，也有多系统器官功能衰竭（multiple system organ failure，MSOF）的说法，由于MOF往往一个器官接着一个器官发生，还有序贯性多器官衰竭（sequential multiple organ failure，SMOF）之称。1991年，美国胸科医师学会和危重病医学协会联合会议建议用"multiple organ dysfunction syndrome"取代"multiple organ failure"，其中功能障碍是指"不再能维持机体的自稳态"，MODS强调的是多个器官功能障碍的发展动态过程，而MOF则是MODS的终末阶段。

（三）易发因素的鉴定

MODS发病与患者的年龄、伤前健康状况以及医源性因素等有关，而且原发因素和易发因素越多，则MODS的发生率越高。因此，在法医鉴定中评估易发因素对得出客观科学的鉴定意见具有重要意义。

1.基础性疾病　MODS的发生中，基础性疾病常是高危易发因素，这些原发性疾病有慢性器官病变，如，冠心病、肝硬化、慢性肾病、糖尿病、营养不良等，各种癌症因使用免疫抑制剂、皮质激素和抗癌药导致免疫功能低下的患者等。对于基础性疾病的确定并不困难，但对基础疾病在 MODS 发生中的作用，即参与度鉴定，有时难以把握。从发生机制上而言，基础性疾病属于易发因素或促发原因，因此，应当将基础疾病作为辅助死因对待，而不能鉴定为主要原因。

2. 医疗因素　MODS 发生的原因，有相当一部分与医疗不当有关，如过度输液、过度吸氧和过度使用抗生素等。对于医疗因素促发的 MODS，法医一般不能直接进行评价。因为医疗行为极其复杂，既有适应证问题，也有治疗是否适当、合理问题。因此，关于医疗问题的鉴定必须启动医疗损害鉴定程序。鉴定作出后，法医才能根据已作出的结论来判断医疗不当的参与度。作者认为，在参与度的评定中，对的确与 MODS 发生有因果关系的医疗不当行为，一般应当将其鉴定为辅助死因，因为如果没有原发损伤，就不会有后续的治疗问题，原发损伤才是导致 MODS 的始动因素和根本死因，这样才能有利于案件的处理，也有助于医学科学的发展。

第八节　颅脑损伤后并发症及后遗症

颅脑损伤可引起一系列并发症，并发症可发生在颅内或颅外器官。颅内并发症主要是由于治疗措施不当所引起的手术区脑实质、脑室、硬脑膜外/下再出血、脑脊液漏、颅内感染等。在法医病理学实践中，颅脑损伤后并发症及后遗症可以构成死亡发生的参与因素。

一、外伤性脑脊液漏

外伤性脑脊液漏常见原因为外伤引起颅底骨折，同时伴有硬脑膜及蛛网膜的破裂，脑脊液经此破损处漏到硬膜外，从耳或鼻流出。外伤性脑脊液漏在头部外伤者中的发生率为 2%～3%；与颅底骨折的部位有关，在颅前窝骨折的患者中发生率为 25%～50%；与脑损伤的严重程度无明显关系。外伤性脑脊液漏在小儿较少见，成人与儿童发生率之比约为 10∶1，2 岁以下的小儿发生率明显较低，2 岁以后发生率逐渐增加。

根据外伤性脑脊液漏发生的时间，可分为急性脑脊液漏（伤后立即发生）和延迟性脑脊液漏（伤后数周或数年发生）两类。外伤性脑脊液漏 60% 发生于伤后数天之内，95% 发生于伤后 3 个月内。延迟性脑脊液漏的原因可能为：①外伤后脑膜撕裂处为血块所堵塞，血块吸收后才发生脑脊液漏；②外伤后脑水肿严重，脑组织堵塞破口，待水肿消退后发生脑脊液漏；③外伤时脑膜裂口较小，但以后因咳嗽、用力，颅内压突然增高，使脑膜裂口扩大而发生。

脑脊液漏的最大危险是逆行性颅内感染引起脑膜炎，但外伤性脑脊液漏大多数可自行愈合，仅少部分可长期不愈，漏液持续 7 天以上者，并发脑膜炎的机会为 5%～10%。

二、外伤后颅骨骨髓炎

外伤后颅骨骨髓炎为开放性颅脑损伤的重要并发症之一。常见原因为：①颅脑开放性损伤时颅骨直接被污染，而伤后清创又不够及时或在处理中不够恰当；②头皮损伤合并伤口感染经血管蔓延至颅骨，或外伤后头皮缺损使颅骨长期外露，坏死而感染；③颅底骨折累及鼻旁窦、中耳腔和乳突。

头颅 X 线平片显示，典型的颅骨骨髓炎改变为局部钙化，死骨形成，骨质缺损或残缺不齐。如原有的损伤为粉碎性骨折，可见游离的骨折片，呈死骨样改变；如系线形骨折，可见骨折线增宽，并在其周围发生炎症变化；如原有损伤有广泛的骨质缺损，病变就主要限于缺损的边缘，经久不愈者可出现边缘硬化、增殖现象。

三、外伤后颅内脓肿

多发生于开放性颅脑损伤或颅底骨折后，发生率约为 9%。脓肿可在颅内炎症性病变数周后形成，亦可在伤后多年出现。外伤后颅内脓肿可分为硬脑膜外脓肿、硬脑膜下脓肿和脑脓肿。

（一）硬脑膜外脓肿

开放性颅骨骨折或头皮缺损，颅骨外露；或头皮、骨膜下血肿伴感染致使颅骨感染，再向内形成硬膜外脓肿。脓腔内除脓液外，还有较多的肉芽组织，脓肿多呈局限性。

（二）硬脑膜下脓肿

开放性颅骨骨折，感染未控制，向内扩展形成硬脑膜下脓肿；少数因头皮软组织感染经导血管蔓延至颅骨板障或硬脑膜下，也可形成硬脑膜下脓肿。由于硬脑膜下腔无阻力，脓液易扩散，常可累及整个大脑半球或沿颅底蔓延，如患者长期卧床，脓液可沉积于颞部和枕颞部。

（三）脑脓肿

开放性颅脑损伤，头皮软组织感染，头皮缺损颅骨外露均可因细菌侵入脑内先形成化脓性脑膜脑炎，再液化，被纤维组织、网状内皮细胞及星形胶质细胞构成的脓肿壁包裹。通常包膜的形成需3周左右的时间，时间越长，包膜越厚。临床可出现全身感染症状，颅内高压症状，脑疝症状以及相应部位脑功能缺失症状。有些病例原先有鼻旁窦或中耳的慢性化脓性感染，颅脑外伤后颅内抵抗力降低，可继发脑脓肿。

四、化脓性脑膜炎

由颅脑损伤所引起的脑膜炎多见于颅底骨折伴脑脊液漏者，或因颅脑穿透性开放伤而引起。细菌进入蛛网膜下腔的途径除经由开放的创口之外，亦可从血液、呼吸道、鼻旁窦、中耳及乳突区进入。病原菌一般常为葡萄球菌、链球菌、大肠埃希菌及铜绿假单胞菌等。感染一旦发生，由于细菌的毒素和蛛网膜下腔的炎症反应，常导致脑水肿、颅内压增高及脑血流障碍。若无及时、合理的治疗，常常造成严重的并发症和后遗症，如脑脓肿、脑积水、脑水肿、硬膜下积脓及脑血管性损害等，死亡率高达18.6%。

五、外伤性癫痫

外伤性癫痫是继发于脑外伤引起癫痫发作的一种临床综合征。按外伤后出现癫痫的时间可分为早期和晚期发作两类。早期发作多出现于伤后1周内，常因脑挫伤、凹陷骨折、蛛网膜下腔出血、颅内血肿、急性脑水肿等引起。晚期发作多发生在伤后3个月以上，常因脑膜瘢痕形成、脑萎缩、脑室穿通畸形、脑脓肿等引起。

外伤性癫痫常发生于年轻成人，以20~40岁为多；80%~90%发生于男性；具有癫痫家族史的患者伤后更易于发生癫痫。癫痫的发生与以下5种因素有密切关系：颅骨凹陷骨折；脑膜-脑皮质损害；伤后出现神经系统症状和体征；颅内血肿；外伤后遗忘。伤后出现前述因素越多，越易发生外伤性癫痫。

六、外伤性脑积水

颅脑损伤后，由于脑外伤直接造成导水管、第三脑室或第四脑室出口处粘连或阻塞者可引起脑积水；或由于脑外伤后发生蛛网膜下腔出血引起纤维性粘连，可使脑脊液循环受阻而引起；或由于脑外伤引起脑缺血缺氧出现脑水肿，压迫脑池和脑表面蛛网膜下腔引起；或由于外伤引起颅内大静脉窦的阻塞，使静脉回流受阻，脑脊液吸收障碍等，均可引起脑积水。此外，颅脑外伤后发生广泛髓鞘变性，脑实质萎缩，致脑室代偿性扩大，也导致脑积水。

约有10%的重型脑外伤患者发生脑积水，临床表现为在头部外伤的急性症状消失后，患者出现逐渐加重的精神症状，表现为淡漠、呆滞、易激惹、语言单调、对外界刺激反应迟钝、步态不稳、共济失调、下肢僵硬、震颤麻痹样综合征等。

七、去大脑皮质综合征和迁延性昏迷

颅脑外伤致原发性脑干损伤；或颅内血肿或脑水肿引起颅内压增高，脑疝形成，发生继发性脑干损伤；或广泛而严重的脑挫裂伤使大脑皮质、间脑和脑干受损，脑干网状结构上行激活系统破坏不能使觉醒刺激向上传导,使皮质处于抑制状态,称为去大脑皮质综合征。临床表现为意识和思维能力丧失,对外界各种刺激包括声、光等反应消失或极差,但皮质下和脑干功能可逐渐恢复,能自动睁眼、转动眼球,偶尔有无意识动作。一般脑损伤程度愈重,昏迷状态愈深,持续时间也愈长。如昏迷时间超过 3 个月者,称为迁延性昏迷。

八、法医学鉴定

颅脑损伤患者所患原发性基础疾病对颅脑损伤并发症的发生及其预后有影响;反之,颅脑损伤也会影响原有基础疾病的病程演变。鉴定颅脑损伤及其并发症的死亡原因、评估伤病参与度,应根据颅脑损伤的病理生理过程及颅脑损伤并发症,结合临床病程转归资料、治疗经过、特别是尸检所见等综合分析。

(一)颅脑损伤并发症

鉴定颅脑损伤并发症的发生需要结合手术记录以及尸检所见,在判断治疗措施有无违反诊疗常规的基础上进行伤病关系的判定。由于手术操作过程缺乏相应的客观证据,鉴定人对颅脑损伤治疗操作规范缺乏了解,在实际检案中对于颅脑损伤并发症的发生原因及其在死亡过程中的参与度认定往往存在困难,需要借助临床医学专家的技术支持进行判定。

(二)颅脑损伤与原有基础疾病的关系

颅脑损伤与基础疾病的关系判定无固定的程式可循。进行伤病关系的判定需要紧密结合临床资料,在详细了解颅脑损伤病程转归、并发症以及基础疾病病程转归的基础上进行判定,并对参与度进行分析判断。

颅脑损伤与基础疾病的关系有:①颅外并发症在相应器官系统所患基础疾病、已有功能障碍的情况下,会产生更为严重的后果。例如,冠心病患者发生脑心综合征,会因并发心肌梗死、心律失常而死亡。②颅脑损伤病程中,机体的病理生理状态加重原有基础病变,如患有动脉粥样硬化性肾病的患者在发生严重颅脑损伤后,肾功能障碍程度加重。③颅脑损伤病程与基础疾病无关。如慢性胆囊炎、陈旧性骨折等与脑挫裂伤病程无明显关系。④原有基础疾病加重颅脑损伤,如患有再生障碍性贫血的患者有凝血功能障碍,在此基础上发生硬脑膜下血肿,并会因凝血功能障碍无法得到及时有效的手术治疗。上述 4 种情况均涉及颅脑损伤在死亡过程中的参与度判定,因此鉴定时应极其慎重。

本章小结

机械性损伤并发症(下称损伤并发症)是指机体在原发性外伤的发生发展过程中发生了与原发性外伤之间存在直接因果关系的不良后果。损伤并发症具有以下特征:①损伤并发症发生在损伤的发生、发展或对损伤的医疗过程中;②损伤并发症是与原发性外伤不同的另一种或几种不良后果;③损伤并发症与原发性外伤在病理学上存在直接因果关系,并发症不是原发性外伤的必然结果,只是偶然结果。鉴定损伤并发症应当明确损伤并发症、评估原发性损伤、伤病关系以及介入因素。损伤并发症常见的有休克、栓塞、挤压综合征、呼吸窘迫综合征、创伤性心功能不全、感染、多器官功能障碍综合征等。鉴定创伤性失血性休克需考察其外伤性基础变化,如大血管或器官破裂、急性失血量。栓塞和挤压综合征有特异性病理变化,需要特殊的检验方法。原发性心外伤引起创伤后心功能不全有原发性外伤愈合等特异性心肌病理变化。创伤性休克、急性呼吸窘迫综合征、多器官功能障碍综合征以及心脏之外的外伤所致心功能不全等并发症的各器官病理学变化常常缺乏特征性病理学变化,鉴定时应立足尸检所见,注意考察原发性外伤后的病理生理过程,尽可能获取有关临床病历资料,综合分析。

关 键 术 语

损伤并发症(injury complication)

休克（shock）

肺动脉血栓栓塞（pulmonary thrombo-embolism）

挤压综合征（crush syndrome）

急性呼吸窘迫综合征（acute respiratory distress syndrome）

创伤后心功能不全（posttraumatic cardiac insufficiency）

多器官功能障碍综合征（multiple organ dysfunction syndrome）

全身性炎症反应综合征（systemic inflammatory response syndrome）

代偿性抗炎反应综合征（compensatory anti-inflammatory response syndrome）

思考题

1. 损伤并发症的特点和鉴定原则。

2. 外伤性栓塞的主要类型、病理变化及鉴定要点。

3. 挤压综合征和创伤后心功能不全的病理变化及鉴定要点。

4. 外伤性休克、外伤性急性呼吸窘迫综合征的鉴定要点。

5. 外伤性多器官功能障碍综合征的发生机制和鉴定要点。

（丛　斌　谷振勇）

参 考 文 献

丛斌,谷振勇. MODS 发病中 SIRS/CARS 引起急性肺损伤的作用机制. 国外医学呼吸分册, 1997, 11（1）：15-18.

第十三章　机械性窒息

学习目标

通过本章的学习，你应该能够：

掌握　窒息的定义与分类；机械性窒息死亡尸体体表及内部征象；缢死、扼死及勒死的定义、机制、病理学改变；性窒息的定义及现场特点；溺死的定义及溺死尸体的病理学改变。

熟悉　缢型、缢索的物证意义，缢死的法医学鉴定；勒死及扼颈的方式、法医学鉴定；捂死的定义、死亡机制、病理学改变及法医学鉴定；哽死的定义、死亡机制、病理学改变及法医学鉴定；体位性窒息的方式、死亡机制及法医学鉴定；溺死的机制、实验室检验，特别是硅藻检验技术及检验结果评价、溺死的法医学鉴定。

了解　机械性窒息的过程；缢死和勒死的绳套和绳结；压迫胸腹部所致窒息；闷死的机制及病理学改变；溺死的过程、水中尸体的沉浮及死亡时间的推断。

章前案例 ▶

某年 7 月的一天，一女性及其两孩子被发现死于其家中客厅内。经调查女性死者李某，46 岁，为家庭主妇，无职业。其两个孩子为一男一女，男孩 5 岁，女孩 3 岁。经现场勘查，见现场位于一楼，为三室两厅居室，房门及窗户紧闭，从内部反锁，门窗无撬压痕迹，室内无外人进入迹象和痕迹。室内物品摆放整齐，无被翻动和损坏迹象，无搏斗迹象。客厅桌子上放有一卷用过的 5cm 宽的黄色透明胶带和一把剪刀，尸体均位于客厅内。其中，李某仰卧位躺在客厅的地板上，口鼻部被顺时针缠绕头部 5 周的透明胶带紧紧封闭，胶带同时向颈部延伸顺时针缠绕颈部 4 周。男孩和女孩躺在客厅的沙发上，口、鼻部均被顺时针缠绕头部 2 周的透明胶带紧紧封闭，两人的双上肢腕部分别在躯干背侧被用胶带缠绕捆绑。经尸体解剖检验，死者衣着均无破损。三具尸体体表未见损伤，尸僵已在全身各关节形成，尸斑均呈暗紫红色，分布于尸体躯干及四肢背侧未受压区域，压之不退色；双眼睑结膜均可见点状出血。李某颜面部可见散在瘀点性出血，颈部胶带缠绕的部位呈苍白色。三名死者颈部未见损伤，颈部皮下软组织未见出血，甲状软骨、舌骨未见骨折。双侧颈总动脉内膜无破裂。各内部器官呈瘀血性改变，其中李某的双肺浆膜可见散在瘀点性出血；心脏背侧面外膜散在少量瘀点性出血。颅骨无骨折，脑及胸、腹腔各器官未见损伤。经病理组织学检查，三名死者的肺组织呈水肿、瘀血改变，并可见片、灶状肺泡腔内出血，其他器官呈瘀血改变；未检见各器官存在可以说明死因的原发性疾病的病理改变。经毒物检验，李某血液、尿液及胃内容物中均检出乙醇，未检出其他常见毒物，其中血液中乙醇含量为 129.6mg/100ml。

通过本章内容的学习，将学会如何鉴定出三名死者的死亡原因，并判断出死亡方式。结合前面章节内容的学习，作为一名法医在到达现场后，通过现场勘查和尸体初步检验，还应对哪些事项进行判定？

机体与外界环境之间的气体交换过程，称为呼吸。通过呼吸，机体摄取氧气，排出二氧化碳。因此，呼吸是维持人生命的基本生理过程之一。

人体的呼吸过程由三个环节组成：一是外呼吸，包括肺通气（肺与外界空气之间的气体交换过程）和肺换气（肺泡与肺毛细血管之间的气体交换过程）；二是血液中气体的运输；三是内呼吸，包括血液与组织、细胞之间的气体交换过程，以及细胞内的氧化过程。上述任何一个呼吸过程受阻或异常，将会导致全身各器官组织缺氧，二氧化碳潴留，从而引起组织细胞代谢障碍、功能紊乱和形态结构损害，整个过程称为窒息（asphyxia）。

根据呼吸过程不同环节的功能障碍，可将窒息分为外窒息和内窒息。因外呼吸障碍所引起的窒息称为外窒息；因血液中气体的运输或内呼吸障碍所引起的窒息称为内窒息。前者多见于呼吸道受压迫或阻塞所引起的呼吸功能障碍，而后者主要见于某些毒物中毒、严重贫血、组织内血液瘀滞等情况。因窒息而导致的死亡称为窒息死（asphyxial death）。

根据窒息的发生原因、机制和病理过程，可将窒息分为以下5类。

1. 机械性窒息（mechanical asphyxia） 因机械性暴力作用引起的呼吸障碍所导致的窒息，如压迫颈部或胸腹部，异物阻塞呼吸道等引起的窒息。肋间肌及膈肌运动受阻等也可引起窒息。

2. 电性窒息（electrical asphyxia） 指电流作用于人体，使呼吸肌或呼吸中枢功能麻痹而引起的窒息。

3. 中毒性窒息（toxic asphyxia） 因毒物作用使血红蛋白变性或功能障碍，或细胞内氧化酶功能降低、消失，或改变细胞膜的通透性，引起红细胞对氧的运输能力降低及组织细胞对氧的摄取和利用障碍，使呼吸肌、呼吸中枢功能发生障碍而产生的窒息。

4. 空气中缺氧性窒息（asphyxia due to ambient hypoxia） 指空气中氧气不足而引起的窒息，如置身于高原地区；被关进密闭的箱柜；或被困于塌陷的矿井坑道内等。

5. 病理性窒息（pathological asphyxia） 指由疾病引起的窒息，如过敏所致的喉头水肿及呼吸道疾病、血液病等疾病所致的窒息；颈部或颌面外科手术引起颈部血肿压迫呼吸道。在分娩过程中因脐带受压、胎盘早剥等导致的新生儿窒息以及新生儿颅内出血、羊水吸入性肺炎等所致的窒息也应归属于病理性窒息范畴。

在上述各类窒息中，以机械性窒息在法医学实践中最常见和重要，本章主要论述机械性窒息。

第一节 机械性窒息概述

由于机械作用阻碍人体呼吸，致使体内缺氧，二氧化碳蓄积会引起生理功能障碍。引致机械性窒息的方式很多，如缢颈、勒颈、扼颈、闷压口鼻或压迫胸腹部，以及异物或溺液进入呼吸道等。由机械性窒息而引起的死亡发生较快，常被用作他杀、自杀和杀害后伪装为自杀的手段。

一、机械性窒息的概念及分类

机械性窒息（mechanical asphyxia）是指机械性暴力作用引起呼吸障碍所导致的窒息。根据暴力作用的方式和部位的不同，可将其分为以下几类（图13-1）。

1. 压迫颈部所致的窒息 包括缢颈、勒颈、扼颈而引起的窒息。

2. 闭塞呼吸道口所致的窒息 包括用手或柔软物体同时压闭口和鼻孔引起的窒息。

3. 异物阻塞呼吸道内部所致的窒息 如各种固体或有形异物阻塞咽喉或气管、支气管而引起的窒息；胃内容物反流误吸入呼吸道而引起的窒息。

4. 液体吸入呼吸道所致的窒息 因水、酒类、油类、血液等液体物被吸入呼吸道和肺泡内引起的窒息。

5. 压迫胸腹部所致的窒息 如人体被挤压在坍塌的建筑物中，或被埋在砂土中，或被拥挤的人群挤压或踩踏等引起的窒息。

6.异常体位所致的窒息　异常或限制性体位导致的体位性窒息。

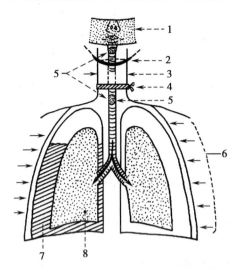

图 13-1　机械性窒息暴力作用的方式
1.闭塞口鼻部；2.缢颈；3.扼颈；4.勒颈；
5.阻塞气道；6.压迫胸部；7.血胸；8.溺水

知识拓展 ▶

国外的法医学者对窒息的分类：

1.闭塞口鼻孔引起的窒息（smothering）。

2.阻塞口腔或咽部引起的窒息（suffocation）。

3.颈或胸腹部受压引起的窒息（asphyxia due to external compression of the neck or chest）　①缢颈（hanging by ligature）；②勒颈（ligature strangulation）；③扼颈（manual strangulation）；④创伤性窒息（traumatic asphyxia）：胸腹部受压使呼吸受限而致窒息。

4.喉部及下呼吸道阻塞引起的窒息（internal obstruction of larynx/lower airway）　①喉部异物阻塞（foreign body occlusion of the upper airway）；②喉头水肿（laryngeal edema）；③喉头痉挛（laryngeal spasm）；④气管及支气管内异物阻塞（obstruction of the tracheo-bronchial tree）。

5.化学性窒息（chemical asphyxia）　①因在密闭环境或环境中氧被其他种类气体，如 N_2、NO 等取代引起的窒息；②细胞因有毒气体，如 CO、H_2S、HCN 等中毒引起的窒息。

二、机械性窒息的病理生理变化

从机械性窒息的因素作用于人体到死亡的整个过程中，机体各器官组织会发生一系列的变化，包括病理生理学和形态学改变。其变化的程度取决于机械性窒息因素的性质、作用方式、窒息发生的速度、程度、持续时间等。主要的改变包括：①呼吸系统功能障碍；②神经系统功能障碍；③血液循环系统功能障碍；④肌肉功能障碍。其中以呼吸系统功能障碍表现最为明显。

（一）呼吸系统功能障碍

机械性窒息所致的呼吸功能障碍是一个连续的过程，根据其发展过程中的表现不同，可分为 6 期。

1.窒息前期　呼吸道受阻使氧气吸入障碍后，由于体内尚有剩余的氧可供组织细胞利用，也由于机体的代偿作用，此期可不表现出任何症状，一般可持续 0.5 分钟。此期持续的长短差异较大，体质好，受过训练的人，如擅长游泳者可持续 1～1.5 分钟。

2. 吸气性呼吸困难期　此期由于体内缺氧和二氧化碳潴留刺激延髓呼吸中枢,呼吸加深,频率加快,吸气强于呼气,同时心率增加,血压升高。因呼吸运动加剧,胸腔负压增大,回心血量增多,使静脉系统瘀血,表现为颜面和手指发绀,眼球突出等。一般可持续1～1.5分钟。

3. 呼气性呼吸困难期　此期由于体内二氧化碳持续增多,刺激迷走神经,反射性地加剧呼吸运动,使呼气强于吸气。全身骨骼肌可出现痉挛,开始呈阵发性,逐渐发展为强直性,甚至出现角弓反张。由于脑组织严重缺氧,意识逐渐丧失,心率下降,瞳孔缩小,还可出现流涎、排便或排精现象。此过程一般不超过1分钟。

4. 呼吸暂停期　呼吸中枢因严重缺氧而深度抑制,呼吸浅而慢,最后停止。此期中枢神经系统功能逐渐丧失,肌肉松弛,全身痉挛消失,心搏微弱,血压下降,状如假死。此过程持续1～2分钟。

5. 终末呼吸期　此时呼吸中枢已近衰竭,出现潮式呼吸,呈间歇性张口呼吸,鼻翼扇动,颈部肌肉也参与呼吸运动。一般有数次间歇性深呼吸,间隔时间逐渐延长。同时瞳孔散大,肌肉松弛。此期持续1至数分钟。

6. 呼吸停止期　此期呼吸已停止,但仍可有微弱的心搏,持续时间因人而异,由数分钟至十几分钟,最后心跳停止而死亡。

上述各期持续时间的长短及变化的程度,因个体的年龄、身体状况而异,年老体弱者持续时间较短。窒息全过程所经历的时间为5～6分钟。

(二)中枢神经系统功能障碍

中枢神经系统的血液供应非常丰富,脑平均重量仅占体重的2.0%～2.2%,但其血流量约为全身血流量的15%[(50～60)ml/(100g·min)],耗氧量占全身总耗氧量的20%。脑各部位的血流和代谢水平不一,其耗氧量也不相同,如灰质的血流量约是白质的4倍,而其耗氧量却高达白质的5倍。大脑各叶的血流量及耗氧量也不相同,枕叶最高,额叶次之,顶叶又次之。脑组织中以神经元对缺氧最为敏感,神经细胞突触的耗氧量又大于神经细胞体。脑本身几乎没有供能物质的储存,高度依赖稳定而丰富的血液供应,脑血流完全阻断5秒钟即可导致意识丧失,阻断5～8分钟可导致难以恢复的损害,甚至脑死亡。

窒息初期,通过神经反射出现脑血管代偿性扩张,可使脑部血流量增加约50%。脑耗氧量最多的皮质对缺氧最敏感,因而该处的血管扩张最明显,血供量也最多。当脑持续性缺氧缺血时,即出现神经系统的功能紊乱,出现判断力下降,运动不协调。严重时,可导致烦躁、惊厥,渐次出现阵发性痉挛,或发展为全身强直性痉挛。身强体壮者惊厥显著,而年老体弱或被麻醉者则较微弱甚至不发生。窒息发生后1～2分钟内,意识即可丧失,不能再作有意识的活动,渐次出现昏迷乃至死亡。

(三)血液循环障碍

在吸气性呼吸困难期,因剧烈的吸气运动,使胸腔内负压加剧,回心血量增多,肺内血管及右心均充盈血液,大静脉高度瘀血,颈静脉怒张,出现颜面肿胀发绀,此时心搏开始变慢。至呼气性呼吸困难期,肺内部分血液注入左心和大动脉,血压上升。胸腔器官,如肺、心可因毛细血管破裂而发生出血,被膜下可见瘀点性出血。此后心肌陷于疲劳,并由于持续性缺氧,心搏逐渐减弱,心率变慢,血压明显下降。心肌对于缺氧相当敏感,仅次于中枢神经系统。健康成人在静息状态时,冠状动脉血流量为心输出量的4%～5%,表明心肌氧耗量较大,利用氧的能力也强。窒息时,冠状血管代偿性扩张,可使心肌血流量增加4～5倍。但当动脉血氧饱和度低于80%时,心肌细胞可因供氧不足而导致代谢功能障碍,心肌细胞膜电位降低,出现心电图改变,如ST段降低、T波低平、双向或倒置、传导性降低、心律不齐等。当失代偿时,心肌细胞可出现不可逆性的缺氧性损害。窒息过程中,舒张压一般降低,但收缩压则持续升高,直至机体死亡时则急剧下降。

(四)肌肉功能失常

机械性窒息时,因脑缺氧,意识可迅速丧失,肌肉松弛,不能做有意识的动作。在呼气性呼吸困难时,呼吸肌收缩增强,还可发生全身性的惊厥。

上述窒息表现,从开始至死亡所经历的时间,一般为5～6分钟,称为急性窒息死亡。但有时机械性外力使气道并未完全闭塞,仍可呼吸少量空气,或气道闭塞短时间后又缓解,恢复呼吸后再度闭塞,从而使窒息死亡的时间延长者,称为亚急性窒息死亡。若窒息后未立即死亡,而存活一段时间后又因继发合并症而死亡者称为迟发性窒息死亡。

三、机械性窒息死亡尸体的一般征象

机械性窒息死亡者的尸体体表和内部征象大多较为显著。各类机械性窒息死者的尸体征象除因窒息性质不同可表现出各自的特殊改变外,都有一些共有的征象,其改变程度可受个体差异、窒息方式、持续时间等因素的影响。

(一)尸体体表征象

1. 颜面部瘀血发绀、肿胀 颜面部瘀血发绀及肿胀与否及其程度因机械性窒息的原因而异。因勒颈、扼颈或压迫胸腹部而死亡的,由于头面部静脉回流受阻,血液瘀滞严重,加之血液中还原血红蛋白含量增多,使颜面部发绀及肿胀明显,尤以面部、口唇、耳郭等处为著。一般当血液中还原血红蛋白的含量超过50g/L时,不论血液中血红蛋白的总量有多少,皮肤黏膜即可出现发绀(见文末彩图13-1)。发绀应与颜面部尸斑相鉴别。

2. 瘀点性出血 颜面部和眼睑结膜近穹隆部、球结膜的内外眦部常可见圆形、针尖大小的出血点,可孤立存在或聚集融合,严重者可呈斑片状,特别是头部呈低位状态时更易形成(图13-2)。在实际检案工作中,绝大多数案例球睑结膜的瘀点性出血呈双侧性;部分案例中,在颈部受压处以上部位的皮肤,甚至口腔黏膜均可见出血点。瘀点性出血的发生与小静脉瘀血、窒息缺氧所致的血管通透性增强、毛细血管破裂、应激状态下的肾上腺素分泌增多、血压升高等因素有关,常在窒息发生当时或15～30秒内发生。

3. 尸斑出现较早、显著、分布较广泛 因窒息而死的,由于缺氧使末梢血管扩张,通透性增强,且血液不凝,呈流动性,加之还原血红蛋白含量高,因此,死后不久便可出现较弥漫而显著的尸斑,呈暗紫红色,在尸斑显著部位可伴有点状出血。

4. 尸冷缓慢 窒息过程中机体因缺氧而常发生惊厥,机体产热增加使体温升高,因此,死后尸冷过程也相应延缓。

5. 牙齿浸染 窒息死者的牙齿,在牙颈表面可出现玫瑰色或淡棕红色,经过酒精浸泡后色泽更加鲜艳,又将其称为玫瑰齿。其形成机制可能是窒息过程中缺氧所致的牙龈黏膜毛细血管出血而浸染牙齿。玫瑰齿对于推断腐败尸体有无窒息可能有一定的参考价值,但并非特异性指征。需要注意的是,尸体腐败时,腐败的血性物也可产生此类现象。

6. 其他改变 窒息过程中发生惊厥时,可致平滑肌收缩或痉挛,因此,窒息死者可有大小便失禁、精液排出的现象。还可见口涎和鼻涕流出,有时可染有血色。有时可见眼球突出、舌上有咬痕等。

(二)尸体内部征象

1. 内部器官瘀血 在机械性窒息过程中,因呼吸困难,胸腔内负压急骤增加,使肺、右心房、右心室及全身的静脉系统瘀血,因此,各内脏器官呈明显的瘀血状态。而脾常呈贫血状,体积缩小,包膜皱缩。其机制可能是窒息时因缺氧,脾代偿性收缩,脾内大量的红细胞进入血液循环中以增加输氧能力。

2. 器官被膜下、黏膜瘀点性出血(petechial hemorrhage) 机械性窒息死者除在眼球睑结膜及颈部受压部位以上的皮肤出现瘀点性出血外,在内脏器官如肺表面(包括肺叶间浆膜下)、心外膜下及主动脉起始部外膜下、甲状腺、颌下腺、睾丸和婴儿胸腺被膜下以及脑蛛网膜等处均可见出血点,口腔、咽喉、气管、胃肠、肾盂、膀胱、子宫外口等处的黏膜也可见出血点(图13-2)。此种现象在19世纪由法国警察外科医师 A. A. Tardieu 在检验扼死者尸体上首先描述,故称之为 Tardieu 斑(Tardieu spots)。其形成机制与前述的体表瘀点性出血相同。曾被认为是窒息死者的特有征象,但后来发现此

种脏器的瘀点性出血并非窒息者所特有,在各种原因所致猝死、败血症、某些毒物中毒,如磷中毒、砷中毒及急性酒精中毒等死者尸体中也可见到。

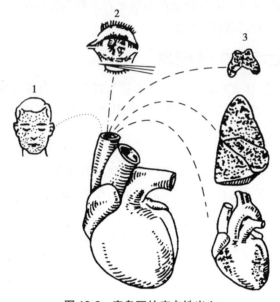

图 13-2 窒息死的瘀点性出血
1. 颜面;2. 眼结膜;3. 胸腺、肺、心

3. 肺气肿、肺水肿 机械性窒息过程中,因呼吸困难,胸腔内负压增高而出现肺气肿,甚至肺被膜破裂而发生气胸。窒息过程中因肺严重瘀血,可产生瘀血性肺水肿或伴有肺泡内出血。如果窒息过程持续时间较长,水肿液与呼吸道内的黏液及空气相混合,形成泡沫,经气管涌出,附着在口、鼻孔处。如果肺内细支气管黏膜血管破裂,泡沫可呈淡红色。

4. 胰腺出血 部分案例中可见胰腺被膜下和(或)实质内片灶状出血,也可能伴有腺泡细胞或脂肪坏死。但无炎症细胞浸润,不能将其误认为急性出血性坏死性胰腺炎。

5. 其他 以往文献中均提及机械性窒息死者尸体血液呈暗红色流动性,其原因主要是缺氧使血管内皮细胞损害而释放出纤溶酶原激活物所致。实际上不论何种原因死亡者,在死后经过一段时间,因组织细胞将剩余的氧耗尽,血液均呈暗红色。而死亡后不久血液先发生凝集,继之内皮细胞因缺氧性损害释放出纤溶酶原激活物,使纤维蛋白原及纤维蛋白降解,凝集的血液发生溶解而呈流动性。因此,这种现象不是窒息死者所特有的。

(三)机械性窒息的显微病理学改变

机械性窒息死者各内脏器官的组织细胞主要表现为缺氧性改变,这些改变亦非机械性窒息死亡所特有。其中以脑、心、肺及肝等的变化较为明显。

1. 脑 脑对缺氧非常敏感,完全缺氧 5~8 分钟后,神经细胞即可出现不可逆性的退行性改变。以大脑皮质、小脑皮质、海马回及皮质下神经核团,如苍白球、丘脑、下丘脑、齿状核等部位受累最为严重。大脑皮质第Ⅲ~Ⅴ层的锥体细胞、小脑浦肯野细胞可表现为细胞肿胀变圆、尼氏小体溶解消失、胞浆液化、脂肪变性或空泡形成。核偏位,核仁消失,或发生核固缩、核破碎乃至消失。神经细胞呈嗜酸性染色,可见噬神经现象。细胞和血管周围间隙扩大,小血管和毛细血管扩张充血,并可见灶状出血。尚可见毛细血管内皮细胞肿胀、脂肪变性而使血管腔狭窄。电镜下最早期的变化为神经细胞染色质凝集在核膜下,以后线粒体、内质网、高尔基复合体、核糖体等细胞器出现不同程度的退行性改变。

2. 心肌 心肌对缺氧的敏感性仅次于中枢神经细胞。缺氧 5~6 分钟后,心肌细胞水肿,颗粒样变性,核内和胞浆内有空泡形成。心肌间小血管周围结缔组织疏松肿胀,小血管扩张充血,毛细血管内皮细胞肿胀。有些心肌细胞出现均匀一致的嗜酸性(或嗜碱性)改变,核周嗜碱性物质呈晕状排列。心肌持续性缺氧30分钟以上,产生不可逆性损伤。电镜显示:心肌细胞肿胀,染色质凝集在核膜下;胞浆中糖原颗粒消失;毛细血管内皮细胞肿胀,周围心肌细胞坏死;线粒体基质密度降低,嵴肿胀,结构不清楚。

3. 肺　机械性窒息过程中肺内压力的急剧变化,尸检常见死者肺呈气肿改变。年轻死者常见间质性肺气肿,肺前缘出现大泡。肺间质小静脉及肺泡壁毛细血管扩张瘀血,肺泡腔内有大量水肿液。间质可见出血灶。迁延30分钟至12小时死亡者的肺泡中可出现大单核细胞、吞噬细胞和多核巨细胞。

4. 肝　肝细胞缺氧3~10分钟后,胞浆及核周围出现空泡,散在性分布,为可逆性改变。电镜观察:在血流阻断10分钟后,肝细胞空泡变性,其中含有脂滴。30分钟后,线粒体及内质网膨胀,糖原消失,细胞膜破裂。在迁延性死亡者的肝细胞胞浆中,可见散在均质、圆形玻璃样变性小体,直径2~4μm,PAS染色呈弱阳性。相差显微镜下显示,其周围有清晰的膜样界限。小体产生的机制尚不清楚,可能是窒息缺氧后肝细胞膜通透性紊乱,胞浆蛋白质凝聚而成小体。其中可能尚含有血红蛋白成分。

5. 肾　肾组织瘀血,间质水肿,近曲小管上皮细胞空泡变性,但不如心肌和肝细胞的变化明显。电镜显示:肾小球血管祥内皮细胞空泡变性,直径100nm。在慢性缺氧14天后,肾小球球旁器细胞的颗粒指数增高,被认为是肾素分泌增多的标志。

四、机械性窒息的法医学鉴定原则

(一)机械性窒息的鉴定原则

疑为机械性窒息死亡者,法医学鉴定一般遵循以下原则进行。

1. 疑为机械性窒息死亡的,首先应检查有无机械性窒息死亡的一般征象。但机械性窒息死亡者尸体外表和内部器官的一般征象非机械性窒息死者所特有,因为各种自然性疾病所致的死亡尸体中均可见到这些类似改变。因此,单凭这些改变并不能完全认定系因窒息死亡,必须仔细检查有无机械性窒息的特征改变。

2. 若发现有机械性窒息死亡的一般征象,应重点检查有无机械性窒息死亡的特征性改变,如颈部缢沟、扼痕等。依据这些特有征象可诊断机械性窒息。

3. 死亡原因分析。综合前述机械性窒息的一般征象及特征改变,诊断机械性窒息一般并不困难,但有些案例需要结合毒物分析检测结果及案情调查,综合分析、判断死亡是否系因某种机械性窒息所致。

4. 死亡方式确定(详见各部位机械性窒息内容)。

(二)机械性窒息法医学鉴定中的注意事项

机械性窒息死亡是法医学实践中常见的一类死亡案件。由于机械性暴力因素的性质、作用方式及持续时间等不同,其死亡机制、死亡的速度等均因案件而异。机械性窒息死亡的案件中,明确死亡原因有助于死亡方式的认定。如因扼颈导致的死亡,其死亡方式属于他杀;而因性窒息导致的死亡,其死亡方式为意外。因此,机械性窒息案件中,与其他种类的命案一样,死因的鉴定是最重要的任务之一。工作中除了需要遵循法医学死因鉴定的一般原则及尸检中注意检查是否存在机械性窒息的一般征象和特有征象外,机械性窒息死因的鉴定还应注意以下几方面问题。

1. 注意检查口鼻处及其周围皮肤、口腔、牙龈黏膜、舌黏膜及舌体组织、下颌缘处皮肤及皮下组织等是否有损伤,牙齿是否新鲜松动或脱落等,有助于判断是否存在捂压口鼻所致的损伤。

2. 对于可疑颈部受压迫导致的窒息死亡案例,应注意检查颈部皮肤表面、皮下各层肌肉组织是否有损伤出血;咽喉部黏膜是否有出血;舌骨、甲状软骨是否有骨折,颈总动脉内膜是否有破裂;颈椎和脊髓是否有损伤等。但需要说明的是,颈部存在组织器官损伤、出血不一定都是机械性窒息的表现。某些情况下，如高坠案件中头部着地瞬间，因头部过度屈曲可使颈椎骨折、脱位，甚至伤及颈髓；同时如果颈部有衣领等物品衬垫，还可在颈部皮肤表面形成擦伤，或伴有相应皮下组织出血等。因此，尸体检验中应结合具体案情和现场等情况，综合判定颈部损伤的形成机制。颈部受压所致窒息案件的尸体检验中，一般应先将颅腔和胸腔器官取出后，尽量减少颈部血管中血液，以免解剖颈部时血管出血而污染周围组织。实践证明，一旦出血，血液会浸染到颈部疏松结缔组织中，即使擦拭也难以去除污染的血液，特别是在对首次鉴定意见提出异议，需要重新检验鉴定时，易造成误判。

第二节　缢　死

缢死（death from hanging），俗称吊死，是利用自身全部或部分体重，使套在颈部的绳索或其他类似物压迫颈部而引起的死亡。

一、缢索、缢套和结扣

（一）缢索

用于缢颈的绳索或类似物称为缢索。根据缢索的性质，可将其分为以下3种。

1. 软缢索　是质地较柔软的条状或带状物，如床单、围巾、束带、尼龙丝袜、软橡胶管、塑料绳、发辫等。

2. 硬缢索　一般是质地较硬，但可折曲的条索状金属类物，如各种金属线、电线、钢丝绳、链条等。

3. 半坚硬缢索　是质地界于软缢索和硬缢索之间的条索状物，如麻绳、棕绳、草绳、尼龙绳、皮带等。

此外，在野外还可用野藤条、植物茎枝、树杈等缢颈；在室内颈部压迫在桌椅横挡或沙发扶手上、床或木板边缘等，均可造成缢死。还有报道在汽车内，使用安全带自缢的案例。

（二）缢套

缢颈前，通常将软缢索或半坚硬缢索打结做成索套。其式样不一，但根据索套周径大小是否可变动，将索套分为固定型索套和滑动型索套。

1. 固定型索套　又称死套（loop with a fixed knot）。索套的绳结固定，为死结。当缢吊者颈部套入，身体随体重下坠时，索套的周径大小基本不变。本型又可分为开放式索套和闭锁式索套。开放式索套的索套周径较大，仅颈部受压部位与缢索相接触，索套呈 U 字形，称为开放式死套，此型最常见。闭锁式索套是缢索全周与颈部紧密接触，并结成死结，索套呈 O 字形，绳端固定于高处；或缢索打死结后又从项部绕至颈前交叉，两端再左右分开，分别沿两侧下颌角、乳突向后斜向上升。

2. 滑动型索套　又称活套（loop with a slip knot）。缢索的一端先打结形成一小套，再将缢索另一端穿进小套，形成一个大套；或将缢索两端对折后，再穿入另一端所形成的套内，做成双股的索套。索套周径的大小可随体重压力的增加而缩小，并收紧压迫颈项部。滑动型索套容易形成闭锁式索套。

除上述二型外，还可有一些复杂或特殊类型的索套。索套的圈数可有单套、双套、三套或多套等，以单套和双套较常见。

（三）绳结

绳结（knot）是缢索上所系的结扣，一般用软缢索或半坚硬缢索缢颈时常有绳结。绳结的种类较多，包括活结、死结、帆结、瓶口结、领带结、外科结等（图 13-3）。绳结的式样和系结的方法常能反映作案人的职业或其系结的习惯方式，具有重要的法医学物证价值。因此在现场勘察时必须保留绳结的原状，不能解开，以便为进一步检验鉴定做参考。

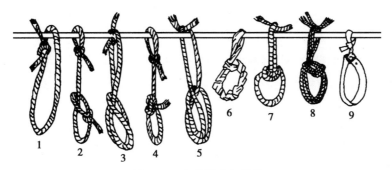

图 13-3　各种缢索与绳结
1. 单绳套; 2. 活套; 3. 双活套; 4. 死套; 5. 牛桩结; 6. 软缢索活套;
7. 固定型绳套; 8. 多匝绳套; 9. 皮带套

二、缢死的体位

缢死可在悬位,即双足离地;也可双足不离地而取立、蹲、跪、坐、卧等任何体位(图 13-4)。缢颈时体位的不同,颈部通过缢索而承受的压力也不同。一般认为,悬位缢颈者颈部承受体重 100% 的压力;立位和蹲位者为体重的 70%~80%;坐位者为体重的 15%~20%;卧位者占体重的 15%~40%。在这些体位实施缢吊时都能使颈部的血管和气道压闭而引起窒息死亡。根据缢颈者体位不同,将双足离地的悬位缢颈者称为完全性缢颈,其他体位缢颈者称为不完全性缢颈。根据实验,颈部各血管受压闭塞只需要不足十几千克的力。故即使不完全性缢颈,身体部分重力已足够压闭血管引起死亡。

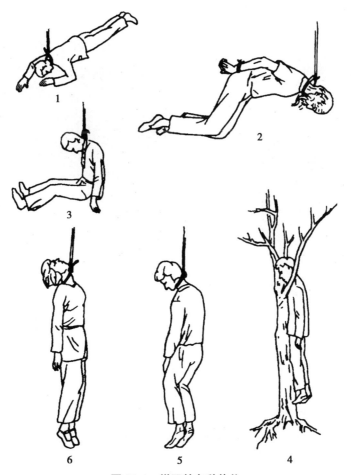

图 13-4　缢死的各种体位
1. 卧位; 2. 半卧位; 3. 坐位; 4. 悬位; 5. 站位; 6. 悬位

三、缢型

按照颈部受缢索压迫的部位不同，将缢型分为典型和非典型两类。前者又称为前位缢型，后者又可分为侧位缢型和后位缢型（图13-5）。

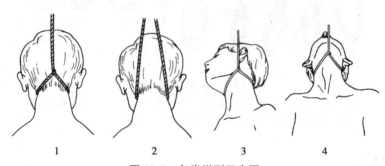

图13-5 各类缢型示意图
1. 前位缢型；2. 前位缢型，八字不交；3. 侧位缢型；4. 后位缢型

（一）典型缢型

缢颈时，缢索最大着力点在颈前部，一般位于舌骨与甲状软骨之间，向两侧绕行，沿双侧下颌角经耳后越过乳突，并斜向颈部后上方悬吊，或在枕骨中部上方打结后悬吊，头向前倾垂。由于着力点在颈前部，故又称为前位缢型（图13-6、图13-7）。

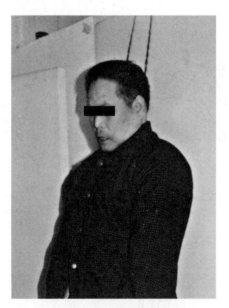

图13-6 前位缢型
缢索：电线

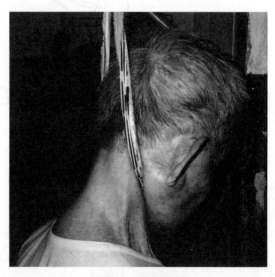

图13-7 前位缢型
缢索：软布带

（二）非典型缢型

1. 侧位缢型　缢索最大着力点在颈部左侧或右侧，相当于甲状软骨上、下水平，分别绕经颈部前面及项部，项部缢索经同侧下颌角绕向耳后及枕部向上延伸，颈前部缢索向颈前绕经甲状软骨、对侧下颌角、乳突向上延伸，双侧缢索汇集于颈部对侧悬吊。由于缢索主要着力部位在颈部的左侧或右侧，头向颈部受力侧呈侧位倾斜，故称为侧位缢型（图13-8、见文末彩图13-2）。

2. 后位缢型　与前位缢型相反，缢索由项部向两侧绕行，分别经两侧下颌角后悬吊，头向后倾斜。由于颈部受力点在项部，故称之为后位缢型（图13-9）。

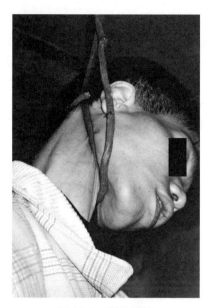

图 13-8 侧位缢型
缢索：橡胶包被电线

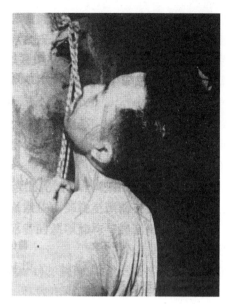

图 13-9 后位缢型
缢索：软绳

四、缢死的机制

根据缢型的不同，缢死包括以下几种因素协同作用所致。

（一）呼吸道受压、闭塞影响气体交换

前位缢型缢吊时，缢索受力点常位于舌骨与甲状软骨之间。当身体下坠时，受缢索的作用，舌根被推向后上方并紧贴咽后壁，闭塞咽腔；同时，舌骨大角和甲状软骨上角被压向椎体，使会厌盖住喉头而闭塞呼吸道。侧位缢型缢吊时，缢索可直接压迫喉头或气管而闭塞呼吸道。后位缢型者缢索压迫项部使椎体向前突出，间接压迫呼吸道。实验证明，压闭呼吸道只需要 15kg 的压力。

（二）颈部血管受压致脑缺血

缢颈时，颈部的静脉、动脉及椎动脉均可受压迫使脑部供血发生障碍。通过典型缢型缢吊，特别是完全性典型缢吊者，其颈部受压力较大，可使颈部的静脉、动脉，甚至椎动脉均被压闭，导致脑部供血中断。非典型缢型缢吊者，一般颈静脉受压闭塞，而颈动脉可能没有完全被压闭，使脑组织瘀血，产生严重脑水肿，脑功能障碍，意识逐渐丧失。一些研究证明，颈部受到 2kg 的压力可以压闭颈静脉；5kg 可压闭颈动脉；16.6kg 可压闭椎动脉。因此，一般认为颈部只要受到 17kg 的压力，即可完全压闭颈部所有动脉，阻断脑组织供血，而无论是悬位或其他体位缢颈者，其颈部所受到的缢索压力均已超过 17kg。

（三）颈部神经受压引起反射性心脏停搏

支配心脏的副交感神经节前纤维起自延髓的迷走神经背核和疑核的神经元胞体，神经纤维发出后，在颈部与颈动脉和颈静脉相伴行，进入胸腔内与心交感神经一起组成心脏神经丛进入心脏，支配窦房结、心房肌、房室交界、房室束及其分支；颈动脉窦是感受压力的反射性感受装置。缢吊过程中，缢索压迫迷走神经或颈动脉窦，引起反射性心搏变慢乃至停止。同时，缢索压迫可刺激迷走神经、喉上神经引起反射性呼吸骤停。此外，缢索压迫还可刺激颈部感觉神经纤维，反射性地引起大脑皮质抑制（图 13-10）。

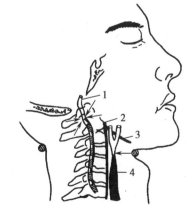

图 13-10 缢索压迫颈部血管、神经示意图
1. 椎动脉；2. 迷走神经；3. 喉上神经；4. 颈动脉

（四）颈椎和颈髓损伤

一般缢颈时不常见到此种损伤，多见于某些国家实施绞刑处死或身体突然坠落悬空缢吊时，因颈部突然受到缢索的剧烈牵拉，导致寰枕关节脱位而挫压颈髓。有时枢椎齿突向后脱位，使颈髓挫碎。常可见颈髓完全横断，也可见第2～3或3～4颈椎分离，也可发生颈椎椎体骨折和脊髓撕裂。缢颈者可迅速意识丧失，但心跳和肌肉痉挛可持续相当一段时间。

缢索通过缢颈者自身体重作用于其颈部时，可压迫气管影响气体交换；压迫颈部血管，如颈部的动静脉、椎动脉而影响脑部供血；刺激颈动脉窦、迷走神经及其分支而影响心脏功能，甚至损伤脊髓等。有研究表明，将行气管切开插管的犬在其插管的上方实施缢颈后仍能发生死亡。说明缢死并非前述一种因素作用的结果，而是多种因素共同作用所致。

五、缢死的病理学变化

（一）颈部改变

1. 缢沟的性状　缢沟（hanging groove, furrow）是缢索压迫颈部，在颈部皮肤上所形成的缢索印痕，是缢死者的重要外部改变。它能反映出缢索的性质、缢索和缢套的形态、颈部受力的部位和缢型种类。颈部着力最重的部位缢沟最深，其两侧分别斜向上走行而逐渐变浅，最后消失；一般两端不相交，无缢沟处称为提空。这种不交叉而具有开口的缢沟在我国古代法医学书籍中被描述为"八字不交"、"不周项"、"项痕匝"等。

（1）缢沟的位置和方向：以固定性开放式索套缢颈时，①前位缢型者，缢沟在颈前部位最深，一般位于甲状软骨与舌骨之间，再分向左、右两侧分别斜行向后上方绕下颌角，经耳后进入发际，并逐渐变浅，在枕外隆凸两侧消失；②侧位缢型者，缢沟在颈的左侧或右侧最深，相当于甲状软骨水平，其前方经下颌，后部经项部分别斜行向上绕至对侧，逐渐变浅，在耳部下方或耳后形成提空；③后位缢型者，缢沟以项部最深，再分别经颈部两侧绕过下颌角，并逐渐变浅，至颈前部形成提空现象。

以固定性闭锁式索套缢颈者，由于颈部皮肤及软组织被压陷，使缢索的周径相对富余，其缢沟在上提处常有提空现象，该处缢沟不甚明显。

以滑动性缢套缢颈时，无论是典型或非典型（侧位或后位）缢死者，缢沟在缢索上提处变浅，但无提空现象，缢沟呈闭合性，缢沟两侧相接成角，在相接处常留有绳结的压痕。

（2）缢沟的数目：缢颈时，缢索可能是单根、双根或多根，但由于缢索可发生重叠或交叉，因此，缢沟的数目只与受体重牵引而直接压迫颈部的缢索匝数有关。一条缢沟常由单缢套形成。双缢套时，如果两条缢索平行受力压迫颈部，可形成两条缢沟。实践中缢沟数目以一条缢沟者常见。两条以上缢沟的平行、分离、交叉印痕，常说明直接作用于颈部的缢索的平行、分离或交叉状态。有些情况下，不能单纯根据缢沟的数目来认定缢索的匝数。如果在缢吊过程中缢索在颈部有滑动，一条缢索可形成轻重不同的两条缢沟。

（3）缢沟的宽度和深度：一般缢沟的宽度与缢索的粗细相仿或略窄。其深度与缢索的软硬、粗细和缢型、体位、体重以及缢吊时间的长短有关。质地柔软而宽的缢索形成的缢沟浅而宽，一般缢沟局部表皮剥脱缺如，或很轻，称之为软缢沟；质硬而细或表面粗糙的缢索形成的缢沟窄而深，常伴有缢沟局部表皮剥脱，甚至缢沟边缘的皮内或皮下出血，称之为硬缢沟。但有时质地较软的缢索也可形成明显的缢沟（图13-11）。如果缢索与颈部之间有衬垫物，如衣领、毛巾或其他物品，此处缢沟浅、不明显或缺如。一般缢索着力部位处缢沟最深，两侧逐渐变浅，到提空处消失。完全性缢吊者的缢沟比不完全缢吊者深；肥胖体重者缢沟比瘦小体轻者深；缢吊时间长者缢沟较深。

（4）缢沟的颜色与皮肤损伤：缢沟的颜色与缢沟处皮肤受缢索损伤的程度有关。宽软光滑缢索所形成的缢沟压痕一般不伴有表皮剥脱，初期呈苍白色，逐渐变为淡褐色。细硬的缢索，特别是表面粗糙者形成的缢沟，由于皮肤受摩擦而常伴有表皮剥脱和皮下出血，并有局部组织液渗出。当渗出的组织液蒸发后，缢沟颜色变深呈黄褐色或暗红褐色，并逐渐干燥形成皮革样外观（见文末彩图13-3）。

缢沟处皮肤受缢索的压迫，局部组织液和血液被挤压向缢沟上、下缘两侧，血浆可渗出毛细血管聚集在表皮下，形成粟粒大小的水疱，内含淡黄色或血性液体。双股缢索同时平行压迫时，缢索间的皮肤常呈嵴样突起，伴有点状出血。如果缢颈者被解救复苏，缢沟处皮肤因受压缺血后发生充血或出血，呈暗红色，伴有出血点。

（5）缢沟印痕与附着物：缢沟处皮肤常能留下缢索表面纹理的花纹样印痕。缢吊时间越长，花纹样印痕越清晰。如果缢吊后短时间内解除缢索，因皮肤组织尚有弹性，印痕可逐渐变得不明显，甚至消失。因此，应及早检验。通过花纹印痕的检验，可检验现场的缢索与缢沟是否相符。如果现场未发现缢索，可借助缢沟的花纹印痕追查缢索。有时缢索上附着的异物，如沙粒、漆片或纤维等物可遗留在缢沟内皮肤表面。有时缢索上附着皮肤组织成分，这同样对认定或查找缢索具有重要的法医学意义。

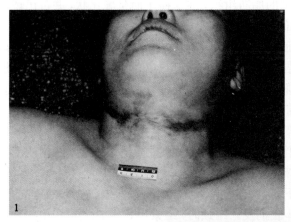
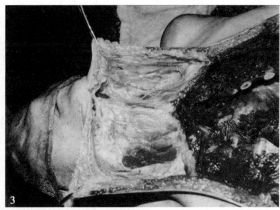
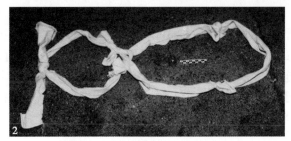

图13-11　缢沟、缢索及皮下软组织
1. 前位缢型缢沟；2. 软布带缢索；3. 皮下软组织改变不明显
（沈阳市公安局提供）

2. 缢沟皮肤的组织学改变　由于颈部借助体重作用压迫在缢索上，同时与缢索发生或多或少的相互摩擦，缢沟处皮肤表皮角化层缺损，皮肤全层致密变薄。

光镜HE染色切片中，缢沟处上皮角化层消失，表皮各层细胞紧密，细胞及核伸长，与表面呈平行排列，细胞核质浓染；真皮乳头变平，胶原纤维呈均质嗜伊红增强；毛囊、汗腺、皮脂腺，甚至血管等结构呈索条状；缢沟周边区皮内小血管充血，有时可见局灶性出血。对于缢沟不明显的案例，通过特殊组织学染色有助于认定皮肤是否受压，如用改良的Poley酸性复红-甲基绿染色，受压皮肤的表皮和真皮结缔组织呈粉红色，正常组织呈绿色；用Mallory染色，受压皮肤和真皮结缔组织呈橘红色，正常组织呈紫蓝色。但这些方法只能说明皮肤是否受到外力的压迫，而不能区别是生前还是死后所形成。一般认为应用弹力纤维染色或苦味酸靛胭脂红染色可区别缢沟是生前或死后形成。经弹力纤维染色，生前缢沟组织弹力纤维排列紊乱，因收缩而变得较为短粗，断端呈钝圆或块状，或呈弯曲状；死后形成的缢沟，弹力纤维呈直线状，排列规则，其断端无明显变化。

扫描电镜下，缢沟皮肤的主要形态学改变包括：①鳞状上皮排列紊乱、松懈，细胞翻卷、折叠和移位变形；②表皮局灶性剥脱，在压平（或压陷）的细胞间嵌有成群或单个剥脱的表皮细胞；③表皮损伤处或裸露的真皮层有散在或成团的红细胞，并有纤维蛋白和血小板残片附着其间；④表皮细胞剥脱处可见裸露的血管和纤维；⑤在表皮损伤或裸露的真皮表面可见毛发的倒伏、折裂、脱落。在这些改变中，以缢沟表皮和真皮内有散在或成团的红细胞，并附着有纤维蛋白和血小板残片，对诊断生前缢沟最有价值。

3. 颈深部组织和器官的改变

（1）颈部肌肉的损伤：因颈部压迫于缢索，特别是硬缢索上，可使胸锁乳突肌、胸骨舌骨肌、甲状舌骨肌和肩胛舌骨肌出现相应的压陷痕迹，也称为内部缢沟。压陷的局部出现玻璃样变，或伴有局限性出血，但罕见有断裂。而用宽软缢索缢颈时，内部缢沟处肌群受压痕迹不明显，但有时颈部皮肤的缢沟可能较明显（图 13-11）。有时在胸锁乳突肌的起始部和锁骨附着处可见出血点。缢沟周边组织中的血管和神经周围可见局灶性出血。缢沟深部的脂肪组织，因受挫压而呈乳化状，并可出现脂肪颗粒。位于喉头上方的缢沟，从着力部位至舌根间的组织常有出血。

（2）颈部浅、深淋巴结出血：局部肌肉挫伤出血的同时，还可引起颈浅淋巴结挫伤出血和沿颈内静脉排列的颈深淋巴结出血，在缢沟下方的淋巴结较明显。颈部软组织出血后，红细胞可沿毛细淋巴管流向附近的淋巴结。显微镜下可见淋巴结被膜周围及其皮、髓质局灶性出血或淋巴结边缘窦、皮质窦和髓窦内充满红细胞。这些改变是认定生前缢沟的重要依据。

（3）颈动脉损伤：在缢死者尸检中，约 5% 的案例，特别是老年缢死者可见颈总动脉的颈内和颈外动脉分支处下方的内膜有 1～2 条横向裂纹，并伴有局部内膜下出血，主要是颈动脉受缢索的牵拉作用所致。如果牵拉力较大，颈动脉中膜也可发生破裂。

（4）舌骨大角、甲状软骨骨折：舌骨位于颌骨下后方，呈马蹄铁形，中间部称体，向后外延伸的长突为大角，向上的短突为小角。大角和体均可在体表扣及。缢颈时，缢索可将舌骨大角和甲状软骨推压至颈椎而发生骨折。舌骨大角骨折多发生于舌骨大角外 1/3 和内 2/3 交界处。骨折可为单侧性或双侧性，并有出血。典型缢型死者中约 60% 可见舌骨骨折，非典型缢型死者中约 30% 可见舌骨骨折。舌骨骨折可分为 3 型：①内向骨折：舌骨大角外 1/3 处因受内向压力而骨折，其外侧面骨膜撕裂，而内侧面者尚未撕裂，仍连结；②外向骨折：舌骨大角受前向后的压力而骨折，其内侧面骨膜撕裂，而外侧面骨膜未撕裂；③牵引性骨折：舌骨大角内 1/3 处因周围软组织受压被牵引而骨折（图 13-12）。若缢索强力压迫舌骨和甲状软骨之间的韧带，舌骨大角和甲状软骨上角可同时发生骨折（图 13-13）。

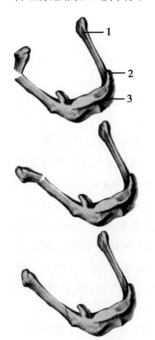

图 13-12 舌骨骨折示意图
上图：内向骨折；中图：外向骨折；
下图：牵引性骨折
1. 舌骨大角；2. 舌骨小角；3. 舌骨体

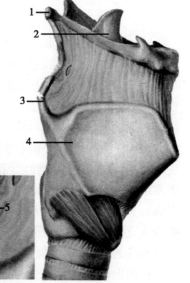

图 13-13 甲状软骨上角骨折示意图
左图：甲状软骨上角骨折放大示意图
1. 舌骨大角；2. 会厌；3. 甲状软骨上角；
4. 甲状软骨；5. 甲状软骨上角骨折

舌骨大角、甲状软骨骨折与缢型无相关性,而主要与年龄因素有关,多见于40岁以上的缢颈者,这是由于舌骨关节多已硬化,甲状软骨骨化,骨质变脆的缘故。

> **知识拓展** ▶
>
> Simonsen J(1988)对80例缢死者甲状软骨和舌骨大角的骨折情况进行了分析。约45%的缢死者其甲状软骨或舌骨大角或两者出现骨折,25岁以下者未见有骨折。骨折多发生在男性,且发生率随年龄增长略有升高。在缢型方面,以典型缢死者的骨折发生率最高。而骨折的发生率也随着缢吊时间的延长有增加的趋势。Khokhlov VD(1997)通过肉眼、X线检查和实体显微镜观察3种方法,对137例缢死者甲状软骨和舌骨大角骨折的发生率进行了研究,发现通过实体显微镜的观察,约76.6%自杀性缢死者有甲状软骨和舌骨大角的骨折,而用肉眼或X线检查,骨折的发现率不足60%。建议在检查甲状软骨和舌骨大角是否有骨折时,应使用实体显微镜进行观察。

(二)缢死的其他改变

1. 颜面部

(1)面色改变及面部瘀点性出血:缢死者的面色取决于颈部动、静脉是否受压和压闭的程度。前位缢型者,由于颈部动、静脉完全被压闭,头面部呈缺血状态,因此,面色苍白者,俗称"白缢死"。侧位缢型者,仅缢索压迫侧的颈部血管被压闭,而对侧一般仅压闭静脉,使头面部的血液回流受阻,但仍有部分动脉供血。因此,颜面部瘀血肿胀,呈青紫色者,俗称"青缢死"。后位缢型者,因双侧静脉被压闭,而动脉尚有血液供应,其面色与侧位缢型者相似。非典型缢死者的面部、前额、眼结膜下常有散在性出血点,鼻黏膜和耳鼓膜有出血。但实践中也可见非典型缢死者颜面部瘀血肿胀不明显的案例。

(2)鼻腔及口腔涕涎流注:缢颈时,由于下颌压迫在缢索上而刺激颌下腺,使之分泌增多。前位缢型者,因头部向前倾,涎液常可流注到胸前衣襟处。鼻黏膜分泌增多,形成涕液流注。死后短时间内缢尸者也可形成此类现象。

(3)舌尖露出齿列外:取决于颈部受压的部位。如果缢索位于喉结的上方,舌抵牙而不伸出。若颈部受压部位在甲状软骨下方,舌根被推向上方,而舌体被推向前上方,舌尖可露于齿列外1~2cm。舌尖上可见牙齿的压痕。侧位缢型者,舌尖常向颈部着力侧的对侧斜向伸出。

2. 体表及手足损伤 一般自缢死者的躯干和四肢体表无损伤,但如果缢吊过程中发生阵发性全身痉挛,或因缢索扭转使身体摆动,可能会与周围的硬物体,如墙壁、家具或其他物体发生碰撞或摩擦,而在体表和手足出现擦伤和皮下出血等损伤,应注意与他杀损伤的鉴别。

3. 尸斑和尸僵 缢吊的尸体由于血液的坠积,在前臂、手足、小腿等部位出现尸斑或伴有散在瘀点性出血。在腰带压迫的以上部位出现围腰带状尸斑,但腰带压迫处呈围腰的带状苍白区。完全性缢死者,在缢颈时两足离地,死后足尖下垂,尸僵出现后仍保持下垂状态。他杀后立即伪装自缢悬吊的尸体,尸斑分布和尸僵特点与自缢者相似。缢死者可有大小便流注或精液排出。

4. 内部器官的改变 心、肺、肝、肾及胃肠瘀血,浆膜下有瘀点性出血。脑组织的改变因缢型的不同而有差异。前位缢型者脑组织多呈贫血状;后位或侧位缢型者脑膜、脑组织和腺垂体均有不同程度的瘀血,脑实质内可有稀疏点状出血。缢吊时间较长时,内脏器官低下部位血液坠积明显。

六、缢索的物证意义

缢索是缢颈者所用的主要工具,具有重要的法医学物证意义,实际检案时必须注意保存缢索。

1. 搜集、保留现场的缢索,并拍照记录。

2. 检查缢索 检查缢索的性状、索套的圈数要与缢沟的性状、条数、印痕等相互验证。若不相符应另行追查。用放大镜检查缢索上的附着物，如粉尘、油污、金属屑等，是否与缢沟上的相符。

3.保留绳结　一般绳结能反映出作案人的职业性质和其日常生活中最熟悉、最习惯的打结方法。因此，勘验现场时，不可解开绳结，应在绳结之外的部位剪断缢索，取下后用色线连接断端，并固定索套交叉重叠处，使绳结、索套保持原状（图13-14）。

4.观察缢索人体组织成分　仔细检查或在立体显微镜下观察可疑缢索上是否附着有人体组织成分，主要是皮肤的表皮组织碎片。如有，可与死者的组织样品进行 DNA 检测做对比分析，以认定是否是缢死时使用的缢索。

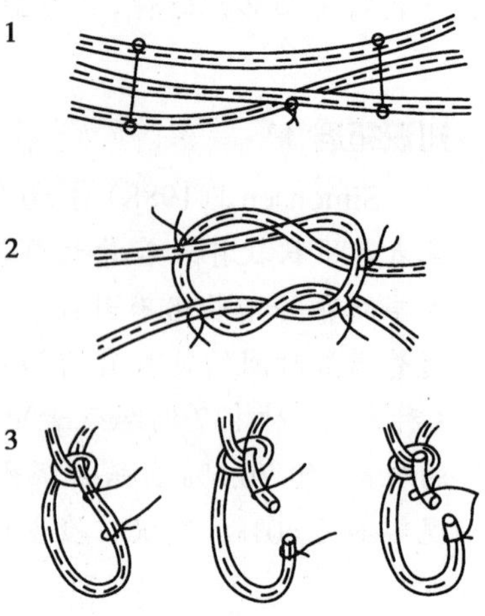

七、缢死的法医学鉴定

缢死多为自杀，大多数为成年人，少数为儿童。他杀者少见，但可见于当被害人处于沉睡、醉酒、昏迷或失去抵抗能力的情况下，被他人缢死。意外性缢死多见于儿童，如因玩耍中不慎被绳索缠绕颈部，或被突出物钩住衣领而缢死，或婴儿滑落入床与墙的夹缝中压迫颈部致"缢死"。

图 13-14　绳结的保留方法
1.多匝缢索用色线固定；2.外科结用色线固定；3.缢索的剪断及固定

（一）缢死与死后缢尸的鉴别

1.窒息征象　缢死的尸体具有窒息死亡的一般征象：①全身血液呈暗红色流动性（死后不久）；②内脏器官瘀血；③眼球睑结膜、口腔、气管和胃肠黏膜、器官浆膜下可见瘀点性出血。

2.颜面部改变　前位缢型死者面色苍白；非典型缢死者颜面肿胀发绀，前额有瘀点性出血。

3.缢沟的生活反应　缢死或死后悬尸的鉴别，主要依靠缢沟及颈深部组织的宏观及微观组织学检查是否有生活反应。生前缢沟有表皮剥脱，缢沟间皮肤的出血点，颈深部内部缢沟处的肌肉挫压性出血，颈浅、深淋巴结出血，舌骨大角骨折伴出血等改变。死后悬尸无上述生活反应。还可通过生物化学方法测定 5-羟色胺和组胺含量。据报道，生前缢沟皮肤的组胺总量并不增高，但游离组胺含量比正常者可增高 275%，死后缢沟则不增高。生前缢沟处的 5-羟色胺和游离组胺含量均较邻近正常组织中的明显增高，分别高达 2.0 倍和 1.5 倍以上。但死后缢沟，两者均不增高。

（二）自缢

缢死者绝大多数为自杀，自缢者必有自杀的原因和动机，多为成人，偶有两人一起缢死。

1.现场　现场平静，现场或死者衣兜内可能留有遗书。室内自缢者家中门窗多闭锁；室外自缢者现场无搏斗迹象，仅有死者的脚印，死者衣装整洁。

2.缢吊体位、缢索及悬吊点　除常见的缢吊体位外，自缢者可因不同文化修养，心理活动复杂，或受不同的宗教信仰、社会传说、封建迷信以及环境等因素的影响，其缢吊的方式和方法可多样而呈现出各种体位，一般以前位缢型为多见。缢索多选用布绳、麻绳、尼龙绳等容易得到的绳索，或将衣服、床单撕成布条，甚至用电线、铁丝做缢索。悬吊点多选择在最方便之处，如室内屋梁、管道、门框等。甚至将绳索挂在墙上的钉子、床栏或门把手上。有的在缢索和颈部之间放有衬垫物，如毛巾、手帕、衣领等。

3.尸体改变　自缢者的全身和局部，除有缢死的改变外，并无其他致命性损伤。如在缢吊过程中身体抽搐，碰撞周围物体，可在手足或身体突出部位形成擦伤或挫伤。如被虐待、折磨、酷打后自缢者，则有明确的外伤；可有经自刎、自刺、服毒未遂后自缢者；有精神病患者自缢死亡的报道。曾有自己堵塞口腔、自缚手足而后自缢死的案例。自缢的情况有时较为复杂，应谨慎鉴定。

4.其他　尸检中采取心血及胃内容做常规毒物检测，结果为阴性。

（三）他缢

一般一个成年人被他人缢死较为罕见，只有当被害人处于沉睡、醉酒、昏迷而无力抵抗的情况下,才有可能被缢颈致死。另有俗称"背娘舅"、"套白狼"的抢劫行为,也是一种他杀缢死。通常凶手身高体大,从被害者的身后突然迅速地将绳索套住其颈部,背起被害者而将其缢死。也有凶手用其他手段将被害人杀死后,悬尸造成自缢的假象,企图掩盖罪行。死后悬尸多为完全性缢吊,现场常有搏斗迹象,留有被害人以外的脚印,如果加害者受到损伤,也可在现场遗留血迹。被害者体表可有严重外伤和防卫伤,这种损伤常不能用被害者自己形成来解释。缢沟的位置、走向、深浅、印痕可能与自缢者相似,但无生活反应。总之,要综合分析案情、现场和尸检资料后作出鉴定。

有些国家处死罪犯的方法是在罪犯颈部套一绳套,然后突然取去其脚下的地板使身体急剧下坠,借体重将颈部压在绳上致窒息死亡,是为缢刑。有人误称其为绞死(刑),应予纠正。此种死亡的方式属于合法他杀。

(四)意外性缢死

意外性缢死多发生于幼儿。因意外跌倒,颈部被绳索绊套而缢死;或被钉子钩住衣领而缢死;或见幼儿从床与墙的间隙中滑落,颈部卡住在床沿以致缢死;曾有儿童游戏,模仿自缢失误而不幸死亡。成人有的酒醉跌倒,颈部卡在桌脚横档或沙发扶手上而致缢死。Karger B(2008)曾报道一例患有老年性痴呆的患者被用束带将身体固定于床上,发现患者时见其身体滑落于床下,束带卡在颈部而导致窒息性死亡。性窒息者采用缢颈方式所致的死亡亦属意外性缢死,将在本章第八节中阐述。

八、缢颈后非即时死亡

绝大多数人在缢颈后即可出现意识丧失而不能自救,但并不立即死亡,常于缢颈后5～20分钟发生死亡。因此,如能及早发现并予以积极的抢救,尚有复苏甚至生存的可能。迄今为止,国内外已有近20例有关缢颈后被抢救而复苏的案例报道。但其中半数以上被抢救复苏者,生存一段时间后死亡。这种称为缢颈后非即时死亡或称之为缢颈后迟发性死亡(delayed death after hanging)。生存时间多为1～2周,最短者18小时,最长者39天。少部分复苏者经积极的治疗而得以生存,可遗留有头晕、头痛、记忆力减退、四肢乏力以及肢体震颤等,严重者可致癫痫。

导致缢颈后迟发性死亡的主要原因是感染和缺血缺氧引起的脑损害,包括吸入性肺炎、肺或喉头水肿、缺血缺氧性脑病、脑梗死和脑软化等。临床上,使这种患者最终康复的关键是及时采取措施,尽快使其复苏。复苏后给予高频通气、高压氧治疗,控制出入液体量以及采取支持疗法,预防颅内压升高及其他继发合并症等,并严密监护,直至病情平稳。

第三节　勒　死

勒死(ligature strangulation)又称绞死,是以绳索类物缠绕颈项部,由自身体重以外的力量作用使绳索类物勒紧并压迫颈项部而导致的死亡。

一、勒索和勒死的方式

(一)勒索

绞勒颈部时所用的绳索类物称为勒索。所有的带状物均可被用作勒索,常见有各种质地的绳索、尼龙袜、毛巾、围巾、领带、衣服碎条、皮带、电线等,一般是软质或半坚硬的绳索类物。

(二)勒颈的匝数和结扣

勒索缠绕颈部的匝数不定。一般他杀案件中,由于作案者意在迅速使被害人死亡,时间仓促,且被害人往往挣扎抵抗,故以一匝、二匝者居多(图13-15)。自杀案件中,由于自杀者决心已定,可能勒索缠绕颈部的匝数较多。结扣的形式因人而异,有半结、死结等,也有多匝勒索而无结扣者。他杀者结扣多在项部或颈的侧面,自杀勒颈者多在颈前部或一侧(图13-16)。

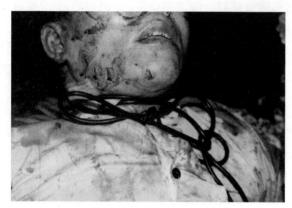

图 13-15　他杀勒死
死者面部沾满血迹；勒索：胶皮电线，结扣位于颈前部
（沈阳市公安局提供）

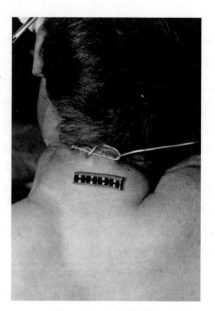

图 13-16　他杀勒死
勒索：铁丝；勒索结扣位于项部
（沈阳市公安局提供）

（三）勒颈的方式

最常见的勒颈方式是将勒索的两端交叉，以双手向两侧相反的方向用力拉紧勒索或打结，压迫颈项部。有些自勒者先用勒索缠绕颈部打结后，再将木棒状物插入勒套中，并扭转以达到窒息死亡的目的。偶尔也有将勒索的一端固定在某一物体上，用力收紧勒索的另一端，或将勒索的两端分别系以重物等，压迫颈部。个别性窒息者将勒索一端固定后，另一端用脚收紧，绞勒颈部。

二、勒死的机制

勒死的机制与缢死相似，但勒颈时勒索在颈部的位置、施加力的方式和强度与缢死者有所不同，主要有以下三方面。

（一）呼吸道受压

勒颈时由于勒索多位于甲状软骨或气管的部位，位置较低，且颈部全周基本上均匀地受到勒索的压迫，特别是在他勒案例中，被害人常挣扎抵抗，加害者的用力也紧一阵松一阵，呼吸道只是部分或间断受阻，所以窒息过程较长。

（二）颈部血管受压

由于颈部喉软骨和气管软骨的支持作用和颈部全周均匀受勒索的压迫，因此，一般只造成颈部静脉的完全闭塞，颈动脉部分受阻，椎动脉仍通畅，或被害人的挣扎抵抗，颈部受力不均匀，使勒索的压力时松时紧。故勒颈时脑组织仍能得到部分供血，而延缓了脑组织的缺氧过程。同时，由于静脉回流受阻，脑内瘀血，可使脑组织的缺氧逐渐加剧，加重脑组织的损害。

（三）颈部神经受压

勒颈时常可压迫刺激迷走神经的分支喉返神经，导致反射性呼吸抑制而死亡。也可因勒索压迫颈动脉窦，导致反射性心搏骤停而死亡，或因血压下降引起休克致死。

三、勒死的病理学变化

（一）颈部改变

1. 勒沟的特征　勒索压迫颈部所形成的沟状痕迹称为勒沟。勒沟是认定勒死的重要证据。

（1）勒沟的位置和方向：典型的勒沟多位于喉头的下方，呈水平环绕颈项部，呈闭锁状态，但也有位于颈部其他部位者。如果勒索与颈部之间有衬垫物，如衣领、围巾或手指等，勒沟可不连续。

（2）勒沟的数目：以1~2条勒沟者多见，多条勒沟者少见。勒沟的数目只反映直接压迫颈部的勒索的圈数。当勒索绕颈相互重叠时，不能完全反映出勒索绕颈的圈数。

（3）勒沟的宽度和深度：勒沟的宽度一般与勒索的粗细相当，其深度比较一致。用宽软布带勒颈时，如果死后又很快除去勒索，则勒沟不明显。而细硬勒索形成的勒沟较深。

（4）勒沟的颜色和损伤：细硬勒索勒颈时，勒沟窄而深，常伴有表皮剥脱，干燥后常呈暗褐色皮革样化，勒沟上、下缘可有散在点状出血。用暴力勒压颈部或被勒颈者挣扎抵抗时，勒沟处皮肤有明显擦伤，勒沟边缘不整齐。颈部还可伴有其他形态的擦伤或挫伤。

（5）勒沟印痕：勒沟表面的花纹印痕，可以反映出压迫颈部的勒索的纹理结构。勒索交叉打结处可形成结扣的印痕。如果勒索与颈部之间有衬垫物，如衣领、围巾或手指等，在相应部位遗留衬垫物的印痕。如用金属类的电线等拧紧勒颈时，常在拧结处的皮肤上留有绞拧的痕迹。

2. 勒沟深部组织的改变　勒沟深部组织的改变与缢沟相仿，但皮下组织和肌层常有出血。甲状腺、喉头黏膜、咽部黏膜、扁桃体及舌根部可有明显的瘀血和灶状出血，甲状软骨也可发生骨折。当勒索位置在甲状软骨以上时，舌骨大角可发生骨折和出血。当勒索在甲状软骨以下部位时，可发生气管软骨骨折。有时因暴力绞勒颈部时，还可发生颈椎棘突骨折。

（二）颜面部改变

因勒颈时静脉回流受阻，而颈动脉和椎动脉不能完全闭塞，且窒息过程较长，故颜面瘀血肿胀明显，呈青紫色。眼睑结膜、颈部勒沟以上部位的皮肤、颜面部常可出现瘀点性出血，有时融合成斑片状。有时结膜水肿，可见外耳道和鼻出血。有时口鼻部有血性泡沫性液体。有的死者还可见眼球和舌尖突出。

（三）体表及手足损伤

在他杀勒颈的案件中，由于受害者挣扎和抵抗，其头面部、手足及其他突出部位常有机械性损伤形成，以擦伤和挫伤为常见。

（四）内部器官改变

因颈静脉回流受阻，勒死者脑膜及脑组织瘀血明显，并有出血点。肝、肾、心等实质器官瘀血。肺瘀血、水肿，并可见散在性肺大泡形成。气管、支气管、喉头及声门等水肿、出血。

四、勒死的法医学鉴定

根据现场勘查、系统尸体检验，结合案情调查并排除其他死因等，鉴定勒死并不困难。但主要问题是鉴别他勒和自勒。勒死者多为他杀，自勒少见，偶见意外性勒死。

（一）他勒

1. 现场　常有搏斗和物品凌乱现象，并留有他人的足迹。如现场位于室内，门常被反锁。无挣扎抵抗能力者，如婴幼儿、醉酒、沉睡或昏迷者，或被凶手从背后突然用勒索套住颈部勒死者，现场可无搏斗抵抗迹象。有的被害者常被伪装成自缢或自溺而死。

2. 尸体的特征

（1）衣着：衣着不整或有破损。

（2）头面部：有些口中被塞有异物，口唇黏膜破损，口周围表皮剥脱及皮下出血，一般系在勒颈过程中防止被害人呼喊，因捂嘴或填塞异物时所致（图13-17）。

（3）颈部：颈部勒索缠绕匝数多为一圈，少数为多圈。勒索的来源可疑或非死者所有，结扣特殊，重复打结，越打越紧，结扣多位于项部或侧位（图13-18）。在勒索与颈部之间夹有杂草、死者衣领，甚至死者的下颌、耳朵等也被勒于其中。颈部及前胸部常有抓伤，勒沟明显，较深。勒沟深部的软组织出血广泛而明显。甲状软骨骨折，或伴有舌骨骨折，甚至气管环状软骨也有骨折。勒死后不久如颈部勒索被拿走,勒沟可能不明显,但经详细检查,仍能发现颈深层组织的损伤,如肌肉出血及骨折较显著。

（4）四肢：为限制被害人反抗或防止其苏醒等,有的将其双手及两腿捆绑,尤其是双手反绑很紧。

（5）其他：被害者头面部及肢体常有挣扎抵抗伤。死者手中可抓有加害人的衣服碎片,指甲内表皮组织残片及血迹等。

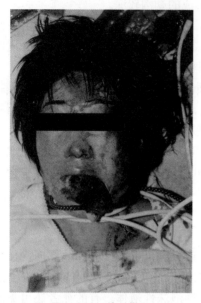

图 13-17 他杀勒死
勒索为胶皮及尼龙外皮电线,死者口中被
塞有布团,面部沾有血迹
（沈阳市公安局提供）

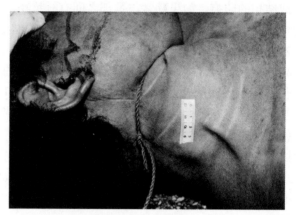

图 13-18 他杀勒死
勒索为细尼龙绳,勒索结扣位于项部
（沈阳市公安局提供）

他勒致死者一般窒息征象较为明显,但若被害人勒颈前已昏迷而失去抵抗能力,或体质虚弱,则窒息征象可不明显。

（二）自勒

1. 现场　现场多位于室内,门窗常紧闭,现场平静,无打斗破坏的痕迹。常有自杀的迹象或遗书。一般无他人的足迹。

2. 尸体特征　自勒者多呈仰卧位,颈部结扣较少。如为重复打结,则第二结扣较松。结扣多位于颈前部,少见于侧方,罕见于项部。自勒者采取勒颈的方式多种多样,有时,自勒者可保持两手拉住勒索或勒索绕手拉紧的姿势。还可见用短棒、螺丝刀等插入勒套中,绞拧固定。有些精神异常者或性窒息者采用奇特的勒颈方式,如将勒索的两端系于脚上,借伸腿的力量收紧勒索;还有在勒索的两端系上重物。将柔软物衬垫在勒索与颈部之间,常提示自勒。少数自勒者因初期采用其他自杀方式,如刎颈、切腕等未达到目的而后自勒,尸体上可留有勒颈前自杀所致的损伤。自勒者勒沟较浅,可为1～2圈,也有多圈者,勒索多留在颈部。如果颈部有衬垫物,可出现勒沟中断或深浅不一。自勒者因窒息过程较长,窒息征象常比他勒明显。自勒尸体上无搏斗及抵抗所致的损伤。

（三）意外勒死

意外勒死又称为灾害性勒死,较为罕见。偶有受害者头颈部披着的围巾、头巾或上衣等被转动的机器或齿轮绞转,或被机动车拖转,导致颈部被勒而死亡。也有人不慎被车床皮带卷住勒死。新生儿颈部因脐带绕颈窒息死亡也属意外性勒死。

（四）缢死与勒死的鉴别（表13-1）

表 13-1　缢死与勒死的鉴别

项目	缢死	勒死
索沟形成	颈部压迫缢索形成的皮肤印痕	勒索压迫颈部形成的皮肤印痕
索沟位置	多在舌骨与甲状软骨之间	多在甲状软骨或其下方
索沟走向	着力处水平，两侧斜行向上提空	基本上呈环形水平状
索沟闭锁	多不闭锁，有中断现象	一般呈闭锁状态
索沟深度	着力部位最深，向两侧逐渐变浅消失	深度基本均匀，结扣处有压痕
索沟出血	缢沟处出血少见，上下缘和缢沟间隆起处有出血点	勒沟多出血，颜色较深
颈部软组织损伤	肌肉多无出血，颈动脉分叉下内膜可有横向裂伤	肌肉常有出血，颈动脉内膜多无裂伤
颈部骨折	舌骨大角、甲状软骨上角可骨折	可有甲状软骨、环状软骨骨折
颅脑瘀血	典型缢死者脑组织、脑膜瘀血不明显，非典型缢死者较明显	脑组织及脑膜瘀血明显，伴点状出血
舌尖外露	舌尖可外露	舌尖多外露
颜面征象	典型缢死者颜面苍白，非典型缢死者颜面瘀血肿胀，眼结膜可有出血点	颜面青紫、肿胀，勒沟以上颈部、面部皮肤及眼结膜常可见出血点

（五）自勒与他勒的鉴别（表13-2）

表 13-2　自勒与他勒的鉴别

项目	自勒	他勒
现场	多在室内，现场安静，无搏斗抵抗痕迹，必有勒索	现场多混乱，有搏斗痕迹，勒索较少留在现场
勒沟	较浅，表皮剥脱轻微，边缘整齐，出血较少，如无衬垫物，常为完整的环形	较深，表皮剥脱严重，边缘不整齐，出血较多，常为间断的环形
衬垫物	有时在勒索与颈部之间垫有毛巾等物	有时死者的衣领或其他异物夹在颈部与勒索之间
勒索	留在颈部，环绕颈项，结扣较少，多位于颈前部如重复打结，第二结扣较松	可不留在现场，如果留在颈部，结扣多位于项部或颈侧面，重复打结，越打越紧
尸体姿态	常为仰卧，两臂屈曲，两手上举，勒索端握在手中	体位不定
损伤	四肢无抵抗伤，甲状软骨及舌骨骨折少见，勒沟下组织出血轻微	四肢常有抵抗伤，甲状软骨及舌骨骨折多见，勒沟下软组织出血较重
其他	有时勒套内有棒状物用于绞勒颈部	口中可有异物填塞，手中抓有加害者的毛发、布片等

第四节　扼　　死

扼死（manual strangulation）是用单手或双手、上肢等扼压颈部而引起的窒息死，又称掐死（throttling）。有时可见用肘部、前臂或器械压迫颈部所致的死亡，也属扼死。扼死均为他杀，偶有误伤致死。自扼死亡是不可能的，因为自扼颈部者，当意识开始丧失时，肢体肌张力也迅速消失，不可能继续扼压颈部致死。

一、扼颈的方式

常见扼颈的方式有以下几种。

1. 单手扼颈　常见凶手位于被害人的正面，用一只手扼住受害者，拇指压在颈部的一侧，其余四指压在颈部的另一侧，以手掌虎口部的力量将喉头、气管等颈部器官压向后上方，造成呼吸道闭塞。

2. 双手同时扼颈　此时凶手面对被害人，将拇指与四指分开，双手拇指压在被害人的喉部，同时两手其余手指抓住受害者颈部的两侧和项部,将喉头压向后方。如果凶手位于被害人的背后,其两手的手指抓住被害人喉头用力向后上方压迫,而拇指则压迫颈部两侧及项部。以上几种方式多能在颈部见到手指压迫后留下的痕迹或指甲所致的损伤。

3. 以肘部或前臂扼颈(choke hold,arm-lock)　有时凶手可能用前臂在受害者的背后以肘部或前臂的桡侧部扼压被害人的颈部。也有时凶手面对被害人,用肘后面压住被害人的颈部并将其背部顶在墙壁或地面上,以增强扼颈的压力,造成被害人颈部受压致死,这些情况下受害者的颈部见不到手指和指甲所致的扼痕。

4. 用器械扼颈　凶手以短木棍、铁棍或其他棒状质硬的物体作为凶器,双手握棍的两端,用力压扼被害人的颈部,致人死亡。也有用单手握器械用力顶压被害人颈部的案例报道。

5. 其他扼颈方式　凶手用脚踩住被害人的颈部,使颈部抵住墙壁或地面,造成被害人颈部受压而致死。

在扼死的案件中,罪犯在实施上述扼颈方式时,因害怕被害人的呼救以及达到加速被害人的死亡,常在被害人口中堵塞如毛巾、衣服、手帕之类的柔软物体。

有的罪犯先诱骗被害人误服安眠药、麻醉剂使其昏迷后将其扼死;或将被害人击伤、击昏后再施扼颈也时有发生。

二、扼死的机制

扼死的机制与勒死者相似,主要是颈部气管、血管受压迫及颈部神经受刺激等。

(一)呼吸道受压

用手或肘部压迫受害人的颈部,因压力的大小以及扼压的部位的不同,均能导致气道不同程度的压闭。一般情况下,由于被害人挣扎抵抗,颈部呼吸道不易被完全压闭,但仍能使被害人缺氧。因缺氧逐渐加剧而发生昏迷,失去反抗能力。扼死过程的长短,决定于呼吸道被压闭塞的程度。有时也因扼颈时将舌骨、喉头或气管推向后上方,堵闭咽后壁而发生呼吸障碍致死。

(二)颈部血管受压

以手扼颈,由于拇指与四指分开,从颈的两侧压挤,可使颈静脉完全闭塞,颈动脉不易完全闭塞,特别是椎动脉更不易受压或压闭。因此扼颈时能造成颅脑的瘀血,脑组织也发生缺氧。因此被害人窒息过程较长,意识丧失及死亡发生较缓慢,窒息征象较明显。

(三)颈部神经受压

喉上神经受压刺激可引起反射性呼吸抑制。而颈动脉窦受压可引起反射性心跳、呼吸停止,此时窒息征象不明显。在正常个体中,颈动脉窦受压可引起心率变慢(<60 次/分),而血压降低很少(<10mmHg)。但某些特殊体质的人,则对颈动脉窦的刺激极为敏感,可出现各种心律失常,甚至心搏骤停和血压急剧降低。有报道表明某些人在转动颈部或高衣领紧压颈部时可产生晕厥和虚脱。还有报道当颈动脉窦受刺激时,可引起心动过缓,并逐渐演变成心跳停止而死亡。

以上3种扼死发生的机制常共同发挥作用而导致死亡,但决定死亡速度的重要因素是扼颈力量的大小以及扼颈的部位。

三、扼死的病理学变化

(一)颈部改变

一般被扼死者颈部皮肤表面及其深部组织均可见到一些明显由手指、指甲等所致的损伤。这些具有一定特征性的损伤称为扼痕,是认定扼死的重要依据。

1. 扼痕　扼压颈部时,凶手的手指、指甲、虎口、手掌、肘部以及前臂压迫被害人颈部所形成的具有一定特征性的损伤,称为扼痕(throttling marks)。

(1)扼痕的形态:从下颌下缘到锁骨上缘之间的颈部都可留下扼痕,是扼死尸体的重要依据。指端扼压颈部可形成圆形或椭圆形的皮肤擦伤和挫伤（指压痕）；指甲可形成新月形或短线状的擦伤（指甲痕）（图 13-19）。单手扼颈时会在颈正中部位形成横形的皮下出血。肘背或脚压颈会在颈部形成类圆形的不规则皮下出血。前臂桡侧扼颈会在颈部形成长圆形或梭形的不规则的皮下出血。

（2）扼痕的分布：扼痕一般多分布于喉头两侧或颈侧部位，少见于项部。用右手扼压颈部时，可在左侧颈部皮肤上留有 3～4 个扼痕，右侧有一个；如用左手扼颈，则位置相反。如用双手扼压时，颈部两侧可各有 3～4 个扼痕。但因被害人挣扎抵抗及罪犯扼压动作的改变，扼痕的部位、数目常有改变，形态多不规则。颈部若垫有衣领、围巾、或其他衣物时，则扼痕可以不明显，甚至缺如。

（3）扼痕的颜色变化：新鲜的扼痕，如为单纯表皮剥脱，呈淡黄褐色；如伴有皮下出血，多为深红色，切开皮肤可见皮下软组织内血浸染；表皮剥脱部位经 12～24 小时后，发生皮革样变，形成干燥的质地较硬的暗红色斑。

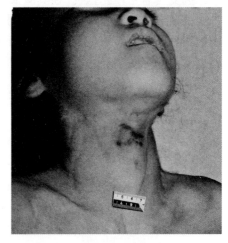

图 13-19　扼死
颈部扼痕呈片状表皮剥脱，局部紫红变色
（沈阳市公安局提供）

知识拓展 ▶

Harm 和 Rajs（1981）将被扼颈者颈部的指甲损伤分为 3 种：指甲压痕（impression marks）、指甲抓痕（claw marks）和指甲挠痕（scratch marks）。指甲压痕呈弧形，逗号状、惊叹号状、短线状或椭圆形、三角形、四角形样表皮损伤，长度 10～15mm，宽度数毫米。当指端以垂直方向压向皮肤，指甲刺破表皮达到真皮时形成此种损伤。指甲抓痕是呈 U 字形的皮肤表皮和真皮损伤，长度 3～4mm 或至数厘米。当指甲以切线方向压入皮肤时，刺破表皮和真皮，在皮下挖割皮肤而形成。指甲挠痕是平行的线状表皮剥脱或带状真皮出血，宽度可达 1cm。当指甲以直立方向压入皮肤并划动时形成此种损伤。

---

2. 颈内部改变

（1）皮下软组织出血：在扼痕部位常见皮下及肌层，包括胸锁乳突肌、胸骨舌骨肌和肩胛舌骨肌等出血。甲状腺、颌下腺、扁桃体以及颈部淋巴结等可见有灶状出血。其他还可见声带充血、出血、水肿；舌根、咽后壁出血等。

（2）骨折：当颈部受到较强力扼压时，甲状软骨、环状软骨、舌骨可发生骨折，以甲状软骨上角多见，舌骨大角多为内向性骨折，且多见于拇指扼压的一侧。一般多见于 30 岁以上的受害者。但不能将生理性舌骨大角与舌骨体之间的分离及甲状软骨上角与甲状软骨板之间的软骨性分离误认为骨折。婴幼儿由于软骨和骨的弹性好，较少发生骨折。舌骨大角骨折约占 35%。舌骨体骨折较少见。个别案例也有发生环状软骨骨折的。

（二）颜面部改变

由于扼颈时一般只造成颈部静脉的闭塞，颈部动脉仍能持续供血，因此，被害人颜面部窒息征象较明显，发绀而肿胀，呈青紫色。眼结膜和口腔黏膜可见散在点状出血。有时舌尖微露于齿列外，伴有咬伤。若扼颈时捂嘴，还可造成被害人口唇周围软组织损伤、出血以及口腔黏膜的损伤，面颊部也可见损伤（见文末彩图 13-4）。对于年幼体弱者，因抵抗力低，窒息过程短，窒息征象轻，甚至缺如。如果先用电击，打击头部或某种毒物等致被害人昏迷后再扼颈时，上述窒息征象也可不明显。

（三）手足及体表损伤

因受害者常挣扎抵抗,在其胸部、背部和四肢等处常可见表皮剥脱或皮下出血。在某些案件中,如强奸案,犯罪嫌疑人扼颈后或同时实施强奸,造成被害人会阴部及大腿内侧损伤。如果被害人在被扼颈前头部遭受钝力打击,还可见有颅脑或其他部位的机械性损伤。此外,受害者的手中常抓有加害人的毛发、衣片、纽扣等,指甲内嵌有皮肉、血痕等。

（四）内脏器官改变

内脏器官以瘀血改变为主。脑膜和脑实质内可见瘀血、水肿及点灶状出血。肺组织可见浆膜面点状出血、肺气肿、水肿及灶状出血。

四、扼死的法医学鉴定

扼死都属于他杀,多见于强奸和抢劫等他杀案件,有时也见于杀婴。但犯罪嫌疑人作案后常对尸体和现场进行伪装,给法医鉴定工作带来一定的困难。因此,尸体检查时应注意对尸体的原始状况以及全身情况作详细的检查,尤其是对颈部检查特别要仔细,并应尽早对尸体进行检查,结合毒物分析、现场勘验和案情调查作出鉴定结论。

（一）现场勘查

现场勘查对确定案件的性质非常重要,法医应会同其他刑侦技术人员对现场进行详细勘验。注意勘查尸体的位置及其与周围物体的关系。一般现场常有搏斗动乱的迹象,尸体多处于异常体位和姿态,手足呈挣扎抵抗的姿态。手足和头面部常有暴力所致的损伤或抵抗伤,其衣服不整,衣着散乱破碎。被害者口中有时被毛巾、衣片或纸团等异物填塞。如果被害人在醉酒、沉睡或昏迷状态下被扼死,常无抵抗伤。如系女性尸体,应注意有无被强奸的迹象。应详细检查现场留有的指纹、足印、血痕和死者手中抓取的物证等。但犯罪嫌疑人在作案后常对尸体和现场进行伪装,如伪装成自缢时,应详细检查尸体足下有无攀登物,缢索固定部位的痕迹以及固定部位是否遗留有指纹等。其他还可将受害者伪装成病死,或将尸体投入水中伪装成意外性溺死,或将现场伪装成意外火灾,焚尸灭迹等。

（二）尸体检验

应尽早仔细地检查尸体的原始状况,并进行系统的尸体剖验。对于怀疑扼死者的颈部检查时,为了避免将死后解剖所致的肌肉和软组织血液浸染误认为是扼痕或掩盖扼痕,在解剖时应首先剖开胸腔和颅腔,取出内脏器官和脑,尽量放出颈部血液,使颈部处于相对缺血状态。检查颈前部时,应将颈部肌群逐层分离,观察肌肉、甲状腺、甲状软骨、舌骨的损伤等。由于扼颈是一种很常见的杀人手段,因此,对颈前部和颈侧面任何一种可疑痕迹和扼痕都应仔细检查。

1. 扼痕　部分扼颈案件中,颈部扼痕常不典型,有时甚至缺乏颈部表面损伤。颈部的检查应包括扼痕的部位、大小、性状、排列、方向,并以此确定犯罪嫌疑人是用右手还是左手;确定嫌疑人作案时所处的位置;确定他是单手还是双手扼颈,是利用肘部还是用前臂桡侧扼颈。当扼痕不典型或不明显时,应考虑扼颈时颈部有垫衬物的可能。

2. 抵抗伤　一般在四肢多见,尤其是双手和前臂,有时肩胛部、肘后、膝部也有抵抗伤存在。老年,体质虚弱者和婴幼儿常没有抵抗伤存在。当被害人熟睡时或投下安眠药、麻醉药后再扼颈,也可以没有抵抗伤的存在。

3. 其他损伤　在扼死的案件中常常伴有颈部和抵抗伤以外的其他损伤。如扼颈时,由于受害人的反抗、挣扎,常在四肢、肩部形成相应的损伤。如嫌疑人用膝部顶住受害人的胸部可造成肋骨骨折,甚至肺损伤。其他还包括犯罪分子在扼颈前将被害人击伤,击昏,便于实施扼颈。常见有颅脑损伤、胸腹部损伤,可以是钝器伤,也可以是锐器。

（三）毒物检验

尸体检验中应提取血液及胃内容物做常规毒物的检验筛查,以判断是否有中毒的可能性。

（四）案情调查

法医人员应详细了解整个案件的情况，包括尸体的发现、原始现场的情况及尸体被发现时的位置、状况等。应对整个案件做全面了解，以便作出合理的法医学鉴定。

（五）嫌疑人的检查

对作案的嫌疑人应尽早检查，特别要检查其身体裸露部位有无抓伤、咬伤等痕迹，并提取嫌疑人的血液、唾液等进行检验，并与现场提取物的检验结果进行对比。

在扼颈或勒颈案件中，因被害人挣扎抵抗，使凶手常可受到损伤。

知识链接 ▶

Harm 和 Rajs（1981）对 20 例扼死、12 例勒死和 5 例因同时被扼颈和勒颈而死亡案例中的犯罪嫌疑人损伤特点进行了分析。对此 37 例案件的 32 例中，犯罪嫌疑人被抓获，并对其中的 20 名犯罪嫌疑人的损伤情况进行了检查并与相应受害者身体上的损伤情况进行了对比。在这 20 名犯罪嫌疑人中，有 13 名（65%）的身体上共发现 98 处在作案时受到的损伤。但被害人身体上损伤的有无与嫌疑人身体上损伤的有无并没有相关性。虽然该 13 名犯罪嫌疑人身体上有明显的损伤，但在相应的 13 名被害人中，只有 6 人的手和上肢可见有抵抗伤，而另外 7 名被害人身体上未发现有损伤。表明不能单纯从被害人身体上损伤的有无来判定被害人死前是否有挣扎和抵抗。这 13 名嫌疑人身体上的损伤和案件的审理过程说明，虽然 7 名被害人身体上未发现损伤，但死前确有挣扎和抵抗。

五、扼颈后遗症

扼颈时由于受害人的挣扎、抵抗，一般窒息时间较长，如被害人未被扼死，抢救及时，尚可能复苏。复苏者常有结膜出血和逆行性遗忘症、失音症、吞咽障碍等。如果大脑皮质缺氧时间过长，导致皮质坏死，可形成植物人状态。因受害人受到强烈的精神刺激，也可遗留痉挛、神经过敏、恐怖性精神病等后遗症。

第五节　压迫胸腹部所致窒息

压迫胸腹部所致的窒息（asphyxia due to overlay）是指胸部或腹部受到强烈的挤压，严重阻碍了胸廓和膈肌的呼吸运动所致的窒息。国外专业书中称之为创伤性窒息（traumatic asphyxia），由此所引起的死亡又称为挤压性窒息死。

一、压迫胸腹部的方式

压迫胸腹部所致的窒息性死亡以意外性或灾害性事故最为常见，如房屋倒塌、矿井或坑道塌陷、车辆翻覆、山体滑坡或雪崩、人群挤压和大树折断后树干压迫胸腹部等。也见于熟睡中母亲的手臂或腿压在婴儿的胸腹部。偶见胸腹部被蟒蛇缠身而导致窒息死亡。还有报道 1 名 12 岁的女孩用绳带缠绕在季肋部，另一端系在较粗的树枝上进行悠荡玩耍，后被人发现躯干呈水平位悬吊，人已死亡。尸检中见平季肋部有一环绕身体的带状皮下出血，局部已皮革样化。死因系绳带压迫，阻碍呼吸运动而死亡。

国外曾报道（Karger B，2008），压迫胸腹部所致的窒息也可发生在医院治疗期间的患者，主要见于患有老年性精神病的患者。治疗期间一般需要将患者用医用束带固定于床上，当患者滑落于床下时，因身体体重的作用，造成束带压迫胸部而限制胸廓的呼吸运动，引起窒息。

二、压迫胸腹部死亡机制

压迫胸腹部导致死亡的机制主要是胸腹部受压使肋骨不能上举,膈肌不能下降,严重地限制了呼吸运动,致人体较长时间缺氧,窒息而死亡。一般成年人胸腹部受到40～50kg,健壮者受到80～100kg的压力时,可导致死亡。一侧胸廓受压经30～50分钟后也可引起窒息死亡。对于幼小儿童和婴儿,仅需成人的手或前臂搁置在其胸部,即可引起窒息而死亡。胸腹部同时受压几十分钟可发生窒息性死亡。

三、压迫胸腹部死亡尸体的病理学变化

(一)尸体外表改变

胸腹部受压部位可因死者身体大小、胖瘦、年龄以及压迫物体的质地、重量及作用方式的不同,形成不同的压痕,或无明显痕迹。质地柔软的物品,如被褥、厚重的衣物等裹压儿童而致死者,体表可无明显压痕。如硬而重的物体,特别是突然挤压或坠落而压迫在胸腹部时,常可使受压部位发生表皮剥脱、皮下出血,甚至出现挫裂伤和重物压陷的痕迹。

因挤压性窒息而死亡者,体表的窒息征象较为明显。颜面部及颈部瘀血、肿胀,发绀,包括受压部位以上的体表皮肤、颜面部、球睑结膜可见有瘀点性出血,甚至可伴有视网膜出血。

(二)内部改变

主要表现为各内脏器官瘀血。脑蛛网膜下腔及脑实质内可见片灶状出血。如窒息过程较长,可发生肺水肿,心、肺浆膜可见瘀点性出血。一般无明显的外伤,严重者可见肋骨骨折、心、肺、肝等器官的挫伤。

四、压迫胸腹部死亡的法医学鉴定

大多数挤压性窒息死属于意外性或灾害性事故所致。其法医学鉴定要确定是否是挤压性窒息死亡。往往在意外性或灾害性事故中,受害者胸腹部受到挤压后不一定死于窒息,可能是因暴力性挤压后导致内脏器官破裂,因大失血等而死亡。还应注意鉴别是意外性灾害事故死亡还是他杀。鉴定挤压性窒息死须注意死者身体各部位所受到的损伤是否符合挤压伤的病理形态特征;现场的情况,如建筑物的倒塌、塌方、车辆的翻覆与挤压损伤形成的特点是否一致。

在鉴别灾害性挤压性窒息死与他杀时,应注意损伤特征与挤压伤是否相符;死者有无抵抗伤;有无明显的窒息征象;有无伪装现象;生前伤与死后伤的鉴别等。

第六节 捂死和闷死

捂死(smothering)是以手或其他柔软物体同时压闭口、鼻孔,阻碍呼吸运动,影响气体交换而引起的窒息性死亡。除用手掌压闭口、鼻孔外,还可借助其他柔软物品,如手帕、毛巾、衣服、棉花、被褥、枕头、泥团和塑料袋等。闷死(suffocation)是由于局部环境缺氧所发生的窒息性死亡。

一、捂死和闷死的方式

(一)捂死的方式

1. 用手捂压口鼻孔 捂死为他杀的一种方式。凶手常用一侧或双手捂压被害人的口鼻孔,使被害人不能呼吸,逐渐因缺氧导致窒息而死亡。被害人多见于婴幼儿或年老、体弱者。

2. 用柔软物品捂压口鼻孔 凶手常用毛巾、衣服、被褥、泥土、塑料薄膜等捂压被害人的口鼻孔,导致被害人窒息死亡。还可用多层湿纸贴在婴幼儿、昏迷患者或年老体衰者的口鼻部,引起窒息性死亡。还有用粘胶纸封闭口鼻者。

3. 用塑料袋套住头颈部 用塑料袋套在被害人的头部,并用手压紧袋口,或用绳带缠绕袋口,使

被害人不能呼吸,因窒息而死亡。偶见小儿在玩耍时将塑料袋套在头部,导致窒息性死亡。也有人利用这种方式自杀,而套在头部的塑料袋不一定被系紧或捆扎。如果塑料袋只是套在头颈部而未压紧,所致窒息属于在缺氧环境中死亡,是闷死而不是捂死。

4．口鼻部压迫在软物体上　将被害人面部用力按压在松软的物体上,如枕头、被褥、泥沙等,捂闭口鼻孔,使其不能呼吸,导致窒息死亡。

5．其他方式　偶见熟睡中的成人肢体压在婴儿的口鼻部或妇女哺乳时将乳房紧压在婴儿的面部而引起婴儿窒息死亡。

（二）闷死的方式

1．意外性地被关闭在缺氧的环境中　煤矿或其他矿井发生坍塌,工作人员被封闭在狭窄的坑道内;进入废弃的地窖、纵深的山洞内;个别情况下,儿童玩耍时将自己关在箱柜或冰箱内而导致窒息死亡。在海洋运输的大型船只上,处于船底部位的压载舱或贮藏室因处于潮湿环境,舱室的铁壁与空气中的氧反应生成氧化铁而使氧耗竭,当海员或工作人员进入这种舱室后也可发生窒息,甚至死亡。

2．被强制性关闭在狭窄密闭的空间内　将被害人捆绑或使其昏迷,将其置于箱柜、冰箱或地窖内,因缺氧引起窒息死亡。

二、捂死和闷死的机制

捂死机制较为单一,主要是因口鼻孔被同时压闭后,阻断了气体交换,导致全身组织器官的缺氧窒息而死亡。捂死不同于前述的其他机械性窒息,是单纯性缺氧窒息死亡。

闷死是由于局部环境缺氧所发生的窒息性死亡。多发生于废坑井、下水道、谷仓、地窖或坍塌坑道中。由于局部环境中的氧被消耗,产生大量 CO_2,或者产生的有毒气体(如 CO、SO_2 等)聚集,可以使人迅速窒息或因窒息与中毒共同导致人死亡。

三、捂死和闷死的病理学变化

（一）捂死的病理学改变

由于阻塞口鼻所致窒息死亡是因单一缺氧而引起,因此,比缢颈、勒颈或扼颈所致的死亡过程相对要长,尸体上所表现出的窒息征象也比较明显和典型。

1．口鼻部改变　用手掌强行捂压被害人的口鼻部时,由于被害人挣扎抵抗,常可在受压部位导致局部表皮剥脱、皮下出血,伴有指甲的抓痕或口鼻歪斜或压扁的迹象。口唇及口腔黏膜、牙龈处可有挫伤出血,严重者可伴有牙齿松动或脱落(图13-20)。用柔软的物体捂压时,面部常不遗留有任何痕迹。用泥土或沙土捂压口鼻时,在口腔、鼻孔内及其周围常粘有较多的泥土或沙粒。

2．体表及内脏器官的窒息征象　死者的颜面部及肢体皮肤青紫,眼球睑结膜及口腔黏膜可见散在的瘀点性出血。内脏器官浆膜或黏膜可见散在瘀点性出血,间质静脉及毛细血管扩张瘀血。肺泡腔内及肾间质可见散在灶性出血,脑可见水肿等。

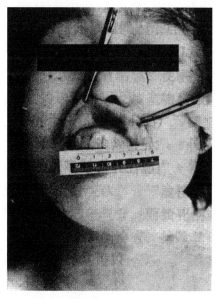

图 13-20　捂死
捂压致口唇黏膜挫伤出血

（二）闷死的病理学改变

闷死多为意外事故,一般发生速度较快,死前无挣扎抵抗等剧烈性活动,因此,尸体体表及内脏器官多没有典型的窒息征象,也无其他特殊形态学改变。如果坑道坍塌或被他人捆绑后置于密闭空间内,尸体上可见相应的机械性损伤。

四、捂死和闷死的法医学鉴定

（一）捂死的鉴定

捂死的案例多见于他杀，被害者多为婴幼儿、年迈的老人、体质虚弱者或处于昏迷状态者。要捂死清醒状态下的健壮成年人并非容易之事，现场多有搏斗的痕迹，死者面部常遗留有被捂压时所致的损伤，或双手被反绑。

意外性捂死也时有发生，多见于婴幼儿在睡眠中被衣物、被褥等覆盖在面部，或小儿在玩耍时将塑料袋套在头部，将口、鼻盖住，引起窒息死亡。但必须注意不能将婴幼儿的意外性捂死误认为婴幼儿猝死综合征，应注意加以鉴别。偶见自杀性捂死。可见先服用催眠药后用塑料袋套在头部自杀；或精神病患者利用睡衣、睡袋捂紧口鼻或用胶带粘住口鼻造成窒息死亡；也有性窒息者头部套有塑料袋导致意外性窒息死亡。

（二）闷死的鉴定

闷死绝大多数为意外事故，如矿井、坑道坍塌或进入废弃的矿井、地窖、通风不良的山洞等，导致缺氧窒息而死亡，有些情况下还可能存在有毒气体中毒。一般通过案情调查、现场勘查和尸体解剖不难作出法医学鉴定。对怀疑有毒气体中毒者，还应提取心血和现场空气标本进行检测。

第七节　哽　死

哽死（choking）是指由于异物从内部堵塞呼吸道，阻碍气体交换所引起的窒息性死亡。常见导致呼吸道阻塞的异物包括食品类，如块状食物（水果、果核、花生米、糖块等）；非食品类，如纸团、笔帽、硬币、纽扣、药片、瓶盖等；来自人体本身的异物，如呕吐物、血液、凝血块等。

一、哽死的方式

（一）外源性异物阻塞呼吸道

多见于给婴幼儿喂奶或食物时，因其哭闹将乳汁或食物吸入呼吸道；幼儿或儿童将异物，如纽扣、玻璃球、硬币、瓶盖等放在口中，或在吃某些食物时，如肉块、花生米、豆类、糖块、水果等，不慎将食物吸入呼吸道，引起呼吸道阻塞而致死（图 13-21）；也常发生在孩子哭闹或被逗乐时。偶见加害者将纱布团、布团、泥团或纸团等强行塞入被害人的咽喉部，导致被害人因呼吸道阻塞而死亡。

（二）内源性异物阻塞呼吸道

多见于麻醉、醉酒或头部受到外力作用后处于昏迷状态者，或癫痫发作者，将呕吐物或反流的胃内容物误吸入呼吸道。也可见于晚期肝硬化者因食管静脉丛曲张、破裂大出血，或消化性溃疡者的胃大量出血，或因咽部手术时出血及某些原因所致的呕吐不止，或晚期肺癌、肺结核患者大咯血等情况下，将血液、凝血块或伴有坏死的组织、胃内容等吸入呼吸道，引起窒息死亡。

临床上近年发现实施气管内插管患者中，插管后短期内在气管内壁上可形成一厚层白色管状假膜，称之为阻塞性气管纤维蛋白假膜（obstructive fibrinous tracheal pseudo-membrane，OFTP），可能是由于气管壁受插管的压迫而产生缺血性损伤，引起假膜的形成。拔管后短时间内，假膜远端部分如有脱落，可随呼吸像活瓣样运动而阻塞气管，导致急性呼吸衰竭，甚至死亡。

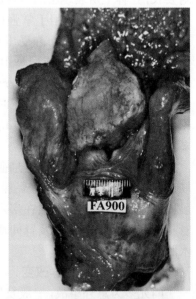

图 13-21　哽死者咽喉部异物
咽喉部被火腿肠块阻塞，部分火腿肠嵌入声门

二、哽死的机制

主要是由于异物完全阻塞或部分阻塞呼吸道，使气体交换突然受阻，造成机体急剧缺氧，窒息而死亡。有时呼吸道并未完全阻塞，但由于通气量急剧地减少，人体不能迅速地建立代偿机制，并常伴有呼吸道痉挛，最终仍会导致急性缺氧而窒息死亡。此外，阻塞的异物还可刺激喉头、气管及支气管黏膜，使喉头水肿；气管、支气管反射性痉挛而加重呼吸道阻塞，加速窒息死亡的进程。异物还可刺激喉上神经，引起反射性心搏骤停而死亡。

三、哽死尸体的病理学变化

1. 体表改变　主要表现为一般机械性窒息死亡的改变。如死亡发生迅速，窒息征象可不明显。但在他杀哽死的案件中，由于异物被强行塞入口腔，常可见口周围有表皮剥脱，牙龈、口腔或咽喉部等处黏膜剥脱及黏膜下出血，被害人的四肢、头部及身体的其他部位可见有因挣扎抵抗所形成的抵抗伤。

2. 内部改变　在咽喉部、气管、左右支气管，甚至肺叶细支气管中可见有异物，或气管、支气管中伴有血性液体。组织学检查可见肺瘀血、水肿、出血等。对于因胃内容误吸而死亡者，还可见肺内细支气管，甚至肺泡腔内有食物中的植物或动物肌肉纤维。如果误吸后存活一段时间，可见肺内异物周围有明显的炎症细胞浸润，或呈化脓性改变。其他脏器主要表现为瘀血。

四、哽死的法医学鉴定

哽死主要是依据尸检中在咽喉部、气管、支气管等部位发现异物，有时异物可被吸入至细支气管内。如果窒息时间较长，组织学检查还可见肺水肿、出血以及异物存在处的周围出现炎症反应。但必须与濒死期时的胃内容吸入或因死后尸体腐败产生的气体将胃内容经食管排出后进入气管内等现象相鉴别。一般濒死期或死后进入的胃内容物仅在气管或左、右支气管中，而且也无相应的组织学反应。哽死的鉴定必须进行系统尸体解剖，排除其他死因，并结合案情等进行详细分析、判断，才能作出哽死的鉴定结论。

第八节　性　窒　息

性窒息（sexual asphyxia）是性心理和性行为变态者独自在极为隐蔽的场所用某种非常奇异的窒息方式，引起一定程度的缺氧以刺激其性欲，增强其性快感而进行的一种性行为活动。常由于所用的措施失误或过度，意外地导致窒息性死亡。国外也称自淫性窒息（autoerotic asphyxia）或自淫性死亡（autoerotic death）。

由于性窒息死亡者常被误认为是自杀或他杀，同时还可能在保险和遗产继承等方面引起法律上的纠纷，因此，法医学和医务工作者均有必要掌握性窒息的特点。

一、性窒息的现场

性窒息的场所多为寂静、隐蔽之处，常无他人出入的场所，如单人居室、密林深处、仓库、自家浴室、地下室及废弃的厕所等。如在室内，则常是门窗紧闭。在这些地方，性窒息者可进行秘密的自我性行为活动，不易被他人发现。性窒息者自知其行为淫秽不堪，耻于见人，却又难以控制通过窒息方式得到性快感的强烈欲望，为防止其性欲倒错活动时被他人发现或有其他干扰，因此，选择寂静、隐蔽无他人的场所。

根据所报道的16例性窒息死亡案件，现场为单人居室者12例（75%），厕所内2例（12.5%），树林中1例（6.5%），仓库外岗楼内1例（6.5%）。

所有现场均无搏斗痕迹，部分现场中可发现各种与性活动或刺激性欲有关的物品，如可用于观察自己性活动的小镜子，在尸体周围的地上、床上、桌上等处放置色情画报、书刊、淫秽小说以及女性用品，如女性发套、假乳房、化妆用品、女性服装、内衣、鞋袜等。如果死者先被家人发现，这些物品可能被隐蔽和藏匿而在勘验现场时不能见到。现场还可发现死者以往多次进行性窒息活动时所遗留的痕迹，如绳索摩擦床头和屋梁上的痕迹等。

二、性窒息者的性别、年龄、文化及生前表现

目前国内所报道的性窒息者均以男性为主，女性极为少见。

国外报道的性窒息死亡者年龄多在15~25岁，极少数超过26岁。国内所报道的性窒息死亡者中年龄最小者26岁，最大者56岁，说明性窒息事件可发生在青少年、壮年和老年等各年龄组，但以青少年年龄组为多。

性窒息者大多具有一定文化，性格方面多属内向型，平时少言寡语，见人腼腆，不善于接触异性。少部分属于外向型性格，豁达开朗，善于言词，乐于接触异性。绝大多数性窒息者都有不同程度的异装癖、恋物癖、淫物癖及自淫虐症等变态性行为的表现。

三、性窒息的方式和死亡机制

性窒息的方式多种多样，最常见是用各种绳索、长尼龙袜、围巾、头巾等缢颈或勒颈，有时在颈部衬垫柔软的毛巾等物品以减少缢颈或勒颈时的疼痛。有的用塑料袋套在头部、用软物捂住口鼻等。个别性窒息者还进行自我捆绑，其方式极为奇特，如五花大绑或多道绳索捆绑身体，初看捆绑结实，易被误认为他杀，但仔细检查可见捆扎较为宽松，且其本人可以做到（图13-22，图13-23）。多数采用缢颈、勒颈的方式，引起一定程度的脑缺氧以刺激其性欲。当达到性满足时，可迅速解脱。如果解脱措施失灵，则可因窒息而导致死亡，故死亡机制与缢死、勒死基本相同。

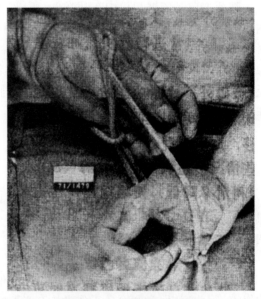

图13-22　性窒息奇异的窒息方式

图13-23　性窒息奇异绳套
手部绳套局部放大，手部绳索捆绑较为复杂

四、性窒息死亡的病理学变化

部分性窒息者除了所采用的窒息方式和尸体的姿势较为奇特外，其余的形态学改变与一般机械性窒息死亡者的征象相类似。颈部的缢沟或勒沟痕迹均与缢死或勒死相似。

五、性窒息死亡的法医学鉴定

由于性窒息者常穿着打扮奇特，并梳妆打扮似女性，刚发现时常被误认为是女性缢颈或勒颈而报案。性窒息死亡者因其绳套和绳结奇异复杂，且地点常为隐蔽，人迹罕见之处，常被误认为是他

杀。但如果仔细勘查现场并进行系统尸体检验,结合性窒息者的特点及毒物检测等,不难作出性窒息死亡的鉴定结论。有时性窒息者死在自己家中,被家人发现后常竭力掩盖,并移走现场内的淫秽物品、女性物品等,且家人和亲属提不出任何异常情况或线索,给现场勘查和确定案件的性质带来一定的困难。因此,在对可疑为性窒息案件的鉴定中,要深入调查,了解死者生前的习惯和爱好,仔细勘查现场,认真检查尸体及做系统剖验,分析绳套、绳结的特点,根据性窒息的特点,作出鉴定结论。

第九节　体位性窒息

体位性窒息(positional asphyxia)是因身体长时间限制在某种异常体位,使呼吸运动和静脉回流受阻而引起的窒息死亡。

体位性窒息案件尚不多见,时有发生,国内外均有报道。现场多见于审讯场所、居室,也可见于车内、医院的病室。死者一般为触犯刑律人员、儿童、意识不清或老年病患者以及过度饮酒者等。

一、体位性窒息的方式

引起体位性窒息的限制性体位有双上肢腕部分别用绳索系于高处;双上肢腕部于胸前位捆绑并且一侧下肢或双下肢捆绑后系于高处使身体呈悬挂状态;将四肢捆绑于背部,并使身体置于腹卧位。由于重力作用,可使胸廓的呼吸运动严重受限,肺换气功能障碍。也见于成人醉酒后或四肢瘫痪、昏迷的患者身体坠落于床和墙壁之间空隙内;睡眠中的儿童头部卡在床头与床垫之间,使头部向胸前过度屈曲或向背侧过度伸展等。这种头部过度屈曲或过度伸展体位可使呼吸道受阻,影响呼吸道通畅。

二、体位性窒息的死亡机制

(一)呼吸功能障碍

1. 呼吸道通气障碍　头部过度屈曲可使咽喉部呼吸道受阻,倒置性悬挂可使颈部处于过伸状态,也可影响呼吸道的通畅,长时间处于这些体位均可导致呼吸道通气障碍而引起窒息。

2. 呼吸肌运动受限　使胸腹部过度屈曲可限制膈肌和胸壁的运动;双上肢或双下肢被同时捆绑于背侧,或躯干通过上肢或下肢被悬挂,由于重力的作用而使呼吸肌运动受限。长时间处于上述限制性体位可使呼吸肌疲劳,导致缺氧、二氧化碳潴留等引起窒息。

(二)心功能障碍

此种心功能障碍属于呼吸功能障碍所致的继发性改变。由于长时间呼吸道受阻或呼吸运动受限,体内缺氧,二氧化碳潴留,可引起呼吸性酸中毒,血浆中氢离子增多并向细胞内转移,细胞内钾离子逸出。高钾血症可使心肌兴奋性增高,传导性和自律性下降,而出现多种类型心律失常,如窦性心动过缓、窦性停搏、房室传导阻滞、室内传导阻滞及室颤等。而细胞外钾离子升高可干扰钙离子内流,氢离子还可竞争抑制钙离子与肌钙蛋白结合亚单位的结合,两者均可使心肌兴奋-收缩偶联受到影响,心肌收缩性下降。

(三)中枢神经系统功能障碍

长时间气体交换障碍所致的高碳酸血症可对中枢神经系统产生影响,出现多种精神神经系统功能异常,早期症状包括头痛、不安、焦虑,进一步发展可出现震颤、精神错乱、嗜睡,甚至昏迷,临床上称之为肺性脑病(pulmonary encephalopathy)。

实验研究表明,家兔前肢悬挂后出现呼吸困难、发绀等现象,在悬挂后35~140分钟(平均48.1分钟)内出现呼吸停止而死亡。解剖可见全身器官瘀血,脑水肿等。血气分析显示:实验后pH下降、PO_2显著降低,PCO_2明显升高等。另外,组织中超氧化物歧化酶(superoxide dismutase,SOD)活性明显降低,丙二醛(malonodialdehyde,MDA)含量明显增高,提示氧自由基产生增加,组织发生脂质过氧化性损害加剧。

三、体位性窒息的症状和体征

由于体位性窒息的死亡过程较长,死前可有头晕、烦躁、口渴、腹痛、四肢不能上举、被缚悬吊肢体疼痛等症状和体征,还可见流涎、晕厥和尿失禁等征象。

四、体位性窒息死亡的病理学变化

因体位性窒息死亡的尸体主要表现出一般的窒息征象,如各内脏器官的瘀血、水肿,黏膜及浆膜的瘀点性出血等,无机械性暴力直接作用于口鼻部或颈部的损伤形态学改变。常见肢体被捆绑所致的印痕或表皮剥脱、皮下出血以及身体其他部位被殴打所致的体表损伤等。

五、体位性窒息死亡的法医学鉴定

体位性窒息死的案件时有发生,其现场可能是审讯场所、居室或肇事的车内等,死者有被捆绑后或由于其他原因被较长时间固定在某一特定体位的事实。被捆绑者尸体上多留有相应的印痕或损伤,尸体解剖检验呈一般机械性窒息死亡征象,结合详细了解案情、勘查现场并严格排除因中毒、损伤、自身疾病等致死的可能性后,可作出限制性体位性窒息死亡的法医学鉴定。

第十节 溺 死

由于溺液阻塞呼吸道及肺泡,阻碍气体交换,造成体内缺氧及二氧化碳潴留发生窒息死亡的称为溺死(drowning),俗称淹死。

造成溺死的液体称为溺液。溺液的种类繁多,除淡水、海水外,油、尿液、酒、羊水、血液等液体均可造成溺死。关于可造成溺死的溺液的量,一般认为只要将头面部甚至口鼻腔浸没在液体中,即可造成溺死。例如:酒醉或癫痫发作的患者或各种病因昏倒的患者,跌倒在水沟、水潭内,因为其不能翻转体位又无人在旁帮助时,其口鼻部可淹没于液体中而发生溺死。

溺死是常见的自杀手段之一,江、河、湖、海中所发现的尸体绝大多数属于意外,但也有利用溺死手段他杀或者死后抛尸入水的案件。因此,水中的尸体可能与重大的刑事案件有关,必须进行法医学鉴定。

一、溺死的病理生理过程

溺死的病理生理过程一般人为地分为6期。

1. 前驱期(窒息前期) 此期持续0.5～1分钟。当人落水后,由于冷水刺激皮肤感觉神经末梢,引起反射性吸气运动,将液体吸入气道引起呛咳,然后本能地出现呼吸暂停。当体内残余氧气耗尽后,可引起体内缺氧和二氧化碳潴留。

2. 呼吸困难期(二氧化碳蓄积期) 此期持续1～2.5分钟。由于缺氧、二氧化碳在体内潴留,刺激呼吸中枢,又开始呼吸,先是出现吸气性呼吸困难,水被大量吸入,因反射存在,乃至引起强烈的呛咳,继而出现呼气性呼吸困难,此时可从口、鼻腔内溢出大量泡沫状液体。

3. 失神期(意识丧失期) 此期大约持续几秒至几十秒钟。意识逐渐丧失,各种反射功能消失,瞳孔散大,大小便失禁。因吸入了大量的溺液至呼吸道深部,出现惊厥性呼吸运动。

4. 呼吸暂停期 此期持续约1分钟。呼吸运动暂停,意识完全丧失,瞳孔高度散大。

5. 终末呼吸期 此期持续约1分钟。此时又发生短暂的数次呼吸运动,继续吸入溺液。

6. 呼吸停止期 呼吸运动完全停止,但心脏仍可存在微弱跳动,若此时能及时抢救,可望复苏;反之,则心跳停止,人体死亡。溺死全过程约6分钟,但因溺水时个体年龄、体质、精神状态、水性、水温等因素的不同,其溺死过程持续时间有一定差别。

二、溺死的机制

1. 缺氧 溺死的主要死亡机制是体内缺氧。这是由于大量溺液被吸入到呼吸道及肺泡,影响气体交换,导致人体内缺氧和二氧化碳潴留,而发生窒息性死亡。这种溺死属于典型溺死,占溺死的85%～90%。

2. 心力衰竭、心搏骤停 在淡水(低渗性)溺死中,大量吸入的溺液能够快速穿过肺泡壁毛细血管而进入血液循环,使血容量急剧增加,心脏负担加重,室性心率加快;另一方面,由于低渗性溶血,释放出大量的 K^+,使外周血 K^+ 浓度升高,导致血浆电解质紊乱,出现心室纤颤。以上血容量增加和血钾浓度增高,均可导致急性心力衰竭或心搏骤停。

3. 呼吸功能衰竭 在海水(高渗性)溺死中,因吸入至肺泡中的海水由于渗透压很高,大量的液体从血液循环中迅速渗入肺泡内,渗出的液体量可达血浆成分的40%,从而产生严重的肺水肿,最终出现急性呼吸衰竭。

4. 迷走神经兴奋 有些神经敏感体质的人,当入水后,因皮肤感觉神经末梢或喉头黏膜受冷水刺激,使迷走神经兴奋,反射性引起心搏骤停和原发性休克。这些死亡发生非常迅速,液体并未进入呼吸道,尸检时可无典型的溺死症状,称为干性溺死(dry drowning),约占溺死的15%,有些学者则认为不属于溺死而属于水中休克死。

5. 其他 极少数溺死者经抢救复苏后存活一段时间后再死亡的,称为迟发性溺死(delayed drowning)。

三、溺死尸体的病理学变化

溺死属于机械性窒息范畴,故在新鲜尸体上可呈现出窒息死亡的一般征象,如发绀、全身血液不凝固、眼结膜、浆膜、黏膜的出血点;内脏各器官瘀血等。此外,还具有以下征象。

(一)水中早期尸体的检验

1. 尸表征象

(1)尸表温度较低、皮肤苍白:一般水的温度远较体温低,因此,从水中打捞出的尸体尸温比陆地上死亡的尸温低。若溺死后很快即捞起,可发现尸体皮肤寒冷,皮肤颜色苍白,是皮肤血管收缩之故。

(2)尸斑浅淡、出现慢:尸体在水中常随水流漂浮翻滚,体位姿势多不固定,尸斑很难在身体的某一低下部位形成;同时,皮肤血管和立毛肌遇冷水刺激而收缩,故尸斑出现缓慢而又不明显。尸斑形成后,由于水温较低,血液内氧合血红蛋白不易分解;再者,水中的氧气可渗入血管,形成氧合血红蛋白(HbO_2)于血液内,HbO_2 呈鲜红色,透过皮肤后,尸斑呈淡红色或粉红色。

(3)尸僵出现早:由于水温低,且在溺死过程中发生挣扎抽搐,肌肉剧烈运动,肌肉中的能量(ATP)消耗多,因此尸僵发生一般较早。

(4)口、鼻部蕈样泡沫:冷的溺液进入呼吸道,刺激呼吸道黏膜分泌大量黏液,黏液、溺液及空气三者经剧烈的呼吸运动而相互混合搅拌,产生了大量细小、均匀的白色泡沫,这些泡沫溢出并附着在口、鼻孔部及其周围,宛如白色棉花团堵塞呼吸孔道,故也称蕈样泡沫或蟹样泡沫(见文末彩图13-5)。这种泡沫因富含黏液而极为稳定,不易消失,抹去后可再溢出。压迫尸体胸腹部或翻动尸体,泡沫溢出更多。若支气管黏膜或肺泡壁由于压力增加而引起小血管破裂出血,则泡沫呈浅粉红色。蕈样泡沫是一种生活反应,对确认生前溺死具有重要意义。但也偶见于其他原因死亡的尸体,如有机磷农药中毒、勒死、癫痫、电击死等,应注意鉴别。蕈样泡沫夏季可保持1～2天;春秋季保持2～3天;冬季3～5天。泡沫干燥后,在口鼻部或其周围皮肤形成淡褐色痂皮样残留物。

(5)皮肤鸡皮样变:由于皮肤受冷水刺激,立毛肌收缩,毛囊隆起,毛根竖立,故皮肤呈鸡皮样改变或称鹅皮样改变(goose skin),一般以两臂和两腿外侧较为明显。但要注意死后不久抛尸入水的尸体也可见到此征象。所以,在尸检时皮肤呈鸡皮状只能说明可能是水中尸体,不能用于生前入水与死后入水的鉴别。

（6）手及指甲内异物：由于溺死者溺水时在水中挣扎，往往手中可抓有水中的水草、树枝、泥沙或其他异物，指甲缝内也可嵌有泥沙。这种征象对确认生前溺死有重要意义。

（7）洗衣妇手（washerwoman's hands）：尸体浸泡在水中，水分进入皮肤，表皮角质层浸软、变白、膨胀、皱褶，以手和足的变化最为明显，称为皮肤浸软，又称洗衣妇样皮肤。这种现象通常在水中浸泡数小时至半天左右于手指及足趾即可见到。浸泡一天左右，此现象可扩延到手掌面及足掌面；浸泡两天，手、足部皮肤可全部累及。但要注意，这与水温、季节有关。手足部皮肤的改变并非生前溺死者所特有，任何尸体较长时间浸泡在冷水中均可出现类似变化。

图 13-24　洗衣妇手

（8）其他改变：①溺水时，因冷水刺激，可使皮肤和肌肉收缩，如男性阴囊和阴茎皱缩，女性阴唇和乳房因肌肉收缩而呈强僵状态。②溺水者在落水或在水中漂流时，常可与各种硬物相互碰撞（如山崖、桥墩、河床、船底等）以及被船只的螺旋桨击中，从而在尸表造成生前损伤、濒死期损伤或死后损伤等各种损伤，应注意鉴别。

2. 内部器官征象　鉴定溺死，不能仅靠体表的检查，必须进行全面、系统的尸体解剖才能明确是否溺死。

（1）上呼吸道内有溺液、泡沫和异物：如前所述，溺死者在气管和支气管腔内可充满与口、鼻孔部泡沫性质相同的白色泡沫性液体，是确定生前溺死的重要证据之一。此外，溺死者在溺水过程中，由于剧烈地呛咳，可出现喉头、气管、支气管的黏膜上皮肿胀、充血和出血，呼吸道内也可出现淡粉红色泡沫性液体。有时可发现随同溺液一起被吸入呼吸道内的异物，如泥沙、水草及植物碎片等（图 13-25）。

（2）水性肺气肿（aqueous emphysema）：是确定生前溺死的重要证据之一。肉眼观察：肺体积膨大，重量增加，约为正常肺的 2 倍。肺表面有肋骨压痕，边缘钝圆（图 13-26），触之有揉面感，指压凹陷，肺表面湿润，光泽感强，颜色较淡，呈浅灰色其中夹杂淡红色的出血斑块，浅灰色是肺泡缺血区，

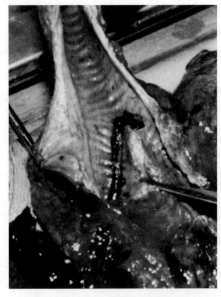

图 13-25　气管腔内异物
气管、支气管腔内吸入异物水草等

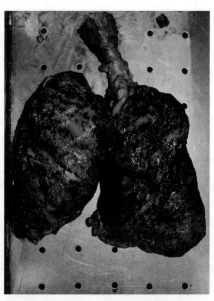

图 13-26　水性肺气肿
两肺体积增大，表面有肋骨压痕，边缘钝圆

红色是出血区,此系肺内压亢进,肺泡壁破裂出血并溶血所形成的溺死斑(Paltauf spots)。此斑多见于肺叶之间及肺下叶,切开肺时,流出大量泡沫状带血色的液体。水性肺气肿是因溺死过程中因呼吸困难造成部分肺泡间隔断裂,肺泡腔融合呈肺气肿样改变,同时溺液吸入肺泡后不易呼出,而形成水性肺气肿。水性肺气肿是一种生活反应。在溺死尸体中,全肺呈"水性肺气肿"约占80%,以青壮年较为明显。

光镜下检查:肺泡高度扩张以至破裂,扩张了的肺泡腔内可见充满了淡伊红着色的絮状溺液,同时在此水肿液的基础上还可见到大小不等、数量不定的气泡,这些气泡有的单独存在,有的呈串珠状排列或有的呈梅花瓣状排列等。其次,肺泡及细支气管局灶性片状出血,如淡水溺死者肺血管内红细胞溶解,海水溺死者肺血管腔内红细胞聚集成堆。小支气管黏膜充血、水肿,伴细、小支气管壁黏膜上皮变性脱落堵塞于管腔内,支气管腺体分泌亢进。此外,在部分肺泡腔和支气管腔内还可见到异物颗粒,如泥沙、水草、植物碎片、呕吐物中的残渣、浮游生物等,这是诊断生前溺死证据之一。

> **知识拓展** ▶
>
> Fuller等检查了500例溺死者尸体的肺组织切片,发现肺内有呕吐物的占24%,见到泥沙或水生植物的占60%,见到硅藻或其他浮游生物等占33%,死后抛尸入水也可以发现这些异物仅侵入上呼吸道,这是因为水中尸体由于水压和水流冲击,将少量异物随液体压入上呼吸道,但其侵入位置绝对不深。若溺水后很快死亡者,可见肺组织灶状出血,肺泡上皮脱落。若存活一段时间死亡,可见肺组织大片出血、水肿及支气管肺炎。
>
> Montaldo等学者用电子显微镜研究了溺死的病理形态学变化。他们模拟人类溺死进行动物实验,分别将淡水和海水注入大鼠的气管中,发现淡水能使所有细胞器严重破裂和引起明显的内皮细胞空泡变性,用同样的方法将海水灌注气管中,发现与急性缺氧时所观察到的临床症状相似,其细胞超微结构的改变很轻。以上发现支持了淡水中溺死者与电解质改变导致严重的细胞破裂有关,而在海水中溺死主要与缺氧有关的论点。

(3)胃及十二指肠内有溺液与异物:人体入水后,除可通过呼吸运动将液体吸入气管及肺内外,也可通过吞咽活动,使大量溺液进入胃肠道。对于生前入水者一般会在胃和十二指肠内看到溺液和异物,这也是一种生前溺死的证据(图13-27)。胃肠溺液应与现场液体分别进行化验与镜检,确定是否为同一液体。死后抛尸入水的尸体,由于水压及水流的冲击力可以将少量溺液压入胃或直肠,但

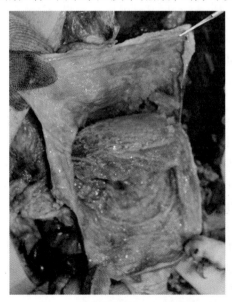

图13-27 生前溺死胃内可见溺液(冰块)

小肠内不可能有溺液或水中异物，以此可鉴别生前溺死与死后抛尸入水。需要注意的是若生前溺死非常迅速时，小肠内可无溺液。

（4）内脏器官中查见浮游生物：浮游生物是指水中生活的一些单细胞的动物和植物。在法医学实践中常常检查的浮游生物是硅藻。生前溺水者，吸入了大量的溺液于肺泡内，经肺泡壁毛细血管的肺循环转入左心，再随体循环分布至全身。因此，心、肺、肝、脾、肾、骨髓、牙齿内可检测到溺液中的硅藻，其中以肺、肝、肾、心血为多见，脾、骨髓、牙齿次之。因此在内脏器官中查见硅藻，对鉴定生前溺死有诊断价值。

（5）左、右心腔内血液成分的差异：溺液进入肺泡后，通过断裂肺泡壁毛细血管而达左心，再进入体循环，引起左、右心腔内血液成分的改变。在淡水中溺死者，左心腔的血液成分较右心腔稀释，而在海水中溺死者，则左心血浓缩。若测定左、右心血的冰点下降度、黏滞度、比重、屈光度、电导率、氯离子量、氯化钠量及红细胞数、血红蛋白量等方面的改变，发现淡水与海水中溺死者之间有明显差异。淡水溺死者，左心血红蛋白量比右心低，左心血比重比右心低，单位体积内的离子数、电导率等左心都比右心低；在海水中溺死者则相反。另外，淡水溺死造成的溶血，可使左心内膜及主动脉内膜红染。20 世纪 70 年代后，许多学者的实验证实，上述左、右心血电解质的差异仅在死后短时间内检测才有意义，死后 10 小时以上，这种测定的意义就越来越小。如腐败尸体，则这些测定就毫无价值。

（6）颞骨锥体内出血：据统计，溺水死者约有 70% 的尸体可见到颞骨岩部出血，乳突小房内充满红细胞。出血的原因是由于溺液的压力和剧烈的呼吸运动，即溺液自口鼻腔经咽鼓管进入中耳，或由外耳道经鼓膜（溺死者往往鼓膜破裂）进入中耳，导致颞骨锥体受压发生瘀血或出血，也可能因为在溺死过程中窒息缺氧而造成的。过去在国内外的许多学者中认为颞骨锥体出血是诊断溺死的标准之一，但后来发现在窒息、损伤、猝死、中毒等案例中也能看到这种改变。所以目前认为这一征象对于鉴定溺死仅有辅助意义。

（7）颅脑、颜面部瘀血：水中尸体因头部较重而下沉，体内部分血液向头部坠积，引起颜面部肿胀、发绀。脑膜及脑组织瘀血明显。

（8）呼吸辅助肌群出血：溺水过程中，因发生剧烈挣扎和痉挛，可致呼吸辅助肌群出血，如胸锁乳突肌、斜角肌、胸大肌和胸小肌、前锯肌、肋间外肌和肋间内肌、背阔肌、膈肌的肌束间有点状、条状或片状出血，多为双侧性。德国 Püschel K 通过对 39 例溺死尸体解剖发现，51.3% 的尸体存在不同程度和形式的肌肉出血，但应与其他原因造成的肌肉挫伤出血相鉴别。

（9）脾脏贫血：溺水尸体的内脏器官，脾脏多数为贫血状态，此因交感神经的刺激，脾脏收缩，挤出血液供全身组织利用，故其剖面呈高度贫血状态。国外多位学者通过对溺水尸体与其他窒息死亡尸体脾脏重量的比较发现，50% 以上溺水死亡者的脾脏重量出现下降。近年来，有些学者提出采用肺脏和胸腔积液重量与脾脏重量的比值来判断是否属于溺死，引起了很大的争议。

（二）水中晚期尸体的检验

1. 尸表征象

（1）手足皮肤膨胀呈套样脱落：由于尸体长期浸泡在水中（夏季 1 周，冬季 2～3 周），加之自溶腐败作用，尸体的手足皮肤的表皮与真皮脱离，指（趾）甲脱落，形成手套或足套样脱皮，故称为"溺死手套"、"溺死足套"，继而可出现全身表皮脱落。

（2）尸体的沉浮：正常人体的比重，呼气后为 1.057，比淡水稍重，吸气后为 0.967，比淡水稍轻。当人体吸入了溺液后，身体的重量大于等体积的水的重量，故沉入水底；尸体腐败过程中，尸体内产生大量的腐败气体，这时尸体的重量小于等体积的水的重量，故浮于水面，俗称浮尸。但尸体身上系有重物（如石头、铁块等）者，尸体在水中的沉浮则视重物重量而有不同。

（3）尸体的腐败：由于水中尸体的腐败，腐败气体不断产生，使尸体皮下、消化道充满腐败气体，使尸体膨大呈"巨人观"，即气味恶臭，全身呈桶状，皮肤发绿，表皮剥脱，毛发脱落，颜面膨大，眼球外突，舌尖挺出口外，上下唇外翻呈漏斗状。一般来说，水温较地面温度低且相对缺氧，故水中尸体腐败发展较慢，一般在夏天约需 2 天即可出现，冬季则在 1 周以上。由于空气中温度较水中温度高，尸体一旦离开水的浸泡，且因尸体内水分多，故尸体腐败加快，若不及时进行尸体剖验会使很多有价值的尸体征象受到破坏而影响鉴定结论。

2. 内部器官征象

（1）实质性器官形成腐败泡沫器官：腐败尸体的实质性器官的切面，由于腐败气体的原因而形成海绵空泡状，如肝、心、肾、脾等器官色污褐，使得原有结构破坏消失，称之为泡沫肝、泡沫心，泡沫肾、泡沫脾等。最后所有脏器逐渐出现软化、液化、泥化而消失。

（2）中空性器官多塌陷、萎缩：支气管腔内气体和水分消失，两肺塌陷无张力，颜色变深褐，并紧贴胸腔内后壁及纵隔左、右两侧，胸腔内可见到外渗的血性积液，这是由于肺内吸入之溺液漏入胸腔，部分积液则由于血液坠积漏出所致。胃肠道内的溺液也可渗入腹腔而致腹腔内积液。虽然体腔内溺液因腐败而外渗，但器官内的硅藻等浮游生物及水中其他异物仍残留在器官内而不会外渗。

（3）部分器官尸蜡化：尸蜡形成前，常有一定程度的腐败。尸蜡形成多见于尸体较长时间浸渍于水中。尸蜡首先见于皮下组织及其他含较多脂肪的器官组织，如四肢、臀部、面部、女性的乳房、肠管等。有实验证明，脂肪肝可形成尸蜡。

四、溺死的实验室检验

（一）硅藻检验

硅藻（diatom）亦称矽藻，多数是水域中生存的浮游单细胞生物，少数为群体或丝状物。溺死尸体进行硅藻检验大约始于 19 世纪末，当时所用的方法是用肺切面印记或取其刮下物进行显微镜检查，也可用肺的火棉胶切片进行检查。从 20 世纪初（1904 年），Revenstorf 在诊断溺死上有一重大进展，他首次证实了水中的各种浮游生物可深入至肺边缘区，从肺切面上挤出液体，直接放置在显微镜下就可以检查出这些生物。以后，许多法医学者在溺死尸体上证实，硅藻可随水吸入肺内，并通过大循环到全身各内脏器官中。因此，可通过检查肺及其他内脏器官中的硅藻来确定是否生前溺死。但有些学者的实验发现溺死者体内不能检出硅藻，反之，也有长期生活在富含硅藻灰尘的非溺死者，可通过生前空气吸入，内脏器官也可检出硅藻，且其内脏器官硅藻可存留数年之久仍可检出阳性。尽管如此，目前欧美、日本及我国学者仍主张通过内脏多器官内硅藻的定性、定量检查，判断是否生前溺死以及溺死的地点。

1. 硅藻的形态和结构　硅藻种类繁多，有 15 000 余种。但其共同特征是细胞壁由无结晶的不易破坏的含水硅酸盐（$SiO_2 \cdot H_2O$）构成[也有报告由二矽酸钠（$Na_2Si_2O_5$）构成]。其壁的强弱，可因含硅量的多少而异。细胞壁含硅多者可占细胞体重的 50%，少者仅占 4%。硅藻细胞宛如细菌培养皿一样，由上、下两个半壳套叠而成，上、下两面称壳面，上、下两个半壳侧面相互套合的部分称壳环。根据壳面上花纹的排列可分为中心目和羽纹目,各目下又分为许多种。硅藻广泛分布在淡水、海水或陆地湿润的地方。海水中以中心目为多,淡水中或陆地上以羽纹目为多见。春、秋两季硅藻大量繁殖。壳面上有辐射状对称花纹的硅藻为中心目硅藻,花纹左右对称的为羽纹目硅藻。中心目硅藻呈圆形,少数呈三角形、多边形、椭圆形、卵圆形等(图 13-28),羽纹目则一般呈线形、舟形、新月形、S 形、棒形等(图 13-29)。硅藻细胞壁因为抵抗力强而不易被破坏,硅质含量高的,即使用浓硫酸、浓硝酸煮沸甚至高温灼烧也不被破坏。由于硅藻有此特性,因此在尸体高度腐败时也能保持其原形,有利于溺死的诊断。

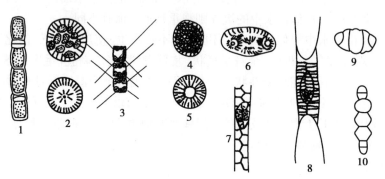

图 13-28 中心硅藻目模式图
1~6. 圆筛藻;7. 根管藻;8~10. 盆形藻

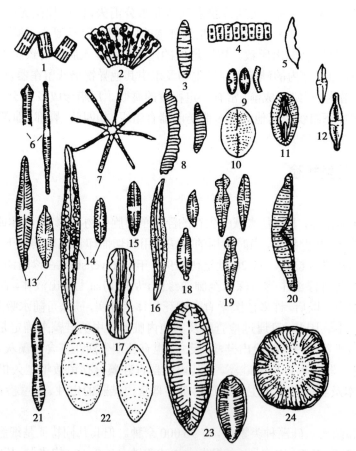

图 13-29 羽纹硅藻目模式图
壳体多为线形、舟形、披针形、棒形左右对称,羽纹状细胞,双极,有脊
1~7. 无壳缝藻;8. 拟壳缝藻;9~10. 单壳缝藻;11~24. 双壳缝藻

2. 检材的采取　硅藻在自然界分布广泛，淡水、海水、空气及食物中普遍存在。因此，在硅藻检验过程中必须严防污染，否则会产生假阳性而导致错误的结论。取材所用的器械和试剂等均应无硅藻污染。尸体解剖取材时应先腹腔后胸腔，其原因是防止肺污染其他器官。取出心脏、肾及完整的长骨送至实验室后再剥离包膜，取出组织。取牙齿以取完整的上中切牙或磨牙为佳。肺脏应尽量取肺叶边缘的组织。原则上提取每一组织器官检材时均应换用干净的器械，切记在取检材时一旦污染就无法洗净。取出的组织应立即放入干净的广口瓶或塑料袋内，不加任何固定剂。按常规瓶外应贴上标签，写明死者的姓名、性别、年龄、检材名称，发现尸体的时间、地点等。未知名尸体的组织应予以编号，并注明发现尸体的时间和地点。

3. 检验方法　硅藻检验方法很多，不同组织根据不同需要采用不同的方法。现介绍常用的几种方法。

（1）化学消化法：称取检材 20g 切碎，至烧杯内，在通风橱内加入热的分析纯硝酸（发烟硝酸效果更佳），待组织完全液化，至检材溶液清亮、冷却后离心沉淀。用双蒸馏水稀释沉淀物，以防止酸腐蚀微孔滤膜。用滤膜过滤沉淀物并干燥后，透明、封固、镜检并在显微镜下计数。此法是最常用的定量方法，多用于耐酸硅藻的检验及定量。

M. Funayama 等（1987 年）报告一种测定血中硅藻的改良方法。穿刺提取溺死者左心血标本，加十二烷磺酸钠使之溶血，用直径 47mm、孔径 5μm 的硅酸纤维膜过滤。当遇到腐败血液时，因容易阻塞滤膜孔而需要更换 2～3 块滤膜，这些滤膜用发烟硝酸消化，加双蒸馏水稀释，再用 25mm 的滤膜过滤，将滤膜浸在油中，可在显微镜下见到硅藻。

（2）浸渍法：取 2～3cm 见方的组织数块，置于 100ml 蒸馏水中浸渍数小时或过夜；或用硝酸钠处理浸渍液，置 37℃ 培养箱中 24 小时，然后离心沉淀。取残渣滴在载玻片上封固、镜检，用方格测微器作定量计数。此法虽简单易行，但硅藻检出率不高。

（3）硅胶梯度离心法：取肺组织或其他器官组织块 50g 左右，分别用匀浆机匀浆后离心机离心（3000r/min），组织细胞碎片将被悬浮在硅胶液体的上面（即低密度带），硅藻沉淀在离心管的底部（即高密度带）。此种方法避免了强酸的消化，可使溺死者组织中的浮游生物完整的分离出来，提高诊断率。H. Teragawa 和 T. Takator（1980 年）将此方法应用到北海道海滨发现一位妇女溺死案例的鉴定中，从尸体外表检验及解剖看显然是溺死，用强酸消化法处理肺组织 20g，没有找到硅藻，但用硅胶梯度离心法，用 5g 肺组织匀浆、离心，在沉淀物中找到了硅藻碎片。

（4）焚灼法：将 20g 检材置于 3.0cm×5.0cm 大小的石英坩埚上，在通风橱内逐渐加热至灰化为止。用数滴硝酸溶解灰化的组织，加入蒸馏水，过滤后镜检。

各器官组织中硅藻含量分布依次为：肺、肝、脾、骨髓。蒋培祖报道的各器官硅藻检出率为：肺 100%、肝 100%、心血 50%、肾 32.5%、心 27%、脾 14.3%、骨髓 14.3%～20.8%。

（5）酶消化法：硅藻除具有前面提及的细胞结构不同外，其最外层的壳壁化学成分也不同，通常有无机硅藻和有机硅藻两种。无机硅藻其壳壁含硅藻盐成分较多，使用浓酸或高温处理也不易被破坏；有机硅藻其壳壁含硅藻盐成分较少，即使在稀酸中也可被溶解。目前国内大多采用传统的强酸消化法仅能检出无机硅藻，而使大量的有机硅藻被破坏。事实上，在法医实践中，理想的硅藻检验方法应该是：操作简单、安全；所需设备和试剂经济、便宜；硅藻检出率高、消化时间短。鉴于此，目前国内有些学者推广使用酶消化法。有学者曾做过研究：用 4 种蛋白酶（胰蛋白酶、糜蛋白酶、胃蛋白酶、蛋白酶 K）消化器官组织后行硅藻检验，以胰蛋白酶的消化能力和检出率较优，且操作简单、使用方便、经济实用、安全可靠，适合基层实际办案。以下介绍胰蛋白酶消化法检验硅藻的步骤：①对送检的每个器官用双蒸水反复冲洗后取 10g 组织剪碎（如是送检的骨骼，锯去骨的两端，用小勺刮取骨髓）；②将上述组织分别置入不同的洁净试管中，加 0.01mol/L Tris-HCl 缓冲液 20ml；③分别在不同的试管中加入胰蛋白酶 0.4g，使其浓度为 20mg/ml；④置 50℃ 恒温箱内 6 小时后，观察其液体近透明，离心，弃去上清液沉渣涂片镜检。

此方法优点：①胰蛋白酶消化法的硅藻检出率均大于强酸消化法；②操作简单安全，所需设备少，对人体和环境造成的危害较小。

4. 硅藻检出结果的评价　硅藻检验技术简单易行，稳定可靠，只要没有污染，加之准确的硅藻计数，在大多数情况下可以鉴定溺死。如遇肢解尸体碎块和高度腐败尸体，也可取骨髓作硅藻检验。

（1）阳性结果的评价：目前在利用硅藻检验结果鉴定生前溺死中所持的原则是：凡是肺组织（一般取肺被膜下肺组织）检出硅藻为阳性，肝、肾、牙齿和骨髓等器官也有硅藻，且硅藻种类与实地水样一致，即可诊断为溺死。Shikata 和 Nagano（1983 年）强调，如能在各器官检出硅藻就可作为溺死的确实诊断依据。国内有些学者指出，在肺、心、肝、肾、骨髓和牙齿等同时发现浮游生物如硅藻，才具有诊断生前溺死的价值。特别是高度腐败的尸体，各种尸表征象已不存在，内脏器官也腐烂如泥，这时如在骨髓和牙齿中检出硅藻，是鉴别生前溺死与死后抛尸入水的最好方法。

（2）阴性结果的评价：需要说明的是，并非因溺水死亡的尸体内部器官中均可以检出硅藻。也就是说，实际检案中一些水中尸体内部器官中没有检出硅藻时并不能排除其因溺水而死亡。影响内部器官硅藻检出的因素较多，主要包括：①检验方法和检验操作是否准确无误，根据当地硅藻特点合理选用化学消化法或其他方法，无过度破坏和消化；②检材种类和提取量是否充足；③吸入溺液的量，如干性溺死几乎没有溺液被吸入呼吸道，或吸入呼吸道的溺液量少，加之各器官取材量的限制，可以使硅藻检出呈阴性；④溺死水域硅藻的数量和种类、形态、大小等，若溺死水域的水样中无硅藻或量很少，则尸体内部器官检不出硅藻或检出率极低。因此，若可以排除因上述原因造成的硅藻检出阴性，且根据案情调查、尸体解剖等其他线索，则有理由怀疑系死后抛尸，应查明其他致死原因。

综上所述，当多器官中检出硅藻，并与现场水样中检出的硅藻形态、种类相符合时可以确定为溺死。但某些案件中在水中尸体的器官中未检出硅藻，或仅在肺组织中检出硅藻，而其他内部器官未检出硅藻也不能排除溺死，或根据系统尸体解剖、病理组织学检查、毒物检验，并结合有关现场和案情等资料作出符合溺死的鉴定意见。

（二）叶绿素 a 的检验

硅藻、甲藻、绿藻等藻类中都含有大量的叶绿素 a，叶绿素 a 是强荧光物质，这种色素在荧光显微镜下可产生淡红色的荧光。含有这种色素的浮游生物作为红色荧光而被认出。日本冈田健夫（1983 年）指出，检查出肺中的叶绿素 a 就可鉴定溺死。国内也有一些实验报告，他们认为在溺死者脏器中含有叶绿素 a 的浮游生物，经紫外线激发后，可以在肺内清晰的观察到这种红色的颗粒。1986 年国内学者在实验中验证了这种说法，从 5 只溺死家兔肺中检出鲜红色荧光浮游生物，另一只死兔未检出同样形态的浮游生物。1990 年国内学者通过实验结果发现，26 只溺死家兔及 1 例溺死的人肺内叶绿素 a 呈阳性，而死后入水家兔、陆地死亡的人肺中叶绿素 a 绝大多数为阴性，仅 2 例死后入水家兔肺内叶绿素 a 呈阳性，但含量明显低于溺死组。因此他们认为，叶绿素 a 检测法对诊断溺死具有快速方便、选择性强、灵敏度高及检材需要量少等优点。

（三）花粉（pollen）的检验

有学者发现花粉具有抗腐败的优点，他们将家兔浸入池塘水中溺死，然后取其肺、肝、肾 3 种器官，经醋酸酐破机，反复洗涤去酸，将沉淀液置载玻片上镜检有无花粉。结果显示：肺的检出率为 100%，定量结果为每克肺组织约 500 粒花粉，肝检出率为 50%，肾为 33%，死后入水的家兔内脏器官内未检出花粉。

（四）血液化学的检验

随着生物化学的进展及其在法医病理学上的应用，解决了许多溺死鉴定中实验室检查的难题，提高了溺死诊断的能力。

1. 左、右心血氯离子浓度的测定　Gettler（1921 年）用微量化学分析法测定左、右心房血液中氯离子浓度诊断溺死，认为凡淡水溺死者左心腔氯离子浓度较右心低 17.0mmol/L 以上；海水溺死者相反，左心腔氯离子浓度较右心高 17.0mmol/L 以上；抛尸入水者左、右心血氯离子浓度相等。但由于实验样本数量不大,且必须在死后短时间内检测才有意义。有些学者认为溺死多数不可能在死后迅速检测,故此法无实际意义。

2. 心血和脑脊液中渗透压和钾、钠离子的测定　Rammer(1976 年)等研究了左、右心血清、脑脊液和玻璃体液的渗透压和钾、钠离子的浓度。他们认为淡水中溺死时左心血的渗透压比脑脊液低;同时,左心血的钾、钠离子的浓度也比脑脊液中的浓度低。

3. 心房尿钠肽(atrial natriuretic peptide,ANP)测定　Lorente 等(1990 年)提出将心房尿钠肽作为溺死诊断的新指标。ANP 于 1981 年首先被 Bold 等发现,是由心脏产生及分泌的一种激素,由 28 个氨基酸组成,是一种与血容量和电解质平衡有关的激素。当血容量增加、心房过度舒张时,由心房合成。Bold 等比较了淡水和海水中溺死实验动物血浆 ANP 含量,以非溺死者作为对照,结果发现:对照组血浆 ANP 基础浓度为 79pg/ml;淡水溺死组血浆 ANP 浓度为 358pg/ml;海水溺死组血浆 ANP 浓度为 190pg/ml,三者有显著差异($P<0.001$)。同时,淡水溺死组 ANP 浓度与海水溺死组 ANP 浓度也有显著差异($P<0.001$),证明 ANP 具有诊断溺死的能力,可区分淡水和海水溺死。

4. 其他　①近年来国内学者通过动物实验研究发现,在含氟离子(fluorine)浓度高的水域内溺死的动物,其血液中氟离子含量比实验前明显升高(可高出生前 5 倍左右),而抛尸入水动物血液中氟离子含量不但不升高,反而有所下降,以此可作为高氟区水域溺死诊断方法之一;② 1985 年,Abdallahn 提出测定左、右心血锶(strontium)含量可以诊断溺死和鉴别淡水或海水溺死,1991 年国内学者提出测定肺锶含量可以诊断溺死;③若江、河等水域被工业废物中某些化合物污染,在溺死过程中这些化合物可进入身体,检测尸体组织中这些化合物将有助于溺死的诊断和落水地点的推定。

总之,近几十年来许多学者先后用比较左、右心血中镁离子、钾离子、钠离子、血液导电度、比重、血红蛋白含量等方法来诊断溺死。但对死亡历时较久,高度腐败的尸体,由于死后血液的扩散作用以及腐败气体引起死后循环,左、右心血的任何差异已无实际意义,化学检验受到较多的条件限制,因此,检查硅藻诊断溺死较为可靠。

五、水中尸体的法医学鉴定

(一)水中尸体的死因鉴定

对水中尸体法医学鉴定时,死因的确定是首要问题,即鉴别是生前入水死亡还是死后抛尸入水(表 13-3)。应注意排除其他死亡原因,如有无酗酒、服用麻醉药、外伤等,必要时还应取材作毒物分析以排除中毒的可能性。另外注意,干性溺死者其溺死征象不明显,主要系因冷水刺激引起喉头痉挛,神经反射等心跳呼吸骤停死亡;而有些生前貌似健康的人,由于患有潜在疾病,当入水后因冷水

表 13-3　生前溺死与死后抛尸入水尸体的鉴别要点

项目	溺死	抛尸入水
手	可能抓有异物(水草、泥沙等)	无
口腔、鼻孔	口鼻部蕈样泡沫	无
呼吸道	各级支气管和肺泡内可有溺液、泡沫和异物	仅上呼吸道有少量液体、异物,水压较大时可达下呼吸道,但无泡沫
肺	水性肺气肿,肺表面有肋骨压痕、溺死斑,切面有溺液流出	无
心	左心血液比右心稀薄,各成分减少(淡水溺死)	左、右心血液浓度、成分相同
胃肠	可以有溺液、水草、泥沙等异物	仅胃内可能有少量溺液,一般不进入小肠
内脏器官	脑、肝、肾等器官瘀血,但脾贫血呈收缩状	不一定有瘀血等改变
硅藻检验	肺、大循环各器官、骨骼、牙齿中均可检出相当数量的硅藻	内脏器官、骨髓、牙齿中硅藻检查阴性,有时仅在肺中检出少量

刺激、胸腹部受压或在游泳中剧烈运动而增加心脏负荷,急性心衰,突然死于水中,其溺死征象也不明显,称此为水中猝死。

(二)水中尸体的损伤鉴别

溺死者身上常有各种类型的损伤,如擦伤、挫伤、内脏器官破裂、骨折等,损伤程度不一,形成的原因复杂。必须仔细检查,搞清楚损伤的性质和成因等,以澄清案件真相。

1.生前损伤　指在溺死之前就已形成损伤,这种伤可见于自伤、他伤、意外伤和灾害伤所致,鉴定时必须结合现场勘验综合分析。

(1)自伤:损伤程度较轻,而这些损伤多位于本人双手能够及的部位。损伤数量不一,但分布集中,有试切伤,但无抵抗伤。自伤常用刀切割手腕、颈部及头面部等,因未达到自杀的目的,最后才自溺。以上各种损伤均可查见生活反应。

(2)他伤:损伤程度较重,而且没有特定的部位,损伤分布广泛,可位于背部、枕部等本人的手不能够及的部位,有抵抗伤,却无试切伤。如嫌疑人可先采用各种损伤使被害人昏迷或无反抗能力时将其投入水中,也可将受害人致死后抛尸入水。故在尸检时必须根据损伤的性质、部位、分布、数目、损伤程度等来鉴别是自己形成还是他人所致的。

(3)意外、灾害伤:意外伤可以是失足落水时碰到崖壁、河床、桥墩等形成的伤,或者游泳、跳水、涉水等形成体表损伤,或酒醉者、癫痫发作者不慎跌倒在水塘、水潭内形成的损伤。灾害伤多指沉船事故、水灾等所形成的损伤。以上损伤严重程度不等。鉴定时可以根据当时的案情、灾情及现场找到线索,不难鉴定。

2.濒死期形成的损伤　在溺死濒死阶段,机体常可撞击岸旁木桩、桥墩、石头及河床等,可在头顶、前额、颜面、躯干、四肢等部位出现擦伤、挫伤、挫裂创或骨折,甚至内脏器官损伤。这些损伤为濒死伤,生活反应不太明显。

3.尸体在水中存留时形成的损伤　①尸体若在水中存留较久,随着水流漂移,尸体可与水中的岩石、桥墩、树桩及河床等其他障碍物撞击和漂擦,发生损伤;②或水中的各种动物如鱼、虾、水老鼠等对尸体的咬噬,也可形成形状一定的损伤;③或与飞速转动的螺旋桨劈砍而致肢体断离或在体表形成几个平行弧形、方向一致、间距规则的开放性裂创。

上述损伤均为死后伤,无生活反应。但有的生前损伤在水中长时间浸泡后,血块被冲掉后可类似死后伤,需认真鉴别。

(三)水中尸体的个人识别

1.早期水中尸体的个人识别　溺死尸体在静水或流水中均可发现,且多为无名尸体,所以水中尸体的个人识别就显得尤为重要。新鲜尸体或较新鲜尸体可根据容貌、身长、性别、发育状况、尸表斑痣、牙齿、指纹、发式及躯体上瘢痕等特点,尚可查清。有时还需作年龄推断。

2.晚期水中尸体的个人识别　如水中尸体已腐败,要注意收集死者身上的衣裤、鞋袜、衣袋中的物品,随身携带的手表、戒指、发夹、项链等物品。此外,还需仔细寻找溺死者身上的特殊标记,如畸形、瘢痕、头发颜色、义齿和镶牙等。同时取下死者的下颌骨,以备根据牙齿和牙床的特征推断死者的年龄及进行个人识别。

随着法医 DNA 技术的发展,个人识别方法有了长足发展,法医病理学工作者在进行尸体解剖时应注意提取有效的生物检材进行 DNA 鉴定,从而达到个人识别的目的。

(四)水中尸体的沉浮及死亡时间推断

1.水中尸体沉浮时间推断　溺死尸体因吸入大量溺液,其比重比水大,通常下沉水底,但过一段时间后尸体上浮了,这主要取决于下列原因:①水的特性,海水的比重较大,海水中尸体上浮较淡水中尸体上浮快。②尸体本身的性状,肥胖者上浮较快。③腐败的发生,腐败时产生大量的腐败气体,尸体比重比水小,故上浮;水温高时易发生腐败,反之腐败发生较缓慢;深水细菌较少,故发生腐败也较慢,上浮时间也较长;在水深 40m 处的尸体,由于水温较低不易发生腐败;静水有利于细菌生长,尸体腐败发生较快。④如果尸体被水中泥沙掩盖，或被水草缠住，尸体不易上浮。影响尸体上浮因素较多，情况也较复杂，故推断上浮时间必须全面考虑分析。

Simpson 报道，英国泰晤士河（北纬 52°，相当于我国黑龙江省的黑河地区），全年尸体上浮时间大致分为以下几个时间段：6～8 月份尸体上浮需要 1～2 天；4、5、9、10 月份 3～5 天；11～12 月份 10～14 天；1～2 月份腐败停止。根据上海市公安局提供的上海黄浦江水域每年尸体上浮时间为：1～2 月份尸体上浮需要 24～26 天；3～4 月份 15～20 天；5～6 月、9～10 月份 3～4 天；7～8 月份 1 天；11～12 月份 20～23 天。我国南北四季气温相差较大，推断尸体上浮时间时，应根据当地气温，作出正确判断。

2. 水中尸体死亡时间推断　主要根据尸体现象的发展程度及尸体解剖所见来推断溺水死亡时间。新鲜尸体，从胃中食物和消化状态推测末次进食后入水的大致时间。尸体征象的改变与水温和尸体所在水中深度有关。尸体在 40m 以下深度，水温长期在 4℃ 以下不易发生腐败。我国幅员辽阔，南北纬度相差较大，同一个季节气温相差也较大，故很难有一个较统一的溺死时间推测数据，根据溺死尸体在水中的变化及其死后经历的时间，列出表 13-4，供法医工作者鉴定时参考。

表 13-4　溺死死后变化及其经历时间

尸体现象改变	季节	夏季	春秋季		冬季
	月份	7—9	4—6	10—12	1—3
	平均气温（℃）	28.4	20.9	19.7	11.1
	平均水温（℃）	24.5	17.1	15.5	7.7
角膜：轻度混浊		3～9 小时	12 小时		1～2 日
中度混浊		12～24 小时	1～2 日		2～3 日
重度混浊		24 小时	约 2 日		约 3 日
尸僵缓解		2～3 日	4～5 日		5～7 日
巨人观（颜面肿胀发绀）		2～3 日	4～5 日		7～10 日
头发：容易脱落		3～4 日	5～7 日		10～14 日
完全脱落		4 日～1 周	1～2 周		20 日～1 个月
颅骨部分暴露		2 周	3 周～1 个月		1～1.5 个月
手足皮肤改变：手掌变白		3～9 小时	5～6 小时		12 小时
肿胀皱缩		12 小时	12～24 小时		1～2 日
表皮脱落		2～3 日	3～4 日		10～12 日
溺死手套		3～4 日	5～7 日		2 周～1 个月
水苔附着		4～5 日	1 周		2 周
部分尸蜡化		1 个月	1 个月		1 个月

近年来，也有些学者对尸体的支气管纤毛柱状上皮进行电镜观察，发现随死后时间的延长，支气管纤毛柱状上皮倒伏呈规律性改变，这些学者认为此项研究可用来推断水中溺死尸体的死亡时间。

（五）水中尸体的落水地点勘查与判断

对怀疑落水地点，要进行全面、仔细的现场勘查。要注意收集一切可疑物品，如血迹、呕吐物、药品、凶器、衣物等送验。对水温、水流方向、流速、鱼蟹、浮游生物、硅藻、水体污染情况及水下情况等都需要进行测试、分析和判断。同时更重要的是要将溺死者的肺和其他器官组织中检测出来的硅藻种类、数量或其他异物，与现场和上游水中的浮游生物进行对比，可以帮助提供重要资料。如器官内的硅藻与落水地点水中的硅藻经对比后一致，即能判断该现场就是落水地点。例如一溺死尸体的肺内发现银，从而推定了死者是在上游某处银矿附近落水的。

（六）溺死性质的鉴定

溺死多发生于江、河、湖、海地区，农村多于城市，死亡方式以自杀和意外事故为多见，他杀者少见。

1. **自杀溺死** 特点：①有自杀动机，多有家庭矛盾、精神失常、失恋或畏罪等案情；②女性多于男性；③生前溺死；④没有他伤、中毒或其他谋害证据，尸体上虽然有些损伤，但均非致命伤，且为自己造成，或投水时形成；⑤有时自溺者常用绳索捆绑自己，甚或与石块、铁链等重物捆绑在一起再投水自尽，由于是自己捆绑，故其捆绑方式简单，多捆住两手腕、足踝或膝部，局部均无损伤及出血。

2. **意外灾害溺死** 常发生于游泳、失足落水或癫痫、心脏病发作或酒后失足落水。意外溺死有生前溺死特征，没有致命伤或其他谋杀迹象。现场勘查及案情调查常可得出结论。

3. **他杀溺死** 特点：①他杀溺死少见，单纯推入水中也少见，常在特殊情况下进行，如知晓被害人不会游泳、患有某种疾病、酗酒或服用安眠药后，或处于惊慌状态，乘其不备突然推入水中；②尸体身上有生前致命伤，如勒颈、扼颈或中毒的改变；③尸体被捆绑或身系重物，且捆绑结实，难以解开，有时可将手足及胸腹部同时被捆；④有时见用暴力手段加害致死后抛尸入水伪造现场，如有的将死者的衣服、鞋袜、手表等遗物摆放在水边，有的在死者的口袋内塞入伪造的遗书伪装自杀，而将凶杀现场毁灭清除；⑤社会调查有他杀背景。他杀比例虽小，但其性质严重，是法医学检案的重点，在鉴定中必须提高警惕。一定要结合尸检、案情和现场勘查等情况相互印证，综合分析后得出可靠结论。

本章小结

机械性窒息是指机械性暴力作用引起呼吸障碍所导致的窒息。常见的机械性窒息包括缢死、勒死、扼死、压迫胸腹部、捂死、闷死、哽死、性窒息、体位性窒息及溺死。机械性窒息过程中，机体的各器官组织会发生一系列病理生理学和形态学改变。机械性窒息死者都有一些共有的体表征象和内部器官改变，如颜面部瘀血发绀肿胀、瘀点性出血、尸斑出现较早较显著、内部器官瘀血、器官被膜和黏膜瘀点性出血、肺气肿和肺水肿等。除此之外，更重要的是缢死、勒死、扼死、捂死、闷死、哽死及溺死等因暴力作用方式和部位不同都有各自相应的特殊改变，如颈部损伤的形态、数量、位置等不同及颈部扼痕、其他部位的损伤等，各类机械性窒息的死亡机制也不尽相同。法医学鉴定应注意详细了解案情、全面系统的尸体检验，结合现场勘查及实验室检验结果综合分析后作出鉴定结论。

关键术语

窒息（asphyxia） 机械性窒息（mechanical asphyxia）
缢死（hanging） 勒死（ligature strangulation）
扼死（manual strangulation, throttling） 压迫胸腹部所致的窒息（asphyxia due to overlay）
捂死（smothering） 闷死（suffocation）
哽死（choking） 性窒息（sexual asphyxia）
体位性窒息（positional asphyxia） 溺死（drowning）
干性溺死（Dry drowning） 洗衣妇手（washerwoman's hands）
水性肺气肿（aqueous emphysema） 溺死斑（Paltauf spots）
硅藻（diatom）

思考题

1. 机械性窒息分为哪几类？机械性窒息死亡尸体体表及内部的一般征象有哪些？
2. 缢死的缢型有哪几种？缢死的机制是什么？如何鉴别缢死与死后缢尸？
3. 缢死与勒死颈部形态改变有何异同点？如何鉴别自勒与他勒？
4. 被扼颈者颈部的改变有哪些？在检验扼死尸体过程中应注意哪些问题？
5. 何谓溺死？请简述典型溺死尸体征象是什么？如何鉴别生前溺死和死后入水？

（官大威　孙俊红）

参 考 文 献

1. 张益鹄. 法医病理学理论与实践. 武汉：湖北科学技术出版社，1996.

2. 赵子琴. 法医病理学. 第4版. 北京：人民卫生出版社，2009.

3. 高取健彦ら. エツンヤル. 法医学. 东京：医齿薬出版株式会社，1997.

4. 王保捷. 法医学. 北京：人民卫生出版社，2001.

5. 黄光照，麻永昌. 中国刑事科学技术大全·法医病理学. 北京：中国人民大学出版社，2004.

6. 张益鹄. 法医学. 北京：科学出版社，2003.

7. Knight B. Simpson's Forensic Medicine. 11th ed. London：Edward Arnold，1997.

8. Knight B. Medical Jurisprudence and Toxicology. 6th ed. India：The Law Book Company（P）Ltd.，1990.

9. Froede RC. Handbook of Forensic Pathology. College of American Pathologists，Northfield，IL，1990.

10. Jay Dix. Color Atlas of Forensic pathology. Boca Raton London New York Washington，D.C.：CRC Press，2000.

第十四章 高温与低温损伤

章前案例 ▶

某年4月在某村外道路边荒地中发现一辆焚毁的轿车,轿车仅剩下金属框架,后排座椅处见一具尸体。轿车周围植物焚毁情况不严重,离焚烧现场不远处见一烟蒂。道路上可见明显刹车的轮胎印痕,与该轿车的轮胎花纹一致。现场勘查排除了交通事故意外致轿车起火的可能性。尸体检查主要发现为:尸体严重焚毁,四肢末端缺失,颅盖骨缺失,残留的脑组织切开未见明显出血;颈部软组织炭化,咽喉部有裂口,裂口炭化收缩;气管腔内见少量砖红色黏稠液体及少量烟尘,食管、胃内见砖红色凝血块;胸壁皮肤炭化,肋骨未见骨折;腹壁软组织缺失,内部器官暴露,表面焦炭状;胸、腹腔内未见出血,心、肺、肝、脾、肾及肠均未见破裂;主动脉内血液暗红色凝聚状;盆腔内见子宫。毒物分析:血凝块内未检出碳氧血红蛋白,其他常规毒物检验阴性。本案的法医病理学鉴定要解决的问题是:分析死者的死亡原因、死亡方式;判断该尸体是生前烧死还是死后焚尸。

在法医病理学实践中常会遇到热作用而导致的组织损伤,甚至烧灼死亡,有时需要区分是生前烧死还是死后焚烧,这项工作在怀疑刑事案件时尤显必要。《疑狱集》所载三国吴末(公元三世纪)"张举烧猪"一例为法医学史上鉴别生前烧死与死后焚尸最早的记录。

在高温高湿环境中,发生中暑突然死亡,可能被疑为暴力死;而在低温、潮湿等环境条件下,还会发生低温损伤,甚至冻死,有时也被疑为暴力死。因此,这两类尸体常常也需要进行法医学检验。

第一节 烧伤与烧死

广义的烧伤(burn),又称热损伤(thermal injury),是指因炽热的流体(水、油、汤等)、火焰、蒸汽和高温气体而引起的组织损伤。所引起的损伤主要在皮肤或黏膜,严重者可伤及皮下或黏膜下组织,如肌肉、骨、关节甚至内脏。

通常所说的烧伤、烧死都是指火焰与躯体直接接触后导致的损伤或死亡。因热液(沸水、沸汤、沸油)、蒸汽与躯体直接接触所引起的组织损伤,称为烫伤(scalding),或称为汤泼伤。当高温固体物质与躯体直接接触时导致的损伤称为接触烧伤,固体物质表面温度在70℃以上时,与皮肤接触时间超过1秒钟即可导致皮肤全层坏死。如果躯体跟火焰、热的固体表面没有发生接触,热量也未导致衣物燃烧,但热作用时间很长,也会导致皮肤出现红斑、水疱、皮革样化,甚至炭化,这种损伤称为辐射热烧伤。

因电流、化学物质、放射线等所致的组织损伤在临床上也均被认为是烧伤,但在病理学改变、全身影响、病程、转归、预后等方面各有其特殊性,分别称为电烧伤、化学性烧伤和放射性烧伤。

一、烧伤的形态学改变及严重程度的估计

影响烧伤严重程度的因素很多,如烧伤原因、烧伤部位、复合伤或复合中毒等。一般来说,烧伤深度和面积是估计烧伤严重程度的主要因素,也是进行烧伤治疗的重要依据。

(一)烧伤的深度估计及形态学改变

高温作用于体表所引起的损害程度,主要取决于温度的高低与作用时间,二者均与烧伤深度成正比。对皮肤烧伤深度的估计,临床上普遍采用三度四分法,而法医学尸体检验常有尸体炭化,因此采用四度分级法。

1. Ⅰ度烧伤(红斑性烧伤) 为最轻度热损伤,40~50℃热源短时间作用于机体即可发生。长时间暴露在日光下,也可导致Ⅰ度烧伤。Ⅰ度烧伤主要是表皮角质层、透明层、颗粒层甚至棘细胞层发生损伤。肉眼见损伤局部皮肤红、肿、干燥,不形成创面。3~5天后局部由红色转为淡褐色,表皮皱缩。稍重者可发生表皮浅层脱落,露出红嫩光滑的上皮面而愈合,不留瘢痕,可有短时间的色素沉着。

皮肤红斑是生前受热作用的反应,但也可见于高温作用于刚死不久的尸体。死后1~4小时,尸体接触50~60℃热源,可产生表皮下血管扩张,说明红斑并非生前热作用的可靠证据。

2. Ⅱ度烧伤(水疱性烧伤) 根据伤及皮肤结构的深浅又分为两类。

(1)浅Ⅱ度烧伤:较高温度热源(如50~70℃)作用于机体可发生浅Ⅱ度烧伤。损伤包括表皮全层和部分真皮浅层,而部分生发层健在。肉眼见局部红肿明显,有大小不一的水疱形成,内含淡黄色(有时为淡红色)澄清液体或含有蛋白的胶状物。将水疱剪破掀开后,创面显露红润而潮湿的真皮,质地较软,并可见扩张、充血的毛细血管网,表现为颗粒状或脉络状,伤后1~2天更明显。显微镜下见水疱位于表皮与真皮之间或表皮内部。顶部为坏死的表皮,底部为真皮乳头层,真皮层间质水肿、血管充血,生前烧伤存活4~8小时后可见中性粒细胞浸润;毛细血管内皮细胞肿胀,部分变性坏死,可见透明血栓。烧伤水疱系一种生活反应,如无继发感染,一般经过1~2周后痊愈,亦不遗留瘢痕。有时有较长时间的色素改变(增多或减少)。死后不久的尸体受热作用也可导致水疱形成,但通常渗出液量较少,且无炎症反应。

(2)深Ⅱ度烧伤:伤及真皮网状层,但真皮深层及其中的皮肤附件结构仍保存。肉眼见烧伤局部皮肤苍白或形成半透明痂皮,痂皮下可见散在的细小红点,为残存的皮肤附件周围充血的毛细血管丛,水疱可有可无。显微镜下见表皮全层、真皮大部分组织凝固性坏死,结构消失,有时皮肤附件轮廓尚可辨认;痂下组织充血、水肿;如存活超过12小时,在坏死层和存活组织之间可见白细胞浸润带。深Ⅱ度烧伤创面经3~4周可自行愈合,但易发生感染而遗留瘢痕,且瘢痕组织增生的机会也较多。

3. Ⅲ度烧伤(焦痂性烧伤) 温度在65~70℃或以上始可发生,烧伤局部皮肤全层(包括附件)坏死,甚至可伤及皮下脂肪、肌肉和骨骼。肉眼见烧伤皮肤凝固变薄,形成半透明的褐色焦痂,硬如皮革,透过焦痂可见粗大血管网(为皮下瘀滞或栓塞的血管),其间有些小血管与之相连。显微镜下见皮肤各层附件结构和皮下脂肪组织均发生凝固性坏死而呈均质化,或隐见组织轮廓;痂下组织血管充血、瘀滞或有血栓形成,水肿明显,与存活组织交界处有明显的白细胞浸润带。皮下组织中的大静脉壁坏死,管腔内红细胞崩解并发生凝集。烧伤肌肉呈半透明状、深红色,镜下不能辨认,肌纤维

纹理消失而互相融合，呈均质化或肌浆溶解，肌细胞核固缩或溶解消失。被烧伤的骨骼呈褐色，骨板结构模糊，骨细胞消失只留下卵圆形空隙，在 HE 染色切片中呈一片蓝色物质。大面积的Ⅲ度烧伤创面愈合后形成大量瘢痕，以后可发生局部挛缩、畸形。

4. Ⅳ度烧伤（炭化）　因火焰长时间烧灼而形成。火焰长时间的作用使组织中水分丧失，蛋白凝固，组织收缩，变硬变脆，外观呈黑色，称为炭化（charring）。若组织继续被火焰燃烧，则由炭化转为灰化。炭化完全破坏了皮肤及其深层组织，可达骨质，导致整个肢体或躯干阶段性大范围破坏。体表部分炭化者尚可生存，但整个体表炭化只见于尸体上。根据炭化尸体的焚毁程度可分为 5 级：①尸表炭化，毛发全失，四肢完整；②皮肤表面缺失，四肢末端脱落，骨骼暴露，腹腔破裂，器官外露；③皮肤完全缺失，四肢脱落，腹壁大部分烧毁缺失，暴露器官表面炭化皱缩；④头颅、四肢烧毁脱落，内部器官焚毁；⑤尸骸灰化，仅留一堆骨残渣。

烫伤损伤程度也可分为Ⅰ～Ⅲ度，其表现与烧伤相似。除非是融化的金属烫伤，一般不会出现炭化现象。

（二）烧伤面积估算

就烧伤对人体的影响而言，一般认为烧伤面积比烧伤深度更为重要，当Ⅱ度烧伤占 1/2 体表面积或Ⅲ度烧伤达 1/3 体表面积时，即可引起死亡。估计烧伤面积目前采用较多的有中国九分法和手掌法。

1. 中国九分法　中国九分法系 1961 年根据中国男、女青壮年的实测结果简化后得出，经 1970 年全国烧伤会议讨论后采用（表 14-1）。成人体表面积：头颈部 9%（1 个 9%），双上肢 18%（2 个 9%），躯干 27%（3 个 9%，其中含会阴 1%），双下肢 46%（5 个 9%，其中含双臀 5%，另加 1%），共为 $11 \times 9\% + 1\% = 100\%$。儿童（12 岁以下）的躯干和双上肢的体表面积所占百分比与成人相似。儿童体表面积的特点是头大、下肢小，并随着年龄的增长，其比例也不同。估计儿童烧伤面积时应予注意，可按下列简易公式计算

头颈部体表面积（%）= 9% +（12 - 年龄）%；

双下肢体表面积（%）= 46% -（12 - 年龄）%。

表 14-1　中国九分法

部位		成人体表面积（%）
头颈		9
	发部	3
	面部	3
	颈部	3
上肢		18 = 9 × 2
	双上臂	7
	双前臂	6
	双手	5
躯干		27 = 9 × 3
	躯干前	13
	躯干后	13
	会阴	1
下肢		46 = 9 × 5 + 1
	双臀	5*
	双大腿	21
	双小腿	13
	双足	7*

注：*成年女性的臀部和双足各占 6%

2. 手掌法　从前面的方法可以看出，无论成人或小孩，一手（手掌和手背）的面积占总体表面积的 2.5%，掌侧占 1.25%，如果五指并拢，一掌面积约等于体表面积的 1%。此法可用于小片烧伤的估计或辅助九分法的不足。具体做法：如果测量人员手掌与伤者手掌面积相同，则直接以测量人员手掌测量；或按伤者的手掌裁剪一块硬纸板来测量。

知识拓展 ▶

除简单利用手掌法估测烧伤面积外，实际工作中有时需要精确测量烧伤面积，可采用以下方法进行测量和计算。

1. 人体体表面积计算方法　有时需要估计实际烧伤面积，除直接测量外，大面积多处烧伤时，也可以人体体表面积乘以烧伤的比例来得出，或以人体体表面积减去残留的健康皮肤面积得出烧伤面积。人体表面积大小可以从身高和体重两项数值来推算。

$$体表面积（m^2）= 0.61H（身高 m）+ 0.0128W（体重 kg）- 0.1529$$

2. 其他的体表面积估计方法　有纸裱法实测，即将人体表面积用纸裱糊，待干后，按体表解剖界线剪下，进行实际面积测量；目前也有利用电子计算机测定烧伤面积的方法，多采用图像自动扫描法，根据烧伤面积与体表总面积的相对比值，计算出烧伤的总面积。

烧伤严重程度与死亡率有关。国际上对烧伤严重程度无通用的分类标准，国内目前采用的是 1970 年全国烧伤会议拟定的标准（表 14-2）。

知识链接 ▶

表 14-2　临床上烧伤严重程度分级标准

严重程度	成人		儿童	
	烧伤总面积（%）	或Ⅲ度烧伤面积（%）	烧伤总面积（%）	或Ⅲ度烧伤面积（%）
轻	<10	0	<5	0
中	11～30	<10	5～15	<5
重*	31～50	11～20	16～25	<10
特重	>50	>20	>25	>10

注：成人体表烧伤面积不足 31%（或Ⅲ度烧伤面积不足 11%）或儿童烧伤面积不足 16%（或Ⅲ度烧伤面积不足 6%），但有下列情况之一者，仍属重度烧伤范围：全身情况较重或已有休克；复合伤或中毒；中、重度吸入性损伤；婴儿头部烧伤超过 5%

二、烧死尸体的形态学改变

（一）体表改变

1. 衣物残片　在火势不太严重的火场中，死者身上往往留有衣着残片，根据衣物残片或其他不易燃烧的物品可以帮助认定死者身份。同时，残存衣着覆盖部位的皮肤热损伤较轻，甚至没有热损伤的痕迹，这对判断烧死者当时的体位很有帮助。

2. 尸斑鲜红、尸表油腻　由于烧死者血液中碳氧血红蛋白含量较高，尸斑常呈现鲜红色。皮下组织中的脂肪在高温作用下渗出到皮肤表面，使得尸表油腻。在尸表完全炭化的尸体，尸表油腻也很明显。

3. 皮肤烧伤　死者体表皮肤上可见各种程度的烧伤（红斑、水疱、焦痂、炭化）。皮肤亦可呈黄褐色皮革样化，或某些部位被烟雾熏黑。典型的烧伤可伴有明显的充血、水肿、炎症反应和坏死改变，肉眼可见水疱周围有 5～20mm 的红色区域，但水疱周围的红色区域性改变并不能作为生前烧死的证据，因尸体经焚烧也会出现类似改变。在有毛发的部位，毛发受热皱缩、卷曲，尖端呈黑褐色，脆性增加，或完全被烧毁。

4. 眼部改变　在火场中，由于烟雾刺激，受害人往往反射性紧闭双目，死后可在外眼角形成未被烟雾炭末熏黑的"鹅爪状"改变，称为外眼角皱褶。角膜表面和睑结膜囊内也无烟灰和炭末沉积。由于双目紧闭，睫毛仅尖端被烧焦，称为睫毛征候。这些表现可作为生前烧死的特征。

5. 拳斗姿势　全身被烧时，肌肉遇高热而凝固收缩，由于屈肌较伸肌发达，屈肌收缩较伸肌强，所以四肢常呈屈曲状，类似拳击手在比赛中的防守状态，故称为拳斗姿势（pugilistic attitude）（见文末彩图 14-1）。拳斗姿势在死后焚尸也可形成，故不能藉以鉴别生前烧死或死后焚尸。

6. 假裂创　高温使皮肤组织中水分蒸发，干燥变脆，皮肤凝固收缩，发生顺皮纹的裂开，形成梭形创口，酷似切创，称为假裂创（false split）。在移动尸体时，炭化松碎的皮肤也会裂开。这种假裂创有时会被误认为是生前的机械性损伤，应予注意。假裂创伤口常较浅，仅伤及皮肤，若肌层也裂开，皮下组织可从创口翻出，但须注意此时肌层的裂开是平行于肌束走向。若肌层断裂是垂直于肌束走向的，则由外伤导致的可能性大。假裂创可在任何部位发生，但较多见于四肢伸侧及肘、膝关节和头部。由于皮肤与肌肉收缩程度不同，创壁常不在同一平面上，创腔内没有血液。

7. 尸体重量减轻、身长缩短　多见于严重烧伤及炭化的尸体。由于长时间高温作用，组织器官内水分丧失，组织坏死、炭化，使得尸体重量减轻，身长缩短，甚至四肢末端缺失。2 岁以下的婴幼儿尸体甚至可以被完全烧毁，仅留下少量骨灰。

8. 骨破裂　高温破坏骨的有机质而使其松脆，亦可使颅骨及长骨骨髓腔内产生气泡，造成骨破裂，易发生于上肢的腕部及下肢的踝部。焚烧后的骨质常呈灰白色，骨皮质表面可见多处骨折样破裂。头面部被焚烧时，软组织较容易焚毁，导致颅骨暴露，颅骨表面大量星芒状、裂隙状骨折，严重者颅盖骨完全毁坏，脑组织暴露。

9. 其他改变　当胸、腹部受热时，胸、腹腔内产生的气体可使胸、腹壁破裂，内脏器官脱出。这些损伤有时极易被误认为生前的机械性损伤，应予注意。但实际案例中鉴别极为困难，甚至无法鉴别，特别是在深部组织都严重烧伤者更难鉴别，需要结合其他因素综合判断。

（二）内部器官改变

不论尸表烧损程度如何，火场中尸体仍有尸体剖验的意义，因内脏器官常保留较好，解剖时可采取组织和血液，检测一氧化碳、酒精或其他毒物，并可采取样本进行 DNA 分析。

1. 呼吸系统　在火场高温环境中，即使躯体未与火焰发生直接接触，现场中灼热的火焰、空气、蒸汽、烟雾或其他有害气体也会随呼吸进入呼吸道、肺，引起呼吸道和肺的损伤。

呼吸道黏膜表面可见烟灰、炭尘沉积（见文末彩图 14-2），有时与黏液混合形成黑色线条状黏痰；会厌、喉头、气管、支气管等黏膜充血水肿、出血、坏死，有时可形成水疱，严重者上述部位形成白喉样假膜，容易剥离。假膜主要由纤维蛋白、坏死的黏膜、黏液及以中性粒细胞为主的炎症细胞等组成。上述改变称为热作用呼吸道综合征（heat induced respiratory tract syndrome）。光镜下显示呼吸道黏膜上皮肿胀及表面凝固性坏死，上皮细胞核变细长，呈栅栏状排列。黏膜腺体分泌亢进，黏膜血管内红细胞碎裂并聚集成团，黏膜下层水肿，原纵行排列的弹力纤维变成不规则或网状。热作用呼吸道综合征说明火烧时受害人尚有生活能力，是生前烧死最确切的证据，但在火场中有些因有害气体中毒死亡者也可不出现此综合征。

肺广泛性充血、出血、水肿、气肿或塌陷，质地变实，切面呈鲜红色。严重的肺水肿有时会导致口鼻出现蕈样泡沫。若死者胸壁炭化，则可见肺组织发生凝固性坏死。光镜下细支气管黏膜上皮细胞核浓缩、变细长，管壁贴附一层蛋白性深红色的液状物。肺泡壁毛细血管扩张，肺泡间隔水肿，肺泡腔内充满浓染凝固状含蛋白的液体，并有脱落的肺泡上皮，偶见大量的巨噬细胞积聚（图 14-1）。肺组织表现为出血性肺水肿与肺不张。肺小血管及毛细血管内可形成纤维蛋白性血栓（主要由纤维蛋白和血小板构成)。有时肺小血管中可见脂肪,这是由于血液中脂质成分受热,物理化学性质改变,形成脂滴,或因骨质被烧断裂,骨髓脂肪进入血液之故。存活一段时间者,肺的毛细血管内巨噬细胞增多。

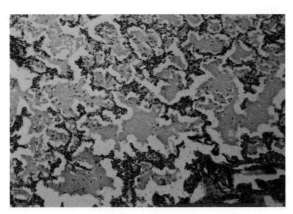

图 14-1 烧死者的肺
细支气管上皮细胞核固缩,腔内黏附蛋白性膜样物;肺
泡腔内充满浓染凝固状浆液

2.心脏及血液 心血多呈鲜红色流动状,心外膜下可见点状出血,左心室内膜下可有出血点,心肌光泽减退,呈灰红色或土黄色。火灾现场可产生大量的一氧化碳,吸入人体后,与血液中的血红蛋白结合形成碳氧血红蛋白(carboxyhemoglobin,HbCO),并随血液循环分布至全身各器官,因此生前烧死者内脏器官多呈鲜红色或樱红色。光镜下见心肌纤维肿胀,均质化,心肌横纹模糊不清,心肌间质充血、出血,毛细血管内皮细胞肿胀,透明血栓形成。延迟性死亡者心肌间质可有炎症细胞浸润。

3.消化道 食管、胃内有时可见炭末,说明死者在火场中有过吞咽行为,比呼吸道的炭末沉积更具有价值。

多数烧死者均有不同程度的消化管病变,如黏膜充血、出血、水肿、糜烂或溃疡。其中迟发性死亡者较多的改变是胃、十二指肠溃疡(Curling 溃疡)的形成。Curling 溃疡多在伤后 1~3 周出现;一般较浅,偶尔可出血或穿孔,直径多小于 0.5cm;常为多发性,一般呈圆形或卵圆形,亦有些为不规则形、星形或蜿蜒状;部位多见于胃窦、胃小弯、胃底或十二指肠后壁;溃疡底部及边缘缺乏或仅有轻微炎症反应。其形成的机制是由于机体处于应激状态时,体内肾上腺素和肾上腺皮质激素分泌增多,胃酸分泌亢进,从而形成胃、十二指肠黏膜的糜烂或溃疡。

4.颅脑 烧伤患者常有脑水肿,小脑扁桃体疝形成,有时可发生海马沟回疝,蛛网膜、脑实质充血、水肿,血管壁血浆浸润,有时发生纤维素样坏死。显微镜下见神经细胞肿胀、均质化或空泡变性,以小脑浦肯野细胞、脑桥及大脑皮质神经元表现较为明显,胶质细胞增生,可见卫星现象。

烧死尸体有时可见颅骨骨折,焚烧而导致的颅骨骨折一般为星芒状或裂隙状,因同时受热的脑组织内压力增高,导致骨折片向外翻,应注意与外伤性颅骨骨折鉴别。

头部受火焰高温作用,脑及脑膜受热、凝固、收缩,与颅骨内板分离,形成间隙,由于硬脑膜血管及颅骨板障的血管破裂,流出的血液聚集于该间隙中形成血肿,即硬脑膜外热血肿(extradural heat hematoma)。硬脑膜外热血肿多呈砖红色或巧克力色;血肿外周部分血液发生凝固,可附着在颅骨内板上,血肿中心部分的血液可呈液态或半流体状,形似黏土;有时血液被高温煮沸产生气泡,致使血肿内形成许多大小不一的空泡,形似蜂窝状;有时颅骨被烧裂,板障骨髓内的脂肪渗出,则血肿内混有脂肪成分。血肿形成处的颅骨多被烧成焦炭状,软组织缺失。该血肿需与外伤性硬膜外血肿相鉴别,二者鉴别见表 14-3。但应注意的是,当机械性暴力与高温共同作用于头部时,鉴别时难度较大。而一旦发现硬脑膜下血肿,则应为外伤所致。

表 14-3　硬脑膜外热血肿与外伤性硬脑膜外血肿的鉴别要点

	硬脑膜外热血肿	外伤性硬脑膜外血肿
形成原因	高温作用,为死后形成	外力作用,均为生前形成
血肿部位	多在颅顶部	不一定,双颞部多见
范围	较大,重可达100g以上	血肿常局限
质地	脆	软,有弹性
形态	新月形,边缘锐利	多为纺锤形
血肿颜色	砖红色或暗红色	均为暗红色
血肿结构	松软,内含脂肪及气泡,蜂窝状	血肿致密而坚硬
与颅骨关系	与颅骨相贴,与硬脑膜粘连不紧密	血肿挤压颅骨,并与硬脑膜紧密粘连
血肿 HbCO 含量	升高	无
伴发情况	头部无外伤,颅骨有烧焦、炭化,颅骨骨折为外凸或星芒状	头部相应部位有外伤痕迹,常伴有颅骨骨折

知识拓展 ▶

　　烧伤、烧死者其他器官的改变:急速烧死者,肝、脾、肾等器官的改变往往是休克的后果。随着烧伤后存活时间的延长,可出现一系列的变化。常见毛细血管管壁通透性增高,蛋白性水肿,浆液性炎的改变。

　　大面积烧伤后,肝细胞混浊肿胀、空泡变性、脂肪变性或坏死;亦可见肝细胞再生、库普弗细胞增生、肿胀、吞噬增强。肝窦周围间隙增宽、浆液浸润及灶性出血。汇管区淋巴细胞浸润,偶见浆细胞浸润。

　　烧伤后数小时,淋巴组织普遍变性、坏死,包括淋巴结、脾小结、扁桃体及肠管集合淋巴小结等。淋巴结肿大、充血,细胞坏死,组织细胞增殖、吞噬活跃,浆细胞增多,中性粒细胞浸润。

　　肾体积肿大,重量增加。肾小球毛细血管襻皱缩,呈分叶状,系膜区增宽;球囊腔内见渗出液。肾小管上皮细胞肿胀、空泡变性、坏死。肾小管管腔扩张,可见血红蛋白管型。间质充血、水肿,局灶性淋巴细胞、浆细胞和单核细胞浸润。

　　肾上腺瘀血、肿胀,重量增加。切面皮质增厚,皮质、髓质充血或伴有出血。光镜下见肾上腺皮质束状带类脂质明显减少或消失,皮质细胞变性、坏死,轻度灶性出血,少数广泛出血。烧伤后存活一段时间者,肾上腺皮质可有增生性改变。

三、火场中尸体的法医学鉴定

　　面对火场中发现的尸体,法医病理学工作者需参与现场勘查及负责尸体解剖,并需解决下列问题:明确死亡原因、鉴别生前烧死与死后焚尸、确定死亡方式及尸体的个人识别。

(一)现场勘查

　　当火场上发现尸体时,需要法医病理学工作者、消防人员、刑侦人员和相关人员密切配合。火灾现场勘查的重点是收集引火物、寻找起火点及寻找带有纵火痕迹的物证,如装有油类的容器,浇有油类的木柴、稻草、废纸、刨花及火柴、香烟头等物。另外要注意特殊气味,如煤油、汽油、柴油、硫黄、硝化纤维素等。必要时可采取现场空气样本、死者残留的衣服及部分现场灰烬,以备检测用。

(二)死亡原因

　　火场中死亡者除了火焰热作用导致死亡外,很大部分是因中毒而致死亡,部分是因机械性损伤而致死亡,也有可能是多种原因同时导致死亡。

1. 烧死　烧死的主要机制：①体表广泛烧伤，剧烈疼痛，反射性中枢神经系统功能障碍，导致原发性休克；②大面积烧伤者，由于血管通透性增高，大量血浆、组织液丢失，导致低血容量性休克；③红细胞破坏释出钾，高钾血症导致急性心功能不全或心搏骤停；④内脏器官的并发症和继发感染。

2. 中毒　火场中由于燃烧不完全，常产生大量一氧化碳，吸入后可导致急性一氧化碳中毒而死亡。生前烧死的健康成年人，血液中碳氧血红蛋白浓度常在 40% 以上。除了一氧化碳外，火场中如有含氮物质如硝化纤维素膜燃烧时，还可释放出二氧化氮、四氧化二氮、氰化氢等剧毒气体；羊毛和丝织品燃烧时，会产生硫化氢和硫的氧化物；现代建筑、装潢过程中大量采用合成建筑材料、塑料、装饰材料等石油化工制品，燃烧时会释放出氯、磷、氰化氢及一氧化氮等有毒有害气体。这些有毒气体吸入后，也可导致受害者中毒死亡。

3. 窒息　在火场中由于吸入热的空气、火焰、烟雾或刺激性气体，引起急性喉头水肿、支气管痉挛，分泌物堵塞呼吸道，急性肺水肿，均可引起呼吸困难而导致窒息死亡。另外火场中迎面扑来的火焰及烟雾也可使受害者不能呼吸，火场中氧气大量消耗后致空气中缺氧，这些因素均会导致受害者短时间内窒息而死亡。

4. 机械性损伤　现代建筑中经常使用的钢筋、混凝土，在高温时（650℃以上）就会软化崩塌，导致建筑倒塌，砸压火场中的人员，造成严重的机械性损伤致死亡。火场中受害者慌不择路从高处坠落或奔跑中碰撞其他物体，也可导致严重机械性损伤而死亡。有些损伤极易被误认为他人故意所为，鉴定时需特别留意。

火灾现场未死亡者，如烧伤程度严重，也可能在烧伤后数小时、数天甚至数周后因烧伤的并发症而死亡。主要的并发症有继发性低血容量性休克，心、脑、肾、肾上腺功能衰竭，感染性休克等。

（三）生前烧死与死后焚尸的鉴别

在火灾现场发现的尸体须鉴别是生前烧死还是死后焚尸，鉴别的主要依据是尸体上有无局部或全身的生活反应（表 14-4）。

表 14-4　生前烧死与死后焚尸的鉴别

	生前烧死	死后焚尸
皮肤	皮肤烧伤伴有生活反应	皮肤烧伤一般无生活反应
眼睛	眼睛有"睫毛征候"与"鹅爪状改变"	无此改变
呼吸道	气管、大支气管内可见烟灰、炭末沉着，呼吸道表现为"热作用呼吸道综合征"	烟灰、炭末仅在口鼻部 呼吸道无高温作用的表现
胃	胃内可查见炭末	胃内无炭末
HbCO	血液内查出高浓度的 HbCO	无或含量极低（吸烟者）
死亡原因	烧死、中毒或压砸等	机械性损伤、中毒或机械性窒息等

烧死的生活反应主要表现在热作用呼吸道综合征及外眼角皱褶、睫毛征候等方面。口腔、咽喉及气管、支气管管腔内烟灰炭尘沉积越深，越能证明是生前吸入的。烟灰炭尘可深入到二级或三级支气管甚至肺泡内。胃内炭末说明死者在火场中有吞咽行为，也是一种生活反应。死后被焚，烟灰炭末仅沉着于口鼻部，不会出现热作用呼吸道综合征及休克肺。

血液中碳氧血红蛋白明显增多是烧死的重要证据。应取心血或大血管内的血液进行测定。死于火场中的健康成人，碳氧血红蛋白饱和度可达 50%～70% 或以上；在幼儿及老人，含量可稍低。吸烟者的碳氧血红蛋白饱和度平时即可有 8%～10%，故遇血中碳氧血红蛋白饱和度低者，鉴定时应谨慎。

烧死时形成的裂创应与切创和砍创区别。切创和砍创创口常较深，创的长轴方向不一，常切断（或砍断）肌肉乃至骨骼，创壁光滑而整齐，创腔内可见凝血块，深部组织可有出血。而在火场烧死过程形成的裂创一般较浅，且创的长轴与皮纹方向一致；即使有时有肌层断裂，由于皮肤、肌肉的收缩程度不同，创壁皮肤、肌肉断端不在一个平面上，以致创壁不光滑、平整。鉴别时还应对现场的血痕、血迹、可疑致伤物（木梁、砖石、棍棒等）及尸体所处位置进行仔细勘查，结合创的特征，分析损伤的来源。

一般情况下，鉴别生前烧死与焚尸并不困难。但由于生前烧伤呼吸道黏膜不一定都有烟灰、炭末沉着，肺血管不一定都发生脂肪栓塞，心及大血管的血液不一定都有高浓度的HbCO。因此，在有些特殊情况下，尤其是濒死伤，鉴别烧死与焚尸是一件复杂又艰巨的工作，应做系统全面的仔细检查，对案件进行综合分析判断，才能得出正确的结论。

（四）死亡方式

烧死（烧伤）多数属于意外或灾害，自杀与他杀较少见，但是利用火烧而焚尸灭迹以掩盖其杀人罪行者则较常见。

意外或灾害性烧死者最多见。常见的意外情况有：老人、儿童、体弱无力者、癫痫发作者、醉酒状态，因无能力将火扑灭或逃离火场而被烧死。而灾害性烧死多造成群体性死亡，案情明显，如房屋、船只、飞机或森林着火、油库燃烧或伴有着火的交通事故等。尸体检验常可发现典型的生前烧死征象，现场勘查可找到起火原因。

自焚者往往自己用汽油、煤油等易燃液体从头部往下浇洒，然后点火自焚。多由于某种迷信、邪教或陋习，或出于某种政治目的，一般有明显的现场，多在公开场合进行；也有精神状态异常人员自焚。自焚烧伤的特点是：尸表可见不同程度的烧伤，且身体上半身较下半身烧伤程度重；心血中HbCO浓度多数不高（一般多低于30%），因为自焚的环境常较开阔，燃烧充分；但在空间较小的环境内自焚时HbCO浓度可较高。有时，自焚者可合并损伤或中毒的表现，如割腕、刎颈等，其损伤的形态及分布符合自伤的特点，而自焚前曾服毒者现场常可找到遗留的毒物容器或用具。

单纯利用烧死进行他杀较少见，而利用焚尸灭迹掩盖杀人罪行则较多见。单纯以烧为手段杀人，仅靠尸体检查无法认定，只有结合案情调查、现场勘查、实验室检查等综合评定，才能得出准确的结论。他杀后焚烧尸体常留有他杀的痕迹，如机械性损伤、机械性窒息及中毒的毒物或改变。出于纵火焚尸的目的，一般尸体周围焚烧最重，现场多经过伪装，且尸体解剖无生前烧死的特征，但可以发现导致死亡的机械性损伤、机械性窒息、中毒的迹象。有时确定死亡方式十分困难，常见的机械性窒息所致的死亡征象或某些钝器伤特征，完全可以被火烧毁，应仔细检查舌骨和甲状软骨。但需注意排除由建筑物倒塌所致的机械性损伤。

烧伤也可诱发原有疾病的发作而致猝死，也有因猝死者的烟头掉落引起火灾的。在确定死亡方式时应注意鉴别。

（五）个人识别

烧毁的尸体需要确定死者身份。尤其是公共场所的火灾现场，如交通事故后的火灾，可造成多人遇难，均需进行个人识别，以便善后处理。

严重炭化尸体的身长可缩短数厘米或数十厘米，体重可减轻60%，所以身长、体重对个人识别已不可靠。高温作用可使皮肤外形改变，原有体表的个人特征，如黑痣、文身、瘢痕常被破坏，此时只能依据尸体解剖获得材料。由于骨骼、牙齿和牙齿修复材料较耐焚烧，常能较好地保留，因而是个人识别最好的依据。

知识拓展 ▶

严重炭化的尸体可根据以下几方面进行个人识别。

1. 性别判定　对于全身炭化的尸体，仅从体表较难以辨认性别，需要尸体解剖，根据残存的内生殖器官、骨盆等加以判定。必要时可以进行染色体的检查以确定性别。

2. 根据死者的病理生理特征　通过尸体解剖检查确定死者生前是否有器官缺如（如阑尾、胆囊、胃切除手术后）；牙齿状况，如义齿、缺牙、龋齿等，可拍摄X线片与生前的牙片比较；以及生前疾病状态，如肿瘤、畸形、结石及假眼、起搏器等。结合临床资料，可以帮助确定死者的身份。

　　3. 根据 DNA 检测　如有条件，提取血液、组织块、牙髓等进行 DNA 检测，是目前个人识别准确性最高的技术方法。

　　4. 根据死者的随身物品　尸体上残存的服饰，如佩戴的皮带、皮带扣、别针、拉链、手表、发夹、珠宝首饰、金属钮扣等，可为个人识别提供线索。

第二节　中暑死

　　中暑（heat illness）是指由高温（或伴有高湿）环境引起的，以体温调节中枢功能衰竭、汗腺功能衰竭和水、电解质丢失过多为特点的疾病。中暑一般均有典型的临床过程和环境条件，因此，需进行法医鉴定的为数不多。只有重型中暑，如热射病和日射病引起的突然死亡，可能被疑为暴力死，需要法医学鉴定。如酷暑季节，单独一人在田间或野外劳动时发生日射病死亡，无人目睹，情况不明；有时中暑涉及劳保与责任问题，如高温作业（冶炼车间或砖瓦窑）或体育训练长跑时死亡等，均需进行法医学鉴定，确定死亡原因，并解释环境因素、疾病与死亡之间的关系。

一、中暑发生的条件

（一）环境因素

　　日射病是在夏季，烈日下暴晒、阳光直射条件下时间过长引起的；热射病是在高温高湿环境中，特别是在有热辐射物体的环境中劳动，如冶炼车间、砖瓦窑中，因通风不良、防暑降温措施不当而引起的。环境温度是中暑发生的最重要因素，温度越高，发生中暑的机会也越大。一般环境温度超过30℃时达到一定时间即可能发生中暑，温度超过 35℃ 更易发生。除温度外，空气中湿度大小对热射病的发生与否影响很大。如在环境温度 32℃，湿度 100%；环境温度 38℃，湿度 90% 以上；环境温度45.5℃，湿度 40% 以上时容易发生中暑。环境温度 60℃，湿度只要 15% 即可中暑。

（二）机体条件

　　中暑的发生与个体的体质强弱及健康状况也有密切关系。年老体弱、疲劳过度、肥胖、饮酒、饥饿、脱水、失盐、穿着不透风，以及患有发热、甲状腺功能亢进、糖尿病、心血管疾病、先天性汗腺缺乏等疾病，服用阿托品及其他抗胆碱能药物而影响汗腺分泌等的患者，对高温的耐受性差，容易发生中暑。如夏季高温、高湿环境下，即使是静坐家中，高龄老人也很容易发生中暑，主要是由于循环代偿能力差之故。肥胖者体表面积相对小，加之脂肪厚不易散热，心脏负担重，故中暑发病率较正常人群高。

（三）人为因素

　　在某些故意伤害、虐待的案件中，加害人用强日光或高温环境作为致伤因素，强迫受害者长时间暴露于热源之中并禁止饮水，可使受害者短时间内发生中暑。在夏季，有时婴儿或儿童被留在小客车内，短时间内就容易发生中暑，甚至死亡。

二、中暑的发生机制与临床表现

（一）发生机制

　　正常人体温一般保持在 37℃ 左右，这是在下丘脑体温调节中枢控制下产热与散热平衡的结果。人体散热主要靠辐射（60%），其次为蒸发（25%）和对流（12%），少量为传导。当周围环境温度超过皮肤温度时，人体散热只能靠出汗、皮肤蒸发和肺泡的呼吸，此时，血液循环和汗腺功能对调节体温起主要作用。在适应代偿期，受热者大量出汗，皮肤血管扩张，增加散热，维持体温的恒定。但出汗过多会引起脱水与氯化钠减少，血液浓缩及血液黏稠度增加，丢失水分过多可引起循环障碍而发生热衰竭，丢失盐过多可引起肌肉痉挛而发生热痉挛。当高温超过一定限度，产热量远远大于散热量时，体温调节中枢失控，体温在短时间内明显骤增。此时汗腺功能发生障碍，出汗减少加重高热；心功能减弱，心排血量降低，输送到皮肤血管的血液量减少而影响散热。进一步发展，中枢神经系统由抑制转为兴奋，内分泌功能加强，分解代谢加强、产热更多，体温不断上升。又因高热时全身血管扩张，循环血量降低，导致周围循环衰竭，各器官组织缺氧，功能紊乱，结构破坏。缺氧导致毛细血管壁损伤，可促进血栓形成，或引起弥散性血管内凝血。最终引起多器官功能衰竭而死亡。

(二) 临床表现

法医实践中所见的热射病案例，大多发病突然，无前驱症状（头疼、晕眩、恶心，呕吐等）。患者突然虚脱，意识丧失。典型表现有高热，颜面灼热潮红，皮肤干燥无汗，昏迷。日射病患者出现脑膜刺激症状，剧烈头痛、头晕、眼花、耳鸣、剧烈呕吐、烦躁不安。严重时发生意识障碍、昏迷、惊厥。体温正常或稍高。过高热、皮肤干燥无汗及中枢神经系统症状是诊断中暑的最有价值的临床表现。

三、中暑尸体的形态学改变

(一) 尸体现象

中暑死者体内蓄积的热量较多，体温较高，且环境温度相对较高，因此尸体热量散发慢，尸冷发生较迟缓。尸斑出现早而且显著，呈暗红色。尸体腐败出现早，并易波及全尸，但有明显脱水的可以例外。

(二) 皮肤

皮肤发红，触之温度较高且干燥。有时可见出血点。镜下汗腺周围组织水肿，淋巴细胞浸润。

(三) 内部器官

内部器官的病理学形态特征基本是休克引起的改变：①内部器官显著瘀血、水肿，扩张的血管内红细胞充盈，黏滞成团；②全身各器官组织如脑、脑膜、肺、心包膜及心内膜等广泛小出血点。高温引起的原发病理形态学改变为神经细胞坏死，主要在大脑、小脑皮质，特别是小脑浦肯野细胞消失。

四、中暑死亡的法医学鉴定

对中暑死亡者的尸体检验常不能发现特征性改变，故应详细调查现场的环境条件，结合临床表现和尸体的病理形态学改变，同时进行毒物检测，排除其他死亡原因，综合判断。

(一) 环境因素

中暑有明显的季节性，或在特定环境下才可能发生。如在炎热的夏季或高温高湿环境中发生的不能解释的死亡案例时，应注意观察中暑致死者的病理形态学变化。如果没有关于环境因素的详细材料，鉴定这类死亡有一定的困难。因此必须记录现场温度、湿度、通风情况及热辐射体等；同时可向当地气象部门查询出事当天的温度、湿度、风速等资料，以便对死因进行综合分析。

(二) 死亡过程及临床表现

重症中暑者一般起病急骤，常来不及抢救而死亡。临床上主要表现为三大特征：过度高热、皮肤干热无汗和中枢神经系统症状。对怀疑中暑死亡的案例，要注意收集病史等临床资料，了解个体健康状况，特别注意既往心血管病史。原患其他疾病（如心血管疾病、腹泻等）者，中暑后更易发生死亡。

(三) 尸体剖验

中暑死者，尸检多无特异性发现。但小脑浦肯野细胞数目明显减少，血管内红细胞黏滞成团，骨骼肌肌纤维溶解、坏死等改变对诊断中暑有一定参考价值。因尸体冷却缓慢，应在死后 24 小时之内测量尸温。

(四) 排除其他死因

中暑致死多属于意外，但在某些故意伤害、虐待案件中也时有发生。中暑死亡的确定需依赖环境因素、临床表现及尸检所见来判定，同时应排除其他死亡原因，如机械性损伤、机械性窒息、中毒、猝死等，综合分析后才能得出正确结论。

知识拓展 ▶

　　中暑死亡尸体内部器官的形态学改变如下。

　　1. 脑　脑及软脑膜普遍瘀血，蛛网膜下腔出血，脑水肿，脑白质散在细小出血点，出血尤多见于第三脑室壁及第四脑室底，日射病特别明显。显微镜下可见出血多局限于血管周围，有时可见血管周围脑组织变疏松。大脑神经细胞核固缩，呈明显坏死。小脑病变严重，而且发生迅速。小脑浦肯野细胞肿胀，核溶解或崩解消失，细胞数目显著减少。数日后死亡者，脑组织病变区有胶质细胞浸润、增生。

　　2. 心脏　心血呈暗红色流动状或含少量柔软的凝血块。左、右心室扩张，心肌质地较软。心外膜下点状出血，内膜下可有条纹状出血。显微镜下可见心肌广泛断裂，小灶性出血，间质水肿，结缔组织肿胀，偶尔可见灶性心肌细胞坏死。

　　3. 肺　肺体积增大，瘀血水肿明显，肺胸膜下散在性多发性出血点；气管、支气管腔内有泡沫状血性液体，有时可见因濒死时呕吐而吸入的胃内容物。显微镜下可见肺高度瘀血水肿，血管内血液黏滞成团状；小灶性出血。如存活24小时以上者，可并发支气管肺炎。

　　4. 肝　肝脏瘀血明显。显微镜下见肝细胞水肿，库普弗细胞肿胀、增生，有时可见小叶中央区肝细胞坏死。

　　5. 肾　肾体积增大，重量增加，切面肾皮质肿胀，髓质高度瘀血水肿，肾盂黏膜面出血点。显微镜下可见肾小球毛细血管丛及间质血管明显扩张，充满黏滞成团的红细胞。肾曲管上皮细胞水肿，间质水肿。如生存24小时以上者，则曲管上皮细胞变性、坏死，管腔内见细胞管型、颗粒管型、蛋白管型等，间质水肿，炎症细胞浸润。

　　6. 肾上腺　肾上腺瘀血水肿。显微镜下见间质水肿，皮质坏死，类脂质普遍减少，髓质增生。

　　7. 骨骼肌　高热造成的横纹肌损害，对诊断热射病有一定的意义。显微镜下可见胸大肌、颈前肌肿胀，横纹消失，肌纤维溶解、坏死，有时肌浆凝聚成嗜酸性颗粒。

第三节　冻伤与冻死

　　低温所致体表局部损伤称为冻伤（frostbite）。人体长时间处于寒冷环境中，机体保暖不足，散热量远超过产热量，超过人体体温调节的生理限度，物质代谢和生理功能发生障碍所引起的死亡，称为冻死（death from cold）。冻伤或怀疑暴力死的冻僵尸体，多见于我国北方冬春季节。

一、冻伤的程度及形态学改变

（一）冻伤的程度及形态学改变

　　受冻后血管的改变：先收缩，后麻痹扩张，内膜通透性升高，液体渗入组织，组织缺氧，引起组织坏死结痂。特别在耳郭、鼻尖、面颊及四肢末端等血液循环不良的部位较明显。冻伤的程度采用三度四分法。

　　1. Ⅰ度冻伤（红斑）　伤及皮肤浅层，局部红肿充血，自觉发热瘙痒、疼痛。显微镜下可见真皮层血管充血，间质水肿，有轻度炎症细胞反应。经过7～10天可痊愈，损伤主要在表皮层。

　　2. Ⅱ度冻伤（水疱）　伤及皮肤全层，局部红肿明显，伴有大小不等的水疱形成，水疱内含血清样或血性液体，局部疼痛加剧，感觉迟钝。显微镜下可见表皮与真皮分离，水疱内有渗出的纤维蛋白及炎症细胞、表皮层上皮细胞变性坏死、崩解，周围组织充血水肿。组织学上不能与高温损伤的水疱区别。经过1～2日疱内液体可吸收，形成痂皮，2～3周后痂皮脱落痊愈。

3. Ⅲ度冻伤（坏死）　主要表现为组织坏死，伤及皮肤、皮下组织、肌肉和骨骼，根据坏死程度，可分为：①重度冻伤：皮肤全层坏死，逐渐由苍白变成紫褐色，最后成为黑褐色，周围形成炎症分界线；②特重度冻伤：坏死深达肌肉、骨骼，多呈干性坏疽，坏死肢体干燥、枯萎、变黑，最后分离脱落，造成肢体残缺。也可继发感染，成为湿性坏疽，引起严重的全身反应，甚至败血症而死亡。

（二）冻伤的面积

计算方法参考烧伤面积计算方法。

二、冻伤的发生条件

（一）地理及环境因素

1. 环境温度　气温寒冷是冻伤或冻死的主要条件。冻死常发生在寒冷地区或冬、春低温季节。必须注意的是，有时气温在零度以上，但御寒物不足，暴露时间过长也会导致冻死。

2. 风速　风是导致冻死的重要因素。风能加速热的散失，促进环境温度的降低。风速越大，散热越快。风速与体温下降成正比。

知识链接 ▶

低温所致的机体病理生理改变及临床表现如下。

在低温环境中，人体中心体温降至35℃，称为体温过低（hypothermia）。体温约32℃时还能维持产热的代偿作用，低于此温度则机体代谢逐渐停止，体温迅速下降，血液循环和细胞代谢障碍，对全身各器官系统起损害作用。

1. 神经系统　脑是对低温最敏感的器官。体温降至32℃时，大脑功能障碍，表现为痛觉消失、意识模糊、反射迟钝、可产生幻觉；30℃时意识丧失；27℃时反射消失；26℃时瞳孔反应消失。

2. 心血管系统　体温降低时，脉搏缓慢，体温与脉搏呈线性关系。30℃以下常发生心房纤颤；25～28℃出现心室纤颤。全身性低温初期，血压升高，但随着体温下降而下降。通常在体温29℃时，血压即不能测出。

3. 呼吸系统　呼吸减慢，体温降到30℃时，呼吸次数减至7～15次/分；29℃时，由于右心回血减少，肺循环减少，气管及肺泡的上皮遇冷易发生支气管炎、支气管肺炎，尚可并发呼吸性酸中毒。

4. 泌尿系统　寒冷初期多尿。其原因可能是：①低温时酶活性减弱，使肾小管重吸收受阻；②周围血管收缩导致肾血流增加。但当体温降至30℃时则出现少尿、氮质血症，特别是老年人易发生。

5. 内分泌系统　体温下降引起多数内分泌腺功能增强。血浆皮质醇增多，进而尿排泄皮质醇也增多。肾上腺髓质活跃，尿排泄肾上腺素及去甲肾上腺素均增多。由于儿茶酚胺能促进脂肪分解，是强有力的增加热量的激素。在体温低于28℃时，肾上腺的应激反应明显抑制，25℃以下时丧失反应。

---

3. 潮湿　由于水的导热能力是干燥空气的25倍，水中散热比同样温度的干空气中散热要快得多，所以在水中比在同温度的空气中冻死远为迅速。正常人浸在0℃的水中，只要半小时即可冻死，若在同样温度的空气中尚可生存几小时。

在融雪变冷和暴风雪、寒流时，由于风、雪、湿、冷的综合作用，很容易发生冻伤和冻死，如旅行、登山、勘探测量中，突遇暴风雪迷路，露宿野外或船只遇难，坠入冰水等情况。

（二）机体因素

1. 年龄　婴幼儿及老年人，体温调节功能低下，对寒冷十分敏感，尤其是早产儿更敏感，对外界环境的适应能力弱，易发生冻伤和冻死。

2. 饥饿和疲劳　在低温环境，机体的新陈代谢和产热活动比较旺盛，需要有足够的营养物质的供应，才能抵御寒冷。饥饿和疲劳是促进冻伤和冻死的重要因素。

3. 外伤或疾病　慢性病（如糖尿病）患者和严重外伤后（特别失血后），机体对寒冷的抵抗力降低，容易发生冻死。

4. 酒精或药物　饮酒适量时，皮肤血管收缩促进脑血液循环，可起到一时性御寒作用。但饮酒过量，皮肤血管扩张，血流增加，产生温暖感，主观以为体热增加、兴奋、减少衣着，实际上体热更易由皮肤发散，体温反而逐渐降低。深度醉酒者，体温调节中枢被酒精麻醉，以致不能通过寒战增加热能，所以体温迅速下降，易于冻死。巴比妥类或氯丙嗪类药物均使体温调节功能降低，促进冻死的发生。有报道巴比妥中毒者体温可下降至21～26℃。

5. 其他　个体对寒冷的耐受性差异，精神状态的差别。如精神病患者容易冻伤。

三、冻死的过程及死亡机制

机体受低温作用，随体温下降的程度，表现为下列过程。

1. 兴奋增强期　体温下降初期，出现进行性寒战，体温降至35℃时尤为剧烈。心跳和呼吸增快，血压上升，代谢增高，实现代偿适应。

2. 兴奋减弱期　体温继续下降，血液循环和呼吸功能逐渐减弱，血压降低，呼吸及脉搏减慢，意识障碍、出现幻觉，运动能力低下。

3. 抑制期　体温在30～26℃，心率、呼吸和血压逐渐下降，对外界刺激反应迟钝，意识处于朦胧状态。可出现反常热感，发生反常脱衣现象。

4. 完全麻痹期　体温降至25℃以下，体温调节中枢功能衰竭，心跳、呼吸抑制，血压直线下降，各种反射消失，最终因血管运动中枢及呼吸中枢麻痹而死亡。

冻死的机制比较复杂，受个体和环境因素的影响较大。以往一直认为冻死的主要机制是低温环境下，氧合血红蛋白中的氧难以分离，引起非缺氧性缺氧所致。近年研究证明，低温麻醉及冷冻技术进行手术过程中，在氧解离低下的同时，组织对氧需要量也大大减少，很少发生组织缺氧。目前认为冻死主要是在低温条件下，血管扩张、麻痹、血流缓慢乃至停止所造成的后果。在此之前可发生心室纤颤。当然，未发生心室纤颤者，心脏功能也会逐渐衰退，最终组织缺氧，包括脑缺氧后血管运动中枢及呼吸中枢麻痹而死亡。

四、冻死尸体的形态学改变

（一）体表改变

1. 衣着情况　冻死者经常衣着单薄，尸体呈蜷曲状。但也有冻死前反而脱去衣服，全身裸露，或将衣服翻起，暴露胸部，或仅穿内衣裤，称为反常脱衣现象（paradoxical undressing）（图14-2）。原因可能是由于低温作用下体温调节中枢麻痹，有幻觉热感。应注意与抢劫或强奸杀人案相区别。

2. 面容与皮肤　面部表情似笑非笑，称为苦笑面容（图14-3）。全身皮肤苍白或粉红，外露肢体部分由于立毛肌收缩呈鸡皮状，阴茎、阴囊、乳头明显缩小。肢体未被衣物遮盖部分可有轻度、中度冻伤，呈紫红色或青紫色肿胀，与衣物遮盖部分有明显界线，其间可见水疱形成。

3. 尸体现象　尸斑鲜红色或淡红色，放置室温过夜解冻后，尸斑可由鲜红色变为暗红色。因低温时氧气可透过皮肤弥散进入浅表血管内，使其中还原血红蛋白变为氧合血红蛋白，所以冻僵尸体尸斑呈鲜红色。但冻死者内脏的血液仍呈暗红色。而且由其他原因死亡的尸体，暴露在寒冷环境中或冰库冷藏后，尸斑亦可呈鲜红色，说明死后也可形成这一现象。故尸斑鲜红色并非冻死的特征。

图 14-2　反常脱衣现象
冻死者将衣物翻起,暴露胸腹部

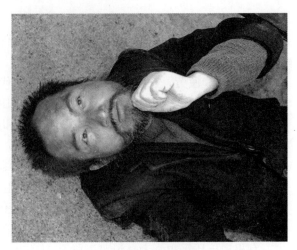

图 14-3　苦笑面容
冻死者面部表情似笑非笑

在低温环境中迅速冻死者,尸体全身冻结,称为冻僵。任何尸体长时间在 0℃ 以下,都要发生冻僵。冻僵尸体解冻后还能再次发生尸僵。尸体腐败明显延缓。发生冻僵的尸体可长久保持原状。但尸体解冻后,腐败即迅速发生。

4．体表轻微损伤　若因迷途受冻惊慌跌倒,或因酒醉摔跌,常在肢体及头面的突出部位形成多处擦伤和皮下出血。

(二)内部器官改变

高度冷却达到体腔深部,各器官充血,灶性出血。死后冷冻组织结构保存良好。所有改变均属于非特异性改变。

1．颅脑　脑及脑膜充血水肿;若颅内容物冻结,容积膨胀,可发生颅骨骨缝裂开。尸体冰冻后,同样可发生颅骨骨缝裂开,故非冻死所特有,更不要误认为头部外伤。

2．心　心外膜下点状出血。右心房、室扩张充满血液,并含有凝血块,有时血液冻结。左心室血液呈鲜红色,右心室血液呈暗红色是特征性的改变。显微镜下可见心肌纤维断裂,有大量的收缩波;心肌细胞内可见大小不等的空泡;间质水肿,毛细血管内皮肿胀,间质血管内可有血栓形成。电镜下见肌原纤维收缩带、肌小节收缩、明带消失、线粒体肿胀、毛细血管内皮肿胀,连接破坏、基底膜增厚、疏松。

3．消化道　食管黏膜糜烂或坏死脱落。胃黏膜糜烂,胃黏膜下有弥漫性斑点状出血,沿血管排列,颜色暗红、红褐或深褐。形成原因可能是低温下腹腔神经丛使胃肠道血管先发生痉挛,然后血管发生扩张,使血管通透性发生变化,出现小血管或毛细血管应激性出血。这种胃黏膜下出血斑首先由前苏联学者维希涅夫斯基(Вищневский)报道,故称为维希涅夫斯基斑(Wischnevsky gastric lesions),日本学者报道其发生率为 85%~90%,是生前冻死尸体较有价值的征象。特别在老年人及应激时间延长的情况下发生率较高。

冻死过程延长时,胃黏膜还可坏死脱落,形成急性浅溃疡,一般均发生在出血点表面,大小不等。十二指肠、回肠及结肠也可发生同样性质的出血或溃疡。

4．肌肉　髂腰肌出血是冻死者相当特异的生活反应。镜下见肌肉小血管充血,漏出性出血。血管中层细胞水疱变性。

5．肺　气管及支气管内有淡粉红色泡沫。肺水肿、气肿,切面常呈鲜红色。

6．肝　肝充血,肝细胞空泡变性与脂肪变性,肝糖原含量减少或完全消失。

7．胰腺　周围有程度不一的脂肪坏死,常出现急性胰腺炎。

8．肾　肾小管上皮变性坏死,有血红蛋白管型形成。肾小球内脂质沉积。

9. 膀胱　膀胱常高度充盈，尿潴留。

10. 内分泌腺　肾上腺皮质细胞类脂质减少以至消失。髓质内空泡形成。甲状腺充血，滤泡内胶质吸收，上皮脱落。

五、冻死的法医学鉴定

冻死的鉴定，应详细调查现场的环境条件，进行系统尸体解剖，并进行毒物检测，排除他杀、自杀、中毒、疾病死亡后，才能确定为冻死。

（一）环境条件

冻死一般发生在寒冷地区及高原地带，常在冬春季节。勘查现场时，应详细调查当时的气象资料，记录现场温度与湿度。我国南方的冬季偶尔也可见冻死者，长时间关闭在冷冻库中的人也可被冻死。

（二）死亡方式

冻死大多数是自然灾害事件，他杀少见。冻死作为自杀手段极为罕见。作为他杀手段，常见于受虐待或被遗弃的老人、儿童，不给吃饱穿暖而发生冻死。精神病患者、乞丐、流浪者、生前受外伤失血或醉酒的状态在户外易发生意外冻死。但要注意排除抛尸伪装冻死的可能性。

（三）尸体征象

冻死者表现出的苦笑面容、反常脱衣现象、红色尸斑、冻伤、胃黏膜出血斑以及髂腰肌出血等，对确定冻死均有一定的参考价值。

（四）实验室检查

解剖后，应提取血液及胃内容物进行毒物分析，排除中毒死亡的可能性。酒精和抑制中枢神经系统的药物能加速冻死的发生发展，在检验时应该注意。

（五）应注意的几个问题

1. 不要将反常脱衣现象误以为是强奸或抢劫杀人所致。

2. 身体突出部位的擦伤或皮下出血，应结合现场分析是否因惊慌失措中跌倒所致，不要误以为他人所致。

3. 注意有无虐待、饥饿和饮酒的痕迹。

4. 尸体解冻后有溶血和骨折的可能，需与外伤和疾病相鉴别。注意缓慢解冻。

本章小结

本章系统阐述高温损伤（烧伤、烧死、中暑）、低温损伤（冻伤、冻死）所造成的形态学改变及法医学鉴定。在高温损伤部分，介绍了烧伤、烧死的基本概念，对烧伤严重程度的估计需根据烧伤深度（Ⅰ度到Ⅳ度）、烧伤面积（中国九分法、手掌法）和机体自身条件，综合进行考虑。对烧死尸体的检查，重点关注热作用呼吸道综合征、胃肠道内的烟尘炭末，毒物分析检测 HbCO 浓度等，对于判断生前烧死与死后焚尸有重要价值；硬脑膜外热血肿、骨破裂、假裂创不要误认为机械性损伤。在火灾现场发现的尸体，除烧死外，中毒、窒息、机械性损伤也会导致死亡。

中暑的法医学鉴定需调查现场的环境条件，结合临床表现（过度高热、皮肤干热无汗和中枢神经系统症状）和尸体的病理形态学改变，同时进行毒物检测，排除其他死亡原因，综合判断。

低温损伤发生的环境条件和个体因素需要考虑，冻死尸体的特征性改变有反常脱衣现象、苦笑面容和维希涅夫斯基斑，法医学鉴定时需综合现场勘查、尸体解剖、毒物分析等综合进行判断。

关 键 术 语

烧伤（burn）

热损伤（thermal injury）

烫伤（scalding）

拳斗姿势（pugilistic attitude）

热作用呼吸道综合征（heat induced respiratory tract syndrome）

硬脑膜外热血肿（extradural heat hematoma）

中暑（heat illness）

冻伤（frostbite）

冻死（death from cold）

反常脱衣现象（paradoxical undressing）

维希涅夫斯基斑（Wischnevsky gastric lesions）

思考题

1．如何对火场中发现的尸体进行法医学鉴定？

2．如何区别生前烧死与死后焚尸？

3．试分析火场中发现的尸体可能的死亡原因。

4．如何对怀疑中暑死亡的尸体进行法医学鉴定？

5．冻死尸体有哪些形态学的改变？如何进行冻死的法医学鉴定？

（陈　龙）

参 考 文 献

1. 赵子琴. 法医病理学. 第4版. 北京：人民卫生出版社，2009.

2. 李玲，侯一平. 法医学（英文版）. 北京：人民卫生出版社，2014.

3. 葛均波，徐永健. 内科学. 第8版. 北京：人民卫生出版社，2013.

4. 陈孝平，汪建平. 外科学. 第8版. 北京：人民卫生出版社，2013.

第十五章　电流损伤及其他物理因素损伤

学习目标

通过本章的学习,你应该能够:

掌握　电流损伤的概念、电流损伤死者病理学变化、电流斑概念及特点、电流损伤致死的法医学鉴定;高原性肺水肿及高原性心脏病的病理学特点及其诊断依据和法医学意义。

熟悉　电流对人体的作用、电流损伤致死的机制;雷电对人体的作用、雷击死者的病理学变化、雷击死的法医学鉴定;放射损伤对人体各脏器损伤的病理学改变。

了解　常见的触电方式和触电原因有哪些、影响电流对人体作用的因素;激光、微波等对人体损伤的临床表现及病理学改变。

章前案例 ▶

某日 15 时许,两个男孩(14 岁和 8 岁)在马路边玩耍。突然,天空乌云密布、电闪雷鸣并下起瓢泼大雨。两个男孩见状赶紧躲进一家门口有自搭雨棚的公司避雨。由于两个男孩鞋上沾满烂泥,而躲雨的小棚旁有个浅水坑。大男孩先后两次在水坑里清洗鞋上烂泥,没有发生异常情况。随后,小男孩也在该水坑里洗脚,但不知何故突然倒地,口吐白沫、不醒人事。大男孩见状大声哭叫呼救。小男孩被送往医院救治无效死亡。

案情及现场勘查结果表明:大男孩是目击证人,目睹了事情经过及小男孩的死亡过程。小男孩是在公司阳台雨棚下避雨,该雨棚旁边有个浅水坑。恰遇该公司正在施工安装电线,将办公大楼两路电线送往出事的雨棚并正好搭在雨棚支架铁杆上,该铁杆接地并导入水坑。事发当时正在施工的电工听到呼救声跑至现场,用电笔测量阳台的支撑铁杆发现带电,便将电源关闭后把小男孩抱出水坑,随即逃离现场不知所踪。进一步调查发现,送往阳台的两路电线在办公大楼一端已被人为故意剪断,悬在空中。

法医病理学尸体检验发现:右足背擦伤,右膝、左足底皮肤破损,分别将这些皮肤损伤区取材进行组织学检验,见皮肤受损处真皮胶原纤维变性、肿胀,部分区域真皮乳头层和皮下附件细胞核狭长,呈核流趋势。未见致死性机械性损伤、机械性窒息及致死性疾病改变;心血及胃内容物常规毒物检测阴性。

本案争议焦点:家属认为是该公司电工安装电线时裸露的电线碰到雨棚铁杆,电流顺着铁管导入水中,小男孩双脚在水中触电致死。公司则认为该男孩是雷击死。法医病理学鉴定要解决的问题是:小男孩是不是由于电击致死?如何排除雷击致死的可能性?

物理因素损伤常见的有电流损伤(包括雷击伤)、高低温损伤、机械性窒息、机械性损伤等,其他物理因素损伤包括气压损伤、放射性损伤、超声波损伤、激光损伤、微波与高频电磁波损伤等。本章介绍电流损伤（包括雷击伤）与其他物理因素损伤。

第一节　电 流 损 伤

在日常生活和工作中，由电流引起的损伤或死亡较多见，且多为意外或灾害事故，也多见于自杀和他杀。法医学研究电流引起的损伤或死亡，主要是确定这类损伤的死亡原因及死亡的性质。

一、电流损伤的基本知识

（一）电流损伤的概念

电流通过人体引起可感知的物理效应，称为电击。电流通过人体引起皮肤及其他组织器官的损伤及功能障碍，称为电流损伤或电击伤（electric injury）。因电流作用导致人体死亡，称电击死（electric death）。

人体触电后，如时间极短，可只引起局部麻木、疼痛和皮肤肌肉剧烈收缩，不一定有明显损伤；如触电时间延长，则出现损伤，轻者立即发生头晕、心悸、四肢麻木、胀痛、软弱、全身乏力、肌肉痉挛、惊惶失措、面色苍白、口唇发绀；重者出现休克、四肢厥冷、昏迷、持续抽搐、心室纤颤、甚至心跳和呼吸停止而死亡。

知识链接 ▶

电流的物理学发现主要集中在十八、十九世纪。1752 年，Benjamin Franklin 在雷雨中放风筝，手握绝缘线，用导线连接到风筝上，从风筝到导线底部都见有电火花闪烁。1826 年，Ohm 提出欧姆定律。1831 年，Faraday 发现电磁感应现象。1834 年，Lenz 建立了楞次定律。1844 年，Joule 及 Lenz 确定了电流热效应定律（焦耳 - 楞次定律）。1864 年和 1883 年，Maxwell 先后提出电磁波理论和热电学效应。

电的基本物理性质　欧姆定律：电流(I)＝电压(V) / 电阻(R)。传导电流良好的物体（如金属、电解液）称为导体；不能传导电流或传导率很低的物体（如玻璃、云母、胶木板）称为绝缘体。灰尘、水、温度可使绝缘体失去绝缘作用，称为绝缘劣化。

电流的效应有三类：热、磁和化学。电流的电能可以转化为热能、机械能和化学能等。电流的热能具有重要的法医学意义。电流的热效应指电流通过导体时，由于电阻的存在，自由电子的碰撞，功率消耗引起发热，电能就不断地转化为热能，这种产热现象称为热效应。焦耳定律：$Q = I^2 Rt$，即：热量＝电流^2×电阻×时间。

工业上将 1000V 以上称高压电，1000V 以下称低压电。一般民用电压为 220V 或 380V，某些工厂内有 6000V 高压线，城市郊区则以 10kV 高压线多见。临床上，对 380V 以上称高压电，36～380V 称低压电，36V 以下称特低压电或安全电压（但潮湿时 12V 亦有危险）。

触电后可以几乎不发出任何声音就立即死亡；有的触电后立即意识丧失，然后意识恢复，并可说话、行走，但短时间后又虚脱死亡；还有少数人触电当时意识清楚，尚能说话或大叫一声，然后倒地死亡；有的表现为延迟性（数分钟或数小时后）死亡或死于晚期并发症。此外，电击后由于强大电流致延髓中枢高度抑制或呼吸肌持续痉挛，常常发生"假死"，表现为呼吸、心跳处于极度微弱状态，并呈现出窒息征象。若及时正确抢救可能复苏。

电流损伤十分多见。我国电损伤的发生率和死亡率均很高。根据 9695 例电击伤的临床资料统计，发现电损伤占住院烧伤患者的 6.56%，死亡率为 3.1%，截肢率为 27.32%；男性明显多于女性（男：女 ＝7 : 1）；青壮年占 75%；工人、农民占 73.67%，其中又以未经过安全用电知识培训的青年电工及非电工专业人员占绝大多数。380V 以上电压触电占 63.56%，380V 以下电压占 36.41%，少数为高频触电、直流电器触电及医疗设备触电。儿童电损伤占小儿烧伤的 2.06%。在 14 447 例尸检统计资料中，雷电损伤致死 165 例（1.14%），占法医学尸体检验死因分类统计的第 5 位。

（二）触电方式

无论何种方式触电，前提条件必须是人体成为电流通路的一个组成部分。故电流损伤或电击死的发生必须同时具备 3 个因素，即带电的电源、通过人体的电流通路以及人体接触导体（包括地面）。

触电方式通常有以下几种。

1. 单线（相）触电　指人体站在地面或其他接地体上，人体的某一部位触及一相带电体所引起的触电，是一种最常发生的触电事故。单相触电分两类：一种是中性点接地的单相触电，电流通过人体、大地和接地装置，形成闭合回路，相电压几乎全部加在触电人体上；如果此时人体站在绝缘板上或者穿绝缘鞋，则不会造成电损伤。另一种是不接地触电，如高压架空线断落，人体碰及断落的导线；在高压线下，吊车吊臂碰触高压导线等，都会发生单相触电电损伤。

2. 两线（相）触电　指人体同时接触两相电源导致的触电。无论电网的中性点是否接地，人体与地是否绝缘，电流都从一相导线通过人体流到另一相导线，作用于人体上的电压等于线电压。这种类型的电损伤最危险。

3. 跨步电压触电　当电气设备绝缘损坏发生接地，或当线路火线断线并落在地面时，电流就会从接地处流入大地，并以半球形向大地流散。距离接地点越近，电压越高。在入地点 20m 以外，地面电位才近乎零。如果人误入有电区域，其两脚之间的电位差形成跨步电压，由跨步电压引起的触电，称为跨步电压触电。当发觉有跨步电压时，应赶快把双足并拢或者单腿跳跃离开危险区。

4. 接触电压触电　指人站在发生接地短路故障设备的旁边，触及漏电设备的外壳时，其手和脚之间所承受的电压。由于接触电压而引起的触电称为接触电压触电。如果穿鞋使人与地隔开，则人体受到的接触电压要小于漏电设备的对地电压。

5. 高压弧光放电触电　指人体接近高压带电设备时由高温电弧所造成的弧光放电烧伤，占高压触电事故的 70%～80%。人和电源距离小于或等于高压放电距离时，在高电压强大的电场影响下，空气由绝缘体转入导电状态，并伴有弧光和声音，称气体间隙击穿或称放电。电弧温度高达 3000～4500℃，人体可被直接烧伤；此外，人体内有瞬间电流通过，故此类烧伤实质上是一种高压电弧加电流的复合伤。

6. 微电击与静电触电　电流作用于机体时如不通过高电阻的皮肤，而是沿着血管前进，直接通过心脏引起室颤，发生微电击。此时引起室颤所需的电流比通过皮肤的电击要小得多。如在手术室或重症监护室，用导管作心电图记录、安装起搏器、应用除颤器、注射造影剂、测量内部血压或用导管穿过较大的血管触到心肌以刺激心脏等，某些导管内有导线或导电液体，从而提供了直通心脏的低阻电路，这种体内的低阻电路增加了微电击的可能性。

静电是指在摩擦或电容器充电并断离电源后保持的电荷，也可因接近带电体而感应到静电。当穿着绝缘底的鞋在地板上行走时或者脱尼龙衣服时均可产生静电，但因总电能低，故对人体仅造成微小刺激。但静电电击可使原在危险状态下的工作人员失足或致意外。雷电是一种特殊的静电放电，不过其电能量极大。

（三）常见触电原因

常见触电的原因有 3 种。

1. 主观原因　忽视安全用电，误碰电源或带电电器或自己故意触电；违章布线、电线线路年久失修；利用电线晾挂衣物；违反用电操作规程，自行检修或带电拆修电器设备等。

2. 客观因素　高温、高湿场所，梅雨季节，身体受潮或出汗，电器绝缘性降低或电器外壳未很好接地。

3. 意外情况　供电电线意外下落、火灾时电线烧断接触人体或因某种原因误碰电源等。

电击伤（死）多属意外灾害事故，亦有触电自杀、他杀或用其他手段杀人后伪装电击现场者。偶见医疗诊治过程中的电针、除颤器、起搏器、内镜以及治安用电警棍所释放的脉冲电流致人损伤。

二、电流对人体的作用

（一）组织的电生理效应

人体为电流的良好导体。研究发现，由于细胞膜的隔离，细胞外高电压形成了强大的跨膜电场。强电场使细胞膜发生非热力性损伤，细胞膜内、外高电势差产生"电致微孔"作用，使细胞膜通透性增加，大分子（如肌红蛋白）漏出，随后细胞膜破裂，导致无选择性的细胞内成分（如离子与酶）漏出。此外，电流可使细胞膜结构"去极化"，阳极起酸性反应，阴极起碱性反应，导致细胞结构和代谢障碍，最终发生变性、坏死。但是，部分电流损伤患者早期临床上并未见到组织形态学改变即已失去肢体神经和肌肉功能，这正是电流损伤与热力损伤的主要区别。

（二）电流对人体的损伤作用

电流损伤的程度与电流密度的平方和通电时间成正比。低电压（110～220V）可直接引起触电死亡，仅约 1/5 的患者能存活；大于 650V 的可以引起电休克，约有 3/5 的患者可能复苏成功。

电流通过人体可发生各种不同的反应，可能不被感知，可能有麻木感、刺痛感，局部肌肉痉挛，心室纤颤等，也可触电后立即死亡。人体对不同强度的电流所产生的效应见表 15-1。

表 15-1　不同强度电流对人体的作用

电流强度（mA）（50～60Hz 的交流电）	人体产生的效应
1.0	有感觉电流阈值
1.5	明显感知电流
2.0	手麻感
3.5	手轻度强直
4.0	前臂感觉异常
5.0	手震颤和前臂痉挛
7.0	上臂轻度痉挛
10.0	尚可脱离电线
15.0	屈肌收缩妨碍松开电线
20.0	手迅速麻木，痛性肌肉收缩，不能摆脱电源，呼吸困难
30～50	心律不齐，长时间作用引起心室颤动
50～数百	呼吸麻痹，心室颤动，昏迷，接触部位留有电流通过的痕迹

电流对人体的损伤作用可分为直接的局部作用和间接的全身作用。前者系电流传导途径上电能对组织细胞的直接损伤作用，又分为真性电流损伤和电烧伤。后者系触电时通过神经反射、体液因素或组织遭破坏后产生毒素等引起的损伤。

1. 电烧伤　电流通过皮肤进入机体时，因皮肤电阻产生热能，可致烧伤，尤其高压电引起的组织烧伤最严重，而电流的直接损伤常难以肯定，故亦称电流损伤为电烧伤。临床检查电烧伤患者时需区别 3 种因素造成的烧伤：接触性电烧伤、电火花烧伤和触电后易燃物燃烧造成的火焰烧伤。第一种是真正的电烧伤，除因电流的高温作用外，还因电流的电离和机械作用所致，后两种系单纯高温热烧伤。接触性电烧伤在发生机制和病理改变方面与单纯热力烧伤不同，故不能单从体表皮肤损伤的范围估计电烧伤的范围与严重程度。

2. 电流损伤　电流通过各种组织时所造成的损伤不仅可导致体内两个主要生物电发生器官（心和脑）产生短路，也可能引起晶状体、血管、肝和其他组织发生形态学改变。电流经皮肤进入体内，常损害血管壁全层,使受损血管痉挛、血液凝滞、血栓形成或完全栓塞,进而肌肉等组织发生变性和渐进性缺血坏死。

致死性电流损伤的病理生理作用主要是电流侵犯脑、脑干、颈段脊髓或侵犯心脏,导致呼吸或心跳停止。

三、电流对人体损伤的影响因素

电流损伤的严重程度受多种因素影响:电流的类型和强度、电压、皮肤电阻、电流接触机体的部位和作用时间、电流通过人体的途径和人体所处环境等因素。

(一)电流类型和强度

电流有交流电和直流电两类,均可造成电流损伤或电击死,但以前者多见,后者多发生在实验室及某些特殊情况下。

同是500V电压的交流电或直流电对人体的损害程度大致相同;但人体对500V以下的交流电比对直流电要敏感4~6倍,故在此电压范围内,相同电压的交流电比直流电危险。70~80mA的交流电可引起人体的心室纤颤乃至呼吸心搏骤停;但对250mA的直流电,人体却可耐受。100mA的交流电可在0.2秒内致心室纤颤和停搏,而临床上4A的直流电却反而可使心律失常者恢复窦性心律。

直流电的电压愈高,其电解作用愈强,对人体的危险性也愈大。

对人体最具危险性的是频率为25~300Hz(尤其50~60Hz)的交流电,小于10Hz或大于1000Hz的交流电则较少引起触电。我国常用的电流恰恰是频率为50~60Hz的交流电,这种频率的交流电通过机体时,驱使细胞内的离子随该电流的频率往返运动的速度,正好可令其在细胞内来回一次,使细胞受到最强烈的骚动和破坏。同时,这种频率的交流电又与机体组织器官的生物电节律相符,通过心脏时,使心肌兴奋性发生变化,引起心肌纤维颤动;亦可使细胞膜发生去极化,引起骨骼肌发生强直性收缩,以致触电者手握住电源不放,延长电流通过时间,造成严重损伤或死亡。40~160Hz的电流最易引起心室纤颤,300Hz以上交流电的伤害作用减小,并随其频率的增高而伤害作用逐渐降低。临床上,利用高频交流电的高频电场效应甚至可用于透热治疗。

单位时间内通过已知截面的电量称电流强度。它是影响电流损伤最重要的因素。一般认为,通过机体的电流强度越大,引起机体的损害越严重。交流电50~60Hz、10mA或直流电50mA,人手仍能脱离电源,不会发生损伤和生命危险。但个体对电流的敏感度存在一定的差异,有些人1mA已有刺痛感,9~10mA时已不能松开电线。多数人能耐受的最大电流值约为30mA,达40mA时常致意识丧失。人体能摆脱电源的临界电流值远远低于产生心室颤动而致死的电流值。通常,交流电电流强度达到70~80mA或者直流电电流强度达到100mA时,对人体可致命。

(二)电压

在一定范围内,人体接触的电压越高,通过人体的电流越大,对人体的损伤越重。高压电会克服皮肤的高电阻,使皮肤烧焦开裂,皮下的电阻急剧下降,致使电流迅速增加。在法医学实践中,以100~250V的交流电造成触电的机会最多,1000V以上的高压电流造成电击伤亡的概率较少。与低压电相比,临床上高压电引起的休克较容易救治。这是由于高压电选择性地作用于神经系统,抑制呼吸中枢、心血管中枢,通过有效的人工呼吸可以治愈。高压电的危险在于皮肤与电源之间形成电弧,使衣服燃烧,组织烧伤;焦耳热可高达4000℃,能使机体严重烧伤而死亡。反之,低压电主要作用于心脏的传导系统,往往引起致命性心室纤颤。交流电致触电后休克死亡,多发生在电压为220~250V时。

电压100V以下致死案例报告极少,因日常用电多为110V、220V或380V。而一些家用电器和汽车用电则在12V或24V。通常,对地电压低于40V则视为安全电压。国际电工委员会规定接触电压的限定值(相当于安全电压)为50V;我国规定的安全电压为36V。但是,不能认为这些电压是绝对安全的。如果人体因汗湿、皮肤裂伤、长时间接触电源等原因,即使很低的电压也有危险;又如人体电阻降低至300～500Ω时，一个9V的电源便可使通过人体的电流达18～30mA，已能产生危险，如造成不能摆脱电源、呼吸困难、心律不齐等。这种电流通过心脏部位也可致死，如有用20V和24V电针刺入胸前皮肤致死的报告。

（三）皮肤电阻

电阻与电流强度呈反比。皮肤电阻越大，进入人体的电流量越少；皮肤电阻越小，进入人体的电流量越多，对人体的损伤愈大。人体各种组织的电阻均不相同，皮肤、骨、软骨、毛发的电阻最大；脂肪、神经、肌腱、肌肉、淋巴管、血管的电阻次之；心、脑、血（体）液的电阻较小。人体组织中，血液的电阻最小；但骨电阻可高达900 000Ω，生成的焦耳热可高达数千摄氏度，可使骨质熔化。

皮肤厚的部位如足底、手掌、背、臀等电阻较高，皮肤较薄处如面部、前臂、大腿内侧等则电阻较低。一般皮肤电阻为5000～10 000Ω/cm²。干燥的手掌、足掌角质层较厚，皮肤电阻可达1 000 000～2 000 000Ω甚至更大；出汗使电阻减小，可锐减为25 000～30 000Ω；水或盐水浸湿的皮肤，电阻更可减低至1000～1500Ω；皮肤裂开或破损时，电阻可低至300～500Ω。

当皮肤电阻为1200Ω时，110V的交流电即可引起死亡；降为300Ω时，仅30V即可致死。电流损害皮肤后，由于电解作用，电阻可降至380Ω；但是烧伤致凝固性坏死后，皮肤电阻又上升致使电流中断；如果组织发生炭化，则电阻大大降低又能导电。

（四）电流作用于机体的时间

电流通过人体可使人体发热、出汗，电阻降低；电流作用于机体的持续时间越长，通过人体的电流量愈大，则后果愈严重。通电时间越长，能量积累增加，容易引起心室纤颤。如高压电流作用于机体的时间小于0.1秒时，不引起死亡，如心脏除颤器电压为3000V，电流为30A，由于接触时间极短仅50毫秒，故不但不引起电击性室颤，反而可使原有的颤动停止而达到治疗的目的；但作用1秒钟时可引起死亡。10 000V的电流作用半秒钟无危险，或仅引起惊惧，但是200～300V的电流长时间作用于机体却能致死。低电压所致局部损伤的程度也明显地决定于接触时间的长短，随着时间的延长，损伤处可出现皮肤电流斑或水泡、炭化，直至露出肌肉和骨骼。据估计，不引起人体心室纤颤的最大电流是$116/t^{1/2}$mA，其中t是电击持续时间（秒）。若t为1秒，则安全电流是116mA；若t为4秒，则安全电流是58mA。通电小于25毫秒，一般不致造成电击伤。

（五）电流通过机体的途径

电流进入人体的部位通常是身体接触电源处（如以手碰到电源，或电源接触身体某部位），离开人体处即电流出口，多为接地处。电流的入口与出口之间即为电流通路。电流在组织内一般纵向传导，很少横行越过。一般认为电流在身体内总是呈直线最短距离传导以及总是选择电阻最小的通路传导。电流通过脑、心、肺是最危险的路径，可致呼吸肌麻痹、心室纤颤、心脏停搏、昏迷和瘫痪。国外用电刑处死罪犯时，就是先将头发剃光并涂上一层导电膏，戴上帽状电极，两足绑上另一电极通电致死。

触电后电流通过机体的途径约80%是由一侧肢体进入，另一肢体逸出。其中最常见的是由手入，从足出。电流由上肢至上肢或由上肢至下肢，特别是由左上肢经过心脏区域至右下肢、由胸腹部至背部、由头颈部至手或足部等，均因可通过心脏，所以有致命的危险。电流由下肢至下肢，由于不通过心脏及脑，危险性相对较小。

电源两极间距很近时，如电插头、电警棍等接触人体，由于电流回路很短或离心、脑、肺较远，如仅作用于四肢或腹部，一般不至于引起电击死。

（六）机体接触电源的状况

电源导体与皮肤接触紧密，则两者间的电阻小而电流大。根据欧姆定律，电阻越小，通过的电流就越大，对人体的损害就大；在电阻很小时，局部病变可不明显。根据焦耳定律，电流越大，在有一定电阻时，产热就多，引起的局部烧伤就明显。但当皮肤形成烧伤后，局部组织凝固又使电阻急剧升高，进入体内的电流量随之减小。

电源不与机体直接接触也可发生电击死。主要见于机体处于高压电场、电弧或电流火花所及的范围内，或在水中通过水导电造成。

（七）机体状态

电流引起人体损伤的程度与机体健康状态有很大关系。受热、受冷、疲劳、创伤、失血、兴奋、恐惧、忧郁、衰竭、过敏体质、某些疾病等均可使机体对电刺激敏感性增高；而睡眠、麻醉、休克等却能使机体敏感性降低。老人、儿童和体弱者较健康青壮年敏感。此外，触电者能否迅速脱离电源、是否及时得到抢救和抢救方法是否正确等均与预后有关。

（八）环境状况

潮湿的环境易于发生意外触电伤亡事故。如在浴室内使用电吹风，由于湿度大，常使电吹风外壳带电；漏电电器或破损电线浸没于水中等均可致触电。

四、电击死的死亡机制

根据触电情况，电击致死的死亡机制有多种：

（一）心室纤颤与心搏骤停

一定强度的电流通过心脏，使心肌细胞兴奋性增高，在心肌内形成许多异位起搏点，导致心室纤颤。心电图上常见心动过速或过缓，S-T段或T波改变，可见心肌缺血、心肌梗死、传导异常及心律紊乱等变化，同位素心肌扫描显示有弥散性心肌损伤和急性心肌梗死。如100mA的交流电通过心脏即可引起致命性心脏节律紊乱。

低压交流电（尤其是家用电源220V）电击伤特别容易导致心室纤颤，触电后心搏骤停亦往往是由室颤而来；而高压电常直接导致心搏骤停。

心室纤颤是电击伤者死亡的主要原因。由于这种心室纤颤乃因电流刺激使得具有兴奋性的心肌细胞又获得兴奋性，是可逆性的，故此时最有效的急救措施是电除颤。引起心室纤颤的时间与电流强度有关（表15-2）。2A以上电流通过心脏时，可直接导致心搏骤停。

表15-2　引起心室纤颤所需时间及电流强度

电流强度（mA）	时间（s）
70～300	5
200～700	1
300～1600	0.3
500～2500	0.1
1800～8000	0.01

（二）呼吸停止与窒息

电流通过颈髓上部或脑干，可引起呼吸中枢麻痹，患者可立即昏迷，瞳孔散大或固定，呼吸、心搏骤停。周围神经损伤可能系因神经元电损伤所致，也可能是营养神经的血管内血栓形成的结果。

高压电（特别是1000V以上）较易直接抑制延髓中枢，引起呼吸、心搏骤停。国外电刑处死罪犯时，先通以1700V的电流，电流强度达数安培，通电1～2分钟后，降低电压再通电数分钟，罪犯即因延髓呼吸中枢麻痹而死。尸体解剖发现局部电流损伤不明显，但颅内温度可达45℃。较低电压电击时，电流可直接作用于呼吸肌，使之发生强直性或痉挛性收缩，甚至角弓反张，造成呼吸衰竭、窒息而死亡。

电流引起呼吸麻痹后，心跳和呼吸极其微弱，甚至暂时停止，处于假死状态，即所谓"电流性昏睡"（electric lethargy）。此时，瞳孔散大、固定并不代表死亡，若及时进行有效的人工呼吸、心脏按压、注射中枢神经兴奋药等抢救，可望使触电者复苏，不可轻易放弃抢救。有经抢救8～9小时而获心、肺、脑全复苏者。

（三）其他

电击当时未死者，有的可因各种并发症而死亡。高压电可造成电烧伤，故有普通热烧伤的一些并发症如继发性休克（低血容量性休克及创伤性休克）、感染（局部感染、全身感染及特异性感染）、急性肾衰竭（肌肉广泛损伤导致挤压综合征样改变）、脂肪栓塞或内部器官破裂等，并因此死亡。触电时如人在高处，还可由于高坠导致死亡。

知识拓展 ▶

1899 年，Prevas 与 Batelli Cunningham 提出，心室颤动是电击致死的最常见原因。1949 年，Kouwenhoven 提出六个因素影响电流对人体的致伤：电流种类、电压、电流强度、机体对电流的电阻、电流经过身体的途径和身体接触电流的时间。1966 年，Milles 提出电损伤的基本病理变化是热效应、电解作用及电流沿血液走行导致血管损伤。1967 年，Artz 提出电损伤类似挤压伤，有大量肌肉破坏并出现肌红蛋白尿；并将电损伤分类为真性电损伤、电弧烧伤和火焰烧伤 3 种（1974 年）。1970 年，Baxter 提出电流通过机体组织产生热能，电阻越大，产生的热能越高，组织损伤越重。1974 年，Hunt 认为小动脉散热慢，容易发生血栓，是引起肌肉继发性坏死的重要因素；并提出容积导体（volume conductor）概念，即将机体视为一个整体，具有统一的电阻，当电流克服皮肤阻力后，决定性因素是接触面积和表面阻力，组织截面积越小，通过电流密度越大，单位体积产热也越多（1976 年）。1984 年，Robson 认为电损伤后组织的渐进性坏死，乃受损细胞产生炎症介质及毛细血管栓塞的缘故。1988 年，Lee 及 Kolodney 指出电损伤造成组织损害的两个原因：一是根据焦耳定律产生的热能，二是电流强度造成细胞膜破裂和细胞分解，细胞内前列腺素 E 释放。

五、电击伤病理学改变

（一）体表变化

电流从体表进入身体，电流通过机体组织遇到电阻时电能可转变为热能，在电流入口处造成烧伤。电流损伤的部位（即触电部位）最多见于手指、手掌、手背、手腕，也可见于全身其他各处，如头面部、颈胸部、前臂、上臂、小腿、足踝、足底或其他任何死亡当时与地面接触的地方，甚至口腔、外耳道、鼻腔、头皮、腋窝、会阴等隐蔽的部位。

体表皮肤电流损伤可有电流入口（电流斑）及出口、皮肤金属化、电烧伤等表现。

1. 电流斑（electric mark）　电流斑又称电流印记，系电流入口。电流斑的形成是由于带电导体与皮肤接触，电流通过完整皮肤时，在接触处产生的焦耳热及电解作用所造成的一种特殊皮肤损伤。皮肤角质层较厚的部位电阻大、电流通过时产热多，易形成典型电流斑。

（1）肉眼观察：典型的电流斑一般呈圆形或椭圆形，直径 5～10mm，色灰白或灰黄，质坚硬、干燥，中央凹陷，周围稍隆起，边缘钝圆，形似火山口，外周可有充血环，与周围组织分界清晰（见文末彩图 15-1）。底部平坦或有裂隙，有时可附有灰烬和溶解的金属碎屑沉积。有时可见到管状孔道，周围管壁炭化。有的电流斑处可见水疱形成，水疱易破裂，以致表皮松解、起皱或呈片状剥离（见文末彩图 15-2）。有时电流斑周围或其他部位皮肤可发生电流性水肿（electric edema），水肿部位皮肤呈苍白色，甚至整个肢体发生电流性水肿。

电流斑大小不一，可小似针头，也可大至直径数厘米或更巨大（见文末彩图 15-3）。

电流斑形态多样，可呈犁沟状、条状、弧状或不规则形等，它常能反映导体与人体接触部分的形状，故借此可推断导体接触面的形状。如接触电线长轴，则电流斑呈线状或沟状；接触电线的末端，形成的电流斑呈小圆形，接触时间长时则进一步形成小孔洞；接触电插头形成成对的损伤。常有助于推断电击工具。若皮肤与导体接触不完全，或电击时导体在皮肤上移动过，则电流斑的形态亦难以与导体形状相吻合。

若接触电压低、环境潮湿、高温出汗，或赤足、赤膊接触地面或带电物体，或浸泡在带电的水中，导致皮肤电阻减小，加上导体接触面大、接触时间短等因素，则不形成典型电流斑，仅出现单纯性皮肤烧伤、表皮剥脱、皮下出血和皮下组织质地变硬（图15-1）等改变，甚至没有任何改变。

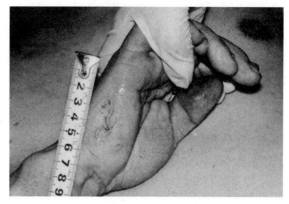

图 15-1　电流斑

右手掌尺侧面电击伤，可见皮肤起皱，局部组织变硬

（2）光镜观察：典型电流斑病灶中心表皮细胞融合变薄、致密，细胞间界限不清，染色深。热作用强时，中心部位表皮广泛坏死、脱落缺失，周围保留的表皮则变厚；创面常有金属碎屑沉积。表皮细胞胞浆均质化，细胞核水肿伴空泡形成。较具特征性的是表皮细胞发生极性化改变，以基底细胞层最明显。电击伤处特别是损伤中心基底层细胞及细胞核染色较深，纵向伸长或扭曲变形，排列紧密呈栅栏状、旋涡状、螺旋状或圆圈状，或伸长似钉样插入真皮中。有人喻之为流水样结构或称之为核流（streaming of nuclei）。皮脂腺、毛囊、汗腺与毛细血管内皮细胞亦呈极性化，核变细长、深染，汗腺与毛细血管腔塌陷，甚至变成实体状细胞条索（图15-2，图15-3）。上述这种细胞长轴与电流方向一致，乃由于电流的极性作用所致。但是，这种细胞核伸长的现象并非电流印痕所特有，也可见于皮肤烧伤边缘部、皮肤钝器损伤处、皮肤干燥处以及冻伤引起的水疱周围，不过变化程度不同。

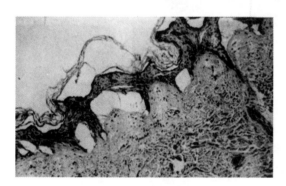

图 15-2　电流斑

电流斑处表皮细胞融合变薄，细胞间界限不清，表皮角质层、细胞层及表皮下见大小不等的空泡形成；细胞极性化，纵向伸长，呈栅栏状或伸长似钉样插入真皮中，皮肤附件亦呈极性化改变；真皮胶原纤维肿胀、融合或凝固性坏死

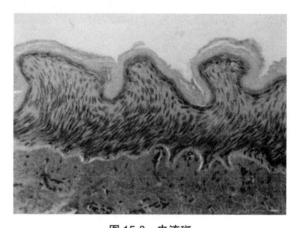

图 15-3　电流斑

表皮细胞间界限不清，表皮细胞极性化，细胞核染色较深，排列紧密，纵向伸长，呈栅栏状改变

除上述改变外，角质层较厚处的皮肤电流斑在角质层内或电流斑边缘隆起部分表皮角质层内可见空泡形成，许多空泡汇集呈蜂窝状；有的角质层与颗粒细胞层分离，其他表皮细胞层内及表皮下也可见大小不等的空泡。真皮胶原纤维肿胀，均质化，甚至凝固性坏死，局部染色呈嗜碱性。严重时，组织内可产生许多气泡，形成多数空隙或不连续的管状空泡以及具有炭化壁的管状电流通道。真皮血管充血，有小灶性出血或血栓形成。

尸体检验时应全面完整地提取检材，包括典型电流斑和可疑皮肤电流损伤处，后者可表现为表皮剥脱、皮肤空泡等。取材时，应垂直于皮肤提取损伤和正常皮肤的交界处，并作连续切片。

（3）透射电镜观察：电流斑中心部位的细胞碎裂，残存细胞的细胞质呈灰色均质状，其中张力细丝凝固，细胞器较难辨认，细胞核破碎，残存的核被拉长并平行排列，染色质凝聚。桥粒和细丝虽变形但仍可辨认。电流斑周围的细胞质内，可观察到被电子束穿透的空腔，此空腔常紧靠细胞核，其形成机制是由于细胞基质凝固和水分蒸发所致,即所谓的烹饪效应(cooking effect)。这些变化以及光镜下所见的空泡均可用电流通过时产生热量即焦耳效应来解释。

(4)扫描电镜观察:电流斑处皮肤鳞状细胞排列松散,细胞碎裂、脱落,真皮内蜂巢样凹陷形成,底部沿电流经过处有多量细针孔状树枝形通道。电流斑区域内可见到电流穿凿引起的小孔穴和电流所致的细胞灼伤(图15-4)。小孔穴直径多数为30～100μm,孔口多呈圆形或类圆形。有的小孔穴壁光滑,有的为上皮细胞围叠而成,有的呈破裂的水泡样改变。电流所致的细胞灼伤,表现为鳞状上皮破裂,松散和脱落,脱落的鳞状上皮表面,有的可见到小的裂痕并有细胞碎屑附着。细胞碎屑大小不一,多为1～2μm,形态为多角形或方形,大多呈密集分布。组织或细胞表面呈枯焦状龟裂。电流斑底部可见树枝状裂隙。

图15-4　电流斑
扫描电镜下电流斑底部的小空穴(廖志钢供图)

知识拓展 ▶

电警棍损伤原理为高压电冲击力以及电弧放电所产生的热效应的双重作用,由于电流较小(<10mA),故不形成交流电电流斑,亦不能引起人体死亡,但在非法用刑的情况下,曾见诱发机体潜在性疾病发作而致死。电警棍触及皮肤后,其损伤形态与电警棍触头面积相对应,常成对出现,两点间距离与电警棍触头间距离一致。接触初期,皮肤缺血苍白;接触时间超过30秒,表皮红肿,甚至坏死,皮下血管扩张、充血、渗出;若长时间接触,则损伤逐渐加重,最终皮肤可呈焦炭状。电警棍使用的电压越高,皮肤损伤越严重。电警棍触点紧贴皮肤,损伤较轻;若触点与皮肤保持一定的距离,放电产生电火花,则皮肤烧伤严重。根据电警棍电击健康家犬的实验结果,提示电警棍不能直接造成死亡;若短期内多次反复电击,可导致动物高度兴奋而后衰竭,甚至死亡。

电警棍致皮肤电流损伤的显微镜下表现与通常的电流斑表现一致,可表现为角质层脱落、颗粒细胞层坏死或剥脱,表皮及皮下可出现空泡。表皮细胞各层见极性化现象,胞体和核变长,呈栅栏状改变,汗腺、皮脂腺细胞呈漩涡状。但这种改变在电警棍损伤中有时不明显。真皮血管内瘀血或微血栓形成,血管周围可见出血。遭电警棍电击后数天因其他原因死亡者,皮肤电流损伤处可有白细胞浸润,但细胞极化现象基本消失。

---

2. **皮肤金属化(electric metallization of skin)** 或称金属异物沉积,系因金属导体在高温下熔化或挥发,金属颗粒在电场的作用下沉积于接触皮肤的表面及深部。金属可呈纯态或化合状态(氯化物或其他金属盐类)。电流损伤的皮肤检材经10%甲醛溶液固定后,金属元素有所损失,但其含量仍明显高于正常皮肤。接触不同的金属元素,金属颗粒量较大时皮肤可呈不同的颜色,如接触铜导体,皮肤呈淡绿色或黄褐色;接触铁导体,呈灰褐色;接触铝导体,呈灰白色。皮肤金属化在高压电击时尤

为明显，是证明电击伤和电流入口较特殊的征象。接触 220V 或低压交流电时，金属化现象往往需要放大镜或显微镜才能检出。当金属化现象不明显时，可采用下列检查方法分析金属的种类。

（1）微量化学分析法

1）Schaeffner 法：滴 6% 硝酸溶液于电流斑上，3 分钟后，再滴加等量的硝酸铜溶液，然后用浸有 0.1% 二硫代草酰胺的 70% 乙醇溶液后晾干的滤纸吸收电流斑上的硝酸溶液，用氨气熏之，使其中和。若金属碎屑含铁，则滤纸显青灰色；若含钴，显褐色；若含镍，显紫褐色。为显示铜，应减去硝酸铜溶液。此法也可用于冷冻切片上，以显示皮肤深部金属化。普鲁士蓝反应仍然是显示铁微粒的好方法。

2）Timm 银染硫化物法：适宜检查切片上是否存在金属并观察其沉淀部位及范围。此法需将组织固定于硫化氢酒精中，使金属成为硫化物沉淀，再将切片用硝酸银染色显影。此法非常灵敏，可显示少量金属痕迹。电流斑周围的皮肤附件中金属痕迹明显，电流通过处造成的小空泡邻近，金属沉积更明显。

取尸体皮肤，用 220V 交流电制成实验性电击伤。然后用 5‰ α- 亚硝基 -1- 萘酚丙酮溶液，喷于电击伤皮肤上。实验结果显示：铁丝导线电击伤者局部皮肤呈蓝绿色，铜丝导线电击伤者呈棕红色，铝丝导线电击伤者不显色。无电击伤的皮肤染为黄色。显色反应的机制为试剂与金属元素生成有色的络合物。金属不同，络合物的颜色亦各异。

（2）扫描电镜 X 射线能谱检测法：应用附有 X 射线能谱分析仪的扫描电镜，检查皮肤金属化，可测出皮肤上附着金属异物的分布和疏密程度，从而确定接触皮肤的导体（图 15-5）。由于每一种元素皆有特征性的发射谱，未知样品中所含的各种元素，可根据扫描电子显微镜电子枪射出的电子束冲击物体表面后形成的扫描图像以及对同时出现的继发 X 射线的光谱进行分析来确定。通过能量 - 能谱测定法测量 X 射线以确定元素的特征，并可自动分析全部元素的波谱（图 15-6）。如同时检出铝、铜或铁，对确定电极组成成分很有价值。可与发射光谱法或原子吸收法检查导体本身组分进行对比。

图 15-5　电流斑能谱测定
电流斑局部能谱测定面扫描，可见金属异物分布及疏密程度（廖志钢供图）

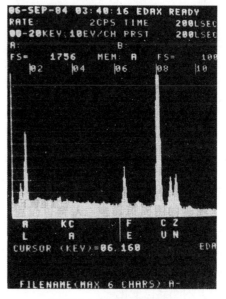

图 15-6　电流斑能谱测定
电流斑局部能谱测定点扫描，测出铜、铁、锌等金属离子（廖志钢供图）

（3）活化分析法：活化分析是通过中子活化法以显示各化学成分的分析方法。其具体步骤是：①先将稳定性同位素经过核反应转化为放射性同位素；②再用化学方法配合仪器或单纯用仪器测量活化后放射性同位素所发射的射线能量和强度（有时也测量半衰期）并进行定性、定量分析。此法是一种先进的检测手段,但实验要求和条件复杂。

3. 电烧伤(electric burns) 多发生在接触高压电时。由于局部皮肤与高压电源之间可形成电弧、电火花或高温,加上衣服燃烧的火焰同时起作用,温度可高达3000~7000℃。电烧伤致使电流斑呈黄色或黄褐色,甚至炭化变黑。严重烧伤可以完全掩盖电流斑,且范围广泛,可累及整个肢体或引起更大面积的损伤。因死亡较快,电烧伤病变区与周围正常组织间的界限较分明,通常看不到一般烧伤所具有的过渡区。烧伤深度不等,可达皮下组织、肌肉,有时深达骨质,同时可累及骨骼附近一定范围的脉管组织。

损伤中央为电极接触处,即原发性电烧伤区,其边缘及基底部炭化。邻近组织呈贫血性凝固性坏死,乃由局部动脉痉挛、血栓形成及缺血所致。如受伤者存活,坏死带继续扩大,其外周细胞内的酶丧失明显。此外,高温尚可使衣服和鞋袜烧成孔洞,鞋钉、金属扣、手表等发生熔化。若电流作用时间长,即使低压电流也可引起皮肤及组织烘干、炭化。

4. 电流出口 电流出口系因电流的轻度爆炸作用,使组织发生破裂,或由于电火花穿凿而发生小炭化孔。出口形态多样,可呈圆形、椭圆形、线形或不规则形。最常见于足部,也可见于上臂、下肢及腹部等处。电流出口与入口有相似之处,但组织损坏更严重,常因轻度爆炸作用而呈裂隙状,也具有隆起的边缘。镜下改变与入口相似,但无金属化现象,受损组织蜂窝状结构明显。

出口部位之衣服及鞋也可被电流击穿(图15-7)。

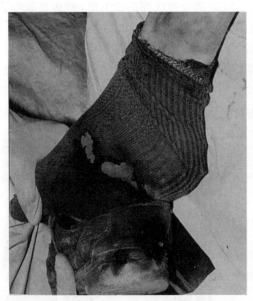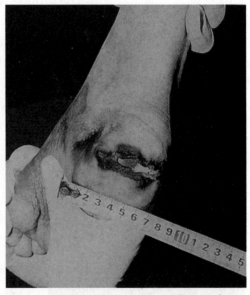

图15-7 电流出口处电流斑(右足跟部)

右上肢6kV高压电击伤,右鞋后跟及袜子击穿、烧焦;相应处右足后跟部形成出口电流斑创面,呈哆开状

5. 电击纹 高压电击时,由于皮下血管麻痹、扩张充血或出血,皮肤表面可出现树枝状花纹(arborescent marking or dendritic pattern),称为电击纹。若无出血,电击纹存在的时间较短,容易消失。

(二)内部器官变化

电击死者常显示窒息死亡的一般征象,如颜面部发绀,指甲青紫,尸斑呈暗红色,尸僵出现早,皮下、浆膜下和黏膜下点状出血,心血不凝固、暗红色、流动性,内部器官瘀血及肺水肿等。

1. 心血管系统 心外膜下,特别是主动脉瓣底部内膜下,常见有点状或斑块状出血。左、右心房扩张。心肌纤维肿胀、断裂或呈不规则波浪状排列,嗜伊红性染色增强,横纹模糊或消失,多数肌溶性坏死灶形成。间质血管充血水肿、灶性出血。有时可见心肌间质血管壁细胞核拉长,呈栅栏状排列。

血管改变主要发生在邻近电流烧伤部位的血管。血管内皮细胞内可出现空泡,内皮脱落,内皮下水肿，内弹力膜失去弹性，呈松弛状态。血管腔扩张明显，管腔内有形成分聚集，甚至血栓形成，堵塞管腔。病变较重时，内膜破坏，中膜细胞核扭曲呈螺旋状，或中膜平滑肌变性、坏死。严重时，血管壁全层凝固性坏死，仅保存纤维支架及组织影像。有时可见血管破裂、继发性出血。电烧伤中心部位血管病变最严重，两侧逐渐减轻，但血管病变常超出软组织损伤的范围。电流通过组织时产生的高温，亦可使距表皮烧伤区较远的小血管产生凝固性坏死，管腔闭塞。

2. 神经系统　触电后即刻死亡者，神经系统常无明显的形态学改变。如存活一段时间，则由于血管的改变逐渐导致脑缺氧的继发性改变，表现为大小不同且分布不规则的出血，以延髓为甚；局灶性神经细胞空泡变性，细胞染色质溶解，尼氏小体消失，尤以锥体细胞、延髓神经核的细胞及小脑浦肯野细胞为甚；血管周围出血伴脑组织水肿、软化；周围神经轴突脱髓鞘及轴索崩解、断裂。

电流直接通过脑时，可发生脑撕裂伤，脑组织收缩。最明显的改变是高温使之凝固，变硬。大脑枕叶、颞叶永久性损害可引起失明、耳聋。脑挫伤可引起偏瘫，伴或不伴失语症。脊髓损害引起肢体感觉障碍、麻木、软弱或瘫痪。

周围神经损伤极为常见，早期可能是电流直接损伤所致，后期可能是由于邻近组织水肿压迫或是营养神经干或脊髓的血管发生血栓形成的结果。受累的神经纤维肿胀、弯曲、断裂。此类损伤多为可逆性的。但严重的神经损伤可引起该神经支配的组织坏死、肢体坏疽，以致截肢。尤其是高压电损伤时，截肢率较高。

3. 肺　常见肺水肿和点状或斑块状出血，有时甚至整个肺叶出血；肺血管扩张、瘀血，气管、支气管黏膜脱落，基底膜肿胀；可见局灶性代偿性肺气肿及肺大泡形成。触电后迁延死者可出现小叶性肺炎。高压电击死者，肺尖可见电烧伤伴发气胸形成。这可能与高压电通过肺有关。

4. 肝　肝损伤多见于高压电损伤。肉眼观察，轻者可无明显变化，重者肝脏暗红色，包膜紧张，切缘变钝，包膜下点状出血，肝窦瘀血。光镜观察，肝细胞变性、坏死，血管充血，血窦扩大。肝细胞变性多以细胞肿胀、空泡变、脂肪变，进而出现肝实质点状或小灶性坏死为特点。肝脏损伤由多种因素造成，如电流对肝脏直接损伤、电休克以及组织坏死或感染后释放毒素等。

5. 胰腺　包膜下和间质内可见出血。高压电流通过胰腺时，可引起急性胰腺炎及胰腺细胞急性凝固性坏死。

6. 消化道　消化道黏膜可见点状、片状出血，有时可见应激性溃疡、出血。高压电击有时可造成消化道坏死、穿孔或破裂。慢性消化道溃疡病者触电后溃疡容易穿孔。

7. 肾　肾包膜下可见灶状出血。肾小球毛细血管瘀血或破裂出血，肾间质血管瘀血明显。若电击后未立即死亡且又有广泛肌肉电烧伤，则释放出的肌红蛋白和血红蛋白经过肾排泄，可呈现红褐色的肌红蛋白和血红蛋白尿，继发肾小管阻塞。镜下，肾小管变性、坏死，肌红蛋白和血红蛋白管型形成，类似挤压综合征所致的低部肾单位肾病。

8. 肌肉　电流直接刺激肌肉可引起其强烈收缩，相同强度的电流同时作用于伸肌和屈肌，由于屈肌收缩力强于伸肌，可造成手指弯曲紧握导体，使之不能摆脱电源，延长了电接触时间。剧烈的不协调肌肉收缩可导致肌肉撕裂。高压电击时，肌肉可被电流烧伤。存活较久者肌肉液体成分迅速蒸发，切面色灰白，融合成均质状。温度过高可致肌肉炭化。光镜下，肌纤维胞浆呈均质状，横纹消失，颗粒变性和空泡变性，乃至凝固性坏死。

肌肉的电损伤表现为进行性坏死和夹心坏死，其特点为坏死的范围和平面分布不均匀，如浅部肌束因血供良好尚无改变而深部肌肉已坏死，或者同一肌束仅近端发生坏死，即使是同一平面血供良好的肌束中亦可见片状坏死肌束。

动物电休克后，电镜下观察：骨骼肌纤维高度收缩，肌节各带模糊，Z带变致密。如同时有小血管内血小板聚集，则是生前电损伤的特征。肌丝间糖原颗粒减少或消失，线粒体肿胀或浓缩、内质网扩张，肌动蛋白失去丝状结构，肌丝溶解，胞核浓缩、核膜消失直至细胞超微结构消失，肌原纤维呈凝固性坏死。

9．骨及关节　电击（尤其高压电击）引起的肌肉剧烈收缩可导致骨折、脱臼，特别易发生于老年人。骨折多发生在大肌肉附着的结节处，如肩胛骨、上肢骨最易骨折，下肢多发生股骨颈骨折，脊椎多发生脊突骨折。

高压电击时，骨骼遭受电流热效应产生的焦耳热而发生坏死，胶原破坏和无机物熔化。熔化的特殊产物即所谓的骨珍珠（osseous pearls），由磷酸钙融合形成（图15-8），其状如珍珠，灰白色，内有空腔，多在受损骨的表面。扫描电镜下，熔化骨的无机物质表面呈砖样图像，被认为是电流作用的一个指征。

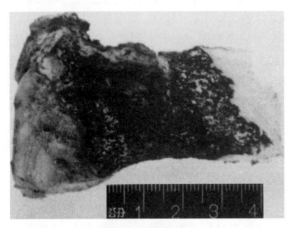

图15-8　骨珍珠

右胫骨上端35kV高压电击伤，局部烧焦炭化，可见灰白色似珍珠样的"骨珍珠"形成

六、电击死的法医学鉴定

电击死的法医学鉴定应根据尸体表面有无电流作用征象如电流斑、电流烧伤、随身携带的金属物熔化等，结合现场有无电击条件确定是否被电击；应进行全面系统的尸体解剖检验，包括病理组织学检查和必要的理化检查，结合案情和现场，明确是生前电击死还是其他原因致死后伪装电击死；在确定是电击死后，主要依据尸体上电流斑的位置、性状以及有无其他反常的迹象，再结合案情和现场，判断是意外、自杀或是他杀电击死。注意警惕他杀后再伪装成意外电击死的犯罪行为。

（一）电击死的确认

经全面系统的法医学尸体解剖检查，如果发现明确的电流斑、全身有窒息征象并排除了其他种类暴力死、中毒死和疾病死，结合详细的案情调查和明确的触电现场，一般不难作出电击死的鉴定。必要时，进一步通过金属的检出、组织化学及扫描电镜等检查，综合分析判断，也可作出电击死鉴定。

1．触电案情调查和现场勘验　由于很多电击死者（尤其水中触电死者）经详细的尸体检查也不能发现明显的电流损伤痕迹，因而，对怀疑电击死案例进行深入细致的案情调查和现场勘验极为重要。通常，电击死有目击者、有同时触电而未死亡者、有明确的触电现场或有形成电击的条件等。

如果发现可疑的带电物体已不再带电，不能贸然否定电击死的可能性。有报道，雨天可使带电物体电阻显著下降，电线杆斜拉线与输电线间绝缘发生障碍，使得斜拉线也带电，从而致人意外电击死亡；但当天气晴朗时，其绝缘作用转好，斜拉线又不带电。在他杀案例，现场常被破坏，如电源工具被隐藏或伪装为意外事故等现场，应注意鉴别。

电击死案例的现场勘查，最主要的是判定死者是否在死亡前确为电流通路的组成部分之一。现场勘查时要检验接通电路的部位是否有防护设施，查明信号系统是否正常，环境干湿度等。

2．确认电流斑及判断无电流斑的电击死　典型电流斑是诊断电击伤的重要依据。不典型电流斑的形态多样，与带电导体接触面的形状、接触机体的部位以及方式有关。有时，不典型电流斑易与皮肤的擦挫伤相混淆，必须结合组织学、组织化学染色和扫描电镜等手段综合判断。对于不典型电流损伤，还应与单纯热作用损伤鉴别。通常，电流损伤（无论生前或死后遭电击）引起的组织坏死绝大多数为不规则形，呈树枝状伸向周边及基底部未损伤组织，边界不清；且坏死组织刚果红（Congo red）染色阳性，而阿辛蓝（Alcian blue）染色阴性。单纯热损伤引起的组织坏死呈盘状，与周围组织分界较清楚。

电击死者也可以没有电流斑或其他任何电击迹象。220V 或更低电压的电击死者，仅 1/3 出现电流斑；而 600V 以上电压电击时，几乎所有案例均可发现电流斑。虽然电流斑是鉴定电击伤的重要依据，但没有电流斑时，并不能排除电击伤（死）。如果触电现场环境潮湿，劳动者大汗淋漓或身体上有可导电液体等情况下，接触面积又大、皮肤电阻很低，就可无电流斑形成。

水中（如在水田、池塘及浴盆内）触电亦常见报道。因水是良好导体，电流在水中扩散，其接触面积较一般导体大得多，电流密度大大降低，加之水的导热系数远高于空气，以及浸渍于水中的皮肤电阻显著降低，均使电流通过体表皮肤时所产生的焦耳热大为减少，不足以形成典型的电流斑，或仅形成单纯性表皮剥脱、皮下出血及皮下组织质地变硬。水中触电的死亡原因与引起心室纤颤或电性肌肉麻痹后溺水有关。

因此，虽然电流斑是鉴定电流损伤的重要依据，但没有电流斑者不能排除电击伤（死）。法医学鉴定应根据电源接触史，对周围环境的了解，通过详细而完整的尸体解剖检查（尤其是心肌、血管和肌肉组织学检查）、提取接触部位的皮肤作组织学检查和某些特殊检查结果，并排除其他死因（原有疾病或中毒等），综合判断。

由于电流斑处细胞核的长径和横径之比值与正常皮肤比较具有显著性差异，所以对以上无论典型电流斑或非典型性皮肤电流损伤部位，均应取损伤部位皮肤进行详细的组织学检查和分析有无金属元素成分，以明确诊断。

3. 其他电击征象　皮肤金属化、电烧伤、电击纹、骨珍珠及窒息征象等均可作为电击死的依据。

4. 生前与死后电流斑的鉴别　究竟是生前抑或死后遭电击，必须在进行完整的法医病理学尸体解剖检查的基础上，结合案情和现场具体情况进行分析，首先排除其他暴力性死亡、中毒死亡或疾病死亡后再考虑发生触电的情况。即使如此，有时也难以确定电流斑是生前或死后形成。如某人死在工作现场，上身未着衣，仅胸部发现电流斑。同室员工介绍死者近期诉说腹痛。经现场勘查和完整解剖检查，死者患有急性出血性坏死性胰腺炎。推测其胸部电流斑为疾病发作死亡后倒地，误触破损电线所致。但此例也可能系胰腺炎发作倒地，然后触电致死。究竟胸部电流斑是生前还是死后形成仍难以确定。

电流斑的肉眼和显微镜下改变既可见于生前电击，也可见于死后电击。在电流损伤组织的周围，出现伴有炎症反应的生活反应要比其他类型的损伤缓慢。因此，电击后立即死亡者，单纯从局部电流损伤较难区分生前或死后电流斑。有学者用扫描电镜观察到血管内皮血栓形成的变化，认为从显微形态学上可与外伤引起的血管损伤和血栓相区别。也有利用放射免疫法测定某些炎症介质和酶组织化学法测定电流斑周边细胞内酶如非特异性酯酶的活性，有助于鉴别生前或死后电流斑。

（二）死亡方式的确定

电击死（伤）多属意外，但自杀或他杀电击亦有发生。电击死亡方式的判定，应根据周密的案情调查和现场勘查，结合尸体位置、姿势，电流斑的形状，电流斑或电烧伤的部位是否与电源位置、导体形状相符等情况综合分析认定。

1. 意外电击死　多发生在家庭或工业生产用电中。家庭中发生的意外触电常由手触摸磨损或破裂的电线造成，损坏部位多在电线进入电器的交接处，因该处承受应力大。其他如电插头、电器装置损坏或电器绝缘不良等均可引起。沐浴中以及使用电热褥可导致触电。夜间遗尿或昏迷患者使用电热褥更易发生触电事故。工业用电发生意外触电主要见于违反技术操作规程，设计装配不良，如电器外壳与带电的底盘连接,或接错线所致短路等。由于是瞬间的意外接触,没有人为操纵,意外电击死者较易形成典型的电流斑,而且电流斑多数发生在四肢或身体露出部位。

案例 15-1 ▶

张某,男,50岁,在某浴场洗浴时,突然大叫"有电"后,便沉入水底,经抢救无效死亡。同洗的其他几个人及服务员均称有触电感觉。经某市劳动保护检测站多次对全部洗浴设备进行检测,意见为:该浴场电气、电器设备经过多次检查、检测后,目前不存在漏电现象,其绝缘电阻均符合国家有关安全规定标准;通过两种模拟漏电试验证实,即使所检测的电气设备金属外壳与220V的电压短路,在目前电气设备金属外壳接地良好的情况下,水池中的水对地均不会有电压产生。11个月后,受法院委托进行司法鉴定,对张某进行尸体解剖。同时取出浴池中的脉冲池潜水灯。体表检查见:全身皮肤棕褐色变;体表多处散在小片擦伤;左臀部皮肤暗红色变,范围 2cm×1.5cm;各手指及足趾甲床发绀。解剖见:尸体腐败,全身多器官不同程度自溶改变,主动脉和冠状动脉轻度粥样硬化。显微镜观察:左臀部皮肤损伤中间部表皮层脱落,周边部皮肤表皮呈不完全脱落,表面见菌落;残存的表皮大部分细胞核变细、伸长,呈极性化改变,局部似钉脚状伸入真皮组织;局部表皮、真皮层内见空泡形成;毛囊细胞核拉长,亦呈极性化改变;真皮层内胶原纤维肿胀。未检见致死性疾病的病理学改变。提取心血和胃内容进行常规毒物检验,结果为阴性。提取张某左臀部皮肤斑痕处及其周边皮肤,连同从浴池取出的脉冲池潜水灯,经扫描电镜-能谱仪检测,脉冲池潜水灯和左臀部皮肤斑痕处均检出铁元素,而其周边皮肤表面未检出铁元素。综上所述,张某的死因可排除疾病和中毒致死的可能性;其左臀部皮损(电流斑)处及脉冲池潜水灯均检出铁元素,故张某的死亡原因系生前电击死亡。

高压电所致意外电击死,多因直接碰到高压线或在高压电线下工作,感应电击而死亡。偶见大风暴雨后,高压线被刮落至地面,行人不慎踩踏电线或周围带电的湿地造成意外电击。高压电击死亡有明显的室外现场,往往有目击证人,尸体上电烧伤可能较明显。

医源性触电也属意外电击。诊断或治疗过程中,使用医疗电器不慎,可发生触电事故。如触碰心内导管末端及在心电图监测下进行心包穿刺术时,小至 $100\sim200\mu A$ 的电流即可导致心室纤颤。有故障的心脏起搏器、心电示波器及心脏监护仪均可造成电击死而引起医疗纠纷。也有因内镜漏电,在手术过程中触电死亡的报告。

在判定意外电击死时,有时现场本身即能说明系属意外,有的有目击者证明,但必须注意尚有两种可能:一是用其他手段(如投毒)谋害后,伪装成意外电击死现场,因为电流斑也可在死后形成;二是把电击杀人伪装成由于违反劳动保护和技术安全规则而造成的劳动事故。

2. 电击自杀死 多见于男性及精神病患者(如抑郁症患者)。现场安静,大多在室内,电击工具仍在现场,若见到其他损伤、窒息或中毒等均可自己完成,案情调查有自杀背景。一般保持原始电击现场及特殊设计的电路。多用双极接触,如用裸皮电线缠绕双腕;或一接上肢,一接下肢;或一接心前,一接背后;也有缠绕颈部者。自杀者所用电极多为金属物品,如铜片、硬币、铁条等。偶见利用高压电自杀者,长导线一端缠绕肢体,另一端系一重物(如砖石),抛在高压输电线上。也有爬上支撑高压线的铁架去抓高压线,这种情况触电者常在电休克时坠落,由高坠伤导致死亡。

电击自杀有增多的趋势,多数较易识别。注意少数自杀的电击方式可能比较特殊,常常引起人们的怀疑。有时电击方式越特殊、越复杂,自杀的可能性却越大。

3. 电击他杀死 现场常被破坏,有可疑足迹或搏斗痕迹,电击工具常不在现场,若见到其他损伤、窒息或中毒等自己不易完成,案情调查有他杀背景如仇杀、奸杀、谋财害命等。多数是趁被害人没有防备或睡眠中突然电击,或先用其他方法致昏迷后再实施电击。现场常常被伪装成其他死亡(如缢死、服毒、溺死等)现场,或伪装成意外电击死现场。因此,对疑为电击他杀死者,要注意检查身体隐蔽部位有无电流斑或其他暴力痕迹。有时为达到他杀目的而多次反复电击,从而造成身体多处电击伤痕;有时凶手甚至用有色药水涂敷或用膏药粘贴电流斑,企图掩盖罪行。值得注意的是,有故意制造漏电达到杀人目的,如故意通电于浴室的金属肥皂盒或故意制造台灯漏电等。

(三)电击死鉴定的注意事项

1．凡疑为电击死案例,到达现场后应首先切断电源,再进行现场勘查和尸体检验,以防止继续发生电击伤亡事故。应向有关人员详细了解事件发生经过。仔细检查现场有无漏电情况。若触电者未死,应立即抢救。触电后能否抢救成功,决定于触电者能否迅速脱离电源;此外,现场心肺复苏、准确的早期诊断和早期处理及进一步心脑肺复苏对预后均很重要。

2．及时了解电源电压、电流种类并注意环境湿度等。索取有关资料,如电路检测及电器结构、安装情况,电器有无漏电及漏电原因等。现场检测有无漏电及电器监测工作,均应由有关的电气专门技术人员负责进行。

3．详细检查死者穿着的衣服有无撕裂、烧坏;鞋底有无击穿,鞋底的铁钉有无熔化;随身携带的金属物品有无熔化等。

4．现场初步检验尸体后,应及时在具备充足照明和设备条件的地点进行完整的尸体解剖,全面检查各内脏器官,以明确真正的死亡原因。仔细寻找电流斑或可疑皮肤电流损伤部位,尤其注意检查身体的隐蔽部位(如受害人手指弯曲,应将其扳直后再仔细检查),并切取受损处的皮肤检材进行组织学检查,必要时还需对疑似电流斑的皮肤进行微量金属元素分析等。切不可单凭尸体外表检查,或仅对可疑皮肤切片见到显微镜下局部表皮细胞的极性化现象就认定电流斑。必须进行完整的尸体解剖,对尸体外表和内部各器官进行全面检查,在排除其他死因的前提下方可作出是否电击伤死亡的判定。

第二节　雷　击　死

雷电是带有大量电荷的云层与云层间、云层与其周围空气间或云层与地面间的电位差急剧增大,以致在极短的时间内产生的巨大自然放电现象。云层与地面间的放电可造成房屋倒塌、人畜伤亡。

雷电属超高压直流电,其电压可高达 10^9V,电流最高值数万至 10 万安培,如此高的电压和电流放电,可击毙在电路中的任何生命体。此外,雷电尚可导致极高的温度,可达 2 万~3 万摄氏度;其放电时间短暂,单次电击时间仅持续约 0.01 秒,重复的电击为 0.01~0.1 秒;雷电范围宽度可达 6m,长度达 1.6km。雷电支流能从数点击向地面,接触人体可引起伤亡。受雷击而造成的死亡称雷击死(death from lightning)。44%~60% 遭雷击者当场即刻死亡。雷击有一个特点是,击中人群有时仅其中的个别人伤亡,大多数却幸免于难。这与雷电作用时间极为短暂、点状放电有关。

我国雷击死(伤)的发生率,农村居民高于城市居民约 30 倍。遇暴风雨时,下列情况易遭雷击。

1．站在大树下躲雨,尤其是身着衣服被淋湿者。遭雷击后树木可同时被损坏。

2．露天运动场内,人群拥挤在一处,或几个人紧靠在一起,衣服淋湿。

3．高大建筑物,或房屋虽不高但紧靠大树。雷击后可出现墙壁裂开。

4．虽身处室内,但靠近烟囱处,或正在听收音机、看电视、打电话者。

5．户外行人,尤其是携带金属物品或打移动电话者。

6．雷雨时在江河、湖泊或海洋航行、游泳。

一、雷电对人体的作用

雷电对人体具有电流的直接作用、超热作用及空气膨胀导致的机械性损伤作用。其中,电流的直接作用对人体的危害最大。

雷电可以通过多种途径导致人体发生电休克或损伤:①雷电的电流直接通过人体,电流强度可高达 30kA,作用时间可长达 1 秒,必然造成死亡。②闪电在一定范围内分散落地,电流强度减至 100A,作用时间缩短为 0.5 微秒。此种电流间接损伤机体,可能引起死亡。③闪电通过人体附近的金属物体,所产生的感应电流也可引起电休克,但多数人可以存活。④空中放电时,如身体接触或在电弧范围内,虽身居室内也可发生雷击休克。特别是通过电器的天线或电话线等。雷电可沿输电线通过相当长的距离。⑤在雷击范围内,分散的电流由一足到另一足也可引起休克,但这种电流通路不至于引起身体的严重损伤。

除上述之外,闪电电弧可使大气温度骤增,导致爆炸性膨胀,爆炸效应摧毁性强,可使固体物碎裂。爆炸所产生的冲击波可将人体抛掷若干米远,导致机体遭受机械性损伤。

雷电作用于人体可引起几种不同的后果。

1. 死亡　受雷击者可当场死亡或数天后死亡,称为雷击死。其原因可能是由于强大电流的直接冲击作用,导致心脏或神经中枢麻痹而死;也可能死于电休克、局部高温、严重烧伤后继发性休克、感染或电机械力所致的内部器官破裂;或死于原有的心、脑等较严重疾病;有的甚至死于过度惊吓或神经源性休克。

2. 雷击综合征　遭雷击后,如果受害人不死于雷击即刻,可能产生雷击综合征(lightning syndrome),包括意识丧失、外周或脑神经功能暂时障碍(称为闪电性麻痹,keraunoparalysis)、鼓膜破裂、传导性耳聋、前庭功能紊乱、视神经受损、视网膜脱离及皮肤烧伤等。例如,某人右肩部遭雷击,结果右肩至两足踝烧伤、毛发烧焦、右耳鼓膜穿孔、血压升高、窦性心动过速,后出现血尿、蛋白尿、管型尿等。

3. 雷击后的迟发效应　雷击后幸存者,神经系统的异常较其他软组织损伤显著。可因周围神经分支受损,引起皮下组织血液循环障碍,皮肤呈现营养不良性改变、神经性疼痛、麻木或其他感觉障碍;脊髓受损症状如迟缓性麻痹、截瘫、肢体感觉缺失或异常等。这些后果可延续数个月或数年之久。少数人可发生记忆力减退或健忘、精神障碍及性格改变等。由于闪电光极为强烈,内含不同波段的红外线、紫外线及 X 射线,因此雷电的放射性损伤尚可引起白内障。

4. 机械性损伤　雷击时,压缩空气所产生的冲击波打击人体,可引起体表和体内各器官严重的机械性损伤如全身肢体断离、颅骨粉碎性骨折、各内脏器官破裂等,造成严重损伤致死。某 3 起雷击案例中,有 2 起发生于室外,死亡 2 人;1 起发生于室内,亦死亡 2 人。此 4 例尸体检验中,眼结膜下、口、鼻腔均有出血,其中 1 例有衣服撕裂、烧伤等。3 起雷击案例未死亡的 19 人中,有 8 人雷击后出现昏迷和呼吸困难,经抢救后好转,但 2 人失明、1 人耳聋、5 人耳鸣;另外 11 人,分别感觉胸、肩、肘等部位疼痛不适。此 19 人遭雷击后的表现均为神经系统的异常。

二、雷击死者的病理学改变

(一)体表变化

雷击所造成机体的损伤差异很大,体表可以有很广泛的损伤,也可以没有任何损伤征象。多数雷击死者可发现烧伤,如毛发灼伤乃至炭化;也可以有电流入口及出口,表现为表皮破裂、穿孔,有时可见小孔状且边缘被烧毁的皮肤损伤,易被误认为枪弹射入口。接触金属物体处的皮肤可发生电流斑。出口常见于手足,尤以足部最为常见。出口处皮肤、肌肉洞穿、炸裂,甚至伴有烧伤。个别见皮肤广泛撕裂,体腔开放。雷击死者具有特征性的体表改变如下。

1. 雷电击纹　雷电通过的皮肤上遗留下红色树枝状或燕尾状斑纹,称雷电击纹(lightning mark),或称为树枝状纹(arborescent marking or dendritic pattern)。此乃由于强大电流通过时局部皮肤轻度烧伤及皮下血管麻痹扩张所致,有时可伴有血液渗出。典型的雷电击纹由不同宽度的红线组成,多位于颈、胸部,也可位于肩背部、腹侧或前臂等处。腹股沟与腋窝等处皮肤因潮湿,也容易发生雷电击纹。这种特殊花纹可能是雷击伤仅有的证据,有较大的诊断价值。但是典型的雷电击纹常常迅速褪色或消失,有时在死后 24 小时内即不复存在。在雷击后存活的机体上,此斑纹短期内消失,最多可保持数日。

案例 15-2 ▶

2011年7月20日15时30分,室外气温25℃,天下暴雨,伴有闪电雷鸣。某男,50岁,推着自行车行走在某鱼塘的小路上,一阵雷声后被人(目击者)发现突然倒地。120救护车赶到时,证实该男子已经死亡。外表检查发现:雨衣和上身衬衫撕裂,边缘有烧焦痕迹,相应部位的背部皮肤有片状轻度"擦伤"样的烧伤改变,左足底皮肤圆形轻度烧焦样损伤改变,对应的左侧胶鞋底可见一个贯穿的小孔。尸体解剖没有发现致死性的疾病、损伤、机械性窒息和常规毒物中毒。结合案情经过、现场情况以及尸体检查结果,综合分析认为,该男子符合雷击损伤而死亡(图15-9)。

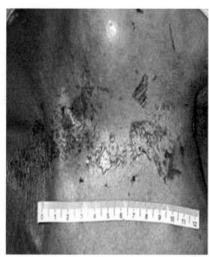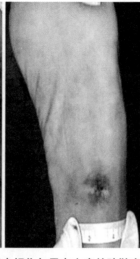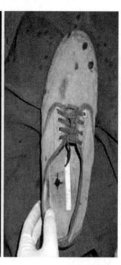

图15-9 皮肤雷电损伤与雷电击穿的胶鞋底
左图:雷击死者背部皮肤见明显的轻度皮肤烧伤;中图:左足底损伤(电流出口);
右图:左足的胶鞋底部见雷电击穿的小孔洞

2. 雷电烧伤 由于闪电历时短,电流通过体表的面积大,很少看到雷击本身造成的严重烧伤。但是携带的金属物品如表带、项链、硬币等接触部位的皮肤,由于焦耳热效应或电弧效应,产生的局部高热可造成相应的皮肤烧伤印记。金属物品可熔化,使局部烧伤的形态类似上述物品。但与高压电流不同,其烧伤程度不达皮下组织。在电阻小的部位,特别是潮湿皮肤皱褶处,仅形成线状烧伤。

3. 衣服及所带金属物品的损坏 雷击受害者的衣服可被撕裂成碎片,有的被剥下,甚至抛离尸体一段距离。雷电入口、出口处的衣帽鞋袜可出现圆形、境界分明的孔洞或被烧焦。受害者所携带的金属物品,如耳环、戒指、项链、金属衣扣、皮带扣、钢笔、表链、钥匙等可被熔化;铁制品可被磁化。

（二）内部器官变化

雷电死者内部损伤可以很严重,如骨折、脑损伤、鼓膜破裂、肾脏损害、眼部损害、血管和内脏器官破裂等。

1. 头部改变 雷电最常击中头部,可引起帽状腱膜下血肿,颅骨骨折,硬脑膜下和蛛网膜下腔出血。脑组织尤其是延髓发生弥漫性点状出血。全脑肿胀、灶性软化,锥体细胞与神经细胞核浓缩、溶解。颅骨骨折及脑膜下出血等损伤很可能是空气冲击波所引起的机械性损伤所致,或是人体被抛掷跌落的结果。

2. 内部器官改变 各器官的改变与一般的急性窒息征象相似。可见各器官瘀血、出血,浆膜下和黏膜下点状出血。心室腔内血液暗红色、不凝固。心肌纤维断裂。有时可检出器官破裂及其他较为复杂的改变。孕妇(尤其妊娠6个月以上者)遭雷击时,胎儿可死亡或引发流产,偶见子宫破裂。

三、雷击死的法医学鉴定

通过案情调查和现场勘验，明确在案发当时、出事地点是否有雷击及遭雷击后出现的物体损坏证据，死者体表的特殊改变（雷电击纹、电流入口和出口等）以及死者身上所携带金属物品的熔化和磁化现象；死者衣服可被撕碎或烧焦，鞋子被炸开，炸口常在后跟部；经详细尸体检验排除其他死因，则雷击与损伤及死亡间的关系容易判断。尤其是雷击受害者可能不止一人，因而常有目击证人。

雷击死多发生于夏季七八月间雷雨季节。现场比较特别，破坏力巨大，非人力所能为，多见于旷野、农田或室内电器近旁；常同时有树木、房屋被摧毁或牲畜死伤。

雷电击纹是诊断雷击死较有价值的征象，但并非每例都出现，而且也容易消失。因此，应及时在现场检查尸体并拍照。如果没有发现雷电击纹，并不能排除雷击死。

雷击可形成机械性损伤，如头皮下出血，颅骨骨折，颅内血肿，或抛掷跌落形成高坠伤等，加之衣服撕碎、剥脱，如果无目击者或尸体发现较迟，加以雷雨季节尸体腐败迅速等原因，雷击死可能被错误地认为是其他性质的死亡，甚至怀疑为他杀。反之，亦偶有他杀犯罪时适逢雷击，因而罪犯杀人后趁打雷之际放火焚烧房子，企图掩盖事实、毁灭罪证。

第三节　其他物理因素损伤

物理因素损伤除机械性窒息、机械性损伤、高低温损伤、电击伤等常见因素之外，还包括气压损伤、放射性损伤、超声波、微波、激光等损伤。

一、气压损伤

人类长期适应或习惯在一个大气压（101 325Pa）环境中生活。气压突然过低或过高的改变，会引起机体功能障碍，甚至死亡。气压改变所致的疾病称为气压病（dysbarism）；气体进入组织所引起的机械性损伤称为气压性损伤（barotrauma）。气压病主要发生在飞行员、登山和潜水作业人员，这些通常属于职业病和军事医学的研究范畴。近年来随着潜水运动兴起，普通人发生意外的情况也逐渐增多，与法医有关的通常是在由此引起死亡案例涉及死因、死亡机制及保险理赔方面的问题。根据气压病发生的情况不同而分别予以不同的病名，如潜水病、沉箱病、潜涵病、高压病、航空病、高原病等，其发病机制均属于气压病。

决定人体受气压损伤的因素有：①有无对气压变化的适应能力；②气压改变（减压）的速度；③气压变化（低压）维持的时间。

（一）气压过高或过低对人体的损伤

1. 气压骤增造成的损伤　爆炸时人体周围压力骤增，或爆炸的冲击波可引起肺及其他内部器官的损伤。当人体受到高压气体作用时，大量气体进入肺泡，致使肺泡过张而造成损伤，因此在肺表面特别是沿各叶边缘可见气肿泡，有时在两肺尖有大泡形成，或沿肋骨内面条状分布。高气压也可导致肺内出血，常见位置在肺背侧面近脊柱处。爆炸冲击波也可引起肝、肠、横膈等器官的出血、破裂等改变。

2. 减压性损伤　人体无论是从高气压环境中迅速降至正常气压，或从正常气压迅速降至低气压，均可发生气压损伤，引起减压病或沉箱病（decompression disease or caisson disease）。一般减压越快，症状出现越快，损伤和病情也越重。发病可在减压过程中，但多数均在减压后1～36小时内。这些主要见于深水作业者如建造大桥、海底石油开采、涵洞作业等。

在深水作业或潜水运动时，人体每下潜10m，即多承受一个大气压的压力。人体在非沉箱潜水时，空气压力必须处在与水深相应的压力下。在高气压环境下，停留时间越长，则溶解的气体越多。

当人体上浮到水面过快时，人体周围气压从高气压迅速转向正常，气体则从溶解状态游离为气泡，聚于组织和血液中。减压越快，气泡逸出也越多。由于氧和二氧化碳能参加代谢，被组织逐渐吸收而利用。氮则长久以气泡状态存在血管中，由小气泡融合成大气泡形成空气栓塞，阻碍血液循环，使相应组织发生缺血或梗死。又因氮气在脂肪中的溶解度4倍于血液，所以大部分氮气集中在脂肪、神经组织和关节囊的结缔组织中，难以除去，造成相应部位的损伤。

高原脑水肿（high-altitude celebrate edema）是由急性低气压性缺氧引起的中枢神经系统功能严重障碍，又称高原脑病或高原昏迷。主要是因为急性缺氧，引起脑部小血管痉挛和通透性增加，产生脑水肿。一般来讲，平原人快速进入海拔3000m以上高原时50%～75%的人出现急性高原脑水肿。患者除有早期的头痛、呕吐等急性高原反应症状外，还可出现神志恍惚、抑郁或兴奋、谵妄等精神症状。个别患者会出现抽搐，以后嗜睡、昏睡、昏迷，甚至死亡。病理检验可见脑膜、脑实质血管及静脉窦均充血、脑实质高度水肿。脑实质有散在的点状及小片状出血，偶可有大片出血。脑细胞广泛变性，灶性坏死及软化。病变以大脑、小脑和血液循环末端供应部位如海马和基底节为严重，少数病例可出现脑血栓。

高原肺水肿（high-altitude pulmonary edema, HAPE）也是一种急性低气压性缺氧引起的非心源性肺水肿，常发生在健康人快速到2500m以上地区，还来不及适应就从事体力劳动而产生。据统计，青年人的发病率高于老年人，男性高于女性。除了年龄外，决定HAPE是否发生的主要因素有海拔高度、上升速度、劳累程度和个体易感性。早期症状有干咳、劳力性呼吸困难和乏力。

（二）气压损伤的法医学鉴定

气压损伤主要为灾害性事故，他杀罕见，未见自杀的报告。法医鉴定要解决的问题是确定死亡原因和死亡方式，排除其他原因所导致的死亡，或揭露隐蔽的犯罪行为；进行案情调查，详细了解是否严格遵守减压规则和潜水作业的其他制度；早期进行尸检，寻找右心室、大静脉、肠系膜血管、冠状动脉内有无气泡。必要时，采取气泡中的气体进行气体分析，作为空气栓塞的重要证据。

尸体解剖除法医工作者参加外，必要时需请有专门知识的有关专家到场检查各项设备包括潜水设备。听取专家建议尸体解剖是否应在减压舱内进行。解剖前应先用涂油的注射器从胸外抽取肺内气体，进行氧和氮的含量分析。解剖的程序应先开颅取脑，用动脉钳钳住大脑中动脉、基底动脉及椎动脉，然后将脑放入水中，检查上述动脉中有无气泡逸出。

二、放射性损伤

放射性损伤（radiation injury）是机体在超出其所能耐受剂量的高能电磁辐射及粒子的作用下所发生的损伤。人体在正常情况下也经常接触一些辐射，如宇宙射线、空气、土壤及食品、饮水等周围环境中的一些放射性元素，但由于剂量很小，并不引起机体发生明显的反应，即机体对辐射具有一定的耐受性。当前，原子能和放射能已广泛应用于工农业、生物学及医学等领域，造福于人类，但如不注意防护，就会发生放射性损伤。原子弹爆炸后，15%～30%的死亡与放射能有关。

（一）放射线的生物学效应

1. 组织损伤机制　导致机体发生放射性损伤主要是通过电离辐射。电离辐射是由粒子和电磁波辐射产生的，作用于物质引起电离作用，造成组织损伤。所谓粒子就是指一些微小的但有一定质量、能引起物质发生电离的粒子，如：介子、正电子、β粒子、氚核、中子、质子、α粒子等。它们的共同特点是有很高的运动速度，能穿透物质。

辐射能通过原发作用和继发作用引起机体内一系列变化。

（1）原发作用：是射线引起的辐射生物学过程（如电离、激发）及辐射化学过程（自由基形成）。辐射可直接作用于大分子产生电离和激发。射线与生物大分子相互作用，导致部分电子动能传递给分子，分子中吸收的能量可使分子射出一个或更多个电子（电离），或使电子由基态升高到更高能级（激发），分子化学键被打断，形成两个自由基，可以用下式表示：

$$RH \xrightarrow{\text{射线}} R + H$$

RH 代表一个生物分子，R 代表一个生物分子自由基，H 为氢自由基

自由基一般都活泼，多数很不稳定，很容易与其他物质发生反应，生成新的自由基，从而破坏核酸、蛋白质、糖类及脂类化合物，损害细胞的结构和功能。

（2）继发作用：在原发作用的基础上，机体内出现一系列生理、代谢及结构形态上的改变。动物实验表明，如用 10～30Gy 照射小鼠的脾或肢体时，被保护（屏蔽）的骨髓中也出现细胞的损伤或死亡，染色体发生畸变；照射小鼠头部或四肢 1～8Gy 时，在小鼠的脾或肝（被屏蔽部位）亦发生细胞形态上的改变，脾中 ATP 酶活性升高；大鼠头部照射 25Gy 时脾中 RNA 酶活性可增加 5 倍，照射 10Gy 时增加 14 倍；兔局部照射 18～20Gy，可使外周血液出现明显的变化，如白细胞、淋巴细胞及血小板均减少，血凝时间延长等。

2. 生物大分子的损伤效应　DNA 是细胞增殖、遗传的物质基础，是引起细胞生化、生理改变的关键性物质。DNA 是电离辐射作用的靶分子，在细胞辐射损伤中起重要作用。电离辐射对 DNA 的作用决定于照射的剂量、粒子的性质、类型、细胞所处的分裂周期等。实验研究表明，电离辐射作用于 DNA 后，可导致以下变化。

（1）DNA 分子损伤

1）碱基变化（DNA base change）：碱基环破坏；碱基脱落丢失；碱基替代，即嘌呤碱被另一嘌呤碱替代，或嘌呤碱被嘧啶碱替代；形成嘧啶二聚体等。4 种碱基的辐射敏感性依次为 T＞C＞A＞G。

2）DNA 链断裂（DNA molecular breakage）：是辐射损伤的主要形式。磷酸二酯键断裂、脱氧核糖分子破坏、碱基破坏或脱落等都可以引起核苷酸链断裂。双链中一条链断裂称单链断裂；两条链在同一处或相邻处断裂称双链断裂（double-strand breaks）。双链断裂常并发氢键断裂。双链断裂难以修复，是细胞死亡的重要原因。

3）DNA 交联（DNA cross-linkage）：DNA 分子受损伤后，在碱基之间或碱基与蛋白质之间形成了共价键，而发生 DNA-DNA 交联和 DNA- 蛋白质交联。嘧啶二聚体即是一种链内交联，还可发生链间交联。

（2）DNA 合成抑制：DNA 合成抑制是一个非常敏感的辐射生物效应指标，受 0.01Gy 照射即可观察到抑制现象。小鼠受 0.25～1.25Gy γ 线全身照射 3 小时后，^{3}H-TdR 掺入脾脏 DNA 的量即明显下降，下降程度与照射剂量成正比。照射后 DNA 合成抑制与合成 DNA 所需的 4 种脱氧核苷酸形成障碍、酶活力受抑制、DNA 模板损伤、启动和调控 DNA 合成的复制子减少，以及能量供应障碍等都有关。

（3）DNA 分解增强：在 DNA 合成抑制的同时，DNA 分解代谢明显增强。原因可能是辐射破坏了溶酶体和细胞核的膜结构，DNase 释放直接与 DNA 接触，增加了 DNA 的降解。在一定剂量范围内，降解的程度决定于照射剂量。照射后 DNA 代谢产物尿中排出量明显增多。

3. 细胞损伤

（1）染色体畸变和基因突变：DNA 破坏可使染色体断裂，进而发生染色体的缺失、重复、倒位、易位等畸变，同时引起基因突变。

（2）细胞分裂延缓或中止及巨型细胞形成：辐射作用于细胞分裂周期，尤其分裂期（M）和合成后期（Gz），使细胞分裂延缓，甚至中止。照射后的脾、淋巴结、睾丸、小肠黏膜等处可以看到一些巨型细胞形成。

（3）射线对细胞结构的影响：大剂量照射可以使细胞膜结构崩解，但较小剂量也可以引起膜通透性改变，如线粒体和内质网膜的通透性增强、内质网扩张，线粒体肿胀变形，甚至破裂。溶酶体膜破坏，使所含的各种酶类释放，加剧细胞结构的破坏。

（4）细胞死亡：可分为间期死亡和繁殖死亡。

1）间期死亡：指下次分裂之前就发生的死亡，又称为非有丝分裂死亡或非分裂死亡。一些不分

裂或分裂缓慢的细胞,如神经细胞、肌细胞,在大剂量照射下可很快死亡;小淋巴细胞和胸腺细胞等对电离辐射敏感,只需小剂量照射可致间期死亡。其发生机制可能是:① ATP 合成障碍,影响细胞的能量来源;②膜系统的破坏、通透性发生改变,致钾离子、组蛋白与其他酶漏出核外;③细胞核酸结构破坏。

2)繁殖死亡:又称为增殖死亡,是辐射对哺乳动物细胞的最重要效应之一,指骨髓、小肠上皮、生殖腺上皮细胞等增殖性细胞(有不断分裂能力的细胞)受到数戈瑞的照射后,在进行了有限的几次分裂之后就不再分裂。失去细胞分裂能力叫繁殖死亡。

(二)影响放射性损伤的因素

1. 射线的剂量 与发病迟早、病变程度有密切关系。一般说,剂量大则发病早,病变重。

2. 射线的性质 不同性质的射线,其穿透力和电离力不同,对机体损害的程度不同。

3. 照射机体的方式 辐射作用于机体的方式是多种多样的,包括全身照射和局部照射;一次性照射和分次照射;外照射和内照射等。照射方式不同,对机体所致损伤也不一样。全身照射比局部照射损伤严重,内照射比外照射损伤大。

4. 性别、年龄及机体状态 这些对辐射的反应也有差异。实验研究中,雌性动物较雄性动物对辐射具有耐受性,而年幼、年老动物及病衰动物的抗辐射力较差。

5. 照射时间 较长时间超过允许剂量的辐射损伤,容易引起慢性放射病。目前认为,在数个月内全身受照总量达 1.5～2Gy,就可能发生慢性放射病。

(三)放射性损伤病理学改变

1. 皮肤、肌肉 射线作用于皮肤后,急性期可引起红斑、肿胀、疼痛、疱性皮炎、糜烂、脱毛,坏死伴溃疡形成。慢性期以真皮损害为主,表现为真皮乳头变平或消失,表皮萎缩、过度角化。一般说来,肌肉组织对辐射不敏感,但在大剂量照射下,仍然可以引起肌肉细胞空泡变,横纹肌萎缩、纤维化。

2. 心血管系统 一般认为心脏对辐射不敏感,常见纤维性心包炎及心包积液。组织学及超微结构检查可见心肌水肿、坏死,间质炎;肌原纤维溶解、闰盘变性或断裂,线粒体嵴不清或消失、细胞核溶解等。血管可发生动脉内膜炎、血栓性静脉炎,血管数量减少和肥大细胞浸润等改变。

3. 呼吸系统 肺局部大剂量照射后,肺外观呈斑块状,气肿与萎陷区相间存在,伴出血、水肿。镜下可见小血管充血、淋巴管扩张,肺泡间隔水肿,肺泡内充满水肿液。晚期肺组织纤维化,胸膜增厚。全身受照射后,初期主要为肺充血、水肿。假愈期肺充血水肿减少,支气管黏液分泌亦减少。极期血管壁通透性增加,管壁血浆浸润,间质胶质纤维及弹力纤维变性、坏死,单核细胞浸润。此期组织坏死、出血。

4. 消化系统 以口腔黏膜和上消化道病变常见,出现急性食管炎、胃炎、小肠及结肠炎。病理改变早期以充血、水肿为主,然后黏膜坏死、脱落。由于坏死黏膜的脱落可使肠黏膜面出现大面积的平浅溃疡,溃疡底部为肉芽组织,其表面的血管常发生破裂损伤。肝脏中央静脉扩张,小叶中央瘀血,伴灶状出血,肝细胞萎缩和不同程度变性坏死,可继发纤维组织增生。

5. 泌尿生殖系统 肾脏主要以血管病变导致肾单位缺血,继而肾小球玻璃样变、肾小管萎缩和间质纤维化多见。睾丸生殖上皮对电离辐射极为敏感,上皮分裂受抑制,发生变性坏死。持续性作用则致曲细精管硬化,间质血管壁玻璃样变,严重者全部细精管萎缩。卵巢也属辐射敏感组织,长时间接受辐射可使闭锁卵泡明显增加,卵细胞数目减少。

6. 骨、软骨及骨髓 正在生长中的软骨与骨组织对电离辐射相对较敏感,可导致生长异常。可见骺板软骨的软骨细胞变性、坏死或消失。成熟的软骨和骨组织对电离辐射耐受力最强,因辐射而发生坏死者不常见。骨髓中造血干细胞可因射线照射而直接死亡,以致周围血细胞缺乏。骨髓局部照射后常可发生骨髓纤维化。辐射的迟发性作用可致白血病,以照射后 1～2 年白血病的患病率开始增加,5～7 年达高峰,15～25 年又下降到原来水平。

7. 内分泌系统　垂体主要表现为垂体细胞萎缩,部分肥大、增生。肾上腺改变主要为皮质束状带,可见皮质松散、出血、间质水肿。各带细胞肿胀。晚期间质纤维组织增生,实质细胞萎缩及变性。

8. 中枢神经系统　在胚胎发育早期,小剂量电离辐射即可导致脑的严重发育障碍。成熟的中枢神经组织以大脑皮质及皮质下神经核团中神经元细胞改变明显,包括尼氏体消失、核深染、细胞水肿和炎症细胞浸润部分细胞处于渐进性坏死,胞浆均质化、突触卷曲、细胞溶解。脑内胶质细胞突起消失、断裂。部分胶质细胞肥大。脑白质区神经纤维髓鞘脱失。脊髓常发生急性放射性损伤的形态学改变,以侧角和后角为明显。有时可见脊髓急性坏死和横截性脊髓炎综合征。

9. 眼晶状体　眼晶状体在一次或多次照射后可致混浊,进而发展为白内障。白内障的发生与电离辐射的性质、方式有关,如致密电离辐射易导致白内障;一次急性照射比同样剂量分次照射更易致白内障。

(四) 放射性损伤法医学鉴定

放射性损伤绝大多数是职业性损伤,部分由于灾害或医疗事故和核战争所致。由于电离辐射不易为人觉察,也有个别他杀案例,自杀偶有所见。

法医学鉴定任务首先要证明是否为放射性损伤。必须详细了解案情、暴露情况及病理变化。如系外照射所致,体内无放射物质的存在;若系口服或注射大剂量放射性核素,用仪器可测知体内有放射性物质存在。活体可以采取血、尿进行检测。尸体除取血、尿外,还应采取胃内容及器官组织如骨、肺、肝、脾等进行检测。有时也可采取组织灰化后的残渣,在暗室中放在未感光的照相底片上,遮光密闭一段时间,如残渣中有放射性物质存在,则底片即被感光。鉴定放射性损伤致死,不仅必须在尸体内检测到放射性物质,或案情中证明曾接触大剂量辐射,而且必须存在放射性损伤病变。其次,必须调查造成放射性损伤的原因。属职业性损伤或灾害事故者,应了解事故产生经过及接触情况,怀疑自杀或他杀者应提出怀疑依据及其发现经过。

进行放射性损伤致死的尸体解剖不同于一般尸体解剖,术者必须注意自我防护。对半衰期短的同位素,可将尸体放置一段时间,让同位素含量减少或消失,然后再进行尸体解剖。解剖时要注意保护眼睛、戴专用手套,以及使用长柄工具。各种组织对不同放射性同位素有不同亲和力(表 15-3)。在鉴定过程中尚需得到放射专业人员的密切合作,以保证鉴定的可靠性。

表 15-3　常见放射活性同位素对组织亲和力

同位素	亲和组织
^{131}I	甲状腺
^{32}P	骨髓
^{90}Y	垂体
^{14}C	骨
^{90}Sr	全身
^{59}Fe	红细胞
^{10}Ag	胃肠、肝
^{99}Mo	肾

三、超声波损伤

人们可以听到的声音频率为 20～20 000Hz 的声波。振动频率小于 20Hz 的称次声波,而振动频率超过 20 000Hz 的称为超声波,次声波和超声波都不能被人耳所感觉。超声波技术在 21 世纪上半叶得到了迅速发展,并广泛地应用于工业、农业、医学、地质和海洋研究领域中。但若使用不当,保管不妥或声强超过人体的耐受限度时,便可引起机体损伤,甚至死亡。由于超声波作用人体形成的损伤,称为超声波损伤(ultrasonic injury)。

（一）超声波的生物学效应

早在第一次世界大战末期，著名的法国物理学家 Langevin 在研究水下超声探测时，就发现强超声波会对小鱼等水生动物产生致命的效应。其后 Harvey 等又观测到超声辐射可使动物体内温度升高以致细胞结构破坏等。超声波是一种波动形式，同时又是一种能量形式。当达到一定剂量的超声波在生物体系内传播时，可引起生物体系的功能或结构发生变化，此为超声生物效应。

1. 机械效应　声波在快速传播过程中，波峰与波谷引起组织间强大的压力差，使组织交替地压缩与伸张，产生正压与负压的波动，从而导致细胞质的运动，组织结构受到破坏。超声波剂量不同，其机械效应和损伤程度也不同。

2. 热效应　声波与超声波都是能的一种表现形式。声能被吸收后可转变为热能，不同组织有不同吸收系数，因此同样的超声波，在各种组织所产生热能就不相等。例如当机体接触超声波后 30 秒钟，肝的温度只上升 9℃，而脂肪的温度却可上升 25℃。

3. 空化效应　空化是指在声波作用下微小气泡的动力学过程。这些小气泡可以是自由的，也可以在以固体为边界的缝隙或小孔中。空化机制可引起温度升高、应力改变、自由基产生以及加速化学变化等生物效应，使复杂分子化学键断裂，DNA 分子损伤、染色体畸变、蛋白质变性，酶活性降低或灭活，芳香族氨基酸环破裂。一般认为，在低声强、长辐射时间范围内，引起损伤的机制是热效应为主；而在高声强、辐射时间短的范围内，损伤机制以空化效应为主；当声强处于 $700\sim1500W/cm^2$ 的中间范围时，损伤机制则主要为机械效应。

（二）超声波损伤的临床表现

超声波所致症状主要有头痛、头晕、步态不稳、睡眠失常、光感和嗅觉过敏，肢体皮肤对冷热感觉异常，手脚触觉障碍。有时伴有体温上升、低血糖和嗜酸性粒细胞增多。

（三）超声波损伤病理学改变

根据对猫、犬和猴的实验发现，超声波可致脑和脊髓充血、水肿，神经细胞变性，最后以神经胶质增生而愈合。高强度超声波可引起兔软组织出血，骨膜分离；鼠和猪的肺组织出血。低强度超声波（$12\sim20W/cm^2$）抗小鼠早孕研究发现，胎盘有出血，电镜下胎盘和胚胎细胞多数受到严重损伤和细胞质膜失去连续性，细胞核碎裂，子宫内膜和平滑肌细胞出现线粒体肿胀，内膜细胞有局限性坏死。

（四）超声波损伤法医学鉴定

超声波损伤可发生在超声波应用过程中，如管理不善、使用不当或其他意外事件等。主要是根据详细的案情调查、超声波接触史、临床表现以及组织病变等确定是否为超声波损伤，排除其他暴力损伤及原发性疾病；确定引起超声波损伤的原因和损伤程度。

四、激光损伤

激光是 20 世纪 60 年代初开始发展起来的一门新技术，已被迅速应用于社会生产和生活、国防建设以及科研医疗等许多领域。激光使用不当也可以造成人体损伤。激光损伤（laser damage）是由于激光的热效应、压力效应和冲击波引起皮肤组织炭化、气化、变性所造成的烧灼性损伤和凝固性损伤。

（一）激光的生物学效应

激光束经聚焦后，能产生很高的温度，其能量足以击穿钻石。但对机体组织的作用不能同样看待，因为组织结构复杂，含水分较多，均可影响激光的折射和热传导，所以局部温度不致急剧升高。激光对机体的作用主要通过以下 4 种机制。

1. 热效应　激光辐照生物组织，使温度升高的原因，一为碰撞产热，二为吸收生热。连续波激光和脉冲时程较长的脉冲激光，主要通过所产生热效应损害肌体；而脉冲时程极短，输出功率很高的脉冲激光，能在极短时间内释放非常大的热能。当组织中温度超过 45℃并且持续时间超过 1 分钟时，就会引起细胞蛋白质变性，使细胞损伤。高功率的强激光可使组织迅速产生红斑直至气化，严重者细胞组织坏死，甚至炭化。热效应是激光致伤的最重要因素。激光损伤区与正常组织的界线十分清楚，这是由于激光脉冲时程短，生物组织的导热性差，瞬间放热来不及扩散到受照射部位以外的缘故。辐照后，由于继发变化，如炎症、出血、再生等，会使原初清楚的损伤界线逐渐变得模糊。

2. 压强效应　普通光的光压是微不足道的，然而聚焦激光束焦点上的能量密度达到 $10mw/cm^2$ 时带来的压强约为 $40g/cm^2$，这将给生物组织造成相当可观的一次压力作用。激光对生物表面受照区产生一定的压力。聚焦激光束焦点上的能量，在瞬息之间变为热能，使受照射部分物质蒸发，组织受热膨胀，组织液从液相转变为气相，组织和细胞内的压强急剧地升高，引起微型爆炸，使组织和细胞发生损伤。

3. 光化效应　激光辐射的光量子直接被生物组织有选择地吸收而产生光化效应。体内许多组织所含色素种类不同，含量也有多有少。各种色素均能选择性吸收一定波长的光谱，其中以黑色素对激光吸收能量最大。含色素愈多，组织破坏也愈严重。

4. 电磁场效应　激光为电磁波，也存在电场和磁场在空间和时间上的变化。生物分子固有的电磁场是微弱的，只有外来磁场达到足够强的程度，才能干扰生物组织的固有电磁场，从而导致生物细胞组织的损伤。

（二）影响激光损伤的因素

激光对机体的损伤受多种因素的影响，伤害程度取决于激光发射器类型、激光波长、强度、照射时间、受照面积、皮肤色素多寡、组织水分、表皮的厚度、辐照区及其周围血管的分布状况等。

（三）激光损伤病理学改变

眼是感光器官，皮肤又与外环境直接接触，所以激光对机体的损害首先表现在眼与皮肤，对其他器官、组织的损害研究不多。

1. 眼　一般光源是扩散源，并向四面八方发散，不容易造成眼睛损伤。激光束是一个亮度大的点光源，局部能量较高，容易造成角膜的凝固、水肿、坏死和溃疡形成，晶状体蛋白凝固、混浊以及视网膜颗粒细胞及视盘细胞坏死。

2. 皮肤　因科研和军事上使用大功率激光器，可灼伤皮肤。损伤程度从皮肤红斑、水疱、烧焦、气化、褪色、溃疡和结疤等病变。

（四）激光损伤法医学鉴定

法医学鉴定激光损伤案例，必须调查事故发生原因、光束强度、原光束和反射光束的方向、人眼的位置、取向和凝视以及眼的损伤情况进行综合分析判定。

五、微波、高频电磁波损伤

微波、高频电磁波损伤就是射频电磁场与电磁波辐射所造成的人体损伤。一般交流电的频率为 50Hz，在 100Hz 以上时称为高频电流。在其周围形成的电磁场称为高频电磁场，又称射频电磁场。100KHz～30MHz 称高频，30～300MHz 称超高频，300MHz～300GHz 称微波。微波是一种波长很短，频率很高的电磁波。

（一）微波、高频电磁波的生物学效应

微波、高频电磁波的量子能量很少，不足以引起机体电离，故属非电离辐射。对生物体的效应主要有热效应和非热效应。

1. 热效应　人体组织内电解质溶液中的离子，由于受到射频电场作用而发生加速移动，在移动过程中分子互相碰撞而产生热量。极性的水分子和蛋白质分子（偶极子）受到力矩作用，从原来无规则排列变成沿电磁波方向排列，由于高频电场方向交变极快，偶极子迅速往返转动，在转动过程中与邻近分子发生摩擦，产生大量热能。体液等一些成分为导体，在不同程度上具有闭合回路的性质，在电磁场作用下产生局部感应涡流而生热。因体内不同组织的导电性能不同，射频电磁场对机体各种不同组织的热作用也不一样。含水量高的组织（如皮肤、肌肉、心、肺）吸收微波能量大，产热多；含

水量低的组织（如骨骼、脂肪）吸收微波能量少，产热少。

2. 非热效应　是指射频功率密度较低的电磁场与电磁波对新陈代谢干扰的结果，即电磁场与电磁波改变了生物体化学反应中分子之间的相对运动状态，改变了活化能，从而导致反应速率常数和化学平衡的变化，致使一种动态的代谢平衡过程发生紊乱，这就是非热效应。

（二）影响微波、高频电磁波损伤的因素

1. 辐射条件　微波、高频电磁波损伤程度与辐射条件有关。辐射条件包括频率、波长、电场强度、辐射时间和间隔等因素。波长越短，组织吸收能量越大；射频电场的强度愈大，对人体损伤愈严重；电场的频率越高，对人体的危害作用愈强。因此，微波致损伤最严重，其次是超高频、高频。如150MHz 的辐射因能透过人体，不被吸收而对人无损伤，微波频率在 300～500MHz 之间，人每小时接触微波≤100mW/cm^2 时，不引起病理变化，当改为 >7100mW/cm^2 则有热作用的病理变化。如用80mW/cm^2 的微波辐射 5 只兔眼，每 3 天 1 次，每次 3 分钟，5 次后都发生晶状体混浊；若改为 7 天照 1次，每次 3 分钟，但 5 次后并不发生晶状体混浊。

2. 局部组织的特性　暴露于一定功率密度微波场中的机体，身体各部所受辐射的功率虽大致相同，但因机体各部位组织特性不同，吸收的能量也不等。水是一种极性分子，含水量低的组织如骨、脂肪组织，其介质常数和电导率远远低于含水量高的组织，如脑、皮肤、肌肉、心肌、血液、肺、肾、睾丸、晶状体等。因此，含水量高的器官或组织容易吸收电磁场的能量，所受辐射的影响也较大。

3. 其他　如环境温度、通风情况、湿度等。环境温度高，通风不良，潮湿均可加重电磁场与电磁波（含微波）对机体的损害。

（三）微波、高频电磁波损伤临床表现

1. 神经系统　电磁辐射对中枢神经系统的损害主要表现为神经衰弱综合征，如情绪不稳、烦躁易怒、头痛、头晕、体倦乏力、注意力不集中、失眠多梦、记忆力减退等。

2. 心血管系统　有时出现心率缓慢，严重者可有血压下降。心电图显示窦性心律不齐和窦性心动过缓，QRS 间期延长，ST 段下降，T 波低平。

3. 生殖系统　女性月经周期紊乱；男性可出现性欲减退，阳痿。

4. 血液及生化　长期低强度接触微波可引起体液免疫水平改变，免疫球蛋白 IgM、IgA、IgG 的含量下降；周围血象改变缺乏规律性，白细胞和淋巴细胞减少或增加不一；长期微波作用后，血清总蛋白和球蛋白升高，白、球蛋白比值下降，血胆固醇升高。

5. 眼　暂时性晶状体水肿，表现为可复性视力减退，白内障较多见。

6. 内分泌系统　表现为甲状腺功能亢进；血糖降低；血清睾酮下降，黄体生成素升高。

（四）微波、高频电磁波损伤病理学改变

射频电磁场损伤致死的人体解剖资料未见有报道，以下病理学变化所见多来自动物实验。

1. 神经系统　微波致中枢神经系统损害，以丘脑病变更为显著。如采用 10mW/cm^2 的低功率密度脉冲波辐射动物 30～120 分钟，辐射后立即或 1～2 周内处死动物，病理学检查见下丘脑和底丘脑神经细胞肿胀，细胞空泡变性。若提高功率密度至 50mW/cm^2，辐射 0.5～24 小时，辐射后立即或 1～2 周后处死动物，除见下丘脑和底丘脑有神经细胞肿胀、空泡变性外，尚有染色质溶解。电镜显示变性神经细胞粗面内质网和多聚酮体明显减少。

2. 心血管系统　微波的长期作用主要是致血管神经性运动障碍，血管扩张，心肌营养不良，如细胞肿胀、空泡变性，严重者可出现小灶性心肌梗死。

3. 生殖系统　微波辐射能致睾丸水肿，曲精细管上皮坏死。长期接触较大强度微波者，其外周血淋巴细胞染色体畸变。

4. 眼　微波对眼的损害主要是晶状体混浊，表现为后囊变粗、增厚和连同后囊下混浊。Zaref 将微波白内障分成 3 类：①急性微波白内障；②亚急性微波白内障，患者视力逐渐减退；③迟发性微波白内障，指在 5～30 年中发生的白内障。

（五）微波、高频电磁波损伤法医学鉴定

微波、高频电磁波损伤主要发生于职业性损伤与灾害事故。法医学鉴定时必须了解：①患者有无射频电磁场接触史；②生活和工作环境是否符合国家辐射卫生标准；③屏蔽防护设施是否存在微波泄漏；④射频电磁场与微波作用于机体后产生的临床症状和病变。职业损伤者，需进行劳动能力和伤残程度评定。

本章小结

本章重点阐述了电流损伤及电击死的概念、电流对人体的作用、电流损伤致死的机制、电流损伤死者的体表变化和内部器官的病理学变化，着重强调了体表损伤典型电流斑的概念和特点、各种不典型电流斑的形态特点以及如何进行电流损伤致死的法医学鉴定；阐述了雷电对人体的作用、雷击死者的体表变化和内部器官的病理学变化以及雷击死的法医学鉴定。迄今为止，电击后立即死亡者，单纯从体表局部电流损伤及内部器官的改变仍然难以区分生前或死后电流损伤（包括难以区分生前或死后电流斑）。因此，电流损伤（包括雷击损伤）致死以及其他物理因素损伤的法医学鉴定，必须结合详细的案情调查、缜密的现场勘验、完整的尸体解剖检查、必要的辅助检查结果，并排除其他暴力性损伤（如机械性损伤、机械性窒息、其他物理因素损伤等）、毒物中毒、猝死等其他死亡原因，综合分析、谨慎判断。

关 键 术 语

电流损伤或电击伤（electric injury, electric burns）

电烧伤（electric burns）

电击死（electric death）

电流性昏睡（electric lethargy）

电流斑，电流印记（electric mark）

雷击综合征（lightning syndrome）

雷电击纹（lightning mark）

思 考 题

1. 阐述如何进行电流损伤致死的法医学鉴定。
2. 阐述如何进行雷击死的法医学鉴定。
3. 高原性心脏病的法医学检验应注意什么？
4. 急性放射病的类型有哪几类？
5. 疑为放射性损伤致死尸体的法医学检验应注意什么？

（陈　龙　孙俊红）

参 考 文 献

1. 刘耀，丛斌，侯一平. 实用法医学. 北京：科学出版社，2014.
2. 陈龙. 法医学. 上海：复旦大学出版社，2008.
3. 李敬录，佟蔚庭. 急性电损伤学. 北京：人民卫生出版社，1997.
4. 黄光照，麻永昌. 中国刑事科学技术大全·法医病理学. 北京：中国人民公安大学出版社，2004.
5. Spitz WU, Russell S Fisher. Medicolegal Investigation of Death. Guidelines for the Application of Pathology to Crime Investigation. Springfield: Charles C Thomas. Publisher，1977.
6. Cyril John Polson, DJ Gee, Bernard Knight. The Essentials of Forensic Medicine. New York: Pergamon Press，1985.

第十六章 家庭暴力与杀婴

学习目标

通过本章的学习,你应该能够:

掌握 婴儿存活时间判定的依据;新生儿的死亡原因确定依据;虐待儿童案件(包括虐待其他家庭成员)的特点及尸体检验的注意事项。

熟悉 肺浮扬试验及胃肠浮扬试验的概念及结果评价;新生儿存活时间及存活能力的确定;家庭暴力的概念、特点及法医病理学检验要点。

了解 性虐待的法医学检查要点。

章前案例 ▶

某女,74岁,与其儿子一家同住。某年2月23日其儿子发现其死于住所。尸检主要发现死者消瘦,舟状腹,四肢肌肉萎缩;骶尾部、右髂前上棘压疮形成;全身体表多处新鲜及陈旧擦挫伤;左颞部硬膜下血肿,左颞叶脑挫伤并脑内血肿形成(亚急性);左侧第3、4、5肋骨腋前线处骨折,右侧第3、4、5肋骨腋前线处骨折,左侧第8、9肋骨和右侧第8、9肋骨间在腋前线与锁骨中线之间骨折,且双侧第8、9肋骨骨折处触之呈结节状,有骨痂生长;左股骨转子间粉碎性新鲜骨折;同时发现冠心病(新旧心肌梗死灶并存)、高血压、颅内动脉粥样硬化并发脑干小灶性脑梗死。理化检验排除常见毒物中毒。

本例死者死亡后其子女之间对其死亡原因存在异议。其女儿到公安机关报案,称其兄长及嫂子平素经常虐待死者,怀疑系被其兄长殴打致死。公安机关调查取证证实,死者儿子及儿媳与死者关系紧张,死者死前一段时间无车祸受伤史,是否有摔跌受伤史不详,但死前一段时间卧床不起,未就医。本例法医病理检验需要解决死者生前所患疾病对其日常活动能力的影响、死者多发性机械性损伤系摔跌形成还是他人殴打所致、死者受伤后是否得到必要的医疗和护理、是否存在虐待或者忽视的情形,如存在则需评价其在死亡后果中的作用大小。

家庭暴力是一个全球性的问题。美国在20世纪70年代就已经开始了有关家庭暴力的研究。据调查,美国曾经有22.1%的女性和7.4%的男性遭受过伴侣的肉体虐待,每年有96万~100万女性遭到伴侣的暴力攻击。还有资料表明,在日本有15.4%的妻子遭到过丈夫的殴打,3.7%的丈夫遭到过妻子的暴力侵犯。在我国,据广东省妇联2000年的调查显示,有29.2%的家庭存在不同程度的家庭暴力问题。在世界各国,家庭中虐待妻子的现象都十分常见。据世界银行调查统计,20世纪全世界有25%~50%的妇女都曾受到过与其关系密切者的身体虐待。我国妇联的一项最新抽样调查表明,在被调查的公众中,有16%的女性承认被配偶打过,14.4%的男性承认打过自己的配偶。每年约40万个解体的家庭中,25%缘于家庭暴力。特别是在离异者中,暴力事件比例则高达47.1%。

第一节 家 庭 暴 力

家庭暴力是一种社会和生物因素共同作用的现象,而暴力本身更趋向生物性。自人类组成家庭以来,就伴随家庭暴力的发生。在家庭暴力中,中国家庭暴力发生率为29.7%~35.7%,受害者多半为妇女,而老人、儿童和男性的比例也有所上升。因此,家庭暴力是一个十分突出的社会问题,极大地危害社会治安、家庭稳定以及家庭成员的身心健康,必须予以特别关注。

一、家庭暴力的概念

家庭暴力(domestic violence)是一个社会学名词。家庭暴力的定义在各个国家有所不同,目前在学术界还没有一个统一的概念。许多家庭暴力干预工作者认为,它是肉体的、性的、心理的虐待的一种综合表现,包括肉体暴力、威胁、恫吓、情感虐待、孤立、性虐待、操纵、把儿童当作人质、经济管制和维护男性特权等行为。2001年12月24日,最高人民法院《关于适用〈中华人民共和国婚姻法〉若干问题的解释(一)》第一条规定:"家庭暴力是指行为人以殴打、捆绑、残害、强行限制人身自由或其他手段,给家庭成员的身体、精神等方面造成一定伤害后果的行为"。妇女、儿童和老人是家庭暴力的主要受害者。联合国1993年在《消除对妇女的暴力行为宣言》中指出,对妇女的暴力行为一词系指对妇女造成或可能造成身心方面或性方面的伤害或痛苦的任何基于性别的暴力行为,包括威胁、强迫或任意剥夺自由,而不论其发生在公共生活还是私人生活中。据此,家庭暴力可定义为:指家庭成员间实施身体或精神上的伤害行为,往往由于现实之亲属关系与利益的约束而呈现一定程度的隐蔽性。家庭暴力的侵害行为包括攻击、伤害、虐待等直接实施暴力或在精神上威胁家庭成员等。其涉及的成员可以是配偶、前配偶、双亲、子女、继亲带来的孩子、有血缘关系的家人、同居伴侣、残疾者与照顾者、情侣关系等。

家庭暴力既包括偶尔的家庭成员之间的暴力行为,也包括长期的反复的暴力伤害行为。与虐待存在重叠之处。家庭暴力在国内比较突出的表现为打骂虐待老人、儿童、配偶,配偶间性暴力。

二、家庭暴力的特点

家庭暴力直接损害受害者的身心健康,造成受害者长期精神紧张,忧虑和恐惧,特别是对未成年人的身心健康伤害更大。家庭暴力给社会带来很大危害,导致犯罪增多,成为社会的不安因素。家庭暴力与其他暴力相比较,家庭暴力是发生在家庭成员之间的不法侵害行为。受害者多为妇女、儿童和老人,其中妇女是主要的施暴对象,施暴者多数为男性。具有以下一些特点。

1.手段多样化 家庭暴力中使用的手段是多种多样的,一般表现殴打、捆绑、凌辱、性虐待、情感虐待、经济管制、限制人身自由等。

2.隐蔽性 隐蔽性是家庭暴力的显著特征,多数施暴者在自己家里使用暴力,特别是性暴力就更加隐蔽,不是万不得已,没有人愿意公开。

3.多发性 家庭暴力可能发生一次、几次,也可能是多数的,甚至是长期的。

4.后果严重 由于家庭暴力具有突发性和隐蔽性,当受害者实在不堪忍受而寻求外界帮助时,或者外界得知家庭暴力存在而欲采取措施时,往往已造成了严重的后果,这种后果不仅是对受害人身体的伤害,在精神上、心理上的伤害更是严重的。

5.举证困难 由于家庭暴力是家庭成员之间的不法伤害,多发生在家里,受害者在受到暴力伤害时没有想到寻求法律解决,因而不会收集或保留证据。受害者在时过境迁后要举证证明家庭暴力的存在就有一定的困难。

第二节　虐　待　死　亡

根据我国《刑法》第 260 条规定，虐待（abuse）是指对共同生活的家庭成员经常以打骂、捆绑、冻饿、限制自由、凌辱人格、不给治病或者强迫作过度劳动等方法，从肉体上和精神上进行摧残迫害的行为。因遭受虐待而发生死亡的称虐待死。在现实生活中，虐待行为一般都会程度不同地给被害人造成精神上、肉体上的痛苦和损害，其中有的后果严重，例如，由于虐待行为人使被害人患了精神分裂症、妇科病或者其他病症；虐待行为致使被害人身体瘫痪、肢体残疾；将被害人虐待致死或被害人因不堪虐待而自杀等情况发生。因虐待行为的手段有时与故意杀人的手段十分相似，并且，虐待行为有时也会造成被害人死亡的后果，目前越来越受到社会的关注。虐待具有如下特征。

1. 发生在家庭成员之间　虐待行为发生在家庭成员之间，可以是夫妻之间、血缘亲属之间、养父母与养子女、继父母与继子女之间。

2. 被害人肉体和精神受损　虐待的行为是对被害人肉体和精神进行摧残、折磨、迫害的行为。既包括主动作为，如殴打、捆绑、禁闭、讽刺、谩骂、侮辱、限制自由、强迫超负荷劳动等；又包括消极的不作为，如有病不给治疗、不给吃饱饭、不给穿暖衣等。

3. 行为经常性　虐待行为具有经常性、一贯性，偶尔的打骂、冻饿、赶出家门，不能认定为虐待行为。

4. 行为故意性　施虐者在主观方面有对被害人进行肉体上和精神上的摧残与折磨的故意。

虐待的法医学鉴定应以明确判断被虐者伤、亡与虐待者行为之间的因果关系为重点。有关虐待类型和方式在《临床法医学》中有详细论述。

一、虐待儿童死亡

（一）案件特点

1. 虐待儿童的概念　虐待儿童（child abuse，child maltreatment）指对尚未自立的儿童所应有的权利的剥夺或侵犯，包括躯体虐待、忽视（躯体忽视、教育忽视、情绪忽视等）和性虐待等主要形式。受虐待的儿童所表现的症状和体征被称为虐待儿童综合征（child abuse syndrome）。

虐待儿童是各国均存在的一种家庭暴力。它不仅是一种医学问题，也是一种社会问题，同时也是法医学鉴定的内容之一。美国的一项统计调查表明，每年约有 200 万儿童遭受虐待，在各种虐待方式中 50% 为性虐待，34% 为肉体虐待，16% 为儿童忽视。在我国，尽管没有一个全国性的调查，但有人统计，目前受虐儿童至少不在百万之下。

至今，国内外对虐待儿童尚无统一的界定，1999 年世界卫生组织对虐待儿童作出了如下描述：虐待儿童是指对儿童有义务抚养、监管及有操纵权的人有意作出的足以对儿童健康、生存、生长发育及尊严造成实际的或潜在的伤害行为，包括各种形式的躯体虐待（physical abuse），性虐待（sexual abuse）及儿童忽视（child neglect）等。

知识拓展 ▶

1946 年，Caffey 发现婴儿硬膜下血肿伴长骨骨折的病例明显增多，其后（1957 年）发现造成这种病变的原因之一是父母对婴儿的忽视和虐待。Kempe（1962 年）首次提出"虐待儿童综合征"一词，该综合征包括对儿童伤害或忽视所造成的各种病变。1967 年 6 月，美国所有的州都制定并实施"虐待儿童登记报告法"。1974 年，美国颁布了《虐待儿童治疗和预防方案》，成为世界上第一部针对虐待儿童制定的法律。我国于 1991 年 9 月 4 日通过了《中华人民共和国未成年人保护法》，于 1992 年 1 月 1 日开始正式实施，于同年 10 月对《全球儿童权利公约》作出了承诺，并于 1993 年底公布中国儿童权利报告。

2. 虐待儿童案件的一般特征　由于受虐的儿童常不会诉说,加上大多数的虐待者精神正常,具有责任能力,在采集病史或案情调查时,很难从这些人得到准确资料,给鉴定带来很大困难。因此,应对受虐儿童进行全面系统的全身检查,包括临床生化检查和仪器检测,必要时还须请儿科、眼科和放射科专家进行专科检查。虐待儿童案件具有以下特点。

(1) 犯罪嫌疑人多为义务主体:犯罪嫌疑人主要是受虐待儿童的亲属或负有照顾责任的人员,包括父亲或继父、母亲或继母,或其他监护人等法定义务主体。

(2) 受害人年龄小:虐待致死的儿童年龄较小,多数案例年龄在3岁以下。

(3) 受害人多发性损伤:受虐待儿童身体上常见多处暴力损伤,以皮肤和骨骼损伤为主,各部位损伤时间不等,陈旧损伤与新鲜损伤并存,多数为非致命性损伤。虐待儿童致死常为反复损伤所致。致伤因素有机械性暴力、高温、低温、电流等物理因素,以及断食所致营养不良或饥饿。上述因素既可单独致伤或致死,也可合并致伤或致死,以合并者多见。

(4) 受害人身心发育障碍:受虐待儿童常表现为营养不良、身心发育障碍、情感异常等。

(二)法医病理学检验

损伤可见于身体各部位,损伤形式也多种多样,可以是软组织损伤、骨折、内脏器官损伤以及面部五官损伤,其中以软组织损伤和骨折最为常见,损伤严重者可以致死。

1. 尸表检验　检查死者衣着是否单薄、褴褛、肮脏。详查身高、体重、发育、营养状态,是否干瘦或水肿以及体表各部位皮肤、黏膜以及软组织损伤的程度、数目、部位、形状、大小、颜色、性状和深度等;有无瘢痕痉挛或肢体变形,骨关节脱位及骨折变形等。

2. 影像学检查　尸检前应射全身X线正、侧位片,尤其可疑的部位要重点拍摄。必要时需做CT等检查。

3. 解剖检验　尸体剖验应系统、全面,进行四腔(颅腔、脊髓腔、胸腔、腹腔)解剖;在剖开胸腔前,应先做气胸试验。由浅及深地详细检查皮肤、黏膜、皮下软组织损伤、骨折、体腔内出血尤其颅内出血、胸腹腔器官破裂等。检查颅骨、脊椎骨、肋骨、四肢骨等骨折及其愈合阶段。

4. 特殊检查　对特殊的案例除尸体剖验、X线检查外,还需提取检材做组织学检查、毒物分析以及牙痕鉴定等。

5. 儿童性虐待的检查　儿童性虐待(childhood sexual abuse)存在于世界各地,它对儿童、青少年身心健康和社会适应能力造成的伤害可以持续到成年期,甚至影响被虐待者一生。据统计,美国约有20%的成年女性和5%~10%的男性,在儿童期经历过不同形式的性虐待。

儿童性虐待的临床表现主要在生殖器、肛门及其周围的损伤,主要表现为不同程度的损伤和损伤愈合的不同阶段,具体可表现为行动困难、阴唇皮肤增厚或色素沉着、青春期前女孩阴道开口水平直径超过4mm、撕裂伤、出血或污秽、阴道分泌物、反复尿道感染、肛周或会阴的撞击伤、肛门的反射性扩张和括约肌松弛等。

(三)虐待儿童的法医学鉴定

对虐待致死案例的鉴定,应详细调查案情,全面检查各种伤痕,分清损伤的次数、时间、损伤种类和程度,判断虐待手段及死亡原因。对虐待儿童致死的案例,要与意外事故所造成的死亡相鉴别。如由床上、椅子上或楼梯上摔下;将炉火上的沸水拉翻,造成烫伤或烧伤等。

根据尸体解剖及X线检查,结合死前临床(或案情)资料,如果查出反复发生的新旧不等的损伤,包括多发性骨折、软组织损伤、内脏器官破裂以及颅脑损伤、硬脑膜下出血,也可作为虐待儿童综合征的鉴定。

虐待儿的死因常由多种虐待伤联合构成,而每一案例又有不同的主要死因。常见的有硬脑膜下出血、脑压迫、脑疝;肝、脾、胃肠等腹腔内脏器官破裂致失血性休克;肺破裂;闭合性气胸等导致窒息;软组织损伤并发感染;饥饿、寒冷或高温损伤;还有的死于毒物中毒,需要进行毒物检验或筛查。

虐待儿损伤，还可与先天发育异常，自然性疾病或意外事故性伤害并存，也可能包含性虐待，在鉴定时应予以注意。

　　儿童性虐待至今尚没有一个普遍接受的定义，一般仍沿用 1978 年 Schechter 等所提出的"儿童性虐待是指对未独立的、发育不成熟的儿童和少年进行他(她)们不能理解和不能抗拒或违反家庭戒律的性活动"。性虐待的内容包括对生殖器和(或)肛门的窥查、玩弄、手淫、性交、口 - 生殖器接触、口 - 肛门接触、有害的卫生护理(不卫生或过分卫生)等。较早的报告受虐待儿童均为大儿童，以后的报告年龄有所下降，Kempe 等报告的 0～5 岁在近几年内由 5% 升至 25%。Hobbs 等报告的确诊性虐待 337 例的高峰年龄为 3～5 岁。在性别方面，女孩比例明显大于男孩。

二、虐待老人死亡

(一)案件特点

1. 虐待老人的概念　英国虐待老人研究组织将虐待老人定义为："虐待老人是指在本应相互信任的关系中发生的对老人的一次或多次不恰当的、并致使老年人受到伤害或处境困难的行为，或以不采取适当行动的方式致使老年人受到伤害或处境困难的行为"。虐待老人长期以来一直被视为私人问题而躲避公众的关注，虐待老人(mistreatment of older people)一词意思同"elder abuse"，最初出现在 1975 年英国的巴克尔医生在发表的《虐待祖母》(granny battering)一文中。随着社会人口老龄化的到来，虐待老人已成为家庭暴力的一种新现象。这不仅是政府需要关注的社会问题，也是医学界要关注和研究的"医学 - 社会问题"。

2. 虐待的行为方式　虐待老人可以是躯体上的，也可以是心理上的(包括精神上的和口头上的攻击)，还可以是经济或其他物质上的虐待。英国虐待老人研究组织将虐待老人分为 4 种类型：①身体虐待：包括暴力行为、不适当的限制或禁闭、剥夺睡眠、饮食等；②精神虐待、心理虐待或长期口头侵犯：包括那些贬低老年人、伤害老年人、削弱老年人的个性、尊严和自我价值的言词和交往；③经济剥削或物质虐待：包括非法使用或不适当地使用或侵吞老年人的财产或资金；强迫老年人更改遗嘱或其他法律文件；剥夺老年人使用其控制个人资金的权利；经济骗局以及诈骗性计划；④疏于照料：如不提供适当的食物，干净的衣服，安全、舒适的住所，良好的保健和个人卫生条件；不提供必要的辅助用品；未能防止老人受到身体上的伤害；未能进行必要的监护。

(二)法医病理学检验

法医病理学对虐待老人的研究主要集中于身体虐待，其中主要包括暴力性损伤和饥饿。

1. 尸表检验　尸表可见：①暴力性损伤痕迹如软组织损伤、骨折、内脏器官损伤以及面部五官损伤，其中以软组织损伤和骨折最为常见，并且损伤可见于身体各部位；②饥饿致死的老人尸体，极度消瘦，重度营养不良，肌肉明显萎缩，皮下脂肪减少甚至完全消失，肌肉松弛可出现腹部膨隆，呈蛙状腹，体重可减轻 40%～50%；③皮肤色泽变深、干燥起皱。

2. 尸体解剖　检验持续饥饿死亡的尸体解剖可见：①可出现全身水肿或消瘦，严重者则可出现胸腔积液和腹水；②高度贫血，血液黏稠；③内脏器官、内分泌腺、骨髓和淋巴等萎缩；④肠胃空虚、壁薄，胃黏膜可有出血；⑤胃内有时可见泥沙、树叶等异物。

(三)虐待老人的法医学鉴定

1. 怀疑暴力虐待　对怀疑暴力虐待老人致死的法医学鉴定，应详细询问案情，了解被虐待的事实，同时通过尸表及 X 线检查发现各种损伤，分清损伤的新旧、损伤种类和程度，并与自然疾病或意外灾害的损伤相鉴别，从而判断虐待手段及死亡原因。

2. 怀疑饥饿虐待　对怀疑以饥饿手段虐待老人致死的法医学鉴定，除要询问监护人外，还要向知情者进行调查,并收集受虐老人的病例资料,明确被鉴定人有无器质性或精神性疾病,以及被鉴定人的个人营养情况。确定是否有饥饿、饥饿的程度以及饥饿的原因。对于饥饿死的尸体,应及时进行尸体解剖、毒物分析检验等,以确定死因,明确死亡与疾病或饥饿的关系。

三、虐待女性死亡

有关性别与家庭暴力的关系,在学术界已经争论了很长一段时间。争论的一方认为,女性和男性遭受家庭暴力的比例是相同的。而另一方则认为,女性遭受家庭暴力的危险性明显高于男性。据美国的调查发现,无论是哪个时期或是以何种方式,女性遭受家庭暴力的危险性明显高于男性。在我国,据中国妇女联合会权益部门的统计,丈夫对妻子实施家庭暴力的占绝大多数,家庭暴力受害者中90%~95%是女性。

根据女性遭受虐待的部位和方式,可以将女性受虐待的分为3种情况:躯体虐待、性虐待以及精神虐待。法医病理学的研究重点一般为前两种情况。

1. 受虐死亡的组织学改变

(1)躯体虐待致死:①损伤类型主要表现为挫、擦伤,多为拳脚所致;②其次表现为挫裂伤和骨折,多系持家中存在的用品如菜刀、拖把、锄头等打击所致,损伤部位以头部、内脏器官、四肢最多见,甚至毁容。

(2)性虐待致死:①衣裤可能被撕破,同时衣裤上也可能沾有现场的泥土、稻草、树叶、血痕、精斑等,收集这些证物与现场进行比对,可以判断作案的原始现场。②被害人的大腿内侧、乳房、上臂、腕部和膝盖等处可能有指甲抓伤、咬伤或咬痕,受虐女性的乳房、会阴等性器官的损伤。③检验处女膜是否破裂,对判断是否有过性行为很有价值,但不能证明是否被性侵犯或遭受性虐待。同时由于部分女性处女膜肥厚而坚韧、富于弹性,不易破裂,在遭受性侵犯时可能没有发生破裂,因此处女膜检验无破裂,不等于没有发生性交,不能排除遭受性虐待。④精液(斑)检验:一般情况下,性虐待均有射精,因此阴道内检出精液很重要。此外,往往在被害人的外阴部、大腿内侧、下腹部、裤裆、衣物、床单等处也可检到精液(斑)的遗留。⑤必要时也应对肛门和直肠进行检查,因性虐待时侵入受害者直肠可导致肛管裂伤、肛周擦伤及直肠张力降低。

2. 受虐死亡的法医学鉴定

(1)躯体虐待的法医学鉴定:对受虐女性进行法医学鉴定,应详细调查案情,在进行全身尸体检查时,要利用照相等方法收集、固定、保存证据,同时还要对损伤的种类和程度、是否为反复伤以及致伤物进行鉴定,并要与自然疾病或意外灾害的损伤以及造作伤相鉴别。要确定真正的死亡原因。

(2)性虐待的法医学鉴定:应详细调查案情,了解性虐待经过情况,如发生的现场、时间。同时应注意性虐待的证据采集,主要包括以下几方面:①受害者在受到性攻击时衣服上的血迹、污物、可疑精液斑痕;②拍摄或绘图记录身体在受到性攻击时所发生的撕裂伤、擦伤和其他损伤;③收集可疑施暴者的阴毛等。

第三节　杀　婴

杀婴(infanticide)是指非法使用暴力手段剥夺分娩过程中或娩出后不久的已具有生活能力的新生儿生命的行为。胎儿或新生儿也可因其本身的疾病或母亲的疾病,或在分娩过程中遭受损伤而死亡,这类死亡属于自然死亡,不属于杀婴的范围。

杀婴有积极、消极两种类型。积极杀婴是一种暴力犯罪,由于重男轻女的影响,杀害女婴比较多见,常见死亡原因为窒息死亡,如使用湿纸、布、枕头、棉被等物体堵塞口鼻部;压迫胸腹部;扼、勒颈部;以及溺死、机械性损伤致使婴儿死亡。

消极杀婴指故意不看护新生儿,不给新生儿喂奶或保暖致其死亡;还有将新生儿丢弃、隐藏在野外或路边致其死亡。

杀婴的法医学鉴定包括以下几方面：①首先鉴定活产、死产。尸体检验时通过肺浮沉试验、胃肠浮沉试验了解有无气体进入肺组织内及胃肠道内；解剖时提取婴儿肺组织在光学显微镜下观察肺组织是否扩张，以及肺组织含气状况。综合前述检验情况分析婴儿出生时是否存在呼吸功能，进而评定婴儿属活产或死产。②检查婴儿的发育、成熟程度。③推断婴儿出生后存活时间及死后经过时间。④死亡原因分析。

一、活产与死产的鉴别

判断新生儿是活产或死产的主要依据是胎儿出生后在母体外是否进行过呼吸，已呼吸过的为活产，未呼吸过的为死产。但不可将活产和生活能力相混淆。因为有足够生活能力的胎儿可以是死产，如因宫内呼吸窘迫致死；相反，无生活能力的胎儿，如畸形或未成熟儿，可以是活产，而后死亡。胎儿在母体子宫内生活时，含氧及营养物质的血液来自胎盘，肺无功能，故肺泡未扩张，肺组织似肝样呈实体状。出生后，胎盘循环中止，此时胎儿即行呼吸动作，肺就发生重要而明显的改变。活产儿不但能将空气吸入肺内，同时也将空气咽入胃肠道内，使胃肠道发生改变。未呼吸过的肺容积小，呈萎缩状居于脊柱的两侧，或贴附于胸腔后壁，边缘锐薄，表面光滑，其性状颇似肝，无弹性，无捻发感，重量小，一般为 28～39g，呈均匀的暗紫红色，血量小时呈淡红色；切面颜色一致，压之流出小量血液。光镜下见支气管和肺泡均未扩张（图 16-1）。已呼吸肺肺容积增大，重量增加，重约 62g，因呼吸建立时流入肺内的血液增多所致，两肺前缘遮盖部分心脏，边缘钝圆，颜色较浅，表面显大理石样纹，触之有弹性和捻发感；切面也呈大理石样，压迫时有血性气泡逸出。光镜下见支气管和肺泡已经扩张。肺泡壁变薄，肺泡壁毛细血管扩张，血液丰富（图 16-2）。呼吸微弱的肺，部分支气管及肺泡扩张，呈散在性分布。

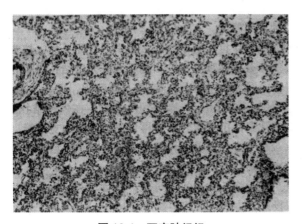

图 16-1　死产肺组织
未呼吸的肺示肺泡未扩张

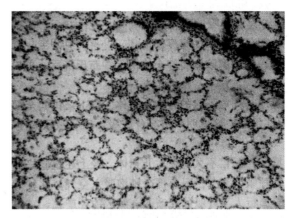

图 16-2　活产肺组织
已呼吸的肺示支气管和肺泡已经扩张

确定新生儿曾否呼吸，最常用的方法是肺浮扬试验（hydrostatic test of the lungs）和胃肠浮扬试验（hydrostatic test of the stomach and bowel）。同时，也应作肺的组织学检查，它不仅可以确定有无肺泡扩张及扩张的程度，以此证实有无呼吸，而且有时还可以查见病理改变以及肺内异物（如羊水成分或外界溺液成分），以助确定死因。

（一）肺浮扬试验

未呼吸的肺，因肺内不含空气，呈实体状，比重为 1.045～1.056，投入清冷水中即下沉；已呼吸的肺含有空气，肺的体积增大，比重小于 1，投入清水中不下沉。应用这一原理判定有无呼吸，称肺浮扬试验，据此可以确定新生儿是否曾经有过呼吸运动。这是判断新生儿是否活产的重要依据。胎儿出生后开始呼吸，经过哭喊伴随强度的深呼吸，全部肺泡扩张，肺表面膨隆。

1. 17 世纪起由德国法医学者首先采用。按常规解剖方法打开胸腹腔，分离颈部软组织。首先在喉头下方和膈肌上方分别结扎气管和食管,并在食管结扎上方切断。然后将舌、颈部器官连同心、肺等一同取出,并投入冷水中,观察是否上浮、上浮的部位及其程度。如其下沉,则先切除心脏,在气管结扎上方切断颈部器官,将肺连同气管投入水中观察浮扬情况。然后再切离肺门部的支气管,将左、右肺及其各叶切取的肺小块分别投入水中进行试验。再剪开支气管,检查黏膜和内容物,必要时取内容物作涂片检查。顺次分离各肺叶,并分别投入水中观察浮扬反应。最后将各肺叶的不同部位剪取数小块肺组织投入水中观察。将各肺叶作切面检查,已呼吸的肺切面有鲜红色、泡沫状血液溢出。再以手挤压使气体逸出(或将小块肺组织包在毛巾内,绞挤毛巾后,取出再投入水中观察反应),如为已呼吸的肺则虽被挤压,部分空气逸出,但仍上浮。如果浮起,还应注意尸体有无腐败,如已腐败则将肺小块用干纱布压挤后,再投入水中(图 16-3)。

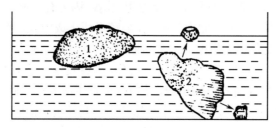

图 16-3　肺浮扬试验
1. 阳性(上浮);2. 部分阳性(上浮),部分阴性(下沉)

2. 结果的判定

(1)全部阳性反应:新鲜的新生儿尸体,全部肺连心脏一起上浮,颈部脏器沉下,说明肺已充分呼吸,可以确证为活产。

(2)部分阳性反应:新鲜的新生儿尸体,如全肺上浮,而个别部分的小块下沉;或全肺下沉,而个别部位的小块上浮。此种情况应按具体情况进行综合分析判断。可能存在以下情况。

1)活产儿:①原发性肺膨胀不全:由于新生儿呼吸运动微弱,于出生后不久即死亡,以致部分肺尚未扩张。②继发性肺膨胀不全:新生儿曾有呼吸动作,但因支气管或细支气管被吸入的异物所堵塞,空气不能进入肺泡,肺泡内已有的气体被吸收而成萎陷状态,致使该局部浮沉试验呈阴性反应;或因肺炎等肺部疾病,使局部肺组织下沉。

2)死产儿:①有时对死产儿进行人工呼吸,以致部分肺因含有气体而上浮。故需结合尸体其他检查所见及案情调查,加以分析判断。②未经呼吸的死产儿,因尸体腐败,肺内的腐败气体亦可使肺上浮。此时可先压挤肺脏,使腐败气体逸出,然后再投入水中,则肺下沉。同时,尸体其他部位亦可见腐败,肺泡壁已破裂时,则真假难辨。

(3)全部阴性反应:新鲜的新生儿尸体,若全部肺下沉,说明空气尚未进入肺内,新生儿未曾呼吸过。这种情况,可以推测为死产儿。

如果是活产儿但肺浮扬试验呈阴性反应,常见原因如下:

1)未成熟儿呼吸功能不全,出生后死亡者,即使曾经呼吸,但肺泡内仅有少量空气,于死后被组织所吸收;

2)坠落产新生儿吸入便桶内容物而窒息死亡者。应进行组织学检查,以便进行鉴别。

(二)胃肠浮扬试验

胃肠浮扬试验是肺浮扬试验的辅助试验。由于新生儿呼吸运动时也将部分气体咽入胃内。随着时间的推移,空气逐渐由胃进入十二指肠和小肠,也可以检出。根据胃肠内有无空气,可辅助判断是活产还是死产。同时,根据空气分布的部位可以推测新生儿生存的时间。但是,如尸体已腐败则胃肠浮扬试验完全无价值。

1. 检查方法　按常规剖开胸腹腔,依次结扎贲门、幽门、十二指肠上下端、空肠、回肠及结肠,然后分离肠系膜,将胃肠全部取出,投入水中,观察浮扬情况(图16-4)。如胃及部分肠管上浮,可将下沉部位的肠管作多段双重结扎,并分别剪下单独作浮扬试验。如此检查,可以得知空气进入哪一段肠管,进而可推定胎儿出生后的生活时间。假如胃肠全部下沉,在幽门部作双重结扎,将胃取下,投入水中,如仍然下沉,则在水中将胃壁作一剪口,观察有无气泡逸出;同样在水中将各段肠管分别也各作一剪口。观察有无气泡逸出。

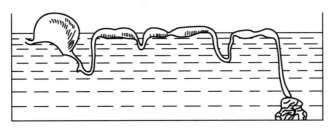

图16-4 胃肠浮扬试验(阳性)

2. 结果的判定 ①死亡不久的新生儿尸体的肺和胃肠浮扬试验均呈阳性反应,可证明是活产;②肺和胃肠都不含空气,试验均呈阴性反应,可推测是死产;③部分肺或整个肺含有空气,而胃肠内不含空气,结论是已呼吸过的活产,但生活时间很短即死亡;④肺全部下沉,而胃或部分肠管含气上浮,这种情况极少见,可能因异物堵塞呼吸道,致使肺脏发生继发性膨胀不全,原已吸入的少量空气被吸收,故肺浮扬试验呈阴性。此时空气已经咽下,胃肠上浮,说明曾经呼吸过。

二、新生儿存活时间的确定

根据分娩后存活婴儿的各种特征的出现或消失,可以确定为新生儿,并可推定其存活的时间。

1. 皮肤 皮肤上黏附羊水和血液,肛门周围及大腿部有胎便,可证明是新生儿。但是,如胎儿娩出后已经洗浴,或尸体有损伤,其体表沾染血液,此项检查可能无意义,必须检查其他指征。新生儿皮肤附着胎脂,胎脂由体表分泌的皮脂、脂肪酸结晶及上皮细胞构成,呈灰白色泥土样。当胎儿出生时因通过产道的摩擦,大部分胎脂已经脱落,但在腋窝、腹股沟、耳后、颈部等部位的皮肤皱褶处或关节屈侧尚有残留。成熟儿皮肤紧张、丰满,出生5～6小时后出现显著红晕,称新生儿红斑;1～2日后红斑消退,同时脱皮;2～3日出现轻度新生儿黄疸,即皮肤和巩膜上出现程度不等的黄染;第4～5日黄疸加深,皮肤呈棕黄色;第7～10日黄疸自然消退,有时可延长,特别是未成熟儿黄疸较重者黄疸可迟至生后14～30日消退。

2. 脐带 观察脐带的外表变化,可以推测出生至死亡的间隔时间。出生后不久死亡的新鲜尸体,脐带湿润柔软,有光泽,呈灰白色,蜡样,在脐带根部无明显分界线,这是法医学上判断新生儿的主要特征。6～12小时,脐带根部组织发生轻度炎症反应;24～36小时出现一圈明显的红色分界线称炎症环;第2～3日此处显著发红肿胀,同时脐带从游离端的血管内膜逐渐增厚闭塞至脐根部,并逐渐干燥而皱缩呈黑色;至第5～8日脐带全部干燥萎缩、脱落;第12～15日形成脐窝;经3周全部瘢痕化。检验时应仔细观察脐带的残端,是否有发炎和化脓等,必要时应做细菌培养。

3. 产瘤 在分娩过程中,胎儿先露部的部分软组织受到强力压迫,使不受压的先露部发生淋巴液及血液瘀积,形成局限性皮下组织水肿,出现瘤样突起,称产瘤(caput succedaneum),亦称胎头水肿。产瘤多见于颅顶部或顶枕部,亦可发生于臀部,触之如黏土样感。分娩后数小时开始缩小,1～2日或2～3日内消失。无血液循环的死产儿不发生产瘤。尸检时,切开产瘤部分,可见疏松的皮下组织充满液体,状似胶胨,周围界限不清,有波动感。产瘤不局限于一块颅骨,可越过骨缝或囟门而波及其他颅骨,其骨膜下常伴有点状出血。

4. 胎头血肿 当胎头通过产道受到强力压迫,或因胎头负压吸引和产钳手术等,致颅骨外的软组织与骨膜剥离,骨膜下的小血管破裂,血液瘀积在骨膜下形成血肿,称为胎头血肿(cephalohaematoma)。

血肿在刚分娩后不明显,产后数小时到二三天内逐渐增大,数周后消失。血肿的中心部有波动感,周围有堤状质硬的隆起,无移动性,并常以一块颅骨的边缘为界限,而不越过骨缝或囟门而波及另一块颅骨,此点有别于产瘤(图16-5,表16-1)。

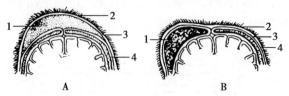

图 16-5 胎头产瘤与胎头血肿
A. 胎头产瘤:1. 血清;2. 头皮;3. 骨膜;4. 颅骨
B. 胎头血肿:1. 血肿;2. 头皮;3. 骨膜;4. 颅骨

表 16-1 胎头水肿与胎头血肿的鉴别

项目	胎头水肿	胎头血肿
部位	先露部皮下组织	骨膜下
范围	不受骨缝限制	不越过骨缝
出现时间	娩出时即存在	产后2~3天最大
消失时间	产后2~3天	产后3~8周
局部特点	凹陷性水肿	波动感

5. 胎便 新生儿的小肠下段及全部大肠充满黄褐色至暗绿色胎便,胎便黏稠如泥状,可以确定为新生儿。胎儿一般出生后10小时开始排便,4天才能排净。但必须注意勿把食物形成的粪便误认为胎便。显微镜检查,胎便的主要成分为肠黏膜分泌的黏液,特殊成分是胎便小体(meconium corpuscle)。胎便小体是圆形或卵圆形的褐绿色小体,直径20~40μm,无明显结构,有时呈颗粒状。胎便中还含有胆汁及羊水成分,包含角化上皮细胞、毳毛、脂肪球等。

6. 胃肠内容物 胃内如有血液或胎便,证明分娩时胎儿是活的。胃内如有乳汁,证明已经哺乳,存活1天以上时,注意勿将黏液误为奶汁。奶汁含脂肪而黏液无脂肪。开始呼吸时,胃内即咽入空气,30分钟后空气进入十二指肠,约6小时可越过小肠,进入全部大肠需24小时以上。

7. 新生儿循环系统的变化 自胎儿出生后开始呼吸,肺循环代替了胎盘循环,脐静脉、脐动脉、动脉导管、静脉导管及卵圆孔开始发生器质性变化,经过数日、数周或数个月,其内腔缩小、闭锁,变成相应的韧带,分别称脐静脉索、脐动脉索、动脉导管索、静脉导管索。卵圆孔闭锁需要数个月,也有永久开放的。

三、新生儿存活能力的确定

胎儿出生后能够继续维持生命的能力,称生活能力或生存能力。确定新生儿有无生活能力,关键在于胎儿的发育程度,即成熟程度。

(一)新生儿发育程度判断

新生儿有无生活能力,亦即胎儿在离开母体后能否继续生活,关键在胎儿的发育与成熟程度,能够继续生活就是具备了生活能力。通常是以妊娠月数或周数来表示胎儿发育程度。妊娠10个月(即40周)的胎儿便完全成熟,称成熟儿。但一般认为妊娠8个月(满30周)以后的胎儿,经适当的护理与哺育就有生活能力。凡胎龄超过28周而未满37周出生的活产婴儿为早产儿(preterm infant),又称未成熟儿(premature),其体重在1000g以下的出生后多不能存活。据世界卫生组织规定,不论妊娠月数,凡体重在2500g以下的早产儿或弱体质儿,总称为未成熟儿。作为生活能力界限的7个月未成熟儿的特征在法医学上较为重要。但胎儿如有严重畸形,则虽足月亦无生活能力,如无头儿、无脑儿、消化道闭锁以及其他生命重要器官的重度畸形等。

1. 体表及皮肤特征　成熟的新生儿皮下脂肪发育良好，身体变圆，皮肤紧张、丰满，面部皱纹消失。头发长 2～3cm，后囟闭合，前囟开放。鼻软骨及耳软骨发育良好，触之硬、有弹性。指甲超越指尖，趾甲达于或超越趾端。男性睾丸已经下降至阴囊内，女性大阴唇发育良好，彼此接触，并掩盖小阴唇。胎粪出现于大肠下端。

未成熟儿皮下脂肪发育不充分，皮肤红而皱。头发短而稀少，毳毛丰富，分布全身。指甲未达指端。男性睾丸降至腹股沟管中或已降入阴囊内，女性小阴唇及阴蒂突出于大阴唇之间。

2. 身长、体重和胎头径线　测量新生儿的身长及体重可推定其胎龄。

按照妇产科学理论，胎儿身长的增加速度比较恒定、均匀，故常以身长作为判断胎儿月龄的依据。法医学对推定新生儿的月龄，也认为测量身长比体重更准确。因为死后变化对身长影响小，而体重由于死后水分蒸发及腐败，每日可减轻 6～25g；如死后放入水中在两周内吸收水分，可使体重增加 14%。但是，由于腿的长度不同，因而测量坐高又比身长更准确。

胎头各径线（枕额径、双顶径、双颞径、枕颏径、枕下前囟径等）的增长一般与胎儿体重增长相一致，其中以胎头双顶径值较有意义。根据超声波测定，妊娠 26～36 周的双顶径值平均每周增加 0.22cm，妊娠 36 周后增加速度逐渐减慢。双顶径值 9.3cm 为胎儿成熟的标志。

3. 化骨核形成　化骨核（ossification center）是骨内开始化骨之处，又称骨化中心或骨化点。化骨核形成时间各不相同，胎儿在出生前约 11 周有化骨核 806 个，以后逐渐发育融合，等出生时已下降到约 450 个，到成人骨骼时仅有 206 个。由于化骨核的出现、发育和消失的过程有一定时间顺序，故法医学上个人识别常用放射照相法测定骨骼化骨中心的数目、大小和愈合情况，作为对骨骼成熟程度的评价，这是判断骨龄的较好指标。而确定新生儿成熟程度常以股骨化骨核形成作为最可靠的重要标志。10 个月的胎儿股骨下端骨骺内可见到海绵状圆形或椭圆形的化骨核形成，直径约 0.5cm（图 16-6）。尤其在尸体腐败时，应用化骨核推定胎龄月数较有价值。跟骨在第 5 个月末、胸骨柄在第 6 个月末、距骨在第 7 个月末、股骨下端及骶骨在第 9 个月末出现化骨核。

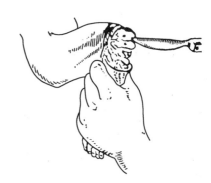

图 16-6　新生儿股骨下端化骨核检查法

4. 胎龄估计胎儿发育　描述胎儿的发育特征以周（7 天）计算。

妊娠 8 周末，胚胎初具人形，头大占整个胎体的一半。可分辨出眼、耳、鼻、口，四肢已具雏形。

妊娠 12 周末，胎儿身长约 9cm，体重约 20g。可以清楚看见胎儿的手和足。外形上可以辨别性别。

妊娠 20 周末，胎儿身长约 25cm，体重约 300g，皮肤暗红，全身有毳毛。

妊娠 28 周末，胎儿身长约 35cm，体重可达约 1000g。如果此时出生的胎儿，在特殊的护理下有可能生存。

妊娠 36 周末，胎儿身长约 45cm，体重约 2500g。如果此时出生，基本可以生存。

妊娠 40 周末（280 天），妊娠已足月，胎儿已发育成熟。身长约 50cm，体重约 3000g。外形丰满，皮下脂肪多，指（趾）甲已达指（趾）尖端。男性胎儿睾丸多已下降，女性胎儿大小阴唇发育良好。

5. 肺的组织学特征　根据肺的组织学结构，也可推测胎儿月龄。Ham 认为：胎儿前 5 个月肺组织如腺样，管壁衬以立方至柱状上皮细胞。第 5 个月后，肺泡发育成腺样结构。以后壁上出现毛细血管，肺泡逐渐变大，并成为多角形。这种发育发生于子宫内，此时肺泡内充满羊水。但分娩后开始宫外呼吸时，肺泡更形扩张，液体被空气取代。Ham 认为：部分羊水经上呼吸道排出，部分从肺泡吸收。肺组织的显微镜检查对测定胎儿月龄有一定的意义。

（二）影响成熟儿生存的因素

影响成熟儿生存的因素很多，除各种暴力因素导致的堕胎和杀婴外，有时可因胎儿有足以致死的高度畸形,严重的疾病或重度分娩障碍,亦可影响其生存能力。有时在妊娠晚期或分娩前应用某些药物亦可对胎儿或新生儿造成不良影响,例如孕妇使用抗凝药双香豆素及华法林治疗血管内栓塞,可引起胎儿死亡和脑出血;使用吗啡作为强镇痛剂或治疗心源性哮喘,可引起呼吸中枢抑制,致胎儿在分娩时发生重度窒息,甚至死亡。

四、新生儿死亡原因鉴定

新生儿的死亡原因鉴定关系到是杀婴或非法堕胎或自然死亡。新生儿的死因可分为自然死亡及非自然死亡两大类。

1. 自然死亡　自然死亡又称非暴力死亡,可发生在分娩前,分娩中和分娩后。

(1) 分娩前胎儿死亡原因:分娩前胎儿死亡多与母体疾病、胎盘或胎儿疾病有关。如母亲患严重的心脏病、急性传染病、妊娠高血压综合征、严重的肺结核病、艾滋病并发肺部感染、肾脏病或子宫疾病等。母体中毒或严重的腹部外伤等也可导致胎儿死亡。胎儿宫内窘迫及胎儿畸形是围生期死胎的主要原因。

(2) 分娩中胎儿死亡原因:分娩过程中,由于脐带受压、脐带绕颈、脐带扭结、脐带过短、产程过长或胎盘早期剥离、胎盘纤维素样坏死、胎盘出血、胎盘重度钙化等,可使胎盘血液循环障碍,导致胎儿缺氧,发生宫内胎儿窘迫。有时胎儿经过产道即开始呼吸,吸入羊水、血液和胎便而窒息死亡。分娩中胎头在产道遭受强力压迫,可发生颅骨凹陷或骨折、颅内出血(颅内血肿)及小脑幕撕裂等引起胎儿死亡。

(3) 分娩后新生儿死亡原因:分娩后的非暴力死亡可由于新生儿本身无生活能力、重要器官(脑、心、肺等)的严重畸形、新生儿肺炎、肺出血、新生儿肺透明膜病、羊水吸入、吸入性肺炎、新生儿蛛网膜下腔出血、颅内出血、新生儿出血症、溶血症、败血症、新生儿产伤性疾病、新生儿衣原体感染、呼吸窘迫综合征的延续等。羊水或血液吸入及羊膜堵塞口鼻,亦可导致窒息死亡。

2. 非自然死亡　非自然死亡又称暴力死亡,可分为故意杀婴以及意外灾害两大类。

(1) 故意杀婴:分为积极杀婴和消极杀婴。①积极杀婴:是杀婴的主要形式。用机械的或化学的暴力使胎儿受到致命性伤害。常用机械性窒息手段杀害,如扼死、勒死、溺死、闷死和异物堵塞口鼻或呼吸道,也有采用机械性损伤手段杀害,如用钝器打击头部,用锐器刺入大囟门或心脏,少数用剧毒药注入囟门。②消极杀婴:胎儿分娩后,故意不采取保温或护理措施,任其冻死、饿死。也有切断脐带不进行结扎,有意撕断脐带,或任由胎盘、脐带与新生儿相连,不予处理,导致失血死亡。从尸体检查判明消极杀婴的死因是有困难的。

(2) 意外灾害:新生儿不是因疾病死亡,也不是故意杀害,而是由于疏忽大意或其他事件造成的意外死亡。如父母熟睡时,手臂或大腿压在新生儿的胸部;母亲在睡眠状态下哺乳,可因乳房或棉被捂压婴儿口鼻而窒息死亡。有时经产妇分娩过程急速,又称坠落产,胎儿坠落在地上,发生头颅损伤或坠落在便桶内,吸入粪水而窒息死亡。坠落产多见于经产妇,初产妇极为罕见。但有的产妇故意将婴儿抛入粪桶内溺死,然后伪称如厕时发生坠落产意外,故应注意鉴别(表16-2)。

表16-2　坠落产与非坠落产的鉴别

坠落产	非坠落产
骨盆宽,未成熟儿	骨盆窄,头围正常的成熟儿
经产妇	初产妇
常见会阴裂创	会阴裂创少
无产瘤	可有产瘤
婴头变形少	婴头变形明显
脐带断端撕裂	脐带断端平齐

本章小结

本章主要介绍了家庭暴力,虐待和杀婴的定义、特点以及法医学鉴定要点。

家庭暴力和虐待是发生在家庭成员之间的不法侵害行为。违法侵害手段多样,对受害人身体、精神、心理均可造成严重伤害。虐待除采用积极作为的伤害行为外,还包括消极的不作为行为。家庭暴力可以发生一次或多次;虐待行为则是经常发生或持续存在的。在法医学实践中,家庭暴力往往与虐待合并存在。法医学检验主要是判断机械性损伤是否由他人故意伤害所致,有无反复多次受伤,有无伤害行为所致的营养不良、身心发育障碍、情感异常等。

杀婴指非法使用暴力手段或不作为剥夺分娩过程中或娩出后不久的已具有生活能力的新生儿生命的行为。法医学工作实践中,对可疑杀婴的案例,需要通过婴儿尸体和胎盘、脐带等妊娠附属物的检验,判断新生儿是否是活产,其发育、成熟程度及生存能力,婴儿出生后存活时间。最后根据检验结果推断婴儿的死亡原因。在确定死亡原因时,应注意与胎儿或新生儿因其本身或孕母的疾病,或在分娩过程中发生意外死亡进行鉴别。

关 键 术 语

家庭暴力(domestic violence)

虐待(abuse)

杀婴(infanticide)

思 考 题

1. 新生儿存活时间判定的依据有哪些?
2. 请述肺浮扬试验及胃肠浮扬试验的概念及结果评价。
3. 新生儿的死亡原因确定依据是什么?
4. 请述虐待儿童案件的特点及尸体检验应注意事宜。
5. 请述家庭暴力的概念及特点。
6. 请述性虐待的法医学检查要点。

(陈晓刚 刘 敏)

参 考 文 献

1. 林蓉,刘伟佳,张维蔚,等.广州市儿童家庭虐待现状及其影响因素分析.中国儿童保健杂志,2011,19(1):21-23.
2. 肖霖,王庆妍,蒋芬,等.老年人虐待问题研究进展.中国老年学杂志,2015,35(7):2012-2014.
3. 王盛.浅析我国的家庭暴力及其法律对策.法制博览,2015,2:233-234.
4. 李金磊.试论家庭暴力及其法律对策.中国外资,2012,257:207-208.
5. 章丽霞.少女积极杀婴2例.四川警察学院学报,2013,25(3):25-27.
6. 魏明,朱金龙,张露,等.苏州7例杀婴案法医学分析.法医学杂志,2014,30(1):41-43,46.

第十七章 猝 死

学习目标

通过本章的学习,你应该能够:

掌握 猝死的概念及其特点;冠状动脉粥样硬化性心脏病、高血压心脏病的病理变化、猝死机制及法医学鉴定;脑血管疾病、颅内肿瘤、肺炎、急性出血性坏死性胰腺炎、羊水栓塞症的病理变化、猝死机制及法医学鉴定;青壮年猝死综合征、婴幼儿猝死综合征的法医学鉴定。

熟悉 猝死常见的原因;心瓣膜病、心肌病、病毒性心肌炎、肺动脉栓塞、传导系统性疾病、主动脉瘤的病理学变化、猝死机制及法医学鉴定。急性消化道出血、急性弥漫性腹膜炎、异位妊娠、糖尿病的病理学变化、猝死机制及法医学鉴定。

了解 冠状动脉口狭窄、马方(Marfan)综合征、克山病病理学变化及鉴定要点。妊娠高血压综合征概念;低血糖症、嗜铬细胞瘤、原发性慢性肾上腺皮质功能减退症的概念和猝死机制。

章前案例 ▶

王某,男,21岁,某工厂的仓库保管员,于某年3月4日晚约6时被其哥报失踪。警方调取监控录像发现,王某于3月2日上午11时许进入仓库后一直没有出来;遂进仓库勘查,发现王某躺于物料发放室一角,衣着整齐,裤袋中的手机已关机,死亡时间约2天。仓库内未发现打斗痕迹,尸体旁有正在整理的物料和一个倒着摆放的塑料瓶。初步尸检见王某左前胸、右侧前臂、左小腿分别见约1.5cm×1.2cm、0.8cm×0.5cm、1.8cm×1.6cm范围的紫红色皮下出血(经调查,系因琐事纠纷于2月28日被同事殴打所致),未发现皮肤电流损伤迹象;内脏器官未发现机械性损伤征象;未发现机械性窒息征象。初步组织学检查亦未发现死者有明显的致死性器质性疾病。死者的哥哥遂高度怀疑王某死于外伤或中毒(他杀)。为查明死因,对现场的塑料瓶和王某的血液进行了毒物检验,未检测到常见毒药物成分;警方会同法医病理学者再次对王某的尸体进行了详细检验,发现死者存在先天性冠状动脉畸形,其左冠状动脉开口位置显著增高(于主动脉瓣缘上方0.8cm处的主动脉壁上),且开口直径狭窄(2mm)。

能否排除王某因暴力因素致死?是否属于猝死?猝死的病因是什么?其所受外伤与死亡的后果存在因果关系吗?这就是本案法医病理学鉴定需要解决的问题。如何才能确立猝死的法医学诊断?哪些疾病可以发生猝死?本章将引领你系统地学习猝死的病因、发病机制、病理变化、法医学鉴定要点。

猝死(sudden unexpected death)是由于机体潜在的疾病或重要器官急性功能障碍导致的意外的突然死亡。

猝死是21世纪人类社会及医学面临的挑战之一。在所有自然死亡的人数中,猝死约占10%或更多。我国于 2014 年发布的《中国心血管病报告 2013》指出，我国现患脑卒中至少有 700 万人；心肌梗死有 250 万人，每年新发心肌梗死 50 万人，每年死于心血管疾病人数达 350 万。流行病学调查显示我国猝死的发生率约为 40/10 万，美国每年超过 40 万人发生心脏性猝死。

第一节　猝死总论

猝死者往往貌似"健康"，预先没有任何征兆或仅有极轻微的几乎不会想到可能致死的症状或体征，于日常生活、工作或睡眠中，在出乎人们意料外的情况下发生突然死亡。但绝大多数的猝死是因潜在的器质性病变急速发展导致的不可逆转的结果，也有部分猝死的发生是由于人体重要器官的急性功能障碍所致，如心室纤颤等。由于意外和突然发生死亡，易引起人们对死因产生怀疑，故需经法医解剖鉴定死因以解除人们对死因的疑虑。由于目前仍有部分猝死的病因及发生机制尚未阐明，加之部分猝死难以发现明显的病理学改变，因而成为法医学鉴定工作的难点。

流行病学研究显示任何年龄均可发生猝死，多见于 35～70 岁及小于 6 个月的婴儿；男性多于女性，男女性别比约为 4.5∶1；从流行季节上看，1 月、5 月、7 月和 11 月份是心脏性猝死发生率较高的月份。

一、猝死的特征

猝死属于急速、意外的自然死亡，它的最根本属性就是自然性（即非暴力性）。猝死的主要特征如下。

（一）死亡的急骤性

猝死发生的经过时间（出现明显症状或体征至死亡的时段）很短，一般以 24 小时为限。在法医学实践中常见到猝死发生的经过时间极为短暂的案例，有的仅有几十秒钟，称之为即时死（instantaneous death）。

急骤性固然是猝死的特点，但并非特异。如某些暴力性死亡（氰化物中毒、交通事故等），同样具有快速的特点。

（二）死亡的意外性

死亡的意外性是猝死的另一个不可或缺的特点。意外性是指死者生前并未出现生命危险，客观体征也未显现出危重迹象，却发生突然死亡而让人们感到很意外，难以理解和接受，从而引起对死因的质疑。因此，在某种意义上，猝死的意外性更具有法医学意义。

（三）疾病的潜在性

由于疾病或生命器官功能障碍是潜在性的，猝死者生前通常无明显症状和体征而能进行正常工作和生活，或症状极其轻微而未能引起死者及家属的重视和注意，或者仅有轻微觉察但未预料到会危及生命。例如能够正常工作、生活的心肌病患者或心脏传导系统病变患者突发心脏功能紊乱引发急性心功能不全而突然死亡。还有一类猝死，尸检未能发现明显病变，推测属于生命重要器官急性功能障碍所致，其死因目前仍在研究之中，故称之为猝死综合征（sudden death syndrome）。

二、猝死的原因

欧、美流行病学资料表明，年龄大于 35 岁的人群中，猝死的年发生率约为 1%～2%，我国尚缺乏有关猝死发生率的大样本数据资料。统计学资料表明，半数以上的猝死无明显的发病诱因，部分猝死有可查证的诱因。结合临床医学以及猝死的流行病学资料，研究分析猝死发生的内在因素与外在因素，不仅具有法医学意义，对预防猝死的发生也具有重要意义。

（一）猝死发生的内在因素

体内重要器官存在的潜在性、致命性的疾病或重要器官急性功能障碍以及特殊体质，年龄、性别等，均可构成猝死的内在因素。

1. **体内潜在性疾病** 体内潜在性疾病是猝死的根本原因。几乎全身各系统的疾病均有导致猝死的可能性，但其发生率有较大差异。有资料表明，在成人猝死的统计中，心血管系统疾病占首位，呼吸系统或神经系统疾病居次，消化、泌尿生殖系统和内分泌器官疾病较少见，国外 Kuller 报道猝死中冠心病猝死占 61%。国内钱剑安统计了 542 例猝死资料，心血管疾病占首位，其中依次为冠心病、风湿性心脏病、心肌炎、心肌纤维化、高血压心脏病、心肌病、克山病、脂肪心、心包膜病、梅毒性心脏病、主动脉瘤破裂、心肌萎缩、先天性心脏病、心内膜弹力纤维增生、心脏黏液瘤等；第二位是中枢神经系统疾病；第三位是呼吸系统疾病。生殖系统疾病猝死中则女性显著多于男性（6.3:1），其中羊水栓塞症、产后大出血是青壮年孕产妇猝死的最常见死因。成建定等统计的 3770 例猝死案例中，以心血管系统疾病居首（1656 例，43.9%），其次是呼吸系统疾病（698 例，18.5%），中枢神经系统疾病（581例，15.4%）及消化系统疾病（375 例，10.0%）（表 17-1）。在蒋健报道的 476 例猝死中冠心病占 70.0%（表 17-2）。

表 17-1 猝死病例各系统疾病的构成

报告者	例数	心血管	呼吸	中枢神经	消化	泌尿生殖	其他
李德祥	1017	46.4	21.1	13.9	7.5	8.8	2.3
杨清玉	714	53.2	14.4	13.7	6.5	4.3	7.9
西安医学院	184	56.7	9.6	25.4	5.8	2.9	2.6
东京都医务院	1487	53.7	11.2	19.6	—	6.3	9.2
Lucke	285	23.8	18.8	22.4	—	—	35
成建定等	3770	43.9	18.5	15.4	10.0	9.6	2.6

注：前 5 项数据摘自李德祥资料，第 6 项数据摘自成建定、刘超主编的《猝死法医病理学》专著（表内各系统疾病数字为百分数）

表 17-2 476 例猝死资料死因分析

疾病	冠心病	肺炎	肺栓塞	肺心病	脑出血	恶性肿瘤	主动脉狭窄	主动脉瘤破裂	其他
例数	333	33	26	22	14	8	8	8	24
%	70.0	6.9	5.5	4.6	2.9	1.7	1.7	1.7	5.0

注：摘自钱剑安、蒋健主编《猝死》专著

2. **性别** 国内外多数统计资料表明猝死者男性显著多于女性，比例约为 4:1，可能与下列因素有关：①与体内性激素有关：青壮年猝死男性显著多于女性；研究发现雌激素对人体心血管系统有显著的保护作用；②与性情和不良嗜好有关：性情急躁者、嗜烟酒、暴饮暴食者男性显著多于女性；③与参加各种活动和体力劳动有关：男性青壮年户外活动多、社会交往广泛、精神和生理应激现象较为复杂，又多从事重体力劳动，故受影响较大。

3. **年龄** 猝死虽可发生于任何年龄段，但 30~50 岁为高峰期。

4. **种族与特异体质** 东南亚地区（如泰国、菲律宾、日本、中国等）的人群及旅居欧美的东南亚裔好发青壮年猝死综合征。猝死的内在原因通过系统的法医病理解剖与组织学检查大部分可以查明，但也有少部分通过系统的尸体解剖很难发现明确的病理学改变，多是由于生命重要器官急性功能障碍所致，这一类猝死通常被称为原因不明的猝死，是目前法医学界尚未解决的难题之一。

有学者认为：有颈动脉体异常、染色体异常、肾上腺皮质功能低下、甲状腺发育异常、胸腺肥大等特异体质的个体，在受到某些轻微刺激时可能突发生命器官功能障碍，甚至在没有明显刺激因素存在的情况下（睡眠中），也可产生危及生命的后果，但均需进一步的研究和探讨。

5．职业 猝死可见于各种不同职业，以工人和农民居多，尤其是生活在异地的民工猝死的发生率较高；其次为干部和文教工作者，而军人和学生则较少发生猝死；生活环境不安定、从事劳动强度较大可能是猝死的危险因素。

（二）猝死的诱发因素

临床医学及法医学实践证实，相当一部分猝死的发生具有明显的外在诱发因素。常见的猝死外在诱发因素如下。

1．精神、心理因素 愤怒、狂喜、悲伤、焦虑、恐惧、惊吓、争吵、情绪激动等因素是引发猝死的常见诱因。

案例 17-1 ▶

某施工现场，两青年工人发生激烈争吵，其中一人推了对方胸部，对方当即倒地，面色苍白、冒冷汗，送医院时已死亡。解剖见死者心脏肥大，重480g，心肌肥厚，推断死者因患有原发性肥厚型心肌病导致心功能障碍而死亡，而精神因素为导致心肌病猝死的诱发因素。

2．过度疲劳 剧烈的体力活动或过度疲劳，都可使心脏负荷突然增加，如疾跑、登高、游泳、殴斗、搬抬重物等。有潜在性心血管疾病的患者（如冠心病、心肌病、心肌炎以及心律失常等），常可因此发生急性心肌缺血或心室纤颤、心脏停搏等，严重者可引发心脏性猝死。持续睡眠缺乏、慢性疲劳可引起"过劳死"，后者也可能以猝死为主要表现。

3．热冷刺激 气温较高和相对湿度低时，尤其是在气压高、干燥的条件下，体内血细胞比容和全血黏度都会增高，特别是患高血压和动脉硬化的老年人，容易诱发脑出血或脑血管栓塞。气温骤冷、冷水浴等亦可引起末梢小动脉收缩、血压升高、心脏负荷突然增大而引发猝死。

案例 17-2 ▶

某妇女，53岁，在室温为45℃的桑拿房内，突然脸色苍白倒地死亡。解剖见心脏左冠状动脉粥样硬化（管腔狭窄Ⅲ～Ⅳ），在距冠脉开口3.5cm处冠脉内有新鲜血栓形成，死因为冠状动脉粥样硬化性心脏病并发急性心肌梗死。桑拿房的高温诱发了冠心病猝死。

4．季节 猝死可发生在任何季节，我国北方以寒冷的冬季发生率为高，特别是在天气突然转冷的时节猝死发生率最高，其中心血管疾病猝死居首位；而南方则以炎热的夏季猝死发生率为多。我国南方的不明原因夜间睡眠中猝死在春夏之间的3—6月份异常高发。资料表明防暑降温与保暖防寒在预防猝死的发生上具有重要意义。

5．地区与场所 青壮年不明原因夜间睡眠中猝死的高发区比较集中在泰国、菲律宾、中国、日本、越南等地。猝死可发生于任何场所，但发生在医院急诊室或病房的较少；大多数猝死为医院外死亡，常见于家中、出差或旅居在外。居住环境拥挤以及在高强度的生产劳动环境中易发生猝死。此类猝死易被怀疑是否有自杀或他杀的可能。

6．其他 其他因素也可诱发猝死，过度饮酒、暴食等可诱发急性坏死性胰腺炎导致突然死亡。偶见过度吸烟诱发冠心病猝死的病例，酒后突发冠心病猝死也常见。

三、猝死法医学鉴定的意义

（一）查明死亡原因

猝死者因为死亡发生突然且出人意料，易被怀疑为中毒或其他暴力性死亡，特别是案情复杂或存在他杀嫌疑时，查明死亡原因显得更加重要。在医疗期间发生的猝死，常引发医疗纠纷。必须由法医作尸体剖验鉴定,以解除怀疑,化解矛盾。例:某中学体育教师,平素夫妻感情欠佳。早上离家,上午 10 时返家(住在学校内)时见妻子倒地,口吐白沫,急送医院抢救无效死亡。因见其妻鼻部有伤,颈部亦有伤痕,群众怀疑其丈夫将妻害死。法医到现场后,尸体检验见颈部伤痕已结痂,应已有 1～2 天时间;解剖取胃内容物化验,未见有毒物;开颅后见左侧大脑内血管瘤破裂出血。显然本例的死亡原因为自然性疾病血管瘤破裂出血。

(二)明确猝死与损伤的关系

通过法医学鉴定应明确猝死与损伤的关系,是疾病为主,损伤为次;还是损伤为主,疾病为次;有时损伤是诱因,疾病是死亡主要原因。对报称猝死者,尸体解剖中必须注意检查分析,作出准确判断(详见第十一章第三节机械性损伤的死亡原因)。

(三)揭露可能存在的犯罪行为

有些案件表面看似猝死,而实际上是一些犯罪分子杀人后企图逃脱法律惩罚,谎报突然病死,并且伪造现场的结果。因此,法医病理学工作者对所有猝死案件的尸体都应仔细解剖以查出真正的死亡原因。

案例 17-3 ▶

张某,23 岁,2001 年某日早上被服务员发现死在某宾馆床上,尸体表面未发现任何暴力损伤痕迹。初时被怀疑为猝死。解剖见血液暗红色不凝,全身各内脏器官高度瘀血,心脏重 300g,胃大弯及幽门、十二指肠上端近幽门处黏膜面有散在片状出血。提取血液、胃内容物、尿液化验,检出致死浓度的毒鼠强,系死于中毒而非猝死。对犯罪嫌疑人讯问时,供述是合伙做生意,谋杀对方后将对方钱款取走。

(四)积累研究素材,服务于教学、科研和临床防治

通过全面系统的尸检,可以获得猝死者的病变信息。积累并深入研究猝死的尸检资料,不仅能为法医学教学和科研服务,还能了解一定时期内的疾病病变谱,促进临床医学对相关疾病、猝死防治认识水平的提高。

四、猝死的法医学鉴定

(一)案情调查

猝死是突然、意外发生的,因此详细向死者的亲友、同事、死亡过程目击者以及医护人员了解死者的既往史、家族史、死前的状态和死亡时间等情况,显得格外重要。收集有关病历资料、调查过去病史时,要注意调查案情的真实性、可信性。通过细致的案情调查,不仅有利于为查明猝死原因提供线索,还可为揭露伪报猝死的暴力性死亡提供证据。

(二)现场勘查

猝死可发生于各种场所,比如运动场、车间、交通工具、医院等公共场所,但发生在家里更为常见。猝死常发生在睡眠中,特别是独居一室时发生猝死,往往缺乏目击者,案情、死亡过程不详。必须通过现场勘查,寻找有无他人遗留的痕迹;有无挣扎、搏斗迹象;有无血迹;有无可疑的引起中毒的遗留物(包括药品、食物、呕吐物)等。及时、细致、全面、客观的现场勘查,对排除暴力性致死或对猝死的真正死因鉴定是非常重要的。

(三)尸体解剖及辅助检查

全面、系统的尸体解剖是判定猝死、查明死因的关键。大部分猝死案例中,通过尸体解剖和病理组织检查均可发现明显的器官病变;因此,必须全面、细致、系统地进行尸体解剖工作,并提取器官进行组织学检查。还需提取胃肠道内容物、尿、血、脑脊液、眼房水等标本以及相关内脏器官组织进行

生物化学、药物或毒物检验，以排除中毒或其他暴力性死亡。切忌不完整的局部解剖，或因粗心大意遗漏必要的检查，导致尸体被处理后死因不清，或得出错误的鉴定结论。

（四）死因分析与鉴定结论

1. 排除暴力与中毒致死　在法医鉴定中，即使死者生前有类似猝死样的病史，也要排除暴力或中毒等因素；如果有暴力或中毒作用的痕迹，还要分析暴力或中毒与疾病在死亡后果中所起作用大小。

案例 17-4 ▶

死者女性，62 岁，家庭妇女，既往邻居均知其有胃病与高血压心脏病病史。某日其子报称晨起时呼叫不醒。经检查证实已经死亡，按"病死"送殡仪馆火化。在即将送进火化炉时，殡葬工人发现其颈部皮肤有隐约可见的损伤痕迹，遂报法医检查。法医尸检发现：面部青紫肿胀、双侧睑结膜点状出血；十二指肠球部溃疡，心脏冠状动脉Ⅲ级硬化，脑动脉硬化，颈部皮下、肌肉出血、双侧甲状软骨上角骨折、右侧舌骨大角骨折，胸膜点状出血、脑充血。鉴定死因为遭扼颈窒息死，而非猝死。

---

2. 死因明确的猝死　排除了暴力致死因素，且内脏器官的病理学改变足以解释猝死的原因，如心室壁瘤破裂、夹层动脉壁破裂引起急性心脏压塞；冠状动脉粥样硬化管腔狭窄Ⅳ级，管腔狭窄伴大面积心肌梗死等引起的猝死。有时死因虽然明确，但缺乏医学知识的人员却可能将尸体现象误认为中毒或外伤而引发纷争。

3. 未发现器质性病变的猝死　部分猝死案例即使经过系统的尸体剖验，也不能发现致命病变（阴性解剖），虽可排除损伤、窒息、中毒等暴力死亡，但死因仍难确定；在鉴定过程中必须结合发病特点、案情、现场情况、尸体检验、毒物分析等，慎重缜密地作出鉴定（如青壮年猝死综合征、婴幼儿猝死综合征）。这一类型的死亡可达猝死尸检的 5%～10%；虽然数量不多，但因缺乏客观改变的依据，既是法医学鉴定工作的难点，又常成为引发争议的焦点。

4. 疾病与中毒并存的猝死　通过尸体解剖发现可引起猝死的疾病，同时又在体内检出毒物，此刻要判定毒物的量对引发死亡有多大影响。如毒物达到致死量，即便有明显的器质性病变，应考虑中毒死。相反，体内虽然检出毒物，但含量尚不足以致死，而疾病的程度足以引起死亡的，应判断为疾病引起的猝死。总之，要对各方面因素进行全面细致的综合分析后再作结论。

第二节　心血管疾病猝死

心血管疾病猝死（sudden death from cardiovascular disease）占成年人猝死的第 1 位。据统计，全世界平均每 5 秒钟就有 1 例心肌梗死发生。在我国，因心血管疾病引起的猝死占 50%～60%，居猝死发生率之首，可见心血管系统疾病是危害性最大、猝死率最高的疾病。2006 年，由北京阜外心血管病医院牵头的研究首次初步获得了我国心脏性猝死的流行病学资料。该项研究统计了全国共计 67.8 万人，总死亡人数为 2983 人，其中心脏性猝死 284 人，心脏性猝死发生率为 41.84/10 万，若以 13 亿人口推算，我国猝死的总人数约为 54.4 万 / 年。此次调查还显示，我国心脏性猝死发生率男性高于女性，发生率分别为 44.6/10 万和 39.0/10 万。

一、冠状动脉粥样硬化性心脏病

冠状动脉粥样硬化性心脏病（coronary atherosclerotic heart disease）简称冠心病（coronary heart disease），目前是心血管系统疾病中对人类生命健康危害性最大的疾病，同时也是心血管系统疾病中发生猝死最常见的疾病。大约20%的冠心病猝死患者,平时可无任何征兆或无明显异常感觉而突发死亡;此类无症状的冠心病猝死,在法医学实践中较为常见。冠心病是全世界死亡率最高的疾病之一。有人统计了1169例心脏性猝死的病因,冠心病居首位,约为65.53%。成建定等统计了1656例心脏性猝死的病因,亦发现冠心病占首位,约为41.6%。有统计显示,脑力劳动者冠心病患病率与猝死率明显高于体力劳动者,城市明显高于农村,可能与精神紧张、工作压力大、生活节奏快、生活方式不健康及饮食习惯等因素有关。城市中高血压、高血脂、高胆固醇、糖尿病的患病人数较农村多,肥胖、吸烟、体力活动少均易引起冠心病。冠心病猝死多发于35~60岁,但近年来猝死年龄有年轻化趋势。

(一)病理学改变

1. 冠状动脉粥样硬化　其主要病理改变为冠状动脉粥样硬化斑块形成。据对6352例尸体检验资料统计,冠状动脉左前降支粥样硬化病变的总检出率最高,其后依次为右主干、左主干、左旋支、后降支。冠状动脉粥样硬化斑块的分布规律是左心多于右心,近端多于远端。早期斑块小,呈点状且散在分布或节段性分布。随着病变的发展,邻近的斑块互相融合;从动脉横断面可见内膜向管腔内隆起,多呈半月形。当斑块增厚扩大时,严重影响管腔通畅或阻塞管腔。有些管腔虽然阻塞程度不重,但由于并发血栓形成,可使管腔迅速阻塞,阻碍血液流动(图17-1,图17-2)。冠状动脉粥样硬化的基本病变在不同的环境条件影响下,可迅速发展,也可以相对稳定。

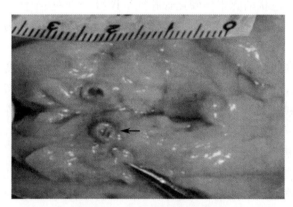

图 17-1　冠状动脉粥样硬化
左冠状动脉前降支管壁增厚,内膜见黄色硬化斑块

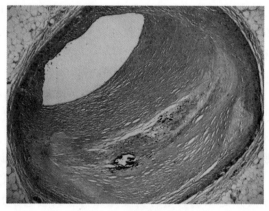

图 17-2　胆固醇结晶
冠状动脉内膜增厚,内膜下见胆固醇结晶,并可见泡沫细胞

知识拓展 ▶

　　美国心脏病学会动脉粥样硬化病变委员会根据动脉粥样硬化的病理形态学进展,将动脉粥样硬化分为6型。

　　Ⅰ型病变:脂质点。动脉内膜出现小黄点,肉眼不易发现。组织学检查可见小范围的巨噬细胞含脂滴形成泡沫细胞积聚。此为起始病变。

　　Ⅱ型病变:脂质条纹。动脉内膜见黄色条纹。组织学观察为含脂滴的巨噬细胞呈层状排列,血管平滑肌细胞内也含脂滴,平滑肌细胞间有T淋巴细胞浸润。脂质物质多位于细胞内,细胞外亦可见少量脂滴。脂类成分主要是胆固醇脂,也有胆固醇与磷脂。

　　Ⅲ型病变:斑块前期。此期细胞外出现较多脂滴,在内膜和中膜平滑肌层间形成脂核,但尚未形成脂质池。

　　Ⅳ型病变:粥样斑块。脂质积聚多,形成脂质池,内膜结构破坏,动脉壁变形。

V型病变：纤维粥样斑块。为动脉粥样硬化最具特征的病变，呈白色斑块突入动脉腔内引起管腔狭窄。斑块表面内膜被破坏而由增生的纤维膜（纤维帽）覆盖于脂质池之上。病变可向中膜扩展，破坏管壁，并同时可有纤维结缔组织增生，变性坏死等继发病变。

VI型病变：复合病变。为严重的病变。由纤维斑块内出血、坏死、钙化，动脉内膜溃疡、附壁血栓形成。粥样斑块可因内膜表面破溃而形成所谓粥样溃疡，破溃后粥样物质进入血流成为栓子。

根据冠状动脉粥样硬化斑块突向管腔的程度可将管腔狭窄的程度分为4级：Ⅰ级管腔狭窄程度≤25%；Ⅱ级管腔狭窄程度26%～50%；Ⅲ级管腔狭窄程度51%～75%；Ⅳ级管腔狭窄程度≥76%。

2.心肌梗死（cardiac infarction）　绝大多数心肌梗死系由于冠状动脉粥样硬化引起的管腔狭窄或阻塞导致的冠状动脉供血区心肌发生缺血坏死。冠脉粥样硬化病变处的斑块内出血常引起血管内皮损伤，继而血小板聚集，引发血栓形成，阻塞血流是导致急性心肌梗死的重要原因。少数患者心肌梗死则是由于冠状动脉痉挛，尸检时未检见其血管腔狭窄及管壁增厚，可能系血液中儿茶酚胺增高引起血管收缩，导致冠脉供血不足。

（1）心肌梗死的部位：冠状动脉左前降支粥样硬化梗死发病率最高，约占50%。此支供血区为左心室前壁、心尖部、室间隔前2/3。

（2）心肌梗死的病理变化：心肌梗死的病灶一般需要6小时后肉眼方可辨认，初期梗死灶为灰白色，与周围分界不清；8～9小时后呈土黄色、干燥且缺少光泽；约4天后梗死灶边缘可出现明显的充血、出血反应带；到第10天左右，梗死灶发黄、变软，常伴有病灶内出血，随后出现灰红色的肉芽组织增生。小的梗死灶一般14天左右形成灰白色瘢痕。较大的梗死灶形成瘢痕组织约需5周时间。心肌梗死累及心外膜时，梗死后24小时即可引起纤维蛋白性心外膜炎反应，第8～9天后开始机化，于梗死后4周后完全机化。梗死累及心内膜时，可引起心内膜炎和附壁血栓形成。血栓一般于9天后开始机化，大约16天后完全机化。心肌梗死根据范围和深度可分为两种类型：心内膜下梗死型主要累及心室壁内层1/3的心肌，并波及肉柱和乳头肌，表现为多发性、小灶性坏死，不规则的分布在左心室四周，严重时病灶扩大融合累及整个心内膜下，可形成环状梗死；透壁梗死型梗死范围广泛，累及心室壁全层或未累及全层而深达室壁2/3，多发生左冠状动脉前降支的供血区，其中以左心室前壁、心尖部及室间隔前2/3及前内乳头肌多见，约占整个梗死的50%，透壁梗死常有相应的一支冠状动脉病变突出，此类型可形成室壁瘤或直接引起心脏破裂导致猝死。

显微镜下，冠脉闭塞30分钟后，受其供血的心肌即有少数发生变性；2小时后，受其供血的心肌大部分发生心肌纤维的波浪样变和嗜酸性变；3小时后出现肌浆凝聚、心肌横纹模糊不清或出现收缩带坏死（图17-3）；4小时后肌核可消失；6小时左右可见少量中性粒细胞浸润；12小时后中性粒细胞明显增多，继之吞噬细胞亦增多，坏死心肌被溶解吸收；7天～2周后肉芽组织由外围向中心逐渐长入梗死灶内；3周后右梗死灶机化为瘢痕组织（图17-4）。

电子显微镜观察，早期心肌缺血时即可观察到心肌细胞超微结构的改变，如心肌细胞膜的完整性遭到破坏；细胞质中线粒体肿胀，嵴排列紊乱；肌质网扩张；肌原纤维结构模糊，Z线增宽，M带变窄；细胞核膜的皱缩等。

（3）心肌梗死并发症：①心脏破裂，是心肌梗死最严重的并发症，多发生于梗死后一周内，约有50%发生在3天内。心脏破裂占急性心肌梗死尸检比例的4%～22.5%（平均约10%）；②室壁瘤，为左室前壁梗死常见的并发症，发生率5%～38%；③乳头肌断裂，发生率低于1%，占急性心肌梗死尸检的5%，多以二尖瓣乳头肌断裂为主，断裂的乳头肌可引起严重瓣膜关闭不全，导致血液反流，引起急性心源性休克死亡；④附壁血栓形成，心肌梗死波及心内膜时，可引起该处的附壁血栓形成，血栓一旦脱落，可以引起血栓栓塞，有时也可导致猝死。

图 17-3 心肌收缩带坏死

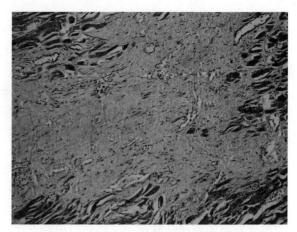

图 17-4 陈旧性心肌梗死区呈瘢痕组织改变

（二）猝死机制

冠状动脉粥样硬化使受累的冠脉血流量减少或中断，其影响除与受累冠脉的位置、血流量减少程度相关外，还与冠脉侧支循环代偿能力、心肌需氧量、神经内分泌功能、电解质平衡、心肌细胞功能状态等因素关系密切。具体猝死机制有以下几种。

1. 心律失常 冠心病的严重后果是心肌梗死，即使心肌梗死的形态学改变不明显，也可引发不同类型的心律失常。常见的致命性心律失常有房室传导阻滞、室性期前收缩、心房纤颤、心室纤颤等，使心肌梗死患者短时间内发生猝死。伴发心律失常的原因可能与心肌损伤所致的应激阈值变化和传导系统功能障碍有关。

2. 自主神经系统功能障碍 近年来发现睡眠中或在休息状态下猝死的冠心病患者约 20% 生前无任何症状，亦无劳累、情绪激动等诱因。有的猝死复苏者追述，曾有轻微非特异的先兆疲劳感、情绪改变等；少部分患者有胸痛。这类猝死的机制可能与自主神经系统功能障碍有关，即睡眠过程中迷走神经兴奋性增高，产生低血压和心动过缓，导致冠脉循环灌注量明显下降。在原有冠状动脉粥样硬化管腔狭窄的基础上，心肌严重缺血，继而发生猝死。

3. 急性循环障碍 大面积心肌梗死时，心脏收缩功能立即严重受损，导致心力衰竭，冠脉灌注量进一步减低可致猝死；乳头肌断裂可引起心源性休克而猝死。

4. 室壁瘤形成和破裂 大面积心肌梗死时可导致室壁瘤形成甚至破裂。有资料报道急性心肌梗死中，左心室游离壁破裂占 4%～24%，平均为 8%。

5. 冠状动脉痉挛 有一些冠心病猝死者冠脉狭窄只有中度或轻度，尸体解剖没有见到任何其他可能致命的病理变化，有学者推测系因冠状动脉痉挛引起猝死，是一种异常的血管神经反应现象，在冠状动脉粥样硬化病变基础上更易发生冠状动脉痉挛。发生冠状动脉痉挛可能导致急性心肌缺血和致命的心律失常（如室颤等）而发生死亡。

（三）法医学鉴定要点

1. 冠状动脉粥样硬化的病理学改变 尸检时发现冠状动脉管壁粥样硬化斑块形成，管腔狭窄常在Ⅲ级以上。

2. 心肌缺血性改变 心脏发现有因冠脉供血不足引起的心肌缺血的细胞形态学改变，尤其要注意寻找早期心肌缺血的改变。

3. 既往有与冠心病吻合的症状、体征 了解既往病史和死亡前短时间内的症状或体征，并从中发现重要线索，如典型的心绞痛病史以及心肌缺血的心电图改变等。

4. 排除暴力性死亡 冠心病猝死的判定首先要通过全面细致的尸检，在观察冠状动脉病变的同时排除暴力性死亡，包括提取检材进行毒物分析，排除中毒的可能。

5. 排除其他疾病致死　尸检时注意排除可能存在的心、脑、肺等重要器官的其他疾病（如心肌炎等）。

二、先天性冠状动脉畸形

先天性冠状动脉畸形（congenital coronary anomalies，CAA）是一类包括多种类型的先天性心脏病。某些类型的 CAA 可导致心肌梗死、恶性心律失常、心力衰竭甚至猝死等严重心脏事件。国外报告的 CCA 发生率为 0.5%～1.3%；国内报告的发生率为 0.71%～2.23%。

因先天性冠状动脉畸形引起心脏供血不足致猝死在法医学鉴定中并不少见，故应引起足够的重视。冠状动脉开口的位置、大小特征容易在检验中被忽略，可导致此类猝死被漏诊。

（一）病因及发病机制

先天性冠状动脉畸形病因及发病机制尚不明确。曾有学者报道一家三口均患此病猝死，是否与先天发育、遗传有关尚值得研究。

（二）病理学改变

根据 CAA 解剖学特征分为以下类型：①冠脉起源和分布异常，包括左主干缺如、冠脉开口位置异常（包括起源于对侧冠状窦或无冠窦、起源于主动脉或其他动脉）（图 17-5）和单支冠脉；②冠脉终止异常，包括冠脉瘘、远端小动脉或分支数目减少；③冠脉结构异常，包括先天性狭窄、闭锁、扩张或动脉瘤、发育不良、壁内冠脉（心肌桥）和分支异常等；④冠脉间异常交通。

冠状动脉开口处狭窄是冠脉结构异常的常见病理改变。左、右冠脉开口可见到同时狭窄，但常见于左侧。正常成年人左冠脉开口漏斗底部直径为 3.5～6mm，右冠脉开口直径为 3～5.5mm。左冠脉开口直径 <2.5mm 为轻度狭窄，<2mm 为明显狭窄，<1.5mm 为高度狭窄。右冠脉开口直径 <2mm 为轻度狭窄，<1.5mm 为明显狭窄，<1mm 为高度狭窄（图 17-6）。先天发育异常所致的开口狭窄，特点是冠脉开口处血管内膜光滑，但开口直径 <2mm。引起冠脉开口狭窄的病因还有粥样硬化（表现为冠状动脉内膜斑块隆起、增厚，使冠脉开口狭窄）、梅毒性动脉炎（主要以中膜的变性、坏死、瘢痕收缩为主，内膜表面呈树皮样皱缩。显微镜下可见病变主要集中在中层，中膜层肌纤维变性坏死，弹力纤维断裂甚至消失；该层变薄，伴有大量中性粒细胞、淋巴细胞与浆细胞浸润。由于内膜面凹凸不平，常引起血栓形成。组织学检查有时可找到梅毒螺旋体）等。

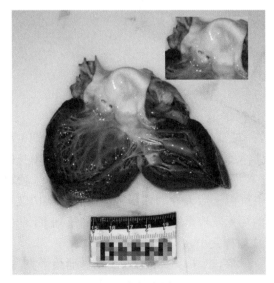

图 17-5　左冠状动脉开口异常
左冠状动脉开口于主动脉右冠瓣

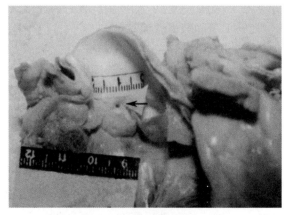

图 17-6　冠状动脉开口狭窄
冠状动脉开口呈针眼大小明显狭窄

（三）猝死机制

先天性冠状动脉畸形、冠脉开口的内径过于狭窄，冠脉灌注量明显减少，多在情绪激动，劳累、运动或轻微外伤等诱因作用下，导致心脏负荷过重，心肌供血不足，诱发致命性心律失常而猝死。

左右冠状动脉开口过高、开口于对侧窦和后窦、左冠状动脉前降支和回旋支分别开口于右冠窦（迷行冠状动脉）是常见的冠脉异常。这些起源于主动脉、无异常分流的畸形本身不会引起症状和体征，但当这些结构合并冠状动脉分布走行的畸形，在升主动脉扩张时可引起冠状动脉开口变小甚至闭塞，或使左主干在肺动脉、主动脉之间走行，使冠状动脉受到挤压导致心肌缺血性改变，引起胸痛、心前区不适等心绞痛症状，有的出现心律失常、充血性心力衰竭、心肌梗死的症状，甚至猝死。

（四）法医学鉴定要点

1. 怀疑冠状动脉先天畸形时，应细致观察并追踪冠脉的开口位置、大小、走行特征。判断冠脉开口狭窄时，应考虑到个体差异（成人与儿童、男性与女性、身材高矮）等因素进行综合分析。

2. 轻型畸形死前多有明显诱因。

3. 排除暴力、中毒或其他疾病猝死。

知识链接 ▶

冠脉起源于肺动脉的患者临床特点

相当多的冠脉开口起源异常对心脏的功能无显著影响，少数可导致一系列的心源性事件。冠状动脉起源于肺动脉时，起源异常的左（右）冠状动脉在新生儿期因肺血管阻力高，其灌注压与体循环相仿。但随着肺循环平滑肌的退化，肺动脉压力和阻力均下降，左（右）冠状动脉灌注压下降，造成心肌缺血和梗死。而右（左）冠状动脉则通过不同数量及大小的侧支血管与左（右）冠状动脉建立通道。侧支循环使得正常冠脉血流（压力大）通过异常冠脉进入肺动脉，造成心肌缺血现象。其后果导致左心室扩张，心内膜下缺血，乳头肌失去功能，二尖瓣反流和左心衰竭。此期多在1岁左右发生，患儿进食后出现面色苍白，出冷汗、烦躁等症状，即婴儿心绞痛综合征，因此1岁左右死亡率最高，可达80%～90%，一旦度过1岁以后，患者有可能存活超过15岁。但随着分流的时间的延长，会再次出现左心室扩张，心内膜下缺血，乳头肌失去功能，二尖瓣反流和左心衰竭，最终导致死亡。

三、主动脉窦瘤、主动脉瘤与主动脉夹层

主动脉是心脏大循环系统的起始部，是心脏向人体组织器官供血的必经之路；主动脉结构虽然并不复杂，但功能重要，如发生严重的病理学改变，常危及生命。

（一）主动脉窦瘤

主动脉窦瘤（aneurysm of aortic sinus），又称为瓦氏窦瘤（sinus of Valsalva aneurysm）。

1. 病因　可由先天或后天因素引起，以先天性为主，一般认为与两个因素有关：一是胚胎期主动脉根部中层弹力纤维与主动脉瓣环连接发生障碍，造成局部管壁的薄弱区；二是主动脉瓣环本身的发育缺陷或托垫窦壁外的肌组织发育不良。在此基础上，主动脉内高压血流长期作用于窦壁，使窦壁逐渐变薄，并向外扩张形成囊袋状突起；少部分患者也可由于后天性因素导致动脉管壁结构破坏（如主动脉窦部粥样硬化、感染性动脉内膜炎、动脉中膜的坏死及梅毒性主动脉炎等）的基础上，动脉内持续的高压应力将主动脉窦薄弱区的内壁逐渐外推形成瘤样突出。

2. 病理学改变　左、右和后三个主动脉窦均可发生动脉瘤，其中以主动脉右窦动脉瘤最多见，占69%～87.9%，主动脉后窦次之，主动脉左窦少见。动脉窦瘤囊多位于主动脉窦的下部，向外呈锥形突出。囊壁由主动脉内膜与退化的中膜组成，由于动脉中层组织缺乏，故瘤囊处结构薄弱，极易发生破裂。

3. 猝死机制 主动脉窦瘤形成后，瘤体常向右侧心内突出并逐渐增大，压迫周围组织，造成右心室流出道狭窄，阻碍血液流通，导致房室传导阻滞或冠状动脉受压等。同时由于瓣环口扩大引起主动脉瓣关闭不全或窦瘤破裂导致舒张期主动脉瓣血液反流引起左心衰竭而死亡。

(二) 主动脉瘤

主动脉瘤（aortic aneurysm）是主动脉壁局部异常扩张，直径可比正常或邻近的动脉直径扩大 50% 以上，并压迫周围的器官，引起相应的症状。美国每年约有 15 000 人死于主动脉瘤破裂，在 65 岁以上男性死亡原因中排第 10 位。统计资料表明：主动脉瘤患者 5 年自然死亡率为 50%～75%。因主动脉瘤破裂之前常无明显的症状和体征，故本病的死亡者往往成为法医病理学检验的对象。

1. 分类 主动脉瘤可根据其瘤体的结构、形态以及发生部位进行分类。根据结构可分为：①真性动脉瘤：囊壁由动脉壁的一层或多层构成；②假性动脉瘤：囊壁由外伤或感染等原因导致的动脉血溢出后形成的血块机化物、相邻近的组织结构与动脉壁一起构成，并有纤维组织包裹。

2. 病因与发病机制 动脉瘤产生的病因已知与以下因素相关。

（1）主动脉粥样硬化：是最常见的原因之一，粥样斑块破坏主动脉壁首先使动脉内膜受损，继之中膜受损，弹性纤维、胶原纤维、平滑肌均发生变性或坏死，弹性下降并逐渐扩张，继之管壁变薄。管腔内的压力可使薄弱区动脉壁向外膨出，进行性扩张形成动脉瘤（图 17-7）。尸体解剖观察到的动脉瘤几乎都有粥样硬化的改变。动脉瘤发生的常见部位如图 17-8 所示。

图 17-7 腹主动脉，左、右髂动脉瘤

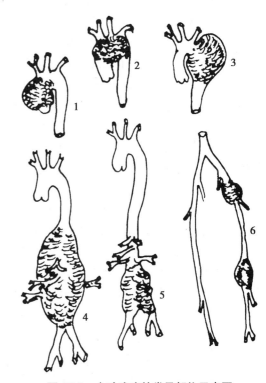

图 17-8 主动脉瘤的常见部位示意图
1. 升主动脉瘤；2. 主动脉弓动脉瘤；3. 主动脉弓降段动脉瘤；4. 腹主动脉瘤；5. 累及髂动脉的腹主动脉瘤；6. 股动脉瘤

（2）家族性：通过对主动脉瘤患者进行家系调查及遗传学研究，发现主动脉瘤的发生有家族聚集现象及遗传易感性。

（3）弹性蛋白减少：正常的主动脉中层富含弹力纤维，随心脏搏动进行舒缩并输送血液。其中弹性蛋白发挥了主要作用。实验证实动脉瘤处的细胞代谢活性、蛋白酶活性、血栓溶解酶活性升高。

经特殊染色后定量分析,证实动脉瘤患者主动脉瘤壁弹性蛋白含量从正常的 12% 下降至 1%,显示主动脉瘤动脉壁内缺乏弹性蛋白,从而说明弹力纤维的破坏与缺乏是主动脉瘤形成的原因之一。

目前认为环境、遗传、血流动力学、生化等因素的共同作用,可刺激主动脉内弹性蛋白酶活性增高,致使弹性蛋白降解增加。另一方面,由于胶原蛋白相对增多的同时也激活了胶原酶活性,使胶原降解,最终导致病变处主动脉壁弹性下降,不能耐受血流的冲击逐渐膨大形成动脉瘤。

(三)主动脉夹层

主动脉夹层(aortic dissection,AD)是主动脉瘤中的一种特殊类型,以往被称为主动脉夹层动脉瘤,现简称为主动脉夹层。其是指主动脉的血流通过主动脉内膜破口进入主动脉壁的中层,形成中层内血肿,血肿在血流压力作用下沿着主动脉壁不断延伸,并向外隆起形成夹层动脉瘤。

主动脉夹层常因缺乏明显的临床症状或体征而突然破裂致人死亡,是主动脉疾病中最危险的心血管急症。其发病率为每年(50~100)/10 万人,随着高血压和动脉粥样硬化的发病率增高,本病发病率呈上升趋势,好发于 50~70 岁年龄组,男性明显高于女性,比例约为 2:1。多数主动脉夹层分离病例在发生夹层外膜破裂后数小时或数天内死亡,血肿破裂入心包者可迅速致死。统计资料表明,24 小时内死亡率为 35% 左右;法医学鉴定中则常见突然死亡者。

1. 病理学改变　最基本的病理改变是主动脉中膜层的变性、坏死、弹力纤维断裂,基质有黏液样变和囊肿在中膜层逐渐向周围延伸,形成动脉分离,血液进入中层形成假腔,局部主动脉扩大形成梭形的囊袋状。多数夹层处的动脉内膜可见破裂口,多为横行,一个甚或两个,并且多数位于主动脉瓣环口上 2cm 处。主动脉夹层外膜破裂口的大小不等,位置不一,可位于升主动脉、主动脉弓,也有的在降主动脉。但由于外膜疏松不光滑,破裂口不易发现。主动脉夹层常见致死原因是夹层外膜破裂造成心脏压塞或纵隔内积血而危及生命。临床上将主动脉夹层分为 3 型:Ⅰ型夹层起自升主动脉并远至降主动脉;Ⅱ型局限于升主动脉;Ⅲ型夹层起自降主动脉并向远端延伸(图 17-9)。

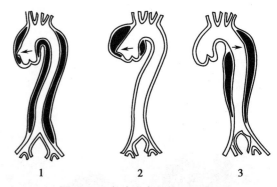

图 17-9　主动脉夹层分型示意图
1. Ⅰ型夹层起自升主动脉并远至降主动脉;2. Ⅱ型局限于升主动脉;3. Ⅲ型夹层起自降主动脉并向远端延伸

2. 病因与发病机制　本病至今病因未明,有报道与多种易感因素如高血压、动脉粥样硬化、遗传缺陷等相关。据文献报道,68 例主动脉夹层患者中有高血压者 82.35%,糖尿病者 17.65%,冠心病者 17.65%。另有统计报道,动脉夹层患者中几乎近半数的主动脉夹层分离患者有高血压;同时动脉中层胶原纤维组织变性坏死形成囊性改变,引起内膜破裂;还常见于遗传性疾病马方综合征;此外,动脉粥样硬化和梅毒性主动脉炎也是主动脉夹层形成的常见原因。

据文献报道,正常成年人主动脉壁可耐受很强的血流压力,使内膜破裂需 16.7kPa(500mmHg)以上的压力,因此,正常的动脉难以形成内膜破裂。研究表明,主动脉内膜破裂必须具备动脉壁的缺陷,即内膜与中膜(尤其是中膜)的退行性改变。有少数主动脉夹层的形成无内膜的裂口,可能是中膜层退行性变病灶内的滋养血管破裂引起壁内出血所致。可见主动脉夹层的形成必须具备两个基本要素:即主动脉中层的变性和动脉内高血压。

(四)法医学鉴定要点

1. 临床症状多表现为起病急骤;胸前区突发的剧烈疼痛、休克和压迫症状;常见有高血压病史。

2. 尸体解剖检见心脏压塞或胸腔、腹腔内大量出血,主动脉夹层形成并破裂。应寻找主动脉内、外膜破裂口。

3. 排除外伤性主动脉夹层;有外伤时应分析外伤与死亡的关系。

四、病毒性心肌炎

病毒性心肌炎（viral myocarditis, VMC）是由病毒感染累及心肌所致的心脏疾病。据尸检资料，在青年人猝死者中，病毒性心肌炎的检出率为 8.6%～12.0%，在 40 岁以下猝死者中约占 20%。近年来显示在儿童和青少年中发病率有逐年上升趋势，已逐步成为儿童和青少年猝死的一个重要原因，据国外统计，心肌炎猝死占青少年猝死的 10%～44%，已引起国内外学者的普遍关注。病毒可引起心包、心肌、心外膜和心内膜炎等，其中以心肌炎最多见，而且危害性最大。

（一）病原学与发病机制

能引起心肌炎的病毒种类有很多，其中以柯萨奇 B 组病毒最为常见。病毒性心肌炎的临床症状常不明显，往往不能引起人们的充分注意。感染波及心脏传导系统组织时，可引起致死性心律失常，是猝死的主要原因。儿童患病毒性心肌炎预后较差，尤其是婴儿病死率高。

病毒性心肌炎是病毒直接侵犯心肌或通过免疫反应所致的心肌损害，确切的发病机制至今尚未阐明。有研究认为，病毒性心肌炎与扩张型心肌病的关系密切，病毒性心肌炎痊愈后仍存在向隐匿型心肌病发展的可能性。

（二）病理学改变

1. 心脏大体观察　心肌炎的病变可有很明显的个体差异。大体标本检查可见心脏增大，重量增加，质软，心腔扩张，合并有心包炎或心内膜炎时可见心包渗液与心内膜、心瓣膜炎性赘生物或附壁血栓形成。病变广泛者，心肌松软呈灰黄色。但也可无明显变化。

2. 组织学观察　可见局灶性或弥漫性心肌细胞水肿，肌纤维溶解、坏死，间质纤维化，间质内有以淋巴细胞、单核细胞为主的炎症细胞浸润（见文末彩图 17-1）。

（三）法医学鉴定要点

1. 心脏大体所见与组织学改变为病毒性心肌炎鉴定的主要依据。
2. 发病和死亡过程符合心肌炎导致的死亡。
3. 排除其他疾病如心肌病、冠心病、风湿性心脏病、先天性心脏病等器质性病变。
4. 排除暴力损伤、窒息及中毒等引起的死亡。

知识拓展 ▶

临床上诊断病毒性心肌炎的病原学依据：

1. 原位分子杂交技术检测　急性期从心内膜、心肌、心包或心包穿刺液中检测出相关病毒、病毒基因片段（RNA、DNA 等）或病毒蛋白抗原。

2. 病毒血清学的检查　第二份血清中相关病毒抗体滴度较第一份血清升高≥4 倍（2 份血清应相隔 2 周以上）或一次抗体效价≥1:640 为阳性，均可支持病毒性心肌炎的诊断。法医学检案往往因尸体腐败，难以得到实际应用。

3. 病毒特异性 IgM 抗体测定　酶标记免疫吸附试验检测，阳性率很高。以≥1:320 者为阳性。如同时有血中肠道病毒核酸阳性者更支持有近期病毒感染。此实验需严格控制实验条件。由于法医学鉴定尸体检验时已无法检测，多借助于有关临床测定数据。

五、心肌病

据统计，心脏性猝死中，心肌病猝死占 5.9%～6.2%，为心脏性猝死死因第 3 位。1995 年 WHO/ISFC（世界卫生组织 / 国际心脏病学会）工作组将心肌病（cardiomyopathy）定义为：心肌病是心肌病变伴心功能障碍的疾病；分为①扩张型；②肥厚型；③限制型；④致心律失常型右心室心肌病；⑤未分类型心肌病。2008 年 1 月，欧洲心脏病学会（ESC）发布了关于心肌病分类的最新声明，并将心肌病定义为非冠心病、高血压、心瓣膜病和先天性心脏病等原因所引起的心肌结构及功能异常。据不完全统计,我国心血管病住院患者中,心肌病占 0.6%～4.3%。英国有学者对 771 位医师服务的 913 836 人进行调查,心肌病患病率为 8.32/10 万人。美国的卫生统计资料显示,12 年间共有 12.6 万例死于原发性心肌病(54.8/10 万人)。可见,不同国家的发病率和死亡率存在较大差异。

（一）病理学分类

1. 扩张型心肌病(dilated cardiomyopathy,DCM) 约占心肌病的 72%,其病理特征为左心室或双侧心室扩张及收缩功能障碍,常见心脏体积增大,重量增加,四心腔扩大,以心室腔扩大更加明显。双侧心室内膜有时可见有瘢痕形成。其病理组织学改变是非特异性的,组织学改变主要表现为心肌细胞缺血性损伤。

2. 肥厚型心肌病(hypertrophic cardiomyopathy,HCM) 是指无导致心肌异常的负荷因素(如高血压、瓣膜病)而发生的心室壁增厚或质量增加。以非对称性室间隔肥厚、心室腔变小、左心室腔充盈受阻以及舒张期顺应性下降为特征,常伴有左心流出道狭窄。本病多有家族史,属常染色体显性遗传,由编码心肌肌原纤维的不同蛋白的基因变异所致,遗传性发病约占 76%。

肥厚型心肌病大体观察具有以下几个特点:①心脏重量增加 1～2 倍,成人平均心重 >500g,少数可超过 1000g,主要表现为心室的向心性肥厚,以左心室为主(图 17-10);②室间隔显著增厚,室间隔与左心室壁厚度比值由正常的 0.95 可增加到 1.3 以上,此为诊断肥厚型心肌病主要指征;③心内膜白斑形成,内膜增厚。

组织学改变主要表现心肌纤维显著肥大,排列紊乱呈旋涡状或簇状,互相交错、胞核大深染、核形不一,可呈多形性畸形;心肌间质内小血管壁增厚,管腔变窄,尤以肥厚的室间隔内的小动脉病变为著;心肌间质常有局灶性胶原纤维增生及纤维化改变。

根据左心室流出道有无梗阻,又分为梗阻性肥厚型和非梗阻性肥厚型心肌病。典型者的左心室容量可明显减低,心输出量减少。程度严重的可引发心律失常,甚至早年猝死。

图 17-10 肥厚型心肌病的心脏
左心室肌明显肥厚,室间隔流出道向左心腔隆起

3. 限制型心肌病(restrictive cardiomyopathy,RCM) 是一种特殊类型的心肌病,以心室充盈受限、舒张期容量减少为特点。RCM 主要表现为心室内膜下心肌纤维化,心肌僵硬度增加,导致左心室压力显著升高而心室容积仅轻度增加,由于心室难以舒张,致使心室腔充盈受限。限制型心肌病的病因包括特发性、家族性和全身系统性疾病。家族性限制型心肌病通常为常染色体显性遗传。

病变早期,心内膜和心肌血管周围有嗜酸性粒细胞浸润;逐渐发生心内膜坏死、心内膜下心肌细胞溶解,称为坏死期。在此基础上,继而形成大片血栓覆盖心内膜,称为血栓期。最后进入纤维化期,致密纤维沉积在心内膜和心肌内 1/3 处,并可发生玻璃样变性和形成白色增厚的心内膜,其厚度可达 4～5mm。致密的纤维向心肌、乳头肌、腱索及房室瓣浸润,终将导致心输出量显著不足引发猝死。

4. 致心律失常型右室心肌病（arrhythmogenic right ventricular cardiomyopathy，ARVC）　又称右心室发育不良或右心室心肌病，是指右室功能障碍（局部或整体），伴或不伴有左心室疾病；同时还有组织学证据和（或）符合相应标准的心电图异常表现。其特点为右心室心肌进行性被纤维或脂肪组织所取代。病变以右心为主，主要累及右室前壁漏斗部、心尖部及后下壁，三者构成"发育不良三角"。病变初始较为局限，逐渐发展为弥散性，偶可侵犯左心室。病变可致右室壁变薄、右心腔扩张，而室间隔相对不受侵犯。多数ARVC为基因编码plakophilin-2和其他心肌细胞桥粒蛋白变异的常染色体显性遗传，但也有一些病例确认为常染色体隐性遗传。男女均可发病，常以心律失常就诊，尤其是年轻患者。ARVC是青年猝死的常见原因，近年来本病报道日渐增多，其病因至今未明，目前已受到人们的普遍重视。1990年Lobo报道13例由本病导致猝死者的尸检结果，其中10例猝死者均有右心室肥厚伴弥散性或局限性扩张，扩张部分的心肌变薄，病变多局限于右心室心尖部、漏斗部及后基底部。最常见的形态学改变是右心室心肌大部分被脂肪取代，同时伴有散在残留的心肌细胞与纤维组织，局部有单核细胞浸润，右心室间隔处有局灶性间质纤维化等改变。

5. 未分类型心肌病（unclassified cardiomyopathy）　是近年来由部分学者提出的一种有别于上述四种类型的心肌病。本型心肌病的病变轻微，不引起明显的血流动力学改变，但常表现为心律失常或心绞痛，临床诊断较为困难；部分患者以猝死为首发症状。尸体解剖常因其病理学少有特征性改变，易于被忽略，应引起重视和增强认识。

（二）发病机制

心肌病分为五大类，发病机制也不尽相同，但概括起来主要有以下学说。

1. 细胞水平的蛋白质功能学说　20世纪80年代初，美国、日本和欧洲等国即开始从细胞水平的蛋白质功能方面研究心肌病的发病机制与病变心肌的形态改变。他们发现心肌细胞内能量代谢低下并有糖代谢障碍，收缩蛋白和调节蛋白异常；细胞膜受体及信号系统失控等变化。90年代后的研究则更多集中在蛋白质与分子生物学方面，以及细胞程序死亡（细胞凋亡，apoptosis）、细胞生长因子、白细胞介素-2、免疫分子遗传等方面的基础性研究。新近发现传导组织内肾上腺素能受体的分布对心律失常有影响，是一个有价值的尚待进一步研究的领域。

2. 遗传基因学说　有学者在细胞生长因子起始的细胞增殖、分化等环节中寻找相关的特殊基因片段，研究遗传基因与心肌病发病机制的关系，发现右心室心肌病或致心律失常型心肌病的病例中，至少有1/3是家族性的，有关扩张型心肌病的分子遗传和基因研究近年来发展很快，大多显示心肌病属常染色体显性遗传。故遗传基因异常亦可导致猝死。

3. 病毒感染与免疫功能紊乱学说　研究资料表明，自身免疫功能紊乱与病毒持续感染是扩张型心肌病发病的主要原因。目前研究学者普遍认为病毒性心肌炎可演变为扩张型心肌病；故据此认为免疫功能紊乱和病毒持续感染与心肌病发病机制密切相关。

（三）法医学鉴定要点

目前对心肌病的法医学鉴定尚无特异方法，首先必须排除暴力性死亡如机械性损伤、窒息及中毒致死，排除心脏其他疾病；然后再依据五类心肌病各自病理学特征进行法医学鉴定。未分类型心肌病以心律失常及心传导障碍为主要表现，缺乏明显的病理改变，需要查找有无心肌病家族史或生前有无心律失常的辅助检查。

1. 扩张型心肌病病理学改变　以左、右心房及心室腔扩张为主，尤以左心房、左心室扩张为著；心室壁可不增厚或仅轻度增厚。

2. 肥厚型心肌病病理学改变　心脏增大，重量增加（可以是正常心脏的1～2倍：女350～840g；男400～940g）。心室肌明显增厚为特征。室间隔非匀称性增厚，梗阻性心肌病的室间隔与左心室肌厚度的比值大于1.3。组织学检见心肌纤维显著肥大，排列紊乱。

3. 限制型心肌病病理学改变　左心室后壁、室间隔增厚，心室腔变小；心肌间质纤维组织增多。肌间质伴有或不伴有淋巴组织浸润或可有右心室室壁瘤的形成。

4. 致心律失常型右室心肌病病理学改变 右心室心肌细胞数量减少,脂肪组织与纤维组织增多。

5. 未分类型心肌病病理学改变 以心律失常及心传导障碍为主要表现。缺乏明显的病理改变,需要查找有无心肌病家族史或生前有无心律失常的辅助检查。有案例报道组织学检查见左心室肌细胞胞浆内见不规则粗大颗粒或条带状、团块状肌浆凝固改变。

以上各类心肌病的病理改变可作为法医学鉴定中的要点,因为在各型心肌病之间既存在差异又存在相互交叉。需要注意的是,鉴定时应进行缜密的综合分析后方可作出客观的鉴定结论。

六、克山病

克山病(keshan disease)是我国以心肌损伤为主要特征的原因不明的地方病,见于我国东北、内蒙古、陕、甘、川、晋等省区。本病因最初在黑龙江省克山县被报道而得名。本病发病有一定的季节性,我国东北与西北地区多见于冬季发病,西南部地区多见于夏季发病。男、女、老、幼均可患病,其中以妇女和儿童多见。临床上根据心功能障碍程度分为4型(急性型、亚急性型、慢性型、潜在型)。急性型克山病多起病急骤,常伴发心源性休克和严重的心律失常,可致猝死。

(一)病理学改变

克山病猝死者心脏病变的主要表现是心肌严重的变性、坏死和瘢痕形成。心脏可比正常大2~3倍,少部分重量可超过500g。心腔有不同程度的扩大,少数有附壁血栓形成。心室壁一般并不增厚甚至变薄,切面可见灰黄或灰白色的坏死区,部分病例还可见星状、条索状纤维瘢痕。病灶分布相当广泛。显微镜下可见心肌细胞出现肌原纤维溶解性坏死,呈灶状、带状分布,坏死灶之间仍有正常心肌组织。坏死病灶亦可沿心肌内动脉走向呈树枝状分布。心肌细胞坏死后,由胶原组织增生形成纤维瘢痕组织。

(二)猝死机制

急性型克山病发病时,由于心肌广泛性变性、坏死,心肌收缩功能明显减弱,心肌病变可引起心输出量严重不足导致猝死;当病变累及心脏传导系统时,亦可引起心律失常和急性心源性休克导致猝死。

(三)法医学鉴定要点

1. 在克山病发病地区居住过。

2. 解剖见心脏具有克山病的病变特点。

3. 慢性克山病应注意与充血性心肌病相鉴别。

4. 排除暴力损伤、窒息及中毒等引起的死亡。

七、结核性心肌炎

结核病可侵犯人体各器官,最常见为肺结核病。结核性心肌炎很少孤立存在,多与其他器官结核病并存。结核性心肌炎占尸检总数的0.25%~0.28%,虽然发生率不高,但它引起的心律失常易引发猝死,需加以注意。

(一)病理学变化

结核性心肌炎分为结节型、粟粒型及弥漫型,其中以结节型最多见,且多位于右心房。结核性心肌炎肉眼观察见结节呈灰黄色,质地坚实,有不同程度的纤维包裹;直径大小1~7mm。显微镜下:结核灶中心为干酪样坏死物,周围有大量类上皮细胞增生和淋巴细胞浸润,结核结节内有朗汉斯巨细胞(Langhans giant cell),外层为纤维组织包绕。炎症细胞浸润可波及邻近的心肌与心肌间质,还可伴有心肌间质的小血管炎;心肌纤维有变性、坏死。弥漫型结核性心肌炎光镜下可见心肌内广泛的肉芽肿性增生改变,还可见类上皮细胞、淋巴细胞和多核巨细胞,从中常可找到结核杆菌。

(二)猝死机制

心肌结核病变可引起心肌收缩功能减弱,严重时可引起急性心力衰竭;当病变累及传导系统时,亦能引起传导阻滞,引发急性心律失常而死亡。

（三）法医学鉴定要点

1. 心肌组织内检见结核结节的特征性病理学改变。
2. 在结核性肉芽肿与干酪样坏死灶内查找到结核杆菌（必要时）。
3. 注意寻找其他器官的结核病变。
4. 排除暴力损伤、窒息、中毒与其他疾病所致的死亡。

八、马方综合征

本病是一种常染色体显性遗传引起的先天性结缔组织代谢障碍性疾病，因法国学者 Marfan 最早报道而得名，属常染色体显性遗传病。有研究报道该病 15% 为散发性，85% 的患者父母亲中一方患有此病。因遗传基因的变异程度不同，其临床表现呈多样化。主要表现为心血管病变及眼、骨骼的发育异常。研究发现由于构成结缔组织主要成分的细胞外基质蛋白——Fibriuin 基因（FBN1）的突变，导致主动脉中膜坏死等改变，严重者可发生猝死。

（一）病理学改变

1. 骨骼发育异常 本病的显著特征是骨骼发育不协调，患者表现为身材高，四肢细长，尤其是前臂与大腿，当两手向左右平伸时，其两侧指端间距大于身高的长度；上半身长度较下半身短，二者的比值较正常人低（常人为 0.92）；手指与脚趾特长（呈蜘蛛样外观）。由于身体各部位生长不协调，形成头部上下径长，窄面，高腭等特征性外观。

2. 眼部病变 本病可致眼晶状体结缔组织软弱无力，故常出现晶状体脱位、虹膜震颤、角膜炎、青光眼等眼部疾病，可导致视物不清、高度近视、视网膜脱离、白内障等结局。

3. 心血管病变 本病易引起心脏增大、重量增加、心腔扩张以及主动脉进行性扩张，导致二尖瓣关闭不全和主动脉瓣关闭不全。尸检可见二尖瓣黏液变性引起瓣膜过长、松弛、二尖瓣脱垂。光镜下可见主动脉中层弹力纤维呈片状断裂或缺失，平滑肌增生，基质黏液变性等病理学改变。患者最终在主动脉形成主动脉瘤和主动脉夹层，多见于升主动脉部位。成人患者中约 92% 死于心血管病，主要死因是主动脉瘤或动脉夹层的破裂。

（二）法医学鉴定要点

1. 典型的马方综合征鉴定并无困难，患者一般有：①心血管病变；②眼部病变；③骨骼发育异常；④家族病史。四项中具有任何二项即可确立诊断。

2. 绝大多数不典型的马方综合征，仅有心血管病变而无其他病变。如主动脉扩张、主动脉窦动脉瘤或主动脉夹层分离伴有特发的主动脉瓣病变，也可鉴定为马方综合征。

3. 排除暴力损伤、窒息及中毒等引起的死亡。

九、肺动脉栓塞

肺动脉栓塞（pulmonary embolism，PE）是近 20 年来引起广泛重视、具有高发病率和高漏诊率的疾病。肺动脉栓塞一旦发生，其死亡发生率为 50%。2006 年世界急危重病医学杂志报道，在美国 PE 年诊断 65 万例，死亡 20 万/年，1/3 死于发病后 1 小时内。2008 年，有学者报道 PE 是发病率仅次于缺血性心脏病和高血压的心血管疾病。约 50% 的肺动脉栓塞死亡者在尸检中可发现致命性肺栓塞，95% 的栓子来源于下肢深静脉内血栓，少数来自盆腔静脉、上肢静脉及心脏附壁血栓。若栓塞部位于肺动脉主干或左、右肺动脉分支处，则起病急骤，常突发呼吸困难、发绀，引起猝死，过程可十分短暂。国内有学者报道肺动脉小分支栓塞的猝死案例，栓塞者死前临床表现与心绞痛非常类似，可见吸气时加重的突发胸痛、颜面苍白、血压下降等症状。

（一）病理学改变

1. 解剖可见来自下腔静脉或右心腔的大块血栓，栓塞于相应的肺动脉主干或分支内，其所供血区域的肺组织呈现出血性梗死及弥漫性出血。栓子表面较干燥，质地较硬。镜下见栓子由血小板梁及纤维素网将白细胞、红细胞集结构成混合血栓。

2．微血栓栓塞　镜下可见到肺动脉内弥散性血管内凝血与广泛的肺小动脉内微血栓栓塞，微血栓由凝集的血小板或纤维蛋白组成。

（二）猝死机制

1．机械性阻塞　较大栓子阻塞了肺动脉主干或大分支时，阻塞近心端血管内压骤增，可导致急性右心衰竭；同时肺动脉内血流突然完全或不完全中断，使肺泡腔内进行气体交换的血流减少或中断，继之左心回流血液减少甚至突然中断，引起左心室搏出量明显下降或无血液泵出。迅速发生的左、右冠状动脉灌流不足引发心源性休克；各重要器官组织缺血、缺氧导致猝死。

2．神经反射因素　动物实验与临床资料均证明，肺动脉栓塞时机体可通过肺-心迷走神经反射引起肺动脉、冠状动脉及支气管发生严重痉挛；此刻大量释放的神经介质 5- 羟色胺，亦可引起血管痉挛等改变，加重心力衰竭、窒息等引发猝死。

（三）法医学鉴定要点

怀疑肺动脉栓塞致死的案例，解剖时应注意在剪开心包腔后，先观察右心流出道（肺动脉圆锥处是否饱满，有否局限性的隆起，触摸血管感觉有无硬物感），然后在原位小心剖开右心室流出道、肺动脉及其分支（操作时注意避免伤及肺动脉内的血栓），发现有血栓栓塞时，需进一步查明血栓形成部位与栓子来源，尤其注意下肢静脉系统。法医学鉴定要点如下。

1．在肺动脉主干或及其分支内找到栓子。

2．在静脉系统（尤其是在下肢深静脉内）或（及）右心腔内找到栓子来源。

3．排除其他疾病或暴力因素所致死亡。

案例 17-5 ▶

23 岁男性，车祸致左下肢粉碎性骨折入院治疗，伤后一个月后的清晨起床时，突然感到胸痛，脸色发绀，抢救无效死亡。尸体解剖见肺动脉内 12cm 长血栓栓塞（图 17-11），其栓子来源于下肢骨折处的静脉。

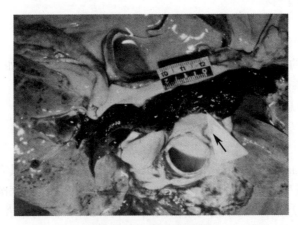

图 17-11　肺动脉栓塞
肺动脉内见一长 12cm 血栓栓子

十、心脏传导系统疾病

心脏传导系统（cardiac conduction system，CCS）是一种形成正常冲动并传导冲动的特殊心肌组织，由窦房结、结间束、房室结、希氏束、左右束支及浦肯野细胞构成。冲动在窦房结形成，通过结间束抵达房室结及左心房，再通过希氏束传导至浦肯野细胞使心室肌激动，完成一次心传导周期。心脏传导系统受副交感和交感神经支配,当心脏传导系统发生病变时(如炎症、纤维化、脂肪浸润、供血障碍、发育异常、代谢障碍、传导组织肿瘤、出血等),均可引起猝死。

(一)病理学改变

1. 心脏传导系统的炎症 有学者报道 54 例心脏传导系统病变猝死者中,因心内膜炎、心肌炎、心外膜炎累及心脏传导系统猝死的有 27 例(占 35%)。单纯的传导系统炎症少见。镜下可见组织充血、水肿,结细胞变性、坏死,中性粒细胞、淋巴细胞、单核细胞浸润(见文末彩图 17-2、图 17-12)。

2. 心脏传导系统的纤维化 不同年龄正常人的心脏传导系统纤维组织含量不同,有增龄性变化。纤维组织超过该年龄段的含量(包括原发与继发的,病理性纤维化)可使结细胞数目明显减少,纤维化程度≥75%,可视为病理性纤维化(见文末彩图 17-3)。

3. 心脏传导系统脂肪浸润 随着年龄增长,脂肪组织在传导系统可以逐渐增加。肉眼可见心脏传导系统的脂肪化在窦房结和房室结相应部位呈淡黄色。组织学见在窦房结和房室结与束支内有脂肪细胞浸润。当心脏传导系统内脂肪组织明显增多,实质细胞明显减少,即可诊断为病理性脂肪浸润(图 17-13)。

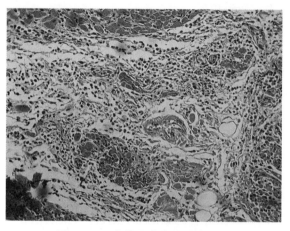

图 17-12 左传导束炎症细胞浸润

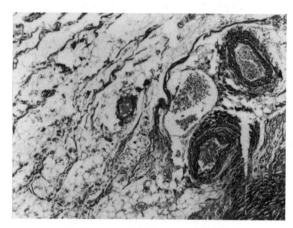

图 17-13 心脏传导系统脂肪浸润

4. 心脏传导系统出血 当缺氧、感染等因素作用时,因血管壁受损导致渗出性或漏出性出血(图 17-14)。出血较多时,大体观察也可见传导组织部位出血。

5. 心脏传导系统的血管病变 传导系统的供血主要由窦房结动脉与房室结动脉提供,粥样硬化、动脉炎、发育异常以及栓塞等病变可引起传导系统供血障碍。组织学可见血管壁增厚及管腔高度狭窄(图 17-15),传导系统供血不足可能导致猝死。

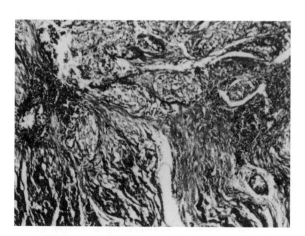

图 17-14 希氏束出血(改良 Masson 染色)

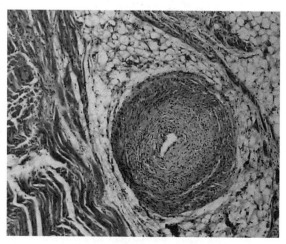

图 17-15 窦房结动脉高度狭窄

6. 心脏传导系统的肿瘤　心脏传导系统肿瘤中良性肿瘤居多，主要有纤维瘤、血管瘤、心房间隔脂肪瘤样肥厚、房室结间皮瘤和横纹肌瘤。另有少量转移性恶性肿瘤，最常见的是肺癌，其次是恶性淋巴瘤、白血病和恶性组织细胞瘤。

（二）猝死机制

心脏传导系统产生并传导冲动以维持心脏的正常节奏。当窦房结、结间束、房室结、希氏束等产生病变时，可因产生冲动或传导冲动功能障碍导致猝死。

1. 窦房结、房室结起搏功能障碍　各种原因导致结细胞变性、坏死或数量明显减少，均可妨碍起搏冲动的形成，引起心搏骤停。

2. 冲动传导障碍　窦房结、结间束、房室结、希氏束、左右束支及末梢（浦肯野细胞）的特殊心肌细胞受到病变损害时，能引起结、束间冲动传导阻滞或病理性不应期，形成传导障碍或结内外连接中断，导致Ⅲ度传导阻滞，发生心动过缓或过速、心室纤颤而猝死。

3. 心脏神经功能障碍　心脏传导系统由交感和副交感神经支配，受到神经介质与神经体液（电解质紊乱、儿茶酚胺增多等）精细调节。心脏传导系统窦房结、房室结周围有丰富的神经结与神经纤维，当神经结细胞或神经纤维有病变时，也能诱发心律失常导致猝死。

（三）法医学鉴定要点

1. 排除暴力所致的心脏传导系统损伤（如心脏挫伤）引起的死亡。

2. 排除心脏以外的病变所致的猝死或者暴力损伤与中毒死亡。

3. 心脏传导系统中有足以解释死亡的病理学改变（心脏其他部位未见明显的致死性病理学改变）。

4. 心脏传导系统病变与心脏其他病变共存时，心脏传导系统的病变程度超过其他心肌病变的程度。鉴定时如果没有死者生前患有心律失常的心电图等临床资料证明，鉴定时需要慎重，不能轻易作出鉴定结论。

十一、高血压

高血压是我国的常见病和多发病，据调查，目前我国高血压患者总数约 2.7 亿人，并继续以 350万人／年的速度增加。由于高血压起病隐匿，病程逐渐发展，相当多的患者往往不知道自己患有高血压。虽然单纯高血压本身不足以致死，但部分患者可突发高血压危象（hypertensive crisis）、颅内出血或急性左心衰竭，甚至发生猝死。高血压常合并有冠状动脉粥样硬化。高血压导致心脏肥大继而心力衰竭称为高血压心脏病。代偿性左心室肥厚是高血压的主要并发症之一，左心室呈向心性肥大，重量可达 400g 以上。心肌失代偿时则可能出现急性心力衰竭、左心室扩张和严重心律失常而引发猝死。

（一）病理学改变及猝死机制

1. 高血压的病理学特点　主要表现为全身细、小动脉壁玻璃样变，小动脉压力持续增高导致弹力纤维增生、内弹力板断裂，管壁增厚并逐渐使动脉变细管腔变窄。恶性高血压病变则见有全身小动脉壁纤维素性坏死。

2. 心脏　在小动脉痉挛硬化、外周阻力增加和血压持续升高的情况下，心脏通过代偿机制维持正常血液循环，继而发生心肌肥大、心腔扩张，称为高血压心脏病。心脏呈向心性肥大，心脏重量增加，左心室壁增厚，乳头肌和肉柱增粗，心腔不扩张（失代偿时左心室可扩张）。镜下可见心肌细胞体积增大、细胞核肥大，间质细胞增殖、纤维组织增生使心肌结构紊乱。心肌失代偿或并发高血压危象时则可能出现急性心力衰竭或严重心律失常而猝死。高血压心脏病尤其值得注意的是失代偿时发生的严重肺水肿。肺切面有大量水肿液溢出。由于肺水肿，死者生前常发生阵发性夜间呼吸困难（paroxysmal nocturnal dyspnea）。

3. 肾脏改变　高血压时，由于入球小动脉管壁玻璃样变性和肌型小动脉的硬化，管壁增厚、管腔狭窄，病变区的肾小球缺血而发生纤维化或玻璃样变性，相应的肾小管因缺血而萎缩、消失，间质纤维组织增生和淋巴细胞浸润。病变相对较轻的肾小球代偿性肥大,相应的肾小管代偿性扩张。肉眼观,双侧肾脏对称性缩小,质地变硬,肾表面凹凸不平呈细颗粒状。以上改变称原发性颗粒性固缩肾。

4.脑的改变 ①高血压脑病:由于脑动脉硬化和痉挛,局部组织缺血,毛细血管通透性增加,发生脑水肿,可发生高血压危象。②脑软化:由于脑动脉硬化和痉挛,供血区脑组织缺血而发生多数小坏死灶,形成质地疏松的筛网状软化灶。③脑出血:是高血压最严重的并发症,多位于基底节区,其次是大脑白质、脑桥和小脑;出血为大片状,出血区域脑组织完全被破坏,形成充满血液和坏死脑组织的囊性病灶。脑出血可引起颅内压急剧升高,压迫脑干导致呼吸、循环中枢功能衰竭而猝死。

(二)法医学鉴定要点

1.左心代偿性肥厚,呈向心性肥大,重量增加(平均约 400g,可超过 400g)。心力衰竭死亡者有严重的肺水肿。伴有程度不同的肾脏改变和脑的改变。

2.全身小动脉壁血管玻璃样变性,管壁增厚,管腔狭窄。可合并有心脏冠状动脉粥样硬化。

3.排除其他致命性疾病、暴力损伤与中毒死亡。

第三节 中枢神经系统疾病猝死

据统计,中枢神经系统疾病猝死(sudden death from disease of the central nervous system)占猝死总数的 12%~18%,其中最常见的是脑血管意外。2008 年原卫生部公布的死因调查中,脑血管病死亡病例数明显增加,已超过恶性肿瘤(135.88/10 万)而成为我国重要的致死病因(136.64/10 万),脑卒中发病率为(120~180)/10 万,患病率(400~700)/10 万。依此测算,我国每年存活的脑血管患者数为 600 万~700 万,新发病例>200 万,脑卒中死亡人数>150 万。

一、脑血管疾病

据 2014 年最新统计,美国每年约有 79 万人发生脑血管意外,平均每 40 秒有 1 人发生脑血管意外。在我国,脑血管疾病(cerebral vascular disease)也已成为危害中老年人身体健康和生命的主要疾病。脑血管疾病中最常见的是脑动脉硬化,其次是动脉瘤和脑血管畸形等。脑血管疾病是常见病、多发病,其病死率和致残率较高。

(一)病理改变

1.脑出血(cerebral hemorrhage) 指原发性脑实质出血,又称为自发性脑出血,系指脑内血管因病变破裂而引起的出血。在所有脑血管病中,脑出血占 20%~30%,其中约 80% 的出血在大脑半球,20% 在脑干和小脑。脑出血死亡率很高。

绝大多数自发性脑出血系因高血压并发的脑内小动脉病变破裂出血。由于血压骤然增高使病变血管破裂,称为高血压脑出血。出血形成的颅内血肿大小不等,有时血肿可穿破脑实质进入脑室内或蛛网膜下腔。少部分自发性脑出血为其他原因所致,如先天性脑血管畸形、动脉瘤、血液病(再生障碍性贫血、白血病、血友病、血小板减少性紫癜等)、脑动脉炎、脑内恶性肿瘤及脑的转移瘤等。

(1)高血压脑出血:多发生在基底节附近(大脑中动脉的深穿支破裂),其次是各脑叶的皮质、脑干与小脑。尸检中多可见到明显的脑内动脉硬化性改变。出血侧大脑半球隆起,脑回受压变平,脑沟变窄。出血若穿破脑皮质,则可见蛛网膜下腔积血。大脑半球血肿若向内突破可损伤脑的内囊与基底节部分,出血量大时可以穿破脑室壁,引起侧脑室与第三脑室的积血;脑桥、小脑的出血可破入第四脑室,甚至可经中脑导水管逆行进入侧脑室。脑出血多为单灶性,偶见多灶性,出血灶周围的脑组织受压、变形、水肿、坏死、移位和继发出血。患者常因出血形成的占位性病变以及继发脑水肿而出现脑疝。显微镜下可见小动脉壁硬化、玻璃样变性,有的还可形成微动脉瘤。

(2)脑血管畸形

1)先天性脑血管畸形破裂出血:有动静脉畸形、毛细血管扩张症、海绵状血管瘤、静脉性血管瘤四种类型。其中以动静脉畸形导致脑出血为多见，占脑血管畸形的90%以上。动静脉畸形系胚胎发育过程中动脉与静脉未完成分离所致。动静脉血管畸形大小悬殊，小的肉眼见不到，显微镜下可见血管壁的结构不规则。宽窄不一、厚薄不均，同一血管断面上既有动脉壁（多层平滑肌细胞、胶原和弹力纤维）的结构，又有静脉壁（薄层）的结构，常在静脉结构的薄弱处发生破裂出血。

2）基底动脉环畸形：基底动脉环畸形表现形式多样，其中后交通动脉是血管异常出血的好发部位；它起于颈内动脉，在距基底动脉分叉约1cm处连于大脑后动脉前支，后交通动脉变异较多，易于发生破裂出血（见文末彩图17-4）。

（3）脑动脉瘤：动脉瘤大多因动脉壁向外膨出成囊状、管状或梭形，多为单发，也有多发，瘤体直径为0.5~2cm，也有小于0.2cm的微小动脉瘤。先天性动脉瘤多因动脉壁中层发育不良，弹力纤维薄弱或缺失，血流冲击而形成（此类动脉瘤因先天发育不良所致，因而也属于脑血管畸形）。硬化性动脉瘤主要与内膜病变累及中层有关，多发生在基底动脉环周围。因血管壁变薄，在血流的冲击下破裂，导致出血。

（4）自发性蛛网膜下腔出血（spontaneous subarachnoid hemorrhage）：据统计，自发性蛛网膜下腔出血占全部猝死的2%~5%，约占神经系统疾病猝死的25%，是中枢神经系统病变引起猝死的重要原因之一。自发性蛛网膜下腔出血多发生在20~60岁，男女发生率无明显差异。病理学改变：大体见蛛网膜下、脑脊液红染，出血可呈局限性或弥漫性分布。出血量多时可在小脑延髓池、脚间池、视交叉池，基底池等处形成红色血块。组织学观察：出血1~4小时软脑膜血管充血，有极少数中性粒细胞渗出；4~16小时中性粒细胞增多；16~32小时可见有大量中性粒细胞、淋巴细胞浸润，该改变称为血管源性脑膜炎。自发性蛛网膜下腔出血按出血来源可分为原发性和继发性两种，前者由于蛛网膜下（蛛网膜本身不含血管）紧贴软脑膜的血管破裂，形成蛛网膜下积血；后者可因脑实质出血穿破脑皮质，血液进入蛛网膜下或破入脑室后再经小脑延髓池进入蛛网膜下。

自发性蛛网膜下腔出血的常见原因有脑动脉瘤、脑血管畸形破裂出血（其病理改变见脑出血）和脑底部异常血管网出血。脑底部异常血管网以形成密集的血管网为其特点。病理形态学表现为脑基底动脉环主干血管狭窄、闭塞，脑底部动脉及深穿支动脉代偿性增生，并且相互交织形成异常血管网。镜下可见有的异常血管网的管壁变薄且管腔扩张，有的管壁增厚呈玻璃样变性，还有的可见粟粒样动脉瘤改变。异常血管网的薄弱处可发生突然破裂，引起蛛网膜下腔出血。

知识拓展 ▶

脑血管造影在法医学尸体检验中的应用

在法医实践中脑出血非常常见，通过大体和组织学检查，可以发现脑底动脉环及大分支的破裂口。然而，部分案例通过尸体解剖虽能发现颅内出血的大致部位，但常常无法寻找具体的破裂血管，明确出血性质也比较困难。脑血管造影术作为一种实用、成熟的技术，应用于法医学尸体检验，不仅可以明确血管病变的部位和性质，为死亡原因的确定提供可靠依据，还可指导尸体解剖及颅内血管病理组织取材，在特殊情况下甚至还可替代传统的尸体解剖。近几年国外已经率先应用，在我国应用较少。猝死者死后血液不凝固或凝固后因纤溶酶释放出现再溶，血液呈流动状态，为脑血管造影检查提供了可能。由于死后血管所承受的压力随着死亡时间的延长进行性降低，故死后造影越早越好，脑血管造影最好在死后36小时内进行。脑血管造影检查与传统尸体解剖相比，其获得的影像资料呈现于法庭上，比起尸检图片更易被其他法律工作者接受，而且容易以客观的方式长期保存，可进行远程案例讨论，还可用于法医学教学和回顾性研究。因此，在法医学尸体检验中，需要将脑血管造影与尸体解剖有机结合，使其相辅相成，以更好地为法医学服务。期待今后能够将脑血管造影应用于尸体检验中。

2. 脑梗死（cerebral infarction）　脑梗死是脑组织的血液供应发生障碍后由于缺血、缺氧引起的脑组织坏死软化。脑梗死是脑血管病中最常见的疾病类型。据统计，脑动脉血栓的发生率依次为：大脑中动脉 43%、颈内动脉 29%、大脑后动脉 9%、基底动脉 7%、椎动脉 7%、大脑前动脉 5%，前两者占 2/3 以上。

（1）病因：常由于脑的动脉粥样硬化、血管炎、栓塞（心源性与非心源性的血栓脱落或气体、脂肪栓子等）等病变引起的血管腔变窄、闭塞或阻塞，造成相应部位脑组织血流完全或不完全的中断，引起相应供血区脑组织坏死，继而出现脑功能障碍（占脑卒中的 15%～20%），严重的可致猝死。

（2）病理改变：脑梗死最常见于动脉硬化。大体观察可见血管有节段性黄白色的斑块，断面显示管壁增厚，管腔变窄、变硬（动脉粥样硬化大多发生在管腔 500μm 以上的大动脉与中动脉；弥漫性小动脉硬化见于管腔直径为 150～500μm 的小动脉，微动脉玻璃样变性则主要发生在管腔直径小于 150μm 的血管）。梗死 6 小时以内者，用常规的 HE 染色难以观察到脑组织有明显的形态学改变。梗死经过 8～48 小时，先从中心部位发生软化，即肉眼可见的梗死灶。梗死周边脑组织肿胀、变软，灰质、白质界线不清。如病变波及范围大时脑组织高度水肿，严重的形成脑疝。组织学见脑组织结构不清，神经细胞及胶质细胞变性、坏死，小血管及毛细血管扩张，周围可见红细胞渗出及淡红染均质状水肿液。如果患者没有发生猝死，随着动脉阻塞时间的延长，特别是 7～14 天后，脑组织开始液化，病变区明显变软，神经细胞消失，吞噬细胞大量增生；3～4 周后，坏死液化的脑组织被胶质细胞吞噬。大量胶质细胞、胶质纤维及毛细血管增生，形成胶质瘢痕。大的病灶还可以形成囊腔。猝死者病程短，往往难以见到上述改变。

（二）法医学鉴定要点

1. 确证脑出血或蛛网膜下腔出血。
2. 检见脑血管病变的病理学改变。
3. 在脑外伤与脑血管疾病并存时，应慎重分析两者在死因构成中的权重。
4. 排除暴力性损伤、窒息及中毒导致的死亡。

二、常见颅内肿瘤

颅内肿瘤（intracranial tumor）是神经系统中常见的疾病之一。颅内肿瘤发病率仅占全身肿瘤的 1.5%～2%，颅内肿瘤包括原发性颅内肿瘤与转移瘤两大类。据我国上海、北京两地统计，脑肿瘤中胶质细胞瘤占了 43.48%，脑膜瘤占 17.47%，转移瘤可达 11.6%。大脑胶质细胞瘤多见于成年人，多位于小脑幕上。原发性颅内肿瘤病程经过缓慢，机体对肿瘤有相对适应性，大部分患者早期症状不明显，或仅有轻微症状未能引起注意。虽然颅内肿瘤发病率仅占全身肿瘤的 1.5%～2%，但突然死亡的病例却时有发生。常见引起猝死的颅内肿瘤幕下多于幕上的肿瘤。

（一）病理学改变

颅内肿瘤包括颅内原发肿瘤（常见的有胶质瘤、脑膜瘤、髓母细胞瘤、神经元和混合神经元胶质瘤）及转移瘤。本节仅介绍胶质细胞瘤、脑室内肿瘤及垂体瘤的病理改变。

1. 胶质细胞瘤（spongiocytoma）　据复旦大学附属华山医院 25 年统计的 4541 例中枢神经系统肿瘤中，颅内肿瘤有 3977 例；其中胶质细胞瘤居首位。胶质细胞瘤可分为以下 3 种。

（1）星形胶质细胞瘤（astrocytoma）：为颅内最多见的肿瘤之一，多发生于大脑额叶、颞叶及顶叶，脑干次之。肉眼观察肿瘤呈灰白色，质感坚韧，与周围脑组织分界不清，无包膜。恶性程度高的常伴有瘤内的出血与坏死。根据瘤细胞形态与分化程度，组织学可以分为纤维型、原浆型、肥厚型和星形母细胞瘤 4 种类型。前两型分化程度高，星形母细胞瘤（现倾向归类为其他上皮细胞肿瘤）则属于恶性，其细胞具有足突，附贴在血管壁上，呈放射状排列。

（2）多形性胶质细胞瘤（glioblastoma multiforme）：属恶性肿瘤，肉眼观察见肿瘤直径多在 5cm 以上，无包膜。切面呈红黄色、棕色或灰红色，边界不清，瘤组织内常有出血、坏死，常见新鲜与陈旧性出血并存现象。组织学见肿瘤细胞大小不一,细胞形态不规则,核分裂象多,核染色质深染,坏死区周围的瘤细胞呈栅栏状围绕排列。坏死区内有出血,血管内皮细胞肿胀增生,甚至有血栓形成和瘤细胞侵入,形成瘤细胞栓塞。

（3）少突胶质细胞瘤（oligodendroglioma）：多见于成年人的大脑半球。肿瘤呈灰红色、质硬,边界不清,瘤体切面常可见出血、坏死、钙化等病变。组织学见瘤组织由少突胶质细胞构成,瘤细胞密集,形态一致,胞核圆形,深染。核周胞质透明,间质少,血管丰富。出现瘤细胞大小不一或瘤巨细胞,核分裂象活跃,实质内有出血、坏死,表明已经为恶性少突胶质细胞瘤。

2. 脑室内肿瘤　脑室内肿瘤长到能阻塞脑脊液循环时,可因急性脑室积水及脑水肿引起颅内压增高导致猝死。脑室内肿瘤可分为:室管膜瘤、脉络膜乳头状瘤、脑室胶样囊肿等。

（1）室管膜瘤（ependymoma）：来源于室管膜上皮组织,其发生率依次为第四脑室、侧脑室、第三脑室、导水管。大体观察,肿瘤呈结节状或分叶状,界限分明。大的可以充满脑室,使脑室相应扩张变形。切面呈灰红色,质地较硬,可出现坏死、出血。组织学见肿瘤细胞形状大小一致,为圆形或卵圆形,染色质丰富,胞质较少。细胞界限不清,瘤细胞围绕血管形成菊形团样结构（或瘤细胞排列成腺管样结构）。肿瘤可以恶化为室管膜母细胞瘤。目前,倾向于将此类肿瘤归为胶质瘤。

（2）脉络膜乳头状瘤（chorioidopapilloma）：由脉络膜上皮细胞发生,第四脑室及侧脑室多见,多发生于儿童。大体观察,肿瘤呈结节、乳头状。切面灰白色或粉红色。瘤体质实易碎,瘤细胞与正常脉络丛上皮细胞结构相似,具有分泌脑脊液功能。一旦堵塞大脑导水管,可致急性脑积水而引起猝死。

（3）脑室胶样囊肿：较少见,好发于青年人。来源于脉络丛,易阻塞室间孔。囊肿圆形,直径 0.1～0.4cm,有纤维包膜,硬而光滑,灰绿色。囊腔内有灰色黏稠胶陈样物,囊内衬覆立方形或高柱状上皮细胞。

3. 垂体瘤（hypophysoma）　垂体瘤的发病率约占中枢神经系统各肿瘤发病率的 10.5%（有统计报道为 3.86%～11.91%）,男女比例为 1.5:1。国外报道垂体瘤的发病率为 7%～17.8%。垂体腺瘤多位于蝶鞍部,常穿破鞍隔至鞍上形成肿块。其表面有包膜,呈粉红色或紫红色,体积大者可压迫或突入第三脑室,瘤体内可有出血或囊性变。组织形态学可分为嫌色细胞型、嗜碱细胞型、嗜酸细胞型和混合型,细胞恶性分化者称为垂体腺癌。嫌色细胞组织学形态较为多样,瘤细胞胞核常呈卵圆形或圆形,核内染色质细致而均匀,核仁小,胞质淡红色。嗜酸细胞型瘤细胞具有较大的圆形核,核仁较明显,胞质丰富。嗜碱细胞型有与嗜酸细胞相似的胞核,胞质 HE 着色很淡。混合型在特殊染色中,一部分细胞可见着色颗粒,另一部分细胞却不含颗粒。

（二）猝死机制

1. 肿瘤压迫引起神经功能障碍　颅内肿瘤为占位性病变,其瘤体的不断增长必然要占据已固定的颅内空间,导致脑肿瘤压迫相对应部位的脑组织,从而影响脑组织的正常功能,失代偿时可引发颅内压增高,严重的颅内压增高可致急性死亡。

2. 阻塞脑脊液循环通道　肿瘤组织侵及脑室或阻塞导水管,致使脑脊液的循环障碍,可引起急性脑积水致颅内压急剧升高而发生突然死亡。

3. 肿瘤并发出血　恶性肿瘤其组织细胞分化程度低、生长速度迅速,常导致瘤体内的供血、供氧相对不足,发生瘤体变性、坏死,坏死区的血管破裂出血。出血量迅速增多时,可引起脑疝致猝死。

（三）法医学鉴定要点

1. 通过全面仔细的尸检,发现颅内肿瘤及其并发症（肿瘤坏死出血、颅内压升高等）的客观依据。

2. 通过组织学检查鉴定肿瘤类型。

3. 排除暴力损伤、窒息与中毒死亡。

4. 综合分析死亡原因,尤其是外伤和其他疾病并存时,应全面分析各种相关因素,权衡其病变轻重及其相关程度后,作出正确的鉴定。

三、癫痫

癫痫（epilepsy）是中枢神经细胞异常兴奋引起细胞放电产生的阵发性大脑功能紊乱综合征。癫痫分为原发性和继发性两种类型，原发性癫痫或称特发性癫痫，其病因不明，可能与遗传因素有关；继发性癫痫多由脑部器质性改变（损伤、脑瘤及代谢障碍等）所致。据流行病学调查，我国癫痫患病率为 4.4‰～4.8‰，全国约有 600 万人罹患癫痫，其中以儿童及青少年居多，对人类的危害较大。癫痫的临床表现为暂时性的运动障碍和意识障碍，具有突发性、一过性、反复性等特点。发作期间可在脑电图上显示癫痫波形。癫痫在大发作时，持续的癫痫状态可以引发猝死。

（一）病理学改变

原发性癫痫常无明显的病理学改变，反复大发作或过长时间抽搐可造成脑细胞的缺血缺氧性损害。显微镜下观察，可见部分因癫痫猝死的病例大脑颞叶海马回有硬化病变区，其中的神经细胞数目明显减少或消失，有胶质细胞和胶质纤维增生。大脑皮质边缘硬化，皮质有灶性变性坏死和胶质细胞增生形成的胶质小结；皮质下层局部有胶质细胞和胶质纤维增生。少数病例还可见脉络膜与蛛网膜的纤维化。此外，小脑皮质、齿状核、丘脑、豆状核、橄榄核等可见变性、坏死、萎缩改变，并可形成胶质小结。部分患者组织学检查可见神经细胞异常大而圆，称神经纤维母细胞样改变。继发性癫痫则在病灶相关部位可见明显的器质性病变。

（二）猝死机制

1. 交感神经功能紊乱引发致命性心律失常　癫痫发作时交感神经可异常兴奋。有学者对癫痫死者的心脏进行检查，发现其末梢动脉有轻微的纤维化和心肌间质瘢痕形成，心内膜下局灶性纤维化。动物实验发现，反复、剧烈地刺激实验动物的心脏交感神经可引起类似的病理改变。因此，有学者认为，强烈地刺激交感神经，使心脏长期处于复极化的状态，有可能产生心肌局限性兴奋灶，引起心室纤颤而致猝死。

2. 副交感神经受刺激导致心动过缓和心脏停搏　临床观察到部分癫痫患者大发作时，可出现明显的副交感神经兴奋现象，引发致命性心动过缓和心脏停搏。少数人因不能及时恢复而引发猝死。

3. 呼吸障碍导致猝死　癫痫大发作时，呼吸肌发生痉挛可引起急性呼吸功能障碍，导致中枢性呼吸暂停或窒息死亡。尸检时发现不少癫痫发作窒息死亡病例呼吸道内有胃内容物吸入，说明误吸亦为癫痫发作窒息死亡的原因之一。

4. 心脑缺血、缺氧所致急性呼吸循环衰竭　癫痫大发作时引起的心脑缺血、缺氧可引起脑干呼吸中枢和心血管运动中枢功能紊乱，发生致命性心律失常或中枢性呼吸衰竭死亡。

（三）法医学鉴定要点

1. 查明癫痫病史及发作持续时间　癫痫死亡的法医学鉴定，应首先查明：①癫痫发病的既往史；②死亡发生在癫痫发作时或发作后；③癫痫发作持续时限长短，持续时间较长的癫痫大发作可能引起猝死。

2. 排除其他疾病、暴力损伤与中毒所致死亡　虽有癫痫病史，但发作和死亡情况不明、缺乏目击证人时必须慎重地进行分析，要排除其他疾病与暴力损伤或中毒（包括抗癫痫药物过量）后，才可作出癫痫猝死的鉴定结论。

四、病毒性脑炎

中枢神经系统的病毒感染性疾病近年有增多趋势，病毒性脑炎（viral encephalitis）尤其受到各国学者的普遍关注。我国特别是南方在 20 世纪中期曾流行乙型脑炎，近年有回升趋势。据报道有 300 多种病毒可侵犯中枢神经系统，常见的能引起脑炎的病毒有乙型脑炎病毒、柯萨奇病毒、单纯疱疹病毒、巨细胞病毒、脊髓灰质炎病毒等。

（一）病理学改变

病毒性脑炎的病变范围很广，可同时累及大脑、小脑、脑干及脑膜。病变程度以脑白质为重，可见脑软化灶形成。组织学见神经细胞水肿、变性、坏死及噬神经现象，有时细胞内有包涵体；神经纤维脱髓鞘改变、胶质细胞数目增多，呈局灶性增生（胶质小结）或弥漫性增生；病变严重的形成疏松网状的软化灶，内有泡沫细胞，神经细胞碎裂及溶解；小血管周围密集的淋巴细胞与单核细胞浸润，形成袖套样改变（图17-16）。由于血管受损，可以发生血管周围的漏出性出血。

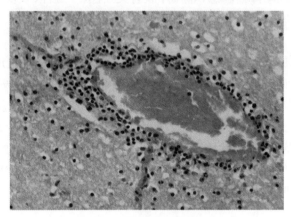

图17-16　血管淋巴套样改变

脑内小血管周围有密集的淋巴细胞与单核细胞浸润形成袖套样改变

（二）猝死机制

病毒性脑炎患者死亡多为病毒破坏脑神经细胞，引起神经细胞变性、坏死，引发脑水肿、颅内高压、脑疝形成压迫脑干生命中枢而引起猝死。严重者可因脑实质破坏，尤其是脑干的神经细胞受到破坏，导致呼吸循环中枢衰竭死亡。

（三）法医学鉴定要点

1．尸检时检验到病毒性脑炎的病理形态学改变。

2．排除其他疾病致死。

3．排除暴力损伤、窒息与中毒致死。

五、流行性脑（脊髓）膜炎

流行性脑（脊髓）膜炎（epidemic cerebrospinal meningitis）是由脑膜炎双球菌引起的脑、脊膜炎性疾病。本病以起病急、发热头痛、皮肤瘀斑、呕吐及脑膜刺激征为主要临床表现。脑膜炎双球菌能产生毒力较强的内毒素，引起血管内皮细胞损伤，发生栓塞或微循环障碍，病变严重的可发生败血症及沃-佛综合征（Waterhouse-Friderichsen syndrome）。其特点是：脑膜炎、败血症、双侧肾上腺皮质出血、死亡率极高。若抢救不及时可发生严重的脑水肿及脑疝，常在短时间内发生猝死，是脑膜炎中最为严重的一类，其死亡率高于化脓性脑膜炎、结核性脑膜炎、隐球菌性脑膜炎等。

（一）病理学改变

流行性脑（脊髓）膜炎的主要病变在中枢神经系统，软脑膜和蛛网膜均呈化脓性改变，可见大量的白细胞浸润，以中性粒细胞为主，并有纤维蛋白沉着（图17-17）。败血症期间，大量的细菌内毒素可引起血管内皮细胞的损伤，导致弥散性血管内凝血（DIC），或表现为皮肤、黏膜及内脏包膜下与脑实质内广泛的出血点或出血斑。尸体解剖可见脑脊液呈黄绿色混浊脓性，脑实质水肿，伴有脑疝形成。并发沃-佛综合征时有肾上腺皮质出血等改变。

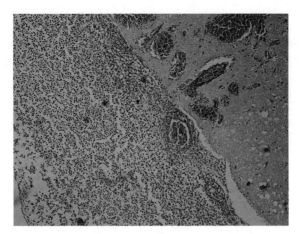

图 17-17　脑膜炎，脑膜增厚，大量中性白细胞浸润

（二）猝死机制

流行性脑（脊髓）膜炎不仅可致小儿猝死，也可引起成人猝死。其猝死机制如下。

1. 败血症、中毒性休克、肾上腺功能衰竭等并发症致死。

2. 脑膜炎引发脑膜脑炎，产生严重脑水肿，使颅内压力急剧增高并发脑疝形成，特别是枕骨大孔疝，可压迫生命中枢引起死亡。

3. 炎症侵犯脑室的室管膜或皮质、脑干中的神经细胞，引起神经细胞坏死；炎症还可因侵犯脑血管引起脑广泛的梗死、脑软化等病变。上述病变可导致生命中枢功能障碍而死亡。

（三）法医学鉴定要点

1. 蛛网膜下腔黄绿色脓性渗出物以及软脑膜炎性改变。

2. 将脓性渗出物涂片染色，查找脑膜炎双球菌（必要时）。

3. 排除其他化脓菌感染和暴力性损伤与中毒死亡。

第四节　呼吸系统疾病猝死

呼吸系统疾病引起的猝死较常见，在成人猝死的死因中占第2位，在小儿猝死中占第1位。呼吸系统很多疾病可导致猝死，如各种原因的急性咽喉炎、肺炎、支气管哮喘、肺气肿、自发性气胸、肺结核等，但以各类型肺炎最多见。

一、急性喉阻塞

上呼吸道内各种病变引起喉腔狭窄甚至闭塞而产生呼吸困难，称为急性喉阻塞（acute laryngemphraxis），又称为急性喉梗阻。此症多见于婴幼儿，也可见于成人，多在短时间内出现严重的呼吸困难，可在发病几小时或数分钟内引起窒息而危及生命。

（一）病因

引起喉阻塞的原因很多，主要的原因有：①咽喉炎症：急性咽喉炎、急性会厌炎、咽后壁脓肿、咽喉周围炎等炎症性水肿使声门或喉腔狭窄，此类疾病常伴有发热、咽喉疼痛、声嘶等症状；②变态反应及某些全身性疾病：各种原因的过敏反应、血管神经性水肿等引起咽喉黏膜水肿，此类疾病起病急骤，病情凶险；③吸入性损伤：吸入热液、热气，有毒或刺激性气体亦能引起咽喉黏膜损伤和水肿；④肿瘤：喉部恶性及良性肿瘤均可引起喉阻塞而出现呼吸困难，带蒂的较大声带息肉，突然嵌顿于声门时常可造成危及生命的急性喉阻塞，但大多数起病慢，呈渐进性发展；⑤喉痉挛：破伤风、喉气管异物的刺激、低钙所致的手足搐搦症都可产生喉痉挛而致喉阻塞；⑥其他：较少见的还有先天性畸形，如先天性喉蹼、喉软骨畸形等。

（二）病理学改变

喉阻塞猝死者尸检时最常见的是喉头水肿、喉头痉挛和喉腔狭窄。喉头水肿表现为喉头黏膜苍白、肿胀，声门裂因水肿而狭窄或闭塞；喉头痉挛者喉头黏膜呈收缩状态，喉腔狭窄。喉阻塞的组织病理学改变因病因不同而表现各异，光镜下除可见咽喉黏膜及黏膜下层组织疏松、间隙增宽外，咽喉急性炎症时可见以中性粒细胞为主的炎症细胞浸润，变态反应性疾病可有嗜酸性粒细胞浸润，吸入性损伤可见咽喉黏膜不同程度的坏死、脱落，咽喉肿瘤则可见相应肿瘤的病理改变。因喉阻塞而死亡者全身有窒息的一般征象。

（三）猝死机制

1. 窒息　喉头水肿、痉挛，或增大的肿瘤均可引起喉腔狭窄甚至闭塞，从而导致窒息死亡。

2. 心力衰竭　部分病例因呼吸困难致机体严重缺氧而死于心力衰竭。

（四）法医学鉴定要点

1. 法医学鉴定的主要依据是喉阻塞的病理学改变、死亡过程符合喉阻塞。

2. 排除其他疾病死亡及暴力性死亡。

（五）法医学鉴定注意事项

1. 凡是怀疑喉阻塞猝死的，应于死后及时进行尸检，因为在死后喉头痉挛随着尸体腐败的进展会有所缓解，咽喉水肿的程度也可能减轻。

2. 尸检时应完整取出咽喉及气管，仔细观察喉腔是否有狭窄及狭窄的程度，观察是否有喉头黏膜水肿，并查明引起喉阻塞的病因。必要时提取血液标本进行药、毒物排查，以排除药、毒物中毒。

二、肺炎

肺炎（pneumonia）是呼吸系统的常见病、多发病。据 WHO 调查，肺炎死亡率占呼吸系统急性感染死亡率的 75%。某些类型的肺炎在小儿、年老体弱者可发生猝死。

根据病因不同，可将肺炎分为感染性肺炎（如细菌性、病毒性、支原体性、真菌性和寄生虫性感染）、理化性肺炎（如放射性）和变态反应性肺炎（如过敏性和风湿性）。根据病变部位不同分为大叶性肺炎、小叶性肺炎和间质性肺炎。按病变性质又可分为浆液性、纤维素性、化脓性、出血性、干酪性、肉芽肿性或机化性肺炎等类型。根据法医鉴定的特点，本节主要根据病变部位和病变性质来分类叙述。

（一）大叶性肺炎

大叶性肺炎（lobar pneumonia）是主要由肺炎双球菌引起的以肺泡内弥漫性纤维素渗出为主的炎症，病变通常累及肺叶的全部或大部。本病多见于青壮年，临床表现为骤然起病、寒战高热、胸痛、咳嗽、咳铁锈色痰、呼吸困难，并有肺实变体征及白细胞计数增高等。

1. 病理变化　大叶性肺炎的主要病理变化为肺泡腔内的纤维素性炎症，病变常累及整个肺叶或一个肺段。典型的大叶性肺炎的自然病程可分为 4 期。①充血水肿期：发病的第 1～2 天，病变肺叶肿胀，暗红色。镜下见肺泡壁毛细血管扩张充血，肺泡腔内有多量浆液性渗出，渗出液中有少量红细胞、中性粒细胞和巨噬细胞。②红色肝样变期：发病后第 3～4 天，病变肺叶充血呈暗红色，质地变实，切面灰红似肝样外观。镜下见肺泡壁毛细血管扩张充血，肺泡腔内充满大量红细胞和纤维素，其内有少量中性粒细胞和巨噬细胞，渗出的纤维素连接成网并穿过肺泡间孔与相邻肺泡内的纤维素网相连接。③灰色肝样变期：发病后的第 5～6 天，病变肺叶充血消退，但质实如肝，外观呈灰白色或灰黄色。镜下肺泡腔渗出物中的红细胞显著减少，而中性粒细胞明显增多。④溶解消散期：发病后的 1 周左右，肺泡腔渗出物中的中性粒细胞变性崩解，单核细胞增多，渗出物逐渐被溶解吸收，病变肺叶质地变软。目前，典型的病理分期已较少见。

2. 猝死机制和法医学鉴定　大叶性肺炎导致死亡主要为感染性休克。肺炎链球菌或金黄色葡萄球菌感染引起的严重毒血症或败血症主要表现为全身中毒症状和循环衰竭，故又称休克型肺炎或中毒性肺炎,死亡率较高。部分病例可因呼吸衰竭而死亡。大叶性肺炎猝死多发生在红色肝样变期和灰色肝样变期。法医学鉴定主要是依据尸体解剖和组织病理学检验明确诊断。

案例 17-6 ▶

　　某女,32 岁。某日因发热、双膝关节酸痛一天,于上午 10 时前往医院就诊,医生给予"痛宁痹饮片"等,嘱其回家口服。当天下午 6 时患者感觉病情加重,伴恶心、呕吐,遂再次前往医院就诊。到医院后测血压为 80/50mmHg,心率 105 次 / 分。立即行抗休克治疗,终因抢救无效于次日上午 10 时死亡。临床死亡诊断:休克原因不明。尸体检验见其双肺充血呈暗红色,左肺明显肿胀,质地较实。显微镜下见左肺组织肺泡壁毛细血管扩张充血,肺泡腔内充满渗出的纤维素、大量红细胞和少量中性白细胞。其余器官和组织除瘀血、水肿外未见明显病理学改变。病理诊断:大叶性肺炎(红色肝样变期)。法医学鉴定分析意见:死者为青年女性,急性起病,有发热、全身中毒症状,并很快出现循环衰竭,病理诊断为大叶性肺炎(红色肝样变期),故分析认为该患者系因大叶性肺炎导致循环、呼吸功能衰竭而死亡。

(二)小叶性肺炎

　　小叶性肺炎(lobular pneumonia)主要由化脓性细菌感染引起,病变起始于细支气管,并向周围或末梢肺组织发展,形成以肺小叶为单位、呈灶状分布的肺化脓性炎症。因其病变以支气管为中心,故又称支气管肺炎(bronchopneumonia)。本病可为原发,也常是某些疾病或损伤的并发症,多见于婴幼儿、老人和体弱多病者。

　　1. 病理变化　病变多位于双肺下叶及背侧,呈灶性分布。病灶呈暗红色或灰黄色,大小不一,形状不规则,质地稍实。显微镜下以细支气管为中心的肺的化脓性炎症,病灶中支气管、细支气管腔内可见脓性渗出物,周围的肺泡腔内充满中性粒细胞、少数红细胞和脱落的肺泡上皮细胞,纤维素一般较少。病灶周围肺组织充血、浆液渗出,部分肺泡过度扩张。严重病例病灶可互相融合成大片状,支气管和肺组织呈完全化脓性炎症改变,肺泡壁遭到破坏。若为吸入性肺炎,除可见小叶性肺炎的特点外,支气管、小支气管甚至肺泡腔内可见吸入的异物(呕吐物或其他异物等);新生儿羊水吸入性肺炎在支气管、小支气管及肺泡腔中可见多少不等的羊水成分。

　　2. 猝死机制和法医学鉴定　小叶性肺炎的合并症严重因而危险性大,在儿童、年老体弱者,特别是并发其他严重疾病者,预后大多不良。可由于呼吸衰竭、心力衰竭、脓毒败血症等而猝死。婴幼儿因病情变化较快,有时临床表现很轻,亦可突然死亡。法医学鉴定主要是依据尸体解剖和组织病理学检验明确诊断。

(三)间质性肺炎

　　间质性肺炎(interstitial pneumonia)主要由病毒和支原体感染引起,常常是上呼吸道病毒感染向远端蔓延所致。本病主要见于小儿,易导致婴幼儿在毫无临床症状或仅有轻微不适时突然猝死;亦有青壮年患间质性肺炎仅有轻微呼吸道症状而发生猝死的案例报道。

　　1. 病理变化　病变多分布在各肺叶,无明显实变病灶。病变肺叶充血,色暗红。镜下主要表现为沿支气管、细支气管及其周围的肺泡间隔分布的间质性炎症。肺泡间隔明显增宽,肺泡壁血管充血以及淋巴细胞、单核细胞浸润,肺泡萎陷,肺泡腔内一般无明显渗出物。病变较重者,肺泡腔内出现由浆液、少量纤维蛋白、红细胞和巨噬细胞组成的炎症渗出物。某些病毒性肺炎肺泡腔渗出较明显,渗出物凝结成一层红染的膜样物,贴附于肺泡内表面,形成透明膜;支气管上皮和肺泡上皮增生,并出现多核巨细胞;在增生的上皮细胞、多核巨细胞的胞浆和胞核内可以见到病毒包涵体,对病毒性肺炎具有诊断意义。病毒包涵体常呈球形,约红细胞大小,嗜酸性染色,均质或细颗粒状,其周围常有清晰的透明晕。

2. 猝死机制和法医学鉴定 本病易导致婴幼儿在毫无临床症状或仅有轻微不适时突然猝死。猝死机制主要是：①呼吸衰竭：由于肺泡壁充血水肿、肺泡间隔增厚，气体交换障碍导致急性呼吸衰竭而死亡。②心力衰竭：病原体的毒素入血引起毒血症，可致中毒性心肌炎；加之肺实变，肺动脉高压形成，右心负荷增加等可导致急性心力衰竭而死亡。法医学鉴定主要是依据尸体解剖和组织病理学检验明确诊断，并应结合临床实验室检查和 X 线检查。

(四) 军团菌肺炎

军团菌肺炎 (legionella pneumonia) 是指由嗜肺军团杆菌引起的以肺组织急性纤维素性化脓性炎为病变特点的细菌性肺炎。因 1976 年首次暴发流行于参加美国费城退伍军团会议的人员而得名。军团菌肺炎起病急，病情重，未经有效治疗者的病死率高达 45%。孕妇、老年、免疫功能低下者为多发人群。

1. 病理变化 病变肺体积增大，质较硬，表面粗糙，可有纤维素附着。切面呈片状或团块状实变病灶，边缘模糊。早期病变常限于单个肺叶，晚期可波及多个肺叶，严重病例可见肺脓肿形成。镜下，大多数病例 (95%) 表现为肺组织的急性纤维素性化脓性炎。早期病变以大量纤维素和中性粒细胞渗出为主，常伴有肺组织和细支气管的坏死，崩解的组织及细胞碎片中常可见较多的单核细胞和巨噬细胞。病变晚期主要表现为渗出物及坏死组织的机化和间质纤维化。

2. 猝死机制和法医学鉴定 军团菌感染系全身性疾病，临床表现多样。病情严重者可出现心包炎、心肌炎、心内膜炎、急性肾衰竭、休克和 DIC 等并发症。患者可因急性心力衰竭、急性肾衰竭、感染中毒性休克而猝死。法医学鉴定主要是依据尸体解剖和组织病理学检验明确诊断。

(五) 高致病性人禽流感病毒肺炎

人禽流行性感冒是由禽甲型流感病毒某些亚型中的一些毒株引起的急性呼吸道传染病，可引起肺炎和多器官功能障碍 (MODS)。近些年来，高致病性禽流感病毒 (H5N1) 跨越物种屏障，引起多人发病和死亡。WHO 已宣告高致病性禽流感可能是人类潜在威胁最大的疾病之一。禽流感一年四季均可发生，但冬、春季节多暴发流行。人群普遍易感，青少年为高危人群。流行病学接触史包括发病前 1 周内：①曾到过疫区；②与病死禽或与被感染的禽或其分泌物、排泄物等有密切接触史；③与禽流感患者有密切接触史。

1. 病理变化 轻者仅有上呼吸道卡他性炎症变化，黏膜可见充血、水肿。严重者病理改变特征是严重的弥漫性肺泡损害，主要表现为肺泡充满纤维蛋白性渗出物和红细胞，肺透明膜形成，肺间质血管充血、淋巴细胞浸润和反应性成纤维细胞增生。加之肺泡膜表面活性物质减少、肺顺应性下降和肺容量减小，因此容易导致急性呼吸窘迫综合征等严重并发症。

2. 临床表现和猝死机制 潜伏期 1~7 天，大多数在 2~4 天。主要症状为发热，体温大多持续在 39℃ 以上，可伴有流涕、鼻塞、咳嗽、头痛、肌肉酸痛和全身不适。部分患者可有恶心、腹痛、腹泻等消化道症状。重症患者可出现高热不退，病情发展迅速，常出现多种严重并发症，部分患者在很短时间内因急性呼吸窘迫综合征、感染性休克或多器官功能衰竭而死亡。部分可继发细菌感染引起败血症而死亡。

3. 法医学鉴定要点 发病 1 周左右有流行病学接触史，发病后临床表现为流感样症状和肺炎表现，肺的病理学改变呈严重的弥漫性肺泡损害，如肺泡腔充满纤维蛋白性渗出物和红细胞、透明膜形成、肺间质血管充血、淋巴细胞浸润等。病原学检查和血清学检查可确定诊断。

知识拓展 ▶

禽流感病毒属正黏病毒科甲型流感病毒属。可分为 16 个 HA 亚型和 9 个 NA 亚型。目前已知感染人的禽流感病毒亚型为 H5N1、H9N2、H7N7、H7N2、H7N3 及 H1N1 等，其中感染 H5N1 的患者病情重，病死率高，故称为高致病性禽流感病毒。迄今，人感染 H5N1 的证据符合禽 - 人传播途径,可能存在环境 - 人传播途径,但尚无人 - 人传播的确切证据。主要是通过空气传播,亦可经过消化道和皮肤伤口而感染。人感染 H5N1 后均可从患者鼻咽部分离物中检出病毒,大多数患者的血清和粪便以及少数患者的脑脊液也可检出病毒 RNA,而尿标本阴性。从患者呼吸道分泌物标本或相关组织标本中分离出特定病毒,或禽流感病毒亚型特异抗原或核酸检查阳性,或发病初期和恢复期双份血清禽流感病毒亚型毒株抗体滴度 4 倍或以上升高者,则可确定诊断。

三、支气管哮喘

支气管哮喘(bronchial asthma)是一种由呼吸道过敏引起的以支气管可逆性发作性痉挛为特征的慢性阻塞性炎性疾病。患者大多具有特异性变态反应体质,临床表现为反复发作的伴有哮鸣音的呼气性呼吸困难、咳嗽或胸闷等症状。本病可发生在任何年龄,病因较复杂,诱发哮喘的过敏原种类较多,如花粉、尘螨、动物毛屑、真菌、某些食品和药品等,迄今为止其发病机制仍不十分清楚。随着工业化的进展,近年来其发病率有逐年增加的趋势,病死率亦随之上升,据报道其病死率达 38%,部分患者可因病情骤变而猝死。

(一)病理学改变

尸检时可见肺体积膨大、色浅,切面可见支气管壁增厚、管腔狭窄,中小支气管腔内有黏液堵塞。镜检可见小支气管腔内充满黏液、脱落的黏膜上皮细胞及嗜酸性粒细胞,支气管黏膜水肿,基底膜增厚,管壁各层有嗜酸性粒细胞、单核细胞、淋巴细胞和浆细胞浸润,有的可见支气管平滑肌呈收缩状态,黏膜皱缩呈花边状。肺泡壁充血,肺泡腔含气量增加或肺大泡形成,部分可有肺水肿。

(二)猝死机制

1. 窒息 是支气管哮喘猝死的重要原因。支气管哮喘发作时,呼吸道平滑肌发生快速强烈的收缩引起气道狭窄,加之黏液堵塞导致通气障碍引起窒息死亡。

2. 心律失常或心搏骤停 哮喘反复发作者,往往有严重缺氧、电解质紊乱及低血钾,常可导致心律失常、心室纤颤或心搏骤停而猝死。

3. 药物使用不当 哮喘急性发作时输液过多或异丙肾上腺素气雾剂喷吸过量可导致急性心力衰竭而死亡;哮喘发作期因为严重缺氧尤其是有酸中毒的患者,其呼吸中枢对氯丙嗪、异丙嗪等镇静药的耐受量明显降低,如应用不当亦易导致猝死。

4. 哮喘发作期并发气胸或纵隔气肿时,易发生误诊或漏诊,延误治疗,亦可造成患者突然死亡。

案例 17-7 ▶

某男,30 岁。自幼有支气管哮喘病史,某日早晨起床后哮喘发作,数分钟后死亡。尸解可见口唇黏膜和指甲发绀,显微镜下见支气管平滑肌收缩,支气管腔内充满黏液和脱落的上皮细胞及嗜酸性粒细胞,双肺各叶肺泡扩张呈肺气肿改变,尸检和实验室检查结果排除其他死因。死亡原因:某男系因支气管哮喘急性发作致呼吸衰竭而死亡。

(三)法医学鉴定要点

1. 死者既往有哮喘发作史并在发作中死亡。
2. 尸检有支气管哮喘的特征性病理学变化是法医鉴定的重要依据。
3. 排除其他死因。

四、肺气肿和气胸

肺气肿(pulmonary emphysema)是指呼吸性细支气管、肺泡管、肺泡囊和肺泡因过度充气呈持久性扩张，并伴有肺泡间隔破坏、肺组织弹性降低且容积增大的一种病理状态。有资料显示，成人尸检中约 50% 有不同程度的肺气肿病变。部分患者因生前病变较严重而在情绪波动、过度体力活动情况下或并发自发性气胸而发生猝死。

（一）病理学改变

尸检可见双肺体积明显增大，表面可见肋骨压痕，前缘钝圆，并有大小不等的囊泡突出于肺表面。手指压之，肺下陷不易复原。肺切面呈海绵状或蜂窝状，囊腔大小不一，大者可达数毫米甚至超过 1cm。光镜下，肺泡扩张，肺泡壁极薄，或肺泡壁断裂，相邻肺泡融合成大小不一的囊腔，肺泡囊、肺泡管及呼吸性细支气管也扩大。肺间质小血管壁肌层增厚，管腔狭窄。小支气管和细支气管壁可见慢性炎症改变。并发肺源性心脏病时可见右心室肥大及右心扩张，并发气胸时气胸侧肺萎陷。若并发间质性肺气肿，则可在颈部、胸部皮下及纵隔检见气肿。

（二）猝死机制

1．急性呼吸衰竭　肺气肿因通气和换气功能障碍引起缺氧和二氧化碳潴留，可因呼吸性酸中毒、急性呼吸衰竭而死亡。

2．右心衰竭　部分患者因肺动脉高压合并肺源性心脏病，可因急性右心衰竭而猝死。

3．自发性气胸　因肺气肿尤其是肺大泡易并发自发性气胸（pneumothorax），部分患者也可因此而猝死。

（三）法医学鉴定

1．有慢性支气管炎、肺气肿病史；死前有极度呼吸困难、端坐呼吸，出现发绀、烦躁不安甚至昏迷，死亡过程符合急性呼吸功能障碍、窒息或心源性休克；尸检见肺气肿、缺氧改变及右心室肥大、扩张的病理改变，并排除其他死因。

2．若疑有气胸，则应在尸检剖开胸腔前做气胸试验。若有气胸，尸检可见明显的窒息征象，患侧胸部饱满、肋间隙增宽，可有皮下气肿，患侧肺极度萎缩，纵隔向健侧明显移位，健侧肺也受压迫萎陷。

第五节　消化系统疾病猝死

消化系统的某些疾病可引起猝死，常见的有急性消化道出血、急性腹膜炎、急性胃扩张及胃破裂等，其他如急性重型肝炎、急性胆囊炎、中毒型细菌性痢疾、急性肠梗阻、急性肠系膜动脉血栓形成或栓塞导致大段肠坏死等，也可导致猝死。

一、急性消化道出血

急性消化道出血不是一种独立的疾病，是一种以呕血、血便或黑便（柏油便）并伴有血容量减少的急性周围循环衰竭的临床急症。常见于胃或十二指肠溃疡病、肝硬化并发食管下段静脉曲张、急性胃肠黏膜糜烂、胃黏膜脱垂、贲门部胃黏膜裂伤及溃疡性胃癌等。因常发生大量呕血或便血，在现场常有大量血迹，易被怀疑为他杀。

（一）病因及病理学改变

1．胃或十二指肠溃疡出血　常有慢性胃或十二指肠溃疡病史，急性溃疡则有外伤史或物理、化学性刺激等因素。胃溃疡大多位于胃小弯和胃后壁，且多在幽门附近，通常为单个，圆形或椭圆形，大小不等，深浅不一，通常深达肌层。十二指肠溃疡大多在十二指肠球部。溃疡出血多来自溃疡底部的大血管被侵蚀而破裂。慢性溃疡周围的血管常有动脉炎和闭塞性内膜炎的病理改变，有时伴有血栓形成。癌性溃疡一般比较大，边界不清，多呈皿状或隆起呈火山口状，溃疡较浅，底部凹凸不平，溃疡周围黏膜皱襞中断，呈结节状肥厚。显微镜下，胃和十二指肠的消化性溃疡底部大致由坏死层、炎症层、肉芽组织层、纤维瘢痕组织四层组织构成。而急性溃疡时无典型的四层结构，溃疡较表浅，仅累及黏膜层。

2. 肝硬化并发食管下端静脉曲张破裂 常有肝硬化病史及肝硬化的病变。肝硬化可致门静脉高压，门静脉系统血流受阻，侧支循环形成，门静脉血经胃冠状静脉、食管下端静脉丛注入奇静脉绕过肝脏直接回心，从而引起食管下端静脉丛曲张。曲张的静脉因压力增高及食物摩擦可导致破裂而大出血。

3. 应激相关胃黏膜损伤（stress-related gastric mucosal injury） 又称糜烂性胃炎（erosive gastritis）或应激性溃疡（stress ulcer），约占消化道出血病例的 5%。一般均有外伤史或物理、化学性刺激等诱因，可由酗酒、服用非甾体抗炎药物、大手术、大面积烧伤、休克或严重颅脑损伤甚至精神心理因素引起。表现为多发的、表浅的、大小不等的胃黏膜糜烂。

4. 食管贲门黏膜撕裂综合征 又称 Mallory-Weiss 综合征。常因剧烈呕吐、大量酗酒及酒精中毒所致，临床上较少见，但一旦发生，出血量常较大且难以控制。病变主要位于食管下段或胃贲门区的黏膜。

（二）猝死机制及法医学鉴定

急性消化道出血导致猝死主要是大出血导致失血性休克而死亡。

尸体主要改变为失血性休克的征象，如尸斑浅淡、内脏器官色淡或苍白等。生前或（和）尸检有消化道大出血，死亡过程符合失血性休克，尸检检见出血的病因和出血部位即可确定死因。尸检时要仔细检查咽喉、食管、胃及肠黏膜，确定出血部位，查明原发病变，估计失血量。必要时应判定疾病、外伤与死亡的关系。

二、急性出血性坏死性胰腺炎

急性出血性坏死性胰腺炎（acute hemorrhagic necrotic pancreatitis，AHNP）为猝死常见的原因之一，国内统计死亡率为 15%～25%，国外（Renner 和 Wilson）报道死亡率高达 20%～50%。本病好发于中年男性，发病前多有暴饮暴食、酗酒或胆道疾病史，临床表现为突然发作的上腹部剧烈疼痛，并向腰背部扩散，病情常迅速恶化，出现休克而死亡。少数患者可无任何症状而在睡眠中猝死。

（一）病因及发病机制

胰腺炎是胰酶对胰腺的自身消化作用引起的化学性炎症。在正常情况下，胰液内的胰蛋白酶原无活性。当受到胆汁和肠液中肠酶的激活作用后成为有活性的胰蛋白酶，后者又激活了其他酶反应，对胰腺发生自身消化作用。胰蛋白酶原被激活和释放常见的原因有：①胆道疾病、暴饮暴食引起的壶腹括约肌痉挛及十二指肠乳头水肿等导致胆道、十二指肠壶腹部梗阻，引起胆汁反流；②暴饮暴食、酒精的刺激使胰液分泌增多，胰管内压力升高，胰腺小导管及腺泡破裂，细胞内的物质被释放；③其他较少见的原因有感染、创伤、药（毒）物中毒等造成胰腺腺泡细胞的损伤。

（二）病理学改变

尸检见胰腺体积增大，呈暗红色或暗紫红色。轻者胰腺质地尚实，仅见灶性出血或灶性坏死；严重者胰腺质地较软而易碎，包膜下及实质内弥漫性出血，可累及胰头、胰体及胰尾。切面可见大片出血和坏死，胰腺小叶结构模糊。胰腺表面及胰腺周围的大网膜、肠系膜等处散在混浊的黄白色斑点状脂肪钙化灶（脂肪坏死），其是由于胰液从坏死的胰腺中溢出后，胰液中的脂酶将脂肪分解成甘油和脂肪酸，后者又与组织液中的钙离子结合成不溶性的钙皂所形成。腹膜腔中常有少量血性或咖啡色的渗出液，其中淀粉酶含量升高。显微镜下，胰腺组织有大片凝固性坏死，细胞结构模糊不清；坏死灶边缘有中性粒细胞和单核细胞浸润；胰腺小叶内及间质有大量红细胞；有些间质小血管壁也有坏死，多数血管内有血栓形成；坏死的脂肪组织内可见脂肪酸结晶。

（三）猝死机制

急性出血性坏死性胰腺炎导致猝死的机制多为休克。①胰液外溢，刺激腹膜和腹腔神经丛可引起神经源性休克；②胰酶及组织坏死、蛋白分解产物吸收可致中毒性休克；③胰腺炎时激肽类血管活性物质释放，致使毛细血管扩张及通透性增加，可发生低血容量性休克；④此外，胰液外溢刺激腹腔神经丛也可致神经反射性心搏骤停或引起冠状动脉痉挛、急性心肌缺血、严重心律失常而猝死。

（四）法医学鉴定要点及注意事项

1. 青壮年男性猝死，有酗酒和暴饮暴食或胆道病史者，要考虑急性出血性坏死性胰腺炎的可能。尸检见胰腺组织凝固性坏死、实质和间质出血、炎症细胞浸润及脂肪坏死；严格排除损伤、窒息及中毒等暴力致死或其他疾病致死才可作出诊断。腹腔渗出液、尿或血淀粉酶升高有助于诊断。

2. 怀疑急性出血性坏死性胰腺炎时，尸检应及早进行，否则因胰腺死后自溶而难以确诊。剖开腹腔时，应先检查胰腺及其周围组织，避免因尸检造成血液浸染胰腺而影响诊断。应查明导致急性出血性坏死性胰腺炎的原因。因机械性窒息、某些中毒、电击死亡等也可见胰腺出血，应注意鉴别。

案例 17-8 ▶

王某，男，42 岁。某日中午与朋友共进午餐，饮酒约六两。下午 4 时感到腹痛、恶心，遂回家休息。下午 6 时家人发现王某已在睡眠中死亡。尸体解剖见胰腺肿胀，胰头及胰体表面有出血，胰腺周围散在灰白色脂肪坏死灶，切面见胰腺实质内多量出血。显微镜下见胰腺组织有大片凝固性坏死，细胞结构模糊不清，实质内弥漫性出血，病灶内及周边可见中性粒细胞浸润。死亡原因：系因急性出血性坏死性胰腺炎而死亡。

三、急性腹膜炎

急性腹膜炎如病变较轻一般不引起死亡，但严重的急性弥漫性腹膜炎如未引起足够重视时，则可发生猝死。

（一）病因

1. 继发性腹膜炎 腹腔内脏器官的疾病或腹部损伤引起的内脏穿孔、破裂或腹壁开放性创口是急性腹膜炎最常见的原因，如胃或十二指肠溃疡病、阑尾炎、肠伤寒、溃疡性结肠炎、肠结核、肠阿米巴病等所致的胃肠穿孔；肝脓肿、胰脓肿的破裂；外伤导致胃肠破裂、腹壁伤口进入细菌等。其次是腹腔内器官炎症的扩散，如急性胰腺炎、坏疽性胆囊炎、急性阑尾炎、盆腔内生殖器官急性感染的蔓延等。此外，急性肠梗阻如肠扭转、肠套叠、绞窄性疝等肠壁坏死亦可引起急性腹膜炎。

2. 原发性腹膜炎 又称自发性腹膜炎，腹腔内无原发病灶。病因多为溶血性链球菌、肺炎双球菌或大肠埃希菌。感染途径多为呼吸道或泌尿系感染灶细菌的血性播散、泌尿系感染的直接扩散或机体抵抗力降低时肠腔内细菌的透壁性感染等。

（二）病理改变

急性腹膜炎时，腹膜呈局限性或弥漫性化脓性炎症，大网膜向某一处或原发病灶部位游走，腹膜有充血、水肿和炎性渗出，腹腔内及肠袢间有混浊的脓性渗出物，渗出物成分为坏死组织、纤维素、中性粒细胞及细菌等。除腹膜急性炎症外，还可见原发病的病理改变，病灶周围可有粘连。原发性腹膜炎感染范围较大，脓液的性质与细菌的种类有关，常见的溶血性链球菌的脓液稀薄，无臭气。

（三）猝死机制

1. 急性弥漫性腹膜炎可因感染性中毒性休克而死亡。

2. 内脏穿孔破裂，内容物流入腹腔，刺激腹膜引起全腹疼痛，剧烈的疼痛刺激导致交感神经兴奋、血管收缩、微循环灌流量急剧减少而致休克死亡。

（四）法医学鉴定

法医学鉴定尸检时检见急性腹膜炎及原发病的病理改变即可确诊。如有外伤，则应判明外伤、疾病与死亡的关系。

四、急性胃扩张及胃破裂

急性胃扩张（acute dilatation of stomach）虽然较少见，但临床起病急骤，病情发展迅速，后果严重，常可因胃极度扩张或自发性胃破裂而猝死。

（一）病因及发病机制

急性胃扩张的原因很多，主要有暴饮暴食、外科手术、腹部创伤、麻醉及洗胃不当等，也可因幽门梗阻引起，还有报道因海洛因戒断而发生急性胃扩张。过度饱食超过了胃的正常容量及生理容纳限度（尤其是在长期饥饿后过度饱食）、腹部外伤剧烈的疼痛刺激及胸腹部手术牵拉、扭动刺激胃壁等均可致胃壁肌肉神经性麻痹而扩张。胃壁扩张后胃黏膜的表面积急剧增大，胃壁受压迫，黏膜和黏膜下血流减少，静脉回流受阻，导致胃黏膜大量渗液，加之胃潴留及胃内容物的刺激，使胃窦胃泌素产生增多，胃酸分泌增加，形成恶性循环；胃扩张后推挤小肠，使小肠系膜及肠系膜上动脉拉紧，易于压迫十二指肠横部而发生机械性梗阻，对加重胃扩张也有一定作用。另外，某些麻醉尤其是小儿使用氯胺酮麻醉易致腺体分泌增加，分泌物和空气随吞咽进入胃内也可造成急性胃扩张。

（二）病理学改变

因急性胃扩张而死亡者，尸检时可见口鼻有棕色液体溢出，腹部膨隆。打开腹腔可有大量酸臭气体溢出，胃高度扩张，占据腹腔大部，胃内有大量气体、液体或食物。胃壁甚薄，苍白色，胃黏膜皱襞消失，有坏死时则呈黑褐色。镜检可见胃黏膜瘀血水肿、黏膜坏死及炎症反应。胃破裂者，则腹腔内有胃内容物。

（三）猝死机制

急性胃扩张主要是因胃内渗出大量液体，导致机体严重脱水、电解质紊乱和酸碱失衡，血容量减少，患者迅速出现休克、周围循环衰竭或发生胃破裂而猝死。

（四）法医学鉴定

法医学鉴定主要是根据尸检有急性胃扩张或伴有胃破裂的病理学改变，其发病因素、发病过程及临床特点与本病相符，并应注意排除其他死因。应与死后尸体腐败、胃内腐败气体积聚引起的胃破裂相鉴别。

第六节　生殖系统疾病猝死

泌尿系统的疾病引起猝死比较少见，仅有个别病例发病经过隐匿，无典型的临床症状而在短时间内意外地死亡。而生殖系统疾病引起猝死则很常见，且具有明显的性别特点，几乎都发生在女性，尤以孕产妇多见。能导致猝死的常见生殖系统疾病有异位妊娠、子宫破裂、羊水栓塞、妊娠高血压综合征、产后出血、妊娠合并其他严重疾病等。

一、异位妊娠

受精卵在子宫体腔以外着床并生长发育，称异位妊娠（ectopic pregnancy），习惯上又称宫外孕（extrauterine pregnancy）。异位妊娠包括输卵管妊娠、卵巢妊娠、腹腔妊娠、阔韧带妊娠及宫颈妊娠，但以输卵管妊娠为最常见，占异位妊娠的95%左右。异位妊娠几乎都发生流产甚至自发性破裂，引起剧烈腹痛和腹腔内出血。

（一）病理学改变

异位妊娠破裂猝死者，尸检时可见腹腔内有大量流动性血液或伴有凝血块。妊娠局部可见妊娠的输卵管或卵巢增粗变大，并可见破裂出血部位。切开输卵管，可见管腔内充满凝血块，有时在凝血块内可找到胚胎。取破裂处输卵管或卵巢做组织学检查，可见有胚胎组织或绒毛及蜕膜细胞。若为腹腔妊娠,则胚胎和胎盘常位于肠管或肠系膜等处。子宫增大,子宫内膜呈典型的蜕膜反应,但子宫腔内找不到胚胎和绒毛。

(二)猝死机制

异位妊娠自发性破裂引起剧烈腹痛和腹腔内出血,发病急、病情重,很快出现脉搏细数、血压下降、意识丧失等休克症状和体征,如不及时抢救可因失血性休克而猝死。

(三)法医学鉴定要点

1. 育龄妇女,有停经史,有腹痛及阴道出血症状,并很快出现休克而猝死者,应考虑异位妊娠破裂的可能。

2. 尸检发现腹腔内有大出血并在子宫腔以外找到出血部位及胚胎组织或绒毛者则可确诊。

案例 17-9 ▶

某女,28 岁,妊娠 18 周。某天突然出现剧烈腹痛,而后休克并很快死亡。尸检见腹腔大量积血约 2500ml;胎儿位于腹腔,胎膜完整,胎儿通过脐带与左侧输卵管相连;左侧输卵管壶腹部膨大、破裂,破裂处可见破碎的胎盘组织;子宫壁完整,宫腔内无胎儿及胎盘组织。死亡原因为异位妊娠(输卵管妊娠)破裂致失血性休克而死亡。

二、羊水栓塞

羊水栓塞(amniotic fluid embolism)是指在分娩过程中羊水进入母体血液循环后引起的肺栓塞、休克、弥散性血管内凝血等一系列严重的病理生理过程,是极其严重的分娩并发症,亦为孕产妇死亡的重要原因之一,病死率高达 70%～80%。患者常在分娩过程中或产后短时间内突然出现胸闷、气急、烦躁不安、呼吸困难及发绀,或突然出现寒战、恶心、呕吐、烦躁不安、气急等症状,继而心率加快,血压下降,四肢厥冷,甚至伴有抽搐、昏迷。有的患者则仅表现为产中或产后出现不明原因的子宫、阴道出血不止,甚至全身性出血。因羊水栓塞而猝死者,其中 1/3 发生于数分钟或半小时之内,还有部分患者因凝血功能障碍及肾衰竭而在数小时后死亡。

(一)病因及发病机制

羊水主要经宫颈黏膜静脉、胎盘附着处的静脉窦进入母体循环。羊水进入母体血液循环的机制尚不十分清楚,但与下列因素有关:①胎膜早破或人工破膜后;②宫颈裂伤、胎盘早剥、剖宫产等使子宫颈或子宫体存在病理性开放性血窦;③宫缩过强或强直性子宫收缩致宫腔内尤其是羊膜腔内的压力增高;④过期妊娠、死胎等增加羊水栓塞发生的机会。

(二)病理学改变

尸检可见双肺瘀血、水肿,尸血不凝,皮肤、黏膜及各脏器出血等。特征性改变是显微镜下可见肺小动脉及肺泡壁毛细血管扩张,管腔内检见羊水有形成分,并伴有不同程度的炎症反应。有些甚至在心、肾、脑血管内检见羊水有形成分。约有 50% 病例在子宫或阔韧带血管内检见羊水有形成分。羊水有形成分为:①角化鳞状上皮细胞:在肺小血管内呈团块状或簇拥条片状,HE 染色呈强嗜酸性或紫色,具有较强的折光性(见文末彩图 17-5),必要时可做角蛋白免疫组化染色;②毳毛:显微镜下呈棕黄色圆柱状,带有色素纹理,偏光显微镜下易识别;③胎粪:呈黄绿色颗粒状;④黏蛋白(黏液):弱嗜碱性,HE 染色着色不明显,必要时可做黏蛋白特殊染色。

诊断羊水栓塞较简便的方法是从死者血液中检查羊水有形成分。抢救过程中或死后不久采取右心或下腔静脉血 10ml,离心沉淀。沉淀物分为 3 层:底层为红细胞,中间层为白细胞,最上层呈絮状沉淀为羊水有形成分。取上层絮状物质涂片,HE 染色、镜检,若为羊水栓塞则可见羊水有形成分。

(三)猝死机制

1. 过敏性休克 羊水中的有形物质或异体蛋白对母体可能是一种过敏原,部分患者因此立即血压下降或消失，并于数分钟内死亡。Steven 等认为其类似于过敏性休克，建议称为妊娠类过敏综合征（anaphylactoid syndrome of pregnancy）。

2. 心力衰竭和呼吸衰竭 羊水中的有形物质如角化上皮细胞、毳毛、胎粪、胎脂等阻塞于肺，可引起广泛性肺动脉栓塞，加之羊水中的促凝物质促使母体发生 DIC，毛细血管内形成纤维蛋白及微血栓，加重肺小血管阻塞。肺小动脉栓塞后反射性地引起肺血管痉挛和支气管痉挛，引起肺动脉高压、肺水肿，导致急性右心衰竭；同时回心血量减少、左室搏出量减少，引起周围循环衰竭。肺微循环障碍、支气管痉挛及肺水肿等使肺通气换气功能障碍也可导致呼吸衰竭。

3. DIC、失血性休克 因羊水含有丰富的促凝血物质，进入母体后可引起 DIC。发生 DIC 后，血中的大量凝血物质消耗，同时羊水中纤溶激活酶激活纤溶系统，使血液由高凝状态迅速转入纤溶状态，血液凝血功能障碍，可导致产后大出血而死于失血性休克。

（四）法医学鉴定

凡产妇在分娩过程中突然出现胸闷、气急、烦躁不安或寒战、呛咳、呼吸困难、发绀或不明原因的休克、出血不止等症状继而猝死者，应考虑羊水栓塞的可能。法医学鉴定的主要依据是在肺小血管内或在心、肾、脑等血管内见到羊水的有形成分，在右心、静脉血中检见羊水有形成分亦具有诊断价值。

第七节　内分泌系统疾病猝死

内分泌系统疾病引起猝死较少见，能引起猝死的新陈代谢与内分泌系统疾病常有糖尿病、低血糖症、肾上腺皮质萎缩、肾上腺髓质嗜铬细胞瘤、毒性甲状腺肿等。值得注意的是，内分泌器官疾病出现功能障碍时，不一定同时都伴有形态学变化，而且此类疾病猝死常缺少临床及实验室检查资料。因此，尸检除大体观察和显微镜观察外，必要时要进行有关的生化检验。

一、低血糖症

低血糖症（hypoglycemia）是由于多种原因引起的血糖浓度过低所致的综合征。一般认为，成人血糖低于 2.8mmol/L（50mg/dl）时可以认为是血糖过低。严重低血糖时可引起低血糖昏迷，如果认识不足、处理不当则可导致猝死。

（一）病因及病理学改变

低血糖的病因有多种，发病机制也较复杂。常见的有以下几种。

1. 药源性低血糖症 由于降糖药物的使用日益广泛，药物性低血糖症也随之显著增多。易导致低血糖的药物有胰岛素、磺脲类降糖药等。Femer 等报道，药物性低血糖的病死率约为 10%。

2. 特发性功能性低血糖症 多见于神经敏感型的中青年女性，症状多而体征少，表现为轻度交感神经症状，主要因自主神经功能失调，胰岛素分泌过多，引起血糖利用过度性餐后低血糖，为非器质性疾病。

3. 肝源性低血糖症 肝脏是维持体内血糖平衡的重要器官，一般肝细胞损害超过 80% 时，常伴有糖代谢异常，其中大多为低血糖。常见引起低血糖症的肝病有：晚期肝硬化、重症肝坏死、重症病毒性肝炎、弥漫性肝癌等。

4. 胰岛 B 细胞瘤 多发生于 40～60 岁。常于清晨、半夜或空腹 5 小时后发作。早期表现为交感神经兴奋症状，随着病程的延长，可表现为脑功能障碍，出现盗汗、震颤、昏迷、抽搐、意识丧失甚或猝死。胰岛 B 细胞瘤大多为良性腺瘤，可位于胰头、胰体和胰尾，多单发，大小一般在 0.5～5cm，有包膜，与周围分界清，少数为弥漫性增生。

除了原发病变外，低血糖症猝死者可见脑组织充血、水肿，点状出血及脑组织点状坏死、脑软化等病理改变。

（二）猝死机制

低血糖症导致猝死主要是由于低血糖性昏迷。葡萄糖为脑组织的主要能源，但脑细胞储量较少，仅能维持脑细胞活动几分钟。所以一旦发生低血糖，则首先大脑皮质，继而皮质下中枢、中脑、延髓等功能障碍，严重者昏迷、血压下降、休克而死亡。

（三）法医学鉴定

法医学鉴定除要有相应的病理改变外，尸检时应采取标本测定血、尿或眼球玻璃体液的糖值。玻璃体液的糖值比血糖值相对稳定，更宜于判断血糖过高或过低，尤其是生前输注过葡萄糖或有输液史者。法医学鉴定时应注意排除其他死因。

二、嗜铬细胞瘤

嗜铬细胞瘤（pheochromocytoma）起源于肾上腺髓质、交感神经节或其他部位的嗜铬组织，瘤组织能持续或间断释放大量儿茶酚胺，引起持续性或阵发性高血压和多器官功能紊乱及代谢紊乱。嗜铬细胞瘤虽然较少见，但其临床表现复杂多样，不少病例起病急骤，病情凶险，以严重的心、脑血管病为其主要或首要的症状，甚至可在短时间内死亡或于生前未获诊断而猝死。国外资料报道有 24%（Cohen）～35%（Modlin）生前未疑及本病，而死后尸检时才被意外发现。

（一）病理学改变

嗜铬细胞瘤多位于一侧肾上腺（80%～90%），少数位于腹膜外腹主动脉旁或肾门、肝门区等处。肿瘤大多为良性，有包膜，直径大小不等，圆形或椭圆形，表面光滑。切面灰白色或粉红色（固定后呈棕红色或棕黄色），并可有囊性变及坏死出血。镜下肿瘤细胞常为多角形，形成细胞索或细胞巢，胞浆丰富并含有较多颗粒，铬盐染色颗粒呈棕色或黄色。免疫组织化学染色对嗜铬细胞瘤的诊断具有一定价值，嗜铬蛋白 A（chromogranin protein A）、神经微丝蛋白（neurofilament protein）表达阳性。

（二）猝死机制

嗜铬细胞瘤大多同时分泌肾上腺素和去甲肾上腺素，少数只分泌去甲肾上腺素。临床上可表现为阵发性高血压或持续性高血压及代谢紊乱症状。患者可因高血压脑出血、急性心力衰竭而猝死；亦可因肿瘤骤然发生坏死、出血，释放儿茶酚胺急剧减少及血容量减少发生低血压、休克而死亡。另外儿茶酚胺对心肌有直接作用，可引起心肌肥厚、坏死、水肿、退行性变、间质纤维化、出血等，可因严重心律失常或急性心力衰竭而猝死。

（三）法医学鉴定

法医学鉴定时应详细了解案情及死前症状，进行全面系统的尸体解剖和组织病理学检查。其病理学改变和死亡过程符合嗜铬细胞瘤的改变和过程，同时排除暴力、中毒及其他疾病等死因后即可确诊。

三、原发性慢性肾上腺皮质功能减退症

原发性慢性肾上腺皮质功能减退症，又称 Addison 病，是由于自身免疫异常、结核、真菌感染、肿瘤及外伤等原因破坏双侧肾上腺，引起肾上腺皮质激素分泌不足所致。Addison 病多见于中青年，当肾上腺皮质功能低下程度较轻时，患者尚能生存较长时间而无明显症状，但部分患者在应激状态下如高温、寒冷、创伤、感染及精神紧张等，可诱发肾上腺危象而猝死。

（一）病因及病理学变化

1. 特发性肾上腺皮质萎缩　两侧肾上腺体积缩小，重量减轻，肾上腺皮质萎缩或纤维化，并有淋巴细胞、浆细胞和单核细胞浸润，一般肾上腺髓质完好。可能与自身免疫有关，常伴有其他器官的自身免疫性疾病，如甲状腺功能减退症、桥本甲状腺炎、1 型糖尿病等。

2. 肾上腺结核　肾上腺结核系由血行播散而来，整个肾上腺几乎全部为干酪样坏死，外周纤维化，呈结节状并伴有钙化。

3. 其他 恶性肿瘤、真菌感染、血管栓塞、双侧肾上腺切除及长期应用肾上腺酶系抑制药等，亦可导致肾上腺皮质功能减退，其肾上腺可见相应的病理改变。

（二）猝死机制

由于肾上腺皮质广泛破坏或萎缩，肾上腺皮质激素（儿茶酚胺和糖皮质激素）分泌不足甚至缺乏，从而引起失钠失水、血容量减少、血压下降甚至休克，尤其是在某些应激状态下，可因病情急剧恶化发生肾上腺皮质危象而猝死。

（三）法医学鉴定

法医学鉴定时应注意详细了解发病和死亡过程，并进行全面系统的尸体解剖和病理检验。确诊慢性肾上腺皮质功能减退症的依据主要是双侧肾上腺皮质破坏、萎缩，或有其他病变，同时应注意排除其他死因。

第八节 免疫系统异常所致猝死

免疫反应异常的疾病有多种，但在法医学实践中多见的是因严重过敏反应而致的猝死。严重过敏反应（anaphylaxis）是一种严重的、危及生命的全身性超敏反应。过敏性猝死（sudden death from anaphylaxis，sudden death from hypersensitivity）是指过敏体质的患者在接触过敏源后短时间内发生过敏性休克而突然死亡。

（一）病因及发病机制

过敏反应的发生主要涉及两方面因素：抗原物质的刺激和机体的反应性。①抗原物质的刺激：抗原物质的刺激是诱导机体产生过敏反应的先决条件，诱发过敏反应的抗原称为过敏原或变应原。②个人的过敏体质：过敏原并非对每一个体都能诱发过敏反应，仅少数人或个别人对某些抗原物质高度敏感，可发生Ⅰ型过敏反应，临床上称这些人为过敏体质者。对于过敏体质的患者来说，即使很小剂量的过敏原也可发严重过敏反应。过敏体质具有遗传倾向。

（二）临床表现及猝死机制

过敏性休克一般呈闪电式发生，也可在接触过敏源后数分钟、半小时内发生。主要表现为循环衰竭症状，如出冷汗、面色苍白、发绀、烦躁不安、脉搏细弱、血压下降、休克、大小便失禁等。部分患者由于喉头和气管黏膜水肿、痉挛以及肺水肿而出现呼吸道梗阻症状，如喉头与胸骨后堵塞感、胸闷、气喘、呼吸困难等。部分患者可出现口干、头晕、鼻塞、打喷嚏、流泪、荨麻疹等。继而很快出现抽搐、昏迷而死亡。整个过程短暂，常常来不及抢救。

过敏反应导致死亡多由于过敏性休克，部分则是由于喉头水肿、喉头痉挛或支气管痉挛而窒息死亡。

（三）病理学改变

过敏性猝死尸检时常缺乏特殊的病理形态学改变，仅见猝死的一般征象，如血液呈暗红色、流动性，各器官瘀血、浆膜及黏膜下点状出血，肺瘀血、水肿，心肌间质瘀血水肿、心肌断裂等。有的患者可见咽、喉水肿，有的可见气管壁充血、水肿，气管及支气管腔内有较多分泌物，有的患者在咽喉、气管及支气管壁、肺间质及胃肠黏膜下可见较多嗜酸性粒细胞浸润。据 Pumphrey 等（2000 年）报道，尸检时咽、喉水肿的检出率分别为 49% 和 8%，肺充血和水肿的检出率为 73%。上呼吸道水肿的检出率在食物过敏反应为 77%，在昆虫毒液过敏反应为 40%，在药物过敏反应为 30%。

（四）实验室检验

1. IgE IgE 介导的过敏反应，血清中总 IgE 和特异性 IgE 含量明显升高（正常人血清 IgE 含量为 $0.1\sim0.7\mu g/ml$）。但实验室检查 IgE 含量不升高并不能排除 IgG、免疫复合物或非免疫机制介导的严重过敏反应。

2. 肥大细胞类胰蛋白酶（tryptase） 近年来国内外有学者认为，tryptase 的释放是肥大细胞激活的可靠标志，过敏性死亡者血清和某些组织中 tryptase 含量升高，且在 IgE 和非 IgE 介导的过敏休克反应时均升高。Schwartz 等（1987，1994）报道非过敏性休克死亡者血清中 tryptase 平均为 4.9ng/ml，而过敏性休克者血清中 tryptase 多在 9～75ng/ml。一般认为，正常 tryptase 血清浓度应小于 5ng/ml，大于 10ng/ml 则属于异常升高。但是，与食物有关的过敏反应，血清中的 tryptase 水平一般在正常范围内。Fineschi（1999）等还报道运用免疫组化方法检测肺组织的 tryptase，发现过敏性休克肺组织的 tryptase 活性升高，其升高比较明显而且稳定，对诊断过敏性休克有较好的实用价值。

（五）法医学鉴定要点

过敏性休克死亡者因缺乏特殊的病理改变，给法医学鉴定带来一定的困难。有人认为只要有典型的临床经过，病理改变的缺如并不能排除过敏性休克。一般认为以下几项有助于过敏性猝死的诊断：①有过敏原接触史；②过敏原进入机体后即刻或半小时内出现休克症状或伴窒息症状而死亡；③尸检所见符合过敏性休克的病理改变；④血清中 IgE 或（和）类胰蛋白酶含量升高；⑤排除其他可能的死因。

第九节　其　他　猝　死

一、青壮年猝死综合征

青壮年猝死综合征（sudden manhood death syndrome，SMDS）是一种发生在青壮年的原因不明的猝死。1915 年首次在菲律宾马尼拉报道，以"Bangungut"命名，也有人根据病理学及临床特征命名为"原因不明的猝死综合征（sudden unexplained death syndrome，SUDS）"、"夜间猝死综合征（sudden unexpected nocturnal death syndrome，SUNDS）"，1974 年渡边常雄建议命名为青壮年猝死综合征。SMDS 主要流行于泰国、中国、日本、菲律宾、越南等亚洲国家，或好发于亚裔男性青壮年。据美国疾病预防控制中心统计，在美国死于 SMDS 的多是来自老挝、柬埔寨的难民。由于是在睡眠中死亡，尸体检验没有可以解释死因的发现，所以容易引起怀疑和纠纷。

（一）青壮年猝死综合征的特点

尽管死因尚不清楚，但是青壮年猝死综合征有以下几个特点：①常发生于青壮年，报道年龄在 15～63 岁，20～49 岁多见；②多见于男性，男女之比为（11～13.3）：1，有报道在中国发生 SMDS 的男、女性别比例为 13.8：1；③既往体健，发育正常，营养良好；④多死于夜间睡眠中，尤以凌晨 2～4 时为多，偶尔可发生在午睡中，故有"睡眠中猝死"之称；⑤死前在睡眠中常有呻吟、打鼾、惊叫或有呼吸困难、口吐白沫、四肢抽搐等症状，有的同室人员觉察后呼其不应或推其不醒，有的被叫醒后继续入睡而在入睡后死亡，有的则在次日早晨发现已在睡眠中死亡；⑥经过系统尸检及有关的实验室检验，未能发现致死性的病理改变及其他死因的证据。

（二）病理学变化

SMDS 死亡者，尸检时仅见一些非特异的急性死亡改变：尸斑显著，口唇、指甲常有发绀，心腔及大血管内尸血不凝，左、右心室腔扩张，心肌间质水肿，心肌断裂及心肌细胞空泡变性；肺瘀血、肺水肿，气管、支气管内常有泡沫性液体；心肺表面及其他器官表面可有小出血点；全身各器官瘀血等。近几年有学者发现部分病例有早期心肌缺血，甚至心肌梗死的病理改变，而其冠状动脉的病变轻微或不明显。

（三）猝死原因及猝死机制

关于 SMDS 的死因和死亡机制不明，迄今国内外众说纷纭。主要的学说如下。

1. 急性心脏性死亡学说　可能的机制是：①睡眠中迷走神经兴奋性相对增高，引起心脏抑制的刺激阈降低，轻微刺激即可引起心脏反射性停搏。而且，冠状动脉灌流量减少，心肌缺血，易引起心肌电流不稳定，导致心律失常甚至致命性的室颤而死亡。②晚餐饱食后胃呈扩张状态，使横膈膜上移，直接挤压心脏，且扩张的胃也可通过迷走神经反射，反射性地引起心脏停搏。③与 SCN5A 基因突变密切相关，SCN5A 突变会导致其相应的钠离子通道蛋白结构和功能异常，可引起无心脏结构异常、伴遗传倾向的心脏疾病。④有人研究发现 SMDS 死者有心肌肥大、心室扩张等改变，认为猝死可能与心力衰竭有关。

2. 中枢性呼吸麻痹学说　渡边富雄等测定 SMDS 死者的血和脑脊液氧分压、二氧化碳分压和 pH，发现其氧分压及 pH 均低于正常值，而二氧化碳分压增高，所以认为 SMDS 不是心脏性死亡，而是脑缺血缺氧，导致脑抑制加深，由昏睡到昏迷不可逆转而发生睡眠中脑死亡。并认为临死前的呻吟、打鼾、惊叫是呼气性呼吸困难的表现。

3. 噩梦学说　人在噩梦中常有呻吟、惊叫、挣扎等，SMDS 的表现正好和此相似。在菲律宾将本综合征称之为"Bangungut"，乃噩梦之意。因此，有人认为夜间做噩梦，噩梦的刺激通过皮质下部和自主神经，使心脏和呼吸受到抑制而死亡。

4. 其他　其他还有睡眠中无呼吸综合征（sleep apnea syndrome，SAS）、内分泌紊乱学说、中毒学说、特异体质学说、自身免疫学说及肾上腺皮质功能不全学说等，但还难以肯定。因此，关于青壮年猝死综合征的死因和死亡机制仍有待于进一步研究。

（四）法医学鉴定要点

由于 SMDS 正值青壮年，平素身体健康而突然意外地死亡，人们往往对死因提出质疑，而尸检所见除一般的急性死亡改变外，没有明显和特异性的病理改变，因此鉴定 SMDS 必须慎重。法医学鉴定时除要符合 SMDS 的几个特点外，还必须通过详细的案情调查、现场勘验、全面系统的尸体检验和各项实验室检验，以排除各种暴力性死亡、中毒及致命性的疾病死亡。

二、婴儿猝死综合征

婴儿猝死综合征（sudden infant death syndrome，SIDS）是指原因不明的婴儿突然的、意外的死亡。SIDS 多发生在 1 个月至 1 岁的婴儿，且大多是在摇篮里或小床上死亡，故欧美的一些国家称其为"摇篮死（crib death）"、"摇床死（cot death）"。1969 年第二届国际婴幼儿猝死原因会议正式提出"SIDS"这一名词，并将其定义为"通过病史和详尽的死后尸检不能证明其死亡原因的婴幼儿意外的急性死亡"，也称西雅图定义，包括婴儿和幼儿的死亡，所以国内很多文献将 SIDS 翻译为"婴幼儿猝死综合征"。1989 年，美国国立卫生研究院儿童健康与人类发展研究中心组织专家委员会对 SIDS 的定义进行了修正和补充，将婴幼儿修正为 1 岁以内的婴儿，其定义为"1 岁以内的婴儿突然、意外的死亡，通过全面仔细的检查，包括现场勘验、临床病史审查以及完整的尸体解剖均不能解释其死因者"。

（一）SIDS 的特点

SIDS 常有以下几个特点：①常发生于发育良好的婴儿；②年龄多在 1 岁以内，2~4 个月为发病的高峰；③男婴稍多于女婴；④多死于安静状态中，90%~95% 发生于睡眠中，以凌晨 3~10 时多见；⑤案情调查、现场勘查、尸体剖验和相关的实验室检验不能发现其死因。此外，流行病学研究还表明，SIDS 多发生于 12 月~2 月份冬春寒冷季节；与婴幼儿俯卧位睡眠有显著的相关性；多见于低体重新生儿、早产儿、双胞胎或多胞胎；其母亲孕产期有吸烟过多、滥用药物、营养不良、贫血等因素。

（二）病理学改变

SIDS 尸检时不能发现致死性的病理改变，仅可见各器官瘀血、心肺及胸腺表面点状出血等。显微镜下见各器官瘀血、水肿，肺水肿，肺泡出血及肺萎陷等。据文献报道，有的病例出现：咽喉部及气管内有少许胃内容物，气管、支气管内有少量泡沫性液体，肺小动脉壁增厚，平滑肌细胞增生、肥大，肺部淋巴管扩张，支气管或肺轻微炎症；右心室肥大、扩张，心肌局灶性变性、坏死，如心肌细胞嗜伊红性改变、收缩带形成，甚至心肌细胞溶解，冠状动脉内膜增厚；大脑皮质散在小软化灶，脑干呼吸中枢区域有胶质细胞增生；颈动脉体化学感受器细胞减少，神经分泌颗粒减少或缺乏；肾上腺周围棕色脂肪消失延迟、含量增加，肾上腺髓质内嗜铬细胞增生；肝细胞脂肪变性，肝脏有髓外造血；淋巴滤泡增生、变性等。

（三）猝死机制

SIDS 的病因和死亡机制迄今尚未阐明，虽然国内外研究报道及学说很多，但都还不能被广泛接受。现简要阐述如下。

1. 睡眠呼吸障碍　绝大多数 SIDS 婴儿死于睡眠状态。据文献报道，引起睡眠呼吸障碍可能的原因有：①俯卧位睡眠：婴儿俯卧位睡眠时，呼吸道的保护性反射降低；胃食管反流诱发反射性窒息；俯卧位睡眠时，婴儿重复吸入其自身呼出的二氧化碳浓度较高的气体，从而导致呼吸抑制，并引起心脏对刺激的反应性降低，使其唤醒机制迟钝。②睡眠中呼吸暂停：国外有研究表明，睡眠中呼吸暂停的发作与慢性肺换气不足和低氧血症有关。临床观察也证明，有些婴儿突发呼吸停止、面色苍白或发绀、心动过速、濒临死亡，经及时刺激呼吸中枢等复苏处理很快恢复正常，有的则以后再次发作呼吸暂停而死亡。因此，以呼吸暂停解释 SIDS 的死亡机制，似乎较符合其年龄、睡眠中死亡及多发于呼吸道感染之后等特点。较小的婴儿尤其是未成熟儿，呼吸中枢调节机制发育不完善，或肺泡调节有缺陷，也易导致睡眠中呼吸暂停。

2. 感染　很多 SIDS 患儿发病前常有轻度呼吸道或胃肠道感染，而尸检也发现很多 SIDS 患儿都有不同程度的感染，故通常认为感染可能是 SIDS 的一个触发因素。SIDS 发病高峰正是婴儿产生抗体的能力不足、来自母体的抗体水平又逐渐下降的时期，容易受到感染。主要为呼吸道感染，少数则是中耳、消化道或其他器官感染。病毒或细菌感染后的致炎因子介导的心力衰竭和心律失常可能是 SIDS 的一个重要因素。轻微的感染在成人危害较小，但在婴儿则可引起严重的器官功能障碍，其毒素作用可导致周围循环衰竭。

3. 心血管系统异常　主要是心脏传导系统异常。研究表明，对 SIDS 患儿心脏传导系统的连续切片检查，发现 30% 患儿存在房室旁路传导。在特定的条件下，这些旁路会导致致命性的心律失常。有资料表明，5% 的 SIDS 患儿心电有长 Q-T 间期，而长 Q-T 间期综合征者常可发生致死性心律失常。还有资料显示 SMDS 与心脏钠通道蛋白基因（SCN5A）突变密切相关，SCN5A 突变会导致其相应的通道蛋白结构和功能异常，进而诱发 SIDS。

4. 神经系统异常　①脑干发育不良，尤其是延髓控制呼吸和心血管功能的区域发育不良及功能障碍，如脑干呼吸中枢区域胶质细胞增生、脑干弓状核发育不良以及延髓内神经递质如 5- 羟色胺受体减少等；② Matturri 等认为，许多 SIDS 病例的死亡都是由于自主神经系统活动异常导致迷走神经反射引起，如纵隔神经节营养不良、颈交感神经节发育不全、主动脉和肺动脉间副神经节发育不全等。

5. 其他学说　牛奶、尘螨等的过敏；母亲在妊娠期间吸烟、滥用麻醉药物；免疫缺陷；甲状旁腺缺乏；维生素 E 或硒元素缺乏等。

（四）法医学鉴定要点

SIDS 实质上是一种排除性诊断，除符合 SIDS 的几个特点外，法医学鉴定应遵循以下几个原则：①尸体剖验应全面、系统，除病理学及毒物检验外，必要时还应进行细菌学、病毒学和其他生化检验；②应调查 SIDS 者生前健康状况、病史、生存环境、死亡现场等；③严格排除各种暴力性死亡。

三、抑制死

抑制死（death from inhibition）是指由于身体某些部位受到轻微的、对正常人不足以构成死亡的刺激或轻微外力，通过神经反射在短时间内（通常不超过 2 分钟）引起心搏骤停而死亡，而尸体剖验不能发现明确死因者。曾经有神经源性休克死、心脏抑制性猝死、即时生理性死亡（instantaneous physiological death）之称。这种猝死者，常在受到某种因素刺激后，突然出现面色苍白，迅速昏厥或神志丧失，数秒钟或一两分钟之内心搏骤停而死亡。目前尽管对抑制死的诊断尚有争论，但国内还时有案例报道。

（一）常见原因

导致抑制死的原因可能是某些敏感部位受到刺激，反射性地引起心脏抑制、心搏骤停而猝死。

常见的刺激原因有：①轻微击打胸部、上腹部、会阴部、喉头；②颈动脉窦或眼球突然受到压迫或颈部过度伸展；③声门、喉头等部位受到冷水刺激；④胸腹腔的浆膜突然遭受牵拉刺激，如腹腔手术、胸腹腔穿刺等；⑤扩张尿道、扩张宫颈或肛周脓肿切开引流等；⑥极度惊吓、恐惧、悲哀、疼痛等精神刺激。

（二）病理学改变

抑制死死者尸检时仅见一般的急性死亡改变，没有特异性的病理学改变。

（三）猝死机制

1. 反射性心脏停搏　国内外有关资料报道认为，当轻微打击喉部、阴囊、上腹部或压迫颈动脉窦，或扩张尿道、扩张宫颈时，这些部位的神经末梢遭受刺激，引起迷走神经反射性的心搏变慢或停止，或者反射性地引起血管扩张、血压下降、休克而死亡。

2. 血管迷走性晕厥　又称血管减压性昏厥，可由压迫、牵拉颈动脉窦，甚至由于颈部突然转动、衣领过紧等引起，此时刺激血管压力感受器，反射性地抑制血管神经中枢，使血管扩张、血压下降而晕厥或休克。也可由于轻微损伤、疼痛、拥挤、极度恐惧、焦虑等一般不认为严重的情况，多见于青春期体质较弱的女性，或常有家族昏厥史及明显的发病诱因等。

3. 排尿性昏厥　多见于中青年男性，发病多在睡醒后起床排尿时或排尿后，发作时患者突然意识丧失、昏倒，大多持续 1～2 分钟自醒，个别人可发生猝死。Lyle 等认为膀胱与心血管之间有丰富的反射联系，刺激膀胱可通过迷走神经反射引起心脏抑制。

（四）法医学鉴定

抑制死法医学鉴定必须慎重。法医学鉴定一般可依据以下几点：①死亡突然、迅速，常迅速继发于某种刺激或诱因之后，一般不超过数分钟；②死亡与刺激之间有明显的因果关系；有目击证人证实其某些敏感部位仅受到刺激或轻微的外力而迅速死亡；③通过全面系统的尸检与毒物检验排除其他任何可能的死因，尤其是致命性损伤；并注意与原发性外伤性休克、心肺震荡相鉴别。

本章小结

猝死是由于机体潜在的疾病或重要器官急性功能障碍导致的意外的突然死亡，它的最根本属性是其自然性（即非暴力性）。因易被怀疑为暴力性死亡，或某些暴力死被犯罪嫌疑人伪装为猝死，故猝死的法医学鉴定对于查明死因、明确损伤与死亡关系、揭露可能的犯罪行为以及积累研究材料具有重要意义。细致的案情调查、死亡现场勘查、全面系统的尸体解剖、组织学检验及必要的毒药物检验对于充分排除暴力性致死、确立猝死的死因、准确分析疾病、外伤、中毒与死亡后果的关系十分必要。几乎所有系统的疾病均有可能导致猝死。心血管疾病占猝死病因的首位，发生率最高的为冠心病，其次为心肌炎、高血压、心肌病等；第二位是中枢神经系统疾病如脑出血、脑梗死；第三位是呼吸系统疾病；生殖系统疾病猝死中则女性显著多于男性（6.3∶1），其中羊水栓塞症、产后大出血是育龄期孕产妇猝死的最常见死因；消化系统疾病猝死最常见为急性出血性坏死性胰腺炎；泌尿、内分泌、免疫系统疾病猝死亦不容忽视。青壮年及婴儿猝死综合征、抑制死等原因不明猝死在法医学实践中也占有重要比例。通过本章学习，应牢固掌握常见猝死的病因、猝死机制、病理学表现、法医学鉴定要点。

关 键 术 语

猝死（sudden unexpected death）

冠状动脉粥样硬化性心脏病（coronary atherosclerotic heart disease）

脑血管疾病（cerebral vascular disease）

肺炎（pneumonia）

急性出血性坏死性胰腺炎（acute hemorrhagic necrotic pancreatitis，AHNP）

急性喉阻塞（acute laryngemphraxis）

支气管哮喘（bronchial asthma）

急性胃扩张（acute dilatation of stomach）

思考题

1. 猝死的特点是什么？猝死的法医学鉴定意义和原则是什么？

2. 在怀疑猝死的尸检中，若分别发现左冠脉前降支管腔狭窄Ⅲ级、蛛网膜下腔出血，应如何进行法医学的检查？应注意解决哪些问题，为什么？

3. 引起猝死的肺炎有哪些？请述其病理改变。

4. 羊水栓塞和过敏性猝死的病理改变、猝死机制及法医学鉴定要点是什么？

5. 请述急性出血性坏死性胰腺炎的病理改变及猝死机制。怎样进行急性出血性坏死性胰腺炎猝死的法医学鉴定？

6. 青壮年猝死综合征的特点是什么？

（成建定　高彩荣）

参 考 文 献

1. 郭昕. 心脏性猝死的病因及其临床特征. 实用新医学, 2008, 9（3）: 270-271.

2. 吴蔚, 封启明. 68例急性主动脉夹层早期症状体征特点分析. 中国现代医学杂志, 2006, 16（22）: 3477-3479, 3482.

3. A Fabre, M N Sheppard. Sudden adult death syndrome and other non-ischaemic causes of sudden cardiac death. Heart, 2006, 92（3）: 316-320.

4. Doolan A, Langlois N, Semsarian C. Causes of sudden cardiac death in young Australians. The Medical Journal of Australia, 2004, 180（3）: 110-112.

5. 钱剑安, 蒋健. 猝死. 上海: 上海科学技术出版社, 1995.

6. 曹泽毅. 中华妇产科学. 北京: 人民卫生出版社, 1999.

7. 杨清玉, 彭绍华. 实用猝死病理学. 北京: 群众出版社, 1992.

8. 李玉林. 病理学. 第8版. 北京: 人民卫生出版社, 2013.

9. 葛均波, 徐永健. 内科学. 第8版. 北京: 人民卫生出版社, 2013.

10. 成建定, 刘超. 猝死法医病理学. 广州: 中山大学出版社, 2015.

11. D Mozaffarian, EJ Benjamin, As Go, et al. Executive Summary: Heart Disease and Stroke Statistics—2016 update: A Report From the American Heart Association. Circulation, 2016, 133（4）: 447-454.

12. 刘耀, 丛斌, 侯一平. 实用法医学. 北京: 科学出版社, 2014.

第十八章 医疗纠纷

学习目标

通过本章的学习,你应该能够:

掌握 医疗纠纷、医疗事故、医疗过错的概念;医疗事故、医疗损害责任的构成条件;医疗纠纷法医病理学鉴定程序及注意事项。

熟悉 医疗损害常见类型及发生原因;医疗损害责任司法鉴定与医疗事故鉴定的异同。

了解 法医尸检在解决医疗纠纷中的作用;处理医疗纠纷相关法律、法规。

章前案例▶

某男,57岁。因上腹部隐痛并向右腰背部放射1天,以"慢性胆囊炎急性发作,胆石症"入院。B超检查提示:脂肪肝、多发性肝囊肿;胆囊体积缩小,胆囊炎,胆囊充满结石。生化检查示:总胆红素23.3μmol/L,间接胆红素15.6μmol/L,高密度脂蛋白胆固醇0.81mmol/L,低密度脂蛋白胆固醇2.89mmol/L,载脂蛋白A 0.79g/L,羟丁酸脱氢酶376.0U/L,乳酸脱氢酶456.0U/L,肌酸激酶214.0U/L,肌酸激酶同工酶18.0U/L,同型半胱氨酸18.9μmol/L。心电图示窦性心律,非特异性ST段与T波异常,aVL、V_5、V_6低平等。住院第3天在全麻下行"腹腔镜胆囊切除术",术中突发血压下降、心律失常,经心肺复苏、心外按压等抢救无效宣布死亡。

医患双方对于患者的死亡原因及医方对患者的死亡是否承担责任等发生争议,该争议被称为"医疗纠纷"。要公平、合理地解决此争议,就必须明确其死亡原因。

双方委托具有资质的法医鉴定机构进行尸检。尸体解剖见:手术区域及胆囊窝干燥,未见胆汁外渗及出血;心包膨隆,心包腔充满血液及血凝块;心脏重480g,左心室外缘中部见长2.2cm透壁性、边缘不整齐的条形裂口;左、右冠状动脉粥样硬化,其中左旋支Ⅳ级狭窄伴斑块内出血。综合分析认为,该男子系冠状动脉左旋支粥样斑块内出血、管腔严重狭窄致大面积心肌梗死,最终因左心室破裂及急性心脏压塞而死亡。死者死亡原因的确定为后期医疗过错评价、合理解决医疗纠纷提供了重要依据。

在医疗纠纷处理中,查明死因必须进行法医尸体解剖,明确死因是医疗损害责任司法鉴定及医疗事故鉴定的重要前提。

医疗纠纷在世界各国都广泛存在,而且呈日益增多的趋势,已成为影响医学发展的重要因素之一。科学、公正地处理医疗纠纷,维护医患双方的合法权益,是法制社会的要求。涉及患者死亡的医疗纠纷,首先应进行系统的法医解剖以明确死因,在死亡原因明确的基础上对医疗行为是否存在过错、过错与死亡之间是否存在因果关系、医疗过错参与度等作出判断。

第一节 医疗纠纷、医疗事故及医疗损害责任的概念

医疗纠纷死者的尸体解剖检验已成为法医病理学的重要内容，除要求法医必须具备法医病理学及临床医学知识外，还必须了解医疗纠纷、医疗事故及医疗损害责任的概念及相关知识。

一、医疗纠纷的概念与特点

（一）医疗纠纷的概念

患方对诊疗护理过程中发生的不良医疗后果及其产生原因与医方认识分歧而发生的纠纷，称为医疗纠纷（medical tangle）。

医疗纠纷意味着纠纷与争议涉及的医疗事实的性质尚不清楚。许多医疗纠纷是由于患方单方面怀疑不良医疗后果是医疗机构及其医务人员出现医疗过错引起，但事实上患者的不良医疗后果可能与医疗行为相关，也可能是患者自身疾病发展及特殊体质等因素所致。所以，医疗纠纷与医疗事故、医疗过错的概念是不相同的，医疗纠纷的范畴比医疗事故、医疗过错范围更广。

（二）医疗纠纷产生的原因

医疗中发生的死亡、残疾、器官功能障碍、医疗时间延长或医疗费用增加以及其他的人身损害等，患方怀疑是不良医疗后果所致。有时诊疗活动已经结束，但患方仍然怀疑其不良后果是医疗过错导致的，因而产生医疗纠纷。

不良医疗后果发生的场所多为各级医疗机构，如医院、卫生院、妇幼保健院、计划生育技术服务部门、疾病控制中心、个体诊所等。

由于在医疗过程中医患双方得到的信息不对等，患方往往对医疗行为产生质疑，从而引起医疗纠纷。

二、医疗事故的概念与构成条件

（一）医疗事故及医疗过错的概念

1. 医疗事故 在医疗活动中，医疗机构及其医务人员违反医疗卫生管理法律、行政法规、部门规章和诊疗护理规范、常规，过失造成患者人身损害的事故，称为医疗事故（medical malpractice）。

2. 医疗过错 在医疗活动中，医疗机构及其医务人员违反医疗卫生管理法律、行政法规、部门规章和诊疗护理规范、常规，过失造成患者人身损害的或没有达到伤害程度但具有伤害风险的情形称为医疗过错或医疗过失（medical error，或 medical negligence）。因此，医疗过错的范围较广，除涵盖医疗事故所述人身损害外，还包括没有达到伤害程度但具有伤害风险的情形。

（二）医疗事故及医疗过错的构成条件

医疗事故必须具备下列4个条件。

1. 医疗机构及其医务人员的主体具备合法性 指经过考核和卫生行政部门批准或承认，并取得相应资格和执业证书的各类医疗机构及其医务人员，并且事件发生在其合法的医疗活动中。此外，医疗机构管理及后勤服务人员的过错行为，也直接或间接造成不良医疗后果。

2. 医疗机构及其医务人员具有医疗过错行为 指其医疗行为违反了国家医疗卫生管理法律、国务院医疗卫生管理行政法规、卫生部医疗卫生管理规章及医疗机构诊疗护理技术操作规范、常规等。医疗过错行为必须是非故意的或意外的，这种过错包括疏忽大意的过错和过于自信的过错。

我国卫生管理法律、法规包括：《执业医师法》《药品管理法》《传染病防治法》等法律，《医疗机构管理条例》《医疗事故处理条例》等法规，《预防接种异常反应鉴定办法》《麻醉药品管理办法》《生物制品管理规定》《医疗美容服务管理办法》《护士管理办法》等部门规章。此外，医疗卫生部门对于医学各科或专业绝大多数诊疗护理活动都有相应的规章制度，以及约定俗成的医疗行为准则，这些均是各类医疗机构及医务人员应该遵守、执行的技术标准。

3.患者出现损害后果　患者机体出现功能或器质性损害,如患者死亡、残疾、组织器官损伤或功能障碍等。原卫生部制定的《医疗事故分级标准(试行)》,将患者的损害程度进行了划分。

4.医疗过错与患者人身损害之间必须具有因果关系　因果关系是判断医疗事故的必要条件之一。如果患者的不良医疗后果或人身损害不是医疗过错行为所致,或者虽有医疗过错但并未造成患者不良医疗后果或人身损害,由于医疗过错行为与人身损害之间无因果关系,则不构成医疗事故。应根据疾病的发生、发展直至死亡的全部进程,按照现代医学理论分析判断,不能只依据时间上的先后顺序来判断两者之间的因果关系。医疗过错行为可以是导致患者人身损害的唯一因素,也可能与患者其他疾病或因素构成联合原因,必须进行全面分析。

第二节　医疗纠纷的类型和发生原因

按医疗纠纷发生的原因或来源,可分为医源性医疗纠纷和非医源性医疗纠纷两大类。

因患者死亡而导致的医疗纠纷主要发生在与手术相关的科室,如外科、妇产科、麻醉科、医疗美容科等,而在非手术科室,如内科、儿科、中医科、急诊科也时有发生。

一、医源性医疗纠纷

医源性医疗纠纷(iatrogenic medical tangle)是指由于医疗机构及其医务人员方面的原因引起的医疗纠纷,一般包括医疗事故纠纷和其他原因引起的纠纷两类。

1.医疗事故纠纷(tangle from medical malpractice)　即医疗事故所引起的医疗纠纷,它既可能是由于医疗机构及其医务人员诊疗护理措施失误,也可能是由于医院管理不当所致。

医疗纠纷可发生于不同规模的医院及任何一个科室。一般医院越小,越容易发生医疗纠纷,这不仅与医院的医疗设备和诊疗水平有关,更与患方对医院的信任度有关。外科、产科、麻醉科及儿科引起的医疗纠纷较多。

2.医方其他原因引起的纠纷　指产生纠纷的根本原因并不在于诊疗护理过错,而是医方的其他原因。

(1)医务人员服务态度不良引起的纠纷:由于医务人员对患方态度冷漠,对患方的解释敷衍或不负责任,使患方对医务人员失去信赖,一旦出现不良医疗后果,自然归咎于医务人员技术水平而产生纠纷。

(2)医务人员语言不当引起的纠纷:医务人员不注意地随意讨论患者的病情,或对不同的诊治方案随意发表评论也容易引起医疗纠纷。即使不良医疗后果并不是诊疗过错引起,患方也怀疑存在医疗过错。

(3)医务人员故意挑拨引起的纠纷:个别医务人员不负责任或为了取得私利、发泄私愤或抬高自己等目的,故意在患者和医院、医生之间挑拨是非,从而引起医疗纠纷。

(4)医务人员不良医德引起的纠纷:在诊疗护理过程中,少数医务人员收受患者钱财或受经济利益驱动使用某些药物。如果患者出现不良医疗后果,即使没有诊疗过错,患方也认为存在医疗过错,因而产生医疗纠纷。

(5)虚假广告或不负责任的承诺引起的纠纷:有的医疗机构或医务人员为了招揽患者,利用传媒、名人作虚假广告或承诺医疗效果,由于不能兑现承诺,患者因此提出经济索赔而引起纠纷。一名"前列腺炎"患者被民营诊所虚假广告蒙骗,花费大量医疗费用但疗效不佳而导致医疗纠纷,最终因矛盾激化,导致患者刺死2名、刺伤4名诊所医务人员。

二、非医源性医疗纠纷

非医源性医疗纠纷(noniatrogenic medical tangle)指医疗纠纷不是由于医疗机构及其医务人员的

原因引起，而是因为疾病发展或因医疗以外的原因引起的纠纷。大多数是由于患方不了解医学知识，不理解医院规章制度所致。一般包括无医疗过错的纠纷和患方原因引起的纠纷两类。

1. 无医疗过错纠纷　指不良医疗后果不是医疗机构及其医务人员在诊疗护理过程中的医疗过错而引起的医疗纠纷，主要包括医疗意外、难以避免的并发症及疾病自然转归引起的纠纷。

无医疗过错的医疗纠纷最常见的死因为猝死和难以避免的并发症。医疗纠纷尸检中，无医疗过错纠纷占绝大多数。

(1) 医疗意外导致的纠纷：医疗意外（medical accident）指受目前医学科学水平所限，或因患者病情异常或者体质特殊，在正常诊疗护理过程中发生意料之外的不良医疗后果。事件发生突然并出乎患者及其家属意料，是无医疗过错纠纷的最常见原因，尤其多见于病情发展迅速而猝死的病例。

无法预防的药物过敏性休克属于常见的医疗意外，这是由患者的特异体质引起。常规不需要做过敏试验的药物，或按正常治疗剂量和途径给药后出现的过敏性休克，经医务人员及时诊断和抢救，仍发生了不良后果，则不能视为医疗事故。如青霉素皮试时发生的速发型过敏性休克，即属于医疗意外。

某些特异性体质患者在诊疗检查和外科手术时，如气管插管、肛门或阴道指诊、导尿、宫颈扩张或牵引、胸腔或腹腔穿刺、手术牵扯胸膜、腹膜、心包等，诱发迷走神经反射致心搏骤停，甚至发生死亡，也是一种难以预料及防范的医疗意外。

常规方法及剂量使用麻醉药、操作及预防措施规范、麻醉设备正常，但仍出现麻醉药物过敏反应，甚至因呼吸循环功能衰竭而死亡，称为麻醉意外。但并不是所有的麻醉引起的医疗事故都是"麻醉意外"。

知识拓展 ▶

《医疗事故处理条例》规定下列情形不属于医疗事故：

（一）在紧急情况下为抢救垂危患者生命而采取紧急医学措施造成不良后果；

（二）在医疗活动中由于患者病情异常或者体质特殊而发生医疗意外；

（三）在现有医学科学技术条件下，发生无法预料或者不能防范的不良后果；

（四）无过错输血感染造成不良后果；

（五）因患方原因延误诊疗导致不良后果；

（六）因不可抗力造成不良后果，均不属于医疗事故。

---

(2) 难以避免的并发症导致的纠纷：指在诊疗护理过程中，患者发生的不良后果是当前医疗技术条件下难以避免和防范的并发症。这种并发症多数无法预料，而且难以防范，如肺羊水栓塞、骨折后继发肺动脉栓塞及吸入性麻醉药品诱发的恶性高热等。

这类难以避免的并发症必须是医学界公认，权威文献有明确记载，而且确无诊疗过错，或者虽有一定过错，但与不良医疗后果之间无因果关系时才能被认定。实际上，在不同患者之间、不同级别的医疗机构及医务人员之间，"无法预料"与"难以防范"只是相对的，随着医学的进步，某些过去认为不能预料和难以预防的并发症，现在就能够有效防范。

(3) 疾病自然转归导致的纠纷：某些疾病，尤其复杂、罕见的疾病目前仍然缺乏有效的早期诊断或治疗方法；部分患者就诊时病症不典型，不能及时、正确地诊断和治疗而导致患者发生不良医疗后果或者死亡，均应认为是疾病的自然转归。在这些疾病的诊治过程中，医务人员也可能存在某些失误，但死亡与医疗过错之间没有直接和必然的因果关系，这在无医疗过错纠纷中较为常见。

2. 患方其他原因引起的纠纷

(1) 患方过错导致的纠纷：患方有意隐瞒病情、故意拖延或拒不交缴纳医疗费、拒绝在手术同意书及其他文件上签字、不遵守医嘱和不配合治疗、私自请其他人诊治等过错,导致诊疗延误或不良医疗后果而引起的医疗纠纷。

(2)患者在就医时因自杀、他杀及意外伤害引起的纠纷:类似案例在国内多次发生,包括非精神病患者在医院内自杀,患方认为医院存在管理漏洞而引发医疗纠纷。

(3)患方栽赃陷害而引起的纠纷:患方出于私利,有意嫁祸医方或转嫁经济负担而故意挑起医疗纠纷,甚至进行敲诈勒索。

案例 18-1 ▶

某男,26 岁。因家庭纠纷被未婚妻用水果刀刺伤右颈部到医院急诊手术,因急性失血性休克在手术中死亡,诊断死亡原因为"失血性休克;右颈内静脉、无名静脉破裂"。法医尸检时在右颈部发现一支断裂的动脉。死者家属为减轻犯罪嫌疑人罪行,以门诊病历记录"双侧颈总动脉搏动弱"作为依据,指责医生术中误切右颈总动脉和抢救不力引起医疗纠纷。再次解剖证实死者右颈总动脉完整,而右锁骨下动脉离断,符合水果刀刺切形成,最终澄清事实真相。

第三节　医疗损害的类型和发生原因

医疗机构及其医务人员的医疗过错行为导致的医疗损害可发生在医疗机构的各个科室,其中以手术科室最多见,如外科、妇产科、麻醉科等。发生的原因也多种多样。

一、手术失误导致的医疗损害

无论是在术前、术中或者术后,诊断、治疗及护理失误均可引起与手术相关的医疗损害,主要涉及外科、妇产科、眼科、耳鼻咽喉科及口腔颌面外科等手术科室。手术失误导致的医疗损害多为疾病诊治中多环节失误所致,医疗损害致死以手术科室发生率最高。

1. **手术前过错导致的医疗损害**　术前诊断错误、准备不充分,导致手术决策错误、手术效果不良或患者死亡;混淆不同患者、弄错手术部位等也是较常见的术前失误。

例如一位股骨转子间骨折患者,在肝功能检测结果尚未出来之前就行"开放复位内固定术+植骨术",术后发现患者为肝癌骨转移引起的病理性骨折,这是一例典型的术前诊断错误、准备不充分及术中诊断失误等多环节导致的医疗损害。也曾有儿童因腹痛被误诊为"急性阑尾炎",术中发现阑尾无炎症表现,但医师仍按原手术方案实施阑尾切除术,患儿死亡后,尸检中在回肠末端发现 1.0cm 长的裂口,为患儿不久前腹部外伤导致外伤性肠穿孔。医生失误的主要原因在于术前未仔细询问病史,术中不及时调整治疗方案。

案例 18-2 ▶

某男,22 岁。因纠纷头部及全身多处被打,伤后未就医,一个半月后"突发昏迷"住院治疗,CT 示"左额颞顶叶硬膜下血肿,左颞叶脑挫裂伤"。住院第 3 天以"重型颅脑损伤",行开颅去骨瓣减压 + 左额颞顶叶硬膜下血肿清除术,术后 CT 示"左额颞顶叶脑内血肿、左脑室积血、脑肿胀",建议再次手术,家属未同意,术后 2 天患者死亡。尸检见蛛网膜下腔出血,左额、颞、顶叶见 8.0cm×9.0cm 脑组织破损,深部小血肿形成,侧脑室积血,镜下见脑蛛网膜下腔出血、血管内充满白血病细胞;左颞叶、左枕叶及手术部位出血,血管内大量白血病细胞聚集,部分血管壁及其周围白血病细胞呈袖套状浸润;脾、肺、心、肝、肾、胸腺、肠系膜及肺门淋巴结均见大量白血病细胞。死因诊断为白血病继发颅内出血,致急性中枢神经功能衰竭而死亡。术前误诊、漏诊是导致医疗损害发生的主要原因(图18-1)。

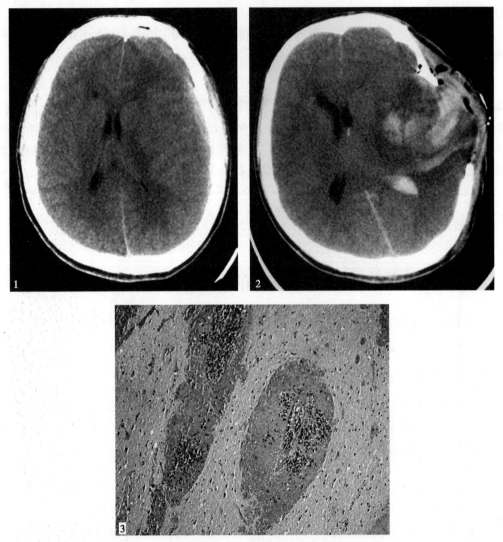

图18-1 白血病脑内出血误诊为脑挫伤行开颅术后死亡
1. 术前CT片示中线右移,左颞叶脑出血及左额颞顶叶硬膜下血肿;2. 术后CT片示左颞骨手术缺损,左额颞叶血肿及左侧脑室积血;3. 镜下大量白血病细胞在脑血管内聚集及袖套状浸润

2. **手术中失误导致的医疗损害** 术中失误在手术性医疗损害中最常见,包括违反操作规范和常规,对病变器官和组织判断、诊断失误,因疏忽错开手术部位;手术操作粗暴,误伤、误切、误摘及误扎(见文末彩图18-1),误摘卵巢、甲状旁腺,误伤(扎)胆总管、输尿管、神经或血管较为常见;术中对病变器官和组织切除不完全,或未尽告知义务就切除患者器官;不按规定送检切除的组织而漏诊恶性肿瘤等。

对解剖变异结构识别不清而随意处置、不规范操作致空气栓塞、手术创口或体腔内遗留纱布及手术器械等,也是常见的手术失误导致的医疗损害(图18-2)。

一例胃穿孔手术患者,医师仅凭肉眼诊断"胃溃疡穿孔"而行"胃穿孔修补术",一个月后患者出现"消化道瘘"而再次行"空肠置管造瘘术",患者3个月后死亡,尸检证实胃穿孔继发于胃幽门低分化腺癌。首次手术医生过于自信,未取材进行病理学检验是漏诊、病情恶化的主要原因。

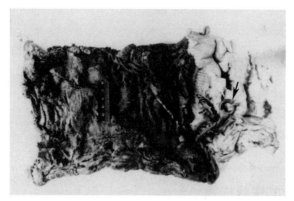

图 18-2 剖宫产术后腹腔遗留纱布垫
图示遗留大小 24cm×20cm 的纱布垫和直径 2cm 的铁环（箭头），术后 7 年第 2 次剖宫产手术时被发现（黄光照供图）

3. **手术后疏忽观察导致的医疗损害** 手术后不注意观察患者的生命体征、护理不佳，出现危急情况时未积极抢救，均可酿成医疗损害。术后血管结扎线脱落引起大出血、脑外科手术后未给予及时、有效的脱水治疗、术后观察护理不仔细等，常出现患者已死亡但仍未被医务人员发现的情形。

二、麻醉失误导致的医疗损害

一般来说，麻醉风险较高，麻醉相关死亡率在发达国家为 1/100 000，发展中国家死亡率为 1/10 000～2/10 000。全身麻醉及局部麻醉失误，均可导致医疗损害。

麻醉前准备不充分，如麻醉方式选择不当，有关仪器设备、药品、抢救器具准备不充分，麻醉器械故障等均可导致医疗损害。

麻醉过程中操作失误，如气管插管失败、插管脱落、弯曲或堵塞，分离套囊堵塞喉头，插管过猛穿通气管；错用麻醉药物、麻醉药物过量或配伍不当；气源连接错误，将一氧化氮（笑气）作为氧气；错将体外循环机的主动脉插管安放在占位器上；局麻药、肾上腺素直接误注入血管；连续硬膜外麻醉平面过高、误注入蛛网膜下腔致全脊髓麻醉（图 18-3），或损伤神经丛；麻醉师观察不仔细或擅自脱离岗位，复苏技术不熟练或措施不力等，是麻醉过程中发生医疗损害的常见原因。

图 18-3 连续硬膜外麻醉利多卡因误注入蛛网膜下腔致全脊髓麻醉死亡
（箭头示硬脊膜穿孔）

麻醉术后对患者观察或监测失误，未能及时发现麻醉并发症，失去抢救时机；拔管过早和拔管后呕吐，易引起缺氧或窒息。

儿童或年老体弱者，发生麻醉死亡的概率较高，氯胺酮静脉复合麻醉致儿童中毒死亡时有发生。

案例 18-3 ▶

某女,23 岁,因喉部异物到医院就诊,耳鼻咽喉科医生用 2% 丁卡因先对咽喉部喷药 4 次,间接喉镜检查未见异物,决定用食管镜检查,随后医生让患者分 4 次自己口服喷壶内丁卡因,20 分钟后患者突然昏倒,四肢抽搐、面色发绀,经抢救无效而死亡。尸检及毒物化验确定为丁卡因中毒死亡。丁卡因浓度过高、医嘱不当是导致患者中毒死亡的主要原因(丁卡因表面麻醉时浓度为 0.5%~1%,一次极量为 100mg)。

三、输血、输液导致的医疗损害

1. 输血医疗损害 见于定错血型、领(发)错血、Rh 血型不合等异型输血医疗损害及输入污染血制品、输血不良反应抢救失误等医疗损害。

异型输血医疗损害病情发展很快,患者很快出现溶血反应,如血红蛋白尿、黄疸、伤口出血不止、荨麻疹、无尿、昏迷等,可因休克及急性肾衰竭而死亡。尸检见血红蛋白尿性肾病,肾小管管腔见大量血红蛋白管型,髓襻升支、远曲小管及集合管上皮细胞变性坏死等。

输入细菌污染的血液,患者迅速出现发冷、寒战及高热反应,重者出现呼吸困难及休克等,死亡率高达 60%,死亡原因主要为败血症与感染中毒性休克。

如果对献血人员检查疏忽,受血者可发生输血相关传染病,如病毒性肝炎、艾滋病、梅毒、疟疾等。

输血医疗损害发生后,必须核查所输血液的血型、有无细菌污染。怀疑因输液、输血、注射、药物等引起不良后果的,医患双方应共同对现场实物进行封存,封存的现场实物由医疗机构保管;需要检验的物品,应由双方共同指定、依法送具有检验资格的机构进行鉴定。

案例 18-4 ▶

某男,52 岁。因"十二指肠球部溃疡"行"胃大部切除术",术前查血型为"B",术中输入 300ml "B" 型血后,发现伤口广泛出血,考虑"输血反应"而立即停止输血;尿常规出现血红蛋白尿,复查血型证实患者血型实际是"O"型。次日患者出现少尿、无尿等急性肾衰竭的表现,术后第 2 天死亡。镜下见双肾呈血红蛋白尿性肾病,髓质多数肾小管腔见大量血红蛋白管型(见文末彩图 18-2)。死亡原因为异型输血致急性溶血反应及 DIC,最终因急性肾衰竭而死亡。

2. 输液医疗损害 输液导致的医疗损害常见于:输液器械或液体污染引起的发热反应;输液中药物及电解质成分不适当,导致水电解质紊乱、酸中毒或碱中毒;输液过量、过快引起急性心力衰竭、肺水肿;违反药物配伍禁忌或药物溶解不完全;误输外用药液(如乙醇、苯扎溴铵液);加压输液引起空气栓塞等。

输液发热反应又称为热原反应,其参考诊断标准为,在输液后 15 分钟至 1 小时内,发生冷感、寒战,发热达 38℃以上,停止输液后数小时内体温恢复正常,可伴有恶心、呕吐、头痛、皮肤苍白、湿冷、血压下降、休克等。输液发热反应病理变化与高温中暑相似,其脑水肿显著,部分病例有休克及 DIC 病变。其在各种输液反应中最为常见,严重者导致死亡。引起输液发热反应的原因主要有:①液体被细菌污染或含有杂质;②输液用具消毒不彻底;③输液环境不洁;④患者年老体弱,机体抵抗力和对药物的耐受性差等。致热原主要来自体外微生物及其代谢产物——细菌内毒素,革兰阴性杆菌内毒素具有较强的致热作用。

案例 18-5 ▶

某女,32岁,因发热3天就诊,查体温38.4℃,以发热待查入院。次日静脉滴注抗生素半小时后出现面色苍白、寒战,心律及血压均测不出,10小时后死亡。尸检见胸腹部、双手皮肤散在出血点,重度脑水肿,左心室心内膜下条纹状出血,肾小球毛细血管襻及入球小动脉见大量透明血栓(见文末彩图18-3)。输液器具经两次检验均发现致热原。诊断死亡原因为输液器具污染引起输液发热反应致DIC而死亡。

四、药物过敏性休克导致的医疗损害

可引起过敏性休克的药物种类较多,主要为抗生素类药物、中草药及生物制剂,尤其以具有β-内酰胺环的青霉素类与头孢类药物最多见。

药物过敏性休克导致的医疗损害常见于以下情形:①对易引起严重过敏反应而需要进行皮试的药物未做皮试而贸然注射;②换批号或间隔多日重新注射未再次皮试;③皮试过程中将药物种类或浓度配制错误;④皮试结果观察错误。

由于药物过敏性休克常常发生在给药时或给药很短时间内,因此许多家属认为药物过敏性休克都是医疗过错。

需要皮试的药物包括两种情况:一种是常规必须进行皮试的药物,包括青霉素类(注射和口服剂型)、链霉素、结核菌素、破伤风抗毒素血清、盐酸普鲁卡因、细胞色素C、有机碘造影剂、门冬酰胺酶;另一种是容易过敏而药典中又未要求做皮试的药物,这类药物是否皮试由地方卫生部门或者各个医院掌握,包括头孢噻吩钠、头孢替唑钠、清开灵(冻干粉针)、糜蛋白酶、维生素B$_1$及胸腺肽注射液等。

药物过敏性休克尸检时可见喉头、声门及会厌显著水肿,喉头、胃肠黏膜下及肺、脾等器官有时可见嗜酸性粒细胞浸润(见文末彩图18-4)。死后血清类胰蛋白酶、IgE等生化指标虽然受溶血等诸多因素的影响,但对诊断过敏性休克仍具有一定参考价值。

有些过敏反应表现为重型药疹(全身剥脱性皮炎、大疱性表皮松解型药疹等)而迟发性死亡,应注意识别。

案例 18-6 ▶

某女,59岁,对青霉素超敏。因"泌尿系统感染"在医院肌注庆大霉素,第3天注射第5针"庆大霉素"后突然面色苍白、喉头发麻、呼吸困难,抢救25分钟后死亡,临床诊断"庆大霉素过敏性休克"。8天后尸检时发现尸体已轻度腐败,镜下见喉头水肿,喉头、胃肠黏膜、肝、脾等部位少量嗜酸性粒细胞浸润。提取左、右臀部肌肉和腓肠肌进行药物检测,结果均检出青霉素,其中左臀部青霉素呈强阳性,而庆大霉素仅为痕迹量。死亡原因为误注青霉素致药物过敏性休克而死亡。医疗损害发生的原因为护士给患者肌注庆大霉素时误注了青霉素。

五、用药不当导致的医疗损害

西药及中药制剂使用不当或用药过量均可引起医疗损害,常见于药剂科和护理部。

从医生开处方、药剂科取药、护士执行医嘱及用药后观察,各环节失误均可发生医疗损害。如医生开错处方或写错用法、药房药剂师配错处方或发错药品、护士执行医嘱错误或打错针、违反药物配伍禁忌用药、不按规定进行药物过敏试验、提前停药、使用伪劣过期失效药品、滥用有毒、麻醉、限量药品、使用未经批准或未经患者同意给予新药。

计算机信息技术(IT)越来越多地用于药品管理,在便捷的同时也存在相应风险,如将患者资料、条形码扫描系统、自动配药柜、输液泵等输入/输出错误而导致用药不当的医疗损害。

用药过量医疗损害多见于儿童,如给儿童使用成人制剂、按成人剂量用药及忽视用药减量原则。

联合用药错误也常导致患者的死亡,但由于患者及其家属对药物联合应用风险认识不足,即使发生严重不良反应或死亡损害也易被遗漏。中药注射剂与抗生素类药物联合应用更易发生严重毒副作用。

中药用药不当导致的医疗损害,常见于乌头、马钱子等剧毒中草药服用过量或炮制不当;传统中药"龙胆泻肝丸"、"分清五淋丸"等在生产过程中,如用马兜铃科关木通替代药用木通科木通,或长期服用含马兜铃酸的中草药(关木通、广防己、青木香、寻骨风等)均可发生马兜铃酸肾病,重者因肾衰竭而死亡。中药注射剂严重不良反应及过敏性休克的报告日益增多,使用刺五加、茵栀黄、鱼腥草注射液导致患者死亡的医疗损害事件国内时有发生。

用药不当的原因有时与医务人员无关,如药品在生产、流通环节出现问题,最终药物毒副作用在治疗过程中显示出来。2006年广州某医院64名患者注射"亮菌甲素注射液"后发生肾损害,其中13人因肾衰竭而死亡,最后调查认定厂家在生产过程中违法使用二甘醇代替丙二醇是事故发生的原因。

案例 18-7 ▶

在某卫生院,3名幼儿就诊时被诊断为急性痉挛性支气管炎或支气管肺炎。医生在开处方前曾到药房询问药师氨茶碱浓度,药师告知:"氨茶碱浓度是0.5%"。随后医生给患儿开出氨茶碱处方。一名患儿静脉注射氨茶碱3~4分钟后,出现颜面潮红、烦躁不安及出汗,25分钟后死亡;另外两名患儿肌注氨茶碱后,也出现相同症状,其中一名死亡。调查发现:该院氨茶碱剂型为0.5g/2ml,浓度为25%。药师误将0.5g当作0.5%,比实际浓度扩大50倍,3名患儿氨茶碱用量分别超《中国药典》小儿规定用量的10、20、50倍。

六、误诊、误治导致的医疗损害

误诊是对疾病的诊断错误,包括对疾病的判断错误、漏诊及延误诊断。漏诊是对同一患者同时存在不同种疾病,医生遗漏某种疾病的诊断;延误诊断是在应当对疾病作出诊断的时间内没有及时作出诊断。误诊与误治、漏诊与漏治之间存在密切的关联,是非手术科室最常见的医疗损害原因。

目前临床误诊率在30%左右,即使条件最好的医院,临床诊断与病理诊断进行对照比较发现其误诊率及漏诊率高于10%,这是医疗行业的特殊性所致。

医生误诊,轻者耽误病情及延误治疗,重者因误治或病情恶化而死亡。急诊科、儿科、内科、传染科疑难病例较多,尤其急诊科和儿科,患者多、病情发展快,医生要在短时间内凭观察和辅助检查完成诊断及治疗,很容易发生误诊及误治。

急、危重病的误诊、误治或手术延误,漏诊严重疾病等均可导致患者死亡。如冠心病急性发作被误诊为"急性胃炎"、急性坏死性胰腺炎被误诊为"阑尾炎"或者"胆囊炎"、输卵管异位妊娠破裂被误诊或漏诊、胎儿宫内窒息诊断延误、农药或药物中毒被误诊及误治是纠纷尸检中常见的医疗损害。

案例 18-8 ▶

某男,40岁,因上腹部疼痛、呕吐伴腹泻1天到医院就诊,自诉2天前曾给棉花喷洒过E605农药,被值班医生误诊为"E605中毒",2小时内静脉推注阿托品12mg,后患者逐渐出现抽搐、高热、面色潮红、说胡话、谵语、心律不齐及瞳孔散大,6小时后死亡。尸检见各器官瘀血水肿,脑水肿显著。心血胆碱酯酶在正常范围,血、胃内容物经GC-MS全扫描分析均未检出有机磷农药成分,而血、尿阿托品浓度分别达到3.34μg/ml及5.74μg/ml,超过致死浓度,最后诊断死亡原因为急性阿托品中毒。

七、护理失误导致的医疗损害

护理过失引起的医疗纠纷也较常见。刘振声等对 100 例护理失误进行分析，其中用错药占 50%，违反操作规程占 12%，婴儿室护理工作事故占 12%，灌肠操作占 8%，输血事故占 6%，制度不健全或其他因素占 10%。

护理失误医疗损害多数发生于执行医嘱过程中，主要原因为有章不循或违反操作规程，执行医嘱时不认真履行"三查七对"，导致用错药或药物剂量、给药途径错误，导致患者人身损害或死亡。如护士在执行医嘱时不仔细核对药物标签，误将 10% 氯化钾当作 0.9% 氯化钠溶解氨苄西林，静脉注射后导致患者死亡；将阿片酊当作棕色合剂或止咳糖浆给患者服用造成死亡；误将"亚硝酸钠"当作"氯化钠"给患者灌肠发生死亡等。

护理工作中的其他失误包括：擅离职守，或违反测试、巡房、观察病情变化等护理常规，发生抢救不及时或引起并发症；擅自改变医嘱或无医嘱自行处置；违反其他基础护理、专业护理或特殊治疗操作常规和技术规范。

产房、新生儿病房及手术室是护理失误的高发科室，如对小儿护理失误导致烫伤、摔伤，产房抱送错婴儿，手术患者被调换等。国内迄今医疗损害赔偿数额最高的案件即发生在新生儿病房，因护理人员疏忽，恒温箱温度过高导致一对孪生婴儿发生脑瘫。

八、诊疗技术失误导致的医疗损害

诊疗技术包括为了诊断或治疗需要进行的局部穿刺、切开、注射、插管、洗胃、灌肠、电休克治疗等操作。洗胃致胃破裂、灌肠致肛门或直肠损伤、深静脉穿刺置管术大出血压迫重要器官、新生儿长期吸高浓度氧致失明及肺损伤等均属于诊疗技术失误导致的医疗损害，诊疗技术失误导致死亡的医疗损害常见于针刺不当、空气栓塞、介入治疗及妇产科诊疗失误。

1. 针刺不当　在诊疗过程中由于针刺不当可发生意外损伤和并发症，如引起气胸、心脏压塞、蛛网膜下腔出血、延髓损伤出血、消化道穿孔、肢体感染、电针及穴位注射不当，均可导致严重不良后果，甚至死亡的医疗损害。

> **案例 18-9** ▶
>
> 某女，45 岁，因左腋下疼痛到中医科就诊，医生用针灸刺心腧穴（背部第 5 肋旁 1 寸半），深约 2.6cm；针刺后患者即诉头晕、左侧胸闷及呼吸不畅，十多分钟后出现口唇、面色发绀及眼球凝视，经抢救无效而死亡。尸检时左侧气胸试验（+），左肺明显萎陷。左、右胸后壁第 5 肋间距脊柱 4.5cm 处胸膜下对称性出血（图 18-4）。死因诊断为针刺过深刺破胸膜及肺组织，引起左侧张力性气胸而死亡。

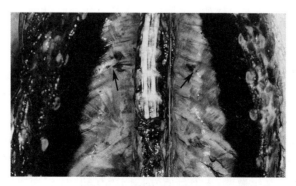

图 18-4　针灸致气胸死亡
箭头示胸膜心腧穴刺入口对称性出血

2. 空气栓塞　在某些诊疗过程中，操作不慎可引起静脉性或动脉性空气栓塞而危及生命。静脉性空气栓塞发生较多，见于加压输血、输液、手术误伤胸颈部静脉、人工气胸或气腹、肾周围或血管空气造影、输卵管通气术、吸引器人工流产、右心房插管及鼻窦穿刺等；动脉性空气栓塞见于胸部手术、胸腔穿刺损伤肺静脉。

案例 18-10 ▶

某女，22 岁，妊娠 2 个月，电动吸引器下行人工流产术，电机启动 5～10 秒时，患者突然发生惊叫，心跳呼吸停止，经抢救无效 20 分钟后宣布死亡。5 小时后进行尸检，切开胸腹壁见皮下小静脉有许多小气泡冒出；右心房及右心室，冠状静脉，肺动脉，上、下腔静脉，肠系膜静脉内有空气泡。心包腔和腹腔内灌注清水，水下分别刺破右心房、下腔静脉，立即有大量气泡涌出；切开肝及子宫壁，也有小气泡冒出。镜下肝、脾、肾、肾上腺及子宫静脉窦见数量不等的空气栓子（图18-5）。诊断死亡原因为静脉空气栓塞。调查证实医务人员在清洗电动吸引器后安装吸引器上的橡皮管时出现错误，致大量高压空气在吸引过程中由子宫静脉窦进入血液循环。

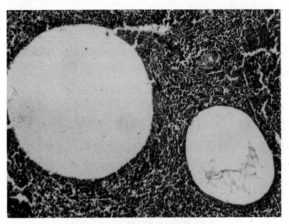

图 18-5　静脉空气栓塞致死
脾窦内空气栓子（黄光照供图）

3. 介入诊疗技术导致的医疗损害　介入诊疗技术是近年迅速发展起来的一门融医学影像学和临床治疗学于一体的技术，常被称为介入放射学，心血管、消化、呼吸、神经、泌尿、骨骼等几乎所有系统疾病的诊断和治疗均可应用。常见的介入诊疗包括：诊断性血管造影、恶性肿瘤经动脉灌注化疗和（或）栓塞治疗、生理腔道狭窄球囊扩张成形或内支架置入术等。

介入诊疗技术风险也较高，许多并发症尚无法预防，易导致医疗损害的发生，如球囊扩张后的弹性回缩、支架植入术后再狭窄或支架移位、血管造影诱发冠状动脉破裂、斑块内出血及大面积心肌梗死等。

介入技术医疗过错包括：未严格地掌握检查及治疗的适应证，轻率进行介入诊疗；造影过程中患者碘对比造影剂过敏及外渗处理不当或延迟、未遵循医疗操作规程或操作错误而延误病情；病情突然转危时没有足够抢救人员或抢救设备；治疗过程中无菌观念不强而发生术后感染等。

在冠状动脉造影及支架治疗术中，常见支架选择、安放错误，或冠状动脉破裂而死亡；二尖瓣球囊成形术中导管穿破左心室致急性心脏压塞死亡；小儿肠套叠整复时，因灌肠压力过高导致患儿肠管破裂；脑或脊髓动静脉血管畸形血管栓塞术，正常脑或脊髓动脉栓塞导致死亡。曾报道一患者在抗癌药物经肝右动脉栓塞后发生截瘫，4 个月后死亡的医疗纠纷，尸检时应用血管造影术，证实药物被误注入第一腰动脉导致医疗损害。

4. 妇产科诊疗技术失误导致的医疗损害　妇产科是容易发生医疗损害的科室，多数医疗损害与分娩及刮宫术相关。如刮宫误伤子宫壁或其他盆腔器官，造成子宫穿孔、肠穿孔、大出血及刮宫后破伤风感染；违反操作规程进行助产、催产素使用不当致子宫破裂或撕裂（图18-6）；新生儿吸入性窒息及脑损伤等诊疗失误。

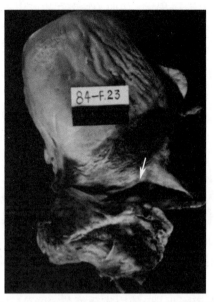

图18-6 助产不当致子宫破裂（黄光照供图）
子宫下段前壁17cm长完全性横行破裂，箭头示破裂口

九、医疗整形导致的医疗损害

医疗整形是指运用手术、药物、医疗器械以及其他具有创伤性或者侵入性的医学技术方法对人的容貌和人体各部位形态进行的修复与再塑。如果违反有关技术操作常规，可导致人体容貌毁损或机能障碍等医疗损害。

国内迄今尚无医疗整形操作标准及规范，手术凭医生个人经验，由于高额利润致医疗整形行业管理异常混乱，医疗纠纷也日益增多。因医疗整形致死的医疗损害国内外均有发生，与常规外科手术、麻醉等医疗过错行为相关。"吸脂减肥"及"硅胶、聚丙烯酰胺水凝胶注射填充"等整形手术后，因脂肪栓塞、聚丙烯酰胺水凝胶导致肺栓塞或继发感染已有多例死亡报道。

案例18-11 ▶

某女，34岁，因腹痛、腹泻6小时入院，曾在外院静滴庆大霉素疗效不佳，未诉其他病史。入院诊断：休克原因待诊，食物中毒等？入院后给予氧氟沙星、甲硝唑静脉滴注治疗，住院6小时患者突然出现呼吸循环停止，经抢救无效死亡。调查发现患者发病前一天曾在某医院行"聚丙烯酰胺水凝胶阴道壁注射整形术"。尸检在阴道壁血肿内发现凝胶状物质，并在双肺、阴道壁等器官血管内发现大量均质、半透明的异物栓子（见文末彩图18-5）。傅里叶变换红外光谱（FTIR）扫描发现肺及阴道壁毛细血管中的异物栓子在3300cm^{-1}和1660cm^{-1}处可见两个明显的吸收峰，提示异物栓子的成分为聚丙烯酰胺水凝胶。故其死亡原因为聚丙烯酰胺水凝胶栓塞肺细小动脉而死亡。

十、预防接种导致的医疗损害

预防接种是最有效、最经济的公共卫生干预措施之一，疫苗大规模接种后相应疾病的发病率大大降低，但没有一种疫苗能够保证100%有效和安全。一次严重的预防接种不良事件可迅速损害大众接种疫苗的信心、降低接种率,并成为社会关注的热点。《疫苗流通和预防接种管理条例》对疫苗质量、储存与运输管理,规范化接种,注射器材的使用及其用完后的处理等整个过程的安全进行规范。

《预防接种异常反应鉴定办法》规定,因接种单位违反预防接种工作规范、免疫程序、疫苗使用指导原则、接种方案等原因给受种人造成损害,按照《医疗事故鉴定办法》向医疗事故技术鉴定委员会申请鉴定;如果对疫苗质量或者疫苗检验结果有争议,按照《药品管理法》向药品监督管理部门申请处理。

在预防接种导致的医疗纠纷处理过程中,应明确预防接种不良反应与疫苗接种不良事件两个概念,它们之间在外延上存在明显差异,在内涵上相互重叠。

预防接种不良反应(adverse events following immunization, AEFI)指预防接种后发生的,可能与预防接种有关的健康损害,包括:一般反应、异常反应、事故、偶合症、心因性反应等。国家 AEFI 信息管理系统数据显示,2012 年全国发生严重预防接种不良反应 884 例,占 0.84%,死亡 96 例,其中 20 例死于异常反应,主要为过敏性休克及卡介苗(BCG)播散性感染。

疫苗接种不良事件指对不久前接种疫苗者的健康造成不良影响的事件。其涵盖接种疫苗后发生、与接种疫苗有关或无关的一切情况,甚至不是由疫苗引起但错误地与之联系起来的事件。

预防接种医疗损害仅占预防接种不良反应中的极少部分,是在预防接种实施过程中违反预防接种工作规范、免疫程序、疫苗使用指导原则、接种方案等造成受种人机体、组织器官形态及功能损害。主要见于以下几种情况。

1. 疫苗管理不规范　进货渠道不正规、使用劣质疫苗、疫苗不按冷链储运,导致疫苗失效或效价降低,不能达到免疫、保护受种人的作用。如患者被犬咬伤手指后到村诊所就诊,先后注射 5 支狂犬病疫苗,但 26 天仍出现狂犬病,虽然狂犬病疫苗不能起百分之百的预防作用,但该诊所存在从非正规渠道进货及疫苗保管不善等问题,被确定为医疗损害。

2. 疫苗接种对象掌握不严　每种疫苗都有特定的预防接种对象,对年龄、既往病史、过敏史、预防接种史、妊娠情况、是否有发热及免疫系统疾病等均有严格的要求。如预防接种前未仔细询问受种人或其监护人,受种人选择不当、禁忌证掌握不严,少数受种人接种后可能发生严重不良反应,甚至死亡。

3. 接种操作不规范　各种疫苗均有特定的注射部位、注射剂量,而且需要遵守安全注射规范。接种部位、接种剂量、接种途径及疫苗未混合均匀等均可发生不良反应。疫苗不安全的注射可造成受种人发生血源性感染、脓肿、败血症等传染性疾病,以及毒性注射、过敏性休克、结核性淋巴炎等非传染性疾病。一例乡村医生违反操作规范,同时接种乙肝疫苗与卡介苗,吸药时将两种疫苗同时打开又未仔细核对,结果 0.5ml 卡介苗被当作"乙肝疫苗"肌内注射到一名儿童的右上臂三角肌,导致医疗损害的发生。

预防接种一般反应及异常反应不构成医疗损害责任或医疗事故。预防接种一般反应是指在免疫接种后发生的,由疫苗本身固有特性引起、对机体只造成一过性生理功能障碍的反应,其临床表现和强度与疫苗种类有关,主要临床表现为发热、局部红肿,可能伴有全身不适、倦怠、食欲缺乏、乏力等症状。而预防接种异常反应是指合格的疫苗在实施规范接种过程中或者实施规范接种后造成受种人机体组织器官结构损伤、功能损害,相关各方均无过错的药品不良反应。

有些疫苗预防接种后偶尔发生严重的异常反应,其中以过敏反应最常见,也可出现高热、脑病等病变,虽然比例极低,但可危及生命。破伤风、乙肝及麻疹疫苗预防接种后均有发生过敏性休克死亡的报道,其发生率约为 1/100 万。

疫苗接种不良反应中的偶合症、心因性反应则不属于医疗事故。偶合症指受种人处于某种疾病的潜伏期或者前驱期,接种后偶合发病,或受种人有疫苗说明书规定的接种禁忌,接种前受种人或其监护人未如实提供其健康状况、接种禁忌,接种后受种人原有疾病复发或者病情加重。心因性反应指在预防接种实施过程中或接种后因受种人心理因素发生的个体或群体性反应。心因性反应与受种人的精神或心理因素有关,不是疫苗引起的,其中流行性癔症,也称为群发性癔症,常引起社会的关注及恐慌。

十一、医疗器械故障导致的医疗损害

医疗器械是指单独或者组合使用于人体的仪器、设备、器具、材料或者其他物品,包括所需要的软件;其用于人体体表及体内的作用不是以药理学、免疫学或者代谢的手段获得,但是可能有这些手段参与并起一定的辅助作用;其使用旨在达到下列预期目的:①对疾病的预防、诊断、治疗、监护、缓解;②对损伤或者残疾的诊断、治疗、监护、缓解、补偿;③对解剖或者生理过程的研究、替代、调节;④妊娠控制。

随着现代医学的发展,越来越多的医疗器械被用于临床各个环节及特殊诊疗服务,时常引起相应的医疗损害。我国 2000 年颁布《医疗器械监督管理条例》,2009 年《医疗器械风险管理对医疗器械的应用》为等同转化的国际标准。医疗器械故障导致的医疗损害与"医疗器械不良事件"不同,后者为获准上市、合格的医疗器械在正常使用情况下,发生或可能发生的任何与医疗器械预期使用效果无关的有害事件,属于意外事件。

医疗器械故障导致的医疗损害包括两种类型,即医疗器械本身故障和操作使用不当引起的医疗损害。医疗设备造成的医疗损害多数与使用者操作错误有关,尤其是呼吸机、监护仪、人工心肺机、除颤起搏器、麻醉机等生命支持系统与急救设备。

医疗器械故障导致的医疗损害中,以植入性医疗器械较多见。骨科内固定钢板、髓内钉、人工关节、人工股骨头、人工晶状体、生物瓣膜、整形及美容假体、宫内节育器等常常引起医疗纠纷,但导致死亡的案例较少;而心脏起搏器、冠状动脉支架、脑动脉瘤栓塞治疗弹簧圈等重要器官的植入性医疗器械,在植入时或植入后发生死亡已有多例报道。

医疗机构购买、使用的医疗器械必须具有合法性。如果医院经合法途径购买医疗器械并正确使用,但因其质量、固有属性及应用时发生的并发症而引起的医疗纠纷,按现行《医疗事故处理条例》不能评定为医疗事故,如国内曾发生人造心脏瓣膜质量不合格,植入身体后发生断裂、瓣膜关闭失灵而造成患者死亡,则不属于医疗事故。过失购买、使用不合法的医疗器械及医务人员医技不精、使用不当及责任心不强,造成患者人身明显损害的才构成医疗事故。

医疗设备的使用不当而发生的医疗损害较为多见,如高压氧舱起火、高频电外科产品热辐射灼伤、微波理疗仪致患者深部烧伤、除颤仪故障导致患者损伤或死亡等。

案例 18-12 ▶

某女,36 岁,腭扁桃体癌患者,^{60}Co 全身照射 16 天后死亡。尸检见脾小体、肠系膜淋巴结的淋巴细胞稀疏、数目显著减少,散在肺脓肿及出血坏死性肺炎。诊断死亡原因为急性骨髓型放射病(极期)及心力衰竭。事故原因系 ^{60}Co 治疗机故障,放射源脱落到滤过板而未能及时发现,致 20 名肿瘤患者在 12 天连续放射治疗过程中发生超量辐射,其中 3 名患者死亡、17 名患者出现急性放射病。

十二、医疗机构管理混乱导致的医疗损害

患者因医疗机构管理混乱而发生的不良医疗后果也属于医疗过失。医疗损害的常见环节包括:在入院、转科、转院、会诊、转诊过程中,不认真检查和处理就推诿、拒收,导致诊疗延误和丧失抢救时机;医院领导、后勤服务人员工作失职、擅离职守,或在自己的工作职责范围内,不配合医疗护理工作,造成不良后果;医疗设备管理及维修不善或急救设备不全,发生医疗设备故障、电器漏电等医疗损害;医院后勤保障不完善,出现断水、断电,或医用氧气供应中断;医疗机构及医务人员从事不具

备或超过其资质的医疗服务；病员管理失误、乱涂乱改病历资料、知情书及手术同意书等告知手续不全，均可导致医疗损害。

《侵权责任法》规定"隐匿或者拒绝提供与纠纷有关的病历资料；伪造、篡改或者销毁病历资料，如果患者有损害，推定医疗机构有过错"。所以医疗机构应当按照规定填写并妥善保管病历资料，预防因病历资料缺陷而被推定为医疗过错。

内镜漏电、电刀电源插座无安全地线等器械维修及后勤保障失误，导致患者在内镜检查及手术中触电死亡；抢救患者时将"氮气"误作为"氧气"使用，导致患者死亡；药剂科管理混乱，将有毒与无毒的药物混放，发生砒霜污染中草药致患者中毒死亡，均是与医疗机构管理混乱相关的医疗损害。如 2008 年西安某医院因院内感染致 8 名新生儿死亡、福建省某市级医院连续出现 4 起麻醉事故，均被鉴定与医院管理不当有关。

第四节　医疗纠纷的法医病理学鉴定

对涉及死亡的医疗纠纷进行法医病理学检验是合理解决医疗纠纷一个非常重要的环节。尸体检验应由具有法医病理学鉴定资质的机构及经验丰富的法医病理学专家承担。无论医患双方选择何种方式解决涉及死亡的医疗纠纷，都应该首先查明死因。一方面，许多疾病通过现有临床观察和检查仍不能确诊，涉及死亡的医疗纠纷，患者死亡多发生在门诊或住院后不久，多数根据临床病历资料无法确定死因。另一方面，尸检是查明死因最准确、最有效的手段，也是确保医疗纠纷鉴定准确、客观及提高医疗质量的重要环节。应动员家属进行尸检，如果家属拒绝，也应履行告知义务并签字备案。

有文献报道，在 139 例医疗纠纷尸检中，33 例临床诊断为死因不明；余下的 106 例中，临床死因诊断与尸检死因诊断符合的仅 32 例（30.19%）；基本符合的 27 例（25.47%）；有 47 例（44.34%）不符合或者认为临床死因诊断有误。因此说明尸体解剖及病理学检验是明确死亡原因、查明是否存在误诊、漏诊的最有效途径。

一、医疗纠纷的法医病理学鉴定程序

医疗纠纷的法医病理学鉴定包括调查材料及病历资料、尸体解剖及组织病理学检验、药（毒）物化验、分析说明及作出鉴定意见等步骤。

（一）调查材料及病历资料

在接到申请或委托后，首先向医患双方了解情况及其诉求，以确定尸检的重点。

尸检前尽量争取获得全部的病历资料，包括客观病历及主观病历部分，如门诊病历、住院病历及病程记录、会诊记录、长期及临时医嘱、护理记录、交接班记录、检验报告、影像学资料、处方等。其中护理记录有时可能提供比住院病历更重要的信息，因为它们描述更为详细、观察间隔时间较短；既往病史、发病情况、病情恶化及临终前表现、影像学资料也应重点了解。

解剖前应履行与法医学鉴定相关的司法程序，如签署协议书及告知事项，尤其器官标本的提取、保存及处理、鉴定时限、重新或再次鉴定程序等。

知识链接 ▶

法医实践中常遇到医患双方咨询：是否死亡超过 48 小时，法医尸检就没有意义了？针对这一问题，法医病理专家应给予适当的解释。

按照《医疗事故处理条例》第十八条规定，医患双方不能确定死因或者对死因有异议的，尸检应当在死后四十八小时以内进行，冷冻尸体可以延长到七天。拒绝或者拖延尸检超过规定时间影响死因判定的，由拒绝或拖延的一方承担责任。

需要强调该条款规定的重点是"影响死因判定的，由拒绝或拖延的一方承担责任"，尸体保存超过上述规定时间，尸检仍然有很大的诊断价值，不应以此作为拒绝尸检的理由。只要不影响死因判定，超过四十八小时或冰冻时间更长的尸体，甚至已经下葬的尸体也可以进行尸体解剖，但在尸检前应对医患双方进行必要的风险告知，毕竟随着死亡时间的延长，组织自溶及尸体腐败越来越重，对病理学检查结果干扰也更大。曾有死亡半年后开棺的医疗纠纷案件，经毒物化验查出人体组织内含有高浓度苯扎溴铵，确定死因为误注苯扎溴铵中毒；也有从冷冻 1 年半、疑似手足口病死亡患儿脑组织及皮肤疱疹部位检测出肠道病毒 71 型（EV71）病毒抗原及核酸，确诊死因为EV71 病毒性脑炎，从而排除药物过敏性休克的怀疑。

（二）尸体解剖及组织病理学检验

为了客观、公正地处理医疗纠纷，在不影响尸体解剖的前提下，医患双方可派代表见证尸检过程，增加尸检透明度和医患双方对鉴定的信任。

尸体解剖一般应解决的问题包括：查明死因、诊断主要疾病及并发症、发现隐匿疾病、排除中毒等。解剖应系统全面，也要根据病情、临床过程制订相应的解剖方案。重点部位应详细解剖，重要阳性及阴性征象须照相或摄像；必要时应做气胸试验、空气栓塞、肺动脉及下肢深静脉血栓等特殊检查。注意正确提取各种检材，除组织病理学检材外，必要时根据需要提取细菌学、病毒学、免疫学、理化或毒物检验，甚至基因检测的标本。

如尸体解剖后不能确定死因，可行组织化学、免疫组织化学、超微病理及基因检测等检验帮助确定死因。

（三）药（毒）物化验

当怀疑死亡与麻醉、药（毒）物中毒有关时，则必须进行药（毒）物化验。及时收集剩余药品及其容器、呕吐物、排泄物、血、尿和部分组织进行毒物分析；同时附送相关药品的样品或对照品；根据药品在体内的含量，确定药物与死亡是否相关、是否存在药物中毒、用错药，甚至投毒的可能。

（四）分析说明及鉴定意见

在完成上述检验后，最后综合分析，确定患者的死亡原因。

二、医疗纠纷的法医病理学检验注意事项

系统全面的法医病理学检验是客观、公正解决医疗纠纷的基础，检验要点除尸体解剖前详细调查病历资料及其他材料、全面系统的尸体解剖及组织学检验、药（毒）物化验之外，检验工作中还应注意下列问题。

1. 及时提取相关标本　包括临床检验剩下的血样、尿样、脑脊液，剩余药品、输血或输液器具、注射器等生前物证，血、尿、胃内容物、玻璃体液等尸检标本。对怀疑药物过敏性休克、心肌梗死及预防接种事故死亡，提取心血或外周血并及时分离血清进行相关检验，对诊断或鉴别诊断有一定的参考价值。

2. 术后死亡　尸检前向专科医生咨询，必要时邀请相关临床专家对尸检过程进行指导；重点检查手术部位有无医源性损伤、错扎血管、误切器官等失误；探查血管、胆管系统或输尿管等易损伤的组织，最好在手术部位原位检查，组织固定后则难以探查及分辨；生前有急性失血性休克表现者，尸检时应注意寻找破裂的血管，一般破裂口周围黏附血栓、流水冲洗不易脱落，也可由近心端血管注入自来水或染料（亚甲蓝或蓝墨水）以发现破裂的血管。

3. 麻醉相关的死亡　麻醉术中或使用麻醉药物后发生死亡，应提取脑脊液、血液，检测麻醉药含量。连续硬脊膜外麻醉术后死亡，应锯开脊椎检查硬脊膜有无穿孔或损伤，同时应从远离麻醉部位的小脑延髓池、腰椎间隙或侧脑室提取脑脊液比较麻醉药物的浓度。

4. 输血相关死亡　怀疑输血不当导致死亡，应核查血型。提取死者头发、指甲及肋软骨以确定

血型；同时注意对留存的血样进行细菌培养，检验血液是否被污染。怀疑输液发热反应死亡，应保存疑有致热原的液体，包括未输完的液体及同批号的液体，对输液用具也应作致热原检查，并提取血样进行细菌培养。

5. 怀疑药物过敏　怀疑药物过敏性休克死亡，注意检查喉头、声门、会厌是否有重度水肿；喉头、胃肠黏膜、肺、脾等器官是否有嗜酸性粒细胞浸润，并注意与支气管哮喘及寄生虫病相鉴别；血清 IgE、类胰蛋白酶及肥大细胞脱颗粒试验对药物过敏性休克的诊断有较大的参考价值。怀疑感染性休克死亡，必要时或有条件时应于死后及时取血及相关组织，进行细菌培养，并注意与死后腐败菌落相区别。

6. 怀疑预防接种死亡　应由涉区的市级或省级预防接种异常反应调查诊断专家组组织调查；解剖前应与当地疾病预防控制机构联系，商量具有针对性的解剖方案，按疫苗特性提取与保藏有价值的组织、分泌物标本。

7. 怀疑为传染病死亡　尸检应当遵守《传染病病人或疑似传染病病人尸体解剖查验规定》，解剖标本的采集、保藏、携带和运输应当执行《病原微生物实验室生物安全管理条例》规定。

8. 妥善保存标本　尸检后注意妥善保存器官标本和（或）血、尿等其他检材，器官的保存时限应以协议书形式明确告知死者家属，并完成签字手续；标本转送或接收时，需核对标本数量及种类，注明标本固定及自溶情况；特别留意血液、皮肤等体积小、易丢失的重要检材。

9. 排除刑事犯罪　某些工伤、交通事故、伤害或保险赔付案件中，由于伤者多以急诊就医，容易发生因转嫁责任而引起的医疗纠纷。也有患者家属，甚至个别医务人员在诊疗、护理过程中故意加害患者，造成不良后果甚至死亡，则属于刑事犯罪而不属于医疗损害。

10. 未发现确切死因　多数医疗纠纷通过尸检可以查明死因，但少数案例即使经过详细的解剖、组织病理学检查及毒物化验，也不能找到确切的死因，被称为"阴性解剖"，如冠状动脉痉挛、喉痉挛、迷走神经抑制、先天性长 Q-T 间期综合征（long Q-T syndrome, LQTS）和 Brugada 综合征诱发的致死性心律失常等。但随着分子病理学的发展，越来越多的"阴性解剖"有望被确诊。

三、法医病理学鉴定的作用和价值

1. 确定死因　死亡原因的确定往往是解决医疗纠纷的关键所在，也是法医病理学鉴定的主要任务，为医疗纠纷的医疗损害责任司法鉴定或医疗事故鉴定提供依据。

2. 判断有无医疗过错　是否存在医疗过错是医疗损害责任司法鉴定的一项内容，法医病理学鉴定书需根据委托事项作出有无医疗过错的结论。

3. 判断医疗过错与患者死亡之间是否有因果关系　需要鉴定医方的医疗过错与患者死亡之间是否存在因果关系，如果确定两种之间存在因果关系，则医方承担医疗损害责任。

4. 其他　尸检结果应向有关医疗机构及医务人员反馈，便于总结经验教训，提高整体医疗水平，促进医学发展；原发性肥厚型心肌病、LQTS 等具有遗传倾向疾病导致的死亡，则应对死者家属进行必要的医学提示。

本章小结

医疗纠纷、医疗事故及医疗过错三者之间存在密切的关联，又有所不同。医疗纠纷包括的范围较广，而医疗事故、医疗过错仅为医疗纠纷中很少的一部分。医疗事故与医疗过错，均为医疗机构及其医务人员在医疗活动中违反医疗卫生管理法律、行政法规、部门规章和诊疗护理规范、常规，过错造成患者的医疗损害。医疗过错除涵盖医疗事故所述人身损害外，还包括没有达到伤害程度但具有伤害风险的情形。

医疗纠纷的鉴定包括医疗损害责任司法鉴定与医疗事故鉴定，两者依据的法律不同。医疗损害责任司法鉴定主要由人民法院委托具有司法鉴定资质的法医学鉴定机构完成，但也有委托医疗事故鉴定委员会进行鉴定的例外情形；而医疗事故鉴定的主体为中华医学会所属或其下所设的各级医疗事故鉴定委员会。

医疗损害责任司法鉴定与医疗事故鉴定，均依据是否存在医疗过错、是否存在不良医疗后果、医疗过错与不良后果之间是否存在因果关系的原则，最终判断医方是否承担医疗损害责任或构成医疗事故。

诊疗护理过程，甚至医院管理等诸多环节的失误均可导致医疗损害的发生。法医病理学在医疗纠纷尸检及医疗损害责任鉴定中承担重要的作用。医疗纠纷的法医病理学检验与普通病理学尸检有一定区别，要求法医病理工作者须具备高水平的法医病理学及临床医学知识。

关 键 术 语

医疗纠纷（medical tangle）

医疗事故（medical malpractice）

医疗过错（medical error 或 medical negligence）

医疗损害责任（liability of medical damage）

医源性医疗纠纷（iatrogenic medical tangle）

非医源性医疗纠纷（noniatrogenic medical tangle）

预防接种不良反应（adverse events following immunization，AEFI）

思 考 题

1. 简述医疗纠纷、医疗事故及医疗过错的概念及区别。

2. 构成医疗损害责任或医疗事故的条件有哪些？简述医疗损害责任司法鉴定与医疗事故鉴定的异同。

3. 常见医疗损害的类型有哪些？

4. 简述医疗纠纷的法医病理学鉴定程序及检验时的注意事项。

（周亦武）

参 考 文 献

1. Knight B. Forensic pathology. 2nd ed. London: Oxford University Press, 1996: 475-480.

2. Spitz WU. Spitz & Fisher's Medicolegal investigation of death. Springfield: Charles C Thomas Publisher, 1993: 256-260.

3. Di Nunno N, Dell'Erba A, Viola L, et al. Medical malpractice: a study of case histories by the forensic medicine section of Bari. Am J Forensic Med Pathol, 2004, 25(2): 141-144.

4. Madea B, Musshoff F, Preuss J. Medical negligence in drug associated deaths. Forensic Sci Int, 2009, 190(1): 67-73.

5. Madea B, Preuss J. Medical malpractice as reflected by the forensic evaluation of 4450 autopsies. Forensic Sci Int, 2009, 190(1): 58-66.

6. Pakis I, Yayci N, Karapirli M, et al. Autopsy profiles of malpractice cases. J Forensic Leg Med, 2009, 16(1): 7-10.

7. Sharma BR. Death during or following surgical procedure and the allegation of medical negligence: an overview. J Forensic Leg Med, 2007, 14(6): 311-317.

8. 陈新山, 饶广勋, 黄光照, 等. 73例手术科室医疗纠纷的分析. 法医学杂志, 1999, 15(2): 95-96.

9. 贾冬梅, 周亦武, 刘良, 等. 医源性抑制性死亡尸检分析. 法医学杂志, 2005, 21(2): 130-131.

10. 罗斌, 林少虎, 林俊莲, 等. 医疗纠纷案法医尸解136例分析. 中国卫生事业管理, 2001, 17(2): 91-92.

11. 莫耀南, 赵贵森, 李凡, 等. 15例围产期孕产妇死亡纠纷的法医学鉴定分析. 中国法医学杂志, 2002, 17(2): 107-108.

12. 张益鹄. 涉及死亡医疗纠纷的发生—27年医疗纠纷法医尸检回顾性研究之一. 法医学杂志, 2000, 16(2): 72-74.

13. 张益鹄. 涉及死亡医疗纠纷的发生—27年医疗纠纷法医尸检回顾性研究之二. 法医学杂志, 2000, 16(3): 135-136.

第十九章 法医尸体检验

章前案例 ▶

杨某,女,13岁,初一学生,某日从学校放学回家,饭后不久出现腹痛、言语困难等症状,继之出现口吐白沫、意识丧失和四肢抽搐症状。杨某在当地卫生院抢救过程中死亡,医院考虑系"急性农药中毒死亡",家属对死亡原因持有疑虑,同时认为因医院抢救方法有误导致死亡。为了明确本例死亡原因、死亡性质及死亡与医疗行为之间的关系,委托当地某司法鉴定机构进行法医学鉴定,并委托当地医学会进行医疗事故鉴定。经尸体解剖检验后,法医学鉴定结论为:①死亡原因为心脏被膜和肺间质局灶性出血;②死者胃中未检见胃内容物,因而无法进行毒物检验与鉴定。据此,医学会作出的鉴定结论为:本例因尸检资料不全,无法进行医疗事故鉴定。至此,本例死亡原因、死亡性质以及杨某死亡与医疗行为之间的关系未能明确。无奈,杨某的尸体被土葬。

在杨某尸体土葬两个月后,家属决定再次聘请专家进行尸体检验。墓地位于距村庄近3公里的后山上,棺木完整,棺内尸体由棉被包裹,棉被及衣着有多量褐色腐败液体浸染。尸体高度腐败,全身组织明显软化并呈液化状态,晦暗灰褐色。尸体因高度腐败无法辨认个体容貌特征、发育状况及其他身体特征,更无法辨别有无机械性损伤、机械性窒息或生前自然疾病等尸体形态学改变。毒物检验结果示:死者胃组织、肝脏检材中检出氨基甲酸酯类农药呋喃丹。本例的死亡原因考虑系氨基甲酸酯类农药呋喃丹急性中毒死亡。由于前期鉴定程序及尸体检验方法的错误,导致前期死亡原因未能明确;虽然后期开棺验尸尚能明确死因,但导致死亡性质及死亡与医疗行为之间的关系仍然无法明确。请问,本例第一次尸体检验和鉴定中存在哪些失误和不足?

本例原鉴定工作主要存在以下不足:①未提取相关检材进行毒化检验,因而死亡原因无法明确;本例所述"未提取毒物检材的原因是胃内空虚",这是缺乏法医学检验和鉴定专业知识的具体表现。②死亡原因与病理学诊断概念混淆,未能明确死亡原因而把法医病理学诊断当做死亡原因。③当死亡原因和死亡性质未能明确时,有关人员未按程序及时向公安机关报告,延误了明确死亡原因和死亡性质的有效时机。④本例在医疗事故鉴定中,由于缺乏相关法医学专业知识,前期法医学尸体检验不规范，尸体检验中提取检材不足，最终导致死亡原因及死亡性质无法明确，因此本例死亡与医疗行为之间的关系也无法明确。

尸体解剖（autopsy）一词源于希腊语"亲眼看"，英语有"亲自勘察"和"实地勘察"之意。尸体解剖不仅是现代医学的研究方法，同时也是法医学的主要研究方法，是法医工作者的重要工作手段。最早的法医尸体解剖始于 13 世纪。尸体解剖方法，在法医学漫长的发展史中具有里程碑的作用，是古代法医学与现代法医学的分水岭。1979 年原卫生部重新发布了《解剖尸体规则》，该规则规定尸体解剖分为普通解剖、法医解剖和病理解剖 3 种。

第一节　法医尸体检验规程

法医尸体解剖（postmortem examination of forensic cases，medicolegal autopsy）既不同于普通解剖，也不同于病理解剖。法医尸体解剖可帮助解决民事（事故、灾害、疾病、纠纷等）以及刑事（伤害、谋杀、投毒、暴恐等）案件中所涉及的死亡原因、死亡方式、致伤方式、死亡时间、致伤物推断、损伤时间推断、个体识别以及疾病与损伤的关系等诸多问题。因此，系统掌握法医尸体解剖的程序及方法，对于法医工作者来说十分重要。

一、法医尸体检验前的准备工作

（一）案情调查或临床病史调查

法医尸体检验前必须对案件的案情及相关情况进行深入细致的了解。只有充分掌握详尽的案情资料，尸体检验才能做到有的放矢，法医人员才能在尸检过程中有所侧重，以利于寻找对案件处理有价值的医学证据。

1. 了解死者一般情况　尸检前需了解死者的姓名、性别、年龄、民族、籍贯、职业、文化程度、婚姻状况、经济状况、健康状况等情况。除此之外，有些案件还需进一步了解死者生前的人际关系、品德作风、不良习性及嗜好、是否存在债务纠纷或情感纠纷、有无潜在疾病或重大疾病的情况。上述这些情况的掌握对推断死者是自杀、他杀、意外或是疾病死亡能提供一定的线索和帮助，同时对尸检程序和尸检方法的选择也可起到某些提示作用。

2. 详细调查案件情况　应了解案情经过、死亡时间、死亡过程、死亡地点及现场情况。凶杀案件死亡时，需对加害人情况、使用凶器的性状等进行了解；交通事故死亡时，需对肇事车辆的状况、路况、死者与车辆的关系等进行了解；医疗纠纷死亡时，需对死者生前的症状、体征、诊断及治疗情况进行了解，并对用药过程、手术类别、有无药物过敏等情况进行了解；工伤事故死亡时，需要对死者生前的工作性质、工作现场情况等进行了解。上述情况的调查不能仅限于对案卷资料的阅读，必要时法医人员应亲自走访或询问与死者相关的各类人员，并尽量参与现场勘查工作。

（二）法医学现场勘查

现场勘查是指侦查人员为了查明事件性质和犯罪事实，依法收集犯罪证据、对犯罪现场及有关人员进行勘验检查和调查访问的一项侦查活动。法医学现场勘查与一般现场勘查有所不同，它对法医学尸体检验及相关问题的确定具有重要的指导作用。

1. 法医学现场勘查的内容　法医学现场勘查内容主要包括对尸体所处的环境、尸体的体位及状况、现场有无搏斗现象及其痕迹或血迹、有无电击或火烧迹象、有无药物或毒品残留、有无呕吐物或排泄物及其数量和分布等进行现场勘查，其中特别注意尸体所处位置、血迹分布性状；犯罪嫌疑人搬动了哪些物品，破坏了哪些内容；哪些部位提取的痕迹可能为犯罪嫌疑人所留。要利用各种技术手段对现场的各部位、每件物品进行仔细的勘查。将肉眼难以发现的法医学物证显现出来，尤其注意发现毛发、精斑、血迹、纤维、涂片、划痕等微量物证，特别关注现场的隐蔽部位如顶棚上、地板下、垃圾道等。法医学尸检现场勘查过程中，还应提取现场检材如现场呕吐物等作毒物化验与鉴定。

2. 法医学现场勘查的步骤　法医学尸检现场勘查的步骤主要分为现场观察、初步勘查和详细勘查三个步骤，主要对现场外围、实施犯罪地点及其周围环境所进行的有关法医学视角的全面观察。法医学尸检现场勘查必须在现场勘验负责人员的统一指挥下，按照现场勘验步骤有条不紊地逐步展开。

知识拓展 ▶

现场尸体检验

一般情况下当发现有人伤亡时，发现者往往会拨打医疗急救电话"120"或公安报警电话。救护车急救人员会立即到达出事现场对伤者进行紧急救治，公安法医技术人员也会立即到达事故现场进行伤亡事件调查，并开展现场勘验和对伤者或死者的初步检查工作。如疑为非正常死亡，出警人员会将相关情况向上级报告。

对于那些未排除暴力性死亡的案件，公安法医技术人员要进行现场勘验、尸体检验及照相取证工作，无名尸体还要提取死者指甲、指纹和 DNA 生物检材以利进一步检查。暴力性死亡或不明原因死亡必须进行尸体解剖检验，而自然性死亡则不一定都需要进行尸体解剖检验，如果医院能够出具详实的死亡证明亦可处理尸体。当有血缘关系的亲属对死因有异议时，亦可向有资质的法医鉴定机构提出申请，要求进行系统的法医尸体检验及死因鉴定。

---

3. 法医学现场勘查的注意事项　法医人员进入现场后，首先要确定事故现场中的人员是否已经死亡，如果尚未发生死亡则应电话"120"进行施救。现场尸体检查时，法医人员要与其他参加现场勘查的专业人员明确分工、密切配合。注意保护现场，既要尽量不破坏现场，又不能在工作中留下自己的痕迹物证。要注意收集对案件侦破有价值的文证及物证。尽可能少搬动尸体，以避免人为的尸体改变。要注意现场中的自我保护，避免出现高空坠落、现场触电、有毒气体中毒等事件的发生。遵守保密原则，对现场的一切情况不得随便议论和透露，现场的各种有价值的文证、物证不能遗失。

（三）尸体解冻准备

法医实际工作中，那些未能及时进行尸体解剖的尸体都需进行尸体冰柜保存。尸体的冰柜保存，可分为尸体冷藏保存和尸体冷冻保存两种。当冷冻保存的尸体需要进行尸体解剖检验时，往往需要较长时间的尸体解冻工作。只有在尸体充分解冻后，才能进行尸体检验。因此，法医尸体解剖之前的一项重要准备工作，就是尸体解冻。在尸体解冻过程中，要防止昆虫、动物等对尸体的破坏及人为损毁。由于尸体解冻往往需要较长的时间，因此尸体解剖前应事先了解尸体保存的尸体保存方式、冰柜温度和尸体解冻情况，以便预测可以开始尸体检验的时间。

二、法医尸体检验设备条件

（一）法医尸体解剖条件

1. 法医尸体解剖室条件　法医尸体解剖室的设备要求应符合法医尸体解剖规范。法医尸体解剖室应设在光线充足、空气通畅、地方干爽、尸体搬运方便的地方，一般应为独立建筑。尸体解剖室设置尸体解剖台，尽可能有恒温装置、照明设备、自动通风、自动喷水的标准解剖台装置，其上最好配有与解剖台相匹配的器官检验台以供尸体解剖时使用（图 19-1）。尸体解剖室应设有充足的照明设施及用作消毒的紫外线灯。尸体解剖室地面以水泥或水磨石地板为宜，四周墙壁从地面向上 2m 高度应镶以白瓷砖，以利清洁消毒。尸体解剖室应有方便器械清洗消毒及和房间清洁消毒的设备和条件，应配有保存解剖器械和解剖衣物的器械柜及更衣柜。有条件时还应附设尸体解剖辅助工作室，室内可设有小型沐浴室、更衣室、衣物柜、墙壁挂钟、体重秤等。尸体解剖室应设有便于尸体运送的运输通道和尸体冷藏设备。尸体解剖室还应配有运送尸体的滚轮推床,其床面一般应与解剖台同高,便于抬放尸体。如有条件,应在法医解剖室配置藏尸室及尸体冷藏设备,以备存放尸体。

图 19-1 尸体解剖用的器官检验台

2. 户外尸体解剖条件 由于法医工作的特殊性,有些尸体因条件限制(如受地区边远、特殊民风、交通不便、高度腐败、开棺验尸或受时限与运输成本等因素制约),尸体检验只能在荒野、山坡、水边甚至死者家中进行。在户外进行尸体解剖时涉及更多的准备工作,包括解剖现场的环境、条件,特别是现场的照明条件、通风条件、供水供电、防晒条件和遮雨设施,以及检验鉴定人员安全和保密工作等。在进行户外尸体解剖时,应携带全套解剖器械、固定液及盛装检材容器,选择光线充足而又比较僻静的地方。尽量临时搭建一个简易尸体解剖台,并搭建隔棚将四周进行必要的遮挡。若在山地进行尸体检验,应尽量寻找靠上风口的平地进行。如果现场光线不足又不具备上述条件,法医可以拒绝尸体剖验,以免造成漏鉴或误鉴。

(二)常用解剖器具及用品

1. 解剖刀类 手术刀、颈刀、大脏器刀、小脏器刀、脑刀、肋骨刀、截肢刀等。

2. 剪刀类 圆头手术剪、尖头手术剪、肠剪、骨剪、眼科剪、指甲剪等。

3. 锯类 电动开颅器、大板锯、细齿锯、脊柱锯、线锯等。

4. 镊类 有齿镊、无齿镊等。

5. 钳类 弯血管钳、直血管钳、骨钳等。

6. 持针器 大持针器、小持针器等。

7. 凿类 宽刃凿、窄刃凿、丁字凿、凿骨铲等。

8. 锤类 金属锤、橡皮锤等。

9. 拉钩类 金属大拉钩(成对)、金属小拉钩(成对)等。

10. 测量类 钢尺、卷尺、不锈钢勺、不锈钢量筒、大小玻璃量杯、大小天秤等。

11. 容器类 不锈钢脏器盘、搪瓷方盘、大小盒类、桶类、盆类等。

12. 缝合类 大、小三角缝合针及各类缝合线等。

13. 取材类 取材台(取材板)、组织盒、固定液、标本缸;毒物化验检材提取工具或器皿,大、小封口塑料袋等。

14. 综合类 不锈钢枕或木枕、阴道扩张器、金属探针、脊髓解剖用具、尸体温度计、注射器及注射针头、试管和吸管、局部组织消毒剂(用于采取血液、尿液等微生物检材之时)、手持放大镜,以及棉签、脱脂棉和纱布;指纹擦印盒和指纹擦印纸等。

15. 各种检测试纸 如潜血检测试纸、尿糖检测试纸、尿酮检测试纸、各类毒品检测试纸、HIV检测试纸等。

16. 防护类　手套类(乳胶手套、纱线手套、胶皮手套)、解剖衣帽、解剖防护眼镜、防毒面具、塑料围裙、高筒防水鞋、防毒面具等。

17. 清洁类　海绵块、清洁液、清洁刷、接水软管、拖布等。

18. 特殊用品类　特殊尸体解剖所需的解剖工具与器皿；急性传染病猝死尸体解剖所需的细菌培养采集皿和病毒分离工具；检查牙磨耗度所需的牙镜、牙钩及牙刷；蝇蛆检查所需用具；特殊尸体检验所需的加厚防护衣物等。

知识拓展 ▶

尸体解剖记录所需用品

法医病理学是为司法部门提供医学证据的一门实践性科学，一切尸检证据的保存都显得尤为重要。尸体解剖时必须对解剖过程中的阳性或重要的阴性发现进行客观记录，并对重要的阳性和阴性结果进行拍照或(和)摄像，必要时还应绘制草图。尸体解剖相关记录所需用品，有以下几类。

(1) 照录类：尸体解剖室应配备有照相机、摄像机及比例尺，以便将刑事案件、特大案件或有重大纠纷案件的尸检全过程进行照相及录像，或对尸检过程中发现的体表损伤、脏器破裂、体腔积血、脏器病变等异常情况即时拍照或摄制。如果有必要，尸体解剖室还可配备小型录音机，以便在尸体检验过程中对尸检情况进行即时记录。

(2) 记录类：尸检标号条、尸体检验记录本、各类图表、档案袋等。

(3) 特殊尸体上报类：如死因分类上报表、特殊传染病上报表、交通事故上报表等。

三、法医尸体检验的注意事项

尸体检验前一定要明确案件相关事实，尸体检验前和尸体检验中，均应注意以下事项。

1. 委托程序　尸体解剖前，应该明确委托关系并做好尸体检验的委托与受托工作。按照相关规定，刑事案件的尸检由公安机关强制执行，但非刑事案件的尸检需经有关部门或死者亲属委托，并经死者亲属签字同意后方可进行。

2. 知情同意　尸体检验前应与死者家属或委托单位进行沟通，让其了解尸检意义、检验程序、尸解造成的尸体毁损等。对于经尸体检验可能仍然无法得出死因的案例，在尸体检验前应对此加以估计并对委托单位及死者家属加以说明。

3. 尸体检验应系统、规范、详细

(1) 尸体检验应该尽早完成：避免因尸体组织自溶及腐败等死后变化影响对原有损伤、疾病的观察。一般情况下，尸体保存时间常温下保存最好不超过 24 小时，冷藏尸体最好不超过 72 小时，冷冻尸体最好不超过 1 周，若尸体冷冻条件较好可适当延长上述时间。

(2) 尸体检查应规范：应遵循"先静后动、从头到足、由左至右、自前而后、从外向内"及"先一般检查、后各部检查"的顺序原则。每个检验步骤都要先观察、照录，再逐个进行内脏检查和内脏分离。检验内脏时须查清其相互联系，黏膜面要避免用手随意触摸，切开内脏器官要自左向右一刀切开，避免拉锯式在一个切面反复切割。

(3) 尸体检查要全面、系统：详细检查尸体各部位，避免遗漏证据和破坏尸体。对某些肉眼不易观察到的微细损伤及皮肤上细小的附着物等，可使用放大镜或体视显微镜帮助观察。对各类表皮剥脱、枪弹损伤皮肤挫伤轮等进行检查时，可待损伤创面干燥形成皮革样化后再次检验。疑有皮下出血的部位应切开检查，以便与尸斑等死后改变相鉴别。臀部等肌肉丰满部位宜深切检查，除检查出血外还要检查肌肉的损伤程度及损伤范围。对于刺创、枪弹创和其他具有创道形成的损伤，应按创道方向进行尸体逐一层次的解剖检查，应注意创道途经部位的组织损伤及其程度，注意创道的深度和方向的检查。凡涉及医疗诊治的尸体应注意医源性损伤的检查，应事先对医院诊治或抢救过程有所了解，当尚未明确损伤形态及内部特性时，应暂时保留医源性处理的插管或其他装置（如头颅上的硬膜外出血引流管），勿将医源性损伤误认为机体原有损伤。

4. 物证及标本收集　尸体外表检验时须注意收集有关物证，如创腔异物或损伤处的附着物检查与取证。应注意体表隐蔽部位的检查，如甲缝、指（趾）间、腋窝、会阴、阴道、直肠等处的检查。此外，还应特别注意有无体内运毒的情况。尸体解剖过程中，要充分利用各种专业检测试纸如潜血检测试纸、尿糖检测试纸、尿酮检测试纸、各类毒品及 HIV 检测试纸进行初步检测，并提取相应的样本以进行进一步检验。

5. 法医伦理　法医学尸体检验中要特别注意法医伦理学问题，尸检必须严肃认真、尊重死者，尽量保证尸体的完整及清洁。在民族地区要充分尊重当地民风，避免因尸体检验处理不当造成鉴定纠纷。尸体解剖完成后，要对尸体全貌进行整复。如果眼部因抽取玻璃体液而变得凹陷，尸检完成后应自眼球外方用注射器注入清水，以恢复眼的外观。如果尸解后颈部或胸腹部出现凹陷影响美观，可在颈部装入棉花、纱布或解剖专门吸水纸，使其变得丰满、美观而又不漏液。尸体外表损伤需要取材时，可用手术刀作梭形或菱形切口取材，然后整复缝合。

6. 自我防护　尸体检验时应有高度的自我防护意识，避免尸体血液、脓液以及粪便等对尸体检验人员和周围环境的污染。对传染病死者的解剖尤应注意，最好能在特设的传染病解剖室内进行。对传染病尸体的解剖应采取良好的防护措施，解剖速度尽量放慢，切忌解剖中割破手指。

7. 操作规范　法医尸体检验应遵循国家行业规范和部门作业指导书进行。目前我国现行的法医解剖行业标准有以下几种：《法医学尸表检验》（GA/T 149—1996）；《法医学尸体解剖》（GA/T 147—1996）；《机械性损伤尸体检验》（GA/T 168—1997）；《机械性窒息尸体检验》（GA/T 168—1997）；《猝死尸体检验》（GA/T 170—1997）；《道路交通事故尸体检验》（GA/T 268—2009）；《新生儿尸体检验》（GA/T 151—1996）；《法医病理学检材的提取、固定、包装及送检方法》（GA/T 148—1996）；《中毒案件采取检材规则》（GA/T 193—1998）；《中毒案件检材包装、储存、运送及送检规则》（GA/T 194—1998）。

四、尸体衣着检查

与病理解剖有所不同，法医解剖更注重死者衣着的检查。衣着检查具有重要的法医学意义，它对确定死亡原因、判断死亡方式、推断死亡时间、推测损伤时间、推断致伤物等都具有重要的作用。有时通过尸表检验，甚至可以对尸体剖验的结果作出预测性判断。

（一）尸体衣着检查的法医学意义

1. 利于个体识别　衣着即个人的穿戴与服饰，它与个体的生活习惯、年龄、性别、民族、宗教、职业、经济状况、社会地位等息息相关。对死者衣着进行认真细致的检查并加以分析，有利于个体识别。比如，年轻人和老年人，无论是衣着的色彩或式样都有很大的差异；农村人口和城市人口的衣着也有一定的差异；体力劳动者和脑力劳动者衣着也有差别；人们的社会地位和经济条件的差异，在死者的衣衫式样、衣着品质上也会有明显的差别。佩戴物特征及衣物款式、品牌亦是很好的个体识别标志。衣着的磨损状况以及衣着上的附着物对个体识别具有很好的参考价值，比如挑担者可有衣肩部磨损，伏案者可有衣袖肘部磨损或纤维起球现象，纺织工人衣着上常附有纤维成分，建筑工人衣着上常附有水泥、石灰等异物。此外，宗教服饰和民族服饰，可明显地标明死者的宗教种类以及民族分类。

2. 利于判断死亡方式　在他杀案件中，死者生前挣扎、躲避、拉扯、抵抗、搏斗等，常会导致衣着零乱不整、拽扯破损、纽扣脱落、鞋帽脱落等。自杀案件中死者衣着常较为完整，有些死者在临死前甚至换上自己最喜爱的服饰及佩饰物。因此，死者的衣着状况对判别死亡方式有时会有很大的帮助。枪弹伤、爆炸伤的死者衣着上常有残留的火药颗粒及烟晕，以及弹片所致的破损痕迹。交通事故的死者衣着上有时会留有车轮碾压或撞击印痕，以及黏附的泥土、植物、柏油、砂石等。性犯罪案件中常可见女性死者胸罩脱落、内裤撕脱、腰带折断等,对判断死亡性质都十分有利。

3. 利于致伤物推断　损伤发生时首先会造成衣着的破损,而衣着破损的形态和状态常常可反映出致伤物的性状。锐器损伤常形成衣着锐角的破口,钝器损伤常造成衣着粗糙不规则状破损。交通事故死亡者衣着上常留有车轮碾压或撞击印痕,留有柏油、泥土等异物,以及被车辆拉挂造成的破损或衣着拖擦地面形成的磨痕。枪弹、爆炸伤衣着常见火药烟晕、火药颗粒、火药烧灼、烟灰黏附等。雷电击伤时,衣着有时会被撕成碎片。因此,衣着检查对致伤物推断具有重要的作用。

4. 利于现场物证检查　衣着上的血迹位置、血流方向、血染范围及血流状况(喷溅、滴落、浸染、浸渍等)可以帮助推断致伤时的人体体位及受伤过程。衣着上血迹、精斑、毛发、纤维、混土、羽毛、纤维等附着物,常可作为物证检材以证明案件事实,它对案件的侦破可以提供重要的物证线索。交通事故时衣着拖挂处常可与车辆突出部位进行比对,衣着上的车辆印痕常可与肇事车辆的车轮花纹印痕进行比对。

(二)尸体衣着检查方法

1. 保持原始状态进行初检　尽可能保持死者衣着的原始状态。对于衣着上的破损,应尽量减少对其牵拉和翻动,避免其形态发生变化,也避免衣着上的附着物因尸体搬运而脱落。移动尸体前必须就地进行衣着的初检,同时必须迅速照相、记录,对易于撒落或消失的附着物必须及时提取。必要时可在有附着物处用大块的透明胶纸进行粘贴,这样既能保护附着物不易脱落,也利于对附着物的一次性提取和送检。

2. 解脱衣着进一步检验　解脱衣着时不宜采取刀割、撕扯的方法,不可草率地拽扯剥离衣物,应该做到动作轻柔,整件脱取。当必须剪开衣物时,应沿衣缝旁侧小心地剪开,尽量避开有特征、有破损或有附着物的部位。要逐层逐件地解脱衣物,不可多层衣服一并脱下。要特别注意衣着有无破损,有无污染及有无附着物。要注意纽扣、拉链有无松动、缺失。口袋内物品要详细清点,逐一登记,妥善保管。口袋内物品以及项链、手镯等装饰物品如无搜集证据必要的,则应及时转交家属。衣着上的附着物要抖落在白纸上,并对其进行收集、包装、送检。衣着上黏附紧密的附着物,可用剪刀将部分衣物连同附着物一并剪下,同时存留与送检。

五、法医尸体解剖的基本术式和程序

法医学尸体解剖是法医学尸体检查工作中极为重要的一环。随着法制不断健全和法律不断完善,当今对法医学工作者本身以及法医学尸体检验质量都提出了更高的要求。做好法医尸体解剖工作,对提高法医学鉴定水平、保证检案鉴定质量都具有非常重要的意义。

(一)法医尸体解剖基本术式

系统法医学尸体解剖时,尸体一般取仰卧位。主检人员位于尸体右侧操作,次检人员位于尸体左侧操作(头部解剖时位于解剖台的尸体头部位置)。根据不同案例的要求,可以选择不同的解剖术式(图19-2)。无论选择何种解剖术式,如遇有损伤或病变时,切线应绕过损伤或病变处以保留损伤或病变的原始状态。

1. 直线形切开术式　从下颌下缘正中开始,向下沿颈、胸、腹正中线绕脐左侧至耻骨联合上缘切开皮肤及皮下组织(必要时可自此向一侧或两侧腹股沟方向延长切口)。一般常采用此解剖术式。

2. T字形切开术式　先从左肩峰经胸骨上切迹至右肩峰做一凸面向下的微弧形横切口,再在该弧线中点向下作直线切口,绕脐左侧至耻骨联合上缘。本解剖术式的优点是,可以保持颈部外形的完整。

3. Y字形切开术式　分别从左、右耳后乳突处垂直向下切至锁

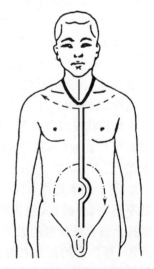

图19-2　四种不同的法医解剖术式

骨上缘,再向前内方沿锁骨上缘切开至胸骨切迹处使两切口会合,会合处下方的胸腹部切口同直线切开术式。将颈部皮瓣上翻于颜面部,暴露颈前器官。当颈部有损伤(如索沟、扼痕和创伤)时,应采用本术式(见文末彩图19-1)。

4. 倒Y字形切开术式　先按直线切开法切开颈、胸部皮肤至腹上部,再作向上的半圆形或拱形腹部切口,将腹部皮瓣向下翻转。腹壁有损伤时可采用此术式。

(二)法医尸体解剖基本程序

法医尸体解剖应按规范化操作程序进行。由于法医学的检验目的、解剖对象和解剖要求不同,法医尸体解剖与病理解剖在具体的尸解方法和程序步骤不尽相同。同时,由于不同案例的具体要求不同,尸体解剖的操作程序也可有区别。最常用的法医尸体解剖程序大致有以下几种。

1. 腹腔→盆腔→颈部→胸腔→颅腔　此解剖程序是将腹腔、盆腔内脏器官组织取出后,再将颈部和胸腔内脏器官组织一起取出,最后解剖颅腔。该解剖程序比较常用。

2. 胸腔→腹腔→盆腔→颅腔→颈部　该解剖程序是将胸腔、腹腔和盆腔内脏器官取出,再解剖颅腔取出脑组织,使颈部组织的血液流净后才开始剖验颈部。本解剖程序的优点是,可以避免在切开颈部软组织时由于颈部解剖区域被血液污染而影响颈部原有损伤和出血的观察。凡疑为缢死、勒死及扼颈致死者,须采取此解剖程序。

3. 颈部→胸腔→腹部→盆腔→颅腔　这种操作程序既可先将颈胸部内脏器官一起取出,再取腹腔、盆腔器官,也可将颈胸部连同腹盆腔内脏器官一起取出,然后在尸体之外分别检查取出的组织大块,最后解剖颅腔。

在进行法医学尸体解剖前,应对每具尸体的死亡情况进行认真分析,进而选取适当的尸体解剖术式和尸体解剖程序,必要时还应选择一些特殊的尸体解剖方法。尸体检验人员应对不同的解剖术式和解剖程序灵活应用,但须以不破坏损伤和病变为目的,以有利于寻找致死原因和死亡方式为原则。

六、法医尸体解剖的基本方法和重要器官检查

法医解剖中的内脏取出方法,有内脏器官单个取出法和内脏器官联合取出法两种。在一般情况下以内脏器官联合取出法较多使用,其最大优点是能按系统将各内脏器官联合取出,较好地保持各内脏器官的相互联系,以便于检查损伤、病变及其与周围组织器官的比邻关系和相互联系。解剖中可以根据不同的需求,将两种内脏取出方法联合使用。

(一)胸腹腔解剖与检查

1. 胸腹腔暴露与观察　自下颌下缘正中开始,沿胸、腹正中线绕脐左至耻骨联合部作直线形切开,分离胸腹部皮肤及皮下组织并使其向左、右两侧外翻。将左、右外翻的胸腹壁组织从内面行多部位的横切,这样既可检查胸壁及腹壁有无损伤、出血,又能使胸腹壁减张以利于胸腹腔的充分暴露。

2. 气胸常规检查　一般来说,任何一具尸体都应常规进行气胸检查。气胸检查应在开胸前进行。根据我国传统的检查方法并结合国外尸体检验规程,气胸的检查有壁层胸膜检查法和胸壁注水检查法两种。一般情况下多采用壁层胸膜检查法,也可根据不同的情况选用胸壁注水检查法。前者检查的方法是,分别将胸骨旁第3、4肋的肋间肌用手术刀轻轻剥离,直至暴露壁层胸膜。先透过半透明的壁层胸膜观察其下方的肺组织,如肺组织紧贴壁层胸膜,则排除气胸存在的可能(有肺脏与胸膜粘连时例外);然后用刀尖轻轻戳破胸膜,这时可见肺组织因气体进入胸腔而出现迅速塌陷的情况。

3. 胸腔器官检查　用软骨刀在距肋软骨交界1cm处分别将各肋软骨斜向切断,沿胸锁关节缝隙分别以开口向外的"C"字形方法切开胸锁关节,用骨剪剪断第一肋骨。然后左手握持胸骨,右手用刀紧贴胸骨内面将连于胸骨的膈肌及结缔组织分离(防止损伤心包和胸腺),揭去胸骨,暴露胸腔。检查胸腔内有无积液或积血,检查胸腺、肺与胸壁、纵隔、心包膜和心脏有无损伤及病变,注意检查胸腔各内脏器官的位置与比邻关系。必要时取下胸骨用锯作纵形锯开,观察骨髓情况,采取骨髓液进行检查。

4. 腹腔器官检查　先观察腹腔器官位置关系及表面状况，检查腹腔内有无积液或积血，并对腹腔各内脏器官进行逐一检查，包括肝、胆、脾、胰、肾、肾上腺、胃、肠等。检查各内脏器官之间有无粘连、器官有无损伤及病变。检查大网膜时要注意大网膜的位置、颜色、形态，因为当腹腔器官有损伤或炎症时，大网膜可向病灶部位移位，并与之粘连甚至形成炎性包块。注意横膈的高度，正常横膈的顶点右侧为第四肋间或肋骨，左侧为第五肋间或肋骨。

5. 胃内容物和膀胱充盈度的检查　胃内容物的检查不仅可提示死者进食种类，还可根据胃排空程度推测死亡时间。观察记录胃内容量、性质、颜色及有何种食物残渣。注意膀胱的充盈度，检查其顶端是否已超出耻骨联合上方。人一般在临睡前有排尿习惯，从膀胱内的残余尿量可以粗略估计死亡在上床入睡后多久发生；当膀胱顶端超出耻骨联合上方，膀胱内尿量基本应在400～500ml或以上，表明死亡的发生至少应该在后半夜而非前半夜。

6. 检材的提取　常规收集心血、胃及其内容、肝脏、胆囊、尿液等，以供毒（药）物分析所用及微生物培养等使用。用一次性注射器采集右心血液、胆汁及尿液。采集心血用作法医微生物培养时，在采集心血前须对取血部位进行消毒剂喷洒局部消毒。尸体高度腐败并有蛆虫生长时，应收集蛆虫或苍蝇进行法医昆虫学检验以推断死亡时间。对无名尸体要进行牙磨耗度检查，并常规按捺死者的十指指纹。怀疑中毒死亡尸体，还应注意现场呕吐物的提取。

（二）颈部解剖与检查

1. 颈胸解剖和检查　逐层分离并检查皮肤软组织以及颈部浅、深肌群和颈部血管。先将左、右颈部的各条肌肉逐条分离检查，再将各肌束行横断切开检查。特别注意分离并检查甲状软骨板及其上角、舌骨大角及环状软骨有无骨折及组织出血，如有骨折需明确骨折的部位及类型。必要时应将各骨块分离、取下并连同可疑出血的肌肉放10%甲醛溶液内固定，带回进一步检验、保存。当疑有寰枕关节脱臼、颈椎外伤或颈髓病变导致死亡迅速发生时，应进行颈椎及颈髓的检验。

2. 颈胸器官联合取出法　可先取颈部器官再取胸腔器官，或先取胸腔器官再取颈部器官。若需将颈胸器官连同腹腔及盆腔内脏器一起取出，则用剪刀从主动脉裂孔处剪断膈肌，分离腹主动脉至左、右髂总动脉分支并将其剪断，并从后腹壁处分离腹腔和盆腔的器官组织及其与腹壁和盆壁的联系，这样就可联合取出包含颈部、胸部、腹部、盆部在内的全部整套内脏器官。

3. 喉舌及气管检查　将舌、腭扁桃体、腭垂及喉口处组织一起经口腔和颈部取出后，进行仔细检查。应注意气管腔是否通畅、有无异物阻塞等。譬如说，烧死者喉头常有水肿及炭末沉积；化脓性扁桃体炎可成为身体其他部位炎症的重要来源；急性咽喉炎及喉头化脓性炎症可引起急性喉头水肿导致窒息猝死；遗传性血管性水肿等疾病所致的喉头血管神经性水肿可致喉头水肿性梗阻猝死；声带息肉或乳头状瘤等喉部肿瘤可压迫并阻塞声门裂致窒息死亡；气道异物如残齿、纽扣、果冻、糖果、豆子和肉块等食物堵塞喉头会造成窒息死亡；药物过敏或蜂类蜇刺可致急性过敏性喉头水肿引起猝死。

（三）颅腔及脑组织检查

1. 打开颅腔、取出全脑

（1）切开头皮：切开头皮前先观察头颅是否变形，头皮有无损伤、出血或血肿形成。将头发分开，自一侧耳后经颅顶至另一侧耳后作连续切开，将头皮向前、向后翻转，暴露颅盖骨。头皮切线也可不经过颅顶，而是自一侧耳后经枕骨粗隆至另一侧耳后切开。仔细检查头皮及其深部组织有无外伤所致出血或凝血块形成，同时观察颅盖骨的骨质有无骨折情况。

（2）锯开颅骨：用细齿骨锯或电锯沿前后作圆周形锯开颅骨内外板，用丁字凿及锤子轻轻敲击尚未完全断离的颅骨内板部分后，用丁字凿掀起并移去颅盖骨。注意锯开颅骨时不能锯得过深，以免损伤硬脑膜和脑组织。移去颅盖骨时不能用力过猛，以免撕破硬脑膜和脑组织，甚或使颅盖骨错位而挤压到脑组织。疑有头部外伤者不可使用凿子及锤子敲击颅骨，因为这样会使原有的骨折线延长或使骨折范围扩大，甚至会形成新的骨折。测量颅盖骨的纵径与横径，并测量各部的骨质厚度。

（3）剪去硬膜：移去颅盖骨后，观察有无硬膜外出血及其部位、数量和颜色（必要时应提取血肿镜检)。再沿正中线剪开上矢状窦,观察有无血栓形成。沿锯缘剪开硬脑膜及大脑镰前端并向后牵拉使其与蛛网膜分离。暴露两侧大脑半球,观察有无硬膜下出血和蛛网膜下腔出血,如有应注意出血部位、出血数量和分布情况。

(4)取出全脑:原位检查后开始取脑。取脑时以左手手指将额叶向后上抬起,右手持剪刀将嗅神经及视神经剪断,继而把间脑的漏斗、颈内动脉和动眼神经切断。再将大脑继续向上抬起以暴露小脑天幕,并用解剖刀将附着于颞岩部上缘的小脑天幕切断。左手掌心向上托住大脑,右手逐次剪断第4~12对脑神经,再用脑刀伸入枕骨大孔及脊椎管内切断颈髓,小心地将大、小脑连同脑桥、延髓及其深部的上段脊髓从颅腔内取出。最后凿开蝶鞍,取出垂体。检查脑表面的蛛网膜、蛛网膜下腔及其血管。脑的切面检查可在解剖当时进行,但最好将脑组织带回固定后再进行。

2.脑表面检查与固定

(1)脑表面检查:首先称重,测量大小。观察脑的外形和表面情况,两侧大脑半球是否对称、有无移位;脑回的宽窄,脑沟的深浅及其程度;脑膜有无充血及出血;蛛网膜下腔有无出血、炎性渗出及其部位、范围和程度。仔细检查脑表面有无脑挫伤或对冲性脑挫伤及其分布部位、范围和程度;有无肿块、结节、凹陷及脑疝的形成;检查脑底脑血管有无畸形,有无动脉瘤及动脉粥样硬化病变。注意检查两侧大脑外侧裂内的大脑中动脉及其主要分支,如有必要可将脑底动脉环连同其血管分支一起分离取出检查。若有脑组织出血,应观察出血的部位、范围、分布情况及出血来源,并推测出血量(如为血肿应测量体积大小)。

(2)蛛网膜下腔出血的检查:如有蛛网膜下腔出血,须注意鉴别是外伤性还是病理性出血。仔细寻找病理性出血的来源,除检查脑底动脉和椎动脉有无损伤外,还要检验有无脑动脉瘤、脑血管畸形和脑血管破裂出血。检查方法是在颅底凝血块最多处用眼科剪轻轻剪开脑表面的蛛网膜,用缓缓流水徐徐冲洗除去凝血块,充分暴露血管,同时用眼科镊仔细辨别凝血块中的血管并仔细寻找血管破口或血管瘤破口。若破口太小不易发现时,可借助放大镜仔细检查。可在冲去血块后以注射器将清水轻轻注入大脑基底动脉,同时注意观察脑底各动脉分支有无血管的膨出和注水的流出。一般情况下,运用此法通常能检查到脑底血管破口及病变。自脑表面将与破裂血管、动脉瘤体壁及相连血管壁的小块组织做病理切片检查验证,若未能发现破裂之血管或动脉瘤,则应多取几块疑有破裂的血管组织检材做切片检查。若系脑实质内出血进入蛛网膜下腔,则可在脑组织固定后切脑检查。

(3)自发性脑出血的检查:大脑出血时应注意是大脑半球一侧还是两侧出血。自发性脑出血可分为大脑、小脑和脑干的自发性出血,其中脑干的自发性出血以脑桥最常见。自发性脑出血最常见的病因是高血压和动脉粥样硬化,其次是脑血管畸形和脑动脉瘤破裂。切脑时注意观察出血灶的部位、大小、形状和数量,以及是否破入邻近脑室或蛛网膜下腔。在脑出血处及可疑脑组织出血处多取材作病理切片检查,以观察有无脑细小动脉硬化、动脉瘤、血管畸形或脑瘤等病变。如疑为高血压所致的脑出血,应注意同时观察有无左心室肥厚、脾脏和肾脏等器官的细小动脉硬化病变情况,如有则有助于病理诊断。

(4)脑的固定:规范的固定方法是先自两大脑半球之间切开胼胝体,使脑室与外界直接相通以利固定液的渗入。可塞入少许药棉于脑室内,以使固定液更易于渗入两侧脑室,促进脑组织的固定。通常的做法是,将粗丝线穿过基底动脉下面,将丝线两端系于容器边缘,使脑底在固定液中向上悬浮以保持外形。将脑悬浮浸泡于10%甲醛固定液中,24小时后更换固定液一次。注意勿将脑与其他实质脏器一起盛装固定,以免使脑压扁变形。有时因当地风俗而家属/委托人要求不能提取全部脑组织时,亦可在尸解当时将大脑切开检查,并将脑的损伤或病变区域进行检查、固定。如未发现异常,可常规提取额叶、顶叶、颞叶、枕叶及基底节的小块状脑组织进行检查、固定。也就是说,在提取足够用于鉴定和备检的脑组织后,可不将全脑提取带回固定。

3.大脑的切开与检验 虽然大脑可在解剖当时切开检验,但一般多在脑组织固定之后再行切开。国内外现行切开大脑的方法有矢状切、冠状切和水平切3种，术者可根据不同的要求灵活选取。无论采取何种切开方法，均应以既能充分暴露损伤和病变、又利于保存标本组织为原则。矢状切不必分离脑干和小脑，而冠状切和水平切均应事先将脑干和小脑分离，然后再行大脑的切开。分离脑干和小脑时将脑底向上，用手术刀分别在两侧大脑脚的上端横断中脑，即可分离取下小脑和脑干。

（1）冠状切：冠状切较常采用，但对于脑底血管有病变、中线有肿瘤病变及脑干有损伤者不宜此法。冠状切开大脑有3种方法，即五刀法、九刀法及十二刀法。一般常用十二刀法将脑切成十三块，以便观察脑内不同切面的各种解剖结构及其病变。十二刀法的口诀是："前三后三均等分，四至九刀标志寻。"也就是说，在颞极前的额叶部分均等切三刀，在胼胝体后均等切三刀。因中间脑段有大量与生命活动关系紧密的神经核团，故应严格按照脑底的解剖标志切开，以暴露各处的重要解剖部位。十二刀法各切线的解剖标志及切面所暴露的组织结构见表19-1。必要时可将其中任一切块再剖分为二，深入观察。九刀法是省去十二刀法中前后的第一、第二和第十二刀，将脑切成十块；五刀法则是只切十二刀法中的第三、五、六、七、九刀，将脑切成六块。

表 19-1　脑组织十二刀冠状切开法

刀次	外部标志	切面暴露的解剖部位	取材部位
1, 2, 3	颞极前均等分	额叶面的灰质和白质	
4	颞极至漏斗中点	胼胝体之膝部第四侧脑室	额中回
5	漏斗基底部	尾状核头部、豆状核及第三脑室	纹状体
6	经乳头后缘	尾状核体部、豆状核、内囊、外囊、屏状核、丘脑部前、杏仁核	杏仁核
7	中脑横向中央线	乳头体、视丘、尾状核、豆状核、内囊、屏状核、外囊、杏仁核	乳头体
8	中脑后缘	尾状核、视丘后部、红核、黑质、海马、豆状核、侧脑室	海马、丘脑
9	胼胝体后缘	视丘、海马、尾状核、侧脑室	顶叶
10, 11, 12	均等分	顶枕叶之灰、白质	枕叶放射区

（2）矢状切：在不分离脑干和小脑的情况下行脑的矢状切。将脑底向下，沿大脑、小脑及脑干正中线切开，暴露两侧大脑半球、脑干和小脑的纵切面及中脑导水管和第四脑室。必要时，可将一侧或两侧再行冠状切或水平切。矢状切对检查脑室系统以及大脑、小脑和脑干中线的损伤及病变较为适用。

（3）水平切：脑底向下，分开大脑间沟，在胼胝体上方向两侧做第一次水平切面。水平切开后，暴露两侧侧脑室之前后角，再用刀插入侧脑室的室间孔内，向前向上切开胼胝体，并将胼胝体向后翻转暴露第三脑室；检查脑室大小及中脑导水管有无阻塞。再在第一切面下1cm处做一个全面的水平切面，暴露基底核深部。还可根据需要做多个切面的切开，亦可将脑每隔1cm做水平切面。

（4）切脑注意事项：可以根据具体情况决定脑组织是当即切开检查还是固定后切开检查，但一般采取的是待脑固定5～7天之后再切开检查。切脑时要注意保留软脑膜，动作不要粗暴，不要来回拉锯式切割而应一次性切开。大脑切开后将各脑块按顺序平置于方盘内或桌面上，顺序检验、取材。应检查各切面的解剖结构是否正常，有无损伤、出血、囊肿及软化灶；脑室是否扩大、有无阻塞，左右两侧脑组织是否对称；若有出血，应注意出血的部位、数量和波及的途径与范围。

4. 小脑的切开与检验

（1）小脑的切开：小脑的切开方法有3种，可根据不同情况选择不同的切开方法。①第一种切法：与脑干保持原来联系，刀口与脑干垂直将小脑做多个横切面，此法可显示第四脑病变，且显示小脑皮质也较清楚。②第二种切法：先在小脑蚓部做一矢状切面，分开小脑两半球，检查第四脑室后将小脑与脑干分离，再从小脑后外斜向小脑底将两侧小脑半球做多个矢状切面。此法既可检查第四脑室病变，亦可显示小脑齿状核的病变。③第三种切法：在小脑底部与脑干分离并检查第四脑室后，再由小脑后外侧向小脑底部做一水平切面；必要时可再做1～2个水平切面。

（2）小脑的检查：将小脑切开后，注意观察各切面有无损伤、出血、肿瘤和软化灶；检查第四脑室有无病变；若有出血，应注意出血的部位、数量及波及的范围。

5. 脑干的切开与检查

（1）脑干的切开方法：脑干的切开方法有两种，可根据不同情况选择不同的切开方法。①第一种切法：和小脑保持原来联系，刀与脑干垂直同小脑一起做多个横切面。②第二种切法：将脑干与小脑分离，沿中脑、脑桥和延髓做多个横切面，每个切面间距为 0.3～0.5cm。

（2）脑干的检查方法：观察脑干每个切面有无损伤、出血及其他病变，注意脑干周围血管有无畸形和病变。无论疾病或损伤导致的脑干出血，即使少量也可导致迅速死亡。切脑时应在分离大脑和脑干后，沿脑干纵轴的垂直方向以较小间距横切，以期发现微小出血灶。应在可疑病变或出血灶处取材制片镜检。

6. 颅底检验　首先剪开下矢状窦、乙状窦及横窦，观察有无血栓形成，然后撕去颅底的硬脑膜，观察颅底有无骨折，颅骨各部特别是颞骨岩部有无出血。若有颅底骨折应查明骨折的类型、骨折线的数目、大小、形态、走向及比邻关系。当发现有颞叶及小脑脓肿时，应凿开颞骨岩部检查中耳有无脓液形成等感染情况。

7. 脑检查的注意事项　脑的检查在法医学尸检中非常重要，特别是在有蛛网膜下腔出血或脑出血的情况下。脑的检查要注意以下几个问题。①取脑时注意勿伤及脑底动脉环结构。②虽然脑组织经固定后较易切开和观察，但对于血管畸形或动脉瘤破裂出血病例，新鲜标本较固定标本易于观察。因此，应在脑组织固定之前进行脑的检验。③无论在脑组织固定前后，切脑时应在每切一刀前将刀面用水浸湿，以免脑组织粘着刀面影响切开，并可避免脑组织的人为损坏。④切脑时脑的位置应摆正。脑组织矢状切时，脑顶朝上，纵向放置；脑组织冠状切时，脑底朝上，横向放置；脑组织水平切时，最好用切脑架操作。⑤按照脑的解剖标志切脑，以暴露各个重要部位，便于观察不同部位的病变。⑥切脑时脑刀的刀刃对准切线标志，刀刃面始终与桌面垂直；用力均匀，由前向后一次切开，切忌前后反复拖拉。⑦对肉眼检查时仅见轻度脑挫伤，或检见脑干细小出血灶及疑有动脉瘤、脑血管畸形等病变者，均应取检材做病理切片检查。

（四）脊椎骨检查和脊髓检验

对麻醉意外、高处坠落、交通事故等外伤时，或有先天性脊柱畸形、脊柱肿瘤或结核病变等疾病时，必须检查脊椎骨和脊髓。从颈椎开始，依次检查有无脊椎骨折、脊椎移位、椎间盘脱出、椎间韧带及脊椎周围软组织撕裂、出血等外伤情况和病变情况。检查方法及步骤如下。

1. 背侧解剖检查法　先让尸体呈俯卧位，在胸部置一木枕垫高。然后从枕外隆凸开始，向下沿脊椎的棘突直至骶骨将皮肤作一直线切口，去除棘突和椎弓板上的骨膜和周围软组织。用脊椎锯在棘突两侧由上而下垂直锯开骨质，再将棘突和锥弓用咬骨钳钳去，暴露硬脊膜。检查脊膜外有无出血、脓肿等情况。因脊髓上端位于第一颈椎，此处不易锯开，可自其下方将脊髓从椎管拉出，然后用剪刀剪断硬脊膜和脊神经，至此便可将脊前全长包括马尾分离和取出，或连同硬膜取出整条脊髓。沿前后正中线剪开硬脊膜检查，然后放 10% 甲醛溶液固定一周后作多数横切面检查。要观察各段切面灰质、白质变化情况，有无出血及软化灶，脊神经和椎管有无异常变化。

2. 前侧解剖检查法　方法是当取出胸腹腔脏器后，从前侧全部打开脊髓腔，自胸腹腔行脊椎骨检查和脊髓取出。具体方法是使用短柄单板锯或可调节的可锯范围较深的电锯，自椎体后侧将肋头辐状韧带、肋头关节和椎弓根切断，自胸腹腔内从椎体后侧检查并取出脊髓。该法的优点是不用将尸体背部皮肤切开以保持背部皮肤完整，且不用分离棘突和椎弓周围软组织。

（五）心脏的取出与检查

1. 心脏的取出与一般检查　用左手提起心脏，在心底各大血管出入心包处（即心包反折处）剪断主动脉、肺动脉、肺静脉及上下腔静脉（其中主动脉距瓣膜 5cm，肺动脉距瓣膜 2cm，上腔静脉距其入口处 1cm），然后取出心脏。用电子秤称读心脏重量，观察心脏大小（可用死者右拳比喻大小或测量心脏纵长、横宽）。注意心脏外形（心脏有无扩大，左右心径有无扩张或延长），以及心外膜情况（颜色、光亮度，有无出血及脂肪附着情况）。

2. 心脏及血管检查的七步骤　心脏及其血管的检查应分七步骤进行，即分离心脏、观察分离后的心脏、以六刀法打开心脏四腔、心脏剪开后的观察与测量、冠状动脉的检查、身体各大血管的检查和心脏传导系统的检查。

（1）分离心脏：指将心脏与大血管进行分离，方法是在心包反折处剪断与心脏相连的各大血管组织，以保留完整的心房和相应长度的大血管为原则。该心脏分离方法既可避免剪掉或破坏窦房结，同时也使心重的测量具有规范性（心重的称量必须连同心底大血管）。一般规范的做法是，主动脉保留 5cm（主动脉断端切线距主动脉瓣的长度），肺动脉保留 2cm（肺动脉断端切线距肺动脉瓣的长度），上腔静脉保留 1cm（上腔静脉距其根部的长度）。

（2）观察分离后的心脏：全面观察心脏的大小、形状、颜色和质地，检查心脏是否增大、有无室壁瘤形成和心肌梗死改变、心尖部是否变得钝圆、心外膜有无出血或渗出物、脂肪组织是否增多等。

（3）以六刀法打开心脏四腔：首先用两刀法分别剖开左、右心房，然后用四刀法顺血流方向剖开左、右心室。

1）用两刀法分别剖开左、右心房：第一刀，用剪刀自下腔静脉断端向上直线剪开右心房和上腔静脉，并用手指探查三尖瓣口有无狭窄、粘连和畸形等病变。第二刀，沿左、右肺静脉之间剪开左心房和肺静脉口，探查二尖瓣有无狭窄、粘连和畸形等改变。

2）用四刀法按血流方向分别剖开左、右心室：第一刀，用剪刀从右心房沿心右缘剪至右心室尖端，或以长尖刀从右心房经右房室口伸至右心室尖端，沿心右缘切开右心室及右心房。第二刀，用剪从右心室尖端开始，沿前室间沟右侧约 1cm 处向上剪开右心室前壁和肺动脉。第三刀，用长尖刀从左心房经左房室口伸至左心室尖端，沿心左缘切开左心室和左心房。第四刀，自左心尖端开始，沿前室间沟左侧约 1cm 处向上剪开左心室前壁直至左心耳右缘，进而在肺动脉干与左心耳之间对着主动脉断端与其纵轴平行剪开主动脉（该切线不是一条直线，而是在左心耳处形成 145° 左右的夹角）；在剪至肺动脉根部时切线宜稍向左偏至左心耳根部，剪断冠状动脉左旋支，以免破坏左冠状动脉开口和左前降支近段，影响其病变的观察和血管狭窄程度的定级。

（4）心脏剪开后的观察与测量：应仔细观察各心腔、心瓣膜、心内膜、腱索、肉柱、乳头肌、心室壁切面及升主动脉情况；注意各瓣膜有无粘连、缩短、缺损、增厚及赘生物形成；检查心腔有无扩张、缩小，有无附壁血栓或鸡脂样凝血块附着；心肌有无梗死、瘢痕等病变，有无房间隔和室间隔缺损，以及卵圆孔及动脉导管畸形；测量心重，测量左、右心室壁及室间隔的厚度和各心瓣膜周经。测量左、右心室壁厚度时，注意只测中间心肌层，不要将心外膜下的脂肪组织和心内膜的肉柱计入心室壁的厚度。

（5）冠状动脉的检查：每例均应常规检查冠状动脉。可在解剖过程中检查，也可经 10% 甲醛液固定后进行。首先检查左、右冠状动脉开口的部位和大小，观察其有无移位、畸形或狭窄病变。冠状动脉开口狭窄除先天发育所致外，还要注意检查有无主动脉粥样硬化斑块和梅毒性主动脉炎引起的冠状动脉开口狭窄。然后，沿冠状动脉纵轴以 2mm 间距横切。观察冠状动脉的走行途径，有无畸形和发育不良，有无粥样硬化斑块及其所致动脉管腔狭窄的情况，有无新鲜血栓形成和冠状动脉瘤等病变。同时还应对植入的心脏起搏器、金属支架、行旁路移植术的桥血管等手术后冠状动脉血管进行检查。疑有心肌梗死时可行心脏横切法，以便于心肌梗死灶分布区域的观察（详见本章第二节）。当采取心脏横切法剪切开心脏时，也必须检查相应部位的冠状动脉。

（6）身体各大血管的检查：身体各大血管的检查，主要包括主动脉、肺动脉、肺静脉、上下腔静脉、动脉导管以及髂总动脉等，主要检查有无位移、畸形、狭窄、动脉导管未闭及血管有无病变等情况。主动脉检查应包括升主动脉、主动脉弓、降主动脉的胸段和腹段（胸主动脉和腹主动脉）检查，需在主动脉起始部、横膈部、髂动脉分支部测量主动脉周径，检查动脉内膜、中膜和外膜各层的病变情况;观察主动脉内膜有无粥样硬化斑块,注意钙化、溃疡和附壁血栓形成等继发病变;观察主动脉壁有无夹层及其部位、形状、大小和凝血块情况,如有主动脉夹层破裂,应仔细检查破口的部位、形态、大小和数目,以及出血流注的方向和出血数量。疑为主动脉夹层时,不应先将心脏与升主动脉分离,而应在查明升主动脉和主动脉弓处的夹层和破裂口后再切断分离;同时应仔细检查胸主动脉和腹主动脉。检查下腔静脉时,应特别注意有无空气栓塞的情况。剪开髂静脉和下腔静脉,检查有无血栓形成。

(7)心脏传导系统的检查:必要时需进一步检查心脏传导系统,包括窦房结、房室结和房室束的检查(详见本节"法医病理学选择性检查"有关内容)。

七、法医病理学选择性检查

法医学尸检过程中,除按常规进行认真仔细的尸体检查外,有时还需加做一些必要的特殊检查。

(一)气胸检验

1. 法医学意义　疑为胸部损伤所致气胸者或因肺部疾患所致气胸者,开胸前应先做气胸检验。气胸检验的目的,在于检查胸腔内有无气体的存在,为判断是否气胸所致死亡提供证据。因此,在疑有肋骨骨折断端刺破肺膜和肺组织、大泡性肺气肿及肺脓肿破裂、或在颈、胸及上腹部进行过针刺治疗等情况下应做气胸检验。

2. 检验方法及步骤　气胸检查应在开颅、开腹及解剖颈部之前进行。检查的方法有壁层胸膜检查法和胸壁注水检查法两种。

(1)壁层胸膜检查法:分别将胸骨旁第3、4肋的肋间肌用手术刀轻轻剥离,暴露壁层胸膜(见文末彩图19-2)。剥离时动作一定要轻柔,防止损伤壁层胸膜导致检查失败。透过半透明的壁层胸膜观察其下方的肺组织(如肺组织紧贴壁胸膜则一般可排除气胸存在的可能),然后用刀尖轻轻戳破胸膜,这时可见肺组织因人工气胸的产生而迅速塌陷。当肺组织与壁胸膜之间留有空隙,提示胸腔内可能有气体存在,此时可加做胸壁注水检查法。壁层胸膜检查法的优点是,本法可以避免因胸壁注水检查造成的胸腔积液的观察困难,同时还能间接观察肺组织的弹性,故建议常规使用。应该注意的是,在壁层胸膜与脏层胸膜粘连时,壁层胸膜检查方法可能会出现假阳性检查结果。

(2)胸壁注水检查法:在胸部正中做一纵形皮肤切口,将皮肤及皮下组织剥离至两侧腋中线处,提起皮肤组织使其形成囊状,盛水后用刀在水面下刺破肋间隙的肌肉组织。若有气泡冒出水面,即可证实气胸的存在。本检查方法的缺点是,因为在做该项检查时须向胸壁注水,因而干扰了胸腔积液或积血的检查(无法判断是先前的胸腔积液还是胸壁注水检查所致)。在做胸壁注水检查法时,要注意剥离胸壁软组织时不要剥破肋间肌和胸膜,以免空气经破裂处进入胸腔造成假阳性结果。

(二)空气栓塞检验

1. 法医学意义　空气栓塞是指多量进入血液循环内的气体迅速游离,形成循环系统的气体栓塞。检查血液循环中有无空气栓塞及空气的含量,从而为判断是否因空气栓塞致死提供证据。如疑有空气栓塞时,应进行空气栓塞检查。空气栓塞常见于以下情况:①静脉输液、输血,人工气胸、人工气腹,妊娠分娩、人工流产、输卵管通气术、前置胎盘,上颌窦穿刺冲洗、胸腔手术、心导管检查、血管造影等。②交通事故或其他意外事故,使颈部或其他部位静脉破裂。

2. 检验方法及步骤　空气栓塞的检查,应在开颅、开腹、解剖颈部之前进行,并且在打开胸腔时尽量不要损伤锁骨下血管,以免导致含有空气的血液经破裂血管进入体内而影响检验结果。解剖时可暂不切开胸锁关节和第1、2肋骨以免切断内乳动、静脉,而应该在第2、3肋间处切断胸骨体,打开胸腔。空气栓塞的检查,有原位心腔抽吸法、原位注水检查法和离体注水检查法3种(详见本章第二节)。

(三)脂肪栓塞检验

1. 法医学意义　检查尸体血管内有无脂肪栓塞,为判断是否因脂肪栓塞致死提供证据。凡死前有皮肤软组织大面积挫伤、做过骨科手术或有长骨骨折，或是油剂治疗注射者、烧伤、乳腺切除及部分交通意外损伤案例，应作本项检查。有时脂肪肝患者发生急性重型肝炎时，也可导致脂肪栓塞的发生。

2. 检查方法及步骤　使用与空气栓塞检验相似的方法进行检查，即用原位心腔抽吸法、原位注水检查法和离体注水检查法进行脂肪栓塞的检查。当血管中有油滴溢出时，应考虑血管内有脂肪成分的存在。同时，尸解取肺、脑、肝、肾等组织做冷冻切片（石蜡切片时，因使用的二甲苯有脂溶性而不能检出脂滴成分），并采取苏丹Ⅲ、苏丹黑或油红O等脂肪染色方法。镜检时，当检见局部血管内充满猩红色脂滴时，即为结果阳性。

3. 检验注意事项　当常规HE染色切片上检见组织血管内有较多空泡而疑为脂肪栓塞时，必须经脂肪染色证实。

（四）心脏传导系统检验

1. 法医学意义　通过心脏传导系统检验，明确是否有心脏传导系统损伤或疾病致死的情况。死前情况提示有心脏损伤或心脏传导系统疾病时，或当发生心脏性猝死而心脏一般检查未发现心脏致死性改变时，需做心脏传导系统检验。

2. 检查方法及步骤　需做组织块连续切片或间断连续切片检查。

（1）窦房结检查：窦房结（SAN）位于上腔静脉与右心房交界的界沟或界嵴上方，即右心房最上方与上腔静脉连接处，其中心有右冠状动脉可助显示（图19-3）。取组织块时，可在上述部位纵切含上腔静脉及右心房各半、宽3～4cm之组织，纵切成3～6个组织包埋块。

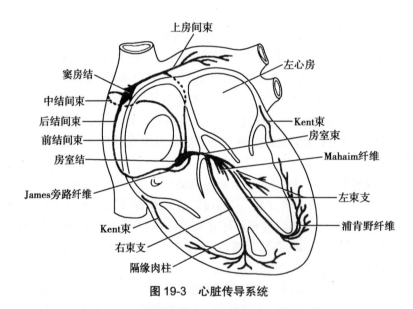

图19-3　心脏传导系统

（2）房室结及房室束检查：房室结及房室束肉眼观察不易辨识。当死亡时间未超过90分钟者，用碘液涂抹室中隔表面后，可见左束支因含糖原而变蓝，但主干及右束支因位置较深不变色。取组织块时可按区域切取，其后界为冠状静脉窦口，前界约在右室动脉圆锥下之室上嵴，上距房中隔基底1cm，下在室中隔上部2cm（图19-4），厚为房中隔室中隔全层。取下后纵分为2～4平行小块切片，或上2/3段纵切显示房室结主干及右干，下1/3段宜横切以显示左支。房室病变的临床意义较大可作连续切片，每切15片留下1片，再从留片中隔2片取第3片染色镜检。一般病例取材可沿上述左心房至左心室之切线，在后室间沟附近切取，此块组织应包括左心房室心肌、心内外膜以及二尖瓣膜之部分组织。

3. 检验注意事项　检查心脏传导系统病变，需要作大量切片染色，而且除完全房室传导阻滞外，其他传导紊乱不易查出。

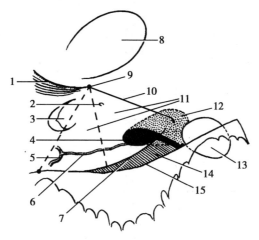

图 19-4 房室结位置示意图

1. 下腔静脉瓣；2. 心最小静脉；3. 冠状窦口；4. 房室结；5. "U"形曲；6. 房室
结动脉；7. 右房室环；8. 卵圆窝；9. 冠状窦结；10. Todara 腱；11. Koch 三角；
12. 中心纤维体；13. 室间隔膜部；14. 室间隔右房部；15. 三尖瓣隔侧瓣附着缘

（五）肺动脉血栓栓塞及栓塞来源检查

1. 法医学意义　检查肺动脉内有无栓塞形成，同时检查下肢及盆腔静脉有无血栓形成，为确定肺动脉栓塞死亡及栓塞来源提供依据。对于长期卧床或有下肢外伤导致深静脉损伤而突然发生死亡者，以及那些死亡过程符合肺动脉栓塞死亡的死亡者应做此项检查。

2. 检查方法

（1）肺动脉栓塞检查：应剪开心包后，在提取心脏之前进行右心室、肺动脉主干及左、右肺动脉分支的原位剪开检查，并在其后的肺部检查时进一步检查肺动脉的主要分支，观察有无血栓栓塞。否则在案情不清的情况下仓促按照常规解剖，可能会造成血栓脱落而不能发现其真正的死因，甚至导致错误的解剖结论。肺动脉栓塞可为单发或多发。栓子大小可从微栓塞到巨大的骑跨性栓塞，骑跨性栓子常完全阻塞肺动脉及其主要分支。一般来说，栓塞发生于右肺动脉及其分支多于左肺动脉及其分支。应排除因胸外按压造成血栓向肺动脉移位等人为因素的可能。确定肺动脉栓塞必须查找血栓的来源部位，重点检查下肢静脉、盆腔静脉和右心腔内等有无血栓形成、部位及大小。

（2）下肢静脉血栓的检验：尸体俯卧位。从足跟至腘窝直线切开皮肤并向两侧分离，暴露腘窝静脉，剪开静脉检查血栓；在大腿内侧切开皮肤、肌肉，自股静脉断端开始纵形剪开，观察有无血栓及其部位、大小和长度；切断腓肠肌跟腱，再自下而上将腓肠肌与骨分离，然后以 2cm 的间距对腓肠肌作横切面进行检查。从横断的静脉中如发现迅速突出、香肠样坚实结构者为血栓，不能迅速突出而呈松弛块状物为死后凝血块。

（3）盆腔静脉血栓的检验：尸体仰卧位。打开腹腔后，检查卵巢静脉、子宫静脉、阴道静脉及髂内静脉有无呈条索状增粗、变实、质硬的血栓及炎症改变。再从各韧带的外侧切断子宫及附件与盆腔壁的联系，将子宫、附件及各韧带一起取出，仔细检查各主要静脉内有无血栓形成。

对于肺动脉及下肢深静脉内的血栓块应注意与死后凝血块加以区别，最好做相应部位的病理组织切片，在显微镜下加以确定。

八、法医特殊类型的尸体检查

在尸体检查时常会遇到一些特殊类型的尸体，如肢体离断、尸体发掘（开棺验尸）、高度腐败、白骨化尸骨、传染病尸体以及因车祸、空难、中毒等情况所致群体死亡尸体。这类尸体的检查与常规尸检有所不同，难度较大且又具有一定的特殊性。因此，作为法医工作者应掌握这些特殊类型的尸体检查方法。

（一）新生儿尸体检查

1. 尸体表面检查　包括性别、体重、身长及各径线长度的测量及发育程度的检查,判断是否为新生儿以及新生儿发育程度,注意尸表有无畸形,如有无腭裂、肛门闭锁、脊柱裂、大头颅（脑积水）及无脑儿的形态学改变。

2. 尸体内部检查

（1）头部剖验

1）篮状切开法:头部剖验的方法较多,其中以篮状切开法比较实用。该方法的优点是,可以充分检查大脑镰及小脑幕的裂伤情况。自一侧耳后经颅顶向对侧耳后切开头皮,并将皮瓣分别向前、向后翻转。检查有无头皮血肿、骨膜下血肿及骨折等情况后,用尖头剪刀的一刃插入人字缝后,自囟门的外侧角处（距矢状缝约 0.5cm）沿水平线向外、向前,经颞骨直达额前近正中（距额缝约 0.5cm）处剪开颅骨。然后,剪刀转向上方经前囟门外侧角（距矢状缝约 0.5cm）,向上、向后剪开额骨及顶骨直达人字缝原始起点,再以同样的方法剪开对侧颅骨。将剪开的骨片分离,暴露两侧大脑,中央仅留一条 1.0cm 宽的骨桥,形似提篮状（图 19-5）。

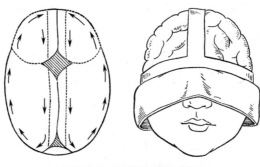

图 19-5　颅骨篮状切开法

2）脑及脑膜检查:剪开颅骨时,注意勿损伤脑膜及脑组织,仔细观察有无硬脑膜外出血,检查脑顶部、软脑膜静脉的末端进入上矢状窦处有无出血,再向侧面推开大脑半球检查大脑镰,注意大脑镰与半球中部有无血肿形成。然后剪开上矢状窦,检查有无血栓形成。

3）取出脑组织:剪开大脑镰前端附着处,将大脑额叶向上、后抬起,切断第 2 至第 6 对脑神经,并在小脑幕切迹处的水平面切断脑桥,取出大脑及上半部脑桥,暴露小脑幕。检查小脑幕有无损伤、血肿等。检查小脑幕后,沿枕骨外侧缘向颞骨边缘剪断小脑幕,切断第 7～12 对脑神经,再用细长刀尽可能深地切断脊髓,然后取出颅后窝的内容,即将小脑连同下半部脑桥、延髓及部分脊髓一并取出,分别检查。剪开并检查各部位硬脑膜窦,各部位的检查方法基本与成人检查相同。

（2）胸腹部剖验

1）脐动脉和脐静脉检查:胎儿血液循环与成人不同,因此新生儿尸体剖验时要特别检查脐动脉和脐静脉。切开颈部及胸部的方法基本与成人相同,但要改变腹部的切开法。当切至脐的上方时,切口处分向两侧直达左、右两侧髂骨处切开软组织。先切左侧暴露脐静脉,将脐静脉分离至肝门,再剪开观察静脉内容物。将腹部三角形皮瓣向下翻转,检查脐动脉及腹腔内脏器官。测量膈肌高度,当肺未吸气时,婴儿右侧膈肌高度在第 4 肋;完全吸气后膈肌降至第 5 或第 6 肋,左侧膈肌位于第 6 肋间。

2）胸腔及其器官检查:胸部皮肤切开后,分离胸壁皮肤及皮下组织,向左右外翻,暴露胸廓。观察胸廓软组织有无异常,距肋软骨交界处约 1.0cm 处斜向剪断肋软骨,分离胸锁关节,然后以左手持胸骨,右手用刀分离连于肋骨上的膈肌和结缔组织,揭去胸骨,暴露胸腔。检查胸腔内容物,观察肺脏颜色、质地、有无充气等,常规剪开心包腔,检查心包腔内有无积液及颜色。观察心脏表面有无出血点等。将舌、咽、软腭及喉头与周围组织分离,两手伸入牵拉上述组织,在喉头下方结扎气管,在膈肌上方结扎食管,在食管结扎上方切断食管。然后将舌、颈部脏器连同心、肺等胸部器官一并取出。

（3）动脉导管检查及先天性心脏病检查：在心脏和肺脏分离之前检查动脉导管及心脏。先于心尖部剪开右心室，沿室间隔左侧剪开肺动脉，动脉导管位于主动脉与肺动脉之间，可用探针试其有无闭锁。在心脏和肺脏未分离时检查心脏。按常规剖开右心房与右心室，注意室间隔有无缺损，三尖瓣有无异常。然后用探针插入肺动脉，观察有无狭窄情况。若探针出现于主动脉弓部，则可能是动脉导管未闭，也可能是移位的主动脉，需进一步检查分辨。剪开肺动脉后，若见半月瓣后动脉窦有冠状动脉开口，则证明为主动脉移位。按常规剖开左心腔，注意室间隔有无缺损，瓣膜有无异常。

（4）肺及胃肠浮扬试验

1）法医学意义：肺及胃肠浮扬试验系判断新生儿是活产还是死产的重要标志，主要根据新生儿出生后是否进行过呼吸，多用于产科医疗纠纷之中，因为此时常有新生儿是活产还是死产之争。

2）检查方法及步骤：肺浮扬试验的机制是，未经过呼吸的肺因肺内不含空气而呈实体状，比重为1.045～1.056，投入冷水中即下沉；而出生后随着呼吸运动的建立，全部肺泡被空气胀满，肺的体积膨胀，比重＜1，投入冷水中不下沉而是浮于水面。胃肠浮扬试验是肺浮扬试验的辅助试验，由于新生儿呼吸运动时也将部分气体咽入胃内，并随时间推移而逐渐进入十二指肠及小肠。依次结扎贲门、幽门、十二指肠上下端、空肠、回肠及结肠，将胃肠全部取出投入冷水中，观察浮沉情况。如果尸体已经腐败，肺浮扬试验及胃肠浮扬试验则无意义。

3）注意事项：尸体高度腐败时不宜再做本试验，因为腐败气泡的产生有时会导致假阳性结果的产生。

（二）传染病尸体检查

传染病尸体检验，在法医尸检中时有遇到。由于传染病的传染特点及其对人类的危害性，故应引起法医工作者的高度重视。尸检前要详细了解有关临床病史和个人生活史，分析是否可能患有传染病，如各型肝炎、结核病、艾滋病等。尸体检验中，除应按常规进行尸解外，关键是要做好劳动保护。既要做好自身防护工作，也要防止感染他人。

应在良好的工作条件和检案环境中进行尸体检验，尸体最好能在传染病解剖室内进行解剖，或将尸体搬运到具有中央空调、通送风设备等良好条件的解剖室进行尸检。尸检人员要戴面具、口罩、防护眼镜和双层手套，要穿长袖衣服并加穿一次性塑料或尼龙工作服。尸检期间禁止其他非工作人员进入检验场所或解剖室。尸检完成后要彻底洗手、消毒，对用过的解剖工具、解剖台及地面等要用清洁消毒液进行彻底消毒，对所有用过的一次性用品应送规定地点销毁，对尸体应使用一次性塑料尸袋包装处理，防止血液和体液污染地面和运尸工具。

尸检者应精通业务、技术熟练、操作准确、动作轻柔，勿使液体及组织外溅，减少地面和空气污染，避免解剖器械所致自身损伤。尽量使用器械操作，减少不必要的传染尸体的接触。取出病变内脏器官时要小心谨慎，取出后很快进行称重、测量，在外表观察和检验后可不切开，应立即放入容器内固定；若急等检验结果，可将标本放在盛有固定液的大缸或大桶内数分钟再切取小块组织检材固定、制片、镜检。

（三）无名尸体检查

不知身源又一时无主认领的尸体，称为无名尸体。无名尸体多见于人口流动度大、交通繁忙的城镇、车站、码头及江河湖泊，也见于边远山区或野外荒地。

1. 尸体检验的意义　除要解决一般法医尸解应解决的问题外，应重点注意和发现个人特征，为查找尸源及认定死者提供线索和证据。

2. 检验方法步骤

（1）注意尸体所处环境、位置，确定是否原始现场。女尸要检查有无妊娠及被奸情况。

（2）分别拍摄死者的全身和面部照片，详细检查衣着服饰特征及随身所带物品，尽可能发现有关个人识别的相关线索。

（3）除常规尸检项目和内容外，重点检查尸体外表的个人特征，包括性别、身长、体型、体重、营养及发育状况，有无畸形、残疾、脸型、肤色、眉及胡须特征，齿列特征、有无龋齿和义齿，手足的职业特点,指甲长短、形状及有无染甲或绘甲,眉、唇有无染色,皮肤有无文身,有无皮肤特异瘢痕和其他病理改变及其种类与分布特点,戴饰物的类型和特征,尸体及衣物的卫生状况等。

（4）解剖中应特别注意胃内容物的种类、性状及消化程度,内脏器官有无寄生虫病,骨骼有无骨折及其他部位损伤和愈合情况。

（5）采取血液、毛发作 DNA 检测;采取指纹备作对比;采取必要的检材进行辅助检验。

（6）根据案情调查、现场勘查、尸体检验和辅助检验等作综合分析,提出个人识别的依据,同时确定死因,推测死者年龄和死亡时间,判断案件性质。

（四）碎尸检查

尸体受暴力作用而被分解成数段与数块,称为碎尸或肢体离断。碎尸既可见于刑事犯罪案例,亦可见于工伤事件及交通事故,以及地震、洪涝等意外灾害,偶见于动物对尸体的毁坏、水中尸体被轮船螺旋桨叶片切削或随急流冲击于礁石上等所致的碎尸。刑事案件中,多为罪犯杀人作案后为掩盖或毁灭罪行而移尸灭迹所致的碎尸。

1. 检验目的

（1）种属鉴定,确定所发现的碎尸段块是否人的肢体或内脏器官组织。

（2）确定碎尸断块是否属同一个体。

（3）推测或确定尸体的性别、年龄、身高、职业、血型、DNA 分型、容貌及其他个人特征。

（4）确定死亡原因。

（5）推测死亡方式和死亡时间。

（6）推测碎尸时间、方法手段及使用工具。

（7）推测罪犯的可能职业及碎尸目的。

（8）收集其他犯罪证据。

2. 检验方法及步骤

（1）现场勘查:充分了解案情后,认真仔细地进行现场勘查。碎尸案例的现场可有杀人、碎尸、移尸、丢弃尸块等多处现场,故在勘查现场时应注意判断,同时尽量找全尸块,以便获得个体识别和案件侦破的线索。

（2）保留物证:检查转移、丢弃碎尸段块所用包装和容器的种类,常见的包装物有衣服、床单、木箱、纸盒、麻袋、塑料袋、尼龙袋及包扎绳索等。

（3）检查碎尸:先对碎尸的各部分进行逐块检查。根据尸块的形态学特征确定人体部位,观察各部位死后变化的程度、分布特点,表面有无损伤、病变及其形态特征,注意断面的损伤特征、有无病变。对不同部位的各种损伤,要注意区别是生前伤还是死后伤,是分尸形成还是其他暴力所致。然后按解剖部位进行组织块拼接,检查有无组织残缺。对较完整的尸块及器官,应按一般法医学尸体解剖常规进行检验。女性尸体要特别检查乳房及生殖器官,判断有无被强奸的可能及证据。新生儿尸体应注意判别是死产还是活产,并明确死亡原因及死亡方式。

（4）检查附着物:检查各碎尸段块的表面和离断面有无附着物及其种类、大小、颜色、形状,并收集、分装、编号、送检和留作物证。如有衣服或衣服碎片,应检验其衣着及其破损特征。

（5）检材提取:采取足量的检材如病理切片、生化或毒物化验检材等,具体应视各个案例的具体情况而定。

（6）物证采集:采集各种文证和物证如身份证、驾照、票证、卡片、纸块、血痕、毛发、烟头、牙齿、指纹等进行保存并及时送检。

（五）尸体发掘

对已埋葬的尸体挖出进行检验,称为尸体发掘(exhumation),也称开棺验尸。随着火葬制度的实行,尸体发掘现已较过去相对少见。

1. 检验目的　获取罪与非罪的证据,解除各种怀疑和解决尸体发掘前提出的诸如死亡原因、死亡方式等有关问题。因此，在下列情况下需进行尸体发掘：①对死因或死亡方式有争议而当时又未能进行法医学尸体检验者。②虽经尸体检验，但仍未能澄清疑点或检验所获材料不齐或证据不足，需再次检验或复核检验者。

2. 检验方法及注意事项

（1）详细了解尸体发掘目的及案情，分析尸体发掘的价值及其可行性。

（2）遵守我国《尸体解剖规则》和当地的风俗习惯，尸体发掘工作应在司法机关主持和有关人员的密切配合下进行。

（3）做好充分的准备工作，包括思想、组织、检验条件和器材工具的准备。对可能难以解决的问题和疑点应事先向委托单位及有关人员解释说明，尽可能通知死者家属和（或）死者所在居委会或行政村派负责干部到场。

（4）尸体发掘前了解尸体埋葬的时间、地点、方式及埋葬处的水土情况，了解土埋尸体包装情况、棺葬者的棺材质地、衣着情况，有无随葬物品及其种类，并在尸体发掘时拍照和记录。

（5）观察尸体死后变化的程度及有无损伤、毁坏，可搬动的尸体应抬出棺外检验，白骨化者应取出全部尸骨，或者应就地检验。

（6）具备解剖条件的尸体，应按一般法医尸体解剖常规进行，或者根据检验要求和尸体腐败程度尽量进行检验。

（7）除一般项目检验外，对不同死因的尸体应按不同的检验方法和检验步骤进行。如疑为机械性损伤致死，应检查尸体各部位有无损伤，若有损伤则要详细检查损伤的部位、数目、种类、形状及特点，但应特别注意动物对尸体的毁坏情况和腐败对尸体的影响。

（8）注意收集有关检材和物证。对已腐败的尸体应尽量采取可能发现的有价值检材与物证，如骨骼损伤、创腔异物、各类肿瘤、身体结石、动脉粥样硬化等病变。对疑为中毒死亡的尸体，可按常规取材或根据尸体腐败的不同程度采取有关检材。除应收集尸体毛发、骨骼、指甲和牙齿外，还应采取相应器官部位的肉泥或泥土进行检验，同时采取棺外及附近的泥土作对照。

九、法医病理学的取材、固定及送检

无论大体检查有无形态学改变，原则上经尸检的各个器官和重要组织都应取材进行法医病理组织学检验，其对于后期的法医病理组织学检查效果和鉴定质量都会带来决定性的影响。通过法医尸体解剖虽然在部分案例中已经可以得出鉴定结果，但在实际法医学工作中尤其是在那些需要进行损伤与疾病鉴别的案例中，仅凭肉眼观察的尸体检验是远远不够的，甚至可能会产生错误的结论。因此，在系统完整的法医尸体解剖中，法医病理组织学检查就成为其中的一个重要组成部分，这便涉及尸体解剖检材的采取、固定和送检问题。

（一）尸体解剖提取组织标本及注意事项

法医病理组织学取材过程由两个步骤组成：①尸体解剖时从整个器官（可能有病变或外伤处）切下组织块，放入10%甲醛溶液中固定。必要时可提取整个器官固定。②从上述固定后的组织块上再切出制片用的较小组织块，用于组织制片和染色。法医尸体解剖时取材注意事项应注意以下几点。

1. 组织标本的选取　标本组织的选择对于切片观察和后续鉴定十分重要，因此，取材时需由主鉴定人本人操作或临场指导。原则上应选取每个器官的组织进行病检，但根据实际情况也可选取生命重要器官或（和）组织，有损伤、疾病及其他病理改变的器官或（和）组织，对死因鉴别有重要意义的器官或（和）组织等进行固定、病检或送检。

2. 取材部位　取材的部位除常规选取外，可根据实际需要进行选择。检材的取材应包括各器官的不同组织，一般各器官都要在不同的部位切取数块组织块作病理组织制片。若某些器官的损伤或病变较为复杂时，组织块的切取数目应适当增加，以便进行较为全面的组织检查。

3. 取材要规范　选取的组织一般应包括各器官的全部结构或全层，有浆膜的器官（如肺、肝等）

其组织块中要有一块带有浆膜；损伤及病灶区取材时要带有周围的正常组织；如从创口取材，取材部位应与创口长轴相垂直并包含一定的创缘和创周组织；索沟的取材应取成与索沟走行方向垂直的条状组织（含索沟及两侧正常组织）；提取皮肤组织应带有皮下组织，必要时深及肌肉。

4．组织块大小　切取的组织块可以是小块组织，大小一般为 2cm×2cm×1cm，必要时可切取较大面积的组织块或提取整个器官，这样既可全面地保留和观察病变，又便于以后的组织块修削制片。小块组织的厚度不宜太厚（尤其是肝、脾、肾等实质性器官），如果切取太厚则固定液不能短时间内渗入组织内部，往往使组织表面固定但组织内部却继续自溶，进而影响对原有组织结构的观察。

5．组织块切面　器官组织的切面，一般以便于镜下观察为原则。管状器官一般采取横切；小肠因有环行皱襞故以纵切较好；肾脏纵切；脑一般采取与脑沟成直角的方向作垂直切面；肝、脾、胰等纵切或横切均可。

（二）制片组织块取材及注意事项

1．取材时间　尸体解剖取出的器官组织一般在固定 3～7 天后进行法医病理组织学取材。如果尸检时已切取成较小组织块，则可在组织固定 1～2 天后进行取材。

2．取材修块　尸体解剖时所取的较小组织块，经固定后要修削成制片用组织块，一般组织块厚度为 0.2～0.3cm 为宜（一般不应超过 0.3cm，具体情况可根据不同组织的致密度而定）。一般制片用的组织取材大小，不应大于 1.5cm×1.5cm×0.3cm。

3．取材方法　取材的刀刃要锋利，取材时不能来回切割或挤压组织。一般不要用剪刀挟剪取材，以免造成人为的组织改变。特别避免组织发生干燥，取材后应立即放入固定液内进行固定。对于不需要的其他周围组织如附着的脂肪组织等，可以在修片时弃去。组织包埋面要平整；组织包埋面的区分方法，可在组织块的边缘或不重要区域扎一大头针，以大头针帽头指示包埋面。

4．组织标记　采取组织编号、绘图标记或分别放置于不同组织盒内的方法进行不同部位的组织区分。也可以用不同形状或大小来区别双侧器官或同一器官的不同部位组织。如双侧器官，可左边的切成四边形，右边的切成三角形；或上端组织取材较下端组织略大等。

5．送交组织　将欲包埋的组织检材一同装入盛有 10% 甲醛溶液的玻璃瓶内，玻璃瓶上注明解剖编号及其他相关信息。特殊组织块可以连同解剖编号分装于不同的有孔组织盒内，再装入玻璃瓶内固定。解剖编号一律用碳素墨水书写。送检病理组织应连同简要案件资料一起送交病理组织制片室。

（三）常规病理组织取材的数量

常规病理组织学检材的取材种类和数量各单位可能有所不同，但一般应包括以下器官和组织。

1．心脏　需取 7 块组织，即左、右心房，右心室，左心室的前壁、侧壁及后壁，室间隔；心脏的取材应包括心外膜、心肌层及乳头肌与心内膜在内。应对冠状动脉各支及有病变的部位进行取材，必要时加取心脏传导系统。

2．肺脏　需取 7 块组织，即双肺每叶各一块，双肺的肺门部组织各一块。

3．脑组织　当中枢神经系统肉眼观察无明显损伤或病变时，一般可取大脑额叶、顶叶、颞叶、枕叶、基底节、中脑、脑桥、延髓及小脑各一块。当采取本章中"脑的切开与检验"的切脑方法时，组织的取材块数应与相关要求一致。

4．双侧器官　左、右器官各取一块，如肾、肾上腺、卵巢、输卵管、睾丸等。

5．其他器官　一般情况下，应取肝脏、脾脏、胰腺、食管、胃壁、各段小肠（十二指肠、空肠、回肠）、各段大肠（盲肠及阑尾、结肠、直肠）、甲状腺、胆囊、膀胱、前列腺、子宫、宫颈等器官组织各一块。

当尸体解剖后死因仍不明确时，可根据需要将全部检材进行制片。当有损伤或病变时，则要根据需要适当增加组织选取的部位和数量。

（四）检材的固定及送检

1．检材固定

（1）检材固定的意义：检材固定是组织制片过程中的一个重要步骤，所取检材应尽快放入固定液中固定。检材固定的作用有以下方面：①阻止组织自溶和腐败；②使细胞内的蛋白质、脂肪、糖、酶等各种成分沉淀保存下来，以保持其原有的结构，使其与存活时相仿；③因沉淀及凝固的关系使细胞成分产生不同的折射而造成光学上的差异，使得在生活状态下原来看不清楚的结构变得清晰起来，并使细胞的不同部分容易着色；④通过固定剂的硬化作用使组织硬化，便于制片。

（2）常用固定液

1）甲醛液（福尔马林液）：为最常用的固定剂，由一份原装甲醛液（40%）加 9 份水混合而成。可加入少量无水磷酸氢二钠及磷酸二氢钠配成磷酸盐缓冲甲醛固定液，其 pH 为 7。用这种固定液固定组织，可避免组织切片内产生甲醛色素颗粒。甲醛液的组织固定时间根据组织块大小不同而不同，小块组织以 24～48 小时为宜，大块组织或整个器官则需 7～10 日。固定液配制后应密封并保存在阴凉处，保存时间不应超过 1 个月。

2）乙醇：当需要显示组织内糖原或神经细胞内尼氏体时，可用 95% 乙醇固定组织。但这种固定液浸透组织的速度较慢，染色效果不好。用乙醇甲醛液（95% 乙醇 9 份加原装甲醛液 1 份配成）来固定组织，能增加组织的染色效果。

3）Zenker 液：主要用于检查骨髓等造血组织的细胞的检查。经此液固定的标本，细胞核和细胞质染色颇为清晰，但成本较昂贵，且需汞的特殊处理。贮存液配方：重铬酸钾 2.5g、升汞 5g、硫酸钠 1.0g、蒸馏水 100ml。当骨内含有少许骨小梁有碍切片时，可在使用该固定液时可在固定液内加 5ml 冰醋酸，以促脱钙。该固定液要避免接触阳光，以免引起化学变化而失效。

4）Bouin 液：主要用于结缔组织三色染色，并能较好地显示肺水肿。Bouin 液对组织固定较均匀，很少收缩，也不会使组织变硬或变脆。配制方法：苦味酸饱和水溶液 75ml、40% 甲醛液 25ml、冰醋酸 5ml。该固定液需现配现用。

5）戊二醛溶液：如需制作电镜超薄切片，则需使用戊二醛溶液作组织固定剂。本固定液应放冰箱贮存备用。

（3）固定时间：10% 甲醛溶液组织固定时间根据组织块大小不同而不同，固定小块组织（1.5cm×1.5m×0.2m）数小时即可，稍大块组织以 24～48 小时为宜，大块组织或整个器官则需 7～10 日，时间稍长也无妨。如需快速固定时可将固定液加温至 70～80℃。

（4）组织固定注意事项：不宜使用过浓的甲醛溶液，因它可使组织表面过于硬化而内部反而固定不良；经甲醛液短时间固定的组织，流水冲洗时间可缩短到 10 分钟至 2 小时，对于固定时间较长的组织，必须流水冲洗 24 小时甚至 48 小时，否则会影响染色；那些需要作特殊染色、组织化学染色或免疫组织化学染色的案例，应根据不同染色的要求选用相应的固定液，有的甚至不用固定液而改用低温保存。

2. 检材送检　对于不能单独完成法医病理组织学检查的机构，如果需要进行该方面的工作时，则应将尸体解剖时所取的器官组织送往有资质、能胜任法医病理组织学制片的单位进行病理组织学检查。在检材送检时应注意以下问题。

（1）资料齐全：送检时应附详细而准确的案件材料，包括死者一般情况（姓名、性别、年龄、案件编号、事件经过、受伤情况、死亡经过和死亡时间等）。应同时交送原尸体检验记录或记录摘要，以及有关照片资料，并附送检标本的种类、数量记录单。如系医疗纠纷案例，还应附有医学病历等资料。

（2）组织固定：解剖时提取的器官、组织应置于适当的容器内及时用足量的固定液立即固定，多选用甲醛液，固定液一般应不少于器官组织总体积的 10 倍。解剖次日应及时更换新鲜固定液继续固定数日，以期得到较好的固定效果。固定器官组织的器皿切勿太小，组织宜用广口磨砂瓶盛装，切忌将较大的组织块紧塞在小口的容器中，这必然使组织变形且固定不良。切勿使组织贴于瓶底或瓶壁，以免影响固定剂的渗入。如采取 95% 乙醇固定或采取冷冻保存的，或先用冷冻保存后再用固定剂固定的组织，一定要向送检的有关部门特别说明。

（3）避免变形：脑的整体固定应注意避免压迫变形。一般可用细线穿过基底动脉，将脑单独放入一个含有足够固定液的带盖容器内,将细线两端系于水桶提手的两侧,使脑呈悬浮固定状而避免变形。对含有空气的组织如肺脏,可用线缚住重物使其下沉,避免其上浮而影响固定效果,也可将浸有固定剂的毛巾覆盖在肺脏上面,以利固定。菲薄的组织如胃肠、皮肤等,为防止其弯曲扭转,应先展平粘贴于稍厚的纸片上,再轻轻放入固定液中,应注意必须将胃肠组织的黏膜面向上。

(4)防止自溶:在组织固定前,应将内脏实质器官(肝、脾、肾、胰等)以最大切面切开后再固定;应在脑的正中切开胼胝体以利于固定液渗入,使脑组织固定良好;心脏固定前需剪开。

(5)送检全面:送检器官应全面,提倡送交所有种类的器官组织。一般应送全心和全脑标本(全心应包括心脏大血管,全脑应包括大、小脑及脑干并附有脑底动脉)。对有蛛网膜下腔出血的脑组织,应注意在固定前用流水冲洗,除去凝血块后仔细检查脑底动脉环及邻近脑动脉有无动脉破裂及其部位,同时注意检查椎动脉有无破裂。送检脑部检材时最好移送带有脑底动脉的全脑。特殊情况下也可根据肉眼所见的损伤或病变部位,酌情选送器官和标本。

第二节　德国、澳大利亚的法医尸体检验

法医学尸体检验制度,各国有所不同。借助于早年欧洲尸体解剖制度的推行,德国的法医学发展一直处于世界领先地位。早于1650年,德国莱比锡大学Michaelis首次开设了系统的法医学教程。1722年,Valenlini出版了《法医学大全》。1782年,Uden和Ply在柏林出版了《法医学杂志》。Casper(1796—1864年)出版的《实用法医学手册》,成为19世纪著名的法医学著作之一。时至今日,德国的法医学尸体检验程序和制度仍然堪称是世界上最为严谨的尸检程序和尸检制度之一。作为英联邦的殖民地,澳大利亚的法医学尸体检验体系长期受着英国法医学尸检体系的影响,其尸体检验的程序和方法也与英国颇为相似。迄今为止,世界上最大的法医尸体解剖室位于澳大利亚的新南威尔斯州法医研究中心,澳大利亚仍然沿袭着英国的验尸官法医尸检制度。

一、德国、澳大利亚的尸体检验制度

(一)德国的法医检验制度

联邦德国共有16个联邦州,各州设有自己的州政府,并拥有本州自己的立法制度和法律体系。德国各州大多数法律如刑法和民法等的法律适用范围都是全国性的,而部分各州法律规定如卫生法也有着自己本州的法律条款,如尸体处理条例等。德国16个州中所涉及的与死亡相关的法医学领域法律法规不尽相同,比如尸体处理、尸体外部检验及如何出具死亡证明的相关规定等。

1.德国的司法管理及尸体检验规定　德国各大学的法医学研究所接受司法部的指定从事法医学尸体检验与鉴定工作,而德国的司法鉴定管理机关隶属于德国司法部。德国刑事诉讼法第87条对尸体勘验和尸体解剖作出了如下规定:①尸体检查工作一般由检察院在医师协助下完成,依检察院申请也可由法院在医师协助下完成。②尸体解剖应由两名医师完成,其中一名必须是公立法医学研究院院长,或者是由其委托的具有法医学知识的本院法医。③尸体解剖不得交给死亡前最后为死者诊疗的医师完成,但他可以应邀在场,从诊疗的角度对死亡情况给予说明。④允许将已经埋葬的尸体掘出检验,是否开棺验尸由法官决定并通知死者亲属到场。

2.德国法医尸检机构现状　德国现今共有法医尸检机构28家,大多数是大学所属的法医鉴定机构。在德国,大多数法医学鉴定工作在大学所属的法医学鉴定机构中完成,鉴定领域包括法医学尸体解剖、临床法医学、法医毒理学、药物滥用与驾车、临床毒物分析、血酒精检测及法医血液遗传学等,后者主要完成亲子鉴定和血痕检验。与多数欧洲国家(如芬兰)相比,德国各州的大学法医鉴定机构相对较少。由于勃兰登堡州(Brandenburg)和不来梅州(Bremen)的大学没有医学院系,因此该两个州没有大学法医鉴定机构;前者只有一个市属法医鉴定机构,而后者只有一个州属法医鉴定机构。德国每个大学的法医鉴定机构,需要负责完成近200万~300万人口的法医学鉴定工作。

3. 德国的医生尸检制度　在德国，任何一位医生都必须具备法医学尸表检验能力和识别暴力性死亡尸体征象的能力，以便明确死者的死亡属于自然性死亡还是暴力性死亡。一般情况下，德国的私立医生会应邀出诊行医，而当患者在家中死亡时，医生也要去死亡地点亲自查验尸体。当医生接到家属通知到达死亡现场后，他首先要决定患者是否存活、是否需要实施抢救。他必须通过尸体检验并通过与家属沟通死亡过程，最终明确是否属于自然性死亡，同时通过尸检查明有无暴力性死亡的情形。如果确定是自然性死亡，医生便为死者开具死亡证明；如果疑有暴力性死亡，则必须由法医立即电话报警。如果私立医生不能确定死亡原因或死亡方式时，他可以请求公立医院的临床医生出诊以帮助确定。德国医生尸检制度的实施，是德国高校临床医学本科生必须完成大量法医学课程学习的原因所在。

4. 德国的殡仪验尸制度　德国各州除巴伐利亚州外，所有的尸体在焚化之前必须经过法医人员的尸表检验和焚化许可。因此，每天至少有一名法医前往殡仪馆进行尸体焚化前的尸表检验。如果死因不明或有他杀嫌疑时，该法医有权决定尸体解剖并通知警察局进行案情调查。也就是说，只有法医确定为自然性死亡者，殡仪馆才有权进行尸体火化处理。德国巴伐利亚州的情形除外，其原因是该州与其他州相比，其尸体解剖率明显要高。

5. 德国警察参与尸检制度　在德国，对于那些死亡原因及死亡方式不明的案例，每例尸体检验都必须有警察自始至终的参与。警察根据案件的需要，在法医尸检中心完成案情介绍、观看尸解、照相取证及专业询问工作，全面掌握死者的尸体检验情况和真正的死亡原因及死亡性质，以便将工作进展向检察院报告。按照德国相关规定，一般至少有两名以上的警察在场全程参加尸体检验的观摩。而澳大利亚则有所不同，澳大利亚法医尸检中心一般在尸体解剖室外专门为警察设置有警察工作室。尸体检验过程中如果法医尸检人员认为有必要与警察沟通，法医人员则会走出尸体检验室到警察工作室与警察进行交流。

6. 德国法医机构的认证制度　德国法医机构的认证完全执行欧洲的认证评审工作条例。德国的法医学认证包括法医解剖认证和实验室认证，认证领域包括尸体解剖、病理组织学检验、DNA 检测、毒理学检测和血酒精检测等，认证评审内容包括实验室运作和人员技术操作等。法医机构如果不符合评审要求，则在给予的 2～3 个月内进行整改。德国的法医学认证工作由一家被称为 DAKKS 的德国专业认证评审机构（Germany Accreditation Association）组织实施，该机构成立于 2010 年。德国过去有四五家单独的评审机构，德国政府于 2010 年将上述单独的评审机构合并为一个较大的专业认证评审机构，即 DAKKS。一般情况下，每 5 年开展一次复评审。首次评审和复评审时，由 DAKKS 组织一个由各法医专业人员组成的专家评审组前来评审。一般情况下，各法医机构每年会更换不同的专业进行评审。

7. 德国法医出庭作证制度　在德国，与法医鉴定较为相关的法庭有刑事法庭（Penalty Court）和民事法庭（Civil Court）。德国的法医鉴定人有可能就一个法医学专门性问题在上述法庭出庭作证。一般情况下，法院在法医鉴定人出庭作证后基本会采纳该法医鉴定人的鉴定意见。当然，法院有时也会就一个仍有争议的鉴定意见去咨询另一位法医学同行专家。在得到肯定的咨询结果后，法院往往会继续采纳前述法医鉴定意见，除非该法医鉴定意见出现了较为明显的错误。这一点充分体现了德国法医专业人员的技术权威性。

8. 德国法医机构的经费划拨制度　德国各大学所属法医鉴定机构由德国联邦教育与研究部拨款，因此大学所属法医鉴定机构的鉴定经费从大学按年度获得。那些从事临床医疗的机构如临床毒理学鉴定室，则可从大学附属医院获得格外的经费支持。德国的警察局、检察院和法院也会付给大学所属法医鉴定机构部分鉴定经费，然而这些经费并不完全足够支付相关费用。尽管如此，德国法医学机构是不容许向被鉴定人家属索要鉴定经费的。

9. 德国生物材料的质量反馈制度　德国具有心脏起搏器等生物材料的法医检验与返厂制度。德国人的平均年龄为 80 岁，不少人借助于心脏起搏器的使用而长期存活。心脏起搏器是法医鉴定人在进行尸体检验时从死者身上取下并必须检验的生物材料。一般情况下，法医须在检查死者心脏的同时对心脏起搏器进行详细检验，并在尸检报告中明确被鉴定人的死亡与心脏起搏器的使用有无关联。多数情况下心脏起搏器还需送到心脏专科医院由心脏医生进行检查，以明确死者的死亡是否由心脏起搏器的功能失误所致。法医人员检验后，心脏起搏器必须返厂，供厂家对其生产质量和使用情况进行鉴定（每个心脏起搏器在出厂时都有编号）。最后，质量鉴定结果又会返回至法医及心脏医生。这一点体现了德国对生物材料质量的重视，体现了医学对患者生命质量的关怀。

10. 德国法医尸检的内容　德国的法医尸检范围较为广泛，几乎不留任何"死角"。除常规性尸体检验部位外，德国特别注重比较重要的特殊检查项目，也特别关注比较容易遗漏的部位。德国的尸体解剖前、X 线检验、医源性损害检验、衣着检验、文身检查、颅骨与脑的检验、颈髓检验、气胸检验、皮肤与软组织解剖检验、背胸部及髋骶部骨骼与肌肉检验、四肢骨骼及肌肉的解剖检验、脊柱与脊髓的解剖检验、蝶骨岩部检验、垂体检验、舌与喉的检验、听小骨及其连接的检验、中耳检验、阴道与直肠检查、下肢静脉血栓检验、凝血块量的精确计算、昆虫及蛆虫的检验、牙齿病损与磨耗度检验、动物实验或模拟实验、病原微生物检验等项目检查，都具备了法医检验的操作规范。

（二）澳大利亚的法医尸检制度

1. 澳大利亚的验尸官制度　澳大利亚的法医尸体检验主要受其刑法、证据法、验尸官条例和司法鉴定程序法等法律法规的规范。澳大利亚长期沿用验尸官制度（coroner system），而英国则是验尸官制度的发源地。验尸官是独立的司法人员，主要主持验尸官法庭（coroner court，又称"死因裁判法庭"）的调查工作。验尸官负责调查非自然死亡、原因不明猝死以及狱中死亡等案件的调查并提交死亡报告，同时通过对法医病理学家提交的尸体检验报告的分析作出进一步工作指令。对于排除暴力性死亡的案件，作出免于尸体解剖、准予尸体埋葬或火葬的决定；对于那些未能排除暴力性死亡的案件则作出尸体解剖的指令，同时再依据法医学尸体检验报告的分析研究结果，最终考虑是否启动案情调查程序（案情调查工作交由警方开展），考虑是否由陪审团介入并启动验尸官法庭询问程序。此外，验尸官还可以签发搜查令。澳大利亚的验尸官条例规定，验尸官的资格应为执业 5 年以上的律师，或者是取得执业医师资格的医师，并要求他们必须具备丰富的司法实践经验。

2. 澳大利亚的死亡报告制度　根据澳大利亚验尸官条例规定，死亡必须向验尸官法庭报告。必须向验尸官报告的死亡情况有以下方面：医生不能准确作出死因诊断；死者死亡前 14 日内未经执业医生诊治（曾被诊断为疾病晚期者除外）；意外或受伤导致死亡；全身麻醉中或麻醉后 24 小时内发生的死亡；手术导致的死亡或术后 48 小时内的死亡；职业病导致的死亡；胎儿死亡；孕妇在分娩、堕胎或流产 30 日内发生的死亡；原因不明的败血症所致死亡；可疑自杀；拘禁期间发生的死亡；具有法定逮捕或羁押权的公职人员在执行公务时导致相关人员死亡；发生在具有法定逮捕或羁押职权部门的死亡；精神病院或疗养院内发生的死亡；他杀死亡；中毒死亡；虐待、饥饿或疏忽导致的死亡等。

3. 澳大利亚的鉴侦分离制度　澳大利亚实行鉴侦分离制度，侦查部门不得开展尸体解剖等法医鉴定工作。除犯罪现场痕迹、文字笔迹、枪弹验证等由隶属于政府的警察科学服务局进行鉴定外，一般都由警方收集检材（或提交尸体）委托专门的法医研究所或大学实验室进行检验鉴定。澳大利亚司法鉴定工作接受司法鉴定管理机构的管理，这些管理机构主要有澳大利亚联邦国家司法鉴定研究所（NIFS）和澳大利亚联邦国家测试认证中心（NATA）等。德国同样也有着严格的鉴侦分离制度，这点与中国有较大不同。

4. 澳大利亚的法医学尸体解剖机构　澳大利亚警察局、政府部门、高等院校及私立研究机构均可承担司法鉴定任务，但法医学尸体解剖则主要由各州的法医研究所完成，而这些法医研究所又与高等院校有着十分密切的联系。澳大利亚实行以地域为中心的法医尸体解剖检验制度，其国内的主要法医尸检机构有新南威尔斯州法医学研究所、维多利亚州法医学研究所及南澳州法医学研究所等。澳大利亚法医鉴定机构具有"司法鉴定区域性、鉴定工作公益性、鉴定技术独立性、专业机构主导性、机构联系紧密性、专业机构国际性、法医机构严谨性和技术操作规范性"等学科特点。

5．澳大利亚的尸检社会属性　澳大利亚尸体检验受其刑法、证据法、验尸官条例和司法鉴定程序法等法律规范的制约，这就决定了该国尸体检验的社会属性。在澳大利亚，只要案件进入到尸体检验程序，尸体解剖就必须按照规定程序完成；那些"死者家属不同意尸检"的意愿，已经不能构成阻碍尸体检验的客观条件。在澳大利亚看来，尸体检验不仅关乎死亡个体本身，它更关乎着整个群体的社会利益与生命安全。尸体检验不受死者家属的约束，这在澳大利亚早已成为一种共识。

二、德国、澳大利亚的法医尸体检验规程及方法

（一）德国、澳大利亚法医尸体检验规程

1．尸体检验准备　在尸体检验之前，德国法医尸检人员都会在专门的会议室中组织所有解剖人员及办案警察，针对相关问题进行讨论。与警察沟通以详细了解案情及现场发现，并在尸体检验记录本上进行提纲式记录，用作尸体检验所需的要点提示；翻阅卷宗进行案情回顾和细节讨论，做好尸体检验前的准备工作；根据不同情况与技术人员讨论和决定解剖术式与解剖程序；讨论本案是否需要特殊解剖检验及其准备，比如立体解剖显微镜、X 线检查设备、常规解剖器械以外的特殊解剖器械、取材器械和留样容器等的准备。在澳大利亚，法医研究所往往有专门人员与死者家属沟通，法医鉴定人无需与死者家属进行面对面的沟通交流。

2．尸体检验内容　在德国和澳大利亚，尸体解剖前进行 X 线检验是法医学尸体检验的常规性检查项目，颅腔、胸腔、腹腔、盆腔及颈部剖验为必须完成的常规性尸体解剖部位，至今几乎不再单纯依靠尸表检验和局部解剖进行法医学死因鉴定。除上述常规性尸体解剖部位外，皮肤与软组织大面积解剖检验、脊椎与脊髓腔检验、骨骼关节与骨髓腔检验、阴道与直肠检验、其他隐蔽部位如鼻旁窦、眼球及中耳等，也早已成为尸体检验的规范化检验程序和内容。

3．尸体传染病筛查　在德国和澳大利亚，尸体检验前的传染病筛查是一个重要的尸体检验内容。法医技术人员会从死者股动脉抽血常规进行 HIV 初筛检查及各型肝炎的初步检测，当结果阳性时则需开展进一步的实验室检验。尸体检验时，除必须提取病理组织学及毒物分析检材外，几乎所有案例都必须提取生物学检材进行 HIV、各型肝炎、酒精及 DNA 实验室检验和备检保存。尸体传染病筛查中如果检出传染病，尸检机构会立即向各级疾病控制中心层层上报。

4．实验室检查　每例尸体解剖完成后，都要完成各类取材单据的填写，其中包括病理组织取材单、毒化检测取材单、血酒精检测取材单（在德国，酒精检测与常规毒化检测在不同的实验室完成）、病原学检查取材单、分子生物学检测取材单和免疫组织化学检测单等，而上述每一项检测中又包含许多种亚细检查项目，由法医尸检人员根据不同的需要进行选择性填写。由于可以完成的实验室检查项目很多，所以在死因诊断及病原学诊断时就有更为充分的科学依据。

5．病理组织检材块的保存与销毁　一般来说，在德国提取的病理组织检材块均需在法医机构至少保留 2 年以后再统一焚烧销毁处理。而在澳大利亚，其检材则会在法医机构保留一段时间后，又被转移至本州内的专门保存地点继续保存更久的时间（比如说 20 年或 30 年），然后才对组织检材进行统一焚烧销毁处理。这一点充分体现了国外对组织检材处理的慎重程度。

（二）德国、澳大利亚法医尸体检验中几种重要的检验方法介绍

1．心脏横切法　在德国和澳大利亚，除顺血流剖开检查心脏的方法外，有时还常按需要采用另一种心脏切开的方法，即心脏横切法（transverse slicing method）（见文末彩图 19-3），该种心脏切开法又称心脏短轴切开法（the short-axis sectioning method），它是以切面包式的方法来切开心脏的检查方法。当疑有心肌梗死的发生时，可采用心脏横切法检查心脏，以便于心肌梗死灶分布区域的观察。

检查方法及步骤：先进行心脏的外表检查，再行心脏横切检查。自心尖部起与心脏中轴垂直进行每间距小于 1cm 的心脏横切，使心室壁被切成似一片片面包样的心脏组织块，略成"8"字形；左、右两个空腔分别为左、右心室，中间的肌性隔断为室间隔，将每组织块按解剖方位顺序在白色搪瓷方盘中排列检查。

心脏横切法的优点是，它便于在横切面上准确观察和定位心肌梗死的部位和面积。一般情况下，心肌梗死灶的分布区域，与冠状动脉的走行及分布向一致。当左心室前壁、心尖部及室间隔前 2/3 发生梗死，提示左冠状动脉前降支病变严重并发生阻塞；当左心室后壁、室间隔后 1/3 及右心室发生梗死，提示右冠状动脉病变严重并发生阻塞；当左心室侧壁发生梗死，提示左冠状动脉旋支病变严重并发生阻塞。心脏横切检查后，仍需用眼科剪将冠状动脉纵行剪开进行检查。心脏横切法的缺点是，它不利于按照冠状动脉及其分支的走向剖开冠脉系统进行系统检查。

2. 空气栓塞检验　如疑有空气栓塞时，应进行空气栓塞检查。当有静脉输液、输血、人工气胸、人工气腹、妊娠分娩、人工流产、输卵管通气术、前置胎盘，上颌窦穿刺冲洗、胸腔手术、心导管检查、血管造影时，或是当发生交通事故或其他意外事故使颈部或其他部位静脉破裂时，该检查可明确有无空气栓塞及空气的含量，从而为判断是否因空气栓塞致死提供证据。

空气栓塞的检查应在开颅、开腹、解剖颈部之前进行，并且在打开胸腔时尽量不要损伤锁骨下血管，以免导致含有空气的血液经破裂血管进入体内而影响检验结果。解剖时可暂不切开胸锁关节和第 1、2 肋骨以免切断内乳动、静脉，而应该在第 2、3 肋间处切断胸骨体，打开胸腔。空气栓塞的检查，有原位心腔抽吸法、原位注水检查法和离体注水检查法 3 种。

（1）原位心腔抽吸法：可用 20ml 注射器吸水 5ml 后刺入右心房内，当有大量血性气泡涌入注射器中即可认为有空气栓塞的存在。

（2）原位注水检查法：开胸后于原位在心包前壁作一个 Y 字形切口，检查有无心包积液等情况。如有积液则先检查其性状及积液量后，然后将积液去除、擦净。用 4 个止血钳夹住心包切口边缘并向上提起心包，使心包腔呈囊袋状张开。向心包内注入清水使整个心脏被水完全淹没（见文末彩图 19-4）。然后用手术刀将水面下的右心房壁刺破并轻轻转动刀尖，当有气泡涌出即可证实有空气栓塞的存在。

（3）离体注水检查法：严密结扎进出心脏的各大血管，取出心脏后置于一个装有清水的玻璃容器中。用解剖刀刺破水面下右心房，如有气泡逸出，为空气栓塞之证明。

3. 背部及四肢的全面解剖检验　当全身皮肤、皮下组织、肌肉等软组织损伤时或怀疑皮下组织损伤时，应进行背部及四肢的全面解剖检验。

检查方法及步骤：取尸体俯卧位，切口自项部开始一直到达臀部，并可根据需要延长至四肢部。从项部或第 7 颈椎下方向双侧肩峰部切开，然后沿背部中线切开至骶部。四肢软组织检查，将上述切口分别向双上肢和双下肢的远端延伸，切口的走行尽量靠肢体的内侧，以保持外观的规整。也可从右侧尺骨小头开始向上切开皮肤，切口沿前臂尺侧、鹰嘴尺侧至腋部，特别注意切口行走于上肢隐蔽处。检查时还须切开肩胛骨的上侧及内侧与下方，使其与胸壁全面分离，便于检查肩胛骨的内侧、外侧及胸壁，以及肩胛骨与肩的连接。当检查脊柱时，须切取骶脊肌及椎管旁肌肉，检查脊柱骨质。行腰骶部及臀部的肌肉检查时，须将皮肤、脂肪、肌肉全部多刀纵行切开。

（三）德国、澳大利亚法医尸体检验的其他重要方法

1. 个体识别检验方法

（1）体态检查：德国、澳大利亚对死者个体识别的检查尤为重视，每具尸体除常规测量身长、体重外，还要常规仔细检查死者的发育情况、营养状况并精确测量胸围、腹围及髋围，尸体解剖时还要测量腹壁脂肪的厚度。婴幼儿及儿童尸体的检验，还特别注重有无被虐待的事实情形和尸体特征。

（2）腐败文身检查：皮肤文身在个体识别中起到了极大的作用，但当尸体发生高度腐败时，体表文身的图案轮廓就会变得模糊不清。对于高度腐败的尸体，德国法医常用 3% 的医用过氧化氢溶液即双氧水在可疑文身部位反复涂搽，直至原本轮廓不清的文身图案变得清晰起来（见文末彩图 19-5）。

（3）牙齿检查：所有无名尸体、高度腐败尸体、火烧尸体及溺死尸体均需进行法医齿科学检查，包括牙齿与牙列的个体识别检查、牙齿病损检查和牙齿磨耗度检查等，以利于尸源的进一步查找。所有上述检查结果，均须造册永久保存。

2. 肌肉与骨骼检查

（1）面部检查：当疑有面部软组织损伤或疑有面颅骨骨折时，澳大利亚法医人员往往进行面部软组织的大面积解剖、分离与检查。检查方法是，从双耳后上缘向下至下颌角处再沿下颌骨下缘将皮肤呈弧形切开，然后将面部皮肤组织剥离并向上掀起，这时皮肤下方的各面部肌群完全暴露。逐层进行面部各层肌肉的解剖检验，查找有无面部皮肤、肌肉等软组织的损伤、出血证据，同时检查面颅骨有无骨折。

（2）颈部检查：颈部检查肌群解剖及喉部解剖。德国、澳大利亚特别注重颈部肌群及骨质的检查，以期发现颈部受外力作用导致的机械性窒息死亡。一般情况下，颈部解剖在开胸腹及开颅解剖后进行。当颅腔解剖完成后，便将颈垫从颈部推入背上部开始颈部解剖。先将左、右颈部的各条肌肉逐条分离检查，再将各肌束行横断切开检查。特别注意分离并检查甲状软骨板及其上角、舌骨大角及环状软骨有无骨折及组织出血，如有骨折需明确骨折的部位及类型。

（3）长骨检查：疑有四肢长骨骨折，必须进行肢体解剖以检查骨质损伤的情况。长骨的骨髓检查，对血液病或骨肿瘤的诊断有意义。方法是先将四肢骨对应处皮肤作长10cm的横切口，分开骨表面附着的肌肉及肌膜，然后用骨锯在长3～5cm的两处骨质处锯入。待锯至约达该骨厚度的1/2时，换用骨凿及骨锤轻轻凿去表面骨片，显露骨髓腔。用骨匙自该处刮取足量的骨髓组织放在吸水纸中包好，投入固定液内固定。切取骨髓时，须把混杂的骨碎片剔净。当骨髓中存有碎骨片时，可将取出的骨髓放于新加冰醋酸的Zenker液中固定，以帮助脱钙。

（4）关节检查：在德国及澳大利亚，当死者生前有因关节问题导致行走困难或致伤的情况时，需要进行各关节的解剖检查。关节检查，主要观察关节腔有无积液或异常物质，关节软骨及滑膜是否光滑，有无破坏。膝关节的检查方法是，将尸体腿部处于伸直位，然后对关节上方的皮肤作U形切开，U形切线之底部应越过髌韧带之上。将皮瓣及其下方的髌韧带、髌骨、股直肌及其周围的软组织向上翻转，同时弯转小腿，股骨及胫骨之关节面则得以暴露。

3. 解剖术式及其他检查方法

（1）联合性尸体解剖术式：德国法医鉴定人有时会根据需要，采取"直线切开法"和"T字形切开法"相结合的"十字切开法"。该解剖术式方法，是在"直线切开法"切开颈胸皮肤之后，再将双侧肩峰之间的胸部皮肤呈弧面向上的"T"字形横行切开，以便很好地暴露颈部肌群及双侧锁骨。采取此法能使颈部各肌群很好地分离，以便进行颈部肌肉的逐层检查。

（2）听小骨检查：在遇到因站立不稳或摔跌损伤导致死亡时，德国法医人员往往会进行听小骨的检查，同时注意有无听小骨各骨块之间的连接异常，注意骨块之间的软组织有无发生炎变、粘连的情况，以确定被鉴定的死亡是否由于听小骨及其连接因素导致内耳平衡功能障碍所致的摔跌外伤死亡。听小骨异常导致死亡的情形，有时还因听小骨功能一过性障碍，导致死者生前入水后不能平衡身体而被淹溺死亡。听小骨的取出方法，是在颅底部将颞骨岩部的骨质凿开，取出听小骨。

（3）女性生殖器官检验：在疑有强奸致死的尸体检验中，澳大利亚法医人员特别强调女性生殖器官的检验及取证。尸检中不仅对会阴部、外生殖器和处女膜进行检验，还要在解剖过程中启动女性生殖器官解剖检验的专门检查程序，将整个外阴、阴道、肛门、直肠、子宫、附件一同取出，进行仔细的检验、取材和拍照。

（4）冠状动脉纵行剖开法：在德国及澳大利亚，往往采用冠状动脉纵行剖开的方法检查冠状动脉（见文末彩图19-6）。具体检查的方法是，自左、右冠状动脉开口处开始，用眼科剪沿冠状动脉主干及其分支的行走纵行剪开冠状动脉。与传统的横断冠状动脉检查法相比，该检查方法的优点在于"不留死角"。

（5）俯卧位小脑扁桃体疝检查方法：取尸体俯卧位并将颈枕塞于前胸以垫高颈部，从枕骨粗隆下开始沿颈后部正中线切开枕项部头皮，深达骨膜。自切口两侧分离软组织，用咬骨钳咬断寰椎弓并剪开硬脑膜，暴露枕骨大孔内的延髓和颈髓，观察有无小脑扁桃体疝形成及其程度。可自疝下方切断颈髓及两侧神经，待开颅后将上段颈髓连同脑组织一并取出。虽然仰卧开颅取脑后也可进行小脑扁桃体疝的检查，但本方法更有助于原位观察。

（6）颅底眶板检查及视神经检查：怀疑儿童被虐待致死的尸体，需进行双侧颅底眶板、视网膜及眼底检查。检查方法是，开颅并取出脑组织和颅底硬脑膜后，先对颅底眶板进行检查，再用骨凿和骨锤轻轻凿开覆盖于眼球之上的薄层眶板，原位检查眼球及其与之相连的视神经后，用镊子将眼球向后轻拉，小心剥离巩膜角膜联合处之组织后取出眼球。将眼球用甲醛液固定 2 天后切开检查，同时取材制片镜检观察眼球各层的组织结构。

（7）颞骨岩部及垂体的检查：颅脑损伤时可有颞骨岩部的骨质出血；颞骨岩部的炎症可导致该部的化脓或出血改变。当出现耳道出血时，要在颞骨岩部找根源。颞骨岩部的检查方法，是先用硬脑膜钳将硬脑膜取出，然后仔细检查颅底骨。最后用骨凿和骨锤在颞骨岩部的上方分别凿开双侧颞骨岩部（见文末彩图 19-7），以检查该部有无化脓、出血等异常（必要时要在此采取拭子进行病原微生物检验）。将垂体鞍的上部骨质凿开，取出垂体进行检查。

（8）医疗损伤检验：德国、澳大利亚特别注意那些因临床治疗或医疗抢救所致医源性损伤的识别，比如注射针眼、手术切创、引流通道、气管切开、插管创道、静脉切开、心脏除颤、胸外按压、肋骨断离、胸骨骨折等。在德国、澳大利亚，所有医源性救治的导管等医源性器械必须由法医仔细检查后，才可从尸体身上拔出，否则属于违规操作。对医源性器械的检查，也包括用注射器进行抽吸看是否通畅，有无血液或脓液成分的吸出。

（9）尸检中的组织测量：在澳大利亚及德国，大部分组织脏器均采取电子秤称重的方法进行测量，一般较少测量它们的体积大小。譬如开颅后要对脑颅进行纵径和横径的测量，并对颅盖骨锯开面的额部、颞部和枕部骨质厚度进行测量（并放 L 形比例尺进行拍照）。各内脏器官基本也是采用称重的方法进行测量。凝血块的计量方法，是先用玻璃量杯盛上部分清水，查看量杯刻度；再将凝血块放入该玻璃量杯中，再次查看量杯刻度。两刻度数目相减的数目，便是血凝块的准确容积。

4. 实验室检查

（1）X 线检查：澳大利亚和德国的尸体检验前 X 线检查已经成为常规性检验内容。当疑为骨折、脱位、气胸、气腹、空气栓塞、枪弹爆炸等死亡案例，尸体解剖前必须进行 X 线检查，以了解骨折的形态特征、部位特点及异物存在，以帮助分析损伤形成的原因和机制，寻找和发现体内异物的种类和来源，以及弹粒或金属碎片的所在部位。由于该项工作专业技术性较强，因此 X 线检查工作往往由负责该项目工作的法医 X 线专业人员完成。

（2）立体显微镜检查：在澳大利亚及德国，法医人员经常使用立体显微镜进行形态学观察。该法主要用于观察衣物破损部位的纱线移位、压扁、变形、断裂等情况，以及衣着附着物的种类、性质和特点的观察；观察体表破损部位的表皮擦伤形态特征及力作用方向；观察创腔内异物的种类、性质和特征；观察电流斑特征；辨别枪伤死亡的子弹射入口和射出口；有时还用于观察脱落牙齿的形态特征、病损情况及磨耗度情况。

（3）眼玻璃体液检查：眼玻璃体液的采集方法，是在距离眼角膜外侧 0.5～1cm 的巩膜处横行刺入进针抽取。眼玻璃体所处部位因受到眼眶和眼球的保护而较为隐蔽，与身体其他部位相比与外界相对隔绝，因而眼玻璃体液的死后变化较小，变化速度也较慢。因此，眼玻璃体液是一种理想的死后化学检验标本，常被用于生前疾病的诊断。本方法常用于糖尿病或酮症检查，也用于离子通道疾病（ion-channel disease）致心脏性猝死的诊断。离子通道疾病主要涉及 Na、Cl、K、Ca 等离子的异常，也是儿童猝死的常见原因之一。

（4）微生物致病原检查：凡涉及机体感染、组织溢脓或具有其他感染征兆的尸体，均须进行细菌学检验、病毒学检验、霉菌学检验等多种法医微生物学检查，以便明确机体感染的致病原（细菌、病毒、霉菌或其他致病原）。提取的检材包括心血、尿液、肠内容物及感染部位组织浸液，如皮肤、口腔、鼻腔、肺脏、脾脏、膀胱、阴道、直肠、蝶骨岩部骨质、中耳等部位的组织浸液。心血及尿液用注射器穿刺抽吸，但穿刺进针前必须对心脏和膀胱进行喷雾剂消毒。感染部位组织浸液的提取方法，是用棉签拭子在可疑感染部位轻轻蘸取并迅速放入相应试管内迅速送至法医微生物病原实验室进行检查。

（5）硅藻检验：怀疑溺死的水中尸体，往往须进行硅藻检验。硅藻检验的取材部位不仅有国内知晓的肺组织和多个内脏器官或骨髓，德国法医还会在颅底凿开上颌窦抽取溺液进行硅藻检验。上颌窦溺液抽取由法医病理学专业人员完成，而硅藻检验由实验室的专门人员完成。

（6）微量物质检测：当案情需要时，德国、澳大利亚会根据情况开展多项重要的微量物质实验室检查，如微量化学检测（主要检测持枪射击者手上沉着烟尘的铅、钡、锑等化合物成分，检查电击死时电流斑处皮肤金属化微粒，以及爆炸死亡者尸体附着物的化学元素测定），或中子活化分析等检查（主要测定皮肤表面附着的粉尘，显示皮肤金属化时的金属元素成分）、扫描电镜与X线能谱分析检查（主要用于检测枪弹创皮肤射击残留物、手上沾染的底火粉尘、尸体表面损伤处致伤物的痕迹，以及电击伤、爆炸伤及化学烧伤引起的形态改变）等。

（7）分子生物学检验：主要用于分子基因方面的检测即"分子解剖"，以确定那些病理形态学改变不明显的猝死病例的死因，或通过对黏附于尸体表面的人体组织和体液成分等作XY染色体检验以鉴定男女性别；还可以用PCR技术对尸体表面的血痕、精斑或分泌物做同一性认定。

第三节　虚拟解剖

虚拟解剖学（virtual autopsy）的理论形成于20世纪90年代，瑞士波恩大学的迈克尔·泰利博士（Dr. Michael J. Thali）对这一理论体系的形成有重大的贡献。虚拟解剖学是指借助于现代医学影像学及计算机技术，结合解剖学原理及技术要求，在不破坏或者少破坏尸体完整性的前提下获取体内外阳性信息以明确死亡原因的一种无损或者几乎无损的解剖手段。虚拟解剖的最大特点在于无创性（或者微创性），除此之外还具有客观性、可重复性以及快速性等特点。虚拟解剖应用的优势主要表现在以下几方面：①解剖前的全面预查：在解剖前运用虚拟解剖的技术手段可以发现大部分的损伤和部分的疾病特征，通过这些信息可以指导解剖术式的选择以及需要检查的重点部位；②尸体解剖的替代手段：虚拟解剖在不符合强制尸检范畴的案件或是因风俗信仰不允许解剖的情况下可以成为解剖的替代手段；③特殊部位的病变探查：对常规尸体解剖中无明确要求的部位和一些人体结构复杂部位（如肩胛区、脊柱、骨盆等）或是理化因素破坏而难以进行解剖操作的情况下，运用虚拟解剖技术可以得到清晰完整的解剖学信息，便于特殊部位的病变探查；④最大限度地保留尸体证据：传统解剖取材完毕后尸体便可以火化，如果取材不彻底或是遗漏，证据就可能会被毁灭而无法查证，造成鉴定结论的不彻底甚至是错误。而虚拟解剖的全部记录均可以保存在电脑硬盘中，如果发现证据遗漏的情况，这些资料可以从计算机中导出重复检查，这便减少了证据的遗漏。

一、虚拟解剖的主要技术

目前，虚拟解剖的主要技术包括X线成像技术、计算机体层成像技术（X-ray computed tomography，CT）及磁共振成像（magnetic resonance imaging，MRI）。除此之外，虚拟解剖的技术手段还包括微观放射线扫描技术，3D面扫描技术以及体素描成像技术。

X线成像技术是利用人体不同组织间因密度和厚度的不同，吸收X线的程度不同，从而在图像上表现出白影（高密度）与黑影（低密度）来判定组织器官的病变情况。目前主流的数字X线成像（digital radiography，DR）是将摄影装置与计算机结合，相较于传统的X线成像，DR的分辨率以及清晰度更高。

CT是运用X线束对人体层面进行扫描取得信息，经计算机处理而获得该层面的重建图像的一种技术。CT图像是由一定数目但不同灰度的像素按矩阵排列所构成的灰阶图像。CT与X线成像原理相同,通过白影和黑影表现密度的高低。除此之外,CT还利用组织对X线吸收的系数来表示密度,将这一系数换算便是CT值,单位为Hu。多层螺旋CT(multi-slice CT,MSCT)相较于普通CT具有扫描时间更短,扫描层厚更薄,扫描范围更大的特点,同时MSCT所获得的数据经计算机处理可得到高分辨率的三维立体图像,对疾病以及损伤的精确诊断具有重要意义。

MRI的基础是人体中不同的组织器官具有不同强度的磁共振信号,并且同一组织或器官在病变情况下与正常情况下的磁共振信号强度也不同。MRI正是利用人体中氢原子核在磁场中受到的射频脉冲信号的激励而发生磁共振现象产生磁共振信号,经过信号采集和计算机处理而获重建断层图像。通过调节射频脉冲的重复时间和回波时间可以获得T_1、T_2以及PD三种加权像。与X线成像以及CT相同,MRI图像上的白色表示高信号,黑色表示低信号,不同的加权像上同一组织的信号强度可以不同。MRI可以直接获得人体横断位、冠状位、矢状位以及任意斜位的断层图像,图像的分辨率高,对于肌肉软骨等组织的敏感性强于X线和CT。

解读虚拟解剖所得的影像学结果,首先要明确所选择的摄影条件以及技术方法是否符合鉴定需求,其次按顺序进行全面系统的观察,如果在荧屏上直接观察,还可以通过调节特定的条件来使某一欲观察的组织更为清楚,例如CT可通过应用窗技术分别调整窗位和窗宽,使图像更加清楚,利于观察。对CT和MRI图像,应对每帧图像细致观察,立体化地了解脏器的具体情况,同时应注意相邻组织的变化情况。

二、虚拟解剖的步骤及注意事项

虚拟解剖的前期准备工作主要包括案情的交接和尸体的安置。在进行虚拟解剖之前,应将案情资料以及根据尸表检查之后怀疑有损伤的部位告知影像设备的操作人员。案情资料应包括死者的基本信息、死亡时间以及生前的健康状况,以便设定重点检查部位和检查条件。尸体安置时要求尸体完全解冻以免器官、组织内结冰影响摄影效果,放置尸体时应尽量使尸体呈解剖位,并安排一名助手随时待命以移动尸体,方便检查的开展。

虚拟解剖过程中应邀请法医参与整个虚拟解剖过程,必要时还可邀请影像学专家一起进行虚拟解剖。如发现阳性改变时应对设备和尸体体位进行调整,以保证拍摄的图像在清晰度和角度上符合要求,除此之外,还应重视对周边部位进行检查,有助于伤情的判断和与疾病的鉴别。

虚拟解剖之后,将初步的阳性结果汇总到主管案件的法医处,由法医结合阳性发现制订解剖的术式和重点解剖的部位。制订解剖方案的思路是,阳性部位应作为重点部位仔细解剖检查,没有阳性发现的区域可以简化解剖操作,没有阳性发现同时不属于国标规定范畴且结构复杂、解剖难度大、对尸体毁坏严重的部位,可以选择不解剖。必要时,法医也可要求影像医师对重点部位进行三维重建,并结合解剖发现综合分析。解剖之后还应将解剖发现和虚拟解剖的阳性结果相比较,分析各自优缺点。

三、虚拟解剖的具体运用

(一)死后变化的虚拟解剖

死后尸体变化可分为早期死后变化和晚期死后变化。死后早期的尸体变化包括尸僵、尸斑、尸绿以及皮革样化等。虚拟解剖不能很好地反映死后早期尸表的颜色变化,但可以反映出器官的血液坠积,尤其是肺部的血液坠积的情况。在CT图像中可以观察到肺部有血液坠积的区域呈毛玻璃状,与正常肺组织之间形成一条平行于地面的"气-血"水平线,法医学意义与内部器官血液坠积相同,但在阅片时应注意与病变相鉴别。

死后晚期的尸体变化又可分为毁坏型和保存型尸体。尸体腐败是最常见到的毁坏型晚期尸体变化,虚拟解剖在腐败尸体的检验中具有重要的意义。相对于传统解剖方法,虚拟解剖的优势体现在可以呈现液化的组织器官的原始位置关系,同时避免了解剖过程中切割牵拉造成的组织破坏加重以及手术视野污浊模糊,有助于对一些损伤疾病的排查。运用 MSCT 会发现皮下组织因腐败气体的聚集而表现为条索状或者斑片状,肌肉组织因其结构致密且均匀,表现为羽毛状改变,实质性器官则表现为蜂窝状。相对于生前正常脑组织,死后脑组织发生肿胀,CT 表现为皮、髓质分界不清,沟回形态模糊,脑实质呈现模糊不清或颗粒状改变(图 19-6)。晚期保存型尸体变化主要包括木乃伊和尸蜡,近年来考古学上已有运用医学影像学的技术研究木乃伊的报道。尸蜡在 CT 图像上表现为特殊的高密度影,CT 值可达 1000Hu 甚至更高。

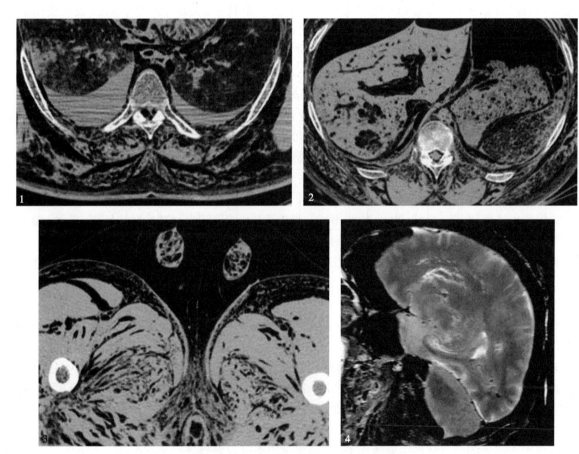

图 19-6　死后晚期尸体变化的影像学改变
1. 可见腐败气体充斥心腔以及软组织间隙;2. 可见腐败气体充斥腹腔,肝、脾中也可见腐败气体;
3. 可见腐败气体充斥阴囊、睾丸以及周围软组织;4. 为腐败脑的影像学变化

　　虚拟解剖对昆虫和人为造成的尸体损坏同样有价值。蝇蛆团块在 CT 上呈现团块状或绒毛状改变,主要分布于气道、消化道乃至部分内脏器官附近。人为造成的尸体损坏主要发生在抢救过程以及尸体搬运的过程中,前者最为常见的是胸外按压导致肋骨和胸骨的骨折。另外,手术清创以及术后缝合还会造成重要证据的灭失,而虚拟解剖技术则是一种极好的补救手段。如颅脑损伤的尸体,经过开颅手术治疗,可运用术前的影像学资料或是通过一系列技术分析得到原始的损伤情况,为鉴定提供第一手的资料。

(二)虚拟解剖在机械性损伤鉴定中的运用

　　虚拟解剖运用于机械性损伤鉴定中的优势在于可以对损伤特征分离、测量、放大或者突出显示,并且可以通过三维立体结构的重建,360°观察损伤的形态。

　　挫伤是机械性损伤中较为常见的一种类型,通过对挫伤区域的分析有助于致伤物的判定。挫伤处通常会伴有软组织血肿、水肿、渗出以及肌肉挫碎或坏死的改变。软组织血肿在 X 线平片以及 CT 平扫的影像学图像中表现为片状模糊高密度影,当出血位于肌组织中时会使肌间隙模糊不清。MRI

检查中血肿信号强度取决于出血的时间，但变化特征与颅内血肿不一致。具体来说，在 T_1WI 中急性期可呈现低信号强度，在急性后期，信号强度呈现斑片增高，亚急性期、慢性期可呈现片状环状高信号强度，在 T_2WI 呈高信号强度，MRI 的这种图像特点有助于损伤时间的推断。软组织水肿和渗出的影像学表现相似，X 线可见皮下组织均匀透光区出现大网格结构或增粗的条纹状结构，严重者可见皮下组织与肌肉间界限不清，肌肉肿胀，肌间隙模糊不清或消失；CT 可见软组织肿胀，皮下组织与肌肉肿胀，皮下脂肪部密度不均匀条状网格状增高；MRI 在 T_1WI 皮下及肌肉水肿部位呈现信号强度减低，T_2WI 信号强度增高。肌肉挫碎或坏死在 X 线平片中显示为组织肿胀、水肿、炎症变化及结构的形态学异常，CT 可见肌肉密度不均匀性减低，CT 增强扫描可见早期坏死肌肉边周强化，MRI 中 T_1WI 可见病变肌肉信号强度不均匀减低，T_2WI 可见不均匀增高。如遇挫伤伴软组织积气的情况则一般不用 MRI 手段进行虚拟解剖。

创的虚拟解剖所得的影像学信息没有实际体表检查所得到的丰富，但也具有一定的价值。首先影像学的技术手段有助于快速查明创口、创道的位置走向，对大小、位置、创角、创腔等可以提供测量信息；其次，对于骨骼上遗留的创痕，影像学技术可以去除周围软组织的干扰，便于观察分析；最后，有助于判断刺创在相邻组织间穿行的距离。虚拟解剖对枪弹创的检查具有重要意义。弹片弹头等爆炸射击残留物在 X 线和 CT 下呈现高密度影，有助于对其落入体内的位置作出判断。其次，通过对射入口、射创管以及射出口的测量，有助于射击角度的推定。

骨折的虚拟解剖首选 X 线，对于 X 线不能发现的隐性骨折可借助 CT。脊柱外伤、骨盆、髋关节及肩关节等部位解剖结构复杂，解剖难以操作，CT 对这些部位的骨折具有重要的价值。骨折的影像学资料还可以显示如骨痂、周围软组织损伤出血的情况，对判断生前伤还是死后伤有一定的价值。软骨的损伤只能依靠 MRI 作出诊断。

（三）虚拟解剖在机械性窒息中的运用

窒息的典型尸体特征包括颈部的缢沟（勒沟）、颈动脉横裂、舌骨和甲状软骨的骨折以及颈部组织器官的出血。通过 MRI 可以清晰显示缢沟、勒沟所在部位的颈部皮肤及软组织的低信号影，运用 MSCT 可以检查舌骨骨折的情况，避免了传统解剖过程中因牵拉而造成的人为舌骨骨折。应该指出的是，因舌骨周围血管较少，骨折时出血常常不多，使得这种人为骨折与外力造成的骨折难以鉴别。影像学的手段还有助于对颈部器官组织出血点的检查，这些出血部位在传统解剖中常常因为手术视野不清楚而很难发现或者造成遗漏。

目前对于溺死的虚拟解剖主要运用 CT。影像学检查可以发现呼吸道多发斑片状边界不清低密度影，为呼吸道溺液的影像学表现，水性肺气肿的影像学表现在 MSCT 和 MRI 均可发现肺部体积增大、局部前缘覆盖心脏以及肺边缘钝圆，MSCT 还可以发现肺部特殊的毛玻璃样改变。覃样泡沫在 MSCT 下呈现裂隙状或者蜂窝状低密度影，多见于鼻腔、口腔、咽腔以及气管。除此之外，溺死的影像学表现还包括消化道溺液和鼻旁窦积水，心血的 CT 值也可较正常有所下降。值得注意的是这些影像学表现应与腐败、疾病的影像学表现相鉴别，同时现场勘查也是必不可少的（图 19-7）。

知识链接 ▶

虚拟解剖同样可以运用于个人识别中。在重大灾难中往往伴随人员的巨大伤亡，例如发生于 2004 年的印度洋海啸，造成近 30 万人的死亡。灾难之后往往一片狼藉，同时灾难本身会对尸体造成毁损，导致很多尸体不能直观识别，因此灾难之后的个人识别成为一项繁杂而又至关重要的工作。运用虚拟解剖技术，可以根据家属或者医院提供的记录（如牙科记录、外科手术记录等）建立数据库，然后对未知名尸体进行扫描，也建立相应的数据库，将两个数据库的信息进行比对，实现"初筛"，然后将"初筛"之后符合现有记录特征的尸体再进行 DNA 比对，从而提高个人识别工作的效率。

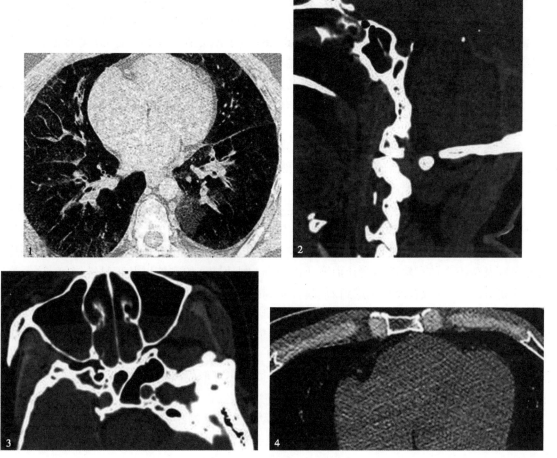

图 19-7　溺死的影像学改变

1. 可见水性肺气肿的影像学改变；2. 可见咽喉部的溺液在影像学下的表现；3. 可见上颌窦及蝶窦内的积液；
4. 可见左右心室内 CT 值的变化

（四）虚拟解剖在交通事故中的运用

随着我国经济的发展，街道上车辆的数量不断增多，原来在法医病理实践中仅占很小一部分的交通事故，近些年来不断攀升。与此同时，每年全国范围内因为交通事故而导致的伤亡人数也不断增加。一般来说，交通事故在法医病理实践中仅局限于碰撞伤、碾压伤或者摔跌伤等致伤方式的判断，在许多交通事故案件中，不经过法医的尸体，交通管理部门仅根据现场以及痕迹等即可完成事故责任的认定。但目前看来，交通事故密度不断增加，交通伤的形态逐渐复杂化，方式逐渐增多，并且交通肇事后逃逸、伪造现场、伪造证据情况的增加，甚至假借交通事故来行凶杀人的案例屡屡增加，为交通事故的鉴定工作带来了新的难点。

交通事故现场重建（reconstruction of traffic accidental scene）是指通过对交通事故现场勘查、人体损伤检验、各种碰擦痕迹的对比并且结合现场监控、目击者证词等综合分析以还原交通事故发生过程的技术，但其并非像录像一样还原事故发生时的全部细节，而是通过还原事故发生各涉案人员所处的位置和交通状态，达到认定部分关键事实的目的，以明确事故责任的划分。其主要目的一般是对以下几种行为方式的认定：①交通工具上人员位置关系的认定，包括汽车内人员的驾乘关系、摩托车等两轮车辆上人员的司乘关系的认定；②行人交通状态、自行车骑行状态的认定；③车辆碾压人体的认定。随着近些年来计算机技术的发展，利用数学仿真模型再现事故形态逐渐应用于交通事故现场重建之中。目前常用到的数学仿真模型包括多刚体模型以及有限元模型。多刚体系统动力学方法是以多刚体为研究对象，建立所研究的数值模型，对他们进行运动分析和动力分析，其特点是模型简单、编程方便以及运算速度快,通过预测系统内模型的动力学响应、力和加速度等,完整再现事故过程中行人的运动和形变情况,目前用于多刚体力学分析的主要软件包括 MADYMO 以及 PC-Crash。有限元生物力学分析(biomechanical analysis of finite element)是在对实物进行 CT 影像学扫描的基础上,建立以相互关联的单元体为基础的网格化结构,通过生物力学分析软件,观察对给定条件下实物的应力应变改变,其特点是数学模型的精确度高,可以考虑汽车与行人碰撞所产生的塑形变化,基于这种方法的事故再现能得到较高的精度。由于有限元法建模复杂以及计算的耗时性,其运用面目前还不广泛。

运用多刚体仿真技术再现交通事故根据计算顺序通常分为两种:由事故后的状态反推事故前的状态的反推法;通过假定事故前的一系列状态,然后模拟该假设条件下所对应的事故结果并且与实际事故结果相比较,把与实际结果最接近的假设作为事故前的真实状态的正推法,实际运用中通常是将两种方法相结合。事故现场再现分析的基本过程是先绘制现场图并且将一系列的数据输入计算机,然后利用模型的分析计算进行运动学和力学再现,最后通过图示和动画仿真等给出最终的分析结果。

汽车碰撞可分为碰撞前过程、碰撞过程、碰撞后过程。碰撞前过程研究的重点包括车辆行驶的初始方向以及碰撞之前车辆因为避让而变更的方向、制动措施的实施以及车辆性能等,这一阶段通常是在驾驶员注意到(或者没有注意到)危险开始到碰撞之前的一段时间;碰撞过程是整个交通事故现场重建的研究重点,其是指在碰撞时的情况,表现为汽车由碰撞发生时的碰撞初始速度在短时间的碰撞发生之后瞬间改变成为碰撞后的速度,伴随车辆和车内人员以及车外行人或者自行车骑行人员的受力形变情况。这一过程通常在司乘人员身上形成特征性的损伤,如驾驶员的方向盘损伤、脚踏板损伤,摩托车驾驶员的手掌顿挫伤、骑跨伤等,同时还可形成挥鞭样损伤以及头部撞击挡风玻璃和前排座位形成的损伤等;碰撞后过程由于碰撞发生后之后,驾驶员受到惊吓或是重伤昏迷甚至死亡,导致车辆失控。这一过程中车辆运动表现为运动状态变化剧烈、车辆侧偏角很大等特点,在车流量大或者路况复杂的情况下还可以造成二次碰撞甚至车辆侧翻、坠落悬崖,造成汽车的再次形变,加大鉴定难度。

摩托车和自行车由于均属于平衡性差的交通工具,在一些情况下,二者的交通损伤类似。但由于摩托车速度快,在发生追尾以及与固定物体发生碰撞时,车上人员通常被抛甩,通过一些特征性的损伤如油箱造成的会阴部和大腿内侧的损伤不难鉴别司乘人员。

行人被车辆碰撞可通过假人模型来分析。多刚体假人模型采用集中质量代替人体的主要环节,通过动力学铰链实现各部分连接。集中质量上附着描述人体几何外形的椭球面,可以模拟人体与周围环境之间的相互作用。

(五)虚拟解剖在其他方面的运用

猝死的影像学特征多在医学影像学教科书中有涉及,这里不再赘述。

火场中的尸体,高温可使组织凝固,有时手术刀难以切割分离,运用虚拟解剖的方法除了可以节省人力之外,还可以防止操作中人为毁坏尸体上重要的线索,而且所得的影像学图像较解剖所见更为清晰,有利于观察。影像学图像也可以直观反映出一些特殊的改变,如硬脑膜外热血肿在影像学图像中有气体、脂肪与血肿混合的特殊改变,有助于与硬脑膜外血肿的鉴别。近年来,有报道指出低温致死的尸体可伴有髂腰肌内出血改变,这种出血通过影像学方法较容易被发现,为低温致死的鉴定提供了一些依据。

四、虚拟解剖的局限性

虽然在进行虚拟解剖的同时与 X 线、CT 和 MRI 的交叉运用可以相互补充各自的不足,但应注意到虚拟解剖还是存在着诸多的局限性。首先,病理检验一直是鉴定结论的"金标准",虚拟解剖缺乏病理检验的支持,使得由此而得出的鉴定结论在一些情况下缺乏说服力。其次,一些疾病、损伤的影像学改变会给法医虚拟解剖鉴定工作带来干扰,例如溺死的影像学改变缺乏特异性,一些疾病也可以引起相似的影像学改变；再如肺部血液坠积的影像学改变会给肺栓塞或肺挫伤的区别带来难度。最后，我们还应该注意到影像学设备价格昂贵，开展虚拟解剖还需要培训大批的影像设备操作者，同时还应提高广大基层法医工作者的影像学阅片能力，这些使得虚拟解剖在近一段时间之内很难得到普及。

本章小结

　　法医尸体解剖可帮助解决民事（事故、灾害、疾病、纠纷等）以及刑事（伤害、谋杀、投毒、暴恐等）案件中所涉及的死亡原因、死亡方式、致伤方式、死亡时间、致伤物推断、损伤时间推断、个体识别以及疾病与损伤的关系等诸多问题。尸体解剖之前，必须进行必要的案情调查或临床病史调查，以及相关的法医学现场勘查。法医尸体解剖必须具备必要的设备条件和解剖器具。实践经验证明，仅做尸表检验或只做局部解剖均易导致误鉴或漏鉴，从而导致错鉴的发生。因此，尸体解剖应力求做到全面、系统。法医学尸体解剖应按规范化操作的术式和程序进行。不同案例的具体要求不同，其操作的术式和程序也可有区别，尸检人员可根据不同的案例灵活选择不同的解剖术式和解剖程序，但须以不破坏损伤和病变为目的，以有利于寻找致死原因和死亡方式为原则。虚拟解剖学是指借助于现代医学影像学及计算机技术，结合解剖学原理及技术要求，在不破坏或者少破坏尸体完整性的前提下获取体内外阳性信息以明确死亡原因的一种无损或者几乎无损的解剖手段。如同一些疾病可引起影像学的改变一样，在法医病理学中，死后变化以及一些损伤也可引起影像学上的改变，这些改变有些是特异的而有些则不特异。发现这些影像变化以及判定其与死亡之间的关系，是虚拟解剖技术在法医病理学中的运用重点。

关 键 术 语

　　法医学（forensic medicine）

　　法医病理学（forensic pathology）

　　死亡原因（cause of death）

　　解剖程序（autopsy procedure）

　　心脏横切法（transverse slicing method）

　　尸体发掘（exhumation）

　　甲醛（formaldehyde）

　　虚拟解剖学（virtual autopsy）

　　计算机体层成像技术（X-ray computed tomography，CT）

　　磁共振成像（magnetic resonance imaging，MRI）

　　数字 X 线成像（digital radiography，DR）

　　多层螺旋 CT（multi-slice CT，MSCT）

　　交通事故现场重建（reconstruction of traffic accidental scene）

　　有限元生物力学分析（biomechanical analysis of finite element）

思考题

　　1. 尸体检查应注意哪些事项？

　　2. 法医学尸体解剖术式及解剖程序有哪些？

　　3. 怀疑有气胸存在的尸体怎样检验？

　　4. 如何进行心脏的检查？

　　5. 虚拟解剖的概念和具体内容有哪些？

（李 桢 刘新社）

参 考 文 献

1. 黄瑞亭,陈新山. 中国法医学史. 武汉:华中科技大学出版社,2015.

2. 赵子琴. 法医病理学. 第4版. 北京:人民卫生出版社,2009.

3. 闵建雄. 法医损伤学. 北京:中国人民公安大学出版社,2001.

4. 陈世贤. 法医学. 北京:法律出版社,2006.

5. 祝家镇. 法医病理学. 北京:人民卫生出版社,1999.

6. 吴新尧. 高级法医学. 郑州:郑州大学出版社,2003.

7. 郭景元. 现代法医学. 北京:科学出版社,2000.

8. SS Guddat. Burkhard Madea, Pekka Sauko(eds.):Forensic Medicine in Europe. Forensic Science Medicine & Pathology,2009,5(2):163.

9. 刘宁国,陈忆九. 法医病理数字化新技术理论与实践. 上海:上海科技教育出版社,2015.

10. 吴恩惠,冯敢生. 医学影像学. 第6版. 北京:人民卫生出版社,2008.

11. 陈忆九. 虚拟解剖技术的应用研究进展. 法医学杂志,2014,30(5):360-366.

12. 谢英,易旭夫,陈晓刚,等. 放射影像学在法医学尸体检验中的应用. 法医学杂志,2005,21(1):73-75.

附　录

附录一　正常器官的重量及大小

[器官的重量以克（g）计算，大小以厘米（cm）计算]

脑

重量：男（包括蛛网膜及软脑膜）...1300～1500g

　　　女（包括蛛网膜及软脑膜）...1100～1300g

大小：大脑矢状径（额枕前后距）

　　　男..16～17cm

　　　女..15～16cm

　　　大脑垂直径（顶底上下距）...12～13cm

脊髓

重量...25～27g

长度...40～50cm

左右径：颈髓（膨大部）..1.3～1.4cm

　　　　胸髓..1cm

　　　　腰髓（膨大部）..1.2cm

前后径：颈髓（膨大部）..0.9cm

　　　　胸髓..0.8cm

　　　　腰髓（膨大部）..0.9cm

垂体

重量：10～20岁...0.56g

　　　20～70岁...0.61g

　　　妊娠时可增至...0.84～1.06g

大小：...2.1cm×1.4cm×0.5cm

心脏

重量：男...250～270g

　　　女...240～260g

厚度：左右心房壁..0.1～0.2cm

　　　左心室壁..0.8～1.0cm

　　　右心室壁..0.2～0.3cm

心瓣膜

周径：三尖瓣..11cm

　　　肺动脉瓣..8.5cm

　　　　二尖瓣 10cm

　　　　主动脉瓣 7.5cm

肺动脉

周径（心脏上部）... 8cm

主动脉

周径：升主动脉（心脏上部）... 7.4cm

　　　　降主动脉 .... 4.5～6cm

　　　　腹主动脉 .... 3.5～4.5cm

肺

重量：左 .... 325～480g

　　　　右 .... 360～570g

双侧 .... 685～1050g

甲状腺

重量 .... 30～70g

大小 .... （长）5～7cm×（宽）3～4cm×（厚）1.5～2.5cm

（注：甲状腺重量及大小因地区不同而异，但正常重量不能超过40g）

肝

重量 .... 1300～1500g

大小 .... 长（左右距离）25～30cm×宽（上下距离）19～21cm×厚（前后距离最厚处）6～9cm

左叶 .... （长）8～10cm×（宽）15～16cm

右叶 .... （长）18～20cm×（宽）20～22cm

脾

重量 .... 140～180g

大小 .... （长）112～114cm×（宽）8～9cm×（厚）3～4cm

胰腺

重量 .... 90～120g

大小 .... （长）18cm×（宽）4.5cm×（厚）3.8cm

肾

重量（一侧）... 120～140g

大小 .... （长）11～12cm×（宽）5～6cm×（厚）3～4cm

皮质厚度 0.5cm

肾上腺

重量（一侧）.. 5～6g

大小 .... 4～5cm×2.5～3.5cm×0.5cm

胃肠

长度

食管（环状软骨至贲门）... 25cm

胃（胃底至大弯下端）... 25～30cm

十二指肠 30cm

小肠 .... 550～650cm

结肠 .... 150～170cm

厚度

食管 .... 0.3～0.4cm

胃黏膜..0.1cm

睾丸

重量（连同附睾）..20～27g

大小（睾丸）..4～5cm×2.0～2.7cm×2.5～3.5cm

精囊腺

大小..1.6～1.8cm×0.9cm×4.1～4.5cm

前列腺

重量：20～30 岁..15g

51～60 岁..20g

70～80 岁..30～40g

大小..1.4～2.3cm×2.3～3.4cm×3.2～4.7cm

子宫

重量：未孕妇女..33～41g

经产妇..102～117g

大小：未孕妇女....................................长（宫底至宫外口）7.8～8.1cm

宽（宫底处）3.4～4.5cm 厚（宫底之下）1.8～2.7cm

经产妇................................8.7～9.4cm×5.4～6.1cm×3.2～3.6cm

宫颈大小：未孕妇女..........................2.9～3.4cm×2.5cm×1.6～2cm

卵巢

重量（每侧）..5～7g

大小：未孕妇女..................................4.1～5.2cm×2～2.7cm×1～1.1cm

老妇人..2.7～4.1cm×1.5cm×0.8cm

附录二 胎儿周龄估算（按照身长及体重）

周龄（w）	身长（cm）	体重（g）	周龄（w）	身长（cm）	体重（g）
5	0.5	—	22	29	430
6	1.0	—	23	29	500
7	1.25	—	24	30	600
8	1.6	—	25	35	660
9	2.3	—	26	37	750
10	3.0	—	27	37	900
11	4.1	<4	28	38	1000
12	5.4	14	29	39	1200
13	7.5	23	30	40	1350
14	8.7	43	31	41	1500
15	10.1	70	32	42	1700
16	11.6	100	33	44	1900
17	13	140	34	45	2100
18	14.2	190	35	46	2400
19	15.3	240	36	47	2600
20	16.4	300	37	49	2900
21	26.7	360	38	50	3100～3400

中英文名词对照索引

E

T

Z

彩图 3-1　尸斑

呈紫红色,位于背腰部未受压处

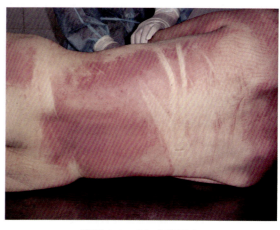

彩图 3-2　CO 中毒尸斑

尸斑呈樱桃红色

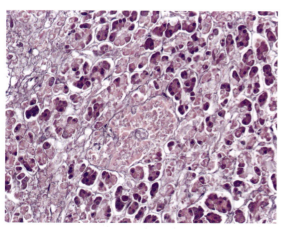

彩图 3-3　胰腺组织灶性自溶(HE ×200)

细胞结构清晰的为正常胰腺组织,自溶的胰腺组织呈散在灶性分布,胰腺细胞境界不清、胞质染成污紫红色、核溶解消失,无炎症细胞浸润

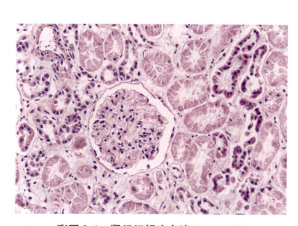

彩图 3-4　肾组织轻度自溶(HE ×200)

肾近曲小管上皮细胞轻度自溶,细胞核淡染、溶解、消失;远曲小管和肾小球无明显自溶

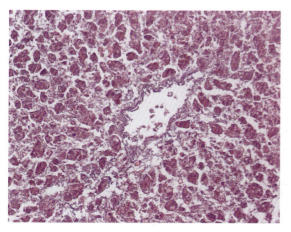

彩图 3-5　肝组织自溶(HE ×200)

肝细胞索离断,细胞肿胀、结构模糊不清,细胞核固缩、溶解或消失

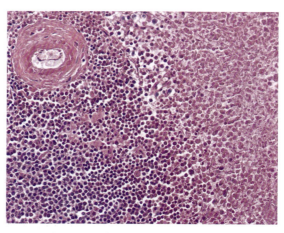

彩图 3-6　脾组织灶性自溶(HE ×200)

左侧为正常脾组织,右侧为脾自溶,细胞模糊不清、淡染、呈橙红色

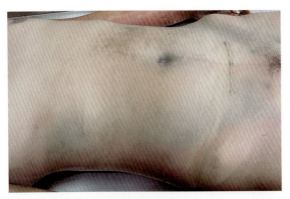

彩图 3-7　尸绿
右下胸部和腹部尸绿

彩图 3-8　尸蜡
躯干部及两大腿尸蜡（云南省公安厅供图）

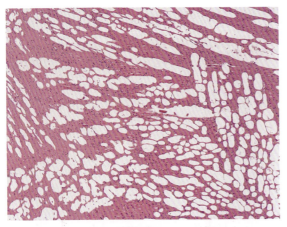

彩图 3-9　尸体冷藏过程中的人为现象（冰晶）
大脑组织内形成大小不等、形状各异的冰晶裂隙

彩图 3-10　泡沫肝
固定时肝未切开，因固定不良致肝内形成大小不等、形状不一的空洞，状如泡沫

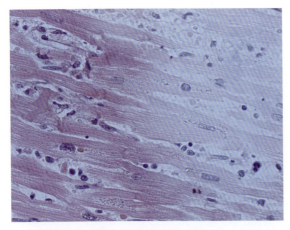

彩图 3-11　制片过程中的人为现象（HE ×400）
心肌组织切片右侧脱蜡未净，使心肌呈白色、心肌细胞结构不能辨认

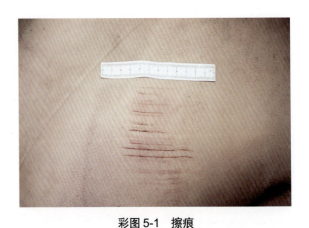

彩图 5-1　擦痕
背部皮肤片状擦痕　擦伤呈片状，其中带有细条状和线状擦痕，系皮肤与粗糙物体摩擦而形成，擦痕表面有出血及痂皮形成

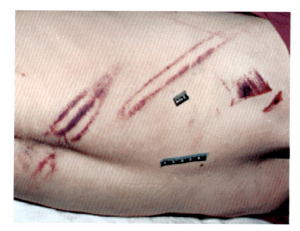

彩图 6-1　中空性挫伤
背部可见两处中空性挫伤,由木棍打击形成

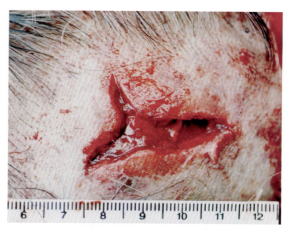

彩图 6-2　砖头棱边打击致头皮挫裂创
挫裂创有 3 个创角,创缘皮肤可见明显擦伤,创壁不整齐,创腔内较凌乱

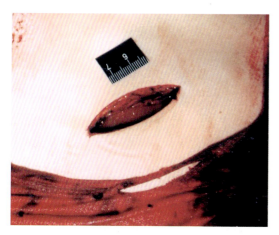

彩图 7-1　单刃刺创
创角左下角钝、右上角锐,相应部位的红色内衣上形成与刺创口类似的破裂口

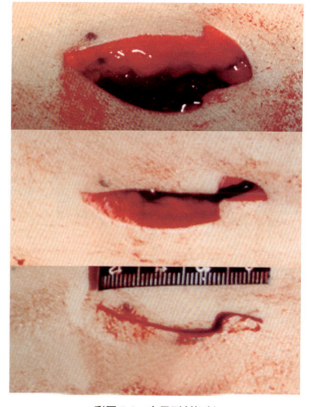

彩图 7-2　变异型刺切创
胸部单刃刺创,两创缘裂开明显,将其合拢后,可见刺创口因刺器滑动变形

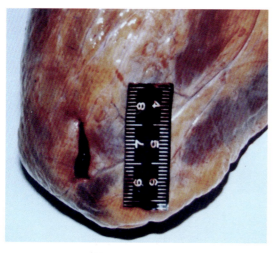

彩图 7-3　心尖刺创
心尖单刃刺创,创口下钝上锐

彩图 7-4　右上臂外侧砍切创
创口裂开明显，创壁光滑，创角锐，创底可见砍断的肌肉

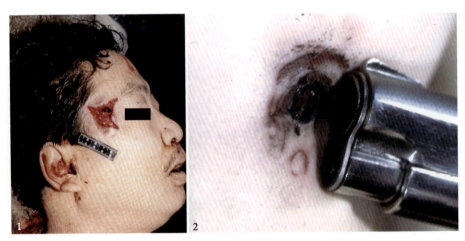

彩图 8-1　枪口印痕
1. 星芒状接触射入口并有枪口印痕；2. 枪口印痕

彩图 8-2　散弹创入口
近、中距离射击，创口呈破碎状，周围有散弹嵌入

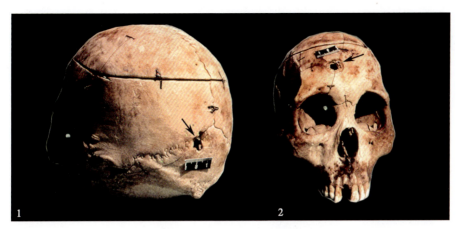

彩图 8-3　颅骨射入口、射出口

1. 枕骨部射入口；2. 额骨部射出口

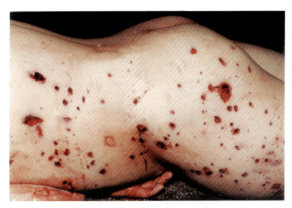

彩图 8-4　抛出物击伤

躯干部多处爆炸碎片抛出物击伤

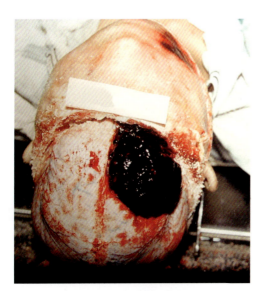

彩图 9-1　硬脑膜外血肿

右额顶颞部巨大硬脑膜外血肿

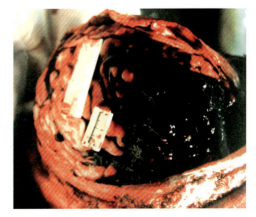

彩图 9-2　硬脑膜下血肿

右额顶部巨大硬脑膜下血肿

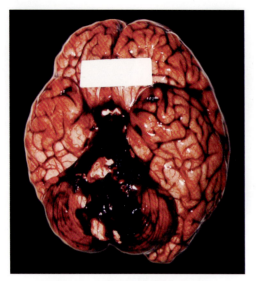

彩图 9-3 自发性蛛网膜下腔出血
脑基底部出血量较多,形成凝血块

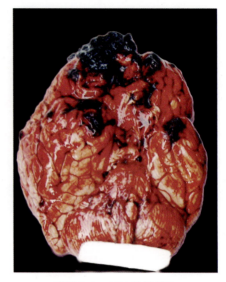

彩图 9-4 对冲性脑挫伤
左右颞极重度对冲性脑挫伤

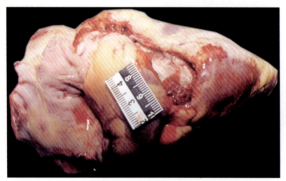

彩图 9-5 心脏破裂
交通事故致心脏破裂

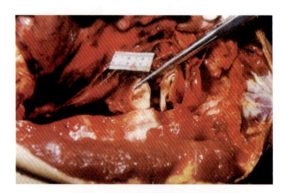

彩图 9-6 胸主动脉完全断离
交通事故致胸主动脉完全断离,断端收缩使两断端哆开

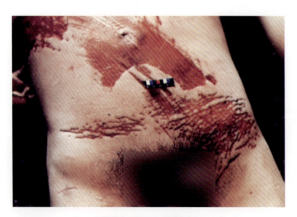

彩图 10-1 伸展创
下腹部及左腹股沟皮纹裂开形成小的撕裂创(李桢供图)

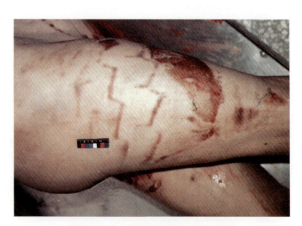

彩图 10-2 不刹车碾压轮胎印痕
受害人右下肢皮肤上留着轮胎凹面花纹印痕(闫文供图)

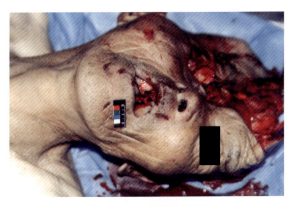

彩图 10-3 头部碾压损伤
头颅被碾压崩裂变形

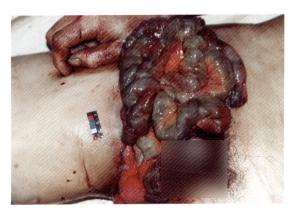

彩图 10-4 碾压腹部
腹部破裂,腹腔内器官脱出体外

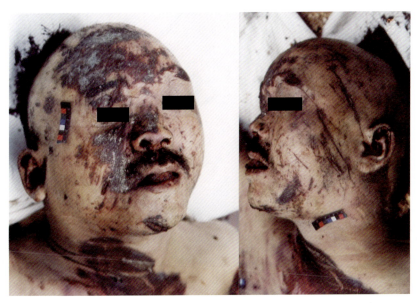

彩图 10-5 挡风玻璃损伤
颜面部、颈部可见条片状擦挫伤、玻璃刺划伤及玻璃刺切创,创内有玻璃碎片(李彦供图)

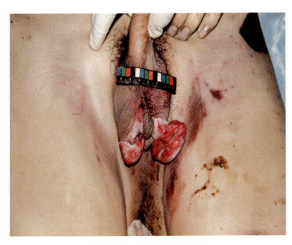

彩图 10-6 骑跨性损伤

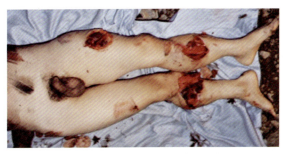

彩图 10-7 火车排障器致双小腿撞击伤

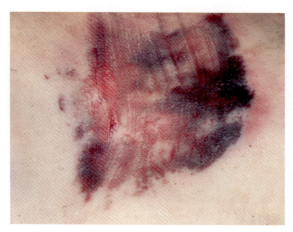

彩图 11-1　条状擦伤
前胸部细条状擦伤，由不平地面擦蹭所形成

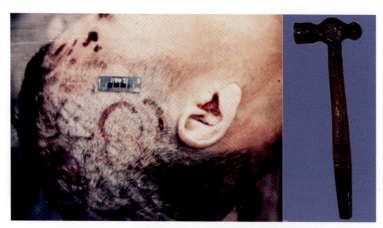

彩图 11-2　圆形挫伤
头皮圆形挫伤，推断由奶头锤锤面打击所致

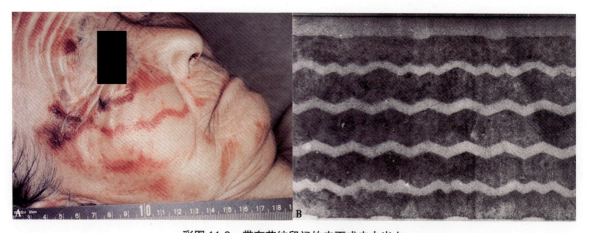

彩图 11-3　带有花纹印记的皮下或皮内出血
A. 右颜面部皮肤上特殊花蚊，为汽车轮胎在人体皮肤表面留下印记；B. 汽车轮胎特殊花纹

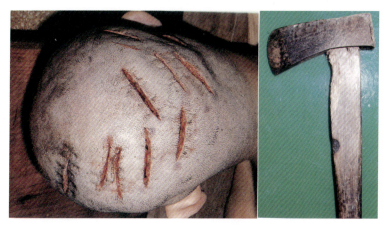

彩图 11-4　条状裂创

短条状裂创，由斧刃砍击所致

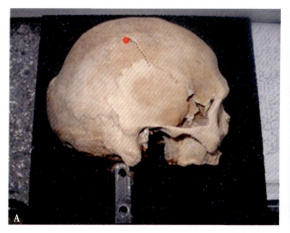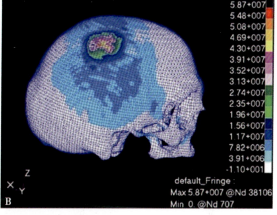

彩图 11-5　颅骨骨折部位与有限元分析结果比对

A. 解剖中观察到的骨折部位；B. 有限元模型预测的骨折部位（高色温区表示颅骨上的高应力区，色温最高处为预测的骨折部位）

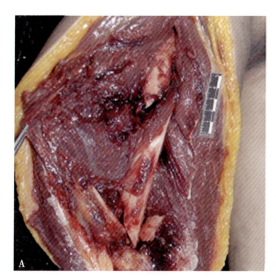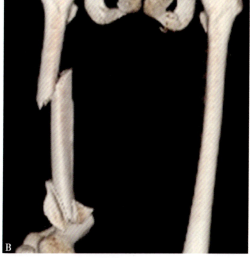

彩图 11-6　小腿解剖检验结果与有限元分析结果比较

A. 解剖结果；B. 虚拟解剖结果

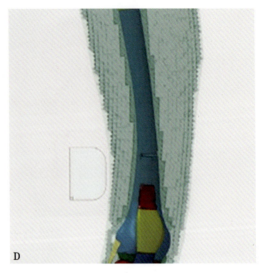
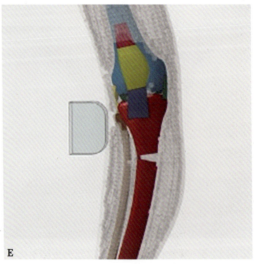

彩图 11-6 小腿解剖检验结果与有限元分析结果比较（续）
C. 有限元模拟碾压结果；D. 有限元模拟撞击大腿下段结果；E. 有限元模拟撞击小腿上段结果

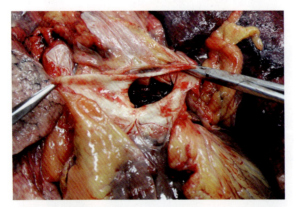

彩图 12-1 肺动脉瓣远端的肺动脉主干内有卷曲成团的血栓栓子堵塞

彩图 12-2 肺动脉内血栓栓子（10% 甲醛溶液固定后）

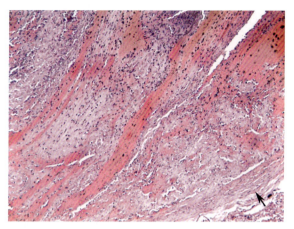

彩图 12-3　肺动脉血栓栓塞（箭头示肺动脉壁）

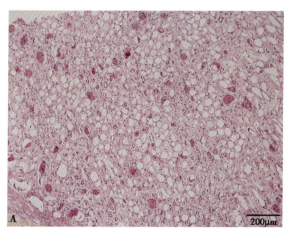
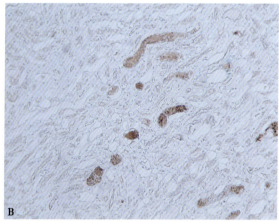

彩图 12-4　肾小管肌红蛋白管型

A. 远曲小管内多量蛋白管型（HE 染色），B. 远曲小管内肌红蛋白管型（免疫组织化学染色）

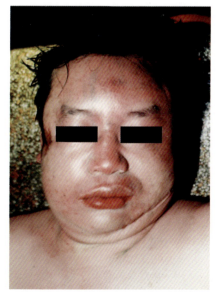

彩图 13-1　勒死

颜面部青紫肿胀，瘀点性出血

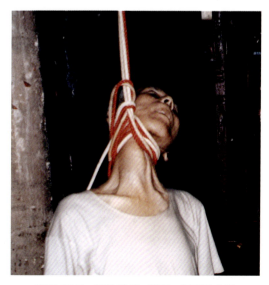

彩图 13-2　侧位缢型；缢索：多匝尼龙绳

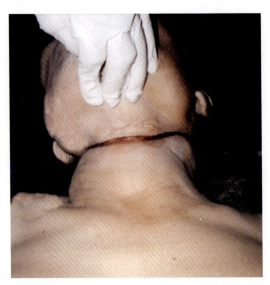

彩图 13-3　前位缢型缢沟,皮革样化

彩图 13-4　扼死
颈部扼痕呈条片状表皮剥脱;死者面部青
紫肿胀,片状表皮剥脱

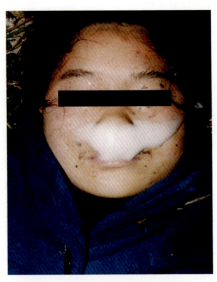

彩图 13-5　溺死
鼻周蕈样泡沫(苏州市公安局周建东提供)

彩图 14-1　拳斗样姿势
全身被焚烧后出现拳斗样姿势

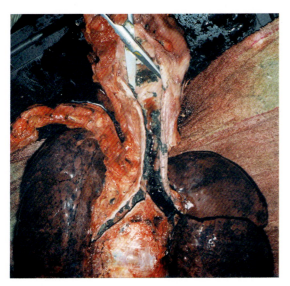
彩图 14-2　烧死者呼吸道内炭末沉着

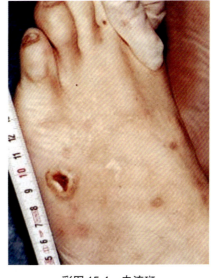
彩图 15-1　电流斑
左足背典型电流斑。肉眼观呈灰白色椭圆形，中央凹陷，周围隆起，边缘钝圆

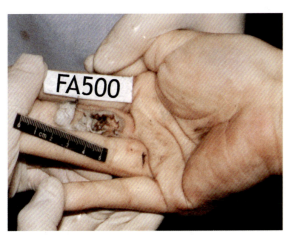
彩图 15-2　电流斑
电流斑处表皮松解、起皱，水疱形成，易破裂或呈小片状剥离

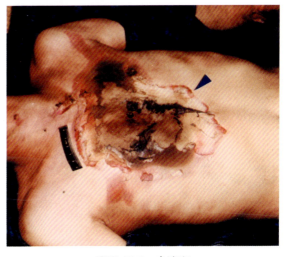
彩图 15-3　电流斑
胸部接触380V电压形成巨大的电流斑

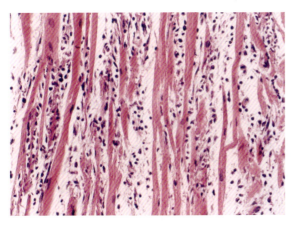
彩图 17-1　病毒性心肌炎（HE ×200）
弥漫性心肌细胞变形、溶解、坏死，间质内炎症细胞浸润，以淋巴细胞为主（成建定提供）

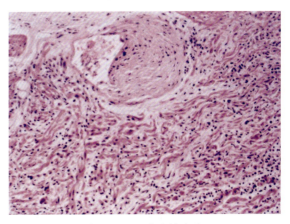
彩图 17-2　房室结炎症
房室结动脉半圆形增厚，结内有淋巴细胞浸润

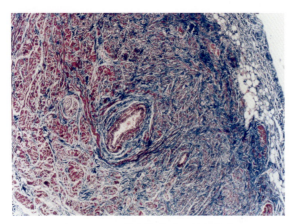

彩图 17-3　窦房结传导系统纤维化
（改良 Masson 染色）

彩图 17-4　基底动脉环畸形——右后交通支畸形

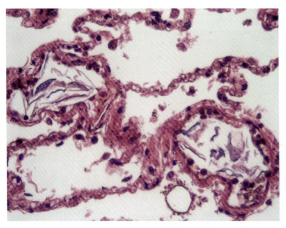

彩图 17-5　肺羊水栓塞
肺组织间质小静脉内多量角化上皮

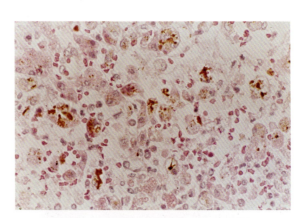

彩图 18-1　胃大部切除术中误扎肝总管
肝细胞淤胆，毛细胆管内胆栓形成（黄光照供图）

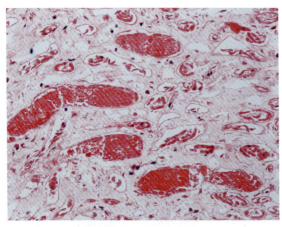

彩图 18-2　误输异型血死亡
髓质肾小管腔内见大量血红蛋白管型

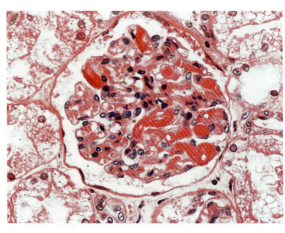

彩图 18-3　输液发热反应致 DIC 死亡
肾小球毛细血管丛大量透明血栓形成

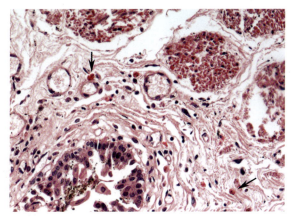

彩图 18-4　药物过敏性休克
喉头黏膜下散在嗜酸性粒细胞浸润（箭头示嗜酸性粒细胞）

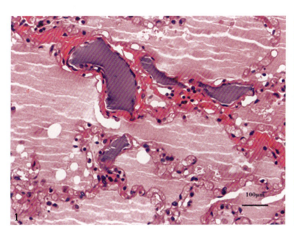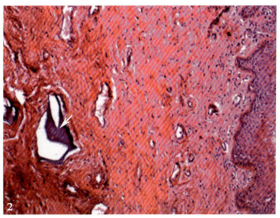

彩图 18-5　阴道壁注射聚丙烯酰胺水凝胶致肺栓塞死亡
1. 肺毛细血管腔内均质半透明聚丙烯酰胺水凝胶栓子；2. 阴道壁小血管内均质半透明聚丙烯酰胺水凝胶栓子

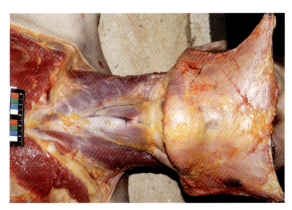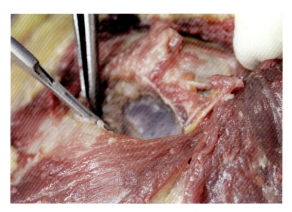

彩图 19-1　Y 字形切开术式	**彩图 19-2　气胸检查**（壁层胸膜检查法）

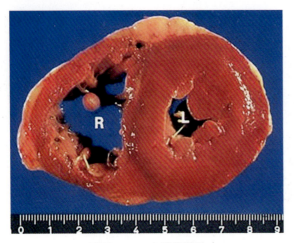

彩图 19-3　心脏横切法

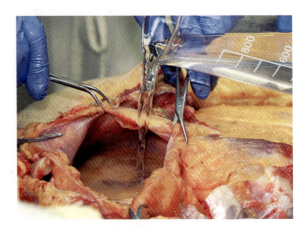

彩图 19-4　空气栓塞检验（原位注水检查法）

彩图 19-5　用 3% 过氧化氢溶液显示高度腐败尸体的
文身

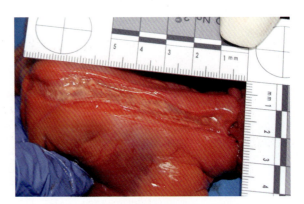

彩图 19-6　心脏冠状动脉纵向剪开与检查

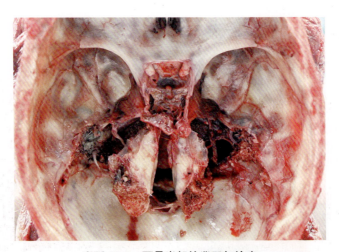

彩图 19-7　颞骨岩部的凿开与检查